NEW YORK TIMES
BESTSELLER AUTOREN

Der Preis dieses Bandes versteht sich einschließlich
der gesetzlichen Mehrwertsteuer.

Umwelthinweis:
Dieses Buch wurde auf chlor- und säurefreiem Papier gedruckt.

Die Mackenzie-Saga

NEW YORK TIMES
BESTSELLER AUTOREN

SILHOUETTE™
Band 95032
1. Auflage: April 2012

SILHOUETTE™ BÜCHER
erscheinen in der Harlequin Enterprises GmbH,
Valentinskamp 24, 20354 Hamburg
im Vertrieb von
MIRA® Taschenbuch
Geschäftsführer: Thomas Beckmann

Titel der nordamerikanischen Originalausgaben:
Mackenzie's Mountain

Mackenzie's Mission

Mackenzie's Pleasure

Mackenzie's Magic

A Game Of Chance

erschienen bei: Silhouette Books, Toronto

Published by arrangement with
HARLEQUIN ENTERPRISES II B.V./S.àr.l.

Konzeption/Reihengestaltung: fredebold&partner gmbh, Köln
Umschlaggestaltung: pecher und soiron, Köln
Titelabbildung: Thinkstock/Getty Images, München
Satz: Buch-Werkstatt GmbH, Bad Aibling
Druck und Bindearbeiten: CPI – Ebner & Spiegel, Ulm
Printed in Germany
Dieses Buch wurde auf FSC®-zertifiziertem Papier gedruckt.
ISBN 978-3-86278-306-9

Linda Howard

Das Land der Mackenzies

Roman

Aus dem Amerikanischen von
Sonja Sajlo-Lucich

NEW YORK TIMES
BESTSELLER AUTOREN

1. KAPITEL

Er brauchte eine Frau.

Wolf Mackenzie verbrachte eine schlaflose Nacht. Angespannt beobachtete er, wie das silbrige Mondlicht auf das unberührte Kissen neben ihm fiel. Sein Körper schmerzte vor Verlangen. Dem sexuellen Verlangen eines gesunden Mannes. Mit den verrinnenden Stunden wuchs seine Frustration. Irgendwann stand er auf und ging nackt zum Fenster hinüber. Der Boden war kalt unter seinen bloßen Füßen. Doch das war Wolf nur recht. Die Kälte lenkte von der unerwünschten Hitze ab, die durch seine Adern pulste.

Das fahle Mondlicht fiel auf die ausgeprägten Züge seines Gesichts, zeigte deutlich seine Herkunft auf. Mehr noch als das schwarze Haar, dicht und lang bis auf die Schultern, mehr noch als die dunklen Augen mit den schweren Lidern wiesen seine Gesichtszüge ihn als Indianer aus. Hohe Wangenknochen, breite Stirn, schmale Lippen, gerade Nase. Weniger augenscheinlich, aber genauso stark war das keltische Erbe seines Vaters ausgeprägt, erst vor einer Generation aus den schottischen Highlands herausgetragen. Dieses Erbe machte die indianischen Züge noch markanter, betonte sie klar und scharf. In ihm floss das Blut zweier Kriegervölker, Komantschen und Kelten. Der geborene Kämpfer, eine Tatsache, die der Armee schnell aufgefallen war, sobald er sich eingeschrieben hatte.

Er war ebenso ein sinnlicher Mensch, er kannte sich. Selbst wenn er sich zu kontrollieren wusste, gab es Zeiten, da er eine Frau brauchte. Normalerweise besuchte er dann Julie Oakes. Sie war geschieden, ein paar Jahre älter als er und lebte in einer kleinen Stadt ungefähr fünfzig Meilen entfernt. Ihr Arrangement dauerte jetzt schon fünf Jahre. Weder Wolf noch Julie waren an einer Ehe interessiert, aber beide hatten Bedürfnisse, und sie waren einander sympathisch. Wolf achtete darauf, dass er nicht zu oft zu Julie ging. Und dass niemand ihn sah, wenn er ihr Haus betrat. Die Nachbarn wären entsetzt, wüssten sie, dass Julie mit einem Indianer schlief. Nicht nur mit irgendeinem Indianer. Eine Anklage wegen Vergewaltigung blieb für immer an einem Mann haften.

Morgen war Samstag. Die üblichen Pflichten waren zu erledigen, und er musste Zaunmaterial in Ruth, der kleinen Stadt am Fuße seines Berges, abholen. Der Samstagabend war traditionell der Entspannung vorbehalten. Wolf würde Julie besuchen.

Die Nacht wurde kälter, tief hängende Wolken zogen über den Himmel. Wolf sah zu, bis sie den Mond verdeckten. Schnee kündigte sich an. Er wollte nicht in sein leeres Bett zurück. Sein Gesicht war ausdruckslos, auch wenn ein körperliches Verlangen ihn beherrschte. Er brauchte eine Frau.

Mary Elizabeth Potter hatte viele kleine Dinge an diesem Samstagmorgen zu tun, doch ihr Gewissen würde ihr keine Ruhe lassen, bis sie nicht mit Joe Mackenzie geredet hatte. Der Junge hatte zwei Monate, bevor Mary die Stelle von einer aus dem Schuldienst ausgeschiedenen Lehrerin übernommen hatte, die Schule verlassen. Niemand hatte ihr gegenüber den Jungen erwähnt, sie war in den Schülerakten auf ihn gestoßen. Im kleinen Ruth, Wyoming, gab es nicht viele Schüler, Mary hatte sie alle kennenlernen wollen. Die Durchfallquote bei kaum sechzig Schülern war extrem gering, daher war jeder Abgang ungewöhnlich. Beim Durchlesen von Joe Mackenzies Akte war Marys Verblüffung gewachsen. Der Junge war der Beste in seiner Klasse, hatte Einser in allen Fächern. Schlechte Schüler mochten den Mut verlieren und frühzeitig von der Schule abgehen, aber Mary war Lehrerin aus Berufung, und alles in ihr sträubte sich dagegen, dass ein so brillanter Schüler einfach aufgeben sollte. Sie würde mit ihm reden, ihm klarmachen, wie wichtig es für seine Zukunft war, die Ausbildung fortzusetzen. Mit sechzehn war er zu jung, um einen Fehler zu begehen, den er für den Rest seines Lebens bereuen würde. Sie würde nicht mehr ruhig schlafen können, bis sie ihr Bestes gegeben hätte, um den Jungen zu überzeugen.

Über Nacht war es bitterkalt geworden, es hatte wieder geschneit. Ihr Kater maunzte kläglich, als er ihr um die Beine strich. „Ich weiß, Woodrow“, tröstete Mary das Tier, „dir müssen ja die Tatzen frieren.“ Sie konnte es nachempfinden. Sie hatte kalte Füße, seit sie nach Wyoming gezogen war.

Bevor der nächste Winter kam, würde sie sich ein Paar solide, mit Fell gefütterte und wasserdichte Stiefel anschaffen. Damit könnte sie dann durch den Schnee stapfen, als hätte sie ihr ganzes Leben nichts anderes gekannt. Eigentlich brauchte sie diese Stiefel schon jetzt, aber der Umzug hatte ihre Barschaft aufgebraucht, und die eingetrichterten Lehrsätze ihrer sparsamen Tante verboten es ihr, irgendetwas auf Kredit zu kaufen.

Woodrow miaute laut, als Mary die wärmsten und solidesten Schuhe anzog, die sie besaß. Die, die sie heimlich ihre „Gouvernantenschuhe" nannte. Sie kraulte dem Kater die Ohren, und er streckte sich genießerisch ihrer Hand entgegen. Mary hatte Woodrow zusammen mit dem Haus übernommen, das die Schulverwaltung ihr zur Verfügung gestellt hatte. Der Kater wie auch das Haus machten nicht viel her. Mary hatte keine Ahnung, wie alt Woodrow war, aber er und das Haus sahen etwas verwahrlost aus. Bisher hatte Mary widerstanden, sich eine Katze anzuschaffen. Für sie schien es wie die endgültige Besiegelung eines Lebens als ältliche Jungfer. Aber nun hatte das Schicksal sie eingeholt. Sie war eine alte Jungfer. Sie hatte eine Katze, und sie trug Gouvernantenschuhe. Das Bild war komplett.

Der Blick in den Spiegel, um zu überprüfen, ob ihr Knoten auch ordentlich saß, entlockte ihr einen schweren Seufzer. Vernünftige Schuhe und Katzen passten zu ihrem Stil, zu dem blassen Teint und dem unauffälligen Allerweltsgesicht. Eine graue Maus – die treffende Beschreibung. Mary Elizabeth Potter war geboren worden, um als alte Jungfer zu enden.

Nun, es hatte keinen Sinn, es noch länger hinauszuschieben, wärmer würde es erst im Frühjahr werden. Mary wappnete sich gegen die Kälte, die ihr entgegenschlagen würde, wenn ihr Körper immer noch auf die angenehmen Temperaturen in Savannah eingestellt war.

Sie hatte ihr kleines Dorf in Georgia verlassen, um sich der Herausforderung einer neuen Schule in einem ebenso kleinen Ort in Wyoming zu stellen. Wie sie sich still eingestand, war es auch ein kleines bisschen die Lust auf Abenteuer gewesen, die Aufregung, die ein neues Leben mit sich bringen würde, die Mary dazu veranlasst hatte. Obwohl sie das niemals offen zugeben würde. Eine Fehleinschätzung war ihr dabei allerdings unterlaufen: Ja, sie war auf Schnee vorbereitet gewesen, aber nicht auf so niedrige Temperaturen. Kein Wunder, dass es hier so wenige Schüler gibt, dachte sie, als sie die Haustür aufzog und ihr schneidender Wind ins Gesicht blies. Es ist zu kalt für die Erwachsenen, um sich jemals so weit auszuziehen, als dass sie etwas tun könnten, was für Nachwuchs sorgen könnte!

Ihre vernünftigen Schuhe versanken im Schnee, als sie zu ihrem soliden zweitürigen Chevrolet ging, auf den sie gewissenhaft sofort nach ihrer Ankunft Winterreifen hatte ziehen lassen. Laut Wetterbericht würden die Tageshöchsttemperaturen an diesem Samstag sieben Grad minus erreichen. Mit einem weiteren Seufzer gedachte Mary des Wetters, das sie in Savannah zurückgelassen hatte. Es war März, und dort würde der Frühling längst Einzug gehalten haben, mit zartem Grün und Frühlingsblühern in üppigen Farben.

Doch Wyoming war auf eine majestätische Art schön. Vor der Kulisse der Gebirgskette wirkten die Städte der Menschen wie Zwergensiedlungen. Man hatte Mary erzählt, dass ein Teppich von wilden Blumen die Weiden überziehen würde, wenn der Frühling erst kam, und dass von den kristallklaren Bächen dann ein ganz eigenes Lied durch die Lüfte klingen würde. Wyoming war anders als Savannah, und Mary kam sich wie eine umgepflanzte Magnolie vor, die sich noch nicht an den neuen Standort gewöhnt hatte.

Ihre Fragen nach der Wegbeschreibung zur Mackenzie-Ranch hatte man nur unwillig und ausweichend beantwortet. Es verwunderte sie, denn sie hatte die Einwohner des kleinen Städtchens bisher als hilfsbereite und liebenswürdige Menschen kennengelernt. Der direkteste Kommentar war von Mr Hearst gekommen, dem Eigentümer des kleinen Kaufhauses und Lebensmittelladens. „Die Mackenzies haben Ihre Fürsorge nicht verdient“, hatte er gemurmelt.

Jedes Kind hatte ihre Fürsorge verdient. Sie war Lehrerin, und sie beabsichtigte zu lehren.

Als Mary jetzt in ihren Wagen stieg, schaute sie zu dem Berg hinauf. Mackenzie's Mountain, so wurde er genannt. Sie sah die schmale Straße, die sich den Berg hinaufschlängelte, und verzog das Gesicht. Winterreifen oder nicht, sie war keine sehr erfahrene Fahrerin. Nicht in unbekanntem Gebiet, und Schnee … Schnee war nun mal unbekanntes Gebiet. Doch auch der Schnee würde sie nicht von ihrem einmal gefassten Entschluss abbringen können.

Sie zitterte so sehr, dass sie kaum den Schlüssel ins Zündschloss stecken konnte. Es war so kalt! Nase und Lungen taten schon weh von der eisigen Luft. Vielleicht sollte sie auf bessere Wetterbedingungen warten, bevor sie diese Fahrt antrat. Mary schaute noch einmal zu dem Berg. Im Juni wäre der Schnee bestimmt geschmolzen. Aber im Juni wäre Joe Mackenzie vielleicht schon zu lange aus der Schule, um das Versäumte noch aufholen zu wollen. Für den Jungen wäre es dann zu spät.

Mary hatte sich angewöhnt, sich selbst laut Mut zuzusprechen, wenn sie vor schwierigen Situationen stand. In diese Angewohnheit verfiel sie auch jetzt, als sie langsam anfuhr. „Es ist bestimmt nicht so steil, wie es von hier aussieht. Aus der Entfernung sehen alle Bergstraßen steil aus, aber die Straße muss befahrbar sein, sonst könnten die Mackenzies sie ja auch nicht benutzen. Und wenn sie das schaffen, dann schaffe ich das auch."

Die Entschlossenheit trieb sie voran. Als sie bei der Bergstraße ankam, umklammerten ihre Finger das Lenkrad fester. Den Blick hielt sie starr geradeaus gerichtet. Zu wissen, wie tief es neben ihr den Abgrund hinunterging, würde ihr nichts nützen.

„Ich werde nicht abrutschen", murmelte sie. „Ich fahre so langsam, dass ich gar nicht die Kontrolle über den Wagen verlieren kann. Das ist wie beim Riesenrad. Da hatte ich auch Angst, ich würde herausfallen. Bin ich aber nicht." Sie hatte nur ein einziges Mal eine Fahrt mit einem Riesenrad gemacht, da war sie neun gewesen. Und niemand hatte sie je dazu überreden können, es noch einmal zu versuchen. Karussells hatten ihr mehr zugesagt.

„Die Mackenzies haben bestimmt nichts dagegen, wenn ich mit ihrem Sohn rede", versuchte sie sich von der Fahrt abzulenken. „Vielleicht hatte er Probleme mit einem Mädchen und wollte deshalb von der Schule nichts mehr wissen. In seinem Alter ist so etwas längst wieder vergessen."

Die Fahrt war gar nicht so schlimm, wie sie erwartet hatte. Mary atmete etwas ruhiger. Es war eine sanfte Steigung, und sicherlich hatte sie ihr Ziel auch bald erreicht. So hoch war der Berg nun auch wieder nicht.

Mary konzentrierte sich so sehr auf die Straße, dass sie das rote Licht nicht bemerkte, das auf dem Armaturenbrett aufleuchtete. Nichts warnte sie, bis plötzlich dichter Dampf unter der Motorhaube hervorquoll. Die eisige Luft ließ den Nebel in Sekundenschnelle zu Eiskristallen auf der Windschutzscheibe gefrieren. Instinktiv trat Mary auf die Bremse und fluchte verhalten, als der Wagen prompt zu schlingern begann. Nur schnell den Fuß vom Bremspedal! Die

Reifen griffen wieder, aber Mary konnte absolut nichts sehen. Nur hoffen, dass sie auf der Straße blieb, bis die Schwerkraft der Steigung den Chevrolet von allein zum Stehen brachte.

Der Wagen zischte wie ein Drachen, als er endlich ausrollte. Mit zitternden Fingern stellte Mary den Motor ab und stieg aus. Der schneidende Wind schlug ihr ins Gesicht wie eine Peitsche. Nur mit Anstrengung öffnete Mary die Motorhaube, um nachzusehen, was passiert war. Sie wollte wissen, was mit dem Wagen nicht stimmte, auch wenn sie es nicht reparieren konnte. Man musste kein Automechaniker sein, um den Schaden zu erkennen: Ein Schlauch war geplatzt, und heißes Wasser spritzte dampfend in den Motorraum.

Jäh wurde ihr die prekäre Lage klar. Im Auto konnte sie nicht sitzen bleiben, weil sie den Motor nicht laufen lassen konnte, damit die Heizung funktionierte. Die Straße gehörte zum Privatgrundstück, und die Mackenzies würden heute vielleicht gar nicht mehr hier vorbeikommen. Vielleicht das ganze Wochenende über nicht. Um zu ihrem eigenen Haus zurückzulaufen, war es zu weit und viel zu kalt. Sie konnte sich nur auf den Weg zu der Mackenzie-Ranch machen und darauf hoffen, dass es nicht mehr allzu weit war. Ihre Füße waren jetzt schon taub vor Kälte.

Mary begann zu laufen. Ihr Wagen war nicht mehr zu sehen, als sie um die nächste Biegung ging. Aber auch kein Haus, nicht einmal eine Scheune. Mary fühlte sich unendlich einsam und allein. Als hätte man sie im Nirgendwo ausgesetzt. Es gab nur noch den Berg, den Schnee, den weiten Himmel und sie selbst. Die Stille schmerzte regelrecht, ebenso wie ihre Füße, die sie schon jetzt durch den Schnee schleifte, anstatt sie anzuheben. Dabei war sie kaum zweihundert Meter weit gekommen.

Das satte Röhren eines starken Automotors ließ sie vor Erleichterung stehen bleiben und trieb ihr die Tränen in die Augen. Sie blinzelte sie zurück. Erstens grauste ihr davor, in der Öffentlichkeit zu weinen, und zweitens erschienen Tränen ihr jetzt völlig unsinnig. Sie war noch nicht einmal fünfzehn Minuten unterwegs und war nicht eine Sekunde in wirklicher Gefahr gewesen. Es lag alles nur an ihrer überreizten Fantasie, wie immer.

Ein kompakter schwarzer Pick-up mit übergroßen Reifen kam in Sicht. Mary spürte den Blick des Fahrers auf sich, und beschämt senkte sie den Kopf. Ältliche Lehrerinnen waren nicht daran gewöhnt, die Aufmerksamkeit auf sich zu ziehen. Außerdem kam sie sich wie eine komplette Närrin vor. Es musste ja so aussehen, als sei sie zu einem Spaziergang im Schnee aufgebrochen.

Der Truck hielt neben ihr an, ein Mann stieg aus. Er war groß, und instinktiv missfiel Mary das. Sie mochte es nicht, wenn große Männer zu ihr herunterblickten, noch weniger mochte sie es, wenn sie aus rein körperlicher Notwendigkeit zu großen Männern aufblicken musste. Ob groß oder nicht, er war ihr Retter. Sie rang die behandschuhten Finger und wusste nicht, was sie sagen sollte. Wie bat man um Rettung? In ihrem ganzen Leben war sie noch nie per Anhalter gefahren, für eine ehrbare und gesittete Lehrerin schien das einfach ungebührlich.

Wolf starrte auf die Frau und fragte sich, wer verrückt genug war, bei dieser Kälte und in diesem Aufzug draußen herumzulaufen. Und was hatte sie überhaupt auf seinem Berg zu suchen?

Plötzlich fiel ihm ein, wer sie war. Er hatte zufällig eine Unterhaltung in der Futtermittelhandlung über die neue Lehrerin aus dem Süden mit angehört. Diese Frau verkörperte das Klischee einer Lehrerin, und für einen Winter in Wyoming war sie mit Sicherheit falsch angezogen. Blaues Kleid unter braunem Mantel, hellbraune Strähnen, die unter dem Schal, den sie sich um den Kopf geschlungen hatte, hervorlugten, eine Hornbrille, so groß, dass ihr Gesicht dahinter fast völlig verschwand. Kein Make-up, nicht einmal Lippenbalsam zum Schutz gegen die Kälte.

Und keine Stiefel. Der Schnee klebte ihr bis zu den Knien hinauf.

In zwei Sekunden hatte er sie von oben bis unten gemustert. Er wartete erst gar nicht auf eine Erklärung, was sie hier auf seinem Berg tat. Hier stehen lassen konnte er sie nicht. Da sie bisher keinen Ton herausgebracht hatte, sagte er auch nichts.

Er beugte sich vor, legte einen Arm unter ihre Knie, den anderen an ihren Rücken und hob sie hoch, ohne auf ihr Luftschnappen zu achten. Während er mit ihr zu seinem Truck ging, überlegte er, dass sie nicht viel mehr als ein Kind wog. Er sah noch das erstaunte Aufflackern der blauen Augen hinter den Brillengläsern, dann schlang sie die Arme um seinen Nacken und klammerte sich fest an ihn, als hätte sie Angst, fallen gelassen zu werden.

Er setzte sie auf den Beifahrersitz und rieb ihr den Schnee von Beinen und Schuhen, so gut es ging. Wieder schnappte sie nach Luft, aber er ignorierte es und sah nicht auf, klopfte sich nur den Schnee von der eigenen Jacke und ging um den Wagen herum, um hinters Steuer zu gleiten.

„Wie lange laufen Sie schon da draußen herum?"

Mary zuckte zusammen. Sie hatte nicht erwartet, dass seine Stimme so tief sein würde. Ihre Brille war von der Wärme im Truck beschlagen, und sie riss sie sich hastig herunter. „Ich … nicht lange … vielleicht fünfzehn Minuten. Mir ist ein Wasserschlauch geplatzt … ich meine, der in meinem Auto."

Wolf betrachtete sie von der Seite. Ihre Wangen nahmen langsam wieder Farbe an. Gut. Sicherlich auch vor Verlegenheit, wie er an dem gesenkten Kopf und den nervös im Schoß gefalteten Fingern erkennen konnte. Glaubte sie etwa, er würde sie auf den Rücken werfen und sich über sie hermachen? Schließlich war er ein geächteter Indianer und zu allem fähig. Auf der anderen Seite … so wie sie aussah, wäre das wahrscheinlich das Aufregendste, das ihr je passieren würde.

Sie waren nicht weit vom Haus entfernt und erreichten es in wenigen Minuten. Wolf parkte den Pick-up am Hintereingang zur Küche und stieg aus. Er kam bei der Beifahrertür an, als die Frau gerade vom Sitz schlüpfen wollte. „Vergessen Sie's", sagte er und hob sie wieder auf die Arme. Durch die Bewegung war ihr Kleid hochgerutscht, hastig zerrte sie es nach unten, doch er hatte bereits einen Blick auf wohlgeformte Beine erhascht, und das Rot auf ihren Wangen wurde intensiver.

Die Wärme im Haus hüllte sie ein. Mary war viel zu erleichtert, um bewusst zu merken, dass er einen Stuhl hervorzog und sie darauf niederdrückte. Ohne ein Wort ging er zum Spülbecken und füllte eine Schüssel mit warmem Wasser.

Nun, sie hatte ihren Zielort erreicht, vielleicht nicht ganz auf die Art, wie sie es geplant hatte, aber wenn sie schon hier war, konnte sie auch den Grund ihres Besuchs ansprechen. „Ich bin Mary Potter, die neue Lehrerin."

„Ich weiß."

Sie riss erstaunt die Augen auf. „Woher?"

„Hier gibt es nicht viele Fremde."

Ihr wurde plötzlich klar, dass er sich immer noch nicht vorgestellt hatte. „Sind Sie … Mr Mackenzie?“

Er sah über die Schulter zu ihr, und ihr fiel auf, dass seine Augen schwarz wie die Nacht waren. „Ich bin Wolf Mackenzie.“

Etwas anderes erregte sofort ihr Interesse. „Sie wissen, dass Ihr Name ungewöhnlich ist. Ein sehr alter englischer …“

„Nein.“ Mit der Wasserschüssel in den Händen kam er zu ihr. „Es ist ein indianischer Name.“

Sie blinzelte. „Indianisch?“ Sie kam sich schrecklich dumm vor. Das hätte sie sich denken sollen, bei seinem schwarzen Haar, den schwarzen Augen und der bronzefarbenen Haut. Aber die meisten Männer in Ruth hatten wettergegerbte Gesichter, und sie hatte angenommen, er sei eben ein dunklerer Typ. Dann runzelte sie die Stirn. „Mackenzie ist aber kein indianischer Name.“

„Schottisch.“

„Oh, dann sind Sie also ein Halbblut?“

Sie stellte diese Frage mit einer Arglosigkeit, als hätte sie sich nach dem Weg erkundigt. Wolf biss die Zähne zusammen. „Genau“, murmelte er. Der interessiert-gezierte Ausdruck auf ihrem Gesicht reizte ihn, sie gründlich zu schockieren. Aber dann sah er das Zittern, das ihren Körper durchlief, und schob seinen Ärger erst einmal beiseite. Die ungelenke Art, wie sie da draußen die Füße voreinandergesetzt hatte, sagte ihm, dass sie sich im ersten Stadium der Unterkühlung befand. Er schüttelte sich die schwere Jacke von den Schultern und setzte Kaffee auf.

Mary sah ihm schweigend zu. Er war wohl kein sehr gesprächiger Zeitgenosse. Aber das würde sie nicht aufhalten. Ihr war wirklich kalt, und wenn sie erst eine Tasse Kaffee in Händen hielt, würde sie erneut ansetzen. Sie sah zu ihm auf, als er zu ihr zurückkam, ihr wortlos den Schal vom Kopf wickelte und sich daranmachte, ihren Mantel aufzuknöpfen.

„Das kann ich allein“, wehrte sie empört ab, aber ihre Finger waren zu klamm, um mit den Knöpfen zurechtzukommen, die kleinste Bewegung schmerzte. Er ließ sie eine Zeit lang gewähren, dann schob er ihre Hände fort und beendete die Arbeit.

„Warum ziehen Sie mir den Mantel aus, wenn mir so kalt ist?“, fragte sie verwirrt.

„Damit ich Ihre Arme und Beine abreiben kann." Er ging vor ihr in die Hocke und zog ihr auch noch die Schuhe aus.

Die Vorstellung, dass jemand sie berührte, war ihr so fremd wie der Schnee. Sie war nicht daran gewöhnt, und sie hatte auch nicht vor, sich daran zu gewöhnen. Das wollte sie ihn gerade wissen lassen, als sie seine Hände unter ihrem Kleid auf ihrer Hüfte fühlte. Mit einem leisen Aufschrei zuckte sie zurück und wäre fast mit dem Stuhl hintenübergefallen.

„Keine Sorge", gab er scharf zurück. „Heute ist Samstag. Ich vergewaltige nur an Dienstagen und Donnerstagen." Er spielte mit dem Gedanken, sie hinaus und zurück in den Schnee zu schicken. Aber er konnte keine Frau zu Tode frieren lassen, nicht einmal eine weiße Frau, die offensichtlich der Auffassung war, dass seine Berührung sie vergiften würde.

Marys Gesicht schien nur noch aus Augen zu bestehen. „Was stimmt denn nicht mit Samstagen?", rutschte es ihr heraus, und im gleichen Moment wurde ihr klar, dass diese Frage praktisch einer Aufforderung gleichkam. Du liebe Güte! Sie schlug die Hände vors Gesicht, als ihr das Blut in die Wangen schoss. Die Kälte musste ihr den Verstand eingefroren haben, anders war es nicht zu erklären.

Wolfs Kopf ruckte hoch. Er konnte nicht glauben, was sie da eben gesagt hatte. Große blaue Augen starrten ihn entsetzt über schwarzen Lederhandschuhen an, welche fast das ganze Gesicht bedeckten, denen es aber nicht gelang, das flammende Rot zu verdecken. Es war so lange her, dass er jemanden hatte rot werden sehen, dass es einen Augenblick dauerte, bevor es ihm bewusst wurde. Sie war also auch noch prüde! Das vervollständigte das Bild von der verklemmten Lehrerin, das sie verkörperte. Belustigung milderte seinen Ärger. Wahrscheinlich war das eben der Höhepunkt ihres Lebens gewesen. „Ich ziehe Ihnen die Strumpfhose aus, damit Sie Ihre Füße in das warme Wasser stellen können."

„Oh!" Das „Oh" klang erstickt, weil sie immer noch die Hände vor das Gesicht hielt.

Und seine Arme steckten immer noch unter ihrem Kleid, seine Finger umfassten ihre Hüften. Verklemmt oder nicht, sie war weich wie eine Frau und duftete wie eine Frau. Sein Pulsschlag erhöhte sich, als sein Körper automatisch auf die Nähe reagierte. Verflucht, sein Verlangen musste größer sein, als er gedacht hatte, wenn er jetzt schon auf eine unscheinbare kleine Lehrerin ansprang.

Mary saß stocksteif, als er sie mit einem Arm leicht anhob, um ihr die Strumpfhose von den Beinen ziehen zu können, und starrte auf sein glänzendes schwarzes Haar hinunter. Wenn er jetzt den Kopf drehte, würde sein Gesicht ihre Brüste streifen. Sie hatte mal irgendwo gelesen, dass erwachsene Männer an den Brüsten von Frauen sogen wie Babys. Damals hatte sie sich gefragt, warum sie das machten. Jetzt allerdings raubte ihr allein der Gedanke den Atem. Seine von harter Arbeit rauen Hände streiften die weiche Haut ihrer Schenkel, sie fühlte eine seltsame Hitze in sich aufwallen, und ihr war leicht schwindlig.

Wolf sah sie nicht an, als er die völlig unzureichende Nylonstrumpfhose beiseitewarf, dann Marys Füße nahm und sie langsam in die Schüssel stellte. Er hatte darauf geachtet, dass das Wasser nur handwarm war, aber ihre Füße waren so verfroren, dass auch diese Temperatur ihr wehtun würde. Sie rang nach Atem; als er aufschaute, glänzten Tränen in ihren Augen, aber sie protestierte mit keinem Wort.

„Der Schmerz vergeht gleich“, versicherte er. Er hockte sich so vor sie, dass er mit seinen Schenkeln ihre bloßen Beine zusammenpresste, und zog ihr vorsichtig die Handschuhe von den Fingern. Ihre feinen weißen Hände überraschten ihn. Er hielt sie zwischen seinen Handflächen, dann traf er kurz entschlossen eine Entscheidung, knöpfte sein Hemd auf und steckte ihre Hände unter seine Achseln. „Das wird Ihre Finger aufwärmen.“

Mary war wie erstarrt. Sie konnte nicht fassen, dass ihre Hände wirklich unter den Achselhöhlen eines Mannes steckten. Zwar berührte sie seine Haut nicht, er trug ein T-Shirt, aber so nahe war sie einem anderen Menschen noch nie gewesen. Noch nie so … so gefangen von dem Körper eines anderen Menschen, geschweige denn eines Mannes.

Jetzt rieb er ihr auch noch kräftig über Arme und Schultern. Ihr entfuhr ein erstickter Laut. Nein, das konnte einfach nicht passieren. Nicht Mary Elizabeth Potter, ihres Zeichens ältliche Lehrerin!

Wolf war auf seine Aufgabe konzentriert, aber als er diesen Laut hörte, schaute er auf in ihre weit aufgerissenen Augen. Ein ungewöhnliches Blau, nicht wie Kornblumen, da war auch noch ein Hauch Grau. Wie Schiefer, dachte er. Ja, Schieferblau, das war es. Ihm fiel auf, dass ihr Haar sich aus dem Knoten gelöst hatte und nun einzelne hellbraune, seidige Strähnen ihr Gesicht umrahmten. Ihre Haut war so zart, dass sie fast durchsichtig schimmerte, er konnte die feinen blauen Äderchen an ihren Schläfen erkennen. Nur die ganz Jungen sollten eine solche Haut haben. Er fragte sich, ob sie überall solche Haut hatte, an ihren Brüsten, ihrem Bauch, ihren Schenkeln. Der Gedanke sandte einen elektrischen Stoß durch seinen Körper, eine Art Kurzschluss seines Systems. Verdammt, sie roch gut – und würde wahrscheinlich wie von allen Teufeln gehetzt aus dem Stuhl aufspringen, sollte er seinem Impuls nachgeben und sein Gesicht zwischen ihren Schenkeln bergen.

Mary fuhr sich mit der Zungenspitze über die Lippen, blind dafür, dass Wolf der Bewegung gebannt folgte. Sie sollte etwas sagen, aber sie wusste nicht, was. Sie sollte sich daran erinnern, warum sie hergekommen war, anstatt sich verwirren zu lassen von der Nähe eines gut aussehenden und – auf eine raue Art – sehr männlichen Mannes. Sie leckte sich noch einmal über die Lippen und räusperte sich. „Ich … ich wollte mit Joe sprechen, wenn Sie nichts dagegen haben."

Seine Miene veränderte sich nicht, trotzdem hatte Mary das Gefühl, dass er in Abwehrstellung ging.

„Joe ist nicht hier. Er erledigt seine Pflichten."

„Ich verstehe. Wann kommt er zurück?"

„In einer, vielleicht zwei Stunden."

Sie sah ihn ungläubig an. „Sind Sie Joes Vater?"

„Ja."

„Und seine Mutter ist …?"

„Tot."

Das einzelne Wort schockierte sie, und doch verspürte sie zur gleichen Zeit Erleichterung, was sie erschreckte. „Wie denken Sie darüber, dass Joe von der Schule abgegangen ist?"

„Es war seine Entscheidung."

„Aber er ist doch erst sechzehn, noch ein Junge!"

„Er ist Indianer. Er ist ein Mann."

Entrüstung mischte sich mit Frustration und ließ Mary ruckartig ihre Hände unter seinen Achseln hervorziehen und in die Hüften stemmen. „Das hat doch überhaupt nichts damit zu tun! Er ist sechzehn, und er braucht eine anständige Ausbildung!"

„Er kann lesen, schreiben und rechnen. Er weiß alles über Pferde und darüber, wie man eine Ranch führt. Er wollte mit der Schule aufhören und hier auf der Ranch arbeiten. Es ist meine Ranch, und es ist mein Berg. Eines Tages wird der Berg ihm gehören. Er hat sich entschieden, was er mit seinem Leben machen will. Und er will Pferde züchten." Ihm gefiel es nicht, seine und Joes persönliche Angelegenheiten dieser kleinen Lehrerin zu erklären. Aber etwas an ihrer empörten Art brachte ihn dazu. Ihr schien nicht klar zu sein, dass er Indianer war. Natürlich, sie hatte diese Information mit dem Verstand erfasst, aber sie hatte keine Ahnung, was das bedeutete. Besonders in Bezug auf Wolf Mackenzie, von dem die Leute sich abwandten.

„Ich möchte trotzdem mit ihm sprechen", beharrte sie starrsinnig.

„Das liegt bei ihm. Vielleicht ist er bereit, mit Ihnen zu reden, vielleicht nicht."

„Sie werden keinerlei Einfluss auf ihn ausüben?"

„Nein."

„Warum nicht? Sie hätten zumindest darauf bestehen sollen, dass er die Schule zu Ende macht."

Wolf lehnte sich zu ihr vor, so weit, dass seine Nase fast ihre berührte. „Er ist Indianer, Lady. Möglicherweise wissen Sie nicht, was das bedeutet. Verflucht! Woher auch, Sie sind eine Anglo, eine Amerikanerin mit angelsächsischer Herkunft. Indianer sind nicht gern gesehen. Die Ausbildung, die er hat, hat er sich selbst erarbeitet, ohne Hilfe von irgendwelchen Anglo-Lehrern. Wenn man ihn nicht ignorierte, wurde er beleidigt. Warum sollte er dahin zurückgehen?"

Mary schluckte, alarmiert durch seine aggressive Art. Sie war nicht daran gewöhnt, dass Männer ihr direkt ins Gesicht starrten und fluchten. Sie war überhaupt nicht an Männer gewöhnt. Als sie noch jünger war, hatten die Jungen den unscheinbaren Bücherwurm gar nicht bemerkt, und als sie älter wurde, war es ihr genauso ergangen. Sie wurde bleich, aber sie glaubte so fest an die Vorteile einer guten Schulbildung, dass sie sich nicht einschüchtern ließ.

„Er war der Beste seiner Klasse. Wenn er das ohne die Hilfe von

Lehrern geschafft hat, stellen Sie sich nur mal vor, was er mit deren Hilfe erreichen kann."

Wolf richtete sich zu seiner vollen Größe auf. „Wie schon gesagt, es liegt bei ihm."

Der Kaffee war längst fertig. Wolf wandte sich ab, um eine Tasse einzuschenken und reichte sie Mary. Schweigen breitete sich aus. Wolf lehnte am Küchenschrank und beobachtete, wie sie behutsam an ihrem Kaffee nippte. Zierlich, das war die Beschreibung, die auf sie passte. Winzig war sie nicht unbedingt, vielleicht eins fünfundsechzig, aber sie war graziös gebaut. Sein Blick glitt zu ihren Brüsten unter dem reizlosen blauen Kleid. Nicht groß, zeichneten sie sich fest und rund darunter ab. Er fragte sich, ob die Spitzen wohl rosig oder eher bräunlich waren, ob sie ihn bequem in sich aufnehmen könnte …

Abrupt befahl er sich, mit diesen erotischen Gedanken aufzuhören. Verflucht, diese Lektion sollte er doch längst gelernt haben! Weiße Frauen mochten mit ihm flirten, aber nur wenige würden sich mit einem Indianer einlassen. Diese verklemmte graue Maus in seinem Haus flirtete nicht einmal mit ihm, also warum fühlte er sich so zu ihr hingezogen? Vielleicht, gerade weil sie so verklemmt war. Er stellte sich vor, wie dieser zierliche Körper nackt und ausgestreckt auf den Laken aussehen würde …

Mary stellte die Tasse ab. „Danke. Mir ist schon viel wärmer. Der Kaffee hat geholfen." Der Kaffee und wie Wolf sie überall abgerieben hatte. Aber das würde sie nicht laut sagen. Sie sah auf und stutzte. Etwas an ihm ließ ihr Herz schneller schlagen, auch wenn sie nicht wusste, warum. Schaute er tatsächlich auf ihren Busen?

„Ich glaube, ein paar von Joes alten Sachen müssten Ihnen passen." Seine Stimme wie auch seine Miene waren völlig ausdruckslos.

„Ich brauche keine Kleidung. Ich meine, was ich habe, ist alles …"

„… nutzlos", fiel er ihr ins Wort. „Wir sind hier in Wyoming, Lady, nicht in New Orleans oder woher Sie sonst kommen."

„Savannah", ließ sie ihn wissen.

Er stieß einen murrenden Laut aus, scheinbar seine bevorzugte Art, zu kommunizieren, und holte ein Handtuch aus einer Schublade. Damit ließ er sich vor ihr auf dem Boden nieder, hob ihre Füße einzeln aus dem Wasser und trocknete sie mit einer Zartheit ab, die in krassem Gegensatz zu seiner feindseligen Stimmung stand.

„Kommen Sie mit“, sagte er, als er sich erhob.

„Wohin?“

„Ins Schlafzimmer.“

Mary blieb abrupt stehen, und ein bitteres Lächeln zog über sein Gesicht. „Keine Angst“, meinte er scharf. „Ich kann meine Gelüste kontrollieren. Wenn Sie sich etwas Wärmeres übergezogen haben, verschwinden Sie von meinem Berg.“

2. KAPITEL

Mary richtete sich zu ihrer vollen Größe auf und hob das Kinn. „Sie brauchen sich nicht über mich lustig zu machen, Mr Mackenzie." Der ruhige Ton kostete sie Mühe. Sie wusste, dass Mutter Natur, was das Äußere anbelangte, sie nicht gerade großzügig bedacht hatte. Es bedurfte keiner Ironie, um sie daran zu erinnern. Normalerweise war sie auch nicht so empfindlich. Sie hatte ihre Unscheinbarkeit als gegeben akzeptiert, so wie den Sonnenaufgang im Osten. Aber Mr Mackenzie ließ sie sich seltsam verletzlich fühlen. Es tat weh, so offen gesagt zu bekommen, wie reizlos sie war.

Wolf zog die dunklen Augenbrauen zu einem Stirnrunzeln zusammen. „Ich mache mich keineswegs über Sie lustig, Lady. Es ist mir todernst. Ich will Sie von meinem Berg herunterhaben."

„In diesem Falle werde ich natürlich gehen. Trotzdem war das unnötig."

Jetzt stemmte er die Hände in die Hüften. „Wie soll ich mich denn angeblich lustig über Sie gemacht haben?"

Ein zarter Hauch Röte überzog ihre Wangen, aber der Blick aus den graublauen Augen blieb fest. „Ich weiß, dass ich keine attraktive Frau bin. Mit Sicherheit nicht der Typ Frau, der wilde Gelüste in einem Mann weckt."

Sie meinte, was sie sagte. Noch vor zehn Minuten hätte er ihr zugestimmt. Sie war bestimmt keine Titelbildschönheit. Was ihn allerdings am meisten erstaunte, war die Tatsache, dass sie sich wirklich nicht darüber im Klaren war, was es hieß, dass er ein Indianer war. Oder auf was er mit seiner sarkastischen Bemerkung hatte anspielen wollen. Und dass die Nähe zu ihr ihn erregt hatte. Er lachte hart auf. Warum sollte er nicht noch ein bisschen mehr Aufregung in ihr Leben bringen? Wenn sie erst die ganze Wahrheit erfuhr, würde sie gar nicht schnell genug von seinem Berg verschwinden können.

„Weder habe ich gescherzt noch mich lustig gemacht." Seine schwarzen Augen funkelten sie an. „Es hat mir gefallen, Sie so zu berühren. Ich war Ihnen so nah, dass ich Ihren Duft wahrnehmen konnte."

Mit leerem Blick starrte sie ihn an. „Ihnen gefallen?"

„Ja." Sie sah ihn an, als spräche er eine andere Sprache. Ungeduldig ergänzte er: „Mich heißgemacht, mich erregt. Wie immer Sie es ausdrücken wollen."

Sie strich sich eine lose Strähne hinters Ohr. „Sie amüsieren sich schon wieder über mich", warf sie ihm vor. Das war unmöglich. In ihrem ganzen Leben hatte sie noch keinen Mann … erregt.

Er war bereits verärgert – und das Verlangen war auch noch da. Im Umgang mit Anglos hatte er eiserne Beherrschung gelernt, aber etwas an dieser kleinen Lehrerin ging ihm unter die Haut. Er hatte nicht vorgehabt, sie zu berühren, aber plötzlich lagen seine Hände an ihrer Taille, und er zog sie zu sich heran. „Vielleicht brauchen Sie eine Demonstration", sagte er rau, und dann beugte er den Kopf und presste seine Lippen auf ihre.

Mary begann vor Schock zu zittern, die Augen weit aufgerissen. Er hatte seine Augen geschlossen. Sie konnte seine Wimpern sehen. Verwundert fiel ihr auf, wie dicht diese standen. Er zog sie eng an seinen muskulösen Körper, und sie schnappte nach Luft. Eine Geste, die er zu seinem Vorteil nutzte, um die warme Höhle ihres Mundes mit seiner Zunge zu erkunden. Mary erschauerte. Ihre Lider senkten sich wie aus eigenem Willen, als tief in ihr ein warmer Rhythmus zu pulsieren begann. Dieses angenehme Gefühl war so fremd und gleichzeitig so intensiv, dass es ihr Angst machte. Eine Flutwelle von unbekannten Empfindungen schwappte über sie, sie spürte seine festen Lippen, seine lockende Zunge, seinen warmen Körper, seinen Duft, ihre Brüste an seiner harten Brust.

Jäh löste er sich von ihr, und die Enttäuschung ließ sie die Lider abrupt öffnen. Sein Blick brannte sich in ihre Augen. „Küss mich zurück", verlangte er heiser.

„Ich weiß nicht, wie", sprudelte es aus ihr heraus, einfach, weil sie immer noch nicht glauben konnte, was hier geschah.

Seine Stimme klang heiser. „So." Wieder nahm er ihren Mund in Besitz, und dieses Mal öffnete sie ihre Lippen für ihn sofort, begrüßte seine Zunge und ließ sich von ihm zeigen, wie sie das Vergnügen verstärken konnte. Ihre Erwiderung kam scheu, schüchtern und unsicher, doch sie kam. Mary war zu unerfahren, um zu wissen, was ihre Zustimmung auslöste, doch sie hörte seinen Atem schneller gehen, und er vertiefte den Kuss, verlangte mehr von ihr.

Etwas in ihr kam zum Vorschein, das weit über Vergnügen hinausging. Es war ein schmerzhaftes Sehnen, ein Verlangen. Ihr war nicht mehr kalt, sie hatte das Gefühl, von innen heraus zu brennen, und ihr Herz schlug einen wilden Rhythmus gegen ihre Rippen. Das hatte er also damit gemeint, dass sie ihn heißgemacht habe. Er hatte die gleichen Empfindungen gespürt, dieses rastlose Fieber, diese unglaubliche Sinnenlust.

Sie hatte nicht gewusst, dass es so sein konnte. Dass die Hitze sie sogar die strenge Warnung der Tante vor Männern und den abscheulichen Dingen, die Männer mit Frauen anstellten, vergessen lassen konnte. Vernunftbetont hatte Mary bereits seit Langem für sich entschieden, dass diese Dinge nicht so abscheulich sein konnten, denn sonst würde schließlich keine Frau mit einem Mann zusammen sein. Doch sie hatte nie geflirtet oder einen Freund gehabt. Die Männer, die sie an der Universität und bei der Arbeit getroffen hatte, schienen alle normal zu sein, keine geifernden Sexbesessenen. Sie fühlte sich in der Gesellschaft von Männern nicht unwohl, einige bezeichnete sie sogar als Freunde. Es war einfach nur so, dass sie nicht sexy war. Kein Mann hatte sie je nach ihrer Telefonnummer gefragt, geschweige denn Himmel und Hölle in Bewegung gesetzt, um eine Verabredung mit ihr zu ergattern.

Deshalb war sie nicht darauf vorbereitet, so fest von Wolf Mackenzie gehalten zu werden. Nicht auf seine gierigen Küsse, nicht auf den Beweis seiner Erregung, den sie an ihrem Schoß spürte. Dennoch schlang sie instinktiv die Arme um seinen Hals und schmiegte sich an ihn. Ihr Körper schien in Flammen zu stehen, und sie hatte keinerlei Erfahrung, wie man es kontrollierte.

Wolf hob jäh den Kopf und biss die Zähne zusammen, als er um Beherrschung rang. Seine dunklen Augen glänzten, während er Marys Gesicht betrachtete. Ihre Lippen waren von seinen Küssen rosig und geschwollen, ihr Blick verhangen. Ihr hellbraunes Haar hatte sich vollständig aus dem Knoten gelöst und fiel ihr in seidigen Strähnen um die Wangen. Sie sah aus, als hätte er wesentlich mehr mit ihr angestellt, als sie nur zu küssen, und in Gedanken hatte er das auch. Sie war leicht und zerbrechlich in seinen Armen, aber sie rieb sich mit einem Fieber an ihm, das dem seinen in nichts nachstand.

Er könnte sie jetzt in sein Bett nehmen, sie würde zustimmen, er wusste es. Doch ihre Unerfahrenheit war offensichtlich, er hatte ihr sogar beibringen müssen, wie man küsste …

Dieser Gedanke ließ ihn innehalten, als ihm das Ausmaß ihrer Unerfahrenheit bewusst wurde. Als wäre er gegen eine Wand gerannt. Verdammt, sie war noch Jungfrau!

Er musste sich räuspern. „Herr im Himmel, Lady, das wäre fast außer Kontrolle geraten."

Langsam, weil er sie nicht loslassen wollte und doch wusste, dass er es musste, ließ er sie an sich hinuntergleiten, bis ihre Füße wieder den Boden berührten. Die Verwicklungen waren ihr gar nicht klar. Ihm schon. Er war Wolf Mackenzie, ein Halbblut, und sie eine weiße Lehrerin. Die braven Bürger von Ruth würden nicht tatenlos zusehen, wie sie sich mit ihm einließ. Schließlich standen die Kinder unter ihrer Obhut, sie hatte Einfluss auf den noch biegsamen jungen Geist. Niemand würde erlauben, dass seine Tochter von einer Frau unterrichtet wurde, die sich auf ein heißes Techtelmechtel mit einem indianischen Vorbestraften einließ. Eine solche Frau könnte vielleicht sogar die Söhne verführen, das würden die Leute sagen.

Ihre Arme lagen immer noch um seinen Hals. Sie schien sich nicht bewegen zu können. So griff er ihre Handgelenkte und zog ihre Hände fort.

„Ich sollte wohl später noch mal wiederkommen."

Eine unbekannte Stimme drang in Marys neu entdeckte Traumwelt ein, und mit hochroten Wangen sprang sie von Wolf zurück, um sich zu dem Neuankömmling umzudrehen. Ein großer dunkelhaariger Junge stand in der Küchentür.

„Sorry, Dad. Ich wollte nicht stören."

Wolf trat einen Schritt zurück. „Bleib. Sie ist deinetwegen hier."

Der Junge sah verdutzt drein. „Da wär ich nie draufgekommen."

Wolf zuckte nur eine Schulter. „Das ist Miss Mary Potter, die neue Lehrerin. Miss Potter, mein Sohn Joe."

Trotz ihrer Verlegenheit bemerkte sie, wie leicht es ihm fiel, sie „Miss Potter" zu nennen. Er war völlig ruhig und gelassen, als hätte die Intimität, die sie soeben geteilt hatten, ihn überhaupt nicht berührt, während jede Faser in ihr noch vibrierte. Sie wollte sich an ihn schmiegen und sich dem alles verzehrenden Feuer hingeben.

Stattdessen stand sie da, die Arme steif an den Seiten, mit brennendem Gesicht, und zwang sich dazu, Joe Mackenzie anzusehen. Er war der Grund, weshalb sie auf der Ranch war, sie würde sich nicht erlauben, das noch einmal zu vergessen.

Er glich seinem Vater. Obwohl Joe erst sechzehn Jahre alt war, war er bereits gut einen Meter achtzig groß. Er würde die Größe seines Vaters mit Leichtigkeit erreichen, ebenso wie die jungen Schultern bereits das Versprechen in sich trugen, ebenso breit zu werden. Sein Gesicht wirkte jung, wies aber dieselben markanten, stolzen Züge auf wie das seines Vaters. Er wirkte beherrscht, viel zu beherrscht für einen Sechzehnjährigen, und seine Augen waren seltsamerweise von einem strahlenden Blau. Etwas Ungezähmtes lag in diesen Augen, und auch eine Bitterkeit und ein Wissen, das ihn älter machte, sprach aus ihnen. Er war seines Vaters Sohn.

Sie würde ihn nicht aufgeben.

Mary streckte ihm die Hand hin. „Ich möchte mich mit dir unterhalten, Joe."

Er behielt den distanzierten Gesichtsausdruck bei, aber er kam in die Küche hinein und schüttelte ihre Hand. „Ich wüsste nicht, worüber."

„Du hast die Schule abgebrochen." Mary atmete tief durch. „Darf ich fragen, aus welchem Grund?"

„Da gab es nichts für mich."

Die ruhige, tonlose Feststellung frustrierte sie. Nichts an diesem ungewöhnlichen Jungen ließ irgendeine Unsicherheit erkennen. Wie Wolf gesagt hatte, der Junge hatte seine Entscheidung getroffen und beabsichtigte nicht, sie zu ändern. Sie suchte nach einem anderen Ansatz, als Wolfs tiefe Stimme ihre Gedanken unterbrach.

„Miss Potter, Sie können weiterreden, nachdem Sie ein paar vernünftige Sachen angezogen haben. Joe, hast du nicht noch ein Paar alte Jeans, die Miss Potter passen könnten?"

Der Junge musterte sie mit einem erstaunlich erfahrenen Blick. „Möglich. Die, die ich getragen habe, als ich zehn war." Für einen Augenblick blitzte der Schalk in den blauen Augen auf, und Mary presste die Lippen zusammen. Was war nur mit den Mackenzie-Männern, dass sie meinten, ständig ihren Mangel an Attraktivität herausstellen zu müssen?

„Socken, T-Shirt, Stiefel und Jacke", fügte Wolf der Liste hinzu.

„Die Stiefel werden zu groß sein, aber mit zwei Paar Socken müsste es gehen."

„Mr Mackenzie, wie schon gesagt, ich brauche wirklich keine zusätzlichen Sachen. Was ich anhabe, reicht völlig aus, bis ich nach Hause komme."

„Nein. Die Höchsttemperaturen liegen heute bei zehn Grad minus. Sie werden dieses Haus nicht mit bloßen Beinen und diesen albernen Schuhen verlassen."

Ihre vernünftigen Schuhe waren auf einmal albern? Sie wollte schon Protest erheben, doch dann erinnerte sie sich, wie ihr der Schnee in die Schuhe gedrungen war und ihre Zehen hatte gefrieren lassen. Was in Savannah vernünftig war, war erbärmlich unzureichend für den Winter in Wyoming.

„Nun gut", gab sie nach, aber nur, weil es vernünftig war. Ihr war nicht wohl bei dem Gedanken, Kleidungsstücke von Joe anzunehmen, selbst leihweise. Sie hatte noch nie die Kleidung anderer getragen, hatte auch nicht mit ihren Freundinnen Blusen oder Röcke getauscht. Tante Ardith hatte so etwas für eine Unsitte gehalten.

„Ich werde nach Ihrem Wagen sehen, während Sie sich umziehen." Ohne sie eines Blickes zu würdigen, zog Wolf seine Jacke über und verließ das Haus.

„Hier entlang." Joe bedeutete ihr, ihm zu folgen. Er sah über die Schulter zu ihr zurück. „Was ist denn mit Ihrem Wagen?"

„Ein Wasserschlauch ist geplatzt."

„Wo steht das Auto?"

Mary blieb stehen. „Auf der Straße. Hast du ihn auf dem Weg hierher denn nicht gesehen?" Sie malte sich bereits aus, dass ihr Auto den Hang hinuntergerollt war.

„Ich bin über die Rückseite des Berges gekommen. Die ist nicht so steil." Seine Augen blitzten amüsiert auf. „Sie haben die Bergstraße auf der Vorderseite genommen, obwohl Sie nicht daran gewöhnt sind, bei Schnee und Eis Auto zu fahren?"

„Ich wusste gar nicht, dass es auf der anderen Seite auch eine Straße gibt, ich dachte, das sei die einzige. Mit den Winterreifen hätte ich es bestimmt geschafft."

„Möglich."

Joe klang nicht sehr überzeugt, aber sie sagte nichts, weil sie selbst nicht besonders zuversichtlich war. Er führte sie durch einen gemütlichen rustikalen Wohnraum mit schweren Balken in der Decke und über einen kurzen Korridor zu einer offenen Tür. „Meine alten Sachen sind in der Abstellkammer, aber es wird nicht lange dauern, sie zu holen. Sie können sich hier umziehen. Das ist mein Zimmer."

„Danke", murmelte sie und trat ein. Auch dieses Zimmer war rustikal gehalten, mit dunklen Balken und holzverkleideten Wänden. Nichts ließ erkennen, dass dieser Raum von einem Teenager bewohnt wurde, es gab weder herumliegendes Sportgerät noch achtlos auf den Boden geworfene Wäscheteile. Das große Bett war ordentlich gemacht, ein handgenähter Quilt lag obenauf. Neben dem Bett verdeckten Bücherregale, offensichtlich selbst gebaut, aber fein säuberlich abgeschliffen und lackiert, die gesamte Wand. Die vielen Bücher fanden kaum Platz darin, und neugierig näherte Mary sich, um die Buchrücken zu studieren.

Jedes einzelne Buch hatte auf die eine oder andere Art mit dem Fliegen zu tun, angefangen von da Vincis Experimenten bis hin zum Drachenfliegen. Es gab Bücher über Bomber, Helikopter, Radarflugzeuge, Jets und Frachtmaschinen, über Luftschlachten, experimentelle Flugfahrt, Flugdesign und Motoren.

„Hier sind die Sachen." Joe war lautlos in den Raum getreten und legte die Kleidungsstücke auf dem Bett ab. Mary betrachtete ihn, sein Gesicht war völlig ausdruckslos.

„Dir gefallen Flugzeuge", sagte sie und krümmte sich innerlich, weil es sich so banal anhörte.

„Ja", gab er schlicht zu.

„Hast du schon mal daran gedacht, Flugstunden zu nehmen?"

„Ja." Mehr sagte er nicht, sondern verließ das Zimmer und zog die Tür hinter sich zu.

Sehr nachdenklich zog Mary sich um. Diese Büchersammlung deutete nicht nur auf simples Interesse hin, sondern vielleicht sogar auf eine Art Besessenheit.

Besessenheit war eine seltsame Sache. Ungesunde Obsessionen konnten Leben ruinieren, andere dagegen ließen die Menschen über sich selbst hinauswachsen, erfüllten sie mit einer Art loderndem Feuer, sodass sie von innen heraus zu leuchten schienen. Wurde dieses Feuer nicht genährt, hungerten Geist und Seele, bis der Mensch dahindarbte. Falls Mary recht mit ihrer Vermutung haben sollte, dann hatte sie einen Weg gefunden, um zu Joe durchzudringen und ihn dazu zu bewegen, wieder die Schule zu besuchen.

Die Jeans passte. Angewidert von dem weiteren Beweis, dass sie die Figur eines zehnjährigen Jungen hatte, schlüpfte Mary in das viel zu große Flanellhemd und schlug die Ärmel um. Die Stiefel waren natürlich auch viel zu groß, aber wie Wolf gesagt hatte, mit zwei Paar dicken Wollsocken schlappten sie ihr zumindest nicht über die Fersen. Die Wärme an den Füßen war herrlich, und Mary beschloss, jeden Penny beiseitezulegen, um sich schnellstmöglich ein Paar eigene Stiefel leisten zu können.

Als Mary in den Wohnraum kam, legte Joe Holzscheite in dem großen offenen Kamin nach. Ein kleines Lächeln spielte um seine Lippen, als er sie erblickte. „Wie Mrs Langdale sehen Sie auf jeden Fall nicht aus. Auch nicht wie die anderen Lehrer, die ich kenne."

Sie verschränkte die Finger. „Das Äußere sagt nichts über die Befähigungen aus. Ich bin eine sehr gute Lehrerin – auch wenn ich im Moment eher wie ein zehnjähriger Junge aussehe."

„Ich war zwölf, als ich diese Jeans getragen habe."

„Das ist allerdings ein Trost."

Er lachte auf, und Mary freute sich darüber. Sie hatte das Gefühl, dass weder Vater noch Sohn oft lachten.

„Warum bist du von der Schule abgegangen?" Aus Erfahrung hatte sie gelernt, dass man, wenn man die gleiche Frage immer wieder stellte, oftmals verschiedene Antworten bekam. Irgendwann war der Gefragte das Ausweichen für gewöhnlich leid und rückte mit der ehrlichen Antwort heraus. Doch nicht so bei Joe, er benutzte exakt die gleichen Worte wie zuvor.

„Da gab es nichts für mich."

„Nichts mehr zu lernen?"

„Ich bin Indianer, Miss Potter. Ein Halbblut. Was ich lernte, habe ich mir selbst beigebracht."

„Und Mrs Langdale hat nicht ..." Mary hielt inne, unsicher, wie sie ihre Frage formulieren sollte.

„Ich war unsichtbar." Die junge Stimme klang hart. „Von dem Tag an, da ich mit der Schule angefangen habe. Niemand fühlte sich berufen, mir irgendetwas zu erklären oder mich in die Gruppe einzugliedern. Es überrascht mich, dass man mir überhaupt Zeugnisse ausgestellt hat."

„Aber du warst der Beste deiner Klasse."

Er zuckte die Schultern. „Ich lese gerne."

„Fehlt dir die Schule nicht, das Lernen?"

„Lesen kann ich auch, ohne zur Schule zu gehen. Und hier kann ich Dad helfen. Ich kenne mich mit Pferden aus, besser als jeder andere in der Gegend. Außer Dad natürlich. Über die habe ich nichts in der Schule gelernt. Eines Tages wird die Ranch mir gehören. Das hier ist mein Leben. Warum sollte ich Zeit in der Schule verschwenden?"

Mary wartete einen Moment und spielte dann die Trumpfkarte aus. „Um fliegen zu lernen."

Das kurze Aufflackern in seinen Augen konnte er nicht verhindern, aber sofort hatte Joe sich wieder unter Kontrolle. „An der Highschool in Ruth kann ich nicht fliegen lernen. Vielleicht werde ich eines Tages Flugstunden nehmen."

„Ich rede nicht von Flugstunden. Ich rede von der Akademie der Air Force."

Er wurde blass. Dieses Mal erkannte Mary nicht nur ein kurzes Aufflackern, sondern ein tiefes drängendes Bedürfnis in dem Jungen, als hätte er einen Blick auf das Paradies erhascht. Dann wandte er das Gesicht ab, und plötzlich schien er um Jahre gealtert. „Versuchen Sie nicht, mich zum Narren zu halten. Es ist unmöglich."

„Wieso? Dein Notendurchschnitt ist besser als nötig."

„Ich bin abgegangen."

„Du kannst wieder zurückkommen."

„Bei dem, was ich alles verpasst habe? Ich müsste die Klasse wiederholen. Und ich werde nicht still sitzen, wenn diese Idioten mich einen dummen Indianer nennen."

„So viel hast du gar nicht verpasst. Ich könnte dir Nachhilfeunterricht geben, dich so weit vorbereiten, dass du dein Abschlussjahr im Herbst beginnen kannst. Ich bin staatlich geprüfte Lehrerin, Joe, und nur nebenbei, ich habe die besten Referenzen. Ich kann dich in allen Fächern unterrichten, die du brauchst."

Er stocherte mit dem Schürhaken im Feuer, Funken stoben auf. „Selbst wenn ich es mache …", murmelte er. „Die Akademie ist keine

Uni, wo man eine Aufnahmeprüfung macht, seine Studiengebühr zahlt und dann dabei ist."

„Nein. Normalerweise muss dein Kongressabgeordneter dich empfehlen."

„Ich bezweifle, dass mein Kongressabgeordneter die Empfehlung für einen Indianer ausspricht. Indianer stehen nun mal ganz unten auf der Liste."

„Ich denke, du machst zu viel aus deiner Abstammung", erwiderte Mary ruhig. „Natürlich kannst du alle Schuld darauf schieben, dass du Indianer bist, oder du kannst dein Leben leben. Die Reaktionen anderer Menschen kannst du nicht beeinflussen, deine eigenen schon. Du weißt doch gar nicht, was dein Kongressabgeordneter tun wird. Warum also gibst du schon auf, bevor du es überhaupt versucht hast? Bist du einer von denen, die schnell aufgeben?"

Joe richtete sich mit blitzenden Augen auf. „Das denke ich nicht."

„Na, dann ist es doch wohl an der Zeit, es herauszufinden, oder? Ist der Wunsch zu fliegen in dir stark genug, dass du dafür kämpfen willst? Oder willst du dich bis an dein Lebensende fragen, wie es wohl sein mag, im Cockpit eines Jets zu sitzen und über den Himmel zu jagen?"

„Sie kämpfen mit harten Bandagen, Ma'am", flüsterte er.

„Manchmal muss man jemandem eine Kopfnuss verpassen, damit er aufmerkt. Hast du genug Mumm, es zu versuchen?"

„Was ist mit Ihnen? Die Leute in Ruth werden Sie nicht mögen, wenn Sie zu viel Zeit mit mir verbringen. Wäre schon schlimm genug, wenn es nur um mich ginge, aber mit Dad und mir …"

„Sollte jemand eine Bemerkung darüber machen, dass ich dir Nachhilfe erteile, werde ich ihm schon den Kopf zurechtrücken", sagte sie entschlossen. „Es ist eine Ehre, auf der Akademie angenommen zu werden. Wenn du einverstanden bist, Nachhilfe von mir zu nehmen, werde ich sofort dem Kongressabgeordneten schreiben. Deine Abstammung wird dir endlich mal zum Vorteil gereichen."

Stolz leuchtete auf seinem Gesicht auf. „Ich will keinen Platz an der Akademie, nur weil ich Indianer bin."

„Unsinn!", tat sie es ab. „Natürlich wird man dich nicht deshalb aufnehmen. Aber wenn du deshalb das Interesse des Kongressabgeordneten weckst, umso besser. Er soll sich nur an einen Namen erinnern. Du bist schließlich derjenige, der die Klasse abschließen muss."

Joe fuhr sich mit den Fingern durchs Haar und trat ans Fenster, um auf die weiße Landschaft hinauszusehen. „Glauben Sie wirklich, das wäre möglich?"

„Natürlich ist es möglich. Nicht garantiert, aber möglich. Kannst du mit dir leben, wenn du es nicht versuchst? Wenn wir es nicht versuchen?" Sie hatte nicht die geringste Ahnung, wie man an eine Empfehlung von einem Kongressabgeordneten kam, aber sie würde an alle Senatoren und jeden Beamten in Wyoming schreiben, um es herauszufinden.

„Falls ich zustimme, dann muss der Unterricht abends stattfinden. Ich habe hier auf der Ranch Pflichten zu erledigen."

„Abends passt mir bestens. Von mir aus kann es Mitternacht sein, solange du nur zurück an die Schule kommst."

Er warf ihr einen Blick zu. „Sie meinen das ernst, nicht wahr? Ihnen macht es wirklich was aus, dass ich abgegangen bin."

„Natürlich macht es mir etwas aus."

„Da gibt es kein ‚natürlich'. Den anderen Lehrern war egal, ob ich am Unterricht teilnahm oder nicht. Wahrscheinlich hätten sie es lieber gesehen, wenn ich gar nicht aufgetaucht wäre."

„Nun", meinte sie brüsk, „mir ist es nicht egal. Ich unterrichte, das ist es, was ich tue. Und wenn ich es nicht tun kann, dann verliere ich einen Teil von mir selbst. Denkst du nicht genauso übers Fliegen? Dass du es tun musst, oder du wirst sterben?"

„Ich will es so sehr, dass es wehtut", gab er leise zu.

„Irgendwo habe ich mal gelesen, Fliegen ist so, als würde man seine Seele in den Himmel werfen und dann losrasen, um sie aufzufangen, bevor sie fällt."

„Meine Seele würde niemals zu Boden fallen", murmelte Joe. Wie in Trance starrte er hinauf in den blauen Winterhimmel. Als würde er sich schon dort oben sehen, frei, losgelöst und ohne Fesseln, nur begleitet von dem kraftvollen Donnern der Flugzeugmotoren, die ihn höher und höher hinauftrugen. Dann schüttelte er sich leicht, um den Traum zu verdrängen. „Also gut, Frau Lehrerin, wann fangen wir an?"

„Heute Abend. Du hast genug Zeit verschwendet."

„Wie lange dauert es, bis ich alles aufgeholt habe?“

Mary bedachte ihn mit einem strengen Blick. „Aufholen? Du wirst sie in einer Staubwolke zurücklassen. Wie lange das dauert, hängt davon ab, wie viel du gewillt bist zu arbeiten.“

„Jawohl, Ma'am.“ Er grinste flüchtig.

Obwohl er viel jünger aussah, mehr wie ein Junge, war er in vielerlei Hinsicht reifer und erwachsener als die Gleichaltrigen in seiner Klasse, dachte sie. „Kannst du um sechs zu mir nach Hause kommen? Oder soll ich lieber herkommen?“ Sie dachte an die Fahrt, bei Schnee im Dunkeln, und fragte sich schon, ob sie es überhaupt schaffen würde, doch da hörte sie Joe sagen: „Ich komme zu Ihnen, damit Sie nicht durch den Schnee fahren müssen. Wo wohnen Sie?“

Sie beschrieb ihm den Weg.

„Das ist das alte Witcher-Haus“, wusste er sofort. „Im Umkreis von fünf Meilen gibt es kein anderes dieser Art.“

„Ja, so sagte man mir. Es war sehr anständig von der Schulverwaltung, mir diese Unterkunft zu stellen.“

Joe sah zweifelnd aus. „Es war die einzige Möglichkeit, um jemanden mitten im Schuljahr für die Stelle zu bekommen.“

„Nun, ich weiß es auf jeden Fall zu schätzen.“ Mary blickte zum Fenster hinaus. „Sollte dein Vater nicht bald zurück sein?“

„Hängt davon ab, was er herausfindet. Wenn er es selbst reparieren kann, dann wird er es tun. Sehen Sie, da kommt er.“

Der schwarze Pick-up hielt vor dem Haus. Wolf klopfte sich auf der Veranda den Schnee von den Stiefeln und öffnete die Tür. Sein Blick glitt von seinem Sohn zu Mary. Seine Augen verengten sich ein wenig, als er der Kurven gewahr wurde, die Joes Jeans an Mary betonten, doch er sagte nichts dazu.

„Packen Sie Ihre Sachen zusammen“, ordnete er an. „Ich habe noch einen Ersatzschlauch, der in Ihren Wagen passen wird. Den werden wir einsetzen, dann bringen wir Sie nach Hause.“

„Ich kann allein fahren“, erwiderte sie. „Aber vielen Dank für Ihre Mühe. Und ich möchte Ihnen den Schlauch bezahlen. Was kostet er?“

„Betrachten Sie es als Nachbarschaftshilfe für ein Greenhorn. Trotzdem werden wir Sie nach Hause bringen. Sie können woanders als auf diesem Berg üben, wie man im Schnee fährt.“

Wolfs Miene war ausdruckslos, aber Mary wusste, er hatte seine Entscheidung gefällt und würde sich durch nichts davon abbringen lassen. So ging sie ihr Kleid aus Joes Zimmer holen und sammelte ihre restlichen Sachen in der Küche ein. Als sie in den Wohnraum zurückkam, hielt Wolf eine Jacke für sie auf. Sie schlüpfte hinein, und da die Jacke ihr bis zu den Knien reichte und die Ärmel weit über die Hände, war ihr klar, dass es sich um eine Jacke von Wolf handeln musste.

Joe trug bereits Jacke und Mütze. „Fertig."

Wolf sah zu seinem Sohn. „Habt ihr euer Gespräch gehabt?"

Der Junge nickte und sah seinem Vater direkt in die Augen. „Miss Potter wird mir Unterricht geben. Ich werde versuchen, auf die Air Force Academy zu kommen."

„Es ist deine Entscheidung. Überleg dir genau, worauf du dich da einlässt."

„Ich muss es versuchen."

Wolf nickte einmal knapp, und das war das Ende der Diskussion. Mary zwischen sich, verließen sie die Wärme des Hauses. Ein weiteres Mal schlug die schneidende Kälte Mary entgegen, und dankbar kletterte sie in den beheizten Truck.

Mary saß vorn zwischen den beiden Männern, die Hände im Schoß gefaltet, die Füße, jetzt in Stiefeln, züchtig nebeneinandergestellt, während Wolf den Wagen zu einer großen Scheune lenkte, an deren zwei gegenüberliegenden Seiten lange Ställe lagen. Wolf stieg aus und ging in die Scheune hinein, um keine dreißig Sekunden später wieder herauszukommen, einen Gummischlauch in der Hand.

Bei Marys Auto stiegen beide Mackenzies aus, nicht ohne dass Wolf Mary scharf anwies, im Truck sitzen zu bleiben. Ganz schön herrisch, dachte Mary, aber seine Beziehung zu Joe gefiel ihr. Zwischen Vater und Sohn herrschte sehr großer gegenseitiger Respekt.

Sie fragte sich, ob die Bewohner des Städtchens sich den Mackenzies gegenüber wirklich so abweisend verhielten, weil sie Indianer waren. Etwas, das Joe gesagt hatte, fiel ihr wieder ein – er allein sei schlimm genug, aber wegen seines Vaters sei es doppelt schlimm. Was war denn mit Wolf? Er hatte sie aus einer höchst unangenehmen, ja gefährlichen Lage gerettet, er hatte sich fürsorglich um sie gekümmert, und jetzt reparierte er ihr Auto.

Und er hatte sie geküsst, bis ihr schwindlig geworden war.

Ihre Wangen begannen bei der Erinnerung zu brennen. Noch nie, niemals zuvor hatte sie sich einem Mann gegenüber so benommen. Das war völlig untypisch für sie. Tante Ardith würde vor Entsetzen wahrscheinlich einen Herzinfarkt bekommen, hätte sie je erfahren, dass die brave, unscheinbare Nichte es einem Mann erlaubt hatte, seine Zunge in ihren Mund zu stecken. Tante Ardith hätte es sicher für unhygienisch gehalten … Mary fand es sehr aufregend.

Ihr Gesicht war immer noch heiß, als Wolf in den Truck zurückkam, aber er sah Mary nicht an. „Es ist repariert. Joe wird uns mit Ihrem Wagen folgen."

„Aber müssen nicht erst Wasser und Frostschutz nachgefüllt werden?"

Er warf ihr einen missbilligenden Blick zu. „Haben Sie denn nicht aufgepasst, als ich die Flasche Frostschutz eingefüllt habe?"

Mary wurde wieder verlegen. Nein, natürlich hatte sie nicht aufgepasst. Sie hatte in Erinnerungen an seine Küsse geschwelgt, mit rasendem Puls und klopfendem Herzen. Eine völlig ungewöhnliche Reaktion, und Mary wusste nicht, wie sie damit umgehen sollte. Sie zu ignorieren schien das Vernünftigste, aber wie sollte sie so intensive Gefühle nicht beachten?

Sein Schenkel schlug gegen ihren, als er den Gang einlegte, und erst jetzt wurde Mary bewusst, dass sie immer noch in der Mitte saß. „Ich mache Platz", sagte sie hastig und rutschte näher an die Beifahrertür.

Wolf hatte es gefallen, dass sie so dicht neben ihm saß, dass sein Arm und sein Bein sie berührten, wann immer er den Gang wechselte. Das sagte er natürlich nicht. Im Haus waren die Dinge schon außer Kontrolle geraten, aber das musste ja nicht wieder passieren. Diese Abmachung mit Joe bereitete ihm viel größere Sorgen. Joe war ihm wichtiger als jede Frau, mochte sie sich auch noch so weich und anschmiegsam in seinen Armen anfühlen.

„Ich will nicht, dass Joe verletzt wird." Seine tiefe Stimme ließ Mary zusammenzucken, sie hörte die mitschwingende Feindseligkeit deutlich heraus. „Die Air Force Academy! Das ist eine ziemlich steile Leiter für einen Indianerjungen. Da werden viele Leute nur darauf warten, ihm auf die Finger zu treten."

Mary ließ sich von ihm nicht einschüchtern, sondern drehte sich mit erhobenem Kinn und kampfeslustig funkelnden Augen zu ihm um. „Mr Mackenzie, ich habe Joe nicht zugesichert, dass er angenommen wird. Das ist ihm bewusst. Seine Noten sind so gut, dass es für eine Empfehlung ausreicht, aber er hat die Schule nicht beendet. Ohne Abschluss hat er nicht einmal eine Chance. Das ist alles, was ich ihm angeboten habe – eine Chance."

„Und wenn er es nicht schafft?"

„Er will es versuchen. Selbst wenn er nicht angenommen wird, dann hat er es zumindest versucht. Und er hat ein Abschlusszeugnis."

„Mit dem er dann genau das machen kann, was er vorher ohne Zeugnis auch getan hat."

„Ja, schon möglich. Aber gleich am Montag werde ich herausfinden, was genau man tun muss, und ich werde mich an die zuständigen Leute wenden. Es ist schwierig, in die Akademie aufgenommen zu werden, die Konkurrenz ist stark."

„Den Leuten in der Stadt wird es nicht gefallen, wenn Sie Joe Nachhilfe geben."

„Das hat Joe auch schon erwähnt." Ihr Gesicht bekam diesen strengen Lehrerinnenausdruck. „Aber ich weiß auch schon, was ich jedem sagen werde, der sich gezwungen fühlt, eine Bemerkung zu machen. Überlassen Sie diese Leute nur mir, Mr Mackenzie."

Sie waren schon vom Berg herunter, wo es sie doch so viel Zeit gekostet hatte, das kleine Stückchen hinauf zurückzulegen. Wolf schwieg für den Rest der Fahrt zu ihrem Haus, und Mary war es nur recht. Als er vor dem alten Haus, in dem sie wohnte, anhielt, ließ er die Hände auf dem Steuer liegen. „Es geht hier nicht nur um Joe", hob er an. „Tun Sie sich selbst einen Gefallen und lassen Sie niemanden wissen, dass Sie ihn unterrichten. Es ist besser für Sie, wenn man nicht weiß, dass Sie auch nur mit mir gesprochen haben."

„Aber wieso denn nur?"

Sein Lächeln war kühl wie eine Winternacht. „Ich war im Gefängnis. Wegen Vergewaltigung. Ich habe meine Zeit abgesessen."

3. KAPITEL

Hinterher hätte Mary sich am liebsten getreten, weil sie wortlos aus dem Truck ausgestiegen war. Aber in jenem Augenblick war sie einfach zu schockiert gewesen. Vergewaltigung! Ein absolut abscheuliches Verbrechen! Und sie hatte ihn auch noch geküsst! Sie war so entgeistert gewesen, dass sie lediglich ein knappes Kopfnicken als Abschiedsgruß zustande gebracht und noch zu Joe gesagt hatte, dass sie sich am Abend sehen würden. Dann war sie ohne Dank für die Hilfe im Haus verschwunden.

Jetzt stand Mary allein in der altmodischen Küche und sah Woodrow zu, wie er heißhungrig eine Schale mit Milch leer schleckte, während sie über Wolfs brüskierende Bemerkung nachdachte.

„So ein Unsinn!“, stieß sie jäh aus. „Wenn dieser Mann ein Vergewaltiger ist, dann brate ich dich zum Abendessen, Woodrow!“

Woodrow blieb erstaunlich gelassen, was Mary als Beweis ansah, dass der Kater ihre Meinung teilte. Woodrow hatte schließlich sehr ausgeprägte Instinkte, wenn es um das eigene Wohlbefinden ging.

Wolf hatte nicht gesagt, dass er das Verbrechen begangen hatte. Sondern dass er Zeit im Gefängnis für dieses Verbrechen abgesessen habe. Mary erinnerte sich, wie beide Mackenzies mit bitterer Resignation hinnahmen, dass sie wegen ihrer indianischen Abstammung Ausgestoßene waren, und sie fragte sich, ob die Tatsache, dass Wolf ein Halbblut war, wohl eine Rolle bei der Verurteilung gespielt hatte. Denn sie wusste mit Gewissheit, dass er es nicht getan hatte. Der Mann, der ihr aus einer brenzligen Lage geholfen hatte, der ihre Hände unter seinen Achseln gewärmt und sie mit brennender Leidenschaft geküsst hatte, war einfach nicht der Typ Mann, der eine Frau so verletzen könnte. Während sie sich bereits wie Wachs in seinen Händen gefühlt hatte, war er derjenige, der diesen Küssen Einhalt geboten hatte, bevor es zu weit ging.

Das ist ja lächerlich. Dieser Mann ist doch kein Vergewaltiger!

Na, vielleicht war es nicht schwer für ihn gewesen, mit dem Küssen aufzuhören, bei ihrer Unattraktivität und ihrer Unerfahrenheit. Üppige Kurven hatte sie auch nicht vorzuweisen, aber ... Sie mochte unerfahren sein, dumm war sie jedoch nicht. Er war ... nun ... eindeutig erregt gewesen. Sie hatte es gefühlt, ganz deutlich. Sosehr es sie auch schockierte, es zugeben zu müssen, sie war bereit gewesen, und doch hatte er die Situation nicht ausgenutzt.

Was, wenn?

Ihr Herz begann kräftiger zu schlagen, eine Hitzewelle durchlief sie, und ihre Brüste begannen zu spannen. Automatisch legte sie die Handflächen auf die Rundungen, bis ihr entsetzt klar wurde, was sie da tat. Hastig riss sie die Arme an ihre Seiten. Was, wenn er ihre Brüste berührt hätte? Wenn er sie mit seinem Mund liebkost hätte? Allein bei dem Gedanken meinte sie dahinschmelzen zu müssen. Ein klagender Laut entrang sich ihr. In dem stillen Haus schien er überlaut, der Kater schaute von seiner Milchschale auf und miaute, um sich dann wieder über sein Abendessen herzumachen.

Wäre sie in der Lage gewesen, Wolf aufzuhalten? Hätte sie überhaupt versucht, ihn aufzuhalten? Oder würde sie jetzt in seinen Armen liegen, anstatt hier zu stehen und sich in erotischen Fantasien zu ergehen? Alles in ihr prickelte, es waren soeben erst erwachte Instinkte, nicht Wissen oder Erfahrung.

Bis auf die Leidenschaft für Bücher und Lehren hatte sie bisher nicht gewusst, was dieses Gefühl bedeutete. Dass ihr Körper zu solch starken Emotionen fähig war, erschreckte sie. Bisher hatte sie immer geglaubt, sich gut zu kennen. Plötzlich war sie sich selbst fremd, die eigenen Gedanken und Bedürfnisse waren mit einem Mal ungebührlich. Fast wie ein Verrat.

Es war pure Lust. Kaum zu fassen, aber Mary Elizabeth Potter sehnte sich nach einem Mann! Und nicht irgendeinem Mann, sondern nach Wolf Mackenzie.

Sie fand es sowohl erstaunlich als auch extrem peinlich.

Joe erwies sich als auffassungsfähiger und intelligenter Schüler, ganz wie Mary vorausgesehen hatte. Er kam pünktlich und glücklicherweise allein. Nachdem Mary den ganzen Nachmittag über die Ereignisse am Morgen nachgedacht hatte, wäre sie kaum in der Lage gewesen, Wolf Mackenzie gegenüberzutreten. Was musste der Mann von ihr denken? Sie hatte ihn ja praktisch angefallen.

In den folgenden drei Stunden musste Mary feststellen, dass sie Joe mehr und mehr mochte. Er war wissbegierig und sog jede Information wie ein Schwamm auf. Während er an den Aufgaben arbeitete, die sie für ihn zusammengestellt hatte, bereitete sie eine Tabelle vor, in die sie Arbeitsdauer und durchgenommenen Stoff zu jedem Fach eintrug. Später würden die erreichten Noten hinzukommen. Das gesteckte Ziel war viel höher als ein simpler Highschool-Abschluss. Auch wenn Mary nichts versprochen hatte ... sie würde nicht eher zufrieden sein, bis Joe an der Air Force Academy angenommen wurde. Etwas hatte in seinen Augen gestanden, an dem sie erkannt hatte, dass er nie wirklich glücklich sein würde, solange er nicht fliegen konnte. Er kam ihr wie ein am Boden gefangener Adler vor, dessen Seele sich danach verzehrte, sich in die Lüfte zu schwingen.

Um neun Uhr beendete Mary den Unterricht und schrieb die Zeit in ihre Tabelle. Joe gähnte und balancierte mit dem Stuhl auf den Hinterbeinen. „Wie oft machen wir das jetzt?“

„Jeden Abend, wenn du kannst“, antwortete sie. „Zumindest so lange, bis du den Anschluss an den Unterrichtsstoff der Klasse geschafft hast.“

Seine blauen Augen blitzten auf, und wieder musste Mary feststellen, wie reif und erwachsen diese Augen blickten. „Werde ich im nächsten Jahr regelmäßig zum Unterricht erscheinen müssen?“

„Es wäre sicherlich angebracht. Du würdest viel mehr schaffen, und wir könnten uns auf den Fortgeschrittenenstoff konzentrieren.“

„Ich denke darüber nach. Ich will Dad jetzt nicht hängen lassen. Wir vergrößern gerade die Ranch, das bedeutet also sehr viel mehr Arbeit. Wir haben mehr Pferde denn je.“

„Ihr züchtet Pferde?“

„Quarter Horses, ja. Die besten für den Viehtrieb. Wir züchten sie nicht nur, die Leute bringen uns auch ihre Pferde, damit Dad sie einreitet. Er ist der Beste. Wenn es darum geht, Pferde zu trainieren, ist es den Leuten egal, dass er Indianer ist.“

Die Worte klangen verbittert. Mary stützte die Ellbogen auf den Tisch und legte das Kinn in die Hände. „Und du?“

„Ich bin ebenfalls Indianer, Miss Potter. Halb indianisch, das ist für die meisten Menschen mehr als genug. Als ich noch jünger war, war es nicht so schlimm. Ein kleiner indianischer Junge ist keine große Bedrohung. Aber Kinder werden älter, und wenn sie dann den weißen Anglo-Töchtern nachsehen, ist der Teufel los.“

Also war doch ein Mädchen einer der Gründe gewesen, warum Joe die Schule geschmissen hatte. Mary zog eine Augenbraue hoch. „Ich gehe davon aus, dass die weißen Anglo-Töchter zurückgeschaut haben", schmunzelte sie. „Du siehst doch sehr gut aus."

Fast hätte er sie angegrinst. „Stimmt. Wenn ich aus dem Nähkästchen plaudere, kriege ich eine Tasse Kaffee von Ihnen, abgemacht?"

„Also haben sie zurückgeschaut?"

„Und geflirtet. Eine hat sogar so getan, als liege ihr tatsächlich etwas an mir. Aber als ich mit ihr tanzen gehen wollte, hat sie ganz schnell einen Rückzieher gemacht. Vermutlich ist es wohl okay, mit mir zu flirten, so als würde man einem Bullen eine rote Fahne vor die Nase halten. Aber absolut undenkbar, dass sie mit einem Indianer ausgehen würde."

„Das tut mir leid." Ohne nachzudenken, legte Mary ihre Hand auf seine Finger. „Hast du deshalb die Schule verlassen?"

„Es schien keinen Sinn mehr zu machen, hinzugehen. Meinen Sie jetzt nicht, es wäre irgendetwas Ernstes gewesen. So weit ist es gar nicht gekommen. Sie gefiel mir einfach, ich war an ihr interessiert. Aber diese ganze Sache hat mir klargemacht, dass ich niemals hineinpassen werde. Keines von diesen Mädchen würde je mit mir ausgehen."

„Und wie stellst du dir das vor? Für den Rest deines Lebens auf der Ranch arbeiten, nie eine Freundin haben, niemals heiraten?"

„An Heiraten denke ich sowieso nicht!", kam es vehement zurück. „Und was den Rest angeht ... es gibt andere, größere Städte. Die Ranch läuft jetzt richtig gut, wir haben sogar etwas Geld auf die Seite gelegt." Er erwähnte nicht, dass er seine Jungfräulichkeit schon vor zwei Jahren in einer dieser großen Städte verloren hatte. Er wollte sie nicht schockieren, und er war sicher, dass diese Information sie ganz bestimmt entsetzen würde. Diese neue Lehrerin war nicht nur bieder und verklemmt, sie war unschuldig. Sie war so anders als die anderen Lehrer. Wenn sie ihn ansah, dann sah sie wirklich ihn an, Joe Mackenzie, nicht das Halbblut mit der bronzefarbenen Haut und den schwarzen Haaren. Sie hatte seinen Traum erkannt, die Besessenheit, die er schon immer für Flugzeuge und das Fliegen gehabt hatte.

Nachdem Joe gegangen war, verschloss Mary die Haustür und

ging zu Bett. Es war ein wahrhaft aufregender Tag für sie gewesen, lange fand sie keinen Schlaf – und schlief dafür prompt bis spät in den nächsten Morgen hinein. Sie hielt sich den ganzen Tag beschäftigt, nur um nicht an Wolf Mackenzie denken zu müssen. Oder sich Fantasien über Dinge auszumalen, die nie passiert waren.

Sie putzte und polierte, bis das alte Haus glänzte, dann holte sie die Kartons mit den Büchern hervor, die sie aus Savannah mitgebracht hatte, mit dem festen Vorsatz, sie auszupacken. Bücher verliehen einem Haus immer eine wohnlichere Atmosphäre. Dummerweise gab es nirgendwo Regale, in die man die Bücher hätte stellen können. Sie würde sich also direkt morgen Nachmittag im Kaufhaus nach einem Regal umsehen, das man selbst zusammenbauen konnte. Mit einem Schraubenzieher kam sie schon zurecht. Und wenn man im Kaufhaus nichts dergleichen finden konnte, dann würde sie wohl Holz kaufen und einen Schreiner beauftragen müssen.

In der Mittagspause am Montag rief Mary bei der Landesschulbehörde an, um sich zu erkundigen, welche Schritte unternommen werden mussten, damit Joes Privatunterricht für seinen Schulabschluss anerkannt wurde. Wie Mary erfuhr, verfügte sie zwar über die notwendigen Qualifikationen, trotzdem war noch eine Menge Papierkram zu erledigen, bevor Joes Noten angerechnet werden konnten. Mary machte diesen Anruf vom Lehrerzimmer in der Schule aus. Das Zimmer war winzig und wurde auch so gut wie nie benutzt – erstens unterrichteten nur drei Lehrer an der Schule, zweitens blieb nie Zeit für eine Pause –, trotzdem war es ausgestattet mit Tisch und Stühlen, einer Kaffeemaschine, einem Kühlschrank und einem Telefon. Es war so ungewöhnlich, dass jemand hier auftauchte, dass Mary sich erstaunt umdrehte, als Sharon Wycliffe, die die Klassen eins bis vier unterrichtete, den Kopf zur Tür hereinsteckte.

„Mary, ist dir nicht gut? Fühlst du dich krank?"

„Nein, mir geht's bestens." Mary wischte sich den Staub von den Händen. Den Telefonhörer überzog eine dicke graue Schicht, Zeugnis davon, wie selten dieses Telefon benutzt wurde. „Ich habe nur einen Anruf gemacht."

„Oh! Ich dachte schon ... du warst so lange hier drinnen, da machte ich mir Sorgen, dass dir eventuell übel sein könnte. Wen hast du denn angerufen?"

Sharon dachte sich nichts dabei, diese Frage zu stellen. Sie war in Ruth geboren und aufgewachsen, war in der kleinen Stadt zur Schule gegangen und hatte einen Mann aus Ruth geheiratet. In Ruth kannte jeder jeden, was bei einhundertundachtzig Einwohnern nicht schwierig war. Jeder wusste über den anderen Bescheid, und man sah nichts Ungewöhnliches darin. Kleinstädte waren wie große Familien. Da Mary bereits Bekanntschaft mit dieser Direktheit gemacht hatte, verblüffte sie auch Sharons offene Neugier nicht.

„Die Schulbehörde. Ich brauchte ein paar Informationen zu Lehranforderungen."

Sharon sah alarmiert aus. „Meinst du, du hast keine ausreichende Qualifikation? Die gesamte Schulverwaltung wird Selbstmord begehen! Du ahnst ja nicht, wie schwer es ist, jemanden in eine kleine Stadt wie Ruth zu holen. Die waren ja schon in Panik aufgelöst, als sie dich endlich fanden. Sonst müssen die Kinder in die nächste Stadt zur Schule gehen, und die liegt sechzig Meilen entfernt."

„Nein, das ist es nicht. Ich dachte mir, ich könnte vielleicht Privatunterricht geben, falls eines der Kinder Nachhilfe nötig hat." Von Joe Mackenzie sagte sie nichts, die Warnung der beiden Mackenzies klang ihr noch in den Ohren.

„Dem Himmel sei Dank, dass es keine schlechten Nachrichten gibt!", rief Sharon aus. „Jetzt mache ich mich besser auf den Weg zurück zu den Kindern, bevor sie noch irgendetwas anstellen." Mit einem Lächeln und einem Winken verabschiedete sie sich. Ihre Neugier war befriedigt.

Mary hoffte, Sharon würde nichts gegenüber Dottie Lancaster erwähnen, die die Klassen fünf bis acht leitete. Doch sie wusste auch, wie gering die Chancen dafür standen. In Ruth wurde alles irgendwann bekannt. Sharon ging warmherzig und geduldig mit ihren jungen Zöglingen um, und auch Mary bevorzugte als Lehrerin einen eher lockeren Lehrstil, aber Dottie war streng und brüsk gegenüber ihren Schülern. Für Dottie war das Lehramt ein Job – notwendig, aber nicht unbedingt erfreulich. Mary hatte schon Gerüchte gehört, dass Dottie daran dachte, in Frührente zu gehen, was die Schulverwaltung, trotz Dotties Mängeln, in arge Bedrängnis bringen könnte. Wie Sharon schon angedeutet hatte, war es schwierig, Lehrpersonal für Ruth zu finden. Das Städtchen war einfach zu klein und zu abgelegen.

Als sie die letzte Stunde unterrichtete, ertappte Mary sich dabei, wie sie die jungen Mädchen heimlich musterte und sich fragte, welche von ihnen mit Joe Mackenzie geflirtet und sich zurückgezogen hatte, als er um eine Verabredung gebeten hatte. Mehrere von den Mädchen waren attraktiv und kess genug, und auch wenn sie die typische alberne Art von Teenagern an den Tag legten, so waren sie doch alle nett. Welche von ihnen hatte wohl Joes Interesse erweckt? Natalie Ulrich, die groß war und sich so graziös bewegte? Pamela Hearst, die vom Aussehen her eigentlich an einen kalifornischen Strand gehörte? Oder vielleicht Jackie Baugh mit den dunklen, verhangenen Augen? Es könnte jede von den acht Mädchen in der Klasse sein. Sie waren daran gewöhnt, hofiert zu werden, vor allem auch deshalb, weil sie in der Unterzahl gegenüber den Jungen waren. Und alle waren recht kess. Welche also war es?

Mary sagte sich, dass es unerheblich sei, doch das war es nicht. Eins von diesen Mädchen hatte, auch wenn sie ihm nicht das Herz gebrochen hatte, Joe einen Schlag versetzt, der sehr leicht lebenslange Konsequenzen haben könnte. Für Joe war es der endgültige Beweis, dass er nicht in die Welt der Weißen gehörte. Er hatte sich zurückgezogen. Vielleicht würde er nicht in die Schule zurückkommen, aber immerhin hatte er dem Privatunterricht zugestimmt. Er sollte nicht die Hoffnung verlieren.

Als die Schulstunden beendet waren, sammelte Mary hastig ihre Materialien und die Arbeiten zusammen, die sie noch benoten musste, und eilte zu ihrem Wagen. Bis zum Kaufhaus Hearst war es nur eine kurze Fahrt, und Mr Hearst zeigte ihr auf ihre Frage hin freundlich die Kartons mit den Selbstbauregalen in einer Ecke des Ladens.

Wenig später öffnete sich die Tür zum Laden erneut für einen Kunden. Mary erblickte Wolf, sobald er den Verkaufsraum betrat. Sie beschaute sich die Regale genauestens. Doch sie konnte seine Anwesenheit nicht ignorieren. Ihre Nervenenden begannen zu prickeln, die Härchen an ihrem Nacken richteten sich auf, Mary schaute hoch … und da stand er. Sie erschauerte jäh, und sofort schoss ihr das Blut ins Gesicht.

Aus den Augenwinkeln sah sie, wie Mr Hearst sich plötzlich versteifte, und zum ersten Mal glaubte sie die Dinge, die Wolf ihr erzählt hatte. Wolf tat nichts, sagte kein Wort, aber es war klar, dass Mr Hearst den Mann nicht in seinem Geschäft haben wollte.

Hastig wandte Mary sich wieder den Regalen zu. Sie konnte Wolf unmöglich in die Augen sehen. Ihre Wangen brannten, als sie an ihr Benehmen dachte. Wie sie sich an ihn geklammert hatte, war ihr jetzt schrecklich peinlich. Wahrscheinlich hielt er sie für eine liebeshungrige alte Jungfer. Das mit der alten Jungfer konnte sie nicht einmal bestreiten, aber auf den anderen Teil hatte sie nie viel Wert gelegt. Bis Wolf sie in die Arme genommen hatte.

Ihr Gesicht brannte, ihr Körper stand förmlich in Flammen, und es stand absolut nicht zur Debatte, dass sie mit ihm reden konnte. Was musste er nur von ihr denken? Mit vorgetäuschter Konzentration studierte sie die Konstruktionsanleitung auf dem Regalpaket und tat, als hätte sie Wolf nicht gesehen.

Volle drei Mal las sie die Bausatzanleitung, bevor ihr klar wurde, dass sie sich genau wie all die anderen benahm, die Wolf beschrieben hatte – die sich zu gut waren, um mit ihm zu reden.

Wütend auf sich selbst wuchtete sie das Paket hoch und schwankte unter dem unerwarteten Gewicht. Als sie sich umdrehte, stellte Wolf gerade eine Schachtel mit Nägeln auf den Verkaufstresen und griff nach seinem Portemonnaie.

Mr Hearst warf einen knappen Blick auf Wolf, dann eilte er hinter der Theke hervor. „Warten Sie, Miss Potter, lassen Sie mich das machen." Er stieß einen erschöpften Laut aus, als er ihr das schwere Paket abnahm. „Das können Sie doch nicht allein. Sie verletzen sich noch damit."

Mary fragte sich zwar, wie er sich vorstellte, dass sie das Paket vom Auto in ihr Haus befördern würde, wenn nicht allein, aber sie sagte nichts. Stumm folgte sie dem Ladenbesitzer zur Kasse. Sie atmete tief durch, sah zu Wolf und sagte mit klarer Stimme: „Guten Tag, Mr Mackenzie. Wie geht es Ihnen?"

Seine dunklen Augen glitzerten, vielleicht als Warnung. „Miss Potter." Er nickte ihr zu, ging aber nicht auf ihre höfliche Frage ein.

Mr Hearst betrachtete Mary scharf. „Sie kennen ihn, Miss Potter?"

„Ja. Mr Mackenzie hat mich am Samstag gerettet, als mein Wagen liegen blieb und ich im Schnee feststeckte."

Ein argwöhnischer Blick auf Wolf und ein missmutiges Schnauben, dann suchte Mr Hearst nach dem Preisschild auf dem Regalpaket, um den Betrag in die Kasse einzugeben.

„Mr Mackenzie war vor mir da", sagte Mary laut und deutlich.

Sie hörte Wolf einen unterdrückten Fluch murmeln, zumindest hielt sie es für einen Fluch, und Mr Hearst lief rot an.

„Mir macht das Warten nichts aus", sagte Wolf gepresst.

„Ich würde mich nie vordrängeln." Mary verschränkte die Finger vor sich. „So unhöflich könnte ich nie sein."

„Ladys first." Mr Hearst zwang sich zu einem Lächeln.

Das Mary mit einem strengen Blick erwiderte. „Frauen sollten niemals Vorteile nur wegen ihres Geschlechts haben, Mr Hearst. Wir leben in einer Zeit der Gleichberechtigung und der Fairness. Mr Mackenzie war zuerst hier, deshalb sollte er auch zuerst bedient werden."

Wolf schüttelte den Kopf und starrte sie ungläubig an. „Sind Sie etwa eine von diesen Emanzen?"

Mr Hearst schaute erbost zu ihm hin. „Rede nicht so mit ihr, Indianer."

„Einen Moment mal!" Ihre Wut nur mühsam beherrschend, wedelte Mary mit dem erhobenen Zeigefinger vor Mr Hearsts rot angelaufenem Gesicht. „Das war sehr unhöflich und zudem höchst unangebracht, Mr Hearst. Ihre Mutter würde sich für Sie schämen. Hat sie Ihnen etwa keine Manieren beigebracht?"

Das Rot auf dem Gesicht des Ladenbesitzers wurde intensiver. „Sie hat mich sehr gut erzogen", murmelte er und starrte wie gebannt auf den tadelnden Zeigefinger.

Mit dem Zeigefinger einer Lehrerin hatte es eine geheimnisvolle Bewandtnis. Er besaß eine geradezu mystische Kraft, erwachsene Menschen wurden davor wieder ganz klein. Mary war diese Wirkung schon seit Langem aufgefallen, und sie ging davon aus, dass der Lehrerzeigefinger eine Art Verlängerung des mütterlichen Zeigefingers sein musste. Frauen entwuchsen normalerweise diesem Schuldgefühl und der Hilflosigkeit, die ein solch scheltender Finger hervorrief – wahrscheinlich, weil die meisten irgendwann selbst Mutter wurden und dann über einen eigenen mächtigen Zeigefinger verfügten, Männer jedoch nie. Mr Hearst bildete da keine Ausnahme. Er zog ein Gesicht, als wolle er sich am liebsten unter der Theke verkriechen.

„Dann bin ich sicher, dass Sie Ihre Mutter auch stolz auf sich machen wollen", sagte sie in ihrem schulmeisterlichsten Tonfall. „Nach Ihnen, Mr Mackenzie."

Wolf ließ einen unwilligen Laut hören, aber Mary blickte ihn zwingend an, bis er ein paar Geldscheine aus seiner Brieftasche zog und sie auf die Theke warf. Ohne ein Wort gab Mr Hearst Wechselgeld heraus, und ebenso stumm nahm Wolf Münzen und Nägel und verließ den Laden.

„Danke." Marys gestrenge Miene machte einem kleinen Lächeln Platz. „Ich wusste, Sie würden verstehen, wie wichtig es mir ist, fair behandelt zu werden, Mr Hearst. Ich möchte schließlich nicht meine Position als Lehrerin hier ausnutzen." Sie ließ es absichtlich so klingen, als sei eine Lehrerin mindestens so wichtig wie eine Königin, aber Mr Hearst nickte nur ergeben und beeilte sich erleichtert, den Kauf zu quittieren, und lud Mary auch noch das Paket in den Wagen.

„Vielen Dank", sagte sie und klappte den Kofferraumdeckel zu. „Ach, übrigens … Pamela, das ist doch Ihre Tochter, nicht wahr?"

Mr Hearst war sofort besorgt. „Ja." Pamela, seine Jüngste, sein Augapfel …

„Sie ist ein wirklich nettes Mädchen und eine gute Schülerin. Das wollte ich Sie nur wissen lassen."

Mr Hearsts Gesicht war ein einziges zufriedenes Grinsen, als Mary in ihrem Wagen davonfuhr.

Wolf wartete mit laufendem Motor am Straßenrand und schaute in den Rückspiegel, bis er Mary aus dem Laden kommen sah. Er war so wütend, am liebsten hätte er sie geschüttelt, bis ihr die Zähne klapperten. Das wiederum machte ihn noch wütender, denn er wusste, dass er es nie tun würde.

Er hatte sie gewarnt, aber sie wollte ja nicht hören. Nicht nur hatte sie ganz deutlich erklärt, dass sie und er einander kannten, nein, sie musste auch noch die genauen Umstände erklären. Und dann hatte sie sich so für ihn eingesetzt, dass es in Windeseile die Runde machen würde.

Hatte sie denn nichts kapiert? Hatte sie geglaubt, er mache Witze, als er ihr sagte, dass er ein Exsträfling war?

Seine Finger klammerten sich um das Lenkrad. Sie hatte ihr Haar wieder im Knoten getragen und diese riesige Brille auf der Nase sitzen, die die sanften grau-blauen Augen versteckte, aber er erinnerte sich nur zu gut daran, wie sie mit offenen Haaren in Joes Jeans ausgesehen hatte. Er sah noch deutlich die Leidenschaft in ihren Augen, als er sie geküsst hatte, konnte noch ihre Lippen spüren, auch wenn sie diese eine Zeit lang fest zusammengepresst gehalten hatte, mit dieser gehemmten Miene.

Wenn er auch nur einen Funken Verstand hätte, würde er jetzt losfahren. Wenn er sich von ihr fernhielt, dann hätten die Leute über nichts anderes zu klatschen, als dass sie Joe Privatunterricht erteilte. Das allein reichte völlig.

Aber wie sollte sie dieses Riesenpaket aus dem Auto und ins Haus bekommen? Das Ding wog wahrscheinlich genauso viel wie sie. Wenn er ihr den Karton ins Haus trug, dann konnte er ihr auch gleichzeitig die Leviten lesen, weil sie nicht auf ihn gehört hatte.

Zum Teufel, wem wollte er denn etwas vormachen? Er hatte sie mit allen Sinnen wahrgenommen, und er wollte mehr. Sie war eine altmodisch gekleidete strenge Lehrerin, aber ihre Haut war zart und durchsichtig wie die eines Babys. Er wusste, wie zart ihr Körper, ihre Rundungen sich unter seinen Händen anfühlen würden. Er wollte sie berühren. Nachdem er sie geküsst hatte, war er nicht mehr bei Julie Oakes gewesen. Weil Miss Potter ihm nicht aus dem Kopf gegangen war. Die körperliche Frustration war schlimm und würde schlimmer werden. Denn er wusste, er würde Miss Mary Potter nie haben können.

Ihr Wagen bog jetzt auf die Straße und fuhr an ihm vorbei. Wolf unterdrückte einen Fluch, legte den Gang ein und folgte ihr langsam. Sie musste den Truck im Rückspiegel sehen, aber sie ließ durch nichts merken, dass sie ihn erkannt hatte. Sie fuhr gemächlich zu sich nach Hause und parkte hinter dem Haus.

Wolf schüttelte den Kopf, als er hinter ihr anhielt und ausstieg. Sie stand bereits neben ihrem Wagen und lächelte ihn an, während sie nach den Hausschlüsseln in ihrer Handtasche kramte. Erinnerte sie sich denn nicht? Er konnte nicht fassen, dass sie ihm so ruhig und freundlich entgegensah, nachdem er ihr erzählt hatte, dass er wegen

Vergewaltigung im Gefängnis gesessen hatte. Es war meilenweit niemand außer ihnen beiden da.

„Verflucht noch mal, Lady!", donnerte er los, während er mit großen Schritten auf sie zukam. „Haben Sie mir am Samstag denn nicht zugehört?"

„Doch, natürlich. Aber das heißt nicht, dass ich Ihnen das auch abnehme." Lächelnd öffnete sie den Kofferraum. „Wenn Sie schon hier sind … könnten Sie mir bitte dieses Paket ins Haus tragen? Sie würden mir damit sehr helfen."

„Deshalb bin ich hier", gab er zurück. „Mir war klar, dass Sie allein nicht damit zurechtkommen." Damit schulterte er den Karton.

Seine üble Laune schien sie überhaupt nicht zu irritieren. Sie ging vor ihm her und schloss die Hintertür auf. Das Erste, was ihm auffiel, war der frische Duft im Haus. Es roch nicht muffig, wie man es bei einem alten Haus erwarten würde, das lange leer gestanden hatte. Er hob den Kopf und atmete tief ein, fast wie gegen seinen Willen. „Was riecht hier so?"

Mary blieb stehen und konzentrierte sich. „Es riecht?"

„Wie Blumen."

„Oh, das müssen die Fliedersäckchen sein, die ich in die Schränke und Schubladen gelegt habe. Man muss sie vorsichtig dosieren, sonst ist der Geruch zu intensiv. Aber so ist es gerade richtig, nicht wahr?"

Wolf verstand nichts von Fliedersäckchen, was immer das sein mochte. Aber wenn sie sie in die Schränke gelegt hatte, dann musste ihre Unterwäsche auch nach Flieder riechen. Und ihre Bettwäsche. Und damit auch ihre Haut. Sein Körper reagierte sofort bei diesem Gedanken, und fluchend setzte er das Regalpaket auf den Boden. Es war kalt im Haus, trotzdem standen ihm feine Schweißperlen auf der Stirn.

„Ich werde die Heizung aufdrehen." Mary ignorierte sein Fluchen. „Der Brenner ist alt und macht unglaublichen Lärm, aber da ich kein Holz für den Kamin habe, wird er wohl oder übel herhalten müssen." Während sie noch sprach, ging sie zur Küche hinaus und den Korridor entlang, ihre Stimme wurde leiser. Und dann war sie auch schon wieder zurück und lächelte Wolf an. „In ein paar Minuten ist es warm. Möchten Sie vielleicht eine Tasse Tee?" Sie musterte ihn. „Nein, wohl eher Kaffee. Sie sehen nicht aus wie ein Mann, der Tee trinkt."

Ihm war jetzt schon warm genug. Um genau zu sein, er schwitzte. Er zog seine Handschuhe ab und warf sie auf den Küchentisch. „Ist Ihnen nicht klar, dass jetzt jeder in der Stadt über Sie klatschen wird? Ich bin Indianer, Lady, und ich bin ein ehemaliger Sträfling …"

„Mary", unterbrach sie ihn.

„Wie?"

„Ich heiße Mary, nicht Lady. Mary Elizabeth." Sie fügte den zweiten Vornamen aus Gewohnheit hinzu, weil Tante Ardith sie immer mit beiden Namen gerufen hatte. „Sind Sie sicher, dass Sie keinen Kaffee wollen? Also, ich brauche jetzt etwas Warmes."

Seine Mütze landete neben den Handschuhen. „Na schön, Kaffee."

Mary widmete sich dem Kaffeebrühen, dankbar dafür, etwas zu tun zu haben, mit dem sie sich ablenken konnte. Sein Haar. Es war albern, aber bisher war ihr sein Haar gar nicht richtig aufgefallen. Es war dicht und lang und fiel ihm glänzend nachtschwarz bis über die Schultern. Er sah unglaublich ungebändigt und wild damit aus, sie stellte ihn sich sofort als indianischen Ureinwohner mit bloßer Brust und nackten Beinen vor, das einzige Kleidungsstück ein Lendenschurz. Prompt begann ihr Puls rasend zu schlagen.

Er setzte sich nicht, sondern lehnte sich neben sie an die Anrichte. Mary hielt den Kopf gesenkt und hoffte, dass ihre Wangen bald wieder eine normale Farbe annehmen würden. Was war nur an diesem Mann, dass sein Anblick reichte, um erotische Fantasien in ihr auszulösen? Sie hatte sich noch nie Tagträumen hingegeben, weder erotischen noch anderen. Sie hatte auch noch nie einen Mann angeschaut und ihn sich nackt vorgestellt, aber allein bei dem Gedanken, wie Wolf nackt aussehen mochte, spannte sich jeder Muskel in ihr an, und es kribbelte ihr in den Fingern, ihn zu berühren.

„Wieso lassen Sie mich in Ihr Haus und laden mich auch noch auf einen Kaffee ein?", fragte er rau.

Sie blinzelte ihn überrascht an. „Wieso nicht?"

Er glaubte, es nicht länger aushalten zu können. „Lady …"

„Mary."

Er ballte die Fäuste. „Mary", betonte er gepresst. „Haben Sie nicht genug Verstand, um zu wissen, dass man einen Exsträfling nicht ins Haus lässt?"

„Oh, das meinen Sie." Sie winkte ab. „Natürlich wäre das angebracht, wenn Sie wirklich ein Krimineller wären. Aber da Sie es nicht getan haben, greift Ihr Rat hier wohl nicht."

Er konnte nicht fassen, mit welcher Unbekümmertheit sie jegliche Möglichkeit einer Schuld seinerseits abtat. „Woher wollen Sie wissen, dass ich es nicht getan habe?"

„Ich weiß es einfach."

„Haben Sie irgendwelche Beweise für Ihre Annahme, oder begründen Sie das mit der guten alten weiblichen Intuition?"

Sie drehte sich abrupt zu ihm um. „Ein Vergewaltiger hätte eine Frau nie mit solcher Umsicht behandelt, wie Sie mich behandelt haben." Sie wurde tatsächlich schon wieder rot! Entsetzt über sich selbst, schlug sie die Hände ans Gesicht.

Wolf biss die Zähne aufeinander, teils weil sie weiß war und daher für ihn unerreichbar, teils weil sie so verdammt unschuldig war, und teils weil sein ganzer Körper danach schrie, sie zu berühren. „Bilden Sie sich jetzt nichts ein, nur weil ich Sie geküsst habe", sagte er barsch. „Ich habe lange keine Frau mehr gehabt, und ich war ..."

„Heiß?"

Fast schwankte er, als er dieses Wort aus ihrem Mund hörte. „Wie?"

„Heiß", wiederholte sie. „Es bedeutet ..."

„Ich weiß, was es bedeutet!"

„Nun, waren Sie es? So wie ich das sehe, sind Sie es wohl noch immer, oder?"

Das Bedürfnis, laut herauszulachen, war fast übermächtig. Hastig flüchtete er sich in ein Hüsteln. „Stimmt, bin ich immer noch."

Mary betrachtete ihn mitfühlend. „Ich kann mir vorstellen, dass das recht unangenehm sein kann."

„Ist es." Der Drang, sie zu berühren, würde plötzlich so stark, dass er nicht mehr dagegen ankam. Er legte ihr die Hände auf die Schultern, genoss das Gefühl an seinen Handflächen. „Sie können sich nicht mit mir einlassen, wenn Sie in dieser Stadt leben wollen. Bestenfalls würde man Sie wie eine Aussätzige behandeln. Sie würden Ihren Job verlieren."

Ein kämpferisches Funkeln trat in ihre Augen. „Das möchte ich erleben, dass man mir kündigt, weil ich Umgang mit einem redlichen und Steuern zahlenden Bürger pflege. Ich weigere mich, so zu tun, als würde ich Sie nicht kennen."

„Es gibt verschiedene Arten von Bekanntschaft. Es wäre schon schlimm genug, wenn Sie freundlich zu mir sind. Aber mit mir zu schlafen würde Ihnen ein Leben hier unmöglich machen."

Er spürte, wie sie sich versteifte. „Ich kann mich nicht entsinnen, Sie gebeten zu haben, mit mir zu schlafen." Nein, ausgesprochen hatte sie die Worte nie, aber sie hatte sich auf jeden Fall gefragt, wie es wohl sein mochte mit ihm.

„Sie haben mich gebeten, glauben Sie mir, aber Sie sind so verflucht unschuldig, dass es Ihnen nicht einmal bewusst ist", murmelte er. „Ich könnte Sie glatt hier und jetzt nehmen, Süße. Ich würde es auch tun, wenn ich davon ausgehen könnte, dass Sie wissen, was Sie tun. Aber das fehlt mir noch, dass eine verklemmte kleine Anglo dann laut ‚Vergewaltigung' schreit."

„Das würde ich nie tun!"

Wolf lächelte bitter. „Ja, das habe ich schon einmal gehört. Wahrscheinlich bin ich der erste und einzige Mann, der Sie bisher geküsst hat, und Sie meinen sicher, Sie wollen mehr davon, nicht wahr? Aber glauben Sie mir, Sex ist nicht immer hübsch und romantisch, sondern auch hemmungslos. Ihnen würde das erste Mal bestimmt keinen Spaß machen, also tun Sie mir den Gefallen und suchen Sie sich ein anderes Versuchskaninchen. Ich habe auch so schon genug Probleme, ohne dass ich Sie noch auf meine Liste dazusetzen muss."

Mary wich ruckartig von ihm zurück und blinzelte heftig die Tränen weg. Sie würde nicht zulassen, dass er sie zum Weinen brachte. „Es tut mir wirklich sehr leid, wenn ich diesen Eindruck bei Ihnen erweckt habe." Sie hielt ihre Stimme bemerkenswert fest. „Es stimmt, ich bin noch nie zuvor geküsst worden, aber das überrascht Sie sicher nicht. Ich bin nicht gerade Miss Amerika. Wenn … wenn meine Reaktion unpassend war, dann möchte ich mich dafür entschuldigen. Es wird nicht wieder vorkommen." Sie wandte sich zum Schrank und griff nach den Tassen. „Der Kaffee ist fertig. Wie trinken Sie Ihren?"

Ein Muskel zuckte in seinem Gesicht, als er nach seiner Mütze und den Handschuhen griff. „Vergessen Sie den Kaffee."

Sie sah ihn nicht an. „Wie Sie meinen. Auf Wiedersehen, Mr Mackenzie."

Wolf knallte die Tür hinter sich zu, und Mary stand regungslos mit einer Kaffeetasse in der Hand da. Wenn es wirklich ein Abschied war, dann wusste sie nicht, wie sie das durchhalten sollte.

4. KAPITEL

Mary weigerte sich beharrlich, in Trübsal zu verfallen. Tagsüber hielt sie ihre Schüler zum Lernen an, abends sah sie zu, wie Joe alles in sich aufsog, was sie vor ihm ausbreitete. Sein Wissensdurst war unersättlich, nicht nur holte er den Unterrichtsstoff der Klasse auf, er überholte die anderen Schüler bei Weitem.

Sie hatte Briefe an sämtliche Kongressmitglieder in Wyoming geschrieben und eine Freundin gebeten, so viel wie möglich an Informationen über die Air Force Academy zu sammeln. Als der dicke Briefumschlag ankam, überreichte sie ihn Joe und sah zufrieden, wie seine Augen aufleuchteten. Es bereitete ihr Freude, mit Joe zu arbeiten. Einen Wermutstropfen allerdings gab es – der Junge erinnerte sie ständig an Wolf.

Nicht dass Wolf ihr fehlte. Wie konnte man jemanden vermissen, den man nur zweimal gesehen hatte? Schließlich gehörte sie nicht zu seinem Leben, und ihr Leben war auch nicht leer ohne ihn. Doch als sie mit ihm zusammen gewesen war, hatte sie sich lebendiger als je zuvor gefühlt. Mit Wolf war sie nicht Mary Potter, die alte Jungfer, gewesen, sondern Mary Potter, die Frau. Er hatte Dinge in ihr angerührt, von deren Existenz sie bisher nicht einmal geahnt hatte, hatte Sehnsüchte und Wünsche erweckt. Auch wenn sie sich sagte, dass es sich dabei um pure Lust handelte … es half nicht, um das schmerzhafte Verlangen zu mildern, das sich jedes Mal in ihr ausbreitete, wenn sie an ihn dachte. Und ihre Scham war umso größer, da ihre Unerfahrenheit so augenscheinlich gewesen war und er nun mit absoluter Gewissheit wusste, dass sie eine liebeshungrige alte Jungfer war.

Es wurde April, bevor das Unvermeidliche nicht länger aufzuhalten war und sich die Nachricht verbreitete, dass sich Joe Mackenzie sehr oft im Haus der neuen Lehrerin aufhielt. Es dauerte etwas, bevor Mary merkte, dass ihre Schüler sie mit seltsamen Blicken bedachten und hinter vorgehaltener Hand flüsterten, wenn sie vorbeiging. Auch Sharon Wycliffe und Dottie Lancaster bildeten keine Ausnahme. Das Geheimnis war also gelüftet, aber Mary ging weiterhin heiter ihrer Arbeit nach. Sie hatte einen sehr positiven Brief von einem Senator erhalten, der an Joe interessiert schien. Und entgegen ihrer eigenen Warnung, sich keine zu großen Hoffnungen zu machen, war sie zuversichtlich und bester Laune.

In der dritten Aprilwoche sollte eine Schulversammlung stattfinden. Nachmittags fragte Sharon Mary mit übertriebener Ungezwungenheit, ob Mary ebenfalls daran teilnehmen wolle. Mary sah überrascht auf. „Natürlich nehme ich teil. Das wird doch von uns allen erwartet."

„Nun ja, eigentlich schon, ich dachte nur ..."

„Du dachtest, ich würde nicht kommen, weil ich Joe Mackenzie Privatunterricht gebe, ist es das?"

Sharon stand der Mund offen. „Wie?" Ihre Stimme war kaum hörbar.

„Das wusstest du nicht? Na, es ist ja kein welterschütterndes Geheimnis." Mary zuckte mit einer Schulter. „Joe war der Meinung, dass die Leute sich aufregen würden, wenn ich ihn unterrichte, also habe ich nichts gesagt. Allerdings ... so wie sich jeder hier benimmt, dachte ich, die Katze sei längst aus dem Sack."

„Das war dann wohl nicht die richtige Katze", murmelte Sharon verdutzt. „Sein Truck stand immer abends vor deinem Haus und ... äh ... die Leute haben einen falschen Eindruck gewonnen."

Mary verstand nicht. „Was für einen falschen Eindruck?"

„Nun ja, er ist sehr weit entwickelt für sein Alter ... und überhaupt ..."

Für Mary ergab das keinen Sinn – bis sie in Sharons hochrotes Gesicht schaute. Es traf sie wie ein Schock ... dem sofort ungläubige Wut folgte. „Sie glauben, ich hätte eine Affäre mit einem sechzehnjährigen Jungen?!" Mit jedem Wort wurde ihre Stimme schriller.

Sharon sah betreten drein. „Es war immer spätabends, als sein Auto gesehen wurde."

„Joe verlässt mein Haus um Punkt neun. Da muss jemand eine andere Auffassung von spät haben als ich." Mary stopfte mit bleichen Wangen Unterlagen in ihre Aktentasche. Bis sieben Uhr an diesem Abend würde sie warten müssen, aber diese Zeit würde nicht ausreichen, um ihre Wut abzukühlen. Sie war fast außer sich vor Rage, nicht nur weil ihr Ruf beschmutzt worden war, sondern weil man Joe ebenso verdächtigt hatte. Er versuchte mit aller Anstrengung, seinen Traum zu verwirklichen, und diese Leute hier wollten ihn scheinbar unbedingt aufhalten. Sie fühlte sich wie eine Löwin, die ihr Junges verteidigte, weil es angegriffen worden war. Dass dieses Junge gut einen Kopf größer war als sie und fast doppelt so viel wog wie sie, war unwichtig. Der Vater hatte ihre Unterstützung zurückgewiesen, aber nichts auf der Welt würde Mary aufhalten können, sich für den Sohn einzusetzen.

Es musste sich herumgesprochen haben, denn die Versammlung war ungewöhnlich gut besucht an diesem Abend. Es gab sechs Vorstandsmitglieder: Mr Hearst, die einundachtzigjährige ehemalige Lehrerin Francie Beecham, der Präsident der hiesigen Bank Walton Isby, Harlon Keschel, dem die mit einem Imbiss kombinierte Drogerie gehörte, Eli Baugh, einer der ansässigen Rancher, und Cicely Karr, Besitzerin der Autowerkstatt und Tankstelle. Alles ehrbare und angesehene Einwohner der Stadt, die nun ernste Mienen zur Schau trugen, bis auf Francie Beecham.

Die Sitzung fand in Dotties Klassenraum statt, und weil so viele gekommen waren, hatte man Tische und Stühle aus Marys Klassenzimmer hinzugeholt. Als Mary eintrat, richteten sich alle Blicke auf sie. Die Frauen schauten empört, die Männer sahen Mary feindselig an, einige gar abschätzend, was Mary nur noch wütender machte. Mit welchem Recht verurteilte man sie für nie begangene Sünden und fragte sich gleichzeitig sensationslüstern nach den Details?

An der Wand lehnte ein großer Mann in Khaki-Uniform, der Deputy Sheriff, der Mary mit zusammengekniffenen Augen taxierte. Sie fragte sich, ob man sie nach der Sitzung wohl in Handschellen abführen würde ... Das ist doch alles lächerlich! Wenn ich keine graue Maus wäre, könnte es ja vielleicht noch Sinn machen, aber so?! Mary steckte eine Haarnadel in ihrem Knoten fest und setzte sich mit verschränkten Armen. Sollen sie nur den ersten Schritt machen!

Walton Isby räusperte sich und eröffnete die Versammlung, sich seiner Wichtigkeit vor so vielen Anwesenden bewusst. Er las die Punkte der Tagesordnung vor, während Mary ungeduldig mit den Fingern auf ihren Arm klopfte. Plötzlich hatte sie genug des Wartens. Irgendwo hatte sie mal gelesen, Angriff sei die beste Verteidigung.

Als Mr Isby sich erneut räusperte, nahm Mary das als ihr Startzeichen. Sie stand auf und beschloss, direkt zum Kernpunkt zu kommen. „Mr Isby, bevor Sie fortfahren, habe ich eine Ankündigung zu machen."

Der gute Mann war aus dem Konzept gebracht, und die Röte auf seinen Wangen vertiefte sich. „Das ist ... nun, höchst regelwidrig, Miss Potter."

„Es ist auch höchst wichtig." Sie hatte alle Aufmerksamkeit auf sich gezogen, selbst der Deputy richtete sich gerader auf. „Ich habe die Berechtigung, Privatunterricht zu geben, und die Noten, die meine Schüler während des Privatunterrichts erzielen, werden von jeder öffentlichen Schule anerkannt. Während des letzten Monats habe ich Joe Mackenzie bei mir zu Hause unterrichtet ..."

„Das kann ich mir bestens vorstellen", murmelte jemand, und Marys Augen funkelten zornig.

„Wer hat das gesagt?", verlangte sie zu wissen. „Das war eine beispiellos vulgäre Unterstellung."

Im Raum hätte man eine Stecknadel fallen hören können.

„Als ich Joe Mackenzies Schulakte durchlas, war ich entsetzt darüber, dass ein Schüler mit seiner Intelligenz von der Schule abgegangen war. Vielleicht ist es niemandem von Ihnen bewusst, aber Joe war der Beste seines Jahrgangs. Ich habe ihn aufgesucht und ihn davon überzeugen können, Unterricht bei mir zu nehmen. In dem einen Monat hat er das Versäumte nicht nur aufgeholt, er hat seine Klassenkameraden weit hinter sich gelassen. Ich habe auch Senator Allard kontaktiert, der der Ansicht ist, dass Joes außergewöhnliche Leistungen ihn zu einem Kandidaten für eine Empfehlung für die Air Force Academy machen. Unsere kleine Gemeinde kann stolz auf Joe sein, und ich weiß, dass Sie alle ihn unterstützen werden."

Ihre Rede wurde mit entgeisterten Blicken belohnt, und Mary setzte sich in der Haltung hin, die Tante Ardith ihr unermüdlich eingebläut hatte. Nur Pöbel schlägt sich, hatte die Tante oft gesagt, eine Dame findet andere Wege, um ihre Meinung durchzusetzen.

Jetzt steckten die Leute im Raum raunend die Köpfe zusammen. Mr Isby sortierte angelegentlich seine drei Blätter vor sich auf dem Tisch und suchte offensichtlich nach Worten. Mary sah sich unauffällig um. Ein Schatten jenseits der offenen Tür erregte ihre Aufmerksamkeit, es war nur eine kaum merkliche Bewegung. Wenn sie nicht in genau dem Augenblick hingeschaut hätte, wäre es ihr entgangen.

So aber konnte sie die Umrisse eines großen Mannes erkennen, und prompt begann ihre Haut zu prickeln. Wolf. Er stand draußen auf dem Flur und hörte zu. Seit dem Tag, als er zu ihrem Haus gekommen war, hatte Mary ihn nicht mehr gesehen. Ihr Herz klopfte wild.

Mr Isby räusperte sich erneut, und das Gemurmel im Raum erstarb. „Das sind gute Neuigkeiten, Miss Potter. Jedoch glauben wir, dass Sie unseren jungen Leuten kein sehr gutes Beispiel geben, wenn …"

„Das musst du gerade sagen, Walton", ließ sich Francie Beecham bissig vernehmen.

Mary stand wieder auf. „Inwiefern gebe ich ein schlechtes Beispiel?", fragte sie brüsk.

„Es macht einen schlechten Eindruck, wenn dieser Junge sich bis spät in die Nacht bei Ihnen aufhält!" Das kam von Mr Hearst.

„Joe verlässt mein Haus um neun Uhr, nach drei Stunden Unterricht. Was heißt denn für Sie ‚bis spät in die Nacht'? Aber wenn der Schulvorstand mit dem Ort nicht einverstanden ist, kann ich wohl davon ausgehen, dass ab jetzt die Klassenräume abends zur Verfügung stehen? Ich bin gerne bereit, hier zu unterrichten."

Mr Isby, im Grunde seines Herzens ein sanftmütiger Mensch, blickte sich gehetzt um. Die Vorstandsmitglieder steckten flüsternd die Köpfe zusammen. Nach einer kurzen hitzigen Debatte wischte Harlon Keschel sich mit einem Taschentuch die feuchte Stirn ab. Francie Beecham sah empört aus. Dieses Mal war es Cicely Karr, die das Wort ergriff. „Miss Potter, es handelt sich hier um eine schwierige Situation. Die Chancen, dass Joe Mackenzie tatsächlich an der Akademie aufgenommen wird, sind doch wohl eher gering, wie Sie selbst zugeben werden. Und, um offen zu sein, wir sind dagegen, dass Sie so viel Zeit allein mit dem Jungen verbringen."

„So?" Mary reckte das Kinn. „Und wieso das?"

„Weil Sie neu in unserer Gegend sind. Sie verstehen nicht, wie die Dinge hier laufen. Die Mackenzies haben einen schlechten Ruf, und wir fürchten um Ihre Sicherheit, wenn Sie sich weiterhin in die Gesellschaft des Jungen begeben."

„Mrs Karr, das ist ausgemachter Unsinn!", erwiderte Mary. Tante Ardith hätte eine solch unelegante Äußerung sicherlich nicht gutgeheißen. Mary dachte an Wolf, der draußen auf dem Flur stand und mit anhören musste, wie er und sein Sohn beleidigt wurden. Sie konnte seinen Ärger nahezu spüren. Sicher, er würde sich davon nicht verletzen lassen, aber sie war verletzt. „Wolf Mackenzie hat mich aus einer gefährlichen Situation gerettet, als ich mit meinem Wagen liegen blieb, und er hat mein Auto unentgeltlich repariert. Er war sehr höflich und aufmerksam, und Joe Mackenzie ist ein außergewöhnlich intelligenter Schüler, der hart auf der Ranch seines Vaters mitarbeitet, weder trinkt noch Dummheiten anstellt und sich mir gegenüber nie anders als mit dem größten Respekt benimmt. Ich betrachte beide Mackenzies als meine Freunde."

Im Flur ballte der Mann im Schatten die Fäuste. Dumme kleine Närrin! Weiß sie denn nicht, dass sie das wahrscheinlich ihren Job kostet? Wenn er jetzt in den Raum ging, würde sich alle Feindseligkeit automatisch auf ihn konzentrieren, weg von ihr. Er setzte sich in Bewegung, als er Mary wieder sprechen hörte. Weiß sie denn nicht, wann sie den Mund halten muss?

„Ich wäre ebenso besorgt, wenn eines Ihrer Kinder die Schule verlassen würde. Ich kann nicht tatenlos mit ansehen, wie ein junger Mensch seine Zukunft so einfach fortwirft. Ladys und Gentlemen, ich wurde eingestellt, um zu lehren, und das werde ich tun, dafür gebe ich mein Möglichstes. Sie alle hier sind gute Menschen. Würden Sie wollen, dass ich aufgebe, wenn es um eines Ihrer Kinder ginge?"

Viele wandten verlegen den Blick ab, Cicely Karr allerdings schob angriffslustig ihr Kinn vor. „Sie lenken vom Thema ab, Miss Potter. Hier geht es nicht um eines unserer Kinder, sondern um Joe Mackenzie. Er ist ... nun, er ist ..."

„Zur Hälfte Indianer?", half Mary mit einer hochgezogenen Augenbraue aus.

„Ja, unter anderem. Und dann ist da auch noch sein Vater ..."

„Was ist mit Joes Vater?"

Im Flur unterdrückte Wolf einen Fluch, er machte einen Schritt vor, doch da sprach Mary schon weiter: „Machen Sie sich etwa wegen seiner Gefängnisstrafe Sorgen?"

„Ich denke, das ist doch Grund genug, sich Sorgen zu machen!"

„Cicely, setz dich und sei still", kam es von Francie Beecham. „Das Mädchen hat da durchaus recht, und ich stimme ihr zu. Außerdem ... wenn du in deinem Alter noch anfängst zu denken, kriegst du nur Hitzewallungen."

Für einen Moment herrschte verblüffte Stille, dann löste sich die Spannung in allgemeinem schallenden Gelächter. Die Rancher und ihre Frauen hielten sich den Bauch vor Lachen, Mr Isby lief puterrot an, bis er in prustendes Gekicher ausbrach, das sich wie ein hysterischer Kranich beim Eierlegen anhörte – das behauptete zumindest die beleidigte Cicely Karr. Auch ihr Gesicht war rot, allerdings vor Ärger. Der massige Eli Baugh kippte vor Lachen fast vom Stuhl, und Cicely griff seinen Hut, der auf der Stuhlecke hing, und schlug damit auf ihn ein. Eli hob schützend den Arm über den Kopf, aber mit dem Lachen hörte er deshalb nicht auf.

„Du kannst dir dein Motoröl demnächst woanders nachfüllen lassen!", zeterte sie böse und hieb weiter mit dem Hut auf Mr Baugh ein. „Und dein Benzin auch! Weder du noch einer deiner Helfer soll je wieder wagen, einen Fuß auf mein Land zu setzen!"

„Aber, aber, Cicely, jetzt übertreib nicht." Eli verschluckte sich vor Lachen und versuchte den Schlägen auszuweichen.

„Leute, wir sollten doch wieder Ruhe im Saal einkehren lassen." Trotz seines Appells schien Harlon Keschel sich prächtig zu amüsieren, die anderen im Raum taten es auf jeden Fall. Bis auf Dottie Lancaster, wie Mary auffiel. Dotties Gesicht war eine steinerne Maske. Und plötzlich wusste sie, dass Dottie es liebend gern gesehen hätte, wenn Mary gefeuert worden wäre. Warum nur? Mary war immer freundlich zu Dottie gewesen, auch wenn die ältere Lehrerin jede höfliche Einleitung abgewiegelt hatte. War es Dottie gewesen, die das Gerücht in Umlauf gebracht hatte? Hatte sie abends vor Marys Haus patrouilliert? Es lagen keine anderen Häuser an der Straße, also konnte niemand Joes Auto zufällig gesehen haben, weil er vielleicht einen Nachbarn besuchte.

Das allgemeine Gelächter hatte sich gelegt, auch wenn hier und da noch ein Glucksen zu hören war. Mrs Karr funkelte Eli Baugh weiterhin grimmig an. Aus irgendeinem Grund hatte sie ihn zum Sündenbock auserkoren, obwohl doch eigentlich Francie Beecham angefangen hatte.

Selbst Mr Isby grinste noch vor sich hin, als er zur Ordnung rief. „Wir sollten zusehen, dass wir zur Tagesordnung zurückkehren."

„Ich denke, wir haben jetzt genug geredet“, ließ sich da Francie Beecham vernehmen. „Miss Potter gibt dem Mackenzie-Jungen Privatunterricht, damit er auf die Air Force Academy kommt, Punkt. Ich würde das Gleiche tun, unterrichtete ich noch.“

„Es macht trotz allem keinen guten Eindruck …“, setzte Mr Hearst an.

„Dann sollen sie eben eines der Klassenzimmer dafür benutzen. Jeder einverstanden?“ Francie sah mit triumphierendem Gesicht in die Runde. Und dann zwinkerte sie Mary zu.

„Mir soll's recht sein.“ Eli Baugh versuchte, wieder Form in seinen zerknitterten Hut zu bringen. „Die Akademie der Air Force, na, das ist schon was. Ich glaube nicht, dass schon mal jemand aus unserem Bezirk auf irgendeiner Akademie war.“

Mr Hearst und Mrs Karr widersprachen zwar, aber Mr Isby und Harlon Keschel stimmten mit Francie und Eli überein. Mary sah in den dunklen Korridor hinaus. War Wolf gegangen? Der Deputy folgte ihrem Blick, aber auch er konnte nichts erkennen. Mit einem Schulterzucken drehte er sich wieder um und zwinkerte Mary zu. Mary war überrascht. An diesem Abend hatten ihr mehr Menschen zugezwinkert als in Marys gesamtem Leben zuvor. Wie reagierte man auf ein Zwinkern? Ignorierte man es? Oder zwinkerte man zurück? Zwinkern hatte nie zu Tante Ardiths Benimmlektionen gehört.

Die Sitzung endete mit Schmunzeln und ein paar letzten gutmütigen Späßen, und nicht wenige der Eltern nahmen sich einen Moment Zeit, um Mary die Hand zu schütteln und ihr zu versichern, dass sie gute Arbeit leiste. Als Mary endlich ihren Mantel holen und zum Ausgang gehen konnte, wartete der Deputy draußen auf sie.

„Ich bringe Sie zu Ihrem Wagen“, bot er an und stellte sich vor: „Ich bin Clay Armstrong, der hiesige Deputy Sheriff.“

„Sehr erfreut.“ Mary hielt ihm die Hand hin. „Mary Potter.“

Ihre schmale Hand verschwand völlig in seiner großen. Clay setzte den Hut auf sein dunkelbraunes lockiges Haar, und seine blauen Augen funkelten unter der Krempe hervor. Mary fand ihn auf Anhieb sympathisch. Er gehörte zu den ruhigen starken Männern, auf die man sich bedingungslos verlassen konnte, und er verfügte über eine gute Portion Humor. Bei dem Tumult im Saal hatte er sich für jedermann sichtbar königlich amüsiert.

„Jeder weiß, wer Sie sind. Es kommen nicht oft Fremde von außerhalb in unsere Gemeinde, vor allem keine alleinstehenden Frauen aus dem Süden. Seit Ihrer Ankunft versuchen die Mädchen in der Schule, Ihren Akzent nachzuahmen. Ist Ihnen das noch nicht aufgefallen?“

„Tatsächlich?“ Mary war ehrlich überrascht.

„Auf jeden Fall.“ Auf dem Weg zu Marys Auto verlangsamte er den Schritt, um sich ihr anzupassen. Die Kälte zog in ihre Beine, aber der Nachthimmel war kristallklar und funkelte mit Tausenden von Sternen.

„Würden Sie mir etwas erklären, Mr Armstrong?“, fragte Mary, als sie bei ihrem Auto angekommen waren.

„Gern. Und nennen Sie mich doch bitte Clay.“

„Warum ist Mrs Karr auf Mr Baugh losgegangen, wenn doch eigentlich Miss Beecham der Auslöser war?“

„Cicely ist Elis Cousine. Cicelys Eltern starben, als sie noch sehr jung war, und Elis Eltern haben sie aufgenommen und großgezogen. Cicely und Eli sind gleich alt, sie haben sich früher gestritten wie die Kesselflicker. Das tun sie wohl heute noch“, meinte er. „Aber in manchen Familien ist es eben so. Trotzdem stehen sie einander sehr nahe.“

Diese Art von Familie war Mary fremd, aber es klang dennoch nach Wärme und Geborgenheit. Es musste schön sein, sich mit jemandem streiten zu können und gleichzeitig zu wissen, dass dieser Jemand einen trotzdem liebte, überlegte sie. „Also hat sie ihn geschlagen, weil er über sie gelacht hat?“

„Und weil er gerade in der Nähe war. Niemand würde sich mit Miss Beecham anlegen. Sie hat praktisch alle hier unterrichtet. Wir halten die alte Dame hoch in Ehren.“

„Das hört sich wirklich nett an.“ Mary lächelte. „Ich hoffe, ich bin noch hier, wenn ich mal so alt bin.“

„Und Sie wollen sich des Öfteren mit der Schulverwaltung anlegen?“

„Davon gehe ich aus“, meinte sie verschmitzt.

Clay hielt ihr die Autotür auf. „Ich auch“, gab er zurück. „Kommen Sie gut nach Hause.“ Er schlug die Tür zu, nachdem Mary eingestiegen war, und tippte sich mit dem Finger an den Hutrand, bevor er sich umdrehte und mit langen Schritten davonging.

Ein netter Mann, dachte Mary. Die meisten Einwohner von Ruth waren nette Leute. Sie waren blind, wenn es um Wolf Mackenzie ging, aber sie waren nicht von Natur aus bösartig.

Wolf. Wohin mochte er wohl gegangen sein?

Mary hoffte aus ganzem Herzen, dass Joe jetzt nicht den Unterricht aufgab. Auch wenn sie wusste, dass man den Tag nie vor dem Abend loben sollte, so wuchs doch die Zuversicht in ihr kontinuierlich, dass er an der Akademie angenommen würde. Und auch der Stolz in ihr wuchs, dass sie eine Rolle dabei spielte. Tante Ardith hätte natürlich wieder gesagt, dass Stolz und Hochmut vor dem Fall kommen. Aber Mary war schon immer der Meinung, dass niemand je fallen könnte, wenn er nicht vorher versuchen würde, sich aufzurichten. Wenn es um Klischees ging, dann behagte ihr mehr der Satz „Wer nicht wagt, der nicht gewinnt".

Mary seufzte. Die griesgrämige Tante fehlte ihr. Außerdem würde sie möglicherweise aus der Übung kommen, weil sie niemanden mehr hatte, mit dem sie solche Wortgefechte wie mit ihrer Tante führen konnte.

Als sie den Wagen auf die Auffahrt zu ihrem Haus lenkte, war Mary müde, hungrig und machte sich Sorgen, dass Joe vielleicht aus Edelmut den Unterricht abbrechen würde, damit sie seinetwegen keine Schwierigkeiten bekam. „Dem werd ich's schon zeigen", murmelte sie, als sie ausstieg. „Und wenn ich ihn per Pferd durchs Gebirge jagen muss."

„Wen wollen Sie durchs Gebirge jagen?"

Wolfs verärgerte Stimme hinter sich zu hören ließ sie so heftig zusammenzucken, dass Mary sich das Knie an der Autotür stieß. „Wo kommen Sie denn jetzt her?", stellte sie genauso aufgebracht die Gegenfrage. „Du meine Güte, Sie haben mich zu Tode erschreckt!"

„Wohl nicht genug. Ich habe in der Scheune geparkt, damit man mein Auto nicht sieht."

Mary starrte ihn an und nahm jeden Zug seines stolzen, verschlossenen Gesichts in sich auf. Das Licht der Sterne fiel fahl und schwach vom Himmel, aber es reichte. Mary war nicht bewusst gewesen, wie sehr sie sich nach seinem Anblick gesehnt hatte. Sie spürte nicht einmal mehr die Kälte, jetzt, da ihr das Blut heiß in den Adern rauschte.

„Gehen wir hinein", sagte er, als sie keine Anstalten machte, sich zu bewegen. Stumm ging Mary vor zur Hintertür. Wolf runzelte die Stirn, als sie an den Knauf fasste und die Tür einfach aufschwang.

Im Inneren schaltete Mary das Licht an. Einige Strähnen hatten sich aus ihrem Knoten gelöst, und Wolf musste an sich halten, um Mary nicht zu berühren. „Ab jetzt schließen Sie das Haus immer ab“, befahl er barsch.

„Ich glaube kaum, dass jemand mich ausrauben will. Es gibt hier ja nichts, was einen Einbrecher interessieren würde.“

Er hatte sich geschworen, dass er sie nicht anfassen würde. Er hatte gewusst, es würde schwierig werden. Trotzdem wollte er sie packen und schütteln, bis sie endlich Vernunft annahm. Aber wenn er sie auch nur berührte, würde er nicht aufhören wollen. Ihr verführerischer Duft brannte in seiner Nase. Sie roch so warm und so frisch, so weiblich, dass sein ganzer Körper sich verspannte. Wolf wich zurück. Es war sicherer für sie beide, wenn er den Abstand zwischen ihnen vergrößerte.

„Ich hatte auch nicht an einen Einbrecher gedacht.“

„Nicht?“ Sie überlegte, dann wurde ihr klar, was er gemeint und wie ihre Antwort darauf gelautet hatte. Mary räusperte sich verlegen und ging zum Herd, damit er ihre geröteten Wangen nicht sehen konnte. „Wenn ich uns Kaffee mache, trinken Sie dann eine Tasse, anstatt aus dem Haus zu stürmen wie beim letzten Mal?“

Die schnippische Bemerkung belustigte ihn, und er fragte sich, wieso er sie je für eine verschreckte Maus gehalten hatte. Ihre Kleidung war unförmig und trist, ja, aber vom Charakter her war sie alles andere als schüchtern. Sie sagte genau, was sie dachte, und scheute sich auch nicht, jemanden streng zurechtzuweisen. Vor weniger als einer Stunde hatte sie es mit der ganzen Gemeinde aufgenommen. Seinetwegen. Die Erinnerung daran ernüchterte ihn.

„Wenn Sie unbedingt Kaffee machen müssen, dann trinke ich eine Tasse. Aber mir wäre es lieber, wenn Sie sich hinsetzen und mir zuhören.“

Mary kam an den Tisch, setzte sich und faltete artig die Hände. „Ich höre.“

Wolf zog sich einen Stuhl heran und setzte sich ihr gegenüber, weit genug vom Tisch entfernt. Mary betrachtete ihn mit durchdringendem Blick.

„Ich habe Sie in der Schule gesehen."

Er verzog das Gesicht. „Verdammt! Hat mich sonst noch jemand bemerkt?"

„Nein, ich glaube nicht." Sie hielt inne. „Es tut mir leid, dass Sie mit anhören mussten ... nun, die Dinge, die man über Sie gesagt hat."

„Ich mache mir nichts daraus, was die braven Bürger von Ruth von mir halten. Ich kann damit umgehen. Joe auch. Unser Lebensunterhalt hängt nicht von ihnen ab. Ihrer allerdings schon. Sie sollten sich zurückhalten, es sei denn, Ihnen liegt nichts an Ihrem Job. Denn Sie werden ihn mit Sicherheit verlieren, wenn Sie so weitermachen."

„Ich werde meine Stelle nicht verlieren, nur weil ich Joe unterrichte."

„Vielleicht nicht. Vielleicht reicht ihre Toleranz für Joe, vor allem nachdem Sie ihnen das mit der Akademie vor die Füße geworfen haben, aber bei mir ... das ist eine ganz andere Sache."

„Ich verliere meine Stelle auch nicht, weil ich freundlich zu Ihnen bin. Ich habe einen Vertrag", führte sie ernst aus. „Einen absolut wasserdichten Vertrag. Es ist nicht leicht, einen Lehrer für eine kleine Stadt mitten im Nirgendwo zu bekommen, vor allem im Winter. Ich verliere meine Stelle nur dann, wenn ich gegen das Gesetz verstoße oder mich als inkompetent erweise. Und ich werde gegen jeden angehen, der meine Fähigkeiten anzweifelt."

Sie schloss nicht aus, das Gesetz zu brechen? Wolf fragte sie nicht danach. Der Schein der Küchenlampe fiel direkt auf Marys Kopf und ließ ihr Haar silbern wie eine Aureole aufleuchten. Sie sah aus wie ein Engel, mit den blauen Augen und der durchsichtigen Haut. Er wollte sie berühren, wollte sie nackt unter sich spüren, wollte sie einführen in die Welt der Lust, ihre Nägel in seinen Rücken gekrallt ...

Mary legte ihre schmale Hand auf seine große. „Erzählen Sie mir, was passiert ist. Wieso hat man Sie ins Gefängnis gesteckt? Ich weiß, dass Sie nichts Unrechtes getan haben."

Wolf war ein harter Mann, von Natur aus und aus Notwendigkeit. Doch Marys schlichter, unbeirrbarer Glaube an ihn erschütterte ihn bis ins Mark. Er war immer allein gewesen, hatte wegen seines indianischen Blutes nicht zu den Anglos gehört und wegen seines Anglo-Blutes nicht zu den Indianern. Nicht einmal seine Eltern waren ihm nahegekommen, auch wenn er sie geliebt hatte und sie ihn.

Sie hatten ihn nie wirklich gekannt, weil er ihnen niemals seine wahren Gedanken mitgeteilt hatte. Auch seiner Frau, Joes Mutter, war er nie nahe gewesen. Sie hatten das Bett miteinander geteilt, er hatte sie gemocht, aber auch sie hatte er auf Distanz gehalten. Nur Joe war es gelungen, Wolf aus der Reserviertheit zu locken. Sein Sohn kannte ihn wie niemand sonst auf der Welt. Er liebte den Jungen abgöttisch. Nur der Gedanke an Joe hatte ihn während der Jahre im Gefängnis am Leben erhalten.

Es alarmierte ihn, dass diese zierliche Anglo-Frau mit einem untrüglichen Gespür an Dinge rührte, die er sicher hinter dicken Mauern glaubte. Er wollte sie nicht an sich heranlassen, nicht, was Gefühle anbelangte. Er wollte sie lieben, aber er wollte nicht, dass sie ihm etwas bedeutete. Wütend wurde ihm klar, dass sie ihm bereits am Herzen lag. Das passte ihm ganz und gar nicht.

Er starrte auf Marys schmale Hand, die so leicht und warm auf seiner lag. Sie hatte keine Angst davor, ihn zu berühren, als sei er schmutzig. Auch griff sie nicht nach ihm wie manche andere Frau, um ihn zu benutzen und um zu sehen, ob der Wilde in ihm den Hunger würde befriedigen können. Nein, sie berührte ihn, weil ihr an ihm lag.

Fasziniert sah er zu, wie seine Hand sich wie aus eigenem Willen langsam drehte und ihre Finger fasste. „Es war vor neun Jahren." Er sprach leise, gepresst, und Mary musste sich vorbeugen, um ihn verstehen zu können. „Nein, fast zehn. Im Juni werden es zehn Jahre. Joe und ich waren gerade erst hierhergezogen. Ich arbeitete auf der Half-Moon-Ranch. Ein Mädchen aus dem angrenzenden Bezirk wurde vergewaltigt und ermordet aufgefunden, jenseits der Landgrenze der Half-Moon-Ranch. Man brachte mich aufs Revier und verhörte mich, aber das hatte ich schon erwartet, sobald ich von dem Mädchen hörte. Ich war neu in der Gegend und Indianer. Es gab keine Beweise gegen mich, also mussten sie mich wieder gehen lassen. Drei Wochen später wurde ein weiteres Mädchen vergewaltigt, direkt außerhalb der Stadt. Sie überlebte, und sie hatte den Mann gesehen."

Wolf hielt inne, seine Augen blickten in die Ferne, als würde er die Ereignisse von damals wieder vor sich sehen. „Sie behauptete, er hätte wie ein Indianer ausgesehen. Der Mann soll groß und dunkelhaarig gewesen sein. Hier in der Gegend gibt es nicht viele große Indianer. Ich wurde festgenommen, bevor ich überhaupt von dem Fall gehört hatte, und mit sechs dunkelhaarigen Anglos zu einer Gegenüberstellung gebracht. Das Mädchen identifizierte mich, ich wurde angeklagt. Joe und ich lebten auf der Ranch, aber irgendwie konnte sich niemand daran erinnern, mich an jenem Abend, an dem das Mädchen vergewaltigt worden war, dort gesehen zu haben – außer Joe. Aber wer glaubt schon einem sechsjährigen Indianerjungen?"

Mary stellte sich vor, wie schrecklich es für ihn gewesen sein musste. Und für Joe, damals nur ein kleines Kind. Wolf musste vor Sorge um Joe halb umgekommen sein. Und sie wusste nichts zu sagen, was diese zehn Jahre alte Verbitterung und Wut hätte lindern können. Deshalb versuchte sie erst gar nicht, Worte zu finden, sondern drückte nur stumm seine Finger.

„Ich wurde vor Gericht gestellt und für schuldig befunden. Ich hatte noch Glück, dass sie mir keine Verbindung zu dem ersten Fall nachweisen konnten, sonst hätten sie mich noch im Gerichtssaal gelyncht. So oder so glaubte jeder, dass ich es war."

„Sie mussten ins Gefängnis." Es war schwer, sich das vorzustellen, auch wenn sie wusste, dass es wahr war. „Was wurde aus Joe?"

„Er kam in ein Heim. Das Gefängnis habe ich überlebt, aber es war nicht einfach. Ein Vergewaltiger wird als leichte Beute angesehen, ich musste mich als der brutalste Kerl im Gefängnis geben, um von einer Nacht zur nächsten zu überleben."

Sie hatte gehört, was Männern im Gefängnis zustoßen konnte, und ihr Schmerz wurde schier unerträglich. Sie hatten ihn eingesperrt, weit weg von der Sonne, den Bergen und der frischen, reinen Luft, und sie wusste, dass es sich für ihn angefühlt haben musste, als würde man ein wildes Tier in einen Käfig sperren. Er war unschuldig, und doch hatten sie ihm seine Freiheit und seinen Sohn genommen und ihn auf eine Stufe mit dem Abschaum der Menschheit gestellt. Ob er während der gesamten Zeit im Gefängnis überhaupt ein Auge zugetan hatte? Oder war er immer bereit zum Angriff gewesen?

Ihre Kehle war wie zugeschnürt und staubtrocken. „Wie lange waren Sie da drinnen?" Mehr als ein Flüstern brachte sie nicht zustande.

„Zwei Jahre." Sein Gesicht war wie aus Stein gemeißelt, seine Augen glänzten, doch Mary wusste, der Zorn galt nicht ihr, sondern den bitteren Erinnerungen. „Dann brachte man plötzlich eine Serie von Überfällen auf Frauen von Casper bis Cayenne in einen Zusammenhang. Der Kerl wurde gefasst und legte ein volles Geständnis ab. Er schien sogar stolz auf sich zu sein. Er gestand auch die beiden Fälle hier in der Gegend."

„War er Indianer?"

Wolf lächelte dünn. „Italiener. Mit olivfarbener Haut und schwarzen lockigen Haaren."

„Also wurden Sie freigelassen."

„Ja, ich wurde rehabilitiert, man entschuldigte sich bei mir, und das war's. Ich hatte keine Arbeit mehr, meinen Sohn hatte ich verloren und alles, was ich je besessen hatte. Ich fand heraus, wo Joe war, und fuhr per Anhalter hin, um ihn zu holen. Dann ritt ich eine Zeit lang auf Rodeos. War ein ziemlich einträgliches Geschäft. Ich konnte genug gewinnen, um mit Taschen voller Geld hierher zurückzukommen. Der alte Mann, dem die Half-Moon-Ranch gehörte, war gestorben, und das Land sollte verkauft werden. Ich legte alles auf den Tisch, was ich hatte, kaufte das Land, und Joe und ich ließen uns hier nieder. Ich begann damit, Pferde zu trainieren und die Ranch auszubauen."

„Warum kamen Sie zurück?" Mary war es unbegreiflich. Wieso kam jemand an einen Ort zurück, an dem er so schlecht behandelt worden war?

„Weil ich es leid war, ständig unterwegs zu sein und als der vagabundierende Indianer betrachtet zu werden. Mein Sohn sollte ein Zuhause haben. Und ich wollte mich vor diesen Bastarden hier nicht geschlagen geben."

„Sie sind sicherlich nicht alle unehelich geboren", sagte Mary und verstand nicht, warum es um seine Mundwinkel zu zucken begann. Sie wünschte, sie könnte ihn in die Arme nehmen, ihn trösten oder irgendetwas tun, damit er Teil der Gemeinde wurde und den Leuten hier kein Dorn mehr im Auge war. „Ebenso wie nicht alle Indianer Vagabunden sind. Es gibt überall gute und schlechte Menschen."

„Sie brauchen einen Aufpasser, mit dieser idealistischen Einstellung bringen Sie sich noch in Schwierigkeiten. Unterrichten Sie Joe, tun Sie für ihn, was Sie können. Diese Leute werden ihre Ansichten nicht ändern, nur weil ich freigesprochen wurde."

„Sie haben ja auch nie versucht, ihre Ansichten zu ändern. Sie drücken sie nur immer wieder mit der Nase in ihre Schuld", hielt sie ihm scharf vor.

„Soll ich einfach vergessen, was sie mir angetan haben?", fragte er verächtlich. „Ich habe zwei Jahre in der Hölle verbracht. Ich weiß immer noch nicht, was sie mit Joe angestellt haben, nur, dass es drei Monate dauerte, bevor er überhaupt wieder gesprochen hat. Und das soll ich vergessen? Niemals!"

„Also, Sie ändern Ihre Meinung nicht, die Bewohner des Städtchens beharren genauso auf ihrer, und ich werde meine Ansichten auch nicht ändern. So was nennt man dann wohl ein Patt."

In seinen dunklen Augen spiegelte sich Frustration, und plötzlich schien ihm aufzufallen, dass er immer noch Marys Hand hielt. Abrupt ließ er sie los und stand auf. „Hören Sie, wir können keine Freunde sein."

Jetzt, da er ihre Hand nicht mehr hielt, schienen Marys Finger kalt. Sie faltete die Hände im Schoß und sah in sein Gesicht. „Aber wieso nicht? Oh, sicher, wenn Sie mich nicht mögen, dann ..." Ihre Stimme erstarb, und sie studierte angelegentlich ihre Finger, als hätte sie sie noch nie gesehen.

Sie nicht mögen? Er konnte nicht mehr schlafen, seine Nerven lagen blank, und sein Körper reagierte jedes Mal, wenn er nur an sie dachte. Und er dachte viel zu oft an sie. Er war körperlich frustriert, sodass es ihn fast wahnsinnig machte. Mit Julie Oakes oder einer anderen Frau konnte er sich keine Erleichterung verschaffen, weil er ständig an seidiges braunes Haar, schieferblaue Augen und transparente Babyhaut denken musste. Nur der Gedanke daran, wie die braven Bürger von Ruth reagieren würden, sollte er Mary zu der Seinen machen, hielt ihn davon ab, Mary zu lieben. Ihre sture Prinzipientreue machte sie blind für den Kummer, der ihr bevorstünde.

Die Beherrschung verließ ihn und wurde zu Wut, weil er die eine Frau, die er begehrte, nicht haben konnte. Bevor er sich zurückhalten konnte, packte er Mary bei den Handgelenken und zog sie fluchend auf die Füße. „Nein, wir können keine Freunde sein! Wollen Sie wissen, warum? Weil ich in Ihrer Nähe an nichts anderes denken kann als daran, wie ich Ihnen die Kleider vom Leib reiße und Sie nehme, wo immer es auch gerade passieren mag. Ich weiß nicht einmal, ob ich mir die Zeit nehmen würde, Sie auszuziehen. Ich will Ihre Brüste in meinen Händen, ihre Nippel in meinem Mund fühlen, ich will Ihre Beine um meine Hüften, Ihre Knöchel an meinen Schultern oder Sie in irgendeiner anderen Stellung spüren – solange ich nur in Sie eindringen kann." Sein heißer Atem strich über ihre Wangen, als er rau flüsterte: „Und deshalb, Süße, ist es absolut unmöglich, dass wir Freunde werden."

Mary erschauerte. Ihr ganzer Körper zitterte, als sie auf seine Worte reagierte. Sie war zu unerfahren, um sich ausmalen zu können, was genau er beschrieb, sie wusste nur, dass er das gleiche starke Sehnen verspürte wie sie. Und sie war zu ehrlich, um ihre Gefühle verheimlichen zu wollen. Verlangen stand in ihren Augen, als sie ihn ansah. „Wolf?"

Nur sein Name, mehr nicht. So voller Schmerz und Sehnsucht ausgesprochen, dass sein Griff an ihren Armen fester wurde. „Nein."

„Ich ... ich will dich."

Mit dem geflüsterten Eingeständnis hatte sie sich ihm völlig ausgeliefert. Wolf stöhnte innerlich auf. Hat sie denn überhaupt keinen Selbsterhaltungstrieb? Weiß sie denn nicht, was eine Frau einem Mann antut, wenn sie sich ihm so frei und ehrlich anbietet? Seine Selbstbeherrschung war nur noch hauchdünn, dennoch klammerte er sich mit letzter Kraft daran. Nein, sie wusste es wirklich nicht. Sie war Jungfrau, altmodisch und streng erzogen. Sie hatte nicht einmal eine Ahnung, was sie da herausforderte.

„Sag das nicht", murmelte er. „Ich habe dir bereits ..."

„Ich weiß", fiel sie ihm ins Wort. „Ich bin zu unerfahren, um interessant für dich zu sein, und du willst nicht als Versuchskaninchen für mich herhalten." Sie weinte nur selten, aber jetzt spürte sie salzige Tränen hinter ihren Lidern brennen.

Wolf krümmte sich innerlich wegen des Schmerzes, den er in ihren Augen erkannte. „Ich habe gelogen. Und wie ich gelogen habe."

Seine Beherrschung brach. Er musste sie halten, musste sie in seinen Armen fühlen, nur für eine kleine Weile ihren Geschmack auf seinen Lippen schmecken. Er legte sich ihre Arme um den Nacken, und dann presste er den Mund auf ihre Lippen. Sie reagierte mit einem Eifer auf ihn, der ihn berauschte. Sie hatte schnell gelernt. Sie öffnete die Lippen für ihn und begrüßte ihn freudig, als er in die warme Höhle ihres Mundes eintauchte. Er hatte ihr das beigebracht, auch dass sie sich gegen ihn fallen ließ und sich an ihn schmiegte, hatte er sie gelehrt. Das Wissen darum wirkte auf ihn genauso aufregend wie ihre Brüste, die sich sanft an seinen Oberkörper drückten.

Mary gab sich dem Gefühl hin, einfach nur wieder in seinen Armen zu sein. Die Tränen, die sie so tapfer zurückgehalten hatte, liefen ihr über die Wangen. Das hier war zu schön und zu schmerzhaft, um nur Lust zu sein. Wenn das Liebe war, dann wusste sie nicht, ob sie es würde ertragen können.

Sein Mund war hungrig und hart, als er sie lange und leidenschaftlich küsste. Seine Hände wanderten wissend über ihren Bauch und schlossen sich um ihre Brüste, und kleine lustvolle Laute entrangen sich Marys Kehle. Ihre steil aufgerichteten Brustwarzen brannten und pochten; seine Berührungen stillten ihr Verlangen ebenso, wie sie es verstärkten. Ihr ganzer Körper stand in Flammen, sie wollte mehr. Sie wollte, was er beschrieben hatte, wollte seinen Mund auf ihren Brüsten, und sie presste sie fieberhaft gegen ihn. Sie fühlte sich leer und sehnte sich danach, von ihm erfüllt zu werden.

Er riss den Kopf hoch und drückte ihr Gesicht an seine Schulter. „Ich muss aufhören. Jetzt sofort.“ Seine Worte klangen wie ein Stöhnen. Wolf zitterte vor Verlangen.

In Gedanken wog Mary alle Mahnungen und Belehrungen Tante Ardiths ab und kam zu der Erkenntnis, dass sie sich verliebt hatte. Diese Mischung aus Qual und Euphorie konnte nichts anderes bedeuten. „Ich will aber nicht aufhören“, protestierte sie. „Ich will, dass du mich liebst.“

„Nein. Ich bin Indianer, du bist eine Weiße. Die Leute in der Stadt würden dich zerstören. Die Schulversammlung heute war nur ein Vorgeschmack dessen, was dir bevorstehen würde.“

„Ich bin bereit, dieses Risiko einzugehen!“, rief sie verzweifelt.

„Aber ich nicht. Ich würde es ertragen, doch du ... Bleib bei deinem blinden Optimismus. Ich habe dem nichts entgegenzusetzen.“ Gäbe es auch nur eine Fifty-fifty-Chance, um in Frieden zu leben, er würde es wagen. Doch er wusste, dass es die nicht gab. Außer Joe war sie der einzige andere Mensch, den er beschützen wollte, und es war das Schwerste, das er je hatte tun müssen.

Mary hob das tränenfeuchte Gesicht zu ihm auf. „Alles, was ich will, bist du."

„Du kannst mich nicht haben. Sie würden dich in der Luft zerreißen." Sanft löste er ihre Arme von seinem Hals und wandte sich zum Gehen.

„Ich riskiere es", hörte er ihre Stimme hinter sich.

Die Hand am Türknauf, blieb er stehen, ohne sich umzudrehen. „Ich nicht."

Zum zweiten Mal sah Mary Wolf davongehen, und es war so viel unerträglicher als beim ersten Mal.

5. KAPITEL

Joe war ungewöhnlich zerstreut. Normalweise verfügte er über eine bemerkenswerte Konzentrationsfähigkeit, aber an diesem Abend schien er mit seinen Gedanken meilenweit entfernt zu sein. Den Umzug in das Schulgebäude hatte er kommentarlos akzeptiert, mit keinem Wort hatte er angedeutet, ob er von der Sitzung erfahren hatte. Da es mittlerweile Mai war, schob Mary seine seltsame Unruhe auf den Frühling. Es war ein langer Winter gewesen, und sie selbst fühlte sich auch rastlos.

Sie schlug das Buch zu, das vor ihr lag. „Machen wir heute früher Schluss. Es bringt ja sowieso nicht viel."

Joe schlug sein eigenes Buch zu und fuhr sich mit den Fingern durchs Haar. „Tut mir leid", sagte er mit einem langen Seufzer. Es war typisch für ihn, dass er keine Erklärung anbot. Joe hatte selten das Bedürfnis, sich zu rechtfertigen.

Doch in den Wochen des gemeinsamen Arbeitens hatten sie des Öfteren persönliche Gespräche geführt, und Mary zögerte nie, wenn sie glaubte, dass einer ihre Schüler Probleme hatte. Wenn es wirklich nur Frühlingsgefühle waren, die ihm zu schaffen machten, dann wollte sie es von ihm hören. „Was hast du auf dem Herzen, Joe?"

Er verzog das Gesicht und lächelte schief. „So könnte man es wohl nennen, ja."

„Ah." Bei seinem Lächeln entspannte sie sich. Also war tatsächlich der Frühling schuld. Tante Ardith hatte ihrer Nichte zu diesem Thema oft genug Vorträge gehalten: „Wenn ein junger Mann Frühlingsgefühle entwickelt und die Säfte in ihm steigen, dann muss ein Mädchen sehr gut aufpassen. Ich schwöre, die jungen Männer sind dann völlig außer Rand und Band." Offenbar stiegen die Säfte in Joe. Mary fragte sich, ob auch Frauen Säfte hatten, die steigen konnten.

Joe spielte mit seinem Bleistift und beschloss nach einem kurzen Moment des Überlegens, mehr zu sagen. „Pam Hearst will, dass ich mit ihr ins Kino gehe."

„Pam?" Das war eine Überraschung, und mit Sicherheit konnte das auch Probleme bedeuten. Schließlich gehörte Ralph Hearst zu den Bewohnern des Städtchens, die sich am vehementesten gegen die Mackenzies wandten.

Joes eisblaue Augen gaben nichts preis, als er Mary jetzt ansah. „Pam war das Mädchen, von dem ich Ihnen erzählt habe."

Pam also. Sie war hübsch und intelligent. Mary fragte sich, ob ihr Vater wohl von Pams Flirt mit Joe wusste und sich deshalb so feindselig verhielt.

„Und? Gehst du mit ihr?"

„Nein."

Noch eine Überraschung. „Warum nicht?"

„Es gibt kein Kino in Ruth."

„Ja, und weiter?"

„Genau darum geht es doch. Wir würden in die nächste Stadt fahren müssen. Dort würde uns niemand sehen. Sie will, dass ich sie im Dunkeln an der Schule abhole." Er lehnte sich zurück und verschränkte die Hände hinter dem Kopf. „Zum Tanzen mit mir zu gehen, schämt sie sich, aber im Dunkeln herumzuschleichen, dafür bin ich gut genug. Wahrscheinlich denkt sie sich jetzt auch, dass sie weniger Ärger kriegt, sollte man uns doch zusammen sehen, weil ich ja vielleicht auf die Akademie komme. Den Leuten hier scheint die Idee zu gefallen." Sein Ton wurde ironisch. „Macht schon einen Unterschied, wenn der Indianer Uniform trägt."

Plötzlich erschien es Mary als schlechten Einfall, diese Nachricht auf der Sitzung verkündet zu haben. „Meinst du, ich hätte nichts sagen sollen?"

„Das mussten Sie wohl, unter den gegebenen Umständen", erwiderte er, und Mary wurde klar, dass Joe Bescheid wusste. „Es setzt mich unter Druck, es zu schaffen. Denn wenn ich nicht angenommen werde, dann zerreißen sie sich alle das Maul, dass der Indianer eben doch nicht das Zeug dazu hat. So ist das gar nicht mal schlecht. Je mehr es mich antreibt, desto näher bin ich der Möglichkeit, auf die Akademie zu kommen."

Im Stillen dachte Mary, dass Joe sich selbst schon genug unter Druck setzte. Sie lenkte das Gespräch zurück auf Pam. „Stört es dich, dass sie dich ausgerechnet jetzt fragt?"

„Es hat mich wütend gemacht. Und noch wütender macht es mich, dass ich ihr einen Korb geben musste. Ich würde sie wirklich gern in die Finger bekommen ..." Er brach abrupt ab und sah Mary mit einem viel zu erwachsenen Blick an. „'tschuldigung, ich wollte nicht indiskret werden. Sagen wir einfach, ich finde sie attraktiv. Aber ich kann es mir nicht leisten, dieser Anziehungskraft nachzugeben. Pam ist ein nettes Mädchen, aber sie passt nicht in meine Pläne."

Sie verstand, was er sagen wollte. Keine Frau passte in seine Pläne, wahrscheinlich für eine lange Zeit, falls überhaupt jemals. Joe war ein Einzelgänger wie Wolf. Bei Joe kam noch hinzu, dass er den größten Teil seines Wesens dem Fliegen verschrieben hatte. Pamela Hearst würde einen netten Mann aus der Gegend heiraten, mit ihm in Ruth oder in der Nähe eine Familie gründen und das gleiche beschauliche Leben führen, in dem sie auch großgeworden war. Sie war nicht geschaffen für die kurzfristige Aufmerksamkeit, die Joe Mackenzie ihr geben konnte, bevor er weiterzog.

„Haben Sie eigentlich eine Vermutung, wer dieses geschmacklose Gerücht in die Welt gesetzt hat?", fragte Joe jetzt. Sein Blick wurde hart. Ihm gefiel es nicht, dass irgendjemand seiner Lehrerin Schaden zufügen wollte.

„Nein." Sie wusste sofort, worauf er anspielte. „Es hätte jeder sein können, der zufällig vorbeigefahren ist und dein Auto gesehen hat. Aber der Trubel hat sich ja gelegt, die meisten scheinen es schon wieder vergessen zu haben, bis auf ..." Sie stockte mit nachdenklicher Miene.

„Bis auf wen?", hakte Joe nach.

„Nein, sie hat sicher keinen solchen Unsinn verbreitet", bestritt Mary hastig. „Ich werde einfach nur nicht warm mit ihr und weiß nicht, warum. Vielleicht ist sie ja immer so. Hat Dottie Lancaster eigentlich ..."

„Dottie Lancaster!" Joe lachte freudlos auf. „Das wäre denkbar. Sie hat ein ziemlich schweres Leben hinter sich, und irgendwie tut sie mir leid, aber sie hat wirklich alles darangesetzt, mir meine Schulzeit zur Hölle zu machen."

„Ein schweres Leben? Wieso?"

„Ihr Mann war Fernfahrer. Vor ein paar Jahren wurde er von einem betrunkenen Fahrer von der Straße abgedrängt, in Colorado. Er stürzte mit seinem Truck den Abhang hinunter und starb, da war ihr Sohn noch ein Baby. Der betrunkene Fahrer war Indianer. Darüber ist Dottie wohl nie hinweggekommen."

„Das macht doch keinen Sinn."

Joe zuckte die Schultern, so als würden viele Dinge auf der Welt keinen Sinn machen. „Auf jeden Fall … sie blieb allein mit dem Kleinen zurück. Muss wohl ziemlich schwierig gewesen sein, viel Geld hatte sie auch nicht. Sie begann zu unterrichten, aber dann musste sie ja jemanden bezahlen, der solange auf den Kleinen aufpasste. Und als der Junge in die Schule kam, brauchte er zusätzlich speziellen Unterricht, und das kostete noch mehr Geld."

„Ich wusste gar nicht, dass Dottie Kinder hat", meinte Mary und blickte Joe verwundert an.

„Nur Robert … Bobby. Er muss jetzt ungefähr drei- oder vierundzwanzig sein, er lebt noch zu Hause. Und er geht nicht gern unter Leute."

„Was stimmt denn nicht mit ihm? Ist er behindert?"

„Nein, behindert nicht. Bobby ist einfach anders. Er mag Menschen, aber nicht zu viele auf einmal. Gruppen machen ihn nervös, deshalb bleibt er lieber für sich. Er liest viel oder hört Musik. Einmal hatte er einen Ferienjob bei Mr Watkins im Baumarkt. Mr Watkins sagte ihm, er solle die Schubkarre mit Sand vollschaufeln und wegfahren. Aber anstatt die Karre vor den Sandhügel zu stellen, ist Bobby mit jeder einzelnen Schippe Sand zur Schubkarre gelaufen. Solche Sachen eben. Er hat Schwierigkeiten beim Anziehen, weil er zuerst die Schuhe anzieht und dann die Füße nicht durch die Hosenbeine bekommt."

Mary kannte solche Fälle. Diese Menschen hatten Probleme, sich im Alltag zurechtzufinden. Nur mit Geduld und speziell zugeschnittenem Training ließ sich eine solche Lernschwäche beheben. Dottie tat Mary leid, sie konnte es wahrlich nicht leichthaben.

Joe schob seinen Stuhl zurück und streckte sich. „Reiten Sie?", fragte er unvermittelt.

„Nein. Ich habe mein Lebtag noch nicht auf einem Pferd gesessen." Sie kicherte. „Wirft man mich jetzt deshalb aus Wyoming hinaus?"

„Könnte durchaus passieren", antwortete Joe gespielt ernst. „Warum kommen Sie nicht mal samstags hinauf auf den Berg? Ich kann Ihnen Reitstunden geben. Wenn die Sommerferien anfangen, werden Sie viel Zeit zum Üben haben."

Er konnte nicht ahnen, wie verlockend die Idee für Mary war. Nicht nur das Reiten, sondern auch dass sie Wolf wiedersehen würde. Nur, ihn zu sehen wäre ebenso qualvoll, wie ihn nicht zu sehen. Weil er unerreichbar für sie war. „Ich denke darüber nach", versprach sie, aber sie bezweifelte schon jetzt, dass sie das Angebot annehmen würde.

Joe drängte seine Lehrerin nicht, aber er hatte auch nicht vor, es zu vergessen. Er musste Mary auf den Berg bekommen, irgendwie. Wolf war an die Grenzen seiner Belastbarkeit gestoßen, das war deutlich zu merken. Wenn Joe mit Mary auf dem Berg auftauchen würde, dann konnte sie froh sein, wenn sie überhaupt noch ein „Hallo" herausbrachte, bevor sein Vater sich auf sie stürzte. Joe grinste in sich hinein. So hatte er seinen Vater noch nie gesehen. Keine Frau hatte Wolf bisher so zugesetzt wie die zierliche Miss Mary Potter. Inzwischen war er so gefährlich wie ein verwundeter Puma.

Als Mary am nächsten Freitag von der Schule nach Hause kam, lag ein Brief von Senator Allard in ihrem Briefkasten. Ihre Finger zitterten, als sie den Umschlag aufriss. Wenn der Senator Joe seine Empfehlung verweigerte, wusste sie nicht, wie es weitergehen sollte. Der Weg über Senator Allard war nicht die einzige Möglichkeit, aber von allen schien er der Interessierteste gewesen zu sein. Eine Absage von ihm wäre niederschmetternd.

Der Brief des Senators an sie war ein kurzer Dank, dass sie seine Aufmerksamkeit auf den jungen Joe Mackenzie gelenkt hatte. Er hatte beschlossen, Joe für die Akademie zu empfehlen. Sobald der Junge die Highschool abgeschlossen hätte, könnte er in der Kadettenklasse beginnen. Von da an lag es allein bei Joe, ob er die hohen akademischen und körperlichen Anforderungen der Akademie erfüllen würde.

Ein persönlicher Glückwunschbrief an Joe lag dem Schreiben bei.

Mary presste das Blatt an die Brust, Tränen stiegen ihr in die Augen. Sie hatten es geschafft! Und so schwer war es nicht einmal gewesen. Sie war schon darauf eingestellt gewesen, jede Woche eine Petition an sämtliche Kongressabgeordneten zu schreiben, aber das war gar nicht nötig. Joes Noten hatten es erreicht.

Das war eine zu gute Neuigkeit, um warten zu können. Mary

stieg in ihren Wagen und fuhr den Berg der Mackenzies hinauf. Der Schnee war längst geschmolzen, farbenfrohe Wildblumen blühten am Straßenrand. Nach der strengen Winterkälte genoss Mary den Frühling umso mehr, auch wenn es lange noch nicht so warm war wie in Savannah um diese Jahreszeit. Mary war so glücklich und aufgeregt, dass sie nicht einmal auf den Abgrund achtete, der steil neben der Straße abfiel. Nur die wilde Ursprünglichkeit der majestätischen Berge sah sie und das strahlende Blau des endlosen Himmels über sich. Sie atmete tief durch. Ja, der Frühling machte den Winter wett. Sie fühlte sich hier zu Hause.

Kies spritzte unter den Autoreifen auf, als sie vor der Hintertür von Wolfs einstöckigem Haus vorfuhr. Der Motor war kaum ausgestellt, als Mary auch schon aus dem Wagen sprang, die wenigen Stufen zur Veranda hinauflief und gegen die Tür hämmerte. „Wolf! Joe!" Sie schrie vor Aufregung, gar nicht ladylike, aber das war ihr gleich. Manche Situationen verlangten einfach danach, dass man sich lautstark bemerkbar machte.

„Mary!"

Der Ruf erschallte hinter ihr, und sie wirbelte herum. Wolf kam erschreckt aus der Scheune hervorgestürzt, sein muskulöser Körper schien in Kampfbereitschaft zu sein. Mary stieß einen Jauchzer aus und rannte auf ihn zu, der Rock flog ihr um die Knie, in der hoch erhobenen Hand wedelte sie mit den Briefen. „Er hat es geschafft!", rief sie. „Er hat es geschafft!"

Wolf bremste ab und sah verblüfft der gesitteten, zurückhaltenden Lehrerin entgegen, die hüpfend und springend auf ihn zukam. Ihm wurde gerade noch klar, dass nichts Ernstes passiert sein konnte, weil sie lachte, da war sie auch schon bei ihm und warf sich ihm in die Arme.

„Er hat es geschafft!"

Das konnte nur eines bedeuten … Wolf fühlte, wie seine Kehle eng wurde. „Er hat es geschafft?"

Sie wedelte mit den Briefen vor seinem Gesicht. „Er hat es geschafft! Senator Allard … das war in meinem Briefkasten … ich konnte nicht warten … wo ist Joe?" Sie merkte, dass sie keinen Satz zu Ende brachte, aber sie war zu aufgeregt, um sich darauf zu konzentrieren.

„Er ist in der Stadt, Baumaterial holen. Verdammt, Mary, bist du sicher? Joe muss doch noch ein Jahr zur Schule …"

„Kein Jahr mehr, nicht bei dem Tempo, das er vorlegt. Aber er muss siebzehn sein. Der Senator hat ihn für die Kadettenklasse empfohlen, sobald er seinen Abschluss hat."

Stolz erfasste Wolf, Stolz, der sich auf seinem markanten Gesicht widerspiegelte. Seine schwarzen Augen blitzten, und er hob Mary hoch und wirbelte sie im Kreis herum. Sie warf lachend den Kopf zurück, und plötzlich erfasste ihn ein Verlangen nach ihr, das mächtig war wie ein Schlag in die Magengrube und ihm den Atem raubte. Sie war so weich und warm in seinen Armen, ihr Lachen klang frisch und lebendig wie der Frühling, und er wollte sie aus diesem adretten kleinen Hemdblusenkleid schälen.

Seine Miene veränderte sich langsam, als er Mary langsam an sich herabgleiten ließ. Sie strahlte ihn an, ihre Hände auf seinen Schultern, doch ihr Lächeln erstarb, als er sie auf halber Höhe hochhielt und sein Gesicht zwischen ihren Brüsten vergrub. Einen Arm um ihren Po geschlungen, den anderen um ihren Rücken, suchte sein Mund nach ihrer Brustwarze, und schließlich fand er sie und umschloss sie durch den Stoff ihres Kleides und ihres BHs hindurch mit seinen Lippen. Sie spürte seinen heißen Atem auf ihrer Haut. Diese Empfindung war so köstlich, dass ihr ein kleiner wimmernder Laut entfuhr und sie sich ihm entgegenbog.

Doch das war nicht genug. Sie vergrub ihre Finger in seinem Haar und zog seinen Kopf heran, näher, doch auch das war nicht genug. Sie wollte ihn, mit jäher fiebriger Verzweiflung. Die Stoffbahnen an ihrem Körper, die seinen Mund von ihrer Haut trennten, machten sie verrückt. „Bitte", flehte sie. „Wolf …"

Er hob den Kopf. In seinen Augen schien ein Feuer zu lodern, und das Blut rauschte ihm durch die Adern. „Willst du mehr?", fragte er heiser.

Sie rieb sich an ihm, ihre Hände fest um seinen Kopf. „Ja."

Ganz langsam setzte er sie ab, immer noch an sich gedrückt, sodass sie seine harte Männlichkeit in seiner Jeans spüren konnte. Beide erschauerten. Vergessen waren all die Gründe, warum er sich nicht mit ihr einlassen wollte. Zum Teufel mit dem, was irgendjemand dachte.

Wolf sah sich um, schätzte die Entfernung zum Haus und zur Scheune. Die Scheune lag näher. Er ergriff Marys Hand und zog sie hinter sich her auf das offen stehende Tor zu. Mary konnte kaum noch atmen. Sie verstand nicht, was er da tat, war verwirrt, weil er so plötzlich mit den Liebkosungen aufgehört hatte. Und dann waren sie auch schon in der Scheune, und Mary wurde eingehüllt von dämmrigem Licht, Wärme und den erdigen Gerüchen nach Heu, Leder und Pferden. Sie vernahm leises Schnauben und das Stampfen von Hufen. Wolf führte sie zu einer leeren Pferdebox und zog sie hinunter in das frische Stroh. Sie lag auf dem Rücken, die Arme ausgebreitet, und er legte sich auf sie und drückte sie mit seinem Gewicht noch tiefer in das warme Stroh.

„Küss mich", flüsterte sie, schlang die Arme um ihn und zog ihn zu sich hinunter.

„Ich werde dich überall küssen", murmelte er und neigte seinen Kopf. Ihr Mund öffnete sich, als seiner ihre Lippen berührte, und seine Zunge bewegte sich in ihr in einem Rhythmus, den sie instinktiv annahm und sehnsüchtig erwiderte. Er war schwer, doch es schien ihr so natürlich, sein Gewicht auf sich zu spüren, und sie jubelte innerlich über dieses wunderbare Gefühl. Sie schlang ihre Arme um seine muskulösen Schultern und zog ihn noch näher an sich; sie wollte ihn spüren, so nah wie nur möglich, und sie bewegte ihre Hüften langsam, während sie sich dem sinnlichen Druck seiner Lenden entgegenhob.

Diese sanften Bewegungen trieben Wolf fast zum Wahnsinn. Mit einem heiseren Stöhnen griff er nach dem Reißverschluss ihres Kleides. Ich werde sterben, dachte er, wenn ich nicht ihre samtene Haut unter meinen Fingern fühlen kann.

Alles war ungewohnt für sie, aber es schien ihr so richtig vorzukommen, dass sie nicht protestierte. Mary wollte es gar nicht. Sie wollte Wolf. Sie erfuhr eine neue Weiblichkeit, war sich mit einem Mal bewusst, dass sie eine Frau war, und sie wollte sich dem Mann hingeben, den sie liebte. Sie wollte nackt für ihn sein, so half sie ihm dabei, die Arme aus dem Kleid zu ziehen, damit er es ihr von den Schultern und über die Taille streifen konnte. Sie hatte es ziemlich gewagt gefunden, einen BH zu kaufen, der vorn geschlossen wurde, aber als sie nun auf ihre Brüste blickte, die nur von einem Hauch des hautfarbenen Materials bedeckt wurden, war sie froh, dass sie es getan hatte. Wolf löste den Verschluss mit einer Hand – ein Trick, den sie immer noch nicht beherrschte – und zog den Stoff beinahe ehrfürchtig von ihren sanften Kurven, doch er hörte auf, bevor er ihre Brustwarzen freigab.

Das Geräusch, das sich nun seiner Kehle entrang, klang fast wie ein Knurren, und er schob ihren BH beiseite. Sein Mund, sein warmer, nasser Mund, glitt über ihre Brüste und liebkoste ihre steif aufgerichteten Brustwarzen. Als sie ihn auf ihrer Haut fühlte, bäumte sie sich jäh auf. Ihr Körper reagierte auf seine Lippen mit einer Lust, die beinah schmerzhaft war. Mary schloss die Augen und stöhnte auf. Es fühlte sich so gut an, so wunderbar, wie er an ihr saugte. Es durchströmte sie heiß und verlangend, sie rieb sich an ihm und flehte nach der Erlösung, die sie bisher nie erfahren hatte und doch wie mit einem uralten Wissen ahnte.

Ihre fordernden kleinen Bewegungen raubten Wolf den letzten Rest Beherrschung. Mit einem Ruck zog er ihr Kleid zu den Hüften, drückte ihre Schenkel auseinander und drängte sich zwischen das verletzliche Delta zwischen ihren Beinen. Mary war ein wenig schockiert über sich selbst, über die Empfindungen, derer sie fähig war, doch sie wollte mehr davon, wollte alles kennenlernen. „Zieh dich aus“, wisperte sie beschwörend und zerrte an seinem Hemd.

Er setzte sich zurück auf die Fersen und riss sich das Hemd vom Leib. Ein feiner Schweißfilm ließ seine Haut glänzen, und gierig nahm Mary das Bild dieses perfekten Oberkörpers in sich auf, den kein Bildhauer schöner hätte erschaffen können. Als sie scheu mit den Fingerspitzen über seine Haut strich, seinen perfekten, starken und männlichen Körper berührte und hungrig seinen Duft aufsog, entfuhr ihm ein heiserer Laut. Ihre Hände glitten über seine breite, leicht behaarte Brust, von einer Brustwarze zur anderen. Sie berührte diese zarten Knospen sanft, und ein lustvoller Schauer durchzuckte ihn.

Er löste seine Gürtelschnalle und zog den Reißverschluss seiner Jeans auf. Das Geräusch vermischte sich mit ihrer beider rasselndem Atem. Mit einem allerletzten Rest von Willenskraft hielt er sich davon zurück, die Jeans abzustreifen. Sie war Jungfrau, das durfte er nicht vergessen. Er musste die Kontrolle über sich zurückgewinnen, sonst würde er ihr wehtun und sie erschrecken, und lieber wollte er sterben, bevor er ihr erstes Mal zu einem Albtraum machte.

Marys schlanke Finger griffen in das Haar auf seiner Brust und zogen leicht daran. „Wolf", sagte sie, nur seinen Namen, aber dieses eine Wort verführte ihn. Ihre Stimme klang warm und tief und lockte ihn mehr als alles, was er je gehört hatte.

„Ja", murmelte er. „Jetzt."

Er beugte sich vor, bereit, sich wieder auf sie zu legen, doch plötzlich verharrte er, als ein Geräusch in der Ferne an seine Ohren drang.

Er fluchte leise und sank zurück auf seine Fersen, kämpfte verzweifelt darum, seinen Körper unter Kontrolle zu bekommen.

„Wolf?" Jetzt klang ihre Stimme zögerlich, bestürzt und unsicher. Er fühlte sich grässlich. Noch vor ein paar Sekunden hatte sie sich ihm hingeben wollen, voller Vertrauen, Wärme und Zärtlichkeit.

„Joe wird gleich hier sein", sagte er tonlos. „Ich höre seinen Truck den Berg heraufkommen."

Sie war immer noch in ihrer eigenen Welt gefangen, sodass sie nur verwirrt blinzelte. „Joe?"

„Ja, Joe. Erinnerst du dich an ihn? Mein Sohn. Der Grund, weshalb du überhaupt hergekommen bist."

Blut schoss in ihre Wangen, als Mary sich abrupt aufsetzte. „Mein Gott", entschlüpfte es ihr. „Ich bin nackt. Du bist nackt. Oh, mein Gott!"

„Wir sind nicht nackt", murmelte Wolf und wischte sich über sein verschwitztes Gesicht. „Verdammt!"

„Aber fast!"

„Nicht genug." Sogar ihre Brüste liefen rot an, so sehr schämte sie sich. Er sah sie voller Bedauern an, ihren süßen Geschmack noch auf den Lippen und voller Erinnerungen daran, wie ihr samtener kleiner Nippel in seinem Mund erblüht war. Aber das Geräusch des Trucks kam immer näher, und mit einem Fluch über das miserable Timing seines Sohnes stand Wolf auf und zog Mary auf die Füße. Tränen ließen ihre Sicht verschwimmen, als sie mit fahrigen Fingern vergebens versuchte, den Verschluss ihres BHs zu verhaken. Tante Ardith hätte einen Anfall bekommen, wüsste sie, dass ihre Nichte sich nackt mit einem Mann im Heu tollte. Und – so ein Mist! – dabei hatten sie nicht einmal zu Ende tollen können!

„Lass mich das machen.“ Einen solch sanften Ton hatte sie bei Wolf noch nie gehört. Er verschloss den tückischen Haken so mühelos, wie er ihn aufbekommen hatte. Mary hielt den Kopf gesenkt, sie konnte Wolf nicht in die Augen sehen. Doch der Kontrast seiner gebräunten Hände an ihrer hellen Haut ließ erneut die Hitze in ihr auflodern. Sie schluckte und richtete den Blick starr auf Wolfs Gürtelschnalle. Wolf zog den Reißverschluss seiner Jeans hoch und schloss den Gürtel, doch die Ausbuchtung in dem Stoff sagte Mary, dass es ihm ähnlich erging wie ihr. Sie fühlte sich ein wenig besser und drängte die Tränen zurück, während Wolf ihr in das Kleid half und den Verschluss wieder zuzog.

„Du hast Stroh im Haar“, neckte er sie liebevoll und zupfte mit geschickten Fingern einen Halm fort.

Mary fühlte mit beiden Händen nach ihrem Knoten und musste feststellen, dass er sich komplett gelöst hatte. „Lass es“, sagte Wolf. „Ich mag es, wenn du es offen trägst. Dann sieht es aus wie Seide.“

Nervös versuchte sie sich mit den Fingern zu kämmen, während Wolf sein Hemd aufhob. „Was wird Joe nur denken?“, sprudelte es verlegen aus ihr heraus.

„Dass er froh sein kann, mein Sohn zu sein“, murmelte Wolf grimmig. „Denn sonst würde ich ihn jetzt umbringen.“

Mary hätte nicht sagen können, ob das als Scherz gemeint war. Wolf zog sein Hemd über, machte sich aber nicht die Mühe, die Knöpfe zu schließen, bevor er nach draußen trat. Mary atmete tief durch und folgte ihm.

Joe stieg gerade aus dem Truck. Seine eisblauen Augen wanderten von seinem Vater zu Mary und wieder zurück. Er sah die steinerne Miene seines Vaters, das offen stehende Hemd, Marys wirres Haar, und knallte mit einem Fluch die Autotür zu. „Hätte ich mir doch nur eine halbe Stunde mehr Zeit gelassen.“

„Genau das denke ich auch“, kam es von Wolf.

„Hey, ich kann noch mal wegfahren und …“

Wolf seufzte. „Nein. Sie ist sowieso deinetwegen gekommen.“

Joe grinste breit. „Das hast du beim ersten Mal auch gesagt.“

„Und jetzt sage ich es wieder.“ Wolf drehte sich zu Mary um, und die Freude und der Stolz kehrten in seine Augen zurück. „Sag es ihm.“

Sie konnte nicht denken. „Ihm was sagen?" Nur langsam klärten sich ihre Gedanken. Verdutzt blickte sie auf ihre leeren Hände. Wo waren die Briefe geblieben? Lagen sie irgendwo unter dem Stroh? Sie würde es nicht überstehen, im Heu nach ihnen zu suchen! Da sie nicht wusste, was sie sonst tun konnte, spreizte sie die Finger und sagte schlicht: „Du bist angenommen. Der Brief kam heute bei mir an."

Mit bleichem Gesicht starrte Joe Mary an. „Ich bin angenommen? Auf der Akademie? Ich bin drin?"

„Du hast die Empfehlung bekommen. Jetzt liegt es an dir, ob du die Prüfungen bestehst."

Joe warf den Kopf in den Nacken und stieß einen markerschütternden Triumphschrei aus, dann rannte er auf Wolf zu. Die beiden umarmten sich und klopften sich auf Rücken und Schultern, lachten und riefen durcheinander, und dann standen sie einfach nur da und hielten sich ergriffen fest. Mary sah ihnen mit einem seligen Lächeln zu, ihr Herz schien vor Glück überzufließen. Und dann fand sie sich gepackt und hart in die Umarmung der beiden Mackenzies eingeschlossen.

„Ihr zerquetscht mich noch!", stieß sie lachend aus und versuchte, beide mit den Handflächen wegzustoßen. Vater und Sohn lachten, aber sie gaben ihr sofort mehr Raum und traten von ihr zurück.

Mary strich sich das Kleid glatt. „Die Briefe müssen hier irgendwo sein. Sie müssen mir wohl aus der Hand gefallen sein."

Wolf warf ihr einen provozierenden Blick zu. „Ja, müssen sie wohl."

Dass er sie neckte, machte sie glücklich, und sie lächelte ihn an. Es war ein vertrautes, intimes Lächeln, die Art Lächeln, die eine Frau einem Mann schenkt, den sie liebt und in dessen Armen sie gelegen hat. Diese Geste wärmte ihn. Um seine Reaktion zu überspielen, sah Wolf sich nach den Briefen um. Einen fand er auf der Auffahrt, den anderen nahe beim Scheunentor.

Obwohl Joe den Inhalt bereits kannte, zitterte seine Hand, als er den an ihn adressierten Brief von seinem Vater entgegennahm und aufriss. Er konnte kaum glauben, dass alles so schnell gegangen war. Einen Traum zu verwirklichen sollte schwierig sein, er hätte Blut schwitzen müssen, um diese Empfehlung zu erhalten. Sicher, noch flog er keine von diesen Maschinen, aber das würde er! Er würde alles dafür tun, denn ohne zu fliegen würde er nie wirklich leben.

Mary betrachtete Joe mit zufriedenem Stolz, während er las, doch auf einmal spürte sie, wie Wolf sich neben ihr verspannte, so als wittere er Gefahr. Sie sah fragend zu ihm auf. Sein Gesicht war regungslos, wie aus Stein gemeißelt. Und dann hörte auch sie das Motorengeräusch und drehte sich um, gerade als der Wagen des Deputy Sheriffs hinter Joes Truck hielt.

Jetzt drehte sich auch Joe um, mit der gleichen steinernen Miene wie sein Vater sah er zu, wie Clay Armstrong ausstieg.

„Ma'am." Clay grüßte Mary als Erste und tippte sich an den Rand des Huts.

„Deputy Armstrong." Jahre der strengen Erziehung im korrekten gesellschaftlichen Umgang lagen in Marys Stimme. Tante Ardith wäre stolz auf sie gewesen. Doch Mary spürte auch, dass Gefahr für Wolf in der Luft lag, und sie musste sich zusammennehmen, um sich nicht zwischen ihn und den Deputy zu stellen.

Clays freundliche blaue Augen blickten jetzt überhaupt nicht freundlich. „Wieso sind Sie hier, Miss Potter?"

„Wieso fragen Sie?", schoss sie zurück und stemmte die Hände in die Hüften.

„Kommen Sie zum Wesentlichen, Armstrong", mischte Wolf sich ein.

„Von mir aus." Clay wandte sich Wolf zu. „Sie sollen aufs Revier kommen, zu einer Vernehmung. Sie können es sich einfach machen und jetzt mit mir kommen, oder ich kann auch mit einem Haftbefehl zurückkehren."

Joe stand da wie erstarrt, eiskalte Wut blitzte in seinen Augen. Das war schon einmal passiert, und er hatte seinen Vater für zwei Jahre verloren. Jetzt schien es ihm noch schlimmer zu sein, weil sie eben noch gefeiert hatten, auf dem Gipfel des Glücks.

Wolf begann sein Hemd zuzuknöpfen. „Was ist es diesmal?", fragte er mit einer Stimme wie Donnergrollen.

„Darüber reden wir im Büro des Sheriffs."

„Darüber reden wir jetzt."

Schwarze Augen trafen auf blaue Augen, und Clay wurde abrupt bewusst, dass der Mann vor ihm keinen Schritt machen würde, bevor er eine Antwort bekam. „Heute Morgen ist ein Mädchen vergewaltigt worden."

Höllenglut brannte in den schwarzen Augen. „Und da denken natürlich alle sofort an den Indianer." Wolf presste die Worte zwischen zusammengebissenen Zähnen hervor. Das konnte nicht schon wieder passieren! Kein Mensch verdiente das zweimal im Leben. Das erste Mal hatte es ihn schon fast umgebracht. Er würde nie wieder ins Gefängnis gehen, ganz gleich, was er tun musste, um es zu verhindern.

„Wir holen vorerst verschiedene Leute zur Vernehmung aufs Revier. Wenn Sie ein Alibi haben, gibt es ja kein Problem. Dann können Sie wieder gehen."

„Dann haben Sie also jeden Rancher hier in der Gegend abgeholt? Sitzt Eli Baugh jetzt auch im Büro des Sheriffs und beantwortet Fragen?"

Clays Gesicht lief vor Ärger rot an. „Nein."

„Ah, nur der Indianer, was?"

„Sie sind kein unbeschriebenes Blatt." Aber Clay fühlte sich offensichtlich nicht wohl in seiner Haut.

„Ich habe nicht eine einzige Vorstrafe", entgegnete Wolf verächtlich. „Ich wurde komplett rehabilitiert."

„Verdammt, Mann, das weiß ich!", schrie Clay plötzlich. „Mir wurde aufgetragen, Sie abzuholen, und ich werde meine Arbeit tun."

„Ja dann, warum haben Sie das nicht gleich gesagt? Nichts läge mir ferner, als einen Mann davon abzuhalten, seinen Job zu erledigen." Mit dieser sarkastischen Bemerkung ging Wolf zu seinem Truck. „Ich folge Ihnen."

„Sie können mit mir kommen. Ich bringe Sie wieder zurück."

„Nein, danke. Ich benutzte lieber den eigenen Wagen, nur für den Fall, dass der Sheriff meint, ein Spaziergang täte mir gut."

Mit einem gemurmelten Fluch stapfte Clay zu seinem Streifenwagen. Kies und Staub wirbelten auf, als er den Berg hinunterfuhr, Wolf mit dem eigenen Truck direkt hinter ihm.

Mary begann zu zittern wie Espenlaub. Joe stand immer noch da wie erstarrt, die Hände an den Seiten zu Fäusten geballt. Plötzlich wirbelte er herum und hieb mit der Faust auf die Motorhaube seines

Wagens. „Bei Gott, sie werden ihm das nicht wieder antun! Das dürfen sie nicht!“

„Nein, das werden sie mit Sicherheit nicht.“ Mary zitterte immer noch, aber sie straffte die Schultern. „Und wenn ich jeden Richter und jedes Gericht in diesem Land einschalten muss. Ich werde Zeitungen anrufen, Fernsehsender informieren, ich rufe ... oh, die wissen ja gar nicht, wen ich alles anrufen kann.“ Das Netzwerk der Familienkontakte und Beziehungen in Savannah war immer noch intakt. Sie würde mehr Gefallen einfordern, als der Sheriff dieses Bezirks zählen konnte. Sie würde ihn, ohne mit der Wimper zu zucken, in Grund und Boden rammen!

„Warum fahren Sie nicht nach Hause“, sagte Joe tonlos.

„Weil ich nicht will. Ich will hierbleiben.“

Er hatte damit gerechnet, dass sie sich zu ihrem Wagen schleichen würde, aber jetzt schaute Joe sie zum ersten Mal an. Tief in seinem Inneren hatte ein Teil von ihm damit gerechnet, dass sie nicht schnell genug wegkommen konnte, dass er und Wolf wieder allein sein würden, so wie es immer gewesen war. Sie waren daran gewöhnt, allein zu sein. Doch Mary blieb stehen, als gäbe es nicht den geringsten Grund, sich von diesem Berg zu bewegen. Ihre schieferblauen Augen funkelten, und sie hatte ihr Kinn so kampfeslustig vorgeschoben, dass es klüger war, ihr nicht im Weg zu stehen.

Der Junge, durch die Umstände gezwungen, viel schneller als andere erwachsen zu werden, legte seine Arme um die zierliche Frau und versuchte verzweifelt, etwas von ihrer Stärke in sich aufzunehmen. Und Mary hielt ihn fest und sicher. Joe war Wolfs Sohn, sie würde ihn beschützen, mit jedem Quäntchen Kraft, das sie besaß.

6. KAPITEL

Es war schon nach neun, als sie Wolfs Truck hörten. Beide, Joe und Mary, erstarrten vor Anspannung und Erleichterung. Anspannung, weil sie Angst vor dem hatten, was sie zu hören bekommen würden, Erleichterung, dass er überhaupt zurückkam und man ihn nicht direkt hinter Schloss und Riegel gebracht hatte.

Wolf kam durch die Hintertür in die Küche, wo Joe und Mary mit einer Tasse Kaffee am Tisch saßen. Er starrte Mary mit ausdruckslosem Gesicht an. „Warum bist du noch hier? Fahr nach Hause."

Sie ignorierte seinen Tonfall. Er war so wütend, dass sie seine Gefühle förmlich spüren konnte, doch sie wusste, die Wut galt nicht ihr. Mary stand auf, goss ihren lauwarmen Kaffee ins Spülbecken, holte eine saubere Tasse aus dem Schrank und schenkte frischen Kaffee ein. „Setz dich, trink einen Kaffee und erzähle, was passiert ist", forderte sie mit ihrem besten schulmeisterlichen Tonfall auf.

Wolf griff nach der Kaffeetasse, aber er setzte sich nicht. Er war zu verärgert und zu aufgewühlt, um sich zu setzen. Die Wut, die in ihm kochte, raubte seinen Bewegungen die Geschmeidigkeit. Es fing wieder an. Aber er würde den Teufel tun und noch einmal ins Gefängnis gehen für etwas, das er nicht getan hatte. Er würde sich zur Wehr setzen, nie wieder würde er sich einsperren lassen!

„Sie haben dich gehen lassen", stellte Joe fest.

„Das mussten sie. Das Mädchen wurde gegen Mittag überfallen. Um Mittag war ich auf der Ranch von Wally Rasco, um zwei Pferde abzuliefern. Wally hat das bestätigt. Selbst der Sheriff konnte keine Möglichkeit finden, wie ich gleichzeitig an zwei sechzig Meilen voneinander entfernt liegenden Orten sein kann, also blieb ihm nichts anderes übrig."

„Wo ist es passiert?"

Wolf presste mit Daumen und Zeigefinger gegen die Nasenwurzel, so als hätte er Kopfschmerzen. „Er hat sie von hinten angefallen, als sie in ihren Wagen steigen wollte, auf der Auffahrt vor ihrem Haus. Er ließ sie fast eine Stunde ziellos durch die Gegend fahren, bevor er ihr befahl, am Straßenrand anzuhalten. Sie hat sein Gesicht nicht gesehen, er trug eine Skimaske. Aber sie konnte aussagen, dass er groß war, und das reichte dem Sheriff als passende Beschreibung für mich."

„Am Straßenrand?", fragte Mary. „ Das ist doch seltsam, es macht keinen Sinn. Ich weiß, hier herrscht kein reger Verkehr, aber ... da hätte doch jeder vorbeikommen können."

„Stimmt. Mal ganz davon abgesehen, dass er ihr vor ihrem Haus aufgelauert hat."

Joe trommelte mit den Fingern auf die Tischplatte. „Vielleicht jemand, der durch Ruth durchgefahren ist."

„Wie viele Leute fahren einfach nur durch Ruth?", fragte Wolf trocken. „Und wie hätte ein Fremder wissen sollen, wessen Auto das ist und wann sie das Haus verlässt? Was, wenn der Wagen einem Mann gehört hätte? Das wäre doch ein großes Risiko, vor allem, da der Täter nur an dem einen interessiert war. Er hat sie nicht ausgeraubt, ihr fehlt weder Geld noch Schmuck."

„Sie halten die Identität des Opfers geheim?"

„Es wird nicht lange ein Geheimnis bleiben, vor allem, da ihr Vater mit einem Gewehr im Büro des Sheriffs auftauchte und mich über den Haufen schießen wollte. Er hat eine Menge Aufmerksamkeit erregt."

„Was ist passiert?"

„Armstrong hat ihn aufgehalten. Dann kam Wally Rasco und bestätigte meine Aussage. Der Sheriff hat mich mit einer gut gemeinten Warnung gehen lassen."

„Eine Warnung?" Mary sprang mit funkelnden Augen auf. „Wieso?"

Wolf lächelte sie kalt an. „Er empfahl mir dringend, mich von weißen Frauen fernzuhalten, Süße. Und genau das werde ich tun. Also, fahr nach Hause und bleib dort. Ich will dich nicht mehr auf meinem Berg sehen."

„Da warst du in der Scheune aber noch ganz anderer Meinung", hielt sie ihm wütend vor, warf einen Blick auf Joe und wurde rot. Joe hatte fragend eine Augenbraue hochgezogen und sah seltsam zufrieden mit sich aus. Mary beschloss, das zu ignorieren, und wandte sich wieder Wolf zu. „Ich kann nicht fassen, dass du dir von diesem vertrottelten Sheriff Vorschriften machen lässt."

Er kniff die Augen zusammen. „Vielleicht hast du es noch nicht begriffen ... es fängt alles wieder von vorn an. Es ist vollkommen gleichgültig, dass Wally Rasco mein Alibi bestätigt hat. Jeder wird wieder an das denken, was vor zehn Jahren passiert ist."

„Und davon haben sie dich auch freisprechen müssen. Oder zählt das nicht?"

„Für manche", gab er zu. „Aber nicht für die meisten. Sie haben alle Angst vor mir und misstrauen mir. Wahrscheinlich werde ich in keinem Geschäft der Stadt mehr bedient, solange dieser Dreckskerl nicht gefasst worden ist. Und jede weiße Frau, die auch nur mit mir redet, läuft Gefahr, geteert und gefedert zu werden."

Das war es also. Er versuchte, sie zu beschützen. Sie schaute ihn aufgebracht an. „Wolf, ich weigere mich, mein Leben nach den Vorurteilen anderer zu gestalten. Ich finde es nett, dass du mich beschützen willst, aber ..."

Sie hörte das Klacken, als er die Zähne zusammenbiss. „Tust du das, ja? Dann geh nach Hause. Und bleib zu Hause."

„Für wie lange?"

Er wich ihrer Frage mit einer vagen Antwort aus. „Ich werde immer ein Halbblut sein."

„Und ich werde immer sein, was ich bin. Ich habe dich nie darum gebeten, ein anderer zu werden." Kummer schlich sich in ihre Stimme, Sehnsucht stand in ihren Augen.

Nie zuvor hatte eine Frau ihn mit solchen Augen angesehen, und die Wut in ihm wuchs, weil er sie nicht an sich ziehen und in die Arme nehmen konnte, weil er nicht der ganzen Welt kundtun konnte, dass sie die Seine war. Die Warnung des Sheriffs war deutlich gewesen, Wolf wusste, dass die Feindseligkeit ihm gegenüber auf Mary übergehen würde. Er war nicht mehr nur um ihre Stelle besorgt. Der Verlust eines Jobs war nichts im Vergleich zu dem, was sie würde ertragen müssen. Sie würde in ihrem eigenen Heim terrorisiert, ihr Besitz würde zerstört werden. Man würde sie in aller Öffentlichkeit anspucken, vielleicht sogar angreifen. Sie wäre jedem hilflos ausgeliefert.

„Ich weiß", sagte er, und trotz aller Vorsätze strich er ihr über das Haar. „Geh nach Hause, Mary. Wenn das hier vorbei ist ..." Er unterbrach sich. Er wollte keine Versprechen machen, die er vielleicht nie würde halten können. Und doch waren seine Worte genug gewesen, um einen Hoffnungsfunken in ihre Augen zu zaubern.

„Nun gut", murmelte sie und nahm seine Hand. „Übrigens, ich denke, du solltest dir das Haar kurz schneiden lassen."

Er blickte sie verdutzt an. „Wieso?"

„Du willst, dass ich mein Haar offen trage, und ich möchte, dass du dir einen Haarschnitt machen lässt." Sie bedachte ihn mit einem taxierenden Blick. „Du trägst es nur lang, damit die Leute nie vergessen, dass du Indianer bist. Also lass es dir schneiden."

„Kurze Haare machen mich nicht weniger zu einem Indianer."

„Lange Haare machen dich nicht mehr zu einem Indianer."

Sie stand da, stur und entschlossen, als würde sie bis zum Sankt-Nimmerleins-Tag dort stehen bleiben. Es sei denn, er willigte ein. „Also gut, ich lasse es schneiden."

„Fein." Lächelnd stellte sie sich auf die Zehenspitzen und küsste ihn auf den Mundwinkel. „Gute Nacht. Gute Nacht, Joe."

„Gute Nacht, Mary."

Als sie gegangen war, fuhr Wolf sich müde mit den Fingern durchs Haar. Er konnte nicht fassen, dass er gerade zugestimmt hatte, es abschneiden zu lassen. Er sah auf und erkannte, dass Joe ihn unbewegt beobachtete.

„Was machen wir jetzt?", fragte der Junge.

„Was immer nötig ist", kam die tonlose Antwort.

Als Mary am nächsten Morgen einkaufen ging, fielen ihr die kleinen Grüppchen im Lebensmittelladen auf. Es waren Frauen, die flüsternd die Köpfe zusammensteckten. Der Name des Opfers war durchgesickert, es handelte sich um Cathy Teele, deren jüngere Schwester in Marys Klasse war. Die gesamte Teele-Familie war entsetzt, so viel konnte Mary dem Geraune entnehmen.

Beim Regal mit Mehl und Zucker traf Mary auf Dottie Lancaster, die von einem jungen Mann begleitet wurde. Mary nahm an, dass es sich um Dotties Sohn Bobby handelte.

„Hallo, Dottie", grüßte Mary freundlich, auch wenn sie argwöhnte, dass die andere das hässliche Gerücht über sie und Joe gestreut hatte.

„Hallo." Anstatt der säuerlichen Miene, die sie sonst zur Schau trug, schien Dottie erschüttert zu sein. „Haben Sie schon das von dem armen Teele-Mädchen gehört?“

„Von nichts anderem, seit ich den Laden betreten habe.“

„Sie haben diesen Indianer festgenommen, aber der Sheriff musste ihn laufen lassen. Ich kann nur hoffen, dass Sie nun mehr darauf achten, in wessen Gesellschaft Sie sich begeben.“

„Wolf wurde nicht festgenommen.“ Nur mit Anstrengung schaffte es Mary, ruhig zu bleiben. „Er wurde befragt, und zur Tatzeit war er auf der Rasco-Ranch. Wally Rasco hat es bestätigt. Wolf Mackenzie ist kein Vergewaltiger.“

„Ein Gericht hat das aber gesagt und ihn zu einer Gefängnisstrafe verurteilt.“

„Und ihn rehabilitiert, nachdem der wahre Täter gefasst wurde und die Verbrechen gestanden hat, die man Wolf anlastete.“

Dottie wich erbost zurück. „Das sagt der Indianer. Wir wissen nur, dass er auf Bewährung freigelassen wurde. Es ist nicht schwer zu erkennen, auf wessen Seite Sie stehen, aber Sie rennen ja auch schon mit diesen Indianern herum, seitdem Sie angekommen sind. Ein altes Sprichwort besagt, man braucht sich nicht zu wundern, dass man Flöhe bekommt, wenn man bei den Hunden schläft. Die Mackenzies sind dreckiges Indianerpack …“

„Wagen Sie es nicht, noch ein Wort zu sagen!“ Mary musste an sich halten, um die andere Frau nicht zu ohrfeigen. Ihre Wangen waren vor Wut hochrot. „Wolf ist ein anständiger, hart arbeitender Mann, und ich werde nicht zulassen, dass irgendjemand das Gegenteil behauptet.“

Dottie hatte sich in Rage geredet, aber etwas in Marys Augen hielt sie davon ab, weiter über Wolf herzuziehen. Stattdessen beugte sie sich vor und zischelte: „Sie sollten besser vorsichtig sein, Miss Weltverbesserer, oder Sie bekommen noch große Probleme.“

Mary lehnte sich ebenfalls vor, mit zusammengepressten Lippen. „Drohen Sie mir etwa?“

„Mama, bitte.“ Der junge Mann an Dotties Seite zupfte hektisch an ihrem Ärmel.

Dottie drehte sich zu ihm um, und sofort veränderte sich ihre Miene. Sie zog sich zurück, aber nicht, ohne Mary noch verächtlich hinzuschleudern: „Denken Sie an meine Worte.“ Damit stapfte sie steif davon.

Ihr Sohn Bobby rang erregt die Hände und rannte seiner Mutter ungelenk nach. Mary bereute, dass sie es zu dieser hässlichen Szene hatte kommen lassen. Wenn man bedachte, was Joe ihr über Bobby erzählt hatte, hatte der junge Mann schon Probleme genug, ohne dass er so etwas miterleben musste.

Mary atmete ein paarmal tief durch, um sich wieder zu fassen. Doch fast hätte sie die Beherrschung erneut verloren, als sie sich umdrehte und feststellen musste, dass sie von allen angestarrt wurde. Offensichtlich hatte jeder dieses unerfreuliche Gespräch belauscht, und die Gesichter spiegelten schockiertes Entsetzen und ärgerliche Verachtung wider. Innerhalb einer Stunde würde die ganze Stadt Bescheid wissen, dass zwei der Lehrerinnen sich wegen Wolf Mackenzie gestritten hatten. Mary stöhnte innerlich auf. Ein weiterer Skandal war genau das, was Wolf jetzt nicht brauchen konnte.

Im nächsten Gang traf Mary auf Cicely Karr. Da ihr die Kommentare von Cicely auf der Schulversammlung noch im Ohr klangen, konnte Mary sich nicht zurückhalten zu sagen: „Ich habe übrigens einen Brief von Senator Allard erhalten, Mrs Karr. Er hat seine Empfehlung für Joe Mackenzie ausgesprochen.“ Sie wusste selbst, wie herausfordernd sie klang.

Zu ihrem Erstaunen schien Mrs Karr freudig überrascht. „Wirklich? Sieh einer an, wer hätte das gedacht! Mir war gar nicht klar, was für eine Ehre das ist, bis Eli es mir erklärt hat.“ Doch dann wurde sie ernst. „Aber jetzt ist diese schreckliche Sache passiert. Ich … ich habe zufällig Ihr Gespräch mit Dottie Lancaster mit angehört, Miss Potter. Sie können sich nicht vorstellen, wie es vor zehn Jahren war. Die Leute hier hatten Angst und waren unglaublich wütend, und jetzt fängt der gleiche Albtraum wieder an.“

„Für Wolf Mackenzie ist es auch ein Albtraum“, erwiderte Mary hitzig. „Er saß im Gefängnis für ein Verbrechen, das er nie begangen hat. Er wurde rehabilitiert, und doch ist er der Erste, den der Sheriff zur Vernehmung holt. Was meinen Sie wohl, wie er sich dabei fühlt? Diese zwei Jahre im Gefängnis kann ihm niemand zurückgeben, und jetzt sieht es so aus, als wollten die Leute ihn wieder dorthin schicken.“

Mrs Karr wirkte bedrückt. „Wir alle haben uns damals geirrt, das Justizsystem hat sich auch geirrt. Aber selbst wenn Mackenzie beweisen konnte, dass er Cathy Teele nicht vergewaltigt hat … können Sie nicht nachvollziehen, warum der Sheriff ihn vernehmen wollte?"

„Nein, kann ich nicht."

„Mackenzie hat Grund genug, sich zu rächen."

Mary war fassungslos. „Und Sie glauben, er rächt sich, indem er eine junge Frau überfällt, die noch ein Kind war, als er hinter Gitter gebracht wurde? Für was für einen Mann halten Sie ihn bloß?" Die Vorstellung erfüllte sie mit Grauen, dass jeder in Ruth so dachte.

„Ich halte ihn für einen Mann, der voller Hass steckt." In Mrs Karrs Augen war zu sehen, dass sie fest an das glaubte, was sie sagte.

Mary wurde übel, sie schüttelte den Kopf. „Nein", sagte sie leise. „Wolf ist verbittert über die Art, wie er behandelt wurde, aber in ihm ist kein Hass. Und nie, niemals würde er eine Frau so verletzen." Wenn sie etwas mit absoluter Gewissheit wusste, dann das.

Aber Mrs Karr schüttelte ebenfalls den Kopf. „Erzählen Sie mir nicht, dass dieser Mann nicht hasst! Es steht in diesen höllenschwarzen Augen zu lesen. Er hasst uns alle! Der Sheriff weiß, dass Mackenzie in Vietnam war, in irgendeiner Spezialeinheit, die auf Töten trainiert war oder so was Ähnliches. Man kann ja gar nicht ahnen, was das mit diesem Mann angestellt hat. Vielleicht hat er Cathy Teele nicht vergewaltigt, aber es ist auf jeden Fall eine gute Gelegenheit für ihn, sich an uns zu rächen und die Schuld auf denjenigen zu schieben, der sich wirklich an dem armen Mädchen vergriffen hat."

„Wenn Wolf auf Rache aus wäre, dann würde er es bestimmt nicht hinterrücks machen", sagte Mary erbost. „Sie haben keine Ahnung, was für ein Mann er ist, nicht wahr? Seit zehn Jahren lebt er hier, und Sie wissen nicht das Geringste von ihm."

„Aber Sie schon?" Mrs Karr wurde rot vor Ärger. „Vielleicht reden wir hier über zwei verschiedene Arten von ‚Wissen'. Vielleicht war das Gerücht mit Joe Mackenzie doch nicht ganz unbegründet. Sie machen vielleicht nicht mit Joe Mackenzie rum, aber mit Wolf Mackenzie, was?"

Die Verachtung in den Worten der anderen Frau ließ Mary die Kontrolle verlieren. „Genau!", schrie sie. „Aber leider ist es nie so weit gekommen, wie ich es mir wünsche!"

Ein allgemeines Luftschnappen war im Laden zu hören. Mary drehte sich um und sah in die schockierten Gesichter der Einwohner des Städtchens, die sich alle am Anfang des Warengangs versammelt hatten. Na, diesmal hatte sie es wirklich geschafft! Wolf wollte Abstand halten, und sie hatte soeben lautstark bestätigt, dass sie mit ihm „rummachte". Dabei verspürte sie nicht die Spur von Scham. Nein, sie verspürte Stolz. Bei Wolf Mackenzie war sie nicht die altjüngferliche Lehrerin mit Katze, sondern eine Frau, verdammt noch mal. Sie fühlte sich nicht hausbacken, wenn sie mit Wolf zusammen war; sie fühlte sich weiblich und begehrenswert. Und wenn sie etwas bedauerte, dann, dass Joe tags zuvor nicht eine Viertelstunde später zurückgekommen war oder wenigstens fünf Minuten, denn mehr als alles andere auf der Welt wollte sie Wolfs Frau sein – in jeder Hinsicht. Sie wollte unter seinem kraftvollen Körper liegen, sich seiner Leidenschaft sehnsüchtig beugen und sich ihm hingeben. Wenn man sie dafür brandmarken wollte, weil sie einen Mann liebte, dann war alle Hoffnung für die menschliche Gesellschaft verloren.

„Ich denke, wir sollten eine weitere Schulversammlung einberufen", meinte Mrs Karr eisig.

„Wenn Sie das tun, ziehen Sie in Betracht, dass ich einen wasserdichten Vertrag habe", schoss Mary zurück und drehte sich auf dem Absatz um. Sie hatte noch nicht alle Lebensmittel, die sie brauchte, aber sie war zu wütend, um den Einkauf zu Ende zu führen. Als Mary die Sachen vor der Kasse auf den Tresen legte, sah die Kassiererin so rebellisch drein, als wolle sie die Waren nicht verkaufen. Doch unter Marys Blick überlegte es sich die Frau dann doch noch.

Eine grimmige Zufriedenheit erfüllte Mary, als sie nach Hause marschierte. Das Wetter spiegelte ihre Stimmung wider, schwere graue Regenwolken wölbten sich am Himmel. Nachdem sie ihre Einkäufe verstaut hatte, sah sie nach Woodrow. Der Kater hatte sich in letzter Zeit seltsam benommen, und ihr kam der schreckliche Gedanke, dass jemand das Tier vielleicht vergiftet haben könnte. Doch Woodrow hatte sich zufrieden auf dem Teppich zusammengerollt, also verwarf Mary diese Idee gleich wieder.

Wenn das hier vorbei ist …

Die Worte hallten in ihr nach, quälten sie und weckten eine unermessliche Sehnsucht nach Wolf in ihr. Sie liebte ihn, und ohne ihn fühlte sie sich unvollkommen. Auch wenn Mary nachvollziehen konnte, warum er glaubte, es sei im Moment besser, sich von ihr fernzuhalten, so stimmte sie dem ganz und gar nicht zu. Nach dem heutigen Zusammenstoß mit Dottie Lancaster und Cicely Karr war es sowieso unsinnig. Sie hätte sich genauso gut auf die Hauptstraße stellen und laut herausschreien können, dass sie zu Wolf Mackenzie gehörte.

Was immer er von ihr wollte, sie würde es ihm geben. Tante Ardith hatte sie in dem Glauben erzogen, dass Intimität ausschließlich der Ehe vorbehalten war, sollte eine Frau aus irgendeinem unerfindlichen Grund denken, sie könne ohne diesen einen Mann nicht leben. Während Mary akzeptiert hatte, dass Menschen auch ohne Trauschein intim wurden, hatte sie für sich selbst diese Möglichkeit nie in Betracht gezogen – bis sie Wolf kennengelernt hatte. Wenn er sie nur für eine kurze Zeit wollte, so war das besser als nichts. Selbst ein einziger Tag mit ihm zusammen würde ihr immer eine wunderbare Erinnerung bleiben, von der sie in den langen einsamen Jahren ohne ihn zehren könnte. Ein Traum wäre es natürlich, den Rest ihres Lebens mit ihm zu verbringen, aber darauf konnte sie nicht hoffen. Er war zu verbittert und zu misstrauisch, er würde wohl nie eine Anglo-Frau wirklich an sich herankommen lassen. Er würde ihr seinen Körper anbieten, auch seine Zuneigung, aber nie würde er eine feste Bindung mit Mary eingehen und ihr sein Herz schenken.

Weil sie ihn liebte, würde sie auch nicht um mehr bitten, als er ihr geben konnte. Sie wollte nicht, dass sich Wut oder Schuld zwischen sie drängten. Solange sie konnte, wollte sie ihn glücklich machen.

Er hatte sie gebeten, ihr Haar offen zu tragen. Es lag ihr wie ein seidiger Schleier auf den Schultern. Heute Morgen hatte sie überrascht ihr Spiegelbild betrachtet. Wie die lockere Frisur ihr Gesicht umschmeichelte! Ihre Augen hatten richtig geleuchtet. Das Haar offen zu tragen war etwas, das sie für ihn tun konnte. Sie sah feminin damit aus, so wie sie sich durch ihn fühlte.

Nach den Streitereien würde ihr sowieso niemand mehr glauben, dass sie der Sache neutral gegenüberstand. Wenn sie ihm nur sagen könnte, was passiert war, würde er erkennen, dass es keinen Sinn machte, den Schein aufrechtzuerhalten. Auf einmal fühlt sie sich erleichtert.

Mary wollte sich schon eines von ihren formlosen Hauskleidern anziehen, als sie in den Spiegel im Schlafzimmer schaute und innehielt. Sie erinnerte sich wieder an jenen ersten Tag, an dem sie Wolf kennengelernt hatte. Als er sie in Joes alten Jeans erblickte, hatten seine Augen kurz aufgeflackert. Sie wollte, dass er sie wieder so ansah. Aber das war höchst unwahrscheinlich, solange sie diese … diese Futtersäcke trug!

Plötzlich war sie mit ihrer gesamten Garderobe unzufrieden. Ihre Kleider waren ausnahmslos bieder, fad und viel zu weit. Ihre zierliche Figur würde in leichter Baumwolle und fröhlichen Farben viel besser zur Geltung kommen, oder auch in engen Jeans. Mary drehte sich um und musterte kritisch ihren Po. Es war eigentlich ein hübsches Hinterteil, und sie sah keinen Grund, warum sie es verstecken sollte.

Entschlossen zog sie ihr „gutes" Kleid wieder an und griff nach ihrer Handtasche. Ruth würde sicherlich keine große Auswahl in der neuesten Mode bieten, aber bestimmt würden sich Jeans, Röcke und endlich einmal ein paar hübsche und vor allem passende Blusen finden lassen.

Und in ihrem ganzen Leben würde sie nie wieder „vernünftige" Schuhe anprobieren.

Die grauen Wolken hielten, was sie versprachen. Als Mary in die Stadt fuhr, begann es zu regnen. Die Farmer und Rancher würden sich über diesen Regen freuen, das Land würde das Wasser gierig aufsaugen. Tante Ardith wäre nie bei Regen aus dem Haus gegangen, aber Mary machte es nichts aus. Beim einzigen Damenbekleidungsgeschäft in der Stadt hielt sie an. Sicherlich nicht die Mode, die man in Paris auf dem Laufsteg sah, überlegte Mary, als sie die Boutique betrat. Aber Mary kaufte drei Paar Jeans, zwei leichte Baumwollpullover und ein kariertes Hemd, in dem sie sich wie eine Pioniersfrau vorkam. Sie wählte zusätzlich einen braunen Rock mit sportlicher pinkfarbener Bluse und ein hellblaues Ensemble aus Rock und Bluse mit abgesetztem Spitzenkragen. Sie war so begeistert über ihr neues Aussehen, dass sie gleich auch noch elegante weiße Sandalen und ein Paar Turnschuhe mit einpackte. Als die Verkäuferin alles addierte und die Gesamtsumme nannte, zuckte Mary nicht einmal mit der Wimper. Es war höchste Zeit, dass sie sich etwas leistete.

Und sie war noch nicht fertig. Sie verstaute die Tüten in ihrem Wagen und rannte durch den Regen zum Kaufhaus Hearst. Hier kauften alle ihre Stiefel. Und da Mary vorhatte, sehr viel Zeit auf Wolfs Berg zu verbringen, würde sie jetzt schon ein Paar erstehen.

Mr Hearst war geradezu unhöflich zu ihr, doch sie schaute ihn so tadelnd an, dass er nachgab. Sie spielte mit dem Gedanken, ihren Lehrerinnenzeigefinger zwecks stärkerer Wirkung einzusetzen, doch so ein Zeigefinger verlor an Macht, wenn man ihn zu oft benutzte. Also ließ sie es. Ohne auf Mr Hearst zu achten, probierte sie Stiefel an, bis sie ein Paar fand, das ihr gefiel und bequem war.

Mary konnte es kaum erwarten, nach Hause zu kommen und eine der neuen Jeans und das karierte Hemd anzuziehen. Wahrscheinlich würde sie sogar die neuen Stiefel im Haus tragen, nur damit sie sie einlaufen konnte. Woodrow wird mich nicht wiedererkennen! Und als sie sich Wolfs Blick ausmalte, ergriff sie ein angenehmer Schauer.

Mittlerweile regnete es so stark, dass Mary sich in Gedanken schalt, nicht mit dem Wagen zum Kaufhaus gefahren zu sein. In Ruth gab es keine Bürgersteige, und überall hatten sich bereits große Pfützen am Straßenrand gebildet. Nun, ich habe ja meine vernünftigen Schuhe an. Sollen die sich endlich mal bewähren!

Mit gesenktem Kopf, den Karton mit den Stiefeln vor die Brust gepresst, sprintete Mary unter dem Vordach des Kaufhauses los … und trat prompt in die erste Pfütze! Sie haderte immer noch mit sich, als sie an einer kleinen Seitenstraße vorbeikam, in der vormals der Friseurladen gewesen war, der jetzt jedoch leer stand.

Weder hörte noch sah sie etwas. Es gab keinerlei Vorwarnung. Eine große nasse Hand legte sich auf ihren Mund. Jemand packte sie so, dass sie ihre Arme nicht heben konnte, und zog sie in die Seitenstraße, weg von der Hauptstraße. Mary wehrte sich instinktiv, sie wand sich, trat und versuchte zu schreien, doch die unnachgiebige Hand hielt ihr so fest den Mund zu, dass die Finger sich schmerzhaft in ihre Wangen gruben.

Das hohe, nasse Unkraut schlug ihr gegen die Beine, und der Regen tropfte in ihre Augen. Voller Panik versuchte sie um sich zu schlagen. Das konnte doch einfach nicht passieren! Er kann mich doch nicht am helllichten Tag auf offener Straße überfallen! Doch er konnte. Bei Cathy Teele hatte er es auch getan.

Das Entsetzen verlieh ihr Kraft. Mary trat fest nach hinten, es gelang ihr, einen Arm freizubekommen, und sie packte nach dem Gesicht des Angreifers, doch sie bekam nur dicke Wolle zu fassen. Der Mann fluchte und schlug ihr mit der Faust auf die Schläfe.

Vor Marys Augen verschwamm alles, ihre Bewegungen wurden kraftlos. Benommen nahm sie wahr, dass sie am Ende der verlassenen Gasse angelangt waren. Der Mann drückte sie brutal bäuchlings in den Schlamm, ohne ihren Mund loszulassen. Sie hörte seinen Atem schnell und rasselnd an ihrem Ohr, als er sie mit seinem Gewicht niederhielt. Mit einer Hand machte er sich an ihrem Rock zu schaffen und schob ihn nach oben. Mary wehrte sich mit aller Kraft, wollte seine Hand wegschieben und sich freiwinden. Aber erneut versetzte der Angreifer ihr einen Faustschlag. Voller Panik versuchte sie um sich zu schlagen. Fluchend zwang er ihre Beine auseinander und drängte sich dazwischen. Sie konnte ihn durch seine Hose und ihre Unterwäsche spüren und begann zu würgen, als er sich an sie presste.

Nein, sie würde das nicht zulassen! Sie hörte, wie ihre Kleider rissen, und ihr überwältigender Ekel verwandelte sich in Kraft. Verzweifelt biss sie in die Hand vor ihrem Mund und griff nach hinten, um dem Mann ihre Nägel ins Gesicht zu schlagen.

In ihren Ohren rauschte es, doch sie hörte einen Schrei. Der Mann auf ihr versteifte sich abrupt, stützte die Hand neben ihrem Kopf auf, um sich aufzurichten, und sprang auf die Füße. Mary konnte gerade noch einen blauen Hemdsärmel und eine sommersprossige Hand erkennen, dann war ihr Angreifer auch schon verschwunden.

Mary blieb mit geschlossenen Augen reglos liegen. Jemand kam fluchend die Gasse heruntergelaufen, rannte dem Täter nach, dann kamen die Schritte in Marys Richtung zurück.

„Mary“, sagte eine ernste Stimme, „sind Sie in Ordnung?“

Irgendwie schaffte sie es, die Augen zu öffnen, und sah Clay Armstrong neben sich knien. Er war bis auf die Haut durchnässt, seine blauen Augen funkelten vor Wut, dennoch drehte er Mary ganz sanft um und hob sie vorsichtig auf seine Arme.

„Ist alles in Ordnung mit Ihnen?“ Seine Stimme klang drängender.

Der Regen fiel auf ihr Gesicht. „Ja“, brachte sie hervor und barg den Kopf an seiner Schulter.

„Ich kriege ihn“, presste Clay grimmig hervor. „Ich schwöre Ihnen, ich werde den Mistkerl kriegen.“

Es gab keinen Arzt in der Stadt, aber Bessie Pylant war gelernte Krankenschwester. Clay trug Mary zu ihrem Haus, und Bessie rief den Allgemeinmediziner in der nächsten Stadt an, bei dem sie arbeitete. Während sie warteten, dass der Arzt ankam, reinigte Bessie Marys Wunden, kühlte die Prellungen und nötigte Mary, viel zu süßen Tee zu trinken.

Clay war verschwunden, aber Bessies Haus war plötzlich voller Frauen. Sharon Wycliffe versicherte Mary, dass sie und Dottie ihre Klasse übernehmen würden, wenn Mary lieber ein paar Tage zu Hause bleiben wolle. Francie Beecham erzählte Anekdoten aus ihrer Lehrerzeit, und die anderen Frauen steuerten kleine Episoden bei. Die Absicht war klar: Sie wollten Mary von dem Geschehenen ablenken und auf andere Gedanken bringen. Mary saß stumm da, eingewickelt in die Decke, die Bessie ihr gegeben hatte, und hatte verkrampft die Fäuste geballt, sodass die Fingerknöchel weiß hervortraten. Sie war den Frauen dankbar, und mit äußerster Anstrengung konzentrierte sie sich auf das leichte Geplauder. Sogar Cicely Karr kam und tätschelte ihr tröstend die Hand, obwohl sie doch vor wenigen Stunden noch aneinandergeraten waren.

Als der Arzt kam, führte Bessie die beiden in ein ruhiges Schlafzimmer. Der Doktor untersuchte Mary gründlich und fragte mit gedämpfter Stimme nach dem Vorfall.

Schließlich meinte er: „Sie kommen wieder in Ordnung. Es gibt keine größeren Verletzungen, keine Gehirnerschütterung, und eine anständige Nacht Schlaf wird Ihnen mehr guttun als jede Pille, die ich Ihnen verschreiben kann."

„Danke, dass Sie hergekommen sind", erwiderte Mary höflich.

Doch die Anspannung und die Verzweiflung in ihr wuchsen. Jeder war so nett zu ihr, und doch wollte sie nur nach Hause und allein sein. Sie fühlte sich schmutzig und entblößt. Sie wollte allein sein, sie brauchte eine Dusche und Ruhe, und mehr als alles andere brauchte sie Wolf.

Als sie aus dem Schlafzimmer hervorkam, war Clay zurückgekehrt. Er ging sofort zu Mary und nahm ihre Hand. „Wie fühlen Sie sich?"

„Schon besser." Wenn sie noch irgendjemandem sagen musste, dass es ihr gut ging, würde sie anfangen zu schreien.

„Ich brauche Ihre Aussage. Ich meine, nur wenn Sie dazu in der Lage sind …"

„Ja, natürlich." Das Beruhigungsmittel, das der Arzt ihr gegeben hatte, begann zu wirken. Sie war benommen, und alles schien ihr irgendwie unwirklich. Sie ließ sich von Clay zu einem Stuhl führen und zog die Decke enger um sich, als sie sich setzte. Ihr war eiskalt, und ihre Zähne schlugen wie in kaltem Fieber aufeinander.

„Sie müssen keine Angst mehr haben", hob Clay leise an. „Er ist bereits festgenommen und sitzt in Haft."

Erstaunt starrte sie Clay an. „Festgenommen? Sie wissen, wer es ist?"

„Ich habe ihn gesehen." Clays Stimme war hart.

„Aber er trug eine Skimaske." Daran erinnerte sie sich, an die Wolle unter ihren Fingern.

„Das schon, aber sein Haar hing hinten heraus."

Der Mann hatte so langes Haar, dass es unter der Mütze heraushing? Clay dachte doch wohl nicht … Ihr wurde schrecklich übel. „Wolf?", brachte sie erstickt hervor.

„Keine Sorge, ich sagte Ihnen doch, er sitzt bereits in Haft."

Sie ballte die Fäuste, dass sich ihre Nägel in die Handflächen gruben. „Dann lassen Sie ihn sofort wieder frei."

Erst sah Clay verdutzt aus, dann wurde er wütend. „Lassen Sie ihn frei?! Verdammt, Mary, begreifen Sie denn nicht? Er hat Sie angegriffen!"

Langsam schüttelte sie den Kopf. „Nein, er war es nicht."

„Ich habe ihn gesehen. Er war groß und hatte langes schwarzes Haar. Verdammt, wer sonst kann es gewesen sein?"

„Das weiß ich nicht, aber es war nicht Wolf."

Die Frauen verstummten und verfolgten das Gespräch mit versteinerten Mienen. Cicely Karr ergriff das Wort. „Wir haben versucht, Sie zu warnen, Mary."

„Dann haben Sie mich wohl vor dem falschen Mann gewarnt!" Mit glühenden Augen musterte Mary die Gesichter im Raum. Dann wandte sie sich wieder an Clay. „Ich habe seine Hände gesehen. Es war ein weißer Mann, ein Anglo. Er hatte Sommersprossen auf den Händen. Es war nicht Wolf Mackenzie!"

Clay runzelte die Stirn. „Sind Sie ganz sicher?"

„Absolut. Er hat sich direkt vor meinem Gesicht aufgestützt.“ Mary griff nach Clays Arm. „Holen Sie Wolf aus dem Gefängnis. Sofort! Sofort, haben Sie mich verstanden? Und beten Sie, dass er nicht eine Schramme hat!“

Clay ging zum Telefon, und Mary sah in die Runde. Sie alle saßen stumm und starr da, mit bleichen Gesichtern und großen, erschreckten Augen. Mary war klar, warum: Solange man Wolf verdächtigte, hatten sie alle ein feststehendes Ziel für ihre Wut und ihre Angst. Jetzt mussten sie sich untereinander umsehen, mussten einen finden, der zu ihnen gehörte. Viele Männer in der Gegend hatten Sommersprossen auf den Händen. Wolf nicht. Seine Hände waren schlank und dunkelbraun von der Sonne, mit Schwielen von der harten Arbeit auf der Ranch und mit den Pferden. Sie hatte diese Schwielen auf ihrer nackten Haut gefühlt. Sie wollte vor allen hinausschreien, dass Wolf gar keinen Grund hatte, sie zu überfallen, weil er sie jederzeit haben konnte. Sie tat es nicht. Die Benommenheit kehrte zurück. Sie wollte nur auf Wolf warten. Falls er überhaupt kommen würde.

Eine knappe Stunde später betrat er Bessies Haus, als würde es ihm gehören. Er klopfte nicht einmal an. Ein Raunen ging durch den Raum, als er in der Tür stand und den Rahmen nahezu ausfüllte, aber er beachtete niemanden. Seine Augen waren allein auf Mary gerichtet, die, blass und zusammengesunken, in ihrer Decke dasaß.

Seine Schritte hallten laut auf dem Boden, als er zu ihr kam und vor ihr in die Hocke ging. Seine schwarzen Augen musterten sie wortlos von Kopf bis Fuß, dann nahm er ihr Kinn und drehte ihren Kopf, sodass er die Kratzer auf ihren Wangen und die Blutergüsse im Licht begutachten konnte. Er nahm ihre Hände und betrachtete ihre aufgeschürften Handflächen. Seine Miene war wie aus Stein gemeißelt.

Mary hätte am liebsten die Tränen fließen lassen, doch sie brachte nur schwach hervor: „Du hast dir die Haare schneiden lassen.“ Sie verschränkte die Finger im Schoß, um sich davon abzuhalten, ihm durch die kurzen seidigen Strähnen zu fahren.

„Heute Morgen“, murmelte er. „Ist alles in Ordnung mit dir?“

„Ja. Er … er hat nicht … du weißt schon …“

„Ja, ich weiß.“ Er stand auf. „Ich komme zurück. Später. Ich werde ihn erwischen. Das verspreche ich dir. Ich kriege ihn.“

„Das ist Sache des Gesetzes“, mischte Clay sich scharf ein.

Wolfs Blick war eisig und entschlossen. „Das Gesetz hat bisher nicht viel erreicht.“ Er drehte sich auf dem Absatz um und verließ das Haus, und Mary fühlte, wie die eisige Kälte wieder in ihr hochkroch. Wolf hatte ihrem tauben Körper Leben eingehaucht, doch jetzt war er weg. Er hatte zwar gesagt, dass er zurückkommen würde, doch sie würde nach Hause gehen. Jeder war freundlich zu ihr, zu freundlich; am liebsten hätte sie geschrien. Sie konnte es nicht länger ertragen.

7. KAPITEL

Wolfs verändertes Aussehen hatte Clay verwirrt, doch es dauerte nur einen kurzen Moment, bevor er ihm folgte. Wie er vermutet hatte, stand Wolfs Truck an der Ecke der Seitenstraße, wo Mary überfallen worden war. Wolf selbst kniete in der Gasse, um auf dem schlammigen Boden nach Spuren zu suchen. Wolf sah nicht auf, als Clay hinter ihn trat.

„Wann haben Sie sich das Haar schneiden lassen?"

„Heute Morgen. Beim Friseur in Harpston."

„Warum?"

„Weil Mary mich darum gebeten hat."

Wolf richtete sich auf und ging langsam bis zum Ende der Gasse, ohne die Augen vom Boden zu nehmen. An der Stelle, wo Mary zu Boden gedrückt worden war, blieb er stehen, dann folgte er dem Weg, den der Angreifer bei seiner Flucht genommen hatte. In der nächsten Seitenstraße stieß er einen zufriedenen Laut aus und ging neben einem Fußabdruck im Schlamm in die Hocke.

Clay hatte selbst schon nach Spuren gesucht, und nicht nur er. Das sagte er Wolf auch. „Der Abdruck könnte jedem gehören."

„Nein. Der stammt von einem Schuh mit weicher Sohle, nicht von einem Stiefel." Er betrachtete den Abdruck genauer. „Der Mann stellt die Füße beim Laufen leicht nach innen. Er muss ungefähr fünfundsiebzig, achtzig Kilo wiegen. Er ist nicht besonders gut in Form. Als er bis hierhergekommen war, war er schon erschöpft."

Clay fühlte sich unwohl. Manche würden diese Fähigkeiten bei der Spurensuche der Tatsache zuschreiben, dass Wolf Indianer war. Aber so simpel war es nicht. Es gab Trapper, die einem Tier in der Wildnis so leicht folgen konnten, als würden sie mit ihren Pfoten Farbstempel hinterlassen. Aber die Details, die Wolf nannte, konnte nur jemand erkennen, der darauf trainiert worden war, Menschen zu jagen. Clay zweifelte auch nicht an dem, was Wolf sagte. Er hatte andere Männer erlebt, wenn auch nicht viele, die so genau Spuren lesen konnten.

„Sie waren in Vietnam." Clay wusste das, aber plötzlich bekam es eine andere Bedeutung.

Wolf untersuchte immer noch den Abdruck. „Ja. Sie?"

„Einundzwanzigste Division. Infanterie. Und Ihre Einheit?"

Wolf sah auf, ein ungutes Lächeln umspielte seine Lippen. „Ich war ein LRRP."

Clays ungesundes Gefühl verstärkte sich zu einem Schauder. Die LRRPs, die Männer auf Langstreckenpatrouille, hatten Wochen im Dschungel zugebracht, bei ihrer jeweiligen Mission auf sich allein gestellt. Sie hatten vom Land gelebt, waren gejagt worden und hatten gejagt. Sie überlebten nur durch ihre außergewöhnliche Intelligenz, ihre Reaktionsfähigkeit und die Fähigkeit, sich dem Dschungel anzupassen. Clay hatte sie aus dem Busch zurückkommen sehen, schmutzig und abgemagert, mit hartem Blick – und mit Nerven, die so blank lagen, dass es gefährlich war, sie unerwartet anzusprechen oder von hinten an sie heranzutreten. Ein kluger Mann bewegte sich vorsichtig um einen LRRP, der frisch von einer Mission zurück war.

Das, was jetzt in Wolfs Blick lag, war ebenso kalt und tödlich. Eine eiskalte Wut, deren Ausmaß Clay nur vermuten, die er aber verstehen konnte.

Wolf lächelte wieder, und fast sanft sagte er: „Er hat einen Fehler gemacht."

„Welchen?"

„Er hat sich an meiner Frau vergriffen."

„Sie können ihn nicht jagen. Das muss das Gesetz übernehmen."

„Dann sollte das Gesetz besser zusehen, dass es mit mir Schritt hält", sagte Wolf und ging davon.

Clay starrte ihm nach, nicht einmal überrascht, dass Wolf Mary so offen als seine Frau bezeichnete. Noch ein Schauder rann ihm über den Rücken. Die Einwohner von Ruth hatten einen schweren Fehler begangen, den Mann so falsch zu beurteilen. Aber der Vergewaltiger hatte einen noch schwerwiegenderen gemacht. Einen Fehler, der sich als tödlich für ihn erweisen könnte.

Mary wiegelte alle Bitten und alles Flehen stoisch ab, als sie verkündete, dass sie jetzt zu sich nach Hause fahren wolle. Die Frauen meinten es gut, aber Mary würde keinen Moment länger bleiben können. Sie war nicht verletzt, und der Doktor hatte ihr versichert, dass die Kopfschmerzen bald nachlassen würden. Sie musste einfach nach Hause.

Hinterher hätte sie nicht mehr sagen können, wie sie zurückgekommen war. Sie verspürte nur unendliche Erleichterung, als sie ihr altes, knarrendes Haus betrat. Das Gefühl war so stark, dass es sie erschreckte. Sie konnte es sich nicht erlauben, sich zu entspannen, noch nicht. Später vielleicht. Später konnte sie sich vielleicht gehen lassen.

Woodrow scharwenzelte ihr kläglich maunzend um die Beine. Mary fütterte ihn, obwohl er schon fett und rund wie ein Ball war. Die einfache Tätigkeit laugte sie völlig aus, und so setzte sie sich an den Küchentisch, die Hände im Schoß gefaltet, und verharrte reglos und mit leerem Blick.

So fand Wolf sie eine halbe Stunde später vor. Das Tageslicht begann gerade zu schwinden. „Warum hast du nicht auf mich gewartet?", fragte er leise von der Küchentür her.

„Ich musste nach Hause", antwortete sie schlicht.

„Ich hätte dich hergefahren."

„Ich weiß."

Er setzte sich neben sie und nahm ihre Hände in seine. Ihre Finger waren eiskalt. Sie sah ihn unbewegt an, und ein eiserner Ring legte sich um sein Herz.

Er hätte alles dafür gegeben, um diesen Blick in ihren Augen nicht sehen zu müssen. Ihr Geist war immer so unbeugsam und unbezwingbar gewesen, die Vorstellung einer Niederlage war ihr völlig fremd. Sie hatte sich das Leben passend zurechtgeschnitten, es für selbstverständlich angesehen, dass Ladenbesitzer vor ihrem drohenden Zeigefinger erzitterten. Diese Einstellung hatte ihn irritiert, aber er hatte sie auch maßlos bewundert. Das Kätzchen hatte sich immer für einen Tiger gehalten, und weil es sich wie ein Tiger aufführte, waren die Leute respektvoll vor ihm zurückgewichen.

Doch jetzt ... sie war nicht länger unbesiegbar. Er erkannte diese erschreckende Verletzlichkeit in ihren Augen, und er wusste, sie würde diese Augenblicke der Hilflosigkeit nie vergessen können. Dieser Abschaum hatte sie verletzt, erniedrigt und buchstäblich in den Schmutz gezogen.

„Weißt du, was das Schlimmste für mich war?", fragte sie nach einer langen Zeit.

„Was?"

„Ich wollte, dass das erste Mal mit dir ist, und er …“ Sie konnte den Satz nicht zu Ende sprechen.

„Aber er hat es nicht getan.“

„Nein. Er riss und zerrte an meinem Rock, als Clay … ich glaube, Clay hat geschrien. Vielleicht hat er auch einen Schuss abgefeuert. Ich erinnere mich an ein lautes Rauschen, aber ich dachte, das sei Donner.“

Ihre tonlose Stimme beunruhigte ihn. Sie stand unter Schock. „Ich lasse nicht zu, dass er sich dir noch einmal nähert. Ich gebe dir mein Wort darauf.“

Sie nickte und schloss ihre Augen.

„Du wirst dich jetzt unter die Dusche stellen.“ Wolf zog sie sanft auf die Füße. „Eine lange, heiße Dusche. In der Zeit werde ich dir etwas zu essen machen. Worauf hast du Appetit?“

Der Gedanke an Essen verursachte ihr Übelkeit. „Nur Tee.“

Er ging mit ihr nach oben. Sie hielt sich gerade, doch er hatte den sicheren Eindruck, dass ihre gefasste Haltung jederzeit schwinden konnte. Er wünschte, sie würde schreien, weinen, irgendeine Reaktion zeigen, die die Hochspannung brechen würde, die Mary gefangen hielt.

„Ich möchte nur eben mein Nachthemd holen. Du hast doch nichts dagegen, dass ich es hole?“ Sie klang nervös, als habe sie Angst, zu viel zu verlangen.

„Nein.“ Er streckte den Arm aus, wollte sie berühren, doch er ließ die Hand wieder sinken. Vielleicht wollte sie nicht, dass irgendjemand sie berührte. Vielleicht würde sie seine Berührung und die eines jeden anderen Mannes von jetzt an als ekelerregend empfinden.

Mary holte ihr Nachthemd und stand verloren in dem altmodischen Badezimmer, während Wolf das Wasser anstellte. „Ich bin unten“, sagte er, als er sich wieder aufrichtete. „Schließ die Tür nicht ab.“

„Warum nicht?“ Ihre Augen waren groß und ernst.

„Falls du ohnmächtig werden solltest und Hilfe brauchst.“

„Ich werde nicht ohnmächtig.“

Er lächelte schwach. Nein, Miss Mary Elizabeth Potter würde sich diese Schwäche nicht erlauben. Vielleicht war es nicht die Anspannung, die sie so gerade hielt, sondern ihr eisernes Rückgrat.

Er wusste, viel würde sie nicht essen, trotzdem wärmte er eine Dosensuppe auf. Als Mary in die Küche kam, war die Suppe heiß und der Tee frisch aufgebrüht.

Sie hatte nicht daran gedacht, einen Morgenmantel überzuziehen. In dem schlichten weißen Nachthemd sah sie tugendhaft und bieder aus, und doch wurde Wolf warm bei dem Anblick. Er fluchte unter angehaltenem Atem, als sie sich, brav wie ein folgsames Kind, an den Tisch setzte. Jetzt war wahrlich nicht der Zeitpunkt für lustvolle Gefühle, doch auch wenn er sich das sagte, es änderte nichts. Er wollte sie, er begehrte sie, egal zu welcher Zeit.

Sie aß die Suppe mit mechanischen Bewegungen, trank ihren Tee, dankte Wolf für die Mühe, die er sich gemacht hatte. Wolf räumte den Tisch ab und spülte das wenige Geschirr. Währenddessen saß Mary regungslos da, die Hände im Schoß verschränkt, und starrte mit leerem Blick vor sich hin. Wolf hielt es keine Sekunde länger aus. Mit wenigen Schritten war er bei ihr, hob sie hoch und setzte sich mit ihr auf dem Schoß auf den Stuhl. Zuerst versteifte sie sich, doch dann seufzte sie und lehnte den Kopf an seine Brust. „Ich hatte solche Angst."

„Ich weiß, Liebes."

„Wie kannst du das wissen? Du bist ein Mann." Ihr Widerstand klang schwach.

„Ja, aber ich war im Gefängnis. Du erinnerst dich?" Er fragte sich, ob sie wusste, wovon er sprach. Sie runzelte die Stirn.

„Oh", sagte sie dann. „Wenn dich jemand verletzt hat …"

„Moment! Nein, ich wurde nicht angegriffen. Ich bin ein guter Kämpfer, das wussten alle." Er erzählte ihr nicht, wie er diesen Ruf gefestigt hatte. „Aber es passierte anderen Gefangenen, und ich wusste, dass mir das auch jederzeit blühen konnte. Ich war immer auf der Hut." Er hatte nur kurze Nickerchen gemacht, mit einem Messer in der Hand, das er sich aus einem angespitzten Löffel gefertigt hatte. In seiner Zelle war eine ganze Reihe von Waffen versteckt gewesen, die die Wachen sahen, aber nicht als das erkannten, was sie waren – dazu hätte es schon eines anderen LRRPs bedurft. Ja, er war stets auf der Hut gewesen.

„Ich bin froh darüber", sagte sie und ließ ihren Kopf an seinen Hals sinken. Und dann kamen die Tränen. Wolf hielt sie fest in seinen Armen, drückte sie an sich und ließ sie weinen. Schluchzer schüttelten ihren schlanken Körper, als sie ihre Arme um seinen Nacken schlang und sich an ihn klammerte. Beide sprachen nicht, Worte waren nicht nötig.

Irgendwann hob Mary den Kopf. „Ich muss mir die Nase putzen."

Wolf griff nach dem Serviettenhalter und zog eine Serviette hervor. Mary schnäuzte sich sehr damenhaft und blieb still sitzen. Sie versuchte mit den Geschehnissen fertig zu werden. Es hätte viel schlimmer kommen können, sagte sie sich, doch auch so war es schlimm genug. Ein Gedanke wurde immer klarer: Sie wollte heute Abend nicht allein bleiben. Die Frauen um sie herum waren ihr zu viel gewesen, doch wenn Wolf bei ihr bleiben würde …

Sie sah ihm in die Augen. „Wirst du heute hierbleiben?"

Jeder Muskel in ihm spannte sich an, doch er konnte ihr diese Bitte nicht abschlagen. „Das weißt du. Ich werde auf dem …"

„Nein. Ich meine … würdest du bei mir schlafen und mich halten, nur heute. Damit ich nicht allein bin. Ich denke, morgen ist dann wieder alles in Ordnung mit mir."

Er bezweifelte, dass es wirklich so leicht für sie sein würde, aber er hoffte es. Die Erinnerung würde andauern, würde sie überfallen, wenn sie es am wenigsten erwartete. Sie würde es niemals vergessen können. Und deshalb wollte er ihren Angreifer erwischen und ihm den Hals umdrehen. Wörtlich gemeint.

„Ich rufe Joe an und sage ihm, wo ich bin." Damit hob er sie von seinem Schoß.

Es war noch früh, aber Mary fielen die Lider zu. Nachdem Wolf Joe angerufen hatte, entschied er, dass es keinen Sinn hatte, es noch länger aufzuschieben. Mary gehörte ins Bett.

Wolf drehte die Lichter aus und legte ihr den Arm um die Schulter. Zusammen stiegen sie die schmale Treppe hinauf. Mary war warm und anschmiegsam in seinem Arm, und sein Puls begann hart und dumpf zu schlagen. Wolf biss die Zähne zusammen, als er das Blut schneller durch seine Adern rauschen fühlte. Ihm stand eine unerträgliche Nacht bevor, er wusste es.

Marys Schlafzimmer war altmodisch, wie ein Schlafzimmer zu Beginn des Jahrhunderts, aber Wolf hatte nichts anderes erwartet.

Der frische Fliederduft, so typisch für Mary, hing hier intensiver im Raum. Das Pochen in seinen Lenden wurde stärker.

„Ich hoffe, das Bett ist groß genug für dich.“ Besorgt betrachtete Mary das Doppelbett.

„Es wird schon gehen.“ Nein, es war nicht groß genug, aber es würde einfach reichen müssen. Er würde die Nacht an ihrem Rücken verbringen, sie in seinen Armen halten, ihren Po an seinem Schoß spüren und langsam wahnsinnig werden. Mit einem Mal wusste Wolf nicht, ob er das durchhalten würde: die ganze Nacht mit ihr zu verbringen und sie nicht zu nehmen. Was auch immer sein Verstand ihm sagte, sein Körper wusste, was er wollte.

„Auf welcher Seite möchtest du schlafen?“

War das wichtig? Folter blieb Folter. „Links.“

Mary nickte und schlug die Bettdecke zurück. Wolf wollte nicht hinschauen, doch seine Augen gehorchten ihm nicht. Er sah, wie sich das Nachthemd um ihre Rundungen spannte, als Mary ins Bett stieg. Wolf sah die wohlgeformten Beine und wurde sofort von der Vorstellung heimgesucht, wie diese Beine sich um seine Hüften schlangen, er erkannte die Kontur ihrer festen Brüste mit ihren rosigen Nippeln und erinnerte sich sofort daran, wie sie sich in seinen Händen angefühlt hatten, ihre Brustwarzen in seinem Mund, ihr Geruch, ihr Geschmack …

Abrupt deckte er Mary zu. „Ich brauche unbedingt eine Dusche.“

Angst flackerte in ihren Augen auf, Angst, allein zu sein, doch sie riss sich sofort zusammen. „Handtücher sind in dem Schrank neben der Tür.“

Als er im Bad stand und sich auszog, verfluchte er sich. Eine kalte Dusche würde nicht helfen, er hatte zu viele in letzter Zeit gehabt, und die Wirkungsdauer wurde immer kürzer. Er brauchte Mary – nackt, unter ihm, sein geschwollenes und pochendes Geschlecht in sich aufnehmend …

Verdammt. Er konnte sie nicht allein lassen, nicht heute Abend, ganz gleich, was es ihm abverlangte.

Sein ganzer Körper tat ihm weh, als das warme, rauschende Wasser an ihm herunterlief. So konnte er nicht zu ihr ins Bett krabbeln. Das Letzte, was sie jetzt brauchte, war, dass er sie die ganze Nacht bedrängte. Heute Abend brauchte sie Trost, nicht Lust. Aber würde er sich unter Kontrolle haben? Er hatte zu lange keine Frau gehabt, und er verzehrte sich schon so lange nach ihr …

Er wusste, was er zu tun hatte, und seine seifige Hand glitt an seinem Körper hinab. Wenigstens ein kleines bisschen Kontrolle. Aber er würde sich eher selbst die Kehle durchschneiden, als noch einmal diesen hilflosen Ausdruck in ihren Augen ertragen zu müssen.

Als Wolf aus dem Bad zurückkam und sich zu ihr legte, bewegte Mary sich nicht. Erst als er die Nachtlampe ausschaltete, rollte sie sich auf die Seite. Auch er drehte sich und zog sie mit einem Arm fest an sich. Sie seufzte, und er fühlte, wie sich die Anspannung in ihr löste, als Mary sich an ihn schmiegte.

„Das ist schön“, flüsterte sie.

„Du hast keine Angst?“

„Vor dir? Nein, vor dir niemals.“ Sie streckte den Arm nach hinten und legte ihre Hand an seine Wange. „Morgen früh ist alles wieder in Ordnung. Heute bin ich einfach zu müde, um es verarbeiten zu können. Wirst du mich die ganze Nacht halten?“

„Wenn du es möchtest.“

„Ja, bitte.“

Er schob ihr Haar zur Seite und küsste sie leicht auf den Hals, genoss den kleinen Schauer, der sie durchfuhr. „Es wird mir ein Vergnügen sein“, murmelte er sanft. „Gute Nacht, Kleines.“

Das Gewitter weckte sie. Der Morgen graute gerade, das Licht war fahl, noch düsterer durch die dunklen Wolken, die den Himmel verhingen. Der Sturm erinnerte sie an die Gewitter im Süden. Blitze zuckten am dunklen Himmel, die Luft vibrierte mit dem Donnergrollen. Träge zählte sie die Sekunden zwischen den hellen Blitzen und dem Donner. Sieben Sekunden. Der Sturm war also noch sieben Meilen entfernt. Heftiger Regen trommelte auf das alte Dach. Es war wunderbar.

Mary fühlte sich überaus lebendig und zugleich zutiefst ruhig, so als warte sie auf etwas. Das Gestern war vorbei, es konnte sie nicht mehr verletzen. Nur das Heute zählte, die Gegenwart. Und ihre Gegenwart war Wolf.

Er war nicht mehr im Bett, aber sie wusste, dass er die ganze Nacht neben ihr gelegen hatte. Selbst im Schlaf hatte sie ihn wahrgenommen, hatte seinen starken Arm gefühlt. Zusammen in einem Bett zu schlafen weckte ein so tiefes, inniges Gefühl, dass sie es mit Worten nicht ausdrücken konnte. So als sei es Vorsehung. Vielleicht war es das ja. Mary hoffte es.

Wo war er? Sie glaubte, den Duft von Kaffee wahrzunehmen, und stand auf. Um sich zu kämmen und zu waschen, ging sie geschwind ins Bad. Zurück im Schlafzimmer, zog Mary sich an. Der BH, den sie anlegte, schien sie mit einem Mal einzuengen, so warf sie ihn wieder fort. Ein seltsames Pochen hatte plötzlich ihren ganzen Körper erfasst. Das Gefühl der Erwartung nahm zu. Selbst ein Slip war ihr zu viel. Sie schlüpfte in ein weites Hauskleid und ging barfuß nach unten.

Wolf war weder im Wohnraum noch in der Küche, nur eine leere Kaffeetasse im Spülbecken erklärte den Duft von frischem Kaffee, der noch im Raum hing. Die Küchentür stand offen, das Fliegengitter ließ die frische Regenluft hereinströmen. Wolfs Truck stand noch an der Verandatreppe.

Es verging nicht viel Zeit, und Mary hatte Wasser gekocht und einen Teebeutel in einen Becher gehängt. Sie setzte sich an den Tisch und schaute durch das Fenster auf die Regenwand. Es war kühl, und in dem dünnen Baumwollkleid zogen sich ihre Brustspitzen vor Kälte zusammen. Vor nicht allzu langer Zeit wäre ihr das peinlich gewesen, doch jetzt dachte sie an Wolf.

Sie war auf halbem Weg zum Spülbecken, den leeren Teebecher in der Hand, als Wolf auf der anderen Seite des Fliegennetzes auftauchte. Durch die feinen Maschen sah er unbeweglich zu ihr hin, die Kleidung klebte durchnässt an seinem Körper, Regenwasser lief ihm über Stirn und Gesicht. Mary verharrte, drehte den Kopf und nahm den Anblick in sich auf.

Er sah wild aus, ungebändigt und frei, die blitzenden Augen leicht zusammengekniffen, die Beine gespreizt. Mit jedem Atemzug hob und senkte sich seine Brust. Mary konnte die Ader an seinem Hals pochen sehen. Auch wenn er regungslos stand, spürte sie beinah das angespannte Vibrieren in seinem ganzen Körper. Und in diesem Moment wusste sie, dass er sie nehmen würde. Das war es, worauf sie gewartet hatte.

„Ich werde immer ein Halbblut sein“, erklärte er rau, kaum hörbar in dem prasselnden Regen. „Es wird immer Menschen geben, die mich deswegen verachten. Überlege es dir gut, bevor du einwilligst, meine Frau zu sein, denn wenn du es tust, gibt es kein Zurück."

„Ich werde nie zurückwollen."

Wolf zog die Fliegentür auf und trat in die Küche, seine Bewegungen waren geschmeidig, langsam und entschlossen. Marys Hand zitterte, als sie ihren Becher abstellte, dann drehte sie sich zu ihm um.

Eine Hand an ihrer Hüfte, zog er sie zu sich heran. Fast sofort sog ihr Kleid die Nässe von seinem Hemd auf. Mary verschränkte ihre Hände in seinem Nacken und bot ihm ihren Mund. Sein Kuss war tief und bedächtig, und sie spürte, wie hitzige Erregung sie durchströmte. Nun, da sie wusste, wie man küsste, reizte sie seine Zunge mit ihrer und hieß sie so willkommen. Er atmete tief ein, seine Brust hob sich. Plötzlich war sein Kuss nicht mehr behutsam, sondern hungrig und fordernd und der Druck seines Mundes fast schmerzhaft.

Er ballte eine Faust um den Stoff ihres Kleides, und dann spürte sie seine Hand an ihrem Schenkel. Langsam ließ er sie höhergleiten, zu ihrer Hüfte, und Wolf erschauerte, als ihm klar wurde, dass sie nichts außer diesem Kleid trug. Seine Hände wanderten zu ihrem nackten Po und liebkosten ihn. Es fühlte sich überraschend angenehm an, und sie drückte sich gegen seine Hand. Er hatte ihr eine gänzlich neue Welt eröffnet, die Welt der Sinnlichkeit, und er dehnte ihre Grenzen immer weiter aus.

Er konnte nicht viel länger warten und zog sie in seine Arme. Seine Miene war hart und entschlossen, als er sie ansah. „Dieses Mal höre ich nicht auf", versprach er leise. „Es ist mir gleich, ob das Telefon klingelt oder jemand vorfährt. Selbst wenn jemand an die Schlafzimmertür hämmert. Dieses Mal bringen wir es zu Ende."

Mary sagte nichts, lächelte ihn nur stumm an, und dieses Lächeln jagte ihm eine unerträgliche Hitze durch die Adern. Er trug sie die knarrenden Treppenstufen hinauf zum Schlafzimmer und legte Mary vorsichtig auf das Bett.

Einen Moment sah er sie nur an, dann ging er zum Fenster und öffnete es. „Lassen wir das Gewitter herein", sagte er, und sofort füllten regennasse Luft und Donnergrollen das halbdunkle Zimmer. Mary seufzte zufrieden, als sie den kühlen Lufthauch auf der erhitzten Haut spürte, doch der Donner verschluckte den leisen Ton.

Dort beim Fenster, im schwachen Licht, entledigte Wolf sich seiner feuchten Kleider. Mary lag ruhig da und sah ihm dabei zu. Zuerst zog er sein Shirt über den Kopf und entblößte seine geschmeidigen, starken Schultern und seinen Waschbrettbauch. Sie erinnerte sich, wie hart sich seine Muskeln und wie unvergleichlich zart sich seine Haut anfühlte. Er bückte sich, um seine Stiefel und seine Socken auszuziehen, dann öffnete er seinen Gürtel. Im Rauschen des Sturms wirkten seine Bewegungen wie eine Pantomime, aber sie stellte sich das Geräusch vor, mit dem er seine Jeans öffnete und den Reißverschluss hinunterzog. Ohne zu zögern entledigte er sich seiner Hose.

Er war nackt. Ihr Herz schlug ihr bis zum Hals, als sie ihn ansah, und zum ersten Mal fühlte sie sich klein und hilflos neben ihm. Er war so groß, so stark und so unverkennbar männlich. Sie konnte den Blick nicht von seinen Lenden, von seiner harten Erektion abwenden. Sie würde ihn in sich aufnehmen, sein Gewicht auf sich spüren, sich mit ihm vereinigen, und zum ersten Mal verspürte sie ein wenig Angst.

Er sah es in ihren Augen, als er sich neben sie legte. „Hab keine Angst“, flüsterte er und strich ihr das Haar aus der Stirn. Behutsam öffnete er ihren Reißverschluss.

„Ich weiß, was jetzt passiert“, murmelte sie und wandte ihm ihr Gesicht zu. „Zumindest in der Theorie. Aber wie soll das möglich sein?“

„Das ist es. Ich werde sanft und vorsichtig sein.“

„Ja.“ Sie flüsterte ihr Einverständnis und ließ sich von ihm auf die Seite drehen, sodass er ihr Kleid von ihren Schultern streifen konnte. Sie spürte, wie der seidenweiche Stoff über ihre Brüste glitt. Er beugte sich über ihre pochenden Nippel und küsste sie, umkreiste sie mit seiner feuchten Zunge, und sie erschauerte vor Wonne. Schnell zog er das Kleid über ihre Hüften und Beine. Er konnte es nicht eine Sekunde länger ertragen, nicht ihre nackte Haut unter seinen Händen zu spüren.

Mary zuckte zusammen, dann lag sie still da. Es war das erste Mal, seit sie ein Baby gewesen war, dass jemand anderes als sie selbst sie nackt sah. Ihre Wangen brannten, und sie schloss die Augen, um ihre zwiespältigen Empfindungen zwischen Scham und Erregung ertragen zu können. Er berührte ihre Brüste und drückte sie sanft, und dann wanderte seine Hand langsam über ihren Bauch nach unten, bis sie seine Hand zwischen ihren Schenkeln fühlte. Ihr entfuhr ein kleiner Laut, und sie schlug die Augen auf. Sein flammender Blick ließ sie alles andere vergessen. Plötzlich erfüllte sie Stolz, weil ihr Körper Wolf so sehr erregte. Ihre Beine entspannten sich, und er vergrub seine Finger in ihrer weichen, feuchten Mitte und streichelte sie sanft. Marys Körper erbebte. Sie stöhnte auf. Sie hatte nicht einmal geahnt, dass es etwas gab, das sich so anfühlte, doch jetzt spürte sie, dass noch sehr viel mehr auf sie wartete. Sie hatte keine Ahnung, wie sie diese süße Qual überleben sollte.

„Gefällt dir das?", fragte er heiser.

Sie keuchte. Ihr schlanker Körper wand sich auf den Laken. Seine Hand fuhr zwischen ihre Beine und spreizte sie sanft, bevor sie die sinnliche Erkundung fortführte. Er beugte sich über ihren Mund und küsste sie hungrig. Marys Kopf schien zu explodieren. Sie schmiegte sich seiner Hand entgegen, während sie sich in seine Schulter krallte. Sie konnte nicht fassen, wie er sie berührte, welche Empfindungen er damit in ihr auslöste. Er hatte ein Fieber ihn ihr entfacht, das sie von innen zu verbrennen schien. Sie nahm nichts mehr wahr außer ihrem eigenen Körper und dem von Wolf. Seine Finger streichelten sie unablässig weiter, immer weiter, und er erstickte ihre kleinen Schreie der Lust mit seinem Mund.

Sie riss sich von seinen Lippen los. „Wolf, bitte …", flehte sie sehnsüchtig.

„Nur noch eine Minute, Liebling. Sieh mich an. Lass mich dein Gesicht sehen, wenn ich … ah …"

Sie wimmerte. Er berührte sie wieder. Sie war so feucht. Sie war bereit. Seine schwarzen Augen hielten ihren Blick unverwandt fest, als er seinen Finger langsam in sie gleiten ließ, und ihre Körper zitterten.

Wolf wusste, dass er nicht länger warten konnte. In seinem ganzen Körper pochte es. Sie war so weich und nass und unglaublich eng, und sie wand sich unter seinen Händen dem Höhepunkt entgegen. Ihre helle, durchsichtige Haut berauschte ihn, ihr Körper erregte ihn mehr als alles, was er je gekannt hatte. Überall, wo er sie berührte, war sie warm und weich wie Seide, sogar die Härchen zwischen ihren Beinen waren weich, fast wie Federn. Er brauchte sie mehr, als er den nächsten Atemzug brauchte.

Er legte sich zwischen ihre Beine und spreizte sie sanft, um seine Hüfte an ihre schmiegen zu können. Sie atmete tief ein, als sie ihn hart und brennend an ihrer intimsten Stelle spürte. Ihre Blicke fanden sich, und sie schauten einander tief in die Augen, die Gesichter nur weniger Zentimeter voneinander entfernt, als er in sie eindrang.

Das Gewitter war jetzt direkt über ihnen. Ein Blitz zuckte über den Himmel, und ein Windstoß bauschte die Vorhänge, sandte Regen in den Raum und bedeckte die nackten Körper auf dem Bett mit feinem Sprühnebel. Mary weinte, und ihre Tränen vermischten sich mit dem Schleier auf ihrem Gesicht, als sie Wolf in sich aufnahm.

Er stützte sich auf seinen Unterarmen ab. Er küsste ihre Tränen weg, dann küsste er ihre Lippen. Sie schmeckten salzig. Sie spürte brennenden Schmerz, als er immer tiefer in sie eindrang. Noch mehr Tränen rannen aus ihren Augenwinkeln. Er küsste sie mit noch mehr Inbrunst und bewegte langsam seinen Po – und plötzlich gab ihr Körper nach und er glitt tief in sie hinein.

Da war dieser Schmerz, doch dann war da so viel mehr. Wolf hatte sie gewarnt, dass es in der Regel weder hübsch noch romantisch, sondern triebhaft und hemmungslos sei. Er hatte recht, und er hatte unrecht. Ja, es ist triebhaft, dachte Mary, und es war so mächtig und wunderbar, dass es sie mitriss. Sie klammerte sich an ihn, spürte seine Erregung und gab sich dem Gefühl hin. Sie liebte ihn, und er brauchte sie. Bis zu diesem Moment, in dem sie sich mit all ihren Gefühlen dem Mann hingab, den sie liebte, hatte sie nicht wirklich gelebt.

Sie konnte es nicht zurückhalten. Er musste es doch längst wissen. Mary strich fieberhaft über seine feuchten Schultern und schob die Finger in sein Haar. „Ich liebe dich“, flüsterte sie, ihre Worte kaum hörbar im grollenden Donner.

Sie konnte nicht hören, ob er ihr antwortete. Er beugte sich zu ihr hinunter und begann, sich langsam zu bewegen, und die Hitze, die sie überrollte, ließ sie den Schmerz vergessen. Ihr Körper bog sich, ihre Hüften streckten sich ihm entgegen, um ihn noch tiefer in sich aufzunehmen, und ihr Mund flüsterte, wie sehr sie ihn liebte. Schweiß rann über seine Stirn, so sehr bemühte er sich, seine Lust zu zügeln, doch der Sturm tobte ebenso unaufhörlich über sie hinweg wie er in ihren Körpern brannte. Die Art, wie sie sich bewegte, wie sie mit ihren Hüften kreiste, machte ihn verrückt. Sie stöhnten leise, ihre nassen Körper aneinandergeklammert, die Hände ineinander verschlungen. Es war, als würden sie verbrennen.

„Wolf?" Sie keuchte seinen Namen. Ihre Nägel krallten sich tief in seinen Rücken.

„Wehr dich nicht dagegen, Baby. Lass es zu." Er stöhnte. Er spürte, wie seine eigene Erfüllung heranrauschte, und er konnte sich nicht länger zurückhalten. Fordernd packte er ihre Hüften und zog sie an sich heran.

Das Feuer in ihr brannte fast unerträglich. Und dann explodierten all ihre Sinne. Sie schrie auf, ihr Körper wurde von Schauern geschüttelt. Es war köstlicher Wahnsinn, ein Glücksgefühl jenseits jeder Beschreibung. Wolf hielt sie, bis sie wieder etwas ruhiger atmete, und dann begann er, den Rhythmus seiner Bewegungen zu intensivieren. Sein Lustschrei vermischte sich mit dem Donner, als er Mary in die Matratze drückte und endlich Erlösung fand.

Danach lagen sie still zusammen, als wären Worte eine unerwünschte Störung. Ihre Vereinigung war so berauschend gewesen, alles andere war unwichtig geworden. Selbst der Sturm, heftig wie er war, war nur Begleitmusik gewesen. Nur unwillig kehrte Mary in die Wirklichkeit zurück. Wolfs Gewicht auf sich zu spüren machte sie glücklich, und zufrieden strich sie über sein Haar.

Beider Atem ging lange schon wieder regelmäßig, und dennoch wollte sich keiner bewegen. Schließlich rollte Wolf auf seine Bettseite und zog Mary zu sich heran, doch jetzt, da die Hitze abgeflaut war, wurde es im feuchten Bett ungemütlich. Als Mary vor Kälte zu zittern begann, stand er auf und schloss das Fenster. Sie betrachtete fasziniert das Spiel seiner Muskeln. Sie wünschte, sie hätte den Mut, um mit den Händen über seinen nackten Körper zu fahren, um ihn zu erkunden, zu erforschen und zu genießen.

„Gefällt dir, was du siehst?", fragte er amüsiert.

Es war viel zu weit zwischen ihnen gegangen, um noch Verlegenheit zu empfinden. Sie sah ihn an und lächelte. „Ja, sehr gut sogar. Einmal habe ich mir dich im Lendenschurz vorgestellt, aber das hier ist viel besser."

Er beugte sich vor und hob sie mühelos auf seine Arme, als sei sie leicht wie eine Feder. „Wir sollten uns anziehen, bevor du dich erkältest und ich meine guten Vorsätze vergesse."

„Welche guten Vorsätze?"

„Dich zu lieben, bis du nicht mehr laufen kannst."

Sie sah ihn zärtlich an. „Du hast es wunderschön für mich gemacht. Danke."

„Für mich war es auch verdammt schön." Ein Lächeln zuckte um seine Mundwinkel. Dann schob er seine Finger in ihr Haar. „Kein bitterer Nachgeschmack?"

Sie wusste, was er meinte und lehnte den Kopf an seine Brust. „Nein, das war etwas völlig anderes."

Aber sie hatte es auch nicht vergessen, das wusste er. Innerlich war sie immer noch verkrampft und verletzlich, auch wenn sie ihr Kinn stolz hochhielt. Wer immer diesen Schaden an ihrem unbezwingbaren Geist angerichtet hatte, würde dafür bezahlen. Jahrelang hatte er sich zurückgenommen, hatte den feindseligen Waffenstillstand mit den Bewohnern des Städtchens akzeptiert und eingehalten. Doch jetzt nicht mehr. Wolf würde den Widerling finden, der Mary angegriffen hatte, und wenn das den braven Bürgern von Ruth nicht passte, dann konnte er es nicht ändern.

8. KAPITEL

Mary warf Wolfs nasse Kleider in den Trockner und bereitete ein spätes Frühstück zu. Keiner von ihnen sprach viel. Trotz ihrer Entschlossenheit, den Schock so schnell wie möglich zu überwinden, konnte Mary die schrecklichen Bilder des Überfalls nicht gänzlich aus ihrer Erinnerung verdrängen. Völlig unerwartet würde eine Szene vor ihr aufblitzen, das ahnte sie, und dann musste sie sich zusammennehmen und es bewusst von sich schieben.

Wolf beobachtete sie. Er wusste, was in ihr vorging, sah, wie sie sich verspannte und sich zwang, sich wieder zu lockern. Er kannte diese unerwünschten Rückblenden aus Vietnam und aus der Zeit im Gefängnis. Welchen Tribut sie forderten, wusste Wolf allzu gut. Am liebsten hätte er Mary wieder mit sich ins Bett genommen, um sie die Schatten vergessen zu machen, doch er sah an ihren Bewegungen, dass sie Zeit brauchte. Wenn sie sich erst an ihn gewöhnt hatte ... Ein kleines Lächeln lag auf seinen Lippen, als er sich die Stunden der körperlichen Freuden mit ihr ausmalte.

Doch erst würde er den Mann finden, der sie überfallen hatte.

Als seine Kleider trocken waren und Wolf sich angezogen hatte, zog er Mary mit sich hinaus auf die Veranda. Der Regen war in schwaches Nieseln übergegangen. „Komm mit in die Scheune."

„Warum?"

„Ich möchte dir etwas zeigen."

„Ich war in der Scheune. Da gibt es nichts Interessantes zu sehen."

„Heute schon. Es wird dir gefallen."

Sie rannten durch den leichten Regen zu der alten Scheune. Drinnen war es dunkel und roch modrig, nicht so wie im Stall der Ranch, wo es warm war und der Geruch von Tieren und Leder in der Luft hing. Staub kitzelte Mary in der Nase. „Es ist sowieso zu dunkel, um irgendetwas sehen zu können", wandte sie ein.

„Das Licht reicht. Komm." An der Hand führte er sie zu einer Box, an deren Außenwand zwei Bretter herausgebrochen waren und etwas Licht hereinließen.

„Was ist es denn?", fragte Mary neugierig.

„Sieh mal unter den Futtertrog."

Mary beugte sich hinunter. Unter dem Trog, zusammengerollt in einem Nest aus altem Stroh und einem Handtuch, das Mary schon seit Längerem vermisste, lag Woodrow. An seinen Bauch schmiegten sich vier winzige Wesen, nass und zerzaust.

Abrupt richtete Mary sich auf. „Woodrow ist Vater geworden."

„Woodrow ist Mutter geworden", verbesserte Wolf.

„Mutter!" Entgeistert starrte sie die Katze an, die sich daranmachte, ihre Jungen trocken zu lecken. „Man hat mir versichert, dass Woodrow ein Kater ist!"

„Nun, Woodrow ist eine Katze. Hast du denn nicht nachgesehen?"

Mary bedachte ihn mit einem tadelnden Blick. „Ich mache es mir nicht zur Angewohnheit, die Geschlechtsteile von Tieren zu begutachten."

„Nur meine, was?"

Mary lief puterrot an, konnte es aber nicht abstreiten.

Er schlang einen Arm um ihre Taille und küsste sie. Sie ließ sich seufzend gegen ihn sinken und erwiderte den Kuss mit Hingabe. Er gab ihr Sicherheit und ließ sie sich geborgen fühlen. In seinen Armen konnte ihr nichts und niemand etwas anhaben.

„Ich muss auf die Ranch zurück", murmelte Wolf, als er den Kopf hob. „Joe wird so viel er kann erledigen, aber er schafft nicht alles allein."

Sie war sicher gewesen, dass sie damit klarkommen würde. Doch der Gedanke, jetzt allein zu bleiben, löste Panik in ihr aus. Eiligst riss sie sich zusammen und nahm die Arme von seinem Hals. „Ja, natürlich."

Sie wollte ihn fragen, wann sie sich wiedersehen würden, doch die Worte kamen ihr nicht über die Lippen. Seltsam, nachdem ihre Beziehung nun so intim geworden war, fühlte Mary sich unsicherer als zuvor. Durch die Liebesnacht hatte sie eine Verletzlichkeit bekommen, die sie vorher nie verspürt hatte.

„Hol dir eine Jacke", sagte Wolf, als sie die Scheune verließen.

„Ich habe doch schon eine Jacke."

„Ich meinte, jetzt. Zieh dir eine Jacke über, du kommst mit mir."

Sie sah ihn hoffnungsvoll an. Doch als sie das Verstehen in seinen

Augen erkannte, wandte sie hastig den Blick ab. „Irgendwann muss ich ja allein bleiben."

„Nicht heute. Geh schon, hol deine Jacke."

Sie ging ins Haus und kehrte mit der Jacke zurück. Sie war so erleichtert, als sie in seinen Truck kletterte, als hätte man sie aus der Todeszelle freigelassen. Vielleicht werde ich bis heute Abend meine Ängste unter Kontrolle haben, hoffte Mary.

Joe kam ihnen aus der Scheune entgegen, als sie vorfuhren, und ging direkt auf die Beifahrerseite, um Mary beim Aussteigen zu helfen. Er umarmte sie fest. „Ist alles in Ordnung mit Ihnen?"

Sie schloss ihn in die Arme. „Er hat mir nichts getan. Ich hatte nur schreckliche Angst."

Über ihren Kopf sah Joe zu seinem Vater und erkannte die kalte kontrollierte Wut in dessen Augen. Jemand hatte es gewagt, diese Frau zu verletzen, und wer immer es gewesen war, würde dafür bezahlen. Joe verspürte tief in sich heißen Ärger und wusste, dass es nur ein Bruchteil von dem sein konnte, was sein Vater empfand. Ihre Blicke trafen sich, und Wolf schüttelte unmerklich den Kopf. Joe sollte das Thema nicht ansprechen. Mary war auf der Ranch, um sich zu entspannen, nicht um den Überfall in Gedanken noch einmal zu durchleben.

Wolf legte ihr einen Arm um die Schultern und drehte sie zum Stall um. „Hast du Lust, mitzuhelfen?"

Ihre Augen leuchteten auf. „Gern! Ich wollte schon immer wissen, wie eine Ranch funktioniert."

Zu dritt gingen sie auf den Stall zu. „Eigentlich ist es keine richtige Ranch. Ich habe ein paar Rinder, aber nur, damit die Pferde trainieren können, wie man eine Herde treibt, und für den privaten Verbrauch. Hauptsächlich reite ich Pferde ein und trainiere sie. Meist Quarter Horses, aber ab und zu auch mal ein Vollblut oder ein Show-Pferd."

„Haben die Vollblüter denn etwa nicht ihre eigenen Trainer?"

Wolf zuckte die Schultern. „Manche Pferde sind schwerer einzureiten als andere. Und was nützt ein Vollblut, wenn es niemanden an sich herankommen lässt?"

Mary wusste, was er damit sagen wollte: Ihm gab man die Pferde, mit denen niemand sonst fertig wurde.

Den ganzen Nachmittag verbrachte sie mit Wolf und Joe in den Ställen, sah ihnen bei der nie enden wollenden Arbeit zu und half nach Kräften mit. Der Regen hörte schließlich auf, und Wolf arbeitete mit zwei jungen Einjährigen auf der Koppel hinter dem Stall. Er gewöhnte sie an Zaumzeug und Sattel. Nie verlor er die Geduld, ganz gleich, wie oft die Fohlen scheuten oder den Sattel abwarfen, er beruhigte die Tiere mit seiner tiefen samtenen Stimme und versuchte es erneut. Mary war fasziniert, wie Wolf die Pferde mit den Händen besänftigte und gleichzeitig lehrte. Auch bei ihr hatte er das getan, aber seine Hände hatten sie erregt. Bei der Erinnerung durchlief Mary ein angenehmer Schauer.

Joe trat neben sie. „Ich habe nie jemanden wie ihn gesehen“, sagte er leise. „Ich bin gut, aber nicht halb so gut wie Dad. Es gibt kein Pferd, das er nicht einreiten kann.“ Gemeinsam sahen sie eine Weile zu, dann sprach Joe vorsichtig weiter: „Wenn hier alles erledigt ist, vielleicht könnten wir ja heute nachholen, was ich am Freitag verpasst habe.“

Sie wollte nicht an den Grund denken, aus dem der Unterricht am Freitag ausgefallen war. Die langen Stunden des Wartens, bis sie endlich Nachricht bekamen, ob Wolf eingesperrt worden war oder nicht, wollte sie vergessen. Dieser Nachmittag heute kam ihr wie eine Oase der Ruhe vor. Doch es würde lange dauern, bevor wieder Normalität in das Städtchen einkehrte. Ein Mädchen war vergewaltigt worden, und jemand hatte Mary überfallen. Die Leute waren erbost und besorgt und würden sich gegenseitig misstrauisch beäugen. Gnade des Himmels jedem Fremden, der ausgerechnet jetzt nach Ruth kam, bevor der Täter gefasst war.

Reifen knirschten auf dem Kies, und Joe ging nachsehen, wen es auf den Berg der Mackenzies verschlagen hatte. Keine Minute später kam er wieder zurück, Clay Armstrong folgte ihm. Es war fast die gleiche Szene wie am Freitag, und Mary stockte der Atem. Clay konnte doch unmöglich schon wieder Wolf abholen wollen?

„Mary.“ Er begrüßte sie mit einem Kopfnicken. „Alles in Ordnung mit Ihnen?“

„Ja, natürlich“, erwiderte sie fest.

„Ich dachte mir, dass ich Sie hier oben finde. Sind Sie in der Lage, Ihre Aussage noch einmal mit mir durchzugehen?“

Im Laufen zog Wolf sich die Handschuhe von den Fingern, als er mit zusammengekniffenen Augen auf die Gruppe zukam. „Sie hat ihre Aussage schon gestern gemacht."

„Manchmal erinnert man sich an zusätzliche Dinge, wenn der Schock nachgelassen hat."

Weil sie ahnte, dass Wolf den Deputy vertreiben wollte, legte sie ihm hastig die Hand auf den Arm. „Ich bin in Ordnung. Wirklich."

Sie log, und er wusste es. Doch um ihren Mund lag dieser sture Zug, der deutlich ausdrückte, dass sie nicht nachgeben würde. Wolf verspürte Erleichterung. Sein Kätzchen gewann langsam ihr Selbstbewusstsein zurück. Aber unter keinen Umständen würde er sie mit Clay allein bei der Befragung lassen. Er sah zu Joe. „Bring die Pferde zurück. Ich gehe mit Mary."

„Das ist nicht nötig", wandte Clay ein.

„Für mich schon."

Zwischen den beiden großen Männern kam Mary sich eingezwängt vor, als sie gemeinsam zum Haus gingen. So viel Beistand und Beschützerinstinkt fand sie erdrückend. Ein kleines Lächeln schlich sich auf ihre Lippen. Clay hielt es wahrscheinlich für nötig, sie sowohl vor Wolf als auch vor einem möglichen weiteren Angriff zu schützen, während Wolf sie einfach beschützen wollte, Punkt. Mary fragte sich, wie Clay wohl reagieren würde, sollte sie ihm erklären, dass sie gar nicht vor Wolf beschützt werden wollte. Tante Ardith würde behaupten, Wolf habe die Situation ausgenutzt. Mary dagegen hoffte, Wolf würde es bald wieder tun.

Wolf erhaschte den Seitenblick, den sie ihm zuwarf, und verspannte sich, als er die Wärme und das leidenschaftliche Aufblitzen in ihren Augen sah. Wusste sie denn nicht, wie er darauf reagierte und dass es verdammt peinlich werden könnte? Schon spürte er ein Ziehen in den Lenden. Aber nein, wie sollte sie es auch wissen? Sie war noch zu unerfahren, außerdem konnte sie nicht ahnen, welche Wirkung sie auf ihn hatte.

Als sie die Küche betraten, machte Mary sich sofort daran, Kaffee aufzugießen. Sie bewegte sich in Wolfs Küche, als sei sie dort zu Hause. Damit ließ sie Clay wissen, dass sie und Wolf ein Paar waren. Die Leute würden sich einfach daran gewöhnen müssen.

„Lassen Sie uns alles noch mal von Anfang an genau durchgehen“, fing Clay an.

Mary hielt kurz inne, dann fuhr sie fort, Kaffeepulver abzumessen. „Ich hatte mir die Stiefel im Kaufhaus Hearst gekauft und war auf dem Weg zurück zu meinem Wagen … meine Stiefel! Ich habe den Karton fallen lassen! Haben Sie ihn gefunden?“

„Ich sah den Karton, ja, aber weiß nicht, was damit passiert ist. Ich werde mich erkundigen.“

„Er muss mir hinter Hearst's aufgelauert haben, sonst hätte ich ihn ja sehen müssen, als ich die Straße entlangging. Er packte mich und presste mir seine Hand auf den Mund. Er drehte meinen Arm nach hinten, sodass ich mich nicht bewegen konnte, und dann drückte er mich auf die Straße hinunter. Ich bekam eine Hand frei und versuchte ihn im Gesicht zu kratzen, aber er trug eine Skimaske. Er schlug mir mit der Faust ins Gesicht und ich … ich weiß wirklich nicht mehr, was danach passiert ist. Ich glaube, ich habe ihn an der Hand erwischt, denn er schlug mich noch einmal. Dann habe ich ihn in die Hand gebissen, aber ich weiß nicht mal, ob er geblutet hat. Und dann schrie jemand, und er sprang auf und rannte weg. Er stützte sich mit der Hand direkt vor meinem Gesicht ab, als er aufstand. Der Ärmel war blau, und er hatte Sommersprossen auf seiner Hand. Eine Menge Sommersprossen. Und dann … waren Sie da.“

Sie verstummte und starrte aus dem Fenster. Sie wandte den Männern den Rücken zu, deshalb konnte sie weder Wolfs mörderischen Blick sehen noch seine geballten Fäuste. Aber Clay bemerkte es, und es beunruhigte ihn.

„Ich war es, der gerufen hat“, berichtete Clay. „Ich sah den Schuhkarton auf dem Boden liegen und hörte Geräusche aus der Seitenstraße. Ich rannte hin. Als ich erkannte, was passierte, gab ich den Schuss ab, um den Schuft aufzuhalten.“

„Sie hätten ihn an Ort und Stelle erschießen sollen“, stellte Wolf klar. „Damit hätten Sie ihn aufgehalten.“

Rückblickend fühlte Clay ähnlich. Dann bräuchten sie jetzt nicht nach einem Unbekannten zu suchen, und die Einwohner müssten nicht alle in Angst und Schrecken leben. Die Frauen der Stadt gingen seit dem Vorfall nicht mehr ohne Waffen aus dem Haus, nicht einmal zum Wäscheaufhängen. Bei der allgemeinen Stimmung in der Stadt war es gefährlich für jeden Fremden, der sich im Bezirk blicken ließ.

Das sagte Clay auch laut. „Irgendjemand hätte doch einen Fremden bemerkt, vor allem einen mit langen schwarzen Haaren."

Wolf lächelte kühl. „Da musste ja jeder sofort an mich denken, nicht wahr?"

Mary horchte auf. Sie hatte versucht, nicht zuzuhören, ihre Erinnerungen zu vertreiben, doch nun gehörte dem Gespräch hinter ihr all ihre Aufmerksamkeit. Was Wolf sagte, stimmte. Sie hatte den Täter als jemanden mit langen schwarzen Haaren beschrieben, und Clay hatte Wolf festgenommen. Aber schwarze Haare passten nicht zu der sommersprossigen Hand mit heller Haut ... es sei denn, jemand hatte eine schwarze Perücke getragen. Um den Verdacht absichtlich auf Wolf zu lenken.

Ein Schauer rann ihr über den Rücken. Der Täter hatte nicht wissen können, dass Wolf sich an jenem Morgen das Haar hatte schneiden lassen. Aber warum sie? Doch niemand würde glauben, dass Wolf ausgerechnet sie überfiel, die einzige Person in der Stadt, die sich von Anfang an für ihn stark gemacht hatte. Und sie hatte kurz vorher jeden wissen lassen, wie sie zu Wolf stand. Es machte keinen Sinn, es sei denn, die Wahl der Opfer war rein zufällig. Schließlich gab es keine Verbindung zwischen ihr und Cathy Teele.

Sie drehte sich abrupt um. „Wolf, kennst du Cathy Teele? Hast du je mit ihr gesprochen?"

„Natürlich kenne ich sie vom Sehen. Aber ich rede nicht mit kleinen Anglo-Mädchen", fügte er ironisch hinzu. „Ihre Eltern würden das ganz und gar nicht gutheißen."

„Allerdings", stimmte Clay nachdenklich zu. „Vor ein paar Monaten muss Cathy ihrer Mutter wohl gesagt haben, dass Sie der attraktivste Mann in der ganzen Stadt seien und sie überhaupt nichts dagegen hätte, mit Joe auszugehen, wenn er nicht so jung wäre. Die ganze Stadt hörte davon. Mrs Teele hat einen Anfall bekommen."

Da war er wieder, dieser Schauer auf Marys Rücken. Es gab also eine Verbindung: Wolf. Das war kein Zufall mehr, auch wenn irgendetwas an der ganzen Sache nicht passte.

Sie rang die Hände. „Was, wenn jemand bewusst versucht, Wolf die Schuld in die Schuhe zu schieben?"

Clay sah überrascht aus. „Wie kommen Sie auf die Idee?"

„Das lange schwarze Haar. Das kann nur eine Perücke gewesen

sein. Der Mann hatte Sommersprossen auf der Hand. Viele. Und helle Haut."

Wolf erhob sich, und obwohl Mary wusste, dass sie von ihm nie etwas würde befürchten müssen, wich sie unwillkürlich einen Schritt zurück, als sie den Ausdruck in seinen Augen sah. Er sagte nichts, das brauchte er auch nicht. Eiskalte Wut raste in ihm, auch wenn er sie eisern unter Kontrolle hielt. Und genau das war es, was Mary alarmierte.

Dann hörte sie Clays Stimme. „Ich weiß nicht … ich meine, natürlich macht es keinen Sinn, dass Wolf ausgerechnet Sie überfallen sollte. Sie sind die Einzige, die für ihn gesprochen hat, während die anderen in der Stadt …"

„… noch über mich steigen würden, wenn ich tot auf der Straße läge", beendete Wolf den Satz beißend.

Clay konnte es nicht abstreiten. So saßen sie zusammen am Tisch und nippten nachdenklich an ihrem Kaffee, jeder damit beschäftigt, die Puzzleteile zusammenzufügen. Aber immer passte irgendetwas nicht, ganz gleich, an welche Kombination sie dachten. Blieb nur, dass der Täter Mary und Cathy zufällig ausgesucht hatte.

Mary glaubte nicht an Zufall. Sie war überzeugt, dass jemand es auf Wolf abgesehen hatte. Aber warum wählte dieser Jemand dann ausgerechnet sie als Opfer? Um Wolf zu bestrafen, indem er die Menschen verletzte, die Partei für ihn ergriffen?

Das waren alles nur Vermutungen, es gab keinen einzigen Beweis. Wolf lebte seit Jahren in Ruth, und nie war so etwas passiert, auch wenn seine Anwesenheit das Gewissen der Bewohner nicht zur Ruhe kommen ließ. Man mochte ihn nicht, und er würde es die Stadt nicht vergessen lassen. Dennoch … bisher hatten sie Waffenstillstand gehalten.

Was also hatte diese plötzliche Gewalt ausgelöst?

Mary rieb sich die Schläfen, in denen es zu pochen begann. Sie bekam nur selten Kopfschmerzen, die Anspannung schien ihr wohl langsam zuzusetzen. Doch das wollte sie nicht zulassen. Sie war nie der nervöse Typ gewesen und hatte auch nicht vor, jetzt dazu zu werden.

Clay seufzte und schob seine Tasse zurück. „Danke für den Kaffee. Ich schreibe den Bericht morgen fertig und komme in der Schule vorbei, damit Sie die Aussage unterschreiben können … oder gehen Sie nicht zur Arbeit?“

„Doch, natürlich.“

„Natürlich“, murmelte Wolf mit einem düsteren Blick auf sie. Sie reckte herausfordernd ihr Kinn. Mary sah keinen Grund, warum sie nicht gehen sollte. Sie war schließlich nicht plötzlich zum Invaliden geworden!

Clay verabschiedete sich bald, und Joe kam aus den Ställen zurück, um bei den Vorbereitungen fürs Abendessen mitzuhelfen. Mary fühlte sich aufgehoben. Sie drei hantierten in der Küche, als seien sie seit Jahren ein eingespieltes Team. Joe blinzelte Mary einmal zu, und sie errötete leicht. Es stand deutlich in den jungen und doch so weisen Augen zu lesen – das Wissen, die Belustigung, die Zustimmung. Hielt er sie und Wolf für ein Paar, weil Wolf die Nacht über bei ihr geblieben war, oder erkannte er einfach eine Veränderung an ihr? Was, wenn die ganze Stadt diese Veränderung bemerkte?

Wolf legte Mary seine Hand an die Taille. Sie stand jetzt seit mehreren Augenblicken reglos mit der Pfanne in der Hand da. Der rote Hauch auf ihren Wangen sagte ihm, woran sie dachte, und er verspürte das schon vertraute Ziehen. Der Druck seiner Finger verstärkte sich. Mary sah zu ihm auf, die graublauen Augen verwirrt aufgerissen, als auch sie verstand. Hastig senkte sie die Lider, um das Verlangen zu verbergen, das sie nicht verdrängen konnte.

Joe nahm ihr die Pfanne aus der Hand. „Ich denke, ich gehe besser ins Kino“, verkündete er.

Mary riss sich aus dem sinnlichen Bann, mit dem Wolf sie so mühelos belegen konnte. „Nein! Dein Unterricht.“

„Noch ein Abend schadet nicht.“

„Und ob er schadet“, beharrte sie. „Du kannst die Akademie nicht als Selbstverständlichkeit ansehen, nur weil du jetzt eine Empfehlung in der Tasche hast. Du kannst es dir nicht leisten, dich auf deinen Lorbeeren auszuruhen.“

„Sie hat recht, Sohn.“ Wolf gab sie frei. „Du darfst deine Noten nicht sacken lassen.“ Er konnte warten. Wenn auch nur mit Anstrengung.

Es war schon nach neun, als Mary die Bücher zuklappte und sich streckte. „Könntest du mich nach Hause fahren?“, bat sie Wolf und unterdrückte ein Gähnen. Es war ein anstrengender Tag gewesen.

Wolfs Miene blieb völlig ausdruckslos. „Warum bleibst du nicht hier?“ Es hörte sich mehr nach einem Befehl als nach einer Frage an.

„Das geht nicht!“

„Warum nicht?“

„Es wäre nicht recht.“

„Ich bin letzte Nacht bei dir geblieben.“

„Das war etwas anderes.“

„Inwiefern?“

„Ich war aufgeregt.“

„Ich verziehe mich“, ließ Joe sich vernehmen und setzte seine Worte sofort in Taten um.

Mary war erbost. „Musstest du das in seinem Beisein sagen?“

„Er weiß es so oder so. Erinnerst du dich, was ich dir über das ‚Kein Zurück‘ gesagt habe?“

Sie hielt inne, und ein warmer Ausdruck trat in ihre Augen. „Ja, sicher. Ich will auch nicht umkehren. Aber ich kann heute nicht hierbleiben. Ich muss morgen früh in der Schule antreten.“

„Niemand wird dir einen Vorwurf machen, wenn du nicht gehst.“

„Doch, ich.“ Da war sie wieder, diese starrsinnige Miene.

Wolf stand auf. „Also schön, ich bringe dich nach Hause.“ Er verschwand für ein paar Minuten, dann kam er mit Rasierzeug und einer Garnitur frischer Wäsche aus seinem Schlafzimmer. An Joes Tür blieb Wolf stehen und klopfte. „Ich bin morgen früh wieder zurück.“

Joe öffnete die Tür barfuß und mit bloßem Oberkörper, so als hätte er sich zum Duschen bereit gemacht. „Gut. Bringst du sie zur Schule, oder soll ich das übernehmen?“

„Ich muss nicht zur Schule gefahren werden“, mischte Mary sich ein.

„Pech“, sagte Wolf nur und wandte sich wieder an seinen Sohn. „Baugh bringt morgen ein paar Pferde her, deshalb muss ich dann hier sein. Du fährst sie hin, ich hole sie ab.“

„Ich fahre mit meinem eigenen Wagen, und niemand wird mich davon abhalten!“

„Kein Problem. Dann hast du eben eine Eskorte.“ Wolf nahm ihren Arm. „Fertig?“

Mary wusste, er hatte eine Entscheidung getroffen, und nichts würde ihn davon abbringen können. Also ging sie ergeben mit Wolf zu seinem Truck. Die Nachtluft war kühl, aber Mary schmiegte sich eng an Wolf, um seine Körperwärme zu fühlen. Kaum saßen sie im Truck, als Wolf sich zu ihr beugte und seine Lippen auf ihren Mund presste. Sie hieß ihn willkommen und schob die Finger in sein Haar. Seine Nähe, seine Wärme und sein Geschmack berauschten Mary mehr als jede Droge. Wenn er sie direkt im Auto hätte nehmen wollen, sie hätte sich nicht gewehrt.

Doch er schob sie auf ihren Sitz zurück und ließ den Motor an. Schweigend saß sie auf der Fahrt neben ihm, dachte daran, wie sie sich am Morgen geliebt hatten, und wünschte, dass sie es bald wiederholen würden. Ein Gedanke ging ihr nicht mehr aus dem Kopf: Das hieß es also, eine Frau zu sein.

Woodrow wartete schon vor der Hintertür. Mary fütterte ihn – nein, sie! –, während Wolf sich duschte und rasierte. Als Mary die Treppen zu ihrem Schlafzimmer hinaufstieg, spürte sie eine tiefe Sehnsucht nach ihm.

Sie hörte ihn nicht, als er ins Zimmer kam, aber sie spürte seine Präsenz und drehte sich um.

„Das Bad gehört dir."

Wolf war nackt, sein schwarzes Haar glänzte feucht vom Duschen. Mary konnte sehen, wie erregt er bereits war. Das aufgeregte Pochen ihres Herzens wurde stärker.

Sie duschte, und zum ersten Mal in ihrem Leben benutzte sie Parfum. Mary hatte noch nie Parfum für sich gekauft, aber eine Schülerin in Savannah hatte ihr zu Weihnachten einen kleinen Flakon geschenkt. Der Duft war süß und exotisch.

Sie zog die Badezimmertür auf und schreckte zurück. Wolf stand im Türrahmen und wartete auf sie, die Augen zusammengekniffen, als er sie musterte. Wagemutig hatte sie auf ihr Nachthemd verzichtet, und unter seiner Musterung wurde das Pulsieren in ihr schier unerträglich. Er legte seine großen Hände auf ihre Brüste und umschloss sie ganz. Ihre Nippel waren bereits steif, bevor er sie mit den Daumen berührte. Mary blieb regungslos stehen. Sie atmete kurz und flach. Ihre Lider waren halb geschlossen, als könne sie nicht glauben, welche Lust ihr seine Hände verschafften.

Auch Wolfs Augen waren nur noch dunkle Schlitze. „Das wollte ich schon an dem Tag tun, als ich dich auf der Straße bei deinem Auto fand“, murmelte er. „So ein hübscher zierlicher Körper unter einem so hässlichen Kleid. Ich wollte dir das Kleid ausziehen und dich nackt ansehen.“

Das Verlangen in seinen Augen und in seiner Stimme ließ sie erschauern. Sie lehnte sich an ihn, und er hob sie auf die Arme und trug sie in den dunklen Korridor. Sie erinnerte sich an das, was er das letzte Mal getan hatte, und sie seufzte, bevor seine Lippen sich um ihre Brustwarze geschlossen hatten. Er saugte daran, und sie bog lustvoll ihren Rücken durch und schlang ihre Beine um seine Hüften. Wolf stöhnte auf, als sie das tat. Er konnte nicht eine Minute länger warten. Er musste sie haben, hier, sofort, sonst würde er verrückt werden, und fast im gleichen Moment glitt sein harter Penis schon in ihre feuchte Mitte.

Mary erbebte, als er in sie eindrang. Das war noch besser als beim letzten Mal. Sie umschloss ihn ganz, während sich ihre Muskeln rhythmisch zusammenzogen und wieder entspannten. Wellen der Erregung umspülten ihren Körper. Sie hielt sich an ihm fest und keuchte. Voller Verlangen bewegte sie sich geschmeidig und umschloss ihn doch fest, bäumte sich auf, ließ sich zurückfallen. Während dieser kleinen Bewegung stöhnten sie beide auf. Sie tat es wieder und wieder. Er legte seine Hände auf ihren Po, übernahm die Kontrolle über ihre Bewegung, drang tiefer und tiefer in sie ein. Ihre Haut glühte. Sie spürte die Berührung seiner Fingerspitzen auf ihrem Po, das Kratzen seiner Brusthaare an ihren Brüsten, seine harten, winzigen Brustwarzen, seinen muskulösen Bauch, das stachlige Haar in seiner Leiste. Sie konnte ihn überall spüren. Der Orgasmus überrollte sie wie eine Explosion.

Doch Wolf wollte nicht, dass es so schnell vorbei war, und hielt sie fest, bis sie wieder ruhiger atmete. Dann trug er sie ins Schlafzimmer und legte sie aufs Bett.

Sie schluckte und lockerte ihren Griff. „Du bist nicht …“

„Noch nicht“, murmelte er und drang tief in sie ein.

Mary wollte nicht, dass es jemals aufhörte. Sie genoss seine kraftvollen Stöße, wiegte ihn, während er sich laut stöhnend seinem Höhepunkt entgegenbewegte, und streichelte ihn sanft, als er danach auf ihrem Körper zusammensackte. Sie wünschte, er könnte immer in ihr sein. Ihr war, als hätte sie erst begonnen zu leben, als sie ihn getroffen hatte. Er hatte ihr behütetes, wohlerzogenes Leben gründlich auf den Kopf gestellt.

Er versuchte von ihr herunterzurollen, doch Mary schlang ihre Beine um ihn. Er grunzte.

„Lass mich runter, Liebling. Ich bin viel zu schwer für dich."

„Bist du nicht", flüsterte sie und küsste seinen Hals.

„Ich wiege doppelt so viel wie du. Du wiegst doch bestimmt nicht mal 45 Kilo?"

„Doch!", erwiderte sie entrüstet. Sie wog 45,5.

„Aber nicht sehr viel mehr als das. Ich wiege 90 Kilo, und ich bin eineinhalb Kopf größer als du. Wenn ich auf dir einschlafe, wirst du ersticken."

Er hörte sich schlaftrunken an. Sie strich über seinen Rücken. „Ich will so liegen bleiben."

Er drückte sich behutsam an sie. „So?"

„Ja", hauchte sie.

Er verlagerte sein Gewicht auf die Seite. „Geht das so?"

Es war wunderbar. Sie konnte atmen, aber er war immer noch ganz nah bei ihr, immer noch in ihr. Er schlief schnell ein, und sie hatte die Arme um ihn geschlungen und lächelte zufrieden in die Dunkelheit.

Doch die düsteren Gedanken kehrten langsam zurück. Irgendjemand hatte bewusst den Verdacht auf Wolf lenken wollen und wollte ihn wieder ins Gefängnis bringen. Wolf in einer Zelle eingesperrt ... die Vorstellung war ihr zuwider. Wenn Mary eines ganz sicher wusste, dann, dass er sich nie wieder einsperren lassen würde.

Sie wollte ihn schützen. Mit allen Mitteln, die ihr zur Verfügung standen, wollte sie ihn vor jeder nur erdenklichen Gefahr bewahren. Grundgütiger, was hat diese schrecklichen Ereignisse nur ausgelöst? überlegte Mary. Alles war doch ruhig gewesen. Aus welchem Grund hatte das alles angefangen?

Die jähe schreckliche Erkenntnis raubte ihr den Atem. Sie war es!

Wolf und Joe waren aus der Gemeinde ausgestoßen gewesen, wegen ihrer Herkunft und wegen Wolfs Vergangenheit, trotzdem war alles ruhig geblieben. Und dann war sie in die Stadt gekommen, eine

Anglo-Frau, die sich nicht in die Gemeinde eingegliedert, sondern auf die Seite der Mackenzies geschlagen hatte. Mit ihrer Hilfe hatte Joe etwas erreicht, das nur wenigen zuteil wurde. Immer mehr Stimmen wurden laut, wie gut es war, dass der Mackenzie-Junge auf die Akademie gehen würde. Cathy Teele hatte Wolf sogar den attraktivsten Mann in der Stadt genannt. Die Grenze zwischen den Bewohnern des Städtchens und den Mackenzies begann zu verschwimmen, und irgendjemand, in dem ein tief sitzender Hass loderte, ertrug das nicht.

Mary war der Auslöser. Sie war der Grund für die furchtbaren Vorkommnisse. Sollte Wolf irgendetwas zustoßen, dann war es allein ihre Schuld.

9. KAPITEL

Sie wusste nicht, was sie tun sollte. Das Wissen, dass sie es war, die das alles in Bewegung gesetzt hatte, quälte Mary und ließ sie keinen Schlaf finden. Sie wälzte sich rastlos und weckte Wolf damit auf. Er fühlte ihre Unruhe, aber er führte es auf die falsche Ursache zurück. Er flüsterte beruhigend auf Mary ein und zog sie zu sich heran. Dieses Mal liebte er sie sanft und zärtlich. Danach schlief sie tief und fest wie ein Kind, bis er sie im Morgengrauen weckte. Sie hieß ihn ohne Fragen willkommen.

Joe fuhr vor, als Mary und Wolf gemeinsam in der Küche das Frühstück zubereiteten. Wortlos fügte Wolf mehr Eier in die Schlüssel, um sie für Rührei zu schlagen. Mary lächelte, dabei legte sie selbst mehr Speckstreifen in die Pfanne. „Woher weißt du, dass er hungrig ist?"

„Er ist wach, oder nicht? Mein Junge hat immer einen Bärenhunger."

Joe kam zur Hintertür herein und steuerte direkt auf die Kanne mit frischem Kaffee zu. „Morgen."

„Guten Morgen. In zehn Minuten gibt's Frühstück."

Joe grinste sie an, und Mary lächelte zurück. Wolf musterte sie durchdringend. Sie wirkte matt heute Morgen, ihre Haut schimmerte noch zarter als sonst, unter ihren Augen lagen dunkle Ringe. Sicher, sie lächelte, aber er sorgte sich, weil Mary so zerbrechlich aussah. Hatte er sie mit seinem Liebesspiel ausgelaugt? Oder nagten die Erinnerungen an den Überfall an ihr? Er nahm an, dass es Letzteres war, denn auf ihn hatte sie jedes Mal leidenschaftlich reagiert, wenn er sie zu sich herangezogen hatte. Zu wissen, dass sie immer noch Angst hatte, machte Wolf umso entschlossener, den Übeltäter zu stellen. Sobald Eli Baugh die Pferde abgeliefert hätte, würde Wolf sich auf Spurensuche begeben.

Joe blieb mit seinem Wagen dicht hinter Mary, als sie zur Schule fuhr. Er verabschiedete sich auch nicht sofort, wie sie eigentlich erwartet hatte. Es war noch früh am Morgen, die Schüler würden erst in einer Weile ins Gebäude strömen, und so begleitete Joe Mary über den leeren Korridor und überprüfte sogar die Klassenzimmer.

Sie seufzte. „Hier bin ich sicher."

„Ich warte nur, bis ein paar andere Leute auftauchen."

„Hat Wolf dir gesagt, dass du das tun sollst?"

„Nein. Das brauchte er nicht."

Wie kommunizierten die beiden denn? Per Telepathie? Vater und Sohn schienen stets genau zu wissen, was der andere dachte. Es war beunruhigend. Sie konnte nur hoffen, dass keiner von beiden ihre Gedanken lesen konnte. Denn diese drehten sich in letzter Zeit sehr oft um höchst erotische Dinge.

Sie fragte sich, wie die Schüler und Lehrer wohl auf Joes Anwesenheit reagieren würden. Er übernahm ganz offensichtlich die Rolle des Leibwächters für Mary. Würde das eine neuerliche Gewalttat heraufbeschwören? Mary wurde übel. Ja, die Möglichkeit bestand. Ihr Instinkt sagte ihr, dass sie recht hatte. Die Aussicht, die Mackenzies könnten in der Stadt akzeptiert werden, hatte irgendjemanden dazu getrieben, Grenzen zu überschreiten.

Sharon und Dottie erschienen am Eingang und blieben stehen, als sie Joe erblickten. „Mrs Wycliffe, Mrs Lancaster." Er tippte sich grüßend an den Hut.

„Joe", erwiderte Sharon murmelnd den Gruß. „Wie geht es dir?"

Dottie warf ihm nur einen kurzen, fast ängstlichen Blick zu und verschwand hastig in ihrem Klassenzimmer. Joe zuckte die Schultern. „Ich lerne wieder ein wenig."

„Nur ein wenig?", meinte Sharon trocken und trat auf Mary zu. „Ich hätte wirklich nicht erwartet, dich heute hier zu sehen. Dottie und ich können deine Klasse übernehmen, das haben wir dir doch angeboten."

„Man hat mir nur Angst gemacht. Clay hat das Schlimmste verhindert", erwiderte Mary fest. „Cathy ist diejenige, die Hilfe und Unterstützung braucht."

„Die ganze Stadt ist in Aufruhr. Jeder mit Sommersprossen auf den Händen wird schief angeguckt."

Mary wollte nicht darüber reden. Als sie an diese Hand dachte und sie wieder vor sich sah, wurde ihr übel. Sie schluckte angestrengt. Mit gerunzelter Stirn machte Joe einen Schritt vor, aber Mary hob die Hand, um ihn aufzuhalten. Er sah aus, als wolle er Sharon aus dem Klassenzimmer werfen. Im selben Moment kamen die ersten Schüler an und entspannten so die Situation. Sie scharten sich um

Joe und stellten ihm aufgeregt Fragen nach der Akademie und seinen Plänen.

Sharon ging in ihre Klasse, und Mary betrachtete Joe mit seinen ehemaligen Klassenkameraden. Er wirkte so viel reifer als die Gleichaltrigen. Er war erst sechzehn, aber er war längst kein Kind mehr. Mary sah auch, dass Pam Hearst zwar nicht viel sagte, aber Joe nicht aus den Augen ließ. In Pams Blick lag eine schmerzvolle Sehnsucht, und wenn Joe sie anschaute, wurde sie jedes Mal unruhig und verlegen.

Schließlich sah Joe auf die Uhr und wandte sich wieder Mary zu. „Dad wird hier sein, um Sie nach Hause zu eskortieren. Gehen Sie nirgendwo allein hin."

Mary wollte schon protestieren, aber dann dachte sie an den Mann, der irgendwo da draußen in der Stadt lauerte, getrieben von Hass. Sie war nicht die Einzige, die in Gefahr war. Sie griff nach Joes Arm. „Du und Wolf, seid beide vorsichtig. Ihr könntet die nächsten Ziele sein."

Joe runzelte die Stirn, so als sei ihm das noch nie in den Sinn gekommen. Da draußen trieb sich ein Vergewaltiger herum, also waren Männer nicht in Gefahr. Mary hätte auch nie an so etwas gedacht, wenn sie nicht überzeugt wäre, dass es sich bei den Überfällen um eine Strafaktion gegen die Mackenzies handelte. Irgendwann würde dieser Irre möglicherweise zu einem Gewehr greifen und die Selbstjustiz üben, zu der er sich in seinem verrückten Hirn berechtigt fühlte.

Zum Lunch erschien Clay wie angekündigt mit dem Bericht zum Tathergang, den Mary las und unterschrieb. Sich bewusst, dass die Schüler alle neugierig die Ohren gespitzt hatten, begleitete Mary Clay hinaus zu seinem Wagen. „Ich mache mir Sorgen", sagte sie.

Clay stützte sich mit dem Arm auf die offene Autotür. „Das ist nur verständlich."

„Nicht um mich selbst. Ich glaube, Wolf und Joe sind die wirklichen Ziele, auf die der Täter es abgesehen hat."

Er musterte sie durchdringend. „Wie kommen Sie darauf?"

Dadurch ermutigt, dass Clay die Idee nicht von vornherein verwarf, erklärte Mary ihm ihre Theorie. „Ich glaube, der Täter hat Cathy und mich bewusst ausgewählt, um Wolf zu bestrafen. Sehen Sie denn nicht die Verbindung? Cathy nannte Wolf den bestaussehenden

Mann in der Stadt und sagte auch, dass sie nichts dagegen hätte, mit Joe auszugehen. Und ich … jeder hier weiß, dass ich mich von Anfang an mit den Mackenzies angefreundet habe. Deshalb wurden wir ausgesucht."

„Und Sie glauben auch, dass er wieder zuschlagen wird?"

„Da bin ich ganz sicher. Aber ich habe Angst, dass er diesmal direkt die Mackenzies angreifen wird. Sicher wird er sie nicht überfallen, aber … welche Chance haben sie gegen eine Kugel? Wie viele Leute in dieser Stadt haben ein Gewehr?"

„Praktisch jeder", bestätigte Clay grimmig. „Aber welches Motiv sollte der Täter haben? Was hat ihn aufgescheucht?"

Mary zog eine Grimasse. „Ich."

„Wieso?"

„Bevor ich herkam, war Wolf ein Ausgestoßener. Jeder hatte sich damit arrangiert. Dann habe ich mich mit ihm angefreundet und mit Joe gearbeitet, damit er auf die Akademie gehen kann. Viele sind jetzt sogar stolz, dass einem aus der Stadt diese Ehre zuteil wird, sie sind freundlicher zu den Mackenzies. Die Mauer hat einen Riss bekommen, und wer immer für diese Überfälle verantwortlich ist, erträgt das einfach nicht."

„Sie beschreiben da jemanden, der voller Hass ist. Das kann ich nicht unbedingt nachvollziehen. Sicher, die Leute hier kommen nicht mit Wolf zurecht, aber das liegt eigentlich an Angst und Schuldgefühlen, es geschieht nicht aus Hass. Man hat Wolf ins Gefängnis geschickt für etwas, das er nicht getan hat, und seine Anwesenheit erinnert die Leute ständig daran. Er ist nicht gerade jemand, der leicht verzeiht, nicht wahr?"

„So etwas ist auch sehr schwer zu verzeihen", erwiderte Mary.

Clay stimmte ihr seufzend zu. „Trotzdem kann ich mir nicht denken, wer Wolf so sehr hassen sollte, dass er zwei Frauen angreift, nur weil sie nett zu Wolf waren. Cathy war ja noch nicht mal nett, sie hat nur eine Bemerkung gemacht."

„Aber Sie sehen, was ich sagen will? Dass das alles wegen Wolf passiert?"

„Die Vorstellung gefällt mir nicht, aber … ja. Alles andere ergibt keinen Sinn. Es mag Zufälle im Leben geben, aber bei einem Verbrechen gibt es sie nicht. Für alles gibt es ein Motiv."

„Was können wir jetzt tun?“

„Wir können gar nichts tun“, betonte Clay. „Ich werde mit dem Sheriff reden, aber Tatsache ist, wir können niemanden festnehmen, solange es keine Beweise gibt. Im Moment haben wir nur eine Theorie und noch nicht einmal einen Verdächtigen.“

Mary schob entschlossen ihr Kinn vor. „Sie verpassen hier eine todsichere Chance.“

Er blickte sie argwöhnisch an. „Wovon reden Sie?“

„Um ihm eine Falle zu stellen.“

„Ich weiß nicht, was Ihnen im Kopf herumgeht, aber ich kann jetzt schon sagen, dass es mir nicht gefällt.“

„Das ist doch völlig klar. Bei mir hat der Täter … nun, sein Ziel nicht erreicht. Ich könnte als Lockvogel …“

„Kommt nicht infrage. Und bevor Sie weiterreden, stellen Sie sich nur mal vor, wie Wolf auf diese Idee reagieren würde. Wenn Sie ihm das vorschlagen, wird er Sie vielleicht, aber auch nur vielleicht, zu Weihnachten wieder aus seinem Haus freilassen.“

Sie sah das ähnlich, aber es gab einen einfachen Weg, das zu umgehen. „Er braucht ja nichts davon zu erfahren.“

„So etwas können wir nicht vor ihm geheim halten. Und wenn es funktioniert und wir den Täter tatsächlich auf diese Weise schnappen, dann möchte ich nicht in der Nähe sein, wenn Wolf es herausfindet.“

Mary wog alle möglichen Reaktionen Wolfs ab, keine davon behagte ihr sonderlich. Andererseits kam sie halb um vor Sorge, dass ihm etwas zustoßen könnte. „Das Risiko gehe ich ein“, sagte sie entschlossen.

„Aber nicht mit meiner Hilfe.“

Ihr Kinn ruckte hoch. „Dann mache ich es eben ohne Ihre Hilfe.“

„Wenn Sie sich in unsere Polizeiarbeit einmischen, dann stecke ich Sie wegen Justizbehinderung schneller in die Zelle, als Sie blinzeln können“, drohte Clay. Unter angehaltenem Atem fluchte er, als Mary sich nicht im Geringsten beeindruckt zeigte. „Dann muss ich eben Wolf Bescheid sagen, damit er Sie zur Vernunft bringt.“

Sie runzelte die Stirn. „Jetzt hören Sie mir mal zu, Clay Armstrong. Ich bin Ihre beste Chance, diesen Unhold aus der Reserve zu locken. Sie haben keine Hinweise, keine Verdächtigen. Was wollen Sie tun? Warten, bis er die nächste Frau überfällt und sie diesmal vielleicht sogar umbringt?“

„Nein, das ist es nicht, was ich will! Ich will, dass Sie und jede andere Frau in der Stadt auf der Hut sind und nirgendwo allein hingehen! Haben Sie schon mal überlegt, dass Fallen nicht immer funktionieren? Manchmal bekommt das Tier den Köder, ohne sich in der Schlinge zu verfangen. Wollen Sie das wirklich riskieren?"

Allein bei dem Gedanken wurde ihr übel. Sie schluckte, um ihren gereizten Magen zu beruhigen. „Ich werde es trotzdem tun."

„Zum letzten Mal – nein! Ich verstehe ja, dass Sie helfen wollen, aber nicht auf diese Weise. Dieser Kerl ist instabil. Er hat Cathy vor ihrer Haustür abgefangen, und Sie hat er mitten auf der Hauptstraße angegriffen. Er ist haushohe Risiken eingegangen, er kann unmöglich klar im Kopf sein."

Mary seufzte. Clay würde sich niemals darauf einlassen, eine Frau als Köder einzusetzen, das ging gegen seine Natur. Das bedeutete allerdings nicht, dass sie seine Zustimmung benötigte. Alles, was sie brauchte, war jemand, der als ihr Leibwächter fungieren würde. Bis jetzt hatte sie noch keinen richtigen Plan ausgearbeitet, nur eines war ihr klar: Für eine solche Falle musste es zwei Leute geben – den Lockvogel und denjenigen, der eingreifen konnte, bevor der Lockvogel zu Schaden kam.

Clay stieg in den Streifenwagen und lehnte sich aus dem offenen Fenster. „Ich will nichts mehr davon hören", warnte er.

„Werden Sie nicht", versprach sie. Nicht mehr mit ihm darüber zu reden hieß ja nicht, dass sie es nicht tun würde.

Er beäugte sie misstrauisch, doch dann startete er den Wagen und fuhr davon. Mary ging in ihre Klasse zurück. In Gedanken arbeitete sie bereits an einem Plan, wie sie den Täter mit einem Minimum an Risiko hervorlocken könnte.

Wolf kam zehn Minuten vor Schulschluss an und wartete vor dem Klassenraum. Als die Türen von allen Klassenzimmern aufgingen und die ersten Schüler herauszuströmen begannen, richtete er sich von der Wand auf, an die er lässig gelehnt gestanden hatte, und ging in Marys Klasse. Das Geplauder der Teenager, die sich noch um Mary geschart hatten, verstummte schlagartig. Mary sah auf und schenkte Wolf ein Lächeln, das nur ihm galt. Seine Pulsrate beschleunigte sich, weil sie so offen zeigte, was sie fühlte.

Er nahm seinen Hut ab und fuhr sich mit den Fingern durchs

Haar. „Ihr Begleitschutz meldet sich zum Dienst, Ma'am."

Eines der Mädchen kicherte. Wolf wandte den Blick auf die regungslos dastehenden Teenager. „Ich hoffe, ihr Mädchen geht zu zweit nach Hause? Begleiten die Jungen euch?"

Christa Teele, Cathys jüngere Schwester, murmelte, dass sie und Pam Hearst zusammen den Nachhauseweg anträten. Wolf sah auf die Jungen. „Einer von euch geht mit." Es war eine Anordnung, und die Jungen gehorchten sofort. Als die Teenager den Raum verließen, hatte jedes Mädchen mindestens einen männlichen Begleiter.

Mary nickte anerkennend. „Sehr gut gemacht."

„Dir wird aufgefallen sein, dass alle genügend Verstand bewiesen haben, nicht zu widersprechen."

Unwillig schaute sie ihn an. Das hätte er nicht unbedingt auch noch herausstellen müssen. „Wolf, was sollte mir denn auf dem Weg nach Hause passieren? Ich werde doch nirgendwo anhalten."

„Und wenn du einen Platten hast? Oder wenn dir wieder ein Schlauch platzt?"

Ihre Falle würde sie nicht planen können, wenn Wolf und Joe ihr jede Sekunde im Nacken saßen. Allerdings war auch offensichtlich, dass Wolf keinen Millimeter nachgeben wollte. Im Moment war das nicht so wichtig, entschied Mary, sie hatte sich ja noch nichts überlegt. Aber sobald ihr Plan stand, würde sie sich auch etwas einfallen lassen müssen, um ihren Wachhunden zu entschlüpfen.

Wolf legte Mary ihren Pullover über die Schultern und nahm ihre Tasche und Schlüssel, dann schob er sie, eine Hand an ihrem Ellbogen, sanft zur Tür. Dottie stand vor ihrer eigenen Klassenzimmertür und verschloss diese, gerade als Mary und Wolf über die Schwelle traten und Wolf sich daranmachte, Marys Tür abzuschließen. Wolf überprüfte noch, ob die Tür auch wirklich verschlossen war, dann hob er den Kopf und erblickte Dottie. Mit zwei Fingern tippte er sich an den Hutrand. „Mrs Lancaster."

Dottie, die wie erstarrt dagestanden hatte, senkte hastig den Kopf und tat, als hätte sie Schwierigkeiten mit dem Schlüssel. Sie war hochrot. Es war das erste Mal, dass Wolf sie überhaupt angesprochen hatte, und mit zitternden Fingern ließ sie den Schlüssel in die Tasche fallen. Vor Angst brach ihr der Schweiß aus. Sie wusste offenbar nicht, was sie tun sollte.

Den Arm fest um ihre Taille gelegt, führte Wolf Mary zum Auto. Marys Puls raste. Er brauchte sie nur zu berühren, und schon reagierte ihr Körper. In ihrem Innern breitete sich eine köstliche Hitze aus, und ein angenehmer Schauer rann ihr über den Rücken.

Wolf spürte, wie ihr zierlicher Körper sich anspannte. Er hörte auch, dass ihr Atem schneller ging. Als er sie ansah, erkannte er das Verlangen in den schieferblauen Augen. Ihre Lippen waren leicht geöffnet, ein rosa Hauch lag auf ihren Wangen.

„Ich bin direkt hinter dir", beruhigte er sie.

Mary fuhr gemächlich nach Hause, auch wenn ihr das Blut in den Adern rauschte und die Vorfreude in ihr sich stetig steigerte. Das alte, abgelegene Haus hatte nie einladender ausgesehen, als sie vorfuhr. Woodrow döste auf den Verandastufen in der Sonne. Mary stieg über die Katze und schloss die Hintertür auf. Wolf war aus seinem Truck gestiegen und folgte direkt hinter ihr, wie er es versprochen hatte.

Wortlos traten sie ein. Mary zog ihre Jacke aus, legte ihre Handtasche auf einen Stuhl und ging die Treppe hinauf. Sie nahm jeden einzelnen von Wolfs Schritten hinter sich wahr, mit denen er ihr ins Schlafzimmer folgte.

Er zog sie schneller aus, als sie darüber nachdenken konnte, auch wenn sie, hätte er ihr die Zeit gegeben, ganz sicher nicht protestiert hätte. Er trug sie aufs Bett. Sein Körper überwältigte sie, als er sie in seinen Armen wiegte. Das Haar auf seiner Brust berührte ihre empfindlichen Brustwarzen und verwandelte sie in harte Spitzen, und während sie leise aufstöhnte, rieb sie ihre Brüste an seiner Haut, um ihrer beider Erregung noch mehr zu steigern. Er öffnete ihre Schenkel und kniete sich dazwischen. Seine Stimme war leise und rau, als er ihr ins Ohr flüsterte, was genau er nun tun würde.

Mary wand sich unter ihm. Ihre schieferblauen Augen blickten ihn gleichermaßen schockiert wie aufgeregt an, während sie sich gleichzeitig ein wenig schämte, weil seine Worte sie derart erregten. Wie war es nur möglich, gleichzeitig so empört und so ekstatisch zu sein? „Wolf Mackenzie!", sagte sie mit aufgerissenen Augen. „Du hast … das … das Wort gesagt!"

Er blickte sie ebenso zärtlich wie amüsiert an. „Das habe ich."

Sie schluckte. „Ich habe das noch nie jemanden sagen hören …

nicht im wirklichen Leben, meine ich. In Filmen ... aber das ist ja nicht das wirkliche Leben ... und da meinen sie fast nie das, was es heißt. Sie benutzen es als Adjektiv statt als Verb." Angesichts dieses unerklärlichen grammatischen Fehlers wirkte sie plötzlich ratlos.

Er lächelte, als er in sie eindrang. Seine schwarzen Augen leuchteten. „Das", sagte er, „ist das Verb."

Er liebte ihren Gesichtsausdruck, wenn er mit ihr Liebe machte, ihren wohligen Blick, ihre erröteten Wangen. Sie hielt die Luft an, bewegte sich unter ihm, nahm ihn ganz in sich auf und umschloss ihn mit ihrer feuchten Hitze. Ihre Hände schlangen sich um seinen Nacken. „Ja", sagte sie ernsthaft. „Das ist das Verb."

Ihr erstes Mal war leidenschaftlich gewesen. Seitdem hatte er sie gelehrt, wie süß ihre Lust schmeckte, wenn sie die Erfüllung hinauszögerten, wenn ihre Zärtlichkeiten und Küsse andauerten und sie ihre Erregung langsam steigerten, bis sie so heiß und mächtig wurde, dass sie schlicht explodierten. Er begehrte sie so sehr, dass er versuchte, seinen Höhepunkt zurückzuhalten, solange er konnte, nur um länger in ihr sein und seinen Hunger stillen zu können. Es ging nicht um Sex, es ging um sie. Er wollte, musste sie lieben. Sie, Mary Elizabeth Potter. Er musste ihre seidige, empfindsame Haut unter seinen Händen spüren und fühlen, wie ihre Sanftheit ihn umhüllte. Er musste ihren einzigartigen Duft, ihre Weiblichkeit riechen, wenn sie ihre Körper vereinten. Er war ein Halbblut; sein Geist war stark. Er vereinte die Instinkte seiner Vorfahren beider Rassen. Mit anderen Frauen hatte er Sex gehabt. Mit Mary verschmolz er.

Er schlang seine Arme um sie und rollte auf seinen Rücken. Mary sah ihn erschrocken an, als ihr klar wurde, in welcher Stellung er sie haben wollte, und schnappte nach Luft, als sie ihn so tief in sich spürte wie nie zuvor. „Was machst du da?"

„Nichts", murmelte er und legte seine Hände auf ihre Brüste. „Ich lasse dich machen."

Er beobachtete ihr Gesicht und saugte jeden Bruchteil ihrer wachsenden Erregung, die sie trotz der ungewohnten Haltung überrollte, in sich auf. Ihre Wimpern flatterten, und sie biss sich auf die Unterlippe, als sie sich sanft auf ihm bewegte. „So?"

Er stöhnte laut. Ihre langsamen, rhythmischen Bewegungen verschafften ihm die süßesten Qualen. Eigentlich hatte er sich vorgenommen, ihren Liebesakt zu verlängern, indem sie ihre Stellung änderten, aber nun wurde ihm klar, dass er sich etwas vorgemacht hatte. Sie bewegte sich so unglaublich sinnlich, dass er sich schon nach wenigen Augenblicken herumrollte und sie wieder unter ihm lag.

Mary verschränkte ihre Arme in seinem Nacken. „Das hat mir gefallen."

„Mir auch." Er küsste sie, erst kurz, doch dann verweilten seine Lippen auf ihren. „Viel zu sehr."

Sie lächelte dieses geheimnisvolle kleine Lächeln, das es nur für ihn zu geben schien, und dieser Anblick entzündete seine Leidenschaft erneut. Er vergaß, dass er sich zurückhalten wollte, vergaß alles außer der sinnlichen Lust, die in ihnen brannte. Danach dösten sie ein, befriedigt und erschöpft.

Sie mussten beide eingeschlafen sein. Wolf rollte sich alarmiert aus dem Bett, als das Motorengeräusch eines herannahenden Wagens ihn weckte.

Mary reckte sich verschlafen. „Was ist denn?"

„Du bekommst Besuch."

„Besuch?" Sie setzte sich auf und strich sich das Haar aus dem Gesicht. „Wie spät ist es?"

„Fast sechs. Wir haben scheinbar fest geschlafen."

„Sechs! Joes Unterricht!"

Fluchend streifte Wolf sich seine Sachen über. „Das wird langsam lästig. Jedes Mal wenn wir uns lieben, unterbricht uns mein Sohn. Es wird zur Gewohnheit."

Mary beeilte sich beim Anziehen und wünschte verzweifelt, die Situation wäre nicht so schrecklich peinlich. Joe würde sofort sehen, dass sie und sein Vater zusammen im Bett gewesen waren. Tante Ardith hätte sie enterbt, wüsste sie, dass ihre Nichte Moral und Anstand so völlig vergessen hatte. Aber dann sah Mary auf, als Wolf lautstark mit dem Stiefel aufstampfte, und ihr Herz floss förmlich über. Sie liebte diesen Mann. Gab es etwas Moralischeres als Liebe? Und was den Anstand anbelangte … mit einem Schulterzucken verabschiedete sie sich von der anerzogenen Zurückhaltung. Man konnte eben nicht alles haben.

Joe hatte seine Bücher auf dem Tisch ausgebreitet und bereitete frischen Kaffee zu, als Wolf und Mary in die Küche kamen. Mit einem Stirnrunzeln sah er zu seinem Vater hin. „Dad, das wird langsam lästig. Du stiehlst mir Zeit von meinem Unterricht."

Das belustigte Funkeln in den eisblauen Augen und die Wortwahl seines Sohnes hielten Wolf davon ab, wütend zu werden. Er zauste Joe das Haar. „Sohn, ich habe es schon einmal gesagt … dein Timing ist miserabel."

Die Unterrichtszeit wurde noch mehr beschnitten, denn alle hatten einen Bärenhunger, sodass sie ein gemeinsames Abendessen einschoben. Sie einigten sich auf Sandwichs, weil die schnell zubereitet waren. Gerade als sie fertig gegessen hatten, fuhr draußen ein Wagen vor.

„Du liebe Güte, hier herrscht ein Betrieb wie auf dem Hauptbahnhof", murmelte Mary, bevor sie aufstand und die Tür für den neuen Besucher öffnete.

Clay nahm seinen Hut ab, als er eintrat, und hielt kurz inne. „Das riecht nach frischem Kaffee."

„Gerade gemacht." Wolf hob die Kanne an, während Mary eine Tasse aus dem Schrank holte.

Clay ließ sich seufzend auf einen Stuhl am Tisch sinken und nahm dankend die Tasse entgegen, die Wolf ihm reichte. „Ich dachte mir schon, dass ich Sie beide hier finde."

„Gibt es etwas Neues?", fragte Wolf.

„Nein, außer ein paar Beschwerden. Sie haben wohl einige Leute nervös gemacht."

„Womit?", schaltete Mary sich ein.

„Ich habe mich ein wenig umgesehen", erklärte Wolf, doch sein lässiger Ton täuschte weder Mary noch Clay.

„Lassen Sie es gut sein. Sie sind schließlich kein Ein-Mann-Einsatzkommando. Ich warne Sie hiermit zum letzten Mal."

„Ich denke nicht, dass ich irgendetwas Illegales getan habe. Ich behindere die Untersuchung nicht, ich habe keine Leute befragt, weder verheimliche ich Beweise, noch habe ich welche zerstört. Ich bin lediglich herumgelaufen und habe mich umgesehen." Wolfs Augen begannen zu funkeln. „Wenn Sie clever wären, würden Sie meine Fähigkeiten nutzen. Einen besseren Spurensucher als mich werden Sie nicht finden."

„Und wenn Sie clever wären, würden Sie auf das aufpassen, was Ihnen gehört." Clay sah vielsagend zu Mary, und sie presste verärgert die Lippen zusammen. Dieser Mann würde sie doch tatsächlich verpetzen!

„Das tue ich", antwortete Wolf.

„Vielleicht nicht so gut, wie Sie denken. Mary hat mir von ihrem Plan erzählt. Sie will sich als Köder anbieten, um diesen Kerl aus seinem Loch hervorzulocken."

Wolf wandte sich abrupt um. Die schwarzen Brauen zusammengezogen, nagelte er Mary auf der Stelle, an der sie stand, mit seinem Blick fest. „Nur über meine Leiche", sagte er leise. Überrascht schien er nicht zu sein, nur absolut entschlossen.

„Das habe ich ihr auch gesagt. Ich hörte, Sie und Joe eskortieren sie zur Schule und wieder nach Hause. Aber was ist mit der Zeit dazwischen? Und in zwei Wochen beginnen die Ferien. Was machen Sie dann?"

Mary straffte die schmalen Schultern. „Ich werde nicht dabeistehen und zuhören, wie ihr über mich redet, als wäre ich unsichtbar. Das hier ist mein Haus, und ich möchte euch alle daran erinnern, dass ich längst volljährig bin. Ich gehe, wann und wohin ich will." Sollten sie das erst einmal verdauen! Sie war nicht umsonst von Tante Ardith großgezogen worden. Die Tante wäre eher gestorben, schon aus Prinzip, bevor sie sich etwas von einem Mann hätte vorschreiben lassen.

Wolfs Blick hatte sie die ganze Zeit über nicht losgelassen. „Du wirst genau das tun, was man dir sagt."

„An Ihrer Stelle", mischte Clay sich jetzt wieder ein, „würde ich sie mit auf den Berg nehmen. Wie gesagt, die Ferien beginnen bald, und dieses Haus liegt ziemlich weit ab von allem. Niemand braucht zu wissen, wo sie ist. Das ist auf jeden Fall sicherer."

Wütend griff Mary Clays Tasse und schüttete den heißen Inhalt ins Spülbecken. „Meinen Kaffee trinken Sie nicht! Sie mit Ihrem losen Mundwerk!"

Er sah verdutzt drein. „Ich will Sie doch nur beschützen."

„Und ich will ihn beschützen!", schrie sie.

„Wen willst du beschützen?", fragte Wolf überrascht.

„Dich!"

„Warum sollte ich beschützt werden?“

„Wer auch immer für diese Taten verantwortlich ist, er will dich damit verletzen! Erst versucht er, die Schuld auf dich zu schieben, und dann überfällt er die Leute, die dich nicht so hassen, wie er es tut!“

Wolf erstarrte. Als Mary am Vortag diese Theorie vorgetragen hatte, hatten weder er noch Clay daran geglaubt, ganz einfach, weil es keinen Sinn machte, dass Wolf angeblich Mary attackierte. Doch wenn man diese Überfälle als eine Art perverse Bestrafung sah, dann begann alles plötzlich einen erschreckenden Sinn zu ergeben. Ein Vergewaltiger hatte immer kranke Beweggründe für seine Taten, also würde wohl auch seine Logik völlig verdreht sein.

Mary war seinetwegen überfallen worden. Weil er sich so stark zu ihr hingezogen fühlte, dass er die Kontrolle verloren hatte. Irgendein Verrückter hatte versucht, sie zu vergewaltigen und sie zu Tode erschreckt, weil Wolfs Lust die Aufmerksamkeit auf sie gelenkt hatte.

Mit regungsloser Miene sah er zu Clay, der jetzt die Schultern zuckte. „Ich glaube das auch. Es ist das Einzige, was als Motiv herhalten könnte. Seit Mary sich mit Ihnen anfreundete und Joe half, auf die Akademie zu kommen, betrachten die Leute Sie mit anderen Augen. Manchen passt das nicht.“

Mary rang die Hände. „Das alles ist meine Schuld, deshalb ist es das Mindeste, dass ich ...“

„Nein!“, donnerte Wolf und sprang so heftig auf, dass sein Stuhl umkippte. Nur mit Mühe gelang es ihm, die nächsten Worte ruhig auszusprechen. „Geh nach oben und pack ein paar Sachen zusammen. Du kommst mit zu uns.“

Joe schlug mit beiden Handflächen auf die Tischplatte. „Das wurde auch Zeit.“ Er stand auf und begann, den Tisch abzuräumen. „Ich kümmere mich um das hier, während Sie packen“, sagte er zu Mary.

Mary schürzte die Lippen. Sie schwankte zwischen der Freiheit, ihren Plan auszuführen – wenn er wohldurchdacht war –, und der enormen Versuchung, mit Wolf zusammenzuleben. Einerseits würde es ein schlechtes Beispiel für ihre Schüler abgeben, und die Bewohner des Städtchens wären entrüstet. Und Wolf würde jede ihre Bewegungen mit Adleraugen verfolgen. Andererseits ... sie liebte ihn und schämte sich nicht im Geringsten deswegen. Vielleicht war sie manchmal verlegen, aber einfach nur, weil sie nicht an eine solche Intimität gewöhnt war und noch nicht so recht wusste, wie sie damit umgehen sollte. Aber Scham? Niemals!

Was ebenfalls hinzukam: Wenn sie sich stur stellte und hierblieb, würde Wolf ebenfalls in ihrem Haus leben. Dann gehörten sie praktisch zur Stadt, lebten für jeden sichtbar zusammen, und das würde die Bewohner noch mehr aufbringen.

Diese Überlegung gab schließlich den Ausschlag. Sie wollte nicht für noch mehr böses Blut in der Stadt sorgen. Das würde den Täter dann vielleicht dazu bringen, Wolf direkt zu attackieren. Oder sogar Joe.

Wolf legte ihr eine Hand auf die Schulter. „Geh", sagte er leise und versetzte ihr einen kleinen Schubs. Und so ging Mary nach oben, um zu packen.

Kaum dass sie die Küche verlassen hatte, wandte Clay sich an Wolf. „Sie glaubt, dass Sie und Joe in Gefahr sind. Dass dieser Verrückte auf Sie schießen wird. Und ich muss sagen, dass ich ihr da zustimme."

„Soll er es nur versuchen." Wolfs Miene war völlig ausdruckslos. „Auf dem Weg zur Schule und zurück ist Mary am verletzlichsten. Ich glaube nicht, dass dieser Kerl noch lange ruhig warten wird. Er hat zweimal hintereinander zugeschlagen und sich nur zurückgezogen, weil Sie ihn fast erwischt hätten. Sobald er sich wieder beruhigt hat, wird er nach dem nächsten Opfer Ausschau halten. Aber in der Zwischenzeit suche ich ihn."

Clay wollte nicht nachfragen, und doch tat er es. „Haben Sie heute etwas herausgefunden?"

„Ich habe einige Leute von meiner Liste streichen können."

„Und verängstigt haben Sie sie auch."

Wolf zuckte nur die Schultern. „Sie werden sich wohl daran gewöhnen müssen, mich öfter in der Stadt zu sehen. Wenn ihnen das nicht passt … Pech."

„Ich habe auch gehört, dass Sie die Jungs in der Schule angehalten haben, die Mädchen nach Hause zu begleiten. Die Eltern der Mädchen sind sehr dankbar dafür."

„Sie hätten selbst darauf kommen sollen."

„Hey, das hier ist eine kleine verschlafene Stadt, niemand ist an solche Zustände gewöhnt."

„Das ist keine Entschuldigung für Dummheit." Denn es war eindeutig dumm, die Sicherheit der Töchter so außer Acht zu lassen.

Clay brummte nur. „Trotzdem will ich noch mal betonen, dass ich Mary zustimme. Sie und Joe sind die eigentlichen Ziele. Sie mögen gut sein, aber auch Sie sind nicht stärker als eine Gewehrkugel. Das Gleiche gilt für Joe. Sie müssen also nicht nur auf Mary aufpassen, sondern auch auf sich selbst. Ich sähe es lieber, wenn Sie Mary dazu bringen könnten, die nächsten zwei Wochen nicht mehr zur Schule zu kommen. Dann könnten Sie drei auf Ihrem Berg bleiben, bis wir diesen Kerl gefasst haben."

Es ging gegen Wolfs Natur, sich vor irgendjemandem zu verstecken, und das besagte auch der Blick, mit dem er Clay jetzt betrachtete. „Wir werden auf Marys Sicherheit achten", war alles, was er sagte. Clay wusste genau, dass es ihm nicht gelungen war, Wolf davon zu überzeugen, sich aus der Suche nach dem Täter herauszuhalten.

Joe, gegen die Anrichte gelehnt, hatte bisher still und aufmerksam zugehört. „In der Stadt bricht die Hölle los, wenn die Leute herausfinden, dass Mary bei uns wohnt."

„Allerdings." Clay setzte seinen Hut auf.

„Sollen sie sich nur die Mäuler zerreißen", meinte Wolf trocken. Er hatte Mary die Wahl gelassen, sich auf die Seite der Stadtbewohner zu schlagen. Sie hatte es nicht getan. Jetzt gehörte sie zu ihm, und niemand würde daran etwas ändern.

Clay ging zur Tür. „Wenn mich jemand fragt, werde ich sagen, dass ich Mary an einem sicheren Ort untergebracht habe, bis das alles vorbei ist. Es geht niemanden an, wo dieser Ort ist. Obwohl, so wie ich Mary kenne, wird sie selbst es herausposaunen, wie sie es schon am Samstag in Hearsts Kaufhaus getan hat."

Wolf stöhnte auf. „Was hat sie nun schon wieder angestellt? Ich habe nichts gehört."

„Kann ich mir denken, vor allem nach dem, was danach geschehen ist. Sie muss wohl mit Dottie Lancaster und Mrs Karr aneinandergeraten sein und hat den beiden praktisch mehr oder weniger gesagt, dass sie zu Ihnen gehört." Ein Grinsen stahl sich langsam auf

Clays Gesicht. „ Sie muss den beiden ganz schön den Kopf gewaschen haben."

Als Clay gegangen war, sahen Wolf und Joe einander an. „Könnte noch interessant in der verschlafenen Stadt werden."

„Ja, könnte es", stimmte Joe zu.

„Halt die Augen offen, mein Sohn. Wenn Mary und Armstrong recht haben, dann sind wir beide es, auf die dieser Kerl es abgesehen hat. Geh ab sofort nicht mehr ohne Gewehr aus dem Haus. Und sei auf der Hut."

Joe nickte. Wolf machte sich keine Sorgen, sollte es zu einem Handgemenge kommen, selbst wenn der andere vielleicht mit einem Messer angriff. Er hatte Joe beigebracht, wie man kämpfte, der Junge wusste sich zu verteidigen. In einem Kampf ging es nicht um Fairness, sondern darum, zu gewinnen, ganz gleich, wie. Nur mit dieser Einstellung hatte Wolf im Gefängnis überleben können. Eine Schusswaffe war jedoch etwas ganz anderes. Sie würde doppelte Vorsicht erfordern.

Mary kam mit zwei Koffern zurück und setzte sie in der Küche auf den Boden. „Ich werde meine Bücher mitnehmen", verkündete sie. „Und jemand muss Woodrow und ihre Jungen holen."

10. KAPITEL

Mary versuchte sich einzureden, dass sie nicht schlafen konnte, weil sie in einem fremden Bett lag. Weil sie zu aufgeregt war. Weil sie sich so viele Sorgen machte. Weil ... ihr fielen keine Gründe mehr ein. Obwohl sie erschöpft und glücklich nach dem Liebesspiel mit Wolf war, verspürte sie eine innere Unruhe, und endlich wusste sie auch, warum. Sie drehte sich in seinen Armen und legte eine Hand an seine Wange.

„Bist du noch wach?", flüsterte sie.

„Jetzt schon", murmelte er.

Sie entschuldigte sich und lag sofort sehr still. Nach einer Weile zog Wolf sie näher und strich ihr das Haar aus der Stirn. „Kannst du nicht schlafen?"

„Nein. Ich ... ich fühle mich so seltsam."

„Wieso?"

„Deine Frau ... Joes Mutter. Ich muss ständig an sie denken, wie sie in diesem Bett gelegen hat."

Seine Umarmung wurde fester. „Sie hat nie in diesem Bett gelegen."

„Es ist nur ... Joe schläft nebenan, und so muss es doch einmal gewesen sein. Als er noch klein war ... bevor sie starb."

„Nein, nicht unbedingt. Wir waren oft voneinander getrennt, und als sie starb, war Joe erst zwei. Ich war gerade aus der Armee entlassen worden."

„Erzähl mir davon", forderte sie ihn leise auf. Sie wollte mehr über den Mann wissen, den sie liebte. „Du musst sehr jung gewesen sein."

„Mit siebzehn habe ich mich eingeschrieben. Auch wenn ich wusste, dass man mich wahrscheinlich nach Vietnam schicken würde, war das die einzige Möglichkeit für mich, wegzukommen. Meine Eltern waren tot, und mein Großvater, Mutters Vater, hatte mich nie akzeptiert, weil ich zur Hälfte ein Anglo war. Ich musste aus dem Reservat rauskommen, irgendwie. Dort war es fast so schlimm wie im Gefängnis. Eigentlich ist es ein Gefängnis, nur anders. Es gibt nichts zu tun, und es gibt keine Hoffnung. Billie traf ich, da war ich achtzehn. Sie war auch ein Halbblut, vom Stamm der Crow-Indianer. Vermutlich hat sie mich nur geheiratet, weil sie wusste, dass ich nie mehr ins Reservat zurückgehen würde."

Wolf stützte sich auf einen Arm. „Sie wollte mehr, sehnte sich nach den hellen Lichtern und dem Leben in der Stadt. Wahrscheinlich hoffte sie darauf, dass das Leben eines Soldaten aufregend sei. Ständig wird man von einem Standort zum nächsten versetzt, und wenn man nicht im Dienst ist, feiert man eine Party nach der anderen. Also heirateten wir. Einen Monat später war ich in Vietnam. Ich buchte ein Ticket für sie nach Hawaii, und als sie zurückflog, war sie schwanger. Ich war neunzehn, als Joe geboren wurde. Bei seiner Geburt war ich dabei, ich war gerade auf meinem ersten Heimaturlaub aus Vietnam zurück. Gott, ich war so aufgeregt. Er brüllte aus vollem Hals, und dann gaben sie ihn mir auf den Arm. Ich liebte ihn augenblicklich, so stark. Ich würde jederzeit mein Leben für ihn lassen."

Wolf hielt inne und erinnerte sich an die Zeit. Dann lachte er leise. „Da war ich nun, mit einem neugeborenen Sohn und einer Frau, die nicht so gut weggekommen war, wie sie es sich ausgemalt hatte. Meine Zeit bei der Armee war fast abgelaufen, ich hatte keine Aussicht auf einen anderen Job und sah keine Möglichkeit, wie ich eine Familie ernähren sollte. Also habe ich verlängert. Zwischen Billie und mir entwickelten sich die Dinge so schlecht, dass ich mich für einen weiteren Einsatz meldete. Sie starb, kurz bevor ich von meinem dritten Einsatz zurückkehrte. Also bin ich zu Hause geblieben, um mich um Joe zu kümmern."

„Und was hast du gemacht?"

„Auf Ranchs gearbeitet. Ich bin auf Rodeos geritten. Ausgenommen die Zeit bei der Armee, kann ich mich nicht entsinnen, je etwas gemacht zu haben, das nicht mit Pferden zu tun hatte. Als Kind war ich völlig verrückt nach Pferden. Wahrscheinlich bin ich es heute noch. Joe und ich sind herumgezogen, bis er zur Schule musste. So sind wir in Ruth gelandet. Den Rest kennst du."

Still lag Mary in seinen Armen und dachte über das nach, was er gerade erzählt hatte. Er hatte kein einfaches Leben gehabt, aber das, was Wolf durchgemacht hatte, hatte ihn zu einem Mann von unglaublicher Stärke und mit einem unbeugsamen Willen gemacht. Er hatte den Krieg miterlebt, war durch die Hölle gegangen und stärker denn je daraus hervorgekommen. Der Gedanke, dass jemand ihn absichtlich verletzen wollte, machte Mary so wütend, dass sie ihren Ärger kaum kontrollieren konnte. Irgendwie musste sie einen Weg finden, um Wolf zu beschützen.

Am nächsten Morgen begleitete Wolf Mary zur Schule. Wieder bemerkte Mary, dass jeder sie anstarrte. Doch es war keine Angst, die sie in den Augen der Kids erkannte, sondern Neugier und sogar so etwas wie Ehrfurcht. Wolf war wie eine lebende Legende für sie, nach Jahren des Hörensagens. Ihre Väter hatten mit ihm zu tun, die Jungen hatten ihm bei der Arbeit zugeschaut, und seine Kenntnisse über Pferde waren unvorstellbar. Man behauptete, Wolf sei ein Pferdeflüsterer, jemand, dem es gelang, selbst das wildeste Pferd zu beruhigen und zu zähmen.

Und jetzt jagte er den Vergewaltiger. Jeder in der Stadt wusste davon.

Dottie wich Mary an diesem Tag bewusst aus. Sie hastete davon, sobald Mary auch nur in Sichtweite kam und aß sogar ihren Lunch allein. Sharon zuckte mit einem Seufzer die Schultern. „Mach dir nichts draus. Sie hat schon immer etwas gegen die Mackenzies gehabt."

Mary blieb nichts anderes übrig, als ebenfalls die Schultern zu zucken. Es schien keine Möglichkeit zu geben, an Dottie heranzukommen.

Joe kam am Nachmittag, um sie nach Schulschluss zu eskortieren. Auf dem Weg zu den Autos sagte Mary: „Ich muss ein paar Dinge bei Hearst besorgen."

„Ich bleibe direkt hinter Ihnen."

Mit Joe im Schlepptau betrat Mary das Kaufhaus. Jeder drehte sich nach ihnen um. Joe bedachte alle mit einem Lächeln, das von seinem Vater hätte stammen können, und mehrere Leute wandten hastig den Blick ab. Mary seufzte innerlich und führte ihren hochgewachsenen Beschützer den Gang entlang.

Joe stockte kurz, als sein Blick auf Pam Hearst fiel. Sie stand wie angewurzelt zwischen den Regalen und starrte ihn an. Joe tippte sich an den Hut und folgte Mary.

Einen Augenblick später spürte er eine Hand auf seinem Arm. Er drehte sich um und sah Pam hinter sich stehen. „Kann ich mit dir reden?", fragte sie mit leiser Stimme. „Ich ... es ist wichtig."

Mary war weitergegangen. Joe positionierte sich so, dass er Mary im Auge behalten konnte, und sagte dann zu Pam: „Was gibt's?"

Pam holte tief Luft. „Ich dachte mir … vielleicht … würdest du am Samstag mit mir zum Tanzabend gehen?"

Sein Kopf ruckte herum. „Was?"

„Ich fragte, ob du mit mir tanzen gehen willst."

Er schob sich den Hut in den Nacken und pfiff leise durch die Zähne. „Du weißt, dass du dir Probleme einhandelst, oder? Dein Dad bringt's fertig und sperrt dich für den Rest des Jahres in den Keller."

„Wir haben keinen Keller." Sie schenkte ihm ein schüchternes Lächeln, das sofortige Wirkung auf den sechzehnjährigen Jungen zeigte. „Und außerdem ist es mir egal. Er irrt sich, irrt sich ganz gewaltig über dich und deinen Dad. Ich habe mich geschämt dafür, wie ich mich dir gegenüber benommen habe. Ich … ich mag dich, Joe, und ich würde gern mit dir ausgehen."

„Ja, sicher." Schon mit sechzehn war er Zyniker genug, um zu sagen: „Eine Menge Leute mögen mich auf einmal, jetzt, da ich die Chance habe, auf der Akademie angenommen zu werden. Schon seltsam, wie so was funktioniert, nicht?"

Hektische rote Flecken erschienen auf Pams Wangen. „Deshalb frage ich dich nicht!"

„Bist du sicher? Immerhin war ich vorher nicht gut genug, um mit Pam Hearst zusammen gesehen zu werden. Du wolltest nicht, dass die Leute von dir sagten, du würdest mit einem Halbblut ausgehen. Es hört sich natürlich ganz anders an, wenn man von dir sagt, dass du mit einem Akademieanwärter zusammen bist, was?"

„Das ist nicht wahr!" Pam war jetzt wirklich wütend, und sie schrie fast. Mehrere Köpfe im Geschäft drehten sich zu ihr um.

„Für mich sieht es aber so aus."

„Dann irrst du dich eben! Genau wie mein Vater!"

Wie aufs Stichwort erschien Mr Hearst im Gang und kam auf sie zu. „Was geht hier vor? Pam, belästigt dich dieses …" Er wollte „Halbblut" sagen, fing sich aber rechtzeitig und fuhr mit Mühe fort, „… dieser Junge?"

Nicht nur Joe hatte es bemerkt, auch Pam. Ihre Wangen waren jetzt hochrot. „Nein, er belästigt mich nicht! Moment, doch, tut er wohl. Er will nicht mit mir ausgehen, obwohl ich ihn darum gebeten habe! Aber er will nicht.“

Jeder im Laden hatte die lauten Worte gehört. Joe seufzte. Das nannte man wohl Öl ins Feuer gießen.

Ralph Hearst lief tiefrot an und blieb so abrupt stehen, als wäre er gegen eine Wand geprallt. „Was sagst du da?“ Er schien seinen Ohren nicht zu trauen.

Auch wenn ihr Vater aussah, als würde er gleich explodieren, gab Pam nicht klein bei. „Ich sagte, ich habe ihn gebeten, am Samstag zum Tanz mit mir zu gehen, und er hat abgelehnt.“

Mr Hearsts Augen erschienen Joe größer als zuvor. „Du gehst sofort ins Haus!“, donnerte er. „Darüber unterhalten wir uns später!“

„Ich will aber nicht später darüber reden, ich will jetzt darüber reden!“

„Ich sagte, geh ins Haus!“, brüllte Mr Hearst und richtete sich, vor Wut schäumend, an Joe: „Und du hältst dich von meiner Tochter fern, du …“

„Er hat sich ja die ganze Zeit von mir ferngehalten!“ Pam stand ihrem Vater in nichts nach. „Ich bin es, die ihn nicht in Ruhe lässt! Es ist nämlich nicht das erste Mal, dass ich ihn frage, ob er mit mir ausgehen will. Du und alle anderen in der Stadt, ihr seid unmöglich, so wie ihr die Mackenzies behandelt. Mir reicht's! Miss Potter ist die Einzige, die genug Mumm hat und sich für das einsetzt, was richtig ist.“

„Das ist alles nur ihre Schuld! Diese selbst ernannte Samariterin …“

„Sprechen Sie besser nicht weiter.“ Es waren die ersten Worte, die Joe sagte, aber etwas in seiner ruhigen Stimme und den kühlen blauen Augen ließen den Älteren innehalten. Joe war erst sechzehn, aber er war groß und muskulös gebaut, und in seiner Haltung lag etwas, dass Mr Hearst abbrechen ließ.

Pam mischte sich sofort wieder ein. Sie war ein intelligentes und fröhliches Mädchen, aber genauso stur wie ihr Vater. „Lass bloß Miss Potter in Frieden. Sie ist die beste Lehrerin, die wir je hatten. Und solltest du irgendetwas versuchen, um sie loszuwerden, dann – das schwöre ich! – gehe ich von der Schule ab!“

„Du wirst nichts dergleichen tun!“

„Ich schwöre dir, ich höre auf! Ich liebe dich, Dad, aber du liegst völlig falsch! Wir alle haben gestern in der Schule darüber geredet.

Jahrelang haben wir zugesehen, wie mies die Lehrer Joe behandelt haben, und dabei ist er der Intelligenteste von uns allen. Und Wolf Mackenzie war der Einzige, der dafür gesorgt hat, dass wir Mädchen sicher nach Hause kommen. Niemand sonst hat daran gedacht. Oder interessiert es dich nicht, ob ich sicher zu Hause ankomme?"

„Natürlich interessiert es ihn." Mary war hinzugekommen, ohne dass jemand außer Joe es bemerkt hatte. „Aber Wolf hat die militärischen Erfahrungen, um zu wissen, was zu tun war." Das war ihr gerade eingefallen. Sie wusste zwar nicht, ob das stimmte, aber es hörte sich gut an. Sie legte Mr Hearst die Hand auf den Arm. „Warum kümmern Sie sich nicht weiter um Ihre Kunden und lassen die beiden das allein ausfechten? Sie wissen doch, wie Teenager sind."

Und irgendwie fand Ralph Hearst sich plötzlich vorn bei der Kasse wieder, bevor er recht wusste, wie ihm geschah. Erbost sah er Mary an. „Ich will nicht, dass meine Tochter mit einem Halbblut ausgeht!"

„Mit diesem Halbblut ist sie sicherer als mit jedem anderen Jungen", erwiderte Mary trocken. „Der Junge ist solide wie ein Fels in der Brandung. Weder trinkt er, noch fährt er riskant, und er hat auch gar nicht die Absicht, sich mit einem Mädchen einzulassen. Er weiß, dass er fortgehen wird."

„Ich will nicht, dass meine Tochter mit einem Indianer zusammen ist!"

„Heißt das, Charakterstärke und Integrität bedeuten Ihnen nichts? Wäre es Ihnen lieber, Pam würde mit einem Anglo ausgehen, der betrunken Auto fährt und vielleicht einen tödlichen Unfall verursacht, anstatt mit einem nüchternen Indianer, der sie mit seinem eigenen Leben beschützen würde?"

Mr Hearst stutzte zunächst, dann rieb er sich nervös den Nacken. „Nein, natürlich nicht. So meinte ich das auch nicht", murmelte er.

Mary seufzte. „Wenn ich eines von meiner Tante Ardith gelernt habe, dann, dass man einen Menschen immer nach seinem Charakter beurteilen sollte. Das tun Sie doch auch, Mr Hearst, nicht wahr? Wenn Sie wählen, dann wählen Sie doch die Kandidaten, die Sie als integer und anständig beurteilen, oder?"

„Natürlich." Mr Hearst war deutlich anzusehen, dass er sich nicht wohl in seiner Haut fühlte.

„Und?", hakte sie unerbittlich nach.

„Schon gut, schon gut! Es ist nur … manche Dinge lassen sich eben nicht so leicht vergessen. Keine Dinge, die Joe getan hätte, aber … Dinge eben. Und sein Vater …"

„… ist ebenso stolz und unbeugsam wie Sie, Mr Hearst", fiel Mary ihm ins Wort. „Alles, was er je wollte, war ein Ort, an dem er seinen mutterlosen Sohn zu einem anständigen Mann großziehen kann." Sie trug so dick auf, dass es sie nicht überrascht hätte, wenn Violinen im Hintergrund erklungen wären. Aber es wurde Zeit, dass diese Leute hier ein paar Dinge über Wolf erfuhren. Doch dem armen Mr Hearst würde sie erst einmal eine Atempause gönnen. „Warum besprechen Sie das nicht in Ruhe mit Ihrer Frau?"

Er wirkte sehr erleichtert über diesen Vorschlag. „Ja, das werde ich."

Joe kam auf sie zu. Pam hatte sich angelegentlich darangemacht, einen Stapel Farbverdünner zu ordnen. Mary bezahlte ihre Einkäufe, und Joe nahm die Tüte vom Tresen. Schweigend gingen sie nebeneinander hinaus.

„Nun?", fragte Mary, kaum dass sie auf der Straße standen.

„Nun was?"

„Gehst du mit ihr zum Tanzen?"

„Sieht so aus. Sie akzeptiert kein Nein. Da kenne ich übrigens noch jemanden, der das nicht kann."

Mary bedachte ihn mit einem strengen Blick, ohne auf die Bemerkung einzugehen. Als er die Wagentür für sie aufhielt, schoss ihr ein Gedanke durch den Kopf. Erschreckt sah sie ihn an. „O nein! Joe, dieser Mann vergreift sich an Frauen, die dir und Wolf Sympathie entgegenbringen!"

Er verspannte sich augenblicklich und presste fluchend die Lippen zusammen. „Ich werde ihr sagen, dass es nicht geht", meinte er nach kurzem Überlegen.

„Das wird nichts nützen. Wie viele Leute haben gehört, was sie über dich und Wolf gesagt hat? Morgen weiß es die ganze Stadt, ob du nun mit ihr ausgehst oder nicht."

Joe antwortete nicht und schlug nur stumm die Wagentür zu, nachdem Mary eingestiegen war. Er hatte eine grimmige Miene aufgesetzt, viel zu grimmig für einen Jungen seines Alters.

Eine Idee begann in seinem Kopf Gestalt anzunehmen. Er würde Pam warnen und auf sie aufpassen, doch vielleicht würde dieser Zwischenfall den Vergewaltiger wieder hervorlocken. Joe würde sich an Marys Plan halten, allerdings einen anderen Köder anbieten – sich selbst. Vielleicht würde dieser Kerl ja endlich auf seine eigentlichen Ziele losgehen. Joe war sich bewusst, welches Risiko er einging, aber solange Wolf nicht endlich eine Spur fand, sah er keine andere Möglichkeit.

Sobald sie zu Hause ankamen, suchte Mary nach Wolf, konnte ihn jedoch nicht finden. Sie zog sich Jeans an und ging zu Joe in den Stall. Joe striegelte gerade ein Pferd. „Hast du Wolf gesehen?"

„Sein Hengst steht nicht in der Box. Wahrscheinlich reitet er die Zäune ab." Oder er sucht nach Spuren, dachte Joe, aber das sagte er Mary nicht.

Mary bat ihn, ihr zu zeigen, wie man ein Pferd striegelte, und übernahm die Bürste. Sie striegelte das Tier, bis ihr der Arm schmerzte. Als sie eine kurze Pause einlegte, schnaubte der Hengst empört, und so machte sie hastig weiter. „Das ist anstrengender, als es aussieht", schnaufte sie.

Joe grinste sie über den Rücken eines anderen Pferdes an. „Das trainiert die Muskeln. Aber der da ist fertig, also verwöhnen Sie ihn nicht zu sehr. Der bleibt den ganzen Tag so stehen, solange Sie weitermachen."

„Warum hast du mir das nicht gesagt?" Sofort hörte sie auf und trat zurück. Joe führte das Tier zurück in die Box, und Mary ging zum Haus. Sie hatte die Veranda schon fast erreicht, als sie das rhythmische Dröhnen von Pferdehufen hörte. Als sie sich umdrehte, sah sie Wolf auf sich zureiten.

Ihr stockte der Atem. Obwohl sie nicht das Geringste von Pferden verstand, ahnte sie doch, dass nicht viele Menschen so auf einem Pferderücken saßen. Da gab es kein hektisches Auf und Ab, keine Unsicherheiten. Wolf verschmolz mit den fließenden Bewegungen des Tieres, sodass es aussah, als säße er reglos im Sattel. Die Komantschen waren eines der besten Reitervölker der Welt, besser noch als die Beduinen oder die Berber, und Wolf hatte alles vom Volk seiner Mutter gelernt. Nur mit den Schenkeln kontrollierte er den mächtigen Hengst, die Zügel hielt er locker in der Hand, um dem empfindlichen Maul des Tieres keinen Schaden zuzufügen.

Er ließ das Pferd traben, als er näher kam. „Gab's heute Probleme?"

Sie entschied, Wolf nichts von Pam Hearst zu erzählen. Das war Joes Angelegenheit, er würde es seinem Vater berichten, wenn und wann er es für angebracht hielt. „Wir haben nichts Verdächtiges bemerkt, und gefolgt ist uns auch niemand."

Wolf stützte sich mit den Armen auf den Sattelknauf. Sein Blick glitt über Mary. „Kannst du reiten?"

„Nein. Ich habe noch nie auf einem Pferd gesessen."

„Das lässt sich sofort ändern." Er nahm den Fuß aus dem Steigbügel und streckte ihr eine Hand entgegen. „Stell den linken Fuß in den Bügel, und heb dich mit Schwung hoch."

Sie versuchte es. Sie wollte es schaffen. Doch der Hengst war zu groß, sie bekam nicht einmal den Fuß in den Steigbügel. Eingeschnappt und frustriert starrte sie auf das Tier, aber Wolf lachte nur und setzte sich wieder richtig in den Sattel. „Komm her, ich ziehe dich rauf."

Er beugte sich zu ihr herunter und fasste sie unter den Achseln. Mary atmete tief ein und klammerte sich an Wolfs Arme, als ihre Füße in der Luft hingen. Sekundenbruchteile später saß sie vor Wolf auf dem Pferd und griff nach dem Sattelknauf. Wolf nahm wieder die Zügel in die Hand und trieb das Pferd vorsichtig an.

„Hier sitzt man ziemlich hoch", bemerkte Mary. Sie hüpfte so stark auf und ab, dass ihr die Zähne aufeinanderschlugen.

Wolf lachte und schlang einen Arm um sie. „Entspann dich, fühle den Rhythmus des Pferdes." Ihr Rücken lag jetzt an seiner Brust. „Fühle, wie ich mich bewege, und pass dich an."

Sie tat wie geheißen, und schon merkte sie, wie sie automatisch tiefer in den Sattel sank. Ihr Körper bewegte sich mit Wolfs, und das Zähneklappern hörte sofort auf. Leider hatten sie schon die Scheune erreicht, und ihr erster Ritt war vorbei. Wolf stellte Mary zurück auf den Boden und saß ebenfalls ab.

„Das hat mir sehr gut gefallen", meinte sie lächelnd.

„Wirklich? Dann fangen wir morgen mit den Reitstunden an."

Joes Stimme klang vom Stall herüber. „Ich habe ihr heute schon Unterricht im Striegeln gegeben."

„Du wirst bald mit Pferden so vertraut sein, als hättest du dein Lebtag nichts anderes gekannt." Wolf neigte den Kopf, um sie zu küssen. Mary hob sich auf die Zehenspitzen und erwiderte den Kuss. Als Wolf nach einem langen Moment den Kopf hob, atmete er schwerer, und sein Blick war verhangen. Diese Frau hatte eine Wirkung auf ihn, dass er sich wieder wie ein unerfahrener Teenager vorkam.

Erst als Mary im Haus war, kam Joe aus den Ställen. „Hast du irgendwas gefunden?“, fragte er seinen Vater.

Wolf nahm dem Hengst den Sattel ab. „Nein. Ich habe mir die Ranchs im Umkreis angesehen. Nirgendwo war der Fußabdruck zu finden. Es muss jemand aus der Stadt sein.“

Joe runzelte die Stirn. „Macht Sinn. Beide Überfälle fanden in der Stadt statt. Ich kann mir trotzdem nicht denken, wer es sein soll. Eigentlich habe ich noch nie darauf geachtet, wer Sommersprossen auf der Hand hat.“

„Ich suche nicht nach Sommersprossen, sondern nach einem Fußabdruck. Ich weiß, wie er läuft. Er richtet die Zehen leicht nach innen und verlagert sein volles Gewicht auf den äußeren Sohlenrand.“

„Und wenn du ihn findest? Meinst du, der Sheriff glaubt dir, nur weil der Kerl seltsam läuft und Sommersprossen auf der Hand hat?“

Wolf lächelte kalt, seine Augen blickten frostig. „Wenn ich ihn finde“, sagte er leise, „und er clever ist, wird er sich selbst stellen. Ich lasse dem Gesetz die Chance, aber dieser Kerl wird nicht mehr frei herumlaufen. Im Gefängnis ist er viel sicherer aufgehoben. Das werde ich ihm klarmachen, und er wird es einsehen.“

Es dauerte eine gute Stunde, bevor sie sich um alle Pferde gekümmert hatten. Joe blieb noch im Stall, um das Zaumzeug zu putzen, Wolf ging allein zum Haus zurück. Mary stand in der Küche und summte verträumt vor sich hin, während sie den Rindereintopf umrührte, den sie vorbereitet hatte. Deshalb hörte sie Wolf nicht kommen. Er trat hinter sie und legte ihr eine Hand auf die Schulter.

Blinde Panik schoss in ihr hoch. Sie stieß einen Schrei aus und fuhr herum, den hölzernen Kochlöffel wie eine Waffe hoch erhoben in der Hand. Mit bleichem Gesicht starrte sie auf Wolf.

Seine Miene war wie aus Stein. Lange sahen sie sich schweigend an, dann ließ Mary den Kochlöffel fallen und schlug die Hände vors Gesicht. „O Gott, es tut mir so leid“, schluchzte sie.

Er zog sie an sich heran. Eine Hand in ihrem Haar, hielt er sie fest in seinen Armen. „Du hast geglaubt, er sei es, nicht wahr?“

Sie klammerte sich an ihn und versuchte, die schreckliche Angst zu verdrängen. Das Bild war aus dem Nichts aufgetaucht, hatte sie überrumpelt und die Kontrolle über ihren Geist und ihre Gefühle übernommen. Für einen kurzen, entsetzlichen Moment hatte sie alles noch einmal durchlebt. Ihr war kalt, sie wollte sich nur noch von Wolfs Wärme einhüllen lassen und wünschte sich, dass seine Berührungen die Erinnerung an die Berührungen des anderen vertreiben könnten.

„Du musst keine Angst mehr haben", murmelte Wolf an ihrem Haar. „Hier bist du sicher." Doch er wusste, dass die Erinnerungen noch in ihrem Kopf spukten. Irgendwie musste es ihm gelingen, ihr diese Angst zu nehmen.

Mary gewann die Fassung zurück und machte sich aus seinen Armen frei. Er ließ sie gehen, denn er spürte, wie wichtig es für sie war. Während des Abendessens und der Unterrichtsstunden mit Joe schien sie wieder völlig normal zu sein, nur ab und zu fiel Wolf der gehetzte Ausdruck in ihren Augen auf, so als hätte sie die Bilder noch nicht ganz abschütteln können.

Doch als sie gemeinsam im Bett lagen und er ihre Haut unter seinen Fingern spürte, wandte sie sich ihm so sehnsüchtig zu wie immer. Für schreckliche Bilder und beängstigende Erinnerungen blieb kein Platz, wenn sie so gänzlich erfüllt von ihm war. Danach schmiegte sie sich an ihn und schlief ein, bis Wolf sie im Morgengrauen wieder zu sich heranzog.

Mary war sich darüber im Klaren, wie ungewiss und angreifbar sowohl ihre Beziehung zu Wolf als auch ihr Aufenthalt in seinem Haus war. Oft sagte er ihr, dass er sie wollte, und beschrieb auch, wie, aber von Liebe sprach er nie. Nicht einmal im Taumel der Lust entschlüpften ihm diese Worte, während sie, überwältigt von ihren Gefühlen, laut herausschrie, wie sehr sie ihn liebte. Wenn seine Lust für sie erst erkaltete, war es gut denkbar, dass er sie aus seinem Leben ausschloss. Für ein solches Ende würde sie sich wappnen, aber bis dahin wollte Mary alles genießen, was sie mit ihm zusammen erlebte.

Sie wusste, dass sie nur in seinem Haus lebte, damit sie in Sicherheit war. Es war ein vorübergehendes Arrangement, noch dazu eines, das in einer kleinen Stadt wie Ruth für einen deftigen Skandal sorgen würde, sollte es bekannt werden. Die Kleinstadtlehrerin tat sich mit dem schwarzen Schaf der Stadt zusammen! Ihre Karriere stand auf dem Spiel, aber das war ihr die Zeit mit Wolf wert. Sollte sie ihren Job verlieren, so würde sie andere Jobs finden. Aber nie würde sie einen anderen Mann finden, den sie so liebte wie Wolf. Sie war jetzt neunundzwanzig, und nie hatte sie sich für einen Mann interessiert. Es gab Menschen, die liebten nur ein einziges Mal in ihrem Leben, und scheinbar gehörte sie dazu.

Sich über die Zukunft Gedanken zu machen erlaubte sie sich nur, wenn sie allein im Auto auf dem Weg zur Schule oder nach Hause war. Nicht eine Sekunde von ihrer Zeit mit Wolf wollte sie mit trüben Grübeleien verschwenden. Mit ihm war sie lebendig, dann fühlte sie sich wie eine begehrenswerte Frau.

Natürlich machte sie sich Sorgen um Wolf und Joe. Sie wusste, dass Wolf den Mann jagte und kam halb um vor Angst, dass Wolf etwas zustoßen könnte. Sie verbot sich, daran zu denken, dass er vielleicht sogar getötet werden könnte. Und Joe brütete auch etwas aus, sie wusste es. Er glich seinem Vater zu sehr, als dass sie die Zeichen falsch deuten könnte. Er schien ständig mit etwas in Gedanken beschäftigt und war viel zu ernst, so als habe er eine Wahl zu treffen, wenn die Alternativen ihm ganz und gar nicht behagten. Doch sie konnte ihm nicht den geringsten Hinweis entlocken, und genau das ängstigte sie. Joe und sie hatten von Anfang an miteinander reden können.

Joe war in Alarmbereitschaft. Er hatte Pam gewarnt, noch vorsichtiger als sonst zu sein. Er stellte auch sicher, dass sie nie allein war, wenn sie irgendwohin ging. Aber natürlich bestand immer die Möglichkeit, dass sie die Vorsicht beiseiteschob. Außerdem zeigte er sich häufig allein, scheinbar zufällig und unbedarft, doch nichts geschah. Alles in der Stadt blieb ruhig, auch wenn die gereizte Atmosphäre zu spüren war. Er kam zu derselben Einsicht, die sein Vater auch schon geäußert hatte: Ohne Anhaltspunkte konnten sie nichts anderes tun, als auf der Hut zu sein und darauf zu warten, dass der Verbrecher einen Fehler machte.

Als Joe seinem Vater mitteilte, er würde mit Pam zum Tanz gehen, sah Wolf ihn durchdringend an. „Weißt du, auf was du dich da einlässt?"

„Das hoffe ich."

„Pass gut auf dich auf."

Der dringende Rat brachte ein dünnes Lächeln auf Joes Lippen.

Vielleicht war es ein Riesenfehler, sich auf der Tanzveranstaltung blicken zu lassen. Die Möglichkeit bestand durchaus, dass es ziemlich hässlich werden könnte, aber er hatte Pam bereits zugesagt. Und außerdem … er wollte sie in seinen Armen halten und sich zur langsamen Musik mit ihr auf den Holzbohlen drehen. Auch wenn er wusste, dass er weggehen würde und deshalb nie etwas Ernstes zwischen ihnen sein konnte, fühlte er sich zu Pam hingezogen. Warum das so war, wusste er nicht, nur dass er es fühlte, auch wenn es nicht von Dauer sein konnte.

Pam war nervös, als er sie mit seinem Wagen abholte. Sie versuchten, es mit übertrieben munterem Geplauder zu überspielen, bis Joe ihr die Hand auf den Mund legte. „Ich weiß", murmelte er. „Ich bin auch unruhig."

Sie warf den Kopf zurück und befreite so ihren Mund. „Ich habe keine Angst. Es geht schon in Ordnung, du wirst sehen. Ich sagte doch, dass wir alle darüber geredet haben."

„Warum bist du dann so nervös?"

Sie wandte das Gesicht ab und räusperte sich. „Na ja … es ist das erste Mal, dass ich mit dir ausgehe, und ich fühle mich so … ich weiß nicht, nervös und verängstigt und aufgeregt, alles zur gleichen Zeit."

Solange er über ihre Worte nachdachte, herrschte Stille im Truck. Dann hob Joe an: „Nervös und aufgeregt kann ich verstehen. Aber warum verängstigt?"

Pam schwieg lange, bevor sie antwortete, und eine leichte Röte stahl sich auf ihre Wangen. „Weil du nicht so bist wie der Rest von uns."

Ein grimmiger Zug legte sich um seinen Mund. „Ja, ich weiß, ich bin ein Halbblut."

„Das meinte ich nicht", fauchte Pam. „Es ist nur … du bist irgendwie viel reifer als wir. Ich weiß, dass wir gleich alt sind, aber du bist schon richtig erwachsen. Wir alle sind einfache Leute, wir werden hierbleiben und das Land bearbeiten, so wie schon unsere Familien vor uns. Wir werden Leute von hier heiraten oder aus einer Gegend, die genauso ist wie unsere hier, werden Kinder großziehen und mit unserem Leben zufrieden sein. Aber du bist anders. Du wirst auf die Akademie gehen und nie wieder zurückkommen, zumindest nicht, um zu bleiben. Vielleicht auf einen Besuch, aber mehr nicht."

Es überraschte ihn, dass sie es so genau beschrieb. Im Vergleich zu den anderen Kindern hatte er sich immer etwas anderes erträumt. Er wusste auch, dass er nicht die Ranch übernehmen würde. Er gehörte in die Lüfte, um seinen Platz dort oben mit dem Dunststreifen einer Mach-2-Maschine zu markieren.

Auf der Fahrt zur Tanzhalle schwiegen sie beide. Als Joe seinen Truck auf dem Parkplatz zu den anderen Autos stellte, wappnete er sich für das, was ihn erwarten mochte.

Er war auf alles vorbereitet – nur nicht auf das, was ihn dort erwartete. Als er und Pam die alte Halle betraten, die für Tanzveranstaltungen benutzt wurde, schien jeder für einen Sekundenbruchteil zu verharren, dann wurden die Gespräche wieder aufgenommen. Pam legte ihre Hand in seine und drückte seine Finger.

Die Band spielte kurz darauf auf, die ersten Paare sammelten sich auf der Tanzfläche. Pam zog Joe in die Mitte und lächelte ihn an. Er erwiderte ihr Lächeln und bewunderte insgeheim ihren Mut, bevor er die Arme um sie legte und sich langsam mit ihr zum Takt der Melodie zu bewegen begann.

Sie sprachen nicht. Er hatte so lange darauf gewartet, sie zu halten, dass ihm das Gefühl völlig ausreichte. Er konnte ihr zartes Parfum riechen, tastete nach ihren seidigen Haaren und spürte, wie ihre Schenkel beim Tanzen sich an seinen rieben. Wie alle jungen Menschen seit Anbeginn der Zeit verloren sie sich in ihrer ganz eigenen Welt.

Die Wirklichkeit allerdings holte sie ein, als irgendjemand verärgert „dreckiger Indianer“ murmelte. Joe versteifte sich und suchte sofort nach demjenigen, der das gesagt haben mochte.

Doch Pam sagte nur: „Joe, bitte“, und drängte ihn still, weiterzutanzen.

Als die Musik verklang, stellte sich ein Junge auf einen Stuhl, winkte und rief: „Hey, Joe, Pam! Hier drüben!“

Joe konnte sich das Grinsen nicht verkneifen, als er in die Richtung schaute, aus der der Ruf gekommen war. Die Schüler der drei Klassen, die Mary unterrichtete, saßen zusammen um einen großen Tisch herum. Zwei Stühle waren für Pam und Joe freigehalten worden. Alle winkten und johlten.

Der Abend war gerettet. Joe und Pam wurden in den Kreis aus Lachen und guter Laune eingeschlossen. Joe tanzte mit jedem

Mädchen aus der Gruppe. Die Jungen redeten über Pferde, Rinder, Ranchs und Rodeos und stellten sicher, dass keines der Mädchen lange auf seinem Stuhl sitzen blieb.

Joe und Pam gingen, bevor der Tanzabend zu Ende war. Joe wollte Pam nicht zu spät nach Hause bringen. Auf dem Weg zu seinem Truck schüttelte Joe den Kopf. „Ich kann's kaum glauben", meinte er leise. „Wusstest du, dass sie alle da sein würden?"

Pam verneinte es. „Aber alle wussten, dass ich dich gefragt hatte. Wahrscheinlich wusste es die ganze Stadt. Es hat Spaß gemacht, nicht wahr?"

„Ja", stimmte er zu. „Aber es hätte auch anders ausgehen können. Wenn die Jungs nicht gewesen wären ..."

„Und die Mädchen!", warf sie ein.

„Ja, die auch. Die anderen hätten mich hinausgeworfen."

„Hat aber niemand. Und beim nächsten Mal wird es noch besser."

„Gibt es denn ein nächstes Mal?"

Pam sah auf einmal unsicher aus. „Du ... du kannst ja trotzdem zum Tanz kommen, auch wenn du nicht mit mir gehen willst."

Joe öffnete lachend die Beifahrertür und hob Pam auf den Sitz. „Ich bin aber gern mit dir zusammen."

Auf halber Strecke zurück in die Stadt legte Pam eine Hand auf seinen Arm. „Joe?"

„Was?"

„Möchtest du ... äh, weißt du vielleicht, wo man anhalten kann?" Sie brachte die Worte vor Verlegenheit kaum über die Lippen.

Er wusste, er sollte der Versuchung widerstehen, aber er konnte es nicht. Bei der nächsten Abzweigung bog er auf einen Feldweg und fuhr über eine Weide, bis er gut eine Meile von der Straße entfernt unter einer Baumgruppe anhielt.

Es war eine warme Mainacht, das Mondlicht fiel schwach durch die Bäume, die Kabine des Trucks war wie eine dunkle sichere Höhle. Nur die fahlen Umrisse von Pam waren zu erkennen, als Joe nach ihr griff. Sie schmiegte sich an ihn und erwiderte seine Küsse mit hitzigem Eifer. Ihr junger Körper reizte Joe, sodass er meinte, explodieren zu müssen. Sich kaum bewusst, was er tat, drehte und wand Joe sich, bis Pam halb unter ihm auf dem Sitz lag. Bald waren ihre Brüste nackt, und er hörte sie nach Luft schnappen, als er ihre Brustspitze in den Mund nahm. Ihre Nägel krallten sich in seine Schulter, und sie presste ihre Hüften an ihn.

Es geriet viel zu schnell außer Kontrolle. Die Kleider wurden beiseitegezerrt, bloße Haut berührte bloße Haut. Pams Jeans fiel auf den Truckboden, doch als Joe seine Hand zwischen ihre Beine gleiten ließ, flüsterte Pam: „Ich habe das noch nie gemacht. Wird es mir sehr wehtun?"

Joe stöhnte laut auf. Es kostete ihn Anstrengung, aber er sammelte jeden Rest von Selbstbeherrschung und verharrte regungslos. Es pochte schmerzhaft in seinem ganzen Körper. Nach einer Weile setzte er sich auf und zog Pam auf seinen Schoß.

„Joe?"

Er lehnte seine Stirn an ihre. „Wir können es nicht tun", murmelte er widerstrebend.

„Warum nicht?" Sie drückte sich gegen ihn, sie empfand ein Verlangen, das sie nicht verstand.

„Weil es dein erstes Mal wäre."

„Aber ich will dich!"

„Ich will dich auch." Er brachte ein schiefes Grinsen zustande. „Weißt du, eigentlich ist es ganz klar: Es ist dein erstes Mal, und das sollte mit jemandem sein, den du liebst. Mich liebst du nicht."

„Das könnte ich aber", wisperte sie. „O Joe, ich könnte es wirklich."

Er war so frustriert, dass er kaum sprechen konnte. „Tu das nicht. Ich werde fortgehen. Auf mich wartet eine Chance, für die ich eher sterben würde, bevor ich sie aufgebe."

„Und kein Mädchen kann deine Meinung ändern?"

Joe kannte die Wahrheit. Sie würde Pam nicht gefallen, aber er wollte ehrlich zu ihr sein. „Nein. Ich will auf die Akademie. Nichts und niemand kann mich hier halten."

Sie nahm seine Hände und legte sie sich zögernd auf die Brust. „Wir könnten es trotzdem tun. Niemand muss davon erfahren."

„Du würdest es wissen. Und wenn du dich wirklich verliebst, dann wirst du bereuen, dass dein erstes Mal nicht mit ihm war. Himmel, Pam, mach es mir doch nicht so schwer! Du solltest mir lieber eine Ohrfeige verpassen." Seine Hände an ihrer Brust, fragte er sich ernsthaft, ob er nicht ein Riesenesel war, dass er sie zurückwies.

Pam lehnte den Kopf an seine Schulter, und Joe spürte ihr Zittern, als sie zu weinen begann. „Du warst immer etwas Besonderes für mich“, presste sie hervor. „Musst du unbedingt so verdammt anständig sein?“

„Und willst du das Risiko eingehen, mit sechzehn schwanger zu werden?“

Das trocknete ihre Tränen abrupt. Sie setzte sich auf. „Oh! Ich dachte, du hättest … ich meine, haben nicht alle Jungen immer so etwas dabei?“

„Anscheinend nicht. Und selbst wenn ich etwas dabei hätte … ich will mich nicht binden, nicht so, weder mit dir noch mit irgendjemand anderem. Ich werde auf die Akademie gehen, komme, was da wolle. Außerdem bist du zu jung.“

Sie konnte das Kichern nicht zurückhalten. „Ich bin genauso alt wie du.“

„Dann sind wir beide eben zu jung.“

„Du nicht.“ Sie wurde ernst und umfasste sein Gesicht. „Du bist überhaupt nicht jung, wahrscheinlich hast du deshalb auch aufgehört. Jeder andere Junge hätte seine Jeans so schnell heruntergezogen, dass er sich mit dem Stoff die Haut aufgeschrammt hätte. Lass uns eine Abmachung treffen, okay?“

„Was für eine Abmachung?“

„Wir bleiben Freunde, ja?“

„Das weißt du doch.“

„Wir gehen zusammen aus und halten die Dinge simpel. Kein Gefummel mehr so wie jetzt, okay? Du gehst nach Colorado, und ich bleibe hier und lasse erst einmal alles auf mich zukommen. Vielleicht heirate ich ja sogar. Aber wenn nicht, und wenn du in irgendeinem Sommer wieder hierher zurückkommst und wir beide alt genug sind, dann … wirst du mein erster Liebhaber sein?“

„Das wird mich nicht in Ruth halten“, sagte er ehrlich.

„Das erwarte ich auch nicht. Also, abgemacht?“

Mit den Jahren würden auch die Änderungen kommen. Bis dahin war sie wahrscheinlich längst verheiratet. Und falls nicht … vielleicht. „Einverstanden. Wenn du es dann immer noch willst.“

Sie streckte ihm die Hand entgegen, und mit einem feierlichen Handschlag besiegelten sie die Vereinbarung. Pam küsste ihn ein letztes Mal und zog sich an.

Als Joe nach Hause kam, wartete Mary auf ihn. Hastig erhob sie sich aus dem Sessel und zog den Gürtel ihres Bademantels fester. „Ist alles in Ordnung mit dir? Ist irgendetwas passiert?“

„Nein, alles bestens. Es war gut.“

In ihren Augen stand echte Sorge. Sie legte ihre Hand auf seinen Arm. „Und dir ist auch niemand aufgefallen, der …“ Sie brach ab und setzte erneut an. „Niemand hat auf deinen Truck geschossen oder versucht, dich von der Straße abzudrängen?“

„Nein, nichts dergleichen. Alles war ruhig.“ Sie sahen einander an, und Joe wurde klar, dass Mary das Gleiche befürchtet hatte wie er. Mehr noch, sie wusste, dass er es darauf angelegt hatte, den Vergewaltiger auf sich aufmerksam zu machen. Er räusperte sich. „Ist Dad schon im Bett?“

„Nein.“ Wolf erschien in der Tür, nur mit einer Jeans bekleidet. „Ich wollte warten, bis ich weiß, dass du in Ordnung bist.“ Die schwarzen Augen blickten ruhig. „Du hast dich direkt in die Höhle des Löwen begeben.“

„Und bin heil wieder herausgekommen. Es hat sogar Spaß gemacht. Die ganze Klasse war da.“

Mary lächelte, die furchtbare Angst schwand. Sie wusste jetzt, was sich abgespielt hatte. Wohl wissend, wie hässlich es hätte werden können, hatten die Kids sich zusammengetan und Joe den Rücken freigehalten, hatten ihn in die Gruppe eingeschlossen, um jedem zu zeigen, dass Joe akzeptiert war und dazugehörte.

Als Wolf ihr die Hand hinstreckte, ging sie zu ihm. Jetzt würde sie schlafen können. Die beiden Männer, die sie liebte, waren für eine weitere Nacht in Sicherheit.

11. KAPITEL

Endlich Ferien.

Mary war extrem stolz auf ihre Schüler. Die Älteren hatten sämtlich ihren Abschluss geschafft, und alle Jüngeren waren in die nächste Klasse versetzt worden. Die Kleinen waren fest entschlossen, die Schule bis zum Abschluss weiterzumachen, und ein paar von den Großen würden aufs College gehen. Das Schuljahr endete mit dem wahr gewordenen Traum eines jeden Lehrers.

Nur Joe wurde keine Atempause gewährt. Mary war der Überzeugung, dass er mittlerweile Unterricht für Fortgeschrittene brauchte, vor allem in Mathematik, und sie konnte ihm da nicht mehr weiterhelfen. Also suchte sie nach einem qualifizierten Tutor und fand jemanden in einer Stadt, die gut siebzig Meilen entfernt war. Dreimal die Woche fuhr Joe nun für einen Intensivkurs dorthin, und abends arbeitete Mary weiterhin mit ihm.

Mary verbrachte die Tage in einem Dunst nahezu unwirklicher Glückseligkeit. Nur selten verließ sie den Berg, selten sah sie jemanden außer Wolf und Joe. Und auch wenn beide nicht da waren, fühlte sie sich sicher. Seit dem Überfall waren erst zwei Wochen vergangen, und doch schien es schon lange zurückzuliegen. Wann immer sich ihr ein hässliches Bild aufdrängen wollte, tadelte sie sich streng und verbot es sich, sich davon bedrücken zu lassen. Ihr war nichts passiert, sie hatte nur eine furchtbare Angst ausgestanden. Wenn jemand Hilfe und Fürsorge brauchte, dann war es Cathy Teele. Also schob Mary die Erinnerung beiseite und ermahnte sich, sich auf die Gegenwart zu konzentrieren. Wolf.

Er beherrschte ihr Leben, tagsüber und des Nachts. Er brachte ihr das Reiten bei und zeigte ihr, wie sie bei der Arbeit mit den Pferden helfen konnte. Mary ahnte, dass er bei ihr die gleiche Methode benutzte wie bei den Einjährigen und den jungen Fohlen. Er war streng und forderte viel, dabei waren seine Instruktionen sowohl für die Pferde als auch für sie klar und unmissverständlich. Wenn die Tiere gehorchten, belohnte er sie mit Lob und liebevoller Zuneigung. Mary dachte sogar manchmal, dass er mit den Tieren nachsichtiger war als mit ihr! Wenn die Pferde nicht parierten, zeigte er unendliche Geduld, wenn sie dagegen nicht alles genau so erledigte, wie er es ihr erklärt hatte, ließ er an seinem Unmut keinen Zweifel.

Doch liebevoll war er immer. Leidenschaftlich wäre wohl die passendere Beschreibung. Er schlief jede Nacht mit Mary, manchmal sogar zweimal. Er liebte sie im Stall und unter der Dusche. Sie wusste, dass sie nicht üppig ausgestattet war, aber er schien berauscht von ihrem Körper. Auch in dieser Nacht im Bett würde er die kleine Lampe einschalten und sich auf einen Ellbogen stützen, um Mary zu betrachten und mit den Fingerspitzen über ihre Haut zu streichen, fasziniert von dem Kontrast seiner dunklen Hand auf ihrer hellen Haut.

Der Sommer in Wyoming war im Vergleich zu Savannah kühl und trocken, doch pünktlich zu Ferienbeginn hatte eine Hitzewelle eingesetzt, die die Temperaturen bis auf über dreißig Grad schnellen ließ. Zum ersten Mal in ihrem Leben wünschte Mary, sie hätte Shorts, die sie tragen könnte. Tante Ardith hatte so etwas natürlich nie erlaubt. Mary stellte jedoch fest, dass die dünnen Baumwollröcke wesentlich angenehmer zu tragen waren als die neuen Jeans, die sie so sehr liebte. Nicht dass Tante Ardith die Röcke gutgeheißen hätte, vor allem weil Mary weder Unterrock noch Mieder trug. Beide Kleidungsstücke gehörten unverbrüchlich zur täglichen Garderobe der Tante, und jede Frau, die darauf verzichtete, wäre von der Tante sofort als leichtes Mädchen eingestuft worden.

An diesem Morgen – Joe war zu seinem Kurs unterwegs – ging Mary zum Stall hinüber und dachte über ihr Zusammenleben mit Wolf nach.

Sie hörte Schnauben und Stampfen aus dem kleinen Korral hinter dem Stall. Das sagte ihr, dass sie Wolf dort finden würde. Und nach ihm suchte sie.

Als sie um den Stall ging, blieb sie wie angewurzelt stehen. Wolfs Hengst bestieg gerade die Stute, auf der sie ihre Reitstunden gehabt hatte. Die Vorderhufe der Stute waren angebunden, die hinteren Hufe waren mit Bandagen umwickelt. Der Hengst schnaufte mit geblähten Nüstern und stieß seltsame Laute aus, die Stute wieherte auf. Wolf hielt ihren Kopf und beruhigte sie mit leiser Stimme. „Na siehst du, Baby. Du wirst doch mit diesem großen alten Kerl fertig, nicht wahr?"

Das Ganze war in kürzester Zeit vorüber. Der Hengst glitt von der Stute und schnupperte mit gesenktem Kopf. Wolf sprach weiter auf die Stute ein, während er ihre Vorderbeine losband. Als er die Bandagen von den Hinterbeinen abnahm, trat Mary dazu.

„Du … du hast sie gefesselt!", warf sie ihm entrüstet vor.

Grinsend rollte Wolf die Bandagen auf. Da stand sie, Miss Mary Elizabeth Potter, in ihrer ganzen Empörung, den Rücken kerzengerade durchgedrückt, das Kinn erbost vorgeschoben. „Ich habe sie nicht gefesselt", erklärte er geduldig. „Ich habe ihr nur die Vorderbeine angebunden."

„Damit sie nicht vor ihm weglaufen konnte!"

„Sie wollte gar nicht weglaufen."

„Woher willst du das wissen?"

„Sie hätte ihn getreten, wenn sie nicht für ihn bereit gewesen wäre." Er führte die Stute zurück in den Stall, und Mary folgte ihm mit empörter Miene.

„Und was hätte ihr das genützt? Du hast ihr doch diese Bandagen umgelegt, damit er nichts davon merkt!"

„Nun, ich wollte nicht, dass mein Hengst verletzt wird. Auf der anderen Seite … hätte sie sich gewehrt, dann hätte ich ihn von ihr weggezogen und sie da rausgeholt. Wenn eine Stute sich weigert, sich decken zu lassen, dann habe ich entweder den Zeitpunkt falsch eingeschätzt, oder etwas stimmt nicht mit ihr. Aber du hattest gar nichts gegen ihn, nicht wahr, mein Mädchen?"

Mary sah mit düsterem Blick zu, wie er der Stute liebevoll den Hals klopfte und sie dann zu striegeln begann. Ihr gefiel die Idee nicht, dass die Stute vor dem Hengst nicht hatte weglaufen können, auch wenn das Tier jetzt ruhig und friedlich dastand, als sei nichts passiert. Es wühlte Mary auf, irgendwo ganz tief in ihrem Innern, und hatte nichts mit Logik zu tun. Sie fühlte sich einfach unwohl.

In der Hocke vor dem Wasserhahn wusch Wolf sich die Hände, nachdem er das Pferd versorgt hatte. Als er aufblickte, stand Mary immer noch reglos da, und er erkannte den beunruhigten, ja fast verängstigten Blick in ihren Augen. „Was ist denn?"

Mary bemühte sich, das dumpfe Gefühl abzuschütteln, aber es gelang ihr nicht. „Es sah so … so …" Ihre Stimme erstarb, aber Wolf hatte sie verstanden.

Er kam auf sie zu und war nicht überrascht, als sie einen Schritt zurückwich. „Pferde sind Tiere, keine Menschen“, sagte er sanft. „Sie sind groß, und sie schnauben und stoßen seltsame Laute aus. Es sieht grob aus, aber so paaren Pferde sich nun mal. In der freien Wildbahn geht es noch viel rauer zu. Da treten und beißen sie sich.“

Mary sah zu der Stute. „Ich weiß. Es ist nur …“ Sie hielt inne. Was sie so aufregte, konnte sie einfach nicht in Worte fassen.

Wolf legte ihr die Hände um die Taille. Leicht nur, damit sie nicht das Gefühl hatte, gefangen zu sein. „Es hat dich an den Überfall erinnert“, endete er für sie.

Sie warf ihm einen gehetzten Blick zu und wandte hastig das Gesicht ab.

„Ich weiß, dass du die Erinnerung immer vor deinen Augen hast, Kleines.“ Sein Griff wurde stärker, und er zog sie zu sich heran. Nach einem kurzen Augenblick entspannte sie sich und lehnte den Kopf an seine Brust. Erst jetzt legte er die Arme um sie. „Ich möchte dich küssen“, murmelte er.

„Eigentlich bin ich deshalb hergekommen. Ich hatte mir gedacht, ich könnte dich vielleicht verführen.“ Sie hob den Kopf und lächelte ihn an. „Ich bin ein richtiges leichtes Mädchen geworden. Tante Ardith hätte mich enterbt.“

„Deine Tante Ardith muss eine schreckliche …“

„Sie war eine wunderbare Frau“, unterbrach Mary ihn fest. „Nur eben ein wenig altmodisch, und sie hatte sehr genaue Vorstellungen darüber, was anständig ist und was nicht. So würden zum Beispiel nur leichte Mädchen ohne Unterrock aus dem Haus gehen.“ Sie hob ihren Rock ein wenig an, um es ihm zu zeigen.

„Ein Hoch auf die leichten Mädchen.“ Damit neigte Wolf den Kopf, küsste sie und spürte gleichzeitig die heiße Erregung, die durch seinen Körper schoss. Doch er konnte ihr nicht nachgeben, vielmehr war es ganz entscheidend, dass er seine Lust genau jetzt unter Kontrolle bekam. Denn er wollte Mary etwas zeigen, und das war nahezu unmöglich, wenn seine Libido seinen gesunden Menschenverstand ausschaltete. Er musste diese ständige Angst aus ihrem Unterbewusstsein vertreiben.

Er umarmte sie fast eine Minute lang, bevor er nach ihren Händen griff und sie festhielt. Als sie seinen Gesichtsausdruck bemerkte, verschwand das Lächeln aus ihren Augen. „Würdest du etwas ausprobieren, um deine Angst hinter dir zu lassen?", fragte er langsam.

Sie sah ihn zögernd an. „Was denn?"

„Wir könnten den Angriff wiederholen."

Mary starrte ihn an. Sie war neugierig, aber gleichzeitig auf der Hut. Ein Teil von ihr wehrte sich dagegen, überhaupt an etwas zu denken, was sie an diesen schrecklichen Tag erinnern könnte, aber auf der anderen Seite wollte sie nicht den Rest ihres Lebens von ihrer Angst gelähmt sein. „Welchen Teil?"

„Ich könnte dich verfolgen."

„Er hat mich nicht verfolgt. Er hat mich von hinten gepackt."

„Das werde ich auch tun – wenn ich dich kriege."

Sie dachte nach. „Das wird nicht funktionieren. Ich weiß doch, dass du es bist."

„Einen Versuch ist es wert."

Sie musterte ihn durchdringend. Als die Erinnerung zurückkam, versteifte sie sich plötzlich. „Er hat mein Gesicht auf den Boden gedrückt", flüsterte sie. „Er war auf mir, hat sich an mir gerieben."

Wolfs Gesicht wirkte angespannt. „Willst du, dass ich das auch tue?"

Sie schauderte. „Ob ich das will? Nein. Aber ich glaube, du musst es tun. Ich will keine Angst mehr haben. Nimm mich so … bitte."

„Und wenn du wirklich Angst bekommst?"

„Dann …" Sie schluckte schwer. „Dann mach einfach weiter."

Er sah sie lange an. „Also gut. Renn."

Sie blieb stehen. Starrte ihn an. „Wie bitte?"

Mit einem Mal kam ihr die Idee, wie ein Kind über den Platz zu rennen, unglaublich dumm vor. „Einfach so?"

„Einfach so. Worauf wartest du noch? Wenn ich dich erwische, werde ich dir die Kleider vom Leib reißen und es dir an Ort und Stelle besorgen."

Mary trat einen Schritt zurück, wirbelte herum und rannte. Sie hörte das Klappern seiner Stiefel, als er die Verfolgung aufnahm, und kicherte vor Aufregung. Sie wusste, dass sie keine Chance hatte, das Haus zu erreichen; seine Beine waren viel länger als ihre. Dafür war sie kleiner und wendiger. Sie versteckte sich hinter seinem Truck, dann hinter einem Baum.

„Ich krieg dich", knurrte er. Seine Stimme war ganz nah, und seine ausgestreckte Hand berührte fast ihre Schulter, bevor sie davonrannte und wieder Schutz hinter dem Truck suchte. Er war auf der anderen Seite. Ihr Gesicht leuchtete vor Aufregung und Triumph, und sie zog ihn übermütig auf: „Fang mich doch, fang mich doch!"

Ein langsames, unheimliches Lächeln huschte über seine Lippen, als er sie ansah. Sie glühte förmlich. Ihr braunes Haar fiel ihr ins Gesicht, und er wollte sie so sehr, dass es wehtat. Er wollte sie in seine Arme ziehen und sie lieben, und er verfluchte seinen Vorschlag, weil er das jetzt nicht tun konnte. Erst musste er seine Rolle spielen, und er hoffte, dass sie das ertragen würde.

Sie starrten sich eine Weile in die Augen, und plötzlich fiel ihr auf, wie wild er dabei aussah. Er war erregt. Sie kannte sein Gesicht ebenso gut wie ihr eigenes, und ihr stockte der Atem. Das war kein Spiel. Er meinte es bitter ernst. Angst kroch in ihr hoch. Sie wollte das Gefühl zurückdrängen; sie wusste, dass Wolf sie niemals verletzen würde. Es war nur … irgendetwas daran erinnerte sie an den Überfall, sosehr sie sich auch bemühte, diesen Gedanken zu verscheuchen. Sie wollte nicht mehr spielen. Panik bemächtigte sich ihrer. „Wolf? Lass uns aufhören."

Seine Brust hob und senkte sich. Seine Augen blickten düster. Seine Stimme klang kehlig, als er sagte: „Nein. Ich werde dich kriegen."

Sie rannte los. Seine Schritte dröhnten in ihren Ohren. Es war, als wäre sie wieder in dieser Seitenstraße, obwohl sich ein Teil von ihr daran festhielt, dass das hinter ihr Wolf war und sie ihn gebeten hatte, das hier zu tun. Sie hatte keine Chance gehabt, ihrem Angreifer zu entkommen. Er war hinter ihr gewesen, und sie hatte ihn atmen hören, genau so, wie sie jetzt Wolf atmen hörte. Sie schrie. Es war ein schriller, panischer Schrei. Fast gleichzeitig war Wolf bei ihr. Er packte sie, drückte sie mit dem Gewicht seines Körpers zu Boden.

Er half mit seinen Armen nach, sodass sie sich nicht mehr bewegen konnte, und zischte in ihr Ohr: „Hab ich dich." Er zwang sich, diese Worte leicht hervorzubringen, aber der Schmerz, durch den sie gehen musste, zerriss ihm das Herz. Er konnte die Angst spüren, die sie in ihrer Gewalt hatte, lockerte seinen Griff ein wenig und begann leise mit ihr zu sprechen, sie an die leidenschaftlichen und berauschenden Sinnesfreuden zu erinnern, die sie miteinander geteilt hatten. Tränen stiegen in seine Augen, als sie ein Geräusch machte wie ein Tier, das in der Falle saß. Er wusste wirklich nicht, ob er das tun konnte. Jegliche Erregung war bei ihrem ersten Schrei aus ihm entwichen.

Zuerst hatte sie wie wild gekämpft, um sich getreten, versucht, ihre Arme freizubekommen, aber er hatte nicht locker gelassen. Sie war verrückt vor Angst. Wäre er nicht so gut in Form gewesen, hätte sie ihn trotz ihres Größen- und Gewichtsunterschiedes durchaus verletzen können. Alles, was er jetzt tun konnte, war, sie zu halten und zu versuchen, die dunkle Mauer der Angst zu durchbrechen, die sie umgab. „Ganz ruhig, mein Liebling, ganz ruhig. Ich werde dir nicht wehtun, und ich werde nicht zulassen, dass dir irgendjemand anderes wehtut. Du weißt, wer ich bin." Er wiederholte diese Worte immer wieder, bis sie vor Erschöpfung aufhörte, sich zu wehren. Erst dann drangen seine Worte zu ihr durch. Plötzlich sank sie in sich zusammen, vergrub ihr Gesicht im Gras und begann zu weinen.

Wolf lag auf ihr, seine Arme schützend um sie geschlungen. Er streichelte und küsste ihr Haar, ihre Schulter, ihren zarten Nacken. Überwältigt von der unendlichen Zärtlichkeit, die er für sie empfand, als sie sich schwach in seine Arme schmiegte, spürte er, wie sein Verlangen in seine Lenden zurückkehrte.

Er liebkoste ihren Nacken erneut. „Hast du noch Angst?", murmelte er.

Sie schloss ihre von den vielen Tränen geschwollenen Augen. „Nein", wisperte sie. „Es tut mir leid, dass ich dich darum gebeten habe. Ich liebe dich."

„Ich weiß, Liebes." Er kniete sich hin und schob ihren Rock über ihre Taille.

Marys Augen flatterten, als sie spürte, wie er ihren Slip herunterzog. „Wolf! Nein!"

Doch er streifte ihn ab, und Mary begann zu zittern. Sie fühlte sich wieder wie in der Gasse. Sie lag auf dem Bauch auf dem Boden, das Gewicht eines Mannes auf sich, und konnte sich nicht wehren. Sie versuchte, vorwärts zu krabbeln, aber er legte einen Arm um ihre Hüfte und hielt sie fest, während er mit der anderen Hand seine Jeans herunterzog. Dann spreizte er ihre Schenkel. Wieder spürte sie sein Gewicht.

„Das erinnert dich daran, nicht wahr?“, fragte er mit tiefer, sanfter Stimme. „Du liegst auf dem Boden, auf dem Bauch, und ich bin hinter dir. Aber du weißt, dass ich dir nicht wehtun werde, dass du keine Angst haben musst, oder?“

„Das ist mir egal! Ich mag das nicht! Lass mich los!“

„Das weiß ich, Liebling. Komm schon, entspann dich. Denk daran, wie oft ich dich schon geliebt habe und wie sehr du das genossen hast. Vertrau mir.“

Der Geruch von Erde stieg ihr in die Nase. „Ich will aber nicht, dass du das jetzt tust“, brachte sie hervor. „Nicht so.“

„Dann werde ich das nicht. Hab keine Angst, Liebes. Ich mache nicht weiter, wenn du es nicht willst. Entspann dich, und lass uns einander spüren. Du sollst keine Angst mehr haben, wenn ich hinter dir bin. Ich gebe zu, dein hübsches kleines Hinterteil macht mich an. Ich sehe es gern an, ich berühre es gern, und wenn du es im Bett an mich kuschelst, werde ich ganz verrückt, aber das ist dir sicher auch schon aufgefallen …“

Benommen versuchte sie, wieder zu sich zu kommen. Er hatte ihr nie zuvor wehgetan, und nun, da ihre Angst verflogen war, war sie sich endlich auch wieder sicher, dass er das niemals tun würde. Das hier war Wolf, der Mann, den sie liebte, und nicht der Angreifer aus der Seitenstraße. In Wolfs Armen war sie sicher.

Sie entspannte sich. Ihre Muskeln erschlafften. Sie spürte, wie er sich zwischen ihre gespreizten Beine schmiegte, aber er hielt sein Versprechen und machte keinerlei Anstalten, in sie einzudringen.

Er streichelte ihre Schenkel und küsste ihren Nacken. „Geht es dir jetzt besser?“

Sie seufzte aus tiefster Seele. „Ja“, wisperte sie.

Er kniete sich erneut hin und setzte sich auf seine Fersen. Bevor sie darüber nachdenken konnte, was er vorhatte, zogen seine starken Hände sie auf ihn, sodass sie rittlings und mit dem Rücken zu ihm auf seinen Schenkeln saß. Sie pressten ihre nackten Lenden aneinander, aber er drang immer noch nicht in sie ein.

Erregung pulsierte durch sie hindurch. Dieser Moment war unglaublich erotisch. Sie waren im Freien, kauerten im Gras, und die Sonne schien auf sie herunter. Wenn irgendjemand des Weges käme, würde er sie erwischen. Was für ein erregender Gedanke … Noch würde man nichts sehen; ihr Rock verdeckt ihre Scham.

Doch dann zog Wolf den Stoff beiseite, bevor er seine eine Hand auf ihren Bauch legte und die andere zwischen ihre Beine gleiten ließ. Ein kleiner Schrei entwischte ihren Lippen.

„Magst du das?", murmelte er und biss sanft in ihr Ohrläppchen.

Mary stöhnte, statt zu antworten. Seine Fingerspitzen umkreisten ihren empfindsamsten Punkt und verschafften ihr solche Lust, dass sie nicht sprechen konnte. Er wusste genau, wie er sie berühren musste, wie er sie so weit brachte, dass sie sich ihm feucht und heiß entgegenwölbte. Besinnungslos vor Erregung rieb sie sich an ihm, spürte seine pralle Männlichkeit und stöhnte erneut.

„Wolf … bitte!"

Auch er stöhnte mit zusammengebissenen Zähnen. „Ich tue alles, was du willst. Sag mir nur, wie."

Sie konnte vor Erregung kaum mehr sprechen. „Ich will dich."

„Jetzt?"

„Ja."

„So?"

Sie drückte sich gegen ihn und schrie vor Lust: „Ja!"

Er ließ sie nach vorn sinken, bis sie wieder auf dem Bauch lag, und legte sich auf sie. Er glitt langsam in sie hinein. Fiebrige Hitze umfing ihn. Sehnsüchtig erwartete sie seine kraftvollen Stöße. Ihr Körper brannte wie Feuer. Das hier war kein Albtraum, das war eine weitere Lektion sinnlichen Vergnügens, die er sie lehrte. Sie konnte sich nicht mehr zurückhalten, und als sie kam, krümmte sie sich in seinen Armen. Er umfasste ihre Hüften und stieß hart und schnell in sie hinein, bis auch er Erlösung fand.

Sie lagen lange im Gras. Der Himmel war strahlend blau und wolkenlos, und der Duft von frischem Gras füllte ihre Lungen und belebte ihre Körper. Die Erde unter ihr war heiß, und ihr Körper war immer noch so empfindsam wie bei ihrem Liebesakt. Die Erinnerung daran war so kraftvoll, dass sie erneutes Verlangen in sich verspürte, und gleichzeitig wurde ihr klar, dass sein Plan aufgegangen war. Er hatte zwar das Szenario heraufbeschworen, das ihr solche Panik bereitet hatte, aber ihr anstelle von Angst, Schmerz und Demütigung andere Gefühle bereitet: Lust, Verlangen, Ekstase. Er hatte die schreckliche Erinnerung durch eine wundervolle ersetzt.

Seine Hand lag nun auf ihrem Unterleib. Die schlichte Intimität dieser Berührung überwältigte sie. Sie könnte schwanger sein. Sie war sich der Konsequenz, ohne Schutz Sex zu haben, durchaus bewusst, aber genau das war es, was sie wollte, und auch er hatte sich nicht zum Thema Verhütung geäußert. Selbst wenn ihre Verbindung nicht halten sollte, würde sie dieses Baby wollen, ein Kind mit seiner Stärke und seinem Feuer, sein Abbild. Nichts würde sie glücklicher machen.

Sie bewegte sich, und er verstärkte den Druck seiner Hand auf ihren Unterleib. „Die Sonne ist zu heiß", murmelte sie. „Ich verbrenne."

Er stöhnte auf, zog seine Jeans aber dennoch hoch und setzte sich auf. Dann griff er nach ihrer Unterhose, stopfte sie sich in die Tasche, zog Mary in seine Arme und stand auf.

„Ich kann laufen", ließ sie ihn wissen, während sie ihre Arme um seinen Nacken schlang.

„Ich weiß." Er grinste. „Es ist nur viel romantischer, wenn ich dich ins Haus trage, um Liebe zu machen."

„Aber das haben wir doch gerade erst getan …"

Seine schwarzen Augen glühten. „Ach ja?"

Wolf wollte gerade den Futtermittelladen betreten, als es ihm wie ein kalter Hauch über den Nacken fuhr. Weder hielt er an, noch drehte er sich um, denn das hätte denjenigen, der ihn beobachtete, alarmiert. Nur mit den Augen suchte Wolf die Gegend so weit wie möglich ab. Das Gefühl der drohenden Gefahr war wie eine Hand, die ihn berührte. Irgendjemand verfolgte ihn. Wolf verfügte über einen sechsten Sinn, trainiert und erfahren durch die Jahre in der Armee und verstärkt durch das mystische Erbe seiner Vorväter.

Er wurde nicht nur einfach beobachtet, er konnte die Wellen des Hasses spüren, die ihm entgegenschlugen. Er betrat den Laden und sprang sofort zur Seite, presste sich mit dem Rücken an die Wand und sah vorsichtig zur Tür hinaus. Die Gespräche im Laden verstummten abrupt, aber Wolf kümmerte sich nicht um das lastende Schweigen. Adrenalin pumpte durch seine Adern, ihm war nicht einmal bewusst, dass seine Hand automatisch nach dem Bärentöter griff. Vor sechzehn Jahren hatte er ihn in einem wunderschönen Land mit tropischem Klima, in dem Blut und Tod regierten, immer in einem Halfter um die Brust getragen. Erst als seine Hand nichts fand als weichen Hemdstoff, wurde Wolf klar, dass die alten Angewohnheiten wieder die Oberhand gewonnen hatten.

Und mit plötzlicher Gewissheit erkannte er, dass es der Mann sein musste, den er jagte. Irgendwo da draußen stand dieser Kerl und starrte Wolf aus hasserfüllten Augen nach. Wut schäumte in Wolf auf. Er brauchte kein Messer. Ohne ein Wort nahm er seinen Hut ab und zog seine Stiefel aus. Der Hut musste weg, weil er störte und ihn größer machte, die Stiefel würden zu viel Lärm verursachen. Auf Socken huschte er an der Gruppe verdutzt schweigender Männer vorbei. Nur einer wagte ein leises „Was ist denn los?".

Wolf nahm sich nicht die Zeit für eine Antwort. Er schlüpfte zur Hintertür hinaus. Er bewegte sich geräuschlos und fließend. Jede sich bietende Deckung nutzend, arbeitete er sich Gebäude für Gebäude vor, hin zu der Stelle, an der er den Mann vermutete, sodass er in seinem Rücken auftauchen würde. Natürlich wusste Wolf nicht sicher, wo der Kerl sich versteckte, aber er hatte den besten Platz für einen Beobachtungsposten ausgemacht. Wenn er nur sorgfältig genug suchte, würde er eine Spur finden. Dieser Kerl wurde unvorsichtig, er machte Fehler. Und deshalb würde Wolf ihn kriegen.

Er schlich an der Rückwand des Drugstores entlang, spürte die Wärme, die die rauen Holzplanken ausstrahlten. Peinlich achtete er darauf, nicht mit dem Hemd an die Wand zu geraten, das Scharren würde den anderen nur warnen. Hier hinten auf der Seitenstraße lag Kies, er musste vorsichtig sein, damit die kleinen Steinchen unter seinen Füßen nicht knirschten.

Dann hörte er, wie jemand losrannte, mit schweren Schritten, so als wäre er aufgeschreckt worden. Wolf rannte zur Vorderseite des Gebäudes und ging in die Hocke, um die Fußabdrücke zu überprüfen. Es war nur ein halber Abdruck, aber Wolfs Blut begann förmlich zu brodeln. Der gleiche Abdruck, der gleiche Schuh, der gleiche leicht nach innen gerichtete Gang. Wolf sprintete los, wie das Raubtier, dem er seinen Namen verdankte. Er achtete nicht mehr darauf, keinen Lärm zu machen, rannte die Straße hinauf und sah sich um, nach links und nach rechts, ob er jemanden erblicken konnte.

Nichts. Niemand. Die Straße war leer, keine Menschenseele weit und breit. Er blieb stehen und lauschte. Vogelgezwitscher, das Rascheln der Blätter in den Bäumen, in der Ferne ein Automotor. Sonst nichts. Kein schnelles Atmen, keine schweren Schritte.

Wolf fluchte. Der Kerl war ein unfähiger Amateur, er war ungelenk und ging ein Risiko nach dem anderen ein. Außerdem hatte er überhaupt keine Kondition. Wäre er hier irgendwo in der Nähe, würde Wolf ihn atmen hören können. Aber irgendwie war der Kerl ihm entwischt.

Wolf blickte auf die Häuser, die im Schatten der Bäume standen. Ruth war zu klein für ein separates Gewerbegebiet, Wohn- und Geschäftshäuser lagen bunt zusammengewürfelt an der Straße. Der Mann hätte in jedem dieser Häuser verschwinden können. Dass er in ein Gebäude geflüchtet war, stand für Wolf fest. Die Tatsache, dass er nicht mehr aufzufinden war, ließ keinen anderen Schluss zu. Was Wolfs Vermutung bestätigte: Der Täter lebte in der Stadt. Schließlich waren auch beide Überfälle hier geschehen.

Wolf überlegte, wer in den Häusern lebte und auf wen Marys Beschreibung mit den vielen Sommersprossen passte. Ihm fiel niemand ein. Aber irgendwann würde er daraufkommen. Er schwor bei Gott, dass er daraufkommen würde. Er würde einen Mann nach dem anderen von der Verdächtigenliste streichen, und irgendwann würde nur noch einer übrig bleiben.

In einem der Häuser bewegte sich unmerklich ein Vorhang am Fenster. Sein rasselnder Atem dröhnte dem Mann in den Ohren. Nur mit Mühe konnte er seine schmerzenden Lungen mit Luft füllen. Durch den Spalt im Vorhang konnte er den Indianer sehen. Der stand immer noch auf der Straße und betrachtete die Häuser. Die Wut der Hölle blitzte in diesen schwarzen Augen, und dann lag dieser tödliche Blick auf dem Fenster, hinter dem der Mann sich versteckte. Hastig zog er sich zurück.

Er verabscheute sich für seine Angst, sie machte ihn wütend auf sich selbst. Vor dem Indianer wollte er keine Angst haben, und doch spürte er sie.

„Dreckiger Indianer!“ Flüsternd stieß er die Worte aus, und sie hallten in seinem Kopf nach wie ein Echo. Er tat das gern – Dinge erst aussprechen und sie dann in Gedanken wiederholen. Dann verstand er die Worte besser, und es machte ihm Spaß.

Der Indianer war ein Mörder. Sie sagten, er kenne mehr Arten, einen Menschen umzubringen, als jeder andere sich überhaupt vorstellen konnte. Der Mann glaubte das. Er wusste aus eigener Erfahrung, wie die Indianer andere umbrachten.

Er würde den Indianer ja gern selbst töten. Und den Jungen mit den seltsamen blauen Augen, die immer durch ihn hindurchblickten, dazu. Aber er hatte Angst. Er wusste nicht, wie man einem Menschen das Leben nahm, bestimmt würde er selbst dabei umkommen. Seine Angst war zu groß, um überhaupt in die Nähe des Indianers zu kommen und es zu versuchen.

Darüber nachgedacht hatte er, aber ihm war nichts Richtiges eingefallen. Er könnte den Indianer erschießen, denn dann brauchte er ihm nicht nahe zu kommen. Doch er hatte ja kein Gewehr, und er wollte auch nicht alle auf sich aufmerksam machen, wenn er sich eines kaufte.

Doch was er bisher getan hatte, um dem Indianer eins auszuwischen, gefiel ihm. Es befriedigte ihn, das Wissen, dass er den Indianer bestrafte, indem er diesen dummen Frauen wehtat, die sich für ihn stark machten. Sahen sie denn nicht, dass er mieser, mordender Abschaum war? Diese dumme Cathy hatte sogar gesagt, er würde gut aussehen. Und dass sie nichts dagegen hätte, mit dem Jungen auszugehen. Er wusste, was das hieß: Sie würde sich von dem Jungen küssen und anfassen lassen. Von den dreckigen Mackenzies würde sie sich also küssen lassen, aber als er sie angefasst hatte, da hatte sie geschrien und sich gewehrt und sich geekelt.

Das machte alles keinen Sinn, aber es war ihm auch egal. Er wollte sie und den Indianer bestrafen, bestrafen, weil … weil sie da waren. Weil Cathy den Indianer anschaute und dann sagte, er würde gut aussehen.

Und diese Lehrerin. Sie hasste er fast so sehr wie die Mackenzies. Vielleicht sogar noch mehr. Sie hatte allen Leuten eingeredet, der Junge sei etwas Besonderes. Sie sagte allen, dass sie freundlich zu dem Halbblut sein sollen. Mitten im Kaufhaus der Stadt! Vor allen!

Er wollte sie anspucken, wollte sie verletzen. Als er sie in der Seitenstraße erwischt hatte, war er so aufgeregt gewesen, dass er es fast nicht ausgehalten hatte. Wenn dieser dumme Deputy nicht gekommen wäre, dann hätte er mit ihr gemacht, was er mit Cathy gemacht hatte. Und es hätte ihm noch mehr Spaß gemacht. Er wollte sie mit den Fäusten schlagen, während er das bei ihr machte. Das hätte ihr eine Lektion erteilt. Sie würde nie wieder Partei für die Indianer ergreifen.

Er wollte sie immer noch erwischen. Aber jetzt war die Schule aus, und er hatte die Leute darüber reden hören, dass der Deputy sie an einen sicheren Ort gebracht hatte. Niemand wusste, wo sie war. Er wollte nicht warten, bis die Schule wieder anfing, aber wahrscheinlich musste er das.

Und dann diese dumme Pam Hearst. Der musste man ebenfalls eine Lektion erteilen. Er hatte nämlich auch gehört, dass sie mit dem Halbblut-Jungen zum Tanzen gegangen war. Und was das hieß, wusste er auch: Der Indianer hatte seine Hände auf ihren liegen gehabt, und bestimmt hatte sie sich von ihm küssen lassen. Vielleicht sogar mehr. Jeder wusste doch, wie die Mackenzies waren. Pam verdiente die gleiche Strafe wie Cathy. Die Strafe, die noch auf die Lehrerin wartete.

Er sah noch einmal nach draußen. Der Indianer war weg. Sofort verschwand die Angst, er fühlte sich wieder sicher. Und er begann an einem Plan zu arbeiten.

Als Wolf in den Futtermittelladen zurückkehrte, stand die gleiche Gruppe Männer noch immer zusammen. „Es gefällt uns nicht, dass Sie den Leuten nachstellen, als seien wir alle Verbrecher."

Wolf zuckte nur die Schultern und setzte sich, um seine Stiefel anzuziehen. Ihm war es gleich, ob es ihnen gefiel oder nicht.

„Haben Sie gehört, was ich sagte?"

„Ja."

„Und?"

„Und nichts."

„Verdammt, sehen Sie mich an, wenn ich mit Ihnen rede!"

„Ich sehe Sie an."

Unter dem eiskalten Blick aus den schwarzen Augen begannen die Männer unruhig zu werden. „Sie machen die Frauen nervös."

„Sie sollten nervös sein. Dann sind sie mehr auf der Hut und werden hoffentlich nicht vergewaltigt."

„Das war irgendein Mistkerl, der in die Stadt gekommen ist und sie sofort wieder verlassen hat. Der Sheriff wird ihn nie finden."

„Mistkerl stimmt. Aber er ist noch hier. Ich habe gerade seine Spur gefunden."

Die Männer verstummten und sahen einander an. Stu Kilgore, Vormann auf Eli Baughs Ranch, räusperte sich. „Und das sollen wir glauben? Sie können also angeblich erkennen, dass die Spur von demselben Kerl stammt?"

„Nicht angeblich, ich kann. Uncle Sam hat mir das bestmögliche Training zukommen lassen. Es ist derselbe Mann. Er lebt hier. Er hat sich in eines der Häuser geflüchtet."

„Das ist wirklich schwer zu glauben. Wir leben hier schon unser ganzes Leben. Die einzige fremde Person ist die Lehrerin. Warum sollte sich plötzlich jemand in den Kopf setzen, unsere Frauen zu überfallen?"

„Er hat es getan, das ist alles, was mich interessiert. Und dass ich ihn mir schnappen werde."

Wolf ließ die Männer murmelnd zurück und lud seine Futtersäcke auf.

Pam langweilte sich. Seit den Überfällen war sie nicht mehr allein aus dem Haus gegangen. Natürlich hatte sie Angst gehabt, doch mittlerweile waren Wochen vergangen, und nichts war passiert. Der anfängliche Schock legte sich. Die Frauen verließen wieder ihre Häuser, sogar allein.

Pam würde wieder mit Joe zum Tanz gehen. Sie wollte sich ein neues Kleid für den Abend kaufen. Sie wusste, dass er wegging, dass sie ihn nicht würde halten können, dennoch … etwas war an Joe, das ihr Herz rasen ließ, jedes Mal wenn sie an ihn dachte. Nein, sich verlieben wollte sie nicht, aber der nächste Freund würde es schwer haben, Joe zu ersetzen. Schwer, nicht unmöglich. Sie würde ihm nicht nachtrauern, wenn er weg war, sie würde mit ihrem Leben weitermachen. Aber im Moment war er ja noch hier, und sie würde jede Minute mit ihm auskosten.

Sie wünschte sich wirklich dieses neue Kleid. Allerdings hatte sie Joe versprochen, nirgendwo allein hinzugehen. Dieses Versprechen hatte sie nicht vor zu brechen. Wenn ihre Mutter vom Einkauf mit der Nachbarin zurückkam, würde Pam sie bitten, demnächst mit ihr ein Kleid kaufen zu gehen. Nicht in Ruth, sondern in einer Stadt, wo es richtige Boutiquen gab.

Pam nahm sich ein Buch und ging hinaus auf die hintere Veranda. Auf beiden Seiten des Grundstücks gab es Nachbarn, sie konnte sich also sicher fühlen. Sie legte sich auf die Hollywoodschaukel im Schatten des Verandadachs und las, bis ihr die Lider schwer wurden und sie einschlief.

Das abrupte Rütteln an der Schaukel weckte sie auf. Sie riss die Augen auf und erkannte nur eine Skimaske direkt vor ihrem Gesicht. Hasserfüllte Augen funkelten aus den Schlitzen hervor. Er lag schon auf ihr, als sie zu schreien begann.

Er schlug mit der Faust nach ihrer Schläfe, aber sie zog den Kopf rechtzeitig weg, sodass der Schlag auf ihrer Schulter landete. Sie schrie und trat und traf ihn in den Magen. Er stöhnte auf, wie verwundert.

Sie konnte nicht aufhören zu schreien, auch nicht, als sie sich unter ihm hervorgewunden hatte. Solche Angst hatte sie noch nie in ihrem Leben gehabt, und doch schien ihr das Ganze unwirklich zu sein, so als hinge sie an irgendeiner Decke und beobachte die Szene wie ein Unbeteiligter. Splitter von den Holzplanken der Veranda gruben sich in ihre Handflächen, als sie rückwärts von ihm fortkrabbelte. Plötzlich sprang er auf sie zu, erneut trat sie nach ihm, doch dieses Mal fing er ihr Bein am Knöchel und hielt es fest. Trotzdem hörte sie nicht auf zu treten, mit beiden Beinen, immer wieder. Sie versuchte, die empfindliche Stelle zwischen seinen Beinen zu erwischen oder seinen Kopf. Und sie schrie unablässig.

Irgendjemand im Nachbarhaus begann zu rufen. Der Kopf des Angreifers ruckte herum, er ließ Pams Bein los. Blut sickerte durch die Skimaske, Pam hatte ihn in den Mund getreten. „Dreckige Indianer-Hure!“, stieß er voller Hass noch hervor, bevor er von der Veranda sprang und davonrannte.

Pam blieb schluchzend auf dem Boden liegen. Vom Nachbarhaus rief wieder jemand, und irgendwie gelang es Pam, zwischen den Schluchzern ein „So helft mir doch!“ hervorzubringen, bevor sie sich zusammenrollte und bitterlich zu weinen begann.

12. KAPITEL

Wolf war nicht überrascht, als der Streifenwagen vorfuhr und Clay ausstieg. Seit dem Zwischenfall in der Stadt hatte er ein ungutes Gefühl. Clays müdes Gesicht sagte alles.

Mary setzte automatisch Kaffee auf, als sie sah, um wen es sich bei dem Besucher handelte. Clay nahm immer gern eine Tasse an. Mit einem Seufzer legte der Deputy seinen Hut auf den Tisch und setzte sich.

„Wer ist es diesmal?" Wolfs Stimme klang beinah wie ein Knurren.

„Pam Hearst."

Joe drehte sich abrupt um, alle Farbe wich aus seinem Gesicht. Er stand schon, noch bevor Clay die nächsten Worte aussprach.

„Sie hat ihn abgewehrt. Ihr ist nichts geschehen, aber sie hat panische Angst. Verdammt, er hat sie auf der Veranda in ihrem Zuhause angesprungen. Mrs Winston, die Nachbarin, hörte Pam schreien. Sie kam raus, und der Typ ist geflohen. Pam sagt, sie hat ihn ins Gesicht getreten. Auf den Mund. Sie hat Blut durch die Skimaske sickern sehen."

„Er lebt in der Stadt", sagte Wolf. „Ich habe noch einen Abdruck gefunden. In der Stadt lassen sich Spuren nur schwer verfolgen, bei all den Menschen, die dort ständig herumlaufen. Ich glaube, er ist in einem der Häuser auf der Bay Road verschwunden, aber vielleicht lebt er nicht dort, sondern hat sich nur dort verschanzt."

„Bay Road." Mit gerunzelter Stirn wiederholte Clay den Straßennamen und ging in Gedanken die Leute durch, die dort wohnten. Fast die meisten Wohnhäuser standen dort, in kleinen Ansammlungen. An der Broad Street gab es auch Wohnhäuser, darunter das der Hearsts. „Dieses Mal haben wir ihn vielleicht. Jeder Mann mit einer geschwollenen Lippe wird ein wasserdichtes Alibi vorweisen müssen."

„Wenn es nur ein Riss ist, wird es nicht viel nützen. Das gibt keine Schwellung. Pam müsste ihm schon einen Zahn ausgeschlagen haben, sonst sieht man am nächsten Tag nichts mehr. Der Mund heilt schnell." Wolf hatte oft genug aufgeplatzte Lippen gehabt und auch bei anderen verursacht. „War Blut auf der Veranda?"

„Nein."

„Dann hat sie ihn auch nicht wirklich verletzt. Wenn sie ihm die Zähne eingetreten hätte, gäbe es Blutspuren."

Clay fuhr sich durchs Haar. „Ich will gar nicht daran denken, was für einen Aufruhr das verursachen wird, aber ich werde mit dem Sheriff darüber reden, an der Bay Road von Haus zu Haus zu gehen. Dabei kann ich mir wirklich nicht vorstellen, wer es gewesen sein soll."

Wortlos verließ Joe die Küche, und Wolf starrte seinem Sohn nach. Er wusste, Joe würde zu Pam gehen, und wünschte, er würde es nicht tun. Manche Mauern waren vielleicht eingerissen worden, aber die meisten standen noch.

Auch Clay sah Joe nach, dann seufzte er: „Der Mistkerl hat Pam eine ‚Indianer-Hure' genannt." Sein Blick ging zu Mary, die die ganze Zeit über stumm dabeigestanden hatte. „Sie hatten recht mit Ihrer Vermutung."

Mary erwiderte nichts. Sie hatte nie daran gezweifelt, dass sie recht hatte. Das Schimpfwort verursachte ihr Übelkeit.

„Ich nehme an, sämtliche Spuren um Pams Haus sind längst zertrampelt." Wolfs Bemerkung war keine Frage, sondern eine Feststellung.

„Das fürchte ich auch." Clay bedauerte es, aber die ganze Stadt war praktisch bei den Hearsts zusammengelaufen, noch bevor er dort ankam.

Wolf murmelte etwas Unverständliches über gedankenlose Idioten. „Glauben Sie, der Sheriff lässt sich auf eine Hausdurchsuchung ein?"

„Kommt darauf an. Sie wissen so gut wie ich, was das für einen Tumult geben wird. Die Leute hier nehmen so etwas persönlich. Außerdem haben wir in diesem Jahr Wahlen."

Mary hörte der Unterhaltung zu, ohne sich zu beteiligen. Pam war angegriffen worden. Wer würde der Nächste sein? Etwa Wolf? Oder Joe? Davor hatte sie unendliche Angst, das würde sie nicht ertragen können. Sie liebte die beiden aus tiefstem Herzen. Im Angesicht einer drohenden Gefahr würde sie sich unbesehen vor die beiden stellen.

Und genau das musste sie jetzt tun.

Allein bei dem Gedanken, die groben Hände des Mannes noch

einmal auf sich zu spüren, wurde ihr übel. Doch ihr war klar, dass sie ihm die Möglichkeit dazu bieten würde. Irgendwie musste es ihr gelingen, ihn hervorzulocken. Sich weiterhin auf dem Berg der Mackenzies zu verstecken war ein Luxus, den sie sich nicht länger erlauben würde.

Sie würde ab jetzt allein in die Stadt fahren. Allerdings gab es da noch ein Problem: Wolf. Er würde es ihr nie erlauben, vor allem nicht, wenn er wüsste, was sie vorhatte. Er würde ihren Wagen lahmlegen oder sie sogar einfach im Schlafzimmer einsperren. Wolf durfte sie nicht unterschätzen.

Seit sie auf dem Berg lebte, holte er persönlich die Pferde und brachte sie ihren Eigentümern auch selbst zurück, damit niemand auf die Ranch kam und Mary vielleicht zufällig entdeckte. Ihr Aufenthaltsort war ein gut gehütetes Geheimnis, das nur Wolf, Joe und Clay kannten. Mehrere Male in der Woche war sie also allein hier oben, wenn Wolf Pferde holte und Joe zu seinen Kursen fuhr. Außerdem hatten die beiden, selbst wenn sie hier waren, genug Pflichten auf der Ranch zu erledigen, die sie vom Haus wegführten. Mary würden sich also eine Fülle von Gelegenheiten bieten, um sich davonzuschleichen. Zumindest beim ersten Mal. Denn danach würde Wolf sie mit Adleraugen beobachten.

Sie entschuldigte sich leise und ging Joe suchen. In seinem Zimmer war er nicht, also ging sie hinaus auf die Veranda. Die Daumen in die Gürtelschlaufen seiner Jeans gehakt, lehnte er mit düsterer Miene an einem Stützpfeiler.

„Es ist nicht deine Schuld."

Er rührte sich nicht. „Ich wusste, dass so etwas passieren könnte."

„Du bist nicht verantwortlich für den Hass eines anderen."

„Nein, aber ich bin verantwortlich für Pam. Ich hätte mich von ihr fernhalten sollen."

Mary schnalzte missbilligend mit der Zunge. „Wenn ich mich recht entsinne, dann war es doch wohl genau andersherum. Pam hat ihre Wahl getroffen, als sie im Laden ihres Vaters diese Szene machte."

„Sie wollte zum Tanzen ausgehen. Um das hier hat sie nicht gebeten."

„Natürlich nicht. Trotzdem ist es nicht deine Schuld. Das wäre ja so, als würdest du dich verantwortlich fühlen, wenn sie einen Autounfall hätte. Du könntest dir einreden, wenn du sie nur eine Minute früher oder eine Minute später hättest gehen lassen, dann wäre sie nicht ausgerechnet zu dem bestimmten Zeitpunkt an die Kreuzung gekommen. Aber das ist absolut unsinnig, und du weißt das auch."

Bei ihrem empörten Ton konnte Joe das schwache Lächeln nicht zurückhalten. Sie sollte im Kongress sitzen und die Peitsche über die anderen Abgeordneten und Senatoren schwingen. Doch sie hatte sich für Ruth, Wyoming, entschieden. Und seit sie in die Stadt gekommen war, war nichts mehr wie früher.

„Na schön, vielleicht beziehe ich das zu sehr auf mich", gab er schließlich nach. „Aber es war nicht besonders klug von mir, überhaupt mit ihr auszugehen. Es ist nicht fair. Ich gehe fort, sobald ich den Schulabschluss habe. Pam sollte mit jemandem ausgehen, der auch hier ist, wenn sie ihn braucht."

„Warum lässt du Pam nicht selbst entscheiden, mit wem sie sich verabredet? Gedenkst du, dich für immer von allen Frauen fernzuhalten?"

„So weit würde ich nun nicht gehen", sagte er gedehnt und klang in diesem Moment so sehr wie sein Vater, dass Mary stutzte. „Aber ich will mich auch nicht auf eine feste Beziehung einlassen."

„Es geht nicht immer alles nach deinem Kopf. Du hattest doch schon ein Auge auf Pam geworfen, noch bevor ich in die Stadt kam."

Es stimmte, er konnte es nicht bestreiten. Joe lehnte die Stirn an den Pfeiler und seufzte. „Ich liebe sie nicht."

„Das hatte ich auch nicht gedacht."

„Ich mag sie, sie ist mir nicht gleichgültig. Aber ich empfinde nicht genug für sie, um zu bleiben. Nicht genug, um die Akademie aufzugeben." Er sah in den klaren Nachthimmel auf, an dem sich tausend funkelnde Sterne zeigten, und stellte sich vor, wie er durch die samtschwarze Nacht flog, das dunkle Land unter sich und die hellen Sterne über sich. Nein, das würde er niemals aufgeben.

„Hast du ihr das gesagt?"

„Ja."

„Dann liegt die Entscheidung allein bei ihr."

Schweigend standen sie nebeneinander auf der Veranda und betrachteten die Sterne. Wenige Minuten später hörten sie Clays Wagen davonfahren, keiner von beiden fand es ungewöhnlich, dass er sich nicht von ihnen verabschiedet hatte. Wolf kam zu ihnen, schlang einen Arm um Marys Taille und legte seinem Sohn die Hand auf die Schulter. „Alles in Ordnung?"

„Soweit es möglich ist." Jetzt verstand er die kalte Wut, die er in den Augen seines Vaters gesehen hatte, nachdem Mary angegriffen worden war. Diese Wut tobte immer noch in ihm, nur eisern unter Kontrolle gehalten. Der Himmel stehe dem Mann bei, sollte Wolf Mackenzie ihn in die Finger bekommen, dachte Joe.

Wolf zog Mary fester an seine Seite und führte sie ins Haus. Es war besser, Joe jetzt allein zu lassen. Sein Sohn war hart im Nehmen, er würde damit fertig werden.

Am nächsten Morgen hörte Mary aufmerksam dem Gespräch zwischen Vater und Sohn zu, die den Tagesablauf planten. Pferde waren nicht abzuholen oder zurückzubringen, aber Joe hatte am Nachmittag seine Kurse, und sie wollten den Morgen damit verbringen, das Vieh zusammenzutreiben. Dazu würden sie zwei junge Quarter Horses nehmen, um sie daran zu gewöhnen, mit der Herde zu arbeiten. Mary hatte keine Ahnung, wie lange das dauern würde, aber sie nahm an, dass die beiden den ganzen Morgen damit beschäftigt wären.

Mit Joe war eine Veränderung vorgegangen. Eine kaum merkliche, doch eine, bei der Mary förmlich das Herz blutete. Sein junges Gesicht hatte einen grimmigen Ausdruck angenommen, so als sei das letzte Überbleibsel der Kindheit endgültig verschwunden. Er hatte immer älter und reifer ausgesehen, aber jetzt wirkte er überhaupt nicht mehr jung.

Mary war eine erwachsene Frau, fast dreißig, und doch hatte der Überfall bleibende Spuren hinterlassen. Cathy und Pam waren noch junge Mädchen. Cathy musste mit einem Albtraum klarkommen, der Pam und Mary glücklicherweise erspart geblieben war. Joe hatte seine Jugend verloren. Ganz gleich was auch immer es kosten mochte, dieser Mann musste endlich aufgehalten werden, bevor er noch mehr Menschen verletzte.

Als Wolf und Joe das Haus verließen, ließ Mary sich Zeit. Die beiden mussten sich erst weit genug entfernen, sonst würden sie den Wagenmotor hören. Dann eilte sie hastig aus dem Haus. Sie hatte keinen genauen Plan. Eigentlich konnte sie sich nur in Ruth zeigen und auffällig über die Straßen spazieren, in der Hoffnung, dass ihre Anwesenheit einen neuerlichen Überfall provozieren würde. Und dann? Sie wusste es nicht. Sie musste vorbereitet sein, jemand musste in ihrer Nähe bleiben, damit der Mann gefasst werden konnte. Es müsste doch relativ einfach sein, ihn festzunehmen. Er war leichtsinnig, griff bei helllichtem Tage und für jedermann sichtbar an. Es waren dumme Schritte, die er unternahm, so als würde er aus einem Impuls heraus agieren und ohne jeden Plan. Das Ganze war höchst bizarr.

Marys Hände zitterten, als sie in die Stadt fuhr. Es war das erste Mal seit dem Überfall, dass sie ohne Begleitschutz unterwegs war. Sie fühlte sich wie auf dem Präsentierteller, bloßgestellt, so als hätte man sie ihrer Kleidung beraubt.

Sie brauchte unbedingt jemanden, der sie im Auge behielt. Aber wen? Sharon? Die junge Lehrerin war eine gute Freundin, aber sie war nicht aggressiv genug. Diese Situation erforderte jemanden mit einer gewissen Aggressivität, jemanden, der sich durchsetzen konnte. Francie Beecham? Nein, sie war zu alt. Cicely Karr wäre zu zögerlich. Mary ging in Gedanken die Männer durch, aber bei ihnen allen würde sofort der Beschützerinstinkt einsetzen, sie würden sich weigern, Mary bei einem solchen Unterfangen zu helfen.

Pam Hearst kam ihr in den Sinn. Pam musste daran interessiert sein, den Mann zu stellen, und sie hatte sich so vehement gegen ihn gewehrt, dass sie ihn sogar in den Mund getreten und verscheucht hatte. Sie war jung, aber sie hatte Mut. Sie hatte ja auch genügend Courage gehabt, sich mit ihrem Vater anzulegen und gegen seinen Willen mit einem Halbblut auszugehen.

Die Gespräche verstummten, als Mary das Kaufhaus Hearst betrat. Es war das erste Mal seit Beginn der Ferien, dass man sie in der Öffentlichkeit sah. Sie ignorierte das vielsagende Schweigen – sie konnte sich denken, was das Hauptgesprächsthema gewesen war – und trat zu Mr Hearst an den Verkaufstresen.

„Ist Pam zu Hause?“, fragte sie leise. Sie wollte nicht, dass die anderen die Frage hörten.

Mr Hearst schien um zehn Jahre gealtert, aber in seinem Gesicht lag keine Feindseligkeit. Stumm nickte er. Miss Potter hatte das Gleiche durchgemacht wie seine Pam. Vielleicht, wenn sie mit dem Mädchen redete, würden endlich die schreckliche Trauer und die Angst aus den Augen seines Kindes verschwinden. Miss Potter hatte ein eisernes Rückgrat, obwohl sie so ein winziges Ding war. Er mochte nicht einer Meinung mit ihr sein, aber er hatte gelernt, sie zu respektieren. Und für Pam war sie die Größte überhaupt.

„Ich würde mich freuen, wenn Sie mit ihr reden könnten“, meinte er schließlich.

In ihren Augen funkelte plötzlich etwas Kämpferisches auf, wie Mr Hearst auffiel. „Das werde ich“, versprach sie und wandte sich zum Gehen. Fast stieß Mary mit Dottie Lancaster zusammen, als sie sich umdrehte. Erschreckt schnappte sie nach Luft. Die Frau hatte direkt hinter ihr gestanden.

„Guten Morgen“, grüßte Mary freundlich. Tante Ardith hatte sie nie die Wichtigkeit von guten Manieren und Höflichkeit vergessen lassen.

Kurioserweise schien auch Dottie um Jahre gealtert. Ihre Wangen waren eingefallen. „Wie geht es Ihnen, Mary?“

Mary zögerte, doch sie konnte nichts von der früheren Antipathie und Distanz in Dottie spüren. Hatte sich etwa die ganze Stadt geändert? Hatte dieser Albtraum sie alle endlich zur Vernunft gebracht? „Danke, gut. Genießen Sie die Ferien?“

Dottie lächelte, doch es war nur ein Verziehen der Lippen. „Es ist eine Erleichterung.“

Sie sieht aber gar nicht erleichtert aus, dachte Mary, vielmehr wirkt Dottie aufgewühlt und fahrig. Obwohl, jede Frau in der Stadt sollte besorgt sein. „Wie geht es Ihrem Sohn?“ Mary war es peinlich, dass sie sich nicht mehr an den Namen des Jungen erinnerte. Das sah ihr überhaupt nicht ähnlich, einen Namen zu vergessen.

Zu Marys Erstaunen wurde Dottie bleich wie ein Laken, selbst ihre Lippen verloren alle Farbe. „Warum … warum fragen Sie?“, stammelte sie.

„Bei unserem letzten Treffen schien er sehr aufgeregt zu sein“, antwortete Mary. Sie konnte schlecht sagen, dass sie lediglich aus Höflichkeit fragte. Im Süden erkundigte man sich immer nach der Familie.

„Oh. Ihm … ihm geht es auch gut. Er verlässt ja fast nie das Haus. Er geht nicht gern raus.“ Dottie sah sich gehetzt um, dann stieß sie ein „Entschuldigen Sie mich“ hervor und hastete zum Laden hinaus, bevor Mary noch irgendetwas sagen konnte.

Verdutzt sah Mary zu Mr Hearst. Der zuckte die Schultern. Auch er dachte wohl, dass Dottie sich seltsam benommen hatte.

„Ich gehe jetzt zu Pam“, sagte sie.

Mary wollte schon den Weg zum Haus der Hearsts einschlagen, doch die Erinnerung daran, was beim letzten Mal passiert war, als sie durch die Straßen der Stadt gelaufen war, jagte ihr einen kalten Schauder über den Rücken. So ging sie zu ihrem Wagen. Sie sah auf den Rücksitz und in den Fußraum, bevor sie die Wagentür aufzog und sich hineinsetzte. Als sie den Motor startete, sah sie Dottie über die Straße eilen, mit gesenktem Kopf, so als wolle sie auf gar keinen Fall mit irgendjemandem reden. Sie hatte auch nichts in Hearsts Laden gekauft, wie Mary auffiel. Warum war sie dann dort gewesen? Und warum war sie so hastig davongelaufen?

Dottie bog jetzt in die kleine Straße ein, in der sie wohnte. Mary sorgte sich ernsthaft und fragte sich, wieso Dottie allein durch die Gegend lief. Jede Frau in der Stadt sollte es doch besser wissen, als sich ohne Begleitung hinauszuwagen. Warum war Dottie nicht vorsichtiger!?

Langsam fuhr Mary die Hauptstraße entlang bis zu der Nebenstraße, in die Dottie eingebogen war. Sie reckte den Hals und sah die andere Frau noch die Stufen zu ihrer Haustür hinaufeilen. Dann fiel ihr Blick auf das verblichene Straßenschild: Bay Road.

So hieß doch die Straße, in der laut Wolfs Meinung der Angreifer in einem Haus verschwunden war. Sicherlich war der Mann in sein eigenes Haus geflüchtet oder in das eines engen Freundes. Aber selbst einem engen Freund wäre bei einem so plötzlichen Auftauchen ein überraschter Ausruf herausgerutscht, und den hätte Wolf auf jeden Fall gehört.

Dottie verhielt sich wirklich ungewöhnlich. Sie hatte ausgesehen wie von der Tarantel gestochen, als Mary nach ihrem Sohn gefragt hatte. Wie hieß er noch …? Bobby, ja richtig. Mary lächelte zufrieden, dass es ihr wieder eingefallen war.

Bobby. Bobby war „anders“, hatte Joe gesagt. Er verdrehte die Dinge, konnte bei einfachen Aufgaben keine Logik anwenden oder einen vernünftigen Plan aufstellen.

Mary brach der Schweiß aus. Sie trat auf die Bremse. Sie war ihm nur ein einziges Mal begegnet, aber sie sah ihn wieder genau vor sich: groß, kindliches Gesicht, helles Haar und helle Haut. Mit vielen Sommersprossen.

Sollte es Bobby sein? Die einzige Person in der Stadt, die nicht für ihre Taten verantwortlich war? Die einzige Person, die niemand verdächtigen würde?

Außer seiner Mutter.

Sie musste es unbedingt Wolf sagen!

Kaum hatte sie den Gedanken zu Ende gedacht, verwarf sie ihn auch schon. Sie konnte es Wolf nicht sagen, noch nicht. Damit wollte sie ihn noch nicht belasten. Sein Instinkt würde ihm befehlen, Bobby zu jagen, sein Gewissen würde widersprechen, weil Bobby gar nicht wirklich zur Verantwortung gezogen werden konnte. Mary kannte Wolf gut genug. Ganz gleich, welche Entscheidung er treffen würde, er würde sich ewig Vorwürfe machen. Nein, es war besser, wenn sie die Verantwortung übernahm, anstatt Wolf in eine solche Position zu zwingen.

Sie würde Clay anrufen. Schließlich war es sein Job. Er würde mit der Situation umzugehen wissen.

Nur Sekunden waren vergangen, während die Gedanken ihr durch den Kopf schossen. Mary stand immer noch mit ihrem Wagen an der Straßenecke, als Bobby auf die Veranda trat. Er stutzte, als er zu dem Wagen hinschaute, dann wandte er Mary geradewegs das Gesicht zu. Sie war zu weit entfernt, um seinen Gesichtsausdruck zu erkennen, aber die blanke Panik ergriff von ihr Besitz. Sie trat das Gaspedal durch, und der Wagen schoss mit quietschenden Reifen vor und ließ Kies aufspritzen.

Bis zum Haus der Hearsts war es nicht weit. Mary rannte die Stufen zur Haustür hinauf und hämmerte mit der Faust dagegen. Ihr Herz raste. Dieser kurze Augenblick, als Bobby sie angeschaut hatte, war zu viel gewesen. Sie musste unbedingt Clay erreichen.

Mrs Hearst öffnete die Tür nur einen Spalt, bevor sie Mary erkannte und die Haustür ganz aufzog. „Miss Potter! Was ist denn passiert?“

Mary wurde klar, wie wirr sie aussehen musste. „Darf ich Ihr Telefon benutzen? Es ist ein Notfall!“

„Ja … natürlich.“ Mrs Hearst trat beiseite, um Mary einzulassen.

Pam tauchte in der Diele auf. „Miss Potter?“ Sie sah sehr jung und sehr verängstigt aus.

„Das Telefon ist in der Küche.“

Mary folgte Mrs Hearst und griff nach dem Hörer. „Welche Nummer hat das Büro des Sheriffs?“

Pam nahm das kleine Telefonbuch zur Hand und begann die Seiten umzuschlagen. Mary war viel zu aufgeregt, um länger warten zu können, und rief bei der Auskunft an.

„Ich brauche die Nummer des Sheriffs, bitte.“

„In welcher Stadt?“, fragte die Stimme am anderen Ende.

Marys Kopf war plötzlich wie leer gefegt, sie konnte nicht antworten.

„Hier, ich hab sie“, ließ Pam sich vernehmen.

Mary hängte einfach auf und wählte die Nummer, die Pam ihr vorlas. Es erschien ihr wie eine Ewigkeit, während sie auf das Einrasten der Nummern lauschte, bis sich endlich jemand meldete.

„Büro des Sheriffs.“

„Deputy Armstrong, bitte. Clay Armstrong.“

„Einen Moment.“

Es dauerte weit mehr als nur einen Moment. Pam und ihre Mutter standen stumm neben Mary. Sie wussten zwar nicht, worum es ging, aber Marys Anspannung war auf sie übergegangen. Beide hatten dunkle Ringe unter den Augen. Die Hearsts hatten eine schwere Nacht hinter sich.

Jetzt erklang eine andere Stimme. „Büro des Sheriffs.“

„Clay?“

„Sie wollen mit Armstrong reden?“

„Ja, es ist dringend. Es handelt sich um einen Notfall!“, presste sie hervor.

„Ich weiß nicht, wo er im Moment ist. Vielleicht kann ich Ihnen helfen … Hey, Armstrong, da will eine Lady mit dir reden. Sie sagt, es sei ein Notfall.“ Zu Mary sagte der Polizist: „Er kommt sofort.“

Sekunden später hörte sie Clays Stimme. „Armstrong hier.“

„Ich bin’s, Mary. Ich bin in der Stadt.“

„Was zum Teufel tun Sie hier?“

„Es ist Bobby.“ Marys Zähne klapperten vor Aufregung. „Bobby Lancaster. Ich hab ihn gesehen …“

„Legen Sie sofort auf!“

Mary zuckte erschreckt zusammen, als der Schrei hinter ihr ertönte. Der Hörer glitt ihr aus der Hand und baumelte schwingend an der Schnur. Mary presste sich mit dem Rücken an die Wand. Bobby stand in der Küche, ein riesiges Fleischermesser in der Hand. Sein Gesicht war verzerrt vor Angst und Hass.

„Jetzt haben Sie es verraten!“ Er klang wie ein wütendes Kind.

„Was denn?“

„Sie haben es ihm verraten! Ich hab’s gehört.“

Mrs Hearst war bis an die Küchenschränke zurückgewichen, die Hand am Hals. Pam stand wie festgewurzelt an ihrem Platz. Bleich und mit großen Augen starrte sie auf den jungen Mann, den sie schon ihr ganzes Leben lang kannte. Sie konnte die leichte Schwellung an seiner Lippe erkennen.

Bobby trippelte unruhig von einem Fuß auf den anderen, als wüsste er nicht, was er als Nächstes tun sollte. Sein Gesicht war hochrot, und er sah aus, als würde er jeden Augenblick in Tränen ausbrechen.

Mary bemühte sich, ihre Stimme klar und fest zu halten. „Das stimmt, ich habe es ihm gesagt. Er ist schon auf dem Weg hierher. Du solltest besser weglaufen.“ Das war vielleicht nicht der beste Vorschlag, aber Mary wollte ihn unbedingt aus dem Haus der Hearsts heraus haben, bevor er irgendjemanden verletzte. Er sollte einfach nur losrennen.

„Das ist alles nur Ihre Schuld!“ Die Schuldzuweisung war das Einzige, was Bobby im Moment einfiel. „Sie sind in die Stadt gekommen und haben alles verändert. Mama sagt, Sie sind ein dreckiges Indianer-Liebchen.“

„Ich darf doch wohl sehr bitten! Ich achte sehr auf Reinlichkeit.“

Bobby blinzelte verwirrt. Dann schüttelte er den Kopf und wiederholte: „Alles ist Ihre Schuld!“

„Clay wird bestimmt gleich hier sein. Du solltest besser gehen.“

Er klammerte die Finger fester um den Messergriff, und plötzlich schoss er vor und packte Marys Arm. Obwohl er groß und schwerfällig war, bewegte er sich jetzt unvermutet schnell. Mary schrie auf, als er ihr grob den Arm nach hinten drehte.

„Sie sind meine Geisel. Wie im Fernsehen.“ Damit schob er sie zur Tür hinaus.

Mrs Hearst war vor Schock erstarrt, aber Pam griff geistesgegenwärtig den Telefonhörer. Das Tuten zeugte von der unterbrochenen Verbindung. Sie drückte auf die Sperre. Sobald sie eine freie Leitung hatte, wählte sie die Nummer der Mackenzies. Es klingelte endlos, und Pam fluchte, wobei sie Worte benutzte, von denen ihre Mutter nie vermutet hätte, dass ihre Tochter sie kannte. Und die ganze Zeit über verrenkte Pam sich, um sehen zu können, in welche Richtung Bobby Mary zog.

Sie wollte schon frustriert einhängen, als jemand den Hörer am anderen Ende aufhob und eine wütende tiefe Stimme in die Muschel schrie: „Mary?"

Pam war so überrascht, dass sie fast das Telefon hätte fallen lassen. „Nein", brachte sie heraus. „Hier ist Pam. Er hat Mary. Es ist Bobby Lancaster, er hat sie gerade aus unserem Haus gezerrt ..."

„Ich bin sofort da."

Die tödliche Entschlossenheit in Wolf Mackenzies Stimme jagte Pam einen Schauder über den Rücken.

Mary stolperte über einen Felsbrocken, der im hohen Gras versteckt lag. Der jähe Schmerz ließ Übelkeit in ihr aufsteigen.

„Stehen Sie auf!" Bobby zerrte an ihr.

„Ich hab mir den Knöchel verstaucht." Es stimmte nicht, aber das würde ihr den Vorwand liefern, langsamer zu gehen.

Er hatte sie über die kleine Weide hinter dem Haus der Hearsts gezogen, durch ein kleines Wäldchen und über einen Bach. Jetzt liefen sie eine leichte Anhöhe hinauf. Eine große offene Fläche, nicht unbedingt die beste Wahl für jemanden, der ungesehen fliehen wollte. Aber Bobby plante nicht logisch, er reagierte mehr. Deshalb war auch alles von Anfang an so konfus gewesen, deshalb hatte nichts zusammengepasst. Es gab überhaupt keine Logik in der Vorgehensweise, das war es, was jeden verwirrt hatte.

Bobby wusste nicht, wie er mit einem verstauchten Knöchel umgehen sollte, also machte er sich erst gar keine Gedanken darüber und schob Mary einfach weiter. Sie stolperte erneut, aber sie fing sich. Sie würde es nicht ertragen können, auf den Bauch zu fallen und ihn noch einmal auf sich zu spüren.

„Warum haben Sie es nur verraten müssen?"

„Du hast Cathy sehr wehgetan."

„Sie hat es verdient!"

„Womit? Womit hat sie es verdient?"

„Sie mag ihn – den Indianer."

Marys Atem ging rasselnd. Sie schätzte, dass sie jetzt gut eine Meile gelaufen waren. Keine lange Strecke, aber der stetige Anstieg setzte ihr zu. Zudem tat es weh, den Arm auf den Rücken gedreht zu bekommen. Wann kam Clay endlich? So lange konnte es doch nicht dauern ...

Wolf schaffte die Abfahrt von seinem Berg in Rekordzeit. Sofort sprang er aus seinem Truck, noch bevor der überhaupt richtig zum Stehen gekommen war. Er und Joe hatten beide Gewehre dabei. Wolfs Gewehr war mit einem Langstreckenzielfernrohr ausgestattet. Bisher hatte keine Notwendigkeit bestanden, es zu benutzen. Wolf verfehlte sein Ziel nie.

Ein Menschenauflauf hatte sich beim Haus der Hearsts gebildet. Wolf und Joe bahnten sich einen Weg durch die Menge. „Alle bleiben sofort stehen und rühren sich nicht mehr! Bevor ihr noch sämtliche Spuren zertrampelt!", brüllte Wolf, und jeder erstarrte.

Pam kam auf die beiden zugerannt. „Er ist mit ihr in den Wald gelaufen." Sie deutete mit dem ausgestreckten Arm in die Richtung. „Dahinten."

Eine Sirene kündigte Clays Ankunft an, doch Wolf wartete nicht auf ihn. Die Spur über die Weide war so deutlich wie ein Neonzeichen. Mit Joe direkt hinter ihm schritt Wolf eilig den Weg entlang.

Dottie Lancaster wurde nahezu hysterisch. Bobby war ihr Sohn, und ganz gleich, was er getan hatte, sie liebte ihn. Sie war fast krank geworden, als sie erkannte, dass es Bobby gewesen war, der Cathy Teele und Mary angegriffen hatte. Vor Sorge wäre sie fast umgekommen, sie hatte einen schrecklichen Kampf mit ihrem Gewissen und der Angst, den Sohn zu verlieren, geführt. Doch das war nichts im Vergleich zu der Angst, die sie verspürte, als ihr klar wurde, dass er sich wieder aus dem Haus geschlichen hatte. Sie war dem Lärm gefolgt, und all ihre schlimmsten Albträume hatten sich bewahrheitet: Er hatte Mary entführt, und er hatte ein Messer dabei. Jetzt waren die Mackenzies ihm auf den Fersen, und sie wusste, dass sie ihn töten würden.

Sie hielt Clay am Arm zurück, als er an ihr vorbeirannte. „Halten Sie sie auf", schluchzte sie. „Lassen Sie nicht zu, dass sie meinen Jungen erschießen!"

Clay sah sie kaum an, schüttelte nur ihre Hand ab und rannte weiter. Verwirrt und in Panik rannte Dottie hinter ihm her.

Mittlerweile hatten auch andere Männer ihre Gewehre geholt und schlossen sich an. Sie alle hatten immer Mitleid mit Bobby Lancaster gehabt, aber er hatte ihre Frauen verletzt, und dafür gab es keine Entschuldigung.

Wolfs Pulsschlag beruhigte sich, er verdrängte die panische Angst um Mary. Seine Sinne waren auf das Höchste geschärft, wie immer, wenn er jemanden verfolgte. Jedes Geräusch hallte überdimensional in seinen Ohren, er sah jeden niedergetretenen Grashalm, jeden abgebrochenen Zweig. Kein Stein, der nicht mehr an seinem ursprünglichen Platz lag, entging ihm. Er nahm jeden Geruch wahr, der in der Luft hing. Einschließlich des leicht säuerlichen Dunsts von Angst.

Er konnte alle Zeichen lesen. Hier war Mary gestolpert. Er verspannte sich. Sie musste schreckliche Angst ausstehen. Wenn der Kerl ihr etwas antat ... sie war so klein, sie hatte nicht die geringste Chance gegen einen Mann. Und der Mistkerl hatte ein Messer. Als Wolf sich vorstellte, wie die Schneide Marys durchscheinende Haut berührte, schoss unermessliche Wut in ihm auf. Er musste seine Gefühle unter Kontrolle halten, er konnte es sich nicht leisten, Fehler zu machen.

Er brach aus dem Wald hervor. Plötzlich sah er sie, hoch oben auf der Anhöhe. Bobby zerrte Mary grob mit sich, aber zumindest lebte sie noch. Wolf überblickte das Terrain. Er befand sich in einem ungünstigen Winkel. Rasch lief er am Fuße des Hügels entlang.

„Stopp!"

Es war Bobby, sein Ruf war nur schwach zu hören aus der Entfernung. Sie waren stehen geblieben, Bobby hielt Mary vor sich. „Bleibt weg, oder ich töte sie!"

Ganz langsam ließ Wolf sich auf ein Knie nieder und hob das Gewehr an. Er sah durch das Zielrohr, nicht um zu schießen, sondern um die Situation abzuschätzen. Durch das Präzisionsfernrohr konnte er die Verzweiflung in Bobbys Gesicht erkennen und das Messer an Marys Kehle.

„Bobby!“ Dottie war neben Wolf angekommen und rief verzweifelt den Namen ihres Sohnes.

„Mama?“

„Bobby, lass sie los!“

„Ich kann nicht. Sie hat es ihm gesagt.“

Mittlerweile waren auch die anderen Männer dazugestoßen. Sie schätzten die Entfernung und schüttelten den Kopf. Von hier aus konnten sie nicht schießen, es war zu weit. Sie würden vielleicht Mary treffen, falls sie überhaupt trafen.

Clay sah auf Wolf herunter. „Können Sie von hier aus zielen?“

Wolf verzog den Mund zu einem Lächeln, das Clay einen kalten Schauder über den Rücken jagte. „Ja.“

„Nein!“ Das Schluchzen kam von Dottie. „Bobby! Bitte. Komm wieder runter.“

„Ich kann nicht. Ich muss sie töten. Sie mag ihn, den dreckigen Indianer. Er hat meinen Vater umgebracht!“

„O nein.“ Dottie schlug sich entsetzt die Hand vor den Mund. Dann rief sie wieder: „Nein, Bobby! Er hat es nicht getan.“ Die pure Verzweiflung stand in ihren Augen.

„Er hat es getan! Du hast es gesagt … es war ein Indianer.“ Bobby begann Mary weiter rückwärts zu ziehen.

„Tun Sie es“, sagte Clay leise zu Wolf.

Wolf legte den Gewehrlauf in die Astbeuge eines Sprösslings. Der junge Baum war klein, aber fest genug, um als Ständer zu dienen. Wortlos nahm Wolf sein Ziel ins Visier.

„Warten Sie!“, stieß Dottie neben ihm aus. „Töten Sie ihn nicht. Er ist alles, was ich habe.“

Er blickte sie ausdruckslos an. „Ich werde es versuchen.“

Wolf konzentrierte sich auf den Schuss, schloss alles andere um sich herum aus, so wie er es immer getan hatte. Es waren fast dreihundert Meter Entfernung, kein Wind wehte. Das Bild stand groß und klar im Visier. Er konnte Marys Gesicht sehen. Sie sah wütend aus, und sie drückte gegen den Arm, der ihr das Messer an die Kehle hielt.

Gott, wenn er sie sicher zurückhatte, dann würde er ihr den Hals umdrehen!

Weil sie so klein war, hatte er eine größere Zielfläche. Instinktiv wollte er auf den Kopf schießen, wollte Bobby Lancaster ein für alle

Mal ausschalten, aber er hatte es versprochen. Verdammt, es würde kein einfacher Schuss werden. Die beiden bewegten sich, und durch sein Versprechen hatte er sich selbst die Zielfläche eingeschränkt.

Das Fadenkreuz war ausgerichtet. Wolfs Hände wurden absolut ruhig, als er den Zeigefinger an den Abzugshahn legte. Er holte einmal tief Luft, ließ die Hälfte davon entweichen und krümmte den Finger. Fast gleichzeitig mit dem donnernden Schuss in seinen Ohren sah er den roten Fleck, der sich auf Bobbys Schulter bildete. Das Messer entglitt der Hand, und durch den Aufprall der Kugel taumelte Bobby zurück. Mary fiel zur Seite, rappelte sich aber sofort auf die Beine und rannte den Abhang hinunter.

Neben Wolf sank Dottie in die Knie und schlug schluchzend die Hände vors Gesicht.

Die Männer hasteten den Hügel hinauf. Auf halber Höhe traf Mary auf Wolf. Das Gewehr noch in der Hand, fing er sie in seinen Armen auf und hielt sie fest an sich gepresst. Er fühlte ihre Wärme, atmete ihren Duft ein, spürte ihr seidiges Haar an seiner Wange und feierte still das Wunder, dass sie noch lebte und ihr nichts passiert war. Ihm war gleich, wer ihnen zusah und was die anderen denken mochten. Mary gehörte zu ihm. Er hatte gerade die schlimmste halbe Stunde seines Lebens durchgemacht – zu wissen, dass sie sich in Todesgefahr befand.

Nun, da alles vorbei war, begann sie zu weinen.

Sie war den Hügel hinaufgezerrt worden, und jetzt zog Wolf sie langsam wieder hinunter. Er fluchte unablässig unter angehaltenem Atem und ignorierte ihren Protest, bis sie stolperte. Dann hob er sie auf die Arme und eilte weiter hügelabwärts. Die versammelte Menge starrte ihnen verdutzt nach, aber niemand äußerte auch nur einen Ton oder versuchte gar, Wolf aufzuhalten. Nach dem heutigen Tage sah jeder in der Stadt Wolf Mackenzie mit anderen Augen.

Wolf beachtete Marys Auto überhaupt nicht, sondern schob sie kurz entschlossen in seinen Truck. Mary strich sich das Haar aus dem Gesicht und beschloss, ihren Wagen nicht zu erwähnen. Den konnte sie auch später noch abholen. Wolf kochte vor Wut, sie sah es an seiner Miene.

Sie waren fast schon an der Straße angelangt, die sich den Berg hinaufwand, als Wolf endlich sprach.

„Was zum Teufel hast du in der Stadt gewollt?"

Sein ruhiger Ton täuschte sie nicht. Der Wolf in ihm war bis aufs Blut gereizt. Vielleicht war sie nicht so vorsichtig gewesen, wie sie hätte sein sollen, aber sie hatte keine Angst vor ihm. Nicht vor dem Mann, den sie liebte. Sie hatte Respekt vor seinem Temperament, aber sie fürchtete sich nicht vor ihm. „Ich dachte, wenn er mich sieht, könnte ihn das hervorlocken und dazu bringen, einen Fehler zu machen, damit wir ihn endlich finden."

„O ja, hervorgelockt hast du ihn auf jeden Fall. Aber sein Fehler war bei Weitem nicht so dumm wie der, den du gemacht hast. Was hast du angestellt? Bist du die Straße rauf und runter flaniert, bis er dich gepackt hat?"

Sie ignorierte die Beleidigung. „Dazu ist es gar nicht gekommen. Ich wollte erst mit Pam reden. Ich hielt bei Hearsts Kaufhaus an und fragte Mr Hearst, ob Pam zu Hause sei. Dabei traf ich auf Dottie. Sie benahm sich so merkwürdig und sah so besorgt aus. Sie rannte praktisch zum Laden hinaus, und das hat mich stutzig gemacht. Also bin ich ihr gefolgt. Als ich sie in die Bay Road einbiegen sah, erinnerte ich mich an Bobby. Er kam auf die Veranda hinaus und sah mich an, und in dem Moment wusste ich, dass er es war."

„Und da hast du beschlossen, ihn auf eigene Faust festzunehmen?", fragte er sarkastisch.

Jetzt war Mary doch gekränkt. „Nein, so dumm bin ich auch wieder nicht. Und du sparst dir besser deine oberschlauen Bemerkungen, Wolf Mackenzie. Ich tat, was ich für nötig hielt. Es tut mir leid, wenn dir das nicht gefällt, aber so ist es nun mal. Es reichte mir. Ich wollte nicht zusehen, wie noch jemand verletzt wird. Oder dass jemand anfängt, auf dich oder Joe zu schießen." Sie atmete einmal tief ein. „Ich bin also zu den Hearsts gefahren und habe Clay angerufen. Ich hatte nicht vor, Bobby zu stellen. Aber er ist mir zu Pams Haus gefolgt und hat mein Telefonat mit Clay gehört. Dann hat er mich gepackt. Den Rest kennst du."

Sie beschrieb das Ganze so sachlich und nüchtern, dass er die Finger hart um das Lenkrad klammerte, um sich davon abzuhalten, sie bei den Schultern zu packen und zu schütteln. Eisern versuchte er sich zu beherrschen. „Ist dir klar, was hätte passieren können, wenn ich nicht zum Stall zurückgekommen wäre und gesehen hätte, dass dein Auto weg war? Es war purer Zufall, dass Pams Anruf mich erreichte und sie mir sagen konnte, dass Bobby dich mitgenommen hat."

„Ja", erwiderte sie ergeben, „das weiß ich."

„Und es stört dich überhaupt nicht, dass er dir fast die Kehle durchgeschnitten hätte?"

„Aber eben nur fast."

Wolf trat mit Wucht auf die Bremse, so wütend, dass er rote Schleier vor den Augen sah. Er war sich nicht bewusst, dass er den Motor abstellte, wusste nur, dass er Mary hart bei den Schultern packte. Er hatte das Bedürfnis, sie zur Vernunft zu bringen, aber es schien ihr gar nicht in den Sinn zu kommen, Angst vor ihm zu haben. Mit einem verzweifelten Laut warf sie sich in seine Arme und klammerte sich mit erstaunlicher Kraft an ihn.

Er hielt sie und spürte, wie sie zitterte. Die roten Schleier lösten sich auf, als ihm klar wurde, welche Angst sie hatte. Mit ihrer Nach-mir-die-Sintflut-Einstellung hatte sie getan, was sie für richtig hielt. Die ganze Zeit hatte sie sich ruhig und gelassen gegeben, damit er sich nicht um sie sorgte.

Nie hatte er sich mehr Sorgen gemacht als in dem Moment, als er mit ansehen musste, wie jemand eine Klinge an ihren Hals hielt!

Hektisch startete er den Truck. Bis zum Haus war es nicht mehr weit, aber er wusste nicht, ob er es bis dahin schaffen würde. Er musste sie fühlen, und wenn es hier mitten auf der Straße sein sollte. Nur dann würde die Angst, sie zu verlieren, vielleicht anfangen zu schwinden. Nur wenn er sie unter sich fühlte und spürte, wie sie ihn mit ihrem zierlichen Körper willkommen hieß.

Mary grübelte.

Es war jetzt vier Tage her, seit Wolf auf Bobby geschossen hatte. Die ersten beiden Tage danach waren ausgefüllt gewesen mit Zeugenaussagen, Vernehmungen auf der Polizeistation und auch mit Zeitungsinterviews. Es hatte sogar eine Anfrage von einem Fernsehsender gegeben, aber da hatte Wolf abgelehnt. Der Sheriff war kein Narr und hatte Wolf als Helden dargestellt. Wolfs Militärakte wurde hervorgekramt, und viel wurde über den „hochdekorierten Vietnamveteranen" geschrieben, der einer Lehrerin das Leben gerettet und einen Vergewaltiger gestellt hatte.

Bobby wurde ins Krankenhaus nach Caspar gebracht. Die Kugel war in seinen rechten Lungenflügel eingedrungen und musste operativ entfernt werden, aber unter den gegebenen Umständen konnte er sich glücklich schätzen, noch am Leben zu sein. Die Ereignisse hatten ihn völlig verwirrt, er bat ständig darum, nach Hause gehen zu dürfen.

Dottie hatte ihre Kündigung eingereicht. Sie musste den Rest ihres Lebens mit der Schuld zurechtkommen, dass ihr Hass den Keim in ihrem Sohn gesät und zu diesem Albtraum geführt hatte. Ihr war klar, dass man ihr Bobby wegnehmen würde, zumindest für eine Zeit, und dass sie nie mehr in Ruth leben konnten, selbst nachdem Bobby freigelassen wurde. Wo immer man Bobby hinschicken würde, sie würde in seiner Nähe bleiben. Wie sie zu Wolf gesagt hatte – Bobby war alles, was sie hatte.

Es war vorbei. Mary wusste, Wolf würde nie wieder als Außenseiter behandelt werden. Die Bedrohung war vorüber und das Leben in der Stadt wieder sicher. Für Cathy Teele machte es einen großen Unterschied zu wissen, wer der Täter gewesen war und dass man ihn gefasst hatte. Sie erholte sich langsam, auch wenn sie das Geschehene nie vergessen würde.

Es gab also keinen Grund mehr, warum Mary nicht in ihr Haus zurückkehren sollte.

Und genau deshalb war sie in so grüblerischer Stimmung. In den ganzen vier Tagen hatte Wolf nicht ein Wort über ihre Zukunft verloren. Nie hatte er von Liebe gesprochen, selbst nicht in der leidenschaftlichen Nacht, nachdem er sie in Sicherheit gebracht hatte. Nicht eine einzige Silbe hatte er darüber verlauten lassen, wie es mit ihnen weitergehen sollte.

Es wurde Zeit für Mary, nach Hause zu gehen. Sie konnte nicht ewig bei ihm bleiben, nicht wenn es keine Bedrohung mehr für sie gab. Ihre Beziehung würde wahrscheinlich weitergehen, eine Weile zumindest noch. Doch der Gedanke, Wolfs Haus zu verlassen, deprimierte sie. Sie hatte jede Minute auf Mackenzie's Mountain genossen, sie liebte es, die kleinen alltäglichen Dinge mit Wolf zu teilen. Ihr Leben bestand aus einer Aneinanderreihung von kleinen Dingen, gespickt mit den großen, intensiven Erlebnissen. Das alles wollte sie mit Wolf teilen.

Mary begann zu packen und verbot es sich zu weinen. Sie würde die Fassung wahren und keine Szene machen. Sie legte die Koffer in ihren Wagen und wartete darauf, dass Wolf zurück zum Haus kommen würde. Es wäre kindisch, sich ohne ein Wort davonzuschleichen. Sie würde ihm mitteilen, dass sie in ihr eigenes Haus zurückkehrte, sich bei ihm bedanken, dass er sie beschützt hatte, und abfahren. Alles sehr zivilisiert.

Es wurde später Nachmittag, als Wolf zurückkam. Er war verschwitzt, ein Staubfilm lag auf seiner Haut, und er humpelte, weil eine Kuh ihm auf den Fuß getreten war. Er war nicht gerade bester Laune.

Mary lächelte ihn an. „Ich habe beschlossen, dir nicht länger zur Last zu fallen. Es gibt ja keinen Grund mehr, warum ich Angst haben sollte, allein zu leben. Meine Sachen habe ich bereits gepackt und verstaut. Ich wollte nur warten, bis du zurück bist, um mich bei dir für alles, was du für mich getan hast, zu bedanken."

Wolf, der Wasser in langen Zügen trank, um seine staubtrockene Kehle zu spülen, hielt mitten in der Bewegung inne. Joe, der gerade die Treppe herunterkommen wollte, verharrte reglos. Sie brauchten ihn nicht zu sehen, aber er konnte sich beim besten Willen nicht vorstellen, dass Wolf Mary gehen lassen würde.

Wie in Zeitlupe drehte Wolf den Kopf, um Mary anzuschauen. Ein wilder Ausdruck lag in seinen Augen, aber Mary war zu sehr damit beschäftigt, Haltung zu wahren, als dass es ihr aufgefallen wäre. Sie lächelte erneut, dieses Mal fiel es ihr allerdings schon schwerer. Bisher hatte er kein Wort gesagt, nicht einmal ein: „Ich ruf dich an."

„Nun", sagte sie übertrieben fröhlich, „man sieht sich. Erinnere Joe an den Unterricht."

Mary ging zur Vordertür hinaus und die Verandastufen hinunter. Sie hatte ungefähr die halbe Strecke zu ihrem Wagen zurückgelegt, als eine schwere Hand mit eisernem Griff von hinten auf ihre Schulter niederfiel und sie mit einem Ruck umdrehte.

„Ich soll verdammt sein, bevor ich zulasse, dass du auch nur einen Fußbreit von diesem Berg weggehst."

Wolf stand drohend vor ihr. Zum ersten Mal empfand Mary es als Nachteil, dass sie ihm nur bis zur Schulter reichte. Sie musste den Kopf in den Nacken legen, um ihn ansehen zu können, so nah war er an sie herangetreten. Die Wärme seines Körpers hüllte sie ein wie heißer Dampf. „Ich kann nicht ewig hierbleiben“, begann sie sachlich, doch dann sah sie in seine Augen und erschauerte. „Ich bin eine Kleinstadtlehrerin, ich kann unmöglich so einfach mit dir zusammenleben …“

„Halt den Mund!“, herrschte er sie an.

„Also, Moment mal!“, setzte sie empört an, kam jedoch nicht weit.

„Ich sagte, halt den Mund. Du gehst nirgendwohin, und du wirst dich besser daran gewöhnen, den Rest deines Lebens mit mir zusammenzuleben. Heute ist es zu spät, aber morgen fahren wir als Erstes in die Stadt und bestellen das Aufgebot. Innerhalb einer Woche sind wir verheiratet. Und jetzt beweg deinen kleinen süßen Hintern zurück ins Haus und bleibe dort! Ich hole deine Koffer.“

Vor seiner Miene hätte so mancher kopflos die Flucht ergriffen. Mary jedoch verschränkte nur erbost die Arme. „Ich heirate niemanden, der mich nicht liebt!“

Wolf fluchte und riss sie an sich. „Dich nicht lieben? Mary, du wickelst mich um den kleinen Finger, seit ich dir zum ersten Mal begegnet bin. Für dich hätte ich Bobby Lancaster, ohne mit der Wimper zu zucken, getötet! Also behaupte nie wieder, ich würde dich nicht lieben!“

Als Liebeserklärung beziehungsweise Heiratsantrag ist das sicherlich nicht die romantischste Ausführung, dachte Mary, aber auf jeden Fall sehr aufregend. Sie lächelte und stellte sich auf die Zehenspitzen, um die Arme um seinen Hals zu schlingen. „Ich liebe dich ja auch.“

Er blitzte sie böse an, doch dann fiel ihm auf, wie hübsch sie aussah in ihrem pinkfarbenen Pullover, der ihre Wangen und ihre Lippen so rosig schimmern ließ. Ihre schieferblauen Augen funkelten verschmitzt, und der Wind spielte mit ihrem Haar.

Er barg sein Gesicht in den feinen Strähnen an ihrer Schläfe. „Gott, wie sehr ich dich liebe“, flüsterte er. Er hätte nie geglaubt, eine Frau so lieben zu können, erst recht keine Anglo. Doch das war, bevor dieses zierliche Wesen in sein Leben getreten war und es komplett verändert hatte. Er brauchte sie zum Leben wie die Luft zum Atmen.

„Ich will Kinder“, verkündete sie bestimmt.

An ihrer Schläfe lächelte er. „Einverstanden.“

Sie dachte darüber nach. „Ich denke, vier ist eine gute Zahl.“

Er hielt sie noch fester und runzelte leicht die Stirn. „Wir werden sehen.“ Sie war zu zart gebaut für so viele Schwangerschaften, zwei reichten. Er hob sie auf seine Arme und trug sie in das Haus, in das sie gehörte.

Joe beobachtete die Szene vom Fenster aus und wendete sich lächelnd ab, als sein Vater Mary fest an sich drückte.

EPILOG

Air Force Academy, Colorado Springs, Colorado

Joe riss den Briefumschlag auf und begann zu grinsen, während er las. Sein Zimmergenosse sah neugierig zu ihm hin. „Gute Nachrichten von zu Hause?"

„Ja." Joe sah nicht von den Zeilen auf. „Meine Stiefmutter ist wieder schwanger."

„Hat sie nicht gerade erst ein Baby bekommen?"

„Vor zwei Jahren. Das ist jetzt das dritte."

Sein Zimmergenosse Bill Stolsky musterte Joe, der den Brief zu Ende las. Insgeheim war er beeindruckt von dem ruhigen zurückhaltenden Halbblut. Selbst in ihrem ersten Jahr als Kadetten, in dem man normalerweise als das Allerletzte betrachtet wurde, hatte es irgendetwas an Joe Mackenzie gegeben, das sogar die Vorgesetzten davon abgehalten hatte, ihm zu viel elendige Behandlung zukommen zu lassen. Von Anfang an stand Joe an der Spitze seiner Klasse, und es war bereits allgemein bekannt, dass er nach der Prüfung direkt zum Flugtraining gehen würde. Mackenzie war auf der Überholspur nach oben, das wussten alle Ausbilder.

„Wie alt ist deine Stiefmutter eigentlich?", fragte Stolsky. Er wusste, Mackenzie war einundzwanzig, ein Jahr jünger als er selbst. Sie beide gehörten zu den Senioren auf der Akademie.

Joe griff nach einem Bild, das in seinem Spind hing. „Jung. Mein Dad ist auch noch ziemlich jung. Er war fast selbst noch ein Kind, als ich geboren wurde."

Stolsky nahm das Bild entgegen und betrachtete die vier Menschen darauf. Es war kein gestelltes Foto, sondern ein Schnappschuss, was es viel ausdrucksvoller wirken ließ. Drei Erwachsene spielten mit einem Baby. Die Frau war klein und zierlich und sah lachend hinter dem Baby, das auf ihrem Schoß saß, zu einem großen Mann mit harten Zügen auf. Der Typ sah verdammt einschüchternd aus. Dem würde Stolsky nicht allein in einer Gasse begegnen wollen, ob nun im Dunkeln oder nicht. Er warf einen Blick zu Joe und erkannte die Ähnlichkeit.

Doch das Baby hielt sich mit der kleinen Faust am Zeigefinger des Mannes fest und lachte übers ganze Gesicht, während Joe es im Nacken kitzelte. Das Foto gewährte einen sehr privaten Einblick in Mackenzies Leben, in die Familie, die eng zusammenhielt.

Stolsky räusperte sich. „Ist das der Jüngste?"

„Nein, das Bild wurde aufgenommen, als ich noch auf der Highschool war. Das ist Michael, er ist jetzt vier. Joshua ist zwei." Joe grinste und sorgte sich doch zur gleichen Zeit. Seine beiden kleinen Brüder waren per Kaiserschnitt zur Welt gekommen. Nach Joshua hatte Wolf bestimmt, dass es keine weiteren Kinder mehr geben würde, weil Mary eine so schwere Schwangerschaft durchgemacht hatte. Aber Mary hatte mal wieder gewonnen. Wie immer. Zur Geburt seines nächsten Geschwisterchens würde er auf jeden Fall Urlaub einreichen.

„Deine Stiefmutter ist aber keine ... äh ..."

„Indianerin? Nein."

„Magst du sie?"

Joe lächelte. „Ich liebe sie. Ohne sie wäre ich nicht hier." Er ging zum Fenster und sah hinaus. Sechs Jahre. Sechs Jahre harter Arbeit, und jetzt endlich stand er kurz vor dem Ziel, das er immer hatte erreichen wollen: Kampfjets. Zuerst würde das Flugtraining kommen, dann das Training als Pilot für Kampfjets. Noch viele Jahre Training lagen vor ihm. Er war bereit. Nur wenige schafften es als Kampfjetpilot, aber er würde einer von ihnen sein.

Die Kadetten in seiner Klasse, die zum Flugtraining gingen, hatten sich bereits Namen ausgedacht, unter denen sie ihre Einsätze absolvieren wollten, auch wenn sie wussten, dass manche abspringen und andere es nie schaffen würden. Aber es waren ja immer die anderen, die nicht das Zeug dazu hatten.

Sie hatten eine Menge Spaß dabei gehabt, sich diese Embleme auszudenken. Joe hatte wie immer ruhig und ein wenig abseits dabeigesessen. Richards hatte auf ihn gezeigt und gesagt: „Du bist der Häuptling."

Joe hatte mit regloser Miene aufgesehen. „Ich bin kein Häuptling."

„Na schön, wie willst du dann genannt werden?"

Joe hatte die Schultern gezuckt. „Nennt mich Breed, von ‚Halfbreed', Halbblut. Denn das ist es, was ich bin."

Selbst jetzt, obwohl sie die Prüfung noch nicht hinter sich hatten, nannte ihn jeder Breed Mackenzie. Der Name würde auf seinem Helm stehen, und eine Menge Leute würden vergessen, wie er wirklich hieß.

Mary hatte ihm das ermöglicht. Sie hatte nicht lockergelassen, hatte ihn unterrichtet, ihm alles beigebracht und in die richtige Richtung gedrängt. Sie hatte ihm den Weg zu seinem Leben gezeigt. Dort oben in dem schrankenlosen Blau.

Mary drehte sich in Wolfs Armen. Sie war nackt, und seine große Hand strich unablässig über ihren Bauch, so als suche er dort nach Anzeichen der noch nicht sichtbaren Schwangerschaft. Sie wusste, dass er sich Sorgen machte, aber ihr ging es großartig, und sie versuchte ihn zu beruhigen. „Ich habe mich nie besser gefühlt. Gib's endlich zu, schwanger zu sein steht mir einfach."

Er lachte leise und streichelte ihre Brüste. Sie waren nicht nur voller, sondern auch viel empfindsamer; er konnte sie schon allein dadurch befriedigen, dass er ihre Brustwarzen mit dem Mund verwöhnte.

„Aber das ist das letzte Mal", sagte er.

„Und wenn es wieder ein Junge wird? Dann müssen wir es noch einmal versuchen, schließlich willst du doch auch ein Mädchen, oder?"

Er stöhnte auf. Mit diesem Argument hatte sie ihn auch schon zu dieser Schwangerschaft überredet. Sie wollte unbedingt ihre vier Kinder haben. „Lass uns eine Abmachung treffen. Sollte dieses hier ein Mädchen sein, dann gibt's keine weiteren Kinder mehr. Wenn's ein Junge wird, versuchen wir es noch einmal, aber dann ist wirklich Schluss, ganz gleich ob Junge oder Mädchen."

„Einverstanden", stimmte sie bereitwillig zu. Aber dann setzte sie nachdenklich hinzu: „Hast du schon mal daran gedacht, dass du vielleicht hundert Kinder zeugen könntest und kein einziges Mädchen darunter wäre? Vielleicht hast du ja gar keine X-Chromosomen in dir. Schau dir doch nur an, was bisher passiert ist – drei Jungen hintereinander ..."

Er legte ihr die Hand auf den Mund. „Kommt nicht infrage. Vier ist das absolute Maximum."

Sie lachte und schmiegte sich an ihn. Er reagierte sofort, selbst nach fünf Jahren Ehe. Später, als er schlief, starrte Mary lächelnd in die Dunkelheit, während sie sanft über seinen starken Rücken streichelte. Dieses Baby war auch ein Junge, sie spürte es. Aber das nächste ... ach, das nächste würde das Mädchen werden, nach dem Wolf sich so sehnte. Da war sie ganz sicher.

– ENDE –

Linda Howard

Das Geheimnis der Mackenzies

Roman

Aus dem Amerikanischen von
Sonja Sajlo-Lucich

NEW YORK TIMES
BESTSELLER AUTOREN

PROLOG

Er war schon eine Legende, bevor er die Akademie abgeschlossen hatte, vor allem für seine gleichaltrigen Kameraden und bei den jüngeren. Als Bester seines Jahrgangs konnte er frei wählen, wie es für ihn weitergehen sollte. Dass er sich für Kampfjets entschied, überraschte niemanden. Jeder wusste, dass man als Pilot am schnellsten die Karriereleiter in der Air Force erklomm, und die Jets mit ihren glänzenden Flügeln waren nun mal Vorzeigeobjekte. Doch diejenigen, die Joe Mackenzie, den frischgebackenen Offizier der United States Air Force, kannten, wussten, dass die Karriere ihn keinen Deut interessierte. Er wollte einfach nur fliegen.

Seine Vorgesetzten hegten zunächst leichte Zweifel an seiner Eignung für den Kampfjet. Aber es war das Training, das er sich ausgesucht hatte, und sie würden ihm diese Chance geben. Gut eins neunzig groß, war Mackenzie eigentlich zu groß für einen Kampfflieger. Das Cockpit eines Jets würde eng für ihn werden, vor allem kamen Männer unter eins achtzig und von massiverer Statur besser mit den Gravitationskräften zurecht. Aber zu jeder Regel gab es Ausnahmen. Die Angaben für den Körperbau eines Kampfpiloten waren allgemeine Richtlinien, keine streng einzuhaltenden Anweisungen. Joe Mackenzie wurde zum Kampfflugtraining zugelassen.

Seine Ausbilder mussten bald feststellen, dass Joe Mackenzie trotz seiner Größe nicht nur gut war, er war herausragend. Er galt als seltene Ausnahmeerscheinung, die für alle nachfolgenden Piloten neue Maßstäbe setzen würde. Er schien für das Fliegen geboren zu sein. Seine Augen waren schärfer, seine Reflexe schneller, und er hielt die Gravitationskräfte besser aus als seine kleineren und bulligeren Trainingskameraden. In Physik und Aerodynamik blieb er weiterhin an der Spitze, er bediente die Instrumente mit fließender Perfektion, und er war bereit, endlose Stunden im Flugsimulator zu verbringen, um seine Fähigkeiten zu perfektionieren. Vor allem besaß er die Eigenschaft, eine Situation blitzschnell zu erfassen und entsprechend zu reagieren. Alle Piloten brauchten diese Fähigkeit, aber bei Joe Mackenzie war sie extrem hoch entwickelt. Joe Mackenzie wurde als „Hot Stick" bekannt, einer von denen, die den magischen Touch hatten.

Als junger Captain im Golfkrieg schoss er an einem Tag drei gegnerische Maschinen ab. Zu seiner Erleichterung wurde das nicht publiziert. Die Gründe waren politischer Natur: Um die Beziehungen zu stärken, wollten die USA den Ruhm vorerst den Piloten der Alliierten überlassen. Captain Mackenzie hatte überhaupt nichts dagegen einzuwenden. Eigentlich war es Zufall gewesen, dass er sich am zweiten Tag des Krieges mitten im heißesten Kampfgetümmel wiederfand. Das Können der gegnerischen Piloten beeindruckte ihn nicht.

Das Resultat war jedoch eine sofortige Ernennung zum Major, und alle wussten, dass Joe Mackenzie, der unter dem Emblem „Breed“ flog, sich auf der Überholspur zum Stern eines Generals befand.

Im zweiten Golfkrieg gingen zwei weitere Abschüsse auf das Konto von Major Mackenzie, sein Ruf als Fliegerass stand fest. Dieses Mal wurden seine Erfolge nicht aus den Medien herausgehalten, das Pentagon wollte es auch gar nicht mehr. Die Verantwortlichen hatten erkannt, welche Goldmine man mit dem gut aussehenden amerikanisch-indianischen Halbblut aufgetan hatte, das alle Qualitäten in sich vereinte, die man so unbedingt nach außen projizieren wollte. Er hatte freie Wahl hinsichtlich des Einsatzbereichs und der Aufgaben und wurde im Alter von zweiunddreißig Jahren in den Rang eines Lieutenant-Colonel erhoben.

Niemand zweifelte daran, dass es für Breed Mackenzie nur eine Richtung gab – aufwärts.

1. KAPITEL

Sie war eine Schönheit, die heißeste Braut, die er je gesehen hatte. Schnell und schlank – und tödlich. Allein bei ihrem Anblick schlug sein Puls schneller. Selbst hier im Hangar, mit kalten Motoren und Bremsklötzen an den Rädern, wirkte sie wie die lebendige Verkörperung der Schnelligkeit.

Colonel Joe Mackenzie strich mit langen schlanken Fingern über ihren Rumpf, zärtlich wie ein Liebhaber. Die dunkle Metallhülle fühlte sich glatt und seidig an, anders als bei jedem Jet, den er bisher geflogen hatte. Dieser Unterschied berauschte Joe. Er wusste, es lag an der revolutionären Legierung, einer Mischung aus Thermokunststoff, Graphit und Glasfasern, die weit härter, widerstandsfähiger und zugleich dehnbarer war als Stahl. Sie würde größeren Kräften standhalten als jedes Flugzeug vor ihr. Das war die rationale Erklärung. Emotional jedoch war er der festen Überzeugung, dass sie lebendig war und deshalb alles aushalten würde. Sie fühlte sich nicht an wie Metall, war nicht so kalt. Wahrscheinlich lag das an der Glasfaser.

Entwicklungsprojekte erhielten normalerweise Codenamen, die nichts über die Art des Programms verrieten. Aus diesem Grund war der Vorläufer, der SR-71 Blackbird, „Ochsenkarren" genannt worden. Die Entwicklung dieser zweiten Generation von Kampfjets lief unter dem Projektnamen „Night-Wing". Erst wenn die Serienproduktion anlief, würde man sich wohl für einen weniger poetischen Namen wie F-15 Eagle oder F-17 Falcon entscheiden. Für Colonel Mackenzie jedoch hieß die Maschine „Baby". Es gab fünf Prototypen, und er nannte sie alle „Baby." Die Testpiloten, die dem Projekt unter seinem Kommando zugeteilt worden waren, beschwerten sich darüber, dass Baby – welche es auch gerade war – bei anderen Piloten aufmuckte, weil er sie mit seinem Flugstil verwöhnte. Daraufhin hatte Colonel Mackenzie seine Leute mit seinem berüchtigten eisblauen Blick bedacht und erwidert: „Ich weiß, das sagen auch alle meine Frauen über mich." Sein Gesicht war dabei so ausdruckslos geblieben, dass die Männer nicht wussten, ob das nun als Scherz oder ernst gemeint war. Sie nahmen an, es war sein Ernst.

Joe Mackenzie hatte schon eine Menge Flugzeuge geflogen, aber

Baby war etwas ganz Besonderes, nicht nur wegen der neuartigen Konstruktion und der Kraft, die in ihm steckte, sondern auch wegen seines Waffensystems. Es war eine wahrhaft revolutionäre Neuerung. Und es gehörte ihm. Als Leiter des Entwicklungsprojekts lag es in seiner Verantwortung, ihm über die ersten Schwierigkeiten hinwegzuhelfen, damit die Produktion anlaufen konnte. Das hieß, wenn der Kongress die Gelder bewilligte. General Ramey war allerdings zuversichtlich, dass es da keine Schwierigkeiten geben würde.

Baby war so außergewöhnlich, dass nur die Besten der Besten zu dem Projekt zugelassen worden waren, es herrschte höchste Geheimhaltungsstufe. Bei den strengen Sicherheitsvorkehrungen kamen nichts und niemand ohne entsprechende Berechtigung in den Hangar.

„Brauchen Sie etwas, Sir?"

Joe drehte sich um und richtete seinen Blick auf Staff Sergeant Dennis Whitside, von allen nur „Whitey" genannt. Whitey hatte feuerrotes Haar, unzählbar viele Sommersprossen und war als Flugzeugmechaniker ein unübertroffenes Genie. Whitey betrachtete Baby als sein Flugzeug. Er ließ nur zu, dass die Piloten es anfassten, weil er bis jetzt noch keine Möglichkeit gefunden hatte, das zu verhindern.

„Ich wollte nur noch mal nach ihm sehen, bevor ich für heute Schluss mache", antwortete Joe. „Hatten Sie nicht auch schon vor Stunden Dienstschluss?"

Whitey zog ein Tuch aus der hinteren Hosentasche und polierte den Fleck weg, den Joes Finger auf der Hülle hinterlassen hatten. „Es gab da ein paar Arbeiten, die ich beaufsichtigen wollte. Sie steigen morgen früh mit ihm auf, nicht wahr, Sir?"

„Ja."

Whitey schnaubte. „Zumindest gehen Sie nicht so grob mit ihm um wie manch anderer von den Jungs."

„Wenn Ihnen auffällt, dass meine Jungs falsch mit den Maschinen umgehen, lassen Sie es mich wissen."

„Na, das kann man eigentlich nicht sagen. Es ist nur … Die haben eben nicht Ihr Fingerspitzengefühl."

„Trotzdem. Ich meine, was ich sagte."

„Jawohl, Sir."

Joe klopfte Whitey auf die Schulter und ging in Richtung seines

Quartiers. Der Sergeant schaute ihm lange nach. Er zweifelte keine Sekunde daran, dass der Colonel jeden Piloten zur Rechenschaft ziehen würde, sollte er nachlässig oder leichtsinnig mit dem Prototyp verfahren. Colonel Mackenzie war dafür berüchtigt, nicht weniger als absolute Perfektion von seinen Piloten zu verlangen. Im Gegenzug wussten alle, dass er das Leben seiner Männer über alles stellte. Die Wartung der Maschinen hatte also oberste Priorität. Deshalb war Whitey auch noch im Hangar. Mackenzie erwartete von allen seinen Leuten vollen Einsatz, ohne Ausnahme. Ein Fehler der Bodencrew konnte den Verlust eines der Achtzig-Millionen-Dollar-Vögel bedeuten oder, schlimmer noch, den Verlust eines Mannes. Jemand mit einer lässigen Einstellung hatte in diesem Projekt keinen Platz.

Als Joe durch die Wüstennacht ging, sah er in einem der Büros noch Licht brennen und lenkte seine Schritte zu dem Container. Er hatte nichts dagegen, wenn jemand noch spät arbeitete. Aber er erwartete auch von seinen Leuten, dass sie am nächsten Morgen frisch und ausgeruht zum Dienst antraten. Es gab ein paar Workaholics beim Night-Wing-Projekt, die zwanzig Stunden durcharbeiten würden, wenn er sie nicht aufhielt.

Seine Schritte waren kaum zu hören. Nicht weil er sich anschleichen wollte, sondern weil man es ihm so beigebracht hatte, von dem Moment an, da er Laufen gelernt hatte. So oder so hätte ihn niemand hören können, die Klimaanlage in den Containern lief ständig, um die Juli-Hitze zu vertreiben. Kühl wurde es dennoch nicht, da die Sonne die Metallhütten stets stark aufheizte.

Nur ein Fenster des Gebäudes war beleuchtet. Der Arbeitsbereich beherbergte das zivile Team, das vor Ort an der Laserzieltechnologie arbeitete. Macken tauchten immer auf, sobald ein neues System getestet wurde, und diese Fehler sollten so schnell wie möglich behoben werden. Jetzt fiel Joe wieder ein, dass heute ein neuer Techniker ankommen sollte, als Ersatz für einen Mann aus dem Team, der einen Herzinfarkt erlitten hatte. Der Mann hatte sich zwar wieder erholt, doch der medizinische Offizier war der Meinung, dass eine weitere Arbeit bei über dreißig Grad Hitze nicht mehr möglich sei. Also hatte die Firma einen Ersatz geschickt.

Joe war neugierig auf das neue Crewmitglied, eine Frau namens Caroline Evans. Er hatte die anderen drei Zivilisten stöhnen hören, als ihr Name gefallen war. Sie hatten sie „die Schönheitskönigin" genannt; das hatte sich nicht gerade nach einem Kompliment angehört. Das Team mochte aus Zivilisten bestehen, aber Joe würde keine Spannungen in der Gruppe zulassen, die sich auf die Arbeit auswirkten. Wenn sie nicht miteinander auskamen, würde er nach einem Ersatz für den Ersatz verlangen. Wer immer dort so spät noch arbeitete, er würde sich bei ihm erkundigen, ob Miss Evans angekommen war und warum genau ihre Ankunft eine solche Reaktion hervorgerufen hatte.

Joe ging leise auf die offene Tür zu und blieb einen Moment im Rahmen stehen. Die Frau in dem Büro musste die Schönheitskönigin selbst sein, denn sie hatte er noch nie hier gesehen. An sie würde er sich auf jeden Fall erinnern.

Es war alles andere als unangenehm, sie zu betrachten. Unmerklich versteifte er sich, als jeder Muskel in seinem Körper sich anspannte und in Alarmbereitschaft ging. Er war müde, doch plötzlich pulste Adrenalin durch ihn hindurch, alle Sinne waren geschärft. Das geschah sonst nur, wenn er im Cockpit saß, die Rückstoßraketen einschaltete und jäh vorwärtsschoss.

Sie trug einen gerade geschnittenen, roten Rock, der knapp über den Knien endete. Die Schuhe hatte sie ausgezogen, die nackten Füße auf die Schreibtischkante gelegt und sich mit dem Stuhl, in dem sie saß, nach hinten gelehnt. Joe stützte sich mit der Schulter gegen den Türrahmen und studierte die bloßen Schenkel, die sich seinem Blick darboten. Auf Strümpfe hatte Miss Evans bei der Hitze verzichtet. Es waren hübsche Beine, wie er zugeben musste. Nein, nicht hübsche ... umwerfende Beine.

Ein fetter Computerausdruck lag auf ihrem Schoß. Sie las jede Zeile und prüfte ab und zu etwas in dem Buch, das aufgeschlagen neben ihr lag. Eine Tasse grünen Tees stand in unmittelbarer Reichweite. Ohne hinzuschauen griff sie relativ häufig danach und nippte daran. Ihr Haar war hell und schulterlang, klassisch aus dem Gesicht zurückgekämmt. Obwohl er nur einen Teil ihres Gesichts sehen konnte, fiel ihm auf, dass sie hohe Wangenknochen und volle Lippen hatte.

Er wollte sie von vorn, nicht nur im Profil sehen. Ihre Augen interessierten ihn, und er wollte ihre Stimme hören.

„Zeit, für heute Schluss zu machen“, sagte er.

Mit einem unterdrückten Aufschrei zuckte sie auf dem Stuhl zusammen, der Tee spritzte in die eine Richtung, der Ausdruck flog in die andere, die langen Beine kamen ruckartig auf den Boden, und der Stuhl rollte abrupt rückwärts und landete krachend vor dem Karteischrank. Sie wirbelte herum, eine Hand an der Brust, so als könne sie dadurch ihren Herzschlag beruhigen. Eine sehr wohlgeformte Brust, wie Joe auffiel, denn mit ihrer Geste hatte sie den dünnen Baumwollstoff fest zurückgedrückt.

Ärger huschte über ihre Züge, schnell wie ein Blitz, und war auch wie der Blitz verschwunden. Sie riss die Augen auf. „Ach, du meine Güte, das ist ja G.I. Joe!“, entfuhr es ihr.

Der Sarkasmus war ihm nicht entgangen. Er hob eine schwarze Augenbraue. „Colonel G.I. Joe.“

„Ja, das sehe ich“, meinte sie bewundernd. „Ein richtiger Air Force Colonel. Und ein Ringträger.“ Sie deutete auf seine Hand, an der er den Ring trug, der ihn als Akademieabsolventen auswies. „Entweder Sie haben einen Colonel überfallen und ausgeraubt, sich ein Facelifting machen lassen und Ihr Haar schwarz gefärbt, oder Sie haben einen Sponsor mit einer dicken Brieftasche im Rücken, der Sie die Ränge hinaufgehievt hat.“

Seine Miene blieb völlig ausdruckslos. „Vielleicht bin ich auch einfach nur verdammt gut in dem, was ich tue.“

„Beförderung aufgrund von Verdiensten?“ Sie fragte es mit einer Betonung in der Stimme, als sei das völlig abwegig. „Nein, bestimmt nicht.“

Bei Frauen war Joe an die unterschiedlichsten Reaktionen gewöhnt. Sie reichten von Faszination bis Verschüchterung und basierten immer auf dem Bewusstsein seiner körperlichen Präsenz. Er war ebenso daran gewöhnt, automatisch Respekt einzuflößen, wenn auch nicht unbedingt Sympathie zu wecken. Doch in Caroline Evans’ Augen stand nichts dergleichen. Sie hielt den Blick unverwandt auf ihn gerichtet und musterte ihn abschätzend, wie einen Revolverhelden. Ja, das war es. Sie musterte ihn wie einen Gegner.

Er stieß sich vom Türrahmen ab und beschloss, die Situation auf eine professionelle Ebene zu bringen. Sie sollte wissen, mit wem sie es tun hatte. „Colonel Joe Mackenzie, Projektleiter.“ Laut Protokoll war es die Frau, die entschied, ob man sich per Handschlag begrüßte. Ein männlicher Offizier bot nie zuerst seine Hand an. Aber Joe wollte ihre Hand in seiner fühlen und ahnte, dass, sollte er ihr die Wahl überlassen, es nicht zu dieser Berührung kommen würde.

Sie zögerte nicht, sondern schlug ein. „Caroline Evans. Ich übernehme Boyce Waltons Platz im Laserteam." Einmal fest zugedrückt, dann zog sie ihre Hand zurück.

Da sie barfuß war, reichte sie ihm gerade bis zum Schlüsselbein, Joe schätzte sie auf eins dreiundsechzig. Der Größenunterschied schüchterte sie nicht ein, auch wenn sie aufblicken musste, um seinem Blick begegnen zu können. Ihre Augen waren dunkelgrün und umrahmt von schwarzen Wimpern und schwarzen Brauen, was darauf schließen ließ, dass Blond nicht ihre natürliche Haarfarbe war.

Mit dem Kopf deutete er zu dem auf den Boden gefallenen Ausdruck. „Warum arbeiten Sie noch so spät, vor allem an Ihrem ersten Tag? Stimmt vielleicht etwas nicht, über das ich informiert werden sollte?"

„Nicht dass ich wüsste." Sie ging in die Hocke, um den Packen Papier aufzuheben. „Ich wollte nur ein paar Dinge noch einmal überprüfen."

„Wieso? Warum glauben Sie, das tun zu müssen?"

Sie warf ihm einen ungeduldigen Blick zu. „Ist chronisch bei mir – alles zweimal zu prüfen. Ich schaue immer zweimal nach, ob ich den Herd abgestellt habe, ob das Bügeleisen auch wirklich aus ist, ob die Tür abgeschlossen ist. Ich sehe mich auch zweimal um, bevor ich eine Straße überquere."

„Und Sie haben nichts gefunden, das nicht stimmt?"

„Nein, natürlich nicht. Das sagte ich doch schon."

Er entspannte sich. Mit dem System war also so weit alles in Ordnung. Damit hatte er wieder Muße, sich der Betrachtung von Caroline Evans zu widmen. Sie zog jetzt zwei Tücher von der Haushaltsrolle in der Schreibtischschublade und wischte den verschütteten Tee auf. Ihre Bewegungen waren fließend, perfekt koordiniert ... und sexy, fand Joe. Überhaupt würde er alles an ihr, selbst die kaum verheimlichte Herausforderung in ihrem Blick, als sexy bezeichnen.

Sie warf die nassen Papiertücher in den Abfallkorb und schlüpfte in ihre Schuhe. „Nett, Sie kennengelernt zu haben, Colonel." Bei den Worten sah sie ihn nicht an. „Wir sehen uns ja dann morgen früh."

„Ich begleite Sie zu Ihrem Quartier."

„Nein, danke."

Die lässige Ablehnung verärgerte ihn. „Es ist spät und Sie sind allein. Ich begleite Sie."

Jetzt sah sie ihn an und stemmte die Hände in die Hüften. „Ich weiß Ihr Angebot zu schätzen, Colonel, aber ich brauche diese Art Sonderbehandlung nicht."

„Diese Art Sonderbehandlung? Wovon reden Sie überhaupt?"

„Die Art, die nur Schaden anrichtet. Sehen Sie, Sie sind hier der große Boss. Wenn jemand sieht, wie Sie mich zu meinem Quartier begleiten, macht es innerhalb von zwei Tagen die Runde. Ich muss mir dann die dummen Bemerkungen anhören, dass ich nie hier wäre, wenn ich mich nicht bei Ihnen eingeschmeichelt hätte. Darauf kann ich gut und gerne verzichten."

„Ah." Er begann zu verstehen. „Das ist Ihnen schon öfter passiert, oder? Man traut Ihnen bei Ihrem Aussehen keinen Verstand zu, ist es das?"

Ihr Blick wurde herausfordernd. „Was soll das heißen, ‚bei meinem Aussehen'? Wie sehe ich denn aus?"

Sie war stachelig wie ein Igel, und trotzdem wollte Joe am liebsten die Arme um sie legen und ihr versichern, dass er von jetzt an für sie kämpfen würde. Begrüßen würde sie eine solche Geste wohl kaum, das war ihm klar. Sie schien durchaus in der Lage, ihre eigenen Schlachten zu schlagen. Am cleversten wäre, er würde jetzt auf Nummer sicher gehen und irgendetwas Unverfängliches von sich geben, damit er ihr nicht noch weiter auf die Füße trat. Aber er war nicht Kampfpilot geworden, weil er auf Nummer sicher ging.

„Bezaubernd", antwortete er, und sein Blick war vielsagend.

Sie blinzelte, so als sei sie überrascht, wich einen Schritt zurück und stieß ein verwirrtes „Oh" aus.

„Sie müssen doch wissen, dass Sie attraktiv sind", meinte er nüchtern.

Sie blinzelte noch einmal. „Das Aussehen sollte keine Rolle spielen. Sie sehen ja auch aus wie ein wandelndes Rekrutierungsposter, aber Ihrer Karriere hat es nicht geschadet, oder?"

„Ich setze mich hier nicht für Diskriminierung ein. Sie haben gefragt, und ich habe geantwortet. Sie sehen appetitlich aus."

„Oh." Sie beäugte ihn argwöhnisch, als sie an ihm vorbeiging.

Er hielt sie am Ellbogen fest. Ihre warme weiche Haut an seiner Handfläche reizte ihn, mehr zu erforschen, doch er beherrschte sich. „Wenn irgendjemand Sie behelligt, kommen Sie zu mir, Caroline."

Ihr Blick fiel alarmiert auf seine Hand. „Äh ... ja, sicher."

„Auch wenn es jemand aus Ihrem eigenen Team ist. Sie sind Zivilistin, aber das hier ist mein Projekt. Ich kann jeden jederzeit austauschen, wenn er Probleme macht."

Die Berührung machte sie nervös, Joe konnte es ihr ansehen. Er betrachtete sie einen langen Moment mit zusammengezogenen Augenbrauen, bevor er sie losließ. „Ich meine es ernst", sagte er jetzt milder. „Sollte es irgendwelche Schwierigkeiten geben, kommen Sie zu mir. Mir ist klar, dass Sie sich nicht von mir begleiten lassen wollen. Aber ich muss sowieso in die Richtung, da ich auch ins Bett will. Ich gebe Ihnen dreißig Sekunden Vorsprung, sodass wir nicht zusammen gehen."

„Dreißig Sekunden sind nicht sehr viel."

Er zuckte die Schultern. „Das reicht für dreißig Meter." Er schaute auf seine Armbanduhr. „Die Zeit läuft."

Sie drehte sich um und floh. Anders konnte man es nicht bezeichnen. Am liebsten hätte sie wohl noch den engen Rock gerafft und wäre gerannt. Joe sah ihr mit einer hochgezogenen Augenbraue fragend nach. Als die dreißig Sekunden um waren, verließ er den Container und erhaschte noch die Konturen ihrer schlanken Gestalt in der Ferne. Sie hastete durch die Dunkelheit. Auf dem Weg zu seinem eigenen Quartier fragte er sich, was wohl eine solche Amazone in ein scheuendes Fohlen verwandelt haben mochte.

Caroline schlug die Tür ihres spartanischen Quartiers hinter sich zu und verschloss sie hastig. Dann lehnte sie sich atemlos dagegen. Sie hatte das Gefühl, gerade einem gefährlichen Raubtier entkommen zu sein. Was dachte die Air Force sich nur dabei, diesen Mann frei herumlaufen zu lassen? Er sollte versteckt im Pentagon hinter irgendeinem Schreibtisch sitzen. Für ihre Poster konnten sie ihn ja ruhig benutzen, aber sie sollten die Frauen Amerikas vor ihm schützen!

Vielleicht lag es an seinen Augen, hell und durchdringend wie die Laserstrahlen, mit denen sie arbeitete. Vielleicht war es auch die Art, wie er vor ihr gestanden und sie überragt hatte. Oder sein muskulöser Körper, der so viel Kraft ausstrahlte. Oder seine tiefe samtene Stimme, als er „bezaubernd“ gesagt hatte. Oder die warme schwielige Hand, die an ihrem Ellbogen gelegen hatte. Vielleicht war es ja alles zusammen. Doch die Panik war gekommen, als sie den hungrigen Schimmer in seinem Blick erkannt hatte.

Bis dahin hatte sie sich eigentlich gut gehalten. Sie hatte eine ihrer besten Shows geliefert, war sowohl arrogant als auch abweisend gewesen. Das hatte bisher noch bei jedem Mann gewirkt. Zwar förderte es nicht gerade Freundschaften mit ihren Kollegen, aber dafür wurden auch jegliche Annäherungsversuche von vornherein im Keim erstickt. Während ihrer Schul- und Universitätszeit und in den ersten Jahren im Berufsleben hatte Caroline so viele Kämpfe ausfechten müssen, dass sie zu der Überzeugung gekommen war, Angriff sei immer die beste Verteidigung. Eigentlich hätte sie aufgrund ihrer Erfahrungen die Haltung mühelos wahren müssen. Doch ein Blick von Colonel „Laserblick“ Mackenzie, ein winziges Kompliment von ihm, und schon hatten sich sowohl Haltung als auch Vernunft verflüchtigt. Sie war soeben vernichtend geschlagen worden.

Nun, so etwas kann passieren, wenn man Intellektuelle als Eltern hat, sagte sie sich. Vater und Mutter mit Doktortitel hatten die Begabung ihres einzigen Sprösslings sofort erkannt und alles darangesetzt, Caroline die bestmögliche Ausbildung zukommen zu lassen. Während ihrer gesamten Schulzeit war sie immer die Jüngste gewesen, einfach weil sie schneller vorankam als die anderen. In der Highschool hatte sie nicht eine einzige Verabredung gehabt. Sie war zu jung, zu schlaksig, zu wenig interessant. Die Pubertät hatte bei ihr erst drei Jahre nach den Klassenkameradinnen eingesetzt. Als sie mit der Uni anfing, wurde es auch nicht viel besser. Welcher Student mit einigermaßen Verstand ließ sich schon mit einem sechzehnjährigen Mädchen ein, wenn es doch so viele andere hübsche, willige und vor allem nicht mehr minderjährige Alternativen gab?

Isoliert und einsam hatte Caroline sich ganz auf ihr Studium konzentriert und feststellen müssen, dass sie mit achtzehn sämtliche notwendigen Hauptseminare absolviert hatte. Ungefähr zur gleichen Zeit fiel den Vertretern des männlichen Geschlechts in ihren Kursen auf, dass die kleine Evans zwar ein Bücherwurm, aber doch eigentlich recht nett anzusehen war. Da Caroline allerdings kaum Verabredungen mit Gleichaltrigen kannte, hatte sie nicht die geringste Ahnung, wie sie mit den Jungen umgehen sollte, mit diesen … diesen Tintenfischen, die plötzlich ihre Hände nicht mehr von ihr lassen konnten. Verwirrt und beunruhigt zog sie sich noch weiter in ihre Studien zurück und legte sich spitze Stacheln als Schutzmantel zu.

Es war nicht so, als hätte sich das hässliche Entlein über Nacht in einen stolzen Schwan verwandelt. Sie war einfach von einem schlaksigen Teenager zur Frau geworden. Die körperliche Entwicklung verlief langsam, so als wolle Mutter Natur Carolines davonsputenden Geist durch einen trödelnden Körper ausgleichen. Eigentlich war es immer schlechtes Timing gewesen. Während ihre Klassenkameradinnen die Pubertät durchliefen, spielte sie im wahrsten Sinne des Wortes noch mit Puppen; als sie in die Pubertät kam, hatten die anderen schon ihre festen Freunde, mit denen sie ausgingen. Und als Caroline begann, sich für das andere Geschlecht zu interessieren, da waren die Jungs bereits alle an ein sehr viel höheres Maß an Intimität gewöhnt, als sie ihnen zu geben bereit war.

Letztendlich war es einfacher, alle auf Distanz zu halten.

Und hier stand sie nun, achtundzwanzig Jahre alt, ausgestattet mit einem selten hohen IQ und einem Doktortitel in Physik, eine Kapazität auf dem Gebiet der Lasertechnologie, reduziert auf Idiotie und Panik, weil ein Mann gesagt hatte, sie sehe „bezaubernd“ aus.

Es war abscheulich.

Es war auch beängstigend. Denn Colonel Mackenzie war keineswegs so brüskiert gewesen, wie sie beabsichtigt hatte. Nein, er hatte eher so ausgesehen, als würde er eine Herausforderung mit Freuden annehmen.

Caroline schlug sich mit der flachen Hand gegen die Stirn. Wie hatte sie nur so dumm sein können? Der Colonel war ein Jetjockey, Herrgott noch mal! Das war eine ganz andere Spezies. Das waren Männer, die die Herausforderung suchten. Je größer die Herausforderung, desto mehr reizte es sie. Um sich jemanden wie ihn vom Leib zu halten, musste sie sich schwach und nachgiebig geben, vielleicht sogar hier und da einfältig lächeln. Das Problem war nur – das hatte ihr nie gelegen. Gäbe es einen Kurs in diesen Dingen, sie würde ihn sofort belegen und üben, bis sie es durch und durch verinnerlicht hätte.

Vielleicht war es ja noch nicht zu spät. Sie würde sich ab jetzt lieb, nett und hilflos benehmen, um ihn zu narren. Nein, das ging auch nicht … damit würde sie nur die Aufmerksamkeit der anderen Männer auf sich lenken, die so etwas an Frauen mochten.

Sie steckte in der Klemme. Was sie auch tun würde, es wäre verkehrt.

Nun, dann blieb ihr wohl nichts anderes übrig, als sich auf einen guten Kampf einzustellen.

In seinem Quartier angekommen, legte Joe die Uniform ab und stellte sich unter die kalte Dusche, um sich wieder wie ein Mensch zu fühlen. Die Hitze in der Wüste war unerträglich, sie zog einem die Feuchtigkeit aus dem Leib, bis man meinte, dass sogar die Augäpfel trockenlagen. Doch Baby brauchte ein engmaschiges Sicherheitsnetz, und hier auf der Nellis Air Force Base in Nevada gab es das. Allen Unbequemlichkeiten und Entbehrungen zum Trotz war er dankbar für die gebotene Sicherheit. Joe grauste jetzt schon vor dem Moment, in dem der Mantel der Geheimhaltung gelüftet werden würde. Sobald der Kongress das Budget bewilligte, würden die Medien angeströmt kommen und Baby begutachten wollen. Allerdings waren dem Flugzeug die revolutionären Neuerungen nicht anzusehen. Vom Design her unterschied es sich nicht viel vom F-22. Deshalb war es ihnen ja auch möglich gewesen, die Testflüge hier von Nellis aus zu starten, anstatt von der Edwards-Militärbasis in Kalifornien, die normalerweise für so etwas benutzt wurde. In Edwards lungerten immer Schnüffler herum, um etwas Neues aufzuspüren. Hier in Nellis, unter so vielen verschiedenen Flugzeugtypen, fiel Baby weniger auf.

Die anderen Piloten, die hier stationiert waren, wussten natürlich, dass sie ihre Testflüge mit einem Flugzeug unternahmen, das nicht in allen Details dem F-22 entsprach, aber nicht mal diejenigen, die am Projekt beteiligt waren, hatten bisher einen Blick auf die Night-Wing-Prototypen werfen können. Die Unterschiede lagen in der Ummantelung, in der Elektronik, im Waffensystem. Wenn ihre Existenz bekannt werden würde, würde das die Nachrichtendienste aller Herren Länder auf den Plan rufen und die Sicherheitsmaßnahmen müssten weiter verschärft werden, auch wenn Joe sich nicht denken konnte, wie das überhaupt möglich sein sollte.

Während er noch über den Jet nachdachte, schob sich plötzlich das Bild von Caroline Evans in seine Gedanken. Er grinste. Musste sicher interessant sein, diesen kleinen stacheligen Igel handzahm zu machen. Seine Haut prickelte plötzlich heiß, trotz des kalten Wassers. Er stellte die Dusche ab und stieg aus der Kabine. Wenn er mit ihr unter der Dusche stände, dann würden sie das Wasser sicherlich zum Verdampfen bringen …

Von dem Ventilator der Klimaanlage ließ er sich trocknen. Er genoss die kalten Schauer, die in Wellen über seine feuchte Haut liefen, aber die Kälte half nicht besonders, um das Ziehen in seinen Lenden zu entspannen. Grimmig verdrängte er die Gedanken an Miss Evans. Als er nicht mehr tropfte, ging er, noch immer nackt, in die Küche und bereitete sich ein Sandwich zu. Frei von Kleidung, entspannte er sich langsam. Fast sein halbes Leben hatte er nun in der Armee verbracht, umgeben von Regeln und in Uniform, und er fühlte sich auch zu Hause wohl in Dienstkleidung. Aber da war immer noch ein Teil in ihm, der ab und zu aufbegehrte und laut schrie, dass es nun reiche, und dann musste er sich einfach seiner Kleider entledigen.

Aufgewachsen war Joe auf einer Pferderanch in Wyoming. Wann immer es ihm möglich war, kehrte er dorthin zurück. Dann verbrachte er eine oder zwei Wochen damit, die wildesten Broncos auf der Ranch zu reiten. Doch jetzt war er vorerst mit dem Night-Wing-Projekt beschäftigt und hatte keine Freizeit, also mussten die Kleider weg. Er verspürte nur Bedauern, wenn er seine Fliegermontur ausziehen musste. Könnte er seine gesamte Zeit in der Luft verbringen, er wäre zufrieden.

Es war ein Elend. Je höher er befördert wurde, desto weniger flog er. Verwaltungspflichten und Papierkram nahmen mehr und mehr seiner Zeit in Anspruch. Die Position als Projektleiter hatte Joe nur übernommen, weil man ihm zugesichert hatte, dass er Baby würde fliegen können. Die Air Force wollte die besten Piloten im Cockpit sitzen haben; die zugeteilten Jungs waren die Crème de la Crème. Allerdings wollte die Air Force auch den Besten dabei haben, und

Colonel Joe Mackenzie war nun mal noch immer unerreicht.

Joe bildete sich nichts ein auf seine Fähigkeiten als Pilot. Er hatte hart dafür gearbeitet. Geboren worden war er mit dem Intellekt, mit der Sehstärke und den Reflexen. Doch alles andere beruhte auf endlosen Stunden des Lernens, des Trainings und des Drills im Flugsimulator, bis jede seiner Reaktionen automatisch erfolgte und nahezu fehlerlos saß. Selbst mit fünfunddreißig war seine Reaktionszeit immer noch kürzer als die der jungen Draufgänger, die gerade von der Akademie kamen. Auch seine Augen waren besser. Er war noch lange nicht genug geflogen. Wenn die Armee ihn nur lassen würde! Er war die Ränge so schnell hinaufgeklettert, dass er sich wahrscheinlich in einem Jahr den ersten Generalsstern anstecken konnte. Und wenn er Glück hatte, würde er auch genügend Flugstunden einlegen können, um nicht aus der Übung zu kommen.

Eine Alternative war es, den Dienst zu quittieren und als Testpilot bei irgendeinem Flugzeugbauer anzufangen. Doch damit würde er die Jahre beim Militär wegwerfen, und Joe gefiel es in der Air Force, er wollte nicht gehen. Aber die Vorstellung, am Boden festzusitzen, war ihm unerträglich. Das Leben wäre fad und öde, ohne die Herausforderung, sowohl die Natur als auch die Technik gleichzeitig zu meistern. Zu wissen, dass es ihn sein Leben kosten konnte, wenn er versagte.

Caroline kam ihm wieder in den Sinn. Sie war eine andere Art von Herausforderung, mit ihren Desperado-Augen. Er sah diese Augen genau vor sich. Dunkelgrün, etwas Blau beigemengt und goldene Punkte, die irgendwo tief da drinnen leuchteten. Sich vorzustellen, wie diese Augen ihn anblickten, während er sich langsam im Bett über sie schob, ließen seinen Puls hart und schnell schlagen.

Er wollte diesen kleinen Igel zum Schnurren bringen wie ein kleines Kätzchen.

2. KAPITEL

Caroline stellte höchste Ansprüche an ihre Bequemlichkeit, was wiederum bedeutete, dass es manchmal recht lange dauern konnte, bevor sie angezogen war. Wenn sie sich an einem Tag in etwas Bestimmtem nicht wohl fühlte, zog sie es wieder aus und probierte etwas anderes an. Bevor sie zur Arbeit ging, setzte sie sich hin, streckte und reckte sich, hob die Arme über den Kopf und drehte sich in der Hüfte, um zu sehen, ob irgendein Kleidungsstück sie im Laufe des Tages behindern würde. Es gab nichts Schlimmeres für sie, als von einem kneifenden Saum oder einer spannenden Bluse abgelenkt zu werden.

Mode war ein wunder Punkt bei ihr. Wieso waren eigentlich alle Modeschöpfer Männer? Männern sollte es per Gesetz verboten werden, Mode für Frauen zu entwerfen. Schon als Teenager war Caroline zu dem Schluss gekommen, dass Männer nicht die geringste Ahnung hatten, wie unbequem die Frauenmode war. Wahrscheinlich war es ihnen auch egal, denn sie mussten ja nicht stundenlang in hohen Absätzen herumstöckeln, waren nicht eingezwängt von Miedern, Hüfthaltern und BHs. Sie mussten keine Kleider tragen, die ein Dekolleté teilten oder zusammendrückten, je nach Vorgabe des Anlasses.

Und warum waren Frauenkleider immer aus dünnem Soff gemacht, während die Temperaturen in einem Büro oder einem Restaurant so niedrig eingestellt waren, dass nur ein Mann im Anzug nicht fror? Das waren sogar zwei hirnrissige Faktoren. Erstens: Warum trugen Männer ständig Jackett und Krawatte? Gerade dieser Zivilisationstrick war das Allerletzte. Er behinderte doch jeden Mann bei so grundlegenden Tätigkeiten wie Atmen und Schlucken. Und wenn den Frauen kalt war ... warum durften sie nicht ihren Mantel anbehalten, wenn die Herren Jackett trugen? Carolines Meinung nach bestand Mode hauptsächlich aus zwei Komponenten: Dummheit und Idiotie. In einer vernünftig organisierten Welt sollte es den Leuten erlaubt sein, funktionelle Kleidung zu wählen wie Jeans, Sweatshirt und flache Schuhe.

Nun, die Welt konnte sie nicht ändern, aber sie hatte immerhin die Kontrolle über ihre eigene kleine Nische darin. Und deshalb wählte sie an diesem Tag einen weißen Faltenrock, der ihr bis zu den

Waden fiel, ein überweites T-Shirt und weiße flache Sandalen. Um die Taille band sie sich als lockeren Gürtel zwei Schals, einen in Türkis, den anderen in Gelb-Orange. Damit wirkte sie frisch, und sie fühlte sich wohl in den bequemen Sachen.

In der vergangenen Nacht hatte sie versucht zu analysieren, was genau es an Colonel Mackenzie war, das sie so in Panik versetzt hatte. Sie hatte andere, sehr viel aufdringlichere Männer kühl abserviert, ohne mit der Wimper zu zucken. Warum also hatte seine relativ harmlose Bemerkung, zusammen mit einem Blick, der nicht ganz so arglos gewesen war, sie aus der Fassung gebracht? Der Blick war es gewesen, definitiv. Sie hatte noch nie solche Augen gesehen – hellblaue Diamanten, die in einem bronzefarbenen Gesicht strahlten, so durchdringend, als würden sie ihr ins Fleisch schneiden. Sie hatte gespürt, dass ihr ein Mann wie Colonel Mackenzie noch nie begegnet war.

Es gab mehrere Gründe, aber keiner davon bot eine ausreichende Erklärung für ihre Reaktion. Sie würde also gute Miene zum bösen Spiel machen, auf der Hut sein und sicherstellen, dass immer andere dabei waren, sobald sie mit dem Colonel zu tun hatte. Warum hatte er gestern nicht früher auftauchen können, als die anderen vom Team auch noch gearbeitet hatten? Dann hätte sie zumindest eine ruhige Nacht verbringen können.

Caroline sah sich ein letztes Mal um, überprüfte, ob alles abgestellt und ausgeschaltet war, und fasste in ihre Rocktasche nach dem Schlüssel. Taschen waren einfach unerlässlich, jedes Kleidungsstück, das sie trug, hatte Taschen. Denn Handtaschen konnte Caroline nicht leiden. Warum waren Frauen zu lebenslangem Handtaschentragen verdammt? Warum konnten Frauen nicht Taschen haben wie Männer auch? Weil Taschen auf Kleidern angeblich die „Linie“ ruinierten. Weil Frauen angeblich eitel waren. Weil Männer Frauen ständig etwas in die Hand drückten mit den Worten: „Nimm das mal in deine Handtasche“, gleichbedeutend mit: „Hier, trag du, dann muss ich das nicht tun.“ Wenn Frauen sich wirklich emanzipieren wollten, dann sollten sie ihre Handtaschen verbrennen, nicht ihre BHs, fand Caroline. Und die Schuhe mit den hohen Absätzen sollten gleich mit ins Feuer fliegen.

Um keine Handtasche tragen zu müssen, hatte sie bereits am Vortag ihren Schreibtisch mit den persönlichen kleinen Dingen bestückt, die sie im Laufe des Tages brauchen würde. Schließlich war die Abneigung gegen Handtaschen kein Grund, auf Lippenstift zu verzichten. Caroline hatte durchaus einen gewissen Standard, den sie einzuhalten gedachte.

Normalerweise war sie immer die Erste bei der Arbeit, der heutige Morgen bildete keine Ausnahme. Caroline arbeitete gern in der Frühe, und das Morgengrauen in der Wüste war etwas Besonderes. Alles war so klar und frisch. Später am Tag würde die Hitze den Horizont zum Flimmern bringen, aber so wie jetzt war es perfekt. Während Caroline Kaffee aufsetzte, summte sie vor sich hin. Ganz gleich, wie heiß es wurde, ohne Kaffee kam niemand aus dem Team aus.

Sie riss das Zellophan von einem Muffin. Frühstück war fertig. Während sie abwesend kaute, machte Caroline es sich in ihrem Stuhl gemütlich und begann, den Bericht über die aktuellsten Testergebnisse des Zielsystems zu lesen.

Eine halbe Stunde später schlenderte Cal Gilchrist herein. Überrascht schaute er sie an. „Du bist aber früh dran", sagte er auf dem Weg zur Kaffeemaschine. „Ich habe dich gar nicht in der Kantine gesehen."

„Ich hab hier einen Muffin gegessen." Sie warf den durchgelesenen Bericht auf den Tisch. Von den anderen drei Teammitgliedern war Cal der Netteste. Zugegebenermaßen sogar netter als ich, gestand Caroline sich ein. Er hatte ein sonniges Gemüt, war freundlich und kompetent. Ungefähr dreißig, war Cal noch ungebunden und genoss ein reges gesellschaftliches Leben. Caroline kannte ihn von früher, auch wenn sie jetzt zum ersten Mal bei einem Projekt zusammenarbeiteten. Ansonsten waren sie bei zwei verschiedenen Firmen angestellt. Caroline arbeitete bei Boling-Wahl-Optics, dem Unternehmen, das das Zielsystem hergestellt hatte, Cal hatte bei DataTech das dazugehörige Computerprogramm entwickelt.

„Um 8 Uhr findet wieder ein Test statt." Cal nippte an seinem Kaffee. „Wenn Adrian und Yates hier sind, gehen wir in den Kontrollraum rüber, dann kriegen wir alles mit. Colonel Mackenzie fliegt heute. Nach dem Flug kommt er immer in den Kontrollraum, dann kann ich euch miteinander bekannt machen."

„Wir haben uns schon kennengelernt. Gestern Abend, als ich noch hier war."

„Und? Dein erster Eindruck?"

Caroline dachte über eine treffende Antwort nach und entschied sich schließlich für „Furcht einflößend".

Cal lachte. „Allerdings. Mit dem möchte ich mich nicht anlegen. Bisher dachte ich immer, Kampfpiloten haben vor nichts und niemandem Respekt, aber vor ihm haben sie alle einen Heidenrespekt, in der Luft und auf dem Boden. Einer von denen sagte, Mackenzie sei der beste Pilot in der gesamten Air Force. Das will was heißen. Schließlich sind das alles keine Stümper."

Die anderen beiden Teammitglieder betraten den Raum. Yates Korleski, klein und mit beginnender Glatze, war der Älteste und Leiter des Teams. Adrian Pendley stellte für Caroline das Haar in der Suppe bei diesem Auftrag dar. Er war groß und attraktiv, geschieden und verfügte über ein unerschöpfliches Repertoire an Sticheleien über Carolines Teamzugehörigkeit. Als Caroline bei Boling-Wahl angefangen hatte, hatte er sich auf sie gestürzt und ihr den Korb, den sie ihm gegeben hatte, nie verziehen. Aber er machte seinen Job gut, und Caroline war entschlossen, mit ihm zu arbeiten, auch wenn sie seine ständigen Seitenhiebe ignorieren musste.

Er ging ohne ein Wort an ihr vorbei, aber Yates blieb neben ihrem Schreibtisch stehen. „Sind Sie gut angekommen?"

„Ja, danke. Ich habe gestern Abend auch schon den großen Boss getroffen."

Yates grinste. „Was halten Sie von ihm?"

„Ich sagte schon zu Cal, ich finde ihn Furcht einflößend."

„Leisten Sie sich bloß keinen Fehler, sonst finden Sie ganz schnell heraus, wie Furcht einflößend er sein kann."

„Keine menschlichen Schwächen, was?"

„Nicht wenn es um seine Flugzeuge und seine Männer geht."

Yates ging zur Kaffeemaschine weiter, und Caroline überlegte, dass ihre Panik am Vorabend also doch nicht unbegründet gewesen war. Yates arbeitete seit zwanzig Jahren für die Armee. Wenn er beeindruckt war, dann war der Colonel sicherlich kein Durchschnitt.

Pünktlich zur festgesetzten Zeit gingen sie alle hinüber zum Testflugfeld. Ihre Ausweise wurden begutachtet, bevor sie den Kontrollraum betreten durften. Caroline bekam ein erstes Gefühl für die strengen Sicherheitsvorkehrungen, die hier herrschten. Überall entdeckte sie Wachen. Sie wusste, dass das Night-Wing-Projekt nur eines von vielen dieses Stützpunktes war. Eine Menge Zivilisten arbeiteten in Nellis, Experten höchsten Ranges und höchster Sicherheitsstufe. Allein ihre Anwesenheit hier bedeutete, dass man wahrscheinlich sogar wusste, welches Müsli sie als Kind zum Frühstück gegessen hatten.

Im Kontrollraum herrschte reger Betrieb. Eine Unzahl von Monitoren war aufgestellt worden, davor saßen Leute, die ihre Augen fast nie von den Bildschirmen wandten. Praktisch jedes Teil der Night-Wing-Maschine war weiterentwickelt worden, sodass eine Menge Firmen und verschiedene Zulieferer unter Vertrag genommen worden waren. Sie alle hatten ihre Repräsentanten vor Ort, um sicherzustellen, dass alles glattlief. Mehrere Piloten hatten sich ebenfalls eingefunden, manche noch in Fliegerkluft, andere in normaler Uniform. Anerkennende Pfiffe ertönten, als Caroline den Raum betrat, und ein Pilot schlug sich theatralisch die Hand aufs Herz.

„Ich habe mich soeben unsterblich verliebt“, verkündete er laut.

„Beachten Sie ihn besser gar nicht, Ma’am“, ließ sich ein anderer vernehmen. „Das ist diese Woche schon das dritte Mal, dabei haben wir heute erst Dienstag. Er ist extrem wankelmütig.“

„Aber auch extrem gut aussehend“, verteidigte sich der Erste. „Also, Schönheit, wie wär’s? Wollen Sie mich heiraten, in einem von Rosen zugewachsenen kleinen Cottage leben und wunderschöne Kinder großziehen?“

„Auf Rosen reagiere ich allergisch.“

„Auf Männer auch“, murmelte Adrian hinter ihr, gerade laut genug, dass sie es hören konnte. Sie ignorierte es.

„Na, dann vergessen wir eben die Rosen“, meinte der Pilot großmütig. Das Namensschild auf seinem Uniformhemd wies ihn als Major Austin Deale aus. „Ich bin flexibel. Und habe Humor. Erwähnte ich schon, dass wir viel Spaß miteinander haben werden?“

Eine tiefe Stimme erschallte aus dem Lautsprecher, und als wäre ein Schalter umgelegt worden, verstummte das Geplänkel der Piloten. Alle drehten sich zu dem großen Bildschirm. Caroline brauchte eine Sekunde, bevor sie erkannte, dass die Aufnahme von einer im Cockpit installierten Kamera stammte. So konnten sie alle mitverfolgen, was der Pilot im Cockpit tat und sah.

„Heute sind es vier Flugzeuge", bemerkte Lieutenant Colonel Eric Picollo zur Lage. „Zwei Night-Wings und zwei F-22. Die F-22 ist die einzige Maschine, die schnell genug ist, um mit dem Prototypen ein gutes Ergebnis zu erzielen. Die Night-Wings machen einige Manöver und testen dann das Zielerfassungssystem."

Erneut erklang die tiefe Stimme aus den Lautsprechern, kurz und sachlich, als ob die Männer sich nicht weit über dem Wüstensand befinden würden. Caroline bekam eine Gänsehaut und heftete ihren Blick gebannt auf den Bildschirm. Sie erkannte Colonel Mackenzie, sah aber nur seine behandschuhten Hände und seine langen Beine. Dennoch wusste sie, dass er es war. Es lag etwas Unverkennbares in seinen Bewegungen. Den zweiten Piloten hinter Mackenzie konnte sie nicht sehen.

Die beiden Piloten unterzogen ihre Maschinen einer Reihe von Manövern, und die Sensoren in der Außenhülle der Jets sandten die Belastungswerte auf die Monitore im Kontrollraum.

„Zwanzig Grad Alpha", sagte eine tiefe Stimme und bestätigte damit die Informationen, die über den Computerbildschirm liefen. „Dreißig … vierzig … fünfzig … sechzig."

„Verdammt!", murmelte der Pilot, der neben Caroline stand. Er klang nervös.

„Null Auftriebswinkel", flüsterte Major Deale, als er Carolines verwirrten Gesichtsausdruck bemerkte. Er selbst wirkte angespannt. „Die meisten Flugzeuge liegen bei ungefähr zwanzig Grad. Baby schafft schon fünfzig, aber selbst die X-29 gerät bei siebzig Grad außer Kontrolle."

„Siebzig", sagte die ruhige Stimme. „Fünfundsiebzig."

Der Major wurde ganz blass. Er starrte auf die Zahlen, die der Computer anzeigte, als ob er sie mit seiner Willenskraft steuern könnte.

„Siebenundsiebzig … neunundsiebzig … achtzig … Jetzt fühlt die Steuerung sich etwas schwammig an. Genug für heute."

„Wie hat er das gemacht?", fragte jemand.

Caroline lauschte dem nervösen Gemurmel der im Raum anwesenden Piloten. Aus dem Geraune schloss sie, dass niemand sonst solche Kräfte aushielt. Ihr lief eine Gänsehaut über den Rücken.

„Mir hätte sich längst der Magen umgedreht", hörte sie einen der

Männer murmeln. „Ich wette, bei ihm hat sich nicht mal die Pulsfrequenz erhöht. Ich sage euch, der Mann hat kein Blut, sondern Eiswasser in den Adern."

„Ich gehe runter und stabilisiere", ertönte jetzt die tiefe Stimme ruhig durch den Lautsprecher, und Caroline vernahm das allgemeine erleichterte Aufatmen um sich herum.

„Der Typ hat andere Gene", sagte der Captain neben ihr. „Niemand hält das aus. Und er ist noch immer klar bei Verstand! Mad Cat werden wir wohl aus dem Sitz schälen und tragen müssen, der hat bestimmt Pudding in den Knien. Ganz sicher, Mackenzie ist ein Freak!"

„Mann, o Mann, überlegt nur mal, wie er vor zehn Jahren gewesen sein muss!"

„Genauso wie jetzt", raunte Major Deale.

Bei der nächsten Testreihe wurde die Zielgenauigkeit der Laser überprüft. Caroline rückte näher an die Monitore heran. Innerlich zitterte sie, während sie sich zu sammeln versuchte. Als sie als Ersatz für Walton ausgewählt worden war, hatte sie sich schnellstens ein detailliertes Grundwissen über Kampfjets angeeignet. Daher war ihr auch klar, wie gefährlich diese Manöver waren. Mackenzie hätte die Kontrolle über die Maschine verlieren oder bewusstlos werden können. Wahrscheinlich wäre er nicht rechtzeitig wieder aufgewacht, bevor die Maschine sich mit der Nase zuerst in den Wüstensand gebohrt hätte. Die Reaktionen und Kommentare der anderen Piloten hatten mehr als genug gesagt.

Adrian schob sich an Caroline vorbei, stellte sich vor sie und blockierte damit ihre Sicht. Caroline lenkte ihre Gedanken wieder auf die Situation im Raum. Sie zweifelte nicht daran, dass Adrian es absichtlich getan hatte. Wenn sie ihm das durchgehen ließ, würde er sich für das nächste Mal etwas noch Unverschämteres ausdenken.

„Entschuldigen Sie, Adrian", sagte sie höflich. „Da Sie so groß sind, sollte ich wohl besser vor Ihnen stehen. Dann können wir beide etwas sehen."

Yates sah lächelnd auf. Entweder hatte er Adrians säuerliche Miene nicht bemerkt, oder er ignorierte sie. „Ja, natürlich. Stellen Sie sich nur nach vorn, Caroline."

Der Zieltest verlief glatt. Unbewegliche Ziele wurden anvisiert, und alle Komponenten funktionierten innerhalb der vorgegebenen Akzeptanzwerte. Die Daten liefen über den Bildschirm, jede Zahl wurde überprüft und mit den Angaben auf den ausgedruckten Listen verglichen, die jeder vor sich liegen hatte.

Die Babys landeten heil und sicher auf dem Wüstenboden. Die Anspannung im Kontrollraum löste sich und wich einer nahezu euphorischen Hochstimmung. Das Laserteam gruppierte sich um Lieutenant Colonel Picollo und ging noch einmal die Testergebnisse durch. Caroline war erstaunt über Picollos genaue Kenntnis, aber dann wurde ihr klar, dass das eigentlich zu erwarten war. Er und die anderen Piloten arbeiteten schließlich seit Längerem intensiv an diesem Projekt, da müsste jemand schon vollkommen unterbelichtet sein, wenn er die Informationen nicht irgendwann speicherte.

„Der Colonel hat bestimmt noch ein paar Fragen", sagte Picollo schließlich. „Aber es sieht so aus, als könnten wir jetzt mit den Tests bei beweglichen Zielen anfangen."

Als sich ein Arm um ihre Taille legte, versteifte Caroline sich unwillkürlich, ihr Kopf ruckte herum. Major Deale grinste und zog sie enger zu sich heran. Hinter ihm konnte sie die anderen Piloten erkennen, alle schauten interessiert zu und grinsten ebenfalls. Sie alle hätten Werbung für einen Zahnarztkongress machen können. Bestürzt sah Caroline sich um. Fing das jetzt schon an? Verdammt!

„Nun, Schönheit, wohin möchten Sie heute Abend zum Dinner?", fragte der Major.

„Nimm die Hände weg, Daffy!", ertönte eine trügerisch sanfte Stimme hinter ihnen. „Dr. Evans geht heute Abend mit mir aus."

Es bestand kein Zweifel, wem diese Stimme gehörte. Selbst wenn Caroline die tiefen samtenen Töne nicht erkannt hätte, ihr plötzliches Herzrasen und die Art, wie ihr der Atem stockte, hätten es ihr gesagt.

Alle drehten sich gleichzeitig um. Mackenzie trug noch seinen Fliegeranzug, den Helm hatte er unter den Arm geklemmt. Das schwarze Haar lag ihm schweißnass am Kopf, seine Augen waren von roten Adern durchzogen, weil er enormen Schwerkraftwerten ausgesetzt gewesen war. Doch sein Gesicht war entspannt, als er die Gruppe anschaute.

„He, ich hab sie zuerst gesehen", protestierte Major Deale, doch er nahm den Arm von Carolines Taille. „Verdammt, Breed, du kannst nicht einfach hier hereinspazieren, einen Blick auf sie werfen und ..."

„Und ob ich kann", sagte Mackenzie nur und wandte sich dann Picollo zu, um ihm Fragen zu stellen.

Major Deale drehte sich um und musterte Caroline, als würde er sie zum ersten Mal sehen. Wahrscheinlich war dem auch so. Bis jetzt war sie nur ein hübsches Gesicht gewesen, doch nun schien er sie als Person abzuschätzen. „Das hat Breed noch nie gemacht, und ich kenne ihn immerhin seit fünfzehn Jahren", meinte er nachdenklich.

„Ich kenne ihn überhaupt nicht", erwiderte Caroline schnippisch. „Ich habe ihn gestern Abend zum ersten Mal getroffen. Ist er eigentlich immer so überheblich?"

„Breed? Überheblich?" Der Major schürzte die Lippen.

„Despotisch", führte Caroline hilfreich weiter aus. „Diktatorisch. Arrogant."

„Oh, das. Sie meinen, ob er die Angewohnheit hat, einer Frau zu befehlen, mit ihm auszugehen?"

„Das bringt es doch auf den Punkt, ja."

„Nein. Das ist eine Premiere. Normalerweise muss er sich die Frauen recht rüde vom Hals halten. Sie himmeln ihn einfach alle an. Das macht der Glamour des Berufs, Sie wissen schon ... Ruhm, Heldentum, Freiheit. Frauen liiiiieben Männer in Uniform. Aber unter der schicken Uniform ist er eigentlich ziemlich langweilig, um ehrlich zu sein, richtig fad."

„Daffy ..." In der geduldigen ruhigen Stimme lag eine unmissverständliche Warnung.

Der Major blickte grinsend über Carolines Schulter zu Joe. „He, ich singe hier gerade ein Loblied auf dich."

„Ich hab's gehört, ja."

Mackenzie stand direkt neben ihr, aber Caroline wagte es nicht, ihn anzusehen. Am Abend zuvor hatte sie ihn ausdrücklich gebeten, ihr keine Sonderbehandlung zukommen zu lassen und sie nicht aus der Gruppe herauszustellen, und schon beim nächsten Zusammentreffen hängte er ihr praktisch öffentlich ein Schild um den Hals, das ihm die Exklusivrechte an ihr reservierte. Sie hatte Mühe, ihm nicht die Faust in den Magen zu rammen. Abgesehen davon, dass Caroline in Gewalt grundsätzlich keine Lösung sah, war Mackenzie der Projektleiter. Ein Faustschlag würde ihrer Karriere mit Sicherheit nicht förderlich sein. Letztendlich hatte sie auch den Verdacht, dass der Colonel aus gegossenem Stahl bestand und sie sich nur die Hand brechen würde.

Also entschied sie sich für Besonnenheit und richtete ihre Aufmerksamkeit auf Major Deale. „Daffy? So wie Daffy Duck?“

„Nein“, kam es hämisch von Mackenzie. „Wie Gänseblümchen.“

„Wie Blumenkind“, rief der Captain, der bei der Gruppe an den Monitoren stand.

„Wie in Blüten treibender Wahnsinn“, kam es im Chor von mehreren anderen.

„Gänseblümchen“, wiederholte Caroline. „Blumen. Daffy Deale. Daffydeale. Oh, jetzt weiß ich.“ Sie lachte leise auf. „Daffodil also! Osterglocke!“

Der Major warf Mackenzie einen vernichtenden Blick zu. „Ich hatte mal einen anständigen, guten Macho-Spitznamen. Treffend, provozierend, einprägsam. ‚Big‘. Das ist doch ein guter Spitzname, oder nicht? Big Deale. Das hat die Frauen zum Nachdenken gebracht. War es nur ein Wortspiel oder steckte mehr dahinter? Und dann kommt dieser … dieser Miesmacher und nennt mich Daffy. Und Gänseblümchen. Und seither ist es an mir hängen geblieben.“

Mackenzie lächelte. Caroline konnte es nur aus dem Augenwinkel sehen, aber die Reaktion, die sie die ganze Zeit über zurückgedrängt hatte, erfolgte prompt: Ihr wurde abwechselnd heiß und kalt. Schauer jagten ihr über den Rücken, und ihre Haut schien plötzlich zu brennen.

„Könnten Sie in einer halben Stunde in mein Büro kommen, Dr. Evans?“, fragte der Colonel jetzt. Caroline verabscheute es, wie er etwas als Frage formulierte, wenn es dem Ton nach eindeutig ein Befehl war.

Mit einem strahlenden Lächeln drehte sie sich zu ihm. „Wenn Sie darauf bestehen, Colonel.“

An dem Funkeln in seinen Augen erkannte sie deutlich, dass er wusste, sie hatte ihn dazu gezwungen, den Befehl offen auszusprechen. Aber er zögerte auch nicht. „Ja, ich bestehe darauf.“

„Dann also in einer halben Stunde.“

Als das Laserteam gemeinsam zum eigenen Arbeitsbereich zurückging, trat Adrian an Carolines Seite. „Cleverer Zug“, sagte er feindselig. „Sich direkt beim Oberboss einschmeicheln. Dann ist es ja egal, wenn man Fehler im Job macht.“

Sie hielt den Blick starr geradeaus gerichtet. „Ich mache keine Fehler in meinem Job.“ Jedes Wort, das eine mögliche Beziehung zu Mackenzie bestreiten würde, wäre sinnlos, also versuchte sie es erst gar nicht.

Cal blickte über die Schulter zurück, sah Adrian neben Caroline hergehen und verlangsamte seinen Schritt, bis sie zu ihm aufgeholt hatten. „Kompliziert wird's erst, wenn wir mit den beweglichen Zielen anfangen. Allerdings gibt's bisher keine Probleme mit dem Programm. Ist schon fast unheimlich, wie glatt die Tests verlaufen sind.“

Adrian schritt ohne ein Wort aus und lief schneller. Cal pfiff leise durch die Zähne. „Für den Vorsitz deines Fan-Clubs wird er bestimmt nicht kandidieren, was? Als uns gesagt wurde, dass du als Ersatz für Walton kommst, hat er ein paar abfällige Bemerkungen von sich gegeben. Aber ich hätte nicht erwartet, dass es einen offenen Krieg zwischen euch gibt. Wieso eigentlich?“

„Das hat persönliche Gründe“, erwiderte Caroline knapp. Schuldzuweisungen wären ein ebenso sinnloses Unterfangen, beschloss sie.

Cal wirkte besorgt. „Wir müssen als Team funktionieren, oder Colonel Mackenzie lässt uns alle austauschen. So was macht sich nicht gut in der Personalakte. Es gibt eine Frist für diese Tests. Sie wollen Resultate haben, um sie dem Kongress und den Medien vorzulegen, wenn die Abstimmungen über den Etat erfolgen. Das ist schon in ein paar Wochen.“

„Adrian kann ich ignorieren.“

„Das hoffe ich. Ich biete mich ja gern als Puffer zwischen euch an, aber irgendwann werdet ihr zusammenarbeiten müssen.“

„Wenn es um die Arbeit geht, denke ich, dann sind wir beide professionell genug, um das Persönliche beiseitezustellen. Aber trotzdem danke.“

Cal nickte, dann breitete sich ein Grinsen auf seinem Gesicht aus. „So, der gute Colonel ist also an dir interessiert. Das hat er ziemlich klargemacht, was?“

„Völlig grundlos“, antwortete sie grimmig.

„Vielleicht von deiner Seite aus. Er jedoch scheint genügend Gründe gefunden zu haben."

Es mochte albern sein, aber Caroline fieberte dem Treffen mit Colonel Mackenzie in der privaten Atmosphäre seines Büros entgegen. Projektleiter oder nicht, sie wollte ihm ein paar Dinge ganz deutlich erklären. Sie ließ sich den Container zeigen, in dem sein Büro lag, und machte sich zur verabredeten Zeit mit energischen Schritten über das Flugfeld auf den Weg. Ihr Ärger wuchs mit jedem Schritt.

Im Vorzimmer bewachte Sergeant Vrska den Schreibtisch. Der junge Mann hatte eine Statur, die jedem Profifootballspieler zur Ehre gereicht hätte, aber er grüßte Caroline zuvorkommend und führte sie weiter zu Colonel Mackenzies Büro.

Mackenzie hatte geduscht und die Flugkluft gegen eine leichte Sommeruniform eingetauscht. Das Blau des Hemdes intensivierte noch die Farbe seiner Augen. Er lehnte sich in seinen Stuhl zurück und betrachtete Caroline gelassen, so als warte er auf die bevorstehende Explosion.

Caroline spielte durchaus mit dem Gedanken, so richtig loszulegen, selbst wenn sie wusste, dass er das erwartete. Das würde auf jeden Fall die unterdrückte Wut in ihr lösen. Andererseits würde ein Ausbruch ihrerseits ihm nur einen Vorteil verschaffen. Also setzte sie sich still, auch wenn er ihr keinen Stuhl angeboten hatte. Sie schlug die Beine übereinander und lehnte sich zurück, so machte sie mit ihrer Körpersprache deutlich, dass sie die Eröffnungsszene ihm überließ.

„Ich habe Ihre Akte gelesen", hob er an. „Wirklich beeindruckend. Sie waren schon mit sechzehn an der Uni, Magisterabschluss mit neunzehn, Doktortitel mit einundzwanzig. Boling-Wahl sieht in Ihnen den brillantesten Physiker des Landes, wenn nicht sogar weltweit."

Sie wusste nicht recht, was sie erwartet hatte, aber ganz bestimmt keine Auflistung ihrer Errungenschaften. Argwöhnisch beäugte sie ihn.

„Sie hatten nicht eine einzige Verabredung." Als er das sagte, setzte sie sich alarmiert auf. Hektisch überlegte sie, worauf er hinauswollte. „Weder in der Highschool – was verständlich ist, in Anbetracht Ihres Alters und des Stoffs, den Sie zu bewältigen hatten – noch an der Uni. Sie hatten nie einen Freund, niemals. Um es kurz zu machen, Dr. Evans … Sie haben nicht die geringste Erfahrung im Umgang mit einem rauen Haufen wie meinen Männern. Sie waren völlig überfordert, als Major Deale Ihnen den Arm um die Taille legte."

Sie sagte nichts, sah ihn nur weiter an.

„Wir alle müssen zusammenarbeiten. Es gibt noch vieles zu erledigen, und uns bleibt nicht mehr allzu viel Zeit dafür. Weder lasse ich zu, dass die Arbeitsmoral durch Feindseligkeit vergiftet wird, noch erlaube ich, dass Ihre Arbeit leidet, weil das Verhalten meiner Männer Sie nervös macht. Es sind Männer, die ihr Leben jeden Tag am Rande der Katastrophe leben. Sie sind wild, rau und arrogant und müssen Dampf ablassen. Was sie normalerweise mit Frauen, Alkohol und dummen Streichen tun."

Mackenzie lehnte sich zurück. „Es gibt zwei Möglichkeiten, um sie davon abzuhalten, Sie als ihr bevorzugtes Ziel auszusuchen. Die eine ist, wir können auf dieser Militärbasis einen Kleinkrieg führen, dann wird jeder Sie unsympathisch finden und sich von Ihnen fernhalten. Allerdings wird man dann auch nur ungern mit Ihnen arbeiten wollen, worunter wiederum das Projekt leidet. Die andere Möglichkeit ist die, die Jungs denken zu lassen, dass Sie zu mir gehören."

Seine Wortwahl behagte ihr ganz und gar nicht. „Das ist eine solche Höhlenmensch-Einstellung, dass einem übel davon wird."

„Dann werden sie Sie in Ruhe lassen", fuhr er ungerührt fort. „Um genau zu sein, dann ist sogar ihr Beschützerinstinkt geweckt."

Caroline stand auf und begann, im Zimmer auf und ab zu laufen. „Ich will einfach nur in Ruhe meine Arbeit machen. Ist das zu viel verlangt? Warum sollte ich mich hinter einer vorgetäuschten Beziehung verstecken?"

„Nun, zum einen werden die anderen dann davon ausgehen, dass Sie die Erfahrungen einer Frau Ihres Alters haben."

Sie warf ihm einen düsteren Blick zu. Was sollte das denn heißen? Eine Frau ihres Alters! Das hörte sich ja an, als müsste sie demnächst die Rente beantragen!

„Sie würden nie auf die Idee kommen, dass ihr Verhalten Sie ängstigt. Außerdem besteht durchaus die Möglichkeit, dass die Späße derber werden. Einige von ihnen könnten eindeutige Annäherungsversuche machen. Es könnte hässlich werden, wenn Sie dann Ohrfeigen verteilen. Ich kann mir eine Unterbrechung des Programms nicht erlauben, weil ich Disziplinarstrafen gegen meine Männer verhängen muss. Ich brauche sie ebenso wie Sie. Aber selbst, wenn sie herausbekommen sollten, wie unerfahren Sie sind, würde sie das nicht davon abhalten, Sie anzumachen. Im Gegenteil: Wenn sie erfahren, dass Sie noch Jungfrau sind, macht das alles nur noch schlimmer. Das Beste ist es, Sie für tabu zu erklären, weil Sie bereits mit jemandem zusammen sind. Und der Einzige auf diesem Stützpunkt, in dessen Gebiet sie nie wildern werden, bin ich. Von jetzt an gehören Sie also, soweit es die Jungs betrifft, mir. Sie müssen sich nur einigermaßen nett zu mir verhalten, wenn die anderen in der Nähe sind, und mich nicht mit Blicken traktieren, als wollten Sie meinen Kopf liebend gern auf dem Silbertablett serviert bekommen."

„Mit einem Apfel im Mund", murmelte sie. Dann erst wurde ihr der volle Sinn seiner Worte bewusst, und sie starrte ihn entsetzt an. Ihre Wangen brannten. Verdammt, warum war sie nicht lauthals in Gelächter ausgebrochen und hatte sich vor Lachen gekrümmt, als er sie als Jungfrau bezeichnete? Jetzt war es zu spät, es noch zu leugnen.

Joe betrachtete sie weiterhin mit der gleichen distanzierten Ruhe, doch die Augen hatte er zusammengekniffen, und sein Blick war seltsam durchdringend.

Caroline konnte diesem Blick nicht standhalten. Sie krümmte sich nicht vor Lachen, sondern vor Verlegenheit. Mit allerletzter Kraft klaubte sie den Rest ihrer Selbstbeherrschung zusammen und stieß ein „Also gut" hervor.

Und dann, zum zweiten Mal innerhalb von vierundzwanzig Stunden, erlag sie dem übermächtigen Drang, vor Colonel Joe Mackenzie zu fliehen.

3. KAPITEL

Mehrere Minuten, nachdem Caroline aus seinem Büro gerannt war, blieb Joe mit hinter dem Kopf verschränkten Händen sitzen. Ein kleines, sehr selbstzufriedenes Lächeln lag auf seinen Lippen.

Sie war also wirklich noch Jungfrau. Es war nur eine Vermutung gewesen, aber offensichtlich hatte er damit ins Schwarze getroffen. Eine Frau mit Erfahrung wäre nie so verlegen geworden oder unfähig, etwas zu sagen oder zu tun. Die arme Kleine. Bei all ihrer Intelligenz hatte sie nicht die geringste Ahnung, sobald es um Männer und Sex ging. Wahrscheinlich hatte irgendein Idiot in ihrer Jugend sie begrapscht, und das Einzige, was sie daraus gelernt hatte, nämlich panisch die Flucht zu ergreifen, war zur Standardreaktion geworden, wann immer ein Mann Interesse für sie zeigte.

Joe war schon im Morgengrauen im Büro gewesen. Seine Gedanken hatten sich mehr um sie gedreht als um den bevorstehenden Testflug, und aus einem Impuls heraus hatte er ihre Personalakte hervorgeholt. Eine höchst interessante Lektüre. Praktisch seit Schulbeginn war sie zum Außenseiter in der eigenen Altersgruppe geworden. Auf die soziale Isolation hatte sie reagiert, indem sie sich auf das Lernen konzentriert hatte, was wiederum nur die Distanz zwischen ihr und den Schulkameraden vergrößerte. So hatte das zwar nicht in den Unterlagen gestanden, diese listeten lediglich Daten und Abschlüsse auf, ausgenommen natürlich die Sicherheitsüberprüfung, in der unter anderem der Mangel an Beziehungen zu Männern Erwähnung fand, wobei es keinerlei Hinweise auf Homosexualität gab. Während ihrer beruflichen Laufbahn war Dr. Caroline Evans wohl einige Male mit männlichen Kollegen aneinandergeraten. Das allein wunderte Joe nicht, wenn er bedachte, dass die Physik noch immer eine männliche Domäne war.

Joe war ins Grübeln gekommen, als er sich die Bilder des gestrigen, ersten Zusammentreffens in Erinnerung rief. War sie so stachelig, weil sie in Kindheit und Jugend immer der komische Kauz gewesen war, sowohl gesellschaftlich, emotional als auch physisch? Gleichaltrige hatten sie wahrscheinlich gehänselt und ausgestoßen, und an der Uni konnten die Kommilitonen nicht daran interessiert gewesen sein, Umgang mit jemandem zu pflegen, der im Vergleich zu ihnen noch ein Kind war. Bis Caroline körperlich weit genug entwickelt und alt genug war, dass es keinen Unterschied mehr gemacht hätte, musste sich das Muster längst eingeprägt haben. Bis dahin hatte sie so viele Mauern um sich aufgebaut, dass niemand mehr durch die Dornenhecke gelangen konnte.

Die einzige Möglichkeit für einen Mann, ihr nahezukommen, war, wenn sie selbst die Tür öffnete und ihn einließ. Ein unwahrscheinliches Szenario. Doch dann hatte er bemerkt, wie sie sich verspannte, als Daffy ihr den Arm auf die Hüfte legte. Und genau in diesem Moment hatte er die Lösung jäh vor sich gesehen. Keine Sekunde später hatte er die ersten Schritte unternommen, um seinen Plan umzusetzen.

Ihre Arbeit war ihr wichtig. So wichtig, dass sie dafür sogar darauf eingegangen war, eine angebliche Beziehung mit ihm vorzuspielen. Dabei hatte sie am Abend zuvor noch deutlich klargemacht, dass sie nicht zum Objekt des allgemeinen Klatsches werden wollte. Über sie geklatscht würde so oder so, einfach weil sie eine Frau war, die aus der Menge hervorstach. Vor die Wahl gestellt, sich die Gerüchte anhören zu müssen oder möglicherweise nicht am Night-Wing-Projekt mitarbeiten zu können, hatte sie sich für Ersteres entschieden. Davon war er auch ausgegangen, darauf beruhte seine gesamte Argumentation.

Die anderen Jungs würden sie von jetzt an in Ruhe lassen und ihm freie Bahn bieten. Joe hatte vor, diesen Vorteil voll auszunutzen. Sie würde Zeit mit ihm verbringen müssen, ihn kennenlernen und lernen, sich in seiner Gegenwart und mit ihm zusammen zu entspannen.

Ihre Verführung würde die süßeste Mission sein, zu der er je aufgebrochen war. Diesen stacheligen Igel zu zähmen und in sein Bett zu locken war aufregender, als die Schallmauer mit Mach 3 zu durchbrechen.

Caroline wagte es nicht, sofort zu ihrer Arbeit zurückzukehren. Jeder würde ihr die Bestürzung und die Aufregung ansehen, und Adrian würde sich einen seiner spöttischen Kommentare nicht verkneifen können, etwa, dass sie sich doch bitte in ihrer Freizeit um ihr

Liebesleben kümmern solle. So sauste sie in die nächste Damentoilette und schloss sich in einer Kabine ein.

Sie zitterte wie Espenlaub und hatte das Gefühl, gleich in Tränen ausbrechen zu müssen. Dabei weinte sie nur sehr selten. Es brachte nichts ein außer verquollenen Augen und einer verstopften Nase. Wieder einmal war sie geschlagen worden, und es wurde Zeit, dass sie sich den Tatsachen stellte.

Colonel Mackenzie hatte nichts getan, was sie in eine solche Panik versetzen sollte. Es war die eigene Reaktion, die sie so verängstigte. Intelligenz nützte nichts, wenn man den Kopf in den Sand steckte und sich selbst nicht die Wahrheit eingestand. Sie war übermütig geworden, hatte sich zu sehr auf ihre Fähigkeit verlassen, Männer mit ihrer scharfen Zunge abzuwimmeln. Doch nicht nur zeigte sich der Colonel davon unbeeindruckt, nein, er schien es auch noch zu genießen! Aber vielleicht war es ihr auch nur gelungen, die anderen auf Distanz zu halten, weil sie sich zu keinem von ihnen hingezogen fühlte. Diese Atemnot, der rasende Puls und dieses feige Benehmen konnten nur eines bedeuten: sexuelles Interesse. Caroline verspürte nur einen Impuls: Nimm die Beine in die Hand und renn um dein Leben!

Verständlich, dass es ihr nicht gleich aufgefallen war. Sie hatte dieses Phänomen noch nie erlebt. Schließlich hatte sie bei ihrer ersten Fahrstunde auch nicht gewusst, wie man Auto fährt. Mit leicht verblüfftem Blick beobachtete sie sonst stets die Anwandlungen, die Männer und Frauen überfielen, wenn sie sich zueinander hingezogen fühlten. Caroline hatte die Ursache für das geradezu schwachsinnige Verhalten erkannt. Dass die eigenen Körperdrüsen plötzlich zu Verrätern wurden, beunruhigte sie.

Und jetzt steckte sie in einer Situation, in die sie sich irgendwie hatte hineinmanövrieren lassen. Ihr wäre mit Sicherheit eine andere Lösung eingefallen, hätte sie sich nur sachlich dem Problem gewidmet. Aber ihr Verstand hatte den Dienst verweigert – wahrscheinlich ein Nebeneffekt bei überaktiven Drüsen. Denken war Werbungsritualen sicherlich nicht zuträglich.

Caroline versuchte ihre Gedanken zu ordnen. Sie hatte soeben zugestimmt vorzugeben, eine Beziehung mit Colonel Mackenzie zu haben. Damit die anderen Männer sie in Ruhe ließen und sie ihre

Arbeit erledigen konnte. Und natürlich auch, damit sich die Männer nicht durch sie ablenken ließen. Tat der Colonel das eigentlich mit allen Frauen auf dem Stützpunkt? Und wenn nicht, warum bei ihr? Was an ihr war so irritierend? Sicher, sie wusste, sie galt als recht attraktiv, aber sie war doch keine Femme fatale!

Und was genau sollte diese angebliche Beziehung mit dem Colonel überhaupt beinhalten? Small Talk und Lächeln? Damit würde Caroline umgehen können. Um den Mann herumflattern wie ein liebeskranker Vogel und mit den Wimpern klimpern, wie sie es bei anderen Frauen gesehen hatte, konnte nicht allzu schwierig sein. Aber wenn er sich einbildete, dass es in dieser Pseudobeziehung zu Küssen und Zärtlichkeiten kommen würde, konnte er es von vornherein vergessen. Das würde ihr Blutdruck nicht durchhalten. So viel Adrenalin konnte nur ungesund sein.

Aber es war keineswegs unmöglich, mit der Situation fertig zu werden. Solange sie einen klaren Kopf behielt und nie vergaß, dass sie ihm nicht trauen konnte, ganz gleich, wie vernünftig er sich auch anhörte, sollte es eigentlich machbar sein.

Mit diesem festen Entschluss straffte Caroline die Schultern und verließ ihr Refugium. Die Sonne brannte ihr auf den Kopf, als sie über das Flugfeld lief, und heizte die Haut ihrer bloßen Arme auf. Die Luft flirrte, und das Donnern landender und startender Flugzeuge dröhnte in ihren Ohren. Überall gingen Luftwaffenangestellte ihrer Arbeit nach. Die Geschäftigkeit war faszinierend und riss mit. Doch noch aufregender war das Wissen, an dem herausragendsten Kampfjet, der je entworfen worden war, mitarbeiten zu können.

Arbeit war immer ihr Universalheilmittel gewesen. Sie liebte ihre Arbeit. Es war das Gebiet, auf dem sie sich auskannte, in dem sie sich wohl fühlte und dazugehörte. Auch wenn Adrian Pendley nach Kräften alles daransetzte, es ihr zu verleiden. Nun, wenn es ihr gelang, Mackenzie zu ignorieren, dann schaffte sie das bei Adrian mit Leichtigkeit.

Das dunkle, markante Gesicht des Colonels tauchte vor ihrem geistigen Auge auf. Prompt stolperte Caroline und fing sich hastig wieder. Na schön, so gut war sie also noch nicht im Ignorieren von Colonel Mackenzie, aber das würde sie schon noch lernen. Um des eigenen Seelenfriedens willen musste sie das tun.

Als Caroline in den Container zurückkehrte, mit an der Haut klebendem T-Shirt und Schweißtropfen an den Schläfen, hatte Adrian natürlich nichts Besseres zu tun, als einen abfälligen Kommentar abzugeben. „Wissen Sie denn nicht, dass es viel zu heiß für ein schnelles Schäferstündchen ist? Sie sollten sich so etwas für ein Wochenende in Vegas aufsparen."

Yates schaute mit gerunzelter Stirn von seiner Arbeit auf. Caroline fing seinen Blick auf. Sie zuckte nur die Schulter, um ihm zu zeigen, wie unwichtig es war.

Das Laserprogramm war bis ins Detail ausgearbeitet, das Team war nur für den Fall anwesend, dass Probleme auftauchten. Da die heutigen Tests gut verlaufen waren, gab es nichts zu tun, außer noch einmal alles zu rekapitulieren, was sie gesehen hatten. Dann besprachen sie die geplanten Tests mit den beweglichen Zielen. Zwei andere Flugzeuge als die beiden Maschinen, die heute geflogen waren, würden die Testreihe durchlaufen. Deren Zielsysteme waren bereits vor Carolines Ankunft auf der Basis überprüft worden. Nun würde das System der nächsten Maschinen noch einmal kontrolliert werden, und Caroline, Yates und Adrian zogen ihre Overalls über, um in den Hangar zu gehen. Cal blieb zurück, um noch einmal die Computerdaten zu checken.

„Alle Leute aus den verschiedenen Sparten, die hier beim Night-Wing-Projekt zusammenarbeiten, sind bisher bestens miteinander ausgekommen", sagte Yates, als sie den Hangar betraten. „Ich habe noch keine so glatt verlaufende Operation miterlebt."

„Dann achten Sie darauf, dass Sie es nicht versaubeuteln, indem Sie bestimmte Leute vor den Kopf stoßen", meinte Adrian vielsagend.

Yates blieb stehen und stellte sich vor Adrian. „Das reicht jetzt", warnte er ihn ruhig.

„Ist doch wahr. Sie kennen doch ihren Ruf! Man kann mit ihr nicht zusammenarbeiten."

„Caroline ist nicht diejenige, die sich wie ein Idiot aufführt. Ich brauche Ihnen sicherlich nicht zu sagen, dass Colonel Mackenzie jeden in diesem Team mit einem einzigen Anruf austauschen kann. Er wird es mit Sicherheit tun, sobald er auch nur vermutet, dass Spannungen im Team sich negativ auf die Arbeit auswirken. Sollte das passieren, ist Ihre Karriere bei Boling-Wahl vorbei. Das gilt für Sie beide."

Caroline steckte stumm die Hände in die Hosentaschen. Auch wenn Yates' Warnung an Adrian gerichtet war, wusste sie, dass man ihre Position bei Boling-Wahl aufgrund früherer Vorfälle nicht unbedingt als absolut krisenfest bezeichnen konnte. Einer dieser Zwischenfälle war der mit Adrian. Vielleicht hatte man sie dem Team als eine Art Test zugeteilt, um zu sehen, wie sie mit ihm arbeiten konnte. Vielleicht hing ja ihr Job davon ab.

Adrian funkelte sie jetzt böse an. „Ich werde ihr aus dem Weg gehen", murmelte er grimmig. „Aber sie soll sich ebenfalls von mir fernhalten." Damit ging er voraus und ließ die beiden stehen.

Yates seufzte. Er und Caroline setzten sich langsam wieder in Bewegung. „Am besten ignorieren Sie ihn", riet er ihr. „Mir war nicht bewusst, dass Sie beide sich so spinnefeind sind."

„Ich bin ihm nicht spinnefeind", widersprach Caroline überrascht.

Er betrachtete sie nachdenklich. „Nein, vielleicht nicht. Aber er Ihnen. Sind Sie sich einfach nur gegenseitig unsympathisch oder ist da mal etwas vorgefallen, von dem ich wissen sollte?"

Caroline zuckte die Achseln. „Es ist kein großes Geheimnis. Er hat sich an mich herangemacht, als ich damals bei Boling-Wahl anfing. Und ich habe ihm einen Korb gegeben."

„Ah, ein angekratztes Ego also."

„Es würde ja noch irgendwie Sinn machen, wenn wir tatsächlich eine Beziehung gehabt und uns dann getrennt hätten. Aber so persönlich ist es nie geworden. Ich vermute, er verkraftet eine Absage nicht besonders gut, oder?"

„Das war alles? Sie haben ihm eine Absage für eine Verabredung erteilt?", hakte Yates skeptisch nach.

„Nein, nicht ganz. Er hat einen Annährungsversuch gemacht."

„Und Sie ...?"

Sie blickte starr geradeaus und spürte, wie ihre Wangen zu brennen begannen. „Er ... Nun, es war ein recht aufdringlicher Annäherungsversuch, wenn Sie verstehen, was ich damit sagen will. Und es schien mir nicht zu gelingen, ihm klarzumachen, dass ich nicht interessiert war. Zuerst bin ich noch höflich geblieben, aber damit erreichte ich gar nichts bei ihm, er wollte mich nicht loslassen. Also sagte ich zu ihm, dass ich mich um eine Stelle im Zoo beworben hätte, wenn ich mich von einem Affen begrapschen lassen wollte."

Yates musste grinsen. „Nicht gerade sehr taktvoll, aber effektiv."

Sie hatte noch mehr zu Adrian gesagt, aber sie war der Meinung, genug preisgegeben zu haben. „Er muss es wohl persönlich genommen haben."

„Sie beide werden trotzdem miteinander auskommen müssen."

„Ich verstehe. Ich werde mir die Bemerkungen verkneifen. Aber sollte er mich noch einmal anfassen", warnte sie, „werde ich nicht höflich bleiben."

Yates tätschelte väterlich ihren Arm. „Wenn er Sie anfasst, ziehen Sie ihm eins über den Schädel."

Genau das hatte sie auch vor.

Den Rest des Tages über kontrollierten sie die Systeme der beiden Testmaschinen. So weit sah alles gut aus. Die Wartungstechniker kamen hinzu, krochen in, über und unter die schwarzen Flugzeuge und zogen Schläuche und Kabel mit sich über den Hangarboden. Caroline musste an die Beschreibungen in „Gullivers Reisen" denken, wo die Liliputaner um den Riesen Gulliver herumschwirrten.

Adrian redete kein Wort mit ihr, außer wenn es um die Arbeit ging. Das war Caroline nur recht. Er war gut in seinem Job, und solange er sich darauf beschränkte, würde sie keine Probleme mit ihm haben. Vielleicht hatte Yates' Mahnung ja doch Eindruck auf Adrian gemacht.

Es wurde später Nachmittag, bis alle Systeme überprüft waren. Caroline war froh, dass der Arbeitstag vorüber war. Sie sehnte sich nach einer langen, erfrischenden Dusche. Auf dem Weg zu ihrem Quartier hielt sie im Container an, um ihre Kleider abzuholen und nachzusehen, ob sie alles ausgeschaltet und in ihren Schubladen verschlossen hatte. Aus Sicherheitsgründen durfte nichts auf den Schreibtischen liegen bleiben.

In ihrem Quartier drehte sie die Klimaanlage auf und stellte sich davor. Mit einem erleichterten Aufseufzen genoss Caroline die kalte Luft. Das war der einzige Vorteil bei den winzigen Räumen – sie kühlten in null Komma nichts aus. Immerhin, Caroline konnte sich glücklich schätzen, weil sie über zwei Zimmer verfügte. Das erste bestand aus einer kombinierten Wohn-, Ess- und Kocheinheit. In der Wohnhälfte standen ein nichtssagendes Sofa mit dem dazugehörigen Sessel und ein zerkratzter Couchtisch aus Holzimitat. In der anderen Zimmerhälfte waren Kochnische sowie ein winziger Esstisch mit zwei Stühlen untergebracht. Als vorherrschende Farbe hatte man sich für Grün entschieden. Das Schlafzimmer war ebenso groß, respektive klein wie der vordere Raum. Das Bett sollte angeblich ein Doppelbett sein, auch wenn es die Normmaße keineswegs erreichte. Aber da Caroline allein wohnte, konnte sie sich nicht beschweren. Immerhin gab es eine alte Kommode mit Schubladen und einen schmalen Schrank. Das Bad war so winzig, dass die notwendigen Installationen kaum Platz fanden, auf eine Badewanne musste sie verzichten. Für eine Zeit lang würde Caroline damit zurechtkommen. Aber sicherlich entsprach die Unterkunft keinem Heim, in dem sie sich zu Hause fühlte.

Doch sie wollte sich immer auf das Positive konzentrieren. Als Erstes tauschte Caroline, kaum dass sie die Räume betreten hatte, die Glühbirnen im Bad aus, damit sie genug Licht hatte, um sich schminken zu können. Bestimmt hatte sie das hellste Bad auf dem ganzen Stützpunkt. Die Vorstellung gefiel ihr.

Sie gönnte sich eine lange, erfrischende Dusche und drehte das heiße Wasser stufenweise herunter, bis der Strahl eiskalt war. Ihre Lebensgeister kehrten zurück, während ihre Haut die Feuchtigkeit genoss. Caroline stellte das Wasser erst ab, als sie schon anfing, vor Kälte zu zittern. Sie trocknete sich ab und zog eine leichte Baumwollhose und ein lockeres T-Shirt über, ein Aufzug, der ihrer Vorstellung von Bequemlichkeit entsprach.

Und jetzt etwas zu essen. Da sie von Anfang an geplant hatte, so oft wie möglich in ihrem Quartier zu essen, hatte sie einige Vorräte in der Küche angelegt. Caroline stand vor dem Regal und überlegte gerade, was sie sich zubereiten könnte, als es an der Tür klopfte.

„Wer ist da?“, rief sie.

„Mackenzie.“

Er hätte gar nicht seinen Namen zu nennen brauchen, dachte sie irritiert. Seine tiefe Stimme hätte sie auch erkannt, wenn er etwas Unverständliches gemurmelt hätte.

Sie ging zur Tür und wappnete sich für die Hitze, die ihr entgegenschlagen würde. „Sie wünschen?“, fragte sie. Diesmal trug er keine Uniform, sondern verwaschene Jeans, ein weißes T-Shirt und ausgetretene Stiefel. Seine Augen wurden von der obligatorischen dunklen Sonnenbrille verdeckt, ohne die scheinbar kein Pilot auskam. Es gefiel ihr nicht. Caroline wollte gar nicht wissen, wie er aussah, wenn er nicht im Dienst war.

Joe bemerkte den irritierten Blick und die abweisende Haltung sofort. Anscheinend war sie zu dem Schluss gekommen, so weiterzumachen wie bisher. Umso besser. Das mochte vielleicht ein wenig anstrengend sein, aber so wurde es zumindest nicht langweilig. Anders wollte er es gar nicht.

„Abendessen“, sagte er knapp.

Caroline verschränkte die Arme vor der Brust. „Ich gedenke nicht, Sie durchzufüttern.“

„Nein, eigentlich wollte ich Sie füttern“, erwiderte er sanft. „Erinnern Sie sich? Ich sagte zu Daffy, dass Sie den Abend mit mir verbringen. Sollten Sie das nicht tun, wird unweigerlich jeder morgen davon wissen.“ Es fiel ihm schwer, seine Stimme gelassen und seine Augen auf ihr Gesicht gerichtet zu halten. Caroline trug ganz offensichtlich keinen BH. Das T-Shirt schmiegte sich um die hohen festen Brüste, der dünne Stoff war fast durchsichtig. Jeder Muskel in seinem Körper spannte sich an.

„Nur ein Cheeseburger.“ Er benutzte die gleiche Stimmlage, die er einsetzte, wenn er nervöse Fohlen beruhigen wollte. „Sie brauchen sich nicht mal umzuziehen. Schlüpfen Sie einfach in ein Paar Schuhe, und dann fahren wir von der Basis und finden schon irgendwo ein Dinner.“

Caroline zögerte. Cheeseburger klang verlockend. Sie müsste sonst zwischen zwei Sorten Müsli wählen.

„Also gut“, entschied sie. „Geben Sie mir eine Minute.“ Sie spurtete ins Schlafzimmer, zog ein Paar weiße Sandalen an und fuhr sich noch einmal mit dem Kamm durchs Haar. Sie blickte auf ihr ungeschminktes Spiegelbild und überlegte, ob sie Make-up auflegen sollte. Nein, schließlich wartete ein Cheeseburger auf sie.

Gerade, als sie das Schlafzimmer verlassen wollte, fiel ihr ein, dass sie keinen BH trug. Zwar glaubte sie nicht, dass es dem Colonel aufgefallen war, aber … Vorsicht war immer besser als Nachsicht. Also zog sie noch schnell einen an.

Er war nicht hereingekommen, sondern stand noch immer wartend in der offenen Tür. Caroline trat eilig über die Schwelle in den Gang, verschloss die Tür, fasste noch einmal prüfend an den Knauf und ließ dann zufrieden den Schlüssel in ihre Hosentasche fallen.

Der Colonel fuhr einen schwarzen Pick-up. Überrascht schaute Caroline Joe an, als er ihr den Wagenschlag aufhielt und sie auf den Sitz kletterte. „So ein Auto hätte ich Ihnen niemals zugetraut", sagte sie, als er hinter das Steuer glitt.

„Ich bin auf einer Pferderanch in Wyoming aufgewachsen. Mein ganzes Leben fahre ich nichts anderes als Pick-ups. Was haben Sie denn geglaubt, welches Auto ich fahre?"

„Irgendwas Schnittiges, rot und schnell."

„Ich hebe mir das Rasen für die Luft auf." Mit eisblauen Augen warf er ihr einen Seitenblick zu. „Und welchen Wagen fahren Sie? Im Moment einen Mietwagen, ich weiß, weil Sie mit dem Flugzeug gekommen sind. Aber der zählt nicht."

Caroline lehnte sich zurück. In so einem Truck saß man hoch, und es gefiel ihr, von oben alles weit überblicken zu können. Mit jeder Minute entspannte sie sich mehr. Vielleicht lag es an dem soliden Fahrzeug. „Raten Sie."

„Etwas Sicheres und Zuverlässiges."

„Oh."

Das „Oh" klang eindeutig enttäuscht. Joe verkniff sich das Grinsen. „Liege ich falsch?"

„Eine Spur, ja."

„Also, was fahren Sie nun?"

Sie sah zum Fenster hinaus. „Etwas Schnittiges, rot und schnell." Statt eines soliden und konservativen Autos hatte sie Kraft, Tempo und Herausforderung gewollt und ein kleines Vermögen dafür ausgegeben.

„Wie schnittig genau?"

„Eine Corvette", rückte sie heraus, und plötzlich musste sie über den Unterschied zwischen ihnen kichern.

Joe sah sie genauer an, er konnte sich einfach nicht zurückhalten. Sie hatte das Leben eines Bücherwurms geführt, aber das Feuer in ihr hatte sich nicht ersticken lassen. Er erkannte es an dem unbewussten

Sexappeal ihrer Bewegungen, ihrer Kleidung, an ihrem Temperament und dem verwegenen Auto, das sie fuhr. Sittsam und brav saß sie auf dem Beifahrersitz, aber das Gesicht hielt sie in den heißen Fahrtwind, der in ihrem Haar spielte. Da war eine Ungezähmtheit in ihr, die ihn reizte. Unbehaglich rutschte Joe auf seinem Sitz, weil ihm die Jeans plötzlich zu eng wurde.

Die Wachleute ließen sie durchs Tor, und Joe bog auf die Straße. Die Sonne stand wie ein goldener Feuerball tief am Horizont, direkt vor ihnen. Caroline verspürte nicht das Bedürfnis, die Unterhaltung fortzusetzen, und da Joe nichts gegen das Schweigen einzuwenden hatte, brach er es nicht.

Caroline konnte nicht anders, immer wieder schaute sie zu ihm hin. Das T-Shirt ließ seine kräftigen Arme frei, dunkel gebräunt von der Wüstensonne. Es war aufreibend, wie muskulös diese Arme waren. Caroline wusste, dass Piloten regelmäßig trainierten, weil eine dichtere Muskelmasse den Fliehkräften im Jet besser widerstehen konnte, aber seine Muskeln schienen irgendwie anders. Er war so sehnig und kraftvoll – wie ein Panter oder ein Wolf –, von einem Leben voller körperlicher Arbeit. Die Sonne fiel auf sein Profil und tauchte die markanten Züge in goldenes Licht. Es erschien ihr wie das Gesicht eines urzeitlichen Kriegers, so wie man es auf alten Münzen geprägt fand.

Caroline starrte auf die schmale Nase, die breite Stirn und die hohen Wangenknochen. Seine Lippenkonturen waren nahezu messerscharf abgesetzt. Der heiße Wüstenwind fuhr ihm durchs Haar, kurz geschnitten nach Militärart. Ihre Sicht begann zu verschwimmen. Plötzlich sah sie diesen Mann neben sich mit langen Haaren, die der Wind ihm um die breiten, nackten Schultern flattern ließ. Ihr Herz schien vor jäher Panik stehen zu bleiben. Hastig riss sie den Blick von ihm los und sah wieder nach vorn. Doch die Vision verschwand nicht.

Sie wandte sich ihm wieder zu. Ihr hungriger Blick glitt über seine breite Brust, hinunter zu seinem flachen Bauch. Sie konnte einfach nicht aufhören, auch wenn sie nicht mutig genug war, jedes Körperteil offen zu mustern. An den langen muskulösen Beinen blieb ihr Blick haften.

„Sind Sie nicht eigentlich viel zu groß, um in ein Cockpit zu passen?", sprudelte sie heraus.

Er sah kurz von der Straße zu ihr, doch wegen der dunklen Gläser konnte Caroline den Ausdruck seiner Augen nicht erkennen. Sie wünschte, er würde endlich die Brille abnehmen. „Manchmal ist es eng", antwortete er. Seine Stimme klang tief und leise. „Aber bis jetzt bin ich noch überall reingekommen."

Die sexuelle Anspielung traf sie mit der Wucht eines Vorschlaghammers. Caroline fand sich zwar beklagenswert unerfahren, aber nicht naiv. Der Sinn war unmissverständlich gewesen. Jetzt war sie froh darum, dass er die Brille trug. Sie wollte gar nicht wissen, welcher Ausdruck in seinen Augen lag. Am liebsten hätte sie sich die Hände vors Gesicht geschlagen. Nein, sie wollte aus dem Truck springen, den ganzen Weg zurück zur Basis rennen und sich in ihren Zimmern verkriechen. War sie denn von allen guten Geistern verlassen? Freiwillig war sie zu diesem Mann in den Truck gestiegen, und nun fuhren sie allein durch die Wüste Nevadas, unter einer Sonne, die rapide sank und alles in dunkles Violett tauchte.

Dann erinnerte sie sich daran, dass es nur ihre eigene Reaktion auf den attraktiven Mann war, die sie verängstigte. So wie sie ihn begutachtet hatte, fragte er sich wahrscheinlich, ob er noch seine Hose anhätte, wenn sie zurückfahren würden. Vielleicht war es der Kontrast zwischen seinem absolut kühlen, beherrschten Äußeren und der deutlich spürbaren Sinnlichkeit, die er ausstrahlte, der ihr so zusetzte. Und vielleicht, mit etwas Glück, hatte er den Tumult, der in ihr vorging, gar nicht bemerkt.

Joe war froh um die Brille, die er zum Schutz gegen die Sonne aufgesetzt hatte. Denn die dunklen Gläser erlaubten es ihm, seine Beifahrerin zu mustern, ohne dass sie es bemerkte. Verdammt, sie hatte einen BH angezogen, aber das hauchdünne Material konnte nicht verheimlichen, dass die Knospen sich zusammengezogen hatten. Sie war erregt – und erschreckt deswegen. Er fühlte ihre Anspannung, sah das leichte Zittern, das sie trotz der reglosen Sitzhaltung nicht kontrollieren konnte. Sein Blick wanderte zurück zu ihrem Busen, und seine Finger klammerten sich fester um das Lenkrad. Sie war so wunderbar sinnlich, und sie wusste es nicht einmal. Wenn eine zweideutige Bemerkung sie schon erregte, was würde erst geschehen, wenn er sie tatsächlich lieben würde?

Allerdings war sie nicht die Einzige, die erregt war. Wenn er noch einen Blick auf diese harten Knospen warf, würde er den Truck wohl am Straßenrand parken müssen, und so weit war sie nun wahrlich nicht. Um sich davon abzuhalten, einen Riesenfehler zu machen, schaute er nicht mehr zu ihr hin, bis sie bei seinem bevorzugten Drive-in ankamen und er den Truck vor dem Lautsprecher abbremste.

Er stellte den Motor ab und legte die Sonnenbrille aufs Armaturenbrett. „Was möchten Sie?"

Caroline wünschte, er hätte die Frage anders formuliert. Sie lehnte sich vor, um das Menü über dem Lautsprecher zu lesen und zwang sich dazu, nur noch an Essen zu denken. Der göttliche Duft von brutzelnden Hamburgern, gebratenen Zwiebeln und Pommes frites hing in der Luft. Warum roch das ungesündeste Essen eigentlich immer am besten? „Ich nehme das Cheeseburger-Menü und eine große Cola."

Joe drückte den Knopf am Lautsprecher und bestellte zwei Cheeseburger-Menüs. Dann drehte er sich halb zu Caroline um, eine Schulter an die Trucktür gelehnt, und sagte gelassen: „Wenn wir zurück auf dem Stützpunkt sind, werde ich Sie küssen."

Caroline starrte ihn mit weit aufgerissenen Augen an. Ihr Herz verfiel sofort wieder in diesen verrückten hüpfenden Rhythmus. „Ich hätte gerne Zwiebeln auf meinem Burger. Viele Zwiebeln."

„Sie brauchen keine Angst zu haben, dass ich Sie begrapsche", fuhr er fort, als hätte sie überhaupt nichts gesagt. „Nur ein Kuss, vor Ihrer Tür. Sollte jemand vorbeigehen, und das wird sicher der Fall sein, wird er uns sehen. Ich werde nicht einmal die Arme um Sie legen, wenn Sie das nicht möchten."

„Ich möchte nicht, dass Sie mich küssen." Sie zog sich so weit wie möglich in ihre Ecke zurück.

„Ich werde es trotzdem tun. Das erwarten sie."

„Mir ist gleich, was sie erwarten. Ich habe eingewilligt, heute Abend mit Ihnen mitzukommen, weil es mir eine gute Art schien, die anderen im Zaum zu halten. Aber ich habe nie irgendwelchen Küssen zugestimmt."

„Sie küssen nicht gerne?"

Sie zog einen Schmollmund. Die perfekte Antwort wäre jetzt natürlich, dass ihr das Küssen natürlich gefiel, dass sie aber nicht ihn küssen wollte. Das allerdings wäre eine glatte Lüge, und so, wie ihr Herz flatterte, würde sie das nie glaubhaft behaupten können. Lügen ließ sich immer besser, so hatte sie herausgefunden, wenn man mit einer gewissen emotionalen Distanz agierte.

Andererseits war die Wahrheit die nun denkbar schlimmste Antwort, die sie geben konnte. Nein, keiner der sabbernden Küsse, die ihr aufgezwungen worden waren, während sie sich gewehrt hatte wie eine Wildkatze, hatte ihr gefallen. Doch bei der Vorstellung an seinen Kuss wurde ihr schwindlig, und Caroline hatte schreckliche Angst davor, dass es ihr zu gut gefallen könnte.

Als sie nicht antwortete, fuhr er ruhig fort: „Wenn wir bei Ihrem Quartier ankommen, schließen Sie Ihre Tür auf, drehen sich um und strecken mir die Hand entgegen. Ich werde Ihre Hand nehmen, mich vorbeugen und Sie auf den Mund küssen. Es wird kein langer Kuss werden, aber es kann auch nicht nur ein kleines Küsschen sein. Drei Sekunden, was meinen Sie, ist das lange genug? Dann lasse ich Ihre Hand los und verabschiede mich. Auf einer so geschäftigen Basis werden wir auf jeden Fall gesehen werden. Dann macht es schnell die Runde, dass wir zwar keine heiße Affäre haben, aber auf jeden Fall zusammen sind."

Caroline räusperte sich. „Drei Sekunden?" So lange schien das gar nicht zu sein. Sicherlich würde sie sich nicht innerhalb von drei Sekunden komplett blamieren, oder doch?

„Drei Sekunden, mehr nicht", versicherte Joe.

4. KAPITEL

Der Cheeseburger – ohne Zwiebeln! – und die Pommes frites waren einfach himmlisch und erinnerten Caroline an die seltenen wunderbaren Gelegenheiten in ihrer Kindheit, wenn sie übers Wochenende bei ihrem Onkel bleiben durfte. Onkel Lee und seine Frau waren zehn Jahre jünger als ihre Eltern, und der Onkel hatte sie immer zu dem größten und saftigsten Hamburger eingeladen und sie danach noch mit einer Riesenportion Eis verwöhnt. Zu Hause bei den Eltern gab es nur Sorbet oder gefrorenen Jogurt, Eis war absolut tabu. Wäre Onkel Lee nicht gewesen, Caroline wäre zur Volljährigkeit herangewachsen, ohne je die delikaten Freuden des Junk-Food kennenzulernen. Noch heute war es etwas Besonderes, wenn sie sich so etwas erlaubte.

Nachdem sie die Burger verspeist hatten, betrachtete Joe Caroline mit einem trägen Lächeln. „Haben Sie je an einem Spieltisch gesessen?“

„Nein, ich war noch nie in einem Casino.“

„Das lässt sich sofort ändern.“ Joe startete den Truck, und schon bald fuhren sie den Las Vegas Boulevard hinunter. Ein Meer von Neonlichtern erstrahlte, blinkte, blitzte oder fiel in Kaskaden von den Häuserwänden und lud jedermann ein, hereinzukommen und auszuprobieren, was immer in dem Haus geboten wurde. Die eleganten Casinos zogen die meisten Menschen an, aber es gab auch eine große Anzahl von Touristen, die einfach nur durch die Straßen bummelten, entschlossen, alles zu sehen, wofür Las Vegas berühmt war. Eine einheitliche Kleiderregelung gab es anscheinend nicht, alles war vertreten, von Shorts bis zur Abendrobe.

„Mögen Sie das Glücksspiel?“, fragte Caroline.

„Ich spiele nie.“

Caroline schnaubte. „Nur mit Ihrem Leben. Ich war heute im Kontrollraum.“

„Das hat nichts mit Glücksspiel zu tun. Baby wurde dafür entworfen, uns einen unbegrenzten null Auftriebswinkel zu ermöglichen. Nur hilft es uns nicht, wenn wir nicht wissen, wie wir die Maschine zu fliegen haben. Mein Job ist es herauszufinden, ob sie auch wirklich kann, wozu sie gebaut wurde. Ich muss sie ausfliegen, ihre

Möglichkeiten und ihre Grenzen ausloten. Das kann ich nicht, wenn ich nicht weiter gehe, als es uns bisher bereits mit der F-22 möglich ist."

„Keiner der anderen Piloten ist so weit gegangen."

Seine Augen blickten sie absolut ruhig an. „Von jetzt an werden sie es. Weil sie wissen, dass es machbar ist."

„Also haben Sie es nur getan, um es ihnen allen zu zeigen?"

„Nein. Ich habe es getan, weil es mein Job ist."

Und weil er seinen Job liebte. Sie hatte es an dem Tag gesehen, als er in den Kontrollraum gekommen war. Müde und verschwitzt, mit blutunterlaufenen Augen und unbeweglicher Miene. Aber seine Augen ... seine Augen hatten ihn verraten, ihr wilder, leidenschaftlicher Ausdruck voller Lebenslust.

Joe parkte den Wagen, und gemeinsam schlenderten sie über den Boulevard.

„Was meinen Sie? Ob Sie heute Abend wohl eine Glückssträhne haben?"

Sie zuckte die Schultern. „Ich weiß nicht. Wie fühlt sich so etwas denn an?"

„Wollen Sie es versuchen?"

Vor dem offenen Eingang eines Casinos blieben sie stehen. Caroline spürte die klimatisierte kühle Luft aus dem Saal nach draußen dringen. Endlose Reihen von Spielautomaten lagen vor ihr, die meisten von ihnen mit Spielern besetzt, die die Maschinen nahezu automatisch mit Münzen fütterten. Hier und da hörte man begeisterte Ausrufe, wenn der Automat einen klimpernden Wasserfall in die Auffangschale rauschen ließ, doch im Großen und Ganzen schluckte der Automat mehr, als er ausspuckte.

„Das sieht mir nicht sehr kosteneffektiv aus", merkte Caroline kritisch an, nachdem sie einige Minuten zugeschaut hatte.

Joe lachte leise. „Darum geht es auch nicht. Man sollte nie spielen, wenn man es sich nicht leisten kann zu verlieren. Das ist Regel Nummer eins. Regel Nummer zwei ist, dass man Spaß dabei haben sollte."

„Die sehen aber auch nicht so aus, als hätten sie Spaß", meinte sie zweifelnd.

„Weil sie Regel Nummer zwei vergessen haben, vielleicht sogar

Regel Nummer eins. Kommen Sie, ich spendiere Ihnen Ihren Einsatz."

Doch Caroline wartete noch, bis ein Automat frei wurde, der schon seit Längerem keine Münzen mehr freigegeben hatte. Den Gesetzen der Wahrscheinlichkeit nach war es eher zu erwarten, dass diese Maschine ein paar Münzen ausspucken würde. So setzte Caroline sich also auf den Hocker davor und begann, Vierteldollarmünzen einzuwerfen, und kam sich vor wie ein kompletter Idiot. Joe stand hinter ihr und lachte jedes Mal leise, wenn der Einarmige Bandit ihr nichts von dem Geld zurückgab. Nachdem sie ungefähr fünf Dollar in den Apparat gesteckt hatte, ohne eine Gegenleistung zu bekommen, begann sie, die Sache persönlich zu nehmen. Sie murmelte Drohungen und Verwünschungen – und verlor wieder.

„Denken Sie immer an Regel Nummer zwei", mahnte Joe amüsiert.

Sie sagte ihm unmissverständlich, was er mit Regel Nummer zwei machen könne, und er lachte vergnügt in sich hinein.

Sie zog den Hocker näher heran und schob einen Vierteldollar in den Schlitz. Sobald die Bilder sich zu drehen begannen, zog sie an dem langen Hebel. Ein Symbol nach dem anderen rastete klickend ein, und plötzlich schlugen Sirenen los und Münzen fielen aus dem Apparat, so viele, dass nicht alle von der Schale aufgefangen werden konnten und auf den Boden rollten. Caroline sprang auf und starrte auf den Silberregen, während sich schon andere Spieler um sie herumscharten, um ihr zu gratulieren, und ein lächelnder Casino-Angestellter auf sie zukam. Konsterniert blickte sie auf den Münzenberg. „Die passen doch gar nicht alle in meine Tasche."

Joe warf den Kopf zurück und lachte lauthals los. Carolines Blick wurde magisch von seinem starken braunen Hals angezogen, und prompt setzte wieder dieses seltsame Schwindelgefühl ein.

„Wir werden Ihnen die Münzen natürlich gerne in Scheine umtauschen", vernahm sie den lächelnden Casino-Angestellten.

Zu ihrer Erleichterung hatte sie kein Vermögen gewonnen, sondern nur etwas über siebzig Dollar. Sie gab Joe den Einsatz zurück und stopfte die restlichen Scheine in ihre Hosentasche.

„Und? Haben Sie sich amüsiert?", fragte er, als sie das Casino verließen.

Sie überlegte einen Moment. „Ja, ich glaube schon, aber ich war dabei, wütend auf diese Maschine zu werden. Ich glaube nicht, dass ich mich zum Spieler eigne."

„Wahrscheinlich nicht", stimmte er zu und nahm ihre Hand, um sie behutsam zur Seite zu ziehen, damit sie nicht mit einem Mann zusammenstieß, der augenscheinlich nicht darauf achtete, wohin er ging. Doch dann ließ Joe ihre Hand nicht mehr los, wie Caroline es eigentlich erwartet hatte.

Sie schaute hinunter auf die beiden vereinten Hände. Seine war groß und fest, mit schlanken Fingern und einer von Arbeit schwieligen Handfläche. Und doch war sein Griff zart und vorsichtig, so als sei er sich seiner Kraft stets bewusst. Caroline hatte noch nie mit jemandem Händchen gehalten und fand die Berührung ihrer Handflächen erstaunlich intim. Langsam begann sie zu begreifen, dass die Angst sie von vielen angenehmen Dingen abgehalten hatte. Allerdings war sie auch noch nie wirklich daran interessiert gewesen, sie auszuprobieren. Ihre Reaktion auf Männer, die versucht hatten, sie in eine Beziehung zu locken, hatte von Desinteresse und Langeweile bis hin zu ehrlichem Abscheu variiert.

Natürlich hätte sie ihre Hand zurückziehen können. Das wäre das Sicherste, aber irgendwie schaffte sie es nicht. Also beschloss sie, die Situation zu ignorieren und tat, als liege ihre schmale Hand nicht in seiner großen, wie ein kleiner Vogel auf der Suche nach Schutz. Und insgeheim genoss sie jede Sekunde.

Irgendwann gingen sie zum Truck zurück. Caroline wollte seltsamerweise gar nicht, dass der Abend schon zu Ende war. Es war ihre allererste Verabredung, wenn man es denn als eine solche bezeichnen wollte, und jetzt war sie leider fast vorbei.

Auf der Rückfahrt schwiegen beide. Carolines Gedanken kreisten unablässig um den Kuss, der folgen würde. Sie empfand eine Mischung aus Panik und Vorfreude. Das würde noch ein allererstes Mal werden, der erste Kuss, zu dem sie sich tatsächlich bereit erklärt hatte. Und den sie willkommen heißen würde. Sie hatte aber keine Ahnung, wie sie reagieren würde, wenn es so weit war. Entweder sie würde panisch davonstürzen oder sich in Joes Arme werfen.

Der Augenblick der Wahrheit kam nur allzu schnell. Joe parkte den Wagen vor ihrem Quartier und kam um den Truck herum, um

Caroline die Tür aufzuhalten. Um die Zeit gingen noch mehrere Leute ihrer Arbeit nach und blickten kurz zu ihnen hinüber, und Caroline wurde klar, dass Joe die Situation genau abgepasst hatte.

Sie kramte ihre Schlüssel hervor und schloss die Tür zu ihrer Unterkunft auf, dann drehte sie sich um und sah Joe im grellen Licht der Neonleuchte an. Ihre Augen waren dunkel und ernst, als sie ihn anschaute, seine glitzerten wie Eis.

„Strecken Sie Ihre Hand aus", befahl er weich, und sie gehorchte.

Seine kräftige, warme Hand umfasste ihre Finger, und er zog sie ein wenig zu sich heran, während er sich gleichzeitig vorbeugte. Sanft berührte sein Mund ihre Lippen, löste sich und kehrte zurück. Er drehte leicht den Kopf, und irgendwie führte die Bewegung dazu, dass Caroline ihre Lippen öffnete, damit sie mit seinen zusammenpassten.

Er schmeckte so warm, angenehm und … männlich. Sein Duft hüllte sie ein, und sie erschauerte. Seine Lippen pressten sich sanft auf ihre, und dann fühlte sie die Spitze seiner Zunge, die lockte, reizte. Caroline versteifte sich, als Erinnerungen an uneingeladene Aufdringlichkeiten in ihr aufflackerten, doch das hier war völlig anders. Sie fühlte sich eher berauscht als angewidert, und sein Geschmack flutete ihre Sinne. Eine angenehme Wärme breitete sich in ihr aus, und mit einem leisen Seufzer öffnete sie ihren Mund.

Die Empfindungen waren überwältigend. Ihre Reaktion darauf auch. Sie hörte sich selbst noch einmal seufzen, und dann schmiegte sie sich an ihn und legte den Kopf zurück, um ihm tieferen Zugang zu gewähren, dem er auch sofort nachkam. Caroline fühlte sich schwach und schwindlig, und ihre Brüste wurden prall und ihre Lenden brannten, während sie ihren Körper an seinen drückte. Heiße Wellen der Lust durchströmten ihr Innerstes. Sie klammerte sich an seine Hand, als wäre diese das rettende Seil vor dem Absturz.

Langsam hob Joe den Kopf. Er musste sich mit aller Macht zwingen, sich von ihr zu lösen. Doch konnte er nicht widerstehen, ihren weichen, unschuldigen Mund, der so schnell gelernt hatte, noch ein letztes und ein allerletztes Mal zu küssen, dann aber musste er ihre Hand loslassen und zurücktreten. Er hatte es ihr versprochen. Nichts wollte er mehr, als sie in die dunkle Unterkunft zu schieben und mit ihr auf den Boden zu sinken, um das pochende Verlangen schnell und hart zu stillen, doch die jetzige Zurückhaltung würde die spätere Erlösung umso süßer machen. Er atmete tief durch und bemühte sich, das heiße Rauschen seines Blutes unter Kontrolle zu bekommen.

„Drei Sekunden", sagte er leise.

Ihre Augen blickten verhangen und sie schwankte leicht, als sie zu ihm aufsah. „Ja", flüsterte sie, „drei Sekunden."

Sie rührte sich nicht. Joe legte ihr die Hände auf die Schultern und drehte sie um. „Gehen Sie hinein, Caroline. Gute Nacht."

„Gute Nacht." Mit unsicheren Schritten trat sie über die Schwelle, doch dann drehte sie den Kopf und schaute noch einmal über die Schulter zu ihm zurück. Ihre Augen wirkten riesig, den Ausdruck in ihnen konnte Joe nicht deuten. „Das war viel länger als drei Sekunden."

Caroline schaltete das Licht ein und verschloss sorgfältig die Tür. Noch als sie die Sicherheitskette vorlegte, hörte sie schon Joes Truck davonfahren. Das Geräusch sagte ihr, dass er gar nicht versucht gewesen war, zurückzukommen und an ihre Tür zu klopfen. Er hatte seine Mission – das Herstellen ihrer „Beziehung" – erfolgreich beendet, es gab also keinen Grund für ihn, länger zu bleiben.

Sie setzte sich auf die Couch und verharrte lange Zeit reglos. Sie musste nachdenken. Sie hatte sich schon immer am besten konzentrieren können, wenn sie einfach still dasaß, alles andere ausblendete und nur in sich hineinhörte. Alles andere – auch körperliche Reize.

Um zu verstehen, wieso sie geworden war, wie sie war, hatte Caroline keinen Therapeuten gebraucht. Ihre Erziehung und ihre rasante intellektuelle Entwicklung hatten sie immer zum Sonderling gemacht, und bisher hatte sie nie etwas dagegen gehabt. Warum sollte sie sich unzulänglich fühlen, nur weil sie nie gelernt hatte, wie man mit Männern umging? Schließlich hatte es nie einen Vertreter des anderen Geschlechts gegeben, für den sie sich interessiert hätte. Also hatte ihr ihre unnahbare Beziehung zum Rest der Welt nichts ausgemacht. Bis jetzt.

Jetzt jedoch fühlte sie sich zum allerersten Mal stark zu einem Mann hingezogen und wünschte, ihm würde es genauso gehen. Aber wie erreichte man so etwas? Als andere Mädchen genau das gelernt hatten, hatte sie sich ausschließlich der Physik gewidmet. Jetzt war sie eine Kapazität auf dem Gebiet der Lasertechnologie – und wusste nicht das Geringste übers Flirten.

Warum konnte sie sich nicht wenigstens ihre ersten Sporen mit jemandem verdienen, der weniger aufregend war, vielleicht mit einem ehemaligen Kommilitonen, der ebenfalls mehr Zeit mit Büchern als mit Menschen verbracht hatte und auf dem gesellschaftlichen Parkett auch nicht so firm war? Aber nein, sie musste sich natürlich sofort den heißesten Typen überhaupt aussuchen, einen Kampfpiloten – einen Mann, bei dem alle Frauen weiche Knie bekamen, sobald er sie nur aus diesen eisblauen Augen anblickte. Sie brauchte kein Experte auf dem Gebiet des Küssens zu sein, um zu wissen, dass er auf jeden Fall einer war. Zudem hatte sie das ungute Gefühl, sich doch blamiert zu haben. Er hatte nur ihre Hand gehalten, genau wie er es versprochen hatte, aber sie war ja praktisch in ihn hineingekrochen. Sie konnte sich sehr genau daran erinnern, wie sie sich an ihm gerieben hatte, wie eine Katze, und dass sie sich fühlte, als müsse sie vor Schwäche zu Boden sinken.

Er war so nett zu ihr gewesen heute Abend. Er war mit ihr wie mit einem Freund umgegangen, hatte sie dazu gebracht, sich zu entspannen, und sie hatte richtig Spaß gehabt. Sie konnte sich nicht daran erinnern, wann sie das letzte Mal etwas so völlig Nutzloses getan und sich auch noch so herrlich dabei amüsiert hatte. Simples Spielen hatte nie zu ihrer Kindheit gehört, ihre Eltern hatten jede ihrer Freizeitaktivitäten auf ihre Ausbildung zugeschnitten. Allerdings musste sie sich auch eingestehen, dass sie ein recht ungeduldiges Kind gewesen war. Sie hatte Wutanfälle bekommen, wenn es ihr zu langsam ging und der angebotene Stoff nicht mit ihrem wissbegierigen, fordernden Intellekt mithalten konnte. Ihre Kindheit war nicht unglücklich gewesen, sondern einfach nur anders.

Jetzt wagte sie sich auf ein Gebiet vor, von dem sie absolut nichts verstand. Aber Caroline ging jedes Problem rational an. Sie wusste einfach nicht, wie sie die Waffen, die ihr die Natur mitgegeben hatte, einsetzen sollte, aber Joe Mackenzie würde sich bald mit ihnen auseinandersetzen müssen.

Der erste Schritt, ein Problem zu lösen, bestand immer darin, Informationen zum entsprechenden Thema zu sammeln. Es war früh am Abend, sodass die meisten auf dem Stützpunkt noch wach waren. Wie sich herausstellte, gab es ausreichend weibliches Air-Force-Personal, Frauen, die sich gern bereit erklärten, Caroline die Zeitschriften zu leihen, in denen sie Artikel und Berichte zum Thema vermutete. Sie bekam sogar einiges Material über Kampfpiloten im Allgemeinen.

Als geübte Schnellleserin arbeitete sie sich die nächsten zwei Stunden durch Frauenzeitschriften und Journale, die Artikel mit faszinierenden Überschriften wie „Er ist böse, böse, böse – warum Sie ihn trotzdem lieben“ oder „Das Beste aus allen Lebenslagen machen – wie Sie nie den Mut verlieren“ enthielten. Gespickt waren die Zeitschriften mit Hochglanzbildern von Frauen, die alle mindestens eins achtzig groß waren und höchstens fünfundfünfzig Kilo wogen, wobei das meiste davon wohl Busen und Haaren zugerechnet werden musste.

Caroline fand heraus, wie eine Frau feststellen konnte, ob „er“ eine andere hatte, und wie man sich am effektivsten rächte. Sie lernte, wie man sich auf dem Immobilienmarkt eine eigene, steile Karriere aufbaute und wie man beim Black Jack sicher gewann. Und sie erfuhr alles über die schicksten und schönsten Urlaubsorte in Europa. Wirklich interessant. Vielleicht würde sie sogar eine Zeitschrift abonnieren.

Am interessantesten jedoch war das Material über Kampfpiloten.

Caroline war schon vor dem Morgengrauen im Büro. Als sie an diesem Morgen beim Anziehen die Wahl zwischen reizvoll und bequem gehabt hatte, war ihre Entscheidung schnell zugunsten der Bequemlichkeit getroffen. Der Wetterbericht hatte fast vierzig Grad vorausgesagt, also trug Caroline einen leichten weiten Overall.

Sie holte die Unterlagen für die anberaumten Tests hervor und checkte die Papiere noch einmal. Sie würde Cal ein paar Fragen zu dem Computerprogramm stellen müssen. An der Uni hatte sie Informatik als zweites Hauptfach belegt, einfach weil es ihr eine vernünftige Ergänzung zur Physik schien. Und tatsächlich hatten sich Carolines Kenntnisse schon mehr als einmal als nützlich erwiesen. Sie loggte sich in das Programm ein und ließ die Tests noch einmal durchlaufen, um sicherzustellen, dass alles so perfekt wie möglich war.

„Wie lange sind Sie denn schon …"

Sie schrie erschreckt auf, als die Stimme direkt an ihrem Ohr ertönte, und sprang so abrupt hoch, dass ihr Stuhl umfiel. Joes Arm schoss vor und fing ihre rechte Faust ab, bevor sie sein Kinn treffen konnte. Sekundenbruchteile später hielt er auch ihre linke Hand fest, die in einer simultanen Bewegung der rechten blitzschnell hatte folgen wollen.

„Tun Sie das nie wieder!", fauchte Caroline ihn an. Sie hatte sich auf die Zehenspitzen gestellt, um ihm besser ins Gesicht funkeln zu können, mit Augen, in denen noch immer die Angst stand. „Wollen Sie, dass ich an einem Herzschlag sterbe? Von jetzt an pfeifen Sie gefälligst, wenn Sie zur Tür hereinkommen!"

Mit einem einzigen Ruck bog er ihr die Arme auf den Rücken, ihre geballten Fäuste immer noch fest von seinen Fingern umklammert. Durch die Bewegung wurde Carolines Busen an seine Brust gedrückt. „Ich wollte Sie nicht erschrecken", sagte er leise. „Aber wenn Angreifen immer Ihr erster Impuls ist, dann sollten Sie lernen, wie man so etwas richtig macht. Damit Sie nicht in einer so dummen Lage wie jetzt enden." Er sah das Interesse in ihren grünen Augen aufflackern und wusste, er hatte sie erfolgreich von der Tatsache abgelenkt, dass sie praktisch seine Gefangene war.

Caroline wog die Situation ab. Sie zuckte kurz mit den Armen, doch es war nichts zu machen. Joe hielt sie fest, sie würde sich niemals aus diesem eisernen Griff befreien können. Außerdem war er zu groß, als dass sie ihm mit dem Kopf auf die Nase hätte schlagen können. „Mir stehen noch die Optionen offen, mein Knie in Ihre Weichteile zu platzieren oder Sie vors Schienbein zu treten."

„Stimmt. Aber Sie stehen zu nah, um wirklich Kraft in dem Tritt zu haben. Sicher, Sie würden mir wehtun, jedoch nicht so sehr, dass ich Sie loslasse. Hätten Sie es mit einem echten Überfall zu tun, dann würden Sie jetzt ernsthaft in Schwierigkeiten stecken, Herzchen."

Versuchsweise probierte sie es erneut, nur um festzustellen, wie eingeschränkt ihre Bewegungsfreiheit war. Seine Arme lagen wie Eisenringe um sie, und sie wurde an seinen muskulösen Körper gedrückt. Ein angenehmer Schauer lief ihr ob des unerwarteten Vergnügens über den Rücken, sie war wie eingehüllt in seine Wärme und seinen Duft. Er roch wunderbar. Nie war ihr ein anderer Mann aufgefallen, der wie Joe roch. Es war nicht nur der frische Geruch von Seife, der auf seiner Haut lag, sondern ein ganz eigener, männlicher Duft, nur schwach und doch gleichzeitig so überwältigend, dass sie am liebsten ihre Nase gegen seinen Hals gedrückt und den Duft tief eingeatmet hätte. Ihre Brüste spannten, und in ihrem Innern begann es, heiß zu brennen.

Sie räusperte sich und befahl sich, nicht auf die Reaktionen ihres Körpers zu achten. Herrgott noch mal, sie befanden sich im Büro! Nur weil sie sich entschlossen hatte, mehr über diese ganze Mann-Frau-Geschichte zu erfahren, hieß das nicht, dass es hier während der Arbeit stattzufinden hatte! „Nun ... was sollte ich denn tun, wenn ich angreifen will?"

„Zuerst müssen Sie lernen, wie man kämpft." Er drückte einen harten, schnellen Kuss auf ihren Mund, bevor er sie losließ.

Ihre Lippen begannen zu prickeln, und sie fuhr sich mit der Zungenspitze darüber. Sein Blick, der auf ihrem Mund gelegen hatte, wurde dunkel. Mit Nonchalance versuchte Caroline, die Tatsache zu überspielen, dass sie am ganzen Körper zitterte.

„Was würden Sie empfehlen?" Sie stellte den umgekippten Stuhl auf und meldete sich aus dem Computerprogramm ab, nur damit sie etwas zu tun hatte, das sie ablenken würde. Mit einem strahlenden Lächeln drehte sie sich wieder zu ihm um. „Karate? Judo? Taekwondo?"

„Straßenkampf eignet sich besser. Die einzige Regel, die es gibt, ist zu gewinnen, ganz gleich, wie. Zum Teufel mit der Fairness. Nur mit dieser Einstellung sollte man sich auf eine körperliche Auseinandersetzung einlassen."

„Sie meinen, man wirft dem anderen Dreck in die Augen und solche Sachen?"

„Was immer nützlich ist. Es geht darum, zu gewinnen und am Leben zu bleiben."

„Ist das die Art, wie Sie kämpfen?" Eigentlich müsste sie sich dringend setzen, die Knie zitterten ihr und drohten nachzugeben. Aber wenn sie sich setzte, dann würde er sie noch mehr überragen, und allein die Vorstellung machte sie schrecklich nervös. Also fand sie einen Kompromiss und lehnte sich an die Schreibtischkante. „Bringt die Air Force ihren Piloten das heutzutage bei?"

„Nein, das habe ich gelernt, als ich ein Kind war."

„Von wem?"

„Von meinem Vater."

Musste wohl ein Ritual zwischen Vater und Sohn sein, vermutete sie. Ihr Vater hatte ihr Mathematik beigebracht, aber der Vergleich hinkte. „Ich habe mich übrigens gerade über den typischen Kampfpiloten informiert. Eine höchst interessante Lektüre. In gewisser Weise sind Sie ein Paradebeispiel."

„Tatsächlich, ja?" Er lächelte mit einer Reihe perfekter weißer Zähne, aber eigentlich war es mehr ein Zähneblecken, kein Lächeln.

„Aber gleichzeitig sind Sie auch völlig atypisch. Sie sind ungewöhnlich groß, Sie gehören eher in einen Bomber als in einen Jet. Aber Jetpiloten sind normalerweise intelligent, aggressiv, arrogant und entschlossen – man könnte wohl sagen verbissen, wie eine Bulldogge. Zudem müssen sie ständig die Kontrolle über alles haben."

Joe verschränkte kommentarlos die Arme vor der Brust und betrachtete Caroline unter halb gesenkten dunklen Wimpern.

„Kampfpiloten haben besonders scharfe Augen und eine extrem kurze Reaktionszeit. Die meisten haben blaue oder zumindest helle Augen, das ist also typisch bei Ihnen. Und was auffällig ist – Kampfpiloten zeugen erstaunlicherweise mehr weibliche als männliche Nachkommen."

„Es wird Spaß machen, das herauszufinden", meinte er vielsagend.

Caroline räusperte sich. „Ich könnte mir denken, dass Sie das vielleicht schon wissen."

Joe ließ eine Augenbraue hochschnellen. „Wieso das?"

„Nun, man nennt Sie ‚Breed', deshalb dachte ich …"

Ein Lächeln zuckte um seine Mundwinkel. „‚Breed' kommt weder von ‚brüten' noch von ‚züchten', sondern von ‚Halfbreed', Halbblut."

Caroline war mehr als verdutzt. „Sie sind Indianer?"

„Ja."

Sie hörte nicht auf, ihn anzustarren. Seine Haut wäre auf jeden Fall dunkel genug, bisher hatte Caroline das immer der Sonne zugeschrieben. Sein Haar war dicht und schwarz, die hohen Wangenknochen markant, die Nase schmal und die Lippen mit scharfen Konturen. Aber seine Augen ... Mit vorwurfsvoll gerunzelten Augenbrauen lehnte sie sich vor. „Und woher kommen dann diese blauen Augen? Blaue Augen sind ein rezessives Merkmal. Sie müssten dunkle Augen haben."

Er hatte angespannt auf ihre Reaktion gewartet, aber ihre Frage beruhigte ihn. Wie hätte Caroline auch anders reagieren sollen als mit dem Verlangen nach mehr Information? Weder war sie schockiert, so wie die meisten, noch schien es einen besonderen Reiz auf sie auszuüben – wie bei manchen Frauen, für die er dann plötzlich noch anziehender wurde. Nein, sie interessierte nur die genetische Ursache seiner blauen Augen.

„Meine Eltern waren beide Halbindianer", erklärte er. „Genetisch gesehen bin ich also zur Hälfte Indianer und zur Hälfte Weißer, ein Viertel Komantsche, ein Viertel Crow und eine Hälfte weiß."

Sie nickte zufrieden, da das Geheimnis seiner blauen Augen nun geklärt war. „Haben Sie noch Geschwister? Welche Augenfarbe haben die denn?", fragte sie weiter.

„Drei Brüder und eine Schwester. Halbbrüder und Halbschwester, um genau zu sein. Meine Mutter starb, als ich noch sehr jung war. Meine Stiefmutter ist eine Weiße, mit blauen Augen. Alle meine Brüder haben blaue Augen. Dad fragte sich schon, ob er je ein Kind mit dunklen Augen bekommen würde, bis mein Schwester geboren wurde."

Der Einblick in sein Familienleben faszinierte Caroline. „Ich bin ein Einzelkind. Ich habe mir immer Geschwister gewünscht, als ich klein war." Ihr war gar nicht bewusst, wie viel Sehnsucht in ihrer Stimme lag. „War es lustig?"

Mit einem Grinsen stellte er den Fuß in den Stuhl und drehte ihn herum, sodass er sich setzen konnte. „Ich war sechzehn, als Dad Mary heiratete, also bin ich nicht mit meinen Geschwistern aufgewachsen. Aber es hat auf eine andere Art Spaß gemacht. Ich war alt genug, um das Schöne an Babys zu erkennen und um mich um sie zu kümmern. Am besten war es immer, wenn ich Urlaub hatte und nach Hause fuhr und sie dann wie kleine Affen auf mir herumkletterten. Dad und Mary konnten dann auch mal einen Abend ausgehen, dann hatte ich die kleinen Rabauken für mich allein. Jetzt sind sie nicht mehr so klein, aber wir sind immer noch gern zusammen."

Caroline versuchte, sich diesen großen, einschüchternd aussehenden Mann mit Kindern vorzustellen. Seine Miene wurde weich, während er erzählte. Und als sie das sah, wurde sie sich der Distanz zwischen Joe und jedem hier bewusst, denn zwischen ihm und seiner Familie existierte dieser Abstand nicht. Dort konnte er sich entspannen und die eiserne Selbstbeherrschung ablegen, mit der er hier jeden Schritt machte. Dort konnte er die Zurückhaltung vergessen, die ständig in seinen Augen stand. Die Kameradschaft mit seinen Männern war noch etwas anderes, das beruhte auf langjähriger gemeinsamer Erfahrung und der Tatsache, dass sie sich hundertprozentig aufeinander verlassen mussten. Das war keine persönliche Wahl, die er getroffen hatte, und in gewisser Weise verlangte das sogar Selbstkontrolle von ihm.

Plötzlich fühlte Caroline sich verloren, weil sie nicht zu seinem Kreis gehörte. Sie wollte, dass er sich auch in ihrer Gegenwart entspannte, dass er sie den wahren Menschen sehen und sie an sich heranlassen würde. Mit der neu erwachten Weiblichkeit kam auch eine neue Erkenntnis: Es tat weh. Sie wollte, dass er interessiert an ihr war, genug, um diese erschreckende Selbstbeherrschung zu lockern. Dass ein solcher Wunsch gar nicht in ihr existieren würde, wäre sie gefühlsmäßig nicht schon sehr viel engagierter, als sie bisher angenommen hatte, beunruhigte Caroline.

Ihr wurde bewusst, dass sie ihn jetzt schon lange schweigend anstarrte, und er schaute genauso still zurück, eine Braue leicht hochgezogen, so als warte er darauf, dass sie etwas sagte. Caroline wurde rot, ohne zu wissen, warum. Joe erhob sich und kam auf sie zu. Jetzt stand er ihr so nahe, dass seine Schenkel ihre berührten.

„Was geht Ihnen im Kopf herum, Sweetheart?“

„Sie“, sprudelte sie heraus. Warum stand er nur so nah bei ihr? Ihr Puls begann zu rasen. Was war an ihm, dass ihr Verstand jedes Mal im Leerlauf lief – und ihr Körper auf Hochtouren?

„Und was genau?“

Sie wollte etwas Geistreiches, etwas Lockeres sagen, doch ihr fiel nichts ein. Nie hatte sie gelernt, auszuweichen oder Gefühle zu vertuschen. „Ich verstehe nichts von Männern. Ich weiß nicht, wie man sich ihnen gegenüber benimmt oder wie man sie für sich interessiert.“

Seine Miene gab nichts preis. „Sie machen das schon recht gut."

Was hieß das nun wieder? Sie war offen und geradeheraus wie immer. Normalerweise nahmen Männer dann ganz flink die Beine in die Hand. Das hier war schwieriger, als sie angenommen hatte. Caroline ertappte sich dabei, dass sie die Hände rang. Erstaunlich, sie hätte sich nie für den händeringenden Typ gehalten. „Wirklich? Na, dann bin ich ja froh. Ich habe nämlich noch nie jemanden getroffen, den ich für mich interessieren wollte, deshalb komme ich mir ein bisschen verloren vor. Sie sagten, Sie wollen eine Beziehung mit mir vorgeben, damit Ihre Männer mich nicht belästigen, aber ... wäre es Ihnen sehr unangenehm, wenn wir diese Beziehung ein wenig echter gestalten könnten?"

„Was genau schwebt Ihnen da vor? Wie ‚echt' hätten Sie es denn gern?", hakte er amüsiert nach.

Sie kam sich so schrecklich hilflos vor. „Woher soll ich das wissen? Ich meine, ich weiß nur, dass ich mich zu Ihnen hingezogen fühle, und ich wünschte, Sie würden sich auch für mich interessieren. Aber ich habe so etwas noch nie gemacht. Ich soll ein Spiel spielen, dessen Regeln ich nicht kenne. Würden Sie jemandem einen Football in die Hand drücken, der noch nie von dem Spiel gehört hat, und ihm einfach sagen: ‚Dann leg mal los'?"

Seine Augen funkelten angesichts ihres ernsten Tonfalls, doch seine Stimme klang ruhig und feierlich, als er ihr antwortete. „Ich verstehe, was Sie sagen wollen."

„Also?" Sie spreizte die Finger. „Wie lauten die Regeln? Ich meine natürlich nur, wenn Sie nichts dagegen haben zu spielen."

„Oh, ab und zu habe ich nichts gegen ein kleines Spielchen."

Da war wieder dieser komische Ton. Argwöhnisch schaute sie ihn an. Machte er sich über sie lustig?

Joe legte die Hände an ihre Taille und schob sie leicht gegen den Schreibtisch. Caroline hielt sich an seinen Oberarmen fest, ihre Nägel krallten sich in seinen Bizeps. Nur ein einziges Mal hatte ein übereifriger Verehrer ihre Hüften berührt, nachdem er ihr in den Hintern gekniffen hatte. Seine Belohnung dafür war ein Stoß von ihr gewesen, der ihn über einen Papierkorb hatte fliegen lassen. Die stählernen Muskeln unter ihren Fingern allerdings ließen sie bezweifeln, ob sie mit einem Stoß bei Joe irgendetwas bewirken würde.

Er kam noch näher und drängte sich mit einer geschmeidigen Bewegung zwischen ihre Beine. Schockiert senkte sie den Blick. Der Mann stand zwischen ihren Beinen! Ihr Kopf ruckte wieder hoch, doch bevor sie etwas sagen konnte, strichen seine Lippen zart über ihren Mund. Der Kontrast zwischen diesem harmlosen Kuss und dieser ganz und gar nicht harmlosen Stellung verwirrte sie.

Jetzt legte er eine Hand an ihre Wange und strich mit dem Daumen sanft über die weiche Haut. Seine andere Hand glitt zu ihrem Po, um sie fest an sich heranzuziehen. Carolines Herz hämmerte wie wild, ihr stockte der Atem, und sie konnte sich nicht mehr aufrecht halten. Ihr war, als würde sie dahinschmelzen, und so ließ sie sich gegen ihn sinken, ohne sich bewusst zu sein, dass sie dadurch die Umarmung intensivierte. Sie konnte seine Erregung fühlen, und tief in ihrem Innern begann ein dumpfer Rhythmus zu pochen, wie ein Echo.

Ein zweiter Kuss, diesmal tiefer, langsam und stetig fordernder. Hilflos öffnete Caroline die Lippen, um seiner lockenden Zunge Einlass zu gewähren. Joe drängte sich noch enger an sie, er bewegte seine Hüften im gleichen Rhythmus wie seine Zunge. Die harte Ausbuchtung in seiner Hose wurde immer härter, immer größer.

Carolines Sinne gerieten ins Schwimmen, genauso wie in der letzten Nacht. Seine Zunge erforschte ihren Mund, streichelte ihre Zunge, verlangte ihre Erwiderung. Er schmeckte heiß und berauschend, seine Haut roch nach Seife und nach Mann. Ihre Brüste pochten und schienen nur Linderung zu erfahren, wenn sie sie an seine harte, muskulöse Brust presste. Sie konnte es kaum ertragen, aber die einzige Alternative wäre, sich von Joe zu lösen. Und das war erst recht unmöglich.

Für sie. Für ihn nicht. Plötzlich fühlte Caroline sich sanft freigegeben und saß wieder allein da. Sie schwankte, und Joe hielt sie an den Armen fest. Ungläubig und leicht verärgert starrte sie ihn an. Seine verfluchte Selbstbeherrschung! Konnte er nicht wenigstens auch ein bisschen von diesem Tumult empfinden, der in ihr tobte? Er war erregt, daran bestand nicht der geringste Zweifel, aber das reichte wohl nicht, um ihn die Kontrolle verlieren zu lassen – während sie praktisch lichterloh in Flammen aufgegangen war.

„Die Regeln sind denkbar einfach“, sagte er völlig gelassen. „Erst müssen Sie sich daran gewöhnen, sich anfassen zu lassen und selbst anzufassen. Wir werden herausfinden, was Ihnen gefällt. Wir lassen es langsam angehen und arbeiten uns Schritt für Schritt vor, jedes Mal ein Stückchen weiter. Ich hole Sie heute Abend um sieben ab." Er küsste sie noch einmal, und dann verließ er genauso leise, wie er gekommen war, das Büro.

Caroline ließ sich gegen die Schreibtischkante sinken, während sie versuchte, ihre Pulsrate und ihre Atmung wieder zu normalisieren und mit diesem unbekannten, schmerzhaften Sehnen in ihrem Körper fertig zu werden. Sie steckte in Schwierigkeiten. In großen Schwierigkeiten. Sie hatte etwas ins Rollen gebracht, mit dem sie nicht umgehen konnte. Aber sie würde es nicht aufhalten, selbst wenn es noch möglich wäre. Sie bezweifelte ernsthaft, dass sie es überhaupt könnte.

Wenn sie sich nicht komplett irrte, gedachte Joe Mackenzie, eine Affäre mit ihr zu beginnen. Und zwar eine mit allem, was dazugehörte. Caroline war bereit dazu, sie ließ sich mit offenen Augen darauf ein. Für ihn würde es eben nur eine Affäre sein, während es für sie sehr viel mehr bedeutete. Er würde immer die Kontrolle behalten, stets distanziert bleiben und nie wirklich tief beteiligt sein, während sie auf dem besten Wege war, ihr Herz zu verlieren.

5. KAPITEL

Die Tests am nächsten Tag verliefen gut. Was umso mehr zu begrüßen war, da Caroline wie in Trance herumlief. Adrian gab prompt einen beißenden Kommentar ab, und Caroline konnte nur mit einem schwachen Lächeln zustimmen. Sie war selbst entsetzt über ihren Mangel an Konzentration. So etwas kannte sie von sich überhaupt nicht. Ihre Konzentrationsfähigkeit war normalerweise so stark ausgeprägt, dass ein Professor mal die scherzhafte Bemerkung gemacht hatte, dass es selbst einem Erdbeben nicht gelingen würde, sie abzulenken. So unrecht hatte er damit nicht gehabt.

Caroline hätte nie geglaubt, dass ein Mann ihre Gedankengänge so vollständig und absolut stören würde, vor allem, weil Joe sie kaum beachtete. Das brauchte er auch nicht, erkannte sie. Er hatte seine Absichten ja bereits am Vorabend klargemacht. Und er hatte sie zum Abschied geküsst. Soweit es die Leute auf der Basis anging, gehörte Caroline zu Colonel Mackenzie. Er war sozusagen der Alpha-Mann, keiner der Männer würde ihm seine Frau streitig machen. Caroline war schon etwas entsetzt darüber, wie wenig die Verhältnisse sich seit prähistorischen Zeiten doch geändert hatten. Auch wenn sie zugeben musste, dass sie sich bereit erklärt hatte mitzumachen. Hatte sie eingewilligt, weil sein Vorschlag Sinn ergab, oder hatte sie sich etwa im Unterbewusstsein verpflichtet gefühlt, sich gehorsam dem Alpha-Männchen unterzuordnen?

Nein, Unsinn. Sie fühlte sich nie verpflichtet, weder bewusst noch unbewusst, jemandem zu gehorchen. Sie machte mit, weil er ihren Herzschlag zum Rasen brachte. So einfach war das. Spitzfindige Ausreden halfen nicht.

Als sie alle zurück im Container waren und die Testergebnisse des Tages durchgingen, rollte Cal mit seinem Stuhl zu Caroline herüber. „Na, wie lief die Verabredung mit dem Oberboss?"

Ohne dass sie etwas dagegen unternehmen konnte, begannen ihre Hände zu zittern. Sie legte die Unterlagen ab, in denen sie gelesen hatte. „Nett war's, ganz harmlos. Warum fragst du?"

Zu ihrem Erstaunen erkannte sie die Sorge in seinen freundlichen Augen. „Nun ja, ich weiß doch, dass du noch nie mit jemandem ausgegangen bist. Ich wollte einfach nur wissen, dass er dich zu nichts gezwungen hat. Schließlich ist er nun mal der Leiter des Projekts, und er hat ziemlichen Einfluss. Nicht nur beim Stützpunktkommandanten und den Männern, sondern bis hinauf ins Pentagon."

Caroline war gerührt. „Und du dachtest, er hätte mich erpresst, mit ihm auszugehen?"

„So was in der Art, ja."

Lächelnd tätschelte sie seine Hand. „Das ist so lieb von dir, Cal. Nein, alles ist in Ordnung."

„Gut. Adrian fällt dir auch nicht zu sehr auf die Nerven?"

„Nein, ich achte ja kaum auf ihn."

Mit einem zufriedenen Lächeln rollte Cal zurück an seinen Schreibtisch.

Caroline sah auf die Uhr. Noch dreieinhalb Stunden, bis es sieben war. Normalerweise ging sie immer in ihrer Arbeit auf und achtete nicht auf so etwas, aber jetzt, mit ihrem beklagenswerten Konzentrationsmangel, schlich auch die Zeit dahin. Niemand hatte sie gewarnt, dass das Interesse an Männern die allgemeine Effizienz zunichte machte.

Zum ersten Mal in ihrem Leben verließ Caroline mit den anderen bei Dienstschluss ihren Schreibtisch und eilte in ihr Quartier. Sie drehte die Klimaanlage auf und sprang unter die Dusche. Erst als sie vor ihrem Schrank stand und sich nicht entscheiden konnte, was sie anziehen sollte, wurde ihr klar, dass sie gar nicht wusste, wohin der Colonel mit ihr gehen wollte.

Caroline sah zum Telefon. Sie könnte ihn anrufen und fragen. Zwar kannte sie seine Nummer nicht, aber sie war sicher, dass sie ihn über die Zentrale erreichen konnte. Das war wohl das Vernünftigste. Kurz entschlossen setzte sie sich und wählte die Zentrale an, bevor sie aus Nervosität ihren vernünftigen Grundsätzen untreu werden konnte.

Schon beim ersten Klingeln nahm er ab. „Mackenzie."

Du meine Güte, am Telefon klingt seine Stimme noch tiefer, ging es Caroline durch den Kopf. Sie atmete tief ein. „Caroline hier. Wohin gehen wir heute Abend?" Da, das hörte sich doch gut an. Klar, deutlich, kein unnötiger Unsinn, sondern nur eine simple Frage.

„Ziehen Sie einen Rock an." Es war aufreibend, wie schnell er ihre Absicht erkannte und für seine Zwecke nutzte. „Etwas, unter das ich meine Hände schieben kann."

Es klickte in der Leitung. Fassungslos starrte Caroline auf den Hörer in ihrer Hand. Der Mann hatte doch tatsächlich aufgelegt! Und ihr Herz raste auch schon wieder. Mist! Mist! Mist! Das war einfach nicht fair. Sie stand kurz vor einer Panikattacke, und seine Pulsrate hatte sich garantiert um keinen Schlag erhöht.

Ein Rock? Nach diesem Kommentar konnte er froh sein, wenn sie ihn nicht quer durch die Wüste jagte! Kam ja gar nicht infrage, dass sie in einem Rock zu ihm in den Truck kletterte und dann jede Sekunde damit rechnen musste, seine großen schwieligen Hände an ihren Schenkeln zu spüren. Hätte er den Mund gehalten, hätte sie wahrscheinlich sogar einen Rock angezogen, einfach weil es angenehmer war bei der Hitze. Doch wenn sie jetzt einen anzog, dann käme es einem stillen Einverständnis gleich. Dann würde er seine Hände darunterschieben und weiß der Himmel was sonst noch tun. Es war nicht so, dass sie das nicht wollte, es ging nur darum, dass er versichert hatte, sie würden es langsam angehen lassen. Und nach „langsam" hörte sich das in ihren Ohren wahrlich nicht an. So oder so, sie würde gern auch noch etwas zu sagen haben. Noch besser würde es ihr natürlich gefallen, wenn sie seine Selbstbeherrschung zunichte machen könnte. Wenn es ihr gelingen würde, ihn so nervös und aufgeregt und halb wahnsinnig zu machen, wie sie es war.

Caroline ließ sich auf die Bettkante sinken und atmete mehrere Male tief durch. Vielleicht hatten Nonnen mit ihrem Lebensstil ja recht – Männer hatten nur negativen Einfluss auf den Seelenfrieden einer Frau.

Dann zog sie eine Khakihose und eine strenge weiße Hemdbluse an. Das war ihr Zugeständnis an einen Rock – nämlich gar keins.

Als es um Punkt sieben an ihrer Tür klopfte und Joe ihr gegenüberstand, brach er in schallendes Gelächter aus. „Was haben Sie denn geglaubt?", fragte er, nachdem er sich einigermaßen gefangen hatte. „Dass ich der große böse Wolf bin, der Sie fressen will?"

„Es kam mir in den Sinn, ja."

Er sah zu, wie sie überprüfte, ob alle Haushaltsgeräte abgestellt waren, dann verschloss und kontrollierte sie die Tür. Eine vorsichtige Frau, schoss es ihm durch den Kopf. Auf dem Weg zum Wagen legte er seinen Arm um ihre Taille. „Sie brauchen keine Angst zu haben, ich fresse Sie schon nicht." Drei Sekunden verstrichen, bevor er hinzufügte: „Noch nicht."

Er spürte ihr Zusammenzucken. Diese Mischung aus Unerfahrenheit und unbewusster Sinnlichkeit trieb ihn noch in den Wahnsinn. Als er sie geküsst hatte, hatte sie mit einer Intensität reagiert, die ihn um den Verstand brachte und ihn fast seine Beherrschung hätte vergessen lassen. Doch gleichzeitig hatte er auch geahnt, dass sie jederzeit wie ein aufgeschrecktes Fohlen ausschlagen konnte. Nun, er war schon mit vielen Pferden fertig geworden, hatte sie beruhigt und handzahm gemacht. Er wusste genau, wie er vorgehen musste.

Jetzt hob er sie in seinen Truck, bevor sie noch ihre Meinung ändern würde, und kam auf die Fahrerseite. Ihr Vorschlag vom Morgen war ihm den ganzen Tag nicht aus dem Kopf gegangen, ebenso wenig wie die unverblümte Art, mit der sie ihn gemacht hatte. Caroline hatte nicht die geringste Ahnung, wie man flirtete oder schmeichelte, sie hatte einfach gesagt, was sie dachte. Und damit hatte sie sich angreifbar gemacht. Als er sie vor Arbeitsbeginn in die Arme zog, wollte er ihr sagen, dass sie dringend lernen musste, wie man sich selbst schützte. Sie hatte keinerlei Verteidigungsmechanismen und wusste es nicht einmal. Alles an ihr war geradeheraus, keine Umwege, keine Hinterhalte. Noch nie hatte eine Frau so zu ihm gesprochen, noch nie hatte eine Frau ihn so arglos und ungeheuchelt gebeten, ihr alles über Männer und Sex beizubringen. Den ganzen Tag über war die Erregung nicht gewichen, still hatte er die maßgeschneiderte Uniform verflucht.

Auch jetzt saß die Jeans, die er immer trug, wenn er keinen Dienst hatte, ungemütlich eng. Er rutschte auf seinem Sitz und versuchte, die langen Beine zu strecken. Verdammt, er musste entweder diese Hose oder seinen Ständer loswerden, am liebsten natürlich beides, in dieser Reihenfolge.

„Wohin geht's diesmal?", fragte sie und strich sich das vom Fahrtwind zerzauste Haar aus dem Gesicht.

„Essen Sie gerne Mexikanisch?"

Ihre Augen begannen zu leuchten. „Tacos", schnurrte sie genießerisch, „Enchiladas, Sopapillas …"

Joe lachte. „Okay, schon verstanden." Er schaute zu ihr, als sie sich erneut das Haar zurückstrich. „Soll ich die Fenster schließen und lieber die Klimaanlage einschalten?"

„Nein, ich mag es." Sie hielt kurz inne, bevor sie gestand: „Meine Corvette ist ein Cabriolet."

Mit einem Grinsen richtete er seine Aufmerksamkeit wieder auf die Straße. Sie sollte „Paradoxon" heißen, überlegte er, in ihr vereinen sich die krassesten Gegensätze.

Joe führte Caroline in sein Lieblingsrestaurant in Vegas, wo es die besten Enchiladas gab, die Caroline je gegessen hatte. Bei gutem Essen und einer eiskalten Margarita entspannte sie sich. Sie vergaß glatt, wie nervös sie gewesen war. Dass Joe nur Mineralwasser zu seinem Essen trank, verwunderte sie. „Ich dachte, Piloten sind angeblich so hartgesottene Trinker."

„Die meisten von uns wissen einen guten Schluck zu schätzen, stimmt."

„Aber Sie nicht?"

„Nein. Es gibt eine Frist, in der man vor einem Flug keinen Alkohol trinken darf, ich persönlich halte sie für zu großzügig. Ich will die absolute Kontrolle über mich selbst und meine Maschine haben, wenn ich in der Luft bin. Die Gesetze der Physik und der Aerodynamik lassen einem nur wenige Fehler bei Mach 2 durchgehen." Er hob sein Glas zu einem angedeuteten Toast. „Außerdem bin ich ein Halbblut. Ich trinke nicht. Punkt."

Sie nickte zu dieser weisen Entscheidung. „Wenn es da oben wirklich so gefährlich ist, warum trinken Piloten dann überhaupt?"

„Um sich abzureagieren. Man ist für so lange Zeit dermaßen angespannt, dass man nur schwer wieder auf ein normales Level runterkommen kann. Das Adrenalin pumpt einem praktisch ständig durch die Adern. Jede Minute da oben steht unser Leben auf dem Spiel, selbst auf Routineflügen. Was rede ich, so etwas wie Routineflüge gibt es praktisch nicht."

Caroline wollte schon eine Frage nach dem Night-Wing-Projekt stellen, doch sie besann sich. Sie nahm die Sicherheit nie auf die leichte Schulter.

Nach dem Dinner fragte sie: „Und wohin geht es jetzt?", und wünschte im gleichen Augenblick, sie hätte nicht gefragt. Sie wünschte auch, sie hätte die Margarita nicht getrunken. Jetzt verstand sie sehr genau, was er vorhin mit der absoluten Kontrolle über sich selbst gemeint hatte.

„Jetzt, Herzchen, spielen wir."

Wenn er „spielen" sagte, dann meinte er spielen. Keine zehn Minuten später standen sie zusammen auf einem Minigolfplatz.

Caroline wog den Golfschläger in einer Hand. „Das habe ich noch nie gespielt."

„Sieht aus, als würden Sie eine Menge Dinge mit mir zum ersten Mal machen", sagte er mit ruhiger Stimme.

Sie runzelte die Stirn und hob den Schläger wie eine Waffe hoch. „Vielleicht auch nicht."

Er bewegte sich so schnell, dass sie ihn nicht einmal kommen sah. Mit einem einzigen Ruck nahm er ihr den Schläger aus der Hand und küsste sie gleichzeitig. Leicht gereizt dachte sie bei sich, dass er im Wilden Westen bestimmt eine großartige Karriere als Revolverheld hätte machen können.

„Ihre erste Lektion." Er trat hinter Caroline, legte die Arme um sie und fasste mit seinen beiden Händen über ihre, die den Schläger am Griff hielten. Dann zeigte er ihr, wie man den Ball schlug, vorsichtig und mit verhaltener Kraft. Denn mit Kraft hatte Minigolf nichts zu tun, hier ging es hauptsächlich um Koordination und genaues Augenmaß.

Joe lochte seinen Ball schon im ersten Grün ein. „Das haben Sie schon öfter gespielt", hielt Caroline ihm missmutig vor.

„Und viele andere Dinge auch, ja."

„Eine neue Regel: Für jede doppeldeutige Anspielung bekommen Sie einen Punkt."

„Einverstanden. Dann dauert es länger."

Eigentlich sollte sie ihm jetzt den Ball an den Kopf werfen und erbost davonstampfen, stattdessen lachte sie hell auf und setzte einen dicken Strich auf seine Karte. Regeln blieben nun mal Regeln.

Zu ihrer Überraschung schien sie ein Händchen für das Spiel zu haben. Ihr Augenmaß und ihre Koordination waren so gut, dass sie sich als ebenbürtiger Gegner für Joe entpuppte, obwohl sie noch nie zuvor gespielt hatte. Joe war nicht der Typ, um ihr das Spiel zu schenken, also setzte er alles daran, sie zu schlagen. Da Caroline ebenso entschlossen war und sich voll konzentrierte, verlief das Spiel in nahezu verbissenem Schweigen, um mit einem Unentschieden zu enden. Joe wies darauf hin, dass der Gleichstand nur durch den zusätzlichen Strich auf seiner Karte zu Stande gekommen sei.

„Na schön, dann lassen Sie uns noch ein Spiel machen", forderte sie ihn heraus. „Vergessen wir diese Runde und fangen noch mal an. Wer zwei aus drei Spielen gewinnt, ist Sieger."

„Einverstanden."

Sie mussten fünf Runden spielen, um zu einem Ergebnis zu kommen. Joe gewann das erste Spiel, Caroline das zweite, Nummer drei und vier gingen unentschieden aus, und das fünfte gewann Joe mit einem Punkt Vorsprung.

Caroline schmollte. Als sie die geliehenen Schläger zurückbrachten, musste Joe an die Grimasse denken, die Caroline vor dem Einarmigen Banditen gezogen hatte, als der nichts von den eingeworfenen Vierteldollarmünzen ausspucken wollte. Der Gedanke war ihm durch den Kopf geschossen, dass Caroline kurz davor stand, auf den Apparat einzuschlagen. Kein Zweifel, sie verlor nicht gern, und sie machte sich auch keine Mühe, den guten Verlierer zu spielen. Joe konnte das nachvollziehen. Ihm machte Verlieren auch keinen Spaß.

Auf der Rückfahrt zur Basis bog er von der Straße ab und fuhr schließlich eine gute Viertelmeile in die Wüste hinein, bevor er anhielt. Er schaltete die Lichter aus und stellte den Motor ab. Nur noch die Geräusche der samtschwarzen Nacht waren zu hören. „Sind Sie bereit für die nächste Premiere?"

Caroline spannte sich unwillkürlich an. „Um was handelt es sich dabei?"

„Parken."

„Danke, aber ich habe meine Führerscheinprüfung schon vor Längerem bestanden."

Joe lachte leise über den schnippischen Kommentar, doch er spürte auch ihre Nervosität. „Also, hier sind die Regeln fürs Knutschen, einverstanden? Erstens: Ich werde nicht mit Ihnen schlafen. Ihr erstes Mal sollte in einem Bett stattfinden, nicht auf dem Vordersitz eines Pick-ups. Zweitens: Wir behalten die meisten unserer Kleider an, denn wenn wir das nicht tun, wird Ihr erstes Mal doch auf dem Vordersitz eines Pick-ups stattfinden."

Sie räusperte sich. „Das hört sich ziemlich frustrierend an."

„Das ist es auch. Darum geht es ja beim Parken und Knutschen." Mit einem leisen Lachen rutschte er hinter dem Lenkrad hervor und zog Caroline auf seinen Schoß, rutschte noch ein wenig zurecht und lehnte sich dann mit dem Rücken gegen die Beifahrertür. Caroline lag mit dem Kopf an seiner rechten Schulter, lang ausgestreckt halb auf dem Sitz, halb auf ihm, und bot ihm ihren Mund zu einem trägen Kuss.

Wären die Fenster geschlossen gewesen, wären sie beschlagen. Joe küsste sie langsam und ausgiebig und fordernd. Caroline verlor jegliches Zeitgefühl. Eine angenehme Hitze breitete sich in ihr aus. Mit einem Seufzer schlang sie die Arme um seinen Hals.

Als sie seine Hand auf ihrer Brust spürte, riss sie schockiert die Lippen von seinem Mund, doch er zog sie unnachgiebig wieder zu sich heran und erstickte ihren impulsiven Protest in einem zärtlichen Kuss. Als der erste Schreck sich legte, seufzte sie verzückt auf und schmiegte sich der Hand entgegen, die ihre Brust umfasst hielt.

„Gefällt dir das?", fragte er rau. „Oder soll ich aufhören? Sag mir doch, was du willst."

Ihr gefiel es viel zu gut, und sie wollte nicht, dass er aufhörte. Seine Finger, die sanft ihre Brust liebkosten, entfachten ein beinah unerträgliches Feuer in ihr, das jäh in ihren Schoß hinunterschoss. Statt zu antworten, stöhnte sie lustvoll auf.

„Caroline?", fragte er noch einmal. „Soll ich aufhören? Oder willst du mehr?"

„Nein, hör nicht auf." Ihre Stimme klang belegt und heiser. „Bitte, nicht aufhören."

„Gut, dann werde ich nicht aufhören." Er küsste sie. „Ich werde jetzt deine Bluse aufknöpfen und meine Hand hineinschieben, einverstanden?"

Wie sollte sie das aushalten, wenn sie jetzt schon meinte, in tausend kleine Scherben zu zerspringen? Doch im gleichen Moment wusste sie auch, dass sie seine Hand auf ihrer nackten Haut fühlen wollte. „Einverstanden", flüsterte sie. Ihre Hand schien sich selbstständig zu machen, sie nestelte an seinen Hemdsknöpfen, während Joe sich an den Knöpfen ihrer Bluse zu schaffen machte. Ihr Wunsch, seine Haut zu berühren, war ebenso groß wie der, seine Hände auf ihrer Haut zu spüren.

Seine langen Finger glitten sanft über die samtene Haut an ihrem

Dekolleté, doch als er mit geübtem Griff den Haken ihres BHs löste, fühlte Caroline sich plötzlich unendlich verletzlich. Dieses Gefühl ging jedoch völlig in ihrem inneren Tumult unter, sobald Joes raue Hand auf ihrer bloßen Brust lag. Sie hörte sich aufstöhnen und barg ihr Gesicht an seiner Schulter, um den Aufschrei zu ersticken.

Joe drehte sich auf dem Sitz, sodass Caroline jetzt mehr auf dem Rücken lag und er sich aufrichten konnte. Er schob ihre Bluse auseinander, und das helle Mondlicht fiel auf sie. Caroline hatte so etwas schon einmal in einem Film gesehen, dennoch war sie nicht auf das Feuerwerk von Emotionen vorbereitet, als Joe den Kopf neigte und den Mund um die harte, rosige Knospe schloss. Sie bäumte sich auf, die Berührung war schier unerträglich schön. Er umfasste sie mit seinen starken Händen und seinen Schenkeln, und plötzlich lag er auf ihr.

Ihr Herz schlug so hart, dass es schmerzte, das Blut rauschte ihr heiß durch die Adern. Sie klammerte sich an ihn, konnte kaum atmen, während ihr Körper sich an das ungewohnte Gewicht und seine unnachgiebige Härte gewöhnte. Die Unsicherheit gegenüber dem Unbekannten wurde wettgemacht durch eine uralte, ursprüngliche Gewissheit, dass es richtig und gut war. Mit seinem Knie presste Joe ihre Beine auseinander und legte sich dazwischen, seine harte Männlichkeit an ihren Schoß klopfend. „So wird es sein, wenn wir uns lieben", flüsterte er rau. Er presste seine Lippen langsam auf ihren Hals und ihr Schlüsselbein, bewegte sich nach unten, saugte an ihren Brüsten. Ihre Brustwarzen waren steif und nass und schmerzten fast vor Erregung, als er seinen Kopf hob.

Seine Stimme war kaum zu hören. „So werde ich mich bewegen, langsam und bedächtig, bis wir beide bereit sind." Er bewegte seine Hüften langsam und presste sein Geschlecht rhythmisch gegen ihre feuchte Mitte. Carolines Körper hob sich ihm entgegen. Sie versuchte zu sprechen, wollte ihn bitten, etwas zu tun, um diesen fast unerträglichen Druck von ihr zu nehmen, aber es gelang ihr nicht. Sie schnappte nach Luft und vergrub ihre Fingernägel in seinen Schultern, um ihm zu sagen, was sie brauchte.

„Und dann, wenn wir beide es nicht mehr aushalten, werde ich mich härter und schneller bewegen und immer tiefer in dich eindringen."

Mit einem wilden Aufschrei bog Caroline sich ihm verzweifelt entgegen, schlang die Beine um ihn, wand sich unter ihm und flehte nach Erlösung von der alles verzehrenden Hitze, die in ihrem Innern brannte.

Nichts hätte Joe lieber getan, als ihr diesen Wunsch zu erfüllen. Ihre ungezähmte Schönheit raubte ihm den Atem. Ihr Körper stand in Flammen, war ungestüm und erfüllt von einer wilden Lust, die herrisch nach Befriedigung verlangte. Er wollte ihr ihre Hose vom Leib reißen und sie in Besitz nehmen, hart und schnell, wie er gesagt hatte. Er wollte sie nackt sehen, vor ihm ausgestreckt, und eintauchen in ihre heiße Weiblichkeit mit der Kraft und der Stärke des Blutes seiner Vorfahren, so mächtig wie die Elemente. Er wollte sie schnell und roh nehmen, von hinten, sodass ihr Po gegen seinen Bauch klatschen würde. Er sah das Bild vor sich, wie er sie in der Gluthitze unter der Sonne liebte, auf der trockenen, harten Erde. Sah, wie sie sich an ihn klammerte, die Frau eines Kriegers, wild und ungebändigt wie der Krieger selbst. Vom ersten Augenblick an hatte er gewusst, dass sie leidenschaftlich sein würde. Tief in sich hatte sie eine Wildheit, die betäubt und kontrolliert worden war, doch sie war nicht verschwunden und wartete nur darauf auszubrechen.

Er hatte es nicht so weit kommen lassen wollen, aber Caroline war Feuer in seinen Armen, ihre Reaktion auf ihn so überwältigend und mächtig, dass seine eigene Erregung schmerzte. Doch er wollte ihr die Jungfräulichkeit nicht auf dem Sitz eines Trucks nehmen, es war zu unbequem, zu eng, so derb. Außerdem hatte er versprochen, dass es heute nicht passieren würde. Caroline musste erfahren, dass sie ihm vertrauen konnte. Und so kämpfte er verbissen um Selbstbeherrschung. Es kostete ihn beinah übermenschliche Anstrengung, aber sein eiserner Wille gewann langsam die Oberhand, und er machte sich aus ihrer Umarmung frei.

„Wir müssen aufhören.“ Seine Stimme verriet nichts von dem inneren Kampf, den er ausfocht. „Wenn wir nicht aufhören, passiert es gleich hier.“

„Ja“, hauchte sie und griff nach ihm. Ihr war es völlig egal, ob sie ihr erstes Mal in einem Truck erlebte oder anderswo. Ihr Körper schmerzte vor Sehnsucht, sie brauchte ihn jetzt.

Joe fing ihre Hände ab und hielt sie fest. „Nein. Nicht hier, nicht jetzt.“

Carolines Blick lag auf ihm, sie fühlte sich mit einem Mal halb wahnsinnig vor Frustration. Und dann explodierte der Ärger in ihr. Sie stieß Joe fort, rappelte sich auf und rutschte von ihm weg. „Warum hast du es dann so weit kommen lassen, wenn du nie vorhattest, es zu Ende zu bringen?"

Seine eigene Frustration fachte seine Wut an. Verflucht, glaubte sie etwa, es sei leicht für ihn? „Weil es mich auch mitgerissen hat!"

„O ja, ich seh's", meinte sie abfällig. „Dein Atem ging an einem Punkt tatsächlich ein wenig schneller."

Grimmig führte er ihre Hand an seinen Schoß, damit sie seine Erregung fühlen konnte. „Vielleicht ist das für dich ein Zeichen von Gleichgültigkeit, aber lass dir gesagt sein, dass du nur um Haaresbreite davon entfernt warst herauszufinden, wie weit es mich genau mitgerissen hat!" Dass seine Stimme wie ein heiseres Knurren klang, machte ihn nur noch wütender. Es zeigte ihm, wie schlimm es um seine sonst unantastbare Selbstkontrolle stand.

Caroline zog ihre Hand mit einem Ruck fort, auch wenn es sie faszinierte, was sie gefühlt hatte. Sie war zu verärgert, um sich ablenken zu lassen. „Habe ich etwa Nein gesagt?", fragte sie hitzig. „Was stimmt nicht mit dem Hier und Jetzt?"

Joe biss die Zähne zusammen. Es war ein Fehler gewesen, ihre Hand in seinen Schoß zu legen. „Hier ist kein Bett, und jetzt haben wir nicht genug Zeit. Wenn ich mit dir ins Bett gehe, gedenke ich, eine lange Zeit nicht mehr aufzustehen. Ein unbequemer Quickie im Auto, das ist nicht das, was du brauchst oder was ich will."

Wütend verschränkte sie die Arme vor der Brust und starrte stumm zur Windschutzscheibe hinaus.

Joe schwieg ebenfalls. Er musste tief in sich gehen, um die eiserne Kontrolle zu finden, für die er so berüchtigt war, und sein Temperament zu zügeln. Es verwirrte ihn, dass es Caroline so mühelos gelungen war, ihn die Beherrschung verlieren zu lassen. Einen solchen Ausbruch hatte er seit seiner Kindheit nicht mehr gehabt. Natürlich, er war immer wieder wütend geworden, aber er hatte es sich nie erlaubt, die Beherrschung zu verlieren. Scheinbar besaß Caroline die Fähigkeit, an seine ureigensten Instinkte zu rühren. Und was noch beunruhigender war – sie versuchte es nicht einmal bewusst.

Bisher war er es immer gewesen, der die Beziehungen zu den

Frauen, mit denen er zusammen war, kontrollierte. Er war es, der festlegte, wie weit er sie an sich herankommen ließ und beendete die Dinge, wann er wollte. An dem ersten Abend, als er Caroline sah, war er es, der beschlossen hatte, eine Affäre mit ihr anzufangen, aber nach seinen Regeln und zu seinen Bedingungen. Es erschreckte Joe, dass sie ihn nicht nur dazu bringen konnte, die eigenen Regeln zu brechen – in ihrer Gegenwart konnte er seine Grundsätze komplett vergessen.

„Meine Unterkunft liegt im Offiziersquartier", setzte er schließlich sachlich an. „Dorthin kann ich dich nicht mitnehmen. Genauso wenig kann ich zu dir kommen. Morgen ist Freitag, am Wochenende habe ich dienstfrei. Wir nehmen uns ein Hotel in Vegas und verbringen das Wochenende dort."

Er ging also ganz selbstverständlich davon aus, dass sie immer noch einverstanden war. Ha! Caroline kochte innerlich. Umso mehr, da sie sich eingestehen musste, dass sie einverstanden war.

„Gut", presste sie zwischen zusammengebissenen Zähnen hervor.

Die Rückfahrt verlief in eisigem Schweigen. Joe und Caroline saßen im Wagen wie zwei Gegner, nicht wie zwei Menschen, die soeben beschlossen hatten, eine Beziehung miteinander anzufangen. Als sie bei Caroline ankamen, sprang sie aus dem Wagen, ohne auf Joe zu warten.

Er ließ den Motor laufen und eilte ihr nach, griff nach ihr und wirbelte sie zu sich herum. „Mein Gute-Nacht-Kuss", erinnerte er sie und riss sie in seine Arme.

Jeder, der vorbeiging, konnte diesen Kuss unmöglich als freundschaftlich oder als die Art Kuss bezeichnen, die man in der Phase des Kennenlernens tauschte. Sie standen eng aneinandergepresst da, und nach anfänglichem Protest ergab Caroline sich dem mitreißenden Gefühl und legte den Kopf in den Nacken, um Joes Wildheit mit der eigenen begegnen zu können.

Joe gab sie abrupt frei und trat einen Schritt zurück. Seine Augen glitzerten. „Du brauchst kein Nachthemd einzupacken", murmelte er.

Schweigend sah Caroline zu, wie Joe zu seinem Truck ging und einstieg. „Das hatte ich auch nicht vor", flüsterte sie, als er davonbrauste.

6. KAPITEL

Am nächsten Morgen konnte Caroline ihren Ausweis nicht finden. Normalerweise legte sie die Karte auf der Kommode ab, aber dort lag sie nicht. Sie suchte überall, in Schränken, Schubladen, unter Möbeln, in sämtlichen Taschen, in ihrer schmutzigen Wäsche, sogar im Abfalleimer. Die Karte blieb verschwunden.

Entnervt setzte sie sich und versuchte, systematisch nachzuvollziehen, was sie mit dem verflixten Ding gemacht hatte. Sie kam nicht drauf, ihr Kopf war wie leer. Joe hatte sie so gründlich abgelenkt, sie könnte die Karte sogar geschluckt haben, ohne es zu wissen.

Ohne diesen Ausweis hatte niemand Zutritt zu den Gebäuden. Der auf der Karte eingeschweißte Sicherheitscode wurde beim Einlass von einem Lesegerät gescannt. Jeder, der eine der Sicherheitszonen ohne entsprechende Berechtigung betreten wollte, würde sofort Alarm auslösen und Soldaten mit Gewehren im Anschlag herbeirufen.

Caroline war entsetzt über ihre Achtlosigkeit. Ersetzt werden konnten die Karten nicht, eine verlorene oder beschädigte Karte musste aus dem Computersystem gelöscht werden. Und wegen der Sicherheit waren unzählige Formulare in vierfacher Ausfertigung auszufüllen und abzuzeichnen, bevor sie eine neue Karte bekommen konnte. Wahrscheinlich müsste sogar der oberste Kommandant des Stützpunkts, Major General Tuell, unterschreiben. Das würde dauern.

Also … gestern hatte sie den Ausweis noch gehabt, sonst wäre sie ja nicht ins Gebäude gekommen. Caroline erinnerte sich daran, dass sie die Karte an einen Ordner geklemmt hatte. Hatte der Clip sich vielleicht gelöst, und der Ausweis war heruntergefallen, ohne dass sie es bemerkt hatte? Gut möglich. Joes Küsse hatten sie vollkommen außer Gefecht gesetzt; sie hatte ja den ganzen Tag an nichts anderes denken können als an die Verabredung mit ihm.

Wenn der Ausweis also irgendwo im Büro lag, warum war der Alarm dann nicht losgegangen, als sie das Gebäude verlassen hatte? Wahrscheinlich, weil das Lesegerät so positioniert war, dass nur beim Eintritt, nicht aber beim Verlassen kontrolliert wurde. Ja, das war die einzig logische Erklärung. Da niemand ohne Identifizierung hineinkam, brauchte man sich auch keine Gedanken zu machen, wer hinausging. Aber wie sollte sie herausfinden, ob der Ausweis tatsächlich im Büro lag?

Sie überdachte die Möglichkeiten, die ihr offenstanden. Wenn sie den Sicherheitsdienst benachrichtigte, würde das eine Unmenge von Fragen und einen offiziellen Bericht nach sich ziehen. Was sie gern vermieden hätte. Also rief Caroline Cal an. Er konnte für sie im Container nachsehen. Wenn er die Karte nicht fand, würde Caroline wohl nichts anderes übrig bleiben, als den Ausweis offiziell als verloren zu melden und die ganze unangenehme Prozedur über sich ergehen zu lassen.

Es klingelte ewig, bevor Cal sich endlich verschlafen am Telefon meldete. „Hallo?"

„Cal, Caroline hier. Tut mir leid, dass ich dich wecke, aber ich glaube, ich habe gestern meinen Ausweis im Büro verloren. Bitte tu mir den Gefallen und sieh für mich nach."

Cal grunzte nur. „Caroline?" Er schien immer noch halb zu schlafen.

„Ja, ich bin's, Caroline. Bist du wach? Hast du überhaupt verstanden, was ich gesagt habe?"

„Ja … ja, ich bin wach. Hab's verstanden." Er gähnte ausgiebig in den Hörer. „Ich soll nach deinem Ausweis suchen. Herrgott, Caroline, wie kannst du so was nur verlieren?"

„Ich glaube, ich habe ihn auf einen Ordner geklemmt."

„Trag das Ding an einer Kette um den Hals, anstatt es überallhin zu stecken."

Da sie ihn aus tiefem Schlaf geholt hatte, erwiderte sie darauf nichts. Vielleicht war es psychologisch bedingt, aber sie hasste die Vorstellung einer Kette um den Hals, sogar wenn es sich dabei um Schmuckstücke handelte. Stattdessen nahm sie sich fest vor, den Ausweis mit auf die Liste der Dinge zu setzen, die sie immer zweimal überprüfte.

„Wie lange brauchst du zum Anziehen?"

„Gib mir fünf Minuten." Cal gähnte noch einmal. „Wie spät ist es eigentlich?"

Caroline sah auf die Uhr. „Viertel vor sechs."

Cal stöhnte gequält auf. „Mitten in der Nacht! Okay, ich bin schon unterwegs. Eines sage ich dir: Dafür schuldest du mir was. So was würde ich nicht für jeden tun."

„Danke“, stieß sie inbrünstig aus.

Fünf Minuten später traf sie Cal vor dem Container. Er war unrasiert, ungekämmt, die Augen immer noch verschlafen, aber er war angezogen, und sein eigener Ausweis baumelte an einer Kette um seinen Hals. Caroline wartete vor der Tür auf ihn, während er in das Gebäude schlurfte. Keine drei Minuten später kam er wieder heraus, in einer Hand schwenkte er ihre Karte, und Caroline bedankte sich überschwänglich bei ihm.

„Lag unter deinem Schreibtisch“, sagte er und blinzelte. „Was suchst du eigentlich so früh bei der Arbeit?“

„Ich bin doch immer so früh dran.“ Sie war überrascht. Sie hatte immer geglaubt, jeder wisse, dass sie früh anfing und spät ging.

Cal zeigte jetzt sein übliches gut gelauntes Lächeln. „Ich muss wohl meine hohe Meinung über Colonel Mackenzie etwas herunterschrauben. Scheinbar gelingt es ihm also nicht, dich bis spät in die Nacht wach zu halten. Ich bin ehrlich enttäuscht.“

Caroline hob spöttisch eine Augenbraue. „Glaubst du wirklich, der Mann würde irgendetwas tun, das sich negativ auf die Arbeit auswirkt?“

„Nein, scheinbar nicht. Na, dann viel Spaß mit den Daten. Ich gehe mich jetzt erst mal duschen und rasieren. Und ich muss mein System dringend mit Kaffee auftanken. Heute finden die Tests mit beweglichen Zielen statt, da müssen wir hellwach sein. Im Moment schlafe ich eigentlich noch.“

Sie drückte ihm einen schnellen Kuss auf die stoppelige Wange. „Nochmals danke, Cal. Es hätte Ewigkeiten gedauert, einen neuen Ausweis zu bekommen.“

„Kein Problem, gern geschehen.“ Er gluckste. „Du hättest ja auch Adrian bitten können.“

„Da hätte ich doch lieber offiziell Meldung gemacht.“

„Das dachte ich mir fast.“ Cal winkte ihr zu, dann schlurfte er zurück zu seiner Unterkunft. Caroline sah ihm mit einem erleichterten Seufzer nach und steckte die Clipkarte an ihren Platz.

Um sechs Uhr dreißig, Caroline war in das Testprogramm vertieft, drang ein leises, melodisches Pfeifen an ihr Ohr. Sie sah auf und brach in helles Lachen aus, als keine zwei Sekunden später Joe in der Tür erschien.

„Noch eine Premiere“, bemerkte er. „Weder fliegende Teetassen noch Unterlagen oder Fäuste.“

Er trug bereits seinen Flugoverall, auch wenn er noch nicht die volle Montur angelegt hatte. Caroline hatte plötzlich einen Kloß im Hals. Bei keinem der anderen Testflüge war sie nervös gewesen, doch jetzt meinte sie, kaum atmen zu können. Ihre wissenschaftliche Objektivität war völlig ruiniert.

Auch wenn es bereits einige weibliche Piloten gab, so lag diese Domäne noch immer vorwiegend in männlicher Hand, und Kampfpiloten waren aus einem ganz besonderen Holz geschnitzt. Sie besaßen eine natürliche Arroganz und ein außergewöhnlich starkes Selbstbewusstsein. Sie brauchten diese Art von Selbstsicherheit, die es ihnen erlaubte, in ein Flugzeug zu klettern, mit Überschallgeschwindigkeit über den Himmel zu jagen und dabei absolut sicher zu sein, dass sie nicht nur die Maschine kontrollieren konnten. Mit allem, was da oben auf sie warten mochte, mussten diese Männer fertig werden, um dann den Vogel heil und in einem Stück wieder auf den Boden zu bringen.

In Joes Augen erkannte Caroline nicht nur dieses übergroße Selbstvertrauen, sondern auch die Vorfreude darauf, sich mit der tödlichen Schönheit, die er Baby nannte, in die Lüfte zu schwingen. Er liebte das Tempo und die Dynamik, er genoss das Risiko und die Herausforderung.

Trotz seiner außergewöhnlichen Fähigkeiten und seiner Überlegenheit blieb er dennoch ein Mensch. Und Menschen waren sterblich.

„Du fliegst heute.“ Ihre Kehle war so trocken, dass sie die Worte kaum herausbrachte. „Davon hast du mir nichts gesagt.“

Joe hob eine Augenbraue und bedachte Caroline mit einem fragenden Blick. „Ja, ich fliege heute. Und?“

Was sollte sie antworten? Dass sie vor Angst um ihn halb umkam? Dass sie wünschte, er hätte sich einen anderen Beruf als ausgerechnet einen der gefährlichsten ausgesucht? Sie hatte nicht das Recht, so etwas zu sagen. Zwischen ihnen bestand keine echte Bindung, nur die Abmachung, eine Affäre miteinander zu haben. Bisher hatte diese Affäre ja noch nicht einmal richtig angefangen. Es war schließlich nicht seine Schuld, dass sie sich in ihn verliebt hatte. Selbst in dem Fall, dass das Gefühl auf Gegenseitigkeit beruhen könnte – sie würde ihn nichts von ihren Ängsten wissen lassen, wenn er sich doch voll auf seine Arbeit konzentrieren musste.

So schluckte sie ihre Furcht hinunter und mühte sich um Fassung. „Du sieht so … äh, ich denke, überwältigend wäre das passende Wort dafür … in der Fliegerkluft aus. Was trägst du eigentlich darunter?"

Die Ablenkung zeigte Wirkung. Jetzt waren beide Augenbrauen hochgezogen. „T-Shirt und Boxershorts. Dachtest du, ich wäre nackt?"

„Ich wusste es ja nicht. Ich habe auch noch nie wirklich darüber nachgedacht." Mit der Hand scheuchte sie ihn fort. „Nun geh schon, du störst meine Konzentration. Gestern konnte ich den ganzen Tag nicht richtig arbeiten. Deshalb lasse ich dich heute erst gar nicht in meine Nähe kommen."

Sie hatte die Worte noch nicht ganz ausgesprochen, als ihr klar wurde, dass sie es eigentlich besser wissen sollte. In seinen Augen stand ein Funkeln, als er auf sie zukam. Sie hatte ihm unabsichtlich eine Herausforderung hingeworfen, und er war nicht der Mann, der so etwas überging.

Er lehnte sich über sie, stützte die Arme beidseitig auf die Stuhllehnen und hielt Caroline somit gefangen. Dann presste er seine Lippen auf ihren Mund. Caroline wehrte sich nicht einmal anstandshalber, sondern hieß den sinnlichen Anschlag hingerissen willkommen.

Ein Schauer durchlief Joe, und er richtete sich auf. „Was ziehst du heute Abend an?"

Sie klaubte den Rest ihrer Würde zusammen. „Weiß ich noch nicht. Ist das wichtig?"

Noch nie hatten seine Augen so blau, so entschlossen gefunkelt. „Nein. Denn keine fünf Minuten, nachdem wir im Hotel eingecheckt haben, wirst du sowieso nackt sein."

Die Vorstellung erschütterte Caroline bis in ihr Innerstes. Hilflos schloss sie die Lider, ihr wurde der Mund trocken. Als sie die Augen wieder öffnete, war Joe fort.

Cal achtete eigentlich immer darauf, vor Adrian im Büro zu sein. Doch da Caroline ihn an diesem Morgen aus dem Rhythmus gebracht hatte, war sie noch immer allein, als Adrian hereinkam. Fast automatisch warf er ihr einen verächtlichen Blick zu, ging zur Kaffeemaschine, um sich eine Tasse einzuschenken, und setzte sich an seinen Schreibtisch. Er grüßte Caroline nicht einmal. Aber sie war so nervös, dass sie seine Anwesenheit kaum wahrnahm. Schwankend zwischen Sorge und Vorfreude, saß sie stumm an ihrem Schreibtisch. Ein Teil von ihr sorgte sich unablässig wegen der Gefahren, die ein Testflug barg, während der andere Teil sich in sinnlichen Bildern erging, was am bevorstehenden Abend im Hotel passieren würde. Sie konnte kaum fassen, dass sie dem Abend tatsächlich entgegenfieberte.

„Na, träumen Sie von Loverboy?“, fragte Adrian gehässig.

Aus ihren Gedanken gerissen, blinzelte Caroline. „Was? Oh … ja, ich hab tatsächlich geträumt. Entschuldigen Sie, hatten Sie mich etwas gefragt?“

„Nur nach Ihrem Liebesleben. Ehrlich gesagt, ich bin ein wenig überrascht. Ich hätte nicht gedacht, dass Sie Männer mögen. Sie brauchen wohl mal eine Abwechslung, was?“

Unerfahrenheit war nicht gleichbedeutend mit Dummheit. Sie wusste genau, was er andeuten wollte. Sie bedachte Adrian mit einem eisigen Blick, und plötzlich hatte sie Lust auf einen guten Streit. Das würde die Spannung in ihr lösen. „Wussten Sie eigentlich, dass ich immer viel jünger war als die Jungen in meiner Klasse und praktisch schon die Uni abgeschlossen hatte, bevor ich mich so weit entwickelt hatte, dass sie mich überhaupt wahrnahmen?“

Die Frage verwirrte ihn, es war seinem attraktiven Gesicht deutlich abzulesen. „So?“

„Ja. Und dann sind sie mir plötzlich alle nachgelaufen, weil sie dachten, ich kenne mich mit dem Spiel aus. Tatsache jedoch war, ich wusste überhaupt nichts über Männer und das, was man auf Verabredungen so macht. Ich war ja nie mit Gleichaltrigen zusammen. Ich hatte nie geküsst, war nie auf einem Ball, nie auf einer Party, hatte nie Dates. Als diese Typen mir plötzlich nachstellten, bekam ich eine Heidenangst. Also habe ich gesagt und getan, was immer nötig war, damit sie so schnell wie möglich wieder verschwanden und mich in Ruhe ließen. Können Sie mir folgen?“

Nein, konnte er nicht. Zuerst zumindest nicht. Er verstand nicht, worauf sie hinauswollte. Doch dann drang das Verstehen durch seine Feindseligkeit, und schockiert starrte er Caroline an. „Wollen Sie damit etwa andeuten, Sie hätten Angst vor mir gehabt?"

„Was sonst?", fauchte sie ihn an. „Sie haben mich überall betatscht. Dass ich Nein gesagt hatte, interessierte Sie überhaupt nicht."

„Grundgütiger, ich bin doch kein Vergewaltiger!"

„Und woher hätte ich das wissen sollen?" Caroline stand auf und hielt ihm die geballte Faust vors Gesicht. „Wenn Sie nicht so verdammt von sich selbst überzeugt gewesen wären und sich nicht eingebildet hätten, dass alle Frauen Sie unwiderstehlich finden, wäre Ihnen vielleicht aufgefallen, dass ich Angst hatte!"

„Sie haben sich nicht gerade ängstlich verhalten", widersprach er.

„Ich werde eben bissig, wenn ich mich bedroht fühle." Sie stand vor ihm und funkelte ihn grimmig an. Viel fehlte nicht, und sie hätte Feuer gespuckt. „Nur zu Ihrer Information – Colonel Mackenzie ist der erste Mann, dem aufgefallen ist, wie unsicher ich bin. Und er überfällt mich nicht wie ein gieriger Oktopus." Nein, Joe liebkoste und erregte sie mit dieser aufreibenden Selbstbeherrschung, während sie zu Wachs in seinen Händen wurde. Aber das ging Adrian nun wirklich nichts an. „Ich bin Ihre schneidenden Bemerkungen leid, verstehen Sie? Lassen Sie es endlich sein!"

Seine schockierte Miene wich der alten Feindseligkeit. „Soll ich jetzt etwa Mitleid mit Ihnen haben? Sie sind nicht die Einzige, die mit Problemen fertig werden muss, Lady. Zu dem Zeitpunkt hatte meine Frau mich gerade verlassen, wegen irgendeines mickrigen Typs, der aber zweimal so viel verdiente wie ich. Mein eigenes Ego musste aufgerichtet werden, also können Sie mir nicht vorwerfen, dass ich Ihre zarte Psyche nicht bemerkt und mich danach gerichtet habe, denn Sie haben meine am Boden zerstörte Psyche auf jeden Fall nicht bemerkt!"

„Dann sind wir ja quitt!", rief sie. „Also lassen Sie mich in Ruhe!"

„Mit Vergnügen!"

Caroline stapfte zu ihrem Schreibtisch zurück und setzte sich aufgebracht. Nachdem sie etwa dreißig Sekunden auf eine Tabelle gestarrt hatte, ohne etwas zu sehen, murmelte sie: „Tut mir leid wegen Ihrer Frau."

„Exfrau."

„Sie ist bestimmt nicht glücklich."

Adrian lehnte sich in seinen Stuhl zurück und sah mit gerunzelter Stirn zu Caroline. „Tut mir leid, wenn ich Sie geängstigt habe. Das war nie meine Absicht."

Es kostete sie Mühe, doch sie schaffte es. „Ist schon in Ordnung."

Er murmelte etwas Unverständliches und wandte sich seiner Arbeit zu.

Caroline hatte sich durch Ärger ablenken wollen. Für die Dauer der Konfrontation mit Adrian hatte es auch funktioniert, aber nun kehrte die Nervosität zurück. Dennoch ... die Luft zwischen Adrian und ihr schien sich geklärt zu haben, das war immerhin positiv.

Yates und Cal kamen herein. Cal sah übermüdet aus, aber er grinste in Carolines Richtung und blinzelte ihr zu. Dann gingen alle zusammen zum Kontrollraum. Die Piloten waren noch da, vier trugen die volle Fliegermontur mit Gurten, Schläuchen und Sauerstoffmasken. Joe und Captain Bowie würden die Night-Wings fliegen, Daffy Deale und Mad Cat Myrick sollten die Verfolgung in den F-22 übernehmen. Joe konzentrierte sich voll auf die Vorbereitungen, wie Caroline schon vermutet hatte. Der Kloß in ihrer Kehle löste sich ein wenig, als sie es mit eigenen Augen sah.

Sie wollte ihn nicht anstarren, aber sie konnte dem Impuls nicht widerstehen. Sie war völlig fasziniert von ihm. Es war nicht nur seine beeindruckende Größe und Statur. Joe Mackenzie umgab die Aura eines Kriegers – kühl, beherrscht, tödlich in seiner kontrollierten Wildheit, die perfekte Kombination von Instinkt, Intelligenz und Können. Auch die anderen Piloten besaßen diese Aura, aber niemand von ihnen so ausgefeilt und in so purer Form wie Joe. Die anderen wussten es, Caroline erkannte es an der Art, wie sie sich ihm gegenüber verhielten und ihm automatisch Respekt zollten. Nicht nur, weil er den Rang eines Colonel innehatte und Projektleiter war. Manche Männer stachen aus der Menge hervor, und Joe Mackenzie gehörte dazu. Er könnte nie Geschäftsmann, Anwalt oder Arzt sein. Er war, was er war, und er hatte den Beruf gewählt, zu dem er geschaffen worden war.

Er war ein Krieger.

Er war der Mann, den sie liebte.

Caroline stockte der Atem. Sie fühlte sich wie in einem Traum, alles erschien ihr plötzlich surreal. Sie konnte sich nicht länger etwas vormachen. Bisher hatte sie sich nur die Möglichkeit eingestanden, aber nie die Unvermeidlichkeit. Sie hatte sich ermahnt, sich nicht in ihn zu verlieben. Denn unter keinen Umständen wollte sie ihr Herz verlieren. Doch sie hatte sich etwas vorgemacht. Es war bereits zu spät. Sie hatte keine Kontrolle mehr über ihre Gefühle, genauso wenig wie sie die Kontrolle über ihren Körper hatte, wenn Joe sie berührte. Das allein hätte ihr Warnung genug sein müssen. Die einzige Entschuldigung für ihre Blindheit war, dass sie nie zuvor verliebt gewesen war und daher die Zeichen nicht erkannt hatte.

Sie konnte Joe nicht ansehen, als er und die drei anderen Piloten den Raum verließen. Wenn er ihr in die Augen blickte, würde er dort alles, was sie fühlte, lesen können. Dass er es sah und sich dann vielleicht im falschen Moment davon ablenken ließ, wollte sie verhindern. Jeder Nerv schien bloßgelegt und durch den schwächsten Lufthauch gereizt. Bar jeglichen Schutzes kam sie sich nackt vor.

Als die vier Maschinen abhoben, versammelten sich die Techniker um die Monitore und verfolgten die Daten, die die Sensoren der Jets dem System übermittelten.

Eine halbe Stunde später flogen die Maschinen über das Testgebiet, wo Drohnen als bewegliche Ziele auf sie warteten. Caroline war auf Probleme eingestellt, ihrer Erfahrung nach funktionierte ein neues System in der Praxis selten so genau wie in der Theorie. Aber bisher waren die Tests gut verlaufen, deshalb hoffte sie, dass es keine größeren Schwierigkeiten geben würde.

Heute jedoch bestätigte sich ihre ungute Vorahnung. Ihre Hoffnung, dass es sich nur um kleinere Patzer handeln würde, wurde zunichtegemacht. Das Zielsystem erfasste die Drohnen nicht, dabei war gestern noch alles glattgegangen. Allerdings waren heute zwei andere Maschinen in der Luft, und ein völlig entnervter Bodencrew-Leiter ließ die Tests abbrechen und beorderte die Jets zurück zum Stützpunkt, damit die Zielsysteme überprüft werden konnten.

Joe verlor nicht die Beherrschung, aber sein Unmut war ihm deutlich anzusehen, als er den Kontrollraum betrat. „Die Maschinen stehen im Hangar", sagte er eisig zu dem Laserteam und schloss Caroline damit in seinen kontrollierten Ärger ein. „Wir gehen am Montagmorgen wieder in die Luft. Das heißt, Ihnen bleibt der restliche

Tag, um den Fehler zu finden und zu beheben." Damit drehte er sich um und marschierte mit energischen Schritten davon.

Cal pfiff leise durch die Zähne, und Yates seufzte. „Also Leute, ihr habt's gehört. Zieht eure Overalls über und kommt in den Hangar. Es gibt Arbeit für uns."

In Gedanken ging Caroline bereits die möglichen Fehlerquellen durch. Die Laserzielerfassung war nicht neu, allerdings die Anwendung. Der Fehler konnte bei den Sensoren in den Helmen der Piloten liegen oder in der Zieloptik, vielleicht im Schalter selbst. Beunruhigend jedoch war, dass das Problem bei beiden Maschinen auftrat, das könnte auf ein grundlegendes Problem in der Herstellung oder sogar im Design hinweisen. Caroline blickte zu Cal hinüber. Er hatte die Stirn in tiefe Falten gelegt. Natürlich, er würde sofort daran denken, dass etwas mit dem Bordcomputer nicht stimmte. Sie gingen das Problem von unterschiedlichen Blickwinkeln an, aber beiden war klar, wie gravierend es war.

Das fängt ja gut an, dachte Caroline missmutig. Wenn die Nacht mit Joe ebenso verlief, würde sie wahrscheinlich herausfinden, dass sie frigide war!

Das Team arbeitete den ganzen Vormittag und durch die Lunchpause. Immer wieder ließen sie das Kontrollprogramm laufen. Doch alles schien perfekt zu funktionieren. Sie verglichen die Daten mit denen der drei Maschinen, bei denen es am Donnerstag geklappt hatte, und fanden nicht eine Abweichung. Absolut nichts, alles stimmte genau überein. Laut Computerberechnung gab es keinen ersichtlichen Grund, warum das Zielsystem die beweglichen Drohnen nicht hätte erfassen sollen.

Mittlerweile war es später Nachmittag. Die Hitze im Hangar hatte unerträgliche Temperaturen erreicht, trotz der großen Ventilatoren, die sich unablässig drehten. Cal prüfte noch einmal den Schaltermechanismus bei allen Maschinen. Aus welchem Grund auch immer zeigte der Computer plötzlich eine Unterbrechung in der Stromversorgung an. Alle im Team stöhnten auf. Stundenlang hatten sie nach dem Problem gesucht, ohne fündig zu werden, und dann war der Fehler so simpel, dass er in weniger als einer Stunde behoben werden konnte.

In dementsprechender Laune war Caroline auch, als das Team die

Arbeit beendete – müde, verschwitzt, hungrig und gereizt. Mit bösem Blick starrte sie auf die Ausweiskarte an ihrer Hosentasche, mit deren Verlust der Tag begonnen hatte, bevor sie sich auf den Weg zu ihrem Quartier machte.

Eine kühle Dusche hob Carolines Stimmung etwas, aber sie hatte immer noch eine tiefe Falte auf der Stirn, als sie ein paar Sachen für das Wochenende in eine Reisetasche warf. Wenn Joe nicht so ein Leuteschinder wäre, dann hätten sie sich nicht verpflichtet gefühlt, das Problem schnellstmöglich zu beheben. Dann hätte sie etwas zum Lunch essen können und würde sich jetzt nicht so miserabel fühlen. Geschähe ihm nur recht, wenn sie das Wochenende absagte!

Aber sie wollte mit ihm zusammen sein, mehr, als sie etwas zu essen wollte. Mehr als alles andere.

Um sechs klopfte es an ihrer Tür. Caroline war angezogen, aber ihr Haar war noch feucht, und sie hatte auch noch immer Hunger. Mit einem Ruck riss sie die Tür auf.

„Wir haben ohne Mittagspause durchgearbeitet", fauchte sie Joe ohne Einleitung an, „und sind vor ...", sie sah auf ihre Armbanduhr, „... knapp fünfunddreißig Minuten fertig geworden. Es war eine absolut lächerliche Nichtigkeit, ein Wackelkontakt in den Schaltern. Aber es hat Ewigkeiten gedauert, bis wir es gefunden haben, weil wir Hunger hatten und uns nicht konzentrieren konnten."

Joe lehnte sich gegen den Türrahmen. „Bist du immer so schlecht gelaunt, wenn du Hunger hast?"

„Ja. Ist das nicht jeder?"

„Nein, nicht unbedingt. Eigentlich die wenigsten."

„Oh."

Er streckte ihr die Hand entgegen. „Komm, ich werde dir etwas zu essen besorgen."

„Mein Haar ist noch nass."

„In der Hitze trocknet es schnell. Hast du schon gepackt?"

Caroline holte ihre Reisetasche und absolvierte rasch ihr übliches Prüfprogramm, dann ließ sie sich von Joe die Tasche abnehmen und zum Truck führen. Er verstaute ihr Gepäck und hob Caroline auf den Beifahrersitz. Sie hatte sich für ein dünnes Sommerkleid mit einem weit schwingenden Rock entschieden. Es erschien ihr jetzt unerheblich, ob er seine Hand darunterschob oder nicht, da sie ja zugestimmt hatte, ihm sehr viel mehr zu erlauben. Dennoch setzte ihr Herz einen Schlag lang aus, als die große, warme Hand unter den Stoff glitt und über ihre Schenkel fuhr.

Jeder Gedanke an Essen verpuffte. Ein Hunger ganz anderer Art bildete sich in ihr. Ihr Verlangen zeigte sich in den jäh dunkel werdenden Augen und dem schneller gehenden Atem. Joe streichelte über die samtige Innenseite ihrer Schenkel, dann zwang er sich dazu, seine Hand zurückzuziehen.

„Vielleicht besorge ich dir zuerst etwas zu essen", murmelte er. „Das muss ich mir noch überlegen."

7. KAPITEL

Hätte man ihnen Sägespäne vorgesetzt, sie hätten es nicht bemerkt. Hinterher konnte Caroline sich nur noch daran erinnern, dass das Restaurant angenehm kühl und romantisch beleuchtet war und der trockene Wein ein junges, spritziges Bouquet hatte.

Joe saß ihr gegenüber, groß und männlich, mit einem mutwilligen Glitzern in den diamantblauen Augen. Auch er dachte an die kommende Nacht, seine Absichten waren für Caroline deutlich zu erkennen. Er legte es darauf an, sie wissen zu lassen, woran er dachte. Sein Blick haftete auf ihrer Brust, seine Stimme war tief und verführerisch.

Beim Essen ließen sie sich Zeit, aber das Warten rieb Carolines Nerven auf wie Sandpapier. Der Stoff ihrer Kleidung irritierte sie, ihre Brüste schmerzten vor Spannung. „Worauf warten wir noch?“, sprudelte es aus ihr heraus, als sie es nicht länger aushielt.

Langsam nahm Joe den Blick von ihrer Brust und richtete die flammenden blauen Augen auf ihr Gesicht. „Darauf, dass du dich beruhigst“, murmelte er. „Darauf, dass die Nacht hereinbricht, damit du dich in der Dunkelheit sicherer fühlst.“

„Das ist mir gleich.“ Sie stand vor ihm wie eine Amazone, mit wilder stolzer Miene, das helle Haar schimmernd wie das einer Amazone. „Du wirst dir was anderes ausdenken müssen, damit ich mich entspanne.“

Stumm erhob er sich, die Gesichtszüge kontrolliert. Sie sprachen kein Wort, als Joe die Rechnung beglich und sie Seite an Seite zu seinem Truck gingen. Die Hitze war immer noch unerträglich. Die Sonne stand als glutroter Ball am Horizont und tauchte alles in dunkles Gold. Schatten lagen auf Joes markantem Gesicht und straften den Schein von Zivilisation Lügen, den er sich mit weißem Hemd und schwarzer Hose gegeben hatte. Caroline stellte ihn sich in Wildlederhose und Mokassins vor, mit langem schwarzem Haar, das ihm offen über die breiten Schultern fiel.

Sie dachte an ihre Angst, dass ihm während des Fluges etwas zustoßen könnte, und beschloss, ihm nie davon zu erzählen.

Sie checkten im Hotel ein. Wortlos fuhren sie mit dem Lift in ihr

Stockwerk, begleitet von einem Pagen, der ihre Taschen trug. In der Suite mit einem Schlafzimmer angekommen, verfiel der Page routinemäßig in Erklärungen zur Ausstattung. Eifrig zog er alle Vorhänge auf, um das letzte Sonnenlicht hereinzulassen. Joe drückte ihm einen Fünf-Dollar-Schein in die Hand, und endlich, endlich verschwand der Page.

Caroline stand wie angewurzelt im Schlafzimmer und blickte bewusst nicht auf das große Bett, sondern lauschte auf die Geräusche aus dem Wohnraum, wo Joe die Tür verschloss und die Kette vorlegte. Dann kam er zurück und zog wortlos die Vorhänge wieder zu. Nur durch die offen stehende Tür fiel Licht aus dem anderen Raum in das Zimmer. Die Luft schien plötzlich wie elektrisiert. Joe öffnete seine schwarze Reisetasche und holte eine Schachtel Kondome hervor, die er auf den Nachttisch stellte.

„Eine ganze Schachtel?", fragte Caroline mit einer Stimme, die nicht ihr zu gehören schien.

Er trat hinter sie und schob ihr das Kleid von den Schultern. „Wenn es nicht reicht, hole ich in der Hoteldrogerie Nachschub."

Caroline begann plötzlich zu zittern wie Espenlaub. Sie trug nur einen Slip unter dem Kleid, keinen BH, keinen Unterrock, keine Strümpfe. Als das Kleid sich zu ihren Füßen bauschte, stand sie praktisch nackt vor Joe. Er hob sie auf seine Arme, und ihre Sandalen blieben auf dem Boden zurück, verfangen im Stoff des weiten Rocks.

Ein Knie auf die Matratze gestützt, legte Joe Caroline sanft auf das Bett und zog ihr mit der gleichen Bewegung den Schlüpfer aus. Bis zu diesem Moment war Caroline nicht klar gewesen, wie verzweifelt sie dieses knappe Stückchen Stoff brauchte und wie entblößt und verletzlich sie sich ohne es fühlen würde. Sie stieß einen unverständlichen Laut des Protests aus, vor allem aber, weil Joe noch komplett angezogen war. Doch das Glitzern in seinen Augen, während er sie betrachtete, ließ sie verstummen.

Joe hielt inne. Er nahm sich Zeit, um sie zu betrachten und genoss es, ihren Körper zu bewundern, der nackt vor ihm lag und bald ihm gehören würde. Er sah den Schauer der Erregung, der sie durchlief. Ihre Brustwarzen pulsierten in tiefem Rot, zogen sich zu Knospen zusammen. Sie presste ihre schlanken, zitternden Schenkel aneinander, als würde sie ihre empfindsame Mitte dazwischen beschützen wollen. Sein Blick wanderte zu ihrem Venushügel, und ein Lächeln umzuckte seine Lippen, als ihm klar wurde, dass ihre Haarfarbe unbestritten echt war. Und plötzlich erschienen ihm diese blonden Härchen zu verführerisch, um sie nur anzusehen.

Er legte seine Hand auf ihre Brust und begann, die empfindliche Spitze mit dem Daumen zu liebkosen. Caroline atmete unwillkürlich tief ein, als sie seine andere Hand an ihrem Schoß fühlte. Ein schimmernder Blitz durchzuckte sie, als seine rauen Finger über die seidige Haut ihrer intimsten Stelle strichen. Bei der leichtesten Berührung zuckte sie zusammen, bis sie es nicht mehr ertragen konnte und sich abrupt aufsetzte. Ihre Brust hob und senkte sich heftig von der Anstrengung zu atmen.

Joe stand auf und begann, sein Hemd aufzuknöpfen. Schon stand er mit nacktem Oberkörper vor ihr und kickte sich die Schuhe von den Füßen. Dann griffen seine Finger nach der Gürtelschnalle und zogen den Reißverschluss hinunter. Nicht ein einziges Mal wandte er den Blick von Caroline, während er sich auszog. Und dann war er nackt wie sie.

Die berauschende Stärke seines perfekt geformten Körpers raubte Caroline den Atem. Es war fast bedrohlich, er würde sie mühelos überwältigen können, wenn er es wollte. Stahlharte Muskeln zeichneten sich ab unter geschmeidiger Haut, und sie betrachtete seinen durchtrainierten, flachen Bauch und seine Männlichkeit, sein Begehren. Trotz der Hitze, die durch ihren eigenen Körper raste, trotz des rhythmischen Pulsierens in ihr überkamen Caroline plötzlich Zweifel hinsichtlich der anatomischen Machbarkeit. Ein leiser, panischer Laut entfuhr ihrer Kehle.

„Schsch, Liebling", murmelte er sanft. „Hab keine Angst." Er legte seine Hände zärtlich auf ihre Schultern, und irgendwie fand sie sich auf dem Rücken wieder, während er neben ihr lag, und sie spürte die Hitze seines mächtigen Körpers, als er sie in seine Arme zog. Seine Nacktheit war überwältigend, die Kraft seiner Sexualität nicht länger eingesperrt in Kleidung oder Gesellschaft. Er murmelte besänftigend auf sie ein, während seine Hände glühendes Feuer in ihr entfachten.

Caroline klammerte sich an ihn und wusste nicht, was sie tun sollte. Sie hatte geglaubt, er habe sie bereits vorher auf sinnliches Gebiet geführt. Doch jetzt fand sie heraus, dass sie nicht einmal über die Schwelle getreten war. Wenn es nicht solch köstliche Empfindungen wären, wäre sie längst davongerannt. Doch diese Gefühle ... ah, seine Liebkosungen waren langsam und träge und machten sie trunken, berauschten und verführten sie, brachten sie dazu, ihren Widerstand aufzugeben und ihre Nerven, ihre Muskeln zu entspannen. Ihr schlanker Körper erbebte und spannte sich wie ein Bogen, bis jäh ein anderer, wilder Sturm in ihr losbrach, und Joes Hände strichen nunmehr nicht über ihren Körper, um zu beruhigen, sondern um ihre Erregung zu verstärken.

Sein Mund verwandelte ihre Brustwarzen in nasse Perlen, und er linderte ihre sinnliche Qual mit seiner Zunge. Geschmeidig wand sie sich in seinen Armen, hob ihm ihre Hüften entgegen, bewegte sich rhythmisch unter ihm. Und seine Finger liebkosten ihre empfindsame Mitte, und sie war nass und geschwollen und verzehrte sich nach seiner Berührung. Unbewusst öffnete sie ihre Schenkel, um ihn einzulassen, und er kam ihrer Einladung umgehend nach. Vorsichtig drang er mit einem Finger in sie ein. Ihrer Kehle entrang sich ein wilder, kleiner Laut, als sie sich seiner Hand entgegendrängte. Er verweilte einen Moment, trunken vom Duft ihres warmen, erregten Körpers, der Seidigkeit ihrer Haut. Sein Verlangen, sie zu spüren, war kaum mehr zu bezwingen.

Seinen forschenden Berührungen entging weder, wie erregt sie war, noch, wie unberührt sie war, und seine Bauchmuskeln zogen sich vor fast unerträglicher Erwartung zusammen. Er konnte nicht mehr länger warten. Er wollte sie so sehr, wollte, dass sie den Schmerz, den sie spüren würde, wenn er in sie eindrang, vergaß und die Lust genoss. Sie war so eng, dass er nicht wusste, ob er es überhaupt aushalten würde, aber er würde noch vollkommen verrückt werden, wenn er ihre süße Tiefe nicht endlich eroberte.

Sie schmiegte sich seinen Liebkosungen entgegen, dem Höhepunkt immer näher. Sie warf den Kopf wild auf dem Kopfkissen hin und her, ihr blondes Haar eine goldene Aureole. Sie stöhnte und krallte in verzweifeltem Verlangen ihre Nägel in seine Haut. „Jetzt." Ihre Stimme war heiser. „Jetzt, jetzt, jetzt, jetzt!"

Joe hielt es selbst nicht mehr länger aus. Er schob sich zwischen ihre Schenkel, sein Gewicht drückte sie in die Matratze. Als er spürte, wie sie dem Druck seiner harten Männlichkeit langsam nachgab, ihre feuchte Hitze fühlte, brachte ihn das erneut zu Verstand. Er zog sich ein wenig zurück, griff nach der Schachtel auf dem Nachttisch, zog eines der kleinen Päckchen heraus und öffnete es mit den Zähnen.

„Nein!“ Caroline schob seine Hand zur Seite. „Nicht. Nicht das erste Mal. Das erste Mal will ich dich fühlen, nur dich.“

Mit vor Verlangen dunklen Augen sah sie ihn an, ihr graziler Körper lockte ihn, rief ihn mit stummen, uralten Gesten zu sich. Sie war wild und losgelöst, jetzt noch mehr Amazone, da sie nackt auf ihn wartete, ihre Beine öffnete und auf ihn wartete, auf den Moment, der ihr die Jungfräulichkeit nehmen würde. Sie forderte seine Dominanz heraus, verlangte nach seinem Körper und seinen Samen in der ältesten aller Fruchtbarkeitszeremonien.

Joe beugte sich wieder über sie und küsste sie. Er war erfahren, sie nicht. Er wusste, welch verrücktes Risiko sie eingingen, und doch wollte auch er dieses erste Mal Caroline ohne jegliche Barriere spüren.

Ihre Blicke begegneten sich, hielten einander fest. Ein winziger Muskel in seiner Wange zuckte, als er begann, vorsichtig zu ihr kam, den Druck an ihrem Schoß langsam verstärkte. Sie verspürte leichten Schmerz, doch Caroline schob Joe nicht von sich. Sie wollte es und sehnte sich danach, von ihm in Besitz genommen zu werden, mit einer Macht, die den Schmerz verblassen ließ. Er drang unaufhaltsam in sie ein, seine geschwollene Männlichkeit bahnte sich ihren Weg in ihre feuchte Mitte. Sie stöhnte auf. Es erschien ihr unmöglich, ihn noch tiefer in sich aufzunehmen, und doch bog sie sich ihm entgegen und bewegte sich langsam. Er stöhnte ebenfalls.

„Ja“, murmelte er. „So ist es gut, Liebling. Komm. Du schaffst das. Mach weiter.“ Sie zu spüren, brachte ihn fast um den Verstand. Sie fühlte sich so seidig an, so eng und nass und unglaublich weich.

Sie tat, was er verlangte, und plötzlich war er ganz in ihr. Carolines Augen brannten vor heißen Tränen. Was sie empfand war schier unerträglich, und doch ertrug sie es, denn sonst müsste sie aufhören, und das war unmöglich. Ihr Verlangen war zu groß, zu leidenschaftlich. Sie spürte seine Haut auf ihren Brüsten, spürte, wie er seine Hände unter ihren Po schob und sie bei den Hüften anhob, um noch tiefer in sie eindringen zu können. Ein Feuerwerk der Lust explodierte in ihr, sie schlang Arme und Beine um ihn, schluchzte, stöhnte, konnte kaum atmen.

Joe biss die Zähne zusammen und kämpfte seinen eigenen Höhepunkt nieder, bis Carolines Schauer nachließen und sie in seinen Armen ruhiger atmete. „Joe“, flüsterte sie, nur seinen Namen, und die träge Zufriedenheit in ihrer Stimme ließ ihn über die Klippe stürzen.

„Jetzt“, flüsterte er und kniete sich hin. Jetzt war er dran, und sein Verlangen war so ungezähmt, dass er es kaum mehr kontrollieren konnte. Er hob ihre Beine über seine Schultern und lehnte sich nach vorn. Sie war so verletzlich, wie sie so vor ihm lag, weit geöffnet, und nahm ihn tief in sich auf. Er nahm sie hart und kraftvoll, stieß mit seinem ganzen Körper in sie hinein, und die Lust überwältigte ihn ebenso unerwartet und ohne Vorwarnung wie sie. Ein heiserer Schrei entrang sich seiner Kehle. Er zitterte am ganzen Körper, während lustvolle Krämpfe ihn schüttelten, und als es endlich aufhörte, ließ er sich schwer auf Caroline sinken. Sein Atem ging rasselnd, während seine Lungen um Luft kämpften, sein Herz hämmerte wie wild, und mit einem Mal fühlte er sich so schwach, dass er sich nicht mehr bewegen konnte. So etwas hatte er noch nie erlebt, nicht einmal im Jet und ganz bestimmt nie mit einer Frau.

Er döste. Eigentlich müsste sein Gewicht sie stören, doch Caroline presste ihn nur noch enger an sich. Sie liebte das Gefühl, wie sein großer Körper sie in die Matratze drückte. Sie konnte sich nicht bewegen, konnte kaum atmen … es war das Paradies. Alles tat ihr weh, und doch war sie von einer Zufriedenheit erfüllt, die bis in jede Zelle ihres Körpers drang. Sie schloss die Augen. Genau so hatte sie es gewollt – wild und losgelöst. Das Einzige, was es noch schöner gemacht hätte, wäre der Verlust seiner verflixten Selbstbeherrschung. Ja, die Kontrolle hatte nachgegeben, doch sie war nie ganz geschwunden. Während Caroline sich völlig in grenzenloser Leidenschaft verloren hatte.

„Caroline.“ Seine Lippen suchten ihren Mund. Sie musste wohl eingeschlafen sein. Dass er sich bewegt hatte, war ihr völlig entgangen. Aber Joe lag auf die Ellbogen gestützt da, seine Hände sanft an ihrem Kopf. Sie erwiderte den Kuss ohne Zögern.

Er zwang sich dazu, den Kuss abzubrechen, und löste sich sanft von ihr. Caroline blieb auf dem Bett liegen, während Joe ins Bad ging und mit einem nassen Waschlappen zurückkam. Vielleicht hätte sie verlegen sein müssen wegen der intimen Art, mit der er sie wusch und abrieb, aber dafür war es wohl zu spät. Sie gähnte zufrieden wie eine schläfrige Katze.

„Habe ich geblutet?“, frage sie mit selbstvergessener Neugier.

„Nur ein bisschen.“ Er liebkoste ihren Po und fühlte nichts als tiefe Befriedigung. Sie hatte sich ihm bedingungslos hingegeben und nichts zurückgehalten. Angst und Schmerz hatten sie nicht davon abhalten können, sich kopfüber in das Unbekannte zu stürzen. Noch nie hatte er so sehr begehrt, jemanden so sehr gewollt. Ohne Zurückhaltung, Zwänge oder Grenzen. Jede andere Frau wäre wahrscheinlich vor seiner hemmungslosen Wildheit zurückgeschreckt, nicht so Caroline. Er war auch noch nie so ungezügelt gewesen, hatte sich nie erlaubt, seine Lust so auszuleben. Immer hatte er sich unter Kontrolle gehalten. Und jetzt hatte er sich nicht nur völlig gehen lassen, er hatte auch keinen Schutz benutzt. Durch diesen einen, unverantwortlichen Akt könnte Caroline schwanger von ihm geworden sein.

Er müsste wütend und angewidert von sich sein, doch er war es nicht. Diese Vereinigung war zu stark, zu überwältigend gewesen, um Reue zu empfinden. Ein Bild formte sich in seinem Kopf, ein gefährliches Bild: Caroline mit gewölbtem Leib, Caroline, die sein Kind unter dem Herzen trug. Allein bei der Vorstellung flackerte wieder Verlangen in ihm auf.

Sie war eingeschlafen. Joe trug den Waschlappen zurück ins Bad. Als er wieder ans Bett trat, richtete er vorsichtig die zerwühlten Laken und deckte Caroline zu. Sie murmelte etwas im Schlaf, und als er unter die Decken schlüpfte, kuschelte sie sich sofort an ihn, suchte seine Wärme. Er bettete ihren Kopf sanft an seiner Schulter und legte den Arm um sie, zog sie enger zu sich heran und hielt sie fest.

Als er aufwachte, sagte ihm sein untrügliches Zeitgefühl, dass er gut zwei Stunden geschlafen haben musste. Er streichelte Caroline, bis sie wach und bereit für ihn war. Dieses Mal bestand er darauf, einen Schutz zu benutzen. Und zum ersten Mal in seinem Leben störte ihn die hauchdünne Barriere, die eine vollkommene Vereinigung verhinderte. Caroline schnappte leise nach Luft, als er in sie eindrang, das seidige Fleisch war noch wund vom ersten Mal. Dennoch ließ sie nicht zu, dass er sanft mit ihr umging, selbst wenn er es gewollt hätte. Später würde genügend Zeit für Zärtlichkeit sein, jetzt forderte das heiße Verlangen nach Erlösung. Ihre Körper wanden sich in der Dunkelheit, und neben dem Knarzen des Bettes hörte man nur ihr lustvolles Stöhnen.

Sie schliefen wieder ein. Joe wurde noch dreimal in der Nacht wach, dreimal weckte er Caroline. Er fragte sich, wann der Hunger nach ihr wohl nachlassen würde.

Kurz nach acht am nächsten Morgen öffnete er die Augen. Die Morgensonne warf ihre Strahlen durch die schweren Vorhänge. Es war dämmrig und angenehm kühl im Zimmer, die Klimaanlage summte leise. Sein Körper schmerzte von der ausschweifenden Nacht.

Caroline lag auf der Seite, mit dem Rücken zu ihm. Für einen Moment bewunderte er die zarte Kontur von Schultern und Hüften. Wie konnte ein so zierlicher Körper den Forderungen standhalten, die er an ihn gestellt hatte?

Das Bett war ein Chaos. Laken und Decken waren zerwühlt und hingen halb auf den Boden. Irgendwann in der Nacht hatte Caroline ein Ende der Decke an sich gezogen und hielt es jetzt vor die Brust gepresst. Selbst das Spannbetttuch war abgerutscht. Joe erinnerte sich an drei Kissen, eines steckte eingezwängt unter dem Kopfende, die anderen beiden waren nicht zu entdecken. Er gähnte und fragte sich, ob Caroline wohl das Bett machen wollte, bevor die Zimmermädchen es in diesem Zustand sahen. Eigentlich war es unnütze Arbeit.

Er hatte Hunger. Sanft rüttelte er Caroline wach. „Was möchtest du frühstücken? Ich bestelle beim Zimmerservice, dann können wir ein Bad nehmen, solange wir warten."

Sie öffnete nur ein Auge. „Kaffee", murmelte sie schlaftrunken.

„Was noch?"

Sie seufzte. „Essen." Das Auge fiel zu.

Joe schmunzelte. „Könntest du es vielleicht etwas eingrenzen?"

„Nichts Grünes", seufzte sie. „Ich hasse Grünzeug am Morgen."

Er stutzte. Nein, wenn er es genau bedachte, konnte er morgens auch nichts Grünes essen. Allein bei der Vorstellung schüttelte es ihn.

Also bestellte er Pfannkuchen und Frühstücksspeck, zusammen

mit Kaffee und Orangensaft. Die höfliche Stimme am anderen Ende der Leitung ließ ihn wissen, dass es wohl eine halbe bis zu einer Stunde dauern könnte. Das war ihm nur recht. Er legte den Hörer zurück auf die Gabel und berührte Caroline an der Schulter.

„Willst du duschen oder baden?"

„Baden. In der Dusche kann man sich nicht setzen."

Joe ging ins Bad und drehte die Wasserhähne an der geräumigen Badewanne auf. Trotz der Übergröße lief die Wanne schnell voll. Er kam ins Schlafzimmer zurück und hob Caroline auf seine Arme. „Tut es sehr weh?", fragte er besorgt.

„Nicht zu sehr, wenn du das meinst." Sie schlang vertrauensvoll die Arme um seinen Nacken und rieb ihre Wange an seiner Schulter. „Ich kann nur nicht laufen", erklärte sie lächelnd.

Ohne Caroline abzusetzen, stieg Joe in die Wanne und lehnte sich an die Rückwand, Caroline zwischen seinen Beinen, ihren Rücken an seiner Brust. Sie seufzte zufrieden, als das warme Wasser die steifen Muskeln in ihren Beinen lockerte.

Caroline hätte erwartet, nach der vergangenen Nacht verlegen zu sein und wegen ihrer Nacktheit Scham zu empfinden. Doch sie fühlte nichts von beidem, nur eine tiefe, selige Zufriedenheit und ein Gefühl der Erfüllung, von dessen Existenz sie nie geahnt hatte. Joe gehörte zu ihr, sie gehörte zu ihm. Wieso sollte sie sich vor ihm schämen?

Joe seifte sie ein, er verteilte die dicke Schaumschicht von seinen Händen auf ihre Haut. Scheinbar schienen manche Stellen mehr von der fürsorglichen und gleichzeitig so erregenden Behandlung zu verlangen. Als er fertig war, war es Caroline mehr als nur angenehm warm, ebenso wie ihm. Sie beschloss, sich für das liebevolle Waschen zu revanchieren. Nur die bevorstehende Ankunft des bestellten Frühstücks verhinderte es.

Keine zwei Minuten später, nachdem sie sich die flauschigen weißen Hotelbademäntel übergezogen hatten, die an der Badezimmertür hingen, klopfte es auch schon an der Tür. Der Servierwagen wurde ins Zimmer gerollt, Hauben wurden von silbernen Platten gehoben, und Joe zeichnete den Bestellschein ab.

Der Duft von frischem Kaffee lockte Caroline aus dem Schlafzimmer hervor. Joes Augen verengten sich mit dem jähen Aufflackern von Lust. Selbst in einem Bademantel, mit wirrem Haar und ungeschminktem Gesicht war Caroline verführerischer als jede Frau, die er kannte. Die Männer, mit denen sie zusammenarbeitete, mochten sie die Schönheitskönigin nennen, weil sie solche Sorgfalt auf ihre äußere Erscheinung verwandte, aber ihr Reiz hing nicht davon ab.

Caroline widmete sich mit Appetit dem Frühstück. Während Joe sie beobachtete, dachte er, dass sogar die Art, wie sie aß, ihn erregte.

Satt und zufrieden, lehnte sie sich zurück und schenkte ihm ein träges Lächeln, bei dem ihm das Blut heiß durch die Adern rauschte. „Was unternehmen wir heute?“

Als er sie ansah, schimmerten seine Augen hart und klar wie Diamanten. „Ich hatte eigentlich nicht vor, diese Suite während des Wochenendes zu verlassen“, antwortete er ruhig. „Es sei denn, uns gehen die Kondome aus.“

Langsam erhob sie sich. „Vielleicht kann man die ja auch beim Zimmerservice bestellen“, sagte sie mit einer Stimme, in der Verlangen mitschwang. Und dann lag sie auch schon in seinen Armen.

8. KAPITEL

An diesem Wochenende versank Caroline in purer Sinnlichkeit. Die unpersönliche Hotelsuite wurde zu einer intimen Herberge, mit der Caroline für den Rest ihres Lebens sehr persönliche Erinnerungen verbinden würde. Sie setzten keinen Fuß vor die Tür, ließen sich das Essen bringen, und ihre einzige Bekleidung bestand aus den Bademänteln.

Caroline machte nie etwas nur halb. Sie war Jungfrau aus Überzeugung gewesen, jetzt war sie aus Überzeugung Geliebte. Sie gab alles und aus freien Stücken. Joe hatte seiner Begierde immer die Zügel angelegt, doch bei Caroline war das nicht nötig, mit ihr konnte er seiner Leidenschaft freien Lauf lassen. Doch so oft er Caroline auch liebte, sein Verlangen nach ihr ließ nie nach.

Er hatte keine Hemmungen. Er war erdig und kraftvoll, riss sie mit sich mit. Er führte sie in mehr Spielarten und Stellungen ein, als sie je für möglich gehalten hätte – geschweige denn, sich vorstellen konnte. Manchmal war er oben, manchmal war sie es; manchmal war er hinter ihr. Manchmal benutzte er seinen Mund, und er lehrte sie, wie sie ihren benutzen konnte, um ihn zu verwöhnen. Er liebte sie in der Badewanne, auf der Couch, auf dem Boden. Er liebte sie, wo auch immer sie gerade waren.

Joe hatte einen Pager an seinem Gürtel, doch der meldete sich kein einziges Mal. Die Außenwelt störte sie nicht. Nie zuvor hatte Caroline sich so absolut, so vollständig auf einen einzigen Menschen bis zu einem Grad eingelassen, der alles andere ausschloss. Sie dachte nicht an die Arbeit, sie suchte nicht nach einem Buch, das sie lesen wollte. Sie ging gänzlich in der neuen Erfahrung auf.

Am Sonntagmorgen war der erste, stürmische Hunger so weit gesättigt, dass sie sich mehr Zeit beim Liebesspiel lassen konnten. Gelassenheit und Zärtlichkeit bestimmten die Phasen von Erregung und Befriedigung. Nachdem sie einander am Morgen geliebt hatten, bestellte Joe ein spätes Frühstück, mit dem sie sich in den Wohnraum vor den Fernseher setzten und gemeinsam die Nachrichten ansahen. Caroline hatte sich auf dem Sofa an Joe gekuschelt, die Lider schwer vor Zufriedenheit.

Joe spielte mit einer ihrer Haarsträhnen, mehr interessiert daran, wie das Sonnenlicht sich in dem Gold fing, als an den Bildern, die über den Bildschirm flimmerten. „Wo sind eigentlich deine Eltern?"

„Normalerweise oder jetzt im Moment?" Ihre Stimme klang genauso träge wie seine.

„Sowohl als auch."

„Normalerweise lehren sie beide in North Carolina, aber im Moment sind sie irgendwo in Griechenland, auf einer ausgedehnten Bildungsreise. Mitte September sollen sie wieder zurück sein."

„Warst du als Kind einsam?"

„Nicht dass es mir aufgefallen wäre. Ich wollte lernen. Ich konnte gar nicht genug lernen, um mit mir selbst zufrieden zu sein. Ich glaube, ich muss ein ziemlich schwieriges Kind gewesen sein. Hätte ich andere Eltern gehabt, wäre ich wahrscheinlich unerträglich gewesen. Aber die beiden haben mir geholfen, mit meinen Frustrationen umzugehen. Sie haben auch nie versucht, mein Lernmaterial einzugrenzen."

„Wahrscheinlich warst du ein Monster", meinte er trocken.

„Ja, wahrscheinlich", stimmte sie sachlich zu. „Und du?"

Er antwortete nicht sofort, und Caroline spürte, wie ein winziger Wermutstropfen in ihr Glück fiel. Er redete freimütig über seine Erfahrungen als Pilot und über seine Arbeit, aber sein Privatleben behielt er stets für sich. Nur einmal war er unachtsam geworden und hatte ihr gesagt, dass er Halbindianer war und drei Brüder und eine Schwester hatte. Aber das war es auch schon. Anekdoten aus der Kindheit hatte er nicht preisgegeben, so weit hatte er die Unterhaltung gar nicht an sich herankommen lassen. Natürlich, so ermahnte sie sich, kannten sie sich ja auch noch nicht lange – um genau zu sein, nicht einmal eine Woche. Das Tempo und die Intensität ihrer Beziehung jedoch überrumpelten Caroline, so erschien ihr die Zeit viel länger.

„Nein, ein Monster war ich nicht", sagte er schließlich, und sie spürte, dass er versuchte auszuweichen.

„Was ist mit deinen Geschwistern? Ist ein Monster unter ihnen?"

Weil sie ihm so nahe saß, konnte sie spüren, wie er sich entspannte. „Meine Schwester. Nicht dass sie Wutanfälle bekommen würde oder Dinge durch die Luft wirft, aber bei ihr muss alles nach ihrem Kopf gehen. Etwas anderes lässt sie gar nicht zu. Sie ist eine richtige kleine Dampfwalze."

Die Liebe für seine Familie war deutlich in den Worten zu hören. Caroline schmiegte sich enger an Joe, sie wollte, dass er weiterredete. „Wie alt sind sie? Wie heißen sie?“

„Michael ist achtzehn. Er hat gerade die Highschool abgeschlossen und fängt nächsten Monat auf dem College an. Er interessiert sich für Rinderzucht und hat vor, nach dem College seine eigene Zucht aufzuziehen. Joshua ist sechzehn. Er hat ein absolut sonniges Gemüt und ist ein totaler Jet-Freak, so wie ich in seinem Alter. Er gehört übers Knie gelegt, der Junge will doch tatsächlich für die Navy fliegen. Zane ist dreizehn und … eindringlich. Schweigsam und gefährlich, wie Dad. Und dann kommt Maris. Sie ist elf, aber vom Charakter her wird sie bald hundert. Sie ist ziemlich klein für ihr Alter und so zart, dass man meint, ein Windhauch könnte sie davontragen, aber sie hat einen eisernen Willen. Wir alle können gut mit Pferden umgehen, doch Dad ist der unschlagbare Meister. Was er mit den Tieren macht, ist reine Magie. Maris kommt dem jetzt schon sehr nahe.“

„Was ist mit deiner Stiefmutter?“ Alles war ihr recht, damit er nur weiterredete.

„Mary.“ Joe lachte leise. „Sie ist noch kleiner als du.“

Entrüstet setzte Caroline sich auf. „Ich bin nicht klein!“

„Na, groß bist du auch nicht, nicht einmal guter Durchschnitt, würde ich sagen. Ich bin ja über einen Kopf größer als du.“ Er zog sie wieder zu sich herunter und an seine Schulter. „Was ist nun? Willst du etwas über Mary erfahren oder nicht?“

„Ja, natürlich“, beharrte sie, und er küsste sie auf die Stirn.

„Mary ist herzlich, offen und mitfühlend, und wenn sie sich einmal etwas vorgenommen hat, dann kann nichts und niemand sie aufhalten. Sie ist Lehrerin. Ohne ihre Hilfe wäre ich nie auf die Akademie gekommen.“

„Also störte es dich nicht, als sie und dein Vater heirateten?“

„Mich stören?“ Er lachte leise. „Ich habe damals alles getan, um die beiden zusammenzubringen. Nicht dass ich mich besonders hätte anstrengen müssen. Dad hat sich wie ein eingesperrter Hengst aufgeführt. Er war fest entschlossen, sie zu bekommen, ganz gleich, wie viele Zäune er einrennen musste.“

Das Selbstverständnis, mit dem Joe von der Sinnlichkeit seines

Vaters sprach, brachte ein Lächeln auf Carolines Gesicht. Sie dagegen konnte sich ihre Eltern überhaupt nicht als leidenschaftliche, sexuell aktive Wesen vorstellen, die beiden waren mehr intellektuelle Typen. „Dein Dad … wie ist er?“

„Zäh. Gefährlich. Und der beste Vater auf der ganzen Welt. Selbst als ich noch ein kleiner Junge war, wusste ich, er würde bis zum letzten Atemzug für mich kämpfen.“

Was für eine seltsame Art, den Vater zu beschreiben. Aber wenn Caroline Joe ansah, konnte sie sich gut vorstellen, dass sein Vater gefährlich war. Höchstwahrscheinlich waren die beiden einander sehr ähnlich.

„Das reicht aber jetzt von mir“, meinte Joe abrupt, obwohl nur wenig von diesem Gespräch wirklich von ihm gehandelt hatte. Caroline konnte geradezu hören, wie die Tresortür, hinter der er seine Gedanken verschloss, laut zufiel. Er zog sie rittlings auf seinen Schoß, schlug ihren Bademantel auf und umfasste ihre Brüste. „Ich möchte viel lieber etwas über dich herausfinden.“

Caroline erschauerte und schaute fasziniert auf seine dunklen Hände an ihrer hellen Haut. „Dieses Gebiet hat doch nichts Unbekanntes mehr für dich.“

„Na und?“ Die blauen Augen wurden dunkler, als er mit einer Hand über ihren Bauch strich und weiter hinunter. „Das hier kenne ich jetzt auch, und es ist aufregender als vorher. Vorher konnte ich mir nur vorstellen, wie es sein würde, jetzt weiß ich es. Ich weiß, wie eng und heiß du bist und wie es sich anfühlt, wenn du feucht wirst, sobald ich dich berühre.“ Er umkreiste ihren geschwollenen Lustpunkt voller Zärtlichkeit. Sie erbebte vor lustvoller Erwartung. Seine Finger glitten in sie hinein. Sie stöhnte auf und atmete schwer.

Mit einer Hand öffnete Joe seinen Bademantel, platzierte die andere auf ihrem Po und zog sie auf sich. Sie stöhnte auf, als ihre feuchte Mitte seine pralle Männlichkeit umschloss, und er zog sie noch enger an sich heran.

„Und jetzt weiß ich, wie weich du bist“, flüsterte er, die Stimme rau vor Erregung, als sie begann, sich auf ihm zu bewegen. „Und ich weiß, wie du erschauerst, wenn du …“

Seine Worte erstarben. Seine Hände umschlossen ihre Hüften, und sie wimmerte, als er sie sanft lenkte, doch dann griff er nach ihrem Po und begann, sie in einem schnellen, harten Rhythmus zu bewegen. Sie hielt sich an seinen Schultern fest, als sie kam, und nur einen Wimpernschlag später ergoss er sich in ihr. Dieses Mal war ihre Vereinigung nicht träge und entspannt gewesen, sondern schnell und ungezügelt.

Erschöpft und atemlos ließ sich Caroline gegen seine Brust fallen. Joe strich ihr das Haar aus dem Gesicht, dann hielt er sie fest in seinen Armen. „Ich gebe nicht sehr gut acht auf dich", sagte er leise. „Das war das zweite Mal."

Sie konnte sich nicht vorstellen, wie er sich noch besser um sie kümmern konnte. „Was war das zweite Mal?", fragte sie murmelnd.

„Dass ich keinen Schutz benutzt habe."

„Aber ich wollte es doch so." Sie schloss zufrieden die Augen und genoss seine Nähe, seinen Duft. „Ich will alles von dir erfahren, alles von dir fühlen."

„Beim ersten Mal, ja. Doch selbst da hätte ich vernünftiger sein sollen. Und für dieses Mal gibt es keine Entschuldigung."

Bei seinem harschen Ton setzte sie sich auf und blickte ihm geradewegs in die Augen. „Ich bin weder ein Kind noch ein Trottel, Joe. Ich kenne das Risiko und die möglichen Konsequenzen. Die Verantwortung liegt zur Hälfte bei mir. Ich hätte Nein sagen können, doch ich habe es nicht getan. Außerdem ist das Risiko nicht besonders groß. Einer der Vorteile eines wissbegierigen Verstandes ist die Neugier. Mich interessiert fast alles, also lese ich und informiere mich. Ich weiß genauestens Bescheid über Zyklusabläufe und Timing, und im Augenblick ist es eigentlich ziemlich sicher. Ich werde also nicht nervös Fingernägel kauen und die Tage zählen."

„Das ist keine sichere Methode. Ich habe dir schon einmal gesagt, ich halte nicht viel von Glücksspiel."

„Wäre es so schlimm für dich?", fragte sie sachlich.

„Wäre es das für dich?"

Sie schüttelte den Kopf. „Nein." Nicht der geringste Hauch eines Zweifels lag in ihrer Stimme.

Joe musterte sie durchdringend. Doch anstatt sie nach dem Weshalb zu fragen, erwiderte er nur: „Sollte deine nächste Periode auch nur einen Tag zu spät sein, möchte ich es erfahren."

Er sagte es in einem solchen Befehlston, dass sie scharf salutierte und laut „Jawohl, Sir!“ rief. Manchmal war er einfach zu sehr der Colonel.

Lachend versetzte er ihr einen leichten Klaps, bevor er sie von seinem Schoß schob. Caroline band den Bademantel zu. „Wann müssen wir abfahren?“

„Ich habe es so arrangiert, dass wir die Suite erst spät zurückgeben müssen. Wir haben Zeit bis heute Abend um sechs.“

Ihre kleine intime Welt würde also nur noch für wenige Stunden bestehen. Erstaunt registrierte Caroline, wie schnell sie sich daran gewöhnt hatte, Joe ganz für sich allein zu haben. Morgen würden sie beide wieder zurück an die Arbeit gehen, sie auf dem Boden und er in der Luft. Morgen würde sie wieder mit ihren Ängsten fertig werden müssen. Denn der Mann, den sie liebte, hatte einen gefährlichen Beruf, und sie würde ihn nicht davon abbringen können. Es wäre absurd, es auch nur versuchen zu wollen. Joe war wie ein Adler, nur Altersschwäche oder der Tod könnten ihn aufhalten. Und sie würde liebend gern Jahre dieser Angst ausstehen, wenn sie nur sicher sein könnte, dass es wirklich Jahre wären.

Im Moment allerdings wollte sie nicht eine Minute der verbleibenden Zeit verschwenden, bevor sie in die reale Welt zurückkehren mussten.

Sie wusste nicht, was Joe dieses Wochenende bedeutete, ob es für ihn vielleicht nur ein verlängertes, intensives Schäferstündchen war. Aber für sie waren dieser Mann und diese Tage der Katalysator gewesen, der ihre Sinnlichkeit erweckt hatte. Sie fühlte sich … anders, irgendwie freier und zufriedener mit sich selbst. So als wäre ein feiner Schleier von ihren Augen gezogen worden, durch den sie bisher das Leben betrachtet hatte. Jetzt lag es farbenfroh und aufregend vor ihr. Sie fühlte sich nicht länger allein und isoliert, so wie sie sich von dem Moment an gefühlt hatte, da ihr klar geworden war, dass ihr Verstand sie von den anderen unterschied. Jetzt gehörte sie dazu. Durch Joe hatte sie unendlich viel dazugewonnen. Ihr gehörte jetzt ein Teil von ihm, den ihr niemand je wieder nehmen konnte. Er hatte Erinnerungen in ihr geschaffen, hatte ihr Erfahrungen geschenkt, hatte Einzigartiges mit ihr erlebt. Unter seiner Anleitung war sie aufgeblüht und hatte sich selbst neu entdeckt.

Mit einem Mal, wider bessere Vernunft und trotz des Wissens um die Schwierigkeiten, die es mit sich bringen würde, wünschte Caroline, dass ihre Berechnungen falsch waren und sie mit Joes Kind schwanger war.

„Was ist?“ Erst als Joe sie fragend ansah, wurde ihr bewusst, dass sie ihn schon wer weiß wie lange anstarrte.

Ein Lächeln breitete sich über ihrem Gesicht aus und ließ ihr Antlitz strahlen. „Ich dachte nur gerade daran“, sagte sie ernsthaft, „dass sich eine Menge mehr Frauen für den Armeedienst melden würden, wenn man dich nackt auf den Rekrutierungspostern abbilden würde.“

Erst blickte er verdutzt drein, dann begann er lauthals zu lachen, sprang auf und packte sie bei ihrem Bademantel, um sie mit einem Ruck an sich zu ziehen. „Du bist also bereit, mich mit den Frauen Amerikas zu teilen?“

„Nur über meine Leiche.“

„Selbst dann nicht, wenn unser Land meine Dienste braucht? Wo bleibt denn dein Patriotismus?“

Sie steckte eine Hand in seinen offenen Bademantel. „Der eine Ort, wo mein Patriotismus nicht hingehört, ist der hier.“

Sein Körper reagierte sofort auf ihre intime Berührung, obwohl sie einander gerade erst geliebt hatten. „Wenn du nicht in zwei Tagen damit aufhörst, dann rufe ich die Polizei.“

„Uns bleiben keine zwei Tage mehr“, berichtigte sie ihn und sah zur Uhr. „Sondern nur noch ungefähr acht Stunden.“

„Dann sollten wir nicht eine Minute davon unnütz verstreichen lassen.“ Mit diesen Worten hob er sie auf seine Arme und trug sie ins Schlafzimmer. Caroline schmiegte sich an ihn und wünschte, es gäbe eine Möglichkeit, die Zeit anzuhalten.

Die Zeit blieb nicht stehen. Es war ein seltsames Gefühl, den sicheren Kokon verlassen zu müssen, aber um halb sieben befanden sie sich auf dem Rückweg zur Militärbasis. Caroline saß stumm neben Joe und wappnete sich für die vielen Nächte, in denen sie nun allein schlafen würde. Bis das nächste Wochenende kam. Vielleicht sogar dann. Joe hatte nicht einmal etwas über den nächsten Abend gesagt, geschweige denn vom nächsten Wochenende gesprochen.

Sie sah zu ihm hin. Die Veränderungen waren nur gering, aber je näher sie dem Stützpunkt kamen, desto mehr wurde er wieder zum Colonel. In Gedanken war er wahrscheinlich schon wieder beim Night-Wing-Projekt und den schnellen Flugzeugen. Vermutlich dachte er darüber nach, wie sie sich von ihm fliegen ließen und wie sie auf seine meisterhaften Hände reagierten. Vielleicht lag der Grund seiner Veränderung darin, dass er zum Liebhaber dieser tödlichen Schönheiten wurde und nicht mehr Carolines Geliebter war. In ihnen flog er, sie trugen ihn schneller und höher, als Caroline es jemals vermochte. Sie hoffte aber auch, dass diese Maschinen ihn ebenso vehement schützen und ihn sicher wieder zu ihr zurückbringen würden.

Sie war lange noch nicht bereit für den Abschied, aber da hielt Joe auch schon vor ihrem Quartier. Er stand vor ihr und musterte sie mit hungrigem Blick. „Ich werde dich nicht zum Abschied küssen", meinte er. „Denn dann würde ich nicht aufhören können. Ich habe mich sehr schnell daran gewöhnt, dich ganz zu besitzen."

„Dann ... gute Nacht." Caroline wollte ihre Hand ausstrecken, doch sie zog sie hastig wieder zurück. Selbst ein Händedruck wäre zu viel nach dem sinnlichen Wochenende. Zu verlockend wäre es, ihn an sich zu ziehen, und es würde sie nur daran erinnern, dass sie heute Nacht allein würde schlafen müssen.

„Gute Nacht." Abrupt drehte er sich auf dem Absatz um und ging zu seinem Truck zurück. Caroline schloss die Tür zu ihrem Quartier auf und trat ein. Sie wollte ihn nicht davonfahren sehen. Die winzigen Zimmer, obwohl luxuriös im Vergleich zu den anderen Unterbringungsmöglichkeiten auf dem Stützpunkt, wirkten nun öde und erdrückend. Caroline drehte die Klimaanlage sofort auf, doch nichts konnte ihre Einsamkeit vertreiben. Nur Joe.

In dieser Nacht schlief sie nicht gut. Sie wälzte sich im Bett hin und her, suchend nach ihm, nach seiner Wärme und seiner Nähe, in der sie sich die letzten beiden Tage und Nächte verloren hatte. Ihr Körper, jetzt an das Ausleben der Sinnlichkeit gewöhnt und abrupt dieser Möglichkeit beraubt, schmerzte vor Verlangen und Frustration.

Als der Morgen graute, gab Caroline auf. Arbeit war immer das Allheilmittel für sie gewesen, also würde es auch jetzt möglicherweise helfen. Und schließlich hatte Boling-Wahl sie hergeschickt, um an dem Projekt mitzuarbeiten, nicht um den Projektleiter anzuhimmeln.

Eine garantierte Kur, die auch diesmal half. Caroline konzentrierte sich auf die Vorbereitungen für die neuen Tests. Joe kam nicht vorbei, und sie war dankbar dafür. Erst jetzt und nur langsam gewann sie ihre Fassung zurück. Wenn er sie geküsst hätte, wäre sie wieder verloren. Sie sah sich dann schon wieder auf dem Schreibtisch sitzen, Joe zwischen ihren gespreizten Beinen vor sich stehend. Er hatte der Versuchung damals widerstanden, sie wusste nicht, ob sie heute diese Kraft aufbringen würde.

Cal kam wie üblich als Zweiter im Container an. „Wo warst du am Wochenende? Ich wollte dich eigentlich ins Kino einladen."

„In Vegas", antwortete sie. „Ich bin das Wochenende über dort geblieben."

„In der Stadt, um dich zu amüsieren, was? Hast du die Casinos heimgesucht?"

„Ich halte nicht viel vom Glückspiel. Minigolf liegt mir mehr."

Lachend holte Cal sich einen Becher Kaffee. „Sei nur vorsichtig, zu viel Aufregung lässt vorschnell altern."

Wenn das stimmt, müsste ich übers Wochenende mindestens um hundert Jahre gealtert sein, überlegte Caroline. Dabei fühlte sie sich lebendiger denn je.

Joe war nicht im Kontrollraum, als das Laserteam dort eintraf. Die Piloten saßen bereits in den Maschinen, und die Motoren liefen. Die Aufteilung war die gleiche wie am Freitag: Joe und Bowie Wade in den Night-Wings, Daffy Deale und Mad Cat Myrick in den beiden F-22. Die Teams auf dem Boden sammelten sich um die Monitore, um die Daten mitverfolgen zu können.

Die Flugzeuge hoben ab.

Anfangs lief alles glatt. Die Laser loggten sich auf die Drohnen ein, genau nach Plan. Caroline stieß einen leisen Seufzer der Erleichterung aus. Sie war nicht so naiv, dass sie keine Probleme mehr erwartete, aber zumindest dieses eine schien gelöst. Yates neben ihr lächelte zufrieden in sich hinein.

Auf dem Rückflug zur Basis flog Mad Cat neben Joe und Daffy Deale auf gleicher Höhe mit Bowie Wade, um Augenkontakt während des Flugs halten zu können. Caroline schaute gelegentlich auf den Bildschirm, als plötzlich Bowies Zielerfassungssignal aufleuchtete. „Ist er irgendwie an den Schalter gekommen?", fragte sie verdutzt.

Yates und Adrian drehten sich zum Monitor um, beide mit gerunzelter Stirn. Cal sah von seinem Computer auf. Fast im selben Moment blinkte auf dem Computer das rote Abschusssignal auf. Und plötzlich brach die Hölle los.

„Ich bin getroffen, ich bin getroffen!", hörten sie Daffys Stimme über Funk, und gleich darauf Bowie: „Das verdammte Ding ist von allein losgegangen! Was, zum Teufel, soll das?"

„Wie groß ist der Schaden?" Das war Joes Stimme, ruhig und kontrolliert. Die Autorität, die alles übertönte.

„Ich habe keine Kontrolle mehr, die Hydraulik ist völlig im Eimer. Ich kann den Vogel nicht halten." Daffy klang gepresst.

„Klink dich aus, Daffy!", schrie Bowie. „Hör auf, den Helden zu spielen und drück den Schleudersitz! Du kriegst das Baby nicht mehr runter!"

Alle schrien durcheinander, der gesamte Kontrollraum befand sich in Aufruhr. Die Gesichter der anwesenden Piloten waren zu Stein geworden, während sie darauf warteten, ob einer der Ihren lebend zurückkommen oder vor ihren Augen sterben würde.

Dann erklang Joes donnernder Befehl: „Ausklinken! Daffy, Schleudersitz betätigen! Jetzt! Sofort!"

„Ich sehe einen Fallschirm!" Das war Mad Cat. „Verdammt, er ist zu niedrig, er ist zu niedrig ...!"

Und dann ertönte ein ohrenbetäubender Krach durch die Lautsprecher, als die F-22 auf dem Wüstenboden aufschlug und explodierte.

9. KAPITEL

Joe kochte vor Wut, als er in den Kontrollraum kam. Seine Augen waren hart wie Eiskristalle, als er sich an das Laserteam wandte. „Wie, zum Teufel, ist das passiert? Die Laserkanonen sollten nicht einmal aktiviert sein, geschweige denn allein losgehen!"

Alle im Team waren ratlos. Am Freitagnachmittag hatten sämtliche Systeme perfekt funktioniert.

„Nun?" Das einzelne Wort klang wie ein Peitschenhieb. „Ich hätte fast einen Mann verloren, ein Achtzig-Millionen-Dollar-Flugzeug liegt, in Schrottteilen verteilt, auf einer Quadratmeile Wüstenboden. Was zur Hölle treiben Sie hier?"

Es war totenstill im Raum. Jeder wartete auf eine Antwort, auf irgendeine Antwort.

„Wir wissen nicht, warum das passiert ist", sagte Yates leise. „Aber wir werden es herausfinden."

„Und ob Sie das werden! Ich erwarte einen genauen Bericht über diesen Vorfall in sechsunddreißig Stunden – Ihre Analyse des Problems und welche Schritte Sie unternommen haben, um es zu beheben. Bis ich weiß, was los ist, und absolut sicher sein kann, dass so etwas nicht noch einmal passiert, sind alle Flüge vorerst gestrichen." Damit verließ er den Raum, noch genauso wütend, ohne Caroline auch nur eines Blickes zu würdigen.

Irgendjemand pfiff scharf durch die Zähne. Yates machte ein ernstes Gesicht. „Wir schlafen erst wieder, wenn wir die Ursache gefunden haben."

Es war nicht nur der Verlust der Maschine, die Joe so in Rage versetzte. Daffy wäre fast umgekommen. Auch so war es schlimm genug: Major Deale war zu tief geflogen, um sich ohne Folgen mit dem Schleudersitz retten zu können. Der Fallschirm hatte sich nicht schnell genug ausfalten können, der Major war zu hart auf dem Boden aufgeschlagen und lag jetzt mit einer Gehirnerschütterung und einem gebrochenen linken Bein im Militärkrankenhaus.

Bowie schwor jeden Eid, dass er den Abzug nicht berührt hatte, und Joe glaubte ihm. Bowie war zu gut und zu erfahren, um einen solchen Fehler zu machen. Dennoch hatte die verdammte Laserkanone von allein ein Ziel erfasst und gefeuert, und fast wäre ein Menschenleben zu beklagen gewesen. Der Computer würde analysieren, was passiert war, aber Joe wollte wissen, warum es passiert war. Die Laser hätten nicht aktiviert sein dürfen, doch der von Bowies Jet war es gewesen. Wenn er auf volle Kraft eingestellt gewesen wäre, wäre die Maschine noch in der Luft explodiert, Daffy hätte nicht die geringste Chance gehabt.

Dieses Problem hatte wahrscheinlich die gleiche Ursache wie der Vorfall am Freitag. Caroline hatte behauptet, es sei ein simpler Wackelkontakt, den man repariert habe. Aber ganz offensichtlich war es nicht so einfach. Joes Wut schloss auch Caroline ein, sie gehörte zum Laserteam. Seine Beziehung zu ihr hatte nicht das Geringste mit ihrer Verantwortung als Mitglied des Teams zu tun. Deshalb würde sie keine Extrabehandlung oder irgendwelche Privilegien erhalten.

Die Leute vom Laserteam würden nicht die Einzigen sein, die heute bis spät in die Nacht arbeiteten. Der Verlust eines F-22-Jets und ein verletzter Pilot waren etwas, das die Air Force keineswegs mit einem Achselzucken hinnahm. Joe hatte jetzt die Aufgabe, dem Stützpunktkommandeur zu berichten und General Ramey im Pentagon zu informieren. Solche Probleme konnten sie sich bei dem Projekt gar nicht leisten, nicht, wenn die Etat-Verhandlungen so kurz bevorstanden. Die Tests mussten vorher beendet und sämtliche Mängel ausgebügelt sein. Bisher hatten sie gut im Zeitrahmen gelegen und sogar unter dem zugeteilten Budget, aber wenn jetzt Verzögerungen eintraten …

Das Telefonat mit General Ramey auf der abhörsicheren Leitung bestätigte nur Joes Bedenken.

„Sie müssen herausfinden, was da schiefgelaufen ist, und hundertfünfzigprozentig sicherstellen, dass es nicht wieder geschieht." Der General sprach leise und ruhig. Jeder, der ihn kannte, wusste, dass er grundsätzlich genau das meinte, was er sagte. „Die Abstimmung ist nicht mehr weit, wir können uns solche Fehltritte nicht leisten. Was nützt uns eine Laserkanone, wenn sie nicht zu kontrollieren ist? Das Night-Wing-Projekt ist zu wichtig, Joe."

„Ja, Sir." Joe wusste selbst, wie wichtig diese Vögel waren. Ein Pilot, der in einem Superflugzeug in die Luft ging, hatte sehr viel mehr

Chancen, lebendig zurückzukommen. Die Night-Wing-Maschinen waren ein immenser Vorteil für die amerikanischen Piloten. Für Joe standen Menschenleben auf dem Spiel. Er war selbst in zwei Kriegen in der Luft gewesen, und er war erst fünfunddreißig. Die Welt hatte sich seit dem Kalten Krieg, seit er die Akademie besucht hatte, sehr verändert. Grenzkriege loderten heutzutage über Nacht auf, und jeder Einzelne von ihnen konnte die ganze Welt in Atem halten. In den letzten fünf Jahren hatten sich die F-22 von einem mit anderen Ländern vergleichbaren Niveau zu einem weit überlegenen Jagdbomber entwickelt. Die Night-Wings würden dieses Level noch überschreiten – in erheblichem Ausmaß.

„Gibt es irgendwelche Anzeichen von Sabotage?"

„Bis jetzt hat es keine alarmierenden Vorfälle gegeben, Sir. Ich habe allerdings bereits die Sicherheit verständigt. Sie sollen eine Liste der jeweiligen Arbeitszeiten aufstellen, um zu sehen, ob sich etwas Verdächtiges findet."

„Was sagt Ihnen Ihr Instinkt?" General Ramey kannte Joe und vertraute auf dessen Urteil.

Joe wählte seine Worte mit Bedacht. „Eine Katastrophe ist ohne Vorwarnung eingetreten. Wir wissen noch nicht, ob es sich dabei nur um diese eine Kanone handelt oder ob es alle Flugzeuge betrifft. Entweder ist es ein grundlegender Fehler im System, oder jemand hat es absichtlich verursacht. Die Chancen stehen eins zu eins, ich kann also Sabotage nicht von vornherein ausschließen. Ich werde mehr wissen, wenn mir die Computeranalyse vorliegt."

„Sie melden sich bei mir, sobald Sie etwas Neues erfahren."

„Ja, Sir, das werde ich."

Nach dem Gespräch mit dem General lehnte Joe sich nachdenklich in seinen Stuhl zurück. Sabotage. Niemandem gefiel diese Vorstellung, aber wie er dem General gesagt hatte, er konnte es nicht mit Sicherheit ausschließen. Im Fahrwasser neuer Technologien folgten auch immer neue Techniken bei Spionage und Sabotage. Für das Night-Wing-Projekt galt die höchste Sicherheitsstufe, deshalb wurden jede Tür und jedes Fenster zu jedem einzelnen Gebäude per Sensor überwacht. Im Zentralcomputer wurde gespeichert, wer wann welches Gebäude betrat oder verließ. Nachts wurden zusätzliche Wachposten an den Hangars aufgestellt, und bisher war keine Meldung gemacht worden, dass sich Unbefugte den Flugzeugen genähert hätten. Wenn es also wirklich Sabotage sein sollte, dann besaß der Täter einen Stützpunktausweis.

Joe hoffte, das Laserteam würde einen Fehler finden, irgendetwas Mechanisches, etwas, das sich erklären ließ. Falls allerdings nicht, so sollte die Sicherheitsüberprüfung dennoch bereits angelaufen sein.

So ein Mist. Wenn das Team nicht gleich herausfand, wo der Fehler lag, würde er Caroline heute Abend nicht sehen können. Die letzte Nacht ohne sie war die reinste Folter gewesen. Schon erstaunlich, wie schnell sein Körper sich an sie gewöhnt hatte. Und wie sehr er sie begehrte. Nie hatte er eine Frau so sehr gewollt. Es war wie ein Fieber, das nicht sinken wollte. Er hatte auch noch nie den körperlichen Akt mit einer Frau so sehr genossen, ohne Beschränkungen und ohne Zurückhaltung. Caroline steckte voller Energie, in der Liebe war sie genauso gradlinig und offen wie in ihrem Denken und Charakter.

Es war ein Fehler, ausgerechnet jetzt an sie zu denken. Joe schnitt eine Grimasse, als seine Hose plötzlich unbequem saß. Komm wieder runter, Junge. Nein, jetzt war definitiv nicht der richtige Zeitpunkt für so etwas.

Sie suchten und suchten und fanden nichts. Keiner vom Team konnte sagen, wieso der Laser aktiviert worden war. Caroline vermutete den Defekt beim Laser selbst, nicht beim Auslösemechanismus. Das war Adrians Gebiet, und dementsprechend mürrisch war er. Es könnte Adrian sogar den Job kosten. Wie üblich ließ er seinen Ärger an Caroline aus.

„Was haben Sie gemacht, das Ding verhext?“, murmelte er böse, während er jedes Teilchen des Mechanismus genauestens überprüfte. „Bis auf ein paar Kleinigkeiten ging alles glatt, bis Sie hier aufgetaucht sind. Seit Sie mit Ihren Fingern an den Teilen waren, funktioniert plötzlich nichts mehr.“

„Ich habe nie an diesem Mechanismus gearbeitet.“ Sie weigerte sich, sich von Adrian provozieren zu lassen. Und sie würde nicht mit dem Finger auf ihn zeigen. Das war nicht nötig. Zu betonen, dass sie nichts mit dem Mechanismus zu tun hatte, hieß automatisch, dass er dafür verantwortlich war.

„Könnten wir uns jetzt bitte auf die Arbeit konzentrieren?“, mahnte Yates streng. „Cal, hat der Computer irgendetwas gefunden?“

Cal saß seit Stunden vor dem Bildschirm, seine Augen waren rot gerändert von der Anstrengung. „Nein.“ Er schüttelte den Kopf. „Der Ausdruck kommt gleich.“

Sie standen alle vor der Laserkanone am Rumpf des Flugzeugs, das Bowie geflogen hatte. Caroline fixierte die Kanone und versuchte auszublenden, was die anderen sagten, um in Ruhe nachdenken zu können. Der Laser schien perfekt zu funktionieren, der Abschussmechanismus auch, ebenso wie die Zielerfassung. Das wussten sie ja bereits, schließlich hatte dieses Ding auf Daffys Flugzeug geschossen und es aus der Luft geholt. Die Frage war, warum. Woher hatte das System den Befehl erhalten, ein Ziel zu erfassen? Laut Computeranalyse hatte Bowie den Schalter nicht betätigt. Drei Abläufe waren auf einmal fehlgelaufen: Erstens, das System hatte selbstständig ein Ziel erfasst, zweitens, es hatte den Feuermechanismus ausgelöst, und drittens, der Laser war aktiviert, obwohl das noch gar nicht der Fall gewesen sein dürfte. Dass drei Dinge alle zur gleichen Zeit schiefgehen sollten, sprengte sogar den Rahmen von Murphys Gesetz.

Die Richtung, die ihre Gedanken einschlugen, gefiel Caroline nicht. Dennoch ... wenn es unlogisch war, dass der Zufall seine Hand im Spiel hatte, dann gab es nur noch eine andere Möglichkeit: Es war Absicht. Der Laser wurde nicht durch einen zufälligen Stoß oder Luftturbulenzen aktiviert, es gab auch keinen Schalter, den man umlegen konnte. Nein, eine Aktivierung konnte nur durch das Laserteam per Eingabe einer Reihe präziser Computerbefehle erfolgen. Und wegen der Sicherheitsvorkehrungen waren die Mitglieder des Laserteams die Einzigen, die Zugang zu diesen Befehlen hatten.

Die logische Schlussfolgerung: Einer aus dem Team hatte den Laser aktiviert.

Caroline zog grundsätzlich nie voreilige Schlüsse. Sich selbst konnte sie mit Sicherheit ausschließen. Aber bevor sie den Verdacht in sich wachsen ließ, dass einer der drei Männer absichtlich den Laser sabotiert hatte, musste sie sicherstellen, dass niemand außerhalb des Teams die Möglichkeit dazu hatte. Alles wurde per Computer gesteuert, und selbst wenn überall Sicherheitsvorkehrungen herrschten, hieß das nicht, dass es unmöglich war, sie zu umgehen. Wenn irgendjemand die Befehle in die Hand bekommen hatte, dann konnte dieser Jemand sich auch in das Programm einloggen und sie eingeben.

Für jemanden mit Computerwissen wäre es ein Kinderspiel, die manuelle Kontrolle im Cockpit des Flugzeugs auszuschalten und das System so einzustellen, dass jeder, der in einem bestimmten Abstand zur Kanone kam, automatisch als Ziel erfasst wurde. Vielleicht hatte Bowie heute eine Zeitbombe geflogen, die nur darauf wartete, bis alle Umstände zusammenpassten. Daffy hatte den Schwarzen Peter gezogen, weil er Bowie zugeteilt worden war, aber es hätte genauso gut Mad Cat oder Joe sein können.

Yates betrachtete Caroline aufmerksam, die jetzt schon seit mehreren Minuten reglos dastand und den Blick starr auf die Kanone gerichtet hielt. Er konnte regelrecht sehen, wie es in ihrem Hirn arbeitete und sie die Möglichkeiten eingrenzte. „Was ist?“, fragte er, als er die Spannung nicht mehr ertrug. „Haben Sie eine Idee?“

Caroline blinzelte und wandte ihm langsam das Gesicht zu. „Ich denke, wir sollten das gesamte Computerprogramm überprüfen“, sagte sie gedehnt. „Wenn es nicht die Ausrüstung ist, muss es am Programm liegen.“

Cal blickte sie entsetzt an. „Weißt du eigentlich, wie riesig das ist? Es wird Ewigkeiten dauern, um es zu checken. Es ist das komplizierteste Programm, mit dem ich je gearbeitet habe.“

„Vielleicht mit einem Cray …“ Caroline richtete den Blick wieder auf die Kanone.

„Einen Cray Supercomputer buchen?“ Yates ließ es wie eine Frage klingen, aber in Gedanken ging er bereits die notwendigen Schritte durch. „Das kostet.“

„Nicht so viel, als wenn wir das gesamte Projekt abbrechen müssen.“

„Es kann lange dauern, bis man einen Termin bekommt, es sei denn, das Pentagon kann vielleicht etwas machen.“

„Eine großartige Idee“, mischte Adrian sich ungeduldig ein. „Ihr habt nur leider vergessen, dass der große Boss uns genau sechsunddreißig Stunden gegeben hat, und zehn davon sind schon um. Ich glaube nicht, dass er begeistert sein wird."

„Haben Sie einen besseren Vorschlag?" Caroline war ebenso gereizt wie er. „Bisher haben wir nichts anderes gefunden."

Adrian starrte sie feindselig an. Die Wahrheit war, sie steckten in einer Sackgasse.

Von ihren weiteren Überlegungen erwähnte Caroline nichts – dass, falls der Fehler tatsächlich im Programm lag, sie auch noch herausfinden mussten, ob dieser Fehler beim Schreiben des Programms übersehen worden war oder ob jemand ihn nachträglich und bewusst eingegeben hatte. Der Cray Supercomputer würde die Antwort darauf geben können. Und je nachdem, wie die Antwort ausfiel, hieß es entweder zurück ans Zeichenbrett bei DataTech oder den Saboteur stellen.

„Also, was machen wir jetzt?" Cal rieb sich die Augen. „Hören wir auf zu suchen, weil wir davon ausgehen, dass etwas mit dem Programm nicht stimmt, oder suchen wir die ganze Nacht weiter, obwohl wir nicht die geringste Ahnung haben, wonach wir überhaupt Ausschau halten?"

Trotz ihrer üblen Laune musste Caroline grinsen. „Wenn du so geschafft bist, wie dieser Satz sich anhört, glaube ich nicht, dass du überhaupt noch lange wach bleiben kannst."

Er sah sie mit trüben Augen an, sein Lächeln war ebenso stumpf. „Traurig, was? Es gab Zeiten, da habe ich die ganze Nacht durchgefeiert und bin morgens gleich zur Arbeit, um dann abends bei der nächsten Party einzufallen. Sieh mich an, ich bin nur noch ein Schatten meiner Selbst."

„Es freut mich ungemein, dass ihr beide euch durch dieses Problem nicht die Laune verderben lasst", knurrte Adrian bissig.

„Hören Sie endlich auf damit!" Sogar der sonst so ausgeglichene Yates verlor die Beherrschung. Sie alle waren übermüdet und überreizt. „Wir erreichen jetzt nichts mehr, außer uns völlig zu verausgaben. Machen wir Schluss für heute. Ich denke, wir haben alles ausgeschlossen, es kann nur das Programm sein. Das heißt, der nächste logische Schritt ist die Überprüfung des Programms. Und das können wir nicht hier machen. Ich werde mich jetzt umziehen, etwas essen gehen und mir überlegen, wie ich es Colonel Mackenzie beibringe. Geht und haut euch aufs Ohr."

„Wir haben hier ein auffälliges Muster, Sir", hob Captain Ivan Hodge, Chef der Stützpunktsicherheit, ohne Einleitung an.

Joes Miene blieb regungslos, auch wenn er sich etwas anderes erhofft hatte. Generalmajor Tuells unerbittliche Augen blickten noch finsterer. Als Stützpunktkommandant war er letztendlich für alles verantwortlich, was auf seiner Basis passierte. Er war extrem beunruhigt darüber, was den Absturz einer F-22-Maschine verursacht haben könnte. „Zeigen Sie uns, was Sie gefunden haben."

Der Captain legte einen dicken Computerausdruck auf Joes Schreibtisch und schlug eine vormarkierte Seite auf. „Hier." Er zeigte auf eine mit gelbem Leuchtstift hervorgehobene Zeile. „Das ist der Sicherheitscode für ein Mitglied aus dem Laserteam, Dr. Caroline Evans. Sie kam letzten Dienstag als Ersatz für einen Mann, der wegen eines Herzinfarkts ausfiel."

Joes Magen wurde zu einem harten Klumpen, seine Augen blicklos, während er darauf wartete, dass Captain Hodge fortfuhr.

„Sie trifft morgens als Erste im Container ein und verlässt ihn als Letzte", sagte der Captain, und Joe entspannte sich etwas. Caroline war ein Workaholic, daraus konnte man ihr keinen Strick drehen. Er selbst war ja des Öfteren unangemeldet bei ihr aufgetaucht, und da hatte es nie etwas Auffälliges gegeben. Obwohl ... einmal, da hatte sie ihren Bildschirm abgestellt. Es war ihm nur aufgefallen, ohne dass er sich groß Gedanken deshalb gemacht hatte, aber jetzt ...

„Bei Ihnen ist das gleiche Muster zu entdecken, Sir", richtete Captain Hodge sich an Joe, „eigentlich also noch kein Grund, um misstrauisch zu werden. Aber sehen Sie hier ..." Er blätterte auf eine andere markierte Seite um. „Donnerstagabend haben die Sensoren Miss Evans erfasst, als sie den Lasercontainer kurz vor Mitternacht betritt und erst um 4 Uhr wieder verlässt. Sie war die ganze Zeit allein. Um 6 Uhr betritt sie das Gebäude wiederum, zu ihrem normalen Arbeitstag. An diesem Tag sind die Vögel in die Luft gestiegen und haben zum ersten Mal Probleme gehabt, nicht wahr?"

Joes Blick gefror. „Stimmt."

„An diesem Nachmittag verlässt Miss Evans mit den anderen den Container und kommt Sonntagnacht zurück, erneut kurz vor Mitternacht. Und wieder ist sie die Einzige im Container. Sie geht morgens um 4.30 Uhr, kommt um 6 Uhr zur üblichen Zeit zurück.

Dieses Mal wird Major Deales Flugzeug abgeschossen. Ein sehr viel gravierenderer Vorfall als ein Nicht-Funktionieren der Zielerfassung. Diese mitternächtlichen Visiten im Lasercontainer, kombiniert mit der Tatsache, dass die Schwierigkeiten erst mit der Ankunft von Miss Evans beginnen, machen keinen guten Eindruck.“

Der Captain zögerte, als er Joe ansah. Joes Gesicht hätte jeden klugen Menschen zögern lassen, und Captain Hodge hielt sich für sehr vernünftig. Trotzdem, es musste gesagt werden. „Wie ich gehört habe, haben Sie ... äh ... ein persönliches Interesse an Miss Evans.“

„Wir sind ein paarmal zusammen ausgegangen, ja.“ Sie hatten sehr viel mehr getan als nur auszugehen. Sie hatte sich ihm hingegeben mit einer Bedingungslosigkeit, die jegliche Erinnerung an eine andere Frau in ihm ausradiert hatte. Und nachdem sie am Sonntagabend aus Vegas zurückgekommen waren, sollte sie sich aus ihrem Quartier geschlichen haben und ... ja, und was? Den Laser an Bowies Vogel aktiviert haben? War sein Laser auch aktiviert worden? Hätte es ebenso gut ihm passieren können, einen Freund abzuschießen?

Captain Hodge fühlte sich sichtbar unwohl in seiner Haut. „Hat sie vielleicht irgendetwas gesagt, während sie mit Ihnen zusammen war? Fragen gestellt, übermäßiges Interesse am Projekt gezeigt?“

„Nein.“ Dessen war Joe sicher. Über die Arbeit hatten sie kaum gesprochen. Andererseits, was hätte sie ihn auch fragen müssen? „Sie hat die Zugangsberechtigung zu allen Daten. Wenn sie etwas über Night-Wing herausfinden will, braucht sie niemanden zu fragen.“

„Das ist richtig. Aber hat sie vielleicht irgendeine Andeutung gemacht, aus der sich ersehen lässt, warum sie will, dass das Projekt ein Fehlschlag wird?“

„Nein.“ Das würde sie auch nicht, dazu war Caroline zu intelligent. Sie war brillant – und deshalb durchaus in der Lage, die Laser zu aktivieren. Sie war nicht nur eine Expertin, sie hatte auch Zugang zu den Codes. „Miss Evans hat das Wissen, und sie hatte die Möglichkeit“, hörte er sich sagen. „Haben Sie noch etwas herausgefunden? Hinweise auf ein mögliches Motiv, irgendetwas Auffälliges in ihrer Vergangenheit? Geldprobleme?“

„Ihre Weste ist weiß wie Schnee“, musste der Captain eingestehen. „Wir werden sie noch einmal überprüfen, als Vorsichtsmaßnahme, ob uns nichts entgangen ist. Wir wissen sogar, welche Zahnfüllungen jeder hat, der bei dem Projekt mitarbeitet."

„Erklären Sie mir das genauer", meldete sich Generalmajor Tuell. „Sie könnte also die Laser aktiviert haben, ohne in die Nähe der Kanonen gekommen zu sein?"

„Ja, Sir", bestätigte Captain Hodge. „Per Computerbefehl. Miss Evans hat übrigens zwei Abschlüsse, einen Doktor in Physik und ein Diplom in Informatik. Sie kennt sich mit Computern aus."

„Ich verstehe. Wie lautet Ihre Empfehlung?"

„Wir werden vorerst keine offizielle Anklage einreichen, Sir. Wir können lediglich aufzeigen, dass sie die Gelegenheit hatte. Das Timing ist verdächtig, aber bisher haben wir keine Beweise, dass das Computerprogramm wirklich manipuliert wurde. Es besteht immer noch die Möglichkeit, dass es sich um einen mechanischen Defekt handelt."

„Aber Sie glauben nicht daran?"

„Nein, Sir. Die Probleme begannen mit ihrer Ankunft, und in beiden Fällen traten sie auf, nachdem Miss Evans sich während der Nacht im Container aufhielt. Sie ist Zivilistin, ich empfehle daher, das FBI in Kenntnis zu setzen. Des Weiteren sollte Miss Evans den Stützpunkt nicht verlassen dürfen, auch wenn sie nicht in Haft genommen wird. Als zusätzliche Vorsichtsmaßnahme würde ich ebenfalls das gesamte Laserteam nicht mehr in den Lasercontainer lassen, bis die Angelegenheit geklärt ist."

„Wieso das, Captain?"

„Wie gesagt, es handelt sich um eine Vorsichtsmaßnahme. Miss Evans ist vielleicht nicht die einzige Beteiligte."

„Laut Aufzeichnungen gibt es aber niemanden sonst, der sich verdächtig verhalten hat."

„Was nicht bedeutet, dass die anderen nicht davon wussten. Ich denke, Colonel Mackenzie wird mir zustimmen, dass ein paar Tage Aufschub bei den Tests kostengünstiger sind als der Verlust einer weiteren F-22. Oder sogar eines Prototypen."

„Ja." Joes Stimme klang hart wie Stahl. „Werden Sie Miss Evans befragen?"

„Ja, Sir."

„Ich würde gern dabei sein."

„Natürlich, Sir." Niemand hatte Colonel Mackenzie etwas zu sagen, er war der Projektleiter auf diesem Stützpunkt. Außer vielleicht General Tuell, und das auch nur aus Respekt für den Kommandanten.

„Wann?"

„Meine Leute können sie jetzt gleich herbringen, wenn Sie möchten."

„Veranlassen Sie das."

Der Generalmajor erhob sich. „Gentlemen, ich verlasse mich darauf, dass diese Angelegenheit bei Ihnen in kompetenten Händen ist. Tun Sie Ihr Möglichstes, um das Problem zu lösen. Dieses Projekt ist einfach zu wichtig."

Colonel Mackenzie und Captain Hodge salutierten, als der General das Zimmer verließ, der den Gruß erwiderte. Dann blickte Captain Hodge zum Telefon.

„Mit Ihrer Erlaubnis, Sir."

Joe nickte knapp und hörte zu, wie Captain Hodge seinem Mann am anderen Ende der Leitung befahl, Miss Caroline Evans zu Colonel Mackenzies Arbeitszimmer zu eskortieren.

Er legte auf und drehte sich zu Joe um. „Zehn Minuten, Sir."

10. KAPITEL

In ihrem ganzen Leben war Caroline sich noch nie so klein und schutzlos vorgekommen. Sie hatte schreckliche Angst. Sie saß auf dem Stuhl vor Joes Schreibtisch und versuchte, seinen Blick einzufangen und ihn mit den Augen anzuflehen, er möge ihr glauben. Doch er schaute sie nicht an. Nein, so stimmte das nicht. Er betrachtete sie mit unpersönlichem, kaltem Blick, als würde er ein Insekt beobachten. Sie, Caroline, sah er nicht. Es war dieser Blick, der sie mehr ängstigte als alles andere.

„Nein, ich bin zu den genannten Tagen nicht zurück in den Lasercontainer gegangen", wiederholte sie wohl zum hundertsten Mal.

„Die Sensoren haben sowohl Ihre Ankunftszeit als auch den Zeitpunkt, an dem Sie wieder gegangen sind, erfasst." Als Sicherheitschef des Stützpunkts war Captain Hodge ebenfalls daran gewöhnt, sich zu wiederholen.

„Dann müssen die Sensoren es falsch registriert haben."

„Nein, diese Geräte reagieren absolut korrekt. Es sind Präzisionsgeräte, die besten, die es gibt."

„Sie haben sich trotzdem geirrt." Caroline atmete tief ein. Ihr war übel vor Angst. „Am Donnerstag muss ich meinen Ausweis verlegt haben. Es fiel mir erst am Freitagmorgen auf, als ich mich fertig machte, um zur Arbeit zu gehen."

„Das sagten Sie bereits. Allerdings liegt uns Ihrerseits keine Meldung über eine verlegte oder verlorene Ausweiskarte vor. Ihnen muss doch klar sein, wie wichtig so etwas bei einem streng geheimen Projekt ist. Vielleicht könnten Sie uns noch einmal Ihre Überlegungen darstellen, warum Sie keine Meldung gemacht haben."

„Ich erinnerte mich daran, dass ich die Karte an einen Ordner gesteckt hatte. Ich war sicher, dass sie nur heruntergefallen war. Ich habe keine Meldung gemacht, weil ich mir dachte, dass sie noch im Büro lag."

„Die Sensoren haben aufgezeichnet, dass Sie an diesem Nachmittag den Container mit den anderen verließen. Deshalb müssen Sie den Ausweis gehabt haben, Miss Evans. Glauben Sie mir, die Sensoren registrieren Ein- und Ausgang. Sollte irgendjemand die Schwelle ohne entsprechende Berechtigung übertreten, wird sofort Alarm ausgelöst."

„Und genau deshalb können die Sensoren nicht richtig funktioniert haben! Als ich bemerkte, dass meine Karte fehlte, habe ich Cal Gilchrist gebeten, für mich im Container nachzusehen. Er fand den Ausweis auf dem Boden unter meinem Schreibtisch. Er hat ihn mir zurückgebracht und ist wieder in sein Quartier gegangen, während ich mit der Arbeit anfing. Sie brauchen ihn doch nur zu fragen."

„Das werden wir, zu gegebener Zeit. Dennoch zeigen die Logbücher auf, dass Sie und Mr Gilchrist zusammen das Gebäude betreten und kaum zwei Minuten später wieder verlassen haben. Gleich darauf sind Sie allein hineingegangen, während Mr Gilchrist erst eine Stunde später zurückkam."

„Das ist völlig unmöglich. Ich bin nicht eher in das Gebäude gegangen, bis Mr Gilchrist mir meinen Ausweis nach draußen brachte. Was sagen Ihre präzisen Sensoren denn, wenn zwei Karten, aber nur eine Person das Gebäude verlässt?"

Der Captain ging nicht auf ihre Frage ein, sondern machte sich nur eine Notiz auf seinem Clipboard. „Haben Sie Ihren Ausweis auch Sonntagnacht verlegt?"

„Nein. Am Sonntag war ich nicht im Container." Caroline warf einen flehenden Blick zu Joe. Er konnte sie doch unmöglich verdächtigen, die Laser sabotiert zu haben.

„Die Sensoren belegen etwas anderes. Und laut Ihrer eigenen Aussage hatten Sie Ihren Ausweis."

„Der Ausweis lag genau an der Stelle, an der ich ihn am Freitag hingelegt hatte, bevor ich ihn heute wieder ansteckte."

„Sie haben ihn also das ganze Wochenende nicht angefasst?"

„Ich habe das Wochenende in Vegas verbracht."

„Und den Ausweis hier gelassen."

„Stecken Sie sich Ihren Ausweis an, wenn Sie den Stützpunkt verlassen, Captain?"

„Ich möchte Sie daran erinnern, dass ich nicht derjenige bin, der unter Verdacht steht", sagte er leise.

„Unter Verdacht? Unter welchem Verdacht?", verlangte sie zu wissen.

Der Captain ließ sich nicht provozieren. „Sie behaupten also, das ganze Wochenende in Vegas gewesen zu sein. Sie sind weder am Freitag noch am Samstag auf den Stützpunkt zurückgekehrt?"

„Nein.“

„Wo waren Sie in Vegas?“

„Im Hilton.“

„Es gibt dort mehrere. In welchem?“

Hier mischte Joe sich ein. „Miss Evans hat das Wochenende mit mir verbracht. Ich kann ihre Aussage bestätigen, von Freitagnachmittag bis Sonntagabend 19 Uhr waren wir zusammen.“

„Ich verstehe.“ Captain Hodge blieb völlig ungerührt, doch Carolines Wangen brannten. Sie sah auch nicht zu Joe. „Also war der Ausweis in Ihrem Quartier eingeschlossen?“

Sie holte noch einmal tief Luft, um sich zu beruhigen. Es half nicht viel. „Ja.“

„Und Sie sind sicher, dass Sie abgeschlossen hatten?“

„Ja. Ich sehe immer zweimal nach, ob auch wirklich alles verschlossen ist.“

„‚Immer‘ ist eine sehr genaue Beschreibung. Das bedeutet also, dass Sie niemals vergessen, Ihre Tür zweimal zu überprüfen?“

„In diesem Fall war es Colonel Mackenzie, ich habe zugeschaut.“

Der Captain sah zu Joe, der kurz nickte. Joes Miene war nicht zu deuten.

„Sie sagen also, der Ausweis war in Ihrem Besitz. Sie wurden erfasst, als Sie das Gebäude um genau …“, er sah in seinem Logbuch nach, „… 23.47 Uhr betraten.“

„Da war ich im Bett.“

„Allein?“

„Ja.“

„Also kann das niemand bestätigen. Sie behaupten, Sie waren im Bett, die Sensoren behaupten, Sie waren im Container.“

„Reden Sie mit Cal Gilchrist!“, rief Caroline unbeherrscht. „Hören Sie auf, Zeit zu verschwenden und lassen Sie sich bestätigen, was ich Ihnen erzählt habe!“

„Am Donnerstagmorgen, als ich in dein Büro kam, hast du den Computer ausgeschaltet“, warf Joe kalt ein. „Was war auf dem Bildschirm, das ich nicht sehen sollte?“

Stumm und verwirrt starrte Caroline ihn an. Joe schien von ihrer Schuld genauso überzeugt zu sein wie Captain Hodge. Aber er musste doch wissen … Sie versuchte, sich zu konzentrieren. Donnerstagmorgen. Er hatte sie wieder einmal erschreckt, und als sie nach ihm schlagen wollte, hatte er sie in seine Arme gerissen. Sie erinnerte sich daran, dass sie sich mit dem Computer hatte ablenken wollen, aber sie hatte nicht mehr die geringste Ahnung, woran sie gearbeitet hatte. „Ich weiß es nicht mehr“, erwiderte sie zerknirscht.

„Komm schon“, meinte er abfällig. „Du erinnerst dich doch an alles. Du hast ein unfehlbares Gedächtnis.“

„Ich erinnere mich nicht“, wiederholte sie kleinlaut und sah ihn an. Schockiert erkannte sie mit jäher Gewissheit den Ausdruck in seinen Augen – Verachtung, Abscheu, Wut. Ja, zumeist Wut, aber nicht heiße Rage. Joe Mackenzies Rage war eiskalt und deshalb umso beängstigender. Er sah sie an, als könne er ihre Karriere ohne eine Spur von Reue zerstören.

Er glaubte ihr nicht!

Die Erkenntnis raubte ihr den Atem. Es war, als würde plötzlich ein gewaltiger Kloß in ihrer Brust sitzen, ihr die Lungen zerdrücken, bis sie nicht mehr atmen konnte. Ihr Herz schien kaum noch zu schlagen. Wäre die Situation umgekehrt, er hätte sich ihres vollsten Vertrauens sicher sein können. Entgegen der Indizien hätte sie gewusst, dass er niemals Verrat an seinem Land begehen würde. Aber er schien augenscheinlich davon überzeugt, dass sie genau das getan hatte.

Sie war wie erschlagen, als es ihr dämmerte. Sie würde ihm vertrauen, weil sie fasziniert von ihm war, weil sie alles von ihm erfahren wollte. Weil sie ihn liebte. Für ihn jedoch war es eine rein physische Angelegenheit. Ihn hatte es nie interessiert, was für ein Mensch sie war.

Caroline zog sich zurück. Nicht körperlich, aber bis jetzt hatte sie versucht, eine geistige Verbindung zu Joe herzustellen. Nun schlug sie in Gedanken laut die Tür zu. Ihre Reaktionen gingen niemanden etwas an, sie verbarg sie sicher hinter Schloss und Riegel. Wahrscheinlich war es schon zu spät, aber der Selbsterhaltungstrieb war auch bei den Menschen der stärkste Instinkt. Caroline gehorchte diesem Instinkt. Ihr Gesicht wurde ausdruckslos, sie sah Joe mit absolut leerem Blick an. Sie konnte es sich nicht mehr leisten, ihm auch nur den kleinsten Einblick in sich zu geben.

„Woran hast du gearbeitet?“, fragte er noch einmal.

„Ich weiß es nicht mehr.“ Ihre Stimme klang tonlos. Sie hielt ihre Emotionen eisern unter Kontrolle. Ebenso kalt sagte sie: „Ich nehme an, ich stehe unter Sabotageverdacht."

„Das haben wir nicht gesagt", erwiderte Captain Hodge.

„Aber auch nicht bestritten. Zudem hat das Ganze hier doch sehr den Anschein eines Verhörs." Sie hielt den Blick starr auf den Captain gerichtet. Joe anzusehen würde sie nicht ertragen können. Sie wusste nicht, ob sie ihm je wieder in die Augen schauen wollte. Später, wenn sie allein war, würde sie Ordnung in ihre Gedanken bringen, Bilanz ziehen und eine Schadensaufstellung machen. Aber im Moment würde sie zusammenbrechen, wenn sie ihn ansah. Der Schmerz wäre zu groß, sie würde nicht damit fertig werden.

„Wir konnten keine Fehlfunktion bei der Laserkanone an Captain Wades Flugzeug finden." Sie war stolz auf sich, wie ruhig ihre Stimme klang – so flach wie die Pulsfrequenz einer Leiche. „Wir haben im Team darüber diskutiert. Yates Korleski, der Teamleiter, wollte heute mit Colonel Mackenzie sprechen. Wir glauben, dass das Problem im Computerprogramm begründet liegt."

Captain Hodge zeigte sich interessiert. „Von welchem Problem reden wir hier, Miss Evans?"

„Das wissen wir noch nicht. Wir wollen das hier angewendete Programm mit dem Original vergleichen, um zu sehen, ob es irgendwo Abweichungen gibt."

„Und wenn es die geben sollte?"

„Dann müssen wir feststellen, um welche es sich dabei handelt."

„Wessen Idee war es, das Programm zu überprüfen?"

„Meine."

„Wie sind Sie darauf gekommen?"

„Ausschlussverfahren. Wir haben alles andere überprüft. Das Computerprogramm ist das Einzige, wo noch ein Fehler stecken kann."

„Bis zu Ihrer Ankunft lief das Programm perfekt, Miss Evans. Es wäre eine hübsche Feder an Ihrem Hut, wenn Sie die Lösung für ein Problem von solchen Ausmaßen finden würden, nicht wahr?"

Caroline zuckte nicht einmal, sie sah Captain Hodge weiter unbewegt an. „Ich habe das Programm nicht sabotiert, um Ruhm für die Problemlösung einzuheimsen."

„Das hat auch niemand behauptet. Ich habe lediglich gefragt, ob es eine Feder für Ihren Hut wäre, wenn Sie diejenige sind, die einen solch gravierenden Fehler in einem so wichtigen Projekt korrigiert."

„Ich habe mir bereits einen guten Ruf auf professionellem Gebiet erarbeitet, Captain. Deshalb gehöre ich ja auch zum Team."

„Und doch waren Sie nicht von Anfang an dabei, also ist Ihr Ruf offensichtlich nicht gut genug. Ärgert es Sie, dass Sie nicht von vornherein ausgesucht wurden?"

„Ich wusste nicht einmal davon, also kann es mich auch nicht geärgert haben. Ich arbeitete an einem anderen Projekt. Das Night-Wing-Projekt lief längst, bevor ich meine Arbeit beendet hatte. Das ist jetzt einen Monat her. Sie können das nachprüfen", fügte sie hinzu, bevor er fragen konnte.

„Hm." Captain Hodge blickte auf die Notizen, die er sich gemacht hatte, dann sah er zu Caroline, mit einem dünnen Lächeln, das seine Augen nicht erreichte. „Ich denke, das ist vorerst alles, Miss Evans. Sie können gehen. Ach … ich muss Sie auffordern, den Stützpunkt nicht zu verlassen. Es würde nicht gut aussehen, sollten Sie versuchen abzureisen."

„Kann ich auch nicht mehr telefonieren?"

Er sprang sofort auf ihre Frage an. „Warum? Müssen Sie jemanden anrufen? Einen Anwalt vielleicht?"

„Brauche ich denn einen?"

Wieder dieses dünne Lächeln. „Bis jetzt haben wir noch keine Anklage erhoben."

Bis jetzt, das hatte er betonen müssen, wie Caroline auffiel, aber es war ihr gleich. „Sie reichen also keine offizielle Klage ein, aber ich stehe praktisch auf der Basis unter Arrest. Darf ich Sie darauf aufmerksam machen, Captain Hodge, dass ich Zivilistin bin und nicht etwa zum Militärpersonal gehöre."

„Dann muss ich Sie daran erinnern, Miss Evans, dass Sie sich auf einem Militärstützpunkt befinden und dies eine militärische Angelegenheit ist. Wenn wir es für nötig erachten, können wir Sie so lange hier festhalten, bis die Anklage erfolgt. Bis dahin kann sehr viel herausgefunden werden, und vielleicht werden Sie ja von jedem Verdacht befreit. Wenn Sie allerdings darauf bestehen, diese Zeit in einer Zelle zu verbringen, können wir Ihnen auch damit dienlich sein."

„Nun, Sie haben sich sehr deutlich ausgedrückt."

„Das denke ich ebenfalls."

Caroline konzentrierte sich auf ihre Beine, als sie aufstand. Sie achtete darauf, dass ihr die Knie nicht nachgaben und die Muskeln nicht den Dienst versagten. Sie mied Joes Blick, als sie das Zimmer verließ, sah auch den freundlichen Sergeant Vrska nicht an, der im Vorzimmer Dienst hatte. Der gute Mann ging wohl nur, wenn Colonel Mackenzie ebenfalls nicht anwesend war.

Sie würden jetzt wohl mit Cal reden, und Cal würde alles bestätigen, was Caroline ihnen gesagt hatte. Dann mussten sie einsehen, dass ihre Hochleistungssensoren tatsächlich nicht so präzise funktionierten, wie sie sollten. Vielleicht hatten die in der Sicherheit ja einen kapitalen Bock geschossen und zwei Ausweise mit dem gleichen Barcode ausgestellt. Vielleicht war jemand mit diesem zweiten Ausweis im Lasercontainer ein- und ausgegangen und hatte tatsächlich das Computerprogramm manipuliert. Doch sobald sie Cal befragt hatten, würden sie zugeben müssen, dass Caroline es nicht gewesen sein konnte.

Dass man sie der Sabotage anklagen könnte, darüber machte Caroline sich keine Sorgen, auch wenn die Fragen des Captains mehr als unangenehm gewesen waren. Von Joes Blick allerdings würde sie sich nie erholen … dass er ihr nicht vertraute, dass er sie tatsächlich der Sabotage für fähig hielt.

Sie hatte sich zur kompletten Närrin gemacht. Trotz ihrer überdurchschnittlichen Intelligenz hatte sie den fundamentalen weiblichen Fehler begangen und sich dem irrigen Glauben hingegeben, dass Sex mit einem Mann automatisch auch eine Bindung bedeutete.

Mehr als Sex war es für ihn offenbar nicht gewesen. Noch ein Fehler, dass sie mehr hineingelesen hatte. Für Männer war das die simple Befriedigung körperlicher Bedürfnisse … man aß eben, wenn man Hunger hatte, ohne jeglichen emotionellen Ballast. Sie hatte ihn geliebt, er hatte Sex mit ihr gehabt. Sie hatte sich ihm hingeben, mit Körper, Herz und Seele, als Gegenleistung hatte er ihr Lust und seinen Körper offeriert. So großartig sein Körper auch war, Caroline hatte mehr gewollt. Bis jetzt hatte sie auch geglaubt, mehr bekommen zu haben.

Oh, sie hatte sich nicht eingebildet, er hätte sich in sie verliebt, nein, das nicht. Aber sie hatte wirklich gedacht, dass sie ihm nicht ganz gleichgültig sei. Er hatte keine Gefühle, zumindest keine, die er ihr zeigte. Immer war er kontrolliert, immer hielt er sich zurück, außer natürlich bei seiner Familie. Caroline begann, den Sinn darin zu sehen.

Im Moment würde sie alles dafür geben, ihre Gefühle so schützen zu können, wie Joe es tat. Dann würde sie jetzt nicht kurz davor stehen, zu einem Häufchen Elend zusammenzusinken und sich die Seele aus dem Leib zu heulen. Sie würde es sich wahrscheinlich sogar erlauben, wenn sie der Meinung wäre, es könnte helfen. Doch nichts konnte diesen unerträglichen Schmerz lindern, nicht einmal das.

Wenn er die Wahrheit herausfand, würde er dann ihre Affäre fortsetzen wollen, so als sei nichts geschehen? Caroline versuchte, sich vorzustellen, wie sie dann reagieren würde, doch es gelang ihr nicht.

Ebenso wenig konnte sie sich vorstellen, weiter auf der Basis zu arbeiten und Joe tagtäglich sehen zu müssen. Sie hatte also immer gut daran getan, sich mit niemandem einzulassen. Und das erste Mal, da sie ihren Grundsatz gebrochen hatte, war in eine Katastrophe ausgeartet. Ihr blieben also zwei Möglichkeiten: Entweder sie schaffte das schier Unmögliche und arbeitete weiter mit ihm, oder sie ruinierte ihre Karriere, indem sie offiziell darum bat, von dem Projekt abgezogen zu werden.

Da es so aussah, als sei die Arbeit alles, was ihr im Leben blieb, würde sie den Teufel tun und wegen eines Mannes alles so einfach wegwerfen – selbst wenn es sich bei dem Mann um Colonel Joe Mackenzie handelte. Es würde sie jedes Quäntchen Kraft kosten, das in ihr steckte. Aber sie wollte dieses vermaledeite Projekt beenden. Sie würde über die Arbeit mit ihm reden. Höflich und sachlich wollte sie Joe begegnen. Und nie wieder würde sie ihm auch nur ansatzweise ihr Herz öffnen. Diesen Schmerz könnte sie nicht mehr aushalten. Schon jetzt konnte sie es kaum ertragen, und dabei hatte der Spießrutenlauf noch nicht einmal richtig begonnen.

„Cal Gilchrist bestreitet kategorisch, Caroline Evans' Ausweis im Arbeitsbereich gefunden zu haben." Captain Hodge erstattete Joe Bericht. Es war schon fast Mitternacht, aber schlafen konnte noch niemand.

„Er behauptet, sie habe ihn früh am Freitagmorgen angerufen und ihn gebeten, sie zum Container zu begleiten, weil jemand sie angeblich am vorherigen Morgen verfolgt habe und sie nervös sei. Er sagt außerdem, er sei kurz mit ihr ins Gebäude gegangen und habe in den Büros nachgesehen. Dann sei er zu seinem Quartier zurückgekehrt, um sich zu duschen."

Joes Miene war wie aus Stein gemeißelt. Er hatte sich nicht erlaubt, darauf zu hoffen, dass Gilchrist Carolines Geschichte bestätigen würde. Das wäre zu viel erwartet, wenn die Sensoren eindeutig ihren Ausweis erfasst hatten. „Warum benutzt sie ihn dann als Alibi? Ihr musste doch klar sein, dass er sie nicht decken würde."

„Nicht unbedingt. Sie beiden sollen gut befreundet sein. Adrian Pendley würde mit Sicherheit nichts für sie tun. Vielleicht hatten Gilchrist und sie ja mal was miteinander, sodass sie zuversichtlich war, er würde sie schützen."

„Nein." Zumindest dessen konnte Joe sich sicher sein. Caroline war mit niemandem intim gewesen, außer mit ihm. Bevor Ivan ihn fragen konnte, warum er so sicher war, stellte er selbst eine Frage. „Was ist mit Korleski? Haben sie darüber gesprochen, dass der Fehler im Programm liegen könnte?"

„Ja. Alles, was sie dazu gesagt hat, entspricht der Wahrheit. Korleski bestätigt auch, dass sie es war, die den Vorschlag machte, das Programm zu überprüfen. Er hat auch vehement verneint, dass sie ein solches Projekt sabotieren würde, um hinterher den Ruhm für die Rettung einzuheimsen. Er kann sich ebenso wenig vorstellen, dass es um Geld geht."

„Hat er irgendwas zu den anderen im Team gesagt? Dass jemand von ihnen es vielleicht aus Prestige- oder Geldgründen tun würde?"

Ivan schüttelte den Kopf.

„Wie sieht es mit der Sicherheitsprüfung bei den anderen aus?"

„Wir sind noch dabei, alles zu verifizieren. Das dauert seine Zeit. Aber bei keinem gab es auch nur ein Fleckchen zu entdecken. Ich hätte Miss Evans ja auch nie verdächtigt, wenn nicht diese Zeiten registriert worden wären."

Joe war es ebenso ergangen. Allerdings hatte er sich auch von seiner Faszination für Caroline beeinflussen lassen. Alles, woran er hatte denken können, war, wie er sie in sein Bett locken konnte. Jetzt musste er überlegen, ob sie es nicht bewusst darauf angelegt hatte. Ob sie ihm wirklich ihre Jungfräulichkeit geschenkt hatte, weil sie sich zu ihm hingezogen fühlte, oder ob sie es getan hatte, um …

Um was? Welchen anderen Grund sollte es geben, sich so bedingungslos hinzugeben, als Leidenschaft? Nein, sie hatte sich nicht an ihn herangemacht, um geheime Informationen über Night-Wing herauszufinden oder um sich seinen Schutz zu sichern, falls man sie erwischen sollte. Sie brauchte ihn nicht, um an Informationen zu gelangen. Absolut albern wäre es anzunehmen, er würde sie schützen, nur weil sie miteinander geschlafen hatten. Nein, Caroline hatte ihn gewollt. Selbst wenn er nichts anderes mehr glauben konnte, dessen war er sich sicher.

Schön, und was sollte er jetzt machen? Nie zuvor war er so wütend und so ... verletzt gewesen. Es war weit mehr als nur ein Schlag in den Magen gewesen. Noch nie war ihm jemand so unter die Haut gegangen wie Caroline. Sie war geradeheraus und beinahe brutal ehrlich gewesen, ohne Hintergedanken oder Taktik. Joe wünschte, er könnte genügend Abstand gewinnen, um die Sache logisch und klar zu überdenken, aber er schaffte es nicht.

Er hatte auch noch nie solche Bewunderung für ein Flugzeug empfunden wie für die Night-Wing. Dieser Vogel war etwas ganz Besonderes. Mehr als das. Diese Maschine schrieb Geschichte, war Magie in der Luft. Er würde diese Maschinen mit seinem Leben beschützen, denn sie beschützten sein Land. So simpel war das, einfacher Patriotismus, reine Liebe für den Vogel. Der Vogel gehörte ihm.

So wie Caroline ihm gehörte.

Wäre es nur die Wahl zwischen dem Flugzeug und Caroline, so hätte Joe sich unbesehen für Caroline entschieden. Vielleicht würde er sich dafür verachten, aber er konnte nicht tatenlos zusehen, wie Caroline zu Schaden kam. Aber zwischen Caroline und seinem Land ... da gab es keine Wahl, ganz gleich, wie furchtlos und couragiert sie sein mochte, ganz gleich, dass sie ihn herausgefordert hatte wie nie jemand zuvor. Sie hatte sich kopfüber in die Schlacht gestürzt, hatte ihn angefeuert, sie selbst beim ersten Mal mit voller Energie zu nehmen, und hatte ihn mit der eigenen unerschöpflichen Kraft empfangen. Caroline war ein Mensch, der sich dem Leben stellte, ohne davor zurückzuschrecken.

Joe stutzte, eine winzige Falte erschien auf seiner Stirn. Caroline war nicht der Typ, der nachts im Dunkeln herumschlich. Vielleicht kannte er sie nicht so gut, wie er dachte. Aber er hätte schwören können, dass nicht eine Spur von Arglist und Täuschung in ihr steckte.

Er musste mit ihr reden. Unter vier Augen wollte er ihr Fragen stellen, nur sie beide allein im Raum. Er würde die Wahrheit aus ihr herausbekommen, und wenn er Himmel und Hölle in Bewegung setzen musste.

11. KAPITEL

Joe war schon auf dem Weg zu Caroline, doch dann überlegte er es sich anders und ging zu seinem eigenen Quartier. Im Moment war er zu wütend, um ihr gegenüberzutreten, vor allem nicht in den Zivilistenunterkünften, in denen sie wer weiß wie viele neugierige Zuhörer hätten. Die anderen mussten nicht wissen, was hier ablief.

Er konnte sich nicht erinnern, je so wütend gewesen zu sein. Er war auch noch nie so betrogen worden. Verflucht, warum machte sie so etwas? Es musste wohl um Geld gehen. Joe hatte nie verstanden, wie jemand Verrat als finanzielle Einnahmequelle betrachten konnte.

Hochverrat. Das Wort hallte in seinem Kopf wider. Sollte Caroline angeklagt und überführt werden, würde sie den Rest ihres Lebens hinter Gittern verbringen.

Er würde nie wieder mit ihr schlafen können. Bei dem Gedanken schnellte eine unglaubliche Wut in ihm hoch, rastlos begann er, in seiner Unterkunft auf und ab zu laufen. Ein Wochenende war nicht genug. Er bezweifelte, dass tausend Wochenenden ausreichen würden, um sie zu vergessen. Genauso wenig konnte er verdrängen, dass er sie zwei Mal ohne Schutz geliebt hatte. Was, wenn sie sich mit ihren Berechnungen irrte? Was, wenn sie schwanger war?

Himmel, was für ein Chaos! Wenn Caroline schwanger sein sollte … Es war unsinnig, sich schon jetzt Sorgen zu machen. Er würde es früh genug erfahren. Und selbst wenn, er würde sie nicht vor dem Gefängnis beschützen können.

Vorausgesetzt, sie sagte ihm überhaupt etwas. Als sie an diesem Abend sein Büro verlassen hatte, hatte sie ihn nicht einmal angesehen. Er hatte sie beobachtet, hatte ihre Reaktionen einzuschätzen versucht, und ganz plötzlich hatte sie sich zurückgezogen. Er hatte es mitverfolgen können. So als hätte jemand die Lebenslichter in ihr gelöscht. Alle Energie, die Lebendigkeit, die Neugier, alles war mit einem Schlag verschwunden. Übrig geblieben war eine starre Schaufensterpuppe mit leeren Augen, die monoton Fragen beantwortete.

Sie so zu sehen hatte ihn wütend gemacht. Er hatte sie bei den Schultern packen und schütteln wollen, hatte dieses wunderbare Temperament, das sie ihr Eigen nannte, wachrütteln und ihren Ärger auf sich lenken wollen. Doch er hatte es nicht getan. Weil er sonst die Kontrolle verloren hätte. Und das würde ihm nie passieren.

Mehr als alles andere auf der Welt wollte er jetzt zu ihr ins Quartier stürmen und sie lieben, so leidenschaftlich, bis sie mit absoluter Sicherheit wusste, dass sie zu ihm gehörte. Das würde zwar keine Lösung bringen, aber er würde sich dann auf jeden Fall wesentlich besser fühlen. Doch das konnte er nicht tun. Das würde den letzten Damm zum Einsturz bringen, hinter dem er sein Temperament staute, und die Flut der Gefühle würde ihn und alles andere erbarmungslos mit sich reißen.

Caroline lag auf ihrem Bett, zu erschöpft, um die Energie aufzubringen und unter die Decke zu kriechen. Selbst eine solch banale Tätigkeit war zu viel für sie. Sie hatte geduscht und sich fürs Bett fertig gemacht, aber zum Schlafen reichte es einfach nicht mehr. Still lag sie im Dunkeln und starrte an die Decke. Sie spürte ihr Herz schlagen und wie ihre Brust sich unter den regelmäßigen Atemzügen hob und senkte. Daran erkannte sie, dass sie noch lebte. Denn lebendig fühlte sie sich nicht, sondern leer, abgestumpft, wie tot.

Inzwischen müssten sie mit Cal gesprochen haben. Cal, der bestätigen konnte, dass sie die Wahrheit gesagt hatte. Joe wusste also jetzt, dass er sich geirrt hatte. Sie hätte zumindest einen Anruf erwartet, entweder von ihm oder von Captain Hodge – „Tut uns leid, wir haben einen Fehler gemacht“. Sie konnten doch nicht so dumm sein und annehmen, dass Caroline unter diesen Umständen schlief, oder?

Cal könnte natürlich auch gelogen haben.

Das war eine nicht auszuschließende Möglichkeit. Der Gedanke war ihr schon früher kurz gekommen. Wenn sie nicht so aufgeregt gewesen wäre, hätte sie vielleicht genauer darüber nachgedacht. Es wäre die logische Weiterentwicklung der Gedankenkette gewesen, der sie im Hangar gefolgt war, als sie die Kanone angestarrt hatte.

Cal war ein absolutes Ass, was Computer anbelangte. Er hatte die kleine Unregelmäßigkeit am Freitag gefunden, aber erst, nachdem Caroline angefangen hatte herumzustöbern. Sie hatte sich nichts dabei gedacht. Aber wenn tatsächlich er die Kommandos manipuliert hatte, würde er nicht wollen, dass Caroline sich in das Programm vertiefte. Er wusste, dass sie Informatik studiert hatte, Cal und sie hatten sich öfter bei Problemen besprochen. Und sowohl am Freitag als auch heute – gestern, denn mittlerweile war es nach Mitternacht – hatte er völlig übermüdet ausgesehen. Weil er die ganze Nacht auf gewesen war? Cal war normalerweise immer putzmunter und fidel.

Cal war auch der Einzige, der außer ihr ihren Ausweis in der Hand gehabt hatte. Vielleicht hatte er ihn ja schon am Donnerstag aufgehoben, als sie ihn verloren hatte. Dann waren zwei Barcodes beim Verlassen des Containers gelesen worden. Caroline hatte bisher nicht gewusst, dass auch das Verlassen der Gebäude registriert wurde, aber Cal könnte es wissen. Er arbeitete schließlich von Anfang an bei dem Projekt mit. Während Caroline sich nur auf die Arbeit konzentrierte, achtete Cal auf solche Details.

Dennoch … selbst wenn er Donnerstagnacht mit ihrem Ausweis zurück ins Gebäude gegangen war – am Sonntag hatte er die Karte nicht gehabt.

Die Frage war, wie leicht sich solche Ausweise nachmachen ließen. Cal hätte die Basis verlassen müssen, um eine gefälschte Kopie herzustellen. Die Sensoren hatten als Ankunftszeit Mitternacht aufgezeichnet. Damit hätte Cal genügend Zeit gehabt. Und als sie ihn dann am Freitagmorgen gebeten hatte, ihren Ausweis im Container zu suchen, war es die perfekte Gelegenheit für ihn gewesen, ihr die Karte zurückzugeben. Die Sicherheit war auch nicht informiert worden, weil Caroline ihren Ausweis ja zurückhatte. Bei einer Verlustmeldung wäre der Code mit Sicherheit aus dem System gelöscht worden.

Caroline rieb sich erschöpft die Stirn. Cal hatte doch nicht wissen können, dass sie ihn um Hilfe bitten würde. Somit hätte es auch keinen Sinn gemacht, den Ausweis zu kopieren. Oder hatte er damit gerechnet, dass sie ihn anrufen würde? Sicher, die Vermutung lag nahe. Yates hätte sie lieber nicht gestört, und an Adrian hätte sie sich nie gewandt. Genauso konnte Cal davon ausgehen, dass sie die Sicherheit vorerst nicht informieren wollte. Zwar keine Garantie, aber die Wahrscheinlichkeit war so hoch, dass ein Versuch sich lohnte.

Was war also danach passiert? Laut Aufzeichnung hatten Cal und sie das Gebäude betreten und waren kurz darauf zusammen wieder herausgekommen. Cal musste also ihren Ausweis schon dabeigehabt haben. Damit hatte er gleichzeitig den Beweis geliefert, dass er es nicht sein konnte, der das Programm manipuliert hatte, schließlich hatte er sich nie allein im Container aufgehalten.

Wieso registrierten die Sensoren nur die Anzahl der Karten, nicht aber die Anzahl der Körper, die die Sicherheitsschwelle übertraten? Scheinbar waren diese Geräte doch nicht so gut, wie Captain Hodge glaubte. Man wollte Leute ohne Ausweise erkennen, aber niemand hatte daran gedacht, Ausweise ohne den dazugehörigen Träger zu erkennen. Aber vielleicht hatte Cal ja auch daran etwas gedreht, um die Sensoren auszutricksen.

Zu viele „Vielleichts", aber alles durchaus denkbare Möglichkeiten. Mit Bestimmtheit wusste Caroline gar nichts, gut möglich, dass sie es nie erfahren würde.

Wenn Cal wirklich der Verantwortliche war, was würde er jetzt wohl als Nächstes unternehmen? Sollte er das Programm manipuliert haben, dann wusste er auch, dass es bei einer Analyse sofort sichtbar wurde. Ob er jetzt versuchen würde, seine Spuren zu verwischen? Die Änderungen rückgängig machen und darauf hoffen, dass es bei einem Vergleich der Programme nicht auffiel? Oder würde er versuchen, noch mehr falsche Beweise gegen Caroline auszulegen?

Die zweite Option war wahrscheinlicher. Solange der anklagende Finger auf sie gerichtet war, war es nur logisch, wenn Cal dafür sorgte, dass dieser Finger auch weiterhin in ihre Richtung zeigte.

Carolines Herz begann plötzlich hart zu pochen. Wenn Cal wirklich der Schuldige war und wenn er weitere Schritte unternehmen wollte, dann musste er es heute Nacht tun, solange die Dinge noch in Aufruhr waren. Schon morgen würden die Sicherheitsvorkehrungen so verschärft sein, dass nichts mehr passieren konnte, ohne aufzufallen. Jetzt gab es noch Möglichkeiten, die zu nutzen waren.

Sicher, das gesamte Laserteam durfte den Container nicht mehr betreten, aber ob die Barcodes schon im System gelöscht waren? Auch das Militär erledigte seine Verwaltungsarbeiten tagsüber, wie jedes große Unternehmen. Die Zugangsberechtigung war erst am Abend zurückgenommen worden. Hatte Captain Hodge einem seiner Leute befohlen, die Codes sofort entsprechend zu kennzeichnen, oder sollte es morgen früh als Erstes erledigt werden? Den menschlichen Faktor einbezogen, vermutete Caroline Letzteres. Schließlich war sie die einzige Verdächtige, und sie nahm an, dass man sie in der Zwischenzeit überwachen ließ.

Sie rollte sich aus dem Bett und ging zu dem kleinen hohen Fenster in der Küche. Um hinaussehen zu können, musste sie sich auf einen Stuhl stellen. Und richtig, da draußen auf der anderen Straßenseite stand ein Wagen der Stützpunktpolizei. Im Licht der Laterne waren zwei Männer im Auto zu erkennen. Sie gaben sich keinerlei Mühe, ihre Anwesenheit zu tarnen, warum auch? Hier handelte es sich schließlich nicht um eine verdeckte Ermittlung, sondern um schlichten Wachdienst.

So etwas wie eine Hintertür gab es nicht. Doch es gab noch ein Fenster im Schlafzimmer. Es war winzig, nur ein Oberlicht, ein Mann würde sich bestimmt nicht hindurchzwängen können, und Caroline hatte auch ihre Zweifel, ob es ihr gelingen würde. Trotzdem stellte sie sich auf das Bett und lugte hinaus. Auf dieser Seite war die Straße leer.

Nun, warum sich eine Menge Ärger und Mühe machen, wenn Cal friedlich in seinem Bett schlief? Caroline durfte nicht vergessen, dass er vielleicht völlig unschuldig war und ihre Version der Ereignisse bestätigt haben könnte. Man war unschuldig, solange die Schuld nicht bewiesen war, so hieß es doch. Captain Hodge könnte eine kleine Erinnerung hinsichtlich dieses Konzepts brauchen!

Caroline wollte kein Licht einschalten, um die beiden Männer draußen nicht wissen zu lassen, dass sie wach war. Also wählte sie Cals Nummer im Dunkeln. Gab es einen besseren Weg herauszufinden, ob er in seinem Quartier war, als ihn anzurufen? Wenn er ans Telefon ging, könnten sie noch ein wenig plaudern.

Beim fünften Klingeln kamen Caroline die ersten Zweifel, ob er in seiner Unterkunft war. Sie ließ es lange klingeln, doch schließlich legte sie den Hörer wieder auf. Mindestens zwanzig Mal hatte das Telefon geschrillt. Die Apparate standen direkt neben den Betten, damit auch der tiefste Schläfer einen möglichen Notruf nicht überhörte. Cal war nicht in seinem Quartier.

Caroline knirschte vor Wut mit den Zähnen. So ein Schuft! Für einen Freund hatte sie ihn gehalten, sie hatte ihn gemocht und ihm vertraut! Erst Joe, jetzt Cal. Ihre Gedanken schreckten automatisch davor zurück, an Joe zu denken. Der Schmerz war zu groß. Es war sicherer, ihren Ärger auf Cal zu konzentrieren.

Sie sah wieder zweifelnd zu dem schmalen Fenster hinauf. Eine Metalljalousie war davor angebracht, mit Kippstreben. Den gesamten Mechanismus musste Caroline abmontieren, um überhaupt die Chance zu haben hindurchzupassen.

Nun, sie würde nie herausfinden, ob sie sich durchzwängen konnte, wenn sie es nicht versuchte!

Durch die Arbeit mit Computern und Lasern wusste Caroline auch, wie man mit Werkzeugen umging. Sie holte aus einem kleinen Kasten Schraubenzieher und Zangen hervor und legte alles aufs Bett. Allerdings musste sie erst einmal herausfinden, welche Werkzeuge sie brauchte, was im Dunkeln schwierig war. Aber sie hatte noch diese Stifttaschenlampe. Der Schein müsste reichen, und von draußen würde dann auch niemand Licht in der Wohnung sehen …

Wenig später lagen Schrauben und Einzelteile der Metalljalousie auf Carolines Bett. Das war der leichte Teil gewesen. Durch das Fenster auszusteigen war etwas völlig anderes.

Caroline schätzte die Maße. Mit den Schultern müsste sie quer durchpassen. Sie musste es einfach versuchen. Und vorher musste sie sich erst einmal anziehen. Mit dem dünnen Lichtstrahl leuchtete sie ihre Garderobe ab. Dunkle Sachen wären jetzt praktisch, aber es war August, Hochsommer in der Wüste Nevadas. Sie hatte keine dunkle Kleidung eingepackt. Schließlich hatte sie auch nicht damit gerechnet, im Dunkeln herumschleichen zu müssen. In ihren hellen Sachen würde sie in der Dunkelheit regelrecht leuchten, aber daran war jetzt nichts zu ändern. Sie musste eben darauf achten, dass niemand sie sah.

Hastig zog sie eine dünne Baumwollhose und ein T-Shirt über. Fast trotzig steckte sie ihren Ausweis in die Hosentasche. Wenn sie erwischt wurde, konnte man ihr wenigstens nicht vorwerfen, dass sie ohne ihre Berechtigungskarte unterwegs war. Nach kurzem Überlegen ließ Caroline auch noch den Schlüssel dazugleiten. Sie würde wohl kaum durch das Fenster zurückkommen. Und wenn sie Cal wirklich überführen sollte, dann brauchte sie sich um die Wachen vor der Tür sowieso keine Sorgen zu machen.

Caroline stieg auf das Bett, nur um herauszufinden, dass sie nicht groß genug war. Also holte sie sich einen Stuhl aus der Küche, platzierte ihn aufs Bett und kletterte darauf. Es war eine extrem wackelige Konstruktion, aber so konnte sie sich am Fensterrahmen festhalten.

Ein Arm und eine Schulter zuerst, dann den Kopf so weit drehen, dass er hindurchpasste. Was Caroline einen schmerzhaften Kratzer an der Wange einbrachte. Sie ließ sich davon nicht entmutigen. Sobald ihre Hüften folgten und ihr Schwerpunkt mehr außerhalb als innerhalb lag, würde unweigerlich die Gravität einsetzen und die Beine nachziehen. Es war zwar nicht hoch, aber Caroline wollte sich bei der garantiert unsanften Landung auch nicht den Hals brechen. Also winkelte sie die Beine an und hielt sich mit den Fersen von innen an der Wand fest, um sich langsam, Zentimeter für Zentimeter tiefer sinken zu lassen. Der metallene Fensterrahmen schnitt in ihren Po, aber sie biss die Zähne zusammen. So hing sie mehrere Augenblicke mitten in der Luft, bevor sie sich in das Unvermeidliche ergab: Es gab keine Möglichkeit, bei diesem Ausstieg die Würde zu wahren. Sie würde mit Abschürfungen und blauen Flecken übersät sein.

Ohne sich zu erlauben, noch länger darüber nachzudenken, stieß sie sich ab. Tatsächlich landete sie auf der Seite. Allerdings war der Aufprall härter als erwartet. Der Kies schürfte ihr Haut an Wange und Schläfe ab, über die gesamte Länge ihres linken Armes und an ihrem bloßen Knöchel. Zudem hatte sie sich beide Knie angestoßen und eine Schulter verrenkt.

Doch sie ermahnte sich, nicht sitzen zu bleiben und eine Bestandsaufnahme ihrer Verletzungen zu machen. Ihr schwindelte immer noch, als sie sich zwang, aufzustehen und im Schatten des Gebäudes in entgegensetzter Richtung zu den Wachposten zu huschen. Erst als sie nach gut hundert Metern immer noch keinen Warnschuss hörte, atmete sie wieder normal. Was sofort ihr Bewusstsein für den Schmerz aktivierte.

Caroline blieb stehen und rieb sich die pochenden Knie und ihren Po. Sie ließ die Schulter kreisen, um sicherzugehen, dass diese noch einsatzfähig war, und berührte vorsichtig ihre Wange. Zu bluten schien nichts, aber die Abschürfungen brannten wie Feuer. Den Schal, den sie als Gürtel durch die Schlaufen ihrer Hose gezogen hatte, benutzte sie, um die Wunden behutsam abzutupfen und von Kiessteinchen und Schmutz zu reinigen.

Dafür würde Cal auf jeden Fall die Verantwortung tragen.

Sie nahm den langen Weg zum Lasercontainer, ohne sich die Mühe zu machen, im Schatten zu bleiben. Wenn ich mich völlig normal benehme, falle ich weniger auf, sagte sich Caroline. Dann würde niemand auf sie achten.

Joe setzte sich mit einem Ruck auf und warf die Bettdecke beiseite. Fluchend stand er auf und zog sich T-Shirt, Jeans und Stiefel an. Die Sache, die er erledigen musste, hatte nichts mit dem Militär zu tun. Die langen, ruhelosen Stunden in dem einsamen Bett hatten seine Geduld zermürbt, bis nichts mehr davon übrig war. Er sah auf seine Uhr, überrascht, dass es gerade mal zwei Uhr morgens war. Keine zwei Stunden hatte er also im Bett gelegen, aber ihm war es wie fünf vorgekommen.

Aber das war unwichtig. Ganz gleich, wie lange es gewesen war, er würde nicht schlafen können, bis er die Sache mit Caroline geklärt hatte. Er wollte von ihr hören, warum sie es getan hatte. Aus ihrem Munde wollte er es hören, und er wollte, dass sie ihm dabei ins Gesicht sah. Er würde es nicht zulassen, dass sie ihn ignorierte, so wie sie es in seinem Büro getan hatte.

Joe beschloss, den Truck stehen zu lassen und zu Fuß zu gehen. Vielleicht würde das Laufen ihn beruhigen. Dass er gefährlich kurz davor war zu explodieren, war ihm bewusst. Das letzte Mal hatte er im Alter von sechs Jahren die Beherrschung verloren. Er hatte sich geschworen, dass das nie wieder geschehen würde, aber Caroline stellte seine Selbstkontrolle auf eine wahrlich harte Probe.

Noch keine fünfhundert Meter war Joe gelaufen, als er eine schlanke Gestalt mit großen Schritten durch die Nacht marschieren sah. Zuerst glaubte er schon, dass seine Wut Halluzinationen hervorrief. Er blieb abrupt stehen, trat in den Schatten und ging hinter einer Mülltonne auf ein Knie. Nein, weder halluzinierte er, noch hatte er sich hinsichtlich der Identität dieser Gestalt getäuscht. Das Licht der Laterne ließ ihr Haar aufleuchten. Er kannte diesen Gang, wie er sein eigenes Gesicht kannte. Die stolze Haltung der Schultern und das sanfte Schwingen der Hüften hatten sich unauslöschlich in seine Erinnerung eingebrannt.

War sie auf dem Weg zu ihm? Sein Herz begann zu hämmern. Doch wie war sie an den Wachen vorbeigekommen? Er selbst hatte

Hodge den Vorschlag gemacht, Wachen vor ihrem Quartier zu postieren, und Joe war dabei gewesen, als Hodge zwei seiner Leute abkommandiert hatte. Aber das war sie. Sie lief munter um zwei Uhr nachts auf dem Gelände herum, und kein einziger Wachposten war in Sicht.

Joe verharrte, bis Caroline an ihm vorbeigelaufen war, erst dann verließ er seine Deckung. Er bewegte sich geräuschlos wie immer, folgte ihr mit einem Abstand von fünfzig Metern. Wenn sie auf dem Weg zu den Offiziersquartieren sein sollte, würde er schnell zu ihr aufschließen können. Aber sie schlug nicht die Richtung zu den Offiziersquartieren ein, sondern hielt geradewegs auf den Lasercontainer zu. Die Wut in Joe begann überzuschäumen. Verräterisches kleines Biest! Es juckte ihm in den Fingern, sie von hinten zu packen und übers Knie zu legen. Dann würde er sich vielleicht besser fühlen. Und sie hätte dann auch eine ungefähre Vorstellung davon, wie wütend er war. Verflucht, wusste sie denn nicht, in welchen Schwierigkeiten sie steckte?

Natürlich wusste sie das. Sie bewies ja gerade, dass sie schuldig war. Wahrscheinlich wollte sie die schmutzige Arbeit beenden, die sie angefangen hatte.

Joe dachte daran, die Stützpunktpolizei zu informieren, entschied sich jedoch dafür, Caroline selbst im Auge zu behalten. Sollte sie irgendwelche Dummheiten planen, vielleicht Feuer im Container legen, dann würde er sie überwältigen und festhalten, bis die Sicherheitsleute ankamen. Es würde ihm sogar ein Vergnügen sein, sie aufzuhalten. Bestimmt bliebe ihm dann nämlich genügend Zeit, um ihr gehörig die Meinung zu sagen.

Er sah, wie Caroline stehen blieb, etwas aus ihrer Hosentasche holte und an ihrem T-Shirt befestigte. Ihr Ausweis. Warum hatte Hodge ihr den nicht abgenommen? Weil er keine Notwendigkeit dafür gesehen hatte. Caroline wurde bewacht, und der Code würde direkt am Morgen aus dem System gelöscht werden. Die Wut flammte wieder in Joe auf, Wut auf sich selbst und auf Hodge. Sie waren unentschuldbar nachlässig gewesen, und das bei einem Projekt mit höchster Geheimhaltungsstufe! Caroline konnte zwar den Stützpunkt nicht verlassen, aber auf dem Stützpunkt konnte sie noch eine Menge Chaos anrichten. Sie alle hatten sich zu sehr auf die Technik verlassen, die die Überwachung besorgen sollte. Das war etwas, das Joe sofort ändern würde.

Im Gebäude war bereits jemand, hinter einem der Fenster schimmerte schwaches Licht. Caroline erkannte es jetzt auch. Joe sah, wie sie den Kopf in die Richtung drehte und reglos dastand, dann setzte sie sich lautlos in Bewegung und schlüpfte zur Tür hinein.

Zwanzig Sekunden später folgte ihr Joe. Er hatte seinen Ausweis nicht dabei, also wusste er, dass in der Sicherheitszentrale jetzt der Alarm losschlug.

Vor sich auf dem Gang sah er Caroline im Türrahmen zu ihrem Arbeitsbereich stehen und den Arm ausstrecken. Das Deckenlicht flammte auf, als sie den Schalter betätigte, und tauchte alles in blendende Helligkeit.

„Aha, hast du also wieder Caroline Evans' Barcode benutzt, um hier hereinzukommen, ja?", warf sie wütend jemandem in dem Raum vor. „Die Computer müssen ja durchdrehen, wenn sie mich zweimal kurz hintereinander das Gebäude betreten sehen. Du hast mein Projekt sabotiert, du Schuft!"

Die Erkenntnis explodierte in Joes Kopf mit der Wucht einer Bombendetonation. Und dann folgte unsäglicher Schrecken, als er Caroline in den Büroraum verschwinden sah. Närrin! Sie kannte überhaupt keine Vorsicht. Sie konfrontierte einen Verräter, ohne auch nur einen Gedanken daran zu verschwenden, wie gefährlich so etwas war. Er rannte los, darum betend, nicht jeden Moment einen Schuss zu hören, der dieser unüberlegten Beherztheit ein jähes Ende setzen würde.

Jemand im Raum schnappte nach Luft, dann hörte Joe einen dumpfen Schlag. Er schlitterte in den Raum, als Caroline leblos zu Boden sank. Cal Gilchrist stand vor einem flimmernden Computerbildschirm, das Gesicht weiß wie ein Laken. Zu spät erkannte Joe, wie Cals Blick an Joe vorbei zur Seite ruckte und etwas hinter ihm erfasste. Er versuchte noch auszuweichen, doch die Angst um Caroline hatte ihn zu sehr abgelenkt. Bevor er reagieren konnte, spürte er etwas Hartes gegen seine Schläfe prallen. Alles um ihn herum wurde nachtschwarz.

12. KAPITEL

Caroline tauchte langsam aus der Bewusstlosigkeit auf. Als Erstes registrierte sie, dass sie unsanft gerüttelt wurde. In ihrem Kopf dröhnte es unerträglich, dann wurde ihr bewusst, dass auch ihre Schultern und ihre Arme schmerzten. Sie nahm Stimmen wahr, und als Nächstes bemerkte sie, dass jemand neben ihr lag, doch einen schrecklichen Moment lang wusste sie weder, wer sie war, noch wo sie war.

Dann allerdings erkannte sie eine der Stimmen, und alles kam zurück. Sie erinnerte sich. Cal. Es war seine Stimme. Und während ihr das klar wurde, wusste sie auch, dass sie in einem Wagen lag, wahrscheinlich in einem Transporter, gefesselt und geknebelt.

Sie versuchte, die Augen zu öffnen, kniff die Lider aber sofort wieder zusammen, als helles Licht durch die Wagenfenster in ihre Augen fiel. Sie hörte ein Rauschen und erkannte es als das Vorbeifahren eines anderen Autos. Jemand hatte sie überholt, mehr nicht. Sie versuchte es noch einmal, diesmal sehr viel vorsichtiger, und öffnete die Augen nur zu Schlitzen. So musste man sich wohl bei einem Kater fühlen. Dabei hatte sie nicht einmal über die Stränge geschlagen. Nur das Elend, ohne den Spaß.

Dieser Jemand neben ihr ... Das war ein Mann. Und sie war gefesselt und völlig hilflos. Panik ergriff sie. Oh, Gott, würden sie sie vergewaltigen?

Aber der Mann bewegte sich nicht. Ganz langsam hob sie die Lider erneut ... und blickte in Joe Mackenzies vor Wut glitzernde Augen.

Selbst wenn sie nicht geknebelt gewesen wäre, sie hätte kein Wort herausgebracht. Dazu war sie zu verdutzt. Wie war er hierhergekommen? Wie sie hergekommen war, wusste sie. Sie war dumm genug gewesen, in den Container zu stürmen und Cal zu konfrontieren, ohne sicherzustellen, dass er allein dort war. Aber wie war Joe da hineingeraten? Die Angst raubte ihr plötzlich den Atem. Nun war auch er in Gefahr.

„Wir sollten es vergessen und uns schnellstmöglich außer Landes begeben“, sagte Cal jetzt erregt. „Es ist vorbei. Ich kann nichts mehr machen. Sie werden das Programm überprüfen und alles herausfinden.“

„Ich hab von Anfang an gesagt, dass du nicht die Nerven dazu hast", erwiderte eine andere Männerstimme verächtlich.

Caroline riss den Blick von Joe los und reckte den Hals, um nach vorn sehen zu können. Cal fuhr, neben ihm saß ein Mann. Sie kannte den Mann nicht, doch irgendwie kam er ihr bekannt vor.

„Von Mord war nie die Rede", stieß Cal heftig aus.

„Wenn dieser Pilot mitsamt seinem Flugzeug abgeschossen worden wäre, dann wärst du also nicht dafür verantwortlich, was?"

„Das war etwas völlig anderes." Cals Ton verriet, wie unwohl er sich fühlte.

„Ja, klar."

„Das wäre … Zufall … Pech gewesen. Das hier ist kaltblütiger Mord. So was kann ich nicht."

„Keiner sagt, dass du das tun sollst." Der andere Mann wurde ungeduldig. „Das kannst du nämlich wirklich nicht. Wir erledigen das. Keine Sorge, du wirst nicht einmal zusehen müssen."

Wären ihr nicht die Hände auf dem Rücken zusammengebunden, Caroline hätte sich auf den Kerl da vorn gestürzt, so wütend war sie. Er sprach so lässig darüber, Joe und sie umzubringen, als würde er den nächsten Waschtag planen! Joe stieß ihr mit der Stiefelspitze gegen den Fuß. Eigentlich war es mehr ein Tritt, und der Tritt traf ihren abgeschürften Knöchel. Abrupt richtete sie den vernichtenden Blick auf ihn und sah, wie er warnend den Kopf schüttelte. Trotzdem trat sie ihn zurück, und er zuckte vor Schmerz zusammen.

Sie fuhren in einem Van, einem, der ganz offensichtlich für den Transport von Dingen, nicht von Menschen benutzt wurde. Der Boden bestand aus blankem Metall. Bei jeder Kurve schwankte der Wagen und nahm jede Erhöhung in der Straße und jede Unregelmäßigkeit mit. Bequem war es wahrlich nicht. Caroline lag zudem auf der verletzten Schulter. Dass ihr die Arme nach hinten gebunden waren, machte alles nur noch schlimmer.

Sie versuchte zu bestimmen, womit sie gefesselt war. Es fühlte sich nach einer Nylonschnur an, während der Knebel wohl aus ihrem eigenen Schal gemacht worden war. Ihre Schlüssel steckten noch immer in ihrer Tasche. Wenn sie an die kommen könnte, wenn sie und Joe sich so drehen könnten, dass sie mit den Rücken zueinander lagen, und wenn ihnen genug Zeit bliebe, würden sie vielleicht mit dem Schlüsselbart die Schnur durchtrennen können. Joe hatten sie wahrscheinlich durchsucht, nach einem Taschenmesser, das Männer üblicherweise mit sich trugen. Frauen hatten ja normalerweise nichts in den Taschen, also hatten Cal und sein Kumpan eine Durchsuchung bei ihr wohl für überflüssig gehalten.

„Es ist völlig unnötig, sie umzubringen", hörte sie Cal jetzt sagen. „Die Sache ist aus. Wir haben es gerade noch geschafft, vom Stützpunkt zu kommen. Inzwischen wimmelt es da nur so von Sicherheitsleuten. Mittlerweile wissen sie auch, dass ich die Basis verlassen habe und ihnen ein Transporter fehlt. Wenn Caroline und der Colonel nicht aufzufinden sind, sie aber nicht offiziell vom Stützpunkt gegangen sind, werden sie zwei und zwei zusammenzählen. Garantiert geht schon in der nächsten Stunde eine Fahndungsmeldung für den Van raus. Im Moment gilt unser Leben noch etwas, aber wenn wir die beiden umbringen, sind wir reif für den elektrischen Stuhl."

Für Caroline hörte sich das nach einem sehr vernünftigen Argument an, aber der andere Mann schien nicht beeindruckt. Er antwortete nicht einmal.

Manchmal wünschte sie sich, sie wäre nicht so verdammt rational. Sie konnte ihre Gedanken einfach nicht abstellen, selbst wenn sie ihr Dinge sagten, die sie lieber gar nicht wissen wollte.

Wenn der andere Mann nicht auf Cals Argumentation einging, dann deshalb, weil er es für unwahrscheinlich hielt, dass man ihn mit der Sabotage in Zusammenhang brachte. Der andere musste sich sehr sicher fühlen … Cal war also der Einzige, der ihn kannte und im Falle eines Falles die Verbindung aufklären könnte. Und wenn der andere sich keine Sorgen machte, musste er wohl der Überzeugung sein, dass Cal nie Gelegenheit haben würde, etwas auszusagen. Dazu würde er nicht lange genug leben.

Hektisch begann Caroline, mit der Wange über den Wagenboden zu schaben, um ihren Mund von dem Knebel zu befreien. Joe warf ihr einen weiteren warnenden Blick zu, aber sie ignorierte ihn. Ihre Bewegungen zogen die Aufmerksamkeit des Mannes auf dem Beifahrersitz an, und er drehte sich im Sitz zu ihr um.

„Ah, Miss Evans, Sie sind also wieder bei uns", meinte er jovial. „Ich hoffe, die Kopfschmerzen sind nicht zu schlimm."

Joe hatte die Augen wieder geschlossen und lag absolut reglos da.

Caroline dagegen wand und rollte sich wild und gab ärgerliche Laute von sich.

„Sparen Sie sich die Mühe“, sagte der Mann leicht gelangweilt. „Sie können sich nicht befreien, Sie werden die Fesseln nur noch fester ziehen.“

Die Fesseln interessierten sie nicht. Nur zwei Dinge hatte sie im Sinn: den Knebel abstreifen und irgendwie an ihre Schlüssel gelangen. Es war nicht unmöglich, da ihre Hose weit und dünn war, aber auch keine leichte Aufgabe, da die Taschen tief waren. Unter unverständlichen Flüchen machte sie weiter.

Immerhin war es ihr gelungen, den Knebel aus dem Mund herauszuschieben. Sie rutschte zu Joe herüber und drückte ihr Gesicht an seine Schulter, nutzte die Reibung zwischen den Stoffen seines Hemds und ihres Schals, um den Knebel herunterzurollen. Joe rührte sich nicht und hielt die Augen geschlossen. Caroline arbeitete unermüdlich, bis der Schal ihr lose um den Hals hing. Der Mann auf dem Beifahrersitz hatte ihr mit gerunzelter Stirn zugesehen. Jetzt drehte er sich ganz um und wollte sich auf die Knie aufrichten.

„Sie Mistkerl, Sie haben ihn umgebracht!“, krächzte sie und versuchte, so viel Wut wie möglich in ihre Worte zu legen, auch wenn ihre Zunge nicht arbeiten wollte.

Der Transporter schwankte gefährlich, als Cal abrupt den Kopf wandte, um nach hinten zu schauen. Der andere Mann suchte hastig nach Halt. „Halte deine Augen gefälligst auf die Straße gerichtet!“, donnerte er.

„Du hast gesagt, er sei nur bewusstlos!“

„Er ist nicht tot, verflucht. Bei ihm habe ich nur fester zugeschlagen. Ich hatte keine Lust, Probleme mit diesem Riesenkerl zu kriegen, bevor wir vom Stützpunkt waren.“

„Cal, er wird auch dich umbringen!“, schrie Caroline. „Warum sonst sollte er sich wohl keine Sorgen wegen einer Mordanklage machen? Weil er alles auf dich schieben wird!“

Der Mann hechtete über den Sitz und versuchte, sie beim Hals zu packen, doch Caroline war schneller. Sie drehte den Kopf und schlug ihre Zähne in seinen Arm. Er heulte auf und versuchte, sich loszumachen, doch sie hielt verbissen fest und bemühte sich, so viel Schaden wie möglich anzurichten.

Der Van fuhr Schlangenlinie über die ganze Straßenbreite. Mit dem rechten Arm versuchte Cal, während der Fahrt auf den Mann einzuschlagen. Beide Männer fluchten und schrien sich an. Der andere hatte genug, er versetzte Caroline einen Faustschlag auf die Schläfe, sie sackte schlaff zurück. Zwar verlor sie nicht das Bewusstsein, aber der Hieb hatte sie vorerst schachmatt gesetzt.

Vorn im Wagen kämpften die beiden Männer miteinander. Der Transporter kippte so weit auf eine Seite, dass er jetzt nur noch auf zwei Rädern fuhr. Cal trat auf die Bremse, und der Wagen schlitterte von der Straße. Caroline konnte den Unterschied zwischen Asphalt und unbefestigtem Boden genau spüren. Dann kippte der Van nach rechts und kam zu stehen, wahrscheinlich waren sie in einen flachen Graben gefahren. Das Gerüttel hatte Caroline mit Wucht gegen Joe rollen lassen, aber er stieß nicht das kleinste Grunzen aus. Stattdessen vernahm sie ein kaum hörbares, aber deutliches Flüstern an ihrem Ohr: „In meinem rechten Stiefel steckt ein Messer."

Natürlich. Trugen nicht alle Colonels zu jeder Zeit Waffen bei sich? Sie war so unendlich wütend, dass sie ernsthaft überlegte, ob sie ihn auch beißen sollte. Er war bewaffnet, und sie kam nicht einmal an ihre Schlüssel heran!

Sie biss ihn nicht, sondern warf sich gegen die Rückwand des Vans. Was ihr noch mehr blaue Flecke einbrachte. Cal und der Mann kämpften noch immer miteinander, und Caroline sah etwas Metallenes in der Hand des Mannes aufblinken. Instinktiv wusste sie, dass es eine Pistole war.

Irgendwie gelang es Cal, seine Tür aufzustoßen. Er sprang aus dem Wagen und rannte los. Der andere öffnete fluchend die Beifahrertür und setzte Cal nach.

Caroline rutschte herum, bis sie mit dem Rücken an Joes Füßen saß. Ihr blieb wahrscheinlich nicht viel Zeit, um das Messer aus Joes Stiefel zu holen. Ihre Finger waren taub, sie musste erst einmal das Hosenbein hochschieben, aber schließlich fühlte sie den Schaft und zog das Messer heraus.

Joe setzte sich auf und hielt ihr seine gefesselten Hände hin. Es war nicht leicht, das Messer hinter dem Rücken anzusetzen, sie konnte nichts sehen und wusste nicht, ob sie Fleisch oder Nylonschnüre zerschnitt. Aber Caroline dachte sich, dass Joe sich schon melden würde, wenn sie an seine Haut kam. Die Schneide musste scharf wie eine Rasierklinge sein, denn innerhalb von fünf Sekunden fiel die Schnur ab. Sie hörte, wie Joe sich herumschwang, dann fühlte sie, wie er ihr das Messer aus den Händen nahm. Sie sah, wie er eilig die Fesseln an seinen Füßen durchschnitt, dann zog er sie herum. Sie spürte den Ruck an ihren Händen, dann waren sie frei. Joe hockte sich vor Caroline und schnitt auch die Schnur an ihren Füßen los.

In dem Moment fiel ein Schuss.

„Bleib hier hinten." Mit diesen Worten hechtete Joe über die Bank und glitt hinter das Steuer.

Der Motor lief noch. Joe legte den Gang ein und trat das Gaspedal durch. Die Räder drehten, ohne zu greifen, und Joe fluchte. Mit einem Ruck legte er den Rückwärtsgang ein und gab weniger Gas. Er war an seinen Truck gewöhnt, aber der Van war eben kein Geländewagen. Die Reifen mühten sich, Griff auf dem lockeren Boden zu finden, und endlich schoss der Transporter nach hinten und auf den Asphalt zurück.

Durch die Windschutzscheibe sah Joe den zweiten Mann auf den Wagen zurennen. Von Cal keine Spur.

Carolines Kopf kam neben Joes Schulter hoch, als er den ersten Gang einlegte. Im selben Moment brachte der Mann seine Pistole in Anschlag. Joe drückte Caroline mit einer Hand nach unten und duckte sich, gerade rechtzeitig, als der Schuss fiel und die Windschutzscheibe in tausend Scherben zerbarst. Unzählige Glasstückchen fielen in das Wageninnere. Joe hielt den Fuß auf dem Gas und den Kopf gebeugt, während er darum kämpfte, den schlingernden Transporter unter Kontrolle zu bekommen.

Noch mehr Schüsse ertönten, schnell aufeinanderfolgend. Joe konnte das Einschlagen der Kugeln in den Van hören. Ein Licht zersplitterte. Kurz sah Joe noch den Mann im Licht des einen Scheinwerfers, wie er sich zur Seite in Sicherheit warf, bevor der Van an ihm vorbeibrauste.

„Caroline!" Er musste einfach wissen, ob sie in Ordnung war. Zu ihr umdrehen konnte er sich nicht, er hatte alle Hände voll damit zu tun, den Wagen unter Kontrolle zu halten. Der Fahrtwind blies ihm ins Gesicht, sodass er kaum sehen konnte.

„Was?", rief sie zurück.

„Bleib unten, er kann immer noch auf uns …“

Er hatte den Satz nicht zu Ende gesprochen, als schon die nächsten Kugeln hinten in den Transporter einschlugen. Die Rückfenster zerbarsten. Joe gefror das Blut in den Adern.

„Caroline!“

„Verflixt, was ist denn?“, schrie sie zurück, und Joe hätte vor Erleichterung am liebsten gelacht. Wenn sie so mieser Laune war, dann war auch alles in Ordnung mit ihr.

Die Erleichterung hielt nicht länger als eine knappe Minute. Ein Blick auf das Armaturenbrett zeigte ihm, dass die Motortemperatur stetig stieg. Ein Schuss musste das Kühlsystem getroffen haben. Sie waren irgendwo draußen in der Wüste, ohne die geringsten Anzeichen einer Stadt oder einer Siedlung, nicht einmal eine alleinstehende Hütte war in Sicht. Das Funkeln der Sterne am Nachthimmel und der eine Scheinwerfer waren die einzigen Lichtquellen. Viel weiter würden sie nicht mehr kommen, bevor der Motor aufgab. Doch jeder Meter, den sie zwischen sich und den Mann mit der Waffe legen konnten, zählte.

Joe hielt das Gaspedal durchgedrückt, während der Temperaturanzeiger rasant stieg.

Der Motor blockierte mit einem hässlichen Knirschen. Caroline schoss neben Joe hoch, als der Wagen ausrollte. „Was ist passiert?“

„Die Kugeln müssen den Kühler getroffen haben. Der Motor ist hin. Komm, wir müssen hier raus.“

Sie schob die Seitentür auf und stolperte in die kühle Nacht hinaus. „Hier rüber“, ordnete Joe knapp an, und Caroline kam um den Van herum.

„Und was machen wir jetzt?“

„Wir laufen. Ich hoffe, du hast anständige Schuhe an.“

Caroline zuckte die Achseln. Sie trug Halbschuhe, nicht so gut wie Stiefel, aber besser als Sandalen. Sie war schließlich nicht auf eine Odyssee eingestellt gewesen, als sie sich anzog. Aber das war jetzt so oder so gleichgültig. Sie musste laufen, und wenn sie barfuß wäre.

„In welche Richtung?“

„In die, aus der wir gekommen sind.“

„Aber er ist doch da hinten!“

„Stimmt. Wir wissen weder, wo wir uns befinden, noch, wie weit es auch nur bis zur nächsten Tankstelle ist. Wenn wir zurückgehen, bewegen wir uns wenigstens in Richtung Stützpunkt."

Logisch. Trotzdem ... „Wenn wir in die Richtung zurückgehen, aus der wir gekommen sind, warum bist du dann nicht auch in die Richtung gefahren?"

„Weil er dann wissen würde, wohin wir gehen. Er wird den Transporter finden, aber er kann nicht sagen, ob wir weiter nach vorn oder wieder zurückgegangen sind."

„Aber dann werden wir doch irgendwann auf ihn stoßen und an ihm vorbeimüssen."

„Schon möglich, vielleicht aber auch nicht. Er könnte beschließen, uns nachzujagen und uns zu stellen, oder er entscheidet sich abzuhauen. Da wir das nicht wissen, gehen wir davon aus, dass er uns sucht."

Schweigend trottete Caroline hinter Joe her, als er weiter in die Wüste hineinging. Sie wagten es nicht, über die Straße zu gehen, also liefen sie parallel zu ihr, weit genug entfernt, dass man sie nicht sofort sehen würde, doch nah genug, dass sie das Asphaltband nicht aus den Augen verloren. Caroline taten so viele Körperteile weh, dass sie es für besser hielt, sich erst gar keine Gedanken darüber zu machen. Sie hatten keine andere Wahl, als zu laufen, also lief sie.

„Hast du eine Uhr?", fragte sie. „Wie spät ist es? Es ist noch Nacht, dementsprechend können sie nicht lange mit uns gefahren sein."

Joe hob seinen Arm und sah auf das Leuchtzifferblatt seiner Uhr. „Halb fünf. Die Sonne wird bald aufgehen. Wenn sie uns sofort in den Van geworfen und die Basis verlassen haben, bevor die Stützpunktpolizei alles abgeriegelt hat, reden wir hier von mindestens einer Stunde Fahrzeit. Das heißt, wir können uns in dreißig bis sechzig Meilen Entfernung vom Stützpunkt befinden."

Sechzig Meilen Fußmarsch war alles andere als eine angenehme Aussicht, aber noch weniger angenehm war die Vorstellung, dem bewaffneten Mann über den Weg zu laufen. „Da gibt es sicher noch andere", dachte sie laut. „Vielleicht sogar ganz in der Nähe. Möglicherweise wollten sie uns nur übergeben. Bald graut der Morgen, aber wir können niemanden anhalten, der vorbeifährt, weil wir nicht wissen, ob er nicht zu der Bande gehört."

„Richtig“, stimmte Joe grimmig zu.

„Also werden wir die ganzen vermaledeiten sechzig Meilen laufen müssen.“

„Es sei denn, wir stoßen auf die Staatspolizei. Wenn die Sonne aufgeht, kann ich zumindest ungefähr sagen, wo wir sind.“

Auf jeden Fall zu weit weg von allem. Caroline verfiel in Schweigen. Zum einen, weil Stimmen in der nächtlichen Stille der Wüste endlos weit zu hören waren und sie niemanden auf sich aufmerksam machen wollte, aber zum größten Teil, weil sie all ihre Energie zum Laufen brauchte. Sie hatte die ganze Nacht nicht geschlafen – außer während der Bewusstlosigkeit, aber das zählte wohl kaum als Erholung –, und sie war völlig erschöpft. In ihrem Kopf hämmerte es unablässig.

Sie nahm an, dass Joe ebenfalls der Schädel brummte, aber er hatte ja nur einen Hieb abbekommen. Sie war immerhin aus einem Fenster gefallen, hatte einen Schlag an den Kopf bekommen, wahrscheinlich mit dem Pistolenschaft, dann hatte der Mann ihr einen Treffer gegen die Schläfe versetzt. Und schließlich war sie auch noch mit dem Schädel gegen den Boden des Vans geknallt, als Joe sie hinuntergedrückt hatte. Sie wunderte sich, dass sie überhaupt noch einen klaren Gedanken fassen konnte. Jeder Muskel schmerzte, und ziemlich viele der blauen Flecken, die ihren Körper zierten, waren durch Joes Hände entstanden. Es bereitete ihr Genugtuung, dass sie ihn getreten hatte. Sie wünschte nur, sie hätte ihn auch noch gebissen. Oh, hoffentlich hatte er wenigstens anständige Kopfschmerzen!

Zweimal zog Joe Caroline zu Boden, als ein Geräusch ihn alarmierte. Sie sah zwar nichts, aber er hatte bestimmt wesentlich bessere Augen als sie. Außerdem hatte sie gar nichts gegen eine kleine Pause einzuwenden. Er entschied auch, wenn es sicher war weiterzugehen. Dann würde er ihr mit einer Hand am Ellbogen aufhelfen, und sie würden sich wieder in Bewegung setzen.

Zu ihrer linken Seite begann das Morgengrauen den Himmel heller zu färben. Dadurch konnten sie bestimmen, dass die Männer mit ihnen gen Norden gefahren waren und dass sie jetzt Richtung Süden zum Stützpunkt marschierten. Das war immerhin gut zu wissen, nur für den Fall, dass sie die Straße aus den Augen verlieren sollten.

„Wir können nicht mehr lange laufen“, murmelte Joe neben ihr.

„Jeder, der auf dieser Straße vorbeifährt, wird uns sehen. Außerdem wird es bald zu heiß sein. Wir brauchen einen Unterschlupf, wo wir den Tag über bleiben können."

Caroline gefiel nicht, was sie da hörte. Natürlich war es sicherer, sich tagsüber zu verstecken und nur nachts zu laufen. Aber so würde es Ewigkeiten dauern, bis sie zur Basis zurückkämen. Wenn sie nicht so müde gewesen wäre, hätte sie vielleicht widersprochen, doch mittlerweile meinte sie, keinen Fuß mehr vor den anderen setzen zu können. Plötzlich wurde ihr klar, wie viel Kraft die Ereignisse ihr abgefordert hatten. Ja, sie mussten unbedingt ausruhen.

Joe lenkte sie von der Straße fort, tiefer hinein in die Wüste. Das aufziehende Tageslicht ließ alles grau erscheinen. Konturen und Formen konnten sie bereits erkennen, aber noch keine Farben. In der Ferne erblickte Caroline eine Felsformation. Sie zog eine Grimasse. Unter Garantie steuerte Joe diesen Punkt an. Sie wusste nicht, ob sie es überhaupt bis dahin schaffen würde. Aber entweder das, oder sie konnte in der glühenden Sonne schlafen. Sie biss die Zähne zusammen und lief weiter. Sie hatte Durst, doch da es kein Wasser gab, lohnte es sich auch nicht, das zu erwähnen. Joe musste ebenfalls durstig sein.

Als sie endlich bei den Felsen ankamen, lehnte Caroline sich erschöpft mit dem Rücken an einen Stein. „Und was jetzt?"

„Bleib hier."

Er war schon zwischen den Felsen verschwunden, bevor sie überhaupt „Sicher" gemurmelt hatte. Sie sackte auf den Boden. In ihrem Kopf pochte es unerträglich, deshalb schloss sie die Augen und lehnte sich zurück.

Sie meinte, kaum die Lider geschlossen zu haben, als Joe auch schon wieder zurück war. „Komm", meinte er knapp und zog sie unsanft auf die Füße. Er führte sie tiefer in die Felsen hinein, wo er eine Nische gefunden hatte. Erst als Caroline im Schatten stand, wurde ihr bewusst, wie heiß es bereits geworden war. Die Nische war groß genug, um ihnen beiden Schutz zu bieten.

„Ich habe schon nachgesehen, hier gibt es keine Schlangen." Er drückte ihr einen Stock in die Hand. „Nur für den Fall, dass doch welche auftauchen sollten … verscheuche sie hiermit. Ich werde jetzt unsere Spuren verwischen und etwas zu trinken finden."

Automatisch klammerte Caroline die Finger um das Holz. Der Gedanke an Schlangen war alles andere als angenehm. Aber sie hatte jetzt wichtigere Dinge im Sinn – schlafen. Sie drehte sich auf die rechte Seite – da schmerzte es am wenigsten – und war sofort eingeschlafen.

Joe sah auf sie hinunter, seine Wangenmuskeln arbeiteten. Die linke Seite ihres Gesichts war zerkratzt und voller blauer Flecke, ebenso ihr linker Arm. Die Schwellung an ihrer Schläfe war deutlich sichtbar. Vor Erschöpfung und Schmerzen war sie kalkweiß, ihre Kleidung schmutzig und zerrissen. Der Unterschied zwischen ihrer sonst makellosen Erscheinung und dem erschöpften Bündel, das jetzt zu seinen Füßen im Staub schlief, machte Joe unendlich wütend. Cal Gilchrist war wahrscheinlich tot, aber Joe wollte den anderen Mann auch am liebsten tot wissen, weil er Caroline das angetan hatte. Er selbst hatte sich als ihr Beschützer wahrlich keine Lorbeeren verdient, und so war er ebenso wütend auf sich selbst.

Sie sah so schmal und hilflos aus, wie sie da zusammengerollt auf der Seite lag. Dabei wusste er, dass Caroline keineswegs hilflos war. Er sah noch ihren verbissenen Kampf mit dem Knebel vor sich, um Gilchrist ihren Verdacht entgegenzuschreien. Damit hatte sie Zwietracht zwischen den beiden Männern gesät und den Streit geschürt, um die eigene Flucht zu ermöglichen. Jetzt lag es bei ihm, dafür zu garantieren, dass ihr nichts mehr geschah.

Die eigene Müdigkeit machte ihm zu schaffen, während er eine ziemlich weite Strecke zurückging, um jegliche Spuren auf dem Weg zu der Felsformation zu verwischen. Er ignorierte seine protestierenden Muskeln. Sie verlangten nach Wasser, wenn auch noch nicht verzweifelt. Aber sie würden wesentlich bessere Dienste leisten können, wenn sie entsprechend mit Flüssigkeit versorgt würden. Bevor er Caroline verdursten ließ, würde er ein vorbeifahrendes Auto anhalten. So weit war es jedoch noch nicht, und er wollte kein unnötiges Risiko eingehen. Mit Kennerblick nahm er die spärliche Flora auf dem Wüstenboden in der Nähe der Felsen wahr und merkte sich die Stelle mit den Pflanzen, die etwas grüner aussahen. Dort in der Erde würde er Wasser finden. Sie würden durchkommen.

Joe kletterte zurück zwischen die Felsen und in die Nische. Caroline hatte sich keinen Zentimeter bewegt. Sie atmete tief und regelmäßig, wie jemand, der fest schlief. Es schien Joe eine Ewigkeit her zu sein, dass er sie gehalten hatte und sie sich vertrauensvoll an ihn geschmiegt hatte. Plötzlich erschien ihm jeder weitere Moment zu viel. Joe legte sich neben sie, zog sie an sich und bettete ihren Kopf an seine Schulter. Sie seufzte leise, ihr warmer Atem strich über seine Haut.

Verflucht, warum hatte sie ihm nichts von ihrem Verdacht gegen Gilchrist gesagt? Sie war nicht überrascht gewesen, den Mann im Container vorzufinden. Im Gegenteil, sie war ganz bewusst hingegangen, um ihn zu konfrontieren. Anstatt den Telefonhörer aufzunehmen und ihn, Joe, oder auch Hodge anzurufen, war sie direkt in die Gefahrenzone gelaufen. Diese ganze schreckliche Geschichte hätte sich vermeiden lassen, wenn sie den Anruf gemacht hätte, anstatt die Dinge allein in die Hand zu nehmen.

Das war das Erste, was er mit ihr klären wollte, sobald sie aufwachte. Warum, zum Teufel, hatte sie ihm nicht vertraut? Müsste er sie ans Bett fesseln, damit sie sich nicht jedes Mal kopfüber in gefährliche Situationen stürzte, sobald er nicht in der Nähe war, dann würde er es tun. Das Entsetzen, das ihm in die Glieder gefahren war, als sie in den Arbeitsbereich marschierte, um den Saboteur zu stellen, war Joe noch überdeutlich in Erinnerung. Er wollte Caroline schütteln, bis ihr die Zähne klapperten.

Stattdessen hielt er sie nur noch fester und strich ihr zärtlich ein paar helle Strähnen aus dem Gesicht. Er spürte ihren Herzschlag an seiner Brust, und im Moment war das alles, was er brauchte. Er schlief genauso schnell ein wie sie, kaum dass er die Augen geschlossen hatte und die Erschöpfung ihn wie eine Flutwelle übermannte.

13. KAPITEL

Die Hitze weckte Caroline auf. Sie fühlte sich besser, ausgeruht, die Kopfschmerzen waren auf ein erträgliches dumpfes Pochen zurückgegangen. Langsam setzte sie sich auf und starrte hinaus auf die karge Landschaft, die sich endlos in der flimmernden Hitze vor ihren Augen erstreckte: Rottöne in jeder Schattierung, viel Gelb, Braun und Beige, hier und da ein grüner Fleck, Beweise der dürftigen Vegetation. Schön. Ursprünglich. Cal lag wahrscheinlich irgendwo da draußen, tot. Und trotz allem, was er getan hatte, trauerte Caroline um ihn. Er hatte sie nicht töten wollen, hatte sogar versucht, es zu verhindern. Der arme Cal. Er war ein Verräter, aber kein Mörder. Dabei hätte das, was er getan hatte, fast zum Tode eines Menschen geführt. Der arme Cal. Doch wäre Joe seinetwegen verletzt worden, sie selbst hätte ihm den Hals umgedreht!

Schweiß tropfte ihr von der Stirn in die Augen, sie benutzte den Ärmel ihres T-Shirts, um sich die Stirn abzuwischen. Außerhalb dieser schützenden Felsen musste die Hitze erbarmungslos sein. Caroline legte die Hand an den Stein. Er fühlte sich kühl an. Dort, wo die Sonne hinfiel, würde man wahrscheinlich Spiegeleier braten können.

Joe war nicht da, aber das beunruhigte sie nicht. Sie erinnerte sich vage daran, dass er neben ihr gelegen hatte. Im Staub erkannte sie den Abdruck seines Körpers. Wahrscheinlich hatte sie es irgendwie gemerkt, dass er aufgestanden war, und das hatte sie geweckt.

Sie fühlte sich schrecklich schmutzig und verklebt. Caroline sah an sich hinunter. Wenn sie es recht bedachte, war sie nicht mehr so schmuddelig gewesen seit … nein, in ihrem ganzen Leben noch nicht. Extrem reinlich, hatte sie als Kind den Spaß von Schlammpfützen durch den von Büchern und Computern ersetzt.

Steif rappelte Caroline sich auf die Füße und verzog das Gesicht, als ihr diverse Schmerzen durch die Glieder fuhren. Schmerzen oder nicht, bestimmte Körpervorgänge forderten ihr Recht.

Als sie zu der Nische zurückkehrte, fand sie Joe mit dem Rücken gegen den Fels gelehnt vor. Er machte einen geradezu widerwärtig fitten Eindruck. Seine Augen blickten hellwach, und obwohl er genauso besudelt war wie sie, schienen Jeans und Khakihemd dazu geschaffen, mit Staub und Schmutz verdreckt zu werden – ganz im Gegensatz zu Carolines weißer Hose und weißem T-Shirt. Selbst seine abgewetzten Stiefel eigneten sich wesentlich besser für die Wüste. Mit ihren Slippern musste Caroline achtgeben, dass sie keine kleinen Steinchen oder Sand in die Schuhe bekam, die ihr beim Gehen die Haut von den Füßen schürfen würden.

Nach einem einzigen Blick, mit dem sie seine gesamte Erscheinung abmaß – und seinen Augen geflissentlich auswich –, ging sie an ihm vorbei und ließ sich im Schatten nieder.

Joe biss die Zähne zusammen. Er hatte geglaubt, sich wieder unter Kontrolle zu haben, doch von einer Sekunde auf die andere war er erneut genau da, wo er angefangen hatte – nämlich kurz vor dem Explodieren. Caroline ging auf Distanz zu ihm, und verflucht, er ertrug es nicht.

Verbissen hielt er seinen Atem ruhig, zwang sich, die geballten Fäuste zu öffnen und die Wangenmuskeln zu entspannen. Sie war immer noch angegriffen durch die rohe Behandlung, die sie am Tag zuvor hatte erdulden müssen. Jetzt war nicht der richtige Zeitpunkt für eine Konfrontation, selbst wenn er sicher gewesen wäre, die Beherrschung nicht zu verlieren. Später. Später, so versprach er sich, würde er bekommen, was er wollte.

„Wir müssen etwas trinken", sagte er nur. „Komm."

Ohne zu zögern stand sie auf. Nicht einmal ein Anzeichen von Widerspruch, was bedeutete, dass sie sehr durstig sein musste.

Sie brauchten nicht weit zu laufen. Joe hatte die Gegend abgesucht und einen Platz gefunden, der bedeckt war mit grünem Gestrüpp. Er kniete sich auf den Sand und begann mit den Händen zu graben. Das Loch war noch nicht tief, und der Sand begann, feucht zu werden. Joe zog sein Messer aus dem Stiefel und benutzte es, um tiefer zu graben. Schon bald trat schlammiges Wasser in die Mulde.

Um ihn zu knebeln, hatten Gilchrist und sein Komplize ein Taschentuch benutzt, das sich jetzt als äußerst nützlich erwies. Joe breitete es in dem Loch aus, um das Wasser zu filtern, dann forderte er Caroline auf: „Trink."

Sein Befehlston scherte Caroline nicht. Joe hatte Wasser gefunden, das war das einzig Wichtige. Sie machte sich auch keine Gedanken um unhygienische Voraussetzungen oder über die würdelose Haltung, die sie einnahm, um von dem kostbaren Nass zu trinken:

Sie ging auf alle viere und trank wie ein Hund. Das hier war Wasser. Und wenn sie sich auf den Kopf stellen müsste, sie würde alles tun, was nötig war. Sie spürte, wie ihre ausgetrocknete Kehle die kühle Feuchtigkeit aufsog. Es war ein wunderbares Gefühl.

Dennoch zwang sie sich, mit dem Trinken aufzuhören, lange bevor ihr Durst gestillt war, und zog sich von dem kleinen Wasserloch zurück. „Du bist an der Reihe", sagte sie zu Joe. Schließlich wusste sie nicht, wie viel Wasser die Wüste hergeben würde. Vielleicht reichte es nur für ein paar Schlucke für jeden von ihnen.

Joe legte sich der Länge nach auf den Bauch und trank, eine sehr viel bequemere Position, wie es Caroline schien. Sie hätte auch selbst darauf kommen können, aber anderseits ... sie hatte noch nie Wasser aus einem Loch getrunken. Beim nächsten Mal würde sie es besser wissen. Gedankenverloren betrachtete sie seine Gestalt. So groß wie er war, hatte er bestimmt auch mehr Blut in seinem Körper als sie, und damit würde er mehr Wasser brauchen als sie. Biologie war zwar nie eines ihrer Interessensgebiete gewesen, aber sie würde jede Wette eingehen, dass es stimmte. Eine faszinierende Überlegung. Sie würde sich genauer in die Materie vertiefen und ...

Sie blinzelte, als ihr bewusst wurde, dass er aufgestanden war und auf etwas zu warten schien. „Willst du noch mehr trinken?", wiederholte er ungeduldig.

„Wie? Oh, ja. Danke." Dieses Mal legte sie sich ebenfalls bäuchlings hin. Was ihr einen wesentlich besseren Zugang zu der kleinen Pfütze bot. Gierig trank sie in großen Schlucken, bis sie das Gefühl hatte, ihren Durst gestillt zu haben. „Möchtest du noch mehr?"

„Nein, ich habe genug."

Daraufhin nahm sie das Taschentuch, tunkte es ein, so gut es ging, rieb sich damit über Gesicht und Hände und zuckte zusammen, als das Wasser in den Wunden zu brennen begann. Dann reichte sie das Tuch an Joe weiter, der es ihr gleichtat und sich das Tuch in den Nacken legte. Es kühlte ihn ab, und das hatte er auch nötig.

„Bis zum Sonnenuntergang bleiben wir zwischen den Felsen sitzen", bestimmte er. Caroline nickte nur und ging ohne ein weiteres Wort zu der schützenden Nische zurück.

Verdammt, sie behandelte ihn wie einen Fremden. Nein, schlimmer. Mit einem Fremden hätte sie sicher geredet. Bis jetzt hatte sie ihn nicht einmal angeschaut. Ihr Blick glitt über sein Gesicht, stellte aber keinen Augenkontakt her, so wie man auf der Straße an anderen Passanten vorbeieilte. Joe folgte ihr mit geballten Fäusten zurück zum Felsen. Nein, es war jetzt an der Zeit, die Dinge zu klären.

Die Arme um die angezogenen Knie geschlungen, saß Caroline auf dem Boden in der Nische, als er dazukam. Joe trat so nah an sie heran, dass seine Fußspitzen gegen ihre stießen. Entweder stand sie auf, oder sie musste den Kopf in den Nacken legen, um ihn anzusehen. Caroline blieb sitzen.

„Warum, zum Teufel, hast du mich nicht angerufen? Warum musstest du Gilchrist gestern Nacht allein aufsuchen?“ Er sagte es so leise, dass sie sehr genau hinhören musste, um die nur mühsam kontrollierte Wut in den Worten zu hören.

Caroline berührte es nicht. Gleichgültig zuckte sie die Schulter. „Ich hab nicht dran gedacht. Und selbst wenn ich daran gedacht hätte, hätte ich es nicht getan. Wieso auch?“

„Damit ich das in die Hand nehmen kann. Damit du nicht fast umgebracht worden wärst.“

„Du übrigens auch“, stellte sie klar. „Wie kommt es eigentlich, dass du hier bist?“

„Ich bin dir gefolgt.“

„Ah.“ Sie lächelte schwach. „Dachtest wohl, du könntest mich auf frischer Tat ertappen, was? Es muss eine große Überraschung für dich gewesen sein, herauszufinden, dass es jemand anders war.“

„Und du wusstest, wer es war, als du hingingst. Herrgott, Caroline, für eine so intelligente Person wie dich war das extrem dumm. Du hättest mich anrufen und mir von deinem Verdacht erzählen sollen.“

„Klar, sicher. Das wäre doch völlig sinnlos gewesen“, warf sie ihm düster vor. „Wir haben ja gesehen, wie bedingungslos du mir vertraust. Da hätte ich doch noch eher Adrian Pendley angerufen, und der kann mich nicht ausstehen.“

Joe stieß zischend den Atem durch die Zähne, packte Caroline bei den Oberarmen und riss sie unsanft hoch. „Wenn du je irgendetwas brauchst, dann rufst du mich an, verstanden?“, presste er hervor. „Meine Frau wendet sich an niemanden anderen.“

Caroline zuckte zurück und wollte sich aus seinem Griff freimachen, doch Joes Finger umklammerten ihre Arme nur fester. „Wie schön“, fauchte sie spöttisch. „Wenn du sie findest, dann solltest du ihr das auf jeden Fall sagen. Nur … mich interessiert das überhaupt nicht.“

Rote Nebel waberten vor seinen Augen. „Treib’s nicht zu weit“, warnte er heiser. „Du gehörst zu mir, verdammt. Gib’s zu.“

Noch einmal versuchte sie erfolglos, sich aus seinem Griff zu befreien. Ihre grünen Augen schossen wütende Pfeile auf Joe ab. Wenn er sich einbildete, sie könnten einfach da weitermachen, wo sie aufgehört hatten, jetzt, da sie, Caroline, sich doch als würdig erwiesen hatte, dann stand ihm eine böse Überraschung bevor. Sie wollte ihn anschreien, ihm diese Worte ins Gesicht schleudern, doch sie entschied sich für einen beißenden, abfälligen Ton.

„Wir haben ein wirklich heißes Wochenende im Bett verbracht, was dir jedoch nicht automatisch irgendwelche Besitzrechte über mich verleiht. Mann, o Mann, ich hab doch einiges gelernt. Ich wusste ja, dass du nicht bis über beide Ohren in mich verliebt bist, aber du kannst auch keine sehr hohe Meinung von mir haben, wenn du mich tatsächlich für fähig hältst, Hochverrat zu begehen. Es war auf jeden Fall und in jeder Hinsicht eine Erfahrung …“

„Halt den Mund!“, knurrte er.

„Du hast mir nicht zu sagen, dass ich den Mund halten soll!“, fauchte sie. „Das nächste Mal, wenn ich mit einem Mann ins Bett gehe, achte ich darauf …“

Das war der Moment, in dem er sie zu schütteln begann. „Du wirst nie mit einem anderen Mann ins Bett gehen als mit mir!“ Die Vorstellung von Caroline mit einem anderen Mann hatte den letzten Rest seiner Selbstbeherrschung mit einem Schlag fortgewischt. Rage kochte unkontrolliert hoch in ihm wie heiße Lava. Caroline gehörte ihm, ihm allein, er würde sie nie wieder gehen lassen!

Irgendwie lag plötzlich sein Mund auf ihrem, er griff in ihr Haar und bog ihren Kopf nach hinten. Er wollte ihr sein Zeichen aufbrennen, sein Fleisch mit ihrem vereinen, sie sollte nie wieder von ihm loskommen. Seine Haut brannte, schien zu eng geworden für die Lust, die durch seine Adern rauschte.

Er drückte Caroline auf den Boden, blind vor Gier, sie unter sich zu spüren. Er zerrte an ihrer Hose, bis er sie ihr von den Beinen gestreift hatte. Ihr Slip hielt den Ruck nicht aus und zerriss.

Caroline lag still da und beobachtete fasziniert Joes Mienenspiel. Sie hatte sich immer über seine eiserne Beherrschung geärgert, doch jetzt schien diese Selbstkontrolle in tausend Scherben zerbrochen. Die ungezügelte Energie und Intensität, die auf seinem Gesicht stand, war fast beängstigend. Fast. Denn tief in ihrem Innern, mit den ursprünglichsten ihrer Instinkte, wusste sie, dass er ihr nie wehtun würde. Sie erkannte die Wildheit in seinen Augen, spürte die kaum verhaltene Stärke seiner Hände, und sein Ungestüm fachte ihre eigene Leidenschaft an, die jäh in schwindelnde Höhen schoss, um sich mit der seinen zu treffen.

Sie hörte sich einen lauten Schrei ausstoßen, dann griff sie in sein dichtes Haar und zog ihn auf sich herunter.

Er riss an seiner Hose, befreite stöhnend seine pulsierende, harte Männlichkeit. Mit nur einem Stoß drang er kraftvoll und tief in sie ein. Caroline schrie, als er sie gierig in Besitz nahm, und sie hieß ihn mit der gleichen Losgelöstheit willkommen. Er glaubte, sein Kopf müsse explodieren, als sie die Beine um ihn schlang und ihm ihre Hüften entgegenbog und er ganz in ihre seidige Tiefe eintauchte.

Er ritt sie hart und drückte sie auf den harten Boden, während ihr Fleisch sich vereinte. Nie zuvor hatte er so wild gefühlt, so vollkommen dominant und primitiv. Er war außer Kontrolle. Er reagierte wie ein Tier, das die Vereinigung mehr brauchte als alles andere auf der Welt.

Caroline hob ihre Hüften, um seine harten Stöße zu empfangen. Sie wurde von dem Feuer der Leidenschaft mitgerissen, das er entfacht hatte. Und sie liebte es, genoss jede Sekunde, verlangte nach mehr. Die Lust explodierte tief in ihr wie ein funkelndes Feuerwerk. Sie krallte sich in seine Haare, vergrub ihre Fersen in seinen muskulösen Schenkeln, während ihr schlanker Körper sich unter ihm bog. Rollender Donner durchraste sie, und mit einem hemmungslosen Aufschrei überließ sie sich dem Gefühl.

Ein Schauer durchfuhr Joe, als er gemeinsam mit ihr den Gipfel erklomm, höher und heftiger, als er es je erfahren hatte. Als es vorüber war, hatte er nicht einmal mehr die Kraft, sich zu bewegen. Völlig ausgelaugt, ließ er sich auf Caroline fallen, und irgendwo in seinem Kopf formte sich der Wunsch, sich nie wieder bewegen zu müssen und dass sie hier so liegen bleiben könnten für den Rest ihres Lebens.

Er brauchte Caroline – für den Rest seines Lebens. Seine Liebe für das Fliegen hatte bisher immer jedes Gefühl übertroffen, das er für eine Frau empfunden haben mochte. Doch Caroline hatte er vom ersten Augenblick an nicht aus seinem Kopf verbannen können, selbst dann nicht, wenn er ins Cockpit gestiegen war. Sie würde niemals eine Ehefrau aus dem Bilderbuch sein, aber Teufel noch eins, wenn er ein bequemes und friedliches Leben hätte führen wollen, wäre er nicht Kampfpilot geworden. Kein Flugzeug, nicht einmal Baby, hatte ihn so tief berührt wie Caroline. Sie bezauberte ihn und forderte ihn heraus, und in den körperlichen Bedürfnissen stand sie ihm in nichts nach. Er war ein Krieger, und sie war ebenso wild und ungestüm wie er, hatte noch mehr Courage als Verstand, und das wollte wirklich was heißen. In zurückliegenden Zeiten hätte sie Seite an Seite mit ihm gekämpft, mit einem Schwert in der Hand. Seine Amazone.

„Ich liebe dich." Er hatte es nicht einmal gewusst, bis die Worte wie von selbst den Weg über seine Lippen fanden, aber sie überraschten ihn nicht. Von irgendwo her klaubte er einen Rest an Kraft zusammen, um sich auf seine Ellbogen aufzurichten. Mit halb geschlossenen Augen sah er auf Caroline hinunter. „Du gehörst zu mir. Vergiss das nie."

Ein Flackern trat in Carolines Augen, ihre Pupillen waren groß und schwarz, sodass die lebhafte Farbe der Iris kaum noch zu erkennen war. „Was hast du gesagt?", verlangte sie zu wissen.

Er presste sich an sie. Himmel, wie konnte er immer noch erregt sein? Er war halb tot vor Erschöpfung, doch das Verlangen nach ihr war trotzdem da. „Ich sagte, ich liebe dich. Und dass du zu mir gehörst, Caroline Evans. Auf alle Ewigkeit. Jetzt und für immer. Bis dass der Tod uns scheidet."

„In guten wie in schlechten Zeiten", ergänzte sie, und plötzlich schossen ihr Tränen in die Augen und liefen an ihren Schläfen hinab.

Joe bettete ihren Kopf in seine Hände und küsste ihr die Tränen fort. Ein eiserner Ring lag um seine Brust. Nie hätte er Tränen von seiner unerschrockenen kleinen Kriegerin erwartet, es war fast mehr, als er ertragen konnte. „Warum weinst du?", fragte er besorgt und bedeckte ihr Gesicht und ihren Hals mit hilflosen kleinen Küssen. „Habe ich dir wehgetan?"

„Du hast mich fast umgebracht“, antwortete sie leise. „Du hast mir nicht geglaubt.“ Und dann ballte sie die Faust und versetzte ihm einen Hieb gegen den Kopf, weil es der einzige Platz war, an den sie herankam. Es wurde ein kraftloser Schlag, weil sie sich kaum rühren und daher lange nicht so Schwung holen konnte, wie sie gern wollte, aber sein gepeinigtes Stöhnen befriedigte sie. „Tu das nie wieder!“

Er ruckte mit dem Kopf zurück und funkelte sie verständnislos an. „Warum hast du das getan?“

„Du hast es verdient“, murmelte sie und blinzelte die nächsten Tränen weg, die ihr in die Augen stiegen.

Ein Lächeln zuckte um Joes Lippen, und sein grimmiger Blick wurde zärtlich. „Es tut mir leid.“ Er setzte kleine Küsse auf ihre Mundwinkel. „Es tut mir leid. Ich war ein blinder, sturer Esel. Allein die Vorstellung, du könntest mich betrogen haben, hat mich so in Rage versetzt, dass ich nicht mehr klar denken konnte. Ich war auf dem Weg zu deinem Quartier, als du mir entgegenkamst. Du bist über das Gelände marschiert, als gehöre es dir, und dabei standest du doch unter Bewachung.“ Eine Falte erschien auf seiner Stirn. „Wie bist du eigentlich da herausgekommen?“

„Ich habe das Oberlicht im Schlafzimmer abgeschraubt und bin durchgekrochen.“

Joe blickte sie verdutzt an. „Da passt du doch niemals durch, das ist doch viel zu schmal.“

„Ha! Ich hab mir ein paar Kratzer zugezogen und mir halb die Schulter ausgekugelt, als ich gefallen bin. Schließlich musste ich ja mit dem Kopf zuerst raus. Aber es ist machbar.“ Sachlich fügte sie hinzu: „Allerdings kann ich mir nicht vorstellen, dass du dich durchzwängen könntest, selbst wenn du von Kopf bis Fuß eingeölt wärst.“

„Und auch kein anderer Mann auf der Basis“, ergänzte er trocken.

„Nun, die Zeiten ändern sich. Es treten immer mehr Frauen in die Air Force ein, also werden sich die Sicherheitsbestimmungen entsprechend anpassen müssen. Der Stützpunktpolizei wird nichts anderes übrig bleiben, als dazuzulernen.“

Typisch für Caroline, dass sie sofort auf die Schwachpunkte hinwies. Die Überwachung war lückenhaft gewesen, ein Fehler, der Caroline die Flucht ermöglicht hatte. Joe würde Hodge darauf hinweisen – wenn Caroline es nicht vor ihm tat.

Jetzt gähnte sie, wohlig wie eine Katze, und ihre Lider senkten sich schläfrig. Joe wollte sich noch immer nicht von ihr lösen, auch wenn Caroline nackt auf dem harten Wüstenboden lag. Das Problem löste Joe, indem er sich mit ihr herumrollte, sodass er nun unten und sie auf ihm lag. Sie gab einen zufriedenen Laut von sich, wie ein Schnurren, und schmiegte ihre Wange in seine Halsmulde.

Träge streichelte er ihr mit den Fingerspitzen über den Rücken, dann plötzlich fasste er sie bei der Taille und drückte sie hoch. „Und was ist mit dir?“ Seine Stimme klang scharf. „Liebst du mich, Caroline? Sag es.“

„Ja, Sir, Colonel“, antwortete sie auf seinen Kommandoton. Sie nahm an, dass er nicht anders konnte. „Ich liebe dich, Sir, Colonel. Ziemlich dumm von mir, was? Mich in dich zu verlieben, wo du doch so fest entschlossen warst, nichts von dir preiszugeben und mir nicht mehr zukommen zu lassen als Sex.“

Anspannung flutete jäh durch ihn hindurch und straffte die Haut schmerzhaft über den markanten Gesichtsknochen. Panik breitete sich in Joe aus und verursachte ihm Übelkeit, als ihm plötzlich klar wurde, dass Caroline seine eiserne Selbstbeherrschung nie tolerieren würde. Sie würde sich nie mit Häppchen von Liebe und Leidenschaft zufriedengeben. Sie wollte alles von ihm. Ein Abgrund tat sich vor ihm auf, und wenn er einen Schritt vor machte, würde sein Leben nie wieder sein wie vorher. Doch wenn er diesen Schritt nicht tat, würde er Caroline verlieren. Und mit absoluter Gewissheit wusste er, dass er das nicht überleben würde. Er würde sie nie vergessen können, er würde ohne sie nie weitermachen können, so als wäre nichts geschehen. Sie war sein Gegenstück, seine Frau. Für ihn gab es keine andere.

Irgendwie brachte er sich dazu, Worte zu formen, auch wenn seine Lippen sich taub anfühlten. „Ich … ich muss die Kontrolle behalten.“

Er spürte ihre Hand, die ihm sanft das Haar aus der Stirn strich, fühlte, wie sie mit den Fingerspitzen über seine Wange fuhr. „Das ist mir auch schon aufgefallen“, murmelte sie leicht spöttisch.

Es war unmöglich, es ihr zu erklären, wenn sie ihm so nahe war, dass ihr nicht die geringste Veränderung in seinem Gesicht entgehen würde. Joe schob sie von sich, auch wenn sein Körper sich ohne die Verbindung zu ihr plötzlich unvollständig anfühlte. Caroline war verwirrt über die unerwartete Veränderung, instinktiv bedeckte sie ihre bloße Brust mit den Armen. Diese Geste war so typisch weiblich, dass Joe Caroline an sich zog und festhielt, das Gefühl ihrer seidigen Haut genoss und ihren Duft einatmete, um Kraft zu sammeln.

Dann wischte er ihr vorsichtig den Sand vom Rücken, zog sein Hemd aus und legte es ihr über die Schultern. Er küsste sie, hart und fest, bevor die Anspannung ihn auf die Füße trieb. Mit dem Rücken zu ihr stand er da, den Blick auf die endlose Wüste gerichtet.

„Dad wurde ins Gefängnis gesteckt, als ich sechs Jahre alt war." Seine Stimme klang heiser, gepresst. „Verurteilt für ein Verbrechen, das er nicht begangen hatte. Der wahre Täter wurde schließlich gefasst und legte ein volles Geständnis ab. Doch bis dahin hatte Dad bereits zwei Jahre hinter Gittern verbracht, und ich verbrachte diese Zeit bei Pflegeeltern."

Hinter ihm herrschte absolute Stille, doch Joe spürte, mit welcher Aufmerksamkeit Caroline ihm zuhörte. „Vielleicht war einfach etwas an mir, das den Mann in der ersten Familie reizte. Vielleicht lag es auch daran, dass ich ein Halbblut war. Sie hatten andere Pflegekinder, aber auf mich hatte er es abgesehen. Ich war ein Kind, ich würde Dinge kaputtmachen, ich würde beim Spiel mit den anderen Kindern wütend werden, so wie das bei Kindern eben ist. Ich war größer und stärker als die anderen in meinem Alter, aber ich wusste nicht, wie ich meine Kraft kontrollieren sollte. Wenn irgendjemand etwas Schlechtes über meinen Vater sagte, wurde ich wild und versuchte, so viel Schaden wie möglich anzurichten."

Gedankenverloren seufzte Joe. „Dieser Mann schlug mich, jedes Mal, wenn ich etwas anstellte, und wenn ich nur über einen Aschenbecher stolperte, den er auf dem Boden hatte stehen lassen. Zuerst nahm er den Gürtel, doch dann schlug er mit den Fäusten zu. Ich wehrte mich, und er schlug mich nur noch härter. Ich war kaum noch in der Schule, weil er mich mit den Blutergüssen im Gesicht nicht gehen ließ."

Es wurde schwerer, die Erinnerungen immer schwärzer, und das Schlimmste war nicht einmal ausgesprochen. Trotzdem zwang Joe sich dazu, fortzufahren. „Er versetzte mir einen Tritt, und ich fiel die

Treppe hinunter, brach mir zwei Rippen. Dennoch kämpfte ich weiter gegen ihn. Vermutlich hätte man mir vorwerfen können, dass ich nicht wusste, wann ich aufhören musste. Aber mein Temperament ging jedes Mal mit mir durch, so als hätte jemand eine Lunte angezündet. Also begann er, mich mit brennenden Zigaretten zu traktieren, wenn ich frech war und Widerworte gab. Ich war in einem Albtraum gefangen und konnte nicht heraus", sagte er leise. „Es schien niemanden zu interessieren, was mit mir geschah. Ich war ein Halbblut, weniger wert als ein räudiger Straßenköter. Eines Tages versetzte er mir eine Ohrfeige, und ich drehte komplett durch. Ich trat den Fernseher ein, warf Sachen gegen die Wand, rannte in die Küche und riss das Geschirr aus den Schränken. Er war direkt hinter mir, schlug auf mich ein, und dennoch hörte ich nicht auf. Schließlich erwischte er mich, ich war ja nur sechs, und zerrte mich die Kellertreppe hinunter. Er zog mich aus und verprügelte mich, was das Zeug hielt."

Joes Herz raste, so wie es damals an jenem Tag vor fast dreißig Jahren gerast hatte. Er hatte es noch nie jemandem gesagt, aber jetzt musste es ausgesprochen werden. „Danach verging er sich an mir."

Joe hörte die Bewegung hinter sich und fühlte förmlich, wie die Luft erzitterte, als Caroline auf die Füße sprang. Er drehte sich nicht um.

„Im Nachhinein denke ich, er war über sich selbst entsetzt, dass er zu so etwas fähig war. Er hat mich nie wieder angerührt, mit keinem Finger. Und ich habe nie wieder die Beherrschung verloren."

Er hielt inne. „Er muss wohl die Leute vom Jugendamt angerufen haben. Oder vielleicht hat auch seine Frau es getan. Zwei Wochen später wurde ich in eine andere Familie gebracht. Diese zwei Wochen jedoch verbrachte ich im Keller, allein, ohne mit jemandem zu reden. Ich sprach mit niemandem mehr. Die anderen Pflegefamilien waren so weit okay, denke ich, aber ich ging auch kein Risiko ein. Ich tat genau das, was man mir sagte, verlor nie die Beherrschung, bekam nie Wutanfälle, redete nie. Dann, eines Tages, ich war acht, tauchte Dad auf. Er war entlassen worden und hatte nach mir gesucht. Ich weiß bis heute nicht, ob er die Berechtigung hatte, mich abzuholen, er tat es einfach. Er hat mich so fest an sich gedrückt, dass es wehtat, aber es war der beste Schmerz der Welt. Ich war in Sicherheit."

„Hast du es ihm gesagt?" Es war das erste Mal, dass Caroline sprach, seit Joe mit seiner Erzählung begonnen hatte. Er war überrascht, wie hart ihre Stimme klang.

„Nein. Ich habe es noch nie jemandem erzählt, bis jetzt. Wenn du meinen Vater kennen würdest, würdest du auch verstehen, warum ich ihm nichts davon gesagt habe. Er hätte diesen Mann aufgespürt und ihn mit bloßen Händen umgebracht. Und ich wollte meinen Vater nicht noch einmal verlieren."

Joe straffte die Schultern, um sich gegen das Mitleid zu wappnen, das er in ihren Augen sehen und nicht ertragen würde. Doch was er sah, als er sich umdrehte, war alles andere als das. Caroline stand dort, die Hände an den Seiten zu Fäusten geballt, die blanke Wut ins Gesicht geschrieben. Wenn jener Mann ihr jetzt über den Weg laufen würde, Caroline Evans würde ihm höchstpersönlich an die Gurgel gehen. Sie war kein Halbblut, auch kein Komantschen-Krieger, doch ihr Wesen war ebenso wild und feurig. Ihre grünen Augen blitzten vor Empörung. Der Anblick verdutzte ihn so sehr, dass er zu lachen begann.

„Wie kannst du auch noch lachen!", donnerte sie los. „Wage es nicht! Ich werde diesen Widerling umbringen ...!"

„Das brauchst du nicht mehr, Liebling." Er riss sie in seine Arme, nachdem sie seine zärtlichen Umarmungsversuche abgewehrt hatte. „Er ist tot. Er starb, zwei Jahre nachdem die Leute vom Jugendamt mich aus seinem Haus herausgeholt hatten. Nach meinem Abschluss an der Akademie stellte ich Nachforschungen an, nur so, rein aus Interesse. Nein, das ist Unsinn! Ich weiß nicht, was ich getan hätte, wäre er noch am Leben gewesen."

Er strich ihr das Haar aus dem Gesicht und küsste sie. „Ich muss wohl härter im Nehmen gewesen sein als andere Kinder, er hat mir keinen dauerhaften Schaden zugefügt. Bis auf die Tatsache, dass ich ständig die Kontrolle behalten muss. Sexuell hat er mich nicht zerrüttet. Das Zusammenleben mit Dad war wahrscheinlich die beste Therapie. Dad ist immer sehr offen gewesen, für ihn ist Sex etwas völlig Natürliches. Und wir haben eine Pferderanch. Auf einer Ranch lernt man sehr viel über die grundlegenden Dinge des Lebens. Nach sechs Monaten mit Dad war ich wieder völlig in Ordnung. Auf seine Liebe konnte ich mich immer verlassen."

„Nur dass du eben noch immer ein Kontrollfreak bist“, bemerkte sie trocken.

Er musste erneut lachen. „Du kannst nicht die ganze Schuld auf diesen einen Vorfall schieben. Ich bin Kampfpilot. Mein Leben hängt zum großen Teil davon ab, dass ich die Kontrolle behalte. Das war Teil meiner Ausbildung und macht einen noch größeren Teil meiner Persönlichkeit aus.“

Sie schmiegte sich an seine Brust. „Du magst ja deine Gründe haben, trotzdem muss es mir noch lange nicht gefallen.“

„Nein, das hatte ich mir schon gedacht“, meinte er amüsiert. „Deshalb bringst du mich auch immer bis zur Weißglut, damit ich die Beherrschung verliere. Nun, Lady, ich kann dir sagen, du hast dein Ziel erreicht.“ Er wurde ernst. „Ich hätte dir wehtun können.“

Sie sah aus wie eine Katze, die soeben einen ganzen Bottich mit Sahne leer geschleckt hatte, nicht nur ein bescheidenes Schälchen. „Es war wunderbar“, schnurrte sie. „Ich hatte keine Angst. Du kannst mich nicht verletzen, wenn du mich liebst. Verletzt werde ich nur sein, wenn du aufhörst, mich zu lieben.“

Jetzt zog er sie enger in seine Arme. „Dann wirst du dein ganzes Leben unbeschadet verbringen können.“ Lange hielt Joe sie einfach nur, und er spürte, dass etwas in ihm sich lockerte, etwas, das eine sehr lange Zeit so angespannt gewesen war, dass er es nicht einmal bewusst wahrgenommen hatte. Caroline war durch seine Verteidigungsmauern gedrungen, er brauchte endlich nicht mehr argwöhnisch auf der Hut zu sein. Nie war eine Niederlage glorreicher gewesen, denn er hatte dadurch die größte Trophäe davongetragen.

Im Moment lag sein Schatz, nackt und voller Kratzer und blauer Flecke, in seinen Armen, doch sie war immer noch mutig und stolz. Mit einem neckenden Klaps auf den Po gab er sie frei. „Zieh dich an. Die Sonne geht unter. Wir müssen zusehen, dass wir auf die Basis zurückkommen.“

14. KAPITEL

Das Ende kam abrupt und war geradezu enttäuschend. Die Gefahr in der Nacht zuvor war sehr real gewesen, doch kaum war es dunkel geworden, liefen sie wieder parallel zur Straße. Ein Auto näherte sich, es fuhr langsam und leuchtete mit einem einzelnen Scheinwerfer in die Wüste hinaus. Caroline erschrak und wollte sich zu Boden fallen lassen, doch Joe hinderte sie mit festem Griff daran. Er hatte etwas gesehen, das sie nicht erkannt hatte: die Reihe heller Lichter auf dem Dach des Wagens. Mit Caroline im Schlepptau, trat Joe auf den Asphalt.

Der Wagen hielt an. Der Scheinwerfer drehte sich und strahlte Joe an. „Ich bin Colonel Joe Mackenzie, stationiert auf der Nellis Air Force Base." In seiner Stimme klang der gewohnte Befehlston mit. „Ich muss so schnell wie möglich zum Stützpunkt zurück."

Der Beamte der Staatspolizei schaltete den Scheinwerfer ab und stieg aus dem Streifenwagen aus. „Wir suchen alle nach Ihnen, Sir", erwiderte er respektvoll. Ob Militärpersonal oder nicht, etwas war an Joe Mackenzie, das automatisch Achtung forderte. „Ist alles in Ordnung mit Ihnen? Sie sind nicht verletzt? Wir fanden einen Transporter …"

„Wir kennen den Van, man hat uns in ihm fortgebracht."

„Der Gouverneur hat uns den Auftrag erteilt, dem Militär volle Unterstützung zu leisten. Seit heute Morgen ist eine Suchaktion im gesamten Bundesstaat im Gange."

Joe legte den Arm um Carolines Schultern und half ihr auf den Rücksitz, dann ging er vor und setzte sich auf den Beifahrersitz. Caroline konnte die beiden Männer vorn im Wagen nur durch ein Stahlnetz sehen.

„He!", protestierte sie entrüstet.

Joe sah über die Schulter zurück und begann zu lachen. „Na, endlich! Jetzt weiß ich, wie ich dich kontrollieren kann."

„Die Sensoren sind fast durchgebrannt", sagte Captain Hodge. „Da geht Miss Evans zum zweiten Mal in den Arbeitsbereich, obwohl sie doch schon längst als anwesend registriert ist. Und dann treten Sie auch noch ohne Ausweis ins Gebäude, Colonel. Keine zwei Minuten, nachdem der Alarm losschlug, war der erste Wachmann vor Ort, aber das Gebäude war bereits leer. Die beiden müssen Sie sofort hinausgebracht und in Mr Gilchrists Van verladen haben. Dann sind sie in Panik von der Basis geflohen.“ Hodge schaute zu Caroline. „Miss Evans’ Quartier wurde durchsucht, aber sie war nicht da. Erstaunlich. Ich hätte nie gedacht, dass sich jemand durch ein so schmales Fenster zwängen kann.“

„Ich bin ja nicht sehr ausladend“, meinte sie reserviert.

Unter ihrem tadelnden Blick räusperte Hodge sich verlegen. „Ich wollte Sie verständigen, Colonel, und stellte fest, dass Sie ebenfalls verschwunden waren, obwohl weder Sie noch Miss Evans offiziell die Basis verlassen hatten. Allerdings war Mr Gilchrist am Ausgang eingetragen worden, direkt, nachdem der Alarm losgeschlagen hatte.“

„Der andere muss sich hinten mit uns im Laderaum versteckt haben“, mutmaßte Joe.

„Wer war das eigentlich?“, fragte Caroline. „Er kam mir bekannt vor, obwohl ich nicht sicher hätte sagen können, woher.“

Hodge blickte auf sein Clipboard, das er scheinbar immer bei sich hatte. „Sein Name war Carl Mabry. Wahrscheinlich haben Sie ihn im Kontrollraum gesehen. Ein Zivilist in der Radar-Abteilung.“

„Wie kam Gilchrist mit ihm zusammen? Und was ist mit den anderen? Haben Sie etwas Neues herausgefunden?“

Sie saßen in Joes Büro. Joe und Caroline waren untersucht und medizinisch versorgt worden. Glücklicherweise hatte keiner von ihnen größere Verletzungen davongetragen. Carolines Kleider waren irgendwann im Verlauf der Untersuchung verschwunden, und die wohlmeinende Krankenschwester hatte sie in einen der form- und rückenlosen grünen Chirurgenkittel gesteckt. Carolines Sinn für Ästhetik und Eleganz war zutiefst gekränkt, dabei war ihr gar nicht klar, wie hinreißend Joe sie fand.

„Gilchrist wurde erst angeworben, nachdem er auf den Stützpunkt gekommen war“, erklärte Hodge. „Mabry gehörte einer radikalen Gruppe an, die die Ausgaben für den Wehretat verhindern will. Sie kennen solche Typen – sie wollen das Geld für humanitäre Zwecke eingesetzt sehen. Dafür gehen sie sogar über Leichen.“

„Und wie ist es dann möglich“, mischte Caroline sich beißend ein, „dass dieser Mann durch die Sicherheitsprüfung gekommen ist?“

Hodge zuckte leicht zusammen. „Ich … äh, das wird zurzeit noch überprüft. Aber er hatte keine Zugangsberechtigung zum Lasercontainer."

„Wie ist er dann hineingekommen, ohne dass der Alarm losging?", wollte Joe ungeduldig wissen.

Caroline schnaubte. „Dieses Sicherheitsprogramm hat eine gravierende Schwachstelle. Der Alarm schlägt los, wenn ein Körper ohne Ausweis über die Schwelle tritt, aber nicht, wenn es sich um einen Ausweis ohne Körper handelt."

Hodges Militärschnitt war zu kurz, so konnte er sich nicht die Haare raufen. Es blieb ihm nur, sich mit der Hand über den Igelschnitt zu fahren. „Was heißt das denn?", fragte er verständnislos.

„Das ist doch klar. An jenem Morgen bin ich nicht mit Cal in den Container gegangen, obwohl die Sensoren mich angeblich registrierten. Was also bedeutet, dass er meine Karte bereits bei sich trug und vor die Sensoren gehalten hat. Damit konnte er auch meine Aussage widerlegen, denn die Beweise waren ja offensichtlich. Wahrscheinlich hat er die Karte gefunden, als ich sie verlor, und hat an dem Tag mit mir zusammen den Arbeitsbereich verlassen, damit der Alarm nicht losschlägt. Er muss wohl außerhalb des Stützpunkts eine Kopie gemacht haben und hat mir dann das Original am nächsten Morgen zurückgegeben, damit ich keine Meldung mache. Die Nacht, in der man uns überwältigt hat …" Caroline hielt inne und überlegte. „Wann war das …?" Sie schaute verdutzt auf. „Wirklich erst gestern?"

„Es scheint viel länger her zu sein, nicht wahr?" Joe grinste sie an.

„Wie auch immer … Cal muss mit der Kopie das Gebäude betreten haben, es dann durch ein Fenster oder sogar durch die offene Tür zu Mabry geworfen haben, damit der dann eintreten konnte. Wenn Sie die Daten überprüfen, werden Sie sicher zweimal Betreten und einmal Verlassen des Containers innerhalb weniger Sekunden finden, Captain Hodge. Und wenn Sie etwas weniger von sich überzeugt gewesen wären, hätten Sie meinen Code sofort aus dem System löschen lassen und nicht erst bis zum nächsten Morgen gewartet, nur weil Sie dachten, dass die Überwachung ausreicht."

Hodge lief rot an. „Jawohl, Ma'am", murmelte er zerknirscht.

„Des Weiteren … anstatt so sicher zu sein, das Problem unter Kontrolle zu haben, hätten Sie Anweisung geben sollen, das gesamte

Laserteam auf der Basis festzuhalten, bis die Sache endgültig geklärt ist."

„Jawohl, Ma'am."

„Und das Erkennungsprogramm der Sensoren sollte sofort überarbeitet werden. Es ist beschämend, dass Hochleistungsgeräte ausgetrickst werden, indem man sich wie Kinder anstatt eines Balls eine Ausweiskarte zuwirft."

„Jawohl, Ma'am."

Joe hielt sich unauffällig die Hand vor den Mund, um sein Grinsen zu kaschieren, doch seine blauen Augen funkelten. Der arme Hodge. So korrekt der Captain auch war, gegen Caroline, die gerade eine Demonstration hochmütigster Würde ablieferte, hatte er nicht die geringste Chance. Joe beschloss einzugreifen, bevor der arme Captain von ihr zu einem inkompetenten Nichtskönner reduziert wurde. „Sie sprachen von Mabry in der Vergangenheit, Hodge. Ist er tot?"

„Selbstmord, Sir. Gilchrist hat wegen des Geldes mitgemacht, Mabry dagegen war der festen Überzeugung, dass das Night-Wing-Projekt abgebrochen werden sollte. Er hatte vor, bei den Tests so viele Probleme wie nur möglich zu verursachen, der Etat sollte nicht bewilligt werden. Ein Plan mit Aussicht auf Erfolg, wenn man bedenkt, welcher Druck auf Washington liegt, Geld nur für Projekte auszugeben, die auch wirklich Erfolg versprechend sind. Wir konnten Mabrys Verbindung zu einer bestimmten Gruppe zurückverfolgen, aber ich weiß nicht, ob wir die Kontaktmänner ausfindig machen können. Ohne seine Aussage wird das wohl schwerfallen, aber möglicherweise lassen sich Notizen oder Unterlagen finden, die Aufschluss geben. Wir wissen, dass die Gruppe bereit war, Sie und Miss Evans zu töten, also handelt es sich hier keineswegs um eine harmlose altruistische Vereinigung."

„Ich will, dass sie geschnappt werden, Hodge", sagte Joe leise.

„Jawohl, Sir. Das FBI ist bereits an der Sache dran."

Caroline gähnte verstohlen. Auch wenn sie den ganzen Tag geschlafen hatte, die letzten vierundzwanzig Stunden waren mehr als nur ereignisreich gewesen – sie war hundemüde. Joe lehnte sich in seinen Stuhl zurück und verschränkte die Hände hinter dem Kopf. Es erfüllte ihn mit einer tiefen Zufriedenheit, Caroline einfach nur zu betrachten.

„Hodge, Sie sind der Erste, der es erfährt ... Miss Evans und ich werden heiraten."

Amüsiert sah Joe zu, wie sich völlige Fassungslosigkeit auf dem Gesicht des Captains ausbreitete, bevor er Caroline mit einem Blick anstarrte, als wäre sie ein wildes Tier und er wüsste nicht, ob er davonrennen oder besser reglos stehen bleiben sollte. Caroline erwiderte diesen Blick mit einer Art warnendem Desinteresse.

„Äh, ja, dann ... viel Glück, Sir", sprudelte es aus Hodge heraus. „Ich meine, herzlichen Glückwunsch."

„Danke. Und das Glück werde ich wahrscheinlich auch brauchen können."

Zwei Wochen später ließ Caroline sich in den Armen ihres frisch angetrauten Ehegatten zu Walzerklängen über das glänzende Parkett des Ballsaals führen. Die gesamte Washingtoner Gesellschaft war anwesend, Seide, Satin und Juwelen schimmerten mit den Lichtern im Saal um die Wette. Gelächter, Geplauder und auch ernste Gespräche schwebten durch die Luft. Zwischen den schwarzen, grauen und mitternachtsblauen Smokings der Zivilisten waren die Galauniformen der Militärs zu entdecken. Joe sah einfach umwerfend aus in seiner Uniform. Caroline fiel mehr als nur ein weibliches Augenpaar auf, das schmachtend auf ihm haftete, und sie sah sich immer wieder gezwungen, die Besitzerinnen dieser Augenpaare mit einem strengen Blick zurechtzuweisen.

„Wir hätten warten sollen", sagte sie jetzt.

„Worauf?" Sein Arm hielt sie fester, als er mit ihr über die Tanzfläche wirbelte.

„Ich meine, mit der Hochzeit."

„Du lieber Himmel, warum?"

„Damit deine Familie dabei sein kann."

Joe lachte laut auf. „Dad versteht das schon. Als er beschloss, Mary zu heiraten, hat er den Papierkram innerhalb von zwei Tagen erledigt. Ich habe drei gebraucht."

„General Ramey sieht sehr zufrieden aus", bemerkte Caroline bei der nächsten Drehung.

„Ist er auch. Die Air Force freut sich über jeden verheirateten Offizier. Das macht uns solider und verantwortungsbewusster."

„Natürlich“, meinte sie trocken. „Mit Mach 3 über den Himmel zu rasen ist total solide.“

Der Etat für Night-Wing war am Tag zuvor vom Kongress bewilligt worden. Joe hatte zu einer Anhörung des Komitees nach Washington kommen müssen, und da er sich geweigert hatte, ohne seine Frau anzureisen, war Caroline ebenfalls gerufen worden.

Die Untersuchungen des FBI in Bezug auf die radikale Gruppe waren in vollem Gange, das Night-Wing-Projekt befand sich in der letzten Testphase. Die Flugzeuge und sämtliche Systeme funktionierten perfekt, nachdem der Schaden, den Cal angerichtet hatte, im Computersystem korrigiert worden war. Und Caroline begann langsam zu begreifen, was es hieß, mit einem Offizier verheiratet zu sein, der eine unaufhaltsame Karriere beim Militär verfolgte. Sobald die letzten Tests abgeschlossen waren, würde Joe Mackenzie als Wing Commander das Kommando auf der Air Force Base in Langley, Virginia, übernehmen. In den zehn Tagen, seit sie verheiratet waren, hatte Caroline viel über das Militär gelernt.

Mit dieser Versetzung würde Joe bald seinen ersten Generalsstern erhalten, das wusste sie. Joe war fünfunddreißig, wahrscheinlich beförderte man ihn zum General, noch bevor er siebenunddreißig war. Natürlich würde sie es nie offen zugeben, einfach weil Joe es dringend nötig hatte, dass nicht jeder sofort die Hacken zusammenschlug, sobald er eine Anordnung gab. Aber manchmal verspürte sie wahre Ehrfurcht vor seinen Fähigkeiten.

Jetzt zog er sie enger in die Arme, und ihre Körper berührten sich der Länge nach. Sie hob den Blick und sah das Verlangen in den Tiefen seiner blauen Augen.

„Am besten gefällst du mir in Weiß“, murmelte er.

„Das ist gut. Ich trage nämlich oft Weiß.“ Auch jetzt. Ihr Ballkleid war weiß wie frisch gefallener Schnee.

„Auf weißen Laken siehst du besser aus als jeder, den ich kenne.“

„Hm ... Ich werde Flugstunden nehmen, vielleicht sollte ich mir dazu weiße Overalls besorgen.“

Erstaunt spürte sie unter ihren schmalen Fingern, wie er die Schultern verspannte. „Flugstunden? Wenn du fliegen lernen willst, bringe ich es dir bei.“

Sie lächelte ihn gelassen an. „Nein. Du würdest zu einem nervösen Wrack, wenn du mir Unterricht geben würdest, und ich würde dir wahrscheinlich an die Gurgel gehen. Aber ich muss es lernen, damit ich eine Vorstellung davon habe, wie es für dich da oben ist." So war es das Beste, hatte sie beschlossen. Sie musste einen Weg finden, die Angst zu überwinden, die sie jedes Mal packte, wenn er in die Luft stieg. Anstatt seine Flügel zu stutzen, würde sie sich eben selbst Flügel wachsen lassen.

Joe sah mit einem Mal beunruhigt aus. „Caroline …"

„Joe", fiel sie ihm entschlossen ins Wort, bevor er weiterreden konnte, „ich bin gut in allem, was ich anfange. Physik, Computer, Sex. Ich werde auch gut im Fliegen sein. Und beim Kinderkriegen."

Joe blieb abrupt mitten auf der Tanzfläche stehen. „Caroline!"

Sie hob ungerührt eine Augenbraue und ignorierte die lächelnden Gesichter, die sich plötzlich alle zu ihnen umgedreht hatten. „Was?"

„Bist du etwa schwanger?"

„Möglich wäre es", erwiderte sie sachlich. „Bei unserem Wochenende in Vegas passte das Timing nicht. Aber seither … nenne mir auch nur ein einziges Mal, bei dem du ein Kondom benutzt hättest. Falls ich im Moment noch nicht schwanger bin, so stehen die Chancen doch recht gut, dass ich es noch vor Ende des Jahres sein werde."

Er schien plötzlich nicht mehr atmen zu können. Zum Teufel, wahrscheinlich war sie schwanger. Und wie sie schon gesagt hatte, sie war gut in allem, was sie anfasste.

„Es wird interessant sein herauszufinden, ob du mehr Jungen oder mehr Mädchen zeugst."

Ein vielversprechendes Grinsen breitete sich auf seinem Gesicht aus. „Das ist mir gleich, solange du dich für diese statistische Erhebung zur Verfügung stellst."

„Oh, das mit Sicherheit, Colonel Mackenzie. Und zwar als alleinige Versuchsperson. Wann fahren wir nach Wyoming?"

Der abrupte Themenwechsel machte ihm keine Mühe. Er begann, sich wieder mit Caroline im Kreis zu drehen. „Nächsten Monat. Ich habe nur eine Woche Urlaub, aber zu Weihnachten fahren wir wieder hin."

„Schön. Ich habe übrigens mit Boling-Wahl gesprochen, sie werden versuchen, mich bei Projekten in der Nähe deines Stützpunkts einzusetzen. Für die Air Force kann ich allerdings nicht mehr arbeiten. Gut möglich, dass ich Baltimore zugeteilt werde, wenn du in Langley bist. Aber so weit ist die Entfernung gar nicht."

Joe runzelte die Stirn. „Trotzdem gefällt mir der Gedanke nicht, dass du dich jeden Tag durch den Verkehr kämpfen musst."

Caroline lehnte sich ein wenig in seinen Armen zurück und hob unmerklich die Augenbrauen, bevor sie nach einer kleinen Pause fragte: „Ich?"

Joe musste sich zusammenreißen, um nicht laut aufzulachen. „Ich muss leider in geringerer Entfernung zur Basis leben."

„Oh." Sie dachte einen Moment nach. „Na schön, dann übernehme ich eben dieses Mal die Fahrerei. Aber dann schuldest du mir was, und zwar eine Menge. Ich bin nämlich ein überzeugter Anhänger bequemer Lebensumstände, und sich mit dem Berufsverkehr herumzuschlagen gehört mit Sicherheit nicht dazu. Ich werde es dich wissen lassen, wenn mir einfällt, wie du es wiedergutmachen kannst."

Er zog sie enger an sich heran, immer noch gegen das Lachen ankämpfend, und genoss einfach das Gefühl ihrer Nähe. „Mary wird dich auf Anhieb lieben."

Joe sollte recht behalten.

Die beiden Frauen verstanden sich bestens, so als hätten sie ihre Seelenverwandtschaft sofort erkannt. Caroline verliebte sich augenblicklich, nicht nur in Joes Familie, sondern auch in das kleine Städtchen Ruth in Wyoming und vor allem in die Pferderanch auf dem Berg, der Mackenzie's Mountain genannt wurde. Die Gegend fand Caroline wunderschön und das Wohnhaus einen der fröhlichsten Orte, an dem sie sich je aufgehalten hatte.

Mary Mackenzie war eine zierliche Frau mit großen blau-grauen Augen, hellbraunem Haar und dem auserlesensten Teint der Welt. Auf den ersten Blick hielt Caroline Mary eher für unscheinbar, doch schon bald entdeckte sie die makellose Reinheit in Marys Zügen. Ihre Schwiegermutter war eine echte Schönheit. Wolf Mackenzie hielt seine Frau auf jeden Fall für wunderschön, es lag unendlich viel Liebe und auch Lust in den dunklen Augen, jedes Mal, wenn er sie anblickte.

Caroline war noch nie zwei Männern begegnet, die einander so ähnlich sahen und einander genauso ähnlich waren. Der einzige Unterschied war die Augenfarbe, Wolfs Augen waren schwarz wie die

Nacht, während Joes in hellem Diamantblau strahlten. Und jetzt, da sie Wolf gesehen hatte, verstand sie auch sofort, wieso Joe überzeugt war, sein Vater hätte den Mann umgebracht, der Joe missbraucht hatte, hätte Wolf je davon erfahren. Wolf Mackenzie war ein Mann, der die Seinen beschützte. Wie sein Sohn war auch er ein Krieger.

Mary wirkte wie eine zierliche Porzellanpuppe zwischen ihren Söhnen, selbst bei dem dreizehnjährigen Zane, dem „Eindringlichen“. Caroline würde Michael erst zu Weihnachten kennenlernen, wenn er Ferien hatte. Joshua war mit sechzehn schon fast so groß wie Wolf und Joe. Josh hatte ein sonniges Gemüt, lachte viel und plauderte unbeschwert, im Gegensatz zu Zane, der sich grüblerisch und still gab. In den Augen des Jungen brannte die gleiche Intensität wie bei Joe und Wolf.

Und dann war da noch Maris. Mit elf Jahren war sie klein für ihr Alter, offensichtlich hatte sie den zierlichen Körperbau der Mutter geerbt, ebenso wie deren porzellanfarbene Haut. Das Mädchen hatte helles Haar und die schwarzen Augen ihres Vaters, dem sie kaum von der Seite wich. Mit ihren kleinen, schmalen Händen verstand sie die Pferde ebenso zu beruhigen wie ihr Vater.

Es war das erste Mal, dass Caroline Joe mit Pferden umgehen sah. Es war wie ein Puzzlestückchen seines Charakters, das sich zum Gesamtbild hinzufügte. Er bewies unendliche Geduld mit ihnen und ritt, als wäre er im Sattel geboren worden.

Vom Küchenfenster aus beobachtete Caroline Wolf, Maris und Joe, die mit einem großen schwarzen Hengst im Korral arbeiteten. Der Hengst war im Moment Maris’ Lieblingspferd. Mary trat neben sie und erfasste instinktiv, wen Caroline beobachtete.

„Er ist großartig, nicht wahr? Ich habe ihn vom ersten Augenblick an geliebt, da war er gerade sechzehn. Es gibt nicht viele Männer auf der Welt, die so sind wie Joe. Schon damals war er ein Mann, im wahren Sinne des Wortes. Natürlich bin ich voreingenommen, aber das bist du auch, nicht wahr?“

„Ich brauche ihn nur anzuschauen, und schon laufen mir Schauer über den Rücken“, gab Caroline verträumt zu. Dann fing sie sich und lachte auf. „Sag ihm das nur nicht! Manchmal lässt er ganz schön den Colonel heraushängen. Ich gebe mir alle Mühe, damit er nicht zu kommandogewohnt wird.“

„Ach, das weiß er doch längst. Bei dir laufen ihm übrigens auch Schauer über den Rücken. Das hält die Dinge schön im Gleichgewicht. Ich muss es wissen, schließlich ergeht es mir bei seinem Vater jetzt seit fast zwanzig Jahren so. Meinst du, so etwas vererbt sich?"

„Wahrscheinlich. Sieh dir doch nur Joshua und Zane an."

„Ich weiß." Mary seufzte. „Die Mädchen in der Schule tun mir alle leid. Und die im College mit Michael auch. Sie sind ja nicht mit ihm großgeworden und hatten keine Gelegenheit, sich an ihn zu gewöhnen. Nicht dass den Mädchen hier die Zeit mit ihm geholfen hätte."

„In ein paar Jahren sorgt Maris schon dafür, dass das Gleichgewicht zwischen Jungen und Mädchen wiederhergestellt wird."

Vom Fenster aus sah Caroline, wie Joe sich geschmeidig über das Gatter schwang und auf das Haus zukam. Wolf zauste Maris das Haar und folgte seinem Sohn, während das Mädchen bei dem Pferd blieb.

Die beiden Männer kamen zusammen durch die Hintertür ins Haus, und plötzlich schien die Küche zu klein zu sein für zwei solch beeindruckende Gestalten. Sie brachten den Geruch von Erde, frischer Luft, Heu und Pferd mit sich ins Haus.

„Ihr beide seht irgendwie schuldig aus", bemerkte Joe. „Worüber habt ihr gesprochen?"

„Über Genetik", erwiderte Caroline bereitwillig. Als Joe in der für ihn typischen Weise fragend eine Augenbraue anhob, zuckte sie die Schultern. „Ich kann es nicht ändern. In den nächsten acht Monaten werde ich mich sehr intensiv mit Genetik beschäftigen. Was meinst du, wie hoch ist die Wahrscheinlichkeit, dass es ein Junge oder ein Mädchen wird?"

Mary strahlte übers ganze Gesicht. „Oh, es wird ganz sicher ein Junge."

Joe begann zu schwanken, und Wolf lachte lauthals auf, während er seinem Sohn zum nächsten Stuhl half.

„Joe ist ein Mackenzie. Bei denen finden sich kaum X-Chromosomen. Die Mackenzies müssen hart arbeiten, um Töchter zu bekommen. Deshalb lieben sie sie ja auch so sehr."

EPILOG

Mary hatte sich nicht geirrt. John Mackenzie, über sieben Pfund schwer, erblickte pünktlich zur ausgerechneten Zeit das Licht der Welt. Sein Erbe war sofort zu erkennen – das Baby hatte dichtes schwarzes Haar und hellblaue Augen, ganz der Vater. Nach der Geburt schlief Caroline erschöpft ein, und Joe saß, seinen neugeborenen Sohn auf der breiten Brust, in einem Stuhl neben dem Bett.

Irgendwann wachte Caroline auf und schaute sich schlaftrunken um, bis ihr Blick auf dem dösenden Paar neben sich ruhte. Sie streckte den Arm aus und berührte leicht die Hand ihres Mannes, dann strich sie über die winzigen Fingerchen, die auf seiner Brust lagen.

Joe schlug die Augen auf. „Hi", sagte er zärtlich.

„Selber hi." Er sieht wunderbar aus, dachte sie glücklich. So zerknittert und übermüdet. Er trug noch Uniform, da man ihn vom Stützpunkt hergeholt hatte. Die Krankenschwestern lagen ihm wahrscheinlich alle zu Füßen. Caroline griff nach seiner Krawatte und zog ihn zu sich heran. „Gib mir einen Kuss."

Er gehorchte sofort. Die Lippen nahe an ihren, murmelte er: „In ein paar Wochen werde ich dir viel mehr geben als nur einen Kuss."

„Ich freue mich schon darauf."

Er flüsterte ihr ins Ohr, was er mit ihr machen würde, und ihr Herz begann, heftiger zu pochen. „Du solltest solche Sachen nicht in Anwesenheit deines Sohnes sagen." Sie lachte, als sie das Baby entgegennahm. „Er ist doch noch viel zu jung dafür."

„Für ihn ist das nichts Neues, Liebling. Er kennt mich gut, von Anfang an."

Caroline sah auf das kleine Gesichtchen hinunter, und ihr Herz schwoll an vor Liebe, bis es ihr schier die Brust zersprengen wollte. Es war unglaublich. Dieses kleine Wesen in ihren Armen war einfach unglaublich.

Carolines Eltern, die sich entschlossen hatten, ihren verlängerten Aufenthalt in Griechenland abzubrechen, waren auf dem Weg zurück. Aufgrund ungünstiger Flugverbindungen würde es allerdings noch gute zehn Stunden dauern, bevor sie ankamen. Johns andere

Großeltern jedoch waren rechtzeitig zur Geburt hier gewesen und hatten ihren Enkel auch schon auf dem Arm gehalten.

„Wo sind Wolf und Mary?", fragte Caroline.

„In der Cafeteria. Sie meinten, sie seien hungrig, aber ich glaube, sie wollten uns einfach Zeit allein geben."

„Ich wünschte, sie hätten Maris und die Jungs mitgebracht."

„Sie stecken alle in den Prüfungen. Sie werden das Baby noch früh genug sehen."

Wieder blickte Caroline auf ihren Sohn und streichelte ehrfürchtig mit einem Finger über seine Wange. Zu ihrem Erstaunen drehte er blitzschnell den Kopf und begann, an ihrer Fingerspitze zu saugen.

Joe lachte. „Das ist der falsche Ort, Sohn. Du wirst deine Zielerfassung noch besser abstimmen müssen."

Das Baby wurde unruhig und begann zu quengeln. Caroline schlug den Ausschnitt ihres Nachthemds zurück und führte den gierigen kleinen Mund zur Brust. Mit einem zufriedenen Schnauben setzte der Kleine zu seinem Mahl an.

„Der typische Mackenzie", murmelte sie. „Was bedeutet, dass er ganz und gar nicht typisch ist."

Caroline sah auf. Joes Blick ruhte auf ihr. In seinen Augen stand mehr Liebe und Verlangen, als sie in ihrem ganzen Leben je zu sehen gehofft hatte. Nein, an diesem Mann war absolut nichts Typisches. Er war auf der Überholspur zu den Sternen, und auf dem Weg dorthin hielt er sie sicher und fest in seinen Armen.

– ENDE –

Linda Howard

Die Ehre der Mackenzies

Roman

Aus dem Amerikanischen von
Sonja Sajlo-Lucich

NEW YORK TIMES
BESTSELLER AUTOREN

PROLOG

Wolf Mackenzie stieg leise aus dem Bett und ging zum Fenster hinüber. Dort stand er und sah hinaus auf sein Land, das still im silbrigen Mondschein dalag. Ein schneller Blick über seine bloße Schulter zeigte ihm, dass Mary ruhig weiterschlief, auch wenn er wusste, es würde nicht lange dauern, bis sie seine Abwesenheit spüren und nach ihm tasten würde. Wenn ihre Hand seine Wärme nicht fühlte, würde Mary unweigerlich wach werden, sich aufsetzen und sich verschlafen das seidige Haar aus dem Gesicht streichen. Sie würde ihn beim Fenster stehen sehen und zu ihm kommen, um sich an seinen nackten Körper zu schmiegen und ihren Kopf an seine Brust zu legen.

Ein Lächeln umspielte seinen Mund. Wenn er lange genug hier stehen blieb und sie wach wurde, dann würden sie gemeinsam ins Bett zurückkehren. Nicht um zu schlafen, sondern um sich zu lieben. Maris war bei einer solchen Gelegenheit empfangen worden, das wusste er. Damals war er ebenso rastlos gewesen, weil Joes Geschwader zu seinem ersten Einsatz geschickt worden war, zu irgendeinem Krisenherd auf der Welt. Wolf war so angespannt gewesen wie während seiner eigenen Zeit in Vietnam.

Glücklicherweise lagen diese Tage hinter ihm und Mary. Heute bekamen sie keine eigenen Kinder mehr, sondern Enkel. Zehn waren es jetzt, um genau zu sein.

Dennoch … er war rastlos, und er kannte den Grund.

Wolf schlief nur gut, wenn er wusste, wo seine Jungs waren. Dass sie mittlerweile alle erwachsen waren und selbst Kinder hatten, war unerheblich. Unwichtig war auch, dass sie alle bestens auf sich selbst aufpassen konnten. Es waren seine Jungs, und er war immer für sie da, wenn sie ihn brauchten. Wolf wollte wissen, zumindest ungefähr, wo sie sich aufhielten. Gar nicht mal so genau, manchmal war es besser, wenn Eltern nicht über alles informiert waren, aber er wüsste wenigstens gern, in welchem Staat auf der Welt sich seine Kinder befanden.

Um Joe machte sich Wolf dieses Mal keine Sorgen. Der saß mit vier Sternen auf der Epaulette im Pentagon, am runden Tisch mit den anderen Generälen. Dabei würde er sich immer noch lieber in ein Cockpit zwängen und mit Überschallgeschwindigkeit über den Himmel jagen. Aber diese Zeit lag hinter ihm. Jetzt war der Schreibtisch sein Revier, und auch in diesem Job im Büro war er kaum zu schlagen. Außerdem, so hatte Joe selbst einmal gesagt, war die Ehe mit Caroline eine größere Herausforderung als ein Kampf mit einer Straßengang, bei dem einer gegen fünf antrat.

Wolf musste grinsen, als er an seine Schwiegertochter dachte. Ein Genie mit Doktortiteln in Physik und Informatik, ein wenig arrogant, höchst eigen und kapriziös. Caroline hatte ihren Pilotenschein gemacht, kurz nach der Geburt des ersten Sohnes. Sie meinte, die Frau eines Kampfpiloten müsse wenigstens die Grundlagen der Fliegerei beherrschen. Die Lizenz, einen Privatjet zu fliegen, hatte sie nach der Geburt des dritten Sohnes erworben. Nach dem fünften Sohn hatte sie Joe entschieden davon in Kenntnis gesetzt, dass sie nicht mehr schwanger würde, schließlich habe sie ihm fünf Chancen gegeben, aber anscheinend sei er eben nicht in der Lage, eine Tochter zu zeugen.

Irgendwann einmal hatte jemand Joe vorsichtig angeraten, Caroline solle vielleicht besser ihren Job aufgeben. Die Firma, für die sie arbeitete, erhielt zahlreiche Regierungsaufträge, und auch nur der Anschein von Begünstigung könne Joes Karriere schaden. Joe hatte nur mit eisblauen Augen den kühlen Blick auf seine Vorgesetzten gerichtet und erwidert: „Gentlemen, wenn ich zwischen meiner Frau und meiner Karriere wählen muss, so können Sie gleich hier mein Rücktrittsgesuch entgegennehmen." Damit hatte niemand gerechnet, und es wurde nie wieder auch nur ein Sterbenswörtchen von Carolines Arbeit in Forschung und Technik gesagt.

Um Michael machte Wolf sich keine Sorgen. Michael war der solideste seiner Sprösslinge und ebenso entschlossen wie der Rest. Michael hatte sich schon früh entschieden, Rancher zu werden. Und genau das war eingetreten. Ihm gehörte ein ansehnliches Stück Land in der Nähe von Laramie, er und seine Frau verbrachten ihre Zeit glücklich damit, Rinder und zwei Söhne großzuziehen.

Der einzige Aufruhr, den Michael je verursacht hatte, war seine Heirat mit Shea Colvin gewesen. Wolf und Mary hatten dem Paar ihren Segen gegeben, das Problem war nur ... Shea war Pam Hearst Colvins Tochter, und Pam wiederum war eine alte Freundin von Joe.

Pams Vater, Ralph Hearst, hatte sich vehement gegen die Heirat seiner geliebten Enkelin mit Michael Mackenzie gewehrt, so wie er damals die Freundschaft zwischen Pam und Joe missbilligt hatte.

Michael, mit dem ihm eigenen Fokus, hatte das ganze Drama ignoriert. Ihm ging es nur darum, Shea zu heiraten, und zur Hölle mit dem Drum und Dran in der Hearst-Familie. Die stille, sanfte Shea saß zwischen zwei Stühlen, aber sie wollte Michael und weigerte sich, die Hochzeit abzusagen, wie ihr Großvater es kategorisch verlangte. Pam war schließlich diejenige, die dem Unfug ein Ende setzte und sich wieder einmal mit ihrem Vater mitten in seinem Laden anlegte.

„Shea wird Michael heiraten", hatte sie gefaucht, als Ralph drohte, Shea zu enterben, wenn sie einen von diesen „verdammten halbblütigen Mackenzies" ehelichte. „Mir hast du verboten, mit Joe auszugehen, obwohl er der anständigste Junge war, den ich je kennengelernt hatte. Jetzt will Shea Michael, und sie wird ihn bekommen. Dann mach schon, ändere dein Testament! Du kannst dich dann ja an deinem Hass wärmen, denn deine Enkelin wirst du nicht mehr in den Armen halten, und deine Urenkel erst recht nicht. Überlege dir also genau, was du tust!"

So heiratete Michael seine Shea. Und trotz Griesgrämigkeit und allen Murrens war der alte Hearst völlig vernarrt in seine beiden Urenkel. Sheas zweite Schwangerschaft war schwer verlaufen, bei der Geburt bestand Lebensgefahr für Mutter und Kind. Die Ärzte hatten dringend von einer weiteren Schwangerschaft abgeraten, aber die Eheleute wollten so oder so nur zwei Kinder haben. Die beiden Jungen wuchsen sicher und wohlbehütet auf der Ranch auf. Es amüsierte Wolf, dass ausgerechnet Ralph Hearsts Enkel den Namen Mackenzie trugen. Wer hätte das je ahnen können?

Josh, der dritte Sohn, lebte mit seiner Frau Loren und drei Söhnen in Seattle. Josh war ebenso vom Fliegen besessen wie Joe, aber er hatte sich für die Navy entschieden, nicht für die Air Force. Vielleicht, weil er seinen eigenen Weg gehen und seinen Erfolg nicht darauf gründen wollte, dass sein ältester Bruder General bei der Air Force war.

Josh war der herzlichste und offenste der Mackenzie-Truppe, aber auch in ihm lag eine eiserne Entschlossenheit. Er hatte nur knapp einen Unfall überlebt, der seine Karriere bei der Marine beendet und ihn mit einem steifen Knie zurückgelassen hatte. In der ihm eigenen Art hatte er das hinter sich gelassen und sich auf das konzentriert, was vor ihm lag. Zu jenem Zeitpunkt war das die behandelnde Ärztin gewesen – Dr. Loren Page. Ein Blick auf die große hübsche Loren, und Josh hatte noch vom Krankenbett aus um sie geworben. Geheiratet hatten sie, als Josh noch an Krücken ging. Mittlerweile arbeitete er für einen Flugzeugbauer, der neue Jets entwickelte, und Loren praktizierte als Orthopädin in einer Klinik in Seattle.

Wo Maris war, wusste Wolf auch. Seine einzige Tochter arbeitete momentan in Montana als Trainerin auf einer Pferderanch. Sie hatte ein Angebot, nach Kentucky zu gehen, um sich ausschließlich Vollblütern zu widmen. Von dem Moment an, da sie allein auf einem Pferd sitzen konnte, war sie fasziniert von den eleganten Tieren gewesen. Sie hatte eine Fertigkeit, mit den großen Tieren umzugehen, die an Magie grenzte. Insgeheim war Wolf überzeugt, dass Maris noch besser war als er selbst.

Die Züge um seinen Mund wurden weich, als Wolf an Maris dachte. Sie hatte ihn um den kleinen Finger gewickelt, kaum dass sie ein paar Minuten alt gewesen war und in seinen Armen gelegen hatte. Mit diesen verschlafenen dunklen Augen hatte sie ihren Vater angesehen, und es war um ihn geschehen. Maris war die Einzige, die seine dunklen Augen hatte. Alle seine Söhne sahen aus wie er, bis auf die blauen Augen, doch Maris, die sonst eher ihrer Mutter glich, hatte die Augen des Vaters geerbt. Seine Tochter hatte das hellbraune Haar, die fast durchsichtige Haut und die absolute Entschlossenheit ihrer Mutter. Dass sie so grazil war und kaum fünfzig Kilo wog, störte sie nicht. Wenn Maris sich etwas vornahm, würde sie mit sturem Durchhaltevermögen so lange weitermachen, bis sie ihr Ziel erreicht hatte. Mit ihren älteren, viel größeren und oft dominanten Brüdern konnte sie ohne Probleme mithalten.

Sie hatte beruflich keine einfache Laufbahn eingeschlagen. Die Leute dachten vor allem zwei Dinge: dass Maris sich den Namen Mackenzie zunutze machte und dass sie rein körperlich nicht für den Job geeignet war. Doch das war ein Kampf, den Maris von Anfang an und immer wieder ausfechten musste, und schon bald fanden die anderen heraus, wie sehr sie sich irrten. Mittlerweile hatte Maris sich

Respekt und einen hervorragenden Ruf erarbeitet.

An alle seine Kinder zu denken brachte Wolf schließlich zu Chance. Er wusste sogar, wo Chance sich aufhielt, und das sollte etwas heißen. Chance war ständig unterwegs, er reiste durch die ganze Welt. Trotzdem kam er immer wieder nach Wyoming zurück, zu dem Berg, der sein einziges Zuhause war. Chance hatte heute aus Belize angerufen. Zu Mary hatte er gesagt, er würde sich ein paar Tage ausruhen, bevor er sich wieder auf den Weg mache. Als Wolf den Hörer von Mary übernommen hatte, hatte er sich außer Hörweite gestellt und seinen Sohn nach den Verletzungen gefragt.

„Nicht so schlimm", hatte Chance lakonisch geantwortet. „Ein paar Stiche und zwei gebrochene Rippen. Der letzte Job ist nicht ganz so glattgelaufen wie geplant."

Nach Details zu diesem letzten Job hatte Wolf gar nicht erst gefragt. Sein Glücksritter-Sohn erledigte des Öfteren höchst delikate Regierungsaufträge. Deshalb bestand zwischen den beiden Männern die stille Vereinbarung, Mary über die Risiken, die Chance einging, im Dunkeln zu lassen. Nicht nur, weil Mary sich keine Sorgen machen sollte, sie würde auch in den nächsten Flieger steigen und ihren Sohn nach Hause holen, wenn sie erfuhr, dass er verletzt war.

Als Wolf nach dem Gespräch mit Chance den Hörer eingehängt hatte, lag Marys durchdringender Blick auf ihm. „Wie schwer ist er diesmal verletzt?", hatte sie mit in die Hüften gestemmten Fäusten zu wissen verlangt.

Wolf wusste Besseres, als sie anzulügen. Er kam durch den Raum und nahm sie in die Arme, strich über ihr seidiges Haar und hielt sie fest an sich gedrückt. Manchmal zwang die Liebe für diese Frau ihn regelrecht in die Knie. Vor der Sorge konnte er sie nicht bewahren, aber er konnte ihr Respekt zollen und ehrlich zu ihr sein. „Nicht so schlimm, das waren seine eigenen Worte."

Ihre Antwort kam prompt. „Ich will ihn hier haben."

„Ich weiß, Liebling. Aber es geht ihm gut. Er lügt uns nicht an. Außerdem … du kennst doch Chance."

Sie nickte seufzend und drückte ihre Lippen auf seine Brust. Chance war wie ein Panther, wild und ungezähmt. Sie hatten ihn in ihr Heim geholt und mit Liebe an die Familie gebunden. Nie hatte Chance sich ganz zähmen lassen. Er akzeptierte gewisse Einschränkungen der sogenannten Zivilisation, mehr nicht. Er war ständig unterwegs, überall und nirgends, und doch kam er immer wieder zu ihnen zurück.

Gegen Mary hatte er jedoch von Anfang an keine Chance gehabt. Sie hatte ihn mit so viel Liebe und Fürsorge umhegt, dass er ihr unmöglich widersprechen konnte, auch wenn in seinen bernsteinfarbenen Augen deutlich seine Frustration und Verlegenheit über so viel Aufmerksamkeit gestanden hatten. Jedes Mal, wenn Mary Chance geholt hatte, war er ohne Protest mitgegangen. Aber er würde das Haus mit diesem leicht panischen Ausdruck auf dem Gesicht betreten – „Hilfe, ich will hier raus“. Und dann würde er sich von Mary umsorgen lassen, würde sich von ihr die Wunden verbinden lassen und sich ihrer Liebe ergeben.

Mary zu beobachten, wie sie um Chance herumflatterte, amüsierte Wolf immer wieder. Um jedes ihrer Kinder machte sie so viel Aufhebens, aber die eigenen Kinder waren von Anfang an daran gewöhnt gewesen. Chance dagegen … vierzehn Jahre alt und praktisch komplett verwildert, so hatte Mary ihn gefunden. Falls er je ein Heim gehabt hatte, so erinnerte er sich nicht daran. Wenn er einen Namen gehabt hatte, so kannte er ihn nicht mehr. Den wohlmeinenden Sozialbehörden wich er damals aus, indem er ständig in Bewegung blieb. Er stahl und organisierte, was immer zum Überleben nötig war – Essen, Kleidung, Geld. Er war hochintelligent und brachte sich mit fortgeworfenen Zeitungen selbst das Lesen bei. Büchereien wurden zu seinem bevorzugten Aufenthaltsort, manchmal verbrachte er sogar die Nacht dort, wenn es sich irgendwie arrangieren ließ. Aber niemals zwei Nächte hintereinander. Von dem Gelesenen und dem wenigen Fernsehen, das er irgendwo erhaschte, war ihm das Konzept Familie bekannt. Mehr war es nicht für ihn – ein Konzept. Chance vertraute niemandem, nur sich selbst.

Wahrscheinlich wäre er weiter so herangewachsen, wenn ihn nicht eine schwere Grippe niedergestreckt hätte. Auf dem Nachhauseweg von der Arbeit hatte Mary ihn gefunden, im Straßengraben, bewusstlos und mit hohem Fieber. Obwohl er einen guten Kopf größer und mindestens zwanzig Kilo schwerer als sie war, hatte sie ihn in ihren Wagen bugsiert und zum Arzt gefahren, der sofort eine schwere Lungenentzündung diagnostizierte. Chance wurde ins achtzig Meilen entfernte Krankenhaus eingeliefert. Und Mary fuhr nach Hause und bestand darauf, dass Wolf sie dorthin brachte … sofort.

Als sie ankamen, lag Chance auf der Intensivstation. Zuerst wollten die Schwestern Mary und Wolf nicht zu dem Jungen lassen, schließlich waren sie keine Familienangehörigen. Niemand wusste etwas über den Jungen. Das Jugendamt war benachrichtigt worden. Jemand sei schon auf dem Weg, um den nötigen Papierkram zu erledigen, hieß es. Alle waren sehr vernünftig, ja sogar nett, aber niemand rechnete mit Marys Entschlossenheit. Sie blieb absolut unnachgiebig. Sie wollte zu dem Jungen, und keine zehn Pferde hätten sie wegbringen können, bevor sie ihn nicht sah. Irgendwann gaben die Schwestern, überarbeitet und entnervt, auf und ließen Wolf und Mary in das winzige Krankenzimmer.

Ein Blick auf den Jungen, und Wolf wusste, warum Mary so um ihn besorgt war. Es lag nicht nur daran, dass er todkrank war, der Junge war offensichtlich zum Teil Indianer. Er musste Mary an ihre eigenen Kinder erinnern, sie hätte ihn genauso wenig aufgeben können, wie sie ihre Kinder hätte im Stich lassen können.

Wolf musterte den Kranken, wie er still, mit geschlossenen Augen und hochrotem, fiebrigem Gesicht im Bett lag. Vier Nadeln steckten in dem muskulösen rechten Arm, der ans Bett fixiert war. Kein Halbblut, dachte Wolf, ein Viertel indianisches Blut vielleicht, trotzdem konnte kein Zweifel an der Abstammung bestehen. Das dichte dunkelbraune Haar fiel glatt bis auf die Schultern, der Junge hatte hohe Wangenknochen und scharf konturierte Lippen. Er war der hübscheste Junge, den Wolf je gesehen hatte.

Mary ging zum Bett, ihre ganze Aufmerksamkeit auf den Jungen gerichtet, der so hilflos und unbeweglich in den weißen Laken lag. Sie strich über seine heiße Stirn und murmelte: „Es wird alles wieder gut. Dafür werde ich sorgen.“

Nur mit Mühe hob er die schweren Lider, und zum ersten Mal fielen Wolf die hellen Augen auf, bernsteinfarben, mit einem dunklen Ring um die Iris, nahezu schwarz. Verwirrt richtete der Junge den Blick auf Mary, dann flackerte Panik in den Augen auf, als er zu Wolf sah. Er wollte sich aufrichten, doch die Anstrengung war zu groß.

Wolf trat an die andere Seite des Bettes. „Du brauchst keine

Angst zu haben", sagte er leise. „Du hast eine Lungenentzündung und liegst im Krankenhaus." Dann, als er den Grund für die plötzliche Panik ahnte, fügte er hinzu: „Wir werden nicht zulassen, dass sie dich mitnehmen."

Der Blick des Jungen lag lange auf Wolf, und etwas in dem Gesicht schien den Jungen zu beruhigen. Wie ein wildes Tier entspannte er sich langsam und sank in einen tiefen, traumlosen Schlaf.

Der Zustand des Jungen verbesserte sich in der nächsten Woche. Jetzt trat Mary in Aktion, fest entschlossen, den Jungen, dessen Namen sie nicht einmal kannten, keinen einzigen Tag in staatlicher Obhut verbringen zu lassen. Mary nutzte alle Kontakte, belagerte Ämter und Beamte und berief sich sogar auf Joe, damit der seinen Einfluss geltend machte. Ihre Hartnäckigkeit zeigte Wirkung. Als der Junge aus dem Krankenhaus entlassen werden konnte, ging er mit Wolf und Mary nach Hause.

Er gewöhnte sich an sie, aber von Freundlichkeit oder gar Zutrauen konnte keine Rede sein. Er beantwortete Fragen meist einsilbig, aber er redete nicht mit ihnen. Mary ließ sich nicht entmutigen. Sie behandelte ihn vom ersten Augenblick an, als gehöre er zu ihr. Und das tat er dann irgendwann auch.

Der Junge, der immer allein gewesen war, lebte plötzlich inmitten einer großen lebhaften Familie. Zum ersten Mal hatte er ein sicheres Dach über dem Kopf, ein eigenes Zimmer, jeden Abend einen vollen Bauch. Er hatte Kleidung im Schrank und neue Stiefel an den Füßen. Noch war er zu schwach, um sich an den Pflichten zu beteiligen, die jeder im Haushalt übernahm, aber Mary machte sich sofort daran, ihn zu unterrichten, um ihn auf Zanes akademisches Level zu bringen. Die beiden Jungen waren ungefähr gleich alt. Chance verschlang die Bücher regelrecht, seine Wissbegier war kaum zu befriedigen. Trotzdem hielt er sorgfältig Distanz. Seinen eindringlichen, wachsamen Augen entging nichts, jede Nuance des Familienlebens, das sich vor ihm abspielte, verglich er mit dem, was er bisher in seinem Leben erfahren hatte.

Irgendwann ließ er sich dazu herab, ihnen mitzuteilen, er hieße Sooner. Einen richtigen Namen habe er nicht.

Maris hatte ihn fragend angeblickt. „Sooner?"

Ein hartes Lächeln zuckte um seine Mundwinkel, und er sah viel älter aus, als es für einen Jungen seines Alters normal war. „Ja, wie ein Straßenköter."

„Nein." Für Wolf war der Name ein Hinweis. „Du bist zum Teil Indianer. Wahrscheinlich kommst du ursprünglich aus Oklahoma, in dir fließt also vermutlich Cherokee-Blut."

Der Junge sah Wolf nur stumm an, aber in seinem Blick lag die Andeutung von Erleichterung – Erleichterung, dass er vielleicht doch mehr wert war als ein herrenloser Hund.

Seine Beziehung zu den einzelnen Familienmitgliedern war kompliziert. Sooner war fest entschlossen, Abstand zu Mary zu halten, aber das war schlicht und einfach unmöglich. Sie bemutterte ihn ebenso wie den Rest der Familie. Einerseits ängstigte ihn das halb zu Tode, andererseits saugte er ihre Zuneigung wie ein Schwamm in sich auf. Vor Wolf war er auf der Hut, so als könne der große Mann jederzeit mit Fäusten und Tritten auf ihn losgehen. Wolf, erfahren im Umgang mit wilden Tieren, besiegte die Angst des Jungen auf die gleiche Art, wie er das Zutrauen der Pferde gewann. Er ließ ihn von allein auf sich zukommen und herausfinden, dass die Angst unbegründet und unnötig war, bot Respekt und Freundschaft und schließlich Liebe an.

Michael war zu jener Zeit bereits am College. Als er nach Hause kam, machte er ganz selbstverständlich Platz für den Neuankömmling. In Michaels Gesellschaft war Sooner völlig entspannt, er spürte die automatische Akzeptanz.

Mit Josh kam er ebenfalls zurecht, aber bei dessen sonnigem Gemüt wäre alles andere auch sehr ungewöhnlich. Josh war es, der Sooner in die vielen verschiedenen Dinge einführte, die auf einer Pferderanch zu erledigen waren. Josh brachte Sooner das Reiten bei, auch wenn er eindeutig der schlechteste Reiter in der Familie war. Nicht dass er nicht gut war, aber die anderen waren besser, vor allem Maris. Josh war das gleich, sein Herz gehörte den Flugzeugen, so wie es bei Joe gewesen war. Vermutlich hatte er deshalb auch mehr Geduld für Sooners Fehler als jeder andere.

Maris war wie Mary. Ein Blick auf den Jungen, und sie hatte ihn unter ihre schützenden Fittiche genommen, unabhängig davon, dass Sooner fast zweimal so groß und schwer war wie sie. Sooner gehörte ihr, so wie ihre älteren Brüder ihr gehörten. Sie plapperte unablässig auf ihn ein, spielte ihm Streiche, ärgerte ihn, so wie es typisch für eine kleine Schwester war. Sooner hatte nicht die geringste Ahnung, wie er mit ihr umgehen sollte. Manchmal betrachtete er Maris argwöhnisch, als sei sie eine wandelnde Zeitbombe, die jederzeit losgehen konnte, aber es war Maris, die ihm das erste echte Lächeln entlockte. Es war Maris, die ihn dazu brachte, sich an der Familienunterhaltung zu beteiligen, langsam zuerst, bis er gelernt hatte, wie so etwas ablief, wie Geben und Nehmen eine Familie festigte. Mit ihren Streichen konnte Maris ihn immer noch in Sekundenschnelle auf die Palme bringen, ebenso wie sie ihm ein lautes Lachen entlocken konnte. Eine Zeit lang fragte sich Wolf, ob zwischen den beiden wohl ein romantisches Verhältnis entstehen würde, wenn sie älter wären, aber das passierte nicht. Ein Beweis, wie fest Sooner in die Familie integriert wurde. Die beiden waren Bruder und Schwester, mehr nicht.

Was Zane anging, war die Sache jedoch sehr viel komplizierter gewesen.

Zane war auf seine Art ebenso auf der Hut wie Sooner. Wolf erkannte Krieger, er selbst war immer einer gewesen. Was er in seinem jüngsten Sohn sah, erschreckte ihn manchmal. Zane war still, eindringlich und immer wachsam. Er bewegte sich geschmeidig wie eine Raubkatze, völlig geräuschlos. Wolf hatte alle seine Kinder in Selbstverteidigung unterrichtet, auch Maris, aber bei Zane war es etwas anderes gewesen. Der Junge hatte die Techniken verinnerlicht, als hätte er sich ein paar Handschuhe übergezogen, die allein für ihn gemacht worden waren. Er besaß das scharfe Auge eines Scharfschützen – und die tödliche Geduld.

Der vorherrschende Instinkt in Zane: beschützen. Er war sofort misstrauisch gegen den Eindringling, der sich auf dem familiären Territorium eingenistet hatte. Gemein war er nicht zu Sooner, er verspottete ihn nicht, war auch nicht unfreundlich. So etwas lag nicht in Zanes Natur. Er hielt sich einfach nur zurück, nicht ablehnend, aber auch nicht willkommen heißend. Doch da die beiden ungefähr gleich alt waren, war Zanes Akzeptanz für Sooner die wichtigste, und so reagierte er auf Zanes Zurückhaltung mit der gleichen Taktik – sie ignorierten sich gegenseitig.

Während die Kinder ihre Verhältnisse miteinander klärten, setzten Wolf und Mary alle Hebel zur Adoption in Bewegung. Sie hatten Sooner nach seinem Einverständnis gefragt, und er hatte mit einem gleichgültigen Schulterzucken und einem tonlosen „Von-mir-aus" geantwortet. Mary ließ sich davon nicht täuschen und verdoppelte ihre Anstrengungen.

Wie es sich ergab, wurde die Adoption am gleichen Tag rechtskräftig, da auch Zane und Sooner ihre Beziehung zueinander bereinigten.

Es war der Staub, der Wolfs Aufmerksamkeit erregte. Zuerst dachte er sich nichts dabei, denn als er zum Korral hinübersah, saß Maris ruhig auf der obersten Zaunlatte und schaute zu. Wahrscheinlich ein Pferd, das sich auf der Erde wälzt, dachte Wolf, und ging weiter seiner Arbeit nach. Zwei Sekunden später jedoch nahmen seine scharfen Ohren eindeutige Geräusche wahr und etwas, das sich verdächtig nach fliegenden Fäusten anhörte.

Wolf ging über den Hof zum Korral. Zane und Sooner hatten sich in eine Ecke zurückgezogen, in der man sie vom Haus aus nicht sehen konnte, und steckten mitten in einer handfesten Prügelei. Wolf sah sofort, dass, obwohl er den Jungen auch Straßenkampf beigebracht hatte, sie sich zurücknahmen und sich auf das konventionelle Boxen beschränkten. Wolf lehnte sich neben Maris an den Zaun.

„Worum geht es da?"

„Sie kämpfen es aus", kam die nüchterne Antwort. Maris nahm den Blick nicht von den Streithähnen.

Josh gesellte sich bald darauf ebenfalls dazu. Zane und Sooner waren beide groß und kräftig für ihr Alter. Sie standen voreinander und schlugen sich die Fäuste ins Gesicht. Wenn einer von ihnen wankte und in die Knie ging, wartete der andere, bis er wieder aufgestanden war und sich gefangen hatte. Die beiden kämpften verbissen und waren geradezu unheimlich still, bis auf die unwillkürlich ausgestoßenen Laute, wenn ein Faustschlag landete.

Mary sah die Gruppe am Zaun stehen und kam dazu, um herauszufinden, was los war. Sie stellte sich neben Wolf und legte ihre schmale Hand in seine große. Er konnte fühlen, wie sie bei jedem Schlag zusammenzuckte, aber als er sie ansah, erkannte er den schulmeisterlichen Lehrerinnenausdruck auf ihrem Gesicht. Er wusste,

Mary Elizabeth Mackenzie stand kurz davor, die Klasse zur Ordnung zu rufen.

Fünf Minuten ließ sie ihnen. Es hätte Stunden so weitergehen können, beide Jungen waren zu stur, um aufzugeben. Also musste sie die Sache beenden. „Na schön, Jungs, das reicht jetzt. In zehn Minuten ist das Abendessen fertig. Ich erwarte euch sauber und ordentlich am Tisch." Damit ging sie zum Haus zurück, absolut sicher, für Ruhe gesorgt zu haben.

Hatte sie. Der Kampf war zu einer zu erledigenden Aufgabe mit Zeitrahmen reduziert worden.

Beide Jungen hatten der zierlichen Gestalt mit dem streng gereckten Rücken nachgesehen. Dann hatte Zane sich wieder Sooner zugewandt, den blauen Blick trübe aus den geschwollenen Augen. „Einen noch", hatte er grimmig ausgestoßen und seine Faust in Sooners Gesicht gesetzt.

Sooner war in die Knie gegangen, wieder aufgestanden, hatte sich den Staub von der Hose geklopft und den Schlag erwidert.

Danach hatten sie sich die Hände geschüttelt, auch wenn beide vor Schmerz das Gesicht verzogen, als sie an ihre aufgeschlagenen Fingerknöchel kamen. Man betrachtete sich jetzt als gleichgestellt, auf der gleichen Ebene. Dann waren sie zusammen ins Haus gegangen, um sich zu waschen. Schließlich war es Zeit zum Abendessen.

Bei Tisch teilte Mary Sooner mit, dass sie grünes Licht für die Adoption bekommen hatten. Seine hellen Augen blitzten kurz auf, aber er sagte nichts.

„Du bist jetzt ein Mackenzie", hatte Mary stolz verkündet. „Du brauchst einen richtigen Namen, also suche dir einen aus."

Ihr war gar nicht der Gedanke gekommen, dass Sooner dafür Zeit zum Überlegen brauchen könnte. Aber Sooner hatte nur in die Runde geblickt, in die Gesichter der Familie, in der er durch pures Glück gelandet war, und ein trockenes Grinsen hatte sich um seine aufgeplatzten Lippen gelegt. „Chance", hatte er gesagt, und so wurde aus dem unbekannten Jungen ohne Namen Chance Mackenzie.

Beste Freunde wurden Zane und Chance nach dem Kampf nicht, aber sie respektierten sich, und mit den Jahren wurde aus diesem Respekt eine tiefe Freundschaft. Die beiden standen einander schließlich so nah, dass man sie für Zwillinge hätte halten können. Natürlich flammte immer wieder auch Streit zwischen ihnen auf, doch jeder in ganz Ruth wusste, legte man sich mit dem einen an, musste man automatisch mit dem anderen rechnen. Sie konnten einander in Grund und Boden prügeln, aber niemand anders fasste einen von ihnen an.

Sie gingen zusammen zur Navy, Zane als SEAL, Chance zur Aufklärung. Chance hatte den Dienst mittlerweile quittiert, während Zane inzwischen ein SEAL-Team anführte.

Und das brachte Wolf jetzt zurück in die Gegenwart.

Zane.

Man konnte nie so genau wissen, wo Zane sich gerade aufhielt oder bei welchem Auftrag er eingesetzt war, das lag in der Natur seines Berufs. Aber Wolf schlief dann trotzdem nie besonders gut. Er wusste zu viel über die SEALs – er hatte sie in seiner eigenen Zeit in Vietnam oft genug erlebt. Sie waren eine Elitetruppe, trainiert für gefährlichste Einsätze, an denen die meisten Männer zerbrachen. Zane gehörte zu den Besten, dennoch ... auch SEALs waren Menschen. Und Menschen konnten getötet werden.

Das SEAL-Training hatte Zanes natürliche Anlagen perfektioniert. Ein Krieger in körperlicher Topform, der jedoch lieber seinen Verstand einsetzte, als seine Muskeln zu benutzen. Er war jetzt noch besser und noch gefährlicher für seine Feinde, aber Zane hatte gelernt, es mit einem lässigen Wesen zu kaschieren. Kaum jemand, der Kontakt zu ihm hatte, ahnte, dass Zane einen Menschen in Sekundenbruchteilen mit bloßen Händen umbringen konnte. Das Wissen um seine Fähigkeiten ständig vor Augen, hatte Zane eine ruhige Selbstbeherrschung angenommen, die ihm die absolute Kontrolle über sich selbst verlieh. Von Wolfs Kindern war Zane derjenige, der am besten auf sich aufpassen konnte, aber er war auch derjenige, der sich ständig in Gefahr befand.

Wo zum Teufel steckte er nur?

Als Wolf ein Geräusch vom Bett hörte, drehte er sich um. Mary schlüpfte unter der Decke hervor und kam zu ihm, schlang die Arme um seine Hüften und legte ihre Wange an seine Brust.

„Zane?", fragte sie leise in die Dunkelheit.

„Ja." Er brauchte nicht mehr zu erklären.

„Ihm geht es gut." Sie sagte es mit der unverbrüchlichen Sicherheit einer Mutter. „Ich würde es spüren, wäre es anders."

Wolf hob ihren Kopf leicht an und küsste sie, zärtlich zuerst, dann langsam fordernder. Er presste sie enger an sich und fühlte ihr Erschauern, als sie sich an ihn schmiegte. Seit ihrer ersten Begegnung hatte es hitzige Leidenschaft zwischen ihnen gegeben, die die langen Jahre überdauert hatte.

Wolf hob Mary auf seine Arme und trug sie zum Bett zurück, verlor sich in der Wärme und Sanftheit ihres Körpers. Danach drehte er sich auf die Seite und sah zum Fenster in die Nacht hinaus. Bevor der Schlaf ihn übermannte, kehrte ein letztes Mal der Gedanke zurück.

Wo war Zane?

1. KAPITEL

Zane Mackenzie war alles andere als glücklich. Niemand war glücklich auf dem Flugzeugträger USS Montgomery. Nun, die Köche vielleicht, aber selbst das war fraglich. Schließlich verköstigten sie Männer, die alle lange verschlossene Gesichter zeigten. Matrosen, Radarleute, Schützen, Piloten, Marines, Offiziere, Oberstleutnants ... überall nur freudlose Mienen. Und Captain Udaka war mit Sicherheit auch nicht glücklich.

Aber der Unmut von fünftausend Besatzungsmitgliedern auf dem Flugzeugträger reichte nicht aus, um Lieutenant-Commander Mackenzies Groll auch nur annähernd zu entsprechen.

Der Captain war ranghöher, ebenso der Executive Officer. Lieutenant-Commander Mackenzie richtete sich mit dem nötigen Respekt an die ranghöheren Offiziere, aber beide Männer waren sich sehr bewusst, dass sie sich in einer höchst prekären Lage befanden und ihre Karrieren auf dem Spiel standen. Nein, eher waren die beruflichen Laufbahnen wohl bereits am Ende. Vors Kriegsgericht würde man niemanden aus dem Team stellen, aber Beförderungen waren ab jetzt hinfällig. Man würde sie bis zur Pension zu unpopulären Einsätzen abkommandieren, wenn sie nicht vorher von sich aus den Dienst quittierten.

Captain Udakas breites Gesicht zeigte tiefe Furchen, als er dem eisigen Blick des Lieutenant-Commanders begegnete. SEALs machten den Captain im Allgemeinen nervös, er traute ihnen nie recht über den Weg, weil sie meist jenseits der Regeln operierten. Dieser SEAL hier im Besonderen ... bei dem wünschte er sich, er wäre ganz woanders.

Udaka hatte Mackenzie früher schon getroffen, als er und Boyd, der Executive Officer, über die Sicherheitsübung gebrieft worden waren. Das SEAL-Team unter Mackenzies Kommando sollte versuchen, die Sicherheit des Trägers zu sabotieren, um Schwachstellen herauszufinden, die sich verschiedene Terroristengruppen zunutze machen könnten. Eine Übung, die einst von dem SEAL-Team „Six Red Cell" übernommen worden war, einer Truppe, die sich so weit außerhalb der Regeln bewegte, dass sie nach sieben Jahren aufgelöst wurde. Das Konzept als solches lebte jedoch weiter. SEAL-

Team „Six" war eine verdeckt arbeitende Antiterroreinheit. Prävention war die Maßgabe. Mit diesem Ziel wurden Schiffsanlagen und Mannschaften von den SEALs überprüft, die dann nach Auswertung ihre Verbesserungsvorschläge für gefundene Schwachstellen abgaben. Und Schwachstellen fanden sie immer, selbst wenn die Kommandeure und Kapitäne vorab über die Prüfung informiert worden waren.

Bei der ersten Einsatzbesprechung hatte Mackenzie sich zurückhaltend, aber freundlich gegeben. Sehr beherrscht. Kontrolliert. Die meisten SEALs hatten etwas Wildes, Unbeherrschtes an sich, nicht so Mackenzie. Er schien eher der normale Navy-Offizier zu sein, mit seiner weißen Uniform und den eleganten Umgangsformen perfekt geeignet für ein Rekrutierungsposter. Captain Udaka war überzeugt gewesen, gut mit ihm zurechtzukommen, und sicher, dass Lieutenant-Commander Mackenzie eher der administrative Typ sei, statt einer von vielen ungebärdigen und unberechenbaren Draufgängern.

Er hatte sich gründlich geirrt.

Die Höflichkeit blieb, ebenso die Selbstbeherrschung. Die weiße Uniform war makellos wie eh und je. Doch in der tiefen Stimme lag nichts Angenehmes mehr, auch in den hellblauen Augen nicht, in denen die Wut glitzerte wie kaltes Mondlicht auf einem Messer. Eine Aura von tödlicher Bedrohung und Gefahr umgab Mackenzie. Captain Udaka wurde klar, wie sehr er sich bei seiner Einschätzung geirrt hatte. Dieser Mann war kein Schreibtischtäter, sondern jemand, in dessen Gegenwart man jeden seiner Schritte sehr genau abwägen sollte. Dem Captain kam es vor, als würde ihm unter dem eisigen Blick Mackenzies die Haut vom Körper gezogen. Nie hatte er sich seinem Ende näher gefühlt als in dem Moment, da Mackenzie zu ihm kam, nachdem er erfahren hatte, was passiert war.

„Captain, Sie waren über die Übung in Kenntnis gesetzt worden", sagte Zane kalt. „Jeder auf diesem Schiff wusste Bescheid, dass meine Männer keine Waffen tragen. Erklären Sie mir, warum zur Hölle zwei meiner Männer angeschossen wurden!"

Der Executive Officer, Mr Boyd, starrte stumm auf seine Hände. Captain Udaka wurde die Kehle eng, doch sein Hemdkragen stand bereits offen.

„Dafür gibt es keine Entschuldigung“, sagte er heiser. „Vielleicht wurden die Wachen überrascht und schossen, ohne nachzudenken. Vielleicht war es auch dummes Machogehabe, um den SEALs zu zeigen, dass die Sicherheit steht. Wie auch immer … es gibt keine Entschuldigung.“ Alles, was auf diesem Träger passierte, lag letztendlich in seiner Verantwortung. Die Wachen mit dem überschnellen Finger am Abzug würden für ihren Fehler zahlen müssen – und er selbst auch.

„Meine Leute hatten die Sicherheit bereits durchbrochen.“

Bei Zanes leise gesprochenem Satz richteten sich dem Captain die Nackenhärchen auf. „Dessen bin ich mir bewusst.“

Dass es so einfach gewesen war, streute Salz in die Wunden des Captains, war aber nichts im Vergleich zu dem schwerwiegenden Fehler. Die Männer unter seinem Kommando hatten das Feuer auf unbewaffnete SEALs eröffnet. Seine Männer, seine Verantwortung. Es half seinem Selbstwertgefühl auch nicht, dass die SEALs innerhalb von Sekunden, nachdem zwei ihrer Leute niedergeschossen worden waren, die Kontrolle übernommen und das Areal abgesichert hatten. Im Klartext hieß das, die Wachen waren zusammengeschlagen worden und lagen jetzt gemeinsam mit den angeschossenen SEALs auf der Krankenstation.

Lieutenant Higgins hatte ein Schuss in die Brust getroffen, er würde nach Deutschland gebracht werden, sobald sein Zustand den Transport zuließ. Dem zweiten SEAL, Warrant Officer Odessa, hatte eine Kugel den Oberschenkelknochen durchschlagen. Auch ihn würde man nach Deutschland ausfliegen. Sein Zustand war stabil, sein Temperament genau das Gegenteil. Der Schiffsarzt hatte ihn mit Betäubungsmitteln beruhigen müssen, um ihn davon abzuhalten, über die noch immer bewusstlosen Wachen herzufallen.

Die fünf restlichen Mitglieder des SEAL-Teams hielten sich im Kommandoraum auf, auf Befehl von Mackenzie. Wie Tiger im Käfig warteten sie nur darauf, an irgendjemandem ihre Wut auslassen zu können. Die Mannschaft machte wohlweislich einen großen Bogen um die Männer. Captain Udaka wünschte, er könnte es mit Mackenzie ebenso halten. Die kalte Wut, die unter der eisernen Selbstkontrolle dieses Mannes schwelte, verursachte ihm mehr als nur Unwohlsein. Für das heutige Fiasko würde er einen sehr hohen Preis zahlen müssen.

Das Telefon auf dem Schreibtisch schrillte. Auch wenn er dankbar für die Unterbrechung war, riss Captain Udaka den Hörer hoch und brüllte in die Muschel: „Ich habe Befehl gegeben, dass ich nicht gestört ...“ Er brach ab, und seine Miene änderte sich, als er zu Mackenzie sah. „Wir sind sofort da“, sagte er und legte auf.

„Da ist ein Funkspruch für Sie reingekommen.“ Captain Udaka erhob sich. „Dringend.“ Wie immer die Nachricht lauten mochte, der Captain konnte die Verschnaufpause brauchen.

Zane hörte der abgesicherten Satellitenübertragung zu, während er stumm bereits Pläne für die Logistik der Mission aufstellte. „Mir fehlen momentan zwei Männer aus dem Team, Sir“, antwortete er. „Higgins und Odessa wurden bei der Sicherheitsübung verletzt.“ Er sagte nicht, wie sie verletzt wurden. Dieser Vorfall würde auf anderer Ebene verhandelt werden.

„Das ist nicht gut.“ Admiral Lindley saß in einem Büro der amerikanischen Botschaft in Athen und schaute die anderen Anwesenden im Zimmer an: Botschafter Lovejoy, hochgewachsen und mit der eleganten Ausstrahlung eines Menschen, der sein ganzes Leben Reichtum und Privilegien kannte, hatte einen panischen, gehetzten Ausdruck in den Augen; dann der CIA-Chef vor Ort, Art Sandefer, ein unauffälliger Mann mit kurzem grauem Haar und flinken, intelligenten Augen; schließlich Mack Prewett, der in der hiesigen CIA-Hierarchie nur einem Ranghöheren unterstand. In bestimmten Kreisen war Mack als Mackie Messer bekannt. Admiral Lindley wusste, dass Mack ein Mann war, der seine Aufträge erledigte und dem man besser nicht in die Quere kam. Trotzdem war er alles andere als ein Hitzkopf, der Menschenleben in Gefahr brachte, weil er unüberlegt wie eine Bombe losschlug. Prewett war so gründlich, wie er entschlossen war. Und es war seinen Kontakten zu verdanken, dass sie die Informationen zu diesem Fall prompt hatten einholen können.

Der Admiral hatte das Gespräch auf den Lautsprecher gestellt, sodass die anderen im Raum mithören konnten. Bei der schlechten Nachricht über das SEAL-Team, auf das alle ihre Hoffnungen setzten, wirkte Botschafter Lovejoys Gesicht noch hagerer.

„Dann müssen wir ein anderes Team einsetzen“, meldete sich Art Sandefer.

„Das dauert zu lange", presste der Botschafter hervor. „Mein Gott, sie könnte schon …" Er brach ab, es war ihm unmöglich, den Satz zu Ende zu führen.

„Ich gehe mit dem Team rein." Zanes Stimme klang klar und deutlich durch den Lautsprecher. „Wir sind am nächsten, in einer Stunde können wir bereit sein."

„Sie?" Der Admiral stutzte. „Zane, Sie waren nicht mehr im aktiven Einsatz seit …"

„… meiner letzten Beförderung", unterbrach Zane trocken. Der Tausch von Einsatz gegen Verwaltung hatte ihm nie gepasst, er hatte sich schon ernsthaft überlegt, ob er den Dienst quittieren sollte. Jetzt war er einunddreißig, und je höher er auf der Rangleiter stieg, desto weiter entfernte er sich von der Action. Vielleicht würde er sich irgendetwas bei der Verbrechensbekämpfung suchen oder sich mit Chance zusammentun. In dem Falle gäbe es Action genug.

Im Moment jedoch hatte man ihm eine Mission in den Schoß geworfen, und die würde er übernehmen. „Admiral, ich trainiere regelmäßig mit meinen Männern, ich bin weder eingerostet noch außer Form."

„Das wollte ich auch nicht andeuten." Mit einem Seufzer blickte der Admiral zum Botschafter und sah das stille Flehen um Hilfe in dessen Augen. „Reichen sechs Mann aus für eine solche Mission?"

„Sir, ich würde niemals das Leben meiner Männer aufs Spiel setzen, wenn ich nicht überzeugt wäre, dass wir es schaffen können."

Dieses Mal sah der Admiral zu Art Sandefer und Mack Prewett. Arts Miene blieb ausdruckslos, er würde nicht den Hals vorrecken, aber Mack nickte unmerklich. Eilig überschlug der Admiral die Optionen. Zugegeben, dem Team fehlten zwei Männer, und der Teamleiter war ein Offizier, der seit über einem Jahr keinen aktiven Einsatz mehr angeführt hatte. Allerdings war dieser Offizier Zane Mackenzie. Alles in allem konnte der Admiral sich keinen besseren Mann für die Mission vorstellen. Er kannte Zane seit Jahren. Es gab keinen perfekteren Krieger, niemanden, dem er mehr vertrauen würde. Wenn Zane sagte, dass er bereit war, dann war er es. „Also gut. Gehen Sie rein und holen Sie sie da raus."

Kaum dass der Admiral aufgelegt hatte, sprudelte es aus dem Botschafter heraus: „Sollten Sie nicht lieber jemand anderen schicken? Das Leben meiner Tochter steht auf dem Spiel. Dieser Mann war ewig nicht mehr aktiv, er ist außer Form, hat keine Erfahrung mehr ..."

„Wenn wir warten, bis wir ein anderes Team in Position bringen können, verlieren wir kostbare Zeit. Die Chancen, sie zu finden, schwinden schnell", merkte der Admiral so höflich wie möglich an. Botschafter Lovejoy gehörte nicht zu den Leuten, die er unbedingt sympathisch fand. Der Mann war ein arroganter Snob, aber er liebte seine Tochter, daran konnte kein Zweifel bestehen. „Was Zane Mackenzie angeht ... es gibt keinen Besseren für den Job."

„Der Admiral hat recht", fügte Mack Prewett mit der ihm eigenen ruhigen Autorität hinzu. „Mackenzie ist so gut in dem, was er tut, dass es schon unheimlich ist. Ich würde ihn sogar allein losschicken. Wenn Sie Ihre Tochter zurückhaben wollen, sollten Sie ihm keine Steine in den Weg werfen."

Botschafter Lovejoy fuhr sich mit den Fingern durchs Haar, eine höchst uncharakteristische Geste. „Wenn irgendetwas schiefläuft ..."

Es war nicht einzuschätzen, ob er damit eine Drohung aussprechen oder einfach nur seine Sorge ausdrücken wollte, aber er kam nicht dazu, den Satz zu Ende zu führen. Mack Prewett lächelte dünn.

„Irgendetwas geht immer schief. Wenn jemand damit fertig wird, dann Zane Mackenzie."

Nach dem Gespräch machte Zane sich auf den Weg durch die endlosen Korridore zum Kommandoraum. Während er sich mental und physisch auf den vor ihm liegenden Job einstellte, schoss bereits Adrenalin durch seine Adern. Als er den Raum mit den Seekarten, Tabellen und den hochmodernen Kommunikationssystemen betrat, wandten sich ihm sofort fünf angriffslustige Gesichter zu. Die Energie und der Ärger seiner Männer schlugen ihm entgegen.

Nur einer der fünf, Santos, saß an dem langen Tisch. Aber Santos war der Sanitäter des Teams und der ruhigste der Truppe. Lieutenant Peter „Rocky" Greenberg, Rangzweiter in der Kommandoreihe, lehnte mit vor der Brust verschränkten Armen und zusammengekniffenen braunen Augen am Schott und kochte vor Wut. Antonio

Withrock, Spitzname „Bunny“, weil ihm scheinbar nie die Energie ausging, lief unruhig im Raum hin und her wie eine hungrige Raubkatze, die dunkle Haut angespannt über den hohen Wangenknochen. Paul Drexler, der Scharfschütze, saß im Schneidersitz auf dem Tisch und reinigte sorgsam eine auseinandergenommene Remington 7.62. Zane zuckte mit keiner Wimper. Seine Männer sollten unbewaffnet sein, und während der Übung waren sie es auch gewesen. Drexler allerdings unbewaffnet zu halten, war eine ganz andere Sache.

„Hast du vor, das Schiff zu kapern?“, fragte Zane den Scharfschützen leise.

Drexler legte den Kopf schief und starrte aus kalten blauen Augen vor sich hin. „Möglich. Die Idee gefällt mir.“

Winstead „Spooky“ Jones hatte bisher auf dem Boden gesessen, den Rücken ans Schott gelehnt, doch bei Zanes Eintritt stellte er sich geschmeidig auf die Füße. Wortlos musterte er Zanes Gesicht. Interesse flackerte auf und verdrängte den Ärger.

Spooky entging selten etwas, und die anderen hatten sich daran gewöhnt, auf seine Reaktionen und seine Körpersprache zu achten. Keine drei Sekunden später lagen alle Blicke gespannt auf Zane.

Greenberg war der Erste, der sprach. „Wie geht es Bobcat, Boss?“

Sie hatten Spookys Wachsamkeit erkannt, wie Zane auffiel, aber sie hatten die Ursache falsch interpretiert. Sie glaubten, Higgins sei seinen Verletzungen erlegen. Drexler setzte geräuschvoll die Waffe zusammen. „Er ist stabil“, versicherte Zane. Er kannte seine Männer genau und wusste, wie fest der Zusammenhalt war. Ein SEAL-Team musste zusammenhalten. Das Vertrauen zueinander war absolut, und wenn einem von ihnen etwas zustieß, spürten sie es alle. „Er wird transportiert. Nicht ganz risikolos, aber ich gehe jede Wette ein, er schafft es. Odie kommt auch wieder in Ordnung.“

Zane winkelte ein Bein an und setzte sich halb auf die Tischkante. Das Glitzern, das Spooky in den hellen Augen aufgefallen war, wurde intensiver. „Hört mal zu, Leute. Die Tochter eines Botschafters ist vor ein paar Stunden entführt worden. Wir gehen nach Libyen und holen sie zurück.“

Sechs schwarz gekleidete Figuren schlichen sich an den Hauswänden in einer schmalen, verlassenen Gasse in Benghazi, Libyen, entlang.

Sie kommunizierten per Handzeichen oder flüsterten kaum hörbar in die winzigen Mikrofone, die sie unter schwarzen Wollmützen trugen. Zane war in Kampfmodus, absolut ruhig, während sie sich zu dem vierstöckigen Gebäude vorarbeiteten, in dem Barrie Lovejoy im obersten Stockwerk festgehalten wurde – falls die Informationen stimmten und man die Frau in den letzten Stunden nicht irgendwo anders hingebracht hatte.

Wenn er im Einsatz war, fühlte er sich immer so. Es war, als würde sich sein Körper auf den einzig wahren Grund für seine Existenz einstellen. Das hier hatte ihm gefehlt, so sehr, dass ihm klar geworden war, ohne diese Action würde er nicht in der Navy bleiben können. Auf einer Mission waren alle seine Sinne geschärft, eine tiefe innere Ruhe ergriff dann von ihm Besitz. Je höher das Risiko, desto abgeklärter wurde Zane. Als würde alles in Zeitlupe vonstattengehen. Er hatte dann Zeit, jedes Detail zu analysieren, den nächsten Schritt vorauszuplanen, die Konsequenzen klar zu erkennen und seine Entscheidung zu treffen. Alles in Sekundenbruchteilen, die ihm jedoch wie endlose Minuten vorkamen. Adrenalin rauschte dann durch seine Adern, das Blut lief heiß durch seinen Körper, aber sein Verstand blieb glasklar und nüchtern. Kaltblütig. Einmal hatte ihm jemand gesagt, seine Miene sei während solcher Momente beängstigend ausdruckslos.

Das Team bewegte sich geräuschlos vorwärts. Jeder wusste, was er zu tun hatte und was der andere tun würde. Diese unverbrüchliche Gewissheit hatten sie in sechsundzwanzig Wochen erlangt, in denen sie gemeinsam durch die Hölle gegangen waren, was offiziell unter dem Namen BUD/S-Training lief. Dieses Band zwischen den Männern ermöglichte es ihnen, als Team mehr zu erreichen, als ein Einzelkämpfer je würde bewirken können. Für die SEALs war Teamwork nicht nur ein Wort, es war existenziell.

Spooky Jones ging voran, um die Gegend auszuloten. Zane setzte den drahtigen Südstaatler für solche Aufgaben ein, denn Spooky hatte Nerven aus Stahl und bewegte sich unsichtbar wie ein Geist. Bunny Withrock, der ständig unter Strom zu stehen schien, bildete die Rückendeckung. Niemand schlich sich unbemerkt an Bunny heran, außer Spooky. Zane blieb direkt hinter Jones, zusammen mit Drexler, Greenberg und Santos. Greenberg war unerschütterlich, nicht aus der Ruhe zu bringen und absolut zuverlässig, Drexler unfehlbar mit der Waffe. Santos, außer der Tatsache, dass er ein verdammt guter SEAL war, besaß das Talent, alle zusammenzuhalten, sollte es tatsächlich nötig werden. Zane hatte nie mit einer besseren Truppe gearbeitet.

Dass sie hier in Benghazi waren, war reines Glück. Glück für die Truppe und hoffentlich auch für Miss Lovejoy. Und es war Pech für die Terroristen, die Miss Lovejoy vor knapp fünfzehn Stunden von den Straßen Athens entführt hatten, dass die Montgomery gerade südlich von Kreta vor Anker lag. Wäre der Fugzeugträger nicht gerade dort stationiert gewesen und hätte das SEAL-Team nicht die Sicherheitsübung vorgenommen, wäre wertvolle Zeit verloren gegangen, wahrscheinlich ein ganzer Tag, bevor ein anderes Team hätte eingeschleust werden können.

Miss Lovejoy war nicht nur die Tochter des Botschafters, sie arbeitete auch als Botschaftsangestellte. Der Botschafter war anscheinend auf seine Tochter fixiert, seit seine Frau und sein Sohn vor fünfzehn Jahren bei einem Attentat in Rom ums Leben gekommen waren. Miss Lovejoy war damals zehn Jahre alt gewesen. Nach dem Attentat hatte der Botschafter seine Tochter in exklusiven Privatschulen untergebracht. Sie hatte ihren College-Abschluss gemacht und nahm jetzt die Aufgaben einer „Botschaftshostess“ wahr. Zane konnte sich denken, was das bedeutete – lächelnde Gesellschafterin und charmante Repräsentantin, eben etwas, um die reiche Miss zu beschäftigen. Die Frau hatte noch keinen Tag in ihrem Leben gearbeitet, geschweige denn war sie unter den Fittichen ihres Vaters hervorgekrochen. Bis heute.

Miss Lovejoy war mit einer Freundin zu einem Einkaufsbummel unterwegs gewesen, als drei Männer sie gepackt und in ein Auto gezerrt hatten. Die Freundin hatte geistesgegenwärtig sofort Alarm geschlagen. Trotz Sperrung der Häfen und Flughäfen – Zane vermutete, dass die griechischen Dienststellen ihre Mühlen nicht ganz unabsichtlich langsam mahlen ließen – war ein Privatflugzeug vom Athener Flughafen aus nach Benghazi gestartet.

Immerhin hatten Quellen vor Ort berichten können, dass eine junge Frau, deren Beschreibung auf Miss Lovejoy passte, vom Flughafen in Benghazi in die Stadt und in das Gebäude gebracht worden war, in das Zane und sein Team nun eindringen würden.

Das musste einfach sie gewesen sein. Es gab nicht viele rothaarige weiße Frauen in Benghazi. Nein, Zane war sicher, dass es sich um Barrie Lovejoy handelte.

Sie verwetteten ihr Leben darauf.

2. KAPITEL

Es war dunkel. Schwere Vorhänge sperrten alles Licht aus. Barrie wusste, es war Nacht, die Geräusche von draußen waren abgeflaut, jetzt war es fast still. Ihre Entführer hatten sich zurückgezogen, wahrscheinlich schliefen sie. Dass Barrie flüchten könnte, darum brauchten die Männer sich keine Gedanken zu machen. Sie war nackt an ein schmales Bett gefesselt, die zusammengebundenen Handgelenke über dem Kopf mit einem Strick fest an das Gestell gewickelt, die Fußgelenke ans untere Bettende gekettet. Sie konnte sich kaum rühren, alles tat ihr weh. Die Schultern waren das Schlimmste. Sie wollte am liebsten schreien, rufen, dass jemand ihr die Stricke lösen möge, damit sie die unerträglich schmerzenden Muskeln lockern könnte. Aber dann würden nur die Männer kommen, die sie hier angebunden hatten. Barrie würde alles aushalten, um diese Fratzen nicht sehen zu müssen.

Ihr war eiskalt. Man hatte ihr nicht einmal eine Decke über den nackten Körper geworfen. Sie zitterte wie Espenlaub, auch wenn sie nicht hätte sagen können, ob das von der Kälte oder vom Schock herrührte. War ihr auch egal.

Sie versuchte zu überlegen. Versuchte, die Schmerzen zu ignorieren. Sich Schock und Angst nicht zu ergeben. Sie hatte keine Ahnung, wo sie sich befand, wusste nicht, ob und wie sie fliehen könnte, aber eines stand fest: Sobald sich auch nur die kleinste Chance bot, würde sie sie ergreifen. Heute sicherlich nicht, die Stricke waren zu eng, ihr Bewegungsspielraum zu eingeschränkt. Aber morgen … o Gott, morgen.

Panik überfiel sie und machte ihr das Atmen schwer. Morgen würden die Männer zurückkommen, zusammen mit dem, auf den sie warteten. Ein gewaltiger Schauder packte Barrie, als sie sich daran erinnerte, wie grob die Kerle mit ihr umgegangen waren. Die widerlichen Hände auf ihrem nackten Körper, das anzügliche Grinsen, die Kommentare, die sie nicht verstand. Sie hätte sich übergeben, hätte sie etwas im Magen gehabt. Aber niemand hatte sich die Mühe gemacht, ihr etwas zu essen zu geben.

Das würde sie nicht durchhalten. Irgendwie musste sie hier weg.

Verzweifelt kämpfte sie gegen die Panik an. Gedanken flimmerten ihr wild durch den Kopf. Sie musste sich etwas einfallen lassen, irgendetwas, einen Plan, wie sie sich schützen und entkommen konnte. Aber wie? Sie lag hier wie ein fest verschnürtes Paket.

Scham und Erniedrigung brannten in ihr. Man hatte sie nicht vergewaltigt, aber die Männer hatten ihr Dinge angetan, um sie zu terrorisieren, um ihr Angst einzujagen und um ihren Willen zu brechen. Morgen, wenn der Kopf der Gruppe ankam, wäre ihre Schonfrist wohl vorbei. Sollten sie sich tatsächlich an ihr vergehen, würde sie das endgültig brechen. Barrie würde alles tun, um das zu verhindern.

Als sie gepackt und verschleppt wurde, hatte sich ein dichter Nebel aus Angst und Schock über sie gelegt, doch jetzt, da sie hier im Dunkeln lag, zitternd und kalt und elend, hob sich dieser Nebel langsam. Niemand, der Barrie kannte, hätte sie als ungestüm oder aufbrausend bezeichnet, aber das, was sich jetzt in ihr aufbaute, war pure Wut, heiß und verzehrend wie Lava aus den Tiefen des Erdkerns.

Nichts in ihrem Leben hatte sie auf diese letzten Stunden vorbereitet. Nachdem ihre Mutter und ihr Bruder gestorben waren, war sie in einer so geschützten und behüteten Atmosphäre aufgewachsen, wie sie nur extrem wenigen Kindern zuteilwurde. Sie hatte ihre Schulkameradinnen erlebt, die meist mit zerbrochenen Elternhäusern, nicht eingehaltenen Versprechen, hektischen Pflichtbesuchen oder völligem Desinteresse hatten fertig werden müssen, aber bei ihr war das nie so gewesen. Ihr Vater betete sie an. Er war an allem interessiert, was sie betraf – ihre Sicherheit, ihre Freunde, ihre Schule. Wenn er sagte, er würde sie anrufen, dann erfolgte der Anruf pünktlich auf die Minute. Jede Woche war ein Geschenk mit der Post gekommen, nichts übermäßig Teures, sondern eine liebe kleine Aufmerksamkeit. Barrie konnte nachvollziehen, warum er sich so um ihre Sicherheit sorgte. Warum er sie in die Schweiz in das exklusive Mädcheninternat mit den strengen Regeln geschickt hatte, anstatt in eine öffentliche Schule, in der es betriebsam zuging wie in einem Taubenschlag.

Sie war alles, was ihm geblieben war.

Und er war alles, was sie hatte. Als der schreckliche Anschlag damals die Familie traf, hatte Barrie sich voller Angst monatelang an ihren Vater geklammert und war nicht von seiner Seite gewichen. Wenn die Arbeit ihn doch von ihr fortgeholt hatte, weinte sie ununterbrochen, bis er wieder zurück war. Irgendwann war die Angst in ihr gewichen, dass auch er nicht mehr zurückkommen könnte. Doch der übermäßige Beschützerdrang war längst bei Barries Vater etabliert.

Jetzt war sie fünfundzwanzig, eine erwachsene Frau. Auch wenn die Besorgnis ihres Vaters sich während der letzten Jahre ein wenig gelegt hatte, so gefiel Barrie ihr Leben doch eigentlich zu sehr, um dagegen zu protestieren. Sie mochte ihren Job in der Botschaft so sehr, dass sie ernsthaft mit dem Gedanken spielte, auf Dauer eine diplomatische Karriere einzuschlagen. Sie übernahm gern die Gastgeberpflichten für ihren Vater. Das Protokoll lag ihr, sie hatte es perfekt verinnerlicht, und mittlerweile repräsentierten immer mehr weibliche Botschafter ihre Länder auf dem internationalen Parkett. Es war ein exklusiver, privilegierter Kreis, aber Barrie verfügte über alle nötigen Voraussetzungen für die Aufgabe. Sie war ruhig, beherrscht und besaß Takt und Einfühlungsvermögen.

Jetzt jedoch, nackt auf diesem Bett und voller dunkler Blutergüsse auf der hellen Haut, kochte eine Wut in Barrie, die so tief und so existenziell war, dass sie fürchtete, etwas an ihrem grundlegenden Charakter sei maßgeblich verändert worden. Eine komplette Umwälzung ihres eigentlichen Wesens. Sie würde nicht tatenlos zulassen, was „sie" mit ihr vorhatten. „Sie" – diese namenlosen, bösartigen Kreaturen mit ihrem Plan. Wenn sie sie töten wollten … dann würden sie es tun müssen. Barrie war bereit. Lieber das, als sich aufzugeben.

Die Vorhänge bauschten sich.

Die Bewegung zog ihren Blick an, Barrie drehte den Kopf zum Fenster. Es war eine automatische Reaktion, ohne wirkliches Interesse. Ihr war so kalt, dass nicht einmal der Wind, stark genug, um die schweren Vorhänge zu bewegen, ihre Neugier wecken konnte.

Abrupt hielt sie den Atem an.

Stumm beobachtete sie den schwarzen Schatten, der durch das Fenster hereinschlüpfte. Ein Mensch konnte es nicht sein, Menschen machten Geräusche, wenn sie sich bewegten. In der absoluten Stille des Raumes hätte sie auf jeden Fall etwas hören müssen, das Rascheln des Vorhangstoffs, einen Atemzug vielleicht, das Auftreten eines Fußes auf den Boden … irgendetwas.

Die Vorhänge fielen nicht wieder so perfekt geschlossen zusammen, nachdem der Schatten hindurchgeschlüpft war. Ein kleiner Spalt blieb offenstehen, durch den Licht hereinfiel – Mondlicht, Sterne, Straßenlaterne, welche Quelle auch immer. Barrie konzentrierte sich auf die dunkle Kontur, die jetzt auf sie zukam. Sie schrie nicht und sagte nichts. Schlimmer konnte es nicht werden.

Vielleicht schlief sie ja auch und das Ganze war nur ein Traum. Real schien es ihr auf jeden Fall nicht. Obwohl … nichts, was ihr in den letzten schrecklichen Stunden seit der Entführung widerfahren war, schien real zu sein. Außerdem war ihr viel zu kalt, um schlafen zu können. Nein, das war kein Traum.

Der schwarze Schatten stand jetzt neben ihrem Bett, ragte über ihr, groß und kräftig, und schien sich an ihrem Anblick zu weiden. Dann rührte er sich, hob eine Hand hoch und zog an etwas … an etwas Schwarzem …

Eine Maske. Barrie blinzelte. Es dauerte einen Moment, bevor ihr erschöpfter Verstand eine logische Erklärung fand: ein Mann, der eine Maske trug. Kein Tier, kein Phantom, sondern ein Mann aus Fleisch und Blut. Sie sah seine Augen schimmern und erkannte den Umriss seines Kopfes, den hellen Fleck seines Gesichts.

Nur ein anderer Mann.

Sie schreckte nicht zusammen. Sie war längst jenseits von Panik, jenseits von allem außer Wut. Sie wartete. Wartete, um sich zu wehren, wartete, um zu sterben. Als einzige Waffe hatte sie ihre Zähne, die würde sie einsetzen, wenn sie es schaffte. Sie würde ihrem Angreifer Stücke aus seinem Fleisch herausbeißen, ihn vor ihrem Tod so schwer wie möglich verletzen. Wenn sie Glück hatte, konnte sie die Zähne vielleicht sogar in seine Kehle schlagen und wenigstens einen von diesen Dreckskerlen mit in den Tod nehmen.

Er ließ sich Zeit, starrte sie an. Ihre gefesselten Hände ballten sich zu Fäusten. Verflucht sei er! Verflucht seien sie alle!

Dann ging er neben ihr in die Hocke und brachte seinen Kopf nahe an ihr Gesicht heran. Für einen schrecklichen Sekundenbruchteil fragte Barrie sich, ob er sie küssen wollte … die Vorstellung schien ihr unerträglich. Sie bereitete sich darauf vor, ihm an die Kehle zu gehen, sobald er nah genug war.

„Mackenzie, United States Navy“, hörte sie ihn tonlos an ihrem Ohr flüstern.

Englisch, mit einem eindeutig amerikanischen Akzent. Barrie zuckte zusammen. Es dauerte, bevor sie den Sinn der Worte begriff: Navy. United States Navy. Seit Stunden hatte sie keinen Ton von sich gegeben, hatte sich beharrlich geweigert, irgendetwas zu ihren Entführern zu sagen, aber jetzt entrang sich ihrer Kehle unwillkürlich ein scharfer Laut.

„Sch, keinen Ton“, warnte er, immer noch in diesem tonlosen Flüstern. Noch während er sprach, griff er über ihren Kopf, und plötzlich ließ die Spannung in ihren Armen nach. Dieses Lockern jagte einen unerträglichen Schmerz durch Barries Schultergelenke, und sie sog erstickt die Luft in die Lungen, um dann hastig die Zähne zusammenzubeißen.

„Tut mir leid“, wisperte sie kaum hörbar, als der Schmerz erträglicher wurde.

Sie hatte kein Messer in seiner Hand gesehen, aber die kühle Klinge an ihrer Haut gespürt, als er die Stricke mit einer einzigen Bewegung durchtrennte. Jetzt versuchte sie, die Arme herunterzunehmen, doch die Muskeln gehorchten ihr nicht und blieben absolut regungslos.

Er wusste es, ohne dass sie es ihm sagen musste. Er steckte das Messer in die Scheide zurück und legte seine behandschuhten Hände auf ihre Schultern, begann, zu massieren und vorsichtig zu kneten, bevor er ihre Arme nahm und sie behutsam an ihre Seiten brachte. Ihre Gelenke brannten wie Feuer, als würden ihr die Gliedmaßen ausgerissen. Barrie biss die Zähne zusammen und weigerte sich, einen weiteren Laut durch die Barriere ihrer Lippen entschlüpfen zu lassen, auch wenn ihr vor Schmerz der kalte Schweiß auf die Stirn trat und eine Welle der Übelkeit durch sie hindurchrauschte.

Er drückte die Daumen in ihre Schultern, rieb über die geschwollenen, überspannten Sehnen und verstärkte den Schmerz damit nur noch. Barrie krümmte sich, bäumte sich auf, doch er drückte sie hinunter auf die Matratze, massierte unablässig weiter, um den Durchblutungsprozess wieder in Gang zu bringen. Schmerz schwappte über sie, benebelte sie, raubte ihr die Sicht und klares Denken. Sie stand kurz vor einer Ohnmacht.

Sie durfte nicht bewusstlos werden. Nicht jetzt. Sie würde es nicht zulassen. Mit aller Macht klammerte sie sich an den Gedanken, und tatsächlich, nach Augenblicken, die ihr wie eine Ewigkeit vorkamen, begann der Schmerz abzuebben. Der Navy-Offizier fuhr mit der Massage fort, führte sie durch den Schmerz und hin zu Erleichterung. Barrie erschlaffte, sank auf die Matratze zurück und atmete in langen Zügen wie nach einem Spurt.

„Braves Mädchen“, flüsterte er, als er sie losließ. Ein Lob, das Balsam für ihre geschundene Seele war. Er richtete sich auf und zog erneut das Messer hervor, um ihre Füße zu befreien.

Sie spürte das kühle Metall, den kurzen Ruck, und unwillkürlich rollte sie sich zusammen, ohne dass ihr Gehirn ihrem Körper den Befehl erteilt hätte. Sie presste die Schenkel zusammen, kreuzte die Arme über ihrer bloßen Brust und barg das Gesicht in der modrigen Matratze. Sie konnte ihn nicht ansehen, sie konnte einfach nicht. Tränen brannten in ihren Augen, ließen einen dicken Kloß in ihrer Kehle wachsen.

„Sind Sie verletzt?“, fragte er mit diesem gespenstischen Flüstern, das ihr wie eine Berührung über die Haut fuhr. „Können Sie laufen?“

Jetzt war nicht der Zeitpunkt, um die Nerven zu verlieren. Sie mussten immer noch unentdeckt von hier wegkommen, ein hysterischer Anfall würde alle Chancen zunichte machen. Barrie schluckte zweimal, kämpfte um die Kontrolle ihrer Emotionen, wie sie um die Beherrschung angesichts der Schmerzen gekämpft hatte. Die Tränen rollten ihr die Wangen hinunter, aber Barrie zwang sich dazu, sich hinzusetzen. Sie hatte nichts getan, dessen sie sich schämen müsste. Sie würde darüber hinwegkommen. „Ich bin in Ordnung“, sagte sie und war froh, dass das notwendige Flüstern die Schwäche ihrer Stimme verbarg.

Er ging vor ihr in die Hocke und begann, seine Ausrüstung abzulegen. Es war zu dunkel im Raum, um zu erkennen, worum genau es sich bei jedem einzelnen Teil handelte, aber Barrie erkannte eine Automatikwaffe, die er jetzt auf den Boden vor sich legte. Dumpf sah sie ihm zu, bis er anfing, sein Hemd auszuziehen. Die Angst packte sie, versetzte ihr einen mächtigen Hieb wie mit einem Vorschlaghammer. O Gott, er würde doch nicht …

Sanft legte er ihr sein Hemd über die Schultern, zog ihre Arme durch die Ärmel wie bei einem kleinen Kind, verschloss behutsam die Knöpfe und achtete sorgsam darauf, Barrie nicht unnötig zu berühren. Der Stoff hielt noch seine Körperwärme, hüllte sie ein wie eine Decke. Dieses plötzliche Bewusstsein von Geborgenheit und Schutz rieb Barrie auf wie ihre vorherige Nacktheit. Ihr Herz schwoll an und schien im Sturzflug in die Knie zu gleiten. Zögernd streckte sie die Hand in einer entschuldigenden Geste aus. Tränen tropften ihr von den Wimpern, hinterließen salzige Spuren auf ihren Wangen. Während des vergangenen Tages hatte sie bis dahin so unvorstellbare männliche Brutalität erlebt, dass seine Zartheit ihr umso mehr zusetzte und an ihrer Selbstbeherrschung zerrte.

Eine Sekunde verstrich, dann eine zweite. Schließlich schloss er seine Finger um ihre Hand. Seine Hand war so viel größer als ihre. Barrie fühlte Kraft und Wärme um ihre kalten Finger strömen, die Kontrolle eines Mannes, der sich seiner Stärke bewusst war. Er drückte ihre Finger sanft, dann ließ er ihre Hand los.

Sie starrte ihn an und versuchte, Züge seines Gesichts auszumachen, doch Dunkelheit und Tränen verhinderten es. Sie erkannte nur, dass er ein schwarzes T-Shirt trug, und jetzt legte er seine Ausrüstung geräuschlos wieder an. An seinem Handgelenk leuchtete kurz das Zifferblatt einer Uhr auf.

„Wir haben genau zweieinhalb Minuten, um hier rauszukommen“, murmelte er. „Sie tun genau das, was ich sage, wenn ich es sage.“

Vor diesem flüchtigen Augenblick des Verstehens wäre sie dazu kaum in der Lage gewesen, doch nun gab es so etwas wie ein Band zwischen ihnen. Barrie nickte stumm und stand auf. Ihre Knie waren unsicher, sie drückte sie angestrengt durch und schob sich das Haar aus dem Gesicht. „Ich bin so weit.“

Sie hatten gerade den zweiten Schritt gemacht, als unter ihnen ein Stakkato von Maschinenpistolensalven die Nacht durchschnitt.

Ihr Retter schwang lautlos so schnell herum, dass Barrie nicht einmal Zeit zum Blinzeln blieb. Hinter ihr wurde die Tür aufgestoßen. Grelles Licht flutete in den Raum, trotzdem erkannte Barrie den massigen Umriss im Türrahmen. Eine Wache. Natürlich hatte eine Wache vor der Tür gestanden. Dann sah sie nur noch eine blitzschnelle Bewegung, hörte einen dumpfen Schlag und ein Grunzen, und der Wachposten sackte zusammen. Ihr Retter fing die leblose Gestalt auf, schleifte sie ins Zimmer hinein, dann packte er Barrie beim Handgelenk und zog sie hinter sich her in den Korridor hinaus.

Ein enger Gang, schmutzig und vollgestellt mit Gerümpel. Das Licht, das ihr so grell erschienen war, stammte von einer einzelnen nackten Glühbirne. Von unten und von der Straße waren weitere Gewehrsalven zu hören. Das Treten von harten Laufschritten näherte sich von links. Rechter Hand lag eine verschlossene Tür, dahinter sah Barrie die erste Stufe einer unbeleuchteten Treppe.

Ihr Retter schloss die Tür des Zimmers, aus dem sie gerade gerannt waren, dann packte er Barrie um die Hüfte und trug sie unter dem Arm wie einen Sack. Barrie klammerte sich wie betäubt an sein Bein, während er pfeilschnell mit ihr in das nächste Zimmer und in die schützende Dunkelheit verschwand. Er hatte kaum die Tür geschlossen, als laute Schreie und Flüche auf dem Gang erklangen. Barrie drückte ihr Gesicht mit zusammengekniffenen Augen an das schwarze Hosenbein.

Er richtete sie auf und stellte sie auf die Füße, schob sie hinter sich, während er die Waffe, die bisher über seiner Schulter gehangen hatte, in Anschlag brachte. Sie standen vor der Tür, absolut reglos, und lauschten auf den Lärm auf der anderen Seite. Barrie konnte drei Stimmen unterscheiden und erkannte sie alle wieder. Da waren mehr Schreie und mehr Flüche in der Sprache, die sie gehört hatte, aber nicht verstehen konnte. Die Flüche wurden härter, als man den toten Wachposten und Barries Abwesenheit bemerkte. Etwas knallte gegen die Wand, als einer der Entführer seiner Wut Luft machte.

„Hier Eins. Ab sofort Plan B."

Bei dem Flüstern zuckte Barrie zusammen. Verwirrt starrte sie ihren Retter an und versuchte, den Sinn hinter seinen Worten auszumachen. Natürlich, er war nicht allein gekommen, da draußen war höchstwahrscheinlich eine ganze Truppe. Er hatte soeben eine Nachricht an seine Männer weitergegeben. Sie mussten jetzt nur noch aus diesem Gebäude herauskommen. Bestimmt wartete ein Helikopter auf sie oder ein Lastwagen oder ein Schiff. Ihr war es gleich, und wenn sie mit dem Fahrrad gekommen waren – sie wollte nur weg von hier.

Offensichtlich war wohl geplant gewesen, sie unbemerkt zum

Fenster hinauszuschmuggeln, aber etwas schien schiefgegangen zu sein, die anderen waren entdeckt worden. Jetzt saßen Barrie und ihr Retter hier in diesem Raum fest, ohne die Möglichkeit, zu den anderen zu stoßen.

Barries Körper begann, gegen den Stress und die Anstrengung zu revoltieren, gegen die Angst und die Schmerzen. Mit seltsam losgelöstem Interesse registrierte sie, wie ihre Muskeln zu zittern anfingen, wie sich die Schauer an ihren Beinen hocharbeiteten, über ihren Leib liefen, in ihre Schultern fuhren, bis sie unkontrolliert zu wanken begann. Liebend gern hätte sie sich an ihren Retter gelehnt, doch sie befürchtete, ihn dann in seinen Bewegungen einzuschränken. Ihr Leben – und seines – hing jetzt von seinem Können ab. Helfen konnte sie ihm nicht, aber sie konnte ihm wenigstens nicht im Weg stehen.

Trotzdem, sie musste sich dringend anlehnen. Vorsichtig tastete sie sich zwei Schritte zurück zur Wand. Er spürte es und drehte sich halb um, fasste mit der linken Hand nach ihr und zog sie zurück an seinen Rücken. Sie sollte wohl greifbar sein, falls ein sofortiger Rückzug nötig wurde.

Seine Nähe wirkte auf Barrie elementar beruhigend. Ihre Entführer hatten ihr eine solche Angst und einen solchen Ekel eingejagt, hatten jeden weiblichen Instinkt in ihr angegriffen, sodass Barrie sich entsetzt gefragt hatte, ob sie je wieder einem Mann vertrauen könnte. Die Antwort war: Sie konnte, zumindest diesem Mann.

Dankbar ließ sie sich gegen seinen Rücken fallen und lehnte die Wange an seine Schulter. Seine Körperwärme war wunderbar, er roch sogar warm, wie sie betäubt bemerkte, sein Duft war eine Mischung aus leichtem, frischem Schweiß und herber Männlichkeit, ein Aroma wie feinster Whiskey. Mackenzie. Er hatte gesagt, sein Name sei Mackenzie.

Sie standen absolut regungslos in dem dunklen Raum, für eine Ewigkeit, lauschten auf die Schüsse und die Schreie, die sich entfernten, so lange, dass Barrie sogar kurz einnickte. Der Mann vor ihr verharrte wie ein Fels, unerschütterlich, geduldig, ohne die geringste Bewegung. Nicht einmal eine Andeutung, dass seine Muskeln verspannt sein könnten und nach Lockerung schrien. Sein Atem und damit das regelmäßige Heben und Senken seiner Brust waren das Einzige. Sanfte Wellen, ein Schaukeln, das sie einlullte, wie auf einem Floß sanft dahintreiben ließ …

Barrie wachte auf, als er nach hinten griff und sie leicht schüttelte. „Sie glauben, wir seien entkommen“, flüsterte er. „Rühren Sie sich nicht von der Stelle, geben Sie keinen Laut von sich. Ich sehe nach.“

Gehorsam drückte sie sich von ihm ab und hätte am liebsten über den Verlust seiner Körperwärme geweint. Der dünne Strahl einer Taschenlampe, deren Linse zum größten Teil abgeklebt war, leuchtete auf und enthüllte einen leeren Raum, in dem lediglich an einer Wand Kisten gestapelt standen. Spinnweben hingen an der Decke, der Boden war mit einer dicken Staubschicht bedeckt. Barrie erblickte ein kleines Fenster an der gegenüberliegenden Wand, ihr Retter achtete sorgsam darauf, den Lichtstrahl nicht in diese Richtung zu halten, um keine Aufmerksamkeit zu erregen. Diesen Raum schien seit Ewigkeiten niemand mehr benutzt zu haben.

Mackenzie lehnte sich zu ihr herüber, sie spürte seinen warmen Atem an ihrem Ohr, als er ihr zuflüsterte: „Wir müssen aus diesem Gebäude heraus. Meine Männer haben es so aussehen lassen, als seien wir entkommen, aber wir werden wahrscheinlich nicht vor morgen Nacht zu ihnen stoßen. Wir brauchen einen sicheren Unterschlupf, wo wir abwarten können. Haben Sie eine Vorstellung von dem Grundriss hier?“

Sie schüttelte den Kopf und folgte seinem Beispiel, indem sie sich auf die Zehenspitzen stellte und die Lippen nahe an sein Ohr heranbrachte. „Man hatte mir die Augen verbunden, als sie mich herbrachten.“

Er nickte knapp und richtete sich auf. Und wieder verspürte Barrie Bedauern beim Verlust seiner Nähe. Sie fühlte einen Drang, sich an Mackenzie und die Sicherheit, die er repräsentierte, zu klammern. Ihr war klar, dass es sich nur um eine vorübergehende Schwäche handelte. Trotzdem brauchte sie ihn im Moment mit einer Dringlichkeit, die nahezu schmerzhaft war. Sie musste diese stählerne Kraft spüren, die als sichere Barriere zwischen ihr und diesen Widerlingen, die sie entführt hatten, stand.

Vorübergehend oder nicht, Barrie hasste das Gefühl. Es erinnerte sie zu sehr an die Verzweiflung, mit der sie sich nach dem Tode von Mutter und Bruder an ihren Vater gebunden hatte. Zugegeben, damals war sie noch ein Kind gewesen, und die intensive Beziehung zu ihrem Vater hatte ihr gutgetan. Doch manchmal war es auch erstickend und einzwängend gewesen. In ihrer eigenen stillen Art hatte Barrie begonnen, Schritt für Schritt Distanz zu schaffen. Jetzt war diese Katastrophe passiert, und ihr erster Impuls war sofort wieder klammern. Würde das immer so weitergehen? Jedes Mal, wenn sie ein Trauma in ihrem Leben durchmachte, sollte sie zur Klette werden? So wollte sie nicht sein – kein Schwächling, der sich auf die Kraft der anderen verließ. Dieser Albtraum hatte ihr gezeigt, wie leicht die scheinbare Sicherheit ihres Lebens zu zerstören war. Anstatt auf andere zu zählen, wollte sie eigene Stärken entwickeln, Stärken, von denen sie wusste, dass sie vorhanden, aber noch nie gefordert worden waren. Das würde sich ab jetzt ändern.

Möglich, dass dieser Prozess bereits eingesetzt hatte. Die Wut, die von ihr Besitz ergriffen hatte, als sie nackt und frierend auf dem Bett lag, brannte noch immer in Barrie. Nur dieser Zorn hielt sie davon ab, sich der Schwäche ihres Körpers zu ergeben. Sie würde nichts tun, was Mackenzie in irgendeiner Weise behindern könnte. Also riss sie sich zusammen, drückte die Knie durch und reckte die Schultern. „Was machen wir jetzt? Kann ich helfen? Irgendetwas tun?"

Da an dem Fenster in diesem Raum keine Vorhänge hingen, konnte Barrie Mackenzies Züge im schwachen Licht erkennen – die hohen Wangenknochen, das markante Kinn, den festen Mund mit den klaren Konturen. Wie eine griechische Statue.

„Ich werde Sie eine Weile allein lassen müssen. Schaffen Sie das?"

Panik stieg in ihr auf, und nur mit Mühe gelang es Barrie, den protestierenden Aufschrei zu unterdrücken, der sie beide verraten würde. Sie presste die Lippen zusammen, damit er ihr nicht doch noch entschlüpfte, und nickte stumm.

Er zögerte. Barrie spürte seinen musternden Blick, so als fühle er ihre Angst und überlege, ob er es wagen konnte, sie tatsächlich allein zu lassen. „Ich bin in einer halben Stunde zurück", sagte er schließlich. „Ehrenwort."

Er zog etwas aus der Brusttasche seiner Weste und entfaltete es – eine Art dünne Decke, die er Barrie um die Schultern legte. Das Tuch speicherte sofort die wenige Wärme, die ihr Körper noch aussandte. Mackenzie ließ die Enden los, die Decke klaffte auf, und Barrie griff hastig danach, um die Wärme nicht zu verlieren. Bis sie die Decke wieder um sich geschlungen hatte, war Mackenzie durch einen Türspalt verschwunden, genauso lautlos und flink, wie er durch das Fenster in den anderen Raum eingestiegen war.

Barrie war allein in der Dunkelheit. Alles in ihr rebellierte, aber sie ignorierte es. Stattdessen konzentrierte sie sich darauf, kein Geräusch zu machen. Aus dem Gebäude war nichts mehr zu vernehmen, es herrschte absolute Stille. Hatten ihre Entführer den Standort aufgegeben, nachdem sie dachten, sie sei entkommen? Verfolgten sie jetzt Mackenzies Team, weil sie glaubten, die Geisel sei dabei?

Erst als Barrie schwankte, wurde ihr klar, dass sie sich auch setzen könnte. Sorgfältig darauf achtend, keinen Laut zu verursachen, kauerte sie sich auf den Boden und zog die Decke fest um sich. Aus welchem Material dieses Tuch auch immer bestehen mochte, es isolierte sogar die Kälte des Steinfußbodens. Barrie zog die Knie an und legte den Kopf darauf. Seit Stunden hatte sie sich nicht so gut gefühlt, unausweichlich fielen ihr die Lider zu. Allein im Dunkeln, schlief sie ein.

3. KAPITEL

Die Waffe im Anschlag, schlich Zane durch das zerfallene Gebäude und stieg vorsichtig über Geröll und Bauschutt hinweg. Sie waren in der obersten Etage, blieb also nur der Weg nach unten. Er wusste, wo die Ausgänge lagen. Was er nicht wusste, war, wo die Entführer sich aufhielten. War das Haus nur als kurzfristiges Versteck ausgesucht worden, oder handelte es sich um einen permanenten Schlupfwinkel? Falls Letzteres stimmte, wie viele Männer hielten sich hier auf, und wo waren sie? Das musste Zane in Erfahrung bringen, bevor er es riskieren konnte, Miss Lovejoy herauszuschleusen. In einer knappen Stunde würde die Morgendämmerung hereinbrechen, bis dahin musste er Barrie Lovejoy an einen sicheren Ort gebracht haben.

Zane blieb an der Biegung des Korridors stehen und presste sich flach gegen die Wand. Den Kopf drehte er gerade so weit, dass er in den nächsten Gang hineinsehen konnte. Nichts, alles leer. Lautlos schlich er weiter.

Er hatte die schwarze Maske wieder über das Gesicht gezogen und sich Schmutz und Erde auf die nackten Arme geschmiert. Da er Miss Lovejoy sein Hemd gegeben hatte, war das nötig geworden, damit die bloße Haut im Dunkeln nicht zu sehen war. Obwohl, so braun gebrannt, wie er war, bestand ein sehr viel geringeres Risiko, dass man seine Arme erkennen könnte als bei Miss Lovejoys hell schimmernder Haut. In dem Zimmer, in dem sie festgehalten wurde, hatte er sie deutlich sehen können. Da er nirgendwo Kleider gefunden hatte, war ihm gar nichts anderes übrig geblieben, als ihr sein Hemd zu geben. Sie hatte vor Kälte gezittert – Kälte, hervorgerufen durch Schock, denn die Nacht war warm –, und wahrscheinlich wäre sie in Hysterie ausgebrochen, hätte Zane versucht, sie splitterfasernackt wegzuschaffen. Er war darauf eingestellt gewesen, sie bewusstlos zu schlagen. Aber bis jetzt hielt sie sich ziemlich gut. Sie hatte nicht einmal geschrien, als er plötzlich neben ihr auftauchte. Er spürte allerdings auch, an welch seidenem Faden ihre Selbstbeherrschung hing. Der konnte jederzeit reißen.

Was nur verständlich war. Wahrscheinlich würde sie zusammenbrechen, sobald alles vorbei und sie in Sicherheit war, aber bisher riss sie sich zusammen. Ihr Mut verlangte Zane eine seltsame Mischung aus Respekt, Zärtlichkeit und tödlicher Entschlossenheit ab, sie zu beschützen. Seine Aufgabe war es, Miss Lovejoy sicher aus Libyen herauszubringen, nicht, Vergeltung an ihren Entführern zu üben. Doch sollte einer dieser Dreckskerle ihm über den Weg laufen … umso besser.

Der dunkle Schlund einer hinabführenden Treppe tat sich vor Zane auf. Das Schwarz war beruhigend. Nicht nur bewies es ihm die Abwesenheit eines möglichen Wachpostens, es würde ihn selbst unsichtbar machen. Die ursprünglichen Instinkte der Menschen waren nun mal alle gleich. Im wachen Zustand wollte jeder Licht um sich haben, auch um sich nähernde Feinde sehen zu können. Er aber war ein SEAL, für ihn war die Dunkelheit ein Gehilfe, den er sich zunutze machte.

Vorsichtig trat er auf die erste Stufe, den Rücken weiterhin fest an die Wand gepresst. Die Treppe musste stabil sein, sonst hätten die Entführer sie nicht benutzt.

Ein unmerkliches Aufhellen der Dunkelheit zeigte ihm, dass er sich dem unteren Ende näherte. Zane verhielt sich regungslos und lauschte angestrengt. Da. Er hatte es gehört, den entfernten Hall von Stimmen. Verärgerte Stimmen, wütende Flüche, Rechtfertigungen. Zane sprach Arabisch, aber er war zu weit entfernt, um etwas Genaues verstehen zu können. Das war im Moment auch nicht wichtig, er hatte nur wissen wollen, wo die Kerle sich aufhielten, und das hatte er herausgefunden. Grimmig unterdrückte er den Drang, Rache für Miss Lovejoy zu üben. Seine Mission lautete, sie zu retten, nicht, sie unnütz einer noch größeren Gefahr auszusetzen.

Da er jetzt wusste, dass die Entführer sich im Erdgeschoss des Ostflügels aufhielten, schlug Zane den Weg zu der in westlicher Richtung gelegenen Treppe ein. Wachposten waren nicht zu sehen, die Kerle gingen davon aus, die Flucht sei gelungen, also bestand für sie kein Sinn mehr darin, noch Posten aufzustellen.

Die Missionen, die seiner Erfahrung nach perfekt abliefen, konnte er an den Fingern einer Hand abzählen. Deshalb versuchte er, immer vorbereitet zu sein. Aussetzer beim technischen Equipment, dumme Zufälle, widrige Wetterumstände, der menschliche Faktor – alles war denkbar. Zane wusste nicht, wieso die Kidnapper seine Leute entdeckt hatten, er würde es später herausfinden. Genau für eine solche Situation hatte er Plan B entworfen. Bis auf den knappen Befehl an seine Männer, auf Plan B auszuweichen, hatten sie absolute Funkstille gehalten.

Wahrscheinlich war es ein dummer Zufall gewesen. Einfach nur Pech. Vielleicht ein Spaziergänger, der über einen seiner Männer gestolpert war. Solche Dinge passierten eben. Deshalb hatte er Plan B ausgeklügelt, nur für den Fall. Denn während sie sich dem Gebäude näherten, hatte Zane ein ungutes Gefühl überkommen. Und wenn sich so ein Gefühl aus dem Bauch heraus meldete, hörte Zane darauf. Bunny Withrock hatte ihn einmal mit einem schrägen Blick bedacht und gemeint, der Boss sei noch unheimlicher als Spooky. Die Männer vertrauten seinen Instinkten, bedingungslos. Deshalb waren sie wahrscheinlich schon auf Plan B übergegangen, noch bevor Zane überhaupt im Gebäude verschwunden war.

Um Miss Lovejoys willen hatte er sich für Sicherheit entschieden. Deshalb war er auch allein reingegangen, durchs Fenster, nachdem Spookys Aufklärungstour erbracht hatte, dass die Kidnapper im gesamten ersten Stockwerk Wachen postiert hatten. Im vierten Stock, wo Miss Lovejoy laut Information untergebracht war, gab es kein Licht. Was vermuten ließ, dass sich bei ihr im Raum keine Wache aufhielt. Der Mann würde nicht im Dunkeln sitzen. Die Kidnapper hatten Zane ungewollt das richtige Zimmer gezeigt: Es gab nur ein Fenster, dessen Vorhänge zugezogen waren. Als Zane hinaufgeklettert war, hatte er die Vorhänge nur einen haarbreiten Spalt geöffnet, um nicht durch ein mögliches Licht im Zimmer überrascht zu werden, doch seine Sorge war unnötig gewesen. Der Raum war stockdunkel. Und Miss Lovejoy war da, wie vermutet.

Mit katzenhafter Geschmeidigkeit bewegte Zane sich nun durch den Gang, bis er die gegenüberliegende Treppe erreichte. Dank Spookys Späherarbeit kannte er einen relativ sicheren Ort, an dem er mit Miss Lovejoy warten konnte, bis sie erneut zu entkommen versuchen würden, er musste sie nur noch dorthin bringen. Und zwar vor dem Morgengrauen. Eine rothaarige, halb nackte Frau in einem islamischen Land fiel auf, und er, selbst wenn er ein dunkler Typ war, würde auch auffallen, mit seiner Ausrüstung, der Kriegsbemalung und der Automatikwaffe über der Schulter.

Zane erreichte das Zimmer, in dem er Miss Lovejoy zurückgelassen hatte, und schlüpfte so leise hinein, wie er hinausgelangt war. Der Raum war leer. Alarmsirenen schrillten in seinem Kopf auf, jeder Muskel in ihm war zum Zerreißen gespannt ... Dann erkannte er das Bündel auf dem Boden. Sie hatte sich also unter der Thermodecke zusammengerollt. Sie rührte sich nicht. Er lauschte auf die kaum hörbaren, regelmäßigen Atemzüge, und ihm wurde klar, dass sie eingeschlafen war. Wieder verspürte er dieses leichte innere Ziehen. Diese Frau hatte schreckliche Stunden hinter sich, sie musste völlig ausgelaugt sein und hatte trotzdem nicht schlafen können. Doch dieses winzige Maß an Sicherheit, das er ihr hatte geben können, das aus nicht mehr als seinem Hemd, einer Thermoplane und einem vorübergehenden Versteck bestand, reichte für sie, um sich auszuruhen. Er hasste die Vorstellung, Barrie zu stören, aber sie mussten sich in Bewegung setzen.

Vorsichtig strich er ihr mit der Hand über den Rücken. Er rüttelte nicht an ihrer Schulter, sondern half ihr mit der Geste, langsam wach zu werden und sich zu orientieren, damit sie nicht alarmiert aufschrie. Nach einer Weile begann sie, sich zu bewegen. Zane wusste genau, wann sie die Augen aufschlug, er fühlte, dass die Panik sie packen wollte, und merkte, wie Barrie sie unterdrückte.

„Wir ziehen weiter, an einen sicheren Ort“, flüsterte er und nahm sofort seine Hand zurück. Nach allem, was sie durchgemacht hatte, würde sie die Berührung eines Mannes nicht länger als unbedingt nötig ertragen. Der Gedanke machte ihn wütend. Impulsiv wollte er sie trösten. Alle Frauen in seiner Familie, seine Mutter, seine Schwester und seine Schwägerinnen, wurden von den Männern angebetet und auf Händen getragen. Zane wollte Barrie Lovejoy sicher in seinen Armen halten und ihr versprechen, dass alles wieder gut werden würde – dass er höchstpersönlich diese Mistkerle, die sie so verletzt hatten, in der Luft auseinandernehmen würde. Aber damit zerstörte er wahrscheinlich nur ihre hauchdünne Selbstbeherrschung. Und außerdem ließ die Situation ihnen keine Zeit für Trost.

Barrie rappelte sich auf die Füße, die Thermo-Plane eng um sich geschlungen. Als Zane danach griff, löste sie die Finger unwillig. Es bedurfte keiner Worte der Erklärung, warum sie die Decke nicht aufgeben wollte. Ihr war immer noch eiskalt, das wusste Zane, und sie war sich ihrer kaum bedeckten Blöße verlegen bewusst.

„Schlingen Sie es sich um die Hüfte“, wisperte er und knotete die leichte Plane wie einen Sarong um ihre Taille, sodass sie ihr bis zu den Knöcheln reichte. Er ging in die Hocke und prüfte, ob Barrie genügend Schrittfreiheit hätte, sollten sie plötzlich gezwungen sein loszurennen.

Als er sich wieder aufrichtete, legte sie kurz die Hand auf seinen Arm und zog die Finger direkt wieder fort, so als sei selbst diese kurze Berührung zu viel. „Danke.“

„Sehen Sie jetzt genau zu“, ordnete er an. „Achten Sie auf meine Zeichen.“ Er erklärte ihr die wenigen Gesten, die sie brauchen würden: die gehobene Faust, die „stopp“ besagte, die offene Handfläche, die „anhalten“ hieß, das Signal zum Weiterlaufen und das, um Deckung zu suchen. In Hinblick auf Barries Zustand und ihre Erschöpfung bezweifelte er, dass sie mehr als diese vier simplen Kommandos behalten konnte. Sie brauchten ja auch nicht weit zu gehen. Sollten mehr als diese vier Anweisungen nötig werden, dann steckten sie bis zum Hals in Schwierigkeiten.

Barrie folgte Zane zur Tür hinaus und zur westlichen Treppe. Zane spürte ihr Zögern, den ersten Schritt in den dunklen Abgrund zu setzen. Er wies sie an, wie sie sich mit dem Rücken an die Wand zu pressen hatte, wie sie mit der Fußspitze die Stufen ertasten konnte. Einmal stolperte sie, und er hörte, wie sie unterdrückt die Luft einsog. Sein rechter Arm schoss zurück, schlang sich um ihre Taille, um sie zu stützen, während sie zwei Stufen hinter ihm stand. Mit gleitender Geste hob er sie von den Füßen und riss sie an seine Seite. Sie fühlte sich weich in seinem Arm an, schlanke Hüften, wohlproportioniert, und Zane atmete tief ein, als ihr Duft ihm warm in die Nase stieg. Sie saß praktisch auf seiner Hüfte, ihre Hände fest auf seinen Schultern. Nur unwillig beugte er sich ein wenig hinunter und setzte Barrie zurück auf ihre Füße.

„Tut mir leid“, flüsterte sie in der Dunkelheit.

Zanes Respekt für sie wuchs. Sie hatte nicht erschreckt aufgeschrien, auch wenn sie fast gefallen wäre, auch wenn er sie so hart gepackt hatte. Stattdessen hielt sie sich eisern unter Kontrolle, konzentrierte sich auf ein einziges Ziel: Freiheit.

Nach diesem falschen Auftreten war sie noch vorsichtiger, hielt noch mehr Abstand zu ihm, auch wenn ihm das nicht behagte. Auf der letzten Stufe wartete er ab, bis Barrie bei ihm war. Da sie ihn nicht sehen konnte, sagte er leise: „Hier“, damit sie nicht in ihn hineinprallte.

Schwaches Licht wurde sichtbar. Zane reckte vorsichtig den Kopf. Niemand zu sehen. Mit einer knappen Handbewegung winkte er Barrie zu sich heran, und sie trat aus dem Dunkel des Treppengangs hinaus und neben ihn.

Vor ihnen lag eine große Doppeltür, die zur Straße führte. Doch Zane lauschte auf den langsam steigenden Geräuschpegel, den der hereinbrechende Morgen mit sich brachte. Von linker Hand erschallte eine laute Stimme, und Zane fühlte, wie Barrie zusammenzuckte. Hastig, bevor der Wortschwall ihres Entführers sie nervös machte, schob Zane sie in das nächstliegende Zimmer – eine Abstellkammer mit einem hohen, einzelnen Fenster.

„Wir gehen durch das Fenster. Bis zum Erdboden auf der anderen Seite sind es keine anderthalb Meter, also nichts Gefährliches. Ich hebe Sie hoch. Wenn Sie auf der anderen Seite sind, ducken Sie sich gegen die Hauswand. Machen Sie sich so klein wie möglich. Verstanden?“

Barrie nickte nur stumm. Sie bahnten sich den Weg durch die vollgestellte Kammer, über Kisten und Gerümpel hin zum Fenster. Zane zog sich am Sims hoch, bis er mit einem Knie auf der Fensterbank hockte, den anderen Fuß abgestützt auf einem wackeligen Stapel alter Kartons. Der Riegel war seit Langem nicht mehr benutzt worden, er war eingerostet, die Scharniere steif. Zane zwängte das Fenster auf und zog eine Grimasse, als das Quietschen ertönte, auch wenn er wusste, dass die Kidnapper so weit entfernt waren, dass sie das Geräusch nicht hören würden. Frische Luft strömte in die muffige Kammer. Wie eine Katze ließ Zane sich hinabgleiten und drehte sich zu Barrie um.

„Sie können Ihren Fuß in meine Hand stellen oder auf meine Schultern klettern. Was ist Ihnen lieber?“

Der Hauch von grauem Licht fiel durch das offene Fenster. Zane erkannte den Zweifel in ihrer Miene, während sie auf die Öffnung starrte, und zum ersten Mal konnte er ihr Gesicht erkennen, die ebenen Züge. Den hübsch proportionierten Körper von Miss Lovejoy kannte er bereits. Jetzt wusste Zane auch, dass sie mehr als nur ansehnlich war.

„Passen Sie da durch?“ Sie ging nicht auf seine Frage ein, begutachtete stattdessen seine breiten Schultern, seine Statur, und verglich sie mit der Größe des Fensters.

Zane hatte längst Maß genommen. „Es wird eng, aber ich bin schon durch kleinere Löcher gekrochen.“

Sie sah ihn an, dann nickte sie einmal entschlossen. Sie war so weit. Allerdings bemerkte Zane auch, dass sie an die Schwierigkeiten mit dem provisorischen Sarong dachte, und konnte genau den Moment bestimmen, in dem sie ihre Entscheidung traf. Sie reckte die Schulter und hob das Kinn, knotete das leichte Material von der Hüfte los und wickelte es sich wie einen Schal um den Hals.

„Ich denke, ich werde lieber auf Ihre Schultern klettern. Dann kann ich mich besser abstützen.“

Zane kniete sich hin und streckte die Arme in die Luft. Barrie ging um ihn herum und stellte ihren rechten Fuß auf seine rechte Schulter. Sobald ihr linker Fuß ebenfalls in der richtigen Position war, fasste Barrie nach Zanes Händen. Langsam erhob er sich mit ihr. Ihr Gewicht war nichts im Vergleich zu der Ausrüstung, mit der er trainiert hatte. Er näherte sich der Wand, und Barrie ließ seine rechte Hand los, um sich am Fenstersims festzuhalten. „Dann auf“, murmelte sie noch und hechtete kopfüber durch die Öffnung.

Es war der schnellste Weg, jedoch sicherlich nicht der bequemste. Ihr blieb keine Möglichkeit, den Fall auf der anderen Seite abzubremsen. Zane sah das Schimmern von weißen Schenkeln an sich vorbeiziehen und die bloßen Rundungen ihres Hinterteils, dann hörte er den dumpfen Aufprall.

„Alles in Ordnung mit Ihnen?“, flüsterte er gepresst.

Einen Moment lang blieb es still, dann kam die leicht unsichere Antwort: „Ich denke schon.“

„Nehmen Sie die Waffe an.“ Er reichte ihr seine Maschinenpistole nach draußen, dann machte er sich daran, seine Ausrüstung abzulegen und schob diese ebenfalls vorsichtig durch die Luke. Danach folgte er selbst, landete geschmeidig und kaum hörbar auf der anderen Seite in der Hocke.

Tageslicht kündigte sich an, das Halbdunkel würde bald der hellen Sonne weichen. „Kommen Sie“, drängte er Barrie, die, eingeschlagen in die Decke, auf dem Boden wartete, bis er seine Ausrüstung wieder angelegt hatte. „Wir müssen uns beeilen.“ In einer Hand eine entsicherte Pistole, griff er mit der anderen nach Barrie und zog sie hinter sich her in die nächste Seitengasse.

Benghazi war eine moderne, westlich orientierte Stadt. Nicht verwunderlich, da es sich um Libyens größten Hafen handelte. Sie befanden sich in der Nähe der Docks, der Geruch des Meeres hing schwer in der Luft, generell eine Gegend, in der raue Sitten herrschten. Wie Zane vermutet hatte, war keine Polizei gekommen, um die Schießerei zu ahnden, wahrscheinlich hatte sich auch niemand die Mühe gemacht, die Behörden zu informieren. Die Beziehungen zwischen den USA und Libyen waren nicht gerade die besten, aber das bedeutete nicht, dass die libysche Regierung es sich leisten konnte, die Entführung einer Diplomatentochter unter den Teppich zu kehren. Natürlich war es gut möglich, dass sie genau das vorhatten. Deshalb hatte man sich ja auch entschieden, nicht diplomatische Kanäle zu nutzen, sondern reinzugehen und Miss Lovejoy zu befreien.

Am Hafen standen überall heruntergekommene Gebäude und Baracken. In irgendeiner dieser Hütten würde sich der Rest des Teams eingenistet haben, um die Verfolger von Zane und Miss Lovejoy abzulenken. Für ein Uhr mittags am nächsten Tag war ein Treffpunkt vereinbart worden, an dem die Truppe zueinanderstoßen würde. Spooky hatte die Plätze ausgesucht, also vertraute Zane darauf, dass sie relativ sicher waren. Er und Miss Lovejoy eilten durch ein Labyrinth von schmalen Pfaden. Einmal entfuhr Barrie ein angewiderter leiser Laut, als sie mit den bloßen Füßen in etwas trat, aber ansonsten hielt sie sich eisern still und gerade.

Es dauerte nur wenige Minuten, bis sie den ausgekundschafteten Punkt gefunden hatten. Eigentlich konnte man das Gebäude nur als Ruine bezeichnen, aber Spooky hatte von einem intakten Raum im Inneren berichtet.

Eine Wand war völlig zusammengefallen. Zane stellte sich breitbeinig über den Bauschutt und schlang den Arm um Barries Taille, um sie auf die andere Seite zu heben. Er ging voran, vorbei an morschen Holzplanken und Spinnweben, die auf keinen Fall zerrissen werden durften. Die Tatsache, dass er diese Spinnweben sehen konnte, sagte ihm, dass sie schnellstens Deckung suchen mussten.

Die Tür zu dem Raum im Inneren hing schief in den Angeln. Hastig zog Zane Barrie herein. „Bleiben Sie hier, ich verwische unsere Spuren.“ Damit verschwand er und lief zurück zu der zusammengestürzten Außenwand, wo sie hereingekommen waren, und arbeitete sich sorgfältig rückwärts. Auf den zerbrochenen Fliesen schimmerten dunkle, nasse Flecken. Zane runzelte die Stirn. Er wusste, was das war. Verflucht, warum hatte sie nichts gesagt? Hatte sie etwa den ganzen Weg bis hierher eine Blutspur hinterlassen?

Sorgfältig verdeckte er die Flecken. Es war nicht allein ihre Schuld, er hätte daran denken müssen, dass sie keine Schuhe trug. Die Wahrheit war, dass er mehr an ihrem bloßen Hintern als an ihren bloßen Füßen interessiert gewesen war. Nach dem, was sie durchgemacht hatte, war es garantiert das Letzte, was sie jetzt brauchte, also würde er sein Verlangen ignorieren. Aber das hieß nicht automatisch, dass es auch verschwand.

Als er in den Raum zurückkam, hängte er die Tür gerade in die Angeln und schloss sie, so gut es ging, bevor er sich zu Barrie umdrehte.

„Warum haben Sie mir nicht gesagt, dass Sie sich den Fuß aufgeschnitten haben? Wann genau ist das passiert?“

Barrie stand immer noch am gleichen Fleck, sie hatte sich nicht von der Stelle gerührt. Ihr Gesicht war totenblass, ihre Augen riesig vor Müdigkeit und Erschöpfung. Verständnislos blickte sie auf ihre Zehen hinunter. „Oh.“ Verwirrt starrte sie auf den dunklen Fleck auf dem Boden. „Ich hab’s gar nicht gemerkt. Ich meine … es muss passiert sein, als ich da in das … das Zeugs getreten bin … in der Gasse. Es hat wehgetan, aber mir war nicht bewusst, dass es ein Schnitt ist. Ich dachte, es sei nur ein scharfer Stein gewesen.“

Zumindest war es nicht eher passiert, ihr Versteck war also noch sicher. Zane suchte eine Frequenz auf seinem Funkgerät und drückte einmal den Sprechknopf – das verabredete Zeichen. Zwei Mal klickte es zurück – seine Männer waren auch in Sicherheit. Sie würden sich in Abständen auf diese Art vergewissern, dass alles in Ordnung war, doch jetzt würden sie den größten Teil des Tages nutzen, um sich auszuruhen. Was Zane Zeit gab, sich um andere Dinge zu kümmern.

„Setzen Sie sich und lassen Sie mich Ihren Fuß ansehen“, ordnete er an. Das fehlte ihm jetzt noch, dass sie verletzt war und nicht laufen konnte. Obwohl, so, wie er sie bis jetzt erlebt hatte, würde sie die Zähne zusammenbeißen und weiterhumpeln.

Da es keinerlei Sitzgelegenheit gab, ließ Barrie sich auf dem Boden nieder, die Thermodecke fest um die Hüften geschlungen. Ihre Füße waren unglaublich schmutzig. Ein dicker Matschrand hatte sich um ihre Sohlen gelegt, der gleiche Matsch, der auch Zanes Stiefel zierte. Aus dem Ballen tropfte dickflüssig Blut.

Zane zog zuerst seine schwarze Maske vom Gesicht, legte dann den Kopfhörer zur Seite und zog Weste und Handschuhe aus. Im Schneidersitz setzte er sich vor Barrie und nahm ihren Fuß auf seinen Schenkel. Mit einem Desinfektionsmittel aus dem kleinen Erste-Hilfe-Kasten reinigte er den Schnitt und die Wundgegend. Dabei tat er geflissentlich so, als würde ihm Barries unkontrolliertes Zucken, für das der Schmerz verantwortlich war, nicht auffallen. Weil sie es so angestrengt unter Kontrolle halten wollte.

Es war eine tiefe Fleischwunde, der Schnitt musste genäht werden. Mit einem sterilen Verband drückte Zane auf die Wunde, bis die Blutung stoppte. „Wann hatten Sie die letzte Tetanusimpfung?“

Barrie schoss der Gedanke durch den Kopf, dass sie noch nie eine so ruhige Stimme gehört hatte. Sie konnte ihren Retter jetzt deutlich sehen. Es war wohl ganz gut, dass sie ihn vorher nicht richtig wahrgenommen hatte, ihre Nerven hätten das wahrscheinlich nicht ausgehalten. Sie räusperte sich. „Ich kann mich nicht erinnern, das muss Jahre her sein.“ Aber eigentlich dachte sie an etwas ganz anderes.

Sein dichtes schwarzes Haar war schweißnass, seine Wangen mit schwarzen und grünen Streifen bemalt. Das schwarze T-Shirt, das er trug, starrte vor Dreck und Schweiß. Nicht dass das Hemd, das sie trug, anders aussah. Doch sein T-Shirt spannte sich über Schultern, die Barrie mindestens einen Meter breit vorkamen, der Stoff schmiegte sich eng an eine eindrucksvolle Brust, über einen flachen Bauch und an den mächtigen Bizeps. Stahlharte Muskeln zogen sich durch seine Arme. Seine Handgelenke waren mindestens zweimal so dick wie ihre. Seine Hände waren schön geformt, die Finger lang und kräftig und unglaublich zärtlich, während er sich jetzt behutsam um Barries Verletzung kümmerte.

Er hielt konzentriert den Kopf gebeugt. Barrie konnte in Muße die dichten dunklen Wimpern betrachten und dem kühnen Schwung seiner Augenbrauen folgen. Sie sah die festen Lippen, mit Konturen, die so scharf waren, als würde sich dieser Mund nur selten zu einem Lächeln verziehen. Bartstoppeln staken unter der Bemalung hervor und ließen Zanes Gesicht noch dunkler erscheinen. Dann hob er den Blick, musternd, abschätzend, so als warte er auf ihre Reaktion, wenn das Desinfektionsmittel zu brennen begann. Und Barrie war fasziniert von den hellen blauen Augen. Dieser Mann hatte den Wachposten mit einer einzigen Bewegung seiner bloßen Hände getötet, an seinem Schenkel steckte ein riesiges Messer in einer Scheide, er hantierte mit Pistole und Maschinengewehr, als sei er damit geboren worden. Er war das tödlichste, wildeste, gefährlichste Wesen, das ihr je begegnet war – und sie fühlte sich absolut sicher bei ihm.

Er hatte ihr sein Hemd gegeben, sie mit Höflichkeit und Anstand behandelt und so ihren Schock und ihre Ängste gemildert. Er hatte sie, völlig nackt und gefesselt, auf diesem Bett gesehen. Bisher war es ihr mehr oder weniger gelungen, diese Tatsache zu ignorieren, aber jetzt, in der relativen Sicherheit mit ihm allein, nahm Barrie seine enorme Männlichkeit wahr. Sie war sich ihrer Nacktheit viel zu sehr bewusst. Ihre Haut brannte, und ihre Brüste spannten sich unwillkürlich unter dem Hemd, das sie als einziges Kleidungsstück trug.

Ihr Fuß in seiner Hand sah so winzig aus. Dabei konzentrierte er sich ganz darauf, ihre Wunde zu versorgen und einen sauberen Verband anzulegen. Er arbeitete schnell und gekonnt. Es dauerte nicht lange, bis er ihren Fuß von seinem Bein hob.

„Fertig. Damit sollten Sie laufen können. Und sobald wir zum Schiff kommen, lassen Sie sich vom Doktor untersuchen. Er soll das nähen, außerdem brauchen Sie eine Tetanusauffrischung."

„Jawohl, Sir", erwiderte sie leise.

Er sah auf, ein flüchtiges Lächeln huschte über sein Gesicht. „Ich gehöre zur Navy. Da heißt es: ‚Aye, aye, Sir.'"

Dieses Lächeln raubte ihr fast den Atem. Sollte er jemals richtig lachen, dachte sie, werde ich wohl einen Herzinfarkt kriegen. Um ihre Reaktion zu kaschieren, streckte sie die Hand aus. „Barrie Lovejoy. Freut mich, Sie kennenzulernen."

Er schüttelte die dargebotene Hand mit ernster Miene. „Lieutenant-Commander Zane Mackenzie, U.S. Navy SEALs."

Ein SEAL. Ihr Herz tat einen Sprung. Das erklärte alles. SEALs galten als die gefährlichsten Männer auf diesem Planeten. Sie waren in der Kunst der Kriegsführung ausgebildet wie niemand sonst. Er sah also nicht nur tödlich und wild aus, er war es.

„Danke“, flüsterte sie.

„War mir ein Vergnügen, Ma’am.“

Heiße Röte schoss ihr in die Wangen, als sie auf ihren Schoß blickte, den nur die Decke verhüllte. „Bitte, nennen Sie mich Barrie. Ich meine, Ihr Hemd ist alles, was ich …“ Ihre Stimme erstarb, sie presste die Lippen aufeinander. „Ich will damit sagen, dass Formalitäten unter diesen Umständen …“

„Natürlich, ich verstehe“, unterbrach er ihr Gestammel. „Ich wollte Sie nicht in Verlegenheit bringen. Alles, was geschehen ist, bleibt strikt unter uns. Dennoch möchte ich Ihnen dringend raten, sich dem Schiffsarzt anzuvertrauen oder Ihrem eigenen Arzt, um Ihrer Gesundheit willen.“

Barrie blinzelte verständnislos. Was hatte das damit zu tun, dass er sie nackt gesehen hatte? Dann dämmerte es ihr. Wäre sie nicht so unendlich müde, wäre sie sicher schneller darauf gekommen. „Sie haben sich nicht an mir vergangen“, brachte sie kaum hörbar heraus. Ihre Wangen brannten jetzt noch mehr. „Sie … sie haben mich angetatscht, mir wehgetan, mich gedemütigt. Aber sie haben mich nicht vergewaltigt. Das hatten sie sich für heute aufgespart. Irgendein wichtiger Mann sollte heute ankommen, wahrscheinlich hatten sie eine … eine kleine Party im Sinn.“

Zanes Gesicht blieb ausdruckslos. Barrie wusste, er glaubte ihr nicht. Warum sollte er auch? Er hatte sie nackt und gefesselt vorgefunden, als sie schon fast einen ganzen Tag in den Händen der Entführer gewesen war. Dass niemand sie vergewaltigt hatte, hatte nichts mit Ritterlichkeit zu tun, sondern war nur auf den eindeutigen Befehl des Bandenkopfes zurückzuführen. Er wollte sich zuerst mit ihr vergnügen, bevor er sie den anderen überließ.

Während Barrie sich angelegentlich damit beschäftigte, sich notdürftig zu säubern, erkundete Zane den Raum. Lange dauerte es nicht, hier gab es nichts zu erkunden. Es war absolut leer. Zane verschloss die zersplitterten Fensterläden. Der obere Rand war halb vermodert, sodass etwas Licht hereinfiel, aber niemand von außen hereinsehen konnte. Das aufkommende Tageslicht so ausgeschlossen, schien dieser Raum wie eine sichere, dunkle Höhle. Barrie unterdrückte ein Gähnen und kämpfte gegen die bleierne Müdigkeit. Selbst das Hungergefühl war nichts im Vergleich zu der unendlichen Erschöpfung.

Zane sah es. Ihm entging nichts. „Warum schlafen Sie nicht ein wenig?", schlug er vor. „In ein paar Stunden, wenn die Straßen belebt sind und ich nicht mehr auffalle, werde ich uns etwas zu essen besorgen. Und irgendwo werde ich auch ein paar Kleider für Sie organisieren."

Barrie beäugte die dunkle Bemalung auf seinem Gesicht. „Mit dem Make-up werden Sie niemals unbemerkt durch die Straßen laufen können."

Das flüchtige Lächeln kam kurz zurück. „Ich werde mich vorher abschminken."

Dieses Lächeln hätte fast ihre Lebensgeister geweckt. Fast. Barrie fühlte, wie ihre Muskeln die Anstrengung nicht mehr aushielten und erschlafften, so, als hätte ihr Körper nur die Aufforderung gebraucht, endlich den Kampf gegen den Schlaf aufzugeben. Sie konnte die Lider nicht mehr offenhalten. Mit einem letzten Funken Bewusstsein fühlte sie Zanes Arme um sich, wie er ihr half, sich hinzulegen, bevor sie niedersank.

4. KAPITEL

Sie war eingeschlafen wie ein Baby. Zane hatte es oft bei seinen Neffen gesehen. Kinder besaßen die Fähigkeit, von einer Sekunde auf die andere einzunicken und sich voller Vertrauen in wartende Arme fallen zu lassen.

Sein Blick glitt über Barries Gesicht. Im heraufziehenden Tageslicht erkannte er die Zeichen der absoluten körperlichen Verausgabung auf ihrer Miene. Erstaunlich, dass sie bis jetzt durchgehalten hatte.

Er selbst konnte auch eine Pause gebrauchen. Er streckte sich neben Barrie aus, sorgsam darauf achtend, ihr nicht zu nahe zu kommen, aber nahe genug, damit er sie nötigenfalls sofort packen konnte, sollte das Versteck entdeckt werden. Er war zu angespannt, um zu schlafen, Adrenalin pulste durch seine Adern. Dennoch fühlte es sich gut an, einfach ruhig zu liegen und darauf zu warten, dass die Stadt zu neuem Leben erwachte.

Mit der einkehrenden Helligkeit konnte er das Feuer in Barries Haar erkennen, den roten Schimmer, der, wenn die Sonne darauf fiel, mit Gold- und Bronzetönen aufleuchten würde. Barries Augen waren grün, ein tiefes, warmes Grün, Brauen und Wimpern hatten die Farbe braunen Nerzes. Es hätte Zane nicht überrascht, wäre ihre Haut mit Sommersprossen übersät, aber ihr Teint war nur klar und hell. Abgesehen von dem hässlichen Hämatom, das eine Wange verunzierte. Ihre Arme waren auch voller blauer Flecke, Zanes Hemd verdeckte andere Spuren, die die brutalen Kerle zurückgelassen hatten. Sie hatte zwar behauptet, man habe sie nicht vergewaltigt, aber wahrscheinlich konnte sie die Scham einfach nicht ertragen. Niemand sollte es wissen, vor allem ihr Vater wohl nicht. Zane kümmerten die Gründe nicht, er hoffte nur, dass Barrie bei ihrer Rückkehr medizinische Hilfe in Anspruch nahm.

Einen Moment lang dachte er darüber nach, zurück zu dem Gebäude zu schlüpfen, in dem sie sie gefangen gehalten hatten, und jeden einzelnen dieser Bastarde umzubringen. Sie hatten es verdient. Doch seine Aufgabe war es, Miss Lovejoy – Barrie – zu retten, und er war noch nicht fertig damit. Wenn er zurückginge, würde er möglicherweise sein Leben lassen, und das würde Barrie und seine Männer erneut in Gefahr bringen. Zane hatte schon vor langer Zeit gelernt, seine Gefühle von seinem Job zu trennen, um immer einen klaren Kopf zu behalten, und natürlich würde er die Mission nicht aufs Spiel setzen … Aber, verdammt noch mal, er wollte die Bastarde umbringen.

Barrie gefiel ihm, gefiel ihm wirklich. Sie war keine der umwerfenden Schönheiten, die einen Mann beim ersten Blick den Verstand verlieren ließen, nein. Doch sie hatte ebenmäßige Züge, und jetzt, im Schlaf, die Sorgen vorerst ausgeblendet, wirkte sie geradezu gelassen und heiter. Ein hübsches Ding auf jeden Fall, grazil und fein wie eine Porzellanfigur. Für eine Frau war sie wohl normal groß, eins fünfundsechzig schätzte Zane, aber er war über eins neunzig, also war sie klein im Vergleich zu ihm und wog zudem höchstens die Hälfte. So winzig wie seine Mutter und seine Schwester war Barrie nicht, die beiden waren außergewöhnlich zierlich, wie Elfen. Nein, Barrie Lovejoy mit ihrem aristokratischen Stammbaum verfügte über die Robustheit eines Pioniers. Die meisten Frauen – und das mit voller Berechtigung – wären längst zusammengebrochen.

Überrascht stellte Zane fest, dass sich Trägheit in ihm breitmachte. Trotz der widrigen Situation, in der sie sich befanden, lag etwas Beruhigendes darin, Barrie im Schlaf zu beobachten. Er war ein Einzelgänger, war es immer gewesen, und zog es vor, allein zu schlafen. Wenn sein sexueller Appetit gestillt war, ging er für gewöhnlich bald. Doch das hier … irgendwie fühlte es sich gut und richtig an, sie mit seinem Körper zu schützen, während sie zusammen ruhten. Hatten die Höhlenmenschen ähnlich empfunden? Die Männer, die sich zwischen Höhleneingang und die schlafenden Gestalten ihrer Frauen und Kinder legten, um Gefahr abzuwehren, wenn die Nacht hereinbrach und die Feuer ausbrannten? Falls es sich hier wirklich um einen uralten Instinkt handelte, so hatte Zane ihn bisher noch nie verspürt.

Er wollte sie berühren, wollte ihre warme weiche Haut unter seiner Hand fühlen. Er wollte Barrie an sich ziehen, sie schützend in den Armen halten und sich an sie schmiegen. Nur das Wissen, dass das jetzt das Letzte war, was sie gebrauchen konnte, hielt Zane davon ab, dem Impuls nachzugeben.

Er wollte Barrie nicht nur halten, er sehnte sich schmerzhaft danach, sie zu besitzen.

Sie verschwand schier in seinem Hemd, aber er erinnerte sich an den Körper, der jetzt vom Stoff verdeckt wurde. Er sah hervorragend im Dunkeln: Er hatte feste, runde Brüste wahrgenommen, nicht übermäßig groß, aber sehr appetitlich, mit kleinen, festen Brustwarzen. Er erinnerte sich an ihre kurvenreiche weibliche Figur, ihre schmale Taille, ihre runden Hüften, das hübsche kleine Dreieck zwischen ihren Beinen. Er hatte auch ihren Po gesehen. Allein die Erinnerung daran ließ Verlangen in ihm aufsteigen. Ihr Hintern war wirklich hübsch, o ja. Den würde er jetzt gerne spüren, eng an seine Schenkel gepresst.

Nein, Zane würde nicht schlafen können. Er war erregt. Verlangen pochte in seinen Adern. Er drehte sich auf den Rücken, versuchte, eine bequemere Position einzunehmen, nur … bequem war relativ. Die einzige Erlösung würde er mit Miss Lovejoy zusammen finden, und das war alles andere als wahrscheinlich.

Es wurde heller und stickiger in dem kleinen Raum, je höher die Sonne stieg. Die Steinwände würden sie vor der Hitze des Tages schützen, trotzdem brauchten Barrie und Zane bald Wasser. Wasser, Nahrung und Kleider für Barrie. Am besten einen langen Schleier. Unter der muslimischen Frauenkleidung konnte sie ihr Haar verstecken, und in Benghazi gab es immer noch genügend Traditionalisten, die keinen Blick auf eine verschleierte Frau warfen.

Der Geräuschpegel auf den Straßen stieg an, das geschäftige Treiben im Hafen begann. Jetzt konnte Zane losziehen. Er wischte sich die Farbe vom Gesicht, so gut es ging, und verschmierte das, was er nicht abbekam. Unbewaffnet würde er nicht gehen, also zog er die Pistole aus dem Halfter und steckte sie sich in den Hosenbund am Rücken, das T-Shirt steckte er darüber. Jeder, der die Ausbuchtung sah, wüsste, worum es sich handelte, aber das war ihm gleich. In diesem Teil der Welt war es nicht ungewöhnlich, bewaffnet zu sein. Weil Zane indianisches Blut besaß, hatte seine Haut einen tiefen Bronzeton, noch verstärkt durch die vielen Stunden des Trainings auf See bei Sonne und Wind. An seinem Aussehen gab es nichts, das unnötig Aufsehen erregen sollte, selbst die hellen Augen nicht. Viele Libyer hatten einen europäischen Elternteil.

Er sah noch einmal auf Barrie und vergewisserte sich, dass sie tief und fest schlief. Dass er eine Weile fort sein würde, hatte Zane bereits angekündigt. Barrie brauchte sich keine Sorgen zu machen, sollte sie aufwachen und ihn nicht vorfinden.

Still und leise verließ er die Zufluchtsstätte.

Zwei Stunden später war er wieder zurück. Genau zur richtigen Zeit, um sich bei seinen Männern zu melden. Er musste zugeben, er hatte mit Sicherheit ein Talent fürs Organisieren, obwohl „stehlen" wohl der angebrachtere Ausdruck war. Bei sich trug Zane einen langen schwarzen Frauenschleier, darin eingewickelt waren Obst, Käse, Brot und ein Paar Pantinen, von denen er hoffte, dass sie Barrie passten. Wasser zu beschaffen war das schwierigste Problem gewesen, aber worin hätte er es transportieren sollen? Also hatte er einen großen Weinkrug mitgehen lassen. Der Koran verbot zwar Alkohol, trotzdem konnte man diese Korbflaschen überall bekommen. Den billigen, sauren Wein hatte er ausgeschüttet und den Krug mit Wasser aufgefüllt. Das Wasser würde nach Wein schmecken, aber besser ging es nicht, und es war alles, was sie brauchten.

Er schlüpfte in die Baracke und verdeckte den Eingang zu ihrem Schlupfwinkel mit Steinen und morschen Holzplanken, sodass niemand auf den Gedanken kommen konnte, dass dort Menschen hindurchgegangen waren. Von innen drückte er die Tür wieder fest in den schiefen Rahmen.

Zane drehte sich zu Barrie um. Sie schlief noch. Im Raum war es erheblich wärmer geworden, und sie hatte die Decke weggetreten. Sein Hemd, das sie trug, war ihr bis über die Hüften hochgerutscht.

Das Verlangen traf ihn mit Wucht, fast wäre er zurückgetaumelt. Sein Puls raste, der Atem stockte ihm in der Kehle. Schweißperlen traten auf seine Stirn, rannen langsam an seinen Schläfen hinunter. *Grundgütiger!*

Er sollte sich abwenden. Er sollte die Decke über ihr ausbreiten. Er sollte nicht einmal an Sex denken.

Es gab viele Dinge, die er tun sollte, aber stattdessen stand er da und starrte sie voller Begierde an. Verlangen pochte in ihm, unerträglich schmerzhaft. Sein Blick wanderte gierig über ihren Körper. Sein Geschlecht pochte. Er wollte diese Frau, mehr, als er je eine Frau gewollt hatte. Seine bis dato berüchtigte Selbstbeherrschung war soeben an ihre Grenzen gestoßen, die Lust brannte so stark in ihm, dass die Anstrengung, sie unter Kontrolle zu halten, ihn erzittern ließ.

Mit steifen, langsamen Bewegungen legte er seine Beute auf den Boden. Gepeinigt stieß er den Atem durch zusammengebissene Zähne aus. Etwas Ähnliches hatte er noch nie erfahren. Frauen hatte er haben können, wann immer er wollte. Diese Frau jedoch war tabu. Sie hatte genug durchgemacht, sie durfte sich nicht auch noch gegen ihren Retter verteidigen müssen.

So warm, wie es drinnen war, würde sie die Thermoplane doch nur wieder wegtreten, wenn er sie damit zudeckte. Zane ging neben Barrie auf ein Knie und zog ihr mit zitternden Fingern das Hemd herunter. Er konnte nicht fassen, dass seine Hände bebten. Er blieb sonst immer absolut gefasst, selbst in den riskantesten Situationen, eiskalt und abgebrüht im Einsatz. Aus einem brennenden Flugzeug war Zane abgesprungen, er war inmitten von Haien geschwommen und hatte sich die eigenen Wunden genäht. Er hatte wilde Pferde eingeritten und sogar ein paarmal auf einem Stier gesessen. Er hatte Menschen getötet. Und er hatte sich immer unter Kontrolle gehabt. Doch diese schlafende rothaarige Frau hier ließ ihn zittern wie Espenlaub.

Grimmig zwang er sich, sich abzuwenden und nahm das Funkgerät auf. Er drückte einmal auf den Knopf und erhielt sofort Antwort. Bei den anderen war also alles in Ordnung.

Vielleicht würde ein Schluck Wasser helfen. Er musste dringend an etwas anderes denken als an Barrie. Zane ließ zwei Tabletten in den Wasserkrug fallen, für den Fall, dass der Wein die Bakterien in dem Gefäß nicht hatte abtöten können. Der Geschmack wurde dadurch nicht angenehmer, aber das war immer noch besser als eine Darminfektion.

Zane trank gerade genug, um den Durst zu löschen, dann setzte er sich und lehnte sich mit dem Rücken an die Wand. Im Moment blieb nichts anderes zu tun, als abzuwarten. Barrie anzuschauen wagte er nicht.

Stimmen weckten sie, laute Stimmen, die ganz in der Nähe waren.

Barrie schoss mit einem Ruck auf, die Augen weit aufgerissen. Dann wurde sie von harten Armen gepackt, und eiserne Finger legten sich über ihre Lippen, erstickten jeden Laut, den sie hätte aussto-ßen wollen. Desorientiert und voller Angst, wehrte sie sich. Zähne.

Sie konnte ihre Zähne benutzen. Doch diese Finger gruben sich so hart in ihre Wangen, dass sie nicht einmal den Mund aufbekam. Barrie versuchte, sich loszumachen, den Kopf zu schütteln, aber die Hände packten nur noch fester zu, und sie fühlte sich an einen Körper gezogen.

„Sch …“ Das tonlose Flüstern kannte sie, die Vertrautheit durchschnitt die Panik und den schlaftrunkenen Nebel. Zane.

Erleichterung durchflutete Barrie und ließ sie schlaff zurücksacken. Zane fühlte es und drehte ihr Gesicht zu sich, ohne jedoch ihren Mund freizugeben. Ihre Blicke trafen sich, und er nickte unmerklich, als er sah, dass Barrie wach und auf die Situation eingestellt war. Er löste seinen eisernen Griff, strich flüchtig über ihre Wange, als Entschuldigung für die Härte. Eine Liebkosung konnte man es nicht nennen, trotzdem durchzuckte es Barrie bei der Berührung wie ein Stromschlag. Sie wandte das Gesicht und barg es an seiner Schulter.

Als dieser Schauer sie durchfuhr, hatte Zane sofort seine Arme von ihr gelöst, doch jetzt, aufgrund ihrer Reaktion, fühlte sie ihn für den Bruchteil einer Sekunde zögern, dann zog er sie fest an sich.

Die Stimmen kamen immer näher, Poltern war zu hören, das Scharren von Steinen. Barrie lauschte angespannt auf die schnell gesprochenen Wörter, versuchte die Stimmen zu erkennen. Waren es dieselben, die sie in diesem endlosen Albtraum am Vortag gehört hatte? Sie konnte es nicht sagen.

Barrie verstand kein Arabisch. Ihre Ausbildung entsprach den typischen Anforderungen an eine Diplomatentochter. Sie sprach fließend Französisch und Italienisch, ihr Spanisch war gut. Nachdem ihr Vater in Athen stationiert worden war, hatte sie Griechisch gelernt, genug, um eine einfache Unterhaltung zu führen, auch wenn sie dabei eher verstand als zu sprechen in der Lage war.

Jetzt wünschte sie sich, sie hätte auch auf Arabischunterricht bestanden. Jede Sekunde hatte Barrie in der Gewalt der Entführer gehasst. Die Sprache nicht zu verstehen hatte das Gefühl der Macht- und Hilflosigkeit nur noch verstärkt.

Sie würde eher sterben, bevor sie sich von diesen Kerlen noch einmal anfassen ließ.

Barrie musste sich wohl verspannt haben, denn Zane drückte ihr beruhigend die Schulter. Sie warf einen Seitenblick auf ihn. Er sah sie nicht an, sondern lauschte konzentriert auf das, was draußen vor der halb verrotteten Tür vor sich ging. Mit einem Mal erkannte sie, dass er sehr wohl Arabisch verstand. Was immer er hörte, es beunruhigte ihn nicht. Er war wachsam, ja, weil ihr Versteck vielleicht jeden Moment entdeckt würde, aber er schien überzeugt, mit diesem möglichen Problem ohne Schwierigkeiten fertig werden zu können.

Sicherlich nicht unbegründet. Nach dem, was sie bisher mit Zane erlebt hatte, war sie zu der festen Überzeugung gelangt, dass es nichts gab, dem er nicht gewachsen wäre. Sie würde ihm ihr Leben anvertrauen. Tat sie ja bereits.

Die Stimmen blieben, manchmal kamen sie so nahe, dass Zane die Pistole auf die Tür gerichtet hielt. Barrie starrte auf seine Hand, die schlank und groß und kräftig war. Nicht das kleinste Beben war zu bemerken, es war geradezu irreal, unmenschlich. Wie konnte ein Mann solch absolute Kontrolle über seinen Körper haben?

Still saßen sie in der Hitze, das Atmen war ihre einzige Bewegung. Barrie bemerkte, dass ihre Beine nicht unter der Decke lagen, doch Gott sei Dank bedeckte Zanes Hemd ihre Blöße. Es war sowieso viel zu heiß, um unter einer Decke zu liegen.

Die Zeit schlich dahin. Hitze und Reglosigkeit lullten Barrie in einen seltsam losgelösten Zustand zwischen Wachen und Traum. Ein nagendes Hungergefühl tobte in ihr, aber es berührte sie nicht, so als wäre es der Hunger eines anderen. Ihre Muskeln begannen zu schmerzen, weil sie so lange in der gleichen Stellung saß. Doch auch das nahm sie nur am Rande wahr. Der Durst war etwas anderes. Die Kidnapper hatten ihr zwar einmal Wasser gegeben, doch nun hatte sie seit Stunden keine Flüssigkeit mehr zu sich genommen.

Schweiß rann über Zanes Gesicht und tropfte auf sein T-Shirt. Barrie war dennoch mit ihrer Position zufrieden, dicht an seine Seite gepresst zu sitzen. Sein Arm, der sie hielt, verlieh Barrie ein stärkeres Gefühl der Sicherheit, als wenn der Raum mit Stahlwänden verkleidet gewesen wäre.

Einem Mann wie Zane war sie noch nie begegnet. Militärs hatte sie nur bei den Botschaftsempfängen getroffen, meist ältere Offiziere, Generäle und Admiräle in Gala-Uniformen, nur die höchsten Ränge. Natürlich gab es in der Botschaft auch noch die Wachgarde, deren Uniformen ebenso makellos wie ihre Manieren waren. Barrie nahm an, diese Männer mussten hervorragende Soldaten sein, um als Botschaftswachen eingesetzt zu werden. Trotzdem hatten sie nichts mit dem Mann gemein, der sie jetzt so beschützend hielt. Sie waren Soldaten, er war ein Krieger. Er unterschied sich von ihnen wie das riesige, tödliche Messer, das an Zanes Schenkel im Schaft steckte, von einem Taschenmesser. Dieser Mann war selbst eine tödliche Waffe.

Nichtsdestotrotz ... er war nicht unsterblich, und sie waren noch lange nicht in Sicherheit. Ihr Versteck konnte entdeckt werden, er konnte umkommen. Die Entführer konnten Barrie zurück in ihre Gewalt bringen. Diese Möglichkeiten konnte Barrie nicht ignorieren wie ihren Hunger, und sie verkrampfte sich.

Nach endlos langer Zeit entfernten sich die Stimmen. Zane stand auf und ging zur Tür, um hinauszuschauen. Noch nie war Barrie jemandem begegnet, der sich mit solch geräuschloser Geschmeidigkeit bewegte. Wie eine Dschungelkatze auf Samtpfoten kam er ihr vor, nicht wie ein kampferprobter Krieger in schweren Stiefeln.

Sie rührte sich nicht, bis Zane sich zu ihr umdrehte. Seine gelöste Miene sagte ihr, dass die Gefahr vorüber war. „Was haben die da draußen gemacht?“, fragte sie leise.

„Baumaterial zusammengeklaubt, Steine, jedes Stück Holz, das sich noch verwerten lässt. Sie haben es mit einer Schubkarre abtransportiert. Hätten sie einen Vorschlaghammer gehabt, hätten sie die Wand rausgebrochen. Sie werden zurückkommen, wenn sie mehr brauchen.“

„Was machen wir jetzt?“

„Das, was wir bis jetzt getan haben – ruhig bleiben und warten.“

„Aber wenn sie hier hereinkommen ...“

„Kümmere ich mich darum.“ Unverbrüchliche Zuversicht lag in seiner Stimme. „Ich habe etwas zu Essen und Wasser organisiert. Möchten Sie etwas?“

Barrie rappelte sich auf die Knie. „Wasser! Ich habe schrecklichen Durst.“ Sie hielt inne. „Aber wenn ich etwas trinke, wo soll ich dann hingehen, wenn ich ... Sie wissen schon.“

Er betrachtete sie leicht amüsiert, und Barrie wurde rot. Mit solchen Problemen musste er sich wohl normalerweise nicht herumschlagen. Wenn er mit seinen Männern unterwegs war, erleichterten sie sich, wann und wo sie eben mussten.

„Keine Sorge, wir finden schon ein Plätzchen für Sie", sagte er schließlich. „Lassen Sie sich davon nicht abhalten, Sie brauchen Flüssigkeit. Ich habe Ihnen auch etwas zum Anziehen besorgt, obwohl ... so heiß, wie es jetzt ist, möchten Sie damit vielleicht bis zum Abend warten."

Er deutete auf das schwarze Bündel neben seiner Ausrüstung. Ein langer Schleier, erkannte sie. Mit Dankbarkeit dachte sie daran, wie züchtig dieser Schleier sie verhüllen würde. Dann brauchte sie Zanes Männern nicht halb nackt, nur mit seinem Hemd bekleidet, gegenüberzutreten. Doch er hatte recht. Jetzt, während des Tages, in der Abgeschiedenheit ihres Refugiums, behielt Barrie lieber nur das Hemd an. Sie beide wussten, dass sie darunter nichts anderes am Leib trug, und er hatte sie schon komplett nackt gesehen. Es war unsinnig, die nächsten Stunden eingehüllt von Kopf bis Fuß zu verbringen und zu schwitzen.

Zane hob den Krug vom Boden und zog den Korken heraus. „Es schmeckt etwas eigenartig", warnte er, als er ihn ihr reichte. „Da sind Reinigungstabletten drin."

Es schmeckte wirklich seltsam – lauwarm und nach Chemie. Und es war wunderbar. Barrie trank mit langsamen Schlucken, nicht zu viel, damit ihr leerer Magen sich nicht verkrampfte. Währenddessen packte Zane das organisierte Essen aus – einen Laib Brot, ein Stück Käse, Orangen, Datteln. Ein wahres Festmahl.

Er breitete die Plane aus und zog sein Messer heraus, schnitt dünne Scheiben von Brot und Käse und reichte sie an Barrie weiter. Sie hatte sich auf die Plane gesetzt und wollte schon protestieren, dass sie mit ihrem Hunger viel mehr essen konnte, doch dann wurde ihr klar, wie lange dieser Proviant vielleicht noch für sie beide reichen musste. Nein, sie würde sich nicht beschweren, wenn man ihr etwas zu essen anbot.

Sie hatte nie eine besondere Vorliebe für Käse gehabt, und sie nahm an, dass sie, wäre sie nicht so hungrig gewesen, diesen hier niemals angerührt hätte, aber im Moment schmeckte es köstlich. Barrie knabberte zufrieden an Brot und Käse, vollkommen in Anspruch genommen von der simplen Tätigkeit des Kauens. Wie sich herausstellte, hatte sie ihren Appetit überschätzt. Die kleine Portion, die Zane ihr zugeteilt hatte, reichte völlig aus, um den Hunger zu stillen.

Auch er aß, herzhafter, und gönnte sich zusätzlich eine Orange. Er bestand darauf, dass Barrie zwei Apfelsinenstücke zu sich nahm und mehr von dem Wasser trank. Ein drittes Stück jedoch lehnte sie ab.

„Nein, danke, ich bin satt."

„Möchten Sie sich ein wenig frisch machen?"

Ihr Kopf ruckte herum, sodass das rote Haar flog. „Ist für so etwas denn genug Wasser da?"

Der hoffnungsvolle Eifer in ihrem Blick ließ Zanes helle Augen amüsiert auffunkeln. „Es reicht, um ein Halstuch nass zu machen."

Sie hatte kein Halstuch, er schon. Vorsichtig goss er Wasser aus dem Krug auf das Tuch, gerade genug, um es zu tränken. Danach drehte Zane sich taktvoll um und beschäftigte sich mit seiner Ausrüstung.

Barrie strich sich mit dem feuchten Tuch über das Gesicht. Ein wohliger Seufzer entfuhr ihr, es war wunderbar kühl. Bis jetzt war ihr nicht klar gewesen, wie verschwitzt und klebrig sie sich fühlte. Auch stellte sie erst jetzt fest, dass die Haut an einer Wange abgeschürft war. Das musste von dem Schlag stammen, den einer der Kerle ihr versetzt hatte. Sie inspizierte die blauen Flecke auf ihren Armen, die Stellen waren extrem empfindlich. Ein Blick auf Zanes breiten Rücken, dann knöpfte sie das Hemd auf und fuhr sich mit dem Tuch über Oberkörper und Bauch. Ihre Beine erhielten die gleiche Behandlung, nachdem sie das Hemd wieder geschlossen hatte. Die Feuchtigkeit kühlte sie angenehm, es war ein nahezu sinnliches Vergnügen.

„Ich bin fertig", sagte sie und reichte ihm das jetzt recht mitgenommen aussehende Tuch, als er sich zu ihr umdrehte. „Es war herrlich. Vielen Dank."

Ihre Augen leuchteten auf, denn er schien die gleiche Prozedur selbst durchlaufen zu wollen. Nur dass er nicht vorhatte, sein Hemd anzubehalten. Er zog das T-Shirt über den Kopf und ließ es auf die Decke fallen, dann ging er in die Hocke, tränkte erneut das Tuch und wischte sich damit übers Gesicht.

Ach du meine Güte! Hilflos starrte Barrie auf seinen bloßen

Oberkörper. Bei seinen Bewegungen spannten und lockerten sich die Muskeln, die sich auf seiner Brust und seinem Bauch abzeichneten. Das dämmrige Licht verstärkte den bronzefarbenen Schimmer seiner Haut und strich sanft über seine kraftvolle Schulter. Barrie konnte ihren Blick nicht losreißen. Ihre Augen blieben gebannt an dem glänzenden schwarzen Haar hängen, das sich auf seiner Brust kräuselte. Er drehte sich leicht, um nach etwas zu greifen, und sein muskulöser Rücken war ebenso faszinierend.

Auf Zanes linker Wange verlief eine gut drei Zentimeter lange Narbe. Bisher war Barrie das noch nicht aufgefallen, einfach weil sein Gesicht so schmutzig gewesen war. Die Narbe war nicht entstellend, nur ein silbrig heller Strich, präzise und gerade wie der Schnitt eines Chirurgen. Die Narbe an seinen Rippen jedoch sah ganz anders aus, zwanzig, fünfundzwanzig Zentimeter lang, gezackt, Wundfleisch wölbte sich noch darum. Noch zwei runde Narben entdeckte Barrie, eine knapp über der Hüfte, die andere unterhalb des rechten Schulterblatts. Schusswunden. Barrie hatte noch nie Schusswunden gesehen, sie erkannte sie dennoch sofort. Auch über seinen rechten Oberarm zog sich ein gerader Strich, und der Himmel wusste, wo noch überall auf seinem Körper Zeichen des Kampfes hafteten. Der Krieger hatte wahrlich kein ruhiges, beschauliches Leben geführt.

Er hockte nicht weit entfernt vor ihr, mit nacktem Oberkörper, und rieb sich mit dem feuchten Tuch ab. Er war so ursprünglich, so unverfälscht männlich und so sehr ein Kämpfer, dass Barrie der Atem stockte. Die jähe Hitze, die durch ihren Körper fuhr, bewies ihr, dass sie mehr natürliche Weiblichkeit besaß, als sie je vermutet hätte.

Verwirrt lehnte sie sich gegen die Wand, wobei sie darauf achtete, dass das Hemd ihre Scham bedeckte. Gedanken stürzten auf Barrie ein, in blitzschneller Folge und glcichzeitig glasklar.

Sie waren noch nicht außer Gefahr.

Während der letzten schrecklichen vierundzwanzig Stunden hatte sie kaum über die Motive für ihre Entführung nachgedacht. Die Angst, der Schock, die Verwirrung und die Brutalität, mit der man sie behandelt hatte, damit hatte sie gekämpft.

Die meiste Zeit über waren Barrie die Augen verbunden gewesen, sie hatte sich überhaupt nicht orientieren können. Man hatte sie erniedrigt, ihr die Kleider vom Leib gerissen und sie geschlagen. Man hatte ihr Vergewaltigung angedroht, aber immer kurz vorher von ihr abgelassen. Dafür musste es einen Grund geben. Natürlich war das bewusster Psychoterror, vor allem aber hatten diese Kerle sich an Befehle gehalten. Sie hatten auf den Mann gewartet, der heute ankommen sollte.

Wer war dieser Mann? Der, der hinter der Entführung stand? Ganz sicher. Aber warum?

Eine Lösegeldforderung? Wenn Barrie jetzt darüber nachdachte, schien ihr dieser Grund wenig wahrscheinlich. Sicher, ihr Vater war reich. Viele Diplomaten stammten aus wohlhabenden Verhältnissen, das war keineswegs unüblich. Doch wenn es um Geld ging, gab es weit lohnendere Ziele.

Und warum hatte man sie außer Landes gebracht? Eine Übergabe war sehr viel einfacher zu bewerkstelligen, wenn die Geisel in der Nähe blieb. Nein, gerade der Transport in ein anderes Land bedeutete, dass Barrie aus einem anderen Grund gekidnappt worden war. Vielleicht hätten sie so oder so Geld verlangt, aber es war auf jeden Fall nicht das ausschlaggebende Motiv.

Was also war der Grund?

Sie wusste es nicht, und da sie keine Ahnung hatte, wer der Kopf der Bande war, war das Rätseln müßig.

Um sie ging es bestimmt auch nicht. Diese Vorstellung wischte Barrie sofort beiseite. Kein Mann, der von einer Frau so besessen war, dass er sie entführte, ließ zu, dass seine Männer diese Frau misshandelten. Sie war auch gar nicht der Typ Frau, der Obsessionen in einem Mann weckte. Die Männer, mit denen sie bisher ausgegangen war, hatten sich jedenfalls nicht zu stürmischen Liebesbekundungen beflissen gefühlt.

Es musste also etwas anderes geben, ein Puzzleteilchen, das das Bild vervollständigte. Vielleicht etwas, das sie wusste? Irgendwo gehört oder gesehen hatte?

Ihr fiel beim besten Willen nicht ein, was es sein konnte. Hinter den Kulissen kannte Barrie sich nicht aus, mit Intrigen hatte sie nichts zu tun, sie schmiedete keine Ränke. Natürlich wusste sie, welche Botschaftsangestellten auf der Gehaltsliste der CIA standen, aber das waren keine geheimen Informationen. Ihr Vater hatte des Öfteren

Kontakt mit Art Sandefer und in letzter Zeit auch mit Mack Prewett. Dieser Mack Prewett machte eher den Eindruck eines Bürokraten, auch wenn sein listiger Blick vermuten ließ, dass er lange Jahre des aktiven Dienstes hinter sich hatte. Mack Prewett war schwer einzuschätzen. Er hatte etwas Hartes und Ruheloses an sich, bei dem Barrie jedes Mal ein mulmiges Gefühl bekam.

Ihr Vater behauptete, Mack sei ein guter Mann. Aus vollem Herzen zustimmen konnte sie dem nicht, aber ein Gauner schien er auch nicht zu sein. Trotzdem ... vor ein paar Wochen war sie, ohne anzuklopfen, ins Büro ihres Vaters gerauscht, in der Annahme, ihn allein vorzufinden. Doch Mack Prewett war da gewesen und hatte von Barries Vater einen dicken braunen Umschlag in Empfang genommen. Beide Männer hatten bestürzt ausgesehen, aber ihr Vater war schließlich nicht umsonst Diplomat. Er hatte die flüchtige Verlegenheit sofort überspielt, und Mack war kurz darauf gegangen – mit dem Umschlag. Barrie hatte keine Fragen gestellt. Wenn es sich um ein CIA-Geschäft handelte, dann ging es sie nichts an.

Jetzt allerdings fragte sie sich, was wohl in dem Umschlag gewesen sein mochte.

Diese kleine Episode war die einzige Unregelmäßigkeit, an die Barrie sich erinnern konnte. Art Sandefer behauptete stets, es gäbe keine Zufälle. Aber diesen Vorfall in Zusammenhang mit ihrer Entführung zu bringen ...? Das war doch sehr weit hergeholt.

Barrie hatte das Gefühl, bei ihren Überlegungen durch ein Labyrinth zu tappen. Sie nahm falsche Abzweigungen, stolperte in Sackgassen. Sie sollte logisch denken. Ihr Vater würde nie, niemals etwas tun, bei dem seine Tochter zu Schaden kommen könnte. Und deshalb konnte dieser Umschlag auch keine Bedeutung haben. Es sei denn ... ihr Vater war in irgendeine Sache verwickelt und wollte aussteigen. Diese Entführung machte nur Sinn, wenn jemand Barrie als Druckmittel benutzen wollte, um ihren Vater zu zwingen, etwas gegen seinen Willen zu tun.

Die Vorstellung, ihr Vater könne etwas Unrechtes tun, erschien Barrie völlig abwegig. Natürlich kannte sie seine Schwächen. Er war eigentlich ein ziemlicher Snob, und sein Beschützerinstinkt ihr gegenüber war regelrecht erdrückend. Dass sie sich eines Tages verlieben und heiraten könnte, widerstrebte ihm zutiefst. Aber er war ein Ehrenmann und ein Patriot. Vielleicht wollten die Entführer wichtige Informationen von ihm erpressen, und dazu benutzten sie seine Tochter?

Ja, das war eine logische Erklärung. Der Umschlag hatte nichts mit der Entführung zu tun. Und Art Sandefer irrte sich hinsichtlich der Zufälle.

Und wenn nicht?

Dann war ihr Vater tatsächlich in etwas verwickelt. Allein bei dem Gedanken wurde Barrie übel. Dennoch musste sie diese Möglichkeit in Betracht ziehen. Denn wenn die Kidnapper sie als Waffe gegen den Botschafter einsetzten, dann würden sie nicht so schnell aufgeben. Der Kopf der Bande war noch nicht eingetroffen. Erst jetzt wurde Barrie bewusst, dass sie nicht einmal wusste, wo genau sie sich aufhielt.

„Wo sind wir?", murmelte sie. Es wurde Zeit, dass sie es erfuhr.

Zane zog leicht eine Augenbraue in die Höhe. Er hatte sich ihr gegenüber an der Wand niedergelassen. Mit dem Waschen schien er längst fertig zu sein, und Barrie fragte sich, wie lange sie wohl so gedankenverloren dagesessen hatte.

„Bei den Docks am Hafen", antwortete er. „Eine ziemlich zwielichtige Gegend."

„Ich meinte, in welcher Stadt?"

Seine Augen leuchteten kurz auf, als er begriff. „Benghazi. Libyen."

Libyen! Erst einmal musste sie diese Neuigkeit verdauen, doch dann kehrte Barrie zu ihren Überlegungen zurück.

Der Kopf der Gruppe sollte heute ankommen. Woher? Aus Athen? Wenn er Kontakt zu seinen Männern hatte, musste er von ihrer Flucht erfahren haben. Falls er jedoch auch Zugang zu der Botschaft hatte, dann wusste er, dass Barrie bisher nicht dorthin zurückgekehrt war. Was darauf schließen ließ, dass sie sich immer noch in Libyen befand. Und dann wäre es nur logisch, nach ihr zu suchen.

Barrie sah zu Zane hinüber. Er hatte die Augen halb geschlossen, fast sah es aus, als schliefe er. Doch Barrie ahnte, dass alle seine Sinne darauf achteten, was um ihn herum passierte. Er gönnte seinem Körper eine Ruhepause, während sein Geist hellwach blieb.

Nach der Erniedrigung durch ihre Entführer war Zanes Fürsorge und Rücksichtnahme wie Balsam für Barries geschundenes Gefühlskostüm, noch bevor ihr überhaupt klar geworden war, wie tief die

Blessuren gingen. Ohne dass sie etwas hätte dagegen tun können, hatte sie angefangen, auf Zane zu reagieren wie eine Frau auf einen Mann reagierte. Und es war in Ordnung so. Er war das genaue Gegenteil dieser Mistkerle, denen es ein perverses Vergnügen bereitet hatte, Barrie leiden zu sehen. Wahrscheinlich durchkämmten sie schon die ganze Stadt nach ihr. Das Risiko, dass sie sie wieder einfingen, bestand – und dann würde es keine Schonfrist für sie geben.

Nein. Das war absolut unerträglich. Das würde sie nicht zulassen. Sie wollte verdammt sein, bevor sie den Entführern die Befriedigung gönnte, der sie so erwartungsvoll entgegengegeifert hatten. Sie würde sich von diesen Widerlingen nicht die Unschuld nehmen lassen!

Mehr als ein bisheriger Mangel an Erfahrung war es für Barrie nicht. Im Schweizer Internat hatte sie nur selten Gelegenheit gehabt, Jungen kennenzulernen. Die wenigen, die sie getroffen hatte, hatten sie nicht sonderlich interessiert. Nach der Schule machten die übertriebene Fürsorge ihres Vaters und ihre Pflichten an der Botschaft ein aufregendes Privatleben unmöglich. Die Männer, die Barrie traf, waren genauso langweilig wie die Jungs während der Schulzeit.

Doch geträumt hatte sie. Von einem Mann, dem sie begegnen würde, in den sie sich verlieben würde und mit dem sie schlafen würde.

Die Entführer hätten diesen Traum fast zerstört. Wäre Barrie noch länger in deren Händen gewesen, wäre sie so schlimm traumatisiert, dass sie wahrscheinlich nie wieder die Hände eines Mannes auf sich hätte ertragen können. Wenn Zane sie nicht dort herausgeholt hätte, wäre ihre erste sexuelle Erfahrung eine Vergewaltigung gewesen.

Nein. Tausendmal nein.

Selbst wenn die Kerle sie fanden, diesen Traum wollte Barrie sich nicht nehmen lassen.

Barrie stand mühsam auf, ging die wenigen Schritte zu Zane hinüber, bis sie vor ihm stand, und sah mit dunklen grünen Augen auf ihn herunter. Er spannte sich an, rührte sich aber nicht, sondern schaute nur mit rätselhaftem Blick unter den halb gesenkten Lidern zu ihr hoch.

„Schlafen Sie mit mir", stieß sie rau hervor.

5. KAPITEL

Barrie …“, setzte Zane sanft an. Sein Tonfall war so verständnisvoll, dass sie wusste, er würde ablehnen. „Nein!“, fiel sie ihm hitzig ins Wort. „Sagen Sie mir jetzt nicht, ich soll es mir noch mal überlegen oder dass ich es eigentlich gar nicht will. Ich weiß, was ich mit diesen Kerlen durchgemacht habe. Ich weiß auch, Sie glauben mir nicht, aber ich bin nicht vergewaltigt worden. Sie haben mich nur angestarrt, mich begrapscht, und ich konnte sie nicht aufhalten.“ Sie hielt inne und atmete tief ein. „Ich bin nicht naiv genug, um zu glauben, wir seien außer Gefahr. Sie und Ihre Männer könnten verwundet oder gar getötet werden, und dann lande ich so oder so wieder bei diesen Widerlingen. Ich habe noch nie mit einem Mann geschlafen. Ich will nicht, dass mein erstes Mal eine Vergewaltigung ist, verstehen Sie? Diese Genugtuung gönne ich denen nicht. Ich will mein erstes Mal mit Ihnen erleben.“

Sie hatte ihn überrascht, sie sah es ihm an. Dabei war Barrie sicher, dass Zane Mackenzie nur selten preisgab, was er dachte. Er setzte sich gerader auf und musterte sie mit durchdringendem Blick.

Er wollte immer noch ablehnen. Das würde sie nicht ertragen. „Ich gebe Ihnen mein Ehrenwort“, sprudelte sie heraus. „Die haben mir das nicht angetan. Ich habe auch keine ansteckenden Krankheiten, wenn Sie sich deshalb Sorgen machen.“

„Nein“, seine Stimme klang plötzlich belegt, „darum mache ich mir keine Sorgen.“

„Lassen Sie mich nicht betteln.“ Sie rang die Hände und wurde sich plötzlich bewusst, dass sie genau das tat.

Mit einem Mal wurde der Blick der hellen Augen weich. „Nein, bestimmt nicht“, sagte Zane leise und erhob sich. Er stand vor ihr, und für einen Moment fragte Barrie sich in Panik, was sie hier in Gang gesetzt hatte. Dann schritt er an ihr vorbei zu der Decke, zog sie gerade, legte sich rücklings darauf und blickte Barrie unverwandt an.

Er verstand es. Er verstand alles. Bis sie das Verstehen in seinen Augen gesehen hatte, hatte Barrie nicht gewusst, was sie wirklich brauchte. Aber er. Er hatte die verzweifelten Emotionen hinter ihrer ungestümen Bitte begriffen. Es ging nicht nur darum, das erste Mal mit einem Mann ihrer Wahl zu verbringen. Die Kidnapper hatten ihr etwas geraubt, und er war bereit, es ihr zurückzugeben: Kontrolle. Zane gab ihr die Kontrolle zurück. Barrie wollte nicht hilflos unter ihm liegen, sie wollte bestimmen, wie und wann und wie viel von ihrem Körper sie gab.

Er bot ihr diese Möglichkeit. Er würde sie gewähren und sie seinen Körper benutzen lassen.

Barrie konnte kaum atmen, als sie neben ihm auf die Knie sank. Die warme, sonnengebräunte Haut zog ihre Hände magisch an. Näher und näher, bis ihre nervösen Finger leicht über seinen Bauch strichen, hinauf zu seiner Brust. Ihr Herz hämmerte rasend. Es war, als würde sie einen Tiger streicheln, wissend, wie gefährlich das Tier war, und doch zu fasziniert, um widerstehen zu können. Zögernd legte sie die Handflächen an seine Seiten, fühlte seine Haut, die starken Muskeln, die Rippen darunter. Sie konnte seinen Herzschlag spüren, das rhythmische Heben und Senken des Brustkorbs beim Atmen.

Sie blickte auf Zanes Gesicht und wurde rot, als sie das Verlangen in seinen Augen sah. Sie hatte Lust zu erkennen gelernt, die grausame Variante hatte auf den Mienen ihrer Entführer gelegen. Zane zeigte ihr jetzt die betörende Seite. Barrie zögerte. Irgendwie hatte sie nicht damit gerechnet, dass ihre Bitte Lust in ihm erwecken würde. Unsicher ließ sie von ihm ab.

Er lächelte, es war ein warmes Lächeln, mit dem Zane eine Reihe makelloser Zähne entblößte. Und dieses Lächeln war noch effektvoller, als Barrie vermutet hatte. „Ja, natürlich erregt es mich", murmelte er sanft. „Das ist auch gut so, denn sonst wird es nicht klappen."

Er hatte recht. Ihre Wangen brannten noch mehr. Das war ja das Problem mit der Unerfahrenheit. Mit der Theorie kannte Barrie sich aus, und ein oder zwei Mal hatte ein Verehrer sie am Ende der Verabredung hart an sich gezogen und stürmisch geküsst, sodass sie den Beweis seiner Erregung hatte ahnen können, aber … bis jetzt hatte sie keinerlei Praxis. Barrie warf einen verschämten Blick auf Zanes Hose.

„Wir brauchen das nicht zu tun", bot er ihr den Ausweg an, und Barries Unsicherheit wandelte sich in feurige Entschlossenheit.

„Doch, ich muss es tun."

Er legte die Hände an seinen Gürtel. „Dann sollte ich wohl besser …"

Sofort hielt sie ihn zurück und stieß seine Hände fort. „Ich mache das." Es klang heftiger, als sie beabsichtigt hatte. Aber das hier war ihre Show.

„Auch gut", murmelte er, und sie wusste, dass er verstand. Ihre Show, ihre Kontrolle. Sie war diejenige, die das Sagen hatte, bei jedem einzelnen Schritt. Zane entspannte sich, legte den Kopf zurück und schloss die Augen.

Das erleichterte es ihr etwas – zu wissen, dass er ihr nicht zuschaute. Erst begutachtete sie den Mechanismus der Gürtelschnalle, um mit ihren fahrigen Händen nicht unnötig zu fummeln, dann griff Barrie entschlossen zu, bevor der Mut sie verlassen konnte. Unter der Hose kam eine schwarze Badehose zum Vorschein.

Eine Badehose? Verdutzt starrte Barrie darauf, dann begriff sie. Er war ein SEAL. Die Abkürzung stand für Sea, Air, Land – zu Wasser, zu Lande und in der Luft. Er war in allen drei Elementen zu Hause, konnte schwimmend meilenweite Strecken zurücklegen. Wahrscheinlich war sein Team von der See her nach Benghazi gekommen, da Benghazi einen Hafen hatte. Möglich, dass ein Boot sie abgesetzt hatte, oder aber sie waren draußen auf offenem Meer abgesprungen und Richtung Land geschwommen.

Er riskierte sein Leben, um sie zu retten, und jetzt bot er ihr auch noch seinen Körper an. Etwas in Barrie zog sich zusammen, und eine Welle von Emotionen schwappte über sie. In den letzten vierundzwanzig Stunden hatte Barrie mehr über sich selbst gelernt als in den gesamten fünfundzwanzig Jahren bisher. Durch dieses Erlebnis hatte sie sich gewaltig verändert, sie war dabei zu lernen, mit diesen Veränderungen umzugehen. Während der letzten fünfzehn Jahre hatte sie sich von ihrem Vater in einen Kokon aus Sicherheit und Geborgenheit stecken lassen. Barrie konnte ihm keinen Vorwurf machen, sie hatte diesen Kokon gebraucht. Jetzt hatte das Schicksal sie abrupt aus der Schutzhülle gerissen und sie kopfüber ins Leben gestoßen. Und wie ein Schmetterling, der nicht in seine Puppe zurückkriechen konnte, musste auch sie sich nun dem Neuen, dem Unbekannten stellen.

Barrie ließ die Hände unter den Saum der Badehose gleiten, um sie zusammen mit der Hose an Zanes Beinen herabzuziehen. Er half ihr, indem er sein Becken anhob.

„Nicht ganz ausziehen“, murmelte er mit geschlossenen Augen. „Ich kann immer noch etwas unternehmen, wenn die Hosen halb herunterhängen, aber wenn ich gar nichts anhabe, würde mich das doch etwas irritieren.“

Trotz ihrer Nervosität musste Barrie grinsen. Sein trockener Humor gefiel ihr. Wäre er nicht so beherrscht, könnte man ihn wohl als keck und ziemlich dreist bezeichnen. Ihn plagten nicht die geringsten Selbstzweifel.

Barrie ließ die Hände über seinen Po gleiten und war erstaunt über den angenehmen Schauer, der sie durchfuhr. Sie wünschte, sie hätte den Mut, zu verweilen und sich die Zeit zu nehmen, diese männliche Perfektion ausgiebiger zu genießen. Stattdessen zerrte sie nur an seinen Sachen und zog sie bis zur Mitte der Schenkel hinunter. Verwundert starrte Barrie zum ersten Mal auf die bloßen Lenden eines Mannes. In Büchern hatte sie Beispiele gesehen, aber die Realität war wesentlich beeindruckender. Ihre Hand wurde angezogen wie von einem Magnet.

Vorsichtig berührte sie ihn, streichelte sein hartes Geschlecht mit den Fingerspitzen. Es pulsierte, richtete sich auf, als wolle es ihrer Zärtlichkeit nachfolgen. Er sog scharf den Atem ein. Sie wurde mutiger, umschloss ihn mit ihren Fingern, ließ das warme, sinnliche Gefühl leise seufzend zu. Sie spürte seine Hitze, seine seidige Härte, seinen hämmernden Herzschlag.

Und sie fühlte ihr eigenes Begehren, das sie wie ein reinigender Fluss durchströmte. Ja, so sollte es sein, dachte sie erleichtert. Sie sollten sich mit Freuden vereinigen, nicht aus Wut. Und sie wollte nicht länger warten, sonst würde sie es sich vielleicht doch noch anders überlegen, wenn der Mut sie verließ.

Barrie setzte sich rittlings auf Zane. Nein, da gab es keine Wut mehr auf die Männer, keine Verzweiflung, nur erotisches Vergnügen, warm und süß. Sie umklammerte seine Hüfte mit ihren Knien, umschloss seinen dicken Schaft mit ihren Händen, ließ sich langsam auf ihn sinken.

Die erste Berührung raubte ihr den Atem. Heiß, überraschend. Barrie verharrte in ihren Bewegungen, schluckte, während sie unwillkürlich von ihm abrückte. Zane regte sich nicht, nur sein Atem ging schärfer und schneller. Regungslos lag er zwischen ihren Beinen, die Augen geschlossen, und ließ sie gewähren.

Ihre Brust war wie zugeschnürt, sie konnte kaum atmen. Die Berührung, so kurz sie auch gewesen war, hatte ein eindringliches Pochen zwischen ihren Beinen ausgelöst, als ob ihr Körper darauf gewartet hätte, sich zu vereinigen, als hätte das ursprünglich Weibliche in ihr das ursprünglich Männliche erkannt. Ihre Brüste spannten plötzlich unter dem schwarzen Stoff seines Hemdes. Es war … unendlich aufregend. Verlangen strömte durch sie hindurch. Der Fluss schwoll an.

Sie sagte sich, sie sei auf den stechenden Schmerz vorbereitet, den sie verspüren würde. Sie spürte ihre Erregung. Behutsam ließ sie sich auf ihn nieder, doch es war schlimmer, als sie erwartet hatte. Sie hielt inne und schluckte, als könne sie so ihren Körper davon abhalten, sich von der Quelle ihrer Pein abzuwenden. Auch Zane atmete schwer. Sie biss die Zähne zusammen. Es würde nicht besser werden, also konnte sie es auch zu Ende führen. Tränen brannten in ihren Augen, als sie sich wieder zu bewegen begann. Warum nur klappte es nicht? Der Druck in ihrem Schoß war unerträglich.

„Hilf mir …“, schluchzte sie kaum hörbar auf.

Zane öffnete langsam die Lider. Das Feuer in den hellen Augen überwältigte sie schier. Er hob seine rechte Hand. Zärtlich streichelte er Barrie über die Wange, und seine raue Hand war unglaublich sanft. Langsam fuhren seine Fingerspitzen an ihrem Hals herab, glitten sanft über das Hemd zu ihrer linken Brust, wo sie einen Herzschlag lang auf ihrer Brustwarze verweilten. Ruhig wanderte seine Hand dann zu der Stelle zwischen ihren Beinen, an der ihre Körper sich vereinigten.

Seine Liebkosung war so leicht wie ein Windhauch. Er neckte, rieb, streichelte ihren empfindsamen Lustpunkt, und Barrie bewegte sich nicht. Ihr Körper war bereit für diese neuen Empfindungen. Sie schloss ihre Augen, konzentrierte sich mit allen Sinnen auf das, was seine Hand da tat, die Art, wie Zane sie berührte. Es war köstlich, aber … nicht … genug. Seine süße Qual versprach so viel mehr – etwas, das viel kraftvoller sein würde. Diese sanft streichelnden Finger … sie waren nicht überall dort, wo sie sie spüren wollte. Barrie hielt die Luft an. Ihre Brustwarzen zogen sich zusammen. Ihr ganzer Körper war für ihn bereit. Ihre Hüften kreisten sanft, bogen sich seinen Fingern entgegen.

Ah. Ja. Da. Ein heiseres Stöhnen kam Barrie über die Lippen, als heiße Lust sie durchfuhr. Sie wartete darauf, dass er mit seinen Zärtlichkeiten fortfahren würde, doch stattdessen begannen seine Finger nun, mit ihr zu spielen, sie zu reizen, sie zu locken und sich wieder zurückzuziehen. Ihre Hüften folgten ihm erneut, und ein Feuerwerk von Empfindungen belohnte sie dafür.

Ein sinnlicher Tanz begann. Zane führte, Barrie folgte. Er berührte sie noch intensiver, und das Vergnügen, das sie dabei empfand, mit dem ihr Körper ihm antwortete, ließ sie erschauern. Zwischen ihren Beinen wartete seine pralle Männlichkeit immer noch auf Einlass, und jede Bewegung ihrer Hüften brachte ihn seinem Ziel ein wenig näher. Ihre Körper bewegten sich in einem uralten Rhythmus, so alt wie die Welt selbst. Sie spürte, wie er sie dehnte, sie für ihn bereit machte, den leichten Schmerz ... und plötzlich war ihr, als hätte das Verlangen ihr aufgelauert. Es wuchs unaufhörlich, bis die Sehnsucht, ihn zu spüren, größer war als die Angst vor dem Schmerz. Sie legte ihre Hände auf seine Brust, und ihre Bewegungen veränderten sich. Sie bewegte sich wie eine Welle, vor und zurück, vor und zurück, und endlich berührte er sie dort, wo sie ihn spüren wollte.

Sie biss sich auf die Lippen, um nicht laut aufzuschreien. Sein Daumen rieb ihren empfindlichsten Punkt, umkreiste ihn, liebkoste ihn, und tauchte sie in einen warmen Fluss aus wilden, leidenschaftlichen Empfindungen. Sie war so heiß, dass sie vor Verlangen zu verbrennen schien. Der Schmerz spielte keine Rolle mehr. Sie musste endlich haben, was sein Körper versprach, was ihr Körper brauchte. Sie stöhnte leise, drückte ihren Unterleib auf seinen, zwang ihre weiche Mitte, den Eindringling einzulassen. Sie fühlte Widerstand, und dann, plötzlich, sein pralles Geschlecht in sich.

Es tat weh. Es tat sehr weh. Sie verkrampfte sich, starrte Zane mit weit aufgerissenen Augen an. Ihre Blicke trafen sich, dunkel vor Schmerz die ihren, flammend vor Verlangen die seinen. Plötzlich wurde ihr klar, wie angespannt der muskulöse Körper unter ihr war, wie viel es ihn gekostet haben musste, nicht die Kontrolle an sich zu reißen. Aber er hatte es versprochen, und er hatte sein Versprechen gehalten. Er hatte sich nur bewegt, als sie ihn um Hilfe gebeten hatte.

Ein Teil von ihr wollte aufhören, aber ein tieferer, kraftvoller Instinkt sorgte dafür, dass sie rittlings auf ihm sitzen blieb. Sie spürte, wie er sich in ihr bewegte, fühlte, wie ihr Körper antwortete – als ob ihr Körper ihrem Kopf überlegen wäre, und wahrscheinlich war das auch so. Schweiß glitzerte auf Zanes Haut, und sie spürte seinen hämmernden Herzschlag unter ihrer Hand. Es war aufregend, diesen Mann, diesen Krieger unter sich zu haben, nur dieses eine Mal, fernab jeder Realität. Sie hatten sich erst vor ein paar Stunden kennengelernt; ihnen blieben nur ein paar Stunden, bevor sie sich aus den Augen verlieren und wahrscheinlich nie wieder sehen würden. Aber jetzt, für diesen Moment, gehörte er ihr. Sie würde diesen Moment nicht verstreichen lassen.

„Was soll ich tun?", flüsterte sie.

„Lass dich fallen", antwortete er, und das tat sie. Auf und ab. Sie hob ihren Körper an, gab ihn fast frei und ließ sich wieder fallen, so lange, bis sie den Schmerz vergessen hatte und sich in ihrer Lust verlor. Seine Hand lag immer noch zwischen ihren Beinen und liebkoste sie unaufhörlich. Sie bewegte sich immer schneller auf ihm, schneller und schneller, und nahm ihn dabei immer tiefer in sich auf. Sein kraftvoller Körper bäumte sich zwischen ihren Schenkeln auf und ein knurrender Laut entrang sich seiner Kehle. Fast im gleichen Moment zwang er sich zurück auf den Boden. Er hatte es versprochen.

Auf. Ab. Noch einmal. Sie spürte, wie die Wellen der Lust immer größer, die Hitze fast unerträglich, der köstliche Druck immer höher wurden, bis sie glaubte, in tausend Stücke zu zerspringen. Sie erstarrte, wimmernd, unfähig, die letzte Hürde zu nehmen.

Da war es wieder, das Knurren in Zanes Kehle. Nein, es war kein Knurren – es hörte sich an, als würde ein Vulkan explodieren. Er konnte nicht mehr. Mit einer Bewegung legte er seine Hände auf ihre Hüften, und zog sie mit einem Ruck auf sich hinunter. So tief war er noch nicht in ihr gewesen. Sie hatte ihn ganz in sich aufgenommen.

Ein Feuerwerk der Empfindungen riss Barrie mit sich. Sie hörte sich vor Ekstase erstickt aufschreien. Blitze zuckten vor ihren Augen auf. Ihr Körper wand sich auf seinem. Als der Sturm vorüber war, sank sie matt und erschöpft auf ihm zusammen. Er schlang die Arme um sie und hielt sie fest, während sie schluchzend um Atem rang.

Sie hatte nie vorgehabt zu weinen, sie verstand nicht, warum sich die Tränen nicht zurückhalten ließen.

„Zane“, flüsterte sie und konnte nicht mehr sagen.

Seine großen, starken Hände strichen ihr zärtlich über den Rücken. „Alles in Ordnung mit dir?“ In seiner tiefen Stimme schwang so viel Zufriedenheit und pure Männlichkeit mit, dass Barrie sich vertrauensvoll an ihn schmiegte.

„Ja.“ Sie schluckte und kämpfte um Fassung. „Ich ahnte ja nicht, dass es so wehtun würde. Oder so schön sein würde“, fügte sie hinzu, denn die Tränen flossen aus beiden Gründen. Sie war überwältigt, sowohl vom Schmerz als auch von den lustvollen Empfindungen. War sie wirklich so naiv gewesen, sich einzubilden, sie könne den intimen Akt gänzlich von Gefühlen trennen? Wäre es ihr möglich gewesen, dann hätte sie sicherlich nicht so lange gewartet. Sie hätte einen Weg gefunden, unter den Fittichen ihres Vaters hinwegzuschlüpfen. Und wäre ihr Retter ein anderer Mann, hätte sie niemals um diesen Gefallen gebeten.

Jetzt war ein Band zwischen ihnen geknüpft, das stärker war und tiefer ging, als Barrie sich je hätte vorstellen können. In den heutigen Zeiten gab es wohl Menschen, die der Auffassung nachhingen, Sex bedeute nicht mehr als Spaß, ein kurzweiliges Vergnügen, aber für Barrie war die Intimität mit einem Mann nicht bedeutungslos. Die echte Vereinigung mit einem Mann ging tief und war elementar. Und Barrie wusste, sie würde fortan nicht mehr dieselbe sein. Alles hatte sich verändert, in dem Moment, als Zane ihr sein Hemd übergezogen hatte. Da hatte sie sich in ihn verliebt. Ohne sein Gesicht sehen zu können, hatte sie sich in sein wahres Wesen, seine Charakterstärke und seine Aufrichtigkeit verliebt. Und hätte das Licht des heraufziehenden Morgens ihn als hässlich oder entstellt zu erkennen gegeben, es wäre Barrie gleich gewesen. Denn in der Dunkelheit dieses kargen Raumes und in der schrecklichen Finsternis, die in ihrem Herzen geherrscht hatte, hatte Barrie unter die Oberfläche sehen können und tiefe Liebe für diesen Mann empfunden. So einfach war das. Und so kompliziert.

Nur weil sie so fühlte, musste Zane nicht genauso empfinden. Barrie kannte die Theorien der Psychologen. Es war das Weißer-Ritter-Syndrom, die Projektion von übermenschlichen Eigenschaften auf den Retter. Patienten verliebten sich doch ständig in ihre Ärzte oder Krankenschwestern. Zane hatte nur einen Auftrag erledigt, während das für Barrie bedeutete, dass er ihr Leben gerettet hatte. Sie schuldete Zane ihr Leben, sie würde ihm auf immer dankbar sein ... Aber sie wusste auch, dass sie nicht für jeden Mann, der durch das Fenster geklettert wäre, tiefe Liebe empfunden hätte. Nein, diese Liebe empfand sie für Zane.

Barrie lag still auf seiner Brust, ihr Haar an seinem Hals. Sie spürte seinen kräftigen Herzschlag, fühlte, wie seine Brust sich mit jedem Atemzug hob und senkte. Sein Duft bezauberte sie mehr als jedes exotische Parfüm. Hier, auf Zanes Brust, in dieser baufälligen Baracke, fühlte sich Barrie mehr zu Hause als in jeder luxuriösen Umgebung.

Sie wusste nichts von ihm, von seinem Leben. Sie wusste nicht, wie alt er war, woher er stammte, was er gerne aß oder welche Programme er sich im Fernsehen ansah. Sie wusste auch nicht, ob er je verheiratet gewesen war.

Verheiratet! Grundgütiger, sie hatte nicht einmal gefragt! Ihr wurde jäh übel. Wenn er verheiratet war, dann konnte er unmöglich der Mann sein, für den sie ihn hielt. Und dann hatte sie soeben den größten Fehler ihres Lebens begangen.

Dabei lag die Schuld nicht allein bei ihm. Sie hatte ihn angefleht, und er hatte ihr mehr als einmal die Möglichkeit für einen Rückzieher gegeben. Wenn er sie nur aus Mitleid geliebt hatte ... Sie würde es nicht ertragen können.

Barrie atmete tief ein. Sie musste einfach fragen. Unwissenheit mochte ein Segen sein, aber eine solche Nachsichtigkeit gegenüber sich selbst durfte Barrie sich nicht erlauben. Wenn sie etwas so grundlegend Falsches getan hatte, wollte sie es wissen.

„Bist du verheiratet?“, sprudelte sie heraus.

Zane zuckte nicht einmal zusammen. Er hob eine Hand und legte sie an Barries Nacken. „Nein“, antwortete er entspannt. „Und du darfst jetzt deine Krallen wieder aus meiner Haut nehmen.“ Die Worte klangen träge und amüsiert.

Barrie wurde klar, dass sie ihre Nägel in seine Brust geschlagen hatte, und lockerte schuldbewusst die Finger. „Entschuldige. Ich wollte dir nicht wehtun.“

„Es gibt Schmerz, und dann gibt es Schmerz", meinte er lässig. „Kugeln und Messerstiche schmerzen höllisch. Im Vergleich dazu richten ein paar Kratzer von einem Kätzchen kaum Schaden an."

„Kätzchen?" Barrie wusste nicht, ob sie beleidigt oder belustigt sein sollte. Nach kurzer Überlegung siegte ihr Humor. Niemand ihrer Bekannten würde sie je so bezeichnen. Sie nannten Barrie damenhaft, ausgeglichen, umsichtig, verantwortungsbewusst, aber … Kätzchen?

„Mmh." Fast klang es wie ein Schnurren. Seine Finger kraulten genießerisch ihren Nacken, während die andere Hand zu ihrem Po glitt und zupackte. „Niedlich. Und du lässt dich gern streicheln."

Das konnte sie nicht bestreiten, nicht wenn er es war, der sie streichelte, und seine Hände so köstliche erotische Empfindungen in ihr auslösten.

Ihn schien es auch nicht ungerührt zu lassen, denn seine Stimme klang heiser, als er anhob: „Ich muss dir ein paar Fragen stellen."

„Welche?", murmelte sie. Es fiel ihr schwer, sich zu konzentrieren, während ihre Körper noch immer so nah beieinander waren. Barrie konnte es kaum fassen, aber die Leidenschaft kehrte zurück.

„Bist du die Gespenster losgeworden?"

Gespenster. Er meinte die bösen Erinnerungen an die rohe Behandlung durch diese schrecklichen Männer. Barrie überlegte eine Weile und stellte überrascht fest, dass dem tatsächlich so war. Sie war noch wütend und hätte sich liebend gern Zanes Pistole geliehen, aber ihre zu Tode verletzte Weiblichkeit war geheilt und hatte gesiegt, indem sie mit Zane geschlafen hatte. Vergnügen … das Wort reichte nicht aus, um das zu beschreiben, was sie mit ihm erfahren hatte. Selbst „Ekstase" traf nicht die Intensität, das Gefühl des Sich-Verlierens in der eigenen Körperlichkeit.

„Ja", flüsterte sie schließlich. „Die Gespenster sind fort."

„Gut. Die zweite Frage: Wird man dieses Hemd chirurgisch von dir entfernen müssen?"

Barrie war so überrascht, dass sie sich abrupt aufsetzte und ihn dadurch wieder tief in sich spürte. Sie atmete tief ein, und Zane stieß einen heiseren Laut aus. Überwältigt blickte sie ihn an. Sie hatten sich gerade geliebt, eigentlich waren sie immer noch dabei. Sein Hemd hatte Barrie davor bewahrt, endgültig zu zerbrechen, hatte eine viel größere Bedeutung bekommen als nur ein Stück Stoff, mit dem sie sich bedecken konnte. Die Kidnapper hatten Barrie die Kleider vom Leib gerissen, sie hatten sie gezwungen, nackt vor ihnen zu stehen. Als Zane sie zuerst so in dem Zimmer gefunden hatte, war Barrie vor Scham erstarrt. Sie wusste nicht, ob sie ihm jetzt ihren entblößten Körper zeigen konnte, ein Körper, der die Spuren der Brutalität anderer Männer trug.

Sein Blick lag klar und geduldig auf ihr. Auch jetzt verstand Zane, er wusste genau, was er ihr abverlangte. Er hätte es dabei belassen können, doch er wollte mehr: ihr Vertrauen, ihre Offenheit, keine dunklen Geheimnisse zwischen ihnen.

Er wollte eine echte Beziehung zu ihr.

Die Erkenntnis traf ihn tief. Sie hatten einander geliebt, aber mit einer Mauer zwischen ihnen. Er hatte ihr ihren Wunsch erfüllt, hatte sich bis zum letzten Moment zurückgehalten, bis die Leidenschaft ihn überwältigt und seine Selbstbeherrschung zerschmettert hatte. Jetzt bat er Barrie um etwas.

Fast verzweifelt klammerten sich ihre Finger an den Kragen des Hemdes. „Ich … sie haben Spuren auf mir hinterlassen.“

„Ich habe schon viele blaue Flecke gesehen.“ Er strich ihr zärtlich über die Wange. „Genau da ist ein riesengroßer.“

Impulsiv griff Barrie sich an die Wange, die er so zärtlich berührt hatte. Zane hob seine Hände und begann, langsam das Hemd aufzuknöpfen. Er ließ Barrie Zeit und Gelegenheit zu protestieren. Die Lippen fest aufeinandergepresst, kämpfte Barrie den Drang nieder, das Hemd verkrampft zusammenzuhalten.

Als die beiden Hälften aufklafften, schob er sanft die Hände hinein und umfasste ihre Brüste. Seine Handflächen lagen heiß und feucht auf den warmen Rundungen. „Diese blauen Flecke beschämen sie, nicht dich.“

Sie schloss die Augen. Sie fühlte ihn in sich, hart und heiß. Sie protestierte nicht, als er seine Hände von ihren Brüsten nahm, sie langsam zu ihren Armen glitten und das schwarze Hemd von den Schultern schob.

Barrie war nackt. Die warme Luft strich ihr über die Haut, und dann fühlte Barrie Zanes Finger, die sie zärtlich liebkosten und vorsichtig die dunklen Stellen auf ihren Schultern, den Armen, Brüsten und auf dem Bauch nachzeichneten. Die Berührung war so leicht, dass Barrie es kaum spürte. „Komm her", murmelte er, und sie ließ sich von ihm herunterziehen, bis sein Mund auf ihre Lippen traf.

Ihr erster Kuss ... sie hatten sich bereits geliebt, doch es war ihr erster Kuss. Seine Lippen waren warm, fest und fordernd. In Gedanken schimpfte Barrie sich eine Närrin, dass sie dieses Vergnügen so lange übersehen hatte. Mit einem überraschten kleinen Laut entspannte sie sich und sank auf seine Brust. Oh, es war so himmlisch.

Ewigkeiten später löste er seinen Mund von ihrem und legte den Kopf in den Nacken. Sein Blick war verhangen, sein Atem ging schwer. „Ich habe noch eine Frage."

„Was denn noch?" Sie wollte nicht auf seinen Kuss verzichten. Sie folgte seinen Lippen, knabberte daran, setzte heiße kleine Küsse auf seine Mundwinkel.

Er lachte in sich hinein, mit einem tiefen kehligen Laut, der sie faszinierte. Sie ahnte, dass er noch seltener lachte als lächelte, und deshalb war dieser Ton umso wertvoller.

„Kann ich dieses Mal oben sein?"

Bei der Frage musste Barrie laut auflachen, sie versuchte, es zu unterdrücken, und barg das Gesicht an seinem Hals. Kichern musste sie dennoch. Sie gluckste immer noch, als er einen Arm fest um ihre Taille schlang und Barrie mit sich herumdrehte, sodass sie unter ihm lag.

Ihre Sinne begannen zu verschwimmen, als unzählige neue Gefühle auf Barrie einstürmten. Unter Zane zu liegen machte den Größenunterschied noch deutlicher. Auch wenn er sich auf die Unterarme stützte, fühlte Barrie doch das Gewicht des muskulösen Körpers. Seine Brust war so breit, dass Barrie sich schmal und winzig vorkam. Als sie auf ihm saß, hatte sie die Kontrolle gehabt. Jetzt hatte er die Führung übernommen.

Als er zu ihr kam, wartete er einen Moment auf ihre Reaktion. Doch Barrie wurde klar, dass sie sich gar nicht verletzlich fühlte. Im Gegenteil, sie fühlte sich geborgen und sicher, beschützt von seiner Stärke. Mit leicht zitternden Lippen lächelte sie ihn an und schlang die Arme um seinen Nacken.

Er lächelte zurück. Und dann liebte Zane Mackenzie sie.

6. KAPITEL

Den Tag verbrachten sie mit Liebesspiel, Ruhepausen und erneutem Liebesspiel. Die Geräuschkulisse des Hafens bildete ihnen die Begleitmusik, das Tuten der Schiffshörner, das metallene Rasseln von schweren Zugketten und Ladekränen. In der heruntergekommenen Baracke jedoch kreierten Zane und Barrie ihre eigene Welt. Barrie verlor sich in Zanes unerschöpflicher Sinnlichkeit und entdeckte eine Leidenschaft in sich, die der seinen in nichts nachstand. Das erzwungene Schweigen steigerte die Intensität der gemeinsamen Erfahrung nur noch.

Zane küsste die blauen Flecken auf ihren Brüsten und liebkoste ihre Brustspitzen mit seiner Zunge, bis sie vor lustvoller Erregung pochten. Sein stoppeliges Kinn hinterließ Spuren auf ihrer empfindsamen Haut, doch er achtete stets darauf, nicht an ihre Verletzungen zu geraten.

„Was haben sie dir angetan?“, murmelte er. „Ich werde alles tun, um es dich vergessen zu lassen.“

Zunächst schreckte Barrie davor zurück, preiszugeben, was sie in den brutalen Händen der Entführer durchgemacht hatte. Aber im Laufe des Nachmittages bereitete Zane ihr so viele lustvolle Momente, dass es keinen Sinn mehr zu machen schien, etwas vor ihm zu verbergen, und so begann sie, ihm stockend von ihren Peinigern zu erzählen.

„So?“, fragte er und wiederholte genau das, was ihr solche Angst eingejagt hatte – nur dass es das jetzt nicht mehr tat, wenn Zane Mackenzie sie berührte. Er liebkoste sie, bis ihr Körper die anderen, die schrecklichen Erlebnisse vergessen hatte und nur noch ihn erkannte.

Sie flüsterte ihm ein weiteres Detail zu, und er löschte die Erinnerung aus, ersetzte alles Schlimme durch Zärtlichkeit. Zane liebkoste Barrie, bis sie an nichts anderes mehr dachte und von einem Gipfelsturm zum nächsten überging. Er versuchte gar nicht erst zu verheimlichen, wie sehr er es genoss, ihr Lust zu bereiten, sie zu beobachten, sie zu lieben. Der Kontrast zwischen ihren sanft geschwungenen Kurven und seinen harten Muskeln bereitete ihm unaussprechliches Vergnügen, und seine deutlich sichtbare Faszination fachte wiederum Barries Lust an. Er erforschte sie, streichelte sie,

Hüfte. Barrie rekelte sich ein wenig und gähnte, woraufhin Zane sie fester an sich zog. Vielleicht hatte er gar nicht geschlafen, sondern Wache gehalten. Von draußen drangen kaum noch Geräusche herein.

„Wie lange noch?“ Sie setzte sich auf und tastete nach dem Wasserkrug. Es schmeckte gar nicht mehr so schlecht. Vielleicht hatte sie sich auch einfach nur daran gewöhnt.

Er klappte das Deckblatt seiner Armbanduhr zurück. „Noch ein paar Stunden. Ich muss mich gleich bei den Jungs melden.“

„Wie wird es dann weitergehen? Wenn wir hier aufbrechen, meine ich.“

„Wir verlassen die Stadt, gehen zum Treffpunkt und werden abgeholt.“

Bei ihm hörte sich das so einfach an. Sie dachte an die Badehose, die er trug, und hob mit gerunzelter Stirn den Kopf, auch wenn er Barrie im Dunkeln nicht sehen konnte. „Dieser Treffpunkt … ist der an Land?“

„Nicht so richtig.“

„Ich verstehe. Ich hoffe, es gibt ein Boot?“

„Nicht so richtig.“

Sie griff in sein Brusthaar und zog. „Was habt ihr denn?“

„Autsch!“ Er nahm ihre Hand und führte sie an seine Lippen. „Wir haben ein Zodiac-Schlauchboot mit Motor und Platz für sieben Personen. Da meinem Team zurzeit zwei Männer fehlen, sind wir zu sechst. Wir finden also noch ein Plätzchen für dich.“

„Das beruhigt mich ungemein.“ Sie gähnte noch einmal und kuschelte den Kopf an seine Schultern. „Dann hast du also extra jemanden zurückgelassen, damit Platz für mich ist?“

„Nein.“ Die Antwort klang kurz angebunden. „Es gibt da ein Problem, um das ich mich kümmern muss, wenn wir zurück sind. Unser Team war am nächsten, und da wir schnell handeln mussten, bevor sie dich woandershin bringen konnten, wurden wir losgeschickt.“

Sein Tonfall hielt Barrie davon ab, nach dem Problem zu fragen, das ihn ganz offensichtlich in schlechte Laune versetzt hatte. Sie hatte Zane in Aktion gesehen, sie hätte ganz bestimmt keine Lust, das Ziel seines Ärgers zu sein. Bis Zane mit seinen Männern kommuniziert hatte, verhielt sich Barrie ruhig. Dann stellte sie ihre nächste Frage.

„Und wohin fahren wir mit dem Zodiac?“

„Aufs Meer hinaus. Ein Helikopter wird uns zur Montgomery fliegen. Vom Flugzeugträger aus wirst du dann nach Hause gebracht.“

„Und du? Wohin wirst du gehen?“ Das war die einzige Frage, die sie sich mit Hinblick auf die Zukunft erlaubte.

„Ich weiß es nicht. Mein Team war zu einer Übung auf der Montgomery, aber dann ging alles fürchterlich schief. Zwei meiner Leute wurden verletzt. Erst einmal muss ich dieses Durcheinander klären. Ich kann nicht sagen, wie lange das dauern wird.“

Er wusste also nicht, wo er sein würde. Oder er wollte es ihr nicht sagen. Er sagte auch nicht, er würde sie anrufen, denn wo sie sein würde, wusste er. Barrie schloss gequält die Augen und lauschte auf all die Dinge, die Zane nicht sagte. Es tat mehr weh, als sie erwartet hatte. Doch sie würde sich später damit befassen. Die kurze Zeit, die ihnen noch gemeinsam blieb, wollte Barrie nicht durch Trübsalblasen verderben. Nur wenigen Frauen war es vergönnt, einen Mann wie Zane Mackenzie kennen, geschweige denn lieben zu lernen. Barrie wollte mehr, sie wollte alles. Doch selbst das wenige, das sie bislang mit Zane erlebt hatte, war mehr, als die meisten Menschen erhielten, und dafür wollte sie dankbar sein.

Was immer auch passieren mochte, sie konnte in die beschützte kleine Welt zurückkehren, die ihr Vater bot, auch wenn sie die Entführung und deren unbekanntes Motiv nicht vergessen konnte. Ihr Vater kannte den Hintergrund vielleicht schon, der Entführer hatte seine Forderung möglicherweise bereits gestellt. Barrie wollte es ebenfalls erfahren. Schließlich war sie es, die dafür gelitten hatte.

Er berührte ihre Brustwarze leicht, umkreiste sie mit seiner rauen Fingerspitze, bis sie sich vor Erregung zusammenzog. „Du musst ganz wund sein“, sagte er, während seine Hand zu ihrem Bauch hinunterwanderte und sich dann zwischen ihre Beine schmiegte. „Schläfst du trotzdem noch mal mit mir?“ Mit unendlicher Zärtlichkeit glitt sein Finger in sie hinein. Barrie zuckte zusammen, aber sie wich nicht zurück. Ja, sie war wund; sie war es seit dem ersten Mal. Aber sie wusste auch, wie reich sie belohnt wurde, wenn sie ihren Schmerz hintanstellte.

„Ich könnte mich überreden lassen“, murmelte sie, während ihre Hand seinen Bauch berührte und ein Stück weiter unten sogleich spürte, wie ernst er es meinte. Er meinte es sogar sehr ernst. Sicher, sie hatte keinerlei Erfahrung, und es gab nichts, was sie damit vergleichen konnte, aber sie hatte genügend Artikel gelesen, um zu wissen, dass nur Teenager und sehr junge Männer damit Schritt halten konnten. Vielleicht lag es daran, dass Zane in so außerordentlicher körperlicher Verfassung war. Vielleicht hatte sie auch einfach nur Glück. Kaum vierundzwanzig Stunden nach ihrer Entführung hatte sich alles geändert – auch sie.

Das Schicksal hatte ihr diesen Mann geschickt, dachte Barrie, während er sich über sie beugte und sie küsste. Die wenigen Stunden, die ihnen verblieben, würden sie voll auskosten.

Zane führte Barrie wieder durch enge Gassen, doch dieses Mal war sie eingehüllt in einen langen schwarzen Schleier. Ihr rotes Haar war bedeckt, und Pantinen schützten ihre Füße, auch wenn sie ein wenig zu groß waren und bei jedem Schritt Geräusche machten. Es fühlte sich seltsam an, wieder Kleidung zu tragen, auch wenn sie darunter nackt war.

Zane trug seine volle Ausrüstung. Mit jedem Teil, das er angelegt hatte, hatte er sich Schritt für Schritt zurückverwandelt. Eiskalt beherrscht und leidenschaftslos war er nun wieder jener Mann, der Barrie in der Nacht zuvor gefunden hatte. Barrie wusste, dass alle seine Sinne in Alarmbereitschaft waren und sich ganz auf den vor ihm liegenden Auftrag konzentrierten. Sie folgte Zane schweigend, den Kopf leicht gebeugt, damit sie nicht auffiel.

An einer Häuserecke ging er in die Hocke, bedeutete Barrie, es ihm gleichzutun, und sprach in den Kopfhörer. „Zwei, hier Eins. Wie sieht's aus?“ Er lauschte, dann flüsterte er noch: „In zehn Minuten.“ Er drehte sich zu Barrie um, die hinter ihm hockte. „Alles klar. Wir müssen nicht auf Plan C ausweichen.“

„Wie sah Plan C aus?“

„Uns so schnell wie möglich nach Ägypten abzusetzen“, meinte er ruhig. „Von hier aus sind es ungefähr zweihundert Meilen Richtung Osten.“

Das war ernst gemeint, wurde Barrie klar. Er würde irgendein Transportmittel stehlen und es versuchen. Er musste wirklich Nerven aus Stahl haben. Sie nicht, innerlich zitterte Barrie vor Nervosität, aber sie nahm sich zusammen. Vielleicht war es auch nur der Nervenkitzel. Sie waren auf der Flucht, und solange sie sich in Libyen befanden, waren sie nicht wirklich in Sicherheit.

Zehn Minuten später blieb Zane im Schatten eines heruntergekommenen Lagerhauses stehen. Möglich, dass er das Funkgerät benutzt hatte, Barrie hatte im Dunkeln nichts erkennen können. Doch bevor sie blinzeln konnte, waren sie plötzlich von fünf schwarzen Schatten umringt.

„Gentlemen, ich möchte euch Miss Lovejoy vorstellen", sagte Zane leise. „Und jetzt lasst uns so schnell wie möglich von hier verschwinden."

„Mit Vergnügen, Boss." Einer der Männer verbeugte sich knapp vor Barrie und wies mit der Hand die Richtung. „Hier entlang, Miss Lovejoy."

Barrie fand die Umgangsformen der rauen SEALs charmant. Die Männer ließen sich jedoch keineswegs von ihrer Aufgabe ablenken. In einer genau abgestimmten Reihenfolge setzten sie sich in Bewegung. Barrie blieb hinter Zane, der als Zweiter ging. An der Spitze führte ein Mann, der so übergangslos mit der Dunkelheit verschmolz, dass Barrie sich fragte, ob er überhaupt noch da war. Die anderen vier Männer bildeten die Nachhut. Auch sie bewegten sich absolut geräuschlos. Barrie war eigentlich die Einzige in der Truppe, die Geräusche machte, und so bemühte sie sich, leiser aufzutreten.

Der Weg führte durch enge Nebenstraßen und dunkle Gassen. Schließlich standen sie vor einem Kleintransporter, der schon bessere Tage erlebt hatte. Selbst im schwachen Licht der Nacht konnte Barrie die Beulen und Rostflecken erkennen. Zane zog die Schiebetür auf und half Barrie hinein. „Ihre Kutsche, Madame", murmelte er.

Barrie lächelte. Hätte sie nicht ausreichend Erfahrung mit langen Abendroben gehabt, hätte ihr der Einstieg vielleicht Probleme bereitet. So aber raffte sie mit einer damenhaften, eleganten Bewegung den langen Schleier und ließ sich von Zane in den Kleinbus helfen. Die Männer kletterten hinter ihr hinein.

Es gab nur zwei Sitzbänke, anscheinend war dieser Wagen hauptsächlich für den Transport gedacht. Ein junger Afroamerikaner glitt hinter das Steuer, Zane setzte sich vorn zu ihm. Einer ließ sich links neben Barrie nieder, ein anderer SEAL zu ihrer Rechten, während die letzten beiden sich hinten auf den Boden setzten – ein Schutzwall aus durchtrainierten Körpern.

„Los, Bunny, gib Gas“, sagte Zane, woraufhin der junge Mann grinste und den Motor startete. Der Minibus sah zwar aus, als gehörte er auf den Schrottplatz, aber die Maschine lief.

„Du hättest letzte Nacht dabei sein sollen“, begann der Fahrer zu erzählen. „Für einen Moment war es echt knapp.“ Er klang so begeistert, als hätte er die beste Party seines Lebens hinter sich.

„Was ist passiert?“

„Ach, das war mal wieder eine von diesen idiotischen Sachen.“ Der Mann zu Barries Rechten zuckte mit einer Schulter. „Einer von den bösen Jungs ist voll auf Spooky getreten. Damit brach dann das totale Chaos los.“

„Das muss man sich mal vorstellen!“ Der SEAL links neben Barrie war ehrlich eingeschnappt. „Tritt der doch einfach auf mich drauf! Hat angefangen zu quieken wie ein Ferkel und wild drauflosgeschossen, auf alles, ob es sich nun bewegte oder nicht. Hat mich wirklich genervt“, fügte er dumpf hinzu und hielt dann inne. „Deshalb gehe ich auch nicht zur Beerdigung.“

„Als wir dein Signal bekamen, haben wir den Rückzug angetreten und sind gerannt wie der Teufel“, warf jetzt der SEAL rechts von Barrie ein. „Du musstest sie ja wohl schon rausgeholt haben, denn die Typen sind uns hinterhergejagt wie die Bluthunde. Wir haben uns bedeckt gehalten, aber da gab's ein paar Situationen, wo wir es fast auf einen offenen Kampf hätten ankommen lassen müssen. Mann, die waren plötzlich überall, die ganze Nacht über.“

„Wir waren noch im Gebäude“, sagte Zane ruhig. „Wir sind nur ins nächste Zimmer geschlüpft. Keiner von denen ist auf den Gedanken gekommen, dort nachzusehen.“

Die Männer lachten spöttisch, sogar der unheimliche SEAL links von Barrie gluckste. Es hörte sich rau an, so als würde er nicht oft lachen.

Zane drehte sich auf dem Beifahrersitz um und bedachte Barrie mit einem flüchtigen Lächeln. „Möchtest du den Herren vorgestellt werden oder sind dir diese verschwitzten Kerle zu viel?“

Es roch wirklich wie in einer Umkleidekabine. „Ich hätte gern eine offizielle Vorstellung“, antwortete Barrie, und das Lächeln war deutlich in ihrer Stimme zu hören.

Zane begann mit dem Fahrer. „Antonio Withrock, Matrosengefreiter. Er fährt, weil er seit seiner Kindheit unten im Süden Autos auf Sandpisten zu Schrott gefahren hat. Er wird mit jedem Vehikel fertig."

„Ma'am", grüßte Withrock höflich.

„Zu deiner Rechten sitzt Lieutenant Rocky Greenberg, er hat als Zweiter das Kommando." Auch Greenberg grüßte, bevor Zane fortfuhr. „Links von dir findest du Winstead Jones. Nenn ihn Spooky oder Spook, nur nicht Winstead." Auch Spooky grüßte, nachdem er das Gesicht über seinen Vornamen verzogen hatte. „Hinter dir hocken Matrosenobergefreiter Eddie Santos, unser Sani, und Paul Drexler, der Scharfschütze des Teams." Von beiden Männern kam ein höfliches Kopfnicken.

„Freut mich ehrlich, Sie alle kennenzulernen", sagte Barrie. Auf unzähligen offiziellen Anlässen hatte sie ihr Namensgedächtnis trainieren können, sie würde auch jetzt die Namen zu den dazugehörigen Gesichtern nicht vergessen.

Greenberg berichtete Zane jetzt die Details über den Einsatz, und Barrie hörte zu, ohne sich einzumischen. Das Ganze erschien ihr surreal. Sie saß zwischen bis an die Zähne bewaffneten Männern, und sie fuhren durch eine Stadt, die trotz der späten Stunde noch relativ belebt war. Man sah Menschen auf den Bürgersteigen, Ampeln regelten den Verkehr. Withrock summte leise vor sich hin, als er mit anderen Autos vor einer roten Ampel halten musste. Niemand schien aufgeregt oder angespannt zu sein.

Wenig später ließen sie die Stadtgrenze hinter sich. Rechter Hand blitzte das Meer auf, sie hielten sich also gen Westen. Als die Lichter der Stadt nicht mehr zu sehen waren, wurden Barrie die Lider schwer. Die kurzen Schlafpausen, die sie tagsüber bekommen hatte, reichten nicht aus, um Barrie die Strapazen vergessen zu lassen. Sie konnte sich allerdings auch beim besten Willen nicht vorstellen, sich an einen der Männer zu lehnen und zu dösen, so hielt sie sich krampfhaft aufrecht.

Irgendwann vernahm sie Zanes Stimme.

„Rote Brille."

Barrie fragte sich, ob das wohl ein Codewort sein mochte oder ob sie Zane missverstanden hatte, weil sie so müde war. Weder noch. Die Männer zogen Schutzbrillen mit roten Gläsern hervor und setzten sie auf. Zu Barrie gewandt erklärte Zane: „Das sind Nachtsichthilfen. Unsere Augen müssen sich erst umstellen, bevor Bunny die Scheinwerfer ausschaltet."

Sie nickte und schloss die Augen, damit ihre Augen sich ebenfalls umgewöhnen konnten, doch sie merkte sofort, dass es keine gute Idee war, wenn sie wach bleiben wollte. Doch so sehr sie sich bemühte – sie schaffte es nicht. Sie schreckte erst wieder auf, als der Transporter zu rumpeln begann und sie hart durchgeschüttelt wurde. Schlaftrunken versuchte sie, sich auf dem Sitz festzuhalten, doch sie wäre zu Boden geglitten, wenn Spookys Arm nicht bei einem besonders tiefen Schlagloch blitzschnell vorgeschossen wäre und sie zurückgehalten hätte.

„Danke", murmelte sie.

„Keine Ursache, Ma'am."

Ihr wurde klar, dass sie eingeschlafen sein musste. Sie fuhren jetzt ohne Licht über eine Art Uferdamm. Vor sich sah Barrie eine riesige glitzernde Fläche. Für einen Moment war sie verwirrt, dann erkannte sie, dass es sich um das Meer handeln musste, in dem sich das Sternenlicht brach.

Der Kleinbus hielt an. „Endstation, alles aussteigen", verkündete Bunny gut gelaunt. „Wir werden jetzt in das IBS umsteigen. Das ist die militärische Abkürzung für ‚aufblasbares Luftkissenboot, kleine Ausführung'", erklärte er Barrie. „Das Ding hat so viel technischen Schnickschnack, dass man es unmöglich einfach nur Schlauchboot nennen kann."

Zane räusperte sich. Barrie erinnerte sich daran, dass er das Boot genau so genannt hatte – Schlauchboot.

Es war faszinierend, die Männer aus dem Bus steigen zu sehen. Sie glitten von den Sitzen und schlüpften völlig geräuschlos durch die nur einen Spalt geöffnete Seitentür. Sollte es vormals eine Innenbeleuchtung gegeben haben, so hatten die SEALs sich darum gekümmert. Kein Licht flammte auf, als die Tür entriegelt wurde. Spooky schob sich an Barrie vorbei und robbte auf dem Bauch zum Wagen hinaus. Im nächsten Augenblick war er verschwunden. Jetzt verstand Barrie auch, woher er seinen Spitznamen hatte – der Mann war wirklich unheimlich.

Nur Bunny, der Fahrer, blieb mit Barrie im Wagen zurück, während die anderen das Terrain sondierten. Der SEAL saß absolut regungslos da, die Pistole in der Hand, und ließ den Blick aufmerksam über die Küstenlinie streifen. Da er schwieg, verhielt Barrie sich ebenfalls ruhig. Um den Männern so wenig Probleme wie möglich zu bereiten, hielt sie sich an deren Beispiel.

Als es leise an der Fensterscheibe klopfte, drehte Barrie den Kopf. „Die Luft ist rein. Kommen Sie, Miss Lovejoy.“

Barrie raffte sich vom Sitz auf und schlüpfte zur Tür hinaus, während Bunny sich auf der anderen Seite hinausschlängelte. Zane half Barrie und stützte sie. „Geht es noch?“, fragte er leise.

Sie nickte nur stumm, weil sie so erschöpft war, dass sie ihrer Stimme nicht traute.

Wie schon vorher ahnte Zane, was sie dachte. „Halte noch eine Stunde durch, dann kannst du auf dem Schiff schlafen, solange du willst.“

Ohne ihn. Ein Fakt, der keiner gesonderten Erwähnung bedurfte. Selbst wenn Zane ihre Beziehung fortsetzen wollte – und bisher hatte er es nicht angedeutet –, würde er auf dem Flugzeugträger kaum Zeit mit ihr verbringen können. Barrie hätte auf sehr viel mehr Schlaf verzichtet, hätte sie damit den Moment hinauszögern können, in dem sie erkennen musste, dass die Beziehung zu Zane für ihn nicht mehr als eine kurze Episode in seinem Leben war, heraufbeschworen durch die Umstände und die flehende Bitte einer Frau.

Nein, sie würde nicht weinen. Sie würde sich nicht einmal beschweren. Sie hatte ihn einen ganzen Tag lang für sich gehabt, für einen unglaublichen, wunderbar sinnlichen Tag.

Zane half Barrie über einen schmalen felsigen Streifen hinunter zum Strand, wo das IBS auf den Sand gezogen worden war. Die anderen SEALs hatten sich mit den Waffen im Anschlag positioniert, um das Gelände zu sichern.

Zane hob Barrie in das Boot und wies ihr einen Platz an. Die fünf anderen stießen zu ihnen, schoben das Boot ins Wasser und schwangen sich schließlich alle mühelos hinein. Spooky startete den kaum zu hörenden Motor und steuerte auf die offene See hinaus.

Und dann brach die Hölle los.

Barrie hörte das rhythmische Dröhnen von Maschinengewehrsalven am Strand und drehte sich abrupt um. Zane drückte sie unsanft mit einer Hand auf den Bootsboden und riss gleichzeitig seine Automatikwaffe hoch. Das IBS richtete den Bug jäh auf, als Spooky Vollgas gab. Die SEALs schossen jetzt alle zurück, Mündungsfeuer zuckte aus den Waffenläufen, ein Regen von Patronenhülsen prasselte auf Barrie hinab, die sich auf dem Bootsboden zusammengerollt und den Schleier fest um sich gewickelt hatte.

„Dexter!“, brüllte Zane. „Zeig den Typen, was ein anständiges Sprenggeschoss ist!“

„Geht klar, Boss!“

Barrie hörte jemanden stöhnen, dann fiel ein Körper hart und schwer auf sie. Einer der Männer war angeschossen worden! Verzweifelt versuchte sie, sich unter dem Gewicht hervorzukämpfen, um zu helfen, doch die Gestalt drückte sie nieder. Und jedes Mal, wenn sie sich bewegte, stöhnte der Mann.

Sie kannte diese Stimme.

Angst, wie sie sie noch nie erlebt hatte, erfasste Barrie. Mit einem Aufschrei und übermenschlicher Anstrengung bäumte sie sich auf und schaffte es, den schweren Körper von sich zu rollen. Sie kämpfte sich aus dem wirren Schleier frei und merkte nicht einmal, dass eine heiße Patronenhülse ihre Wange traf.

Eine Explosion zerriss die Nacht und erhellte die Wasseroberfläche wie ein Feuerwerk, die Druckwelle riss Barrie wieder zu Boden. Sie rappelte sich auf alle viere und kroch zu Zane.

„Nein!“, entfuhr es ihr dumpf. „Nein!“

Für einen Moment tauchte die Explosion alles in gleißendes Licht. Zane lag ausgestreckt da, die Augen geschlossen, das leichenblasse Gesicht vor Schmerzen verzogen, und hielt sich mit einer Hand die linke Seite. Auf Hüfthöhe bildete sich rasant ein nasser Fleck auf seinem T-Shirt, Blut lief auf den Bootsboden.

Barrie griff nach dem Schleier, faltete ihn hastig zusammen und presste den Stoffballen hart in die Wunde. Zane stieß einen animalischen Schrei aus und bäumte sich auf. „Santos!“, schrie sie panisch. „Santos!“

Der massige Sanitäter war schon an ihrer Seite. Er hob den Druckverband nur einen Sekundenbruchteil an und fluchte unter angehaltenem Atem. „Drücken Sie weiter“, murmelte er rau. „Fest!“

Die Schüsse waren verstummt, das leise Summen des Motors war nun das einzige Geräusch im Boot. Gischt spritzte auf und benetzte die Gesichter, während das Boot mit voller Kraft über die Wellen flog. Die Männer hielten diszipliniert ihre Position.

„Wie schlimm steht es um ihn?“, wollte Greenberg wissen.

Santos arbeitete fieberhaft. „Ich brauche Licht!“

Sofort flammte eine Taschenlampe auf. Barrie biss sich auf die Lippe, als sie sah, wie groß die Blutlache geworden war. Zanes Atem ging rasselnd.

„Er verliert zu viel Blut“, rief Santos. „Die Kugel muss seine Niere getroffen haben, oder die Milz. Fordert den Helikopter an, uns bleibt keine Zeit, ihn in internationale Gewässer zu bringen.“ Mit den Zähnen riss er die Kappe von einer Spritze, streckte Zanes Arm und setzte die Injektionsnadel resolut in eine Vene. „Durchhalten, Boss. Wir fliegen dich raus.“

Zane erwiderte nichts. Es kostete ihn genug Mühe zu atmen. Als Barrie ihn ansah, sah sie den Schimmer in seinen Augen. Er hob die Hand, berührte ihren Arm, ließ die Finger kraftlos niedersinken.

„Wage es nicht, Zane Mackenzie“, stieß sie voller Verzweiflung aus. „Du wirst nicht …“ Sie brach ab. Sie konnte es nicht aussprechen, konnte nicht einmal den Gedanken ertragen, dass er sterben könnte.

Santos prüfte Zanes Puls. Sein Blick begegnete dem Barries, und sie wusste, der Puls ging zu flach, zu schnell. Zane befand sich im Schockzustand, trotz der Injektion, die Santos ihm verabreicht hatte.

„Mir ist völlig egal, wie nah wir noch sind!“, schrie Greenberg in das Funkgerät. „Wir brauchen einen Hubschrauber, und zwar schnell! Ihr müsst den Boss rausbringen! Wir anderen warten auf die nächste Mitfahrgelegenheit!“

Trotz des schlingernden Bootes gelang es Santos, alles für eine Bluttransfusion vorzubereiten und einen Beutel Blutplasma in Zanes Körper zu pumpen. „Nur nicht mit dem Drücken aufhören“, mahnte er Barrie gepresst.

„Ganz bestimmt nicht.“ Sie nahm den Blick keine Sekunde von Zanes Gesicht. Noch war er bei Bewusstsein und sah sie an. Solange diese Verbindung bestand, würde auch alles gut gehen, das wusste

Barrie. Es musste einfach so sein.

Der Albtraum hielt an. Das Boot jagte über die Wellen, Santos tauschte den leeren Plasmabeutel gegen einen neuen aus und fluchte dabei ununterbrochen. Zane lag da, ohne einen Ton von sich zu geben, auch wenn er schreckliche Schmerzen haben musste. Seine Augen waren trübe und blickten gebrochen, doch Barrie fühlte, dass er sich mit aller Kraft darum bemühte, bei Bewusstsein zu bleiben. Vielleicht schaffte er es nur, weil er sich auf ihr Gesicht konzentrierte. Doch wenn der Helikopter nicht bald kam ... Selbst der stärkste Wille konnte nichts ausrichten gegen den starken Blutverlust. Barrie hätte am liebsten ebenfalls geflucht, sie wünschte, sie könnte den Helikopter mit ihren Gedanken herbeizwingen. Sie wagte es nicht, den Blick von Zane zu wenden. Solange sie Blickkontakt hatten, würde er durchhalten.

Und dann vernahm sie das entfernte Dröhnen von Rotoren. Plötzlich strahlte ein gleißender Scheinwerfer auf das Boot herab. Spooky drosselte die Fahrt, das Boot schaukelte jetzt sanft auf dem Wasser. Der Hubschrauber kreiste dicht über ihren Köpfen und wirbelte das Wasser auf. Eine Krankentrage fiel herab, in die Mitte der Bootsinsassen. Santos und Greenberg legten Zane in Windeseile auf die Trage und schnallten ihn mit breiten Gurten fest, Barrie drückte immer noch den Stoff auf die Wunde. Santos bedeutete ihr, loszulassen und zurückzutreten.

Für den Bruchteil einer Sekunde hob er den Druckverband, fluchte, und presste ihn sofort wieder nieder. Nach kurzem Zögern setzte er sich rittlings auf die Trage und lehnte sich mit Kraft auf die Wunde. „Zieht uns hoch!“, winkte er nach oben.

Greenberg trat zurück und zeigte dem Mann an der Winde den aufwärtsgerichteten Daumen. Die Trage wurde nach oben zum Hubschrauber gezogen, mit Santos, der gefährlich schwankend auf Zanes Schenkeln saß. Kaum war die Trage auf gleicher Höhe mit dem Einstieg, streckten sich mehrere Hände aus, um sie hereinzuziehen. Dann drehte der Helikopter mit einer scharfen Wendung ab und flog in die Richtung, aus der er gekommen war, zurück zum Flugzeugträger.

Die Stille, die sich über das Boot senkte, war unheimlich. Barrie ließ sich gegen einen der Sitze fallen, ihr Gesicht hart und verzerrt von der Anstrengung, die Selbstbeherrschung zu wahren. Niemand sprach. Spooky startete erneut den Motor, und das Boot nahm wieder Fahrt auf. Sie folgten den schnell schwindenden Lichtern des Helikopters durch die Nacht.

Über eine Stunde später schwebte der zweite Helikopter über dem Deck des riesigen Flugzeugträgers. Die vier zurückgebliebenen Mitglieder des SEAL-Teams sprangen schon aus dem Hubschrauber, noch bevor die Kufen aufgesetzt hatten. Greenberg hatte eine Hand fest an Barries Oberarm, so als wolle er sicherstellen, dass sie nicht vergessen wurde.

Jemand in Uniform trat auf Barrie zu. „Miss Lovejoy, ist alles in Ordnung mit Ihnen?“

Barrie sah den Mann nur flüchtig an und eilte zusammen mit Greenberg an ihm vorbei. Ein weiterer Uniformträger stand plötzlich vor ihr, doch er sah anders aus als der erste, so als gehöre er auf dieses riesige Schiff. Greenberg kam schliddernd vor dem Mann zum Stehen. „Captain …“

„Lieutenant-Commander Mackenzie wird schon operiert“, erklärte der Captain sofort. „Einen Transport zum Stützpunkt hätte er bei diesem Blutverlust nicht überstanden. Wenn es ihnen nicht gelingt, die Blutung zu stoppen, wird man ihm die Milz entfernen müssen.“

Der uniformierte Offizier, den Barrie zuerst gesehen hatte, trat an ihre Seite und fasste sie fest beim Arm. „Miss Lovejoy, ich bin Major Hodson. Ich habe Befehl, Sie nach Hause zu begleiten.“

Das Militär ging nach eigenem Tempo vor und verfolgte eigene Regeln. Barrie sollte sofort zurückgebracht werden, der Botschafter wollte seine Tochter bei sich haben.

Barrie protestierte. Sie schrie, sie tobte, sie fluchte. Nichts half. Man verfrachtete sie in eine Transportmaschine. Die ersten Strahlen der aufgehenden Sonne fielen auf die blauen Wasser des Mittelmeers, als Barrie einen letzten Blick aus der Luft auf die USS Montgomery warf. Tränen verschleierten ihr die Sicht.

7. KAPITEL

Als die Maschine in Athen landete, waren Barries Augen rot und geschwollen, weil sie den ganzen Flug über geweint hatte. Major Hodson hatte versucht, sie zu beruhigen und ihr erklärt, dass er nur Befehle befolgte. Er versicherte ihr, dass sie später herausfinden könne, wie es dem SEAL gehe. Es sei verständlich, dass sie aufgeregt sei, schließlich habe sie eine Menge durchgemacht. Ihr stehe sofort die beste medizinische Versorgung zur Verfügung …

Bei diesen Worten war Barrie aufgesprungen. „Ich bin nicht diejenige, die angeschossen wurde!“, schrie sie wütend. „Ich brauche keine medizinische Versorgung, ob die beste oder die schlechteste. Ich will zu Zane Mackenzie. Ihre Befehle interessieren mich nicht.“

Major Hodson fühlte sich augenscheinlich nicht wohl in seiner Haut. „Ich bedaure, Miss Lovejoy, ich kann es nicht ändern. Sobald wir gelandet sind und Ihr Vater sich überzeugen konnte, dass alles in Ordnung mit Ihnen ist, liegt es natürlich bei Ihnen, wohin Sie gehen.“

Seinetwegen auch zur Hölle. Das war es, was seine Miene ausdrückte. Barrie setzte sich wieder. Sie holte tief Luft und wischte sich die Tränen von den Wangen. So hatte sie sich in ihrem ganzen Leben noch nicht aufgeführt. Sie war immer die perfekte Dame gewesen. Doch im Moment glich sie eher einer wütenden Tigerin, die alles zerfetzen würde, was ihr in den Weg kam. Zane war schwer verletzt, würde vielleicht sogar sterben, und diese begriffsstutzigen Idioten wollten sie nicht zu ihm lassen. In Gedanken verfluchte sie das Militär und den Einfluss ihres Vaters.

Sosehr sie ihren Vater auch liebte, sie würde ihm nie verzeihen, sollte Zane sterben und sie wäre nicht bei ihm. Dass ihr Vater Zane nicht kannte, tat dabei nichts zur Sache. Oh, Gott im Himmel, bitte, er darf nicht sterben! Dann wäre sie lieber selbst in den Händen der Entführer umgekommen.

Der Flug dauerte weniger als eineinhalb Stunden. Das Fahrgestell setzte hart auf, dann rollte die Transportmaschine aus und stand schließlich still. Major Hodson erhob sich, erleichtert darüber, seine lästige Aufgabe nun erfüllt zu haben.

Eine Tür wurde geöffnet und die Gangway ausgefahren. Barrie

raffte den schwarzen Schleier um sich und stieg aus, in das helle Sonnenlicht Athens. Es war mittlerweile spät am Morgen, die Hitze des Tages war bereits spürbar. Barrie blinzelte und hielt sich schützend die Hand über die Augen. Es schien ihr Ewigkeiten her zu sein, dass sie zuletzt das Sonnenlicht gesehen hatte.

Eine graue Limousine mit getönten Scheiben wartete am Rollfeld. Barries Vater sprang heraus und stürzte, alle Etikette vergessend, auf sie zu.

„Barrie!" Zwei lange Tage voller Sorge und Angst hatten Spuren in seinem Gesicht hinterlassen, doch jetzt war nur noch endlose Erleichterung zu erkennen, als er seine Tochter in die Arme schloss.

Barrie begann wieder zu weinen. Vielleicht hatte sie auch gar nicht aufgehört, sie wusste es nicht. Sie barg das Gesicht an der Schulter ihres Vaters und klammerte sich verzweifelt an ihn. „Ich muss zurück", schluchzte sie, die Worte kaum verständlich.

Er hielt sie noch enger an sich gedrückt. „Du bist wieder in Sicherheit, Liebes. Ich schwöre, ich werde nie wieder zulassen, dass dir etwas zustößt. Komm, lass uns nach Hause ..."

„Nein!" Sie schüttelte wild den Kopf. „Ich muss auf die Montgomery zurück. Zane ... er ist angeschossen worden. Vielleicht stirbt er. Großer Gott, ich muss zurück! Jetzt!"

„Alles wird wieder gut, Liebes", versuchte er sie zu beruhigen. „Der Doktor erwartet dich bereits, er wird ..."

„Ich brauche keinen Arzt!" Mit einem Ruck machte Barrie sich aus den Armen ihres Vaters frei. Noch nie hatte sie sich aus seiner Umarmung zurückgezogen, schockiert blickte er sie an. Sie strich sich das wirre Haar aus dem Gesicht. Seit zwei Tagen hatte sie sich nicht mehr kämmen können, ihr Haar war verfilzt und schmutzig. „So hör mir doch zu! Der Mann, der mich gerettet hat, wurde angeschossen. Er könnte sterben. Er wurde gerade operiert, als Major Hodson mich in dieses Flugzeug geschleift hat. Ich muss zurück auf das Schiff. Ich muss wissen, wie es Zane geht."

William Lovejoy legte seiner Tochter den Arm fest um die Schultern und führte sie zu der wartenden Limousine. „Du musst nicht auf das Schiff zurück, Liebes", tröstete er. „Ich werde Admiral Lindley bitten herauszufinden, wie es dem Mann geht. Ich nehme an, er gehört zu der SEAL-Einheit?"

Barrie nickte dumpf.

„Du siehst doch sicher selbst, wie unsinnig es wäre, auf den Flugzeugträger zurückzukehren. Sollte der Mann die Operation überleben, werden sie ihn sofort in ein Militärkrankenhaus verlegen."

Sollte er überleben. Die Worte schnitten Barrie wie ein Messer ins Herz. Sie ballte die Fäuste, jeder Nerv in ihrem Körper schrie danach, die Logik zu ignorieren und jeden Trost abzuweisen. Sie musste zu Zane.

Drei Tage später stand Barrie im Arbeitszimmer ihres Vaters, mit gerecktem Kinn und einer Eiseskälte im Blick, wie William Lovejoy sie noch nie gesehen hatte.

„Du hast Admiral Lindley instruiert, mich abzuwimmeln."

Der Botschafter nahm seufzend seine Brille ab und legte sie behutsam auf den mit Intarsien verzierten Schreibtisch aus Walnussholz. „Barrie, in deinem bisherigen Leben habe ich dir nur selten einen Wunsch verwehrt. Aber was diesen Mann angeht, zeigst du eine sonderbare Unvernunft. Du bist informiert worden, dass er sich auf dem Weg der Besserung befindet, und mehr brauchst du auch nicht zu wissen. Welchen Sinn sollte es haben, an sein Krankenbett zu eilen? Die Klatschpresse könnte es herausfinden, man würde deine qualvolle Odyssee in sämtlichen Blättern bringen."

„Meine Odyssee?", wiederholte sie grimmig. „Und was ist mit ihm? Er wäre fast gestorben! Wenn man überhaupt davon ausgehen darf, dass der Admiral mir die Wahrheit gesagt hat und Zane noch lebt!"

„Natürlich lebt er noch. Ich habe Joshua lediglich darum gebeten, dir den Aufenthaltsort dieses Mannes zu verschweigen." William Lovejoy erhob sich, kam um den Schreibtisch herum und lehnte sich an die Kante, um Barries Hände in seine zu nehmen. „Liebes, gib dir selbst ein wenig Zeit, um das Trauma zu verarbeiten. Mir ist klar, dass du diesen ... diesen Guerillakämpfer mit allen möglichen heroischen Eigenschaften belegst, das ist nur natürlich. Nach einer Weile, wenn alles wieder in die richtige Perspektive gerückt ist, wirst du froh sein, dass du dich nicht selbst in die peinliche Situation gebracht hast und ihm nachgelaufen bist."

Es war ihr fast unmöglich, die Wut, die in ihr aufbrodelte, unter

Kontrolle zu halten. Niemand wollte ihr zuhören. Alle redeten ständig darüber, was sie durchgemacht hatte, dass sie mit der Zeit alles vergessen würde. Immer wieder hatte Barrie beteuert, nicht vergewaltigt worden zu sein, hatte sich allerdings auch geweigert, sich von einem Gynäkologen untersuchen zu lassen. Was natürlich nur die Spekulationen über eine Vergewaltigung durch die Kidnapper angeheizt hatte. Jeder behandelte sie, als sei sie zerbrechlich wie Porzellan, und vermied es, die Sprache auf die Entführung zu bringen. Es war zum Verrücktwerden!

Sie wollte Zane sehen. Mehr nicht. Sich mit eigenen Augen davon überzeugen, dass er gesund würde. Doch nachdem sie einen der Marineoffiziere in der Botschaft gefragt hatte, war es Admiral Lindley gewesen, der sich bei ihr meldete.

Der distinguierte Admiral war vor knapp einer Stunde in die Privaträume des Botschafters gekommen. Barrie hatte ihre Arbeit in der Botschaft noch nicht wieder aufgenommen, denn sie fühlte sich nicht in der Lage, sich mit Unterlagen und Papierkram zu beschäftigen. So empfing Barrie den Admiral im wunderschönen Salon.

Nach höflichem Small Talk über das allgemeine Befinden und das Wetter war der Admiral zu seinem eigentlichen Anliegen gekommen.

„Sie hatten sich nach Zane Mackenzie erkundigt“, hatte er freundlich angesetzt. „Ich bin über seinen Zustand auf dem Laufenden, und ich kann Ihnen versichern, dass er wieder völlig gesund wird. Der Schiffsarzt konnte die Blutung stoppen, die Milz musste nicht entfernt werden. Lieutenant-Commander Mackenzies Zustand ist stabil, er wird in einem Militärkrankenhaus betreut. Zur Rekonvaleszenz wird er auf Heimaturlaub geschickt werden.“

„Wo ist er?“ Barries Augen brannten. In den letzten drei Tagen hatte sie kaum geschlafen. Zwar waren Kleidung und Frisur wieder makellos, doch noch immer lagen dunkle Ringe unter ihren Augen, und Barrie litt unter Appetitlosigkeit, sodass sie Gewicht verloren hatte.

Admiral Lindley hatte geseufzt. „William bat mich, Ihnen diese Information vorzuenthalten, Barrie, und ich muss sagen, ich stimme ihm zu. Ich kenne Zane schon lange. Er ist ein ganz außergewöhnlicher Soldat. SEALs sind eine eigene Spezies. Die Charaktereigenschaften, die sie zu solch unvergleichlichen Kämpfern machen, sind nicht gerade die eines braven Bürgers. Offen gesagt, diese Männer sind wandelnde Waffen. Normalerweise halten sie sich bedeckt, und das meiste an Informationen über sie unterliegt der Geheimhaltung."

„Ich will keine geheimen Informationen, ich will ihn einfach nur sehen."

Der Admiral hatte nur den Kopf geschüttelt. „Tut mir leid."

Nichts. Der Admiral hatte keinen Millimeter nachgegeben. Aber Zane würde wieder gesund werden. Vor Erleichterung hatte Barrie sich fast schwach gefühlt.

Was nicht hieß, dass sie ihrem Vater die Einmischung verzieh.

„Ich liebe ihn", sagte sie jetzt betont forsch. „Du hast kein Recht, mich von ihm fernzuhalten."

„Liebe?" Ihr Vater bedachte sie mit einem mitfühlenden Blick. „Barrie, was du empfindest, ist nicht Liebe, sondern Heldenverehrung. Das geht vorüber."

„Glaubst du nicht, ich hätte mir schon selbst Gedanken darüber gemacht?", hielt sie wütend dagegen. „Ich bin kein Teenager mehr, der einen Rockstar anhimmelt. Ja, ich habe den Mann in einer gefährlichen Ausnahmesituation kennengelernt. Ja, er hat mir das Leben gerettet – und hätte seines fast dabei verloren. Ich weiß, was Vernarrtheit und was Liebe ist. Und selbst wenn ich es nicht wüsste ... die Entscheidung liegt nicht bei dir."

„Du bist doch immer vernünftig gewesen", erwiderte ihr Vater. „Gib wenigstens zu, dass dein Urteilsvermögen im Moment getrübt sein könnte. Was, wenn du aus einem Impuls heraus handelst und diesen Mann heiratest – ich kann mir gut vorstellen, dass er sofort darauf eingeht –, und dann findest du später heraus, dass du ihn gar nicht liebst? Es mag versnobt klingen, aber er gehört nun mal nicht unserer Schicht an. Er ist ein Seemann ... und ein trainierter Killer. Du hast mit Königen diniert und mit Prinzen getanzt. Was könntet ihr beide gemein haben?"

„Erstens: Es hört sich nicht nur versnobt an, es ist versnobt. Zweitens: Du kannst nicht viel von mir als Person halten, wenn du meinst, Geld mache meinen einzigen Reiz aus."

„Du weißt genau, dass ich das so nicht meine." Der Botschafter war ehrlich schockiert. „Du bist ein ganz wunderbarer Mensch. Aber wie sollte jemand, der ein solches Leben führt, das schätzen können?

Woher willst du wissen, was seine vorrangigen Beweggründe sind?"

„Ich kenne ihn", behauptete sie fest. „Auf einem Botschaftsempfang hätte ich ihn nie so kennenlernen können. Deiner Meinung nach kann ein SEAL nicht gütig und fürsorglich sein, er aber ist es. Um genau zu sein, jeder Einzelne von ihnen war es. Dad, ich habe dir hundertmal gesagt, dass ich nicht vergewaltigt wurde. Sie haben mich grob behandelt, ja, aber ich habe nicht das Trauma durchlebt, das du vermutest. Zum Teufel noch mal, Zane in seinem Blut liegen zu sehen war viel traumatischer für mich als alles, was diese Kidnapper mir angetan haben!"

„Barrie!" Es war das erste Mal, dass William seine Tochter fluchen hörte.

Wenn Barrie genauer darüber nachdachte, hatte sie das früher tatsächlich auch nie getan. Bis zu dem Zeitpunkt, da brutale Kerle sie von der Straße in einen Wagen gezerrt hatten. Sie hatte sie verflucht, aus vollem Herzen. Und Major Hodson auch.

Sie zwang sich, ruhig zu bleiben. „Wie du weißt, hat meine Rettung nicht auf Anhieb geklappt."

Er nickte brüsk. Er hatte Höllenqualen gelitten, als der erste Versuch gescheitert war und er sich vorstellte, wie sie leiden musste, und er hatte die Hoffnung aufgegeben, Barrie lebend wiederzusehen. Admiral Lindley war sicher kein Pessimist; man wusste, dass die SEALs, die in Benghazi in eine Schießerei verwickelt gewesen waren, offensichtlich noch dabei waren, Barrie zu befreien – andernfalls hätte die Libysche Regierung keinen Hehl daraus gemacht, das Team in die Finger bekommen zu haben. Sie waren voller Hoffnung gewesen – bis sie erfahren hatten, dass die Rettung misslungen war.

„Nun, es hat funktioniert, wenn auch anders als geplant. Zane kam, um mich zu holen, während die anderen die Entführer ablenkten. Ich glaube, dabei ging irgendetwas schief, aber Zane hatte für diesen Fall Plan B parat." Sie vermisste ihn so sehr, dass es wehtat. „Das Team war so gut getarnt, dass der Wachposten Spooky nicht einmal entdeckt hat, als er auf ihn getreten ist. Doch genau das löste dann den Alarm und die Schießerei aus. Der Posten, der vor dem Zimmer, in dem sie mich festhielten, Wache hielt, kam herein, und Zane tötete ihn", erzählte sie ruhig. „Und während die anderen einander jagten, brachte Zane mich fort. Wir mussten uns einen Tag lang verstecken. Aber ich war in Sicherheit."

Der Botschafter hörte aufmerksam zu und ließ sich nichts entgehen von der Darstellung. Sie hatten bisher noch nicht darüber geredet, nicht über die eigentliche Rettung. Barrie war zu aufgewühlt und zu verzweifelt gewesen – wegen Zane. Da sie jetzt wenigstens wusste, dass er lebte, fand sie endlich die Kraft, ihrem Vater zu erzählen, wie sie zu ihm zurückgekehrt war.

„Zane hat sein Leben riskiert, um Essen für uns und Kleidung für mich zu besorgen, während ich in unserem Versteck blieb. Er hat den Schnitt an meinem Fuß verarztet. Als die Plünderer um die Baracke schlichen, hat er sich schützend vor mich gestellt. Das ist der Mann, in den ich mich verliebt habe, der Mann, von dem du sagst, er gehöre nicht in unsere Schicht. In deine vielleicht nicht, in meine auf jeden Fall!"

Auf dem Gesicht ihres Vaters lag ein Ausdruck von Fassungslosigkeit, ja Panik. Zu spät erkannte Barrie, dass sie genau den falschen Ansatz gewählt hatte. Hätte sie ihr Interesse für Zane als die Sorge um einen Menschen hingestellt, der viel für sie getan hatte, und hätte sie darauf bestanden, diesem Menschen persönlich zu danken, wäre ihr Vater zu überzeugen gewesen. Schließlich legte er großen Wert auf die richtigen Umgangsformen. Stattdessen hatte sie ihm klargemacht, dass sie Zane Mackenzie wahrhaftig liebte, und das war genau das, wovor der Botschafter die größte Angst hatte – die Tochter zu verlieren. Zane war plötzlich eine größere Bedrohung als alles andere.

„Barrie, ich ...", stammelte er und brach ab. Ihrem eloquenten, weltgewandten Vater fehlten die Worte. Er schluckte hart. Es stimmte, er hatte ihr nur selten etwas abgeschlagen, und dann auch nur, weil er den Wunsch oder die geplante Unternehmung für riskant und gefährlich hielt – einmal war es ein Motorrad gewesen. Barrie in Sicherheit zu wissen, war für ihren Vater absolut notwendig. Er hielt das, was von der Familie übrig war, zusammen und band das geliebte Kind, das so sehr seiner verstorbenen Frau glich, fest an sich.

Barrie konnte es in seinen Augen sehen: Der Impuls, ihr jeden Wunsch zu erfüllen, stand der Gewissheit gegenüber, dass er sie dieses Mal verlieren würde. Ihr Vater wollte sich nicht mit dem gelegentlichen Besuch zufriedengeben, das hatten sie schon während Barries Schulzeit durchmachen müssen. Er wollte seine Tochter um sich haben, jeden Tag. Barrie wusste, es war ein selbstsüchtiger Wunsch, aber an seiner Liebe hatte sie nicht den geringsten Zweifel.

„Ich bin trotzdem der Meinung, du solltest dir Zeit lassen", meinte er jetzt steif, „bis mehr Ruhe eingekehrt ist. Dir muss doch klar sein, dass du hier Zustände beschreibst, die dieser Mann für normal hält. Wie soll er je in dein Leben passen?"

„Eine müßige Frage, da weder eine Beziehung und erst recht keine Heirat je zur Sprache gekommen ist. Er soll aber auch nicht glauben, dass ich mir nicht einmal genug aus ihm mache, um wenigstens persönlich nach ihm zu sehen."

„Wenn eine Beziehung nie erwähnt wurde, warum sollte er dann einen Besuch von dir erwarten? Für ihn war es nur eine Mission, mehr nicht."

Barrie reckte die Schultern, ihre Augen wurden dunkelgrün. „Es war mehr", sagte sie tonlos. Und das war alles, was sie über ihre Beziehung zu Zane preiszugeben bereit war. Sie atmete tief ein und fuhr die schweren Geschütze auf. „Das bist du mir schuldig." Ihr Blick traf hart auf seinen. „Ich habe nicht gefragt, aber ich bin intelligent genug, um mir meine eigenen Gedanken zu machen …"

„Natürlich, niemand behauptet das Gegenteil", fiel er ihr ins Wort. „Nur sehe ich nicht, was das mit …"

„Wurde eine Lösegeldforderung gestellt?"

Als langjähriger Diplomat war William erfahren darin, immer eine Miene zu wahren, die nichts verriet. Doch jetzt starrte er seine Tochter verdutzt an. „Lösegeld?"

Eine Trostlosigkeit ganz anderer Art machte sich in ihr breit und spiegelte sich auf ihrem Gesicht. „Ja, Lösegeld. Es gab keine Forderung, nicht wahr? Denn es ist nicht Geld, hinter dem er her ist. Er will etwas anderes von dir. Entweder will er dich zwingen, es ihm zu überlassen, oder du steckst selbst bis zum Hals drin und es hat Streit zwischen euch gegeben. Welches von beiden?"

Wieder war ihm seine Erfahrung keine Hilfe, auf seinem Gesicht zeigte sich für einen Augenblick lang Schuld und Verwirrung, bevor es ausdruckslos wurde. „Was für eine lächerliche Unterstellung", meinte er gelassen.

Barrie wurde übel, als sie die Erkenntnis traf. Hätte der Kidnapper sie als Druckmittel benutzt, um ihren Vater zu zwingen, sein Land zu verraten, hätte er es bestritten, damit sie sich nicht ängstigte. Aber das war es nicht, was sie in seinen Augen lesen konnte. Es war Schuld.

Sie ging nicht einmal auf seine Erwiderung ein. „Du bist es mir schuldig. Du bist es Zane schuldig."

Die Verachtung in ihrem Blick traf ihn hart. „Ich sehe das durchaus nicht so."

„Du bist der Grund, weshalb ich entführt wurde."

„Du weißt, es gibt Dinge, über die ich nicht reden kann." Er ließ ihre Hände los und ging zu seinem Stuhl zurück, verwandelte sich damit vom Vater zurück in den Botschafter. „Aber du irrst – nur ein weiterer Beweis, wie mitgenommen du noch bist."

Sie fragte sich, ob Art Sandefer ebenfalls der Meinung wäre, dass sie sich irrte. Trotzdem brachte Barrie es nicht über sich, ihrem Vater zu drohen. Machte sie sich damit ebenfalls zum Verräter? Obwohl sie lange in Europa gelebt hatte und französischen Wein vorzog, deutsche Architektur bewunderte, englische Höflichkeit schätzte, spanische Musik liebte und Italien im Allgemeinen großartig fand, liebte sie ihre Heimat und war stolz auf ihr Land.

Wenn sie schwieg, wurde sie zur Komplizin. Wenn sie blieb, befand sie sich in Gefahr. Die Entführung war einmal misslungen. Das hieß nicht, dass er, der unbekannte, gesichtslose Gegner es nicht wieder versuchen würde. Ihr Vater wusste, wer es war, dessen war Barrie sicher. Sie konnte sich vorstellen, wie es von jetzt an ablaufen würde. Sie würde die Botschaft nicht mehr verlassen dürfen, oder wenn, dann nur mit einem Trupp bewaffneter Leibwächter. Sie würde zur Gefangenen der Angst ihres Vaters werden.

Es gab keinen Ort, an dem sie sich sicher fühlen konnte. In der Botschaft zu bleiben allerdings vergrößerte die Gefahr nur. Außerhalb hatte sie zudem bessere Chancen, Zanes Aufenthaltsort ausfindig zu machen. Schließlich konnte Admiral Lindleys Einfluss nicht über den gesamten Globus reichen. Je weiter sie Athen hinter sich ließ, desto geringer seine Autorität.

Barrie sah ihren Vater geradeheraus an, wohl wissend, dass sie die enge Bande der letzten fünfzehn Jahre zerschnitt. „Ich fahre nach Hause", verkündete sie. „Nach Virginia."

Zwei Wochen später saß Zane auf der Veranda seines Elternhauses auf Mackenzie's Mountain über dem kleinen Städtchen Ruth, Wyoming. Ihm bot sich ein atemberaubender Ausblick über majestätische Berge und üppige grüne Täler. Alles war Zane so unendlich vertraut: die Sättel, die Arbeitsstiefel, die Kühe, vor allem aber die Pferde. Das große Haus war vollgestopft mit Büchern, Katzen ließen es sich in den Ställen gut ergehen. Die Mutter verwöhnte ihn mit ihrer hartnäckigen, liebevollen Fürsorge, vor der es kein Entrinnen gab, der Vater mit seinem Verständnis und seiner unverbrüchlichen Loyalität.

Es war nicht das erste Mal, dass Zane angeschossen worden war. Er war mit einem Messer aufgeschlitzt worden, hatte Knochenbrüche gehabt, auch eine punktierte Lunge. Er war schon früher schwer verletzt worden, aber so nahe war er dem Tod noch nie gewesen. Wenn Barrie nicht die Wunde mit ihrem ganzen Körpergewicht abgedrückt hätte, wäre Zane auf dem Boot verblutet. Ihr schnelles, entschlossenes Handeln hatte den Unterschied gemacht. Santos, der das Plasma in seine Adern gepumpt hatte, hatte den Unterschied gemacht. Zane konnte ein Dutzend Details aufzählen, die ihn gerettet hatten. Hätte eines davon gefehlt … er wäre jetzt tot.

Seit Zane aus dem Militärkrankenhaus nach Hause gekommen war, verhielt er sich ungewöhnlich still. Nicht dass er deprimiert war, es gab einfach nur vieles, über das er nachdenken musste. Was sich als nicht ganz leicht erwies, wenn sich die gesamte Familie davon überzeugen wollte, dass es ihm den Umständen entsprechend gut ging, und zu Besuch auf den Berg kam.

Joe war aus Washington eingeflogen, um seinen kleinen Bruder zu begutachten, Michael und Shea waren mehrere Male mit ihren beiden Lausebengeln gekommen, Josh und Loren mit ihren drei Sprösslingen waren übers Wochenende geblieben. Maris war die ganze Nacht durchgefahren, um da zu sein, als Zane nach Hause gebracht wurde. Zum Glück konnte ich da schon allein laufen – wenn auch nur langsam –, sonst wäre Maris wahrscheinlich immer noch hier, überlegte Zane.

Maris hatte sich einen Stuhl genommen, sich vor Zane gesetzt und ihn stundenlang stumm mit ihren dunklen Augen angestarrt, so als wolle sie ihre Lebensenergie auf ihn übertragen. Vielleicht hatte sie das sogar. Seine kleine Schwester war anders als andere Menschen. Nahezu mystisch.

Zum Teufel, sogar Chance war aufgetaucht. Er hatte ihre Mutter und die Schwester mit argwöhnischen Blicken im Auge behalten, so als seien die beiden Zeitbomben, die jederzeit losgehen konnten, aber er war da und saß neben Zane auf der Veranda.

„Du spielst mit dem Gedanken, den Dienst zu quittieren."

Zane fragte erst gar nicht, woher Chance wusste, was ihm im Kopf umging. Nachdem sie sich mit vierzehn eine saftige Prügelei geliefert hatten, waren sie zu einem selten tiefen gegenseitigen Verstehen gelangt. Vielleicht lag es auch daran, dass sie so viel miteinander durchgemacht hatten – die Schulzeit, die Mädchen, das Militär. Doch auch nach so langer Zeit war Chance ein einsamer Wolf geblieben. Er mochte es nicht, wenn Menschen ihm zu nah kamen, gegen seine Familie allerdings war er machtlos.

Bevor Mary ihn unter ihre Fittiche genommen hatte, hatte er nicht gewusst, was Liebe ist. Die quirligen Mackenzies hatten ihn einfach überwältigt. Es war lustig zu beobachten, wie er sich immer noch dagegen sträubte – und sich nach spätestens einer Stunde geschlagen gab. Mary ließ ihm einfach keine andere Wahl, und Maris schon gar nicht. Und nachdem er Chance einmal als seinen Bruder akzeptiert hatte, war Zane nie wieder auf sein Misstrauen eingegangen. Nur Wolf war bereit gewesen, seinem Adoptivsohn Zeit zum Eingewöhnen zu lassen. Aber nicht allzu lange.

„Stimmt", gab Zane schließlich zu.

„Weil es dieses Mal wirklich knapp war?"

Zane schnaubte. „Wann hätte das je einen Unterschied für einen von uns gemacht?" Er war der Einzige in der Familie, der genau über Chances Job Bescheid wusste. Sie witzelten ständig darüber, wer von ihnen denn nun den gefährlicheren Auftrag hatte.

„Dann hat deine letzte Beförderung das ausgelöst."

„Sie haben mich praktisch von der Front abgezogen." Zane lehnte sich vorsichtig in den Stuhl zurück. Er hatte schnell heilendes Fleisch, aber dieses Mal machte ihm die Wunde selbst nach zwei Wochen noch zu schaffen. „Wären nicht zwei meiner Männer auf der Montgomery verwundet worden, hätten sie mich gar nicht auf diese Mission mitgehen lassen."

Chance wusste, welchen Mist die Jungs auf der Montgomery gebaut hatten. „Mist bauen" war noch der harmloseste Ausdruck gewesen, den Zane benutzte, als er Chance von dem Vorfall erzählte. Sofort, nachdem Zane das Bewusstsein wiedererlangt hatte, hatte er nach dem Telefon gegriffen, um die Untersuchung in Gang zu setzen. Odessa würde wieder völlig gesund werden, Higgins jedoch konnte nicht mehr in den Dienst zurückkehren. Die Wachen, die auf die SEALs gefeuert hatten, würden vielleicht einer Haftstrafe entgehen, wenn sie einen cleveren Anwalt hatten, aber sie würden in jedem Fall unehrenhaft entlassen werden. Welche Auswirkungen dieser Vorfall auf die Karrieren von Captain Udaka und Executive Officer Boyd haben würde, blieb abzuwarten. Zane hatte sich auf die Schützen konzentriert, doch so eine Geschichte schlug immer Wellen.

„Ich bin jetzt einunddreißig", sagte Zane. „Das ist mehr oder weniger die Obergrenze für aktive Einsätze. Außerdem bin ich zu gut in meinem Job. Die Navy befördert mich, und dann behaupten sie, mein Rang sei zu hoch, um für Missionen eingesetzt zu werden."

„Hast du Lust, dich mit mir zusammenzutun?", fragte Chance wie beiläufig.

Zane dachte darüber nach, fasste die Möglichkeit ernsthaft ins Auge, aber irgendetwas hielt ihn davon ab. Er konnte nur nicht sagen, was es war. „Lust schon. Unter anderen Umständen würde ich es tun, aber …"

„Welche Umstände?"

Zane zuckte die Schulter. Zumindest einen Punkt seiner Unzufriedenheit konnte er benennen. „Eine Frau."

„Mist." Chance legte die Füße aufs Geländer und betrachtete die Landschaft über die Spitzen seiner Stiefel hinweg. „Wenn eine Frau im Spiel ist, ist deine Konzentration im Eimer, bis du sie aus deinem System raushast. Verflucht seien diese süßen kleinen Hintern", meinte er inbrünstig. Chance selbst lagen die Frauen reihenweise zu Füßen. Er sah umwerfend aus, und sein dreistes Draufgängertum und sein Hang zum Risiko zogen die Damen unwiderstehlich an.

Zane war sich nicht sicher, ob er Barrie aus seinem System herausbekommen konnte. Er wusste ja nicht einmal, ob er es überhaupt wollte. Er wunderte sich nicht darüber, dass sie ohne Abschied verschwunden war. Bunny und Spook hatten ihm berichtet, welchen Aufstand sie veranstaltet hatte. Zane war klar, dass ihr Vater, zusammen mit der generellen Geheimhaltung, die die Navy über ihre Eliteeinheit verhängte, es Barrie unmöglich gemacht hatten, herauszufinden, in welchem Krankenhaus er lag.

Er vermisste sie. Er vermisste ihre Courage, ihr stures Durchhaltevermögen und ihre Entschlossenheit, alles zu tun, was nötig war. Er vermisste ihre Ehrlichkeit, ihre Offenheit.

Und er vermisste ihre hitzige Leidenschaft. Und wie.

Ein Moment hatte sich mehr als jeder andere in sein Hirn gebrannt, der Moment, in dem sie nach seinem Gürtel gegriffen und gezischt hatte: „Ich mach das!"

Er hatte verstanden. Nicht nur, warum sie die Kontrolle übernehmen musste, sondern auch ihren Mut, mit dem sie schlechte Erinnerungen auslöschen und sie durch gute ersetzen wollte. Sie war Jungfrau gewesen; sie hatte ihm nichts vorgemacht. Sie hatte nicht gewusst, was sie tun sollte und nicht mit dem Schmerz gerechnet. Aber sie hatte ihn erobert, süß und heiß, und ihn berührt wie keine andere Frau jemals zuvor.

Sie hätte ein verwöhntes, hilfloses Society-Püppchen sein können. Eigentlich hätte sie bei ihrem Leben sogar eines sein müssen. Stattdessen war sie mit der gefährlichen Situation umgegangen, hatte sich entsprechend angepasst und geholfen, wo sie konnte, ohne ein Wort der Klage.

Er war gern mit ihr zusammen, redete gern mit ihr. Er war zu sehr ein Einzelgänger, als dass er das Wort „Liebe" bei anderen Menschen als denen seiner Familie benutzte, aber bei Barrie ... vielleicht. Er wollte mehr Zeit mit ihr verbringen, sie besser kennenlernen, sehen, was sich zwischen ihnen entwickeln könnte.

Er wollte sie.

Immer schön eins nach dem anderen. Erst musste er seine Kräfte sammeln. Im Moment schaffte er es ohne Hilfe von einem Raum zum anderen, aber Zane traute sich nicht zu, allein zu den Ställen hinunterzugehen. Außerdem musste er sich entscheiden, ob er in der Navy bleiben wollte. Möglich, dass es Zeit war weiterzuziehen. Den ausschlaggebenden Grund, aus dem er überhaupt zur Navy gegangen war, hatte man ihm genommen, als er höher in der Rangliste aufstieg. Und wenn er kein SEAL mehr war, womit würde er sich dann seinen Lebensunterhalt verdienen? Erst musste er Antworten auf diese Fragen finden und sein Leben in Ordnung bringen.

Außerdem ... vielleicht war Barrie ja gar nicht an einer Beziehung mit ihm interessiert. Obwohl ... den Schilderungen von Spook und Bunny nach zu urteilen war das wohl eher nicht der Fall. Dieser eine Tag, an dem sie sich unzählige Male geliebt hatten, hatte mehr als nur Nähe zwischen ihnen entstehen lassen.

Barrie aufzuspüren konnte allerdings noch ein Stück Arbeit werden. Heute Morgen hatte er in der Athener Botschaft angerufen und nach Barrie Lovejoy gefragt. Es war ihr Vater, Botschafter William Lovejoy, der den Anruf angenommen hatte. Das kurze Gespräch war nicht gerade erfreulich verlaufen.

„Es ist nicht so, dass Barrie nicht zu schätzen weiß, was Sie für sie getan haben", hatte der Botschafter kühl gesagt, „aber Sie verstehen sicherlich, dass meine Tochter diese Geschichte so schnell wie möglich hinter sich lassen will. Der Kontakt mit Ihnen würde alles nur wieder aufrühren."

„Ist das Barries Meinung? Oder Ihre?" Kühl sein konnte Zane auch.

„Ich sehe nicht, welchen Unterschied das machen sollte." Mit diesen Worten hatte der Botschafter aufgelegt.

Für den Moment hatte Zane es dabei belassen. Er war gar nicht in der Lage, viel zu unternehmen, also würde er warten. Wenn er sich erst entschieden hatte, wie es mit seinem Leben weitergehen sollte, hatte er immer noch genügend Zeit, Kontakt mit Barrie aufzunehmen. Jetzt wusste er ja, dass ihr Vater Instruktion gegeben hatte, Zane nicht zu Barrie durchkommen zu lassen. Beim nächsten Mal würde er also zusehen, dass er den Mann umging.

„Zane", rief seine Mutter aus dem Haus und holte ihn damit in die Gegenwart zurück. „Wirst du nicht langsam müde?"

„Nein, mir geht's prächtig", rief er zurück. Das war übertrieben, aber er war noch nicht allzu müde. Er sah das schadenfrohe Grinsen auf dem Gesicht seines Bruders.

„Bei dem ganzen Wirbel um dich hat sie meine gebrochenen Rippen glatt vergessen", sagte Chance leise.

„Wie schön, dass ich dir helfen konnte", gab Zane spöttisch zurück. „Bilde dir nur nicht ein, ich lasse mich jedes Mal über den Haufen schießen, wenn du irgendwo einen blauen Fleck hast.“ Die ganze Familie amüsierte sich königlich über Chances Reaktion auf Marys starke Fürsorge, so als hätte er panische Angst davor. Dabei wurde er zu Wachs in ihren Händen. Aber das waren sie eigentlich alle bei Mary. Wolf Mackenzie mochte poltern und knurren, aber es war Mary, die letztendlich ihren Kopf durchsetzte.

„Chance?“

Zane verkniff sich dieses Mal das Grinsen, als Chance zusammenzuckte und sich versteifte.

„Ja, Ma'am?“

„Ich hoffe doch, du trägst diesen Druckverband um deine gebrochenen Rippen?“

Der panische Ausdruck trat in seine Augen. „Äh ... nein, Ma'am.“ Er hätte natürlich auch lügen können. Aber niemand log Mary an. Es würde die zierliche Tyrannin zu sehr verletzen, sollte sie herausfinden, dass eines ihrer Kinder ihr nicht die Wahrheit sagte.

„Du weißt, du sollst ihn noch eine ganze Woche anlegen“, kam die Stimme aus dem Haus. Es war fast so, als höre man den Allmächtigen aus himmlischen Sphären sprechen, nur dass die Stimme, hell und sanft, einen angenehmen Südstaatenakzent hatte.

„Ja, Ma'am.“

„Komm ins Haus, damit ich mich um dich kümmern kann.“

„Ja, Ma'am.“ Resigniert stand Chance aus dem Schaukelstuhl auf. Als er an Zane vorbeiging, murmelte er noch: „Sich über den Haufen schießen zu lassen hat nichts genutzt. Versuch es mit was anderem.“

8. KAPITEL

Zwei Monate später stand Sheriff Zane Mackenzie nackt am Fenster im Schlafzimmer seines kleinen Hauses, das er sich im südlichen Arizona gekauft hatte, und starrte hinaus in die vom Mondlicht erhellte Wüste. Der Anblick erweckte etwas Wildes, Ursprüngliches in ihm.

Nachdem er sich einmal dazu entschlossen hatte, den Dienst zu quittieren, war alles sehr schnell gegangen. Ein ehemaliges Mitglied des SEAL-Teams hatte erfahren, dass Zane Mackenzie die Navy verließ. Der Mann gehörte zum engsten Kreis um den Gouverneur in Phoenix, und er hatte sich bei Zane gemeldet, um ihm den frei gewordenen Sheriffposten anzubieten.

Zuerst war Zane unschlüssig gewesen. Er hatte nie daran gedacht, in den Polizeidienst zu gehen, und von den Gesetzen in Arizona hatte er nicht die geringste Ahnung.

„Darum mach dir keine Sorgen“, hatte sein Freund leichthin gemeint. „Der Sheriffposten ist immer eine politische Angelegenheit, und die meiste Zeit geht für den Papierkram drauf. Hier bei uns liegt die Situation allerdings noch anders. Zwei der Deputys haben gekündigt, und diejenigen, die noch da sind, werden dir nicht sonderlich freundlich begegnen. Einer von denen hat sich für den Posten beworben und ihn nicht bekommen.“

„Warum nicht?“, fragte Zane offen heraus. „Was stimmt nicht mit dem Chief Deputy?“

„Er ist einer von den zweien, die den Job geschmissen haben. Er ist ein paar Monate, bevor der alte Sheriff starb, gegangen. Ist jetzt bei der Polizei in Prescott.“

„Und von den anderen hat keiner die Qualifikation?“

„So würde ich das nicht sagen.“

„Sondern?“

„Siehst du … hier gibt es keine große Auswahl. Ein paar von den jungen Deputys sind gut, aber sie haben keine Erfahrung. Der eine, der seit zwanzig Jahren dabei ist, hat kein Interesse, und der andere, seit fünfzehn Jahren im Dienst, ist ein ausgemachter Trottel. Keiner kann ihn ausstehen.“

Sheriff. Je länger Zane darüber nachdachte, desto mehr hatte ihn die Idee gereizt. Er machte sich keine Illusionen, dass es einfach werden würde. Schwierigkeiten mit den langjährigen und den jungen Deputys waren vorprogrammiert, wenn ein Fremder von außen kam. Aber das kam Zane wie gerufen, er brauchte Herausforderungen. „Okay, sag mir, was der Job so mit sich bringt."

„Hauptsächlich eine Menge Kopfschmerzen. Das Gehalt ist anständig, die Arbeitszeiten sind allerdings unmöglich. Da gibt es ein Indianerreservat im Kreis, du wirst dich also mit der Behörde für Indianische Angelegenheiten auseinandersetzen müssen. Dann gibt es noch eine Unmenge illegaler Einwanderer, aber darum kümmert sich die Einwanderungsbehörde. Im Großen und Ganzen hält sich die Verbrechensrate in Grenzen. Die Gegend ist schließlich nicht gerade überbevölkert."

Und so war Zane jetzt in Arizona. Seine Kraft hatte er zurück, er war der Besitzer eines Hauses mit hundert Morgen Land, und er war frisch als Hüter des Gesetzes eingeschworen worden. Von der Ranch seiner Eltern in Wyoming hatte er ein paar Pferde hertransportiert.

Es war ein komplett anderes Leben als in der Navy.

Und es war Zeit, die Sache mit Barrie in Angriff zu nehmen. Während der letzten Monate hatte Zane oft an sie gedacht, aber mittlerweile dachte er an nichts anderes mehr. Dieses ungute Gefühl, die Unruhe, hielt sich nicht nur, es wurde Zane bald unerträglich. Die Kontakte, die er genutzt hatte, hatten ihm berichtet, dass Barrie Athen kaum eine Woche nach ihrer Rettung verlassen hatte. Sie lebte jetzt in der Lovejoy-Residenz in Arlington, Virginia. Der Botschafter hatte letzten Monat darum ersucht, seinen Posten mit jemand anderem zu besetzen, und war ebenfalls nach Virginia zurückgekehrt. Zane wünschte, William Lovejoy wäre in Athen geblieben, aber er stellte kein unüberwindliches Problem dar.

Ganz gleich, was William Lovejoy sagte oder tat, Zane war fest entschlossen, Barrie zu treffen. Zwischen ihnen gab es noch ein paar Dinge zu klären. Ihre Verbindung war durchtrennt worden, als er angeschossen wurde und man Barrie nach Athen zurückgeholt hatte. Natürlich war Zane klar, dass die heiße Leidenschaft zwischen ihnen durch die Stresssituation und die erzwungene Nähe hervorgerufen worden sein konnte. Aber das war ihm mittlerweile gleich. Es gab einen anderen Grund, den er nicht ignorieren konnte. Deshalb hatte er für den Morgen einen Flug von Tuscon nach Washington gebucht. Zane sollte eigentlich schlafen, er brauchte die Energie. Doch der eine Gedanke ließ ihn keine Ruhe finden.

Sie war schwanger. Er wusste nicht, warum er sich so sicher war. Es war ein Gefühl aus dem Bauch heraus, eine Intuition. Sie hatten keinen Schutz benutzt, einfach, weil nichts vorhanden gewesen war, und sie hatten sich stundenlang geliebt. Man brauchte nur zwei und zwei zusammenzuzählen, dann war eine Schwangerschaft eine durchaus wahrscheinliche Möglichkeit.

Zane hielt es für eine Tatsache. Barrie trug sein Kind unter dem Herzen.

Eine Welle von Besitzerinstinkt ergriff Zane und riss alle seine sorgfältig überlegten Pläne mit sich. Es würde kein langsames Kennenlernen geben, sie würden nicht Schritt für Schritt eine Beziehung aufbauen. Wenn Barrie wirklich schwanger war, dann würden sie sofort heiraten. Und sollte ihr die Idee nicht gefallen, so würde er sie davon überzeugen müssen.

So einfach war das.

Sie war schwanger. Barrie behielt das wunderbare Geheimnis für sich. Noch sollte niemand davon erfahren, erst recht nicht ihr Vater. Die Entführung und die Geschehnisse danach hatten einen Keil zwischen Vater und Tochter getrieben, den keiner von ihnen in der Lage war herauszuziehen. William Lovejoy bemühte sich verzweifelt, das alte Verhältnis wiederherzustellen. Nichts anderes hatte ihn dazu bewegt, von seinem Posten zurückzutreten. Allgemein wurde angenommen, er habe sich zurückgezogen, um sich ganz um seine Tochter kümmern zu können, die ein fürchterliches Trauma durchlebt hatte.

Barrie versuchte, nicht daran zu denken, in was für Machenschaften ihr Vater verwickelt sein könnte. Der Gedanke, er könne ein Verräter sein, schmerzte Barrie unerträglich. Ein Teil von ihr konnte es einfach nicht glauben. Er war ein Mann der alten Schule, Ehre war nicht nur ein Wort für ihn, es war sein Leben. Sie hatte keinerlei Beweise, nur ihre Überlegungen und Schlüsse … und den Ausdruck auf seinem Gesicht, als sie ihn direkt darauf angesprochen hatte.

Genauso schmerzlich war es, dass er sie immer noch von Zane

fernhielt. Nachdem sie in Virginia angekommen war, hatte Barrie sich erkundigen wollen, aber sie war auf eine undurchdringliche Mauer des Schweigens gestoßen. Sie hatte sogar im SEAL-Hauptquartier angerufen, aber auch dort … nichts, man hatte sie abgewimmelt. Bei den SEALs konnte sie es sogar noch verstehen, Identität und Aufenthaltsort der Mitglieder unterstanden generell der Geheimhaltung.

Aber sie bekam sein Baby. Er sollte es erfahren. Sie erwartete nichts von ihm, wollte auch nichts von ihm, was er nicht freiwillig geben würde, aber er sollte es zumindest wissen. Sie sehnte sich danach, ihn wiederzusehen. Sie fühlte sich verloren und hatte Angst, ihre Gefühle befanden sich insgesamt in Aufruhr. Wenigstens ein bisschen Sicherheit wollte Barrie haben. Zane war nicht der Mann, der die Existenz seines Kindes einfach ignorieren und ihm und der Mutter den Rücken kehren würde. Dieses Baby wäre eine konstante Verbindung zwischen ihnen, etwas, auf das sie sich immer würde verlassen können.

Sie bezweifelte, dass ihr Vater hinsichtlich Zane nachgeben würde, selbst wenn er von dem Baby erfuhr. Sein übertriebener Beschützerinstinkt würde sich auf das Enkelkind ausweiten, selbst wenn es unehelich geboren wurde. Er würde dafür sorgen, dass die Schwangerschaft nicht an die Öffentlichkeit gelangte. Und wenn die Neuigkeit dann unweigerlich herauskäme, würde man automatisch davon ausgehen, dass dieses Kind das Resultat einer Vergewaltigung war. Man würde Barrie mitfühlend ansehen und sie für ihre Tapferkeit bewundern.

Ich werde hier langsam verrückt, ging es Barrie durch den Kopf. Sie war nach Virginia geflohen, und ihr Vater war ihr prompt gefolgt. Er brach jedes Mal in Panik aus, wenn sie allein irgendwohin gehen wollte. Barrie hatte einen eigenen Wagen, aber ihr Vater bestand darauf, dass sein Chauffeur sie fuhr. Sie hatte sich aus dem Haus schleichen müssen, um sich in der Apotheke einen Schwangerschaftstest zu besorgen. Eigentlich war Barrie ziemlich sicher gewesen, dass sie schwanger war. Der Test hatte nur bestätigt, was ihr Körper ihr bereits signalisiert hatte.

Sie hätte besorgt und deprimiert sein müssen, aber die ungewollte Schwangerschaft war das Einzige, das Freude in ihr Leben brachte. Barrie war unendlich einsam, die Entführung und die langen, wunderbaren Stunden allein mit Zane hatten sie von ihren Bekannten getrennt. Ihre Erinnerungen konnte sie mit niemandem teilen, sie hatte Gedanken und Wünsche, die niemand verstand. Zane war bei ihr gewesen, er würde ihr gelegentliches Grübeln verstehen, und ihren Unwillen, über die Geschehnisse zu sprechen. Das war keine Geheimniskrämerei, Barrie wollte einfach nur mit jemandem reden, der ihre Gefühle verstand. Was sie mit Zane durchlebt hatte, formte ein einzigartiges Band.

Lange würde sie die Schwangerschaft nicht mehr verbergen können. Sie musste sich um ärztliche Betreuung kümmern und brauchte einen Termin beim Gynäkologen. Alle Anrufe wurden jetzt aufgezeichnet. Sie konnte sich natürlich hinausschleichen und von einer öffentlichen Telefonzelle anrufen, aber sie würde den Teufel tun.

Irgendwann reichte es! Sie war eine erwachsene Frau und bald Mutter. Die Beziehung zu ihrem Vater hatte sich so rapide verschlechtert, dass sie kaum noch ein Wort miteinander wechselten. Barrie hasste diesen Zustand, doch sie fand keinen Weg, wie sie sich aussöhnen konnten. Die Vermutung, dass ihr Vater in verräterische Aktivitäten gegen sein Land verwickelt war, erstickte jede Chance dazu. Barrie wollte eine Erklärung, wollte einen plausiblen Grund für ihre Entführung hören. Wenn sie das Haus verließ, wollte Barrie sich nicht ständig umschauen müssen und darüber nachdenken, ob sie nicht doch besser mit einem Leibwächter gegangen wäre. Sie wollte ein normales Leben führen, und sie wollte ihr Kind nicht in einer Atmosphäre der Angst großziehen.

Denn genau das war es, womit das gesamte Haus angefüllt war. Es erdrückte sie. Sie musste fort, weg von der Angst, dass, sollte ihr Vater wirklich in dunkle Geschäfte verwickelt sein, sie jederzeit erneut entführt werden könnte. Es ging jetzt nicht mehr nur um sie selbst. Barrie musste auch an ihr Kind denken.

In den ersten Schwangerschaftsmonaten schlief Barrie morgens lange, aber an einem Morgen hatte lautes Spatzengezwitscher vor ihrem Fenster sie aufgeweckt. Sobald sie wach war, meldete sich die morgendliche Übelkeit, und Barrie hastete zum Bad. Danach ging es ihr wieder gut, und zum ersten Mal seit Wochen verspürte sie wieder richtigen Hunger.

Es war kaum sechs Uhr, Adele, die Köchin, war noch nicht im

Haus. Frühstück gab es normalerweise um acht. Barrie knurrte der Magen. Noch zwei Stunden ... so lange konnte sie nicht warten.

Also schlüpfte Barrie in Morgenmantel und Pantoffeln und verließ leise ihr Zimmer. Das Schlafzimmer ihres Vaters lag direkt am Treppenabsatz, sie wollte ihn nicht stören. Mehr noch, sie wollte vermeiden, dass er mit ihr in die Küche kam. Er bemühte sich sehr, so zu tun, als sei nichts passiert. Aber Barrie gelang das nicht.

Sie glaubte, er schlafe noch, aber als sie an seiner Tür vorbeikam, hörte sie die Stimme ihres Vaters. Sie dachte, er habe sie vielleicht gehört und nach ihr gerufen. Doch als sie stehen blieb, sagte er gerade in scharfem Ton: „Mack."

Barrie erstarrte. Ein kalter Schauer ergriff sie. Der einzige Mack, den sie kannte, war Mack Prewett. Aber warum sollte ihr Vater mit Prewett telefonieren? Soweit sie wusste, war der immer noch in Athen. Ihr Vater hatte demissioniert. Was hatte er noch mit Prewett zu bereden?

Dann überschlug sich plötzlich ihr Puls. Vielleicht hatte sie ja nur die erste Silbe von Mackenzie gehört. Vielleicht war Zane das Thema. Wenn sie an der Tür horchte, konnte sie möglicherweise etwas Neues herausfinden.

Sie schlich zur Tür und lauschte.

„... ist hoffentlich bald zu Ende", hörte sie ihren Vater sagen, dann schien er selbst zuzuhören. „Das war nie so geplant. Barrie sollte nie mit hineingezogen werden. Sieh zu, dass du die Sache zum Abschluss bringst, Mack."

Verzweifelt schloss Barrie die Augen. Eiseskälte durchfuhr sie und ließ sie zittern. Sie musste schlucken, um die Übelkeit zu unterdrücken. Ihr Vater war tatsächlich an dunklen Geschäften beteiligt, zusammen mit Mack Prewett. War Prewett ein Doppelagent? Und wenn ja, für wen spionierte er? Es war nicht mehr wie früher, in der Zeit des Kalten Krieges waren die Grenzen auf der Welt noch gestochen scharf gezogen. Heute schienen Geld und Religion die Hauptursachen für Konflikte zu bilden. Wo passten Mack Prewett und William Lovejoy in dieses Bild? Welche Informationen besaß ihr Vater, die Mack Prewett als CIA-Agent nicht zur Verfügung standen?

Barrie fand keine Antworten. Es konnte alles Mögliche sein. Ihr Vater hatte Freunde in ganz Europa, er erfuhr viele Dinge, auch Vertrauliches. Es machte nur keinen Sinn, dass er für Geld Informationen verkaufen sollte. Schließlich hatte William Lovejoy mehr als ein angenehmes finanzielles Polster im Rücken. Doch für manche Leute war Geld wie eine Droge, sie mussten immer mehr haben, waren immer auf der Suche nach einer neuen Einnahmequelle ... und nach Macht und Einfluss, die mit Geld einhergingen.

War es möglich, dass Barrie sich so sehr in ihrem Vater getäuscht hatte? Hatte sie ihren Vater immer nur mit den Augen des Kindes gesehen, als den Mann, der ihr Sicherheit und Geborgenheit gab, nicht als einen Mann, dessen Ehrgeiz seine Moral vergiftete?

Tränenblind stolperte Barrie zu ihrem Zimmer zurück. Ihr war gleich, ob ihr Vater sie hörte. Er schien jedoch noch in sein Gespräch vertieft zu sein, denn seine Tür blieb verschlossen.

Sie rollte sich auf ihrem Bett zusammen und dachte über das Gehörte nach. Was war nie geplant gewesen? Die Entführung? Das war jetzt mehr als zwei Monate her. Hatte es etwa eine neue Drohung gegeben? Wollte jemand erneut Barrie als Druckmittel benutzen?

Das waren alles nur Spekulationen. Sie hasste es, so im Dunkeln zu tappen. Wie in einer fremden Gegend, ohne Hinweisschilder. Was sollte sie jetzt tun? Ihren Verdacht dem FBI mitteilen? Sie konnte ja nichts Konkretes angeben. Außerdem hatte ihr Vater über die Jahre oft mit dem FBI zu tun gehabt und viele Kontakte dort. Wem konnte sie überhaupt vertrauen?

Eine im Moment viel wichtigere Frage: Wenn sie in Virginia blieb, war sie dann in Gefahr? Vielleicht waren ihre Vermutungen ja gar nicht so abwegig. Während der Jahre, die ihr Vater im Dienst seines Landes gestanden hatte, hatte Barrie vieles gesehen, und dann noch mehr, als sie selbst in der Botschaft gearbeitet hatte. Nahm man die Entführung, das Verhalten ihres Vaters und seine übertriebene Besorgnis um ihre Sicherheit zusammen, war es geradezu naiv zu denken, alles sei in Ordnung.

Sie musste fort.

Fieberhaft überlegte Barrie, wohin sie gehen könnte. Zum einen musste sie einen Ort wählen, wo niemand sie vermuten würde. Zum anderen musste sie darauf achten, keine Spuren zu hinterlassen, die jeden auch nur einigermaßen fähigen Terroristen zu ihr führen könnten. Mack Prewett allerdings war ein geradezu erschreckend fähiger

Bürokrat. Wie eine Spinne hatte er ein Netz von Informationsquellen und Kontakten gewebt, das sich weit in alle Richtungen erstreckte. Sollte sie einen Flug unter ihrem richtigen Namen buchen oder ihre Kreditkarte auch nur einmal benutzen, würde er es sofort erfahren.

Sie brauchte also Bargeld. Was hieß, dass sie ihr Bankkonto leeren musste. Wie kam sie zur Bank, ohne dass ihr Vater es merkte? Mittlerweile schien der Punkt erreicht, da sie zum Fenster hinausklettern und sich von einer öffentlichen Telefonzelle ein Taxi bestellen musste.

Vielleicht wurde das Haus ja beobachtet.

Barrie stöhnte auf und schlug die Hände vors Gesicht. Jetzt war sie schon paranoid! Aber konnte sie es sich überhaupt leisten, jeden Verdacht zu ignorieren? Sie musste an das Baby denken. Sicherheit war jetzt das Einzige, was zählte. Sie würde sich dunkle Sachen anziehen und sich vor Morgengrauen zum Fenster hinausstehlen und über den Boden robben, bis sie weit genug entfernt vom Haus war. So lächerlich es ihr selbst erschien, sie würde es tun. Wann? Heute Nacht? Je eher sie von hier wegkam, desto besser.

Also heute Nacht.

Die Entscheidung einmal getroffen, atmete Barrie tief durch und begann, einen Plan auszuarbeiten. Sie würde ihre Schecks und ihr Sparbuch mitnehmen und beides flüssig machen. Von ihren Kreditkarten würde sie so viel Bargeld abheben wie möglich. Damit hätte sie gut eine halbe Million Dollar zusammen. Wie transportierte man so viel Geld? Sie brauchte eine Reisetasche.

Das wurde ja immer schlimmer. Wie sollte sie im Dunkeln über den Rasen kriechen und zwei Koffer hinter sich herziehen? Denk nach! mahnte sie sich.

Na schön, Kleidung brauchte sie nicht mitzunehmen, nur das Bargeld, das sie jetzt bei sich trug – ein paar hundert Dollar –, Sparkonto und Kreditkarten, die sie zerstören würde, nachdem diese ihren Zeck erfüllt hätten. Neue Garderobe und alles andere konnte sie später noch kaufen. Barrie würde sich in einem Drogeriemarkt eine Haartönung besorgen und sich das rote Haar braun färben. Aber erst, nachdem sie auf der Bank gewesen war. Niemand sollte sie in ihrer Verkleidung sehen.

Mit Bargeld in der Tasche blieben ihre mehrere Möglichkeiten.

Sie konnte mit dem Zug fahren, würde am besten vor dem Zielort, der auf dem gekauften Ticket stand, aussteigen. Dann konnte sie sich einen billigen Gebrauchtwagen kaufen und weiterziehen. So würde niemand wissen, in welche Richtung sie unterwegs war. Um ganz sicher zu sein, würde sie den Wagen nur einen Tag fahren und sich dann einen anderen zulegen, ebenfalls mit Bargeld.

Drastische Maßnahmen, aber machbar. Barrie war sich nicht sicher, ob das alles nicht völlig unsinnig war, andererseits ... war sie bereit, ihr Leben und das ihres Kindes in die Waagschale zu legen? Verzweifelte Zeiten verlangten nach verzweifelten Maßnahmen. Wer mochte dieses Sprichwort geprägt haben? Vielleicht ein Revolutionär im achtzehnten Jahrhundert. Barrie konnte sich gut vorstellen, wie derjenige sich gefühlt haben musste. Sie musste völlig von der Bildfläche verschwinden. Barrie würde ihrem Vater eine Postkarte schicken, noch hier von der Stadt aus, und ihn wissen lassen, dass alles in Ordnung mit ihr war, dass sie es nur für besser hielt, sich für eine Weile abzusetzen. Sonst würde er noch denken, sie sei wieder entführt worden und vor Sorge umkommen. Das konnte sie ihm nicht antun, sie liebte ihn immer noch, trotz allem, was er getan hatte.

Barrie überkam erneut eine Welle von Fassungs- und Trostlosigkeit. Es schien ihr so völlig unmöglich, dass ihr Vater sich mit Verbrechern zusammengetan hatte. Nicht der Mann, den sie kannte. Natürlich wusste sie, dass nicht jeder ihn mochte. Aber das Schlimmste, was ihm nachgesagt wurde, war, dass er ein Snob war. Dem stimmte ja sogar sie zu. Als Diplomat und Botschafter hatte er außergewöhnliche Arbeit geleistet. Er hatte mit der CIA zusammengearbeitet, wie das in jeder Botschaft üblich war, war persönlich befreundet mit den letzten sechs Präsidenten, und Staatsoberhäupter auf der ganzen Welt betrachteten ihn als Freund. Und dieser Mann sollte ein Verräter sein?

Das schien einfach undenkbar. Wenn es nur um Barrie allein ginge, würde sie im Zweifel für ihn sprechen.

Aber da war das Baby, diese winzige Wesen, von dessen Existenz nur sie selbst wusste. Zanes Baby. Sie würde alles tun, ganz gleich was, um die Sicherheit dieses neuen Lebens zu garantieren. Barrie würde ihren Namen ändern und sich neue Papiere besorgen. Sie hatte keine Ahnung, wie man so etwas bewerkstelligte, aber sie würde es herausfinden. Es gab genug zwielichtige Gestalten, die Erfahrung mit so etwas hatten.

Da war auch noch etwas anderes, das sie bedenken musste: Es wäre dumm, von dem Geld zu leben, bis der letzte Penny ausgegeben war. Sie brauchte einen Job, irgendeinen Job, bei dem sie genug verdiente, um Miete und Essen zu finanzieren. Sie hatte einen Universitätsabschluss in Kunst und Geschichte, aber da sie ihren Namen nicht würde benutzen können, konnte sie auch kein Lehramt antreten. Es ließ sich nicht voraussagen, wie der Arbeitsmarkt in der Stadt aussehen würde, in der sie sich schließlich niederließ, das blieb abzuwarten. Das war auch gleich. Barrie war bereit, alles anzunehmen, ob nun Kellnern oder Büroarbeit, was immer sich bot.

Barrie sah zur Uhr. Halb acht. Trotz der inneren Unruhe kam sie halb um vor Hunger. Ihr Körper hatte seine eigenen Ansprüche, scherte sich nicht um ihren Gefühlstumult und konzentrierte sich nur auf das Nächstliegende.

Der Gedanke zauberte ein Lächeln auf ihr Gesicht. Es war fast so, als stampfe das Baby bereits mit dem Fuß auf und verlange energisch sein Recht. Zärtlich strich Barrie über ihren noch flachen Bauch. „Schon gut“, flüsterte sie, „du bekommst ja gleich etwas zu essen.“

Während Barrie duschte und sich anzog, wappnete sie sich, ihrem Vater gegenüberzutreten, ohne etwas von ihren Plänen zu verraten. Als sie in das Frühstückszimmer kam, sah William Lovejoy erfreut auf, doch seine Miene wurde sofort zurückhaltend. „Ich freue mich, dass du mir Gesellschaft leistest.“ Er faltete seine Zeitung zusammen und legte sie beiseite.

„Die Spatzen haben mich aufgeweckt.“ Barrie wollte sich von dem Rührei auflegen, doch als sie die Frühstückswürstchen sah, drehte sich ihr der Magen, und sie entschied sich schließlich für Obst und Toast. Hoffentlich reichte das dem anspruchsvollen kleinen Wesen.

„Kaffee?“ Ihr Vater stand schon bereit, ihr einzuschenken, die silberne Kaffeekanne in der Hand, als Barrie sich an den Tisch setzte.

„Nein, danke, heute nicht“, antwortete sie hastig, als ihr Magen erneut zu einer Achterbahnfahrt ansetzte. „Ich habe in letzter Zeit zu viel Kaffee getrunken, ich möchte es wieder einschränken.“ Dabei hatte sie kein Koffein mehr zu sich genommen, seit sie geahnt hatte, dass sie schwanger war. Ihr Körper schien sich von allein dagegen zu wehren, so als wisse er, was richtig für ihn sei. „Ich nehme lieber Orangensaft." Der hatte zumindest bisher keine unangenehmen Reaktionen hervorgerufen.

Barrie widmete sich ihrem Frühstück, antwortete höflich auf die Bemerkungen ihres Vaters, aber sie engagierte sich nicht in dem Gespräch, wie sie es früher getan hätte. Überhaupt konnte sie ihn kaum ansehen und mied seinen Blick. Sie fürchtete, er könne ihr die Gedanken vom Gesicht ablesen.

„Ich treffe mich heute mit dem Kongressabgeordneten Garth zum Lunch", erzählte William. „Wie sehen deine Pläne für den Tag aus?"

„Ich habe nichts Besonderes vor." Nein, ihre Pläne würden erst in der Nacht umgesetzt werden.

William wirkte erleichtert. „Dann sehen wir uns heute Nachmittag. Ich fahre selbst mit meinem Wagen, dann steht dir der Chauffeur zur Verfügung, wenn du doch noch etwas unternehmen möchtest."

„Ja, natürlich." Sie konnte ihm so leicht zustimmen, weil sie gar nicht vorhatte auszugehen. Sie würde den Tag mit Lesen und Ruhen verbringen. Jetzt, da sie ihre Entscheidung getroffen hatte, fühlte Barrie sich innerlich gelassener. Morgen würde es ein anstrengender Tag werden, da musste sie vorher so viel Energie tanken wie möglich.

Als ihr Vater am Nachmittag zurückkam, fand er Barrie im Wohnzimmer, auf der Couch zusammengerollt, mit einem Buch vor. Seine besorgte Miene änderte sich sofort, als er seine Tochter erblickte.

„Hattest du einen angenehmen Lunch?", fragte Barrie, weil sie so etwas früher auch gefragt hätte.

„Du weißt doch, wie diese politischen Treffen sind." Früher hätte er sich zu ihr gesetzt und genau berichtet, doch dieses Mal wich er ihr aus und vermied ein Gespräch.

Senator Garth saß in mehreren Komitees, in denen Themen zur nationalen Sicherheit und Außenpolitik behandelt wurden. Bevor Barrie noch eine weitere Frage stellen konnte, ging William zu seinem Arbeitszimmer weiter und zog die Tür hinter sich zu. Traurig blickte Barrie auf die geschlossene Tür.

Die Klingel an der Haustür ließ sie zusammenfahren. Barrie legte ihr Buch beiseite und ging in die Diele. Bevor sie die Tür öffnete, lugte Barrie durch den Spion. Draußen auf der Schwelle stand ein großer dunkelhaariger Mann.

Ihr Herz begann wild zu rasen, Schwindel erfasste sie. Hinter sich hörte sie ihren Vater aus seinem Arbeitszimmer kommen.

„Wer ist das?", wollte er wissen. „Lass nur, ich mach das schon."

Barrie antwortete nicht. Sie riss die Tür auf und starrte atemlos in Zanes kühle blaue Augen. Der Blick aus diesen Augen glitt jetzt scharf musternd über sie, dann lag er wieder durchdringend auf ihrem Gesicht.

„Bist du schwanger?", fragte Zane ohne Einleitung und so leise, dass ihr Vater es nicht hören konnte.

„Ja", flüsterte sie.

Er nickte, eine knappe Geste, die besagen sollte, dass damit alles geklärt war. „Dann werden wir heiraten."

9. KAPITEL

William Lovejoy war bei der Tür angekommen und schob Barrie hinter sich. „Wer sind Sie?“, verlangte er argwöhnisch von Zane zu wissen.

Zane nahm den Mann in Augenschein, der sein Schwiegervater sein würde. „Zane Mackenzie.“ Seine Miene blieb völlig ausdruckslos, nur seine hellen Augen funkelten, und Barrie wurde plötzlich klar, wie gefährlich Zane sein konnte. Er machte ihr keine Angst, unter den gegebenen Umständen war Barrie sogar froh darüber. Das war genau das, was sie brauchte.

William Lovejoy war misstrauisch gewesen, doch jetzt verlor sein Gesicht alle Farbe. „Ihnen muss doch klar sein“, setzte er steif an, „dass es Barrie nicht hilft, Sie wiederzusehen. Sie will diese Episode vergessen und …“

Zane sah an Lovejoy vorbei zu Barrie. Sie zitterte und flehte Zane mit weit aufgerissenen Augen an. Ihm war nicht bewusst gewesen, wie grün ihre Augen waren, von einem dunklen Waldgrün, oder wie ausdrucksvoll. Und er glaubte, in ihnen nicht die Bitte um Höflichkeit zu erkennen, sondern um Hilfe. Er wusste zwar nicht genau, welche Hilfe und bei was, aber sein Kämpferinstinkt war geweckt. Er würde es herausfinden, sobald er das Dringendste erledigt hatte. Es wurde Zeit, den Botschafter a. D. über die Sachlage zu informieren.

Zane wandte den Blick nicht von Barrie, während William Lovejoy sich in einer Rede erging, warum es für seine Tochter das Beste sei, dass Zane sofort wieder ging. Zanes Stimme, hart wie Stahl, durchschnitt den väterlichen Sermon. „Barrie und ich werden heiraten.“

Der Botschafter brach abrupt ab. Ein Ausdruck von Panik huschte über sein Gesicht. „Machen Sie sich nicht lächerlich. Barrie wird keinen Seemann heiraten, der sich für etwas Besseres hält, nur weil er ein ausgebildeter Mörder ist.“

Zanes Blick glitt von Barrie zu ihrem Vater. Die Eiseskälte, die Zane ausstrahlte, ließ den Botschafter unwillkürlich einen Schritt zurücktreten, er wurde weiß wie ein Laken.

„Barrie, willst du mich heiraten?“ Zane stellte die Frage, ohne die Augen von Lovejoy zu wenden.

Sie sah von Zane zu ihrem Vater und zurück. „Ja“, antwortete sie laut und deutlich. In ihrem Kopf überschlugen sich die Gedanken. Sie würde nicht fragen, welches Wunder Zane zu ihr geführt hatte. Sie war mittlerweile so verzweifelt und angespannt, dass sie ihn sogar heiraten würde, selbst wenn sie ihn gar nicht liebte. Zane war ein SEAL, wenn irgendjemand für ihre Sicherheit sorgen konnte, dann er. Sie trug sein Kind unter dem Herzen.

Allein die Möglichkeit einer bestehenden Schwangerschaft hatte ihn nach Virginia gebracht, auf der Suche nach Barrie. Zane war ein Mann, der seine Verantwortung ernst nahm. Natürlich wünschte Barrie, sein Antrag sei auf das gleiche tiefe Gefühl zurückzuführen, das sie für ihn empfand. Aber sie würde nehmen, was man ihr anbot. Sie war sicher, dass Zane sich zu ihr hingezogen fühlte, schließlich wäre sie sonst nicht schwanger. Sie würde ihn heiraten, und vielleicht, mit der Zeit, würde er lernen, sie zu lieben.

Barries Antwort hatte ihren Vater sichtbar zusammenzucken lassen. Flehend drehte er sich zu ihr. „Liebes, du willst keinen Mann wie ihn heiraten. Du hast immer nur das Beste in deinem Leben gehabt, das kann er dir nicht geben."

Sie reckte die Schultern. „Ich werde ihn heiraten – und zwar so schnell wie möglich."

Als ihr Vater die Unbeugsamkeit auf ihrem Gesicht sah, schwang er brüsk zu Zane herum. „Sie werden nicht einen Penny von ihrem Erbe bekommen!"

„Dad!" Barrie war schockiert. Sie hatte ihr eigenes Geld, geerbt von Mutter und Großeltern. Es war keine Angst vor dieser Drohung, die Barrie ergriff, sondern pures Entsetzen, dass ihr Vater so etwas sagen konnte, dass er ihre Zukunft mit Zane auf so billige, kränkende Weise zu sabotieren versuchte.

Zane zuckte nur die Schultern. „Von mir aus." Sein Ton war täuschend mild, auch wenn Barrie die beißende Ironie hörte. „Machen Sie mit Ihrem Geld, was Sie wollen. Aber Sie sind ein Narr, wenn Sie tatsächlich glauben, Sie könnten Ihre Tochter für den Rest ihres Lebens an sich fesseln. Benehmen Sie sich ruhig wie ein Idiot, rauben Sie sich selbst den Kontakt zu Ihren Enkeln. Nichts, was Sie sagen oder tun, wird unsere Hochzeit verhindern."

Lovejoy konnte es nicht begreifen. Sein Gesicht war qualvoll verzogen, die Augen dunkel vor Schmerz, als er seine Tochter ansah.

„Tu es nicht“, bat er mit zitternder Stimme.

Jetzt war es Barrie, die sich krümmte, denn trotz allem hasste sie es, ihren Vater zu verletzen. „Ich bin schwanger“, verkündete sie leise. Dann drückte sie den Rücken durch und wappnete sich gegen weitere bittere Worte. „Und wir werden heiraten.“

William Lovejoy schwankte. Barrie hätte nie geglaubt, dass ein Mensch so blass werden könnte. „Was?“, krächzte er. „Aber ... aber du hast doch beteuert, dass du nicht vergewaltigt wurdest.“

„Wurde sie auch nicht“, sagte Zane. In seiner Stimme lag ein zärtlicher, sehr maskuliner Stolz.

Ihre Blicke trafen sich. Ein schimmerndes Leuchten trat in Barries Augen, und sie lächelte Zane an. „Nein, ich wurde nicht vergewaltigt“, bestätigte sie noch einmal.

Für einen Moment blieb ihr Vater sprachlos, dann schoss ihm Zornesröte in die Wangen. „Sie Bastard!“, stieß er an Zane gewandt hervor. „Sie haben die Situation ausgenutzt. Als sie am verletzlichsten war, haben Sie sie ...“

„Hör auf damit!“ Barrie packte ihren Vater beim Arm und riss ihn zu sich herum. Ihre Nerven waren seit dem Morgen zum Zerreißen gespannt, und dieser Streit machte alles nur noch schlimmer. Sie zitterte am ganzen Leib. „Wenn irgendjemand den anderen ausgenutzt hat, dann war ich es. Wenn du Details wissen willst – bitte schön. Aber ich glaube nicht, dass du sie hören willst.“

Es lag ihr auf der Zunge, ihn zu fragen, ob er sie für immer als Jungfrau sehen wollte, doch sie schluckte die beißenden Worte hinunter. Das wäre zu gemein, zu verletzend, und einmal ausgesprochen, würde sie die Worte nicht mehr zurücknehmen können. Ihr Vater liebte sie, eher sogar zu viel, er war nur so wütend, weil er Angst hatte, sie zu verlieren.

Schmerz erfüllte Barrie, als sie ihn schroff ansah. „Ich weiß es“, flüsterte sie. „Verstehst du? Ich weiß alles. Ich weiß, warum du jedes Mal, wenn ich aus dem Haus gehe, solche Angst hast. Und genau deshalb muss ich hier weg.“

William sog scharf die Luft ein, der Schock raubte ihm den letzten Rest seiner Haltung. Der vorwurfsvolle Blick seiner Tochter war zu viel für ihn. „Sorgen Sie für ihre Sicherheit“, wies er Zane erstickt an, dann drehte er sich abrupt um und ging zu seinem Arbeitszimmer.

„Genau das habe ich vor." Zane warf einen letzten Blick auf seinen davonschreitenden Widersacher, dann richtete er sich an Barrie, und eines von Zanes umwerfenden Lächeln breitete sich langsam auf seinem Gesicht aus. „Pack deine Sachen."

Innerhalb einer Stunde waren sie unterwegs.

Barrie hastete in ihr Schlafzimmer und packte ihre Koffer. Abendroben und Designerkostüme ließ sie im Schrank hängen und wählte stattdessen praktische Kleidung. Der knöchellange Rock, den sie trug, war bequem genug für die Reise. Schnell zog Barrie nur ein Seidenhemd über die ärmellose Bluse und ließ die Knöpfe offen. Alles in ihr trieb sie zur Eile an.

Dann zog sie die Koffer bis zur Treppe – keine schwierige Aufgabe, da alle mit Rollen versehen waren. Erst als Zane sie mit dem Gepäck erblickte, verließ er den Platz vor der Schwelle und kam die Treppe hinauf, zwei Stufen auf einmal nehmend. „Du solltest keine schweren Koffer tragen. Du hättest mich rufen sollen."

Er benutzte den gleichen Ton, in dem er seinen Männern Befehle gab, aber Barrie war zu nervös, um etwas zu sagen. Sie blinzelte verdutzt über die Leichtigkeit, mit der Zane die drei Koffer hochhob, und folgte ihm die Treppen hinunter.

„Wohin gehen wir überhaupt? Flugzeug oder Auto?"

„Las Vegas. Und wir fliegen."

„Du hast die Tickets schon besorgt?"

Er blickte mit hochgezogenen Augenbrauen über die Schulter zu Barrie. „Natürlich."

Seine Selbstsicherheit war überwältigend. Kurz fragte Barrie sich, auf was sie sich mit ihm einließ. Zane Mackenzie hatte die absolute Kontrolle über die Situation, über sich selbst und jeden anderen in seiner Umgebung. Diese Barriere würde sie auch als seine Ehefrau vielleicht nie einreißen können. Außer im Bett. Die Bilder jener Stunden mit ihm tauchten plötzlich vor Barrie auf und ließen sie leicht erröten. Dort in der Baracke hatte er die Kontrolle verloren. Es war … atemberaubend gewesen.

„Wann geht der Flug?" Sie beeilte sich, um mit ihm Schritt zu halten. „Bleibt noch Zeit, damit ich zur Bank gehen kann? Ich muss meine Konten schließen."

„Wenn wir zu Hause sind, kannst du dir das Geld anweisen lassen.“

Während Zane ihr Gepäck in dem Mietwagen verstaute, ging Barrie zum Arbeitszimmer ihres Vaters und klopfte zaghaft an die Tür. Es kam keine Antwort. Nach einer Weile ging Barrie trotzdem hinein. Ihr Vater saß an seinem Schreibtisch, die Ellbogen aufgestützt, das Gesicht in den Händen.

„Auf Wiedersehen, Dad“, sagte sie leise. Wieder keine Antwort, doch sie sah seinen Adamsapfel hüpfen, als William hart schluckte. „Ich lasse dich wissen, wo ich bin.“

„Nein“, stieß er erstickt hervor und hob den Kopf. „Nicht sofort. Warte … warte eine Zeit lang ab.“

„Nun gut“, flüsterte sie. Sie verstand, und das Wissen darum traf sie mit Wucht. Es war sicherer für Barrie, wenn er es nicht wusste.

„Liebes, ich …“ Er hielt inne und schluckte erneut. „Ich will nur, dass du glücklich bist. Und in Sicherheit.“

„Ich weiß.“ Barrie fühlte die Tränen auf ihren Wangen und wischte sie hastig fort.

„Er ist nicht der Mann, den ich mir für dich gewünscht habe. Die SEALs sind … Lassen wir das.“ Er seufzte. „Vielleicht wird er für deine Sicherheit sorgen können, ich hoffe es von ganzem Herzen. Ich liebe dich, Kleines. Du bist mein Leben. Ich wollte niemals, dass …“ Er brach ab, es war ihm unmöglich weiterzusprechen.

„Ich liebe dich auch, Dad.“ Leise zog sie die Tür hinter sich zu und stand eine Weile mit gebeugtem Kopf da.

Barrie hörte ihn nicht, aber plötzlich war Zane neben ihr. Er legte den Arm um ihre Schultern und führte sie zum Wagen. Er stellte keine Fragen, öffnete nur den Wagenschlag und half ihr auf den Beifahrersitz. Als er die Tür zuschlug, war es mit unmissverständlicher Endgültigkeit.

„Mehr Privatsphäre werden wir für eine Weile nicht haben. Warum erzählst du mir nicht, was los ist?“ Zane setzte eine Sonnenbrille auf, sodass Barrie seine Augen nicht mehr sehen konnte, aber sie wusste, wie kühl und distanziert sein Blick war.

Sie hob ihr Kinn und starrte geradeaus durch die Windschutzscheibe. Seine Frage klang wie ein Befehl. Es würde nicht leicht werden, aber Zane musste alles erfahren. Sie brauchte seinen Schutz, zumindest so lange, bis das Kind geboren war. Und er würde nur wachsam sein, wenn er über die Bedrohung Bescheid wusste. Sie musste ehrlich zu ihm sein. „Ich will, dass du es weißt ... Einer der Gründe, warum ich deinen Antrag annehme, ist der, dass ich Schutz brauche. Du bist ein SEAL. Falls irgendeine Gefahr auftauchen sollte ... dann weiß ich, dass du in der Lage bist, damit umzugehen."

„Gefahr? Wieso?" Er klang sachlich, nahezu desinteressiert.

Barrie nahm an, dass Gefahr für ihn normal war und eher der Regel als der Ausnahme entsprach. „Ich glaube, die Kidnapper werden es noch einmal versuchen." Unbewusst legte sie schützend die Hand auf ihren Leib, auf das heranwachsende neue Leben.

Zane warf einen Blick in den Rückspiegel, prüfte den fließenden Verkehr zu den Seiten. Ohne weitere Fragen kam er sofort auf den Punkt. „Hast du dich mit deinem Verdacht an das FBI gewandt? Die Polizei?"

„Nein."

„Warum nicht?"

„Weil ich vermute, dass mein Vater darin verwickelt ist."

Wieder schaute er in die Spiegel. „Inwiefern?"

Er klang so verflixt teilnahmslos. Wenn er so beherrscht sein konnte, schaffte sie das auch. Sie ballte die Fäuste und zwang sich, die Stimme ruhig zu halten. „Bei der Entführung ging es nicht um Lösegeld. Also können sie nur Informationen von meinem Vater gewollt haben. Ich kann mir absolut nicht denken, was es sonst gewesen sein könnte."

Zane schwieg eine Weile, während er eine Wagengruppe überholte. Barrie konnte fast hören, wie sein Verstand arbeitete. „Dein Vater muss bis zum Hals drinstecken", sagte er schließlich. „Sonst wäre er selbst zum FBI gegangen. Man hätte dich an einen geheimen Ort gebracht und dich mit einer undurchdringlichen Mauer von Agenten abgesichert."

Zane kam also zu genau dem gleichen Schluss. Das ließ Barrie sich nicht besser fühlen. „Seit er in Virginia ist, benimmt er sich unmöglich. Ich darf das Haus nicht allein verlassen, und er kontrolliert alle Anrufe. Sein Beschützerinstinkt war immer stark, aber so übertrieben nie. Zuerst glaubte ich, es sei nur eine Überreaktion, wegen der Geschichte, die in Athen passiert ist. Aber dann dachte ich darüber nach, und mir wurde klar, dass die Bedrohung immer noch existiert."

Sie schluckte. „Ich hatte beschlossen, mich heute Nacht davonzuschleichen und für eine Weile unterzutauchen." Wäre Zane einen Tag später angekommen, wäre sie längst fort gewesen. Zane hätte sie nie gefunden, und sie hätte ihn nicht kontaktieren können. Der Gedanke trieb ihr die Tränen in die Augen. Himmel, es war so knapp gewesen.

„Halt dich fest", sagte er jetzt, riss gleichzeitig das Steuer herum und bog scharf nach rechts in eine Straße ein. Reifen quietschten, ein Hupkonzert empörter Autofahrer ertönte. Trotz seiner Warnung fand Barrie kaum Zeit, und ihr Sicherheitsgurt hakte hart ein.

„Was ist denn?", rief sie erschreckt aus und versuchte, den abschnürenden Gurt zu lockern.

„Könnte sein, dass wir Gesellschaft haben. Ich wollte kein Risiko eingehen."

Alarmiert drehte Barrie sich in ihrem Sitz um und schaute nach hinten auf die Kreuzung. Sie versuchte, ein bekanntes Auto auszumachen oder einen Wagen, der das gleiche gefährliche Manöver wie sie vollführte, um ihnen zu folgen. Aber sie konnte nichts Auffälliges entdecken, alles schien normal.

„Zwei Männer zwischen dreißig und vierzig, weiß, beide mit Sonnenbrillen", verkündete Zane absolut gleichmütig. Barrie kannte diese ungeheure Ruhe in ihm aus Benghazi. Je gefährlicher die Situation, desto leidenschaftsloser und beherrschter war Zane geworden. Wenn er es für nötig befunden hatte, die Fahrtrichtung zu ändern, dann gab es auch einen Grund dafür.

Barrie wurde übel. Zu mutmaßen, dass sie in Gefahr war, war eine Sache, es zu wissen, eine ganz andere.

Dann erfasste sie den Sinn seiner Worte. „Weiße? Aber …" Sie brach ab. Natürlich. Unbewusst hatte sie nach dunkelhäutigen Männern gesucht, Libyern. Aber wenn Mack Prewett involviert war, dann würde er seine eigenen Männer einsetzen. Was bedeutete, dass sie sich vor jedem in Acht nehmen musste. Hellhäutig, dunkelhäutig – Barrie konnte niemandem trauen. Nur Zane.

„Da sie jetzt meinen Wagen kennen, werden wir umsteigen müssen." Zane bog in die nächste Straße ein, diesmal nicht ganz so rasant, aber er verlangsamte die Geschwindigkeit auch nicht mehr als unbedingt nötig. „Ich muss einen Anruf machen, damit sich jemand um den Wagen kümmert. Wir lassen uns dann zum Flughafen bringen."

Barrie fragte nicht, wen er anrufen wollte. „Sie werden mich so oder so finden", sagte sie, als sie an das Flugticket dachte, das sicher auf ihren Namen ausgestellt war.

„Irgendwann schon, sicher. Aber es wird eine Weile dauern. Und bis dahin haben wir einen Vorsprung."

Nachdenklich presste sie die Lippen aufeinander. „Vielleicht nicht. Ich habe heute gehört, wie Dad mit Mack Prewett telefonierte. Mack ist CIA-Stationschef in Athen. Dad sagte zu ihm, dass er die Sache zu Ende bringen solle und dass ich nie mit hätte hineingezogen werden dürfen."

Zane hob die Augenbrauen. „Ich verstehe." Ja, natürlich verstand er. Würde ihr Vater mit der CIA in einer sauberen Sache zusammenarbeiten, dann würde Lovejoy auch die Möglichkeit haben, von offizieller Seite Schutz für seine Tochter zu bekommen. Dass Mack Prewett involviert war, änderte alles. Der Mann hatte Zugang zu Informationen, an die Normalsterbliche nie herankamen. Mack würde innerhalb von Minuten in Erfahrung bringen, ob Barrie einen Flug von einem der großen Flughäfen genommen hatte. „Falls sie clever genug waren, sich das Nummernschild zu merken, werden sie meinen Namen sehr bald kennen. Falls nicht, haben sie nicht die geringste Ahnung. Trotzdem brauchen wir den Plan vorerst nicht zu ändern. Wir nehmen die Maschine nach Las Vegas und hängen sie dort ab."

„Wie? Wenn Mack Zugang zu deiner Akte hat …"

„Ich habe den Dienst quittiert. Ich bin kein SEAL mehr."

„Oh." Barrie hatte sich bereits als Ehefrau eines Offiziers gesehen und sich auf die häufigen Versetzungen und die gesellschaftlichen Verpflichtungen eingestellt – was nicht viel anders als das Leben in der Botschaft gewesen wäre, nur eben Militärs, keine Diplomaten. Nun musste sie wieder umdenken, und ihr wurde klar, dass sie überhaupt keine Vorstellung davon hatte, wie ihr gemeinsames Leben aussehen würde. „Und was machen wir dann?", fragte sie.

„Ich habe einen Sheriffposten übernommen, unten in Arizona. Der vorherige Sheriff ist während der Amtszeit verstorben, ich wurde vom Gouverneur eingesetzt, um den Posten bis zu den Neuwahlen zu besetzen. Wir bleiben also für mindestens zwei Jahre in Arizona, wenn nicht länger."

Zane als Sheriff! Das war auf jeden Fall eine Überraschung. Die nüchterne Ankündigung verstärkte nur, dass Barrie alles unwirklich vorkam. „Welchen Job du hast, ist wohl unwichtig", sagte sie so ruhig wie möglich. „Wichtig ist deine Ausbildung."

Zane lenkte den Wagen in ein Parkhaus. „Ich verstehe", sagte er mit tonloser Stimme. „Du hast eingewilligt, mich zu heiraten, weil du glaubst, dass ich in der Lage bin, dich zu beschützen." Er ließ das Fenster herunter und zog einen Parkschein. Der rote Schlagbaum hob sich, und Zane fuhr in das Gebäude.

Barrie rang nervös die Hände. Ihr Glücksgefühl schwand rapide und wurde verdrängt durch neue Sorgen. Zane war zu ihr gekommen und hatte ihr einen Antrag gemacht, aber vielleicht irrte sie sich ja, was die Anziehung zwischen ihnen anging. Zane schien nicht besonders glücklich zu sein, sie wiederzusehen. Obwohl ... sie hatte ihn mit einem Riesenpaket von Problemen begrüßt. Schon bald wäre er Ehemann und Vater. Zusätzlich musste er noch für die Sicherheit von Frau und Kind sorgen, gegen einen Gegner, den er nicht kannte.

Er hat mich nicht einmal geküsst, dachte sie und musste plötzlich Tränen unterdrücken. Dabei wunderte sie sich, dass sie jetzt an so etwas dachte. Wenn Zane recht hatte und sie tatsächlich verfolgt wurden, dann war die Gefahr größer als befürchtet. Wieso also hinterfragte sie seine Gründe für den Heiratsantrag? Das Baby und dessen Sicherheit waren schließlich die Hauptgründe, aus denen Barrie den Antrag angenommen hatte.

„Ich möchte, dass du unser Baby beschützt", sagte sie leise. „Es gibt noch andere Gründe, aber das ist der wichtigste." Ihre Gefühle für Zane waren etwas, mit dem sie allein fertig werden konnte, aber bei ihrem Kind würde sie keinerlei Risiko eingehen.

„Ja, ein sehr wichtiger sogar." Zane warf ihr einen kurzen Seitenblick zu und bog in eine Parkbucht. „Ich werde nicht zulassen, dass dir oder dem Kind etwas zustößt." Er nahm die Sonnenbrille ab und stieg mit einem knappen „Warte hier" aus. Beim Ausgang gab es eine öffentliche Telefonzelle, auf die Zane mit großen Schritten zuging. Er wählte eine Nummer und sprach in die Muschel, ohne den Wagen oder Barrie aus den Augen zu lassen.

Barrie starrte zu ihm hinüber und fühlte ihre Nerven flattern. Da stand der Mann, den sie heiraten würde. Er schien ihr größer, als sie ihn in Erinnerung hatte, und ein wenig dünner. Sein Haar war länger, die Haut noch genauso gebräunt. Außer dass er an Gewicht verloren hatte, sah man Zane nicht an, dass er vor etwas über zwei Monaten angeschossen worden war. Seine körperliche Kondition war geradezu einschüchternd. Er war einschüchternd.

Wie hatte Barrie das nur vergessen können? Sie hatte sich nur an seine Behutsamkeit erinnert, an seine Leidenschaft und zärtliche Fürsorge. Dass Zane mit bloßen Händen den Wachposten in Benghazi getötet hatte, war Barrie völlig entfallen. Sie hatte seine tödlichen Fähigkeiten für ihre Zwecke eingeplant, aber sie hatte dabei verdrängt, dass diese Fähigkeiten Teil seines Wesens ausmachten und nicht nach Belieben aufgerufen und danach wieder abgeschaltet werden konnten. Mit dieser Seite seines Charakters würde sich Barrie auseinandersetzen müssen, Tag für Tag, und ihn als den Mann akzeptieren, der er war. Er würde nie ein zahmes Hauskätzchen sein.

Es durchzuckte sie wie ein Blitz – die Selbsterkenntnis. Ja, sie brauchte Sicherheit, wegen des Babys. Aber Barrie wollte nicht den Rest ihres Lebens behütet und bemuttert werden. Der Vorfall in Benghazi hatte ihr gezeigt, dass sie härter im Nehmen war, als sie je von sich gedacht hätte. Ihr Vater hätte seinen Segen gegeben, würde sie einen aufstrebenden Diplomaten heiraten. Aber Barrie wollte Aufregung in ihrem Leben, etwas Feuriges, Ungezähmtes, und Zane Mackenzie würde ihr das bieten. Trotz dieser entnervenden Selbstbeherrschung, die er an den Tag legte, war er wild und ungebändigt. Bei ihm war das nicht nur eine von vielen Charaktereigenschaften, es war sein innerster Kern.

Die Spannung, die zwischen ihnen herrschte, rieb Barrie auf. Sie hatte davon geträumt, wie er sie finden und in seine Arme reißen würde, und als sie heute die Tür geöffnet hatte, hatte sie, Närrin, die sie war, erwartet, dass ihre Träume wahr werden würden. Aber die Wirklichkeit war immer viel komplizierter als die Fantasien, die man sich ausmalte.

Tatsache war, sie kannten sich insgesamt maximal vierundzwanzig Stunden, und der größte Teil davon war zwei Monate her. Vielleicht war Zane ja mit jemand anderem zusammen. Vielleicht hatte nur sein Verantwortungsgefühl ihn zu ihr getrieben, um herauszufinden, ob die kurzen, leidenschaftlichen Stunden Konsequenzen gehabt hatten. Ein Mann wie er würde so etwas tun – der Freundin oder vielleicht sogar Verlobten den Rücken kehren, um die Verantwortung für das Kind zu übernehmen.

Da war sie wieder, die Wand des Unbekannten. Barrie wusste nichts über Zane. Hätte sie wenigstens seinen familiären Hintergrund gekannt, so hätte sie ihn auch finden können. Stattdessen musste Zane denken, dass sie nicht einmal genügend Interesse aufbrachte, um sich nach seinem Gesundheitszustand zu erkundigen.

Er kam jetzt zum Wagen zurück, mit ausholenden und doch geschmeidigen Schritten, ein Raubtier auf Beutezug, so wie sie es in Erinnerung hatte. Seine ausdruckslose Miene ließ absolut nichts von dem ahnen, was er dachte. Er zog die Wagentür auf und glitt hinter das Steuer. „In ein paar Minuten werden wir abgeholt."

Barrie nickte stumm, mit ihren Gedanken noch bei dem Wirrwarr ihrer eigenen Geschichte. Bevor sie den Mut verlieren konnte, hob sie an: „Ich habe versucht, dich zu finden. Sie haben mich nach Athen zurückgebracht, noch während man dich operierte. Ich wollte zu dir, erfahren, ob du überhaupt noch lebst, wie es dir ging, in welchem Krankenhaus du lagst … irgendetwas. Dad hat Admiral Lindley instruiert, jede Anfrage von mir abzublocken. Ich erfuhr nur, dass du wieder gesund würdest, mehr nicht."

„So etwas Ähnliches dachte ich mir. Ich rief in der Botschaft an und wurde prompt zu deinem Vater durchgestellt."

„Er hat deinen Anruf mit keinem Wort erwähnt." Pein und Ärger meldeten sich erneut in Barrie, die beiden Emotionen, die sie am häufigsten empfunden hatte, seit sie von der Montgomery zurück war. Also hatte Zane versucht, sie zu kontaktieren. Das Herz wurde ihr ein wenig leichter. „Als ich in Virginia nach Hause kam, versuchte ich es bei der Navy, aber auch die wollten mir nichts sagen."

„Nein, die Antiterroreinheit unterliegt der strikten Geheimhaltung." Er sah in den Seitenspiegel und beobachtete ein Auto, das langsam an ihnen vorbeifuhr und nach einem Parkplatz suchte.

Barrie saß angespannt da, bis der Wagen in der Auffahrt zum nächsten Parkdeck verschwand. „Es tut mir so leid", sagte sie nach einer Weile. „Ich weiß, ich mute dir eine Menge zu."

Er schaute sie an, mit klaren blauen Augen. „Ich wäre nicht hier, wenn ich es nicht wollte."

„Hast du eine Freundin?"

Dieses Mal betrachte er sie so durchdringend und so lange, dass sie errötete. „Hätte ich eine, hätte ich nicht mit dir geschlafen", meinte er schließlich tonlos.

Oh, Himmel. Es wurde immer schlimmer. Er zog sich immer mehr zurück, als hätte der flüchtige Moment des Verstehens zwischen ihnen nie existiert, als er gefragt hatte, ob sie ihn heiraten wolle.

Ihr Magen zog sich zusammen, Barrie schluckte, um das Unwohlsein zu vertreiben. Sie konnte nur hoffen, dass die allmorgendliche Übelkeit sich nun nicht auch auf den Nachmittag ausdehnte. Keine Sekunde später sprang Barrie aus dem Wagen und sah sich hektisch nach einer Toilette um. Großer Gott, gab es in Parkhäusern überhaupt öffentliche Toiletten?

„Barrie!" Zane war ebenfalls ausgestiegen und kam mit alarmierter Miene auf sie zu. Er wollte sie anscheinend begleiten, dabei hatte sie noch nicht einmal beschlossen, in welche Richtung sie rennen sollte. Zum Treppenhaus? Oder zum Lift? Sie dachte an die Menschen dort und verwarf die Idee sofort. Sie hätte sich hier auf dem Beton übergeben können, aber die Vorstellung war ihr widerwärtig. Nur … Hastig schlug Barrie eine Hand vor den Mund.

Zane war jetzt neben ihr, und sein Blick wurde weich. „Komm." Er stützte sie und führte sie zu der halbhohen Außenmauer. Barrie dachte an die unschuldigen Fußgänger, die dort unten vielleicht vorbeigingen, aber Zanes Griff war fest, und ihr Magen konnte nicht länger warten. Zane half ihr, als sie sich über die Mauer beugte.

Als alles vorbei war, zitterte Barrie am ganzen Körper. Ihr einziger Trost, als sie die Augen öffnete, war, dass sie auf eine verlassene Seitenstraße hinunterblickte. Zane hielt sie fest, während er ihr mit einem Taschentuch sanft den Schweiß vom Gesicht tupfte und es ihr dann reichte, damit sie sich den Mund abwischen konnte. Barrie war sehr verlegen. Die Erziehung im Schweizer Internat hatte nie beinhaltet, wie eine Dame sich benahm, nachdem sie sich in aller Öffentlichkeit übergeben hatte.

Und da erst merkte sie, dass Zane beruhigend auf sie einsprach und mit den Lippen über ihre Schläfen fuhr. Eine starke Hand hatte er auf ihren Bauch gelegt, so als hielte er schützend sein Kind. Barrie wollten die Knie nachgeben, sie ließ sich gegen Zane sinken und barg ihr Gesicht an seiner Schulter.

„Immer schön langsam, Liebling", flüsterte er und drückte die Lippen auf ihr Haar. „Schaffst du es allein zum Auto oder soll ich dich tragen?"

Sie konnte keinen klaren Gedanken fassen. Nach einer Sekunde glaubte Zane wohl, ihr genug Zeit für eine Antwort gelassen zu haben, also traf er die Entscheidung für sie. Mit einer schnellen Bewegung hob er Barrie auf seine Arme und war mit wenigen großen Schritten beim Wagen. Vorsichtig setzte er sie auf den Beifahrersitz, hob ihre Beine hinein und richtete ihren Rock. „Möchtest du etwas trinken? Eine Limonade vielleicht?"

Etwas Kaltes, um sich den Mund auszuspülen – wundervoll. „Nichts mit Koffein", brachte sie heraus.

„Ich bin nicht länger als zwanzig Sekunden weg. Achte auf vorbeifahrende Autos und drück auf die Hupe, sollte dich irgendetwas beunruhigen."

Sie nickte, und er verriegelte die Tür, sodass Barrie in einem Kokon aus Stille wartete. Sie hätte lieber draußen frische Luft geschnappt, aber Barrie verstand, warum sie besser nicht für jeden, der vorbeikam, sichtbar sein sollte.

Sie legte den Kopf zurück und atmete tief durch. Die Übelkeit war so schnell verschwunden, wie sie gekommen war, auch wenn Barrie sich noch schwach und schläfrig fühlte – und ein wenig verwirrt über Zanes Fürsorge.

Eigentlich sollte sie nicht überrascht sein. Sie trug sein Kind unter dem Herzen. Deshalb hatte er sie ja überhaupt gesucht. Sobald ihm ihre Übelkeit bewusst geworden war, hatte Zane in Sekundenschnelle reagiert.

Das Klopfen an der Fensterscheibe ließ Barrie zusammenzucken. Kaum denkbar, dass Zane in so kurzer Zeit etwas zu trinken besorgt haben konnte, aber die grüne Limonadendose, die er ihr hinhielt, war der Beweis. Und plötzlich hatte Barrie solchen Durst, dass sie ihm die Dose regelrecht aus der Hand riss und in langen Zügen trank.

Mit einem zufriedenen Seufzer ließ sie sich in den Sitz zurücksinken. Dann hörte sie das leise, tiefe Lachen. Sie drehte den Kopf. Zane betrachtete sie mit amüsiertem Blick, und in seinen Augen lag noch ein anderer Ausdruck, etwas Wildes und Lüsternes.

„Das ist das erste Mal, dass es mich erregt, einer Frau beim Trinken zuzusehen. Willst du noch etwas? Ich werde versuchen, mich zu beherrschen, aber garantieren kann ich für nichts."

Barrie riss die Augen auf, das Blut schoss ihr in die Wangen. Sie warf einen hastigen Blick auf seinen Schoß. Er sagte die Wahrheit! Sie ballte die Fäuste, das Bedürfnis, ihn zu berühren, war nahezu übermächtig. „Ich habe keinen Durst mehr." Ihre Stimme klang heiser. „Aber ich bin gern bereit, noch eine Limo zu trinken, wenn du möchtest."

Das Lachen schwand aus Zanes Blick, die Lust blieb. Er streckte die Arme nach Barrie aus, als sein Kopf jäh herumfuhr. Seine Aufmerksamkeit galt ganz dem herannahenden Wagen.

„Da ist unsere Mitfahrgelegenheit." Seine Stimme war wieder kühl und distanziert.

10. KAPITEL

Barrie heiratete ihn, weil sie seinen Schutz brauchte. Dieser Gedanke nagte an Zane während des gesamten Fluges nach Las Vegas. Sie saß still neben ihm, nickte immer wieder ein und sprach nur, wenn sie etwas gefragt wurde. Sie sah erschöpft aus wie jemand, der lange unter Druck gestanden hat. Jetzt, da die Anspannung nachließ, verlangte ihr Körper sein Recht. Irgendwann schlief Barrie fest ein, den Kopf an seiner Schulter.

Die Schwangerschaft würde ihr ebenfalls einiges abverlangen. Noch war keine Veränderung zu sehen, aber Zane hatte miterlebt, wie müde Shea und Loren jedes Mal in den ersten Monaten gewesen waren. Caroline hingegen hatten selbst fünf Söhne nicht die Energie rauben können.

Als Zane an das Baby dachte, schwappte eine heiße Welle von Beschützerinstinkt über ihn. Barrie trug sein Kind. Er wollte sie in seine Arme und auf seinen Schoß ziehen. Aber ein voll ausgebuchtes Flugzeug war nicht der richtige Ort für das, was ihm vorschwebte. Das würde bis nach der Hochzeit warten müssen, wenn sie allein in einem Hotelzimmer waren.

Er wollte sie mehr denn je.

Als sie an der Tür gestanden und ihn mit diesen erstaunten grünen Augen angesehen hatte, war die Leidenschaft so schnell und so unerwartet in ihm aufgeflammt. Nur das Auftauchen William Lovejoys hatte ihn dazu gebracht, sich zurückzuhalten.

Er hätte nicht so lange warten dürfen. Er hätte zu ihr gehen sollen, sobald er wieder genug Kraft hatte. Barrie lebte in ständiger Angst und hielt in der gleichen Weise durch wie in Benghazi – mit stiller Entschlossenheit.

Sie sollte nie wieder Angst haben müssen.

Es war wie ein freudiges Wiedersehen gewesen, als Spooky und Bunny in dessen getuntem 1969er Oldsmobil ankamen. Barrie hatte sich mit einem begeisterten Aufschrei auf die beiden gestürzt, um sie zu umarmen. Beide waren in Zivil und hatten ihre Waffen unauffällig unter dem Jackett versteckt, wie Zane mit geübtem Blick bemerkte. Normalerweise trug keiner von ihnen Waffen, wenn sie nicht im Dienst waren. Zane hatte ihnen die Situation erklärt und die Vorbereitungen ihnen überlassen. Schließlich war er nicht mehr ihr kommandierender Offizier. Wie üblich hatten die beiden sich auf alle Eventualitäten eingestellt. Zanes eigenes Halfter war unter dem leichten Sommerjackett nicht zu sehen.

„Machen Sie sich keine Sorgen, Ma'am", hatte Spooky Barrie versichert. „Wir werden Sie und den Boss heil zum Flughafen bringen. Nichts außerhalb von NASCAR kann mit Bunnys Wagen mithalten."

„Das kann ich mir vorstellen." Barrie beäugte den Wagen. Er sah recht unauffällig aus, hellgrau, nicht mehr Chrom als bei jedem anderen Auto vom Laufband. Nur das satte Dröhnen des Motors im Leerlauf und die breiten Reifen ließen erahnen, dass dieser Wagen alles andere als gewöhnlich war.

„Kugelsicheres Glas, verstärktes Blech", bestätigte Bunny voller Besitzerstolz, während er Zane half, das Gepäck von einem Kofferraum in den anderen zu räumen. „Stahl wäre zu schwer gewesen, dann hätte ich an Geschwindigkeit eingebüßt. Das hier ist eine ganz neue Generation von Metall, leicht und widerstandsfähig. Ich arbeite noch am Feuerschutz."

„Ich fühle mich absolut sicher", sagte Barrie, als sie und Zane auf die hinteren Sitze des Zweitürers kletterten. „Wo ist Nascar?", fragte sie Zane leise, als sie saßen.

Spooky hatte Ohren wie ein Luchs. Mit ungläubiger Miene drehte er sich zu ihr um. „Nicht wo, Ma'am, sondern was." Man merkte ihm an, wie schwer es ihm fiel, sein Entsetzen über so viel Unwissenheit zu verbergen. Im Süden war er damit groß geworden. „Stock Car Racing, Autorennen mit aufgemotzten Serienwagen."

„Oh." Barrie lächelte entschuldigend. „Ich war wohl zu lange in Europa. Ich weiß sehr wenig über Autorennen, ich kenne nur die Formel Eins."

Bunny schnaubte herablassend. „Das sind doch Spielzeugautos. Mit denen kann man nicht auf normalen Straßen fahren. Stock Cars, das sind richtige Rennwagen." Während er sprach, lenkte er seinen täuschend harmlos aussehenden Wagen aus dem Parkhaus.

„Bei Pferderennen bin ich des Öfteren gewesen." Barrie versuchte, ihren Ruf zu retten.

Zane verkniff sich das Grinsen über ihren höflichen Ton. „Reitest du selbst?"

Sie wandte sich ihm zu. „Ja. Ich liebe Pferde."

„Dann werden Sie gut zu den Mackenzies passen", kommentierte Spooky. „Der Boss züchtet Pferde … in seiner Freizeit." Die Ironie war nicht zu überhören. Ein SEAL hatte etwa so viel Freizeit wie ein Albino Farbpigmente.

„Wirklich?" Barries Augen schimmerten.

„Mir gehören ein paar. Dreißig ungefähr."

„Dreißig!" Barrie setzte sich verwirrt zurück. Zane wusste genau, was sie jetzt dachte: Ein Pferd zu besitzen war kostspielig, bei dreißig Tieren brauchte man Geld und Land, auf dem man sie halten konnte. Das hatte Barrie wohl kaum von einem Ex-Marineoffizier erwartet.

„Es ist eine Art Familienunternehmen", erklärte er und schaute sich gleichzeitig nach möglichen Verfolgern um.

„Die Luft ist rein, Boss", ließ Bunny sich vernehmen, und Zane entspannte sich etwas. Bunny nahm den längstmöglichen Weg zum Flughafen, bog immer wieder ab und fuhr auf Umwegen, aber niemand folgte ihnen. Alles war also unter Kontrolle – zumindest im Moment.

Ohne Zwischenfälle kamen sie an. Bunny und Spooky begleiteten Zane und Barrie und warteten, bis die beiden eingecheckt hatten. Spooky und Bunny würden sich um den Leihwagen kümmern und ihn zurückgeben, bei einer anderen Station als der, wo Zane ihn übernommen hatte. Nur ein weiterer kleiner Kniff, um mögliche Verfolger zu verwirren.

Und so saßen Zane und Barrie nun sicher in der Maschine nach Vegas, und Zane überlegte, wie er die Gefahr endgültig von Barrie abwenden konnte.

Der erste Schritt war leicht: Er würde Chance darauf ansetzen, herauszufinden, in was für eine Sache Barries Vater verwickelt war. Um Barries willen hoffte er, dass es sich nicht um Landesverrat handelte. Doch ganz gleich, was es war, Zane würde dem Ganzen Einhalt gebieten. Chance hatte Informationsquellen, um die jeder Geheimdienst ihn beneiden würde. Falls William Lovejoy sein Land verriet, würde er nicht ungeschoren davonkommen. Es gab gar keine Alternative. Seit er erwachsen war und im Berufsleben stand, hatte Zane seine gesamte Zeit damit verbracht, sein Land zu schützen. Und jetzt hatte er als Gesetzeshüter geschworen, für Recht und Gesetz einzustehen. Nicht einmal für Barrie würde er die Augen verschließen. Er wollte nicht, dass sie verletzt wurde, aber er würde alles tun, damit sie in Sicherheit war.

Barrie schlief fest, bis die Maschine aufsetzte. Sobald die Räder die Landebahn berührten, richtete sie sich leicht desorientiert auf und strich sich das Haar aus dem Gesicht. Sie hatte noch nie im Flugzeug schlafen können, diese Müdigkeit war eine der körperlichen Veränderungen, die die Schwangerschaft bewirkte. Die Unmöglichkeit, diesen Prozess zu beeinflussen, ängstigte Barrie ein wenig.

Anderseits hatten die Schwangerschaft und die Verantwortung für ein neues Leben ihr eine ungeheure Energie verliehen. Sie brauchte diese neue Entschlossenheit, um sich den Umwälzungen in ihrem Leben zu stellen.

„Ich würde gern erst duschen und mich umziehen“, sagte sie. Es mochte eine schnelle Hochzeit werden, so ganz und gar nicht wie die Feier, die Barrie sich immer erträumt hatte. Sie war bereit, auf aufwendige Pracht zu verzichten. Aber in zerknitterten, verschwitzten Kleidern und mit Schlaf in den Augen würde sie nicht vor den Friedensrichter treten.

„Sicher, wir nehmen uns ein Hotelzimmer.“ Zane rieb sich über die Bartstoppeln. „Ich muss mich rasieren.“

Damals, an jenem Tag in Benghazi, hätte er auch eine Rasur nötig gehabt. Erinnerungen stiegen in Barrie auf, wie sein raues Kinn ihre Brüste gestreift hatte, und jähe Hitze durchströmte sie. Die leichte Kühlung von der Luftdüse über ihrem Sitz reichte plötzlich nicht mehr aus.

Sie konnte nur hoffen, dass Zane es nicht bemerkte. Eine sinnlose Hoffnung, denn er war darauf trainiert, jegliches Detail um sich herum zu registrieren. Barrie nahm an, dass er sogar in der Lage war, eine genaue Personenbeschreibung sämtlicher Passagiere im Flugzeug abzugeben. Bevor sie eingeschlafen war, war ihr aufgefallen, wie er jeden, der sich ihren Sitzplätzen näherte, wachsam im Auge behalten hatte.

„Ist dir übel?“, fragte er prompt. Er hatte also die Röte auf ihrem Gesicht gesehen.

„Nein, nur ein bisschen warm." Das war die reine Wahrheit … das Rot vertiefte sich dennoch.

Zane musterte sie aufmerksam, und die Sorge in seinen Augen änderte sich plötzlich, als er den richtigen Schluss zog. Mist! Nicht einmal das konnte sie vor ihm geheim halten. Von Anfang an war es, als könne er ihre Gefühle erkennen, sobald sie sie empfand.

Langsam, mit halb geschlossenen Lidern ließ er den Blick zu ihren Brüsten gleiten. Barrie atmete tief ein, als ihr Körper auf diesen Blick sofort reagierte.

„Sind sie empfindlicher?", murmelte er fragend.

Grundgütiger, warum tut er mir das an? fragte sie sich verzweifelt. Sie saßen in einem Flugzeug voller Menschen, rollten auf das Ankunftsterminal zu, und Zane fragte nach ihren Brüsten und sah sie an, als würde er ihr jeden Moment die Kleider vom Leib reißen.

„Und? Sind sie?"

„Ja", flüsterte sie. Ihr gesamter Körper schien empfindsamer zu sein, aufgrund der Schwangerschaft und Zanes Nähe. Schon bald würde er ihr Ehemann sein und sie in seinen Armen liegen.

„Erst die Trauung." Es war, als würde er ihre Gedanken aussprechen. „Sonst kommen wir vor morgen nicht aus dem Hotelzimmer heraus."

„Kannst du Gedanken lesen?", fragte sie atemlos.

Ein träges Lächeln umspielte seinen wunderschönen Mund. „Man muss keine paranormalen Fähigkeiten haben, um zu wissen, was diese harten Knospen bedeuten."

Barrie sah an sich herunter und lief purpurrot an. Hastig verschloss sie ihr Hemd über der Brust, und Zane lachte tief und leise. Zumindest hatte der Lärm während der Landung seine Worte verschluckt, niemand hatte ihr Gespräch mitanhören können.

Die Flugbegleiter instruierten die Passagiere, auf den Sitzen zu warten, bis die Maschine stillstand und die Türen geöffnet würden. Wie üblich achtete niemand auf die Anweisungen. Die Leute standen bereits im Mittelgang und holten ihr Handgepäck aus den Fächern über den Sitzen. Zane erhob sich ebenfalls, die Bewegung ließ kurz sein Jackett aufklappen, und Barrie erhaschte einen Blick auf das Waffenhalfter an seiner linken Seite. Dann bewegte er eine Schulter, und das Jackett fiel wieder zu – eine Bewegung, die so automatisch erfolgte, dass er sie wohl Tausende Male gemacht haben musste.

Barrie hatte gewusst, dass Zane bewaffnet war, schließlich hatte er vor dem Abflug die Flughafenbehörde und die Sicherheit informiert. Während des Fluges jedoch war es Barrie gelungen, die jüngsten Ereignisse für eine Weile zu vergessen. Der Anblick der Automatikwaffe brachte die Erinnerung abrupt zurück.

Jetzt reichte Zane ihr eine Hand, um ihr zu helfen, während Barrie in den Gang trat. Die Schlange, die darauf wartete, dass die Türen geöffnet wurden, stand eng aneinandergepresst da. Barrie fühlte Zane hinter sich an ihrem Rücken wie eine warme, solide Wand. Sein Atem strich über ihr Haar und machte ihr erneut bewusst, wie groß Zane war. Ihr Kopf passte perfekt in seine Schulterbeuge.

Der Mann vor ihr trat einen Schritt zurück, rempelte Barrie an und schob sie damit ein Stück nach hinten. Sofort legte Zane seine große Hand schützend auf ihren Leib. Barrie presste die Lippen aufeinander, ihre Sorge um das Baby machte dem exquisiten Gefühl der Berührung Platz. Lange würde Barrie das nicht mehr aushalten. Wenn sich nicht bald etwas änderte, würde sie noch den Verstand verlieren.

Die Schlange der Passagiere setzte sich in Bewegung, sobald die Türen geöffnet wurden, jeder drängte nach draußen. Zane nahm seine Hand von Barries Bauch. Barrie erhaschte den Blick einer älteren Dame, die auf ihrem Sitz darauf wartete, dass die Drängelei vorüberging, und die Frau lächelte ihr verstehend zu.

„Ma'am." Zane nickte der alten Dame höflich zu, und Barrie wusste, er hatte auch diesen kleinen Austausch aufgefangen. Seine außergewöhnliche Beobachtungsgabe wurde ihr langsam unheimlich. Was, wenn sie gar nicht wollte, dass er etwas mitbekam? Die meisten Frauen wären wohl hingerissen von einem aufmerksamen Ehemann – nur nicht aufmerksam in dem Maße, wie es bei Zane Mackenzie der Fall war.

Allerdings ... wenn die Alternative hieß, ohne ihn zu leben, dann würde Barrie sich eben daran gewöhnen. Da hatte sie sich volle zwei Monate nach ihm verzehrt, und jetzt, da Zane bei ihr war, sollte sie etwa kalte Füße bekommen? Nur weil er seine fünf Sinne beisammen hatte und wachsam war? Nein. Er war ein Krieger, ein trainierter Killer, so hatte ihr Vater ihn genannt. Zane wäre sicher nicht mehr am Leben, wäre er nicht so wachsam. Und sie selbst unter Garantie auch nicht.

Diese Wachsamkeit lief auf Hochtouren, während sie jetzt zur Gepäckausgabe gingen. Auf dem Flughafen wimmelte es von Menschen, und Zane ließ den Blick unablässig über die Menge schweifen. Er ging halb vor Barrie und bildete so eine Barriere zwischen ihr und den anderen. Damit er sie mit seinem Körper schützen konnte, führte er sie an der Wand entlang. Er hat schon einmal eine Kugel für mich abgefangen, dachte Barrie mit plötzlicher Panik und musste den Impuls unterdrücken, ihn zu packen und schützend an die Wand zu drängen.

Bevor sie beim Gepäckband ankamen, hielt er sie jedoch am Arm zurück. „Lass uns eine Minute hier stehen bleiben."

Sofort war die Panik wieder da, doch Barrie riss sich zusammen. „Ist dir etwas Ungewöhnliches aufgefallen?"

„Nein, wir warten auf jemanden." Er musterte ihr Gesicht, und sein kühler Blick wurde wärmer. „Du bist ein couragiertes Frauenzimmer, Miss Lovejoy. Was auch passiert, du nimmst dich zusammen und versuchst, das Beste aus der Situation zu machen. Nicht schlecht für ein wohlbehütetes Society-Püppchen."

Barrie war leicht schockiert. Nie in ihrem ganzen Leben hatte man sie „Frauenzimmer" oder „Society-Püppchen" genannt. Wäre nicht dieses Funkeln in seinen Augen gewesen, hätte sie ihm ordentlich die Meinung gesagt. So aber dachte sie eine Weile darüber nach und nickte schließlich knapp. „Du hast völlig recht. Für ein wohlbehütetes Society-Püppchen bin ich wirklich ziemlich couragiert."

Immerhin entlockte ihm das ein überraschtes Lachen, einen wunderbaren Laut, der allerdings durch die Ankunft eines Mannes in Uniform unterbrochen wurde.

„Sheriff Mackenzie?"

„Ja."

„Travis Hulsey, Flughafensicherheit", stellte der Mann sich vor und zeigte seinen Ausweis. „Ihr Gepäck wartet wie gewünscht in einer unserer Sicherheitszonen. Wenn Sie bitte mitkommen wollen ..."

Selbst daran hat er also gedacht, wunderte sich Barrie, während sie Mr Hulsey folgten. Sie auf einem Flughafen abzufangen und fortzuzerren würde schwierig sein. Das Logischste wäre, in der Gepäckzone zu warten und ihr dann auf dem Weg zum Ziel nachzufahren, um auf eine günstige Gelegenheit zu lauern. Zane hatte das vorausgesehen und entsprechende Vorkehrungen getroffen.

Die trockene Hitze der Wüste schlug ihnen entgegen, als sie das Flughafengebäude verließen. Barries drei Koffer und Zanes Reisetasche standen neben einem wartenden Wagen. Ein junger Mann in Zivil, mit einem militärisch kurzen Haarschnitt, salutierte stramm.

„Sir, Gefreiter Zaharias zu Ihren Diensten, Sir."

Zane grinste. „Stehen Sie bequem, Gefreiter. Ich bin nicht mein Bruder."

Der Gefreite lockerte seine Haltung und grinste zurück. „Für einen Augenblick war ich mir da nicht sicher, Sir."

„Wenn mein Bruderherz seinen Einfluss hat spielen lassen und Ihnen die Freizeit mit diesem Auftrag verdirbt, besorgen wir uns eine andere Transportmöglichkeit."

„Ich habe mich freiwillig gemeldet, Sir. Der General hat mir in meiner ersten Zeit nach der Grundausbildung einen persönlichen Gefallen erwiesen. Seinen Bruder sicher in die Stadt zu fahren ist das Mindeste, was ich für ihn tun kann."

Sein Bruder? Ein General? Barrie wunderte sich immer mehr. Erst Pferde, dann das hier. Wieder einmal wurde ihr klar, dass sie so gut wie nichts über ihren zukünftigen Ehemann wusste. Aber was sie bis jetzt erfahren hatte, war mehr als erstaunlich.

Zane übernahm mit gebührendem Ernst die Vorstellung. „Barrie, Gefreiter Zaharias opfert seine Freizeit und wird uns in seinem Privatwagen sicher in die Stadt bringen. Gefreiter Zaharias, das ist meine Verlobte Barrie Lovejoy."

Barrie und der junge Gefreite schüttelten einander die Hände.

„Sehr erfreut, Ihre Bekanntschaft zu machen, Ma'am." Er schloss den Kofferraum auf und protestierte laut, als Zane einen Koffer anhob. „Lassen Sie mich das machen, Sir!"

„Ich bin jetzt Zivilist." Zane amüsierte der Eifer des jungen Mannes. „Außerdem war ich in der Navy."

Gefreiter Zaharias zuckte die Schultern. „Sicher, Sir, aber Sie sind immer noch der Bruder des Generals." Er hielt inne, dann fragte er: „Waren Sie wirklich bei den SEALs?"

„Ertappt."

„Mann, o Mann", entfuhr es dem Gefreiten ehrfurchtsvoll.

Sie stiegen in den klimatisierten Chevrolet des jungen Mannes und fuhren los. Gefreiter Zaharias kannte sich offenbar bestens aus, denn er wählte die Nebenstraßen, um ins Zentrum zu gelangen. Die ganze Zeit über plauderte er unbeschwert. Doch Barrie fiel auf, dass Zaharias nie erwähnte, was genau Zanes Bruder, der General, für ihn getan hatte, noch sprach er persönliche Dinge an. Er redete über das Wetter, den Verkehr, die Touristen, die Hotels. Zane nannte den Namen eines Hotels etwas abseits der Hauptstraßen, und schon war Gefreiter Zaharias dorthin unterwegs.

Barrie stand abwartend neben Zane, als er die Formalien bei der Anmeldung erledigte. Er trug sie als Glen und Alice Temple ein – wie er auf die Namen gekommen war, konnte Barrie sich beim besten Willen nicht erklären –, was dem Hotelangestellten an der Rezeption ein anzügliches Lächeln entlockte. Wahrscheinlich hielt er sie für ein ehebrecherisches Pärchen. Umso besser, dachte Barrie, dann wird er uns wenigstens nicht behelligen.

Da sie auch im Lift nicht allein waren, hielt Barrie sich mit ihren Fragen zurück. Sie schwieg, bis sie in der Suite angekommen waren und der Hotelpage sich nach der entsprechenden Einweisung mit einem großzügigen Trinkgeld zurückzog.

Die Suite war luxuriös wie jene, die Barrie aus Europa kannte. Vor wenigen Stunden noch hätte sie gedacht, dass Zane sich finanziell übernahm, dass er eine solche Suite nur buchte, weil er glaubte, sie würde diesen Standard erwarten. Doch inzwischen hatte sie ihre Meinung geändert. Kaum dass der Page die Tür hinter sich zugezogen hatte, wandte Barrie sich mit vor der Brust verschränkten Armen zu Zane um.

„Pferde als Familienbetrieb?", fragte sie kühl. „Ein Bruder, der General bei der Air Force ist?"

Zane schüttelte sich das Jackett von den Schultern und legte sein Waffenhalfter ab. „Ja", antwortete er schlicht.

„Ich weiß überhaupt nichts von dir." Barrie blieb ruhig und war eher erstaunt, während sie Zane zusah, wie er seine Waffe auf den Nachttisch legte.

Er öffnete seine Reisetasche und holte einen Anzug und andere

Sachen hervor. Flüchtig sah er zu ihr. „Du kennst mich. Du weißt nur noch nicht alle Details über meine Familie. Wir hatten ja auch noch nicht viel Zeit, um uns zu unterhalten. Ich verberge nichts absichtlich. Frag mich, was immer du möchtest."

„Ich will hier kein Verhör abhalten." Dabei wäre es genau das, was sie jetzt brauchte. „Es ist nur ..." Frustriert warf sie die Arme in die Höhe. Solche Dinge wusste man normalerweise von dem Mann, den man heiratete.

Zane knöpfte sein Hemd auf. „Ich verspreche dir, ich werde dir die volle Familiengeschichte erzählen, sobald wir Zeit haben. Im Moment allerdings möchte ich dich bitten, deinen süßen kleinen Hintern unter die Dusche zu bewegen, damit wir heiraten können und endlich ins Bett kommen. Danach reden wir."

Barrie starrte auf das riesige Bett. Man musste eben Prioritäten setzen! „Sind wir hier sicher?"

„Sicher genug, dass ich mich für eine Weile auf andere Dinge konzentrieren kann."

Sie fragte erst gar nicht, welche anderen Dinge er meinte. Barrie warf lediglich noch einen Blick auf das Bett und hob dann an. „Wir könnten die Reihenfolge auch ändern", schlug sie vor. „Was hältst du von Bett, reden und dann heiraten? Zum Beispiel morgen früh."

Er war dabei, sich das Hemd auszuziehen, und hielt mitten in der Bewegung inne. Barrie sah, wie seine Augen dunkler wurden. Dann ließ er das Hemd achtlos zu Boden fallen.

„Ich habe dich noch nicht einmal geküsst", sagte er leise.

Sie schluckte. „Das ist mir aufgefallen. Ich habe mich gefragt, ob ..."

„Tu das nicht", unterbrach er sie brüsk. „Der Grund, warum ich dich bisher nicht geküsst habe, ist simpel: Wenn ich erst einmal anfange, werde ich nicht mehr aufhören können. Ich weiß, wir tun alles in verkehrter Reihenfolge, von Anfang an. Du warst nackt, als ich dich das erste Mal sah. Schon da wollte ich dich, und ich will dich jetzt, so sehr, dass es wehtut. Aber du steckst immer noch in Schwierigkeiten, und mein Job ist es, darauf zu achten, dass diese Schwierigkeiten dich und unser Kind nicht einholen. Ich könnte getötet werden ..."

Barrie entfuhr ein erstickter Protestlaut, doch Zane fuhr fort: „Es liegt im Bereich des Möglichen, ich bin darauf eingestellt. Seit Jahren lebe ich mit dieser Möglichkeit. Ich will, dass wir so schnell wie möglich heiraten, weil ich nicht weiß, was morgen passieren kann. Vielleicht habe ich mich verschätzt, oder ich habe einfach nur Pech. In diesem Fall will ich, dass unser Kind ehelich zur Welt kommt und den Namen Mackenzie trägt. Ein gewisser Schutz geht mit diesem Namen einher, und ich will, dass du diesen Schutz auf jeden Fall hast. Sofort."

Tränen brannten in ihren Augen, als sie den Mann vor sich ansah, den Mann, der schon einmal eine Kugel für sie abgefangen hatte und bereit war, es wieder zu tun. Er hatte recht – sie kannte ihn, den Menschen, auch wenn sie nicht wusste, was seine Lieblingsfarbe war. Barrie kannte sein Wesen, deshalb hatte sie ihn so schnell und so überwältigend zu lieben gelernt. Er war nicht so offen und unbeschwert, wie sie es sich vielleicht gewünscht hätte … und wenn schon! Er hielt sich so sehr unter Kontrolle, dass es schon fast unheimlich war … na und? Es würde schwierig werden, unter seinem Blick, dem nichts entging, eine Überraschung zu Weihnachten oder zu seinem Geburtstag zu besorgen … auch gut. Sie würde lernen, damit umzugehen, und sie würde dabei sehr glücklich sein.

Wenn er bereit war, für sie zu sterben, dann konnte sie wenigstens ehrlich zu ihm sein. Das war das Mindeste. „Es gibt noch einen anderen Grund, warum ich eingewilligt habe, dich zu heiraten."

Zane hob fragend eine Augenbraue.

„Ich liebe dich."

11. KAPITEL

Zane trug einen dunkelgrauen Anzug, schwarze Stiefel und einen schwarzen Hut, Barrie ein weißes Kleid, schlicht und ärmellos, mit eleganter, klassischer Linie. Das Haar hatte sie locker hochgesteckt, einige Strähnen umspielten weich ihr Gesicht. Als einziger Schmuck zierten Perlstecker ihre Ohrläppchen. Barrie machte sich im zum Schlafzimmer gehörenden Bad fertig, während Zane die Dusche neben dem Wohnraum benutzte. Sie trafen sich an der Tür, um gemeinsam den Schritt zu tun, der sie zu Mann und Frau machen würde.

Als sie ihm offen ihre Liebe erklärt hatte, war ein zufriedenes Aufleuchten über sein Gesicht gezogen, und endlich verbarg er seine Gefühle nicht.

„Ich verstehe nichts von Liebe", hatte er gesagt, die Stimme so nüchtern, dass Barrie ihn am liebsten geschüttelt hätte. „Aber ich weiß, dass ich noch nie eine Frau so begehrt habe wie dich. Ich weiß auch, dass diese Ehe für immer ist. Ich werde für dich und unsere Kinder sorgen, ich werde jeden Abend zu dir nach Hause kommen, und ich werde mein Bestes geben, um dich glücklich zu machen."

Es war keine glühende Liebeserklärung, aber ein Versprechen für Treue und Hingabe. Tränen füllten Barries Augen. Ihr beherrschter Krieger würde sie irgendwann lieben, wenn er nur seine Vorsicht genügend fallen ließ. Jahrelang hatte er seine Emotionen unter Kontrolle halten müssen, um in gefährlichen Situationen zu überleben. Er war gezwungen gewesen, kühl, nüchtern und entschlossen zu handeln. Die Liebe war weder kühl noch nüchtern, sie war chaotisch, unkalkulierbar – und sie machte verletzlich. Zane würde sich der Liebe so argwöhnisch nähern wie einer tickenden Bombe.

„Nicht weinen", bat er. „Ich schwöre, ich werde dir ein guter Ehemann sein."

„Ich weiß", hatte sie erstickt erwidert, und danach waren sie in ihre getrennten Bäder gegangen, um sich für die Hochzeit fertig zu machen.

Sie nahmen ein Taxi zur Kapelle, zu einer der kleineren in Las Vegas, in denen nicht so viel Betrieb herrschte. In Las Vegas zu heiraten bedurfte keiner großen Vorbereitungen, trotzdem hatte Zane sich bemüht, der Zeremonie eine besondere Stimmung zu verleihen. Er hatte einen Brautstrauß für Barrie besorgt und ein goldenes Armband als Hochzeitsgeschenk gekauft. Barries Herz klopfte wild, als sie gemeinsam vor dem Friedensrichter standen. Zane hielt ihre Hand in seiner, sein Griff war warm und zärtlich, aber fest.

Nach außen hin hatte alles einen sehr zivilisierten Anschein. Doch da sie vom ersten Augenblick an einen untrüglichen Instinkt für die Gefühle des anderen hatten, spürte Barrie Zanes Stolz ganz deutlich. Körperlich hatte er sie schon zu der Seinen gemacht, nun würde sie auch vor dem Gesetz zu ihm gehören. Sein Kind trug sie bereits unter dem Herzen. Zane strahlte eine immense Zufriedenheit aus. Barrie empfand dasselbe, während sie das Versprechen ablegte, das ihrer beider Leben auf ewig verbinden würde. An jenem langen heißen Tag in Benghazi hatten sie das Band geknüpft, das trotz aller Widrigkeiten gehalten hatte.

Zane hatte noch eine weitere Überraschung für Barrie. Mit einem Ring hatte sie nicht gerechnet, nicht in so knapper Zeit, doch als der Moment für den Ringtausch kam, zog Zane zwei schlichte Goldreife aus der Tasche. Ihr Ring, schmaler als seiner, war ein wenig zu groß, als Zane ihn ihr ansteckte. Ihre Blicke trafen sich für einen Moment in perfektem Verstehen. Barrie würde im Laufe der Schwangerschaft zunehmen, schon bald würde der Ring passen. Sie nahm den breiten Reif, streifte ihn über Zanes Ringfinger und empfand das gleiche elementare Gefühl von Stolz. Zane gehörte jetzt zu ihr.

Nachdem die Trauung beendet und die Papiere unterzeichnet waren, nahmen die Frischvermählten ein Taxi zum Hotel zurück.

„Dinner", meinte Zane und steuerte mit Barrie an seiner Seite auf das Hotelrestaurant zu, sobald sie angekommen waren. „Du hast im Flugzeug nichts gegessen."

„Wir könnten beim Zimmerservice etwas bestellen", schlug Barrie vor.

Zane senkte halb die Lider und sah sie vielsagend an. „Nein, können wir nicht." Barrie hörte seiner Stimme an, wie sehr er sich zusammennahm. Seine Hand lag warm auf ihrem Rücken. „Du musst etwas essen, und ich weiß nicht, wie lange meine Selbstbeherrschung hält, wenn wir nicht in der Öffentlichkeit bleiben."

Vielleicht ging es ihm wirklich zuallererst darum, dass Barrie sich gut ernährte, vielleicht hatte er auch eine ausgefeiltere Verführungstaktik als andere Männer … Zu wissen, dass er sie lieben würde, sobald sie auf dem Zimmer waren, sich vorzustellen, wie sein Gewicht sie auf die Matratze drücken würde, wie er sie überall berühren würde, erregte Barrie. Ihre Brüste wurden prall, drückten sich von innen gegen ihr Mieder. Verlangen durchströmte sie, und sie presste ihre Beine zusammen, um das Pochen überhaupt aushalten zu können. Sein Blick wanderte zu ihren Knospen, und wie schon im Flugzeug, reagierten sie sofort darauf.

Barrie schmeckte kaum etwas von dem, was sie aß, und trank nur Mineralwasser. Stattdessen erlaubte sie es sich, auf Zanes Mund zu starren, während sie langsam kaute. Oder zu seinem Schoß. Sie leckte sich leicht über die Lippen, fuhr mit dem Finger lasziv über den Rand ihres Wasserglases und rieb unter dem Tisch mit dem Fuß an seiner Wade.

Sie hörte, wie Zane scharf die Luft einsog, und sah, dass er die Zähne zusammenbiss.

„Die Rechnung!“, rief er barsch, und der Ober kam sofort diensteifrig herbeigeeilt. Zane kritzelte die Zimmernummer und den falschen Namen auf den Zettel.

Barrie starrte ihn verwundert an. Unglaublich, dass er sich an so etwas erinnerte, während sie selbst kaum noch stehen konnte. Das war einfach nicht fair! Als kleine Rache ließ Barrie wie unabsichtlich ihre Fingerknöchel leicht wie ein Hauch über seinen Schritt streifen, als er ihren Stuhl zurückzog und ihr beim Aufstehen half. Für einen Moment wurde Zane steif wie ein Stock und stieß zischend den Atem aus. Barrie drehte sich zu ihm um, ihre gespielt unschuldige Miene ein einziges Fragezeichen.

Sein gebräuntes Gesicht schien noch dunkler zu werden, aus dem die hellen Augen wie Diamanten funkelten. Eine große Hand umklammerte fest ihren Ellbogen. „Lass uns gehen“, sagte er mit diesem tonlosen Wispern, das Barrie aus jener Nacht in Benghazi kannte. „Und tu das besser nicht noch einmal, sonst passiert es schon im Aufzug.“

„Wirklich?“ Sie lächelte ihm über die Schulter gewandt zu. „Wie … erhebend.“

Der Blick, mit dem er sie bedachte, sagte mehr als Worte. „Und da hatte ich dich doch tatsächlich für nett gehalten.“

„Ich bin nett“, erklärte sie entschieden, während sie zum Lift gingen. „Aber ich lasse mich ungern herumstoßen.“

„Das werden wir noch sehen. Denn ich werde dich umstoßen, garantiert.“ Mit unnötiger Kraft drückte er den Rufknopf des Lifts.

„Das brauchst du gar nicht, einmal leicht pusten reicht völlig.“ Sie warf ihm ein verlockendes Lächeln mit geschürzten Lippen zu und blies leicht gegen seine Brust. „Siehst du, so.“

Der Klingelton ertönte, die Lifttüren glitten auf. Zane und Barrie gingen ein wenig beiseite, um die Leute aus der Kabine aussteigen zu lassen, dann traten sie selbst ein. Zane gab ihr Stockwerk ein. Sobald der Lift sich in Bewegung setzte, drehte Zane sich zu Barrie um wie der Tiger zu seiner Beute.

Barrie wich würdevoll von ihm zurück und sah auf die Zahlen, die auf dem Display aufblitzten. „Wir sind fast da.“

„Genau“, murmelte er und kam auf sie zu.

In der kleinen Kabine hatte Barrie keine Möglichkeit, ihm auszuweichen. Nicht dass sie es gewollt hätte. Nein, sie wollte ihn verrückt machen, so wie er sie an den Rand des Wahnsinns trieb. Jetzt packte er sie bei den Hüften und drängte sie an die Wand, rieb sich wollüstig an ihr und ließ sie wissen, wie sehr er sie begehrte. Als sie erregt Atem schöpfte, nutzte Zane den Augenblick und presste hart die Lippen auf ihren Mund.

Sie waren in ihrem Stockwerk angekommen, aber Zane gab Barrie nicht frei. Er hob sie hoch, und sie schlang die Beine um seine Hüften und die Arme um seinen Hals. Barrie wusste nicht, ob sie an jemandem vorbeikamen, sie barg das Gesicht an Zanes Schulter und stieß mit jedem Schritt hilflose kleine Seufzer aus, während sie sich dem brennenden Hunger in ihr ergab. Sie hatte sich so lange nach ihm verzehrt, hatte sich nach ihm gesehnt und sich halb zu Tode um ihn gesorgt. Jetzt war er bei ihr, lebendig und voller Energie, und er würde sie lieben, wie er es schon einmal getan hatte. Alles andere war ihr gleichgültig.

An der Suitetür drückte er Barrie gegen die Wand und löste ihre Beine von seinen Hüften, um sie auf die Füße zu stellen. Für einen schrecklich langen Moment glaubte Barrie, sie habe ihn vielleicht zu sehr gereizt. Doch Zane legte nur einen Finger an die Lippen, um ihr zu bedeuten, still zu sein, und zog die Automatik aus dem Halfter. Dann schloss er die Tür auf und schlüpfte lautlos durch den schmalen Spalt.

Barrie blieb wie erstarrt auf dem Gang stehen, mit geschlossenen Augen und geballten Fäusten. Die Angst verscheuchte jedes sinnliche Gefühl. Sie konzentrierte sich darauf, mögliche Geräusche aus der Suite zu hören, doch da war nichts. Zane bewegte sich leise wie eine Raubkatze. Aber das taten andere Männer auch. Männer, die die Dunkelheit als Schutz benutzten und ebenso darauf trainiert waren zu töten wie Zane. Sollte Zane irgendetwas zustoßen ... Barrie würde es nicht ertragen können und zusammenbrechen.

Sie hörte die Tür nicht gehen, vernahm nur plötzlich Zanes Worte neben sich. „Alles in Ordnung", sagte er ganz ruhig, und schon fand Barrie sich in seinen Armen wieder. „Entschuldige", flüsterte er an ihrem Haar, als er sie hineintrug, „aber ich will kein Risiko hinsichtlich deiner Sicherheit eingehen."

Wut loderte plötzlich in Barrie auf wie ein Buschfeuer. Sie hob den Kopf. „Und was ist mit deiner Sicherheit?", verlangte sie zu wissen. „Ist dir eigentlich klar, wie ich mich fühle, wenn du solche Dinge tust? Meinst du, ich merke nicht, wie du dich vor mich stellst wie ein menschlicher Schild? Sollte jemand auf mich schießen, dann bist du derjenige, der die Kugel abfängt!"

Impulsiv schlug sie ihm mit der Faust auf die Brust und war entsetzt über sich. In ihrem ganzen Leben hatte sie noch nie jemanden geschlagen. Trotzdem versetzte sie Zane noch einen zweiten Schlag. „Verflucht, ich will dich heil und in einem Stück! Unser Baby soll mit seinem Vater groß werden! Ich will noch mehr Kinder von dir! Und das heißt, dass du am Leben bleiben musst, hast du verstanden!"

„Natürlich habe ich verstanden", sagte Zane tief und leise, als er ihre Fäuste abfing und an seine Brust zog. „Genau das Gleiche will ich auch. Und deshalb werde ich alles tun, um dich und Junior zu beschützen."

Barrie ließ sich gegen ihn sinken, ihre Lippen zitterten, und sie musste Tränen zurückkämpfen. Sie war sonst nicht weinerlich, das war nur die Schwangerschaft, die sie auf diese hormonelle Achterbahnfahrt mitnahm, dennoch ... sie wollte nicht an Zanes Schulter heulen. Er musste sich schon um genug andere Dinge kümmern und brauchte keine Ehefrau, die bei jeder Gelegenheit in Tränen ausbrach.

Als sie sich wieder unter Kontrolle hatte, fragte Barrie leise: „Junior also? Ein Er?“

Zane grinste und hob sie auf seine Arme. „Ich fürchte fast, ja. Meine Schwester Maris ist das einzige weibliche Wesen, das die Mackenzies bisher in die Welt gesetzt haben, und das ist immerhin neunundzwanzig Jahre her.“

Er trug sie zum Bett hinüber und legte sie vorsichtig darauf ab. „Dann lass uns doch mal sehen, ob wir nicht da weitermachen können, wo wir aufgehört haben“, flüsterte er. „Wir sollten doch Junior seinen Daddy vorstellen.“

Er zog den Reißverschluss ihres Kleides auf, streifte es ihr langsam über Schultern und Hüften und warf es achtlos beiseite. Barrie wurde plötzlich von einer Mischung aus Scham und Unsicherheit ergriffen. Seit der Entführung fühlte sie sich nicht mehr wohl, wenn sie nackt war. Außer den Stunden mit Zane in der Baracke in Benghazi hatte sie versucht, so gut wie nie unbekleidet zu sein. Sie beeilte sich, wenn sie duschte und zog hastig Bademantel oder sofort Kleidung an. Früher einmal hatte sie es genossen, sich nach dem Bad einzucremen und zu pflegen, sie hatte sich über die kühle Luft auf der bloßen Haut gefreut. Doch dieser Luxus war dem Bedürfnis, bedeckt zu sein, zum Opfer gefallen.

Zane wollte sie nackt sehen.

Ihr Kleid war bereits ausgezogen, und die durchsichtige Spitze von Slip und BH bot keinen großen Schutz. Mit einem Griff löste Zane den Verschluss ihres BHs. Barrie konnte nichts dagegen tun, unwillkürlich verschränkte sie die Arme vor dem Oberkörper, um die fallende Spitze festzuhalten.

„Immer noch dieselben Schwierigkeiten mit dem Hemd?“, spielte er sanft auf jenen Tag an, an dem sie sich so verzweifelt an sein Kleidungsstück geklammert hatte. Sein Blick lag forschend auf ihrem Gesicht, ihre Verlegenheit war nicht zu übersehen.

Er schaltete Licht ein. Barrie lag im Schein der einzelnen Nachttischlampe. Sanft strich Zane mit einem Finger über die sanfte Rundung ihres Bauchs. „Wir können bestimmte Dinge nicht ungeschehen machen, aber wir können sie hinter uns lassen und uns auf das konzentrieren, was vor uns liegt. Diese Dinge verändern uns, werden zu einem Teil von uns. Und dann passieren andere Dinge, und sie verändern uns auch. Ich kann das Gesicht des ersten Mannes nicht vergessen, den ich getötet habe. Ich bereue es nicht, denn er war der letzte Abschaum, jemand, der neun alte Leutchen auf einem Kreuzfahrtschiff, die nichts anderes als ihren Ruhestand genießen wollten, umgebracht hat. Er wollte auch mich umbringen ... dennoch, sein Gesicht werde ich nie vergessen."

Zane hielt inne und dachte nach. „Dieser Mann ist zu einem Teil von mir geworden, denn ihn zu töten hat mich verändert. Er hat mich stärker gemacht. Ich habe erfahren, dass ich tun kann, was nötig ist, und dass ich weitermachen muss. Ich habe andere Männer getötet, aber an ihre Gesichter erinnere ich mich nicht, nur an seines. Ich bin froh, dass ich derjenige war, der überlebt hat."

Barrie betrachtete ihn. Die Schatten des Lampenscheins verstärkten die markanten Züge, ließen Tiefen und Flächen seines Gesichts deutlicher hervortreten. Zanes Augen schienen plötzlich so alt. Irgendwo ganz tief in ihrem Innern verstand Barrie, was er sagen wollte. Sie begriff es eher instinktiv als mit dem Verstand. Entführt zu werden hatte Barrie verändert. Sie war stärker geworden, resoluter, tatkräftiger. An dem Nachmittag, als Zane vor ihrer Haustür gestanden hatte, hatte sie bereits den Plan geschmiedet, allein die notwendigen Schritte zu unternehmen, um ihr Kind zu schützen. Sie hatte sich Zane schon einmal nackt gezeigt – und es genossen. Sie würde es wieder tun.

Langsam hob sie die Hand und strich mit einem Finger über die Narbe auf seiner Wange. Zane drehte den Kopf und schmiegte sich in ihre Handfläche.

„Zieh dich auch aus", bat sie leise. Ausgewogenheit. Wenn ihre Nacktheit mit seiner im Gleichgewicht lag, würde sie sich wohler fühlen.

Nur eine Augenbraue zuckte in seinem Gesicht. „Einverstanden."

Sie brauchte nichts zu erklären, aber das hatte sie vorher gewusst. Sie lag auf dem Bett und sah zu, wie er das Jackett abschüttelte, das Waffenhalfter abzog und die Waffe vorsichtig in Reichweite auf den

Nachttisch legte. Sein Hemd fiel auf das Bündel auf dem Boden – zu ihrem Kleid und seiner Jacke.

Die neue Narbe war jetzt zu sehen, rot und runzlig, daneben verlief eine lange rote Linie, dort, wo der Chirurg das Skalpell angesetzt hatte, um Zane das Leben zu retten. Barrie hatte einen Blick auf diese Narbe erhascht, als Zane sich zum Duschen ausgezogen hatte. Da hatte er ihr noch befohlen, ihn nicht anzurühren, weil er sich sonst nicht würde beherrschen können. Doch damit war es jetzt vorbei.

Ihre Finger glitten vorsichtig über die Wunde. Barrie fühlte die Wärme und Vitalität dieses Mannes. Der Gedanke schoss Barrie durch den Kopf, wie nahe er daran gewesen war, sein Leben zu verlieren. Sie war nahe daran gewesen, ihn zu verlieren …

„Denk nicht daran", murmelte er und zog ihre Finger an seine Lippen. „Es ist schließlich nicht so weit gekommen."

„Aber fast."

„Es ist nicht passiert." Sein Ton war endgültig. Er zog seine Stiefel aus und ließ sie zu Boden fallen, dann machte er sich an seinem Hosenbund zu schaffen.

Zane hatte recht. Es war nicht passiert. Aus dem Erlebten lernen, die Erfahrung verarbeiten und weitermachen. Das, was geschehen war, lag in der Vergangenheit, die Zukunft gehörte ihrer Ehe und ihrem gemeinsamen Kind. Die Gegenwart lief jetzt ab, und das war Zane, der sich hastig seiner restlichen Kleidung entledigte.

Er setzte sich neben sie und fühlte sich offenbar sehr wohl in seiner Haut. Wunderschöne Haut, so warm und samten, dachte Barrie verträumt und streichelte über seine breiten Schultern und seine behaarte Brust und rieb sanft an den kleinen Brustwarzen, die sich unter dem dichten Pelz versteckt hatten und unter ihrer Berührung sofort steif wurden. Ihr war klar, dass sie ihn damit aufforderte, sich bei ihr zu revanchieren. Sie hielt die Luft an.

Er ließ sich nicht lange bitten. Seine Hände wanderten zu ihrem losen BH, und sein Blick hielt den ihren gefangen. „Bist du bereit?"

Sie antwortete nicht, zuckte nur mit einer Schulter, sodass der BH auf dieser Seite ihre Brust freigab. Das sagte mehr als tausend Worte.

Er griff nach dem BH und warf ihn zur Seite, und sie bemerkte, dass seine Augen vor Erregung flackerten, als er sie ansah. Er atmete schwer. „Ich kann unser Baby sehen", flüsterte er, während er ihre

Brustspitze mit einem Finger liebkoste. „Du hast kein Gramm zugenommen, aber hier hat er dich verändert. Deine Brustwarzen sind dunkler, praller." Leicht wie eine Feder umkreiste er den pochenden Hof. Barrie stöhnte leise auf, und ein Gefühl, das sie bereits kannte, schoss in ihre Lenden.

Er rieb mit dem Daumen über die Spitze und wölbte seine Finger dann zart um ihre Brust, sodass sie in seiner Hand lag. „Sind sie sehr viel empfindlicher geworden?", fragte er, ohne den Blick von dieser neuen Entdeckung an ihrem Körper abzuwenden.

„Manchmal ... manchmal kann ich die Berührung meines BHs kaum ertragen", flüsterte sie.

„Deine Venen sind blauer geworden", murmelte er. „Sie sehen aus wie Flüsse unter einer Schicht von weißem Satin." Er beugte sich vor und küsste sie, nahm ihren Mund in Besitz, während er ihre Brüste weiterstreichelte. Sie schmolz unter seiner Berührung, stöhnte leise und bog sich ihm entgegen. Seine Lippen waren so heiß und kraftvoll und so unglaublich köstlich, wie sie sie in Erinnerung hatte. Er nahm sich Zeit, küsste sie langsam und gründlich, erforschte ihren Mund mit seiner Zunge. Ihre Brüste zogen sich vor Erregung so zusammen, dass es fast wehtat, und zwischen ihren Beinen wurde es warm und feucht.

Er bettete sie auf die Kissen, und seine Hände glitten über ihren Körper. Seine Augen glitzerten, als er sich über sie beugte. „Ich werde alles mit dir tun, was wir noch nicht tun konnten", flüsterte er. „Dieses Mal müssen wir uns keine Sorgen machen, ob wir entdeckt werden, ob wir zu laut sind oder wie viel Uhr es ist. Ich werde dich mit Haut und Haaren verspeisen, mein kleiner Rotschopf."

Dabei sah er so wild und hungrig aus, dass sie ihn hätte beim Wort nehmen können. Aber sie hatte keine Angst. Sie streckte sich ihm entgegen, fast verrückt vor Verlangen, ihn zu spüren, auf ihr, in ihr.

Doch er hatte etwas anderes vor. Er nahm ihre Hände und drückte sie aufs Bett, so wie sie es einst bei ihm getan hatte. Damals hatte er die Kontrolle abgegeben, jetzt war sie an der Reihe. Ihr Körper war bereit, ihm zu geben, was auch immer ihm gefiel.

Es waren ihre Brüste, deren Veränderung ihn magisch anzog. Er nahm eine ihrer reifen Knospen in den Mund, ganz vorsichtig, ganz zart, doch das reichte schon aus, um ihrem Mund ein sehnsüchtiges Stöhnen zu entlocken. Dieses Prickeln, diese Empfindungen, sie waren unvergleichlich aufregend. Seine Zunge umkreiste ihre Brustwarze und begann dann, daran zu saugen.

Barrie schrie vor Lust. Ihr war nicht klar gewesen, wie empfindlich ihre Brüste durch die Schwangerschaft geworden waren, und sie hatte nicht damit gerechnet, dass Zane ihr so schnell, so stark, so gewaltig die Sinne rauben würde. Ihr Körper drängte sich ihm entgegen, doch er drückte sie zurück in die Kissen. Seine Lippen wanderten dabei zur anderen Knospe, die er mit der gleichen Zärtlichkeit verwöhnte und lockte und sie erneut aufschreien ließ.

Doch er hörte nicht auf. Sie rief und bettelte, doch er hörte nicht auf. Sie vernahm ihre Stimme, wild, flehend. „Zane … bitte. O Gott, bitte. Hör auf … mehr. Mehr!“ Und dann hörte sie sich schluchzen: „Fester!“, und ihr wurde klar, dass sie ihn nicht anflehte, aufzuhören, sondern weiterzumachen. Sie wand sich in seinen Armen, seinen unersättlichen Mund auf ihren Brüsten, höher und höher, fester und fester, und plötzlich verschmolzen all ihre Empfindungen in einem einzigen Pochen in ihren Lenden, und sie explodierte.

Als sie wieder atmen, wieder denken konnte, fühlte sie sich ganz schwach. Sie lag schlaff auf dem Bett, die Augen geschlossen, und fragte sich, wie sie dieses Feuerwerk hatte überleben können.

„Ich habe doch nur an ihnen gesaugt“, murmelte Zane ungläubig, während er ihren Bauch küsste. „Wir werden viel Spaß haben in den nächsten sieben Monaten!“

„Zane … warte“, wisperte Barrie und legte ihre Hand auf seine Wange. Zu einer anderen Bewegung war sie noch nicht fähig. „Ich kann nicht … ich muss mich ausruhen.“

Er schlüpfte zwischen ihre Beine und legte ihre Schenkel auf seine Schultern. „Du musst dich nicht mal bewegen“, versprach er mit tiefer, dunkler Stimme. „Bleib einfach nur liegen.“ Dann küsste er sie, langsam und gründlich, und ihr Körper bog sich ihm entgegen. Und er zeigte ihr all das, was er beim letzten Mal nicht tun konnte.

Noch einmal brachte er sie zum Höhepunkt, bevor er sich endlich zwischen ihre Schenkel legte. Sie stöhnte, als sie ihn spürte, sanft und gewaltig zwischen ihren Beinen. Sie bebte unter ihm, erschüttert von seiner Stärke und Tiefe. Wie hätte sie das je vergessen können?

Sie schmiegte sich an ihn, und er beruhigte sie, flüsterte heiße, zarte Worte in ihr Ohr und streichelte ihren geschwollenen Lustpunkt, der so empfindsam war, dass sie glaubte zu verbrennen.

Wie sehr sie sich nach ihm verzehrt hatte! Zanes Liebkosungen jagten sie von einem Gipfel der Lust zum nächsten, und als er endlich in sie eindrang, erfüllte das Barrie mit dem tiefen Gefühl des Vereintseins, einer intimen Verschmelzung ihrer Körper. O ja, sie hatte sich danach gesehnt! Sie wollte alles von ihm, wollte ihn ganz und gar in sich spüren. So bog sie ihm die Hüften entgegen und trieb ihn an, und mit einem tiefen Stöhnen gab er ihr, worum sie bat.

Danach schlief sie erschöpft ein. Doch die Anwesenheit dieses großen Mannes, der neben ihr im Bett Wärme ausstrahlte, ließ Barrie immer wieder aus einem rastlosen Halbschlaf aufwachen.

Und jedes Mal, wenn sie wach wurde und sich drehte, wachte auch Zane auf. Schließlich zog er sie auf sich und drückte ihren Kopf sanft in seine Halsmulde. „Vielleicht kannst du so besser schlafen", murmelte er und küsste sie auf das Haar. „In Benghazi konntest du es."

Ja, sie erinnerte sich daran, an den langen Tag, an dem sie sich geliebt hatten. „Ich hatte noch nie mit einem Mann zusammen geschlafen", versuchte sie zu erklären und schmiegte sich an ihn. „Ich meine, wirklich geschlafen."

„Ich weiß. Ich bin der Erste, in beiden Fällen."

Es war dunkel im Raum, irgendwann hatte Zane die Lampe ausgeschaltet. Die schweren Vorhänge sperrten die funkelnden Neonlichter der Nacht in Las Vegas aus. Nur ein dünner Spalt an den Rändern ließ die Helligkeit der Straße erahnen. Für einen Sekundenbruchteil musste Barrie an jenen schrecklichen Raum in Benghazi denken, aus dem Zane sie befreit hatte, aber sie verdrängte die schlimme Erinnerung schnell. Dieses Bild besaß keine Macht mehr über sie, sie war jetzt mit Zane verheiratet, und die angenehme Erschöpfung ihres Körpers zeugte davon, dass die Ehe wirklich und wahrhaftig vollzogen worden war.

„Erzähle mir von deiner Familie." Ihre Worte gingen in einem Gähnen an seinem Hals halb unter.

„Jetzt?"

„Warum nicht? Wir beide sind wach."

„Ich kann mir andere Dinge vorstellen, wie wir uns die Zeit vertreiben können“, murmelte Zane vielsagend.

„Das will ich ja gar nicht ausschließen.“ Sie bewegte sich verführerisch auf ihm. „Aber wir können auch reden. Erzähl mir von dem Mackenzie-Clan.“

Barrie spürte das leichte Schulterzucken. „Mein Vater ist Indianer, ein Halbblut, meine Mom Lehrerin. Sie leben auf einem Berg außerhalb von Ruth in Wyoming. Dad züchtet und trainiert Pferde. Er ist der Beste, den ich je gesehen habe. Außer meiner Schwester. Maris hat ein magisches Händchen für die Tiere.“

„Also machen Pferde tatsächlich das Familienunternehmen aus.“

„Ja. Wir alle sind auf den Rücken von Pferden groß geworden, Maris allerdings ist die Einzige, die es zu einem Beruf für sich gemacht hat. Joe ging zur Air Force, Mike ist Rancher geworden, Josh flog als Pilot für die Navy, und Chance und ich haben uns bei der Navy unsere Sporen verdient, aber nicht in der Luft. Chance ist vor zwei Jahren aus dem Nachrichtendienst der Navy ausgeschieden.“

Barries Namensgedächtnis war plötzlich aktiv, alle Müdigkeit verschwunden. Sie hatte Namen und früher gehörte Details zusammengefügt und schnappte erstaunt nach Luft. „Dein Bruder ist General Joe Mackenzie im Pentagon?“ Das musste er sein. Wie viele Joe Mackenzies gab es wohl bei der Air Force, die General waren?

„Tja, genau der.“

„Ich kenne ihn! Ich habe ihn und seine Frau letztes Jahr bei einer Wohltätigkeitsveranstaltung in Washington getroffen. Sie heißt Caroline, nicht wahr?“

„Stimmt.“ Zane änderte seine Stellung. „Die beiden haben fünf Söhne, Michael und Shea zwei, Josh und Lauren drei.“ Zane bewegte sich langsam. „Junior hier wird der elfte Enkel sein.“

Barrie ließ den Kopf wieder auf seine Brust sinken, ihre Aufmerksamkeit schwand rapide, als die Lust sich in ihr aufbaute. „Nicht sprechen“, flüsterte sie und hörte noch sein leises Lachen, bevor er sie sanft packte und sich mit ihr umdrehte, sodass sie unter ihm lag ... genau dort, wo sie sein wollte.

12. KAPITEL

Übelkeit schoss jäh in ihr auf und riss Barrie unsanft aus dem Schlaf. Sie hastete aus dem Bett und ins Bad, schaffte es gerade noch rechtzeitig. Nachdem sie sich übergeben hatte, sank sie entkräftet auf den Boden und blieb mit geschlossenen Augen auf den Fliesen sitzen. Es kümmerte sie nicht, dass sie nackt vor der Toilette eines Hotelbadezimmers hockte und dass ihr frisch gebackener Ehemann Zeuge dieser unangenehmen Episode geworden war. Barrie hörte, wie Zane Wasser laufen ließ, dann lag ihr ein wunderbar kalter Waschlappen auf der heißen Stirn. Zane war es auch, der die Toilette spülte, weil Barrie keine Kraft mehr dazu hatte, dann sagte er: „Ich bin gleich wieder zurück."

Die Übelkeit verging schnell, wie immer. Verlegen rappelte Barrie sich auf, um sich den Mund auszuspülen. Leicht erstaunt musterte sie danach ihr wirres Erscheinungsbild im Spiegel, als auch schon Zane neben ihr mit der bereits vertrauten grünen Limonadendose auftauchte.

Barrie nahm die Dose und trank in gierigen Schlucken. Mit einem erleichterten Seufzer setzte sie die leere Dose auf dem Waschbecken ab und warf einen Blick auf Zane. Ihre Augen wurden groß.

„Ich hoffe, du bist nicht so an den Getränkeautomaten gegangen." Zane war immer noch nackt, so wunderbar, so beeindruckend nackt. Und ganz offensichtlich erregt.

Er blickte amüsiert drein. „Die Dose war in der Minibar." Bedeutungsvoll schaute er an sich herunter. „Es steht noch eine im Kühlschrank. Möchtest du?"

Barrie richtete sich auf und streckte wagemutig eine Hand nach ihm aus. „Ich gehöre nicht zu den Frauen, die nach zwei Dosen Limonade alle Hemmungen verlieren", informierte sie ihn mit hochmütiger Würde. Dann blinzelte sie ihm verführerisch zu. „Eine reicht völlig."

Eigentlich hatte sie erwartet, dass sie es wenigstens zurück ins Bett schaffen würden. Taten sie nicht. Sein Appetit schien am Morgen besonders groß zu sein, und nach wenigen, stürmischen Momenten fand sie sich auf ihren Knien wieder, halb über die Badewanne gebeugt, während er hinter ihr kauerte. Sie liebten sich wild und schnell und ungestüm, und danach lag Barrie erneut erschöpft auf dem Boden. Ein kleiner Trost war, dass Zane ebenso erschöpft neben ihr lag.

„Ich hatte gedacht, wir könnten warten, bis wir gemeinsam unter der Dusche stehen“, brummte er träge. „Ich scheine die Wirkung von Limonade auf dich unterschätzt zu haben. Und was sie mit mir anstellt, wenn ich dir beim Trinken zusehe.“

„Ich glaube, wir haben hier ein gut gehütetes Geheimnis entdeckt.“ Sie schmiegte sich an ihn, ohne auf den kalten Fliesenboden zu achten. „Ich denke, wir sollten uns direkt von der Firma einen Riesenvorrat liefern lassen.“

„Großartige Idee.“ Er küsste sie, und für einen Moment fragte Barrie sich, ob das Hotelbadezimmer die Bühne für ein erneutes erotisches Zwischenspiel würde. Doch Zane erhob sich leichtfüßig und half Barrie auf. „Sollen wir das Frühstück beim Zimmerservice bestellen oder ins Restaurant hinuntergehen?“

„Zimmerservice.“ Sie kam halb um vor Hunger. In der Zeit, die sie zum Duschen und Anziehen brauchte, würde der Zimmerservice das Frühstück schon gebracht haben. Sie nannte Zane ihre Wünsche, und während er telefonisch die Bestellung aufgab, nahm Barrie frische Wäsche aus dem Koffer und warf sich das Seidenkleid über den Arm. Es war schrecklich zerknittert, der Wasserdampf im Bad würde bestimmt die schlimmsten Falten wieder glätten.

Barrie ließ sich Zeit mit dem Duschen, trotzdem waren längst nicht alle Falten aus der Seide verschwunden. Also drehte sie das heiße Wasser voll auf. Vielleicht, wenn das Kleid noch ein wenig länger dem Dampf ausgesetzt war … An einem Haken an der Tür hing ein flauschiger Frotteebademantel mit dem eingestickten Hotellogo. Barrie zog ihn über und lächelte vor sich hin, amüsiert über Gewicht und Größe des Mantels. So eingehüllt, verließ sie das Bad, um zu fragen, wie lange es noch mit dem Frühstück dauern würde.

Zane war nicht im Schlafzimmer, sie hörte ihn im Wohnraum mit jemandem reden und wunderte sich schon erfreut darüber, wie prompt der Zimmerservice funktionierte. Doch dann wurde ihr bewusst, dass sie nur Zanes Stimme hörte. Barrie trat ein.

Mit dem Rücken zu ihr auf der Armlehne des Sofas sitzend, telefonierte Zane. Seltsamerweise hatte Barrie den Eindruck, dass er mit einem Ohr auf das Rauschen des Wassers im Bad lauschte, während er gleichzeitig das Gespräch führte.

„Behalte ihren Vater im Auge. Und ihn auch“, sagte er gerade. „Ich will sie alle zur gleichen Zeit erwischen. Ich will mir keine Gedanken machen müssen um irgendwelche offenen Möglichkeiten und lose Enden, die noch irgendwo herumflattern. Wenn sich der erste Aufruhr gelegt hat, sollen Justiz und Staat das unter sich ausmachen.“

Barrie holte überrascht Atem, alle Farbe wich aus ihrem Gesicht. Zanes Kopf ruckte herum, seine Augen waren kaum noch blau, sondern scharf und grau wie Frost.

„Ja“, sagte er jetzt in die Muschel, ohne den Blick von Barrie zu wenden. „Hier ist so weit alles unter Kontrolle. Also, nicht lockerlassen.“ Zane legte auf und drehte sich um.

Er hatte noch nicht geduscht, bemerkte sie wie erschlagen, weder Haar noch Haut waren nass. Er musste sofort ans Telefon gegangen sein, kaum dass Barrie in ihrem Bad verschwunden war. Um die Schritte einzuleiten, die ihren Vater ins Gefängnis bringen würden.

„Was hast du getan?“, flüsterte sie entsetzt. Der Schmerz, der sie durchschnitt, war kaum zu ertragen. „Zane, was hast du nur getan!“

Ruhig erhob er sich und kam auf sie zu. Barrie wich vor ihm zurück, den Bademantel fest um sich geschlungen, als könne der dicke Frottee Schutz bieten.

Zane warf einen Blick zum Bad, aus dessen spaltbreit offenstehender Tür Dampfschwaden entwichen. „Wieso läuft das Wasser noch?“

„Ich will das Kleid glätten“, antwortete sie automatisch. Auch wenn sie es nicht lustig fand … das laufende Wasser war offensichtlich in Zanes Planung nicht bedacht worden. „Mit wem hast du geredet?“ Ihre Stimme klang steif und heiser von der Anstrengung, den Schmerz über seinen Verrat unter Kontrolle zu halten.

„Mit meinem Bruder Chance.“

„Was hat er mit meinem Vater zu schaffen?“

Zane hielt den Blick unablässig auf sie gerichtet. „Chance erledigt Aufträge für Regierungsbehörden, allerdings weder für FBI noch CIA.“

Barrie schluckte den Kloß in ihrer Kehle hinunter. Na schön, vielleicht hatte Zane ihren Vater also nicht verraten. Vielleicht wurde ihr Vater ja auch schon länger überwacht. „Wie lange beschattet er meinen Vater schon?"

„Chance hat seine Leute für so etwas, er selbst übernimmt keine Beobachtungen."

„Wie lange schon?"

„Seit gestern Abend. Da rief ich ihn auch an, als du unter der Dusche standest."

Zumindest versuchte er nicht, sich herauszureden. „Wie konntest du nur!" Ihre Augen waren weit aufgerissen vor Entsetzen.

„Das war nicht schwer." Seine Stimme klang scharf. „Als Sheriff vertrete ich das Gesetz, und davor war ich Offizier der Navy, im Dienste meines Landes. Glaubst du wirklich, ich könnte die Augen vor einem Verräter verschließen, selbst wenn er dein Vater ist? Du hast mich gebeten, dich und das Baby zu beschützen, und genau das ist es, was ich tue. Wenn man eine Schlangengrube aushebt, sortiert man nicht ein paar von den Tieren aus und lässt sie ungeschoren zurück. Man tötet sie alle."

Barrie verschwamm alles vor den Augen, sie begann zu schwanken. Herr im Himmel, wie sollte sie Zane je vergeben können, wenn ihr Vater im Gefängnis landete? Wie sollte sie sich selbst je verzeihen? Sie war schließlich diejenige, die den Stein ins Rollen gebracht hatte. Sie wusste doch, was für ein Mann Zane war. Sie hatte sich erlaubt, das zu vergessen, weil sie ihn so verzweifelt begehrte. Natürlich würde er ihren Vater überführen. Hätte sie auf ihren Verstand gehört statt auf Gefühle, wäre ihr das von Anfang an klar gewesen. Man brauchte kein Genie zu sein, um die Schritte vorauszusehen, die ein Mann, der sein ganzes Leben seinem Land gedient hatte, unternehmen würde. Nur ein Narr weigerte sich, den logischen Schluss zu ziehen.

Barrie war der Gedanke nicht einmal gekommen. Was sie wohl zur größten Närrin auf Gottes Erdboden machte.

Wie aus weiter Ferne vernahm sie, dass Zane ihren Namen aussprach, mehrere Male, und dann stand er vor ihr und packte sie bei den Armen, bevor sie stürzen konnte.

Verzweifelt kämpfte sie darum, das Bewusstsein nicht zu verlieren, weigerte sich, in Ohnmacht zu fallen, indem sie immer wieder tief einatmete. „Lass mich los“, verlangte Barrie und war schockiert, wie schwach und dumpf ihre Stimme klang.

„Kommt ja gar nicht infrage.“ Er hob sie auf seine Arme und trug sie zum Bett hinüber, legte sie behutsam auf die zerwühlten Laken und setzte sich neben sie.

Sobald Barrie lag, verging das Schwindelgefühl und ihre Gedanken klärten sich. Zane saß über sie gebeugt, die Arme zu ihren Seiten aufgestützt, und blickte Barrie ernst an. Sie wünschte, sie könne sich in Wut und Ärger flüchten, doch sie verspürte weder das eine noch das andere. Sie hatte Verständnis für Zanes Motive und sein Handeln. Das Einzige, was sie fühlte, war ein riesiger Strudel aus Schmerz und Leid, der sie immer weiter hinunterzog.

Ihr Vater! Sosehr sie Zane auch liebte, sie wusste nicht, ob sie ihm würde verzeihen können, wenn er ihren Vater ins Gefängnis brachte. Hier ging es nicht um ein Verkehrsdelikt oder um Ladendiebstahl. Landesverrat! So logisch ihre Schlüsse auch sein mochten, Barrie konnte sich einfach nicht vorstellen, dass ihr Vater ein solch schwerwiegendes Verbrechen beging. Es sei denn, jemand hatte ihn dazu gezwungen. Jetzt wusste sie, dass sie nicht das erste Druckmittel war, sie war nur mit hineingezogen worden, vielleicht weil ihr Vater sich bei einer Sache quergestellt hatte. Nein, sowohl ihr als auch Zane war sofort klar gewesen, dass, hätte ihr Vater nichts zu verheimlichen gehabt, er sie vom FBI an einen sicheren Ort hätte bringen lassen.

„Bitte.“ Sie umklammerte Zanes Arm. „Kannst du ihn nicht wenigstens warnen, ihn irgendwie da herausholen? Ich weiß, er war nicht gerade freundlich zu dir, und er kann dir auch nicht unbedingt sympathisch sein. Aber du kennst ihn nicht so wie ich. Er war immer für mich da, hat immer nur das Beste für mich gewollt. Und bevor ich ging, hat er …“, ihre Stimme brach, „… hat er mir seinen Segen gegeben.“ Sie riss sich zusammen. „Er ist ein Snob, aber er ist kein schlechter Mensch. Wenn er in etwas hineingeraten ist, dann nur durch dumme Umstände. Und jetzt weiß er nicht, wie er wieder herauskommen soll, ohne mich in Gefahr zu bringen. Es muss so sein. Zane, bitte!“

Er nahm ihre Hand und hielt sie fest in seiner. „Barrie, das kann ich nicht tun“, sagte er leise. „Wenn er nichts Falsches getan hat, wird ihm auch nichts passieren. Wenn er ein Verräter sein sollte …“ Er zuckte nur die Schultern, sprach den Satz nicht zu Ende. Es war auch so klar, dass Zane keinen Finger rühren würde, um einem Verräter zu helfen. „Ich wollte nicht, dass du davon erfährst. Du musst dich nicht noch mehr aufregen. Ich kann dich nicht vor Kummer bewahren, sollte er wirklich festgenommen werden. Aber ich wollte nicht, dass du vorher davon erfährst. Meine erste Priorität ist es, für deine und die Sicherheit unseres Kindes zu sorgen, und das werde ich tun, unter allen Umständen."

Mit tränenverhangenem Blick starrte sie ihn an und wusste, sie war gerade auf die undurchdringliche Stahlwand seiner Überzeugungen gestoßen. Ehre, das war nicht nur ein Wort für ihn, das war seine Lebenseinstellung. „Was, wenn es dein Vater wäre?", fragte sie leise.

Ein kurzes Zucken um seinen Mund sagte ihr, dass sie einen Nerv getroffen hatte. „Ich weiß es nicht", gab Zane zu. „Ich hoffe, ich würde dann das Richtige tun … Aber ich weiß es nicht."

Es gab nichts mehr, was sie noch sagen konnte. Das Einzige, was ihr übrig blieb, war, selbst ihren Vater zu warnen.

Barrie entzog sich Zanes Griff und stand auf. Er ließ sie gehen, auch wenn er sie nicht aus den Augen ließ, nur für den Fall, dass sie erneut einen Schwächeanfall bekam oder sich übergeben musste oder Zane eine Ohrfeige versetzen wollte. In ihrem Zustand war das alles gut möglich – sollte sie ihre Selbstbeherrschung auch nur ein wenig schleifen lassen. Nichts davon würde sie tun … das wäre nur Zeitverschwendung.

Sie wickelte sich in den übergroßen Bademantel ein, wie sie sich einst in Zanes Hemd gewickelt hatte. „Was genau macht dein Bruder eigentlich?" Barrie brauchte so viele Informationen wie möglich, wenn sie ihrem Vater helfen wollte. Vielleicht war das falsch, aber darüber würde sie sich später den Kopf zerbrechen und sich den Konsequenzen stellen. Sicher, sie agierte jetzt rein nach Gefühl und aus blindem Vertrauen, aber das war die einzige Möglichkeit, die ihr noch blieb. Wenn sie ihren Vater als den Mann beurteilte, den sie ihr ganzes Leben lang gekannt hatte, dann musste Barrie darauf vertrauen, dass er ein Ehrenmann war. Trotz der Unterschiede zwischen ihm und Zane glichen sich die beiden Männer in dieser Hinsicht völlig: Ehre war ihr Leben.

Zane erhob sich. „So genau brauchst du das eigentlich nicht zu wissen."

Zum ersten Mal fühlte Barrie Wut in sich aufschäumen. „Ein einfaches Nein hätte genügt, auch ohne Sarkasmus."

Er betrachtete sie forschend, dann nickte er knapp. „Du hast recht. Tut mir leid."

Barrie stapfte ins Bad und schlug die Tür lautstark hinter sich zu. In dem kleinen Raum war es heiß, Dampf hing in der Luft wie dichter Nebel. Barrie drehte die Dusche ab und schaltete die Entlüftung ein. Keine einzige Falte war noch in dem Seidenkleid zu sehen. Eilig zog Barrie die Unterwäsche an, die sie mit ins Bad gebracht hatte, und schlüpfte in das Kleid. Sie musste an dem Stoff ziehen und zerren, da die leicht feuchte Seide an ihrer Haut kleben blieb. Sie trieb sich zur Eile an. Wie viel Zeit blieb ihr, bevor das Frühstück in die Suite gebracht wurde?

Der Spiegel war dick beschlagen. Mit einem Handtuch rieb Barrie ein Stück in der Mitte trocken, kämmte sich und legte ein Minimum an Make-up auf. Mehr wäre in der feuchten Luft nur verlaufen, und sie wollte so normal wie möglich aussehen.

Himmel, der Ventilator machte so viel Lärm, vielleicht hatte sie den Zimmerservice ja gar nicht gehört! Schnell schaltete sie das Gebläse aus. Andererseits – wäre das Frühstück da, hätte Zane bestimmt an die Tür geklopft. Nein, beruhigte sie sich, es ist noch nicht serviert.

Sie versuchte sich zu erinnern, wo sie ihre Handtasche abgelegt hatte. Barrie würde sie holen und sich aus der Suite schleichen, ohne dass Zane es merkte. Er hatte ein äußerst feines Gehör, und er würde auf sie warten. Das Frühstück würde wohl im Wohnraum serviert werden. Vorsichtig, wie er war, würde Zane den Kellner nicht aus den Augen lassen. Das wäre also der einzige Moment, in dem Zane abgelenkt war – und die einzige Möglichkeit für Barrie, unbemerkt zur Tür hinauszuschlüpfen. Nicht gerade viel Zeit. Zane würde nach ihr rufen, sobald der Kellner gegangen war. Wenn der Aufzug auf sich warten ließ, wäre ihr Plan schon gescheitert. Sie konnte natürlich auch die Treppe nehmen, aber dann wäre Zane mit dem Aufzug schneller in der Lobby und würde Barrie unten erwarten.

Sie zog die Badezimmertür einen Spalt auf, sehr vorsichtig, damit

Zane das Klicken des Schlosses nicht hörte.

„Was treibst du denn da?", rief er. Es klang, als würde er direkt hinter der Schlafzimmertür auf sie warten.

„Ich schminke mich", fauchte sie ungnädig. Was stimmte. Sie tupfte sich den Schweiß von der Stirn und nahm erneut den Puder zur Hand. Ihre Wut war verraucht, aber das brauchte Zane nicht zu wissen. Sollte er ruhig denken, sie sei immer noch aufgebracht. Eine verärgerte schwangere Frau hatte jedes Recht dazu, in Ruhe gelassen zu werden.

Es klopfte an der Suitetür, und eine Stimme rief: „Zimmerservice!"

Barrie drehte den Wasserhahn auf, das Rauschen würde mögliche andere Geräusche übertönen. Sie lugte durch den Spalt und sah Zane zur Tür gehen. Er trug sein Waffenhalfter. Gut. Seine Aufmerksamkeit würde also ganz auf den Kellner gerichtet sein.

Barrie schlüpfte aus dem Bad, achtete darauf, die Tür wieder in die gleiche Stellung zu bringen, und huschte zu der Seite im Schlafzimmer, wo Zane sie nicht sehen konnte. Ihre Handtasche lag auf einem Stuhl. Ein Griff, und Barrie hielt sie in den Händen. Hastig zog sie ihre Schuhe an.

Sie hörte das Rattern des Servierwagens und das höfliche Geplauder des Obers, der den Frühstückstisch deckte. Zanes Waffe machte den Mann nervös, Barrie konnte Verunsicherung in seiner Stimme ausmachen. Umso besser. Das wiederum würde nämlich Zane noch mehr auf den Mann achten lassen. Wahrscheinlich verfolgte er mit Adleraugen jede Bewegung des armen Menschen.

Jetzt kam der schwierige Teil. Barrie schlich sich zu der offen stehenden Doppeltür des Wohnraums. Erleichtert sah sie, dass Zane mit dem Rücken zu ihr stand. Er beobachtete den Ober, während er auf das Wasserrauschen im Bad lauschte. Der Trick mit dem Wasserhahn funktionierte offensichtlich.

Doch ihr Ehemann war kein durchschnittlicher Mann. Ihm unbemerkt zu entkommen, selbst für fünf Minuten, würde nicht einfach sein.

Sie holte einmal tief Luft, stahl sich Richtung Ausgang, jeder Nerv in ihrem Körper zum Zerreißen gespannt. Jeden Moment erwartete sie, eine stählerne Hand auf ihrer Schulter zu spüren. Sie erreichte die

Tür im Schlafzimmer, die auf den Gang hinausführte, und hielt die Kette fest, während sie sie vorsichtig abzog. Die nächste Hürde war das Schloss. Barrie stellte sich ganz nah davor, ihr Körper würde den Laut, den das Drehen des Schlüssels verursachte, dämpfen. Sie drehte langsam. Das Klicken war selbst für sie kaum zu hören.

Jetzt die Klinke. Barrie konzentrierte sich. Flüssig und verhalten zugleich, so musste sie die Klinke herunterdrücken. Das kleinste Geräusch, und sie wäre ertappt. Wenn jetzt jemand über den Korridor ging und sich unterhielt, würde Zane sofort aufmerksam. Und sie wäre ertappt. Ein zu langsamer Lift, und sie wäre ertappt. Alles musste jetzt perfekt ablaufen, sonst hatte sie nicht die geringste Chance.

Wie viel Zeit blieb ihr noch? Sie glaubte, schon unendlich viel Zeit verbraucht zu haben, dabei waren es bestimmt nicht mehr als eine, maximal zwei Minuten. Aus dem Wohnraum drang das Klappern von Geschirr zu ihr herüber, der Kellner deckte also noch den Tisch. Barrie zog die Tür auf und schlüpfte hinaus auf den Korridor. Die Tür geräuschlos zu schließen war genauso aufreibend wie das Öffnen.

Barrie nahm die Hand von der Klinke und rannte zum Lift. Sie erreichte den Aufzug, ohne Zane hinter sich zu hören, und drückte den Knopf. Das Licht der Anzeige leuchtete auf, mehr nicht. Der Aufzug stand nicht bereit, er war erst auf dem Weg in die Etage.

„Bitte“, flehte Barrie nervös. „Nun komm schon.“

Ihren Vater vom Hotelzimmer aus anzurufen wäre unmöglich gewesen. Zane hätte das Gespräch sofort unterbrochen. Außerdem war sie sicher, dass das Telefon ihres Vaters abgehört wurde. Anrufe konnten also zurückverfolgt werden. Sie war bereit, ihren Vater zu warnen, aber sie würde nichts tun, was Zane oder ihr Baby in Gefahr bringen konnte. Mit einem Anruf würde sie die Entführer vielleicht direkt zum Hotel führen. Sie musste also ein öffentliches Telefon finden, möglichst ein paar Straßen vom Hotel entfernt.

Am Ende des Ganges hörte sie den Servierwagen aus der Suite rattern. Mit hämmerndem Herzen starrte sie auf die geschlossenen Lifttüren, rief den Lift in Gedanken verzweifelt herbei. Ihr blieben maximal noch ein paar Sekunden …

Das Ankunftsklingeln ertönte, die Türen glitten auf.

Barrie sah sich um, als sie einstieg. Ihr stockte der Atem. Zane schrie nicht, und er rief auch nicht ihren Namen. Er gab keinen Ton von sich, sprintete in Höchstgeschwindigkeit den Korridor entlang auf den Aufzug zu. In seinen Augen loderte pure Wut.

Er war fast da.

Voller Panik drückte Barrie gleichzeitig die Knöpfe für die Lobby und die Tür. Sie wich von der Tür zurück, als Zane sich nach vorn warf, um mit einer Hand die Lichtschranke zu unterbrechen.

Er schaffte es nicht ganz. Die Türen schlossen sich, die Kabine setzte sich in Bewegung. Barrie zuckte zusammen, als Zane draußen frustriert einen lauten Fluch ausstieß und mit der Faust gegen die Tür schlug.

Schwach lehnte Barrie sich mit dem Rücken an die Kabinenwand. Ihre Hände zitterten. Grundgütiger, sie hätte nie gedacht, dass jemand so wütend sein konnte. Zane war bis zur Weißglut gereizt. Wahrscheinlich hechtete er bereits die Treppen hinunter. Einundzwanzig Stockwerke hatte er vor sich, und selbst er würde mit dem Aufzug nicht mithalten können. Es sei denn, der Lift hielt auf dem Weg nach unten an, um noch andere Fahrgäste mitzunehmen.

Bei der Vorstellung wollten Barrie die Knie nachgeben. Gebannt starrte sie auf die aufleuchtenden Zahlen auf der Anzeigetafel und wagte nicht zu atmen. Nur ein Halt, und Zane würde sie auf der Straße abfangen. Zwei Stopps, und er würde ihr noch in der Lobby gegenüberstehen.

Sie würde sich seiner Wut stellen müssen. Noch nie hatte Barrie solche Angst gehabt. Nein, verlassen würde sie Zane nicht, das war nie ihre Absicht gewesen. Wenn sie ihren Vater erst gewarnt hatte, würde sie in die Suite zurückkehren. Dass Zane ihr gegenüber gewalttätig werden könnte, befürchtete sie nicht. Er würde niemals die Hand gegen sie erheben. Aber dieses Wissen war Barrie im Moment überhaupt kein Trost.

Sie hatte sich immer gewünscht, dass er endlich einmal die Kontrolle verlieren würde, nicht nur im Bett. Himmel, wie hatte sie sich nur so etwas Dummes wünschen können? Ihr wurde übel. Niemals, niemals wieder wollte sie Zane so sehen!

Gut möglich, dass er ihr nicht vergab. Vielleicht hatte sie sich gerade jede Chance zerstört, seine Liebe zu gewinnen. Diese Erkenntnis lastete schwer auf Barries Schultern, den ganzen Weg hinunter in die Hotellobby – ohne Zwischenstopps.

Das Klimpern der Einarmigen Banditen verstummte nie in Las Vegas, ganz gleich zu welcher Tageszeit. Barrie hastete durch die Reihen der Spielautomaten und hinaus auf die Straße.

Die Sonne stand gleißend am Himmel. Auch wenn es erst Morgen war, herrschten draußen bereits gute dreißig Grad. Barrie mischte sich unter den Touristenstrom, der den Bürgersteig bevölkerte. Sie wagte es nicht, sich umzudrehen und zurückzublicken. Ihr rotes Haar würde leicht auszumachen sein, selbst in einer Menschenmenge, also musste sie vor jemandem gehen, der größer war als sie. Zane würde mittlerweile die Lobby erreicht haben. Er würde den Blick über die Spieler gleiten lassen, dann hinaus auf die Straße stürzen.

Barrie ging weiter. Ihre Brust schmerzte, und ihr wurde bewusst, dass sie schon wieder den Atem anhielt. Hastig holte sie Luft. Umdrehen würde Barrie sich nicht, sie befürchtete, dann ihrem großen, dunkelhaarigen, unendlich wütenden Mann gegenüberzustehen. Und weglaufen vor ihm konnte sie nicht, er war schneller.

Sie überquerte eine Straße, dann noch eine. Jetzt konnte sie nach einer Telefonzelle suchen. Die gab es hier zuhauf, nur ... alle waren besetzt. Was hatten so viele Touristen ausgerechnet um diese frühe Zeit am Telefon zu besprechen? Barrie wartete ungeduldig neben einem Telefon, während eine alte Dame mit eisblauem Haar und Stützstrümpfen irgendjemandem am anderen Ende lang und breit erklärte, wann der Goldfisch zu füttern, die Katze hinauszulassen und die Topfpflanzen zu gießen seien.

Die Sonne brannte Barrie auf den Kopf, doch schließlich legte die alte Dame auf und verabschiedete sich mit einem Lächeln und einem fröhlichen: „Viel Spaß noch, Herzchen!"

Das Lächeln war so nett und so unerwartet, dass Barrie fast in Tränen ausgebrochen wäre. Sie nahm sich zusammen, lächelte zurück und trat an das Telefon, bevor jemand sich vordrängeln konnte.

Sie steckte ihre Telefonkarte in den Schlitz und betete, ihr Vater möge zu Hause sein, während sie auf das Rufzeichen lauschte. An der Ostküste war es schon Mittag. Vielleicht war er zum Lunch ausgegangen. Oder er spielte Golf. Er konnte überall sein! Vergeblich versuchte Barrie, sich an seinen Terminkalender zu erinnern. Während der letzten beiden Monate war ihre Beziehung zueinander so angespannt gewesen, dass sie nichts mehr über seine gesellschaftlichen Verabredungen wusste.

„Hallo?"

Das klang so unsicher, so leise, dass Barrie die Stimme ihres Vaters nicht erkannte.

„Hallo?", ertönte es erneut, sogar noch nervöser.

Barrie presste den Hörer an ihr Ohr. „Daddy", sagte sie erstickt. Wie lange hatte sie ihn nicht mehr „Daddy" genannt? Die Angst ließ die kindliche Anrede über ihre Lippen kommen und wischte die Jahre des Erwachsenseins fort.

„Barrie? Liebes?" Ein Lebensfunke schwang jetzt in der Stimme mit. Barrie sah direkt vor sich, wie sich William gerader aufsetzte.

„Daddy, ich kann nicht lange reden." Sie bemühte sich, klar und deutlich zu sprechen, damit er sie auf jeden Fall verstand. „Du musst vorsichtig sein. Du musst dich schützen. Man weiß es. Hast du mich verstanden? Sie wissen es."

Für eine Weile blieb es still am anderen Ende, dann sagte er mit einer Ruhe, die Barrie völlig unverständlich war: „Ja, ich verstehe. Bist du in Sicherheit?"

„Ja", antwortete sie, auch wenn sie sich da nicht so sicher war. Sie musste schließlich noch ihrem Ehemann gegenübertreten.

„Pass gut auf dich auf, Liebes. Wir reden bald miteinander."

„Bye", flüsterte Barrie, hängte langsam den Hörer ein und drehte sich um, um sich auf den Rückweg zum Hotel zu machen.

Sie war keine zehn Schritte weit gekommen, als sie den harten Griff auf ihrer Schulter spürte, vor dem sie sich so gefürchtet hatte. Sie hatte ihn nicht kommen sehen, also hatte sie sich auch nicht wappnen können. Von einer Sekunde auf die andere war er plötzlich da, aus der Menge aufgetaucht wie eine Haifischflosse aus dem Wasser.

Barrie war froh, dass Zane da war. Dann konnten sie es direkt hinter sich bringen. Sonst wäre die Furcht vor der Auseinandersetzung mit jedem Schritt Richtung Hotel gewachsen. Die Anspannung hatte Barrie ausgelaugt, erschöpft ließ sie sich gegen Zanes Brust sinken, und er legte den Arm um ihre Hüfte, um sie zu stützen.

„Du solltest nicht ohne Kopfschutz hier in der prallen Sonne stehen, vor allem nicht mit leerem Magen.“ Mehr sagte er nicht.

Er hatte sich wieder unter Kontrolle, seine glühende Rage im Griff. Barrie war nicht naiv genug zu glauben, die Wut sei verraucht. „Ich musste ihn warnen“, murmelte sie müde. „Und ich wollte nicht, dass man den Anruf zum Hotel zurückverfolgen kann.“

„Ich weiß.“ Knappe, fast harsche Worte. „Es wird keinen großen Unterschied machen. Las Vegas wimmelt heute Morgen von bestimmten Leuten. Wahrscheinlich hat jemand dich gesehen. Dein Haar.“

Diese zwei Worte reichten. Rothaarige fielen immer auf, einfach, weil rote Haare relativ selten waren. Barrie hatte das Gefühl, sich für ihr volles rotes Haar entschuldigen zu müssen. „Sie sind hier? Die Kidnapper?“

„Nicht die vom ersten Mal. Hier ist ein kompliziertes Spiel im Gange, Liebling, und ich fürchte, du steckst mittendrin.“

Die Sonne stach ihr auf den ungeschützten Kopf, die Hitze wurde mit jeder Minute unerträglicher. Jeder Schritt kostete mehr und mehr Anstrengung. Verzweiflung schwappte über Barrie zusammen. Sie hatte Zane und sich selbst kopfüber in die Gefahr gestürzt, die sie so unbedingt hatte vermeiden wollen. „Vielleicht bin ich ja wirklich nichts anderes als ein verwöhntes Gesellschaftspüppchen mit mehr Haaren als Verstand“, klagte sie. „Ich wollte doch nie …“

„Ich weiß“, wiederholte er und zog sie – unfassbar! – enger an seine Seite. „Außerdem habe ich nie behauptet, du hättest mehr Haare als Verstand. Falls überhaupt, bist du verdammt clever. Und du hast ein außergewöhnliches Talent fürs Schleichen. Nur wenige Leute wären aus dieser Suite herausgekommen, ohne dass ich es bemerke. Spook vielleicht, und Chance. Sonst niemand.“

Barrie lehnte sich an ihn. Sie befand sich an seiner linken Seite und konnte das Halfter unter seiner Jacke fühlen. Er hatte sie absichtlich an seine linke Seite gezogen, um die rechte Hand freizuhaben, sollte er seine Waffe benutzen müssen. Was er jetzt nicht brauchte, war eine Frau, die er stützen musste, während er gleichzeitig in eine Schießerei verwickelt war. Barrie richtete sich auf und löste sich von ihm, auch wenn sein Griff um ihre Hüfte fester wurde. Fragend schaute er sie an.

„Ich will dich nicht in deinen Bewegungen behindern", erklärte sie.

Zanes Lippen zuckten. „Siehst du?", meinte er trocken. „Jetzt denkst du schon an ein Kampfszenario. Wärst du nicht so süß, Mrs Mackenzie, könntest du eine wirklich gefährliche Frau sein."

Wieso machte er ihr keine Vorwürfe? Barrie konnte sich beim besten Willen nicht vorstellen, dass seine Wut verraucht sein sollte. Zane schien ihr der Typ Mann zu sein, der selten die Beherrschung verlor, aber wenn, dann war es ein denkwürdiges Ereignis – und es würde lange anhalten, vielleicht sogar Jahre. Möglich, dass er es sich aufhob, bis sie allein in der Suite waren, und hier auf der Straße wachsam bleiben wollte.

Sie begann selbst die wogende Menge von Touristen und Besuchern zu beobachten, suchte nach möglichen Anzeichen, nach auffälligem Interesse. Das half ihr zumindest, sich von dieser grenzenlosen Schwäche abzulenken, die sie verspürte. Die Schwangerschaft machte sich mehr und mehr bemerkbar. Es war dumm von ihr gewesen, ohne Kopfschutz und Frühstück auszugehen. Normalerweise hätte ihr das nichts ausgemacht, aber normalerweise steckte sie auch nicht in solchen Schwierigkeiten.

Wie weit war es noch bis zum Hotel? Barrie konzentrierte sich darauf, einen Fuß vor den anderen zu setzen, während sie in die Gesichter der Passanten sah. Zane behielt ein langsames, regelmäßiges Tempo bei, und wenn es möglich war, stellte er sich zwischen Barrie und die Sonne. Der menschliche Schatten half, wenn auch nicht viel.

„Wir sind da", meinte er schließlich und schob sie in die klimatisierte Hotellobby. Barrie schloss mit einem erleichterten Seufzer die Augen, dankbar für die kühle Luft, die sie umfing.

Auf dem Weg nach oben war der Lift voll. Zane zog Barrie an die hintere Wand zurück. Eine Seite war so abgesichert, und vor ihnen stand ein Schutzschild aus menschlichen Körpern, wenn die Türen aufgingen. Überraschend wurde Barrie klar, dass sie wusste, wie Zane dachte, dass sie die Motive hinter seinen Handlungen erkannte. Er würde alles tun, um eine Gefahr für die anderen zu vermeiden, aber wenn es hart auf hart kam, würde er die anderen Fahrgäste bedenkenlos opfern, um sie, Barrie, zu schützen.

Im einundzwanzigsten Stock stiegen sie aus, ohne dass etwas passiert war. Ein Paar mittleren Alters verließ ebenfalls den Aufzug. Der Mann und die Frau schlugen die der Suite entgegengesetzte Richtung ein, trotzdem führte Zane Barrie hinter dem Paar her, bis es bei seinem Zimmer angekommen war. Als die beiden die Tür aufschlossen, erhaschte Barrie einen Blick auf unzählige Einkaufstüten auf dem Bett, über einem Stuhl lag getragene Kleidung vom Vortag.

„Alles in Ordnung", murmelte Zane, während sie umdrehten und zu ihrer Suite zurückgingen.

„Sie hätten nicht all diese Souvenirs einkaufen können, wenn sie erst heute angekommen wären?", fragte Barrie nach.

Er warf ihr einen nicht zu deutenden Blick zu. „Genau."

In der Suite war es geradezu himmlisch kühl. Barrie stolperte hinein, und Zane verschloss die Tür und legte die Kette vor. Das Frühstück stand noch auf dem Tisch, Zane drückte Barrie fast unsanft auf einen Stuhl.

„Iss", befahl er. „Wenigstens den Toast, auch wenn er kalt ist. Streich dir Marmelade darauf. Und trink das Wasser. Alles." Damit setzte er sich auf die Couchlehne, nahm das Telefon zur Hand und wählte eine Nummer.

Barrie aß vorsichtshalber erst nur eine halbe Scheibe trockenen Toasts. Im Moment war ihr Magen friedlich, sie wollte nichts tun, um ihn zu reizen. Als er nicht protestierte, strich sie Marmelade auf die zweite Hälfte.

Nach ein paar Bissen und einem Glas Wasser fühlte sie sich schon besser. Zane gab sich dieses Mal keine Mühe, das Gespräch vor ihr geheim zu halten. Sie nahm an, dass er wieder mit seinem Bruder Chance redete.

„Wenn sie gesehen wurde, vielleicht eine halbe Stunde", sagte er gerade. „Haltet euch in Alarmbereitschaft." Er hörte eine Weile zu. „Ja, ich weiß, ich werde unruhig." Mit einem rätselhaften „Ruhe bewahren!" verabschiedete Zane sich.

Barrie drehte sich in ihrem Stuhl zu ihm um. „Wer soll Ruhe bewahren?", fragte sie.

Für den Bruchteil einer Sekunde flackerte ein Lächeln in seinen Augen auf. „Chance hat die dumme Angewohnheit, häufig in Wespennester zu stechen. Da kriegt man ab und zu schon mal was ab."

„Und du nicht, was?"

Er zuckte ungerührt die Schultern. „Manchmal."

Er war ungewöhnlich ruhig, selbst für ihn. Als würde er darauf warten, dass der Sturm losbrach. Barrie atmete tief ein. „Also gut, sag's mir. Ich will es wissen."

Zane betrachtete sie einen Moment, dann schüttelte er den Kopf. Bedauernd, wie sie zu erkennen glaubte. „Das wird warten müssen. Chance sagt, dass da draußen plötzlich unheimlich viel Betrieb herrscht. Es wird bald losgehen."

13. KAPITEL

Ihnen blieb nicht einmal die halbe Stunde, auf die Zane gehofft hatte. Als das Telefon klingelte, griff er nach dem Hörer. „Verstanden", sagte er knapp und legte wieder auf, dann kam er zu Barrie. „Sie sind hier." Er zog sie von ihrem Stuhl hoch. „Du gehst jetzt in ein anderes Stockwerk."

Er wollte sie aus der Schusslinie bringen. Barrie versteifte sich und wehrte sich gegen seinen Griff. Zane blieb stehen und drehte sich zu ihr um. Eine Hand legte er ihr auf den Bauch. „Du musst gehen." Nicht die Spur von Gefühl in seiner Stimme. Er war im Kampfmodus, mit ausdruckslosem Gesicht und kalten Augen.

Natürlich hatte er recht. Sie musste gehen, wegen des Babys. Barrie legte ihre Hand auf seine. „Also gut. Hast du vielleicht noch eine zusätzliche Pistole, die du mir überlassen kannst? Nur für den Fall."

Er zögerte kurz, dann ging er ins Schlafzimmer und kramte in seiner Reisetasche. Mit einem Revolver kam er zurück. „Weißt du, wie man damit umgeht?"

Barrie nahm die Waffe in die Hand, das Holz des Griffs fühlte sich glatt an. „Ich habe Tontauben geschossen, aber noch nie einen Revolver benutzt. Trotzdem, ich komme schon zurecht damit."

Zane erklärte ihr die grundlegenden Eigenschaften der 38er auf dem Weg zum Treppenhaus und drängte Barrie die Stufen hinauf. Ihre Schritte hallten in dem leeren Betongang wider. „Ich bringe dich in einem Zimmer im dreiundzwanzigsten Stock unter. Ich will, dass du dort bleibst und wartest, bis entweder Chance oder ich dich abholen. Sollte irgendjemand anders die Tür öffnen, erschieße ihn."

„Ich weiß doch nicht einmal, wie Chance aussieht", protestierte sie.

„Schwarze Haare, bernsteinfarbene Augen. Groß. Sieht so verdammt gut aus, dass du dahinschmilzt, sobald er vor dir steht. Zumindest behauptet er, dass alle Frauen das tun."

Sie waren in der dreiundzwanzigsten Etage angekommen. Während sie den stillen Korridor betraten und der Teppich ihre Schritte schluckte, fragte Barrie: „Woher weißt du, welche Zimmer nicht belegt sind?"

Zane holte den elektronischen Schlüssel aus der Tasche und zog die Karte durch den Schlitz. „Einer von Chances Leuten hat gestern das Zimmer gebucht und mir die Karte beim Abendessen zugesteckt. Nur für den Fall."

Zane hatte immer einen Plan B – nur für den Fall.

Er öffnete die Tür zu Zimmer 2334 und schob Barrie hinein. Er selbst blieb vor der Schwelle stehen. „Schließ ab und leg die Kette vor. Und rühr dich nicht von der Stelle." Damit drehte er sich um und lief in Richtung Treppenhaus. Barrie stand in der Tür und blickte ihm nach. Er blieb stehen und sah über die Schulter zu ihr zurück. „Ich warte immer noch auf das Klicken des Schlosses", sagte er leise.

Sie machte einen Schritt in das Zimmer hinein, schloss die Tür und schob die Kette vor.

Und dann stand Barrie mitten in dem stillen, unbenutzten Hotelzimmer und brach lautlos zusammen.

Sie hielt es nicht aus. Zane begab sich in Gefahr – ihretwegen. Und sie durfte nicht einmal bei ihm sein, durfte ihm nicht den Rücken freihalten. Weil ein neues Leben in ihr wuchs, war sie auf diese sichere Nische beschränkt, während der Mann, den sie liebte, sich dem Kugelhagel aussetzte.

Barrie setzte sich auf den Boden und begann, sich vor- und zurückzuwiegen, die Arme über dem Bauch verschränkt. Tränen liefen ihr über die Wangen. Diese Angst um Zane war schlimmer als alles, was sie je erfahren oder gefühlt hatte, viel schlimmer als in den Händen von skrupellosen Entführern zu sein. Sogar noch schlimmer als damals, als er angeschossen wurde. Zumindest war sie da bei ihm gewesen, hatte helfen können, ihn berühren können.

Jetzt konnte sie gar nichts tun.

Ein Hall wie Donnerschlag ließ sie zusammenzucken. Doch es war kein Donner, der Himmel über der Wüste war klar und strahlend blau. Barrie legte die Stirn auf die angezogenen Knie, die Tränen strömten unablässig. Mehr Schüsse folgten. Einige leiser, nicht so dröhnend. Dann ein seltsamer kurzer Laut, fast wie trockenes Husten. Wieder Donnerhall, danach viele Schüsse schnell hintereinander.

Und Stille.

Barrie rappelte sich halb auf und kroch hastig in eine Zimmerecke, die hinter dem Bett. Sie drängte sich mit dem Rücken gegen die Wand, zog die Knie an und hielt die Pistole mit beiden Händen auf die Tür gerichtet. Zwar war ihr nicht klar, wie jemand außer Zane und Chance wissen sollte, wo sie sich aufhielt. Aber Barrie würde sich nicht darauf verlassen. Sie hatte nicht die geringste Ahnung, worum es überhaupt ging oder wer dahintersteckte. Außer wahrscheinlich Mack Prewett.

Die Zeit schlich dahin. Barrie hatte ihre Armbanduhr nicht angelegt, den Radiowecker auf dem Nachttisch konnte sie nicht sehen. Trotzdem rührte sie sich nicht, um die Zeit abzulesen. Sie kauerte einfach nur in der Ecke, die Waffe in den Händen, und wartete. Und starb mit jeder vergehenden Minute ein wenig mehr.

Zane kam nicht. Eiskalte Verzweiflung breitete sich in ihrem Herzen aus und wuchs, bis ihr ganzer Brustkorb damit erfüllt war und ihr das Atmen fast unmöglich machte. Sie konnte ihren Herzschlag in ihren Ohren hören, hart und schmerzhaft langsam. Zane. Er wäre schon hier, wenn es ihm möglich wäre. Er war wieder angeschossen worden. Verletzt. Dass er tot sein konnte, daran erlaubte sie sich nicht zu denken. Doch der Gedanke war da, lauerte in ihrem Kopf, ihrer Brust, ihrem Herzen. Sie wusste nicht, wie sie weiterleben sollte.

Ein kurzes Klopfen ertönte an der Tür. „Barrie?" Eine leise Stimme, gehetzt und Barrie vertraut. „Ich bin's, Art Sandefer. Es ist vorbei. Mack wurde festgenommen. Du kannst herauskommen."

Nur Zane und Chance wussten, wo sie war. Zane hatte gesagt, sie solle jeden anderen, der die Tür öffnete, erschießen. Aber sie kannte Art Sandefer seit Jahren, sie respektierte den Mann und die Arbeit, die er leistete. Wenn Mack Prewett der Verräter war, wüsste Art davon. Es ergab Sinn, dass Art vor der Tür stand.

Es wurde an der Klinge gerüttelt. „Barrie?"

Sie hatte sich schon halb erhoben, um ihn einzulassen, dann sank sie wieder auf den Boden zurück. Nein. Er war weder Zane noch Chance. Falls sie Zane verloren hatte, würde sie zumindest seine letzte Anweisung erfüllen. Er hatte nichts anderes im Sinn gehabt, als für ihre Sicherheit zu sorgen, und sie vertraute Zane mehr als je einem anderen Menschen zuvor. Sogar mehr als ihrem Vater. Auf jeden Fall mehr als Art Sandefer.

Mit diesem seltsamen Husten hatte sie nicht gerechnet. Das Türschloss explodierte, Art Sandefer stieß die Tür auf und kam ins Zimmer. In seiner Hand lag eine Waffe mit einem langen Schalldämpfer.

Ihre Blicke begegneten sich, der Ausdruck in Arts Augen war hellwach, boshaft und zynisch. Und in dem Moment wurde Barrie alles klar.

Sie drückte den Abzug.

Zane war Sekunden später da. Art war an der offen stehenden Tür herabgesunken, die Hand auf die klaffende Wunde in seiner Brust gepresst. Zane kickte die Waffe aus Arts ausgestreckter Hand und weit fort, mehr Aufmerksamkeit ließ er dem Mann nicht zukommen. Mit einem großen Schritt trat er über ihn hinweg und eilte durch das Zimmer zu Barrie, die mit bleichem Gesicht und gebrochenem Blick in der Ecke kauerte. Panik schlug über Zane zusammen, doch bei seiner hastigen Untersuchung konnte er kein Blut finden. Barrie schien unverletzt zu sein.

Er saß neben ihr in der Hocke und strich ihr zärtlich das Haar aus der Stirn. „Liebling?“, sprach er sie leise an. „Liebling, es ist vorbei. Geht es dir gut?“

Sie antwortete nicht. Zane setzte sich auf den Boden, zog sie in seine Arme und auf seinen Schoß, presste sie an seinen warmen Körper und murmelte beruhigend auf sie ein. Er spürte ihren Herzschlag an seiner Brust, das Pochen hart und erschreckend langsam. Er zog sie noch enger an sich und barg sein Gesicht in ihrem Haar.

„Geht es ihr gut?“ Chance tauchte auf, stieg ebenfalls über Art Sandefer hinweg und kam auf seinen Bruder und seine neue Schwägerin zu. Andere Männer erschienen, kümmerten sich um den Verletzten. Mack Prewett war unter ihnen. Mit harten Augen betrachtete er seinen früheren Vorgesetzten.

„Sie kommt schon wieder in Ordnung“, murmelte Zane und hob den Kopf. „Sie hat auf Sandefer geschossen.“

Mehr Erklärung brauchte niemand. Das erste Mal war schlimm. Mit etwas Glück und guter Pflege würde Sandefer überleben, aber Barrie würde nie vergessen, wie es war, auf einen Menschen zu zielen und den Abzug zu drücken.

„Woher wusste er, welches Zimmer?“, fragte Zane ruhig.

Chance ließ sich auf der Bettkante nieder und stützte die Ellbogen auf die Knie. Nachdenklich blickte er vor sich hin. „Ich muss eine undichte Stelle in meinem Team haben", meinte er sachlich. „Ich weiß auch, wer es ist. Es gab nur einen Mann, der die Zimmernummer kannte. Ich kümmere mich darum."

„Tu das."

Barrie rührte sich, sie schlang die Arme um Zanes Nacken. „Zane", wisperte sie erstickt. Sie zitterte am ganzen Leib.

Da er ebenso empfand wie sie, verstand er ihre Panik und hörte die Verzweiflung in ihrer Stimme. „Mir geht es gut", flüsterte er und küsste sie auf die Schläfe. „Mir ist nichts passiert."

Ein Schluchzer schüttelte sie. Seine Barrie, sein tapferer Soldat. Gefühle schwollen in Zanes Brust an, so strahlend und warm und golden, dass sie ihm den Atem raubten und sein Herz für einen Moment aussetzte. Er schloss die Augen, weil Tränen darin brannten. „O Gott", stieß er zitternd aus, „ich dachte, ich komme zu spät. Ich sah Sandefer in das Zimmer gehen, bevor ich auf ihn zielen konnte, und dann hörte ich den Schuss."

Barrie schlang die Arme fester um seinen Hals, aber sie sagte nichts.

Zane legte seine Hand auf ihren Bauch und musste mehrmals tief einatmen, um die Fassung zurückzugewinnen. Erstaunt stellte er fest, dass er zitterte. Nur Barrie gelang es, ihn so fertigzumachen. „Ich will dieses Baby, aber an das Kind habe ich nicht einmal gedacht. Da war nur dieser eine Gedanke: Was, wenn ich dich verliere ..." Er brach ab, als seine Stimme versagte.

„Baby?", hakte Chance interessiert nach.

Barrie nickte, ohne aufzusehen, das Gesicht immer noch an Zanes Brust geschmiegt.

„Barrie, das ist mein Bruder Chance." Selbst jetzt noch klang Zanes Stimme rau und unsicher.

Barrie streckte die Hand aus, ohne den Kopf zu heben. Amüsiert schüttelte Chance die dargebotene Hand, dann führte er sie wieder an Zanes Hals zurück. Barries Gesicht hatte er noch nicht gesehen. „Schön, dich kennenzulernen, Schwägerin. Und ich freue mich auch über das Baby. Das sollte Mom für eine Weile beschäftigen und von mir ablenken."

Das Zimmer schien plötzlich überfüllt mit den Sicherheitsleuten des Hotels, der Polizei von Las Vegas, mit Sanitätern und den Leuten vom FBI, die beherrscht ihre Anweisungen gaben. Chances Männer hatten sich unauffällig zurückgezogen, wie Schatten waren sie verschwunden. Chance tätigte einen kurzen Anruf, dann wandte er sich knapp an Zane: „Es ist erledigt."

Mack Prewett kam herüber und setzte sich neben Chance auf das Bett. Besorgt betrachtete er Barrie, die sich fest an Zane klammerte. „Ist sie unverletzt?"

„Ja", antwortete Barrie selbst.

„Arts Zustand ist kritisch, aber möglich, dass er durchkommt. Würde uns eine Menge Ärger ersparen, wenn er es nicht schafft." Macks Stimme war völlig ausdruckslos. „Sie hätten da nie mit hineingezogen werden sollen, Barrie", fuhr er fort. „Als mir der erste Verdacht kam, Art könne für beide Seiten arbeiten, bat ich Ihren Vater um Hilfe. Die Informationen mussten echt sein, und der Botschafter kennt mehr Leute und hat Zugang zu mehr Informationen, als man für möglich halten sollte. Art hat nach dem Köder geschnappt wie ein hungriger Karpfen. Aber dann verlangte er mehr, etwas wirklich Kritisches, und Ihr Vater weigerte sich. Bevor wir es auch nur ahnen konnten, waren Sie schon entführt worden. Ihr Vater wäre fast durchgedreht."

„Dann wussten diese Mistkerle, dass wir nach Benghazi unterwegs waren", warf Zane kalt ein.

„Ja. Ich konnte Art den Zeitplan ein wenig anders darstellen, mehr war mir nicht möglich. Sie hatten euch nicht so früh erwartet."

„Ausgerechnet Art Sandefer, ich fasse es nicht." Barrie hob den Kopf und sah zu Mack. „Mir wurde es erst klar, als ich in seine Augen sah. Ehrlich gesagt, ich hatte Sie verdächtigt."

Mack lächelte schief. „Ich finde es bewundernswert, dass Sie überhaupt herausgefunden haben, dass etwas im Busch ist."

„Das war wegen Dad. Er hatte jedes Mal schreckliche Angst, wenn ich aus dem Haus gehen wollte."

„Art hatte es auf Sie abgesehen", erklärte Mack. „Eine Weile hat er sich ruhig verhalten, sonst hätten wir diese ganze Geschichte schon vor Wochen abgeschlossen. Art ging es nicht nur um die Informationen. Er wollte Sie."

Barrie erschauerte. Sie blickte zu Zane auf und sah seine Wangenmuskeln arbeiten. Deshalb hatten die Männer in Benghazi sie nicht vergewaltigt – Art hatte sie für sich gewollt. Sie wäre nie wieder freigekommen, Art hätte sie nicht gehen lassen, nachdem sie erst einmal sein Gesicht gesehen hätte. Wahrscheinlich hätte er sie unter Drogen gesetzt, sich eine Zeit lang mit ihr vergnügt und sie dann umgebracht.

Ein Zittern durchfuhr Barrie, und sie drehte ihr Gesicht wieder an Zanes Brust. Sie konnte immer noch kaum glauben, dass ihm nichts geschehen war. Es fiel ihr schwer, aus dem schwarzen Loch der Verzweiflung herauszufinden, auch wenn der Verstand ihr sagte, dass jetzt alles vorüber war. Barrie fühlte sich abgestumpft, und ihr war übel.

Dann schoss ihr plötzlich ein Gedanke durch den Kopf, einer, der ihr schon viel früher gekommen wäre, hätte nicht die Sorge um Zane alles andere aus ihrem Denken verdrängt. „Dann ist mein Vater also von jedem Verdacht reingewaschen."

„Absolut", bestätigte Mack Prewett. „Er hat von Anfang an mit mir zusammengearbeitet." Sein Blick traf auf Barries, Mack zuckte die Schulter. „Ihr Vater kann einem mit seiner Art manchmal wirklich gegen den Strich gehen, aber an seiner Loyalität hat nie ein Zweifel bestanden."

„Als ich ihn heute Morgen anrief …"

Mack zog eine Grimasse. „Er war überglücklich, dass Sie ihn genug lieben, um ihn zu warnen, trotz des Verdachts gegen ihn. Indem Sie das Hotel verließen, haben Sie allerdings in ein Wespennest gestochen. Dabei hatte ich geglaubt, alles unter Kontrolle zu haben."

„Wie?"

„Durch mich", mischte Chance sich ein, und zum ersten Mal sah Barrie ihren Schwager wirklich an. Sie schmolz zwar nicht dahin, aber sie musste zugeben, dass er wirklich extrem gut aussah – der bestaussehende Mann, der ihr je begegnet war. Sie allerdings zog Zanes markantes Gesicht mit den verständnisvollen, viel zu alten Augen vor.

„Ich hatte unter Zanes Namen in einem anderen Hotel eingecheckt", erklärte Chance Barrie. „Du warst zwar nicht eingetragen, aber Art wusste, dass du bei Zane warst. Er hatte das Nummernschild von Zanes Mietwagen überprüfen lassen. Wir wollten es ihm nicht zu leicht machen. Er sollte sich schon etwas anstrengen müssen, um uns zu finden, sonst wäre er misstrauisch geworden. Als er allerdings herausfand, dass ihr geheiratet habt, ließ er seine Vorsicht fahren." Chance grinste. „Dann bist du heute Morgen zu deinem kleinen Spaziergang aufgebrochen, und die Hölle brach los. Dieses Telefon, das du dir ausgesucht hast ... es lag genau gegenüber dem Hotel, in dem ich untergebracht war. Arts Leute haben dich natürlich sofort erspäht."

Am anderen Ende des Raumes hatten die Sanitäter Art Sandefer zum Transport in die Klinik fertig gemacht. Zane beobachtete, wie der Mann hinausgetragen wurde, dann wandte er sich mit eisigem Blick an Mack.

„Hätte ich früher von dieser Sache erfahren, hätte sich vieles vermeiden lassen."

Mack hielt dem schneidenden Blick stand. „Was das angeht, Commander ... ich konnte nicht wissen, welche Kontakte Sie haben ...", er sah vielsagend zu Chance, „... und ich konnte nicht ahnen, dass Sie so schnell handeln würden. Ich bin seit Monaten hinter Art her, Sie haben alles an einem einzigen Tag in Gang gesetzt."

Zane stand mühelos mit Barrie in seinen Armen auf. „Wie auch immer, es ist vorbei." Es klang endgültig. „Wenn die Herren mich dann bitte entschuldigen wollen ... ich werde mich jetzt um meine Frau kümmern."

Da die Suite ein einziges Chaos war und Zane nicht wollte, dass Barrie es sah, hatte er ein anderes Zimmer organisiert. Dort legte er sie vorsichtig auf das Bett und verschloss sicher die Tür, dann entledigte er Barrie ihrer Kleider, zog sich selbst aus und legte sich neben sie.

Eng klammerten sie sich aneinander, beide brauchten die Gewissheit, dass keine Barrieren sie mehr voneinander trennten. Beide brauchten den Trost von nackter, warmer Haut. Doch jetzt war nicht die Zeit für eine leidenschaftliche Vereinigung. Barrie konnte nicht aufhören zu zittern, und auch Zane gelang es nicht. Sie hielten sich fest, sahen einander in die Augen, atmeten den Duft des anderen ein, um sich zu vergewissern, dass der Terror endlich vorüber war.

„Ich liebe dich", flüsterte Zane und drückte sie so fest an sich, dass ihr die Rippen schmerzten. „Himmel, ich hatte solche Angst! Wenn es um dich geht, ist meine Selbstbeherrschung komplett dahin, Liebling. Wenn ich nicht wahnsinnig werden will, kann ich nur hoffen, dass der Rest unseres Lebens so friedlich und ruhig wie nur möglich abläuft."

„Das wird er." Sie küsste ihn auf die Brust. „Wir beide werden darauf achten." Tränen brannten in ihren Augen, weil sie so schnell nicht so viel erwartet hatte.

Irgendwann schließlich verlangten andere Bedürfnisse ihr Recht. Zärtlich drang Zane in Barrie ein, und sie lagen da, vereint, ohne sich zu bewegen, so als würden ihre Körper keine weitere Aufregung mehr ertragen können, nicht einmal sinnliche.

Doch das änderte sich schnell …

EPILOG

Zwillinge." Barrie klang entgeistert. Sie saß neben Zane, der den Wagen die gewundene Straße hinauf zu Mackenzie's Mountain lenkte. „Jungs."

„Hatte ich dir doch gesagt." Zane warf einen Seitenblick auf Barries mächtig gewölbten Leib, der überdurchschnittlich groß war für den fünften Schwangerschaftsmonat. „Jungs."

Sie starrte ihn schockiert an. „Du hast aber nie etwas von Zwillingen erwähnt."

„Bis jetzt hat es auch noch keine Zwillingsgeburten in unserer Familie gegeben." Wenn er ehrlich war … ihm war genauso mulmig zumute wie Barrie. „Das ist das erste Mal."

Barrie starrte zum Fenster hinaus auf die blauen Berge. Sie lebten jetzt in Wyoming, um näher beim Rest der Familie zu sein. Zane hatte die zwei Jahre als Sheriff in Arizona abgeleistet, sich danach jedoch nicht zur Neuwahl gestellt. Chance hatte Zane während dieser zwei Jahre geradezu belagert, seiner Organisation beizutreten – Barrie wusste immer noch nicht, worum es sich dabei genau handelte –, aber Zane hatte schließlich definitiv abgelehnt. Er würde keine aktiven Einsätze mehr machen, um das Leben, das er mit Barrie, Nick und bald mit den beiden neuen Familienmitgliedern führte, keinem Risiko auszusetzen. Zane hatte ein Talent dafür, sich Unerwartetes zunutze zu machen, und dieses Talent setzte er ein.

Die ganze Familie, einschließlich William Lovejoy, traf sich auf dem Berg, um tags darauf gemeinsam den vierten Juli, den Unabhängigkeitstag, zu feiern. Zane und Barrie waren mit Nick schon früher angekommen. Wenn Zane sich Barries Bauchumfang ansah, hätte er eigentlich auf die Nachricht vorbereitet sein können. Doch sie waren beide einfach davon ausgegangen, dass die Schwangerschaft schon weiter fortgeschritten war als gedacht. Als bei der Ultraschalluntersuchung dann jedoch zwei Köpfe, vier Arme und vier Beine zu erkennen waren, hatte sich vorübergehend ein leichter Schock eingestellt. Und dass beide Babys männlichen Geschlechts waren, daran konnte nun auch kein Zweifel mehr bestehen.

„Mir fallen keine zwei Namen ein." Barrie klang, als sei sie den Tränen nahe.

Zane nahm die Hand vom Steuer und tätschelte beruhigend ihr Knie. „Uns fällt schon noch was ein. Schließlich haben wir noch vier Monate Zeit."

Sie schniefte. „Niemals. Ich werde die beiden keine vier Monate mehr tragen können. Wir brauchen die Namen früher."

Ja, es waren große Babys, viel größer als Nick in dem Stadium.

„Nach Nick habe ich lange gebraucht, um die Courage für ein weiteres Kind zusammenzuklauben. Ich hatte mich auf eines eingestellt, Zane. Auf eins! Zane, was sollen wir nur tun, wenn sie beide wie Nick sind?"

Zane wurde unwillkürlich bleich. Nick war ein Wildfang. Die Möglichkeit war durchaus realistisch, dass die gesamte Familie im Laufe des nächsten Jahres graue Haare bekommen würde. Für einen so kleinen Menschen mit begrenztem Vokabular schaffte es Nick mit erstaunlicher Präzision, in kürzester Zeit ein Chaos anzurichten.

Zane verlangsamte das Tempo, als sie auf der Bergkuppe ankamen. Vor dem großräumig angelegten Farmhaus parkten die verschiedensten Fahrzeuge: Wolfs Pick-up, Marys Auto, Mikes und Sheas Transporter, Josh und Loren waren mit einem Leihwagen gekommen, ebenso Botschafter Lovejoy, Maris' zerbeulter Truck stand da ebenso wie Chances Motorrad. Joe und Caroline mit ihren fünf Rabauken waren per Hubschrauber eingeflogen. Überall schienen Jungen jeden Alters herumzulaufen, angefangen mit Joshs Jüngstem, der jetzt fünf war, bis hin zu John, Joes Ältestem, der aufs College ging und seine Freundin mitgebracht hatte.

Zane und Barrie würden der Bande zwei weitere Mitglieder hinzufügen.

Sie stiegen aus und gingen auf die Veranda zu. Zane legte den Arm um seine Frau und hob ihr Gesicht zu einem Kuss, der schnell fordernd wurde. In der Schwangerschaft strahlte Barrie eine ungeheure Sinnlichkeit aus, sie schien geradezu zu glühen.

„Hört bloß auf damit!", ertönte es lachend aus dem Haus von Josh. „Damit hat doch alles zwischen euch angefangen, und deshalb ist sie jetzt in diesem Zustand."

Nur unwillig gab Zane seine Frau frei. Zusammen gingen sie ins Haus. „So stimmt das nicht ganz", korrigierte er Josh, der gutmütig lachte.

Maris, John und Chance saßen vor dem Fernseher und sahen sich das Skispringen an, während sich Wolf und Joe mit Mike über Rinderzucht unterhielten. Caroline diskutierte über Politik mit dem Botschafter. Mary und Shea organisierten ein Spiel für die Jüngeren. Loren, häufig der ruhende Pol des Mackenzie-Clans, warf einen abschätzenden Blick auf Barries Bauch.

„Und? Was sagt der Arzt?"

„Zwillinge." Barrie war noch immer wie betäubt und sah Zane mit diesem hilflosen Wie-konnte-das-nur-passieren?-Blick an.

Der Trubel verstummte abrupt, alle Köpfe drehten sich zu dem angekommenen Paar. William Lovejoy schnappte nach Luft, Mary Mackenzie strahlte übers ganze Gesicht.

„Jungs", ergänzte Zane, bevor jemand fragen konnte.

Man konnte die Erleichterung im Raum regelrecht spüren. „Dem Himmel sei Dank!", stöhnte Josh. „Wenn es noch so eins – nein, zwei! – geworden wäre wie Nick …!"

Barrie sah sich beunruhigt nach einem ganz bestimmten Gesichtchen um. „Wo ist Nick?"

Chance, der sich bequem auf der Couch gelümmelt hatte, sprang auf. Alle Erwachsenen sahen sich mit rapide wachsender Sorge um. „Vor zwei Minuten war sie noch hier", sagte Chance. „Sie zog einen von Dads Stiefeln hinter sich her."

„Zwei Minuten!" Barrie stöhnte. Zwei Minuten reichten aus, in dieser Zeit konnte Nick das ganze Haus auf den Kopf stellen! Unglaublich, dass ein kleines Mädchen mit Engelsgesicht ein solcher Teufel sein konnte! „Nick!", rief sie. „Mary Nicole, komm raus, wo immer du bist." Manchmal funktionierte es. Manchmal allerdings auch nicht.

Die ganze Familie begann nach Nick zu suchen, aber der winzige schwarzhaarige Wildfang war nirgendwo zu finden. Bei Nicks Geburt war die Familie selig gewesen. Jeder hatte das Mädchen verwöhnt, selbst die raubeinigen Cousins waren fasziniert von dem zarten, hübschen Baby gewesen. Der Neuzugang beim Mackenzie-Clan war einfach süß, engelsgleich mit dem dunklen Haar, den täuschend unschuldigen blauen Augen und dem kleinen roten Mund. Mit vier Monaten konnte sie ohne Stütze sitzen, mit sechs Monaten begann sie zu krabbeln, im stolzen Alter von zehn Monaten lief Nick sicher – und seither war der ganze Clan ständig in Alarmbereitschaft.

Wolfs Arbeitsstiefel fanden sie neben dem Glasregal mit Marys Sammlung von Engelsfiguren. Aus den dunklen Schmutzstreifen an der Wand schloss Zane, dass sein kleiner Liebling versucht hatte, die Engel mit dem Stiefel vom Regal zu holen. Glücklicherweise war der Stiefel zu schwer, Nicks Wurfarm war wohl noch nicht entwickelt genug. Dem Himmel sei Dank!

Für eine so winzige Person hatte sie ein furchterregendes Temperament und einen eisernen Dickschädel. Wollte man sie bremsen, wenn sie sich einmal etwas in den Kopf gesetzt hatte, kam es dem Versuch gleich, eine Springflut mit einem Eimer Wasser aufzuhalten. Außerdem hatte sie das Talent ihres Vaters, Strategien zu entwickeln, geerbt – eine beklemmende Eigenschaft bei einer Zweijährigen. Nick besaß die Fähigkeit, den Untergang eines jeden zu planen, der sich ihr in den Weg stellte.

Einmal, als Alex, Joes Zweitältester, sie mit einem Messer in der Hand gesehen und ihr das gefährliche Spielzeug abgenommen hatte, bekam Nick einen bühnenreifen Wutanfall, der nur dadurch gestoppt wurde, dass ihr heiß geliebter Daddy nach allem fruchtlosen Zureden ihr einen Klaps auf den Po gab. Disziplinäre Maßnahmen von ihrem Daddy ließen sie immer in ein so herzzerreißendes Wimmern ausbrechen, dass allen Anwesenden vor Mitleid schier das Herz zerriss. Eine Strafe von ihrem Vater und das Sitzen in ihrem „Trotzstuhl", das waren bisher die einzigen beiden Dinge, die Nick zum Weinen brachten.

Nachdem sie also das Wimmern eingestellt hatte, war sie nacheinander zu Mutter und Vater auf den Schoß geklettert – zu Barrie, um Trost zu finden, zu Zane, um ihn wissen zu lassen, dass sie ihm vergeben hatte. Sie schlief sogar kurz auf seinem Arm ein, die Wange an seine breite Brust geschmiegt. Nach dem Schläfchen war sie sofort in die Küche zu ihrer „Gamma", ihrer Grandma, geflitzt, um sich etwas zu „tinken" zu holen. Mary hatte immer Limonade auf Vorrat, speziell für Nick. Zane und Barrie warfen sich jedes Mal vielsagende Blicke über die Vorliebe ihrer Tochter zu. Es war nichts Ungewöhnliches, die Kleine mit einer Flasche ihrer Lieblingslimonade davontrotten zu sehen.

Einmal ergab es sich, dass Zane seiner Tochter mit Blicken folgte, sie hatte sich nämlich nicht, wie sonst üblich, die Flasche von ihrer Großmutter aufschrauben lassen. So beobachtete Zane, wie Nick die Flasche in der Diele so heftig schüttelte, dass sie vor Eifer dabei auf und ab sprang. Dann, mit dem unschuldigsten Lächeln, kam sie ins Wohnzimmer zurück und reichte die Flasche an Alex, Joes Zweitältesten. Mit der kindlichen Bitte „aufmachen“ trat Nick sicherheitshalber ein paar Schritte zurück.

Zane hatte noch „Nicht!“ geschrien, doch zu spät. Alex hatte die Kappe bereits aufgedreht. Es spuckte und sprudelte aus der Flasche – an die Wand, auf den Sessel, auf den Teppich ... der Großteil allerdings landete in Alex’ Gesicht. Bis Alex den Verschluss wieder auf den Flaschenhals gedreht hatte, war er pitschnass von dem klebrigen Zeug.

Nick hatte vor Vergnügen in die Hände geklatscht und fröhlich gelacht – ob sie es einfach nur lustig fand oder ob es spöttische Befriedigung war, Zane hätte es nicht sagen können. Er auf jeden Fall bog sich vor Lachen. Und wenn es ein Gesetz gab, das unverbrüchlich in Stein gemeißelt war – man bestrafte Kinder nicht für etwas, über das man selbst lachen musste.

„Nick!“, rief er jetzt laut. „Willst du ein Wassereis?“

Neben Limonade war Wassereis ihre Lieblingsspeise.

Keine Antwort. Im gleichen Moment kam Sam ins Haus gerannt. Er war zehn und der Mittlere von Josh und Loren. „Onkel Zane! Onkel Zane!“, rief er atemlos, die blauen Augen weit aufgerissen. „Nick sitzt auf dem Dach!“

„Großer Gott!“ Barrie spurtete los. Zane überholte sie noch vor der Tür, das Herz schlug ihm bis zum Hals. Er musste sein Kind retten!

Jeder lief auf den Hof, alle starrten voller Sorge nach oben. Auf der Dachkante saß Nick im Schneidersitz und schaute fröhlich lachend auf alle herunter. „Hi!“, rief sie vergnügt.

Barries Knie knickten ein, Mary legte einen Arm um ihre Hüfte, um sie zu stützen. Zane erkannte sofort, wie seine Tochter auf das Dach gelangen konnte: Eine Leiter stand an die Hauswand gelehnt – eine Leiter, die in den Stall gehörte und noch nicht dort gestanden hatte, als er vor fünf Minuten mit Barrie vom Arzt zurückgekommen war.

Er begann, die Leiter hinaufzuklettern, sein Blick haftete beharrlich auf seiner Tochter. Eine tiefe Falte zeigte sich auf der jungen Stirn, und ärgerlich rappelte Nick sich auf, völlig gleichmütig gegenüber der Gefahr, in der sie sich befand. „Nein!“, quietschte sie. „Nein, Daddy!“

Zane erstarrte mitten auf der Leiter. Sie wollte nicht vom Dach herunterkommen, und sie kannte keine Angst. Für sie war es, als würde sie in ihrem Bettchen liegen.

„Zane“, flüsterte Barrie erstickt.

Zane zitterte. Nick stampfte mit einem Fuß auf und richtete den pummeligen Zeigefinger auf ihren Vater. „Daddy wieder runter“, befahl sie.

Er konnte sie nicht rechtzeitig erreichen. Ganz gleich, wie schnell er sich auch bewegen würde, er würde nicht schnell genug bei ihr ankommen. Sein Baby würde vom Dach fallen und ... Es gab nur eine Lösung. „Chance!“, brüllte er.

Chance wusste sofort, was sein Bruder meinte. Langsam, um Nick nicht zu verschrecken, trat er unter den Dachvorsprung direkt unter seiner Nichte und grinste nach oben. Sie grinste zurück, schließlich war Chance ihr Lieblingsonkel.

„Nick tanzt jetzt“, freute sie sich und zeigte allen ein breites Lächeln.

„Du kleiner Dämon“, meinte Chance liebevoll, „du wirst mir fehlen, wenn du erst hinter Gittern sitzt. Ich gebe dir noch ... oh, sagen wir, bis du sechs bist.“

Nick lachte und hüpfte auf den Zehenspitzen.

Chance breitete seine Arme aus und lachte ebenfalls. „Na, dann komm, Herzchen, spring herunter!“

Sie sprang.

Chance fing sie mitten in der Luft auf und hielt sie sicher. Ein erleichtertes Raunen ging durch die Gruppe, Barrie brach in Tränen aus, nachdem sie ihre Tochter in Sicherheit wusste. Zane war sofort bei Chance und nahm ihm Nick ab, drückte sie an sich und presste seine Lippen auf ihr feines Haar. Und dann schlang auch schon Barrie ihre Arme um die beiden.

Caroline sah Joe an. „Ich verzeihe dir hiermit offiziell, dass du kein einziges X-Chromosom in deinem Körper hast“, verkündete sie, und die Spannung löste sich in allgemeinem Gelächter.

Josh allerdings sah jetzt streng zu seinem Sohn. „Wie ist die Leiter dorthin gekommen?“

Sam starrte auf seine Schuhspitzen.

Mike und Joe musterten mit gerunzelter Stirn ihre Söhne.

„Wer hatte die idiotische Idee, auf dem Dach zu spielen?"

Sieben Jungs, die sieben, die nicht im Haus gewesen waren, schwiegen betreten und scharrten mit den Füßen im Sand, unfähig, ihren Vätern in die Augen zu blicken.

Mike streckte einen Arm aus und zeigte auf die Scheune. „Darüber werden wir uns in Ruhe unterhalten! Abmarsch, und zwar sofort!"

Zwei der sieben setzten sich stockend in Richtung Scheune in Bewegung. Josh zeigte auf die Scheune, und zwei seiner Söhne trotteten mit hängenden Köpfen hinterher. Joe hob nur eine Augenbraue, und auch die letzten drei, seine drei Jüngsten, zogen los.

Ihre großen, breitschultrigen Väter folgten ihnen.

Nick strich über Barries Wange. „Mommy weint." Mit zitternder Unterlippe und großen Augen sah sie zu ihrem Vater. „Daddy, mach wieder gut."

„Keine Sorge, Daddy macht es schon wieder gut", murmelte er. „Ich werde dir Kraftkleber auf deinen Hosenboden streichen und dich auf einen Stuhl kleben."

Barrie kicherte, trotz der Tränen. „Jeder hat sich unbedingt ein Mädchen gewünscht." Sie bekam Schluckauf, weil sie gleichzeitig lachte und weinte. „Nun, unser Wunsch ist erfüllt worden!"

Wolf streckte die Arme aus und nahm seinem Sohn die einzige Enkelin ab. Sie strahlte ihn an, und er meinte nachdenklich: „Mit etwas Glück wird es vielleicht wieder dreißig Jahre dauern, bevor die Nächste kommt. Es sei denn …" Er kniff die dunklen Augen zusammen, sein Blick wanderte automatisch zu Chance.

„Kommt nicht infrage", stritt der so In-Augenschein-Genommene sofort ab. „Spar dir diesen Blick für Maris auf. Ich heirate nicht, und ich werde auch keine Kinder in die Welt setzen. Die kommen nämlich jetzt schon im Doppelpack, da wird es Zeit, dem Ganzen Einhalt zu gebieten. Ich werde mich nicht auf diese Daddy-Geschichte einlassen."

Mary schenkte ihm ihr schönstes Lächeln. „Wir werden sehen", sagte sie leise.

– ENDE –

Linda Howard

Der Traum der Mackenzies

Roman

Aus dem Amerikanischen von
Sonja Sajlo-Lucich

NEW YORK TIMES
BESTSELLER AUTOREN

1. KAPITEL

Sie hatte schreckliche Kopfschmerzen. Der Schmerz hämmerte unablässig in ihrem Kopf, gegen ihre Schläfen, hinter ihren Augen. Ihr war übel, selbst ihr Magen rebellierte gegen den Aufruhr.

„Ich habe Kopfweh." Maris Mackenzie sprach es in ihrer Verwirrung laut aus. Sie bekam nie Kopfschmerzen; trotz ihrer grazilen Statur hatte sie die Konstitution der starken Mackenzies geerbt. Dieser unerträgliche Druck war etwas so Ungewöhnliches, dass Maris die Worte unwillkürlich über die Lippen kamen.

Die Augen öffnete sie nicht. Sie brauchte nicht auf die Uhr zu schauen. Der Wecker hatte noch nicht geklingelt, es war also auch noch nicht Zeit zum Aufstehen. Vielleicht, wenn sie noch ein wenig schlief, würden die Schmerzen verschwinden.

„Ich hole dir ein Aspirin."

Erschrocken riss Maris die Augen auf, eine Bewegung, die ihr Kopf mit einem ziehenden Stechen quittierte.

Die Stimme war eindeutig männlich. Noch mehr erstaunte Maris, dass die Worte direkt neben ihr erklangen, genau gesagt, der Mann hatte nur geflüstert, ganz nah an ihrem Ohr. Sie konnte seinen warmen Atem auf ihrer Haut fühlen. Die Matratze bewegte sich, als sich der Mann aufsetzte.

Sie hörte ein leises Klicken, und die Nachttischlampe war eingeschaltet. Das Licht löste eine Art Explosion in Maris' Schädel aus. Hastig kniff sie die Augen zusammen, doch zuvor erhaschte sie einen Blick auf den nackten Oberkörper eines Mannes mit breiten Schultern und kurzen, dichten dunklen Haaren.

Verwirrung und Furcht ergriffen von ihr Besitz. Wo *war* sie? Viel wichtiger – wer war *er*? In ihrem Schlafzimmer befand sie sich nicht, das hatte Maris sofort erkannt. Das Bett, in dem sie lag, war zwar bequem, aber es war nicht ihres.

Die Lüftung sprang ratternd an, als der Mann auch im Bad Licht machte. Maris wagte es nicht, die Augen zu öffnen und verließ sich stattdessen auf ihre anderen Sinne, um sich zu orientieren. Ein Motel also. Und das leise Rauschen musste vom Heizungsgebläse stammen.

Sie hatte schon in vielen Motels geschlafen, aber noch nie mit einem Mann. Wieso war sie überhaupt in einem Motel, anstatt in ihrem gemütlichen kleinen Haus in der Nähe der Ställe? Normalerweise schlief Maris in Motels, wenn sie wegen ihres Jobs unterwegs war. Da sie sich allerdings vor zwei Jahren in Kentucky niedergelassen hatte, reiste sie eigentlich nur noch, wenn sie nach Hause fuhr, um die Familie zu besuchen.

Das Nachdenken strengte sie an. Und ihr fiel keine Erklärung ein, warum sie zusammen mit einem fremden Mann in einem Motelzimmer schlafen sollte.

Scham und Enttäuschung blitzten in ihrem halb betäubten Bewusstsein auf. Maris ließ sich nicht leichtsinnig mit Männern ein. Dass sie es nun offenbar doch getan hatte, entsetzte Maris. Darüber hinaus konnte sie sich nicht einmal daran erinnern – mit einem völlig fremden Mann musste sie die Nacht verbracht haben.

Sie sollte zusehen, dass sie von hier wegkam, aber seltsamerweise fehlte ihr die Energie, um aus dem Bett zu springen und die Flucht zu ergreifen. Flucht? Eine bizarre Wortwahl. Sie konnte doch gehen, wann immer und wohin immer sie wollte ... wenn sie es nur schaffen würde, sich aufzuraffen. Sie fühlte sich schwer, ihr Körper wollte nichts anderes als liegen bleiben. Irgendetwas musste sie tun, dessen war Maris sich sicher. Nur, sie wusste nicht, was. Mit den Kopfschmerzen ging auch Schwindel einher, sie schien keinen klaren Gedanken fassen zu können.

Die Matratze bewegte sich erneut, dieses Mal auf Maris' Seite, als der Mann sich auf die Bettkante setzte. Vorsichtig öffnete Maris die Augen einen Spalt und wappnete sich gegen den Schmerz, doch der war gar nicht mehr so schlimm, wie sie erwartet hatte. Mit halb geschlossenen Lidern betrachtete sie den großen Mann, der so nahe neben ihr saß, dass sie seine Körperwärme durch die Bettdecke fühlen konnte, unter der sie lag.

Er hatte ihr das Gesicht zugewandt. Jetzt konnte sie mehr als nur seinen Rücken sehen. Unwillkürlich weiteten sich ihre Augen.

Irgendwoher kannte sie diesen Mann doch.

„Hier, nimm." Er hielt ihr das Aspirin auf der offenen Handfläche hin. Seine Stimme war tief, ein samtener Bariton, und auch wenn Maris nicht glaubte, schon einmal mit ihm gesprochen zu haben, kam ihr die Stimme doch bekannt vor.

Mit unsicheren Fingern nahm sie die Tablette und steckte sie sich in den Mund. Sofort musste Maris das Gesicht verziehen – wegen des bitteren Geschmacks und über ihre eigene Dummheit. Natürlich kam ihr seine Stimme bekannt vor. Schließlich lag sie im Bett mit ihm, da konnte sie schon davon ausgehen, sich wenigstens mit ihm unterhalten zu haben. Auch wenn sie sich nicht daran erinnerte, wie und wo sie ihn getroffen hatte und wie sie in das Motelzimmer gekommen war.

Jetzt hielt er ihr ein Glas Wasser hin. Sie wollte sich zum Trinken aufsetzen, doch in ihrem Kopf dröhnte es so stark, dass sie mit einem Wimmern zurücksank und die Hand an die Stirn legte. Was war nur los mit ihr? Sie war doch nie krank. Dass ihr Körper sich plötzlich so unkooperativ gab, verstörte Maris.

„Komm, ich helfe dir." Er schob einen Arm unter ihre Achseln und zog sie mühelos hoch, dabei stützte er ihren Kopf mit seiner Schulter. Er strahlte Wärme aus, war stark und duftete gut, Maris hätte sich gern noch enger an ihn gedrückt. Dieser Wunsch überraschte sie, so hatte sie noch nie in der Anwesenheit eines Mannes gefühlt.

Er hielt ihr das Glas an die Lippen, und sie trank mit großen Schlucken. Als sie die Tabletten zu sich genommen hatte, legte er Maris vorsichtig zurück in die Kissen und zog seinen Arm zurück. Maris empfand bei dem Verlust seiner Nähe einen kleinen Stich und wunderte sich darüber. Wenn es mir besser geht, wird sich alles klären, sprach sie sich Mut zu.

Mit trübem Blick beobachtete sie ihn, wie er um das Bett herumging. Er war groß und muskulös, hatte die Statur eines Mannes, der körperlich arbeitete und nicht den ganzen Tag hinter einem Schreibtisch in irgendeinem Büro verbrachte. Zu ihrer Erleichterung – oder Enttäuschung? – war er nicht ganz nackt; er trug dunkelgraue Boxershorts, die sich um ein muskulöses Hinterteil schmiegten. Auf seinen Wangen lag ein dunkler Bartschatten. Der Mann war nicht gut aussehend im üblichen Sinne, aber er besaß eine körperliche Präsenz, die automatisch alle Blicke auf sich zog. Maris' Blick war auf jeden Fall davon angezogen worden … natürlich kannte sie ihn! Seit sie ihn vor zwei Wochen zum ersten Mal beim Heustapeln in der Scheune gesehen hatte, konnte Maris sich kaum auf etwas anderes konzentrieren.

Ihre Reaktion auf ihn war so untypisch gewesen, dass Maris sich bewusst bemüht hatte, ihn zu ignorieren. Oder zumindest hatte sie es versucht. Wann immer ihre Wege sich gekreuzt hatten – sie hatte nie ein Wort an ihn gerichtet. Ausgerechnet sie, die doch so viel Wert darauf legte, jeden kennenzulernen, mit dem sie zusammenarbeitete. Doch er stellte für sie irgendwie eine Bedrohung dar, auf einem unklaren emotionellen Level, sodass alle ihre Instinkte alarmiert aufgeschrien hatten. Dieser Mann war gefährlich.

Er hatte sie ebenfalls mit Blicken taxiert. Manchmal hatte sie sich umgedreht und ihn dabei ertappt, wie er sie anstarrte. Halb versteckt, aber das männliche Interesse war ihr nicht entgangen. Er war ein Helfer auf Zeit, einer von denen, die auf der Durchreise waren und für zwei Wochen jede Arbeit annahmen, um sich etwas Geld zu verdienen, bevor sie weiterzogen.

Maris dagegen arbeitete als Trainerin auf der Solomon Green Pferderanch – eine angesehene Position, um die sie viele beneideten. Es war das erste Mal, dass eine Frau diesen Job bekommen hatte. Ihre Reputation im Kreis der Pferdezüchter hatte sie zu einer Art Berühmtheit gemacht, auch wenn Maris sich nicht unbedingt wohl dabei fühlte. Sie verbrachte ihre Zeit lieber in den Ställen mit den Pferden als im Cocktailkleid auf schicken Partys. Doch die Stonichers, die Besitzer von Solomon Green, baten oft um Maris' Anwesenheit bei solchen gesellschaftlichen Anlässen. Sie war beileibe kein Snob, aber ganz objektiv betrachtet lagen Welten zwischen ihrer Stellung auf dem Gestüt und der eines Hilfsarbeiters, der die Ställe ausmistete.

Mit Pferden kannte er sich aus, das war ihr allerdings aufgefallen. Er konnte gut mit ihnen umgehen und hatte auch keine Scheu vor den großen Tieren, im Gegenteil, die Pferde vertrauten ihm. Was Maris' widerwilliges Interesse nur noch verstärkt hatte. Sie wollte gar nicht sehen, wie die Jeans sich um seinen Hintern spannte, wenn er sich vorbeugte oder in die Hocke ging, eine Bewegung, die er während seines Arbeitstages mindestens tausend Mal machte. Maris wollte nicht registrieren, wie seine Muskeln spielten oder seine breiten Schultern fast die Naht seines Hemdes sprengten, wenn er mit der Mistgabel hantierte. Er hatte schöne Hände, stark und schlank … das hatte sie auch nicht bemerken wollen. Genauso wenig wie seine blauen Augen, die intelligent funkelten.

Er mochte ja ein Vagabund sein, aber er musste seine Gründe haben, aus denen er nicht sesshaft wurde. Die Unfähigkeit, sich ein stabiles Leben aufzubauen, war bestimmt nicht die Ursache.

Bisher hatte Maris weder Zeit noch Interesse für Männer gehabt. Ihre ganze Hingabe galt den Pferden und ihrem Beruf. Nachts, wenn sie keinen Schlaf fand und sich ruhelos in ihrem Bett wälzte, gestand Maris sich spöttisch ein, dass ihre Hormone wohl endlich in vollem Galopp durch ihren überhitzten Körper rasten, ironischerweise von einem Mann auf Trab gebracht, der in wenigen Wochen, wenn nicht Tagen, wieder verschwunden sein würde. So hatte sie beschlossen, dass es das Beste sei, ihn und diese unerwünschte Sehnsucht nach seiner Nähe weiterhin zu ignorieren.

Gelungen war ihr das ganz offensichtlich nicht.

Mit einer Hand schützte sie nun ihre Augen vor dem Licht, während sie ihm nachsah, als er das Wasserglas ins Bad zurückbrachte. Erst jetzt fiel ihr auf, was sie trug. Sie war nicht nackt, sie hatte ihren Slip und ein T-Shirt an. Ein großes T-Shirt, das ihre Oberarme und die Ellbogen bedeckte. *Sein* T-Shirt.

Ob *er* sie ausgezogen hatte? Oder hatte sie das selbst gemacht? Wenn sie sich im Zimmer umsah, würde sie dann überall verstreute Kleidungsstücke finden? Bei der Vorstellung, er könnte sie ausgezogen haben, stockte ihr der Atem und der Brustkorb wurde ihr eng. Sie *musste* sich erinnern, unbedingt – doch da war nichts, nur absolute Leere. Maris wollte aufstehen und sich anziehen. Ihre eigenen Sachen. Aber es gelang ihr nicht. Sie war nicht fähig dazu, konnte nur in dem fremden Bett liegen und versuchen, Erklärungen zu finden.

Er musterte sie forschend, als er an das Bett zurückkam. Das Blau seiner Augen strahlte selbst in dem dämmrigen Licht. „Alles in Ordnung mit dir?"

Sie schluckte. „Ja." Eine glatte Lüge, aber aus einem unerfindlichen Grund wollte sie ihn nicht wissen lassen, wie schlecht es ihr wirklich ging. Sie ließ den Blick unauffällig über seinen bloßen Oberkörper bis hinunter zu den Boxershorts wandern. Hatten sie wirklich …? Aus welchem anderen Grund sollten sie sonst zusammen in diesem Motelzimmer sein? Aber wenn sie es tatsächlich getan hatten, warum trugen sie dann beide Unterwäsche?

Und außerdem … irgendwie passten diese schicken Shorts nicht zu einem Mann, der sich für die niedrigsten Arbeiten auf einer Pferderanch hergab. Da hätte Maris eher biedere weiße Unterhosen erwartet.

Wortlos knipste er die Lampe aus und streckte sich neben Maris aus. Seine Wärme strahlte auf Maris über, als er die Bettdecke über sie beide breitete. Er lag auf der Seite, mit dem Gesicht zu ihr, einen Arm unter das Kopfkissen geschoben, den anderen über Maris' Hüfte geschlungen, die Hand auf ihrem Bauch. Er hielt sie, ohne sie an sich zu ziehen. Eine genau überlegte Stellung – nah, aber ohne zu intim zu sein.

Maris versuchte, sich an seinen Namen zu erinnern. Umsonst. Sie räusperte sich. Sie hatte nicht die geringste Ahnung, was er von ihr denken mochte, aber sie ertrug diese Ungewissheit einfach nicht mehr. Sie musste Ordnung in ihren Gedanken schaffen.

„Entschuldige", setzte sie leise an, „aber … ich kann mich nicht an deinen Namen erinnern. Und ich weiß auch nicht, wie wir hierhergekommen sind."

Er versteifte sich, sein Arm über ihrer Hüfte packte fester zu. Für einen endlos langen Augenblick rührte er sich nicht. Dann, mit einem unterdrückten Fluch, setzte er sich abrupt auf. Das Hüpfen der Matratze ließ Maris' Kopf auf- und abschnellen, und sie stöhnte gequält auf. Wieder schaltete er die Lampe neben dem Bett ein, und wieder schloss Maris hastig die Augen.

„Verdammt, warum hast du mir nicht gesagt, dass du verletzt bist?", murmelte er und beugte sich über sie, um mit den Fingern vorsichtig ihren Kopf abzutasten.

„Ich weiß ja selbst nichts davon." Das war die Wahrheit. Was meinte er überhaupt damit, sie sei verletzt?

„Ich hätte es wissen müssen." Seine Stimme klang harsch, sein Mund sah aus wie eine dünne Linie. „Ich hab gesehen, wie blass du bist, und ich weiß auch, dass du nicht viel gegessen hast. Aber ich dachte, das ist nur der Stress." Er tastete sich weiter durch ihr seidiges Haar. Als er über eine Stelle fuhr, sog Maris scharf die Luft durch die Zähne, weil ein Übelkeit erregender Stich bis in ihre Schläfen fuhr.

„Aha." Vorsichtig drehte er sie zu sich und untersuchte die Verletzung. „Das ist ja eine richtig hübsche Beule."

„Da bin ich aber froh", murmelte sie. „Ich würde doch keine hässliche Beule haben wollen, nicht wahr?"

Er betrachtete sie aus zusammengekniffenen Augen, eine Geste, die er perfektioniert zu haben schien. „Du hast eine Gehirnerschütterung. Ist dir schwindlig? Hast du Sehstörungen?"

„Das Licht tut weh", gab sie zu. „Aber ich kann klar sehen."

„Und Schwindel?"

„Ja, schon."

„Und ich habe dich hier schlafen lassen", klagte er. „Du gehörst in ein Krankenhaus."

„Nein", protestierte sie sofort alarmiert. Das Letzte, was sie jetzt wollte, war in ein Krankenhaus zu gehen. Sie wusste nicht, warum, sie wusste nur, dass sie sich auf keinen Fall in der Öffentlichkeit blicken lassen wollte. „Hier ist es sicherer."

„Um die Sicherheit kümmere ich mich", erwiderte er sehr beherrscht. „Du musst zu einem Arzt."

Da war sie wieder, diese Vertrautheit, aber Maris konnte den Grund dafür nicht erfassen. Allerdings gab es andere, wichtigere Dinge, über die sie sich Gedanken machen musste. Deshalb verdrängte sie dieses Gefühl vorerst.

Sie hatte also eine Gehirnerschütterung. Das konnte ernst werden, vielleicht musste sie tatsächlich in ärztliche Behandlung. Maris machte in Gedanken eine Bestandsaufnahme ihres Zustandes. Da waren zum einen die Kopfschmerzen und das Schwindelgefühl … Was noch? Ihre Sicht war klar, die Aussprache auch. Was war mit ihrem Erinnerungsvermögen? Flugs ging sie die Mitglieder ihrer Familie durch, Namen, Geburtstage. So weit alles in Ordnung. Die Namen ihrer Lieblingspferde? Auch hier keine Probleme. Ihr Erinnerungsvermögen war also intakt, bis auf … Was war das Letzte, dessen sie sich entsinnen konnte? Ja, sie hatte zu Mittag gegessen und war zu den Ställen gegangen … aber wann genau war das gewesen?

„Ich glaube, ich komme schon wieder in Ordnung", erklärte sie geistesabwesend. „Wenn du nichts dagegen hast, beantworte mir bitte ein paar Fragen. Erstens, wie heißt du, und zweitens, was tun wir zusammen in diesem Bett?"

„Mein Name ist MacNeil.“ Er ließ sie nicht aus den Augen, beobachtete ihre Reaktion genau.

MacNeil. MacNeil. Die Bilder kamen zurück, und mit ihnen fiel ihr auch sein Vorname ein. „Ja, jetzt weiß ich wieder“, murmelte sie. „Alex MacNeil.“ Als sie seinen Namen zum ersten Mal hörte, hatte sie stutzen müssen, weil sie sofort an ihren Neffen Alex Mackenzie, dem Zweitältesten ihres Bruders Joe, hatte denken müssen. Die Namen klangen nicht nur ähnlich, sie deuteten auch auf die gleiche Herkunft hin.

„Stimmt. Und was deine zweite Frage angeht … ich glaube, du willst wissen, ob wir Sex miteinander hatten. Nun, die Antwort lautet Nein.“

Maris seufzte erleichtert, dann runzelte sie leicht die Stirn. „Warum sind wir dann hier?“

Alex MacNeil zuckte ungerührt mit einer Schulter. „Sieht aus, als hätten wir zusammen ein Pferd gestohlen.“

2. KAPITEL

Ein Pferd gestohlen? Maris blinzelte verständnislos, als hätte Alex in einer anderen Sprache gesprochen. Da fragte sie ihn, warum sie zusammen in einem Bett lagen, und er behauptete, sie hätten zusammen ein Pferd gestohlen. Nicht nur war die Vorstellung absolut lächerlich. Maris konnte auch keinen Zusammenhang zwischen Pferdediebstahl und der Frage, warum sie mit Alex MacNeil schlafen sollte, erkennen.

Dann meldete sich plötzlich eine Erinnerung in ihrem schmerzenden Kopf. Maris verharrte stocksteif, während sie versuchte, die rasant auf sie einstürzenden Bilder zu ordnen … Sie rannte durch den geräumigen Stall, getrieben von einem Gefühl drängender Eile, hin zu der luxuriösen Box in der mittleren Reihe. Sole Pleasure war ein anspruchsvolles Pferd, er liebte Gesellschaft, deshalb lag seine Box in der Mitte, damit er zu beiden Seiten Unterhaltung hatte. Maris erinnerte sich jetzt auch an die Wut, die in ihr gekocht hatte, Wut, wie sie sie noch nie empfunden hatte.

„Was ist?“ Er hatte sie die ganze Zeit über aufmerksam beobachtet. Maris war überzeugt, dass er jetzt jedes einzelne Fältchen in ihrem Gesicht kannte.

„Dieses Pferd, das wir angeblich zusammen gestohlen haben … handelt es sich dabei zufällig um Sole Pleasure?“

„Richtig, genau der. Wenn bis jetzt noch nicht alle Cops des Staates hinter uns her sind, dann werden sie es in ein paar Stunden sein.“ Er hielt inne. „Was hast du eigentlich mit ihm vor?“

Gute Frage. Sole Pleasure war im Moment der berühmteste Hengst in ganz Amerika und zudem für jedermann zu erkennen: glänzendes, rabenschwarzes Fell, weiße Blesse und ein weißer rechter Vorderlauf. Ein Foto von ihm war auf der Titelseite von *Sports Illustrated* erschienen, als er von der Zeitschrift zum „Sportler des Jahres“ gewählt worden war. In seiner kurzen Karriere hatte das Tier zwei Millionen Dollar Preisgelder erbracht und war im Alter von vier Jahren aus dem Rennbetrieb zurückgezogen worden, um ausschließlich für die Zucht übernommen zu werden. Die Stonichers wägten immer noch die zahlreichen Angebote ab. Dieser Hengst war pures Gold auf vier kraftvollen Läufen.

Was also hatte sie mit dem Pferd anstellen wollen? Maris starrte an die Decke und bemühte sich, sich die verlorenen Stunden ins Gedächtnis zurückzurufen. Aus welchem Grund hätte sie Sole Pleasure stehlen sollen? Sie würde ihn weder verkaufen noch bei Rennen selbst reiten können, diese Möglichkeiten konnte sie von vornherein sicher ausschließen. Der Gedanke, ein Pferd zu stehlen, war ihr so fremd, so gegen ihre Natur, dass sie beim besten Willen keine Erklärung finden konnte. Doch … einen Grund gab es, warum sie so etwas tun sollte: wenn das Tier in Gefahr war. Dann würde sie es machen, auch wenn sie wahrscheinlich eher denjenigen, der ihre Lieblinge oder jedes andere Pferd misshandelte, mit der Reitpeitsche verjagen würde. Dass jemand ein Tier verletzen wollte, konnte Maris einfach nicht zulassen.

Oder es *töten* wollte.

Die Worte hallten in ihrem Kopf wider, und plötzlich fiel es ihr ein. Oh, Himmel, sie wusste es wieder.

Maris setzte sich mit einem Ruck auf. Die abrupte Bewegung katapultierte den Schmerz wie eine Explosion gegen ihre Schädeldecke und raubte Maris für einen Moment die Sicht. Sie schnappte nach Luft, wie in einem stummen Aufschrei. Ein muskulöser Arm schoss vor, wollte sie aufhalten oder stützen. Wie auch immer, es machte keinen Unterschied. Maris' Muskeln erschlafften mit einem Mal, und sie sank erschöpft gegen ihn. Der Schmerz ebbte ab, verminderte sich auf ein erträgliches Maß und ließ sie zitternd und ausgelaugt zurück, an seiner Brust, in seinen Armen. Mit geschlossenen Augen versuchte sie, sich von dem Schock zu erholen.

MacNeil drehte sie vorsichtig, sodass sie auf dem Rücken lag. Halb lag er auf ihr, sein Bein über ihren, sein Arm unter ihrem Nacken. So blockierte er das Licht, damit es nicht in ihre Augen fiel. Kurz lag seine Hand auf ihrer Brust, dann hob er den Arm und fühlte den Puls an Maris' Hals. Ein erleichterter Seufzer entschlüpfte ihm, und er lehnte seine Stirn an ihre, nur leicht, so als befürchtete er, ihr Schmerzen zuzufügen. Maris schluckte und versuchte, kontrolliert zu atmen. Doch sie hatte die Grenzen ihrer Selbstkontrolle erreicht, denn sie konnte nichts dagegen tun, dass ihr das Blut hart und heiß durch die Adern rauschte.

Nur der Gedanke an Sole Pleasure half ihr, sich zu konzentrieren. Maris öffnete die Augen und sah zu MacNeil auf. „Sie wollen ihn *tö-*

ten", presste sie hervor. „Ich erinnere mich jetzt. Sie wollten ihn *umbringen!*" Die Wut brodelte erneut in ihr auf und gab ihr die Kraft, den letzten Satz laut auszusprechen.

„Also hast du ihn gestohlen, um ihn zu retten."

Wie er es sagte, war es keine Frage, sondern eine Feststellung. Maris nickte und dachte gerade rechtzeitig noch daran, den Kopf nur unmerklich zu bewegen. Es verwunderte sie, dass MacNeil so ruhig blieb. Sein Verhalten weckte ihre Neugier. Wieso war er nicht besorgt oder entsetzt? Er hätte auch ungläubig reagieren können, es gab unzählige durchaus denkbare Varianten. Vielleicht hatte er es selbst bereits geahnt, und sie hatte ihm nur noch einmal seinen Verdacht bestätigt.

Er war ein Vagabund, ein Mensch, der einer langfristigen Verantwortung lieber den Rücken kehrte und davonging. Und obwohl er vermutet hatte, was Maris tat, hatte er sich darauf eingelassen. Sie befanden sich in einer heiklen Lage, wenn Maris ihre Behauptung nicht beweisen konnte. Man würde sie hinter Gitter bringen, weil sie das wertvollste Pferd des Landes gestohlen hatten. Und Maris konnte sich im Moment nur an die Gefahr erinnern, in der der Hengst geschwebt hatte. Aber sie wusste nicht mehr, von wem diese Bedrohung ausgegangen war. Solange sie keine Beweise lieferten, standen die Chancen wirklich schlecht.

Chancen ... *Chance.* Chance und Zane. Die Namen ihrer Brüder stiegen vor Maris auf wie die aufgehende Sonne und gaben ihr Zuversicht und Hoffnung. Ganz gleich, was hier auch vorging, sie brauchte nur Zane anzurufen, und er würde der Sache auf den Grund gehen. Vielleicht gab es ja sogar schon einen Plan, der im Nebel der letzten zwölf Stunden untergegangen war. Sole Pleasure aus der Gefahrenzone holen, Zane kontaktieren und sich bedeckt halten, bis die Gefahr vorüber war.

Maris starrte an die Decke, während sie versuchte, sich an Details zu erinnern, die helfen könnten. Doch mehr fiel ihr beim besten Willen nicht ein. „Habe ich gestern jemanden angerufen?", fragte sie. „Oder habe ich vielleicht erwähnt, dass ich einen meiner Brüdern anrufen wollte?"

„Nein. Es gab gar keine Gelegenheit zu telefonieren, bevor wir hier ankamen, und dann bist du sofort eingeschlafen, als du dich aufs Bett gelegt hast."

Eine Information, die keineswegs klärte, ob sie sich allein ausgezogen oder ob er das übernommen hatte. Maris runzelte leicht die Stirn, aufgebracht darüber, dass die intime Situation sie von den wirklich wichtigen Dingen ablenkte.

Er musterte sie immer noch durchdringend, seine Wachsamkeit schien nicht eine Sekunde nachzulassen. Maris hatte das ungute Gefühl, dass er jede Regung in ihrem Gesicht genauestens studierte und analysierte. Sie war daran gewöhnt, dass die Leute sie aufmerksam ansahen, immerhin war sie die Chefin. Aber das hier war völlig anders, so als würde ihm nicht das geringste Detail entgehen.

„Wolltest du deine Familie anrufen, damit sie dir hilft?“, hakte er nach, als Maris nichts mehr sagte.

Sie schürzte nachdenklich die Lippen. „Das wäre der logischste Schritt gewesen. Ich werde das jetzt besser tun.“ Seit Zane nicht mehr bei den SEALs war, konnte man ihn viel besser erreichen. Wegen Barrie und der Kinder blieb er eigentlich immer in der Nähe seines Zuhauses. Zane würde auch wissen, wie sie Chance kontaktieren konnte, obwohl die Wahrscheinlichkeit gering war, dass Chance sich überhaupt im Lande befand. Egal, wenn sie ihre Brüder brauchte und anrief, dann würde ihre ganze Familie in Kentucky einfallen wie eine Wikingerhorde in ein frühzeitliches Küstenstädtchen. Dann konnte nur noch der Himmel demjenigen helfen, der hinter der ganzen Sache steckte.

Maris wollte sich von MacNeil lösen, um sich aufzusetzen und ein Telefon zu suchen. Zu ihrem Erstaunen hielt er sie fest.

„Mir geht's gut“, versicherte sie. „Ich darf mich nur nicht zu schnell bewegen, und vor allem muss ich den Kopf stillhalten. Ich muss meinen Bruder anrufen, so schnell wie möglich, damit er …“

„Das kann ich leider nicht zulassen“, meinte er ruhig.

Sie blinzelte, ihre dunklen Augen blickten kühl. „Entschuldigung?“ Sie blieb sehr höflich, doch der unterschwellige stahlharte Ton in ihrer Stimme war deutlich herauszuhören.

Seine Lippen begannen zu zucken, ein schiefes Lächeln erschien auf seinem Gesicht, und ein amüsierter Ausdruck spiegelte sich in seinen Augen. „Ich sagte, dass ich das nicht zulassen kann.“ Seine Lippen verzogen sich zu einem vollen Lächeln. „Und was machst du jetzt? Wirst du mich feuern?“

Maris ging nicht auf die spöttische Bemerkung ein. Wenn sie

nicht beweisen konnte, dass sie Sole Pleasure aus einer realen Gefahr gerettet hatte, würden sie beide, MacNeil und sie, sich für lange Zeit keine Sorgen um einen Job zu machen brauchen. So lag sie still da und dachte über die plötzlich veränderte Situation nach. Alle möglichen Spekulationen schossen Maris durch den Kopf. Er war sich seiner so verdammt sicher, sie fragte sich, warum. Er wollte nicht, dass sie Hilfe holte. Dafür konnte es nur einen Grund geben: Irgendwie steckte MacNeil mit in der Sache drin. Vielleicht war er ja angeheuert worden, um Sole Pleasure zu töten.

Als sie ihn ansah, in diese blauen Augen sah, spürte sie wieder die Gefahr, die von ihm ausging. Es ging nicht nur um diese sinnliche Aura, die Frauen gefährlich werden konnte, nein, diesem Mann wohnte eine gewisse Gewaltbereitschaft inne. Dieser Mann hatte Erfahrung damit. Ja, er war ein Mann, der töten konnte, das spürte Maris.

Vielleicht war Sole Pleasure ja schon tot. Maris dachte an den schlanken, kraftvollen, wunderbaren Hengst, wie er tot im Heu lag, sich nie wieder rühren würde. Und die Trauer um das schöne Tier trieb ihr die Tränen in die Augen. Eine Reaktion, die Maris nicht kontrollieren konnte, aber genau deshalb würde sie sich keine weiteren Gefühlsäußerungen erlauben. Vielleicht irrte sie sich ja hinsichtlich MacNeil, aber sie wollte kein Risiko eingehen.

„Nicht weinen“, murmelte er mit tiefer Stimme. Zart strich er ihr das Haar von der Schläfe hinters Ohr. „Ich kümmere mich schon um alles.“

Es würde wehtun. Maris wusste es und stellte sich darauf ein. Ihr Vater hatte ihr beigebracht, dass man den Schmerz akzeptieren musste, wenn man sich auf einen Kampf einließ. Wenn man den Schmerz nicht erwartete, überraschte er einen, verwirrte, lähmte und führte letztendlich dazu, dass man dem Gegner erlag. Wolf Mackenzie hatte seine Kinder gelehrt, wie man gewann.

MacNeil war zu nahe, außerdem lag sie auf dem Rücken. Beides würde ihren Schwung mindern. Sie musste es trotzdem versuchen. Der erste Schlag musste sitzen.

Maris holte mit ihrem linken Arm aus und zielte mit dem Handballen auf MacNeils Nase.

Blitzschnell bewegte er sich, sein rechter Vorderarm blockte den Schlag geschickt ab. Der Aufprall ihrer Hand auf seinem Arm war kräftig genug, dass Maris die Zähne klapperten. Sofort holte sie erneut aus und zielte diesmal auf seinen Solarplexus. Wieder fing der muskulöse Vorderarm den Schlag ab. Dieses Mal jedoch griff MacNeil nach ihren Handgelenken, drückte ihr die Arme über den Kopf und rollte sich mit einer einzigen Bewegung auf sie, um sie so auf der Matratze festzuhalten.

Die gesamte Szene hatte höchstens drei Sekunden gedauert. Es hatte keine hektischen Bewegungen gegeben, hätte jemand zugesehen, er hätte kaum ausmachen können, dass es sich um einen Kampf handelte, so schnell waren die Bewegungen erfolgt, Attacke und Konterattacke, Angriff und Verteidigung. Maris' Kopf war nicht einmal übermäßig durchgerüttelt worden. Aber sie hatte es erkannt. Nicht nur hatte ihr Vater mit ihr trainiert, sie hatte auch Zane und Chance zu oft beim Kräftemessen zugesehen, um jetzt Zweifel zu haben. Sie hatte gerade gegen einen durchtrainierten Profi gekämpft – und verloren.

Seine blauen Augen funkelten jetzt kalt und abweisend. Der Griff, mit dem er ihre Handgelenke hielt, verursachte keine Schmerzen. Aber als Maris versuchte, sich freizuwinden, musste sie feststellen, dass ihre Bemühungen erfolglos blieben.

„Was, zum Teufel, sollte das?" Er sprach ruhig, aber mit einem schneidenden Unterton.

Und dann passten die Teilchen plötzlich alle zusammen. Seine Selbstbeherrschung, diese Selbstsicherheit und Ruhe … das alles war ihr so bekannt. Natürlich war es ihr vertraut, sie sah es ständig bei ihren Brüdern. Zane redete auch so, so als würde er mit allem fertig werden, das sich ihm in den Weg stellte. MacNeil hatte ihr nicht wehgetan. Dabei hatte sie auf jeden Fall versucht, ihn schachmatt zu setzen. Von einem angeheuerten Gauner, der bereit war, ein Pferd zu töten, hätte sie so etwas niemals erwarten können. Alle Zeichen waren da, lagen direkt vor ihrer Nase, einschließlich dieser sexy grauen Boxershorts. Dieser Mann war kein Vagabund.

„Du lieber Himmel!", sprudelte es aus ihr heraus. „Du bist ein Cop!"

3. KAPITEL

Und deshalb hast du mich angegriffen?" Falls überhaupt möglich, blickten MacNeils Augen noch eisiger.

„Nein", antwortete Maris abwesend. Sie sah in sein Gesicht, als hätte sie den Mann noch nie gesehen. So fühlte sie sich auch. Irgendetwas war gerade geschehen, Maris konnte nur nicht sagen, was. So ähnlich hatte sie auch gefühlt, als sie MacNeil zum ersten Mal erblickte, ein sehr intensives, aufregendes Gefühl. Sie runzelte die Stirn in dem Versuch, es genauer zu definieren. Vergeblich. Der Griff an ihren Handgelenken wurde fester und lenkte Maris' Aufmerksamkeit zurück auf seine Frage.

„Mir wurde eben erst klar, dass du ein Cop sein musst. Nein, angegriffen habe ich dich, weil ich dachte, dass du zu den bösen Jungs gehörst. Weil du mich nicht meine Familie anrufen lassen wolltest."

„Also hast du beschlossen, mich k. o. zu schlagen?" Jetzt sah er richtig wütend aus. „Du hast eine Gehirnerschütterung. Wie, zum Teufel, wolltest du da gegen mich kämpfen? Und wer hat dir diese Technik überhaupt beigebracht?"

„Mein Vater. Er hat uns alle unterrichtet. Ich hätte auch gewonnen. Gegen die meisten Männer auf jeden Fall", meinte sie schlicht. „Doch bei dir … Ich erkenne eine professionelle Ausbildung, wenn ich sie sehe."

„Also, die Tatsache, dass ich kämpfen kann, führt dich zu dem Schluss, dass ich ein Cop sein muss?"

Sie hätte ihm natürlich von Zane und Chance erzählen können, die, auch wenn sie keine Cops waren, die gleichen Eigenschaften besaßen, die Maris bei ihm bemerkt hatte. Sie tat es nicht. Vielleicht hatte seine Behörde, für wen immer er arbeiten mochte, ja nichts gemeinsam mit der Organisation oder der Abteilung, für die ihre Brüder Aufträge erledigten. So lächelte Maris MacNeil nur vielsagend an. „Um ehrlich zu sein, es waren die Boxershorts, die dich verraten haben."

Für einen Moment wankte seine Selbstbeherrschung, überrascht riss er die Augen auf. „Meine *Boxershorts*?"

„Keine simplen weißen Unterhosen. Diese Shorts sind einfach zu sexy."

„Und somit ein sicheres Zeichen für einen Cop, was?", fragte er ungläubig. Auf seine Wangen hatte sich jetzt ein roter Hauch geschlichen.

„Hilfsarbeiter tragen keine sexy grauen Boxershorts", stellte sie sachlich fest. Auf das Interesse, das sich in besagten grauen Boxershorts regte, ging sie lieber nicht ein. Vielleicht hätte sie das Thema Unterwäsche besser nicht ansprechen sollen. Obwohl ... so unerwartet kam seine Reaktion auch wieder nicht. Sie hatte kaum etwas an, und er trug noch weniger am Leib. Sie fühlte seine Beine an ihren, spürte den Druck an ihrem Schoß.

Noch vor ein paar Minuten hatte Maris gedacht, seine Berührungen seien sehr kontrolliert, Intimität bewusst vermeidend, trotz der Nähe. Jetzt war sie anderer Meinung. Diese Stellung war sogar *höchst* intim. Nicht nur, weil sie seine Erregung fühlen konnte, sondern auch die Art, wie er sie auf das Bett niederdrückte und unter sich gefangen hielt. Als hätte der kurze Kampf seine Selbstbeherrschung zunichte gemacht und ihn zu einer hitzigen, puren männlichen Verhaltensweise verleitet. Maris atmete tief ein, als eine unbekannte Erregung ihr Herz schneller schlagen ließ und jede Zelle in ihrem Körper zum Leben erwachte. Die ungezähmte Wildheit, von der sie wusste, dass sie tief in ihr steckte, die aber bisher noch kein Mann hatte erwecken können, jubilierte in stillem Triumph.

„Nicht alle Cops tragen so etwas."

Ihre Bemerkung über seine Boxershorts hatte MacNeil also aus dem Konzept gebracht. Maris lächelte, die dunklen Augen sinnlich halb geschlossen. Sie genoss das neue Gefühl, einen männlichen Körper so verlockend nah zu haben – noch dazu einen *erregten* männlichen Körper. „Wenn du es sagst ... Ich habe noch nie einen Polizisten ohne Uniform gesehen. Was für eine Art Cop bist du eigentlich?"

Für einen Moment schwieg MacNeil und musterte sie stumm. Sie hatte keine Ahnung, was er in ihrem Gesicht sehen mochte, aber dann wurden die harten Züge um seinen Mund weicher. „FBI. Special Agent, um genau zu sein."

Ein Bundespolizist? Die Überraschung riss sie aus ihrer sinnlichen Versunkenheit. „Ich wusste gar nicht, dass das FBI sich jetzt auch um Fälle von Pferdediebstahl kümmert."

Fast lächelte er. „Tut es auch nicht. Hör zu, wenn ich dich jetzt loslasse, versuchst du dann wieder, mich umzubringen?"

„Nein. Ehrenwort", bekräftigte sie. „Außerdem wollte ich dich gar nicht umbringen. Und selbst wenn, ich bin nicht so gut wie du, also brauchst du dir deshalb keine Sorgen zu machen."

„Das beruhigt mich ungemein", erwiderte er trocken. Er gab ihre Handgelenke frei und stützte sich auf die Ellbogen, eine Körperhaltung, die sein Becken nur noch fester gegen ihres drückte. Ihre Schenkel glitten leicht auseinander, um sein Gewicht besser verteilen zu können. Sie hielt die Luft an. Sein Interesse war inzwischen noch gestiegen, so sehr, dass sie es nicht mehr höflich ignorieren konnte. Er jedoch schien kein Problem damit zu haben, wie sein Körper auf ihren reagierte.

Maris atmete tief ein und genoss das prickelnde Gefühl, als ihr Oberkörper sich dabei an seine muskulöse Brust schmiegte. Oh Gott, das fühlte sich so gut an! Mit Freuden hätte sie ewig so in seinen Armen liegen und nichts anderes können, als *atmen* … Aber irgendwo hatten sie einen gestohlenen Champion versteckt, und bestimmt war man hinter ihnen her, um sie beide und das Pferd zu töten.

Sie sammelte ihre Gedanken, und trotz der Tatsache, dass sie sich unter seinem Gewicht kaum bewegen konnte, gewann Maris etwas Abstand und beäugte MacNeil kritisch mit einem durchdringenden, dunklen Blick. „Warum mistet ein Special Agent meine Ställe aus?"

„Weil ich die suche, die Pferde töten, um die Versicherungssumme zu kassieren … Boss." Das letzte Wort betonte er mit beißendem Spott, als Reaktion auf die Selbstverständlichkeit, mit der sie die Solomon-Green-Ställe als die ihren bezeichnete.

Maris ignorierte den Seitenhieb. Das hatte sie oft genug in der eigenen Familie zu hören bekommen. Alles, was sie liebte, vereinnahmte sie für sich, es gehörte ihr. So einfach war das. „Bei Versicherungsbetrug werden jetzt FBI-Agenten eingesetzt?", hakte sie argwöhnisch nach.

„Nur, wenn es sich um Entführung handelt, wenn Staatsgrenzen überschritten werden und auch Mord als Tatbestand auf der Liste steht."

Mord. Also hatte sie recht mit ihrer Vermutung gehabt. Es war ihnen tatsächlich jemand auf den Fersen, um sie umzubringen. Stammte ihre Beule von dem Versuch, sie zu ermorden, oder war vielleicht doch ein banaler Sturz die Ursache? „Wieso bist du ausgerechnet auf Solomon Green gekommen?"

„Ein Tipp." Er zog einen Mundwinkel nach oben. Sein Gesicht war ihr so nahe, dass sie die kleinen Fältchen erkennen konnte, Lachfältchen, so als würde er oft und gerne lachen. „Ohne Spitzel kämen wir Gesetzeshüter nicht weit."

„Also wusstest du, dass Sole Pleasure in Gefahr war?" Das gefiel ihr nicht, ganz und gar nicht. Ärger begann in den dunklen Augen zu glühen. „Warum hast du mir nichts gesagt? Ich hätte jeden genau beobachten können, ohne Verdacht zu erregen. Du hattest kein Recht, sein Leben aufs Spiel zu setzen."

„Alle Pferde sind versichert, jedes hätte das Ziel sein können. Sole Pleasure war eigentlich das unwahrscheinlichste Opfer, er ist zu bekannt. Sein Tod würde eine Menge Staub aufwirbeln." MacNeil hielt inne und betrachtete Maris nachdenklich, bevor er fortfuhr: „Und bis gestern Abend gehörtest du für mich noch zur Gruppe der Verdächtigen."

Das musste sie erst einmal verdauen, aber sie presste nur leicht die Lippen zusammen. „Was ist gestern Abend passiert, das deine Meinung geändert hat?" Es war ebenso frustrierend wie beängstigend, dass sie sich nicht erinnern konnte.

„Du hast mich um Hilfe gebeten. Du warst so wütend, dass du kaum sprechen konntest. Und du hattest Angst. Du meintest, wir müssten Sole Pleasure wegbringen, und sollte ich dir nicht helfen wollen, würdest du es allein machen."

„Sagte ich auch, wer es auf ihn abgesehen hat?"

Er schüttelte leicht den Kopf. „Nein. Wie gesagt, du konntest kaum reden. Du hast auch keine meiner Fragen beantwortet. Ich dachte, du hättest einfach zu viel Angst. Ich wollte dir Zeit lassen, dich zu beruhigen, nachdem wir das Pferd in Sicherheit gebracht hatten, und dich dann erneut befragen. Dann fiel mir auf, wie blass du warst, und du hast gezittert. Ich dachte, du stündest unter Schock, deshalb bestand ich darauf, hier Halt zu machen, obwohl du weiterwolltest. Als wir dieses Zimmer betreten hatten, bist du ins Bett gefallen."

Seine Schilderung warf zwei interessante Fragen auf: Hatte sie sich nun allein ausgezogen oder nicht, und wie kam er überhaupt dazu, auf etwas zu bestehen? Eine Falte bildete sich auf ihrer Stirn, als Maris klar wurde, dass die momentane Situation Antwort genug auf letztere Frage war. MacNeil hatte sie nicht verletzt, er tat ihr nicht weh, aber er war eindeutig der Überlegene.

Die Falte vertiefte sich, als sich Maris über sich selbst zu ärgern begann. Sie machte es schon wieder – sie ließ zu, dass ihre Aufmerksamkeit geschwächt wurde. Dass sie sich unleugbar zu MacNeil hingezogen fühlte, lenkte sie ab. Dabei musste sie sich auf Sole Pleasure konzentrieren. Sein Leben – und ihres höchstwahrscheinlich auch – hing davon ab, wie gut sie diesem Mann in seinen Ermittlungen helfen konnte.

Es stand also außer Frage, was hier wichtiger war.

„Die Stonichers“, setzte sie langsam an. „Sie sind die Einzigen, die aus Sole Pleasures Tod einen finanziellen Vorteil ziehen würden. Aber das macht keinen Sinn. Als Deckhengst wird er ihnen viel mehr einbringen.“

„Ein weiterer Grund, warum ich keine Gefahr für ihn sah und mich auf die anderen Tiere konzentriert habe. Die Versicherungssumme wäre kein großer Profit, aber es würde auch keinen Aufruhr verursachen, wenn eines von ihnen tot aufgefunden worden wäre.“

„Wo und wie bin ich auf dich gestoßen?“, fragte Maris. „Bin ich zu deiner Unterkunft gekommen? Habe ich dich angerufen? Hat uns jemand gesehen? Oder hast du vielleicht jemanden gesehen?“ MacNeil hatte ein Zimmer in einem lang gestreckten Flachbau, den die Stonichers hatten bauen lassen, um die Zeitarbeiter unterzubringen. Als Trainerin wurde Maris der Luxus eines eigenen kleinen Hauses mit drei Zimmern zugestanden. Mr Wyse, der für die fohlenden Stuten zuständig war, hatte ebenfalls eine eigene Wohnung direkt über dem Stall, in dem die trächtigen Tiere untergestellt waren. Über Videomonitore wurden die Muttertiere überwacht, und so gut wie immer war jemand in den Ställen anwesend. Irgendjemand hatte Maris und MacNeil bestimmt gesehen.

„Ich war gar nicht in meinem Zimmer, sondern in Stall Nummer zwei. Ich wollte mich ein wenig umsehen und ging gerade zur Hintertür hinaus, als du auf Sole Pleasure angeritten kamst. Weil es dunkel war, glaubte ich nicht, dass du mich gesehen hättest, aber du hieltest an und meintest, ich müsse dir helfen. Da stand noch ein Wagen mit Pferdeanhänger, am Nachmittag war eine kleine Stute gebracht worden, also luden wir Sole Pleasure in den Anhänger und fuhren los. Falls uns jemand gesehen hat, konnten sie ganz sicher nicht erkennen, ob da nun ein Pferd in dem Anhänger stand oder nicht. Und Sole Pleasure hätte sowieso niemand dort vermutet."

Durchaus möglich, dachte Maris. Stall zwei beherbergte die Stuten, die zum Decken nach Solomon Green gebracht wurden. Im Dezember wurde es früh dunkel, die Pferde waren dann alle schon versorgt, und die Arbeiter saßen beim Essen zusammen und entspannten sich nach einem Tag getaner Arbeit.

Der Wagen mit dem Pferdeanhänger gehörte nicht zum Gestüt. Jeder wusste, dass am Nachmittag eine Stute gebracht worden war. Wenn der Truck also fehlte, würde sich niemand etwas dabei denken – außer natürlich der Eigentümer, der entschieden hatte, die Nacht auf dem Gestüt zu verbringen und erst am nächsten Morgen wieder abzufahren. Außerdem ließ Sole Pleasure sich willig einladen, er machte nie Ärger, es schien sogar, dass er gern reiste. Ihn in den Anhänger zu führen konnte nicht mehr als eine Minute gedauert haben, und dann waren sie wohl auch schon unterwegs gewesen.

„Wenn ich meine Familie nicht verständigt habe …", sagte Maris jetzt. „Hast du jemanden angerufen, während ich schlief?"

„Ich habe mein Büro von einer Telefonzelle aus angerufen, um sie wissen zu lassen, was passiert ist. Sie werden versuchen, unsere Spuren zu verwischen, aber sie können die Operation nicht auffliegen lassen. Bisher wissen wir noch nicht, wer beteiligt ist und dem Ring angehört. Es sei denn, dir ist in den letzten Minuten noch etwas eingefallen."

„Nein", antwortete Maris bedauernd. „Das Letzte, an das ich mich erinnern kann, ist, dass ich gestern Nachmittag zu den Ställen gerannt bin. Ich weiß, es war nach dem Mittagessen, aber ich kann keine genaue Uhrzeit sagen. Sonst weiß ich nur noch, dass ich extrem wütend war und Angst hatte – und dass ich zu Pleasure wollte."

„Sollte dir noch irgendetwas einfallen, ganz gleich, was es ist, lass es mich wissen. Da wir das Pferd mitgenommen haben, haben wir ihnen auch die perfekte Möglichkeit geboten, Pleasure zu töten und den Verdacht auf uns zu lenken. Zumindest werden sie es so aussehen lassen, sie wissen ja nicht, dass ich beim FBI bin. Sie werden alles daransetzen, uns aufzuspüren. Ich muss wissen, mit wem wir es zu tun haben."

„Wo ist der Hengst jetzt?", fragte Maris alarmiert. Sie legte die Hände auf MacNeils Schultern, um ihn fortzustoßen. Sie wollte aufstehen und sich anziehen, sie musste zu dem Pferd. Es war nicht ihre Art, ein Tier sich selbst zu überlassen, ohne Futter und ohne Pflege. Und auch wenn sie gesehen hatte, wie gut und gründlich MacNeil sich um die Tiere gekümmert hatte, so lag die Verantwortung letztendlich bei ihr.

„Beruhige dich, ihm geht es gut." MacNeil griff erneut nach ihren Händen und presste sie auf die Matratze nieder. „Ich habe ihn im Wald abgestellt, dort wird ihn niemand vermuten. Schließlich konnte ich den Anhänger schlecht auf dem Parkplatz stehen lassen. Sie werden schon erst uns finden müssen, wenn sie an ihn herankommen wollen."

Maris entspannte sich etwas. Sole Pleasure war also in Sicherheit. „Na schön. Und wie sieht jetzt der nächste Schritt aus?"

MacNeil zögerte. „Ursprünglich hatte ich vor herauszufinden, was du weißt, und dich dann an einem sicheren Ort unterzubringen, bis die Sache abgeschlossen ist."

„Und wo sollte dieser sichere Ort sein? Etwa in Pleasures Anhänger?", fragte sie leicht gereizt. „Tja, daraus wird wohl nichts. Da ich mich nicht an alles erinnern kann, wirst du mich wohl in deiner Nähe behalten müssen – für den Fall, dass mir noch etwas einfällt. Du hast mich am Hals, MacNeil, du kannst es dir gar nicht leisten, mich irgendwo abzuladen."

„Es gibt nur einen Ort, wo ich dich gern abladen würde", murmelte er langsam. „Und genau dort habe ich dich schon."

4. KAPITEL

Überraschend kam diese Bemerkung nicht. Schließlich gab es genügend Beweise.

Alex MacNeils ganze Haltung strahlte pure männliche Leidenschaft aus, es lag in jedem Muskel seines Körpers, im Ausdruck der blitzenden blauen Augen.

Maris war sich absolut sicher. Sie hatte dieses Glitzern in den Augen ihres Vaters gesehen, jedes Mal, wenn er ihre Mutter ansah und wenn er sie berührte. Sie hatte diese Aura auch unzählige Male bei ihren fünf Brüdern beobachtet; erst bei ihren Freundinnen und dann, als vier von ihnen geheiratet hatten, bei ihren Ehefrauen. Es war der Ausdruck von Leidenschaft und Verlangen.

Maris fand das aufregend und beängstigend zugleich. Es verwirrte sie, und doch hatte sie es von Anfang an gewusst. Der erste Blick, den sie auf Alex MacNeil geworfen hatte, hatte ihr gesagt, dass es etwas zwischen ihnen gab und dass sie sich diesem Etwas früher oder später stellen musste.

Deshalb hatte sie sich auch solche Mühe gegeben, ihm aus dem Weg zu gehen. Weder war sie auf Komplikationen noch auf eine Beziehung mit ihm aus. Das würde nur unweigerlich die Gerüchteküche auf der Ranch zum Brodeln bringen. Natürlich hatte Maris Verabredungen gehabt. Aber sie hatte sich jedes Mal zurückgezogen, sobald ein Mann zu besitzergreifend geworden war. Sie hatte weder die Zeit noch die Geduld für Dinge, die sie von ihrer Leidenschaft für Pferde und von ihrem Beruf ablenkten. Außerdem hatte es bisher niemanden gegeben, den sie so nah an sich herankommen lassen wollte.

Ihr Innerstes behielt sie für sich, niemand bekam Einblick darin, außer ihrer Familie. Das schien eine typische Eigenschaft der Mackenzies zu sein – allein und damit absolut glücklich sein zu können. Und auch wenn ihre Brüder, von Chance abgesehen, schließlich doch geheiratet hatten und ihre Frauen geradezu abgöttisch liebten, so hatten sie das doch gerade deswegen getan, *weil* sie sie so abgöttisch liebten. Maris war immer damit zufrieden gewesen, auf die eine, die wahre Liebe zu warten, anstatt ihre Zeit mit Flirts und kurzen Affären zu verschwenden, nur weil die Chemie mit einem Mann stimmte.

Was die Chemie mit MacNeil betraf … nun gut. Der Beweis dafür, dass er sie attraktiv fand, drängte zwischen ihre Beine und verführte sie dazu, ihre Schenkel ein wenig weiter zu öffnen, um seine Erregung noch intensiver zu erfahren. Dass sie so fühlte, war wiederum das sichere Zeichen für die passende Chemie. Sie sollte von ihm abrücken, wirklich, sie sollte es tun … Sie tat es nicht. Nicht eine Faser ihres Körpers wollte sich bewegen – außer noch näher zu ihm hin.

Sie sah in sein Gesicht mit den dunklen Bartstoppeln, in die verlangenden blauen Augen. Ihre eigenen Augen mussten ihm wie dunkle Teiche erscheinen, in denen man leicht versinken konnte. „So", sagte sie endlich. „Die Frage stellt sich dann wohl, was du in dieser Hinsicht zu tun gedenkst."

„Im Moment gar nichts." Er verlagerte sein Gewicht, eine kaum merkliche Bewegung, die ihn allerdings dazu brachte, den Atem zischend auszustoßen. „Du hast eine Gehirnerschütterung mit mörderischen Kopfschmerzen, außerdem gibt es eine unbekannte Anzahl von unbekannten Leuten, die hinter uns her sind. Ich werde mich also auf die Dringlichkeit unserer Situation konzentrieren, anstatt mir zu überlegen, wie ich dir am besten dein Höschen ausziehen kann. Und selbst wenn du Ja sagen würdest, könnte ich nicht. Mit der Gehirnerschütterung kannst du im Moment doch gar nicht klar entscheiden!" Den letzten Satz stieß er mit unverhohlener Enttäuschung aus, so als würde ihm jedes Wort Schmerzen bereiten.

Maris blieb reglos unter ihm liegen, auch wenn alles in ihr danach drängte, die Beine um ihn zu schlingen und diesen Mann in ihre feuchte Mitte zu ziehen. Ihre Augen wurden schwarz wie die Nacht, etwas Geheimnisvolles, Uraltes blitzte darin auf. „Mir geht es schon viel besser." Ihre Stimme klang tief, ihr Blick fesselte ihn. „Meine Entscheidungsfähigkeit ist keineswegs eingeschränkt."

„Herrgott!", entfuhr es ihm. Er lehnte die Stirn an ihre und schloss die Augen. „Zwei von vier."

Maris bewegte ihre Hände, und sofort löste MacNeil seinen Griff. Sie legte die Handflächen auf seine Schultern, und er verspannte sich, während er darauf wartete, dass sie ihn fortschieben würde. Er wusste, das würde das Beste sein, das Vernünftigste – und doch fürchtete er sich davor. Sie schob ihn nicht weg. Stattdessen strich sie mit den Fingern um seine breiten Schultern, fuhr mit den Fingerspitzen über sein Schlüsselbein zum Hals und ließ ihre Hände schließlich auf seiner Brust zur Ruhe kommen. Sein schwarzes Brusthaar kitzelte ihre Haut. Seine harten, kleinen Brustwarzen zogen sich unter ihrer Berührung zusammen. Sie konnte seinen Herzschlag spüren, hart und schnell.

Die Intensität ihres Verlangens erstaunte sie selbst. Nein, es war nicht nur Lust – es war ein brennendes Begehren, heiß und gierig. Ihr ganzes Leben lang hatte sie sexuelle Anziehung beobachten können – auf der primitivsten Stufe bei ihren Pferden und den anderen Tieren auf der Ranch, und in feinen Abstufungen bei ihrer Familie, wo Liebe etwas ursprünglich Mächtiges und Zärtliches, gleichzeitig etwas Schlichtes und Kompliziertes war. Maris war nicht naiv, sie unterschätzte die treibende Kraft von Lust nicht. Aber sie hatte sie noch nie am eigenen Leib erfahren. Nie hatte sie solche Hitze verspürt, nie eine solche Leere, die nur von ihm ausgefüllt werden konnte. Dabei war sie immer der Überzeugung gewesen, dass es ein solches Gefühl nur gepaart mit Liebe gab, doch woher sollte in diesem Fall hier Liebe kommen? Sie kannte den Mann doch kaum. Sicher, er hatte ihr seinen Namen und seinen Beruf genannt, doch sie wusste nichts über ihn, den Menschen Alex MacNeil. Einen Fremden konnte sie nicht lieben. Sich zu ihm hingezogen fühlen, ja, aber lieben …? Nein.

Allerdings behauptete ihre Schwägerin Barrie, sie habe innerhalb der ersten fünf Minuten gewusst, was für ein Mensch Zane war und sich in ihn verliebt. Ihr Bruder und Barrie waren sich als zwei Fremde begegnet, sie hatten sich in einem Ausnahmezustand, in höchster Gefahr kennengelernt. In dieser Situation hatten sich Facetten ihrer Charaktere offenbart, die sie sonst wahrscheinlich erst nach Monaten entdeckt hätten.

Maris dachte über ihre eigene Lage und den Fremden nach, der sich in derselben Zwickmühle befand wie sie selbst. Was hatte sie über ihn herausgefunden, seit sie in seinen Armen aufgewacht war – oder besser, seit sie das Bewusstsein wiedererlangt hatte?

Er drängte sie nicht. Er wollte sie, aber er drängte nicht. Die Umstände waren unpassend, also wartete er. Ein geduldiger Mann also, oder zumindest ein Mann, der ausharren konnte, wenn es sein musste. Das war nämlich etwas anderes. Er war intelligent, das hätte Maris schon vor Wochen erkannt, wenn sie es sich erlaubt hätte, ihn eine Weile zu beobachten. Sie war sich nicht sicher, aber sie meinte, dass ein Special Agent des FBI einen Abschluss in Rechtswissenschaften brauchte.

Medizinische Kenntnisse schien er auch zu haben, schließlich hatte er sofort erkannt, dass sie womöglich eine Gehirnerschütterung hatte. Er verfügte über einen starken Willen und Durchsetzungsvermögen, sonst wäre es ihm nie gelungen, sie in ein Motel zu bringen, obwohl sie weiterfahren wollte; allerdings war sie zugegebenermaßen nicht ganz auf der Höhe. Er hatte sich um sie gekümmert. Und das Wichtigste: Obwohl sie nahezu nackt in seinen Armen geschlafen hatte, hatte er die Situation nicht ausgenutzt.

Eine ziemlich lange Liste. Er war also geduldig, intelligent, gut ausgebildet, willensstark, fürsorglich und ehrenhaft. Und da war noch etwas anderes – eine kaum wahrnehmbare Aura von Macht und kontrollierter Kraft. Maris dachte an den ruhigen, autoritären Ton, die unerschütterliche Sicherheit, mit jedem Problem fertig werden zu können. In dieser Hinsicht war er wie ihre Brüder, vor allem wie Zane und Chance – die gefährlichsten Männer, die Maris sich überhaupt vorstellen konnte.

Ihr war klar, dass nur wenige Männer einem Vergleich mit den Mackenzie-Brüdern und ihrem Vater standhalten konnten. Sicherlich war das einer der Gründe, warum Maris sich nie wirklich verliebt, ihre volle Aufmerksamkeit auf ihre Karriere gerichtet und sich nicht mit weniger zufriedengegeben hatte. Alex MacNeil jedoch war aus dem gleichen Holz geschnitzt wie Maris' Brüder. Ihr Herz setzte einen Schlag lang aus. Urplötzlich, zum ersten Mal in ihrem Leben, lief sie Gefahr, sich zu verlieben.

Als Maris jetzt in diese blauen Augen schaute und sich fühlte, als würde sie in einem Ozean ertrinken, wusste sie es mit Gewissheit. Da war vorhin das Etwas gewesen, das Gefühl, dass sich etwas verändert hatte, ohne dass Maris hätte sagen können, was genau es gewesen war: Sie hatte ihren Gefährten erkannt.

„Ach, du meine Güte", entfuhr es ihr leise. „Ich möchte dir eine sehr wichtige Frage stellen."

„Schieß los."

„Bist du verheiratet oder mit jemandem liiert?"

Er wusste, warum sie das wissen wollte. Man müsste schon tot sein, um die Funken nicht zu bemerken, die zwischen ihnen flogen. Und der Zustand, in dem er sich befand, bewies eindeutig, dass er weit entfernt von Leblosigkeit war. „Nein", antwortete er. „Keinerlei irgendwie geartete Beziehung."

Ihr brauchte er diese Frage nicht zu stellen. Er hatte sämtliche Leute auf der Ranch überprüft. Die Recherchen über Maris Mackenzie hatten ergeben, dass sie alleinstehend und bisher nie mit dem Gesetz in Konflikt geraten war. MacNeil hatte lange genug auf der Ranch gearbeitet und sich unauffällig umgehört, um herauszufinden, dass Maris mit niemandem ausging. Die anderen Männer hatten ihn aufgezogen, weil er ausgerechnet ein Auge auf „den Boss" geworfen hatte, und er hatte mitgespielt. Es stimmte ja. Und außerdem konnte das seiner Tarnung nur nützlich sein.

Maris holte tief Luft. Tja, das war's dann wohl. Mit all der Klarheit, mit der sie das Leben betrachtete, schenkte sie MacNeil ein kleines Lächeln. Sie verfügte über die seltene Fähigkeit, die Dinge klar und deutlich beim Namen zu nennen. „Wenn du bisher noch nicht daran gedacht hast, mich zu heiraten, solltest du dich langsam an den Gedanken gewöhnen."

MacNeil zuckte mit keiner Wimper, auch wenn der Schock ihm durch alle Glieder fuhr. *Hochzeit?* Er hatte sie noch nicht einmal geküsst, und die Frau redete bereits vom Heiraten!

Ein vernünftiger Mann würde jetzt aufstehen und sich ganz auf die vor ihm liegende Aufgabe konzentrieren – die unter anderem auch einschloss, sich selbst und diese Frau während der nächsten Stunden am Leben zu halten. Ein vernünftiger Mann würde nicht liegen bleiben, mit dieser Frau in seinen Armen, vor allem dann nicht, wenn er seinen äußerst angenehmen Junggesellenstatus behalten wollte.

Er begehrte sie, zweifelsohne. Verlangen kannte er zur Genüge, hatte seit dem stolzen Alter von vierzehn seine Erfahrungen gesammelt. Er hatte auch gelernt, es zu ignorieren, wenn es mit seiner Arbeit in Konflikt kam. Sein Job war anspruchsvoll und verlangte seine ganze Aufmerksamkeit. Mit der gleichen kühlen Überlegenheit, die er in seinem Beruf brauchte, hatte er auch sein Privatleben stets im Griff gehabt. Er war es, der die Kontrolle über eine Beziehung hatte, er war derjenige, der eine Affäre beendete, wenn die Frau anfing zu klammern – wenn sie mehr wollte, als er zu geben bereit war. Es war nicht fair, eine Frau im Ungewissen zu lassen und womöglich falsche Hoffnungen in ihr zu wecken. Deshalb zog er den glatten Schnitt vor, bevor es zu hässlichen Vorwürfen und bitteren Tränen kommen konnte.

Bisher war er allerdings noch keiner Frau wie Maris Mackenzie begegnet.

Er stand nicht auf. Was ihn noch mehr verstörte war die Tatsache, dass er nicht einmal lachte und sich über ihr wohl doch akut vermindertes Denkvermögen lustig machte. Sie war klein und zierlich, fast zerbrechlich. Es war also absolut lächerlich, dass er davor zurückschreckte, sie zu verärgern – oder schlimmer noch, ihre Gefühle zu verletzen. Er wollte sie weiterhin halten, sie in seinen Armen wiegen und sie vor jeder Gefahr beschützen – außer vor sich selbst. Verletzlich und nackt, so wollte er sie unter sich liegen haben, völlig ihm ausgeliefert. Er wollte in diesen lockenden, geheimnisvollen dunklen Augen ertrinken und alles vergessen außer der fiebrigen Glut ihrer beiden Körper.

Die plötzliche scharfe Kehrtwendung der Ereignisse hatte ihn aus dem Gleichgewicht geworfen, das war alles. Bis gestern Abend hatte Maris noch zusammen mit allen anderen auf Solomon Green auf seiner Liste der Verdächtigen gestanden. Er hatte sich strikt verboten, die Lust zu bemerken, die jedes Mal in ihm aufstieg, sobald er ihren zierlichen kleinen Körper erblickte. Zum Teufel, er musste sie nicht einmal sehen, allein der Gedanke an sie hatte ausgereicht. Ihr Bild war zu den unmöglichsten Zeiten vor ihm aufgetaucht, hatte ihn tagsüber von der Arbeit abgelenkt und ihm nachts den Schlaf geraubt.

Es ärgerte ihn, dass es ihr so leicht gelang, ihn zu ignorieren, während er es nicht schaffte. In ihr lag jene ruhige Intensität, die von einem eisernen Willen kündete. Sie widmete sich ganz ihrem Job, so wie er sich seinem. Und zwar so absolut, dass er sich fragte, ob sie ihn überhaupt als Person wahrgenommen hatte, geschweige denn als Mann. Noch etwas, das ihn ärgerte: Er hatte das Bedürfnis gehabt, aufzufallen, *ihr* aufzufallen, damit sie ihn endlich ansah, obwohl seine Ermittlungsarbeit doch das genaue Gegenteil verlangte.

Nacht für Nacht hatte er wach gelegen und an sie gedacht. Und er war wütend auf sich geworden, weil er es nicht schaffte, *nicht* an sie zu denken. Verbissen hatte er sich gewünscht, sie möge sich genauso unruhig in den Laken wälzen und an ihn denken.

Sein Verlangen nach ihr brachte ihn in Rage. Alles an ihr reizte und lockte ihn. Das an sich war schon seltsam genug, denn an ihrem Verhalten war absolut nichts bewusst Verführerisches. Sie benahm sich sachlich, nüchtern, flirtete nie, zog keinen der Männer vor, machte keine zweideutigen Anspielungen. Sie legte es auch keineswegs darauf an, sich attraktiv zu machen. Brauchte sie auch gar nicht, er war sich ihres Aussehens so stark bewusst, als würde sie nackt vor ihm auf und ab flanieren.

Er wusste ganz genau, wie ihre Jeans sich um ihr hübsches kleines Hinterteil spannte, und hatte sich mehr als einmal vorgestellt, ihren Po mit seinen Händen zu umfassen, während er in sie eindrang. Oft genug hatte er unter gesenkten Lidern ihre straffen Brüste unter dem groben Flanellhemd studiert und sich selbst halb in den Wahnsinn getrieben, indem er sich ausmalte, wie es sein würde, mit ihr zu schlafen.

Wie jeder gesunde Mann hatte er sich all die normalen Fantasien ausgemalt, aber er hatte sich auch bei der faszinierten Betrachtung ihrer wie Satin schimmernden Haut ertappt. Makellose Haut, so als würde sie nicht den ganzen Tag draußen an der frischen Luft verbringen, Haut, so rein und zart wie die eines Kindes, durchscheinend, dass man die blauen Adern darunter sehen konnte. Er fand sich vertieft in die Vorstellung, wie ihr von der Sonne zu silberblonden Strähnen gebleichtes Haar sich wie Seide über seine bloße Brust ergießen würde, und wie er versuchen würde, die tiefen Geheimnisse in diesen nachtschwarzen Augen zu ergründen.

Verlangen konnte gemessen werden wie Hitze – von lauwarm bis siedend heiß. Er hatte längst den Siedepunkt erreicht, es grenzte an ein Wunder, dass er sie die ganze Nacht in seinen Armen gehalten und nichts anderes getan hatte als eben das – sie nur halten. Vor allem, wenn sie nichts als ein Höschen trug, bei dem jedem Mann das Herz stehen blieb, und sein T-Shirt, das bei jeder ihrer Bewegungen verrutschte und eine seidig schimmernde Schulter freigab.

Ja, das war eindeutig Begehren – und mehr, und dieses Gefühl befand sich schon jetzt auf einer Stufe, die er nie zuvor erfahren hatte. Wie ein Fieber, das nicht sinken wollte, wie ein Bedürfnis, das zu befriedigen ihm nicht gelang. Bis gestern Abend hatte er sich nicht einmal erlaubt, sie anzusprechen, obwohl er wusste, dass er versuchen sollte, etwas aus ihr herauszubekommen. Seltsamerweise schien sie ihm bewusst aus dem Weg zu gehen, auch wenn ihm sofort aufgefallen war, dass Miss Mackenzie eine Chefin war, die mit anpackte. Sie kannte jeden, der für sie arbeitete, und kam gut mit ihren Leuten zurecht. Für die Pferde hatte sie ein geradezu magisches Händchen. Wenn es um die Pflege der Tiere ging, war sie ein Tyrann, wenn auch ein wohlwollender. Ausnahmslos jeder Arbeiter in den Ställen brachte ihr Respekt und Bewunderung entgegen. Für Miss Mackenzie war es völlig atypisch, dass sie jemanden mied. Aber genau das hatte sie getan, sie war ihm bewusst aus dem Weg gegangen.

Und das hatte ihn misstrauisch gemacht. Argwohn gehörte zu seinem Job, ihm fiel alles auf, was von der Norm abwich. Ihr Verhalten ihm gegenüber ließ ihn vermuten, dass sie vielleicht etwas über ihn herausgefunden hatte, das wiederum *sie* misstrauisch gemacht hatte. Aufgrund seiner Herkunft kannte er sich mit Pferden aus, daher war ihm der Fall übertragen worden. Er hatte versucht, sich anzupassen, aber ihm war auch klar gewesen, dass seine Ausbildung ihn verändert hatte und er deshalb aus der Menge hervorstach. Einem aufmerksamen Beobachter konnte weder seine ständige Wachsamkeit noch seine Fähigkeit entgehen, auch das kleinste Detail um sich herum zu registrieren, auch nicht seine schnellen Reflexe oder die Tatsache, dass er stets automatisch eine günstige Position einnahm, um sich verteidigen zu können.

Maris hatte all das erkannt und gewusst, was es bedeutete. Es gefiel ihm nicht, dass sie ihn so leicht durchschaute. Intuitiv hatte sie es gewusst. „Du bist ein Cop." Die Worte waren ihr einfach entschlüpft, und sie hatte recht. Mittlerweile war er überzeugt davon, dass sie nicht zu dem Verbrecherring gehörte, der Pferde tötete, um das Geld von der Versicherung zu kassieren. Sie entdeckte einfach zu viel mit diesen schwarzen Augen. Und jetzt sah sie ihn an, als könne sie ihm bis in die Seele blicken.

Sein Ehrgefühl meldete sich. Auch wenn jedes Hormon in seinem Körper ihn machtvoll daran zu hindern schien, etwas zu unternehmen, das seine momentane Position schwächen könnte, obwohl jede Faser ihm zu befehlen schien, genau da zu bleiben, wo er war, biss er die Zähne zusammen und sprach aus, was gesagt werden musste.

„Heiraten? Du musst schlimmer verletzt worden sein als vermutet. Offensichtlich leidest du an Wahnvorstellungen."

Maris war nicht einmal beleidigt. Stattdessen schlang sie die Arme um seinen Nacken und schenkte ihm dieses unergründliche kleine und besorgniserregende *weibliche* Lächeln. „Ich verstehe", sagte sie zart. „Du brauchst mehr Zeit, um dich an den Gedanken zu gewöhnen, und außerdem hast du einen Auftrag zu erledigen. Natürlich, das mit der Heirat kann warten. Erst einmal musst du diese miesen Pferdemörder finden."

5. KAPITEL

Maris brauchte dringend Zeit und Abstand, um wieder einen klaren Kopf zu bekommen und ihre Nerven zu beruhigen. Sie drückte leicht gegen MacNeils Schultern, und nach einem unmerklichen Zögern rollte er sich zur Seite und befreite sie von seinem Gewicht. Sie empfand den Verlust seiner Wärme als so schmerzlich, dass sie fast leise aufgeschrien hätte und sich zurückhalten musste, um ihn nicht wieder auf sich zu ziehen. Ein Blick auf seine Shorts jedoch sagte ihr, dass er dann wahrscheinlich der Verlockung nicht mehr würde widerstehen können.

Auch wenn ihr Körper von qualvoller Sehnsucht erfüllt war ... sie wollte das erste Mal mit ihm voll auskosten. Nur, hier und jetzt gab es einfach zu viele Störfaktoren. Maris hatte eine Gehirnerschütterung, und niemand wusste, wie viele Unbekannte ihnen auf den Fersen waren, um sie und Sole Pleasure zu töten.

Vorsichtig setzte Maris sich auf, darauf bedacht, den Kopf dabei so still wie möglich zu halten. Das Aspirin hatte geholfen, die Kopfschmerzen waren zwar nicht verschwunden, aber es hämmerte längst nicht mehr so schlimm wie vorhin. Langsam erhob sie sich von der Bettkante und stellte erleichtert fest, dass der Raum sich auch nicht mehr drehte.

Er war sofort bei ihr, legte seine Hand auf ihren Arm. „Was machst du da? Du brauchst so viel Ruhe wie möglich."

„Ich werde jetzt duschen und mich dann anziehen. Wenn man schon auf mich schießt, dann will ich wenigstens angezogen sein und aufrecht stehen." Himmel, er war so groß, und da war all diese bloße Haut direkt vor ihren Augen. Maris atmete einmal tief ein und unterdrückte den Impuls, sich an ihn zu schmiegen, um herauszufinden, wo genau an seiner Brust ihr Kopf liegen würde, wenn sie beide standen. Er hatte einen wunderbaren Körper, wie eine perfekt modellierte Statue. Wie dumm von ihr, ihn all die Wochen zu ignorieren, wenn sie die Zeit doch hätte nutzen können, den Mann kennenzulernen! Still trauerte Maris über die verschwendeten Tage. Ihr hätte früher klar werden müssen, warum sie so heftig auf ihn reagierte und wieso sie diese bizarre Angst gefühlt hatte.

Er war der Mann, mit dem sie den Rest ihres Lebens verbringen würde. Ihr Beruf hatte sie weit herumkommen lassen, doch ihr Zuhause war immer der Berg in Wyoming geblieben. Alex MacNeil würde das ändern. Ihr Zuhause würde bei ihm sein, wo immer er sich aufhalten mochte. Ein Special Agent des FBI konnte überall eingesetzt werden. Ihr ganzes Leben lang hatte Maris Pferde um sich gehabt, aber vielleicht würde MacNeil ja in der Großstadt stationiert, wo sie keine Stelle als Trainer finden konnte. Niemals zuvor hatte sie einen Mann getroffen, der bei ihr an erster Stelle und vor ihren Pferden stehen würde, aber ... wenn sie ihn jetzt ansah, gab es *keinen Zweifel.*

Er gehörte zu ihr, sie gehörte zu ihm. Sie erkannte es mit ihrem Innersten, so als würde ein Echo durch ihren ganzen Körper klingen, das nur er hatte auslösen können.

Doch Gefahr lauerte, und Maris musste sich unbedingt dagegen wappnen.

MacNeil hatte sie unablässig beobachtet, mit zusammengekniffenen Augen. Nicht nur ließ er sie nicht los, er zog sie sogar noch näher zu sich heran und legte einen Arm um ihre Taille. „Vergiss es, was immer du jetzt auch denken magst. Deine einzige Aufgabe ist es, dich aus der Schusslinie herauszuhalten."

Seine Nähe war einfach zu verlockend. Sie lehnte den Kopf an seine Brust, rieb mit der Wange über seine bloße Haut, und eine schier unerträgliche Zärtlichkeit erfüllte sie. „Ich werde dich das nicht allein durchziehen lassen."

Sie konnte nicht widerstehen. Sein Duft, seine Wärme ... leicht wie ein Schmetterlingsflügel ließ sie ihre Zungenspitze über seine Haut gleiten.

MacNeil erschauerte, der Griff um ihre Hüfte wurde fester. Doch seine Miene war grimmig und hart, als er ihr Kinn anhob. „Das ist mein Job", sagte er ruhig, aber unnachgiebig. „Du bist Zivilistin, und du bist verletzt. Wenn du mir helfen willst, dann steh mir nicht im Weg."

Maris lächelte amüsiert. „Würdest du mich besser kennen, würdest du so etwas nicht sagen." Die Menschen, die sie liebte, würde sie immer und mit letzter Kraft verteidigen. Allein bei dem Gedanken, er könne sich der Gefahr allein stellen, gefror Maris das Blut in den Adern. Unglücklicherweise hatte das Schicksal es gewollt, dass sie sich in einen Mann verliebte, der geschworen hatte, die Gesetzestreuen vor den kriminellen Elementen der Gesellschaft zu schützen. Sie würde ihn nicht darum bitten, seinen Job aufzugeben, genauso wenig wie ihre Familie sie gebeten hatte, die gefährliche Arbeit mit wilden Pferden aufzugeben. MacNeil war, wer und was er war. Ändern wollte Maris ihn nicht.

Sie löste sich von ihm. „Ich werde trotzdem duschen und mich anziehen. Ich habe nicht vor, mich irgendjemandem in T-Shirt und Slip zu präsentieren ...“ Sie hielt inne. „Außer dir.“

Er holte scharf Luft. Maris sah, wie er die Finger spreizte, so als wolle er erneut nach ihr greifen. Da die Zeit knapp wurde, trat sie von ihm zurück, um der Versuchung zu entgehen, und sammelte ihre Kleider ein. An der Tür zum Bad kam ihr plötzlich ein Gedanke. Sie blieb stehen und drehte sich zu ihm um. War er allein? Auch wenn Chance und Zane nie von ihren Missionen sprachen, so hatten sie sich doch manches Mal über Techniken und Vorgehensweisen unterhalten. Damals hatte Maris einiges aufgeschnappt. Es wäre ungewöhnlich für einen FBI-Agenten, ohne Rückendeckung zu arbeiten.

„Dein Partner ist sicher hier irgendwo in der Nähe, oder?“

Er hob erstaunt eine Augenbraue, dann lächelte er leicht. „Auf dem Parkplatz. Er hat seinen Posten eine knappe Stunde nach uns bezogen. Damit wir nicht überrascht werden.“

Würde sein Partner nicht da draußen Wache halten, hätte MacNeil sich nie genug entspannt, um mit ihr im Bett zu liegen und sich von der Anziehungskraft zwischen ihnen ablenken zu lassen. „Wie heißt er? Wie sieht er aus? Ich muss doch die guten von den bösen Jungs unterscheiden können.“

„Er heißt Dean Pearsall. Gut eins achtzig groß, dünn, dunkle Haare, dunkle Augen, beginnende Glatze. Er kommt aus Maine. Der Akzent ist nicht zu überhören.“

„Da draußen ist es kalt. Er muss mittlerweile halb erfroren sein.“

„Wie gesagt, er stammt aus Maine. Da ist er die Temperaturen gewöhnt. Außerdem hat er eine Thermoskanne mit heißem Kaffee dabei, und er lässt die Standheizung laufen, damit die Scheiben nicht zufrieren und er die Gegend im Auge behalten kann.“

„Ist das nicht zu auffällig ... kein Frost auf dem Auto?“

„Nur wenn jemand weiß, wie lange der Wagen schon da steht – ein Detail, das den wenigsten Leuten auffällt.“ Er griff nach seiner Jeans und stieg hinein, ohne die Augen von ihr zu nehmen. „Wieso denkst *du* an so etwas?“

Sie schenkte ihm ein strahlendes Lächeln, das dem ihrer Mutter sehr ähnlich war. „Das wirst du verstehen, wenn du meine Familie kennenlernst.“ Damit verschwand Maris im Bad und zog die Tür hinter sich zu.

Sobald sie allein war, erstarb das Lächeln. Auch wenn sie wusste und akzeptierte, dass es besser war, sich nicht in die Arbeit von professionellen Polizisten einzumischen, so war ihr doch klar, dass Dinge schiefgehen und Menschen verletzt werden konnten – ganz gleich, wie durchdacht der Plan war oder wie vorsichtig man vorging. Chance war mehrere Male verletzt worden. Er hatte immer versucht, es vor Mary zu verschweigen, aber ihre Mutter hatte es jedes Mal geahnt, und Maris auch. Sie fühlte es tief in sich, an einem Ort, der denen vorbehalten war, die sie liebte. Als Zane damals in Libyen bei der Rettung von Barrie angeschossen worden war, hatte Maris lange Tage voll unerträglicher Sorge durchgestanden, bis sie sich mit eigenen Augen davon hatte überzeugen können, dass die Lebensenergie ihres Bruders ungebrochen war.

Es war also auch Zane passiert, und Zane entwarf die sorgfältigsten Pläne überhaupt. Um genau zu sein, dass er das Unerwartete mit einkalkulierte, machte aus Zane den Besten seiner Zunft. Irgendetwas konnte immer schiefgehen, und darauf musste man vorbereitet sein.

Maris konnte Argumente vorbringen: Sie hatte Selbstverteidigung trainiert, war eine gute Schützin und kannte mehr Kampftaktiken, als irgendjemand ahnen konnte. Ihre Pistole allerdings lag in ihrem Haus auf dem Gestüt. Somit war sie unbewaffnet – es sei denn, sie konnte MacNeil dazu bringen, ihr eine Waffe zu überlassen. Seiner unnachgiebigen Miene nach zu urteilen war das wohl eher unwahrscheinlich. Zusätzlich hatte sie eine Gehirnerschütterung. Ihr ging es zwar besser, aber sie selbst konnte nicht voraussagen, wie sie sich in einer Situation verhalten würde, die schnelles Handeln erforderte. Die Tatsache, dass ihr Erinnerungsvermögen noch immer nicht vollständig wiederhergestellt war, konnte bedeuten, dass die Verletzung schlimmer war, als es im Moment den Anschein hatte.

Wer hatte ihr eins über den Schädel gezogen? Und wer, verdammt noch mal, hatte es auf Sole Pleasure abgesehen? Wenn sie sich doch nur erinnern könnte!

Maris wickelte sich ein Handtuch um den Kopf, damit ihr Haar beim Duschen trocken blieb, und stellte sich unter den lauwarmen Wasserstrahl. Immer wieder ging sie in Gedanken die Ereignisse durch, als könne sie damit die Erinnerung herbeizwingen.

Als sie nach dem Lunch zu den Ställen zurückgekehrt war, war alles normal gewesen, und es musste bereits sechs Uhr oder halb sieben gewesen sein, als sie über MacNeil gestolpert war, denn es war dunkel geworden. Irgendwann in den fünf Stunden dazwischen hatte Maris herausgefunden, dass Sole Pleasure in Gefahr schwebte. Entweder hatte sie jemanden dabei überrascht, wie er den Hengst gerade töten wollte, oder sie hatte denjenigen noch vorher konfrontiert und sich einen Schlag auf den Kopf damit eingehandelt.

Es war geradezu aberwitzig, und doch mussten die Stonichers dahinterstecken. Sie waren die Einzigen, die von Sole Pleasures Tod profitierten. Andererseits würden sie mehr Geld mit ihm verdienen, wenn er zur Zucht benutzt wurde. Also machte sein Tod nur Sinn, wenn es irgendein Problem mit dem Hengst gab.

An seinem Gesundheitszustand konnte es nicht liegen. Maris war mit Pferden aufgewachsen, sie liebte die großen Tiere mit einer Hingabe, die kaum Platz für etwas anderes in ihrem Leben ließ, und sie wusste auch über das kleinste Detail ihrer Schutzbefohlenen Bescheid. Sole Pleasure war kerngesund, er war ein Pferd von außergewöhnlicher Kraft und Energie. Sein Tempo war unschlagbar, er rannte um des Rennens willen und genoss es. Ein gutmütiger Hengst, verspielt und manchmal ein wenig durchtrieben, aber erstaunlich ausgeglichen. Maris liebte alle ihre Tiere, doch Sole Pleasure hatte sich einen ganz besonderen Platz in ihrem Herzen erobert. Es war unfassbar, dass jemand dieses freundliche, wunderbare Tier mit den überragenden Talenten töten wollte.

Maris konnte sich nur einen Grund denken, der Pleasure von der Zucht zurückhalten könnte und warum das Versicherungsgeld interessanter war als die Summen, die im Laufe der Jahre durch die

Zucht einfließen würden: wenn der Samentest ergeben hatte, dass Sole Pleasure unfruchtbar war.

Sollte das der Fall sein, dann konnten die Stonichers Pleasure trotzdem genauso gut kastrieren lassen und ihn so lange wie möglich an den Start auf die Rennbahn schicken. Allerdings konnte so eine Ausnahmekarriere von einer Sekunde auf die andere beendet sein, wenn ein Unfall geschah. Die Stute Ruffian war dafür das beste Beispiel. Im Rennen hatte sie Längen vor ihren Konkurrenten gelegen, als ein Fehltritt sie stolpern ließ. Als das Tier stürzte, zersplitterten die Knochen in ihrem Vorderlauf, es gab keine Rettung für sie. Sie musste eingeschläfert werden. Es war also durchaus denkbar, dass die Stonichers, anstatt sich auf die Unsicherheiten einer Rennkarriere einzulassen, lieber auf Nummer sicher gingen – und deshalb jemanden angeheuert hatten, um Sole Pleasure zu töten.

Maris tat sich schwer, den beiden etwas Derartiges zu unterstellen. Joan und Ronald Stonicher hatten immer einen anständigen Eindruck auf sie gemacht, auch wenn sie nicht die Art Menschen waren, mit denen Maris je eine enge Freundschaft verbinden würde. Sie gehörten zum alten Geldadel in Kentucky, und Ronald schien das Gestüt nur deshalb zu behalten, weil er es geerbt hatte. Joan verstand hingegen mehr von Pferden und war auch eine bessere Reiterin als ihr Mann. Doch sie war eine kühle, distanzierte Frau, die schicke Partys und gesellschaftliche Anlässe den eher erdverbundenen Pflichten in einem Stall vorzog. Die Frage blieb: Waren die beiden dazu fähig, ihren Champion zu töten, um die Versicherungssumme einzuheimsen?

Da niemand sonst profitieren konnte, schien das der einzige logische Schluss zu sein.

Sie würden es natürlich nicht selbst machen, das konnte Maris sich bei keinem der beiden vorstellen. Also hatten sie jemanden angeheuert, aber wen? Es musste jemand sein, der tagtäglich bei den Pferden war und dessen Anwesenheit in den Ställen keinen Verdacht erregte. Wahrscheinlich jemand von den Zeitarbeitskräften, aber Festangestellte konnten auch nicht von vornherein ausgeschlossen werden. Zweihunderttausend Dollar stellten eine große Versuchung dar, wenn es jemandem gleichgültig war, wie er das Geld verdiente.

In Gedanken immer noch mit ihren Theorien beschäftigt, drehte

Maris das Wasser ab und stieg aus der Duschkabine. Während sie sich anzog, wurde ihr eines immer klarer: MacNeil wusste, wer das Pferd ermorden wollte.

Sie zog die Tür auf und trat über die Schwelle. Fast wäre sie über MacNeils lang ausgestreckte Beine gestolpert. Mit vor der Brust verschränkten Armen lehnte er an der Kommode in dem kleinen Ankleidebereich und wartete, für den Fall, dass sie seine Hilfe brauchen sollte. Er hatte sich ebenfalls angezogen. Auch wenn ihr Pulsschlag sich bei seinem Anblick beschleunigte, bedauerte sie es doch, ihn nicht mehr nur mit diesen sexy Boxershorts vor sich stehen zu sehen, sondern in Jeans, Flanellhemd und Stiefeln.

Ohne Vorwarnung tippte sie ihm mit dem Zeigefinger hart auf die Brust. „Du weißt, wer es ist, stimmt's?"

Er rührte sich nicht, zog nur amüsiert eine Augenbraue hoch und sah auf die schmale Hand, die ihn piekste. Garantiert war er es nicht gewöhnt, dass jemand, der ihm körperlich offensichtlich unterlegen war, so gebieterisch eine Antwort verlangte.

„Wie kommst du darauf?", fragte er sanft, richtete sich zu seiner vollen beeindruckenden Größe auf und blickte auf sie herab.

Dass er sie deutlich überragte, hätte vielleicht einschüchternd gewirkt, wäre Maris nicht in einem Haushalt voller großer Männer aufgewachsen. Wie ihre Mutter alle unter ihr Regiment gebracht hatte, bewunderte Maris noch heute. Aber sie war ihrer Mutter sehr ähnlich und hatte vieles von ihr gelernt. Ihr käme es nie in den Sinn, sich von irgendjemandem einschüchtern zu lassen. Sie stieß nur noch härter zu.

„Du hast gesagt, dass ein Tipp dich nach Solomon Green geführt hat. Das FBI muss schon länger an dieser Sache arbeiten, also habt ihr auch eine Liste von Verdächtigen, die ihr überwacht. Einer von diesen Verdächtigen arbeitet jetzt auf der Ranch, nicht wahr? Deshalb bist du gekommen." Böse funkelte sie ihn an. „Warum hast du behauptet, ich stünde ebenfalls auf der Liste, wenn du doch ganz genau weißt …"

„Stopp!" Er hob abwehrend eine Hand. „Du *warst* tatsächlich eine der Verdächtigen. Natürlich muss ich jedem misstrauen. Ich kenne meinen Hauptverdächtigen, aber er arbeitet nicht allein. An dieser Sache müssen viele beteiligt sein. Sicher profitieren die Eigentümer in diesem Fall am meisten. Aber jeder von den Arbeitern kann ebenfalls dazugehören."

Die Vorstellung, einer ihrer Leute könne sich an einer so schmutzigen Sache beteiligen, behagte Maris ganz und gar nicht. Ausschließen konnten sie es dennoch nicht. „Also bist du ihm gefolgt, um ihn beobachten zu können, und wolltest ihn auf frischer Tat ertappen." Ihre dunklen Augen begannen Funken zu sprühen. „Wolltest du zusehen, wie er ein Pferd abschlachtet, damit ihr unumstößliche Beweise habt?"

„Das war nie beabsichtigt", antwortete er vorsichtig. „Aber es war ein Szenario, das wir in Kauf genommen hätten."

Sie kniff die Augen zusammen. Von seiner Bürokratensprache ließ sie sich nicht beeindrucken. Ohrfeigen würde sie ihn nicht, sie war wütend, nicht dumm. Er hatte ja bereits gezeigt, dass er ihr überlegen war. Doch ihr Gesichtsausdruck musste ihn zu der Annahme verleitet haben, dass sie kurz davor stand, auszuholen. Seine Hand schoss vor und umklammerte ihr Handgelenk, zog es an seine Brust.

Maris richtete sich zu ihrer vollen Größe von immerhin fast eins sechsundfünfzig auf und reckte das Kinn. „Ich werde nicht zulassen, dass ein Pferd geopfert wird. Ganz gleich welches."

„Das will ich auch nicht." Er umfasste ihr Kinn und strich zärtlich mit dem Daumen über ihre samtweiche Wange. „Wir können nicht eingreifen, bevor nicht etwas geschieht, das auch vor Gericht benutzt werden kann. Wir müssen die Beweise so wasserdicht machen, dass kein Anwalt dagegen angehen kann. Sonst kommt der Mörder wieder auf freien Fuß. Es geht hier nicht nur um Pferde. Ein Stallhelfer wurde getötet, ein sechzehnjähriger Junge. Genau wie du muss er zufällig über etwas gestolpert sein, aber er hatte nicht so viel Glück. Am Morgen lag ein totes Pferd im Stall, und der Junge wurde vermisst. Das war in Connecticut. Die Leiche des Jungen fand man eine Woche später – in Pennsylvania."

Stumm vor Entsetzen, sah Maris ihn mit dunklen Augen an. Die Stonichers hatten es vielleicht nur auf das Geld abgesehen. Aber sie hatten sich offenbar mit Leuten eingelassen, die vor nichts zurückschreckten. Jedes Mitleid, das sie vielleicht noch für die beiden hätte empfinden können, schwand.

MacNeils Gesicht wirkte wie aus Stein gemeißelt. „Ich kann nicht zu früh eingreifen, wenn ich die Untersuchung nicht gefährden will. Ganz gleich, was passiert, ich will diese Mistkerle festnageln, verstehst du."

O ja, und ob sie verstand. Es blieb nur eines zu tun. „Okay, du willst die laufende Untersuchung nicht gefährden. Und ich werde nicht zulassen, dass Pleasure verletzt wird. Das bedeutet nur eines: Du musst mich als Köder benutzen."

6. KAPITEL

„Auf gar keinen Fall." MacNeil sprach die Worte völlig ungerührt aus. „Kommt überhaupt nicht infrage."

„Du musst."

Er betrachtete Maris mit einer Mischung aus Frustration und Belustigung. „Schätzchen, du warst zu lange der Boss, deshalb hast du vergessen, wie man Anordnungen annimmt. Das hier ist meine Show, nicht deine, und du wirst genau das tun, was ich dir sage. Oder du findest deinen süßen Hintern eingesperrt in diesem Schrank wieder, mit Handschellen und Knebel und allem Drum und Dran, bis die Sache vorbei ist."

Sie klimperte verführerisch mit den Wimpern. „So", hauchte sie, „du findest meinen Hintern also süß?"

„So süß, dass ich bald daran knabbern werde." Die Vorstellung gefiel ihm, Maris sah es an dem Glitzern in seinen Augen. Sie selbst fand die Idee ebenfalls durchaus reizvoll.

Doch dann zuckte er nur grinsend die Schulter. „Ganz gleich, wie gut du schmecken magst oder wie lange du auch mit den Wimpern klimperst, du wirst meine Meinung in diesem Fall nicht ändern."

Sie verschränkte die Arme vor der Brust und fuhr schwerere Geschütze auf. „Du brauchst mich. Ich weiß leider nicht, was ich entdeckt habe oder wer mir eins übergezogen hat. Es könnte einer von den Stonichers gewesen sein – oder der, den sie angeheuert haben, wie auch immer. Auf jeden Fall wissen sie nichts von meiner Erinnerungslücke. Und sie wissen auch nichts von dir. Für sie bin ich die größte Bedrohung."

„Genau deshalb hältst du dich bedeckt. Wenn einer der Stonichers den Finger am Abzug hat, kann ich nicht voraussagen, was passiert. Ich schlage mich lieber mit einem Berufskiller herum als mit Amateuren. Bei denen weiß man nie, wie sie reagieren. Sie geraten in Panik und lassen sich zu etwas völlig Idiotischem verleiten, wie zum Beispiel dich vor den Augen von zehn Zeugen zu erschießen."

„Der Himmel bewahre dich davor, dass du eventuell jemandem gegenüberstehst, der die Nerven verliert, wenn er einen anderen Menschen umbringt", flötete sie zuckersüß.

Auch sein durchdringender Blick konnte sie nicht in ihrer Argumentation aufhalten. „Wahrscheinlich wundern sie sich schon, warum ich ihnen noch nicht die Polizei auf den Hals gehetzt habe. Sie gehen wohl davon aus, dass ich entweder noch irgendwo bewusstlos im Graben liege oder dass mir inzwischen klar geworden ist, nichts beweisen zu können. Was bedeutet, dass es keinen Grund für mich gibt, Pleasure wegzuschaffen. So oder so, sie wollen mich. Ich bin der perfekte Strohmann. Sie bringen mich und Pleasure um und lassen es aussehen, als hätte ich das Pferd getötet. Alles passt fein säuberlich zusammen, keiner stellt Fragen, und sie können das Geld schneller kassieren, als sie je gehofft hatten. Mein Anblick wird sie zum Handeln zwingen."

Fluchend schüttelte er den Kopf. „*Nein* habe ich gesagt! Ich fasse es nicht, wie dein Verstand arbeitet! Du musst eine Menge Krimis lesen."

Jetzt war sie doch beleidigt. Ihre Schlussfolgerungen waren absolut logisch, und er wusste das. Was nicht hieß, dass es ihm gefallen musste. Deshalb würde er genauso wenig zustimmen. Schnell wurde Maris klar, welche zwei Charaktereigenschaften sie ihrer Liste hinzufügen musste: *beschützerisch* und *stur.* Vor allem war MacNeil stur!

„Liebling ..." Mit beiden Händen rieb er über ihre Schultern. Ein unermessliches Gefühl der Zärtlichkeit überkam ihn, als er ihren zarten Knochenbau unter seinen Fingern fühlte. Er suchte nach den Worten, die Maris überzeugen würden, damit sie diese Sache ihm und Dean überließ. Es war ihr Job, sie waren dafür ausgebildet. Maris würde nur im Weg sein, und er würde vor Sorge um sie verrückt werden. Himmel, sie bildete sich ein, zwei Meter groß und bepackt mit stählernen Muskeln zu sein. Aber er sah doch, wie blass sie war und wie unsicher sie sich bewegte. Nicht dass sie schwächlich war, trotz ihrer grazilen Statur. Er hatte sie reiten sehen, auf Hengsten, mit denen kaum ein Mann fertig wurde. Wie stark sie war, wusste er. Sie war auch außergewöhnlich mutig. Und er zweifelte daran, dass seine Nerven das aushalten würden.

„Sieh es doch mal so", fuhr sie fort. „Solange sie nicht wissen, wo Pleasure ist, bin ich sicher. Sie brauchen mich, um ihn zu finden."

Weder protestierte er, noch argumentierte er. MacNeil schüttelte nur den Kopf. „Nein."

Einen fragenden Ausdruck in den Augen, klopfte sie mit den Fingerknöcheln leicht an seine Stirn.

„Was soll das?" Verwirrt zuckte er zurück.

„Oh, ich wollte nur prüfen, ob dein Kopf aus Holz ist." Maris war die Anspannung und Verärgerung deutlich anzusehen. „Du lässt deinen Job von deinen Emotionen beeinflussen. Ich bin der Trumpf in deinem Ärmel – also setz mich ein!"

Wie vom Donner gerührt, stand MacNeil da. Er hätte nicht verdutzter sein können, wenn dieses zierliche Persönchen ihn mit einem Schulterwurf zum Fenster hinausbefördert hätte. *Er* ließ sich von seinen Emotionen ablenken?! Niemals hätte er damit gerechnet, ausgerechnet das gesagt zu bekommen. Immer behielt er einen kühlen Kopf, ganz gleich, wie brenzlig die Situation wurde. Immer! Das war es ja, warum er so gut in seinem Job war – die Fähigkeit, Gefühle zu kontrollieren und zu ignorieren, die ihn nur bei seiner Arbeit behindern würden. Hinterher schlief er vielleicht ein paar Nächte unruhig, möglich, aber während des Jobs verhielt er sich so kühl wie ein Eisberg.

Ganz bestimmt war er nicht emotional beeinflusst von ihr, das war unlogisch. Zugegeben, sie hatte ihn vom ersten Augenblick an interessiert. Die Chemie stimmte, und bei ihr stimmte es eben ein bisschen mehr als sonst. Außerdem mochte er sie. Er hatte eine Menge über sie herausgefunden, bevor sie ihn letzte Nacht in dieses Notfallkommando einbezogen hatte. Sie war intelligent, hatte Sinn für Humor – und sie war viel zu verwegen für seinen Seelenfrieden. Es gefiel ihm auch ausgesprochen gut, wie ihr Körper auf die leichteste seiner Berührungen reagierte … wie sie sich an ihn schmiegte und wie dieses Gefühl ihm zu Kopf stieg, schneller als edler alter Whiskey.

MacNeil runzelte die Stirn. Nur ihre Gehirnerschütterung hatte ihn davon abgehalten, mehr mit ihr in diesem Bett anzustellen, und selbst dann hatte er sich zusammennehmen müssen. Dass sie hier auf die Killer warteten, war unwichtig, genauso wie die Tatsache, dass er absichtlich eine Spur gelegt hatte, gerade schwer genug zu entdecken, um die Kerle nicht misstrauisch zu machen. Er hätte letzte Nacht seine Kleider nicht ablegen dürfen, das war ihm klar.

Aber er hatte Maris' Haut an seiner spüren wollen, also hatte er sich ausgezogen und war zu ihr ins Bett geschlüpft. Dean würde sich melden, sollte sich da draußen etwas tun. Wenn MacNeil richtig kalkuliert hatte, blieb ihnen noch eine knappe Stunde, bevor etwas passierte … trotzdem, er hätte angezogen und einsatzbereit sein müssen, für den Fall, dass etwas Unvorhergesehenes geschah. Stattdessen hatte er mit Maris im Bett gelegen, auf ihr, praktisch zwischen ihren Beinen, nur zwei Stückchen dünne Baumwolle als Barriere. Keine fünf Sekunden hätte er gebraucht, um diese Barrieren zu überwinden, dann hätte er Maris lieben können, und zum Teufel mit dem Rest der Welt.

Aber das alles hatte nichts mit Emotionen zu tun. Das war Chemie, Sympathie und pure Lust. Und dann kam diese Frau auch noch auf die verrückte Idee – nach nur wenigen Stunden mit ihm, von denen sie die meiste Zeit geschlafen hatte –, dass sie beide heiraten würden. Nur weil sie das glaubte, hieß das noch lange nicht, dass er zustimmte. Von niemandem würde er sich in eine Ehe drängen lassen, ganz gleich, wie stark die Anziehungskraft auch sein mochte, wenn sich diese Frau in seiner Nähe aufhielt.

Bei der Vorstellung, sie als Köder zu benutzen, standen ihm förmlich alle Haare zu Berge. Aber auch das hatte nichts mit Gefühlen zu tun. Das war einfach nur gesunder Menschenverstand.

„Mit deiner Gehirnerschütterung bewegst du dich wie eine Schnecke“, hob er schließlich an. „Eigentlich solltest du dich gar nicht bewegen. Du wärst eher ein Klotz am Bein als eine Hilfe. Ich müsste nämlich nicht nur auf mich aufpassen, sondern auch noch auf dich.“

„Dann gib mir eine Waffe.“

Sie sprach die Worte so gelassen aus, dass er glaubte, nicht richtig gehört zu haben. „Eine Waffe?“, wiederholte er ungläubig. „Glaubst du wirklich, ich würde einer *Zivilistin* eine Waffe geben?“

Maris machte sich aus seinem Griff frei. Jetzt wirkten ihren Augen nicht mehr wie dunkle Teiche, sondern eiskalt und klar. Was Mac in diesem Ausdruck erkannte, erschütterte ihn.

„Ich kann genauso gut mit einer Waffe umgehen wie du. Vielleicht sogar besser.“

Es war keine Übertreibung, er glaubte ihr. Diese kalte Entschlossenheit hatte er in den Augen von Scharfschützen gesehen und bei einigen Kollegen, die für Spezialeinsätze ausgewählt wurden. Er selbst hatte dasselbe am eigenen Spiegelbild abgelesen, und er konnte nachvollziehen, warum manche Frauen lieber nichts mit ihm zu tun haben wollten – weil sie die Gefahr spürten, die von ihm ausging.

Maris scheute nicht vor ihm zurück. Sie mochte zierlich sein, aber ihre Entschlusskraft war hart wie Stahl.

Er könnte sie einsetzen. Der Gedanke blitzte vor seinem geistigen Auge auf und ließ sich nicht verdrängen. Gemäß den allgemeinen Anweisungen sollte es möglichst vermieden werden, Zivilisten zu involvieren. Möglichst. Manchmal war es eben nicht möglich. Maris hatte recht, sie war das As in seinem Ärmel, es wäre dumm, die Operation fehlschlagen zu lassen, weil er die Karte nicht ausspielte. Alles in ihm sträubte sich dagegen. Diese Gefühle musste er zurückdrängen und sich voll auf den Job konzentrieren.

Als ihm bewusst wurde, dass tatsächlich Emotionen seinen Verstand getrübt hatten, fluchte MacNeil still. Das war ein schlechtes Zeichen. Dem musste er schnellstens ein Ende setzen.

„Na schön." Er wirbelte herum, um nach ihren Jacken zu greifen. Mit abrupten Bewegungen zog er seine an und half Maris brüsk in ihre. „Die Zeit wird knapp, wir müssen uns beeilen. Erst holen wir Pleasure und bringen ihn woanders unter. Dann müssen wir den Anhänger so hinstellen, dass er nicht einzusehen ist. Du setzt dich hinter das Steuer des Trucks, ich werde mich hinten verstecken, am besten unter einer Decke."

Entschlossen schob er Maris zur Tür. „Dean wird unten an der Straße warten, damit er sie kommen sieht. Er wird uns warnen und dann zu uns stoßen. Du nimmst den hinteren Ausgang, genau in dem Moment, in dem sie vorfahren. Sieh zu, dass sie den Truck noch kurz sehen können. Sie werden dir folgen."

Sie waren bei der Tür angekommen, MacNeil schaltete das Licht aus und zog ein kleines Funkgerät hervor. „Alles ruhig da draußen? Wir kommen jetzt raus."

„Wie?" Die Stimme von MacNeils Partner klang durch den kleinen Lautsprecher. „Ja, alles klar. Was ist denn los?"

„Erklär ich dir gleich." Er ließ das Funkgerät wieder in die Tasche gleiten und zog die Sicherungskette von der Tür. „Bist du sicher, dass du das schaffst?" Er musterte Maris. „Wenn die Kopfschmerzen zu schlimm sind, sag es mir besser jetzt."

„Ich schaffe es“, erwiderte sie entschlossen, und MacNeil nickte knapp.

„Dann los.“ Er öffnete die Tür.

Kalte Luft schlug ihnen entgegen. Obwohl sie ihre dicke Daunenjacke trug, zitterte Maris. Ja, der Wetterdienst hatte eine Kaltwetterfront vorausgesagt, fiel ihr mit einem Mal wieder ein. Gestern hatte sie die Mittagsnachrichten im Fernsehen verfolgt, und sie musste die Flanellweste, die sie sonst stets trug, gegen die Daunenjacke getauscht haben. Jetzt war Maris froh darüber.

Sie ließ den Blick schweifen, als sie das Motelzimmer verließen. Auf der rechten Seite befanden sich die Rezeption und die Bundesstraße. Mit einer Hand an ihrem Ellbogen lenkte MacNeil sie nach links und führte sie zu einem Truck, auf dem Frost lag.

„Warte einen Moment.“ Er ging zur Fahrerseite, schloss die Tür auf und beugte sich in den Innenraum. Maris hörte das leise metallene Klappern von Schlüsseln, dann sprang der Motor an. Ihr fiel auf, dass die Innenbeleuchtung nicht aufgeflammt war, als MacNeil die Tür aufgezogen hatte. Um dieses Detail hatte er sich also schon vorher gekümmert.

Innenbeleuchtung. Als MacNeil die Tür leise wieder einschnappen ließ und das Neonlicht der Motelreklame sein Gesicht beschien und Schatten auf seine Züge warf, wurde jäh ein Fenster in Maris’ Gedankenwelt aufgestoßen.

Sie erinnerte sich daran, wie grimmig seine Miene im schwachen grünen Licht des Armaturenbretts ausgesehen hatte, als er gestern Abend den Truck fuhr.

An ihre verzweifelte Angst erinnerte sie sich, mit der sie ihren Zustand unbedingt vor ihm hatte geheim halten wollen. Sie durfte ihn nicht wissen lassen, wie schlecht es ihr ging, wie schlimm es in ihrem Kopf dröhnte, wie schwach und verletzlich sie war. Geredet hatte er nicht viel. MacNeil hatte nur schweigend den Truck gelenkt, dennoch hatte sie die Anziehungskraft zwischen ihnen wie eine summende Hochspannungsleitung gespürt. Wenn sie auch nur die kleinste Schwäche zeigte, würde er sich auf sie stürzen. Deshalb war er mitgekommen, nicht etwa, weil er sich um Sole Pleasure sorgte.

Das Denken fiel ihr schwer, der Schlag auf den Kopf hatte sie verwirrt. Sie machte sich verzweifelte Sorgen um Pleasure. Um jeden

Preis wollte sie den Hengst in Sicherheit bringen, jedoch wusste sie nicht, ob sie MacNeil trauen konnte. Sie war ein großes Risiko eingegangen, als sie ihn um Hilfe gebeten hatte. Danach war sie durch die Gehirnerschütterung und die Intensität der eigenen Sinnlichkeit zu sehr aus der Bahn geworfen worden, um noch klar zu denken.

Sie war genau in der Situation gelandet, vor der sie solche Angst gehabt hatte – mit ihm in einem Bett. Und er hatte ihr absolut nichts getan ... außer, dass sie sich in ihn verliebt hatte.

„Komm“, unterbrach MacNeil jetzt leise ihre Gedanken, ohne sie anzusehen. Stattdessen ließ er den Blick unaufhörlich über die Gegend schweifen.

Es war noch früh am Morgen und dunkel. Der Atem vor ihren Mündern zeichnete sich weiß in der kalten Luft ab. Kein einziger Stern war am Himmel zu entdecken, und als die ersten weißen Flocken herunterschwebten, wusste Maris auch, warum. Ein eisiger Wind wehte um ihre Beine.

MacNeil führte sie weiter über den Parkplatz zu einem unauffälligen Oldsmobile, der neben einem alten Volvo Kombi parkte. Um ihren Kopf nicht unnötig zu bewegen, machte Maris vorsichtige Schritte. MacNeil zog die hintere Tür des Wagens auf, schob Maris hinein und setzte sich selbst vorn auf den Beifahrersitz neben seinen Partner.

Dean Pearsall sah genauso aus, wie MacNeil ihn beschrieben hatte – dünn und dunkel, mit hoher Stirn, weil das Haar sich lichtete. Und er war völlig baff. „Was soll das denn jetzt?“

Kurz erklärte MacNeil seinen Plan. Pearsall drehte abrupt den Kopf zu Maris um und musterte sie kritisch. Die Zweifel waren auf seinem Gesicht deutlich zu erkennen.

„Ich schaffe das“, kam sie ihm zuvor, bevor Pearsall seine Bedenken äußern konnte.

„Wir müssen uns beeilen“, ermahnte MacNeil seinen Partner. „Du musst die Videokamera aufbauen.“

„Gut, aber es wird verdammt knapp werden“, wandte Pearsall ein.

„Dann sollten wir keine Minute verschwenden.“ MacNeil ließ das Handschuhfach aufschnappen und zog ein Waffenhalfter heraus. Er prüfte die Waffe, steckte sie zurück in das Halfter und reichte beides Maris. „38er Kaliber, fünf Schuss, eine Kugel im Lauf."

Maris nickte und prüfte den Revolver selbst. Ein dünnes Lächeln spielte um MacNeils Lippen, als er ihr dabei zusah. Nein, sie hatte nicht übertrieben, sie kannte sich mit Waffen aus.

„Neben dir auf dem Sitz liegt eine Schutzweste. Sie wird dir zu groß sein, aber zieh sie trotzdem an", ordnete er an.

„Das ist doch deine Weste", warf Pearsall ein.

„Stimmt. Und sie wird sie tragen."

Maris steckte die Waffe in ihre Jackentasche und nahm die Weste auf. „Ich ziehe sie im Truck an." Sie schlüpfte aus dem Wagen. „Die Zeit drängt."

Die wirbelnden Schneeflocken wirkten fast unheimlich in der Stille des frühen Morgens. Maris' und MacNeils Schritte knirschten auf dem Kies, als sie über den Parkplatz zum Truck zurückgingen. Die Standheizung hatte die Windschutzscheibe bis auf halbe Höhe vom Frost befreit, das reichte MacNeil aus. Er fuhr los. Erst auf der Straße schaltete er das Abblendlicht ein. Niemand war zu sehen, nur der unauffällige Oldsmobile hatte sich hinter ihnen in Bewegung gesetzt. Das grüne Armaturenlicht fiel auf MacNeils Züge.

Maris schüttelte sich ihre Jacke von den Schultern und legte die kugelsichere Weste an. Der Schutz war schwer und so groß, dass er ihr bis über die Hüften reichte, aber Maris versuchte erst gar nicht, sich über das unbequeme Kleidungsstück zu beschweren. Sie wusste, dass MacNeil in diesem Fall nicht mit sich reden lassen würde.

„Ich erinnere mich daran, wie wir gestern zusammen mit dem Truck gefahren sind", sagte sie.

Er warf ihr einen Seitenblick zu. „Deine Erinnerung ist zurückgekehrt?"

„Nicht ganz. Ich weiß immer noch nicht, wer mir eins über den Schädel gehauen hat. Meinst du nicht auch, du könntest es mir langsam sagen?"

Er stieß einen unwilligen Laut aus. „Ich weiß nicht, wer dir auf den Kopf geschlagen hat. Es gibt mindestens drei Leute, die dafür infrage kommen, wenn nicht mehr."

„Ronald und Joan Stonicher sind zwei. Wer ist der Dritte?"

„Der neue Tierarzt. Randy Yu."

In ihrer Überraschung wusste Maris nichts zu sagen. Ihr wären viele andere Namen eingefallen, bevor sie an den Tierarzt gedacht hätte. Sein Wissen hatte sie beeindruckt, und nie hatte er gegenüber seinen vierbeinigen Patienten etwas anderes als äußerste Hingabe gezeigt. Der Mann war zu einem Viertel Chinese, Mitte dreißig und kräftig, wie bei einem Tierarzt zu erwarten. Wenn wirklich er der Täter war, mit dem Maris sich angelegt hatte, dann wunderte sie, dass sie nur eine Beule davongetragen hatte. Andererseits ... mit wem immer sie gekämpft hatte, er war bestimmt nicht darauf vorbereitet gewesen, dass sie nicht nur kämpfen konnte, sondern auch schmutzige Straßentechniken beherrschte.

„Das ergibt durchaus Sinn“, erwiderte sie schließlich laut. „Eine einzelne Spritze, und Sole Pleasure stirbt an Herzversagen. Das sieht nach einem natürlichen Tod aus und ist wesentlich sauberer als eine Kugel.“

„Du allerdings hast ihnen diesen Plan verdorben.“ In MacNeils sonst so ruhiger Stimme klang ein stahlharter Ton mit. „Jetzt werden sie Kugeln benutzen – sowohl für das Pferd als auch für dich.“

7. KAPITEL

Sole Pleasure war unglücklich. Das Alleinsein gefiel ihm nicht, ebenso wenig das lange Eingesperrtsein. Außerdem hatte er Hunger und Durst. MacNeil hatte den Anhänger tief in den Wald gefahren, Maris wunderte sich, wie ihm das überhaupt gelungen war. Pleasure gefiel auch die ungewohnte Umgebung nicht. Er war an endlose Weiden, geräumige Ställe, Geräusche und Menschen gewöhnt. Kaum dass Maris und MacNeil aus dem Truck stiegen, hörten sie auch schon das ärgerliche Schnauben, begleitet von wütenden Tritten gegen die Anhängertür.

„Er wird sich verletzen!“ Ohne auf ihr Schwindelgefühl zu achten, rannte Maris auf den Anhänger zu. Wenn Pleasure sich ein Bein brach, dann würde er tatsächlich eingeschläfert werden müssen.

„Langsam, Kleiner, ganz langsam“, sagte sie in dem beruhigenden Ton, den sie immer bei ihren Pferden benutzte, und entriegelte das Schloss. Das Stampfen hörte sofort auf. Maris sah direkt vor sich, wie der Hengst neugierig die schwarzen Ohren aufstellte.

„Warte.“ MacNeil legte eine schwere Hand auf ihre, bevor sie die Tür aufziehen konnte. „Ich hole ihn raus. Er ist gereizt, ich will nicht, dass er dich umstößt. Stell dich an die Seite und rede weiter mit ihm.“

Sie warf ihm einen empörten Blick zu. Also wirklich! Der Mann tat ja gerade so, als wäre es das erste Mal, dass sie verletzt wurde. Jeder, der mit Pferden arbeitete, musste darauf gefasst sein, gebissen, getreten und umgestoßen zu werden – abgeworfen wurde sie übrigens als kleines Mädchen zum letzten Mal. Aber Maris hatte ihren Anteil an blauen Flecken und Verletzungen davongetragen: Beide Arme und das Schlüsselbein waren einmal gebrochen, eine Gehirnerschütterung hatte sie auch schon gehabt. Wie ging man also mit einem Mann um, dessen Beschützerinstinkt überentwickelt war? Vor allem nach der Hochzeit?

So, wie Mom mit Dad fertig wird, dachte sie und lächelte still in sich hinein. Keinen Deut von seinem Standpunkt abrücken, dem Mann ständig in den Ohren liegen und ihn mit weiblichen Verführungskünsten bei guter Laune halten. Dabei musste eine Frau genau entscheiden, wofür es sich zu streiten lohnte und wann sie dem

Mann seinen Willen lassen konnte. In diesem Fall lohnt es sich nicht, einen Aufruhr zu veranstalten, beschloss Maris. Das würde sie sich für später, für die wirklich wichtigen Dinge aufheben.

Geschickt holte MacNeil den Hengst aus dem Anhänger. Pleasure ließ sich leicht herausführen, er war froh, endlich wieder Gesellschaft zu haben und der Enge zu entkommen. Indem er verspielt herumtänzelte und MacNeil immer wieder übermütig mit dem Kopf anstupste, zeigte das Pferd seine Zuneigung – kurz, er benahm sich, wie jeder Vierjährige es tun würde. Maris war froh, dass sie nicht diejenige war, die die vorwitzigen Kopfnüsse einstecken und dieses kecke Kraftpaket kontrollieren musste. Bei ihr wäre Pleasure zwar ruhiger gewesen, aber jede kleine Erschütterung ging ihr noch immer durch Mark und Bein.

MacNeil führte Pleasure vom Anhänger fort, die Hufe des Hengstes waren auf dem Waldboden kaum zu hören. Er band die Zügel an einem jungen Baum fest und klopfte dem Pferd auf den Hals. „Okay, du kannst jetzt herkommen“, rief er Maris zu. „Unterhalte ihn, während ich den Anhänger in Position bringe.“

Maris übernahm den Hengst, sprach besänftigend auf ihn ein und streichelte ihn beruhigend. Er hatte immer noch Hunger und Durst, aber Pleasure war ein so neugieriges Tier mit einem sonnigen Gemüt, sodass es ihn viel mehr interessierte, was um ihn herum vorging.

Dean Pearsall war ein Stück hinter ihnen stehen geblieben und leuchtete mit den Autoscheinwerfern. MacNeil stieg in den Truck und setzte rückwärts. Halb lehnte er sich aus der Tür und sah nach hinten, um den Anhänger einzukuppeln. Er war gut, manche brauchten ewig, aber bei ihm klappte es auf Anhieb. Recht ansehnlich für einen FBI-Agenten, dachte Maris. Er mochte jetzt für das FBI arbeiten, aber ganz offensichtlich hatte er früher viel Zeit mit Pferden verbracht.

Mittlerweile schneite es immer heftiger, die Schneekristalle blitzten im Scheinwerferlicht des Trucks auf. Die Tannen sahen aus wie mit Zuckerguss bestreut. MacNeil wendete den Anhänger und positionierte ihn zwischen den Bäumen. Niemand, der der Spur folgte, die sie hinterlassen hatten, würde sehen können, ob Pleasure darin stand oder nicht. Sobald MacNeil den Hänger wieder ausgeklinkt und den Truck weggefahren hatte, machte Pearsall sich daran, eine

Videokamera unter dem Trailer zu installieren. Jeder, der sich dem Anhänger näherte, würde auf Film gebannt werden.

„Komm“, sagte MacNeil zu Maris, „während Dean hier arbeitet, lass uns Pleasure tiefer in den Wald hineinführen.“ Er sah auf seine Armbanduhr. „Uns bleiben fünf, höchstens zehn Minuten, um von hier zu verschwinden.“

Im Anhänger lagen Pferdedecken, noch vom Transport der Stute, die tags zuvor nach Solomon Green gebracht worden war. Maris nahm die dunkelste davon und breitete sie über Pleasures Rücken. Es schien ihm zu gefallen, der Hengst schnaubte leise und bewegte den kraftvollen Rumpf, als wolle er Hula tanzen. Maris lachte und schlang die Arme um seinen mächtigen Hals. Er knabberte an ihrem Haar, aber nur ganz leicht, so als wisse er, dass Maris nicht in bester Form war.

„Hier entlang“, ließ MacNeil sich vernehmen. Er reichte Maris eine Taschenlampe und band die Zügel los, dann führte er Pleasure hinein ins Dickicht. Mit einer Hand führte er das Pferd, den anderen Arm legte er um Maris und zog sie an seine Seite. Doch mit der Schutzweste und ihrer dicken Daunenjacke konnte er *sie* nicht fühlen, also schob er seine Hand unter Jacke und Weste und legte sie auf Maris’ Hüfte.

„Wie geht es dir?“, fragte er, während sie über umgefallene Baumstämme stiegen und durch dichtes Gestrüpp gingen.

„So weit gut.“ Sie lächelte zu ihm auf und schmiegte sich enger in die Wärme und Kraft seines wunderbar großen Körpers. „Ich hatte schon einmal eine Gehirnerschütterung, und auch wenn es wahrlich keinen großen Spaß macht, ist diese hier doch nicht so schlimm wie die erste. Die Kopfschmerzen gehen viel schneller weg, deshalb verstehe ich nicht, warum ich mich nicht daran erinnern kann, was passiert ist.“

Er konnte ihre Frustration deutlich spüren, und sein Griff um ihre Hüfte wurde fester. „Wahrscheinlich ist ein Teil deines Gehirns in Mitleidenschaft gezogen, das für die Erinnerung zuständig ist. Aber einzelne Teile kommen doch schon zurück. Morgen siehst du wahrscheinlich schon wieder alles klar und deutlich.“

Sie hoffte, er möge recht behalten. Diese schwarzen Löcher in ihrer Erinnerung waren beunruhigend. Sicher, es handelte sich nur um ein paar Stunden, trotzdem verunsicherte es sie, nicht zu wissen, was sich in der Zeit abgespielt hatte. Maris erinnerte sich daran, mit MacNeil im Auto gefahren zu sein, aber warum konnte sie sich zum Beispiel nicht an die Ankunft im Motel erinnern?

Es gab nur einen Weg, das herauszufinden, was sie wissen wollte. „Habe ich mich eigentlich allein ausgezogen?"

Sie fing sein Lächeln auf, als sie fragend zu ihm aufsah. MacNeils Stimme wurde rauer, als er an die Szene zurückdachte. „Sagen wir, es war ein Gemeinschaftsprojekt."

Vor einer Stunde wäre sie vielleicht noch verlegen gewesen, jetzt nicht mehr. Statt Scham empfand Maris eine Art stolze Erregung, wenn sie sich vorstellte, wie er sein T-Shirt ausgezogen hatte, um es ihr überzustülpen, noch warm von seiner Haut.

„Hast du mich berührt?" Die geflüsterten Worte klangen süß wie warmer Honig, liefen über ihn, hüllten ihn ein und sagten ihm, wie sehr ihr die Vorstellung gefallen würde.

„Nein, du warst ja halb bewusstlos." Aber er hätte es gern getan, und wie gern! Er half ihr über einen umgestürzten Baumstamm, doch in Gedanken kehrte er in das Motelzimmer zurück, sah Maris wieder auf der Bettkante sitzen, nur mit einem Höschen bekleidet, das schimmernde Haar wie fließende Seide auf ihren bloßen Schultern. Ihre Brüste waren klein und prall und verführerisch gerundet, ihre Brustwarzen zierten sie wie kleine Kronen aus dunklem Rosa. Seine rechte Hand umklammerte hart die Zügel. Er verzehrte sich danach, Maris jetzt zu berühren, sie mit seiner Liebe zu wärmen …

„Zu schade aber auch", hauchte sie, und im Schein der Taschenlampe konnte er in ihren dunklen Augen die Einladung erkennen.

Er atmete tief durch, rang um Beherrschung. Sie durften sich keine Verzögerungen erlauben, vor allem nicht solche, die eine Stunde in Anspruch nehmen würden. Eine Stunde? Innerlich schnaubte er verächtlich. Wem wollte er hier etwas vormachen? Er war so erregt, dass er höchstens fünf Minuten durchhalten würde, und dann auch nur, wenn er das letzte Quäntchen Selbstkontrolle aus sich herausholte.

„Später", versprach er, die Stimme rau vor Verlangen. Später, wenn das hier erledigt war, wenn er sich die Zeit mit ihr zusammen nehmen konnte, die er brauchte, hinter verschlossenen Türen. Später, wenn sie sich besser fühlte, wenn sie über die Gehirnerschütterung hinweg war. Das würde mindestens noch zwei Tage dauern … zwei lange, quälende Tage.

MacNeil blieb stehen und blickte zurück. Das Licht der Autoscheinwerfer war nicht mehr zu sehen. Vor ihnen lag eine kleine Senke. Er führte Sole Pleasure hinunter. Hier würde der Hengst vor Wind und Schnee geschützt sein. „So kannst du es für ein paar Stunden aushalten“, sagte er leise zu dem Tier und band es an einen herabhängenden Ast. Pleasure würde ein wenig Bewegungsfreiheit haben und sogar noch den einen oder anderen Grashalm finden.

„Sei brav.“ Maris strich Pleasure über die Stirn. „Wir sind bald wieder zurück, dann bringen wir dich in deinen großen Stall. Du bekommst einen ganzen Eimer von deinem Lieblingsfutter und einen Apfel als Nachtisch noch dazu.“ Pleasure schnaubte leise und nickte mit dem mächtigen Kopf, so als habe er alles verstanden. Natürlich war es fraglich, ob er tatsächlich den Sinn ihrer Worte begriffen hatte. Aber auf jeden Fall hatte er die Liebe in ihrer Stimme herausgehört.

MacNeil nahm ihr die Taschenlampe aus der Hand und legte auf dem Rückweg zum Truck wieder den Arm um Maris. Pleasure tat seinen Unmut darüber kund, schon wieder allein gelassen zu werden, doch der Wald verschluckte das unwillige Schnauben, je weiter sie sich von dem Pferd entfernten. Bald hörten sie nur noch die Geräusche ihrer Schritte.

„Du weißt, was du zu tun hast“, fing MacNeil an zu sprechen. „Auf der Bundesstraße können sie dir nicht zu dicht folgen, sie wollen dich ja nicht misstrauisch machen. Lass sie sehen, welche Abfahrt du nimmst, und dann gib Gas, damit du so viel Vorsprung wie möglich herausholst. Sie werden deiner Spur folgen. Fahr bis an den Anhänger heran, steig aus und geh in den Wald hinein. Das muss zügig passieren. Dreh dich nicht nach mir um, kümmere dich nicht darum, was ich mache. Such dir einen sicheren Unterschlupf und warte, bis entweder ich oder Dean dich holen. Sollte irgendjemand anders sich dir nähern … dafür hast du die Pistole.“

„Du brauchst die Weste nötiger als ich.“ Die Sorge nagte an ihr. Er befahl ihr, Schutz zu suchen, während er mitten in die Gefahrenzone hineinlief. Ohne kugelsichere Weste.

„Sie könnten vorfahren, noch bevor du im Wald verschwunden

bist, und dich sehen. Dann werden sie mit Sicherheit auf dich schießen. Ohne die Weste werde ich dich nicht mitmachen lassen."

Da schimmerte wieder diese Sturheit durch. Schimmern? Ha! Der Mann bestand fast nur daraus. Das Zusammenleben mit ihm wird interessant, dachte Maris und lächelte unwillkürlich. Wie er schon gesagt hatte, sie war zu lange der Boss gewesen, und er war offensichtlich auch daran gewöhnt, Anordnungen zu erteilen. Maris freute sich schon auf das Streiten mit ihm – und auf die Versöhnungen.

Pearsall wartete bereits, als sie zurückkamen. „Alles so weit fertig", empfing er sie. „Das Band reicht für sechs Stunden, der Akku ist voll aufgeladen. Wir brauchen nur noch in Position zu gehen."

MacNeil nickte. „Du fährst zuerst, wir warten, bis du außer Sichtweite bist, bevor wir dir folgen. Gib uns über Funk Bescheid, falls dir irgendetwas auffällt."

„Lasst mir eine Minute Extrazeit, damit ich beim Motel einmal um den Parkplatz fahren kann, ob es vielleicht Neuankömmlinge gibt. Danach gehe ich in Position." Pearsall stieg in seinen Wagen und setzte rückwärts aus dem Feldweg hinaus.

Die Scheinwerfer wurden kleiner, und bald standen sich Maris und MacNeil in der Dunkelheit gegenüber. In der Ferne war nur noch das Dröhnen des Automotors auf der Bundesstraße zu hören. MacNeil öffnete die Trucktür und hob Maris auf den Sitz. Im Dunkeln konnte sie seinen Gesichtsausdruck nicht genau erkennen. „Was immer auch passiert, du siehst zu, dass du in Deckung bleibst", befahl er, und dann beugte er den Kopf vor.

Seine Lippen waren kalt und fest. Maris schlang die Arme um seinen Hals und erwiderte den Kuss mit Hingabe. Um den Kuss noch tiefer spüren zu können, legte sie den Kopf ein wenig schief. Seine Zunge war kein bisschen kalt, sie war heiß und fordernd, und ihr ganzer Körper spannte sich vor Erregung an, als sie ihre fand. Sie drängte sich näher an MacNeil. Es reichte nicht. Mit dem Verlangen kam auch die Enttäuschung. Sie wandte sich ihm zu. Er drängte zwischen ihre Beine, die sie bereitwillig für ihn öffnete, und sie presste sich an ihn und sie küssten sich voller Leidenschaft und Verlangen.

Es war ihr erster Kuss, aber da gab es kein vorsichtiges Herantasten, kein zögerliches Erforschen. Sie kannten sich, hatten das heiße Verlangen, die quälende Sehnsucht nach einander längst akzeptiert.

Auch wenn ihre Körper noch nicht zueinandergefunden hatten, waren sie bereits ein Paar. Unsichtbare Fäden hatten sie von Anfang an aneinander gebunden, und das Netz war mittlerweile nahezu lückenlos fertig gewebt.

Schwer atmend nahm MacNeil den Mund von ihren Lippen, sein Atem bildete weiße Dampfwolken in der Luft. „Genug." Es war nur ein heiseres Murmeln. „Nicht jetzt. Wenn wir nicht aufhören, kann ich für nichts mehr garantieren. Wir müssen uns in Bewegung setzen. Sofort."

„Haben wir Dean denn genug Zeit gelassen?"

„Verflucht, ich weiß es nicht! Ich weiß nur, dass ich kurz davor stehe, dir die Kleider vom Leib zu reißen. Wenn wir jetzt nicht gehen, ist der ganze Plan zunichte."

Maris wollte ihn nicht gehen lassen. Sie wollte seine Nähe nicht missen, wollte nicht aufhören, ihn zu küssen. Und doch zwang sie sich dazu, die Arme von seinem Nacken zu lösen und ihn freizugeben.

Schweigend trat er zurück. Maris drehte sich auf dem Sitz, sodass sie jetzt nach vorn schaute. MacNeil schlug die Tür zu und ging um den Truck herum, um sich hinter das Steuer gleiten zu lassen, das Gesicht grimmig verzogen.

Diese Frau war nicht gut für seinen Seelenfrieden. Er drehte den Schlüssel im Anlasser und legte den Gang härter als notwendig ein. Sie brachte ihn dazu, seinen Job zu vergessen und nur noch an Sex zu denken. Nicht Sex im Allgemeinen, sondern Sex im Speziellen. Sex mit ihr. Wieder und wieder wollte er ihren zierlichen Körper in seinen Armen halten, bis der brennende Hunger in ihm endlich gesättigt war.

Still fragte er sich, ob er je genug von ihr bekommen konnte, und beantwortete sich die Frage sofort: Nein. Alarmsirenen schrillten in seinem Kopf. Er versuchte, an die anderen Frauen zu denken, mit denen er über die Jahre zusammen gewesen war, aber weder konnte er sich an ihre Gesichter noch an ihre Namen erinnern. Es gab nur noch *ihren* Mund, *ihre* Brüste, *ihre* Stimme, *ihr* Haar, *ihren* zierlichen Körper in seinen Armen. Er sah sich zusammen mit ihr unter der Dusche, sah ihr Gesicht am Frühstückstisch ihm gegenüber, ihre Kleider neben seinen Sachen im Schrank hängen.

Das Beängstigendste war die Leichtigkeit, mit der MacNeil sich all diese Dinge vorstellen konnte. Und der einzige Gedanke, der ihm noch mehr Angst machte, war die Möglichkeit, dass es anders käme. Und dass er sie tatsächlich für diese Falle benutzte, wo sie verletzt werden könnte, trotz aller Vorsichtsmaßnahmen, die er getroffen hatte.

Jetzt fuhren sie aus dem Wald hinaus, der Truck rumpelte durch einen flachen Graben und auf die asphaltierte Straße. Lichter von vorbeifahrenden Autos waren nirgendwo zu sehen, weder links noch rechts. Im Licht der Truckscheinwerfer tanzten dicke Schneeflocken. Nach wenigen Minuten kam die Neonreklame des Motels in Sicht. Dann passierten sie Deans Oldsmobile. Er wirkte leer, aber MacNeil wusste, Pearsall war auf seinem Wachposten. Kein Wagen würde sich dem Motel nähern können, ohne dass Dean es bemerkte.

Er bog auf den Motelparkplatz und parkte rückwärts ein, damit sie schneller losfahren konnten. Er ließ den Motor laufen, schaltete aber das Licht aus. Dann drehte er sich zu Maris um. „Du weißt, was du zu tun hast. Und du tust nur das und nichts anderes, verstanden?"

„Ja."

„Dann los. Ich verziehe mich jetzt nach hinten. Wenn diese Typen anfangen zu schießen, duckst du dich und bleibst in Deckung, klar?"

„Jawohl, Sir", erwiderte sie trocken.

Die Hand auf dem Türöffner, sah er Maris an und murmelte etwas Unverständliches unter angehaltenem Atem. Und dann lag sie erneut in seinen Armen. Sein Mund presste sich hart und verlangend auf ihren. Plötzlich ließ MacNeil sie genauso abrupt los, wie er sie gepackt hatte, und stieg aus. Wortlos schloss er die Wagentür und sprang leichtfüßig auf die Ladefläche, wo er sich flach auf den Boden legte, um auf den Mörder zu warten.

8. KAPITEL

Das Motel lag an einer kleinen Straße, die auf die Bundesstraße führte. Die Bundesstraße wiederum war vom Motel aus direkt einsehbar, die Nebenstraße befand sich rechter Hand. Dean hatte die kleine Straße sofort bei seiner Ankunft ausgekundschaftet und herausgefunden, dass sie sich endlos durch Felder und unbebautes Land schlängelte. Er hielt es für höchst unwahrscheinlich, dass jemand, der auf der Suche nach ihnen war, diese Straße benutzte. Die Stonichers – beziehungsweise die Mörder, die sie angeheuert hatten – würden über die Bundesstraße kommen, der schwachen Spur folgen, die MacNeil bewusst gelegt hatte, und auf dem Weg diverse Motels überprüfen.

Laut Plan sollte Maris ihre Verfolger einen Blick auf sie erhaschen lassen, wenn sie mit dem Truck am Motel vorbei auf die Nebenstraße fuhr. Da der Anhänger nicht mehr an dem Wagen befestigt war, würden die Verbrecher sie nicht stellen, sondern ihr in gehörigem Abstand folgen, in der Annahme, dass Maris sie dann zu Sole Pleasure führte.

Zumindest hoffte MacNeil, dass es so ablaufen würde. Sollte Yu allein sein, konnte der Plan aufgehen. Yu war Profi, er behielt einen klaren Kopf. Wenn Yu allerdings noch Begleiter hatte, dann potenzierte sich der Unsicherheitsfaktor erheblich.

Hinten auf dem Truck war es kalt. MacNeil hatte die Decken vergessen, mit denen er sich hatte zudecken wollen. Noch immer schneite es. Er wickelte die Jacke fester um sich und versuchte, sich einzureden, er müsse dankbar sein, weil er zumindest im Windschatten saß. Es nützte nicht viel. Er fror erbärmlich.

Die Minuten schlichen dahin. Als der Morgen graute, drang das erste Tageslicht fahl durch die tief hängenden Wolken. Mindestens noch eine Stunde würde es dauern, bevor es wirklich hell wurde. Bald würde der Berufsverkehr einsetzen und es Dean schwer machen, dem Truck zu folgen. Gäste würden das Motel verlassen und die Dinge zusätzlich verkomplizieren. Und das Tageslicht würde es Maris erschweren, sich im Wald zu verstecken.

„Kommt schon, Leute“, murmelte er ungeduldig. War die Spur, die er gelegt hatte, etwa zu schwierig gewesen?

Wie aufs Stichwort drang Deans Stimme aus dem Funkgerät. MacNeil drückte einmal den Antwortknopf und klopfte auf die Fahrzeugkabine, um Maris, die hinter das Steuer geschlüpft war, Bescheid zu geben.

Sie legte den Gang ein und fuhr langsam aus der Parklücke. Als Scheinwerferlicht das Innere der Kabine erhellte und ein Wagen auf den Parkplatz fuhr, bog Maris um die Ecke. Die Leine war ausgeworfen; in ein paar Sekunden würden sie wissen, ob der Fisch den Köder geschluckt hatte.

Auch wenn sie am liebsten das Gaspedal durchgetreten hätte, fuhr Maris bewusst langsam. Die Verfolger sollten nicht misstrauisch werden, sollten nicht wissen, dass sie erwartet wurden. Der Wagen war noch nicht auf die Nebenstraße gefahren. Wenn es sich wirklich um die Pferdemörder handelte, dann wollten sie sicher vermeiden, im Rückspiegel gesehen zu werden.

Maris hielt an dem Stoppschild, bog nach rechts ab und fuhr auf die Bundesstraße. Ein Blick in den Rückspiegel bestätigte ihr, dass jetzt ebenfalls ein anderer Wagen sich in Bewegung setzte. Er fuhr ohne Licht, und da er grau war, konnte man ihn in dem schwachen Tageslicht kaum ausmachen. Hätte Maris nicht nach einem Auto Ausschau gehalten, sie hätte den Wagen nicht einmal bemerkt.

Sie fuhren also Ronalds grauen Cadillac. Maris hatte den Wagen nur ein- oder zweimal gesehen. Wenn es etwas zu bereden gab, dann wandte sie sich an Joan, und die fuhr einen weißen BMW. Von den Ställen aus konnte man die Auffahrt zum Haus der Stonichers nicht einsehen, und Maris achtete generell nicht darauf, wer in dem großen Haus ein- oder ausging. Ihr lagen nur die Tiere in den Ställen am Herzen.

Trotzdem wunderte sie sich, warum die Stonichers mit dem eigenen Wagen fuhren, bis ihr aufging, dass es vollkommen gleichgültig war. Sole Pleasure war schließlich ihr Eigentum, bisher war kein Verbrechen geschehen. Wenn Maris zur Polizei gegangen wäre, dann stünde jetzt ihr Wort gegen das der Stonichers. Niemand würde glauben, dass die beiden ein Pferd töten wollten, dessen Wert auf über zwanzig Millionen Dollar geschätzt wurde.

Deans Oldsmobile war nirgends zu sehen. Maris konnte nur hoffen, dass sie ihm genug Zeit gab, mit dem Wagen so tief in den Wald zu fahren, dass niemand das Fahrzeug sehen konnte. Dann könnte Dean zu Fuß zu ihr stoßen.

Wieder blickte Maris in den Rückspiegel. Der Cadillac folgte ihr. Ohne Licht konnte sie die graue Kontur im Schneegestöber kaum erkennen. Der Truck dagegen konnte aufgrund der leuchtenden Rücklichter leicht ausgemacht werden. Deshalb konnten die anderen auch so weit zurückbleiben. Allerdings verschaffte ihr diese Vorsichtsmaßnahme der Verfolger den Vorteil von wertvollen Sekunden, die sie nutzen konnte, um sich ein sicheres Versteck zu suchen. Zusätzliche Sekunden, die Dean mehr Zeit verschafften, um in Position zu gehen, und Sekunden, in denen MacNeil länger in Sicherheit sein würde. Sie versuchte, nicht daran zu denken, wie er dort hinten auf der kalten Ladefläche lag, unter einer Blechplatte, die keinen Schutz gegen eventuelle Querschläger bot.

Bis zu der Abfahrt waren es nur ein paar Meilen, dann konnte sie in den Wald einbiegen. Zweimal begann es für kurze Zeit so heftig zu schneien, dass Maris den Cadillac hinter sich überhaupt nicht mehr sehen konnte. Die dünne Schneedecke auf dem Boden war so trocken, dass jeder Windstoß die Flocken aufwirbelte und sie vom Asphalt wehte.

Maris behielt ihre Geschwindigkeit bei, davon ausgehend, dass die Verfolger sie sehen konnten. Sie würde nichts Auffälliges tun. Schließlich erreichte sie den Meilenstein und begann, Ausschau nach den Reifenspuren zu halten, die Mac vorhin hinterlassen hatten. *Da!* Sie drehte das Steuer und polterte schneller durch den flachen Graben, als es ihrem Kopf guttat. Dennoch … nachdem sie auf den holprigen Waldweg abgebogen war, wollte sie nicht noch langsamer fahren. Nur wenn sie ihr Tempo nicht drosselte, würde sie weitere Sekunden gewinnen.

Ihre Kopfschmerzen, die zwar nachgelassen hatten, aber nie ganz verschwunden waren, verstärkten sich mit jedem Rumpeln. Maris biss die Zähne zusammen und ignorierte den Schmerz, voll darauf konzentriert, den Truck über den schmalen Feldweg zu lenken und der Spur zu folgen, die MacNeil mit dem Anhänger in den Boden gedrückt hatte. Sie konnte sich vorstellen, wie schwierig es gewesen sein musste, den Truck mitsamt Anhänger über diesen Weg zu fahren. Das zeugte nur mal wieder von MacNeils Entschlossenheit und seinem Können.

Der Cadillac würde auf diesem Weg nur langsam vorankommen, er lag zu tief, der Fahrer musste den Wagen vorsichtig durch die Schlaglöcher lenken. Also noch mehr wertvolle Sekunden gewonnen.

Ein kahler Ast kratzte an der Wagenseite entlang, dann erfassten die Truckscheinwerfer die dunklen Schemen des Anhängers, halb versteckt unter den Bäumen. Jetzt!

Maris parkte den Truck genau an der Stelle, die MacNeil ihr angezeigt hatte, und schaltete die Lichter aus, damit die Helligkeit nicht in die Videokamera unter dem Anhänger schien. Sie stieg aus und eilte Richtung Anhänger, an ihm vorbei und wandte sich dann scharf nach links. Sie achtete darauf, ihre Füße dort auf den Boden zu setzen, wo noch kein Schnee lag, damit sie keine Spuren hinterließ. Sie verließ den Schauplatz, damit MacNeil seine Arbeit tun konnte.

Als sie an dem Truck vorbeigelaufen war, hatte sie aus dem Augenwinkel eine Bewegung erkannt. Ein großer Schatten war lautlos von der Ladefläche gesprungen und hinter einem Rad in Deckung gegangen. Also hat er zumindest *etwas* Schutz, dachte Maris und versuchte, Trost in dem Gedanken zu finden. Wahrscheinlich war er jetzt beruhigter, bei ihr dagegen war das genaue Gegenteil der Fall.

Er brauchte die kugelsichere Weste. Sie würde sich nie verzeihen, dass sie seine getragen hatte, sollte er angeschossen werden. Wahrscheinlich wäre es überhaupt das Beste gewesen, wenn sie sich ganz herausgehalten hätte, selbst wenn das bedeutete, dass man nichts gegen die Stonichers in der Hand hatte. Das FBI würde auf die nächste Möglichkeit warten, Randy Yu zu erwischen. Aber Maris würde nie wieder einem Mann wie Alex MacNeil begegnen.

Sie war jetzt weit genug gelaufen. Maris blieb stehen und lehnte sich mit dem Rücken an einen dicken Eichenstamm. Schneeflocken fielen leise durch die Äste, rieselten lautlos auf ihr Haar. Den schmerzenden Kopf ließ sie gegen die Borke zurücksinken und schloss die Augen. Angespannt lauschte und wartete sie. Den Atem angehalten, bemerkte Maris kaum noch, dass ihr Herz klopfte.

MacNeil wartete ebenfalls, ohne den Blick von dem schmalen Waldweg zu nehmen. Möglich, dass sie bis an den Truck heranfuhren, aber sollte Yu das Sagen haben, würden sie den Wagen stehen lassen und zu Fuß gehen. Er und Dean waren auf beide Möglichkeiten vorbereitet. Im dichten Unterholz würden die Kriminellen auf jeden Fall eine Menge Lärm machen. Der Truck war so geparkt, dass jeder, der sich ihm näherte, von der Kamera aufgenommen wurde.

Nach einer schier endlosen Zeit hörte MacNeil einen Ast knacken. Er rührte sich nicht. Seine Position hinter dem rechten Vorderreifen war sicher; sie würden ihn erst sehen können, wenn sie vorn am Truck vorbeigingen. Vorher jedoch würden sie in die Kabine schauen. Und sobald sie bemerkten, dass niemand im Wagen saß, würde der Truck sie nicht mehr interessieren. Vielmehr würden sie ihre Aufmerksamkeit auf Maris' Fußabdrücke im Schnee richten, die zum Anhänger führten.

MacNeil konnte jetzt noch andere Geräusche ausmachen – Schritte, mehr als von einer Person, das Rascheln von Kleidung, jemand atmete schwer nach einem anstrengenden Fußmarsch. Sie waren nah, sehr nah.

Die Schritte verstummten. „Sie ist nicht im Truck." Das Flüstern war kaum zu vernehmen; MacNeil konnte nicht sagen, ob es von einer Frau oder einem Mann stammte.

„Da! Ihre Spuren führen zum Anhänger." Das war eine andere Stimme, lauter als die erste.

„Halten – Sie – den – Mund." Die Worte wurden frustriert durch zusammengebissene Zähne gestoßen, so als hätte der Sprecher sie schon öfter sagen müssen.

„Verbieten Sie mir nicht den Mund. Wir haben sie doch. Worauf warten Sie noch?"

Obwohl es nur ein Flüstern war, klang es so klar und deutlich, dass das Mikrofon die Worte erfasst haben musste. MacNeil war sicher, dass das Band mit den technischen Möglichkeiten des FBI sehr gut ausgewertet werden könnte. Das Problem war nur – das reichte nicht als Beweis für eine Anklage.

„Sie haben mich für einen Job angeheuert. Jetzt lassen Sie ihn mich auch in Ruhe erledigen und mischen Sie sich nicht ein." Die unterdrückte Wut in der Stimme des Mannes war nicht zu überhören.

„Sie waren doch derjenige, der beim ersten Mal gepfuscht hat. Spielen Sie jetzt also nicht den Unfehlbaren. Wenn Sie auch nur halb so clever wären, wie Sie tun, dann wäre der Gaul längst tot und Maris Mackenzie hätte nicht den geringsten Verdacht. Für einen Mord habe ich Sie schließlich nicht engagiert."

Das sollte reichen, dachte MacNeil mit grimmiger Genugtuung. Da hatten sich die beiden mit ihrem kurzen Gespräch gerade eine lange Haftstrafe eingehandelt.

Er spannte sich an, bereit, sich aufzurichten, Ausweis und Waffe hielt er im Anschlag. Ein lautes Getöse hinter ihm ließ MacNeil mitten in der Bewegung erstarren. Fast hätte er laut gestöhnt, als er über die Schulter sah.

Ein großes schwarzes Pferd brach aus dem Wald hervor, kam auf die Menschen zu und schüttelte stolz die Mähne, so als erwarte es Lob und Bewunderung, weil es so schlau gewesen war, sich zu befreien.

„Da ist er! Erschießen Sie ihn!"

Bei Pleasures unerwartetem Auftauchen vergaßen die beiden Schurken alle Vorsicht. Ein Schuss fiel, Rinde an dem Baum hinter dem Pferd spritzte durch die Luft.

Verdammte Amateure! MacNeil fluchte innerlich. Das Tier stand hinter ihm, wenn er jetzt aufstand, würde er praktisch genau in den Mündungslauf blicken, gefangen zwischen Angreifer und Ziel. Er konnte gar nichts tun, sondern nur darauf warten, dass der nächste Schuss den liebenswerten Hengst traf, der offensichtlich den Geruch der Menschen gewittert hatte und nichts verpassen wollte.

Dean erkannte MacNeils prekäre Lage. Mit gezogener Waffe kam er blitzschnell aus seinem Versteck. „FBI!", rief er. „Lassen Sie die Waffen fallen! *Sofort!*"

MacNeil richtete sich auf und warf die Arme lang auf die Motorhaube des Trucks, die Pistole in beiden Händen. Randy Yu hatte die Hände erhoben, seine Waffe lag bereits auf dem Boden. Auf Profis war eben Verlass, sie wussten, wann sie sich wie solche zu verhalten hatten. Joan Stonicher allerdings war so erstaunt über MacNeils plötzliches Auftauchen, dass sie jäh herumwirbelte, die Waffe auf MacNeil gerichtet, den Finger am Abzug.

„Lassen Sie es besser bleiben, Lady", sagte MacNeil leise. „Tun Sie nichts, was Sie hinterher bereuen. Wenn ich Sie nicht kriege, dann erwischt Sie mein Partner. Nehmen Sie schon den Finger vom Abzug und lassen Sie die Waffe fallen. Mehr brauchen Sie gar nicht zu tun, und jeder von uns ist zufrieden."

Joan Stonicher bewegte sich nicht. MacNeil konnte sehen, wie ihr Finger zitterte.

„Tun Sie, was er sagt", raunte Randy Yu ihr zu. Er wusste, die FBI-Agenten hatten sie eingekesselt, es gab keine Fluchtmöglichkeit. Daher machte es keinen Sinn, die Situation noch komplizierter zu machen.

Pleasure war zwar bei dem Schuss zurückgeschreckt und hatte alarmiert gewiehert, allerdings hatte der Hengst in seinem bisherigen Leben nie eine Bedrohung erfahren. So gab es für ihn auch keinen Grund, in Panik auszubrechen. Mit geblähten Nüstern kam er herangetrottet, schnupperte die bekannten Gerüche und ging geradewegs auf den einen, ganz speziellen zu, den er schwach wahrnahm. Zu MacNeil.

Joan Stonichers Blick schweifte von MacNeil zu dem Pferd. MacNeil konnte genau den Moment bestimmen, in dem ihre Beherrschung riss, er sah, wie sich ihre Pupillen verengten und ihre Hand zuckte.

Ein sirrendes Pfeifen durchschnitt die Luft, kurz bevor der Schuss fiel, und dann passierten viele Dinge gleichzeitig.

Dean schrie auf. Randy Yu ließ sich zu Boden fallen und schlug schützend die Hände über den Kopf. Pleasure wieherte vor Schmerz auf und stieg auf die Hinterläufe. Joan Stonicher drehte sich leicht auf der Stelle und richtete die Waffe auf MacNeil.

Dann folgte ein Pfeifen, ohrenbetäubend laut.

Maris trat aus dem Wald, ihre dunklen Augen brannten vor Wut. Sie hielt die Pistole in der Hand und zielte auf Joan. Joan wirbelte zur neuen Bedrohung herum, und MacNeil schoss, ohne zu zögern.

9. KAPITEL

Er ist so wütend, er geht mir jeden Moment an die Gurgel. Das war der Gedanke, der Maris durch den Kopf ging, doch es war ihr gleichgültig. Unglaubliche Wut kochte in ihr. Sie hatte Mühe, nicht auf Joan Stonicher loszugehen. Nur die Tatsache, dass Pleasure jetzt ihre Hilfe brauchte, hielt Maris davon ab.

Es wimmelte vor Menschen im Wald – Sanitäter, der Sheriff mit seinen Leuten, die Highway Patrol, Schaulustige und sogar ein paar Reporter waren gekommen. An Menschenmengen war Pleasure zwar gewöhnt, aber er war nie zuvor angeschossen worden. Der Schmerz und der Schreck machten es schwierig, ihn zu kontrollieren.

Auf Maris' Pfeifen hin hatte der Hengst sich umgedreht, und nur seinen schnellen Reflexen war es zu verdanken, dass er noch lebte. Die Kugel aus Joans Waffe hatte eine tiefe Furche in seine Brust gekerbt, ein Streifschuss, der einen Muskel durchtrennt, doch glücklicherweise keine inneren Organe verletzt hatte. Maris wandte ihr ganzes Können auf, um ihn einigermaßen ruhig zu halten, damit sie die Blutung stoppen konnte. Pleasure tänzelte unruhig, lief immer wieder im Kreis und stieß Maris an. Er wollte ja auf ihre lockende Stimme hören, aber der Schmerz war stärker.

Maris hatte das Gefühl, ihr müsse der Schädel zerspringen. Der Umgang mit Pleasure strengte sie enorm an, und der Spurt durch den Wald hatte das Seine beigetragen. Sie hatte Pleasure zwischen den Bäumen galoppieren hören, und ihr war sofort klar geworden, was geschehen sein musste. Wie er sich losgerissen hatte, war gleichgültig, auf jeden Fall hatte er die Menschen gehört und war fröhlich auf sie zugerannt, in der festen Überzeugung, von allen willkommen geheißen zu werden. Maris hatte geahnt, dass der Hengst ihren Geruch in MacNeils Kleidern wahrnehmen und direkt auf ihn zutraben würde. Es war also russisches Roulette, wer von ihnen zuerst erschossen würde, MacNeil oder Pleasure. Maris musste für Ablenkung sorgen. Und sie musste rechtzeitig vor Ort sein.

Für einen schrecklich langen Moment, als Pleasure aufgewiehert und sie gesehen hatte, wie Joan die Waffe auf MacNeil richtete, glaubte Maris, alles verloren zu haben. Als sie zwischen den Bäumen hervorgetreten war, lief plötzlich alles wie in Zeitlupe ab. Maris hörte nichts mehr, nicht einmal Pleasures Wiehern, sie sah auch nichts mehr außer Joan. Ihr war nicht bewusst, dass sie noch ein zweites Pfeifen ausstieß oder dass sie die Pistole aus der Tasche zog und auf Joan zielte. Sie hatte es einfach getan. Dann hatte Joan sie erblickt und sich zu ihr umgedreht. Und in diesem Moment hatte MacNeil geschossen.

Auf die kurze Entfernung konnte er genau zielen. Seine Kugel hatte Joan den Oberarm zerschmettert. Wahrscheinlich wird sie den Arm nie wieder bewegen können, dachte Maris, doch sie konnte kein Mitgefühl für die Frau aufbringen.

Alles, was sich abgespielt hatte, war aufgezeichnet worden. Dean zeigte dem Sheriff auf dessen Bitte hin die Aufnahme. Randy Yu und Joan Stonicher waren eindeutig überführt. Yu, als der Profi, der er war, verlor keine Minute und verhandelte bereits. Er war bereit, Namen von Komplizen zu nennen, wenn ihm als Gegenleistung eine Haftmilderung garantiert wurde.

Obwohl es nun aufgehört hatte zu schneien, blieb es kalt. Maris' Finger waren steif gefroren, aber sie konnte Pleasure nicht allein lassen. Blut glitzerte auf seinem schwarzen Fell, färbte seinen weißen Lauf und tropfte in den Schnee und auf Maris. Mit einer Hand hielt sie ihn bei der Trense und flüsterte ihm beruhigende Worte zu, kontrollierte ihn vor allem mit ihrer Stimme, während sie mit der anderen Hand einen Druckverband auf seine Wunde presste, den sie sich von einem der Sanitäter hatte geben lassen. Sie hatte den Sheriff gebeten, per Funk einen Tierarzt zu rufen, aber bisher war niemand erschienen.

Yu hätte sich natürlich um das Pferd kümmern können, aber Maris vertraute dem Mann nicht, selbst wenn er es angeboten hätte. Er war es gewesen, der sie bewusstlos geschlagen hatte. Kaum dass sie ihn erblickt hatte, war es ihr wieder eingefallen – wie er vor ihr gestanden hatte, mit erhobenem Arm und kaltem Blick. Andere Bilder tauchten vor ihr auf, immer noch verschwommen, doch die Lücken füllten sich allmählich, Schritt für Schritt.

Um etwas mit Joan zu besprechen, war Maris zu dem großen Wohnhaus gegangen. Sie konnte nicht mehr sagen, um was es sich dabei gehandelt hatte. Sie erinnerte sich jedoch daran, dass sie vor der Tür stand und gerade anklopfen wollte, als sie Stimmen im Zimmer hörte. Bei Joans Worten war ihr das Blut in den Adern gefroren.

„Randy wird es heute Abend erledigen. Wenn alle beim Abendessen sitzen, das ist die beste Gelegenheit. Wir können nicht länger warten, die Zuchtvereinigung will eine Entscheidung hören."

„Mir gefällt das nicht", drang Ronald Stonichers Stimme durch die Tür. „Pleasure ist ein gutes Pferd. Bist du sicher, dass man das Medikament nicht nachweisen kann?"

„Randy sagt, es hinterlässt keine Rückstände, und schließlich ist es seine Zulassung, die auf dem Spiel steht."

Maris war von der Tür zurückgewichen, sie hatte ihre Wut und ihr Entsetzen kaum kontrollieren können. Ihre erste Sorge galt allein dem Hengst. Um diese Zeit waren alle Stallhelfer entweder beim Essen oder schon nach Hause gegangen. Sie durfte jetzt nicht eine Minute verlieren.

Sie erinnerte sich, wie sie zum Stall und zu Pleasures Box gerannt war. Sie musste Randy Yu wohl dort überrascht haben, auch wenn sie keine Erinnerung daran hatte, wo genau sie auf ihn gestoßen war. Dennoch, für eine Zeugenaussage reichte es, falls ihre Aussage überhaupt nötig war. Die Videoaufnahme zeigte die Beteiligten gestochen scharf, die Beweise waren absolut wasserdicht.

Ein Fahrzeug kam herangerumpelt, und ein korpulenter Mann Ende fünfzig mit einem militärisch kurzen Haarschnitt stieg aus dem verbeulten Truck. Endlich, der Tierarzt, dachte Maris erleichtert. Unter den Augen des Mannes lagen dunkle Ringe, wahrscheinlich hatte er die Nacht bei einem kranken Tier zugebracht anstatt im Bett.

Müde oder nicht, er kannte sich mit Pferden aus. Er blieb stehen und betrachtete mit gerunzelter Stirn seinen Patienten, die kräftige Statur, die Blesse auf der Stirn, den weißen Lauf, von dem jetzt das Blut rann. „Das ist Sole Pleasure", meinte er erstaunt.

„Richtig, und er ist angeschossen worden", presste Maris hervor. Ihr Schädel wollte zerspringen, sogar ihre Augen schmerzten. Wenn Pleasure nicht bald ruhig wurde ... „Innere Organe sind nicht getroffen, aber ein Brustmuskel ist gerissen. Er will nicht stillhalten, deshalb hört die Blutung auch nicht auf."

„Das haben wir gleich. Ich bin übrigens George Norton, der hiesige Veterinär." Noch während er sich vorstellte, öffnete er seinen

Arztkoffer, kramte darin und zog eine Injektionsspritze auf. Geschickt setzte er die Nadel in eine Ader, die an Pleasures Hals hervortrat. Der Hengst tänzelte nervös. Maris biss sich auf die Lippe, sie litt mit dem Tier.

„In einer Minute wird er ruhig sein.“ Der Tierarzt musterte Maris mit strengem Blick, während er den blutgetränkten Druckverband von Pleasures Brust abzog. „Ohne Ihnen zu nahe treten zu wollen, aber Sie sehen schlimmer aus als das Pferd. Stimmt was nicht mit Ihnen?“

„Gehirnerschütterung.“

„Um Himmels willen, dann lassen Sie sich nicht so von ihm herumstoßen. Setzen Sie sich irgendwo hin, bevor Sie umfallen.“

Selbst in dem Trubel, der in dem kleinen Waldstück herrschte, und durch die lauten Wortwechsel der Sanitäter, die Joan Stonicher zum Transport in die Klinik fertig machten, hatte MacNeil die Worte des Tierarztes gehört. Kurz darauf war er auch schon bei Maris, stand groß und beeindruckend hinter ihr und griff über ihre Schulter nach Pleasures Trense. „Ich halte ihn.“ Die Worte klangen scharf und hart wie Peitschenhiebe. „Du setzt dich.“

„Ich …“ Sie hatte sagen wollen: „Ich denke, das werde ich wohl besser tun“, aber Maris kam gar nicht dazu, den Satz auszusprechen. MacNeil war schon davon ausgegangen, dass sie protestieren wollte.

„Setz dich!“, brüllte er.

„Ich hatte gar nicht vor, zu widersprechen“, fauchte sie zurück. Hielt er sie für einen Hund?! *Sitz?!* Dabei würde sie sich noch viel lieber hinlegen.

Genau das würde sie auch tun. Pleasure würde wieder in Ordnung kommen. Wenn die Beruhigungsspritze erst ihre Wirkung tat, konnte der Tierarzt die Blutung stoppen. Wahrscheinlich musste der durchtrennte Muskel genäht werden, Pleasure würde Antibiotika verabreicht bekommen und eine Zeit lang einen festen Verband tragen müssen, aber die Verletzung würde heilen. Auch wenn Truck und Anhänger praktisch gestohlen waren, gab es sicher keine Probleme, wenn sie beides dazu benutzten, Pleasure zurück nach Solomon Green zu transportieren. Solange der Tierarzt den Hengst noch behandelte und bis man ihn in den Anhänger geladen hatte, wollte Maris sich in der Fahrerkabine auf dem Sitz ausstrecken.

Mit letzter Kraft kletterte sie auf den Sitz. Der Schlüssel steckte noch, so ließ sie den Motor an und schaltete die Standheizung ein. Sie zog ihre Jacke aus, streifte die schwere Schutzweste ab, legte sich auf den Sitz und deckte sich mit der Daunenjacke zu.

Vor Erleichterung kamen ihr fast die Tränen. Sobald sie ruhig in der Waagerechten lag, ließ der Schmerz nach. Maris schloss die Augen und ließ den Druck von sich abfallen, zusammen mit der Angst und der Rage. Sie wäre in der Lage gewesen, Joan zu erschießen. Hätte die andere Frau MacNeil etwas angetan, dann hätte sie den Abzug gedrückt. In diesem merkwürdigen Vakuum aus Angst und Wut hatte sie auf Joans Kopf gezielt.

Pleasure hatte in dem schrecklichen Moment, als Joan die Waffe auf MacNeil richtete, nicht ein einziger ihrer Gedanken gegolten. Maris war froh, dass sie nicht hatte schießen müssen, aber sie wusste auch, dass sie es getan hätte. Sich selbst und den starken Beschützerinstinkt für alle, die sie liebte, zu kennen, war eine Sache. Zu erfahren, wie weit sie diese Gefühle gehen lassen würden, etwas ganz anderes. Die Selbsterkenntnis ließ sie erschauern.

MacNeil war schon einmal an diesen Punkt gelangt, man konnte es in seinen Augen erkennen. Maris hatte es auch im Blick ihres Vaters gesehen und bei ihren Brüdern – die Bereitschaft, alles zu tun, was nötig war, um die zu schützen, die man liebte und die schwächer waren. Es war alles andere als leicht, es zerriss einen innerlich. Und die, die an vorderster Front standen und bereit waren, das zu tun, zahlten einen hohen Preis. Maris begann, die Zusammenhänge zu verstehen, auch wenn sie diesen letzten, unumkehrbaren Schritt nicht hatte tun müssen. Dennoch – ihr war klar, wie knapp sie dem Impuls entgangen war.

Ihre Mutter besaß diese Fähigkeit ebenfalls, auch einige ihrer Schwägerinnen. Die tapfere Mary, die unbeirrbare Caroline, die warmherzige Barrie. Jede von ihnen hatte auf die eine oder andere Weise dem Tod ins Gesicht geschaut. Sie würden verstehen, was Maris jetzt empfand. Nun, Caroline vielleicht nicht. Die Frau war so geradeheraus und konnte sich so stark auf eine Sache konzentrieren, dass Joe sie einmal mit einer Zielrakete auf Kurs verglichen hatte.

Die Tür, an der Maris mit dem Kopf lag, wurde aufgerissen, kalte Luft strömte ins Wageninnere.

„Maris! Wach auf!“ MacNeils laute Stimme war direkt über ihrem Gesicht, eine Hand hatte er an ihre Schulter gelegt, um sie wachzurütteln.

„Ich bin wach.“ Sie hielt die Augen dennoch geschlossen. „Die Kopfschmerzen sind nicht mehr so schlimm, seit ich mich hingelegt habe. Wie lange dauert es noch, bis ich Pleasure zurückbringen kann?“

„*Du* bringst Pleasure nirgendwo hin. Das Einzige, was du tust, ist, dich in eine Klinik zu begeben und dich untersuchen zu lassen.“

„Wir können ihn doch nicht einfach hier stehen lassen.“

„Ich habe bereits arrangiert, dass er zurückgebracht wird.“

Maris hörte die Anstrengung heraus, mit der er seine Stimme ruhig hielt. „Ist hier alles erledigt?“

„Immerhin so weit, dass Dean allein hierbleiben und ich dich ins Krankenhaus fahren kann.“

Bis ein Arzt ihm versicherte, dass mit ihr alles mehr oder weniger in Ordnung war, würde er nicht lockerlassen, dessen war sich Maris sicher. Sie öffnete die Augen und setzte sich seufzend auf. Sie verstand ihn. Wäre er der Betroffene, würde sie auch nicht nachgeben.

„Na schön.“ Sie zog sich die Jacke über, stellte den Motor ab und hob die Schutzweste auf. „Ich bin so weit.“ Ihre Nachgiebigkeit jagte ihm einen gehörigen Schrecken ein, Maris sah, wie seine Augen dunkler wurden und seine Wangenmuskeln sich anspannten. „Mit mir stimmt alles“, sagte sie leise und legte ihre Hand auf seine. „Ich gehe mit, weil du dir Sorgen machst. Und ich will nicht, dass du dich um mich sorgst.“

Seine Miene änderte sich schlagartig, der Ausdruck von unendlicher Zärtlichkeit spiegelte sich auf seinem Gesicht. Vorsichtig schob er die Arme unter sie und hob Maris aus dem Truck.

Dean hatte den Oldsmobile aus dem Versteck herausgefahren. MacNeil trug Maris hinüber und setzte sie so vorsichtig auf den Beifahrersitz, als sei sie aus kostbarstem Porzellan. Als er hinter das Steuer glitt und anfuhr, teilte sich die versammelte Menschenmenge, um ihn durchzulassen. Maris sah noch einmal zu Pleasure, der jetzt ruhig dastand, mit einem Verband über seiner Brust. Der furchtvolle Ausdruck in den Augen des Pferdes war verschwunden, und Pleasure betrachtete das Geschehen um sich herum mit der für ihn typischen gelassenen Neugier.

Dean hob die Hand und winkte ihnen zu, als sie an ihm vorbeifuhren.

„Was wird mit ihm?“, fragte Maris.

„Er findet eine Mitfahrgelegenheit. Das ist kein Problem.“

Maris zögerte. „Und was ist mit dir? Wann reist du ab? Deine Arbeit hier ist doch erledigt, oder?“

„Ja, der Job ist erledigt.“ Die Antwort klang kurz angebunden, und der Blick, mit dem er sie bedachte, verhieß nichts Gutes. „Ich muss noch den Papierkram erledigen und einen Bericht schreiben. Möglich, dass ich heute Abend schon abreise, spätestens morgen. Aber ich komme zurück!“

„Du klingst nicht gerade glücklich“, stellte sie fest.

„Glücklich? Erwartest du ernsthaft von mir, dass ich glücklich bin?“ Er presste die Lippen aufeinander. „Du hast dich nicht an meine Anordnung gehalten. Du bist direkt in die Schusslinie gerannt, anstatt in deinem Versteck zu bleiben, wie ich es dir gesagt hatte. Dieses idiotische Frauenzimmer hätte dich erschießen können!“

„Ich hatte die kugelsichere Weste an.“ Sie war stolz auf sich, wie ruhig sie das betonte.

„Diese verdammte Weste verbessert die Chancen, aber sie ist keine Garantie! Der Punkt ist, dass du dich nicht an den Plan gehalten hast. Du hast dein Leben für dieses blöde Pferd aufs Spiel gesetzt! Natürlich will ich auch nicht, dass es verletzt wird, aber …“

„Es ging mir nicht um Pleasure“, unterbrach sie ihn. „Es ging um dich.“ Sie hielt den Blick zum Fenster hinaus auf die schneebedeckten Felder gerichtet.

Lange blieb es still im Wagen.

„Um mich?“, hakte er schließlich vorsichtig nach.

„Ja, um dich. Ich wusste, dass Pleasure sofort auf dich zugehen würde, mein Geruch hängt in deiner Kleidung. Damit hätte er dich abgelenkt, dich angestupst und vielleicht sogar umgestoßen.“

MacNeil schwieg. Die Erkenntnis, dass Maris ihr eigenes Leben riskierte, um seines zu retten, war ein Schock für ihn. Er tat so etwas regelmäßig für andere, aber das war schließlich sein Job – Risiken eingehen, um andere zu schützen. Doch nie zuvor hatte er solche

Angst gekannt, wie sie ihn in dem Augenblick überkommen hatte, als Maris Joans Aufmerksamkeit auf sich gelenkt hatte. Und er hoffte inbrünstig, dass er diese Angst nie wieder ausstehen musste.

„Ich liebe dich", sagte Maris leise.

Verdammt. Mit einem stillen Seufzer verabschiedete MacNeil sich von seinem Junggesellenleben. Maris' Mut erschütterte ihn, verlangte ihm Respekt und Demut ab. Keine andere Frau hätte sich mit derselben Courage für ihn eingesetzt wie Maris, weder physisch noch emotional. Sie brauchte keine Spielchen zu spielen, versuchte nicht, die Kontrolle an sich zu reißen. Sie wusste es einfach und akzeptierte es. Er hatte es in ihren unergründlichen dunklen Augen gesehen … eine instinktive Weisheit, ein Wissen, das nur wenige Menschen im Leben erreichten. Wenn er sie gehen ließ, würde er den größten Fehler seines Lebens machen.

MacNeil hielt nichts von Fehlern. Vor allem nicht, wenn sie zu vermeiden waren.

„Wie lange dauert es in Kentucky, den Papierkram für eine Heirat zu erledigen?", fragte er unvermittelt. „Wenn es morgen nicht klappt, fliegen wir nach Las Vegas – vorausgesetzt, der Doktor bestätigt, dass alles mit dir in Ordnung ist."

Auch wenn er nicht von Liebe gesprochen hatte, wusste Maris, dass er sie liebte. Sie lehnte sich zufrieden in den Sitz zurück. „Mir geht es bestens", sagte sie im Brustton der Überzeugung.

10. KAPITEL

In Las Vegas zu heiraten scheint Tradition in unserer Familie zu werden", überlegte Maris laut am nächsten Tag, als ihr frisch angetrauter Ehegatte sie in die Hotelsuite schob. „Zwei meiner Brüder haben auch in Vegas geheiratet."

„Zwei? Wie viele Brüder hast du denn?"

„Fünf, alle älter als ich." Auf dem Weg zu dem großen Fenster lächelte sie ihn über die Schulter an und schaute dann hinaus auf die untergehende Sonne, die glutrot am Horizont versank. Seltsam, wie verbunden sie sich ihm fühlte, wenn sie doch kaum Zeit zum Reden gehabt hatten, um mehr voneinander zu erfahren. Die Ereignisse hatten sie unvermittelt mitgerissen, wie der Sturm über dem Meer die Möwen vor sich hertrieb.

Der Ambulanzarzt in der Klinik hatte bei Maris eine leichte Gehirnerschütterung diagnostiziert und ihr geraten, es ein, zwei Tage langsam angehen zu lassen. Dabei hatte er ihr schmunzelnd zugestimmt: Wäre die Verletzung so schwer, dass sie in ein Koma fallen könnte, dann wäre das sicherlich längst eingetreten. Außerdem war im Laufe des Tages immer mehr von Maris' Erinnerungsvermögen zurückgekehrt. Da sie also die Lücken hatte füllen können, wusste sie auch, dass alles wieder in Ordnung mit ihr war.

Beruhigt hatte MacNeil sie nach Solomon Green zurückgefahren und sich beeilt, den Job endgültig abzuschließen und die notwendigen Berichte zu schreiben, um sich dann ganz und gar auf die Vorbereitung der Heirat konzentrieren zu können. Während Maris schlief, hatten er und Dean gearbeitet. Danach hatte er Urlaub beantragt, die notwendigen Informationen für eine Hochzeit im Bundesstaat Kentucky eingeholt, die Bedingungen als unzumutbar, weil zu langwierig, abgetan und zwei Flüge nach Vegas gebucht.

Ronald Stonicher wurde als Komplize in einem versuchten Versicherungsbetrug festgenommen. Allerdings hatte er nicht einmal geahnt, dass seine Frau und Randy Yu Maris töten wollten, er war am Boden zerstört, als man es ihm sagte. Joan war an ihrem Arm operiert worden, laut Aussage der Ärzte war der Schaden an Muskeln und Nerven erheblich. Zwar würde sie den Arm noch bewegen können, aber feinmotorische Arbeiten wie Schreiben oder selbst eine

Gabel halten, das würde sie nie wieder mit ihrer rechten Hand ausführen können.

Randy Yu legte nicht nur ein Geständnis ab, er sang wie ein Vögelchen und nannte den FBI-Beamten eine Menge Namen aus dem Kreis der Pferdezüchter, die daran beteiligt waren, Pferde zu töten, um die Versicherungssumme zu kassieren. Für den Mord an dem sechzehnjährigen Jungen konnte man ihn nicht belangen. Aber Yu machte Andeutungen, dass er Informationen über diese Tat habe – die er allerdings vorerst zurückhielt, weil er dieses Ass nur ausspielen würde, um eine noch größere Strafmilderung zu ergattern.

Maris hatte ihre Mutter angerufen und ihr am Telefon einen genauen Bericht der Ereignisse abgeliefert. Zum Schluss hatte sie ihr auch noch erzählt, dass sie und MacNeil in Vegas heiraten würden.

„Viel Spaß, Liebling", hatte Mary ihrer Tochter gewünscht. „Du weißt, dass dein Vater dich zum Altar führen will, also werden wir zu Weihnachten eine Trauung hier organisieren. Das heißt, mir bleiben volle drei Wochen, um alles zu arrangieren. Das sollte kein Problem sein."

Die meisten Menschen wären in Panik ausgebrochen, blieben ihnen nur drei Wochen für die Vorbereitung einer Hochzeitsfeier, Mary sah darin kein Problem. Und aus Erfahrung wusste Maris, dass ihre Mutter alle so antreiben würde, bis sie genau das bekam, was sie sich vorgestellt hatte.

MacNeil hatte ebenfalls telefonisch seine Familie informiert, die aus seiner Mutter, seinem Stiefvater und zwei Halbschwestern bestand. Zu Weihnachten würden sie alle nach Wyoming kommen, um die Hochzeit gemeinsam mit den Mackenzies zu feiern.

Vor einer Stunde, während der Trauungszeremonie, hatte Maris dann den vollen Namen ihres Ehemannes erfahren – William Alexander MacNeil. „Einige nennen mich Will", hatte er ihr gesagt, während sie noch überlegte, wie ungewohnt es sein würde, ihn Alex zu nennen. „Aber die meisten sagen Mac zu mir." Und da Maris in Gedanken MacNeil bereits selbst zu Mac abgekürzt hatte, passte ihr das ganz ausgezeichnet.

„*Fünf* ältere Brüder?", fragte er jetzt, als er hinter ihr die Suite betrat, den Arm um ihre Taille schlang und an ihrem Nacken knabberte.

„Stimmt, fünf. Und zwölf Neffen und eine Nichte."

Mac gluckste. „Das werden sicher lustige Feiertage."

„*Tumultartig* ist die bessere Beschreibung. Du wirst schon sehen, wart's nur ab."

Er drehte sie in seinen Armen um. „Was ich nicht abwarten kann, ist, meine Frau endlich im Bett zu haben."

Maris klammerte sich fest an ihn, die Hände um seinen Nacken, als er sie ins Schlafzimmer hinübertrug. Seine Lippen verschlossen ihre, als er sie behutsam aufs Bett legte, und die Leidenschaft, die die ganze Zeit über unterschwellig zwischen ihnen gebrannt hatte, loderte mit voller Kraft auf. Mac drückte sie mit seinem Gewicht in die Matratze, und doch war er endlos zärtlich, als er Maris auszog.

Sie wand sich unter ihm, zerrte an seinem Hemd. Der Stoff an ihrer nackten Haut trieb sie zum Wahnsinn. Mac richtete sich auf und betrachtete ihren grazilen Körper. Stolz registrierte sie die Bewunderung und das Begehren in seinem Blick. Sein Atem ging schwer, seine Augen glitzerten fiebrig. Er legte seine Hände auf ihre Brüste. Seine Daumen streiften ihre empfindlichen Knospen, rieben an ihnen, bis sie sich unter seiner Berührung so versteiften, dass es fast schmerzte.

„Beeil dich", flüsterte sie und machte sich an seinem Gürtel zu schaffen.

Er lachte leise, heiser vor Verlangen. Hastig entledigte er sich seiner Kleider, warf sie achtlos beiseite, und dann lag er auf Maris. Ein Aufschrei tiefsten Wohlbehagens entrang sich ihrer Kehle, als sie sein Gewicht auf sich spürte, und sie schlang ihre Beine um ihn und zog ihn zu sich heran. Sie verlangte nach ihm mit einer Heftigkeit, die keinen Aufschub duldete, wollte ihn so sehr, wie sie noch nie in ihrem Leben etwas gewollt hatte.

Mac hielt ihr Gesicht mit beiden Händen umfasst und küsste sie, während er langsam in sie eindrang. Maris schrie auf. Sie hatte nicht damit gerechnet, dass es so schmerzhaft sein würde; sie hatte immer geglaubt, das viele Reiten würde das hier einfacher machen. Aber auf seine Größe war sie nicht vorbereitet.

Mac löste seine Lippen von ihrem Mund und hob den Kopf. Er blickte sie an. Er hatte verstanden. Er sagte nichts, stellte keine Fragen, doch etwas Heißes, Ursprüngliches blitzte in seinen Augen auf.

So sanft wie möglich drang er weiter in sie ein, und als sie ihn ganz in sich aufgenommen hatte, hielt er still und wartete, bis die

Anspannung Maris verließ und ihr Körper weich und willig unter ihm lag. Dann begann er, sich zu bewegen. Es war ein sanftes Schaukeln, bei dem er sich kaum vor- oder zurückbewegte, aber Maris keuchte erneut auf, dieses Mal voll sinnlicher Erwartung.

Er nahm sie mit unendlicher Zärtlichkeit, hielt seine Kraft zurück, selbst als die Lust ihn zu übermannen drohte. Er stieß vorsichtig und langsam in sie, keuchte laut auf, während Maris sich an ihn klammerte, sich ihm entgegendrängte, ihn tiefer und tiefer in sich aufnahm. Ihre leisen Seufzer wurden zu einem sinnlichen Stöhnen, sie war ebenso überwältigt von der Schönheit und Anmut dieses uralten Tanzes, den sie gemeinsam tanzten, ergriffen von der Liebe, die Mac ihr schenkte.

Sie ertrug es nicht länger. Sie bäumte sich auf, zog ihn ganz in sich hinein, und dann explodierte ein Feuerwerk der Lust, und ein Strudel riss sie in eine Welt, in der nichts mehr existierte als sein Körper, ihr Körper, und sie spürte, wie er kam und seinen heißen Saft in sie ergoss.

Später lagen sie eng umschlungen da, und Mac fuhr streichelnd mit zitternden Fingern über ihren ganzen Körper, so als müsse er sich vergewissern, dass sie real war, dass sie beide noch da waren.

„Wie ist das nur möglich?“, fragte er rau. Ergriffen hob er ihr Kinn an und drehte ihr Gesicht zu sich, und sie erkannte den feuchten Schimmer in seinen Augen. „Wie kann ich dich so stark lieben, in so kurzer Zeit? Mit welchem Zauber hast du mich belegt?“

Auch in ihren Augen standen Tränen. „Ich habe dich einfach nur geliebt. Mehr nicht. Ich habe dich nur von Anfang an geliebt.“

Der Berg war mit Schnee bedeckt, und Maris' Herz schwoll bei diesem Anblick vor Glück an. „Da.“ Sie deutete mit der Hand in die Richtung. „Das ist Mackenzie's Mountain.“

Interessiert betrachtete Mac den Berg. Er kannte niemanden, der einen ganzen Berg besaß, und er fragte sich, was das für Leute sein mochten und wie ein solches Leben die Menschen prägte. Das Leben auf dem Berg hatte dieses märchenhafte Wesen geschaffen, das neben ihm im Auto saß.

In den zwei Tagen, die sie jetzt verheiratet waren, hatte er sich immer wieder gefragt, wie er ohne sie überhaupt hatte existieren können. Sie zu lieben vervollständigte ihn erst, dabei hatte er nicht einmal gewusst, dass er nur halb lebte. Maris war so zierlich, fast elfenhaft mit dem hellen Haar und den dunklen Augen, in denen das Wissen jahrhundertealter Weiblichkeit zu lesen stand. Diesem grazilen Körper wohnte eine unerschöpfliche Kraft inne, und in ihrer Brust schlug das Herz eines Löwen.

Seine *Frau!* Das unfassbare Glück hatte ihn in der Nacht immer wieder aufwachen lassen. Während er die schlafende Maris betrachtete, hatte er noch immer nicht begreifen können, wie schnell alles passiert war. Vor nur drei Tagen war sie in seinen Armen aufgewacht und hatte gesagt: „Entschuldige, aber ich kann mich nicht an deinen Namen erinnern." Zu erkennen, dass sie verletzt worden war, hatte ihn bis ins Mark erschüttert. Nur drei Tage, und jetzt konnte er sich schon nicht mehr vorstellen, wie er je ohne sie neben sich einschlafen sollte. Oder aufwachen ohne ihr wunderbar verschlafenes Lächeln.

Er hatte nur fünf Tage Urlaub, also wollten sie die Zeit so gut wie möglich nutzen. Gestern waren sie nach San Antonio gefahren, um Maris seiner Familie vorzustellen. Seine beiden Schwestern waren mit Kind und Kegel angereist. Beide hatten je drei Kinder, aber bei der Rasselbande, an die Maris gewöhnt war, machte ihr das nichts aus. Seine Mutter war begeistert, dass Mac endlich in den Hafen der Ehe eingelaufen war, und freute sich schon auf das Weihnachtsfest auf dem schneebedeckten Berg in Wyoming. Natürlich hatten die beiden Mütter bereits miteinander telefoniert – und offensichtlich waren sie wohl sofort beste Freundinnen geworden, ging man davon aus, wie oft Macs Mutter zitierte, was Mary gesagt und vorgeschlagen hatte.

Heute waren sie also in Wyoming, und seltsamerweise zog sich Macs Magen vor Anspannung zusammen, je näher sie dem Berg kamen. „Erzähl mir von deinen Brüdern", meinte er. „Von allen fünfen." Er kannte sich mit älteren Brüdern aus, er war schließlich selbst einer.

Maris lächelte, ihr Blick wurde zärtlich. „Also gut … Mein ältester Bruder Joe ist General bei der Air Force, um genau zu sein, er sitzt im Generalstab. Seine Frau Caroline hat zwei Doktortitel, in Physik und Informatik, und sie ziehen fünf Söhne groß. Mike ist mein zweitältester Bruder. Ihm gehört eine der größten Rinderfarmen im Staat. Er und seine Frau Shea haben zwei Söhne. Dann kommt Josh. Er war Kampfpilot für die Navy, bis er von einem Unfall ein steifes Knie zurückbehalten und die Navy ihn entlassen hat. Er macht jetzt Testflüge für einen Flugzeugbauer. Seine Frau Loren ist Orthopädin. Die beiden haben drei Söhne."

„Haben deine Brüder eigentlich nur Söhne in die Welt gesetzt?" Die Aufzählung faszinierte Mac – und sorgte ihn mehr und mehr, mit jeder verstreichenden Sekunde. Also klammerte er sich an das Banale. Hatte Maris nicht auch von einer Nichte gesprochen?

„Zane hat eine Tochter."

Er hörte den leicht geänderten Tonfall heraus und hob fragend eine Augenbraue, aber Maris ignorierte das geflissentlich und fuhr fort.

„Er und Barrie haben auch noch Zwillinge, Jungen, sie sind gerade zwei Monate alt. Zane war bei den Navy SEALs, Barrie ist die Tochter eines Diplomaten."

Ein SEAL. Der Knoten in Macs Magen wuchs. Wie viel schlimmer konnte es denn noch werden?

„Dann ist da noch Chance. Er und Zane könnten Zwillinge sein. Sie sind gleich alt, und ich glaube fast, die beiden verständigen sich per Telepathie. Chance hat für die Marineaufklärung gearbeitet. Er ist nicht verheiratet." Sie erwähnte absichtlich nicht, wie Chance und Zane jetzt ihren Lebensunterhalt verdienten. Irgendwie schien ihr das sicherer.

„Wie konnte ich nur erwarten, du kämst aus einer normalen Familie?", murmelte Mac in sich hinein, als er den gemieteten Geländewagen die gewundene Bergstraße hinauflenkte.

Leicht konsterniert wandte Maris ihm das Gesicht zu. „Du bist Special Agent beim FBI. Die trifft man auch nicht an jeder Straßenecke."

„Schon, aber meine *Familie* ist normal."

„Meine auch. Wir sind einfach nur alle ehrgeizig." Ihr Lächeln wurde zu einem schiefen Grinsen, das Mac lieb gewonnen hatte. Jedes Mal, wenn er es sah, wurde ihm warm ums Herz.

Er bremste den Geländewagen mitten auf der Straße ab und streckte die Arme nach Maris aus. Sein Kuss war stürmisch und voller Leidenschaft.

Als er sie freigab, sah sie ihn mit verhangenem Blick an. „Wofür war das denn jetzt?“, murmelte sie, die Hand an seinem Nacken.

„Weil ich dich liebe.“ Er wollte es ihr noch ein letztes Mal sagen, nur für den Fall, dass er die bevorstehende Konfrontation nicht überleben sollte. Maris mochte vielleicht überzeugt sein, ihre Familie würde ihn mit offenen Armen empfangen, aber er kannte sich besser mit der männlichen Psyche aus. Er legte den Gang wieder ein und fuhr weiter.

Als sie auf dem Gipfel ankamen und Maris den Fuhrpark vor dem großen Wohnhaus erblickte, rief sie freudig aus: „Oh, schön, alle sind da!“ Und da wusste Mac, dass er schon bald ein toter Mann war.

Es war völlig unerheblich, dass sie geheiratet hatten, bevor er mit ihr ins Bett gegangen war. Er war eine unbekannte Größe, und er schlief jede Nacht mit ihrem Nesthäkchen. Sie war die Jüngste und die einzige Schwester, das *Baby*, Grundgütiger! Er konnte das bestens nachvollziehen. Falls er das hier überleben und er und Maris je ein Mädchen bekommen sollten, dann würde er mit Sicherheit schon dafür sorgen, dass kein hormongesteuerter Teenager seiner Tochter auch nur zu nahe käme!

Mac warf einen Blick auf die Fahrzeuge vor dem Haus – ausreichend für eine nette kleine Feiertagsparade – und fragte sich, ob sie wohl alle die Verfolgung aufnehmen würden, sollte er den Jeep jetzt einfach wenden und den Berg wieder hinunterfahren.

Nun, es führte kein Weg daran vorbei, es musste getan werden. Schicksalsergeben parkte Mac den Jeep und kam auf die andere Seite, um Maris beim Aussteigen zu helfen. Sie ergriff seine Hand und zog ihn nahezu die Verandastufen hinauf.

Sie traten in die Wärme, in die Lautstärke, in den Trubel. Ein kleiner Mensch in einem roten Overall stach aus der Menge heraus und kam wie ein Tornado auf pummeligen kurzen Beinen auf sie zugeschossen.

„Marwee, Marwee“, quietschte die kleine Person begeistert und warf sich der lachenden Tante in die weit ausgebreiteten Arme.

Mac sah auf das kleine Mädchen hinunter – und im selben Augenblick war es um ihn geschehen. Er hatte sich verliebt. So einfach war das. Die Kleine war einfach wunderbar. Sie war perfekt, eine

Schönheit, mit ihrem schwarzen Haar, den strahlend blauen Augen, dem pausbäckigen Gesichtchen und dem kleinen roten Mund. Kinder hatten ihn bisher noch nie so berührt, seine Reaktion erschütterte ihn geradezu.

„Das ist Nick." Maris stand mit ihrer Nichte im Arm auf. „Sie ist die einzige Enkeltochter."

Nick piekste ihn mit dem kleinen Zeigefinger in die Brust, eine Geste, die ihn so an Maris erinnerte, dass Mac grinsen musste. „Wer is' das?", fragte das kleine Engelchen.

„Und das ist Mac", antwortete Maris und drückte einen herzhaften Kuss auf die weiche Wange. Nick musterte Mac eine Weile mit feierlichem Gesicht, dann streckte sie die Arme nach ihm aus, unverbrüchlich davon überzeugt, dass ihre Geste mit der entsprechenden Begeisterung beantwortet würde. Und Mac griff auch automatisch nach der Kleinen und nahm sie Maris ab. Ein zufriedener Seufzer entfuhr ihm, als das Mädchen sich vertrauensvoll an ihn schmiegte.

Und dann wurde ihm die plötzliche Stille im Raum bewusst. Männer erhoben sich, mit der Statur und Größe professioneller Football-Spieler, eine ganze Mannschaft ... Angriffslust in jeder einzelnen Bewegung, Feindseligkeit auf jedem Gesicht. Mac sah auch, wie Maris sich mit einem strahlenden Lächeln zu ihnen umdrehte und dann verdutzt die Augen aufriss.

Er schätzte seine Gegenspieler ein. Sein Schwiegervater hatte eisgraues Haar und die gleichen schwarzen Augen wie Maris. Er sah aus wie jemand, der regelmäßig Nägel zum Frühstück aß. Seine neuen Schwager wirkten ebenso tödlich. Mac würde sich auf seine Erfahrung berufen und schnellstens herausfinden müssen, wer von ihnen der Gefährlichste war. Der mit den grau melierten Schläfen und den diamantblauen Augen musste wohl der General sein, und er sah aus, als würde er immer noch jeden Tag in seinen Kampfjet steigen. Der da war wohl der Rancher, drahtig, wettergegerbte Haut, ein Mann, der jeden Tag aufs Neue den Kampf gegen Mutter Natur antrat. Der Testpilot ...? Das musste der Typ sein, der mit der typisch herausfordernden Haltung eines Mannes dastand, der sich gelassen mit dem Tod anlegte und dabei mit keiner Wimper zuckte.

Und dann traf Macs Blick auf ein Paar eisiger Augen. *Der da*, dachte er. Das ist der Gefährlichste, der mit der unbeweglichen

Miene und den durchdringenden blauen Augen. Mac hätte ein Jahresgehalt darauf gesetzt, dass das der SEAL war. Der Mann allerdings, der jetzt, zur Hälfte verdeckt, hinter ihn trat, wirkte genauso tödlich, trotz seines fast überirdisch guten Aussehens. Das musste dann wohl der von der Marineaufklärung sein.

Mac wusste, er steckte in Schwierigkeiten. In großen Schwierigkeiten. Er reichte Nick an Maris zurück und stellte sich vor die beiden, schützte sie mit seinem Körper.

Sechs Augenpaare registrierten die Bewegung.

Maris blinzelte an Macs Schulter vorbei und schätzte die Situation ab. *„Mutter!“* Es war der Hilferuf nach Verstärkung.

„Maris!“ Überschäumende Freude klang in der sanften Stimme, die, wie Mac annahm, aus der Küche kam. Dem Aufschrei folgten schnelle Schritte. Eine kleine, zierliche Frau, nicht größer als Maris, mit der gleichen, fast durchsichtigen Haut, eilte in den Raum und umarmte lachend ihre Tochter und ihren neuen Schwiegersohn. Auch wenn der steif wie ein Stock dastand, weil er den Blick nicht von der Bedrohung zu wenden wagte, die sich da wie eine solide Mauer vor ihm aufgebaut hatte.

„Mom“, Maris machte ihre Mutter auf diese Männer aufmerksam, „was stimmt mit denen nicht?“

Mary warf einen einzigen Blick auf ihren Mann und ihre Söhne und steckte die Fäuste in Hüften. „Hört auf damit, sofort!“, forderte sie resolut. „Das erlaube ich nicht, verstanden!“

Wolf Mackenzie richtete die schwarzen Augen auf seine Frau. „Wir wollen einfach nur ein wenig mehr über ihn erfahren“, sagte er mit einer Stimme, tief wie Donnergrollen.

„Maris hat ihn sich ausgesucht“, erwiderte Mary fest. „Was willst du noch wissen?“

„Noch so einiges“, antwortete er mit eiskaltem Blick. „Das ist viel zu schnell gegangen.“

„Zane Mackenzie!“ Eine hübsche Rothaarige kam aus der Küche und starrte ihren Mann fassungslos an. „Ich kann nicht glauben, dass ausgerechnet du so etwas von dir gibst. Wir kannten uns genau *einen Tag,* bevor wir geheiratet haben!“ Sie schritt durch das Niemandsland zwischen den beiden Fronten, umarmte Maris zur Begrüßung und funkelte ihren Mann böse an.

Also hab ich recht gehabt, dachte Mac. Das ist der SEAL. Würde sich bestimmt gut als Spruch auf meinem Grabstein machen, dachte Mac sarkastisch: „Er hatte recht."

„Das war etwas ganz anderes", widersprach der General, das perfekte Spiegelbild von Wolf Mackenzie, ausgenommen die blauen Augen. Er sah auch aus, als gehörten Nägel zu seinen Lieblingsspeisen.

„Anders? Inwiefern?", fragte eine nüchterne Stimme, und eine elegante Blondine gesellte sich hinzu. Ein strenges grünes Augenpaar richtete sich auf die Wand von sechs Männern. „Ihr leidet alle unter einem Anfall von Testosteron-Überproduktion. Vornehmliches Symptom ist dabei das jähe Absinken der Denkfähigkeit." Mit energischen Schritten kam sie zu Mac und stellte sich demonstrativ an seine Seite – eine stumme Deklaration, die der General sowohl mit Verärgerung als auch Belustigung registrierte.

Noch einer von diesen Supermännern, der Testpilot, hob an: „Maris ist …"

„… eine erwachsene Frau", unterbrach eine weitere weibliche Stimme. Eine große Frau mit üppigen Rundungen, braunem Haar und ernsten blauen Augen trat neben die Blondine. „Hallo, ich bin Loren", stellte sie sich Mac vor. „Der, der da gerade den Mund aufgemacht hat, ist mein Mann Josh. Normalerweise zeigt er mehr Verstand."

„Und ich bin Shea, Mikes Frau." Die Nachhut kam zur Unterstützung hinzu, eine dunkelhaarige Frau von bezaubernder Sanftmut. Die Arme vor der Brust verschränkt, stellte sie sich neben Loren und beäugte ihren Ehegatten ruhig.

Die beiden Fronten standen sich gegenüber, die Männer funkelten ihre Frauen an, die sich beschützend an Macs Seite aufgestellt hatten. Mac war ein wenig schwindlig, sich von so viel angenehm parfümierter Weiblichkeit eingekreist zu finden.

Caroline kostete es nicht die geringste Mühe, dem hitzigen Blick ihres Mannes standzuhalten. „Jede von uns wurde mit offenen Armen in dieser Familie willkommen geheißen. Ich erwarte, dass man Maris' Mann die gleiche Höflichkeit erweist, sonst …!"

Joe überdachte die Herausforderung mit glitzernden Augen und leicht zur Seite geneigtem Kopf. „Sonst – was?" Er schien den Kampf fast mit freudiger Spannung zu erwarten.

Stille senkte sich über den Raum, sogar die Kinder verharrten und sahen gefesselt auf ihre Eltern. Mac blickte über die sechs Frauen zu seinen beiden Seiten und konnte sich ein amüsiertes Grinsen nicht verkneifen. „Ist schon in Ordnung", sagte er. „Ich verstehe."

„Freut mich, dass wenigstens einer von uns das versteht. Ich nämlich nicht", murmelte Maris.

„Das ist ein ..."

„Sag jetzt nicht, dass ist ein Männerding", fiel Mary ihm erbost ins Wort, und Mac verkniff sich den Rest des Satzes.

„Nein, Ma'am."

Wolfs düstere Miene hellte sich auf, seine Lippen zuckten. Diese zwei Worte kannte er zur Genüge, er hatte sie schon so oft gehört.

Nick zappelte, sie wollte von Maris' Arm herunter, und Maris stellte sie sorgsam auf die kleinen Füße. Das Mädchen patschte Mac mit der Hand auf das Knie. „Mac", sagte sie, sehr zufrieden. Dann trippelte sie zu ihrem Vater hinüber und streckte die Arme aus, um hochgehoben zu werden. Zane beugte sich vor und setzte sich Nick auf den gebräunten, muskulösen Arm. „Das is' Mac", flötete sie. „Ich mag ihn."

Die Feindseligkeit aus dem unbeweglichen Gesicht wich einem Lächeln, und mit einer großen Hand strich Zane zärtlich eine seidige Strähne aus dem Engelsgesichtchen. „Ist mir auch schon aufgefallen", sagte er trocken. „Ein Blick auf dich, und er ist dir sofort ergeben, genau wie der Rest von uns. Das ist es doch, was dir gefällt, oder?"

Nick nickte heftig. Zane gluckste vergnügt und warf seiner Mutter einen Blick durch den Raum zu. „Das dachte ich mir."

Aus einem der hinteren Zimmer ertönte Babygeschrei.

„Cam ist wach", sagte Barrie und ließ Mac stehen, um zu ihrem Sohn zu eilen.

„Wie macht sie das nur?", fragte Chance verwundert in den Raum hinein. „Die Jungs sind doch erst zwei Monate alt, wie kann sie da die Zwillinge an ihrem Schreien auseinanderhalten?"

Die Frauen, Nick mit eingeschlossen, hatten gewonnen. Die Spannung wich, allmählich lächelte jeder, während Chance seiner Schwägerin neugierig folgte, um herauszufinden, ob sie wirklich recht hatte. Bevor er den Raum verließ, blinzelte er Mac zu, eine Geste männlicher Einigung. Die Krise war vorüber. Denn wenn es hart auf hart kam, waren die Mackenzie-Männer nicht gewillt, ihre Frauen zu verärgern. Auf den ersten Blick hatten die Frauen Mac akzeptiert, damit war die Entscheidung gefallen.

Nur einen Augenblick später kam Barrie zurück, ein strampelndes Bündel auf dem Arm und zwei Milchfläschchen in der Hand. Chance war direkt hinter ihr und hielt ein zweites Baby.

„Sie hatte recht", verkündete er bewundernd.

Mac sah in die Gesichter der Babys. Ja, die beiden glichen sich wirklich wie ein Ei dem anderen. Selbst wenn man sie genau betrachtete, konnte man sie nicht auseinanderhalten. Woher wollte Chance dann wissen, dass Barrie richtig lag?

Barrie bemerkte den skeptischen Blick und lächelte. „Cameron", sie sah auf ihr Bündel herunter und deutete dann mit dem Kopf zu ihrem Schwager. „Chance trägt Zack."

„Woher weißt du das?" Mac schüttelte den Kopf, immer noch auf der Suche nach etwas, woran man die beiden unterscheiden konnte.

„Cameron ist der Ungeduldigere, dafür ist Zack energischer."

„Und das kannst du an ihrem *Weinen* erkennen?"

„Natürlich", sagte sie so überzeugt, als müsse jeder das können.

Nick kletterte ihrem Vater auf die Schulter und hielt sich an seinen Haaren fest. Als sie sich jedoch hinstellte, griff Zane nach hinten und hob sie herunter. „Komm, wir tauschen", sagte er zu Chance und ließ sich von Barrie eine Flasche reichen. Sobald das Baby sicher in seinem Arm lag, bot er ihm das Fläschchen an, und der kleine Mund schloss sich gierig um den Sauger.

Chance tobte derweil mit Nick, die als typische Mackenzie-Frau natürlich mit in die Hüften gestemmten Händen darauf bestand, dass sie gewonnen hatte. Chance zog eine hilflose Grimasse und gab kopfschüttelnd auf. In dem Raum hallte lautes Gelächter wider. „Bist du sicher, dass du in diese Familie einheiraten willst?" Die Frage galt Mac.

MacNeil sah zu Maris und blinzelte ihr zu. „Ganz sicher", meinte er.

Zane betrachtete Mac nachdenklich, während er das Baby fütterte. „Maris sagte, du bist Special Agent beim FBI."

Etwas in seinem Tonfall musste Maris alarmiert haben. „O nein", ließ sie sich entschieden vernehmen und schob Mac Richtung Küche. „Du kannst ihn nicht haben. Für das FBI zu arbeiten reicht völlig. Nein, du kriegst ihn nicht, vergiss es."

Mac fand sich von einem Schwarm Frauen in die Küche gedrängt, sie alle wollten für die Hochzeitsfeier planen. Er warf einen letzten Blick zurück über die Schulter. Sein Blick traf auf Zanes – und Zane Mackenzie lächelte.

„Willkommen in der Familie", sagte er.

EPILOG

Du bis' ja soooo hübsch." Nick, die Ellbogen auf Maris' Knie gestützt, starrte ihre Tante mit großen blauen Augen ehrfurchtsvoll an und seufzte.

Die Kleine war restlos fasziniert von den Hochzeitsvorbereitungen. Auf Zehenspitzen, die Fingerchen fest um die Tischkante geklammert, hatte sie neben Shea gestanden, die geschickt unzählige Zuckerguss- und Marzipanrosen geformt und auf die selbst gebackene Hochzeitstorte gesetzt hatte. Wenig später trugen sämtliche Rosen sichtbare Spuren eines neugierigen Fingerchens. Und nachdem Nick erst einmal herausgefunden hatte, dass diese Blüten essbar waren, verschwanden sie auch schon nach und nach in ihrem kleinen, verschmierten Mund.

Maris' Brautkleid entlockte Nick wahre Begeisterungsstürme. Das lange Kleid, die Spitze, der Schleier – sie war völlig hingerissen. Bei der letzten Anprobe hatte Nick die Hände an die Pausbacken geschlagen und ausgerufen: „Du bis' eine richtige Prinzessin!"

„Du bist auch sehr hübsch", sagte Maris jetzt.

„Weiß ich doch", erwiderte Nick sachlich und verließ ihren Beobachtungsposten auf Maris' Knie, um sich im Spiegel zu bewundern.

Maris hatte Nick zu ihrem Blumenmädchen auserkoren. Zane hatte zwar einen Kommentar abgegeben, dass Maris damit das Unglück herausfordere, aber da die Kleine noch keine drei Jahre alt war, war Maris auf alles vorbereitet, einschließlich der kompletten Verweigerung, die Rolle zu übernehmen. Gestern Abend bei der Generalprobe jedoch war Nick feierlich den Mittelgang entlanggeschritten und hatte aus ihrem Körbchen andächtig die Blütenblätter gestreut, stolz darauf, dass alle Blicke auf ihr ruhten. Ob die Kleine das jedoch auch so perfekt machen würde, wenn die Kirche voller Leute war, blieb abzuwarten. Auf jeden Fall sah sie entzückend aus in ihrem langen rosa Kleidchen mit der dicken Schleife und den Blumen in den seidigen schwarzen Locken.

Barrie und Caroline waren die Modeexperten der Mackenzie-Familie, somit hatten sie auch die Verantwortung für Maris' Frisur und Make-up übernommen. Sie entschieden sich für eine schlichte Haartracht und schminkten sie dezent, um Maris' zartes Gesicht nicht zu erdrücken. Barries Arbeit an der Frisur war abgeschlossen, sie hatte sich auf einen Schaukelstuhl zurückgezogen, um die Zwillinge noch einmal zu stillen. Flaschenmilch benutzte Barrie nur als Zusatz, die Muttermilch hielt die Jungen länger satt. Und Barrie wollte die Babys nicht unbedingt während des Empfangs füttern müssen.

Mary war schnell klar geworden, dass das Mackenzie-Haus, so groß es auch war, nicht allen geladenen Hochzeitsgästen genügend Platz bot. Der erste Weihnachtstag in diesem Jahr fiel auf einen Mittwoch, und in der Kirche stand schon der große geschmückte Weihnachtsbaum mit Hunderten von hellen Lichtern. Als Dekoration waren überall Palmwedel und immergrüne Tannenzweige angebracht, die die Kirche mit ihrem Duft füllten. Über dem Eingang, in den Fenstern und beim Altar hingen Lichterketten, Dutzende von weißen Kerzen ließen das Innere in glänzendem Licht erstrahlen und verliehen dem Ganzen eine märchenhafte Atmosphäre.

Es war Heiligabend, eine Zeit, da die meisten Bewohner der kleinen Gemeinde normalerweise zu Hause mit ihrer Familie feierten oder die letzten Vorbereitungen für den ersten Weihnachtstag trafen. Doch in diesem Jahr waren sie alle zu der Hochzeit eingeladen. Im Hinterzimmer der Sakristei vernahm Maris den langsam ansteigenden Geräuschpegel, als mehr und mehr Gäste ankamen.

Mit Tränen in den schieferblauen Augen betrachtete Mary ihre Tochter, die sich für ihre Hochzeit bereitmachte. Dass Mac und Maris bereits standesamtlich geheiratet hatten, war unerheblich. Das hier war die Trauung, die zählte. Das hier war ihre geliebte Tochter, die so zart und schön im Brautkleid vor ihr stand – silberweiß, eine Farbe, die Maris' Haar silbrig schimmern ließ.

Mary erinnerte sich an den Moment, als sie ihre Tochter zum ersten Mal erblickt hatte, Sekunden nach der Geburt, sie war so winzig und so süß gewesen. Wie das Baby, nur Minuten alt, mit großen, dunklen Augen die Welt betrachtet hatte. Mary sah wieder Wolf an ihrem Bett stehen, Tränen in den eigenen schwarzen Augen, wie er Maris in seinen Armen hielt und das winzige Bündel vorsichtig an seine breite Brust drückte, als sei es das Wertvollste auf der Welt für ihn.

Es gab Tausende solcher Erinnerungen: der erste Zahn, der erste

Schritt, das erste Wort – „Pferdchen“, was sonst. Maris, die zum ersten Mal auf einem Pony saß, die dunklen Augen glücklich strahlend vor Begeisterung, während ihr Vater sie mit einem Arm sicher stützte. Maris, die ihrem Vater überall hin folgte wie ein Schatten. Maris in der Schule, die sich mit fliegenden Fäusten in jede Rauferei stürzte, in die einer ihrer Brüder verwickelt war, um dem Bruder zu Hilfe zu eilen, auch wenn die Jungen mindestens doppelt so groß waren wie sie. Maris, die herzzerreißend schluchzte, als ihr altes Pony starb, und überglücklich strahlte, als Wolf ihr zu Weihnachten ihr erstes „richtiges“ Pferd schenkte.

Mary erinnerte sich an Maris’ erste Verabredung mit einem Jungen, und daran, wie Wolf nervös und übellaunig durchs Haus getigert war, bis sein Baby heil und sicher wieder unter sein Dach zurückkam. Mary musste lächeln, als sie an eine ganz bestimmte Gelegenheit dachte. Wolf, zusammen mit Zane, Josh und Chance, war den ganzen Abend über im Zimmer auf- und abgelaufen, wären Joe und Mike ebenfalls zu Hause gewesen, hätten sie zweifelsohne mitgemacht. Dem armen Jungen, der immerhin so viel Mut aufgebracht hatte, Maris auszuführen, war das Herz in die Hose gerutscht, als er das Mädchen dann nach Hause brachte und von vier Mackenzies auf der Veranda empfangen wurde. Er hatte Maris nie wieder um eine Verabredung gebeten.

Mit den Jahren war es besser geworden. Allerdings musste Maris diese Erfahrungen wohl vergessen haben, sonst wäre sie nicht so überrascht über den Empfang gewesen, den man Mac beschert hatte. *Männer!* Mary liebte ihre Männer, aber manchmal konnten sie wirklich ein wenig anstrengend sein. Dabei mochten sie Mac, nachdem sie erst einmal über ihren übertriebenen Beschützerdrang hinweggekommen waren. Wenn Maris nicht aufpasste, würde Zane alles daransetzen, Mac für die Dinge zu rekrutieren, die er und Chance …

Zane. Mary unterbrach ihren Gedankengang und ließ den Blick durch den Raum schweifen. Seine drei Kinder waren hier, zusammen mit Barrie. Normalerweise kümmerte er sich um eines der Babys, oder er hielt Nick im Zaum. Aber jetzt er war nicht hier, und sie war sich sicher, dass das kein Zufall war.

„Zane ist nicht hier“, sprach sie laut aus. Ihre Tochter musste das wissen.

Maris' Kopf ruckte hoch, und in ihren Augen loderte jäh ein blitzendes Feuer auf. „Ich ziehe ihm bei lebendigem Leib die Haut ab", murmelte sie grimmig. „Ich lasse nicht zu, dass Mac für Monate verschwindet oder so endet wie Chance. Ich habe Mac gerade erst gefunden, ich lasse ihn nicht gehen."

Barrie wirkte im ersten Moment verdutzt, dann begriff auch sie, was es bedeutete, dass sie alle drei Kinder bei sich hatte. Sie schüttelte resigniert den Kopf. „Jetzt ist es zu spät, um etwas dagegen zu unternehmen. Er hatte genügend Zeit für ein Gespräch unter vier Augen mit Mac. Und du kennst doch Zane ... der perfekte Organisator."

Maris runzelte die Stirn, und Caroline richtete sich mit dem Lidschattenpinsel in der Hand auf. „Ich kann dich nicht schminken, wenn du die Stirn so kraus ziehst", tadelte sie. Maris glättete die Falten, und Caroline fuhr mit ihrer Arbeit fort.

„Du solltest dir von hormongeplagten Männern nicht deine Hochzeit verderben lassen. Du kannst ihn morgen häuten, in aller Ruhe. Überrumple ihn, wenn er am wenigsten darauf vorbereitet ist."

„Zane ist immer auf alles vorbereitet." Barrie sah grinsend zu ihrer Tochter, die vor dem Spiegel Pirouetten drehte. „Nur auf Nick, auf die war er nicht vorbereitet."

„Wer war das schon?", murmelte Loren mit einem liebevollen Lächeln zu dem kleinen Mädchen. Nick, die ihren Namen vernommen hatte, stellte ihre Pirouetten für einen Moment ein, um ihnen allen ein engelsgleiches Lächeln zu schenken – das niemanden täuschte.

„Mac ist vollkommen vernarrt in sie", sagte Maris. „Er hat nicht einmal mit der Wimper gezuckt, als sie seine Stiefel mit Filzstift bemalt hat."

„Wenn das nicht wahre Liebe ist", bemerkte Caroline trocken. Sie tuschte noch Maris' Wimpern und trat dann zurück, um ihr Werk zu bewundern. „Fertig! Mac müsste ja verrückt sein, dich allein zu lassen, um sich in Ländern herumzutreiben, in denen es nicht einmal anständige sanitäre Anlagen oder ausreichend Einkaufszentren gibt."

Carolines Priorität im Leben war Komfort. Um diesen zu erreichen, tat sie alles. Sie legte Kilometer zurück auf der Jagd nach einem Paar *bequemer* Schuhe. Ihrer Ansicht nach ergab das durchaus Sinn, schließlich war sie während ihrer Arbeitszeit endlose Stunden auf den Beinen, und wie sollte sie sich konzentrieren können, wenn ihre Füße schmerzten?

„Ich kann mir nicht vorstellen, dass Mac Wert auf Einkaufszentren legt", merkte Shea an. Sie wirbelte mit der kichernden Nick im Kreis herum und summte eine fröhliche Melodie.

Es klopfte an der Tür, und John steckte den Kopf durch den Spalt. „Es geht los", sagte er. Der Blick aus den eisblauen Augen fiel auf Caroline. „Wow, Mom, du siehst toll aus."

„Cleveres Kerlchen", lobte sie trocken. „Ich werde dich also nicht aus meinem Testament streichen."

John zog sich grinsend zurück. Maris stand auf und atmete tief ein. Es war so weit. Sie hatte vergessen, dass Mac und sie seit schon drei Wochen ein Ehepaar waren. Das hier war die Gala, und praktisch die ganze Stadt war anwesend, um Zeuge zu sein.

Shea setzte Nick ab und holte das Körbchen mit den Rosenblättern vom Schrank herunter, wo sie es in Sicherheit gebracht hatte. Nick hatte die Blätter fröhlich im ganzen Raum verteilt, und einmal die samtigen Blüten aufzuheben reichte.

Barrie legte Zack zu Cameron in den Kinderwagen. Beide Babys schliefen friedlich mit vollem Bauch. Eine von Sheas Nichten würde auf die zwei aufpassen, damit Barrie an der Zeremonie teilnehmen konnte.

Die Musik setzte ein, das Zeichen für die Frauen, in das Kirchenschiff zu gehen. Eine nach der anderen kam aus dem Raum heraus und wurde von ihrem Mann in Empfang genommen, um dann gemeinsam mit ihm zu den reservierten Plätzen zu schreiten. Zane stand wartend im Türrahmen und hielt Barrie die Hand hin. Vielsagend rief Maris: *„Nein!"*, und er sah grinsend zu ihr.

„Momentchen noch." Barrie beugte sich zu Nick hinunter, richtete die Schleife im Haar der Kleinen und reichte ihr erst jetzt den Blumenkorb. „Du streust die Blumen jetzt genau so, wie du es gestern Abend getan hast, ja? Weißt du noch?"

Nick nickte ernst. „Ich werfe immer eine Handvoll auf den Boden."

„Genau so machst du es, Herzchen." Mehr konnte nicht getan werden, und Barrie ging zu Zane hinüber, der seinen Arm um ihre

Taille schlang und sie kurz an sich drückte, bevor sie zu ihren Plätzen weitergingen.

Wolf trat an die Tür, in dem schwarzen Smoking sah er sehr elegant aus. „Es wird Zeit, Liebes", sagte er zu Maris. Seine schwarzen Augen waren voller Zärtlichkeit, als er die Arme um seine Tochter legte und sie sicher hielt, so wie er sie ihr ganzes Leben sicher gehalten hatte. Maris legte den Kopf an die Brust des Vaters, überwältigt von ihrer Liebe zu ihm.

„Ich habe mich schon gefragt, ob du deine Pferde je lange genug aus dem Kopf bekommst, um dich zu verlieben", murmelte er. „Doch jetzt, da es so weit ist, habe ich das Gefühl, dass wir dich nicht lange genug für uns gehabt haben."

Sie lachte leise an seiner Brust. „Deshalb konnte ich ja auch sicher sein." Sie hob den Kopf, lachend und weinend zugleich. „Als ich Sole Pleasure vergaß und nur noch an Mac dachte, da wusste ich, dass es Liebe sein musste."

Wolf küsste sie auf die Stirn. „In diesem Falle vergebe ich ihm."

„Opa!"

Die herrische Stimme drang von der Höhe seines Knies an seine Ohren, und Wolf sah hinunter. Nick zupfte ungeduldig an seinem Hosenbein. „Wir müssen uns beeilen. Ich muss doch die Blumen auf den Boden werfen."

„Du hast natürlich völlig recht." Lachend nahm er sie bei der Hand, damit sie in ihrer Ungeduld nicht vorrannte.

Wolf, Maris und Nick machten sich auf den Weg. Im Vorraum zur Kirche beugte Maris sich zu Nick herunter und küsste sie auf die Wange. „Bist du so weit?"

Nick, das Blumenkörbchen fest mit beiden Händen umklammert, nickte aufgeregt. Ihre blauen Augen strahlten.

„Dann los." Maris versetzte der Kleinen einen sanften Schubs.

Die Kirche erstrahlte im Glanz der Kerzen, und alle Gesichter wandten sich erwartungsvoll zum Eingang.

Nick genoss ihren Auftritt, ganz die kleine Diva. Sie lächelte nach links und nach rechts und griff in den Korb, um Blumenblätter auf den Mittelgang rieseln zu lassen. Eines. Der nächste Griff. Noch ein Rosenblatt fiel von der ausgestreckten Hand. Das nächste. Nick ließ sich Zeit, hockte sich sogar hin, um das Blatt präzise in die

Mitte des Teppichs zu rücken.

„Du lieber Himmel.“ An ihrer Seite konnte Maris das Lachen fühlen, das Wolf durchlief. „Sie sonnt sich in der Aufmerksamkeit“, flüsterte er Maris zu. „Wenn sie so weitermacht, sind wir um Mitternacht noch nicht beim Altar angekommen.“

Jetzt wandten sich die Blicke von der Braut auf das kleine Blumenmädchen. Vereinzeltes Lachen war zu hören. Barrie barg ihr Gesicht an Zanes Schulter und musste haltlos kichern. Zane grinste von einem Ohr zum anderen. Chance lachte laut auf. Mac, der am Altar wartete, strahlte das kleine Wesen an, das sein Herz im Sturm erobert hatte. Der Organist sah sich um, erkannte, warum es so lange dauerte, und spielte mit einem fröhlichen Grinsen weiter.

Mit Hingabe begann Nick jetzt zu improvisieren. Das nächste Blütenblatt wurde formvollendet über die Schulter geworfen. Der Priester am Altar lief rot an und verschluckte sich fast an seinem unterdrückten Lachen. Wie eine kleine Ballerina drehte Nick sich einmal um die eigene Achse, einige Rosenblätter flogen aus dem Korb, mit gerunzelter Stirn hob Nick sie auf und legte sie wieder in den Korb zurück.

Ein unkontrollierbares Kichern stieg in Maris’ Kehle auf. *Ich darf nicht lachen*, dachte sie. *Wenn ich damit anfange, lache ich, bis mir die Tränen kommen, und dann ist mein Make-up dahin.* Sie presste die Hand vor den Mund, doch es ließ sich nicht aufhalten … Helles Gelächter brach aus ihr heraus.

Nick drehte sich zu ihr um, mit großen Augen wartete sie auf das Lob, wie gut sie ihre Sache machte.

„Wirf sie, wirf die Blätter“, brachte Maris nur glucksend heraus.

„So?“ Nick nahm eine Handvoll Blätter und warf sie in die Luft.

Immerhin war es eine ganze Handvoll und nicht nur eines. „Genau so.“ Das würde ihren Schritt zum Altar beschleunigen.

Eine weitere Handvoll folgte, und dann die nächste, Nicks Tempo steigerte sich. Irgendwann waren sie dann endlich beim Altar angekommen, und Nick lachte Mac fröhlich an.

„Ich hab sie alle geworfen“, ließ sie ihn wissen.

„Du hast es genau richtig gemacht.“ Vor Lachen konnte er kaum sprechen.

Da ihre Mission erfüllt war, tapste Nick zu der Bank, in der Zane und Barrie saßen, und streckte die Arme aus, um auf den Sitz gehoben zu werden.

Erleichtert stimmte der Organist den Brautmarsch an, und Maris konnte am Arm ihres Vaters den Mittelgang beschreiten. Alle erhoben sich und blickten mit lächelnden Gesichtern auf die Braut.

Da die Vorbereitungszeit so knapp gewesen war, gab es keine Brautjungfern und auch keine Trauzeugen, so wartete Mac allein am Altar. Er sah seiner Braut entgegen, und seine Miene wurde unendlich zärtlich, seine blauen Augen strahlten. Als Maris neben ihn trat und ihre Hand in seine legte, hörte er hinter sich seine Mutter glücklich aufseufzen. Wolf beugte sich leicht vor und küsste seine Tochter auf die Wange, dann schüttelte er Mac die Hand, bevor der Brautvater seinen Platz neben Mary auf der Bank einnahm.

„Liebes Brautpaar", setzte der Priester an, und dann hörte Maris, wie jemand hinter ihr nach Luft schnappte. Da sie Barries Stimme erkannte, wunderte sie sich nicht, als eine kleine Person sich zwischen sie und Mac drängte und sich vor sie stellte.

„Ich heirate ihn auch", piepste Nick so laut, dass es bis in die hinterste Ecke der Kirche zu hören war.

Ein Blick über die Schulter zeigte Maris, dass Zane sich daranmachen wollte, seinen entlaufenen Sprössling wieder einzufangen, doch Maris schüttelte lächelnd den Kopf. Zane blinzelte ihr zu und setzte sich wieder.

So stand Nick mit dem Rücken an die Beine des Brautpaares gelehnt, während der Priester die Trauung vollzog. Man fühlte, wie sie vor Aufregung zitterte, und Mac legte ihr leicht eine Hand auf die Schulter und zog sie noch näher heran – er wollte einsatzbereit sein, nur für den Fall, dass der Kleinen noch etwas Unerwartetes einfiel, wie zum Beispiel dem Priester unter den Talar zu schauen.

Ihr Blick lag nämlich schon sehr interessiert auf der langen Robe. Doch im Moment schien sie zufrieden zu sein, sich von der feierlichen Zeremonie, den Kerzen, dem großen Weihnachtsbaum und den festlichen Kleidern gefangen nehmen zu lassen. Und als der Priester die Worte sprach: „Sie dürfen die Braut jetzt küssen", drehte Nick nur den Kopf und schaute seelenruhig zu.

„Was machen wir mit ihr, wenn wir jetzt zur Kirche hinausgehen müssen?", fragte Mac flüsternd an Maris' Lippen.

„Nimm sie auf den Arm und reiche sie an Zane weiter, wenn wir an seiner Bank vorbeikommen“, wisperte Maris zurück.

Der Organist schlug den Takt an, und Mac hob Nick auf einen Arm. Den anderen legte er um Maris. Begleitet von der Musik, von Lachen, Freudentränen und Applaus gingen sie den Mittelgang entlang auf den Ausgang zu. Als sie an der zweiten Bank vorbeikamen, wurde noch schnell ein kleines Mädchen in einem langen rosafarbenen Kleid schwungvoll von einem Paar kräftiger Arme sicher in das nächste Paar gehoben.

Der Hochzeitsempfang war eine lange, wunderbare Feier. Maris tanzte mit ihrem Mann, ihrem Vater, ihren Brüdern, mit einigen von ihren Neffen, ihren Schwägern und alten Freunden. Sie tanzte mit dem Sheriff Clay Armstrong und mit Botschafter Lovejoy, Barries Vater. Sie tanzte mit Sheas Vater und ihrem Großvater, mit den Ranchern und den Geschäftsleuten der Stadt. Und schließlich landete sie wieder in Macs Arm. Wange an Wange wiegten sie sich zum Rhythmus der langsamen Musik.

„Was wollte Zane von dir?“, fragte Maris plötzlich.

Da er seine Wange nicht von ihrer löste, konnte sie fühlen, wie er zu grinsen begann. „Er meinte, du wüsstest schon.“

„Mag sein, ich möchte es trotzdem von dir hören.“

„Du weißt doch, was er gesagt hat.“

„Dann will ich wissen, was *du* gesagt hast.“

„Dass ich interessiert bin.“

Maris ließ ein enttäuschtes Murmeln verlauten. „Ich will nicht, dass du monatelang außer Landes bist. Ich bin bereit zu akzeptieren – allerdings auch nur widerwillig –, dass das FBI dich zu den verschiedenen Einsätzen schickt, selbst wenn mir das nicht gefällt. Ich will dich bei mir haben, jede Nacht, und nicht Tausende von Meilen entfernt.“

„Genau das habe ich Zane auch gesagt. Ich muss ja nicht das Gleiche wie Chance tun.“ Er senkte die Stimme zu einem vertraulichen Flüstern. „Hast du deine Periode bekommen?“

„Nein.“ Sie war zwei Tage über der Zeit, das musste nicht unbedingt etwas zu bedeuten haben. Aber zwei Tage waren es, und normalerweise war ihr Zyklus sehr regelmäßig. Natürlich war es auch möglich, dass sich aufgrund der ganzen Aufregung und der Gehirnerschütterung eine Verzögerung eingeschlichen hatte. Deshalb würde sie auch noch nichts verlauten lassen. „Würde es dir die Laune verderben, wenn ich jetzt schon schwanger bin?"

„Die Laune verderben? Wenn wir unsere eigene Nick bekämen?" Er küsste sie zärtlich aufs Ohr. „Ich dachte schon, sie würde diese verdammten Blumenblätter nie ausstreuen."

„Sie ist wirklich einzigartig – hoffe ich doch." Maris lehnte sich an ihn und fühlte, wie die Sehnsucht durch ihren ganzen Körper floss. Falls sie noch nicht schwanger sein sollte, so würde sie es sicher bald sein.

Eine Weile tanzten sie schweigend. Dann sagte Mac: „Pleasure müsste jetzt eigentlich angekommen sein."

Maris hatten Tränen in den Augen gestanden, als Mac ihr das schönste Weihnachtsgeschenk überhaupt machte. Sole Pleasures Wert war drastisch gefallen, nachdem bekannt geworden war, dass er sich nicht für die Zucht eignete. Sämtliche Angebote wurden sofort zurückgezogen. Als Rennpferd hatte er zwar immer noch einen Namen, und Ronald Stonicher hätte sicherlich auf ein besseres Angebot als das von Mac warten können, aber mit den enormen Rechtsanwaltskosten, die auf ihn zukamen, hatte er die erste Möglichkeit zum Verkauf des Pferdes ergriffen.

Maris hatte sich solche Sorgen um Pleasures Zukunft gemacht, dass Mac Stonicher das Angebot unterbreitet hatte, ohne seiner Braut etwas davon zu sagen. Sollte der Handel nicht glattgehen, wollte er sie nicht unnütz enttäuschen.

„Dad kann es kaum abwarten, auf ihm zu reiten. Er hat mir oft gestanden, wie sehr er mich beneidet, weil ich mit dem Pferd arbeiten darf."

Wieder schwiegen sie und genossen einfach nur stumm die Nähe des anderen. Die Hochzeit war sicherlich keine ernste und würdevolle Angelegenheit gewesen, dafür hatte Nick schon gesorgt, aber es war alles perfekt. Die Leute hatten fröhlich gelacht und sich mit ihnen gefreut, und für Jahre würde man sich in Ruth mit einem Lächeln an Maris Mackenzies Hochzeit erinnern.

„Es wird Zeit, den Brautstrauß zu werfen!"

Der Ruf wurde laut, und Mac und Maris drehten sich zu der

Gruppe kichernder junger Mädchen um, die kokette Blicke auf die Mackenzie-Jungen warfen. Da gab es auch einige erwachsene Frauen, die Chance abwägend musterten.

„Ich dachte, der wird immer erst geworfen, wenn das Brautpaar sich verabschiedet", meinte Mac nachdenklich.

„Scheint, als könnten sie es nicht abwarten." Maris war es gar nicht so unangenehm, die Dinge ein wenig zu beschleunigen. Sie wünschte sich, bald mit ihrem Mann allein zu sein.

Nick hatte die beste Zeit ihres jungen Lebens. Sie stopfte sich Kuchen und Pralinés in den Mund und wurde in den Armen ihres Vaters, ihres Großvaters, ihrer Onkel und sämtlicher ihrer Cousins über die Tanzfläche gewirbelt. Als sie sah, wie Maris das Bouquet holte, das sie vorher schon so bewundert hatte, mit den „hübschen Blumen und Schleifen", machte sie sich aus Sams Arm los und stellte sich so hin, dass sie den besten Blick auf das Geschehen hatte.

Maris kletterte mit dem Rücken zum Saal auf die kleine Bühne und warf den Strauß über die Schulter zurück hoch in die Luft.

„Fangt ihn! Fangt ihn!", ertönte es.

Und dann brandete ein kollektiver Schrei des Entsetzens auf. Maris wirbelte herum. Die jungen Mädchen und Frauen stürzten gleichzeitig vorwärts, die Augen ausschließlich auf den fliegenden Strauß gerichtet. Und vor ihnen, ebenfalls ganz auf den Strauß konzentriert, lief trippelnd eine kleine Gestalt in einem rosa Kleid umher.

Eine schwarze Welle, bestehend aus siebzehn in dunklen Anzügen gekleideter Männer, setzte sich in Bewegung – sechzehn Mackenzies, vom sechsjährigen Benjy bis zu Wolf, und ein MacNeil gleichzeitig. Alle wollten zu dem kleinen Mädchen. Maris erhaschte einen Blick in Zanes Gesicht – er war bleich wie ein Laken, während er versuchte, zu seinem Liebling zu gelangen, bevor sie zertrampelt wurde. Und dann sprang auch Maris, ungeachtet ihres langen Kleides, von der Bühne und rannte los.

Zwei Linien rannten aufeinander zu, das kleine Mädchen im freien Raum in der Mitte. Einer der Teenager senkte zufällig den Blick, sah Nick und schrie erschreckt auf. Das Mädchen blieb abrupt stehen, wurde jedoch von den anderen hinter ihr vorwärtsgestoßen.

Chance hatte abseits gestanden, mit dieser Sache mit dem Brautstraußwerfen wollte er nichts zu tun haben. Aus diesem Grund jedoch hatte er mehr Bewegungsfreiheit als alle anderen. Er erreichte Nick zwei Schritte vor Zane, flog auf sie zu, riss sie in seine Arme und rollte sich mit ihr aus der Gefahrenzone. Zane bremste ab und stellte sich schützend vor die beiden, damit niemand über sie stolpern konnte. Innerhalb von zwei Sekunden stand eine ganze Wand aus Männern und Jungen vor den beiden, die auf dem Boden lagen.

Der Brautstrauß fiel, fiel, fiel … und landete mitten auf Chances Rücken.

Vorsichtig drehte Chance sich um, und Nick steckte den Kopf aus den sie schützenden Armen hervor. „Guck, Onkel Chance! Du hast die hübschen Blumen gefangen!"

Maris kam schlitternd vor ihnen zum Stehen. Chance lag regungslos auf dem Boden, Nick auf seiner Brust. Böse funkelte er Maris von unten herauf mit seinen bernsteinfarbenen Augen an. „Das hast du mit voller Absicht getan", knurrte er vorwurfsvoll.

MacNeils und Mackenzies rückten näher, in den besorgten Gesichtern aller begann es verdächtig um die Mundwinkel zu zucken.

Maris verschränkte die Arme vor der Brust. „Wie hätte ich so etwas denn planen sollen?", stritt sie ab. Sie musste sich auf die Lippen beißen, um nicht laut über Chances erboste Miene zu lachen.

„Ha! Dein ganzes Leben schon stellst du solch unheimliches Zeug an!"

Nick zog den Strauß an einem Schleifenband heran und legte Chance das Bouquet auf die Brust. „Da", sagte sie mit einem zufriedenen Lächeln.

Zane rieb sich verstohlen über die Nase, aber er hatte wesentlich weniger Erfolg als Maris, sein Grinsen zu verstecken. „He, Mann, du hast dir also den Brautstrauß geschnappt."

„Habe ich nicht", gab Chance knurrend zurück. „Sie hat mich damit erschlagen, ganz bewusst!"

Mary kam hinzu und stellte sich an Wolfs Seite, der automatisch den Arm um seine Frau legte. Ein wunderschönes Lächeln breitete sich auf ihrem Gesicht aus. „Chance, du hast ihn gefangen! Das heißt, du bist der Nächste."

„Ich – bin – nicht – der – Nächste!" Er presste die Worte entnervt hervor und setzte sich mit Nick in den Armen auf. Vorsichtig stellte er die Kleine auf die Füße und stand dann selbst auf.

„Solche Tricks zählen nicht. Ich habe gar keine Zeit für eine Frau. Mir gefällt mein Leben, so wie es ist. Eine Frau würde mir nur im Weg stehen.“ Während er sprach, wich er immer weiter zurück. „Außerdem würde ich keinen guten Ehemann abgeben, ich bin einfach nicht dafür geschaffen. Ich …“ Er brach ab, als jemand an seinem Hosenbein zupfte. Er blieb stehen und sah nach unten.

Nick stand vor ihm, auf Zehenspitzen reckte sie sich, um ihm das Bouquet entgegenzuhalten. „Vergiss deine Blumen nicht“, sagte sie mit einem strahlenden Lächeln.

– ENDE –

Linda Howard

Das Spiel der Mackenzies

Roman

Aus dem Amerikanischen von
Sonja Sajlo-Lucich

NEW YORK TIMES
BESTSELLER AUTOREN

DER ANFANG

Jedes Mal, wenn er zurück nach Wyoming kam, zurück nach Hause, wusste Chance Mackenzie nicht, welches seiner intensiven Gefühle überwog – die Freude oder das Unbehagen. Grundsätzlich war er der Typ Mann, der sich allein wohler fühlte, auch wenn er in den ersten vierzehn Jahren seines Lebens erfahren hatte, was Einsamkeit bedeutet. Wenn er allein war, brauchte er sich keine Gedanken um andere zu machen, und umgekehrt konnte ihn dann niemand mit seinen Sorgen behelligen. Sein Job verstärkte diesen Hang zum Alleinsein noch. Verdeckte Ermittlungen und Anti-Terror-Einsätze erforderten nun mal Geheimhaltung und Argwohn. Er musste ständig auf der Hut sein und durfte keinen an sich heranlassen. Chance vertraute niemandem.

Trotzdem ... er hatte eine Familie. Groß, laut, alle enorm erfolgreich und vor allem nicht willens, ihn aus ihrer Mitte gehen zu lassen. Wobei er nicht einmal sicher war, ob er sie verlassen würde, sollten sie es erlauben. Er empfand es immer als verstörend, alarmierend verstörend, in diesen Kreis aus Wärme und Herzlichkeit zu treten, ausgefragt und geneckt zu werden – er wurde tatsächlich gefoppt, ausgerechnet er, ein Mann, den die gefährlichsten Leute der Welt zu Recht fürchteten! Er wurde umarmt und geküsst, bemuttert und angebrüllt und ... geliebt, so als wäre er wie jeder andere. Dabei war ihm stets gegenwärtig, dass er nicht war wie andere. Und dennoch zog es ihn zurück, immer und immer wieder, wie magnetisch angezogen von gerade den Dingen, die ihn so irritierten – und nach denen er sich tief in seinem Inneren doch sehnte. Liebe war ein riskantes Unterfangen, er hatte es früh und auf die harte Tour erfahren. Er konnte sich auf niemanden außer auf sich selbst verlassen.

Die Tatsache, dass er bisher überlebt hatte, betrachtete Chance als Beweis für seine Zähigkeit und seine Intelligenz. Weder wusste er, wie alt er war, noch wo sein Geburtsort lag. Auch den Namen kannte er nicht, den er als Kind getragen hatte – oder ob man ihm überhaupt einen Namen gegeben hatte. Er konnte sich nicht an eine Mutter oder einen Vater erinnern, da war niemand, der sich um ihn gekümmert hatte. Viele Leute verdrängten und vergaßen ihre Kindheit einfach, aber Chance konnte sich nicht einmal damit trösten. Dafür gab es zu viele Episoden, die immer wieder und nur allzu deutlich vor sein geistiges Auge traten.

Er sah noch vor sich, wie er Essen stahl, kaum dass er groß genug war, um auf Zehenspitzen die Obstauslagen im Supermarkt erreichen zu können. Da Chance mittlerweile mit so vielen Kindern verschiedenen Alters zu tun und so Vergleichsmöglichkeiten hatte, schätzte er, dass er damals ungefähr drei gewesen sein musste ... wenn nicht jünger.

Er erinnerte sich daran, dass er bei warmem Wetter draußen in Straßengräben geschlafen hatte. War es kalt oder fiel Regen, suchte er Schutz in Scheunen, Lagerhallen, Ställen. Kleidung hatte er gestohlen, manchmal, indem er sie einem allein im Garten spielenden Jungen einfach vom Leib zog. Chance war immer stärker als andere Jungen seiner Statur gewesen, einfach aufgrund der körperlichen Anstrengung, am Leben zu bleiben – und er wusste, wie man kämpfte, aus demselben Grund.

Einmal hatte sich ihm ein streunender Hund angeschlossen, ein schwarz-weißer Mischling, der tagsüber neben ihm hertrottete und sich nachts neben ihm zusammenrollte. Chance erinnerte sich daran, wie dankbar er für die Wärme gewesen war. Doch er wusste auch noch, wie er an einem Tag nach einem Stück Fleisch griff, das er aus den Tonnen vor einem Restaurant gestohlen hatte, und der Hund ihn biss. Noch heute waren die Narben auf seiner linken Hand sichtbar. Der Hund hatte das Fleisch gefressen, und Chance war einen weiteren Tag hungrig geblieben. Schon damals verübelte er es dem Hund nicht, schließlich hatte das Tier ebensolchen Hunger gehabt. Doch danach hatte Chance den Hund verscheucht. Es war schwierig genug, für sich selbst etwas zu essen zu stehlen, ohne auch noch einen Hund versorgen zu müssen. Außerdem wusste er eines ganz genau: Wenn es ums Überleben ging, war sich jeder selbst der Nächste. Diese Lektion mochte er im Alter von fünf Jahren gelernt haben, aber er hatte sie sehr schnell verinnerlicht.

Dieses erzwungene Überlebenstraining sowohl auf dem Land als auch in der Stadt bildete die Grundlage dafür, dass er heute so gut war in dem, was er tat. Also hatte seine Kindheit wohl doch auch Gutes bewirkt. Trotzdem ... er würde keinem Hund das Gleiche wünschen, nicht einmal dem Köter, der ihn gebissen hatte.

Sein wirkliches Leben hatte an dem Tag begonnen, als Mary Mackenzie ihn am Straßenrand fand, entkräftet von einer unbehandelten Grippe, die zu einer Lungenentzündung geführt hatte. Viel von den darauffolgenden Tagen wusste er nicht mehr, dazu war er zu krank gewesen, nur, dass er in einem Krankenhaus gelegen hatte. Und an die Angst, an die erinnerte er sich. Denn er war dem System in die Hände gefallen, und das hieß, dass er effektiv ein Gefangener war. Natürlich sah jeder ihm an, dass er minderjährig war, noch dazu ohne Papiere. Das würde automatisch das Jugendamt auf die Bildfläche rufen. Sein ganzes Leben hatte er sorgsam darauf geachtet, gerade eine solche Situation zu vermeiden. Er hatte versucht, Pläne für eine Flucht auszuarbeiten, doch seine Gedanken waren wirr und trübe und sein Körper viel zu schwach gewesen.

Woran er sich jedoch erinnerte … da war dieser Engel mit warmen grau-blauen Augen und hellbraunem seidigem Haar, mit kühlen Händen und einer sanften Stimme. Und neben ihr stand ein großer dunkler Mann, ein Halbblut, der sofort die tiefste Furcht in Chance ansprach: „Wir werden nicht zulassen, dass sie dich mitnehmen", hatte der große Mann gesagt, wann immer Chance aus seiner fiebrigen Bewusstlosigkeit auftauchte.

Er traute ihnen beiden nicht, glaubte den Versprechungen des großen Halbbluts nicht. Chance hatte bereits selbst herausgefunden, dass er zum Teil Indianer war. Na und? Das hieß nicht, dass er diesen Leuten mehr trauen konnte als dem verdammten undankbaren Köter. Doch er war zu krank und zu schwach gewesen, um zu fliehen, er hatte ja nicht einmal genug Kraft, um sich zu wehren. Und in diesem hilflosen Zustand hatte Mary Mackenzie ihn irgendwie mit ihrer Fürsorge gefesselt. Er hatte es nie geschafft, sich davon zu befreien.

Er hasste es, wenn andere ihn anfassten. Wenn ihm jemand so nahe kam, dass er ihn berühren konnte, dann war dieser Jemand auch nahe genug für einen Angriff. Gegen die Krankenschwestern und Ärzte, die ihn mit ihren Nadeln und Spritzen traktierten und ihn herumhievten, als wäre er ein Stück Fleisch, konnte er nichts unternehmen. Mit zusammengebissenen Zähnen ertrug er es. Denn er wusste, sollte er sich wehren, würden sie ihn am Bett festbinden. Er wollte frei bleiben, damit er entkommen konnte, sobald er wieder genügend Kraft gesammelt hätte.

Doch sie schien die ganze Zeit über da zu sein. Natürlich wusste er, dass sie irgendwann auch mal das Krankenhaus verlassen haben musste. Dennoch ... wenn das Fieber in ihm wütete, war sie es, die sein Gesicht mit einem kalten Tuch abwischte und ihm mit Eiswürfeln die Lippen benetzte. Sie kämmte sein Haar zurück und massierte seine Stirn, wenn sein Schädel zu explodieren schien. Sie war es, die ihn wusch, seit sie erkannt hatte, welche Angst er hatte, sobald die Schwestern es versuchten. Seltsam, aber es war erträglicher für ihn, wenn sie das tat. Seine Reaktion verwunderte ihn selbst.

Sie berührte ihn ständig. Sie ahnte seine Wünsche im Voraus. Sie schüttelte sein Kissen auf, noch bevor ihm bewusst wurde, dass ihm unbequem war. Bevor ihm zu kalt oder zu heiß wurde, regulierte sie die Raumtemperatur. Sie massierte ihm Rücken und Beine, wenn die Fieberkrämpfe seine Muskeln verspannten. Er fand sich überschüttet mit mütterlicher Fürsorge, komplett eingehüllt darin. Es ängstigte ihn zu Tode, doch Mary nutzte seinen geschwächten Zustand aus und überwältigte ihn mit ihrer Liebe, so als sei sie entschlossen, ihm in den wenigen Tagen alles an Mutterliebe zu geben, was er über die Jahre vermisst hatte.

Und irgendwann während der Tage im Fieberwahn begann ihm diese kühle Hand auf seiner Stirn zu behagen. Er horchte, ob er nicht die sanfte Stimme hören konnte, selbst wenn er nicht genügend Kraft hatte, die Lider zu heben. Die Stimme beruhigte ihn und brachte ihm Frieden auf einer tiefen, unbewussten Ebene. Einmal träumte er, er wusste nicht, was, aber als er in Panik aufwachte, lag sein Kopf an ihrer schmalen Schulter. Wie ein kleines Kind hatte er sich an sie geschmiegt. Sie strich ihm unablässig übers Haar und sprach beruhigend auf ihn ein, und er war wieder in den Schlaf geglitten, mit dem Gefühl von Geborgenheit und Sicherheit.

Es wunderte ihn immer wieder, selbst heute noch, wie winzig sie war. Jemand mit einem so eisernen Willen müsste eigentlich zwei Meter groß sein und mindestens hundert Kilo wiegen, dachte Chance manchmal. Dann hätte er verstehen können, wie sie es damals schaffte, das Krankenhauspersonal herumzukommandieren, selbst die Ärzte, bis sie genau das bekam, was sie wollte. Sie war es, die ihn auf vierzehn Jahre schätzte. Er war gut einen Kopf größer als die zierliche Frau, die sich resolut in sein Leben drängte. Doch das war völlig unerheblich – gegen sie war er absolut machtlos, genau wie das Klinikpersonal.

Er konnte nichts gegen seine immer stärker werdende Sucht nach Mary Mackenzies Fürsorge tun, auch wenn ihm klar war, dass er da eine Schwäche entwickelte, die ihn zu Tode ängstigte. Noch nie hatte er für irgendetwas oder irgendjemanden Gefühle verspürt und wusste instinktiv, wie verletzlich ihn das machte. Doch weder das Wissen darum noch der Argwohn konnten ihm helfen. Als es ihm gut genug ging, um aus dem Krankenhaus entlassen zu werden, liebte er die Frau, die beschlossen hatte, eine Mutter für ihn zu sein, mit der bedingungslosen Liebe eines kleinen Kindes.

Er verließ die Klinik zusammen mit Mary und Wolf, dem großen Mann. Weil er die Frau nicht verlassen konnte, noch nicht, war er bereit, ihre Familie zu ertragen. Nur für eine kleine Weile, so schwor er sich, bis er wieder ganz bei Kräften war.

Sie nahmen ihn mit nach Mackenzie's Mountain, in ihr Heim, in ihre Mitte und in ihre Herzen. Ein namenloser Junge war in jenem Graben am Straßenrand gestorben, an seiner Stelle wurde Chance Mackenzie geboren. Als Chance sich ein Datum für seinen Geburtstag aussuchte – auf Drängen seiner neuen Schwester Maris –, wählte er den Tag, an dem Mary ihn gefunden hatte. Das sagte ihm wesentlich mehr zu als das Datum, an dem die Adoption rechtskräftig wurde.

Er hatte nie etwas besessen. Und dann, seit dem Tag seiner Ankunft auf dem Berg, hatte er plötzlich alles und im Überfluss. Hunger war sein ständiger Begleiter gewesen, nun gab es ausreichend zu essen. Er hatte auch nach Wissen gelechzt, jetzt standen überall Bücher, die er lesen konnte. Mary, Lehrerin bis ins Mark jedes einzelnen ihrer zierlichen Knochen, stopfte ihn regelrecht mit Wissen voll, so schnell er es aufnehmen konnte. Er war daran gewöhnt, sich einen Platz zum Schlafen zu suchen, wann immer und wo immer er konnte. Jetzt nannte er mit einem Mal ein Zimmer sein Eigen, mit einem eigenen Bett, und der Tag verlief in festen Bahnen. Er hatte eigene Kleider, neu, nur für ihn gekauft. Niemand hatte sie vor ihm getragen, und er hatte sie nicht stehlen müssen.

Die größte Veränderung jedoch … bisher war er allein gewesen, plötzlich lebte er in einer Familie. Er hatte eine Mutter und einen

Vater, vier Brüder, eine kleine Schwester, eine Schwägerin und einen neugeborenen Neffen, und sie alle behandelten ihn, als sei er von Anfang an dabei gewesen. Er konnte es noch immer kaum ertragen, angefasst zu werden, doch die Mackenzies berührten sich ständig. Mary – Mom – umarmte ihn, zauste ihm das Haar, gab ihm Gutenachtküsse und kümmerte sich um ihn. Maris, seine neue Schwester, nervte ihn bis zum Wahnsinn mit ihren Streichen, genau wie sie es mit ihren anderen Brüdern tat. Und dann würde sie ihre dünnen Arme um ihn schlingen, ihn fest an sich drücken und rufen: „Ich bin ja so froh, dass du zu uns gehörst!"

Bei solchen Gelegenheiten fühlte er sich immer völlig überrumpelt. Und er würde einen argwöhnischen Blick zu Wolf werfen, zu dem großen starken Mann, der der Kopf des Mackenzie-Clans und jetzt auch Chances Dad war. Was mochte er denken, wenn er seine kleine Tochter jemanden wie Chance umarmen sah? Wolf Mackenzie war kein Unschuldslamm, er wusste genau, welche Erfahrungen Chance geprägt hatten, er sah die Härte und die Kampfbereitschaft in dem halb verwilderten Jungen. Ob diese wissenden Augen, mit denen Wolf Mackenzie ihn betrachtete, auch das Blut sahen, das an Chances Händen klebte? Ob Wolf in seinen Kopf sehen konnte und dort die Erinnerung an den Mann finden würde, den er getötet hatte, als er ungefähr zehn gewesen war?

Ja, das große Halbblut wusste genau, was für ein gefährliches wildes Tier er in die Mitte seiner Familie geholt hatte und nun seinen Sohn nannte. Wolf wusste es und liebte ihn trotzdem, wie Mary.

Seine frühe Kindheit hatte Chance gelehrt, wie unbarmherzig das Leben war. Hatte ihn gelehrt, niemandem zu vertrauen, hatte ihn erkennen lassen, dass Liebe verletzlich machte und Verwundbarkeit einen das Leben kosten konnte. Er wusste das alles, und doch konnte er nicht anders, als die Mackenzies ins Herz zu schließen. Diese Liebe, dieser Riss in seiner Rüstung jagte ihm noch immer eine Heidenangst ein, und doch … nur wenn er sich in der Mitte der Familie aufhielt, war er wirklich entspannt. Weil er wusste, dass er bei ihnen sicher war. Er konnte nicht wegbleiben, konnte ihnen nicht den Rücken kehren, auch nicht als erwachsener Mann und fähig, sich selbst zu versorgen. Denn ihre Liebe für ihn und seine für sie nährten seine Seele.

Also hatte er aufgehört, sich gegen sie zu wehren, und hatte stattdessen seine beträchtlichen Talente eingesetzt, um ihre Welt und ihr Leben so sicher wie möglich zu halten. Allerdings machten sie es ihm wirklich nicht leicht, die Familie wurde immer größer: Seine Brüder heirateten und führten ihm damit Schwägerinnen vor, die er liebte, eben weil seine Brüder ihre Frauen liebten und diese nun dazugehörten. Dann kam der Nachwuchs. Als Chance zu den Mackenzies gekommen war, hatte es nur John gegeben, Joes Erstgeborenen. Doch dann folgte Neffe auf Neffe, und irgendwie saßen plötzlich Babys auf Chances Knien. Er wechselte Windeln, hielt Milchfläschchen und ließ zu, dass kleine pummelige Hände nach seinem Finger griffen, um Halt bei den ersten Schritten zu finden. Diese Händchen hatten auch nach seinem Herzen gegriffen, es gab kein Entkommen. Mittlerweile war die Zahl auf zwölf Neffen angewachsen, und es gab eine Nichte, für die er eine ganz besondere Schwäche hatte, sehr zur Belustigung der anderen.

Nach Hause zu fahren war immer eine nervenaufreibende Angelegenheit, und doch sehnte er sich nach seiner Familie. Er hatte Angst um sie und um sich selbst. Er wusste nicht, ob er je ohne die Wärme leben könnte, mit der die Mackenzies ihn einhüllten. Sein Verstand sagte ihm, es sei besser, sich von ihnen zu lösen, sich zurückzuziehen – sowohl von der Freude als auch von der Gefahr, verletzt zu werden. Doch sein Herz führte ihn immer wieder nach Hause.

1. KAPITEL

Chance liebte Motorräder. Die schwere Maschine brummte kraftvoll, während er über die Straße jagte, den Wind in den Haaren, weit in die Kurven gelegt. Kein anderes Motorrad auf der Welt klang wie eine Harley, keines hatte dieses tiefe, sonore Röhren, das durch ihn hindurchtönte. Das Tempo und die Kraft, die in der Maschine steckte, waren eine sinnliche Erfahrung. Die Erregung, mit der sein Körper darauf reagierte, amüsierte Chance immer wieder.

Gefahr war auch erregend. Jeder Krieger wusste das, auch wenn so etwas nicht in der Sonntagsausgabe der Zeitung stand, die die Leute beim Frühstück lasen. Sein Bruder Josh gab offen zu, dass es fast dem intensiven Gefühl glich, mit seiner Frau zusammen zu sein, wenn er einen Kampfflieger auf einem Flugzeugträger landete. Joe, der absolut jedes Flugzeug fliegen konnte, hielt sich zwar mit solchen Kommentaren zurück, aber er grinste jedes Mal wissend.

Was nun Zane und ihn anging, so wusste Chance, dass es Zeiten gab, in denen es ihnen sehr ähnlich ging. Wenn sie mal wieder einer riskanten Situation entkommen waren, in der einem für gewöhnlich Kugeln um die Ohren pfiffen, verlangte es Chance nach einer Frau. Sein Blut summte vor Adrenalin und Testosteron. Er war lebendig und verzehrte sich nach einem anschmiegsamen Körper, um sich verlieren und alle Anspannung abschütteln zu können. Doch meist musste dieser Wunsch beiseitegeschoben werden, bis Chance sich in Sicherheit befand oder häufig sogar das Land verlassen hatte. Er musste warten, bis sich eine Partnerin fand, und vor allem musste er warten, bis er sich beruhigt hatte, um sich zivilisiert und zuvorkommend zu benehmen.

Doch im Moment gab es nur ihn und die Harley, den frischen Wind auf seinem Gesicht und eine bizarre Mischung aus Vorfreude und Angst, endlich nach Hause zu kommen. Wenn Mom ihn ohne Helm auf dem Motorrad sah, würde sie ihm anständig die Leviten lesen; deshalb hatte er ihn auch mitgenommen. Unten am Fuße des Berges würde er halten, den Helm aufsetzen und gemächlich die gewundene Straße hinauffahren. Dad würde sich davon nicht täuschen lassen, aber er würde kein Wort darüber verlieren. Wolf Mackenzie wusste, was für ein Gefühl es war, ungezügelt und ohne Einschränkungen zu leben.

Chance fuhr über eine Anhöhe. Zanes Haus kam in Sicht, eingebettet in das weite Tal. Das Haus war riesig, mit fünf Schlafzimmern und vier Bädern, aber nicht sehr auffällig. Zane hatte sein Haus so gebaut, dass es keine unnötige Aufmerksamkeit erregte. Es wirkte auch nicht so groß, wie es in Wirklichkeit war. Einige Räume lagen unter der Erde. Außerdem hatte Zane beim Bau auf größtmögliche Sicherheit geachtet. Es gab keine toten Winkel oder geschützten Ecken, aus denen jemand hätte angreifen können. Zu erreichen war das Haus nur von einer Straße aus. Es war ausgestattet mit Stahltüren und den raffiniertesten Sicherheitsschlössern. Die Fenster aus kugelsicherem Glas hatten ein kleines Vermögen gekostet. Die Wände waren verstärkt, und im Keller gab es ein Notstromaggregat. Auf dem ganzen Gelände waren Bewegungsmelder installiert, und als Chance die Harley auf die Auffahrt lenkte, wusste er, dass seine Ankunft längst gemeldet worden war.

Zane schloss seine Familie nicht ein, aber falls nötig, waren alle Sicherheitsvorkehrungen vorhanden. Seine Arbeit machte es unerlässlich, so viel Vorsicht wie möglich walten zu lassen. Zane war stets auf Notfälle vorbereitet, er hatte immer einen Plan B.

Chance schaltete den Motor ab und blieb eine Minute sitzen, um seine Sinne wieder auf Normal umzustellen. Er fuhr mit den Fingern durch das vom Wind zerzauste Haar, dann kickte er den Ständer nach unten und stellte die schwere Harley vorsichtig ab. Aus der Satteltasche zog Chance eine dünne Aktenmappe und stieg die Stufen zu der breiten, schattigen Veranda hinauf.

Es war ein warmer Sommertag im August, der Himmel spannte sich wolkenlos blau bis zum Horizont. Pferde grasten friedlich auf den Weiden, einige von ihnen waren an den Zaun getrabt, um die laute Maschine neugierig zu beäugen. Um Barries Blumen summten Bienen, und Vögel zwitscherten in den Bäumen. Wyoming. Zu Hause. Sein Zuhause war nicht mehr weit entfernt. Mackenzie's Mountain, mit dem großen Haus, wo ihm ein neues Leben und alles andere gegeben wurde, das ihm wichtig war.

„Die Tür ist offen." Zanes tiefe Stimme drang aus dem Lautsprecher der Sprechanlage. „Ich bin im Arbeitszimmer."

Chance schob die Tür auf und trat ein, seine Schritte in den schweren Motorradstiefeln lautlos, als er über den Korridor zu Zanes Arbeitszimmer ging. Hinter ihm rastete das Schloss mit einem leisen Klicken wieder ein. Im Haus war es still, was bedeutete, dass Barrie und die Kinder nicht hier waren. Wäre Nick im Haus, würde sie auf ihn zugestürzt kommen und sich in seine Arme werfen, pausenlos auf ihn einplappern und dabei sein Gesicht mit ihren beiden Patschehändchen festhalten, damit sie auch ja seine volle Aufmerksamkeit hatte – als wenn er es wagen würde, sich nicht voll auf sie zu konzentrieren. Nick war wie ein Behälter mit Nitroglyzerin, es war klüger, sie immer im Auge zu behalten.

Seltsamerweise war die Tür zu Zanes Arbeitszimmer geschlossen. Chance stutzte einen Moment, dann trat er, ohne anzuklopfen, ein.

Hinter seinem Schreibtisch saß Zane am Computer. Das Fenster war weit geöffnet und ließ die warme Sommerluft herein. Er lächelte seinem Bruder zu. „Pass auf, wo du hintrittst. Zwerge im Gelände."

Sofort suchte Chance mit seinem Blick den Boden ab, doch die Zwillinge waren nirgends zu entdecken. „Wo?"

Zane lehnte sich mit dem Stuhl zurück und hielt ebenfalls Ausschau nach seinen Sprösslingen. „Unter dem Schreibtisch", sagte er kurz darauf. „Als sie dich gehört haben, sind sie in Deckung gegangen."

Chance hob eine Augenbraue. Seines Wissens versteckten sich die Zwillinge vor nichts und niemandem. Er sah genauer hin und entdeckte vier pummelige Babyhände, die unter Zanes Schreibtisch hervorlugten. „Sie sind nicht sehr gut im Verstecken", bemerkte er. „Ich kann ihre Finger sehen."

„Nun lass sie doch, sie sind noch neu im Geschäft. Sie haben erst diese Woche damit angefangen. Sie spielen ‚Attacke'."

„Attacke?" Chance unterdrückte das Lachen. „Und was muss ich jetzt tun?"

„Bleib einfach stehen. Sie werden aus ihrem Versteck stürzen, so schnell sie krabbeln können, und dich bei den Fußknöcheln packen."

„Beißen sie?"

„Noch nicht."

„Na schön. Und was machen sie mit mir, wenn sie mich geschnappt haben?"

„So weit sind sie noch nicht. Noch ziehen sie sich nur an dir hoch und lachen breit." Zane kratzte sich nachdenklich das Kinn. „Vielleicht setzen sie sich ja auf deine Füße, damit du dich nicht bewegen kannst, obwohl … das Stehen macht ihnen im Moment viel zu viel Spaß, sie haben keine Lust, sich hinzusetzen."

Der Angriff kam überraschend, trotz der Warnung. Chance bewunderte die beiden. Sie waren erstaunlich leise. Und erstaunlich präzise. Zwei krabbelnde Babys kamen unter dem Schreibtisch hervor, stürzten sich mit einem gleichzeitig ausgestoßenen triumphierenden Krähen auf seine Fußgelenke und klammerten sich an seiner Jeans fest. Der auf der linken Seite ließ sich auf seinen Fuß plumpsen, entschied sich dann für eine andere Taktik und drehte sich blitzschnell um, um sich aufzurichten. Babyarme umschlangen Chances Knie, und die beiden kleinen Eroberer lachten begeistert.

„Cool." Chance war hingerissen. „Kampfbabys." Er warf die Aktenmappe auf die Schreibtischplatte und beugte sich vor, um die beiden Krieger in Windeln auf seine Arme zu heben. Cameron und Zack strahlten ihn an, beide mit den ersten vier Babyzähnchen in den identischen Gesichtern. Mit weichen Händen tasteten sie Chance das Gesicht ab, zogen an seinen Ohren, griffen in seine Hemdtaschen – der Angriff von zwei strampelnden, außergewöhnlich schweren Marshmallows.

„Grundgütiger", entfuhr es ihm, „die beiden wiegen ja eine Tonne." Schon erstaunlich, wie schnell die beiden in den zwei Monaten, seit er sie zuletzt gesehen hatte, gewachsen waren.

„Sie sind schon fast so schwer wie Nick, wenn auch noch nicht ganz." Die Zwillinge waren kompakt gebaut und zeigten schon jetzt die Anlagen für die typische hünenhafte Mackenzie-Statur, während Nick zierlich wie ihre Großmutter Mary war.

„Wo sind Barrie und Nick überhaupt?", erkundigte sich Chance. Er würde seine hübsche Schwägerin und seine quirlige Nichte gern begrüßen.

„Wir haben eine größere Schuhkrise. Frag nicht."

Chance konnte nicht widerstehen. „Wie kommst du zu einer Schuhkrise?" Er setzte sich mit den Babys auf dem Schoß in einen der breiten Sessel, die vor Zanes Schreibtisch standen. Seine Ohren schienen die Zwillinge nicht mehr zu interessieren, stattdessen begannen sie rege aufeinander einzuplappern und umarmten sich mit Armen und Beinen, so als suchten sie die Nähe zueinander, die sie im Mutterleib erfahren hatten. Ganz unbewusst streichelte Chance den beiden über den Rücken, erfreute sich an der weichen Haut der strampelnden Babys. Alle Mackenzie-Kinder wuchsen mit ständigem Körperkontakt auf, von der gesamten Familie.

Zane verschränkte entspannt die Hände hinter dem Kopf. „Zuerst brauchst du dazu eine Dreijährige, die ihre schwarzen Sonntagsausgehlacklederschuhe mit Inbrunst liebt. Dann machst du den schwerwiegenden taktischen Fehler und lässt sie den ‚Zauberer von Oz' im Fernsehen sehen." Es zuckte verräterisch um Zanes Lippen, und seine Augen funkelten belustigt.

Da er seine dreijährige Nichte sehr gut kannte, wusste Chance sofort Bescheid: Nick hatte also entschieden, dass sie unbedingt rote Schuhe brauchte. „Womit hat sie sie zu färben versucht?"

Zane seufzte. „Mit Lippenstift, womit sonst." Es schien Tradition zu werden, dass die Mackenzie-Sprösslinge Lippenstift für ihre Dummheiten benutzten. John hatte damit angefangen, als er im stolzen Alter von zwei Jahren den Lippenstift seiner Mutter dazu verwandte, die Orden auf Joes Gala-Uniform anzumalen. Caroline hatte sich sehr viel mehr aufgeregt als Joe, denn einen neuen Lippenstift in dem Farbton zu finden war schwieriger, als die schmalen Metallstreifen zu ersetzen.

„Konnte man das nicht einfach abwischen?" Die Zwillinge hatten Chances Gürtelschnalle als neues Objekt ihrer Neugier entdeckt. Bevor sie ihm die Hose auszogen, setzte er die Kleinen auf den Boden.

„Schließ die Tür", sagte Zane sofort. „Sonst sind sie weg."

Einen Arm nach hinten ausgestreckt, lehnte Chance sich zurück und versetzte der Tür einen Schubs, gerade noch rechtzeitig. Den beiden fixen Krabblern wäre es fast gelungen zu entkommen. Ihrer Bewegungsfreiheit beraubt, ließen sie sich auf den gepolsterten Po fallen und wägten ihre Möglichkeiten ab, dann machten sie sich auf allen vieren auf Erkundungsreise durch den Raum.

„Natürlich hätte ich das abwischen können", fuhr Zane tonlos fort. „Wenn ich es gewusst hätte. Leider hatte Nick beschlossen, das selbst zu erledigen. Sie hat die Schuhe in die Spülmaschine gesteckt."

Chance brach in lautes Lachen aus.

„Also hat Barrie ihr gestern ein neues Paar besorgt, genau die Gleichen. Du kennst ja Nick, sie weiß sehr genau, was ihr gefällt und was nicht. Nun, sie warf einen Blick auf die Schuhe, zog ein Gesicht und behauptete, sie seien hässlich. Sie weigert sich strikt, sie anzuziehen."

„Das heißt, Barrie ist jetzt mit meiner Lieblingsnichte einkaufen, damit die Kleine sich selbst ein Paar Schuhe aussuchen kann."

„Genau." Zanes Blick wanderte zu seinen Söhnen. Als hätten sie nur auf elterliche Aufmerksamkeit gewartet, gaben beide einen unwilligen Laut von sich und sahen erwartungsvoll zu ihrem Vater.

„Zeit für die Raubtierfütterung." Zane drehte sich mit dem Stuhl und griff in die Kühltasche. Von den beiden Milchflaschen, die er in der Hand hielt, reichte er eine an Chance weiter. „Hier. Greif dir einen von den Zwillingen."

„Auf alles vorbereitet, wie immer." Chance schmunzelte, bevor er sich vorbeugte und eins von den Babys hochhob. Er hielt den Jungen und musterte das von einem tiefen Stirnrunzeln gezierte Gesichtchen. Doch, das war Zack, eindeutig. Chance hatte keine Ahnung, warum er wusste, welchen Zwilling er da hielt. Die Babys glichen sich wie ein Ei dem anderen. Der Kinderarzt hatte sogar vorgeschlagen, ihnen Fußkettchen mit Namen anzulegen. Dabei hatte niemand in der Familie Schwierigkeiten, die beiden auseinanderzuhalten. Zack und Cameron waren individuelle Persönlichkeiten.

„Mir bleibt gar nichts anderes übrig, als vorbereitet zu sein. Barrie hat vor einem Monat abgestillt, und die beiden warten nicht gerne auf ihr Essen."

Zack ließ die Flasche in Chances Hand keinen Moment aus den Augen. „Warum hat Barrie so früh aufgehört?" Chance setzte sich wieder und legte sich den Jungen in den Arm. „Nick hat doch das ganze erste Lebensjahr Muttermilch bekommen."

„Das wirst du gleich sehen." Das war alles, was Zane sagte, während er sich Cameron bequem in den Arm legte.

Kaum dass Chance das Milchfläschchen in Zacks Reichweite brachte, griff das Baby auch schon danach und begann gierig zu saugen. Zwar ließ der Kleine Chance die Flasche halten, dafür aber umklammerte er mit beiden Händchen Chances Handgelenk und schlang die Beine um seinen Unterarm. Während des Saugens ließ er zufriedene Laute hören und hielt nur ab und zu inne, um Luft zu holen.

Ein ähnliches Geräusch kam von Zanes Schoß, dessen Arm auf die gleiche Weise gefangen gehalten wurde. Und jetzt kaute Zack mit seinen vier Zähnchen auf dem Plastiksauger.

„Kein Wunder, dass Barrie aufgehört hat zu stillen!“, entfuhr es Chance.

Zack warf nur einen blasierten Blick auf seinen Onkel, ohne weder Murmeln noch Saugen noch Kauen zu unterbrechen. Schließlich musste der kleine Bauch gefüllt werden.

Zane lachte leise und hob Cam so weit hoch, dass er an einem der pummeligen Beinchen knabbern konnte. Cam bedachte die Unterbrechung mit einem bösen Stirnrunzeln, doch dann überlegte er es sich anders und schenkte seinem Vater ein strahlendes Lächeln mit einem milchverschmierten Mund. Gleich darauf richtete der Kleine jedoch seine volle Aufmerksamkeit wieder auf die Mahlzeit.

Zacks seidenweiches schwarzes Haar strich weich über Chances Arm. Babys zu halten war ein wunderbares Gefühl, auch wenn Chance beim ersten Mal ganz anderer Meinung gewesen war. Damals hatte er John gehalten, Joes erstes Kind, und der arme Kleine hatte sich die Lunge aus dem Hals geschrien, weil er gerade zahnte.

Zu jener Zeit war Chance noch nicht lange bei den Mackenzies gewesen, erst ein paar Monate, und sein Misstrauen gegen all diese Leute war immer noch extrem gewesen. Zwar gelang es ihm – nur mit Mühe –, den instinktiven Drang zum Angriff, wann immer ihn jemand berührte, zu unterdrücken, trotzdem zuckte er jedes Mal zusammen und scheute vor jeder Berührung zurück wie ein wildes Tier. Joe und Caroline kamen zu Besuch, und von ihren Mienen zu schließen, als sie das Haus betraten, musste es eine sehr anstrengende Fahrt gewesen sein. Selbst den ruhigen Joe, der sich immer unter Kontrolle hielt, hatten die fruchtlosen Versuche, seinen Sohn zu beruhigen, mitgenommen. Und Caroline wirkte gehetzt und aufgewühlt in einer Situation, in der Logik keine Lösung brachte. Ihre sonst makellose Frisur saß schief, und in ihren Augen konnte Chance eine Mischung aus Sorge und Ärger erkennen.

Als sie an ihm vorbeikam, blieb Caroline abrupt stehen und drückte ihm das schreiende Baby in den Arm. Chance wollte erschreckt zurückweichen, doch bevor er wusste, wie ihm geschah, hielt er schon den kleinen sich windenden Schreihals. „Hier", sagte Caroline erleichtert. „Vielleicht kannst du ihn beruhigen."

In Chance war Panik aufgeschossen. Fast war es ein Wunder, dass er das Baby nicht fallen ließ. Nie zuvor hatte er ein Baby gehalten, er hatte nicht die geringste Ahnung, was er mit diesem kleinen Wesen anfangen sollte. Andererseits war er zutiefst erstaunt, dass Caroline ihm ihren angebeteten Sohn anvertraute – ihm, dem dahergelaufenen Streuner, den Mary – Mom – mit nach Hause gebracht hatte. Wieso erkannten diese Leute denn nicht, was er war? Warum verstanden sie nicht, dass er aus einer Welt kam, in der die Wahl hieß, zu töten oder getötet zu werden, und dass es besser war, Abstand zu ihm zu halten?

Stattdessen schien niemand es ungewöhnlich zu finden, dass er dieses Baby hielt, selbst wenn es mit weit ausgestreckten Armen geschah.

Und dann senkte sich himmlische Ruhe über das Haus. John hörte verdutzt auf zu brüllen und starrte stattdessen neugierig das neue Gesicht an. Chance legte sich das Baby in die Armbeuge, wie er es bei den anderen beobachtet hatte. Der Kleine sabberte, und Chance nutzte den Latz, um ihm vorsichtig den Mund abzuwischen. John packte die Gelegenheit beim Schopf, griff sich Chances Daumen und kaute erleichtert darauf herum. Chance verzog vor Schmerz das Gesicht, nicht nur waren die Gaumen erstaunlich hart, auch standen die ersten zwei Zähnchen kurz vor dem Durchbrechen. Dennoch, Chance hielt durch und überließ dem Kleinen seinen Daumen. Bis Mom mit einem nassen kalten Waschlappen als Beißringersatz den Raum betrat und ihren Sohn rettete.

Das war Chances erste Erfahrung mit Babys gewesen, und von jenem Tag an fühlte er sich wehrlos und wie Wachs in den Händen der stetig wachsenden Parade von Neffen, die seine vitalen Brüder und Schwägerinnen in die Welt setzten. Es schien sogar schlimmer zu werden, denn bei Zanes dreien stand er auf absolut verlorenem Posten.

„Ach, übrigens, Maris erwartet ihr Erstes."

Chances Kopf ruckte hoch, ein Grinsen breitete sich auf seinem Gesicht aus. Seine kleine Schwester war seit neun Monaten verheiratet und haderte schon die ganze Zeit über mit sich, wieso sie nicht direkt nach der Hochzeit schwanger geworden war.

„Wann ist es so weit?" Chance verlegte grundsätzlich alle Termine, wenn es darum ging, bei der Ankunft eines neuen Mackenzies dabei zu sein. Dieses Baby würde zwar MacNeil heißen, aber das war eine unwesentliche Nebensächlichkeit.

„Im März. Sie behauptet, dass sie bis dahin wahnsinnig geworden ist, weil Mac sie nicht aus den Augen lässt."

Chance lachte in sich hinein. Außer ihrem Vater und ihren Brüdern war Mac der einzige Mann, der sich von Maris nicht einschüchtern ließ. Wahrscheinlich war das auch einer der Gründe, warum sie ihn so sehr liebte. Wenn Mac entschieden hatte, dass Maris während der Schwangerschaft kürzer zu treten hatte, gab es wenig Hoffnung für sie, dem strengen Reglement zu entkommen.

Mit dem Kopf deutete Zane auf die Aktenmappe, die Chance mitgebracht hatte. „Wirst du mir davon erzählen?"

Zane meinte damit mehr als nur die Fakten, die in der Akte standen, das war Chance klar. Zane wollte wissen, warum sein Bruder persönlich vorbeikam, anstatt die Daten per Computer zu übermitteln. Zane kannte Chances Auftragsplan als Einziger, und laut Plan hätte dieser im Moment eigentlich in Frankreich sein sollen. Chance hatte nicht einmal vorher angerufen, um sich bei seinem Bruder anzumelden.

„Ich wollte kein Risiko eingehen, dass eventuell etwas durchsickert."

Zane zog eine Augenbraue hoch. „Wir haben ein Sicherheitsproblem?"

„Nicht dass ich wüsste. Und ich mache mir nur Sorgen um das, was ich nicht weiß. Wie schon gesagt, niemand darf auch nur den geringsten Verdacht haben. Das hier geht nur dich und mich etwas an."

„Du machst mich neugierig." Zanes blaue Augen funkelten interessiert auf.

„Crispin Hauer hat eine Tochter."

Zwar richtete Zane sich nicht auf, aber seine Miene wurde hart. Crispin Hauer stand seit Jahren ganz oben auf ihrer Liste. Allerdings war der Terrorist ebenso schwer zu fassen wie gefährlich. Noch immer versuchten sie, an ihn heranzukommen, suchten nach irgendeiner Schwäche, um ihm eine Falle stellen zu können. Bisher hatten sie nur eine Heiratsurkunde gefunden. Vor fünfunddreißig Jahren hatte Hauer eine gewisse Pamela Vickery in London geheiratet. Die Frau war nicht lange nach der Hochzeit spurlos verschwunden. Chance ging wie alle anderen auch davon aus, dass Pamela tot war, entweder durch die Hand ihres Ehemannes oder durch die seiner Feinde.

„Wer ist sie?", fragte Zane jetzt. „Und wo ist sie?"

„Sie heißt Sonia Miller, und sie hält sich hier in den Staaten auf."

Zanes Blick wurde lauernd. „Den Namen kenne ich."

Chance nickte. „Ja, sie ist der Kurier, dem letzte Woche in Chicago angeblich die Sendung gestohlen wurde."

Das „angeblich" war Zane nicht entgangen. „Du glaubst, es war eine abgekartete Sache?"

„Wäre gut denkbar. Ich fand die Verbindung, als ich Miss Miller überprüfte."

„Hauer muss doch klar sein, dass sie überprüft wird, wenn sie ein Paket verliert. Vor allem eines mit Unterlagen der Luftwaffe. Wieso sollte er ein solches Risiko eingehen?"

„Vielleicht glaubte er, wir würden nichts finden. Das Mädchen wurde adoptiert. Hal und Eleanor Miller sind als Eltern eingetragen, und deren Weste ist blütenrein. Ich wäre nie darauf gekommen, wenn ich nicht versucht hätte, mir die Geburtsurkunde auf den Bildschirm zu holen. Und siehe da ... Hal und Eleanor hatten nie Kinder, es gibt keine Geburtsurkunde für die kleine Sonia Miller. Also fing ich an, ein wenig tiefer zu graben. Und fand die Adoptionsakte."

Zane zeigte sich beeindruckt. Einzusehende Adoptionsakten hatten reichlich Schwierigkeiten verursacht, deshalb waren die Behörden rasch dazu übergegangen, die Akten verschlossen zu halten. Es war äußerst schwierig, an solche Akten heranzukommen. „Hast du Spuren hinterlassen?"

„Keine, die zu uns führen. Ich bin über verschiedene Links gegangen und habe mich dann in das System des Finanzamtes eingehackt, um von dort aus an die Akte zu gelangen."

Zane grinste. Sollte überhaupt jemand merken, dass in diesen Daten geschnüffelt worden war, würde man es vertuschen. Das Finanzamt konnte unmöglich zugeben, dass sein System zu knacken war.

Zack hatte seine Flasche ausgetrunken. Sein Klammergriff lockerte sich, und sein Köpfchen rollte zur Seite, als er kurz gegen den Schlaf kämpfte, der ihn übermannen wollte. Automatisch hob Chance den Kleinen an die Schulter und klopfte ihm leicht auf den Rücken, damit das Baby sein Bäuerchen machen konnte. „Miss Miller arbeitet seit etwas über fünf Jahren als Kurier. Sie hat eine Wohnung in Chicago; die Nachbarn sagen allerdings, sie sei selten zu Hause. Ich muss davon ausgehen, dass es von langer Hand geplant wurde und sie von Anfang an mit ihrem Vater zusammengearbeitet hat."

Zane nickte schweigend. Sie mussten immer das Schlimmste annehmen, es gehörte zu ihrem Job. Nur so konnten sie sich auf alle Situationen vorbereiten. „Hast du dir schon was überlegt?" Er hob Cams Flasche an, nachdem auch dieser seine Mahlzeit beendet hatte, und legte sich das Baby an die Schulter.

„Ich werde mich an sie heranmachen, sie dazu bringen, mir zu vertrauen."

„Sie ist bestimmt nicht besonders zutraulich."

„Lass das nur meine Sorge sein. Ich habe einen Plan." Chance grinste. Normalerweise war das Zanes Spruch.

Zane erwiderte das Grinsen, dann horchte er auf, als ein kleiner Lautsprecher an der Wand einen leisen Klingelton von sich gab. Zane schaute zum Bildschirm. „Stell dich schon mal drauf ein – Barrie und Nick sind zurück."

Sekunden später ging die Haustür auf, und ein lautes Rufen tönte durchs Haus.

„Onkel Chance, Onkel Chance, Onkel Chance!" Das Trippeln von kleinen Füßen begleitete den Jubel, während Nick durch die Halle gerannt kam. Chance hatte kaum die Tür des Arbeitszimmers einen Spalt aufgezogen, als Nick auch schon hereingestürmt kam und auf ihn zustürzte.

Mit seinem freien Arm fing Chance sie auf und zog sie auf seinen Schoß. Ganz große Schwester und ungeachtet der Tatsache, dass ihr Bruder fast genauso groß war wie sie, drückte Nick einen Kuss auf Zacks Wange und tätschelte seinen Kopf, bevor sie ihre volle Aufmerksamkeit auf ihren Lieblingsonkel richtete.

„Bleibst du diesmal bei uns?", fragte sie aufgeregt und bot ihm ihre Wange entgegen. Chance gab ihr einen schmatzenden Kuss und atmete tief den süßen Kleinkinderduft ein, den sie ausströmte. Sie kicherte, als er an ihrem Hals knabberte.

„Nur ein paar Tage", sagte er und enttäuschte sie damit. Nick war mittlerweile alt genug, dass ihr auffiel, wie oft und wie lange er abwesend war. Jedes Mal, wenn sie ihn sah, versuchte sie, ihren Onkel zu überreden, länger zu bleiben.

Einen Moment lang runzelte sie die Stirn, doch dann ging sie zu wichtigeren Dingen über. Strahlend sah sie ihn an. „Kann ich dann mit deinem Motorrad fahren?"

Chance war sofort auf der Hut. „Nein", sagte er entschieden. „Du kannst es weder fahren noch darauf sitzen, noch dich daran anlehnen – und auch keine Spielzeuge darauf ablegen." Bei Nick schloss er besser von vornherein alle Möglichkeiten aus. Sie verstieß nur selten gegen ein direktes Verbot, aber sie besaß eine enorme Findigkeit, sämtliche Schlupflöcher auszuloten, um Regeln zu umgehen. Chance fiel noch etwas ein. „Und du kannst auch die Zwillinge nicht daraufsetzen." Er glaubte zwar nicht, dass Nick die Babys hochheben konnte, aber … sicher war sicher.

„Danke." Barrie hörte den letzten Zusatz, als sie ins Zimmer trat. Sie begrüßte Chance mit einem Kuss auf die Wange und nahm ihm Zack aus dem Arm, um den Kleinen vor Nicks allzu lebhaften Füßen in Sicherheit zu bringen.

„Auftrag ausgeführt?", fragte Zane. Er saß lässig in den Stuhl zurückgelehnt und betrachtete seine Frau mit einem Ausdruck in den blauen Augen, der deutlich zeigte, dass ihm gefiel, was er sah.

„Nicht ohne Drama und mehrere Szenen, aber ja, Mission erfolgreich abgeschlossen." Sie blies sich eine vorwitzige rote Strähne aus der Stirn. Wie immer sah sie schick und elegant aus, dabei trug sie nichts weiter als eine beigefarbene Hose und eine ärmellose weiße Bluse, die den Blick auf ihre leicht gebräunten Arme lenkte. Man kann die junge Dame aus dem exklusiven Internat herausholen, dachte Chance bewundernd, aber man holt nie das exklusive Internat aus dem Mädchen heraus. Und Barrie hatte eine der elitärsten Schulen der Welt besucht.

Nick ging es immer noch darum, ihre Rechte bezüglich des Motorradfahrens auszuhandeln. Sie legte Chance beide Hände an die Wangen und beugte den Kopf vor, bis ihre Nase fast seine berührte –

die beste Art, sich seine volle Aufmerksamkeit zu sichern. Fast hätte Chance laut über den entschlossenen Ausdruck in dem kleinen Gesichtchen gelacht. „Du darfst auch mit meinem Dreirad fahren.“ Offensichtlich hielt sie es für aussichtsreicher, einen Tausch anzubieten, als Forderungen zu stellen.

„Irgendwie habe ich das vermisst“, murmelte Zane amüsiert, während Barrie leise lachte.

„Danke für das Angebot, aber ich bin zu groß für dein Dreirad. Und du bist zu klein für mein Motorrad“, antwortete Chance.

„Wann kann ich es denn fahren?“ Sie schaute ihn mit großen blauen Augen an.

„Wenn du deinen Führerschein hast.“

Das nahm ihr erst einmal den Wind aus den Segeln. Nick hatte keine Ahnung, was ein Führerschein war oder wie man einen bekam. Einen Finger im Mund, überlegte sie angestrengt. Chance versuchte, sie vom Thema abzulenken.

„He, trägst du etwa schon deine neuen Schuhe?“

Wie von Zauberhand erschien das fröhliche Lächeln wieder. Nick wand sich auf seinem Schoß, damit sie ein Bein anheben konnte – so hoch, dass sie Chance fast gegen die Nase trat. „Die sind ja sooo schön, nicht wahr?“, flötete sie begeistert.

Chance hielt den kleinen Fuß mit einer Hand fest und bewunderte das Lackleder gebührend. „Wow, das glänzt ja wie ein Spiegel. Da kann ich glatt mein Gesicht sehen.“ Er tat, als würde er seine Zähne inspizieren, und Nick brach in helles Gekicher aus.

Zane stand auf. „Barrie und ich bringen die Zwillinge ins Bett. Kümmerst du dich solange um Nick?“

Nick zu beschäftigen war nie ein Problem. Sie hatte immer etwas zu erzählen, oder ihr fiel ein, was man tun könnte. Chance wickelte sich eine Strähne ihrer seidigen schwarzen Locken um den Finger, während sie munter über ihre neuen Schuhe plapperte, über Grandpas neue Fohlen und fröhlich davon erzählte, welche Wörter Daddy benutzt hatte, als er sich letztens mit dem Hammer auf den Daumen geschlagen hatte. Chance verschluckte sich fast.

„Aber ich darf das nicht sagen.“ Nick schaute Chance ernst an, der Mühe hatte, ein Grinsen zu unterdrücken. „Das sind nämlich ganz, ganz schlimme Wörter.“

„Stimmt, das sind sie“, erwiderte er und kaschierte sein Lachen hinter einem Hüsteln.

„Ich darf ‚verdammt‘ und ‚verflucht‘ nicht sagen, auch nicht ‚Schei…‘.“

„Dann solltest du es auch jetzt nicht tun.“ Es gelang ihm tatsächlich, seiner Stimme einen strengen Ton zu geben, auch wenn ihm das Lachen in der Kehle saß.

Nick sah ehrlich erstaunt drein. „Aber wie soll ich dir denn erzählen, was Daddy gesagt hat, wenn ich die schlimmen Wörter nicht sagen darf?“

„Kennt Daddy die Wörter?“

Sie nickte ungestüm. „Er kennt sie alle!“

„Dann werde ich ihn fragen. So weiß ich auch, welche schlimmen Wörter ich nicht sagen darf.“

„Na schön.“ Nick seufzte. „Aber hau nicht zu fest.“

„Hauen?“

„Er benutzt solche Wörter nur, wenn er sich mit dem Hammer auf den Daumen haut. Das hat Daddy selbst gesagt.“

Nur gut, dass Nick zu klein war, um den Unterschied zwischen gekünsteltem Husten und ersticktem Lachen zu erkennen. Zane verfügte als ehemaliger SEAL über einen Wortschatz, der salzig war wie das Meer, das einst seine Heimat gewesen war. Chance hatte sehr viel Deftigeres von seinem Bruder gehört als „solche Wörter“. Mom allerdings hatte allen ihren Sprösslingen eingetrichtert, weder vor Frauen noch vor Kindern zu fluchen. Zane konnte unmöglich gewusst haben, dass sich Nick in Hörweite aufhielt, als er sich auf den Daumen schlug, sonst hätte er diese Ausdrücke nie benutzt. Es blieb nur zu hoffen, dass Nick es vergessen hatte, bis sie in den Kindergarten kam.

„Tante Maris bekommt ein Baby.“ Nick rappelte sich auf und stellte sich auf Chances Schenkel. Chance hielt sie mit beiden Händen an der Taille fest, obwohl das wahrscheinlich völlig unnötig war. Nick konnte klettern wie ein Zirkusakrobat.

„Weiß ich schon. Dein Daddy hat’s mir gesagt.“

Eingeschnappt runzelte Nick die Stirn. Sie war gern die Erste, die große Neuigkeiten verkündete. „Sie fohlt im Frühling.“

Dieses Mal hielt er das Lachen nicht zurück, sondern erhob sich mit dem kleinen Engel im Arm und wirbelte Nick im Kreis herum, bis sie laut vor Begeisterung quietschte und ihm vor Lachen die Tränen in den Augen standen. Gott, wie sehr er dieses Kind liebte! In den drei kurzen Jahren ihres Daseins hatte Nick dem gesamten Mackenzie-Clan beigebracht, ständig auf der Hut zu sein, denn man wusste nie, was ihr alles einfiel. Und es war auch der ganze Clan nötig, um die Kleine in Schach zu halten.

Urplötzlich entfuhr ihr ein schwerer Seufzer. „Wann ist Frühling? Dauert das lange?"

„Noch sehr, sehr lange", erwiderte Chance ernst. Sieben Monate waren eine lange Zeit für eine Dreijährige.

„Bin ich dann schon alt?"

Er setzte eine verständnisvolle Miene auf und nickte. „Dann bist du vier."

Noch ein schwerer Seufzer. „Vier." Sie sah regelrecht bedrückt aus. „So ein Ärger."

Erst nachdem er sich die Lachtränen aus den Augen gewischt hatte und endlich wieder sprechen konnte, fragte Chance: „Von wem hast du das denn gehört?"

„Von John", kam die prompte Antwort.

„Hat er dir noch was anderes beigebracht?"

Sie nickte.

„Erzählst du mir, was?"

Sie betrachtete ihn einen Moment lang, starrte zur Decke hinauf und richtete den Blick dann mit zusammengekniffenen Augen wieder auf sein Gesicht. „Lässt du mich dann auf deinem Motorrad fahren?"

Da verhandelte das kleine Frettchen doch tatsächlich mit ihm! Ihm wurde jetzt schon angst und bange, wenn er sich ausmalte, wie sie mit sechzehn sein würde! „Nein", antwortete er entschieden. „Wenn du dir wehtust, weinen deine Mommy und dein Daddy. Grandpa und Grandma würden auch weinen. Ich würde weinen, Tante Maris würde weinen, Mac würde auch weinen. Und Onkel Mike würde weinen …"

Diese Litanei von Weinenden beeindruckte sie offenbar. Bevor er alle Familienmitglieder aufzählen konnte, unterbrach Nick ihn hastig. „Ich kann doch auf einem Pferd sitzen, Onkel Chance. Warum kann ich dann nicht auf deinem Motorrad sitzen?“

Himmel, sie ließ nicht locker! Wo, zum Teufel, blieben Zane und Barrie?! Sie waren jetzt lange genug weg, das musste doch reichen, um die Zwillinge hinzulegen. Allerdings … so, wie er seinen Bruder kannte, würde Zane ein wenig Romantik mit seiner Frau einschieben, jetzt, da ein Babysitter für Nick anwesend war. Schließlich war Zane immer darauf eingestellt, eine geänderte Situation zu seinem Vorteil zu nutzen.

Es dauerte noch gute zehn Minuten, bevor Zane zurück in sein Arbeitszimmer geschlendert kam – mit entspannter Miene. Chance blickte ihm böse entgegen. Immerhin hatte er zehn Minuten lang versucht, aus Nick herauszukriegen, welche Ausdrücke John ihr noch beigebracht hatte. Ergebnislos, Nick gab keinen Millimeter nach.

„Das wurde auch Zeit.“

„He, ich habe mich beeilt“, widersprach Zane lässig.

„Ja, klar.“

„So weit als möglich.“ Zane lächelte und strich mit der Hand über das glänzende schwarze Haar seiner Tochter. „Hast du Onkel Chance auch gut unterhalten?“

Sie nickte. „Ich habe ihm von den bösen Wörtern erzählt, die du gesagt hast, als du dir auf den Daumen gehauen hast.“

Erst verzog Zane das Gesicht, dann blickte er streng drein. „Wie kannst du ihm davon erzählen, wenn du die Wörter nicht sagen darfst?“, wollte er wissen.

Wieder steckte sie einen Finger in den Mund und sah hinauf zur Decke.

„Nick.“ Zane nahm seine Tochter auf den Arm. „Hast du die bösen Wörter gesagt?“

Sie schob trotzig die Unterlippe vor, doch dann nickte sie.

„Dann gibt es heute keine Gutenachtgeschichte für dich. Du hattest versprochen, die Wörter nicht zu sagen.“

„Es tut mir leid.“ Sie schlang die kleinen Ärmchen um den Hals ihres Vaters und legte bedrückt den Kopf an seine Schulter.

Zärtlich strich Zane ihr über den Rücken. „Das weiß ich, Herzchen. Aber Versprechen muss man halten.“ Er stellte sie auf die Füße. „Jetzt lauf und such Mommy.“

Als Nick aus dem Zimmer gerannt war, fragte Chance aus reiner

Neugier: „Warum hast du ihr nicht das Fernsehen verboten, sondern ihr die Gutenachtgeschichte gestrichen?“

„Wir wollen fernsehen nicht interessant für sie machen, indem wir es als Belohnung oder Strafe benutzen. Wieso fragst du? Sammelst du Tipps für die Zeit, wenn du selbst mal Vater bist?“

Chance war ehrlich entsetzt. „In diesem Leben wird das ganz bestimmt nicht passieren!“

„Sicher? Das Schicksal hat die dumme Angewohnheit, dich anzuspringen und dich beim Hintern zu packen, wenn du es am wenigsten erwartest.“

„Nun, im Moment hat niemand seine Griffel an meinem Hintern, und ich gedenke auch, dafür zu sorgen, dass es so bleibt.“ Chance deutete mit dem Kopf zu der Akte, die auf Zanes Schreibtisch lag. „Da gibt es ein paar Dinge, die wir besprechen sollten.“

2. KAPITEL

Dieser Auftrag war mal der Beweis, dass Murphys Gesetz nie seine Gültigkeit verlor.

Sunny Miller saß entnervt in einer Halle des Salt Lake City Airport und wartete darauf, dass ihr Flug aufgerufen wurde – falls das überhaupt geschah. Mittlerweile bezweifelte sie das. An vier Flughäfen hatte sie heute immer wieder warten müssen, trotzdem befand sie sich noch gute tausend Meilen von ihrem Ziel entfernt. Eigentlich hätte sie den direkten Flug von Atlanta nach Seattle bekommen sollen, aber der war wegen technischer Probleme ausgefallen. Alle Passagiere waren auf andere Maschinen verteilt worden, doch keiner der Flüge ging direkt.

Von Atlanta war sie bis nach Cincinnati gekommen, dann weiter bis nach Chicago. Von Chicago ging es nach Denver, von dort aus nach Salt Lake City. Immerhin bewegte sie sich Richtung Westen, das war ja schon mal etwas. Und der Flug von Salt Lake City sollte tatsächlich in Seattle landen – falls jemals zum Boarding aufgerufen würde.

So wie der Tag bisher verlaufen war, rechnete Sunny mit dem Schlimmsten.

Sie war müde und hatte außer Erdnüssen noch nichts im Magen. Ihre Befürchtung, dass der Flug plötzlich aufgerufen und die Maschine in Rekordzeit ohne sie abheben würde, hinderte Sunny daran, sich etwas zu essen zu besorgen. Wenn Murphy das Ruder übernahm, war alles möglich. Sie nahm sich vor, diesen Murphy irgendwann zu finden und ihm ordentlich eins auf die Nase zu geben.

Die Vorstellung heiterte sie etwas auf. Sunny setzte sich in dem harten Plastikstuhl gerade hin und holte ihr Taschenbuch hervor. Sicher, sie war erschöpft und hungrig, aber davon würde sie sich nicht unterkriegen lassen. Wenn sie eines perfektioniert hatte, dann die Fähigkeit, aus jeder Situation das Beste herauszuholen. Manche Aufträge liefen wie geschmiert, andere waren die Hölle. Solange sich gute und schlechte die Waage hielten, konnte Sunny damit umgehen.

In fester Gewohnheit hatte sie den Riemen des Lederaktenkoffers über den Kopf gezogen und sich auf die Schulter gelegt. So leicht könnte ihr kein Dieb den Koffer entreißen. Manche Kuriere ketteten sich die Tasche ans Handgelenk. Aber die Firma, für die Sunny arbeitete, war der Ansicht, das ziehe zu viel Aufmerksamkeit auf sich. Handschellen schrien praktisch laut: „Hier wichtige Papiere!"

Nach dem Vorfall in Chicago war Sunny doppelt vorsichtig und behielt immer eine Hand auf dem Koffer. Sie hatte keine Ahnung, was darin war. Das musste sie auch nicht, ihr Job war es, den Inhalt von Punkt A nach Punkt B zu bringen. Als letzten Monat irgendein grünhaariger Punk ihr den Koffer von der Schulter gerissen hatte, war sie sowohl erniedrigt als auch stinkwütend gewesen. Sie war immer vorsichtig, aber scheinbar nicht vorsichtig genug. Und jetzt prangte ein dicker schwarzer Vermerk in ihrer Personalakte.

Außerdem beunruhigte es Sunny zutiefst, dass sie sich so hatte überrumpeln lassen. Mit den ersten Schritten hatte man ihr beigebracht, auf alles vorbereitet zu sein, indem man stets wachsam die Umgebung im Auge behielt. Wenn es irgendeinem Strolch mit grünen Haaren gelang, sie zu überrumpeln, dann konnte sie weder so aufmerksam noch so gut gegen alles gewappnet sein, wie sie bis zu jenem Tag gedacht hatte.

Allein bei der Erinnerung kroch ein ungutes Gefühl in ihr hoch. Sie beschloss, das Buch wieder in die Tasche zu stecken und lieber die Augen offen zu halten.

Ihr knurrte der Magen. In ihrer Tasche hatte sie etwas Proviant, aber der war für absolute Notfälle geplant. Sunny sah zu den Abflugschaltern hinüber, wo zwei Leute vom Bodenpersonal geduldig die Fragen mehrerer Passagiere beantworteten. An den unzufriedenen Mienen der Passagiere war deutlich abzulesen, dass es sich kaum um gute Neuigkeiten handelte. Was bedeutete, dass genügend Zeit bleiben müsste, in der Sunny sich etwas zu essen besorgen konnte.

Sunny sah auf ihre Armbanduhr. Viertel vor zwei, Ortszeit. Bis heute Abend um neun, Pazifikzeit, musste der Koffer in Seattle sein. Eigentlich war das locker zu schaffen, aber so wie die Dinge liefen, verlor Sunny die Hoffnung, die Lieferung pünktlich übergeben zu können. Ihr missfiel der Gedanke, in der Firma anzurufen, um schon wieder einen Fehlschlag zu melden, selbst wenn sie diesmal keine Schuld traf. Wenn sich nicht bald etwas tat, würde ihr jedoch gar nichts anderes übrig bleiben. Der Kunde musste über die Verspätung informiert werden.

Also gut. Sie würde essen gehen, und wenn sie zurückkam und sich bis dahin nichts geändert hatte, würde sie es bei einer anderen Fluglinie versuchen. Obwohl … Sunny wusste bereits, dass die Aussichten alles andere als rosig waren. Sie befand sich eindeutig in der Flugverbindungshölle.

Entschlossen packte sie Aktenkoffer und Reisetasche und machte sich auf den Weg, etwas anderes zu finden als Sandwichs aus dem Automaten. Aus einem Ausgang zu ihrer Linken strömten angekommene Fluggäste. Sunny wich nach rechts aus, um den Weg freizumachen. Es nützte nichts, jemand stieß gegen ihre linke Schulter, und sie wandte automatisch den Kopf, um zu sehen, wer es war.

Doch da war niemand. Eine automatische Reaktion, verfeinert während vieler Jahre, in denen Sunny gelernt hatte, über die Schulter zu schauen, rettete sie. Ihr Griff am Aktenkoffer wurde fester, genau in dem Moment, als sie einen Ruck am Riemen spürte und das Leder schlaff an ihrer Schulter herabfiel.

Mist! Nicht schon wieder!

Sie duckte sich und schwang herum, um ihrem Angreifer mit der schweren Reisetasche einen Schlag zu versetzen. Dabei erhaschte sie einen Blick in hinterhältige schwarze Augen und auf ein unrasiertes Gesicht. Dann sah sie das Messer in seiner Hand, mit dem der Riemen durchtrennt worden war. Die andere Hand des Mannes lag bereits um den Griff des Aktenkoffers und zog. Die Reisetasche traf den Mann an der Schulter. Er stolperte rückwärts, doch er ließ nicht los.

Sunny dachte nicht einmal daran, um Hilfe zu rufen. Dazu war sie viel zu wütend. Außerdem hätte sie das nur abgelenkt. Stattdessen holte sie erneut mit der Reisetasche aus und zielte auf die Hand, in der der Mann das Messer hielt.

Um sich herum hörte sie alarmierte Stimmen laut werden, während die Umstehenden in dem Versuch, dem Handgemenge auszuweichen, andere anrempelten. Nur die Wenigsten, falls überhaupt irgendjemand, hatten den Auslöser dieses Aufruhrs mitbekommen.

Alles passierte viel zu schnell, die Sicht war eingeschränkt. Sunny konnte nicht darauf hoffen, dass ihr jemand zu Hilfe kam. Also ignorierte sie den Lärm um sich herum und konzentrierte sich auf den Volltrottel, der seine dreckigen Finger um ihren Aktenkoffer geklammert hatte.

Klatsch! Die Reisetasche traf ihn erneut, doch er ließ nicht los. „Miststück!“, fluchte er und stieß das Messer in ihre Richtung.

Sunny sprang zurück, ihren Fingern entglitt der Koffer. Triumphierend entriss der Mann ihn ihr ganz. Sie griff nach dem Riemen und erwischte ihn, zog, doch dann blitzte eine silberne Schneide auf. Ein Schnitt, und der Riemen baumelte schlaff in Sunnys Hand. Das plötzliche Verschwinden der Gegenkraft ließ Sunny nach hinten taumeln.

Der Mann drehte sich auf dem Absatz und sprintete los. Sobald Sunny das Gleichgewicht wiedergefunden hatte, setzte sie ihm nach und rief immer wieder: „Haltet ihn!“ Ihr langer Rock hatte einen Schlitz an der Seite, sodass sie rennen konnte, doch hatte ihr Angreifer nicht nur einen guten Vorsprung. Sie kam zu langsam voran, weil sie nicht wagte, die Reisetasche stehen zu lassen, die ihr beim Laufen ständig gegen die Beine schlug und sie behinderte. Ungelenk rannte sie ihm nach, auch wenn sie wusste, dass es sinnlos war. Verzweiflung schnürte ihr den Magen zusammen. Sie konnte nur beten, dass jemand aus der Menge das Zeug zum Helden hatte und den Dieb aufhielt.

Ihr Gebet wurde erhört.

Weiter vorn stand ein großer Mann, den Rücken ihr zugewandt. Jetzt drehte er sich um und betrachtete eher gelangweilt das Szenario. Der Dieb war fast bei ihm angekommen. „Halten Sie den Kerl da fest!“, rief Sunny, auch wenn es sicher viel zu spät für den großen Mann war, um noch zu reagieren.

Sie hatte den Satz noch nicht zu Ende gesprochen. Mit einem Blick hatte der große Mann die Situation erfasst, und im nächsten Moment drehte er sich schon auf einem Bein, das andere lang ausgestreckt. Der Tritt landete gezielt auf dem rechten Knie des Diebs und ließ ihn wie einen gefällten Baum einknicken. Er landete unsanft auf dem Rücken, die Arme weit über dem Kopf ausgestreckt. Der Aktenkoffer rutschte über den Gang und mit einem dumpfen Knall gegen die Wand, prallte ab und schlidderte ein Stück zurück in den Strom der Passagiere. Ein Mann schaffte es gerade noch, über den Koffer zu hüpfen, die anderen wichen eilig zur Seite aus.

Sunny hechtete dem Koffer hinterher und nahm ihn sofort an sich, bevor noch ein anderer Witzbold auf die Idee käme, ihn sich zu schnappen. Aber sie behielt den Dieb und ihren Retter im Auge.

Der große Mann beugte sich vor und drehte den Dieb auf den Bauch, hielt dessen Arme mit einer Hand an den Gelenken fest und zog sie auf den Rücken und dann nach oben.

Gequält kreischte der Dieb auf. „He, du Mistkerl! Du kugelst mir die Schulter aus!“

Die Beschimpfung brachte ihm nur noch einen Ruck ein, was er mit einem einzigen Aufschrei quittierte.

„Achte auf deine Wortwahl“, hörte Sunny den großen Mann zischeln, als sie atemlos neben ihm zum Stehen kam.

„Seien Sie vorsichtig, er hat ein Messer“, warnte sie.

„Ich hab’s gesehen. Es liegt irgendwo da hinten, er hat es losgelassen, als er zu Boden ging.“ Der Mann sah nicht auf, sondern zog seinen Gürtel aus den Bundschlaufen seiner Hose und band damit die Handgelenke des Diebes zusammen. „Holen Sie es, bevor jemand anders es findet. Fassen Sie es nur mit zwei Fingern an der Schneide an.“

Er schien zu wissen, was er tat, also gehorchte Sunny kommentarlos. Sie zog ein Taschentuch aus ihrer Rocktasche und hob damit das Messer auf, sorgsam darauf achtend, die Fingerabdrücke am Griff nicht zu verwischen.

„Und was mach ich jetzt damit?“

„Halten Sie es, bis die Sicherheitsleute hier sind.“ Er drehte den dunklen Schopf und entdeckte den Gepäckträger, der mit großen Augen die Szene beobachtete. „Der Sicherheitsdienst ist doch gerufen worden, oder?“

„Ja, natürlich, Sir“, antwortete der Mann aufgeregt.

Sunny ging neben ihrem Retter in die Hocke. „Danke“, sagte sie und deutete auf den Aktenkoffer. „Er hat den Riemen durchgeschnitten und mir den Koffer entrissen.“

„War mir ein Vergnügen.“ Erst jetzt drehte er sich zu ihr um, sodass sie ihm zum ersten Mal ins Gesicht sehen konnte.

Fast glaubte sie, es wäre ihr letztes Bild von der Welt gewesen. Ihr Magen begann zu flattern, ihr stockte das Herz, die Lungen weigerten sich, Sauerstoff aufzunehmen. Wow, war alles, was ihr einfiel. Und dann versuchte sie unauffällig tief einzuatmen.

Vor ihr hockte der bestaussehende Mann, der ihr je untergekommen war. Umwerfend, das war der passende Begriff. Wie betäubt nahm sie alle Einzelheiten in sich auf: schwarzes Haar, ein wenig zu lang, sodass es über den Kragen der abgeschabten braunen Lederjacke hing, glatte, gebräunte Haut, Augen von einem so hellen Braun, dass sie fast golden wirkten, umrahmt von langen schwarzen Wimpern. Und als wäre das nicht schon ausreichend, war er mit einer schmalen geraden Nase gesegnet, mit hohen Wangenknochen und so feinen Lippen, dass Sunny den wilden Impuls verspürte, sich vorzubeugen und diesen wunderbaren Mund zu küssen.

Seine Größe hatte sie schon von Weitem beeindruckt. Aber jetzt konnte sie auch feststellen, wie breit seine Schultern waren und dass er einen flachen Bauch und schmale Hüften besaß. Mutter Natur musste außerordentlich gute Laune gehabt haben, als sie ihn erschaffen hatte. Fast sah er zu gut aus, um echt zu sein. Aber Sunny erkannte eine gewisse Härte in seinen Zügen, die reine Männlichkeit ausstrahlte. Die Narbe auf seiner linken Wange verstärkte den Eindruck. Als Sunny hinuntersah, fiel ihr auch eine Narbe auf seiner rechten Hand auf, eine weiße Linie auf brauner Haut.

Die Narben erschreckten sie nicht, im Gegenteil. Sie bewiesen nur, dass er ein echter Mann war.

Sunny war so vertieft in ihre Betrachtungen, dass es mehrere Sekunden dauerte, bis sie bemerkte, dass er sie mit einem leicht amüsierten Lächeln anschaute. Ihre Wangen begannen vor Verlegenheit zu brennen.

Dabei hatte sie gar keine Zeit für solch versunkene Bewunderung, also lenkte sie ihre Aufmerksamkeit zurück auf die wichtigen Dinge. Diese Witzfigur von Dieb gab stöhnende Geräusche von sich, um jeden wissen zu lassen, welche Pein er ausstand. Doch Sunny bezweifelte, dass er Schmerzen litt – außer vielleicht von dem Knie, das in seinen Rücken drückte. Ihren Koffer hatte Sunny zwar zurück, nur steckte sie jetzt in einem Dilemma: Es war ihre Bürgerpflicht, den Mann anzuzeigen. Während sie dann Formulare ausfüllte und Fragen beantwortete, würde wahrscheinlich ihr Flug ohne sie abheben.

„Idiot", murmelte sie und blickte auf den Überwältigten hinunter. „Wenn ich deinetwegen meinen Flug verpasse …"

„Wann geht die Maschine?", fragte ihr Retter.

„Das weiß ich nicht. Aber sie könnten den Flug jeden Moment

aufrufen. Ich frage mal eben nach. Bin gleich wieder zurück."

Er nickte. „Ich behalte solange unseren Freund hier im Auge und rede mit der Flughafenpolizei, bis Sie zurück sind."

„Dauert nur eine Minute." Sunny eilte auf den Schalter zu, vor dem sich eine aufgebrachte Menge angesammelt hatte. Ein Blick auf die Anzeigetafel erklärte ihr, warum die Leute jetzt so viel verärgerter waren als vorhin: Aus dem „Verspätet" war inzwischen ein „Annulliert" geworden.

„Mist", fluchte sie leise vor sich hin. „Mist, Mist, Mist!" Damit war ihr die letzte Hoffnung, den Auftrag pünktlich erfüllen zu können, genommen. Es sei denn, es geschah noch ein Wunder. Zwei Wunder an einem Tag sind allerdings wohl zu viel verlangt, dachte sie missmutig.

Sie musste in der Firma anrufen. Aber zuerst würde sie sich mit der Flughafenpolizei wegen dieses Blödmanns auseinandersetzen. So ging sie zurück und stellte fest, dass inzwischen Bewegung in das Stillleben gekommen war. Der Dieb stand auf eigenen Füßen und sollte gerade von zwei Wachmännern in ein Büro eskortiert werden, in das keine neugierigen Blicke dringen konnten.

Ihr Held wartete auf Sunny. Als er sie näher kommen sah, sagte er etwas zu den beiden Sicherheitsleuten, dann ging er ihr entgegen.

Ihr Puls beschleunigte sich ein wenig. Er war, ihr fiel kein anderes Wort ein, einfach eine Augenweide. Seine Kleidung war nichts Besonderes – schwarzes T-Shirt unter brauner Lederjacke, ausgewaschene Jeans und Stiefel –, aber er trug diese Sachen mit Selbstsicherheit und wahrer Eleganz. Zu schade aber auch, dass sie ihn nach diesem unerwarteten Zwischenspiel nicht wiedersehen würde. Für einen kurzen Augenblick erlaubte Sunny sich, diesen Umstand zu bedauern. Dann nahm sie sich zusammen. Sie durfte nicht zulassen, dass sich mehr entwickelte – falls es überhaupt möglich wäre – weder mit ihm noch mit jemand anderem. Sie achtete sehr darauf, es nie so weit kommen zu lassen. Es wäre dem Mann gegenüber nicht fair, und sie selbst konnte sich einen emotionellen Aufruhr nicht leisten. Eines Tages vielleicht würde sie bereit sein, zur Ruhe zu kommen und sich niederzulassen, würde jemanden finden, den sie lieben und heiraten und mit dem sie Kinder haben konnte. Aber jetzt noch nicht. Es war zu gefährlich.

Als er vor ihr stand, nahm er mit wunderbar altmodischer Höflichkeit ihren Arm. „Alles mit Ihrem Flug geklärt?“

„In gewisser Hinsicht. Er wurde gestrichen. Ich müsste heute Abend in Seattle sein, aber daraus wird wohl nichts. Jede Maschine, mit der ich heute geflogen bin, wurde entweder umgeleitet oder hatte Verspätung. Und jetzt geht kein Flug mehr, der mich noch rechtzeitig hinbringen könnte.“

„Chartern Sie eine Maschine“, schlug er vor, während sie zusammen zu dem Büro gingen, in dem der Dieb vermutlich schon vernommen wurde.

Sunny lachte leise auf. „Ich weiß nicht, ob mein Chef solche Reisekosten eingeplant hat, aber es wäre eine Idee. Ich muss sowieso in der Firma anrufen, wenn wir hier fertig sind.“

„Falls es hilft … ich bin im Moment frei. Ich war zu einem Kunden bestellt, der mit dem letzten Flug aus Dallas ankommen sollte. Aber er war nicht in der Maschine.“

„Sie sind Charterpilot?“ Sie konnte es nicht glauben. Das war einfach zu schön, um wahr zu sein. Vielleicht hatte sie sich heute ja doch irgendwie das Recht auf zwei Wunder verdient.

Selbstsicher lächelte er sie an. Sunny bemerkte ein kleines Grübchen, das auf seiner Wange erschien. Grundgütiger, auch noch Grübchen!

Er hielt ihr die Hand hin. „Chance McCall. Pilot, Diebfänger und Mann für alle Fälle. Stets zu Diensten, Ma'am.“

„Sunny Miller, übermüdeter Kurier und auserkorenes Ziel für Diebe. Es ist mir ein Vergnügen, Sie kennenzulernen, Mr McCall.“

„Chance“, korrigierte er lässig. „Kommen Sie, kümmern wir uns erst um unser kleines Problem, dann rufen Sie Ihren Boss an und fragen ihn, was er von einem Charterflug hält.“

Während er die Worte sprach, hielt er ihr die Tür zum Büro auf, und Sunny trat ein. Die beiden Wachleute und eine Frau in einem strengen grauen Kostüm warteten bereits. Der Dieb, jetzt in Handschellen, schaute auf und funkelte Sunny wütend an.

„Du kleines Miststück …“, knurrte er.

Chance legte eine Hand auf die Schulter des Mannes. „Ich sagte dir doch schon, du sollst auf deine Wortwahl achten“, setzte er in dem ihm eigenen lässigen Ton an, der keineswegs die stählerne Härte kaschierte. Es war keine Drohung, nur eine simple Aufforderung – allerdings schien der Griff an der Schulter nicht gerade sanft zu sein.

Der Dieb zuckte zusammen und warf einen abschätzenden Seitenblick auf Chance. Vielleicht sah er wieder vor sich, wie mühelos dieser Mann ihn überwältigt hatte. Dann blickte er zu den beiden Polizisten, als erwartete er, dass sie ihm zu Hilfe kämen. Doch die Männer grinsten nur mit vor der Brust verschränkten Armen. Ohne Aussicht auf Unterstützung, entschied er sich zu schweigen.

Die Frau im grauen Kostüm sah zwar für einen Moment aus, als wolle sie gegen die raue Behandlung des Gefangenen protestieren, doch dann hielt sie es wohl für angebrachter, die offizielle Angelegenheit anzugehen. „Ich bin Margaret Fayne, Leiterin der Flughafensicherheit. Ich gehe davon aus, dass Sie Anzeige erstatten wollen?"

„Ja", antwortete Sunny.

„Gut. Ich werde die Aussagen von Ihnen beiden brauchen." Miss Fayne sah von Sunny zu Chance und zurück.

„Können Sie sagen, wie lange das dauert? Miss Miller und ich stehen unter Zeitdruck."

„Wir sehen zu, dass alles so schnell wie möglich erledigt wird."

Ob Miss Fayne nun sehr effizient war oder das nächste kleine Wunder geschah – in weniger als einer halben Stunde waren Formulare ausgefüllt und unterschrieben, der Dieb in Handschellen abgeführt. Sunny und Chance waren frei, ihrer Wege zu ziehen, nachdem sie ihre Bürgerpflicht getan hatten.

Chance stand neben Sunny, als sie bei ihrem Chef anrief und die Situation erklärte. Wayne Beesham war nicht unbedingt glücklich über den Verlauf der Dinge, aber er beugte sich den Tatsachen.

„Wie heißt dieser Pilot noch mal?", fragte er.

„Chance McCall."

„Warten Sie einen Augenblick, ich will ihn erst überprüfen."

Im Firmencomputer waren eine Menge Informationen über Fluglinien und Charterfirmen gespeichert. Gerade im Charterbereich tauchten immer wieder zwielichtige Gestalten auf, die mehr am Transport von Drogen als von Passagieren interessiert waren. Ein Kurierdienst konnte es sich nicht leisten, achtlos zu sein.

„Wo ist sein Standort?"

Sunny wiederholte die Frage für Chance.

„Phoenix", antwortete er bereitwillig, und Sunny gab es an ihren Chef weiter.

„Ah, da ist es ja", hörte sie Mr Beesham durch die Leitung rufen. „Scheint sauber zu sein. Was verlangt er für den Flug?"

Sunny fragte Chance und antwortete dann ihrem Chef.

Mr Beesham stieß ein Stöhnen aus. „Das ist ein stolzer Preis."

„Er ist hier und bereit, sofort loszufliegen."

„Was für eine Maschine hat er überhaupt? Ich zahle keine solche Summe für eine Schrottkiste, die es dann doch nicht rechtzeitig schafft."

Sunny seufzte. „Warum reden Sie nicht selbst mit ihm, das spart Zeit." Sie reichte den Hörer an Chance weiter. „Er will alles über Ihr Flugzeug wissen", flüsterte sie.

Chance nahm den Hörer an. „McCall", sagte er in die Muschel und hörte einen Moment zu. „Eine Cessna Skylane. In sechs Stunden schafft sie achthundert Meilen mit fünfundsiebzig Prozent Leistung. Ich werde also auftanken müssen, was ich lieber nach der Hälfte der Strecke tun würde, sagen wir, auf dem Roberts Field in Redmond, Oregon. Ich kann vorher per Funk Bescheid geben, damit sie alles vorbereiten und wir keine Zeit verlieren." Er sah auf seine Armbanduhr. „Durch die Zeitverschiebung gewinnen wir eine Stunde. Wir können es also schaffen, auch wenn es knapp wird." Er lauschte noch einen Moment, dann gab er den Hörer an Sunny zurück.

„Und? Wie lautet das Urteil?", fragte sie.

„Meinetwegen, machen Sie es. Und nun setzen Sie sich endlich in Bewegung."

Sie hängte ein und blickte Chance lächelnd an. „Wir haben grünes Licht! Wie lange wird es dauern, bis wir startklar sind?"

„Wenn Sie mich Ihre Tasche tragen lassen und wir rennen … fünfzehn Minuten."

Ihre Tasche gab Sunny nie aus den Händen. Es widerstrebte ihr, sein nettes Angebot abzulehnen, aber sie brachte es nicht über sich, dieses Risiko einzugehen. „Die Tasche ist nicht schwer", log sie und packte den Griff fester. „Gehen Sie vor, ich folge Ihnen."

Ohne darauf zu beharren, zog er eine Augenbraue in die Höhe und bahnte sich dann einen Weg durch die Menge. Für die Privatflugzeuge stand ein eigenes Areal des Flughafens zur Verfügung. Nach mehreren Abbiegungen stiegen sie eine Treppe hinab und verließen die Abfertigungshalle. Die heiße Nachmittagssonne schien auf das Flugfeld, Sunny musste in dem grellen Licht blinzeln. Chance setzte sich eine Sonnenbrille auf und zog die Lederjacke aus.

Unwillkürlich schluckte Sunny, als sie die breiten Schultern in dem schwarzen T-Shirt sah. Zwar würde sie sich auf nichts einlassen, aber … schauen durfte man doch sicher. Wenn die Dinge anders lägen … Das tun sie nun mal nicht, rief sie sich in Gedanken zur Ordnung. Sie hatte sich der Wirklichkeit zu stellen, Luftschlösser zu bauen brachte ihr nichts ein.

Chance blieb neben einer weißen einmotorigen Maschine stehen. Erst verstaute er sicher Reisetasche und Aktenkoffer, dann half er Sunny in das Cockpit. Sunny legte den Sicherheitsgurt an und sah sich interessiert um. Sie hatte noch nie in einer Privatmaschine gesessen. Und obwohl das Flugzeug relativ klein war, verfügte es doch über erstaunlichen Komfort. Die Sitze waren mit grauem Leder überzogen, die hintere Bank hatte hohe Rückenlehnen, und der Boden war mit Teppich ausgelegt.

Es gab zwei Sonnenschutzblenden, wie im Auto. Belustigt klappte Sunny die Blende auf ihrer Seite herunter und lachte amüsiert auf, als sie den kleinen Schminkspiegel entdeckte.

Chance ging einmal um das Flugzeug herum, um alles zu überprüfen, dann kletterte er auf den Sitz und schnallte sich ebenfalls an. Er setzte sich Kopfhörer auf und begann Knöpfe zu bedienen und Schalter umzulegen, während er per Funk die Starterlaubnis einholte. Die Motoren heulten auf, der Propeller begann sich zu drehen, zuerst langsam, dann immer schneller, bis Sunny nur noch einen flirrenden Kreis ausmachte.

Chance deutete auf einen zweiten Kopfhörer, nach dem Sunny griff und ihn aufsetzte. „Es ist einfacher, sich über die Kopfhörer zu unterhalten“, ertönte seine Stimme an ihrem Ohr, „aber bleiben Sie still, bis wir abgehoben haben.“

„Jawohl, Sir“, meinte sie gut gelaunt, und er warf ihr ein Grinsen zu.

Wenige Minuten später waren sie bereits in der Luft, schneller, als Sunny es je bei einer großen Maschine erlebt hatte. In diesem kleinen Flugzeug empfand sie die Geschwindigkeit viel intensiver. Als die Räder vom Boden abhoben, fühlte sie sich wie von Flügeln getragen. Der Flughafen unter ihnen schrumpfte vor ihren Augen schnell zusammen, dann glitzerte unter ihnen der große blaue See, mit der rauen Bergkette dahinter als Kulisse.

„Wow!“, entfuhr es ihr, und mit einer Hand beschattete sie die Augen vor der strahlenden Sonne.

„Im Handschuhfach liegt noch eine Sonnenbrille.“ Chance deutete auf das kleine Fach vor ihr. Sunny ließ es aufschnappen und holte eine nicht allzu teure, aber sehr modische Sonnenbrille mit roter Fassung hervor. Es war eindeutig die Brille einer Frau, und urplötzlich fragte Sunny sich, ob Chance wohl verheiratet war. Sicher hatte er eine Freundin, denn er sah nicht nur gut aus, er schien auch ein netter Mann zu sein – eine Kombination, die nicht häufig vorkam.

„Gehört die Ihrer Frau?“, fragte sie und stieß einen erleichterten Seufzer aus, sobald sie die schützende Brille aufgesetzt hatte.

„Nein, ein Passagier hat sie vergessen.“

Das brachte keine Klärung. Sunny entschied sich für eine direkte Frage, auch wenn sie nicht wusste, warum es sie überhaupt interessierte. Wenn sie in Seattle angekommen waren, würde sie diesen Mann nie wieder sehen. „Sind Sie verheiratet?“

Ihre Frage wurde mit einem Grinsen belohnt. „Nein.“ Er wandte ihr das Gesicht zu, und obwohl sie seine Augen hinter der dunklen Brille nicht ausmachen konnte, hatte Sunny das sichere Gefühl, dass er sie durchdringend ansah. „Sie?“

„Nein.“

„Gut“, sagte er.

3. KAPITEL

Chance musterte Sunny durch die dunklen Gläser und registrierte die kleinste Regung in ihrem Gesicht. Sein Plan funktionierte besser, als er gehofft hatte. Sie fühlte sich also zu ihm hingezogen und gab sich auch keine große Mühe, es zu verbergen. Jetzt musste er nur noch diese Anziehungskraft ausnutzen und ihr Vertrauen gewinnen. Unter normalen Umständen würde das wohl einige Zeit erfordern, aber er hatte vor, sie in eine Situation zu bringen, die alles andere als normal war. Ihr Leben und ihre Sicherheit würden allein von ihm abhängen.

Leicht erstaunt bemerkte er, dass sie das Gesicht nach vorn gerichtet hielt und so tat, als hätte sie seinen letzten Kommentar nicht gehört. Sollte er sich etwa geirrt haben und sie war doch nicht an ihm interessiert? Nein, sie hatte ihn ziemlich ungeniert gemustert. Seiner Erfahrung nach taten Frauen so etwas nur, wenn sie einen Mann attraktiv fanden.

Wirklich erstaunlich war allerdings, wie anziehend er sie fand. Damit hatte er nicht gerechnet. Aber die Chemie zwischen zwei Menschen war nun mal ein Dämon, der außerhalb der logischen Grenzen operierte. Dass sie hübsch war, mit strahlend grauen Augen und goldblondem schulterlangem Haar, hatte er gewusst, schließlich hatte er Fotos von ihr gesehen. Nur hatte er nicht ahnen können, wie unglaublich bezaubernd sie war.

Er warf einen Seitenblick auf sie, dieses Mal aus rein männlicher Neugier. Sie war durchschnittlich groß, vielleicht etwas schlanker als der Typ Frau, den er gewöhnlich bevorzugte. Sie war fast zierlich. Die Arme, die die helle, ärmellose Bluse freiließ, waren muskulös und leicht von der Sonne gebräunt. Ein Agent, der etwas auf sich hielt, war immer in körperlicher Topform, also würde sie mehr Kraft haben, als man ihr ansah. Ihre grazile Erscheinung täuschte wahrscheinlich so manchen.

Wilkins hatte sich jedenfalls täuschen lassen. Chance musste sich das Grinsen verkneifen. Während Sunny an den Schalter zurückgegangen war, um sich nach ihrem Flug zu erkundigen – der übrigens auf Chances Veranlassung annulliert worden war –, hatte Wilkins erzählt, wie sie ihn mit der Tasche fast umgehauen hätte. Diese Tasche musste eine Tonne wiegen. Inzwischen müssten Wilkins, „Miss Fayne“ und die beiden „Sicherheitsleute“ längst verschwunden sein. Die Leute von der echten Flughafenpolizei waren eingeweiht und angewiesen worden, sich für die Dauer des kleinen Schauspiels zurückzuhalten. Alles war wie am Schnürchen gelaufen, auch wenn Wilkins sich hinterher bitterböse beschwert hatte: „Erst bricht mir diese kleine Hexe mit ihrer Tasche fast den Arm, und dann drückst du mir dein Knie ins Kreuz.“

Was mochte diese Tasche enthalten? Sunny hatte sich nicht davon trennen wollen. Als lägen die Kronjuwelen darin. Er hatte dieses Ding ja nicht einmal tragen dürfen, als Sunny direkt neben ihm ging. Und nur äußerst unwillig hatte sie zugelassen, dass er die Tasche im Flugzeug verstaute. Erstaunt hatte er festgestellt, wie schwer sie war – viel zu schwer für eine Reisetasche mit einer Garnitur frischer Wäsche, selbst mit einer Menge Schminkutensilien und einem Fön. Die Tasche wog gute fünfundzwanzig Kilo, wenn nicht mehr. Nun, er würde bald herausfinden, was alles da drin war.

„Was hätten Sie mit dem Dieb angestellt, wenn Sie ihn erwischt hätten?“, fragte Chance, teils, um das Gespräch in Gang zu halten, teils aus Neugierde. Mit wild entschlossener Miene war Sunny hinter Wilkins hergejagt, wahrscheinlich würde sie immer noch rennen, wenn die Szene nicht zum Abschluss gebracht worden wäre.

„Weiß ich nicht“, antwortete sie düster. „Ich wusste nur, dass mir das nicht noch einmal passieren durfte.“

„Noch einmal?“ Sollte sie ihm tatsächlich freimütig von Chicago erzählen?

„Letzten Monat hat so ein Komiker mit grünen Haaren mir am Flughafen von Chicago den Koffer gestohlen.“ Verärgert schlug sie mit der Faust auf die Armlehne. „Das war das erste Mal überhaupt. Und dann gleich einen Monat später noch einmal? Sie hätten mich im hohen Bogen rausgeworfen. Wäre ich Chef, würde ich mich auch feuern.“

„In Chicago haben Sie den Typen nicht erwischt?“

„Nein. Ich stand an der Gepäckausgabe. Er hat sich den Koffer gegriffen und ist wie der Blitz weggerannt.“

„Und die Flughafensicherheit? Hat niemand ihn aufgehalten?“

Sunny sah ihn über den Rand der großen Sonnenbrille an. „Das fragen Sie im Ernst?“

Er lachte. „Nein, wahrscheinlich nicht."

„Wäre mir noch ein Koffer abhanden gekommen, wäre das eine Katastrophe gewesen, sowohl für mich als auch für die Firma. So was macht sich nicht besonders gut."

„Wissen Sie eigentlich, was Sie in den Koffern transportieren?"

„Nein, und ich will es auch gar nicht wissen. Ist auch egal. Vielleicht schickt einer ein Kilo Salami an seinen Onkel Fred, und der andere lässt Diamanten im Wert von einer Million Dollar transportieren. Obwohl … ich kann mir nicht vorstellen, dass irgendjemand Diamanten per Kurierdienst verschickt. Aber Sie verstehen, was ich sagen will, ja?"

„Was ist eigentlich passiert, als Ihnen der Koffer in Chicago gestohlen wurde?"

„Meine Firma hat eine Menge Geld verloren – besser gesagt, die Versicherung. Der Kunde wird uns garantiert nie wieder anrufen … und weiterempfehlen wird er uns erst recht nicht."

„Und Sie? Gab es irgendwelche Konsequenzen für Sie?" Er wusste, es hatte keine gegeben.

„Nein. Ich hätte mich besser gefühlt, wenn sie mir eine Strafe aufgebrummt hätten."

Die Frau war gut. Entweder das, oder sie sagte tatsächlich die Wahrheit und hatte nichts mit dem Vorfall in Chicago zu tun. Es war möglich, aber unwesentlich. Ob sie nun darin verwickelt gewesen war oder nicht, für Chance hatte sich eine glückliche Fügung ereignet. Denn sonst wäre er nie auf sie gekommen. Dann hätte sich ihm die Möglichkeit, auf diese Weise an Crispin Hauer heranzukommen, gar nicht geboten.

Nein, er glaubte nicht an ihre Unschuld, vielmehr war er überzeugt, dass sie bis zu ihrem hübschen Hals mit drinsteckte. Sie war besser, als er gedacht hatte, eine bravouröse Schauspielerin, durchaus eines Oscars wert. Man könnte ihr glatt abnehmen, dass sie nichts von ihrem Vater wusste … wenn man die mysteriöse Reisetasche und Sunnys körperliche Topform vergaß.

Chance war darauf trainiert, anscheinend unwichtige Details zu bemerken und so zusammenzusetzen, dass sie ein klares Bild ergaben. Seine Erfahrungen hatten ihn doppelt misstrauisch gemacht. Nur wenige Leute waren tatsächlich so ehrlich, wie sie andere glauben machen wollten. Und oft hatten diejenigen, die die beste Show ablieferten, am meisten zu verbergen. Er wusste das am besten, er war schließlich selbst Experte, wenn es darum ging, die dunklen Geheimnisse seiner Seele nicht zu verraten.

Einen kurzen Moment überlegte er, zu was für einen Menschen es ihn machte, dass er bereit war, mit dieser Frau zu schlafen, um ihr Vertrauen zu gewinnen. Vielleicht war es besser, nicht darüber nachzudenken. Er hatte einen schmutzigen Job, einen, vor dem die meisten braven Bürger angewidert zurückschrecken würden. Aber irgendjemand musste ihn übernehmen, um gerade diese braven Bürger zu beschützen. Und Sex war ... gehörte mit zum Job. Chance konnte seine Gefühle von der vor ihm liegenden Mission trennen.

Mission? Wem wollte er etwas vormachen? Er konnte es kaum erwarten, mit ihr ins Bett zu fallen. Sie reizte ihn, mit ihrem schlanken, durchtrainierten Körper und dem verschmitzten Funkeln, das so oft in ihre klaren grauen Augen trat, so als würde sie sich oft über sich selbst und die Welt amüsieren. Ihre Augen faszinierten ihn. In ihnen erkannte er feine helle Linien, durch die die Iris fast wie eine Facette wirkte, wie helle Diamanten. Am meisten fesselte ihn allerdings ihre strahlende Miene, ein Gesicht, so offen und heiter, dass sie gut für den Titel „Miss Charming“ kandidieren könnte. Wie konnte jemand so herzlich und warm aussehen, der mit dem meistgesuchten Terroristen zusammenarbeitete, der ganz oben auf Chances Liste stand?

Der größte Teil in ihm verachtete sie für das, was sie war. Der andere Teil reagierte jedoch geradezu euphorisch im Hinblick auf das gefährliche Spiel und freute sich auf die Herausforderung, diese Frau in sein Bett zu locken und sie dazu zu bringen, ihm zu vertrauen. Wenn er mit ihr schlief, würde er nicht an die Hunderte von Menschen denken, die ihr Vater getötet hatte, sondern nur an die Vereinigung ihrer beiden Körper. Chance würde sich nicht erlauben, an etwas anderes zu denken – und sich erst recht nicht durch eine winzige Nuance in seinem Gesichtsausdruck verraten, die Frauen oft mit unfehlbarer Sicherheit erkannten. Nein, er würde sie lieben, so als hätte er die Partnerin fürs Leben gefunden. Denn nur so würde er sie überzeugen können.

Darin war er gut, das wusste er – einer Frau das Gefühl zu geben, er begehre sie mehr als alles andere auf der Welt. Er wusste genau, wie er sie verführen und für sich einnehmen konnte. Wie er drängen konnte, ohne dass sie in Panik geriet … was ihn zurück zu der Tatsache brachte, dass Sunny seine erste Initiative völlig ignoriert hatte. Er lächelte still in sich hinein. Glaubte sie wirklich, er ließe sich so leicht abwimmeln?

„Gehen Sie heute Abend mit mir essen?"

Sie zuckte zusammen, als sei sie mit ihren Gedanken meilenweit weg gewesen. „Wie?"

„Dinner. Heute Abend. Nachdem Sie Ihr Paket abgeliefert haben."

„Oh. Aber … ich muss es um neun abgeben. Dann ist es schon spät, und …"

„Und Sie sind genauso allein wie ich, und wir müssen beide essen. Ich verspreche auch, nicht zu beißen. Ich knabbere vielleicht, aber ich beiße nicht."

Zu seiner Überraschung brach sie in schallendes Gelächter aus. Viele mögliche Reaktionen hatte er vorausgesehen, diese nicht. Ihr Lachen klang so offen und echt, mit dem an die Kopfstütze zurückgeworfenen Kopf, dass es ansteckend war.

„Ich knabbere, aber ich beiße nicht", wiederholte sie glucksend. „Das ist gut, das muss ich mir merken."

Mehr sagte sie nicht. Nach einer Weile wurde ihm klar, dass sie ihn schon wieder ignorierte. Er schüttelte leicht den Kopf. „Funktioniert das eigentlich?"

„Was?"

„Dass Sie die Männer ignorieren, wenn sie mit Ihnen ausgehen wollen. Schleichen sie sich dann davon wie geprügelte Hunde mit eingeklemmtem Schwanz?"

„Nicht dass es mir aufgefallen wäre." Sunny grinste. „Bei Ihnen hört sich das an, als sei ich eine Femme fatale, die überall gebrochene Männerherzen zurücklässt."

„Tun Sie das etwa nicht? Aber wir Männer sind hart im Nehmen. Selbst wenn wir innerlich verbluten, können wir ein so unbeteiligtes Gesicht aufsetzen, dass keiner uns etwas anmerkt." Chance lächelte sie an. „Gehen Sie heute Abend mit mir essen?"

„Sie sind wirklich hartnäckig, was?"

„Sie haben mir noch keine Antwort gegeben."

„Also schön – nein. Da haben Sie Ihre Antwort."

„Falsche Antwort. Versuchen Sie es noch mal." Sanfter fuhr er fort: „Ich weiß, Sie sind müde, und durch die Zeitverschiebung ist es für Sie eigentlich schon Mitternacht anstatt neun. Es ist nur ein Essen, Sunny, wir gehen nicht tanzen. Das kann bis zu unserer zweiten Verabredung warten."

Wieder lachte sie auf. „Hartnäckig und sehr von sich überzeugt." Sie hielt inne und zog eine kleine Grimasse. „Die Antwort lautet immer noch Nein. Ich verabrede mich nicht."

Jetzt war er nicht nur erstaunt, er war verwirrt. Hatte er sich etwa so sehr verkalkuliert? „Generell nicht? Oder nur nicht mit Männern?"

„Generell nicht." Sie machte eine hilflose Geste. „Sehen Sie, deshalb wollte ich Sie ignorieren. Weil ich keine großen Erklärungen abgeben will. Die Sie so oder so nicht akzeptieren werden. Nein, ich mag Männer sehr, aber ich verabrede mich nicht."

Vor Erleichterung war ihm regelrecht schwindlig. „Wenn Sie Männer mögen, warum gehen Sie dann nicht mit ihnen aus?"

Frustriert blies sie sich eine Strähne aus der Stirn. „Da haben Sie's. Sie akzeptieren es nicht, sondern stellen sofort Fragen."

„Was haben Sie denn erwartet? Dass ich wortlos darüber hinweggehe? Sunny, da ist etwas zwischen uns. Ich weiß es, und Sie wissen es auch. Oder wollen Sie das etwa auch ignorieren?"

„Genau das habe ich vor."

Ob ihr bewusst war, was sie da gerade zugegeben hatte? „Hat man Ihnen einmal Gewalt angetan?"

„Nein!", stieß sie hitzig aus. Sie war kurz davor, die Beherrschung zu verlieren. „Ich gehe einfach nur nicht mit Männern aus!"

Chance lächelte breit. „Sie sehen hübsch aus, wenn Sie wütend sind."

Sie schnappte nach Luft, stutzte, dann begann sie zu lachen. „Wie soll ich denn wütend bleiben, wenn Sie solche Dinge sagen?"

„Tja, genau das habe ich bezweckt."

„Na schön, Sie haben Ihr Ziel erreicht. Aber deswegen gehe ich trotzdem nicht mit Ihnen aus." Sie wurde ernst. „Tut mir leid", meinte sie leise. „Es ist nur … Ich habe meine Gründe. Bitte belassen Sie es dabei."

„Okay." Nach kurzem Schweigen setzte er nach: „Für den Moment." Sie stieß einen entnervten Laut aus und brachte ihn damit wieder zum Lächeln. „Warum machen Sie nicht ein Nickerchen?", schlug er ihr vor. „Sie müssen müde sein, und wir haben noch einen langen Flug vor uns."

„Gute Idee. Dann können Sie mich auch nicht mit Ihrem Gerede ärgern." Damit lehnte sie den Kopf an die Stütze und schloss die Augen.

Chance griff mit einem Arm nach hinten und holte eine zusammengefaltete Decke nach vorn. „Hier, benutzen Sie die als Kissen, sonst haben Sie nachher einen steifen Hals."

„Danke." Sunny nahm die Decke und legte den Kopfhörer beiseite. Mit der Decke zwischen Schulter und Nacken machte sie es sich in dem Sitz bequem.

Chance sagte nichts mehr. Ab und zu blickte er zu ihr hin, um zu sehen, ob sie wirklich schlief. Eine knappe Viertelstunde später wurde ihr Atem flach und regelmäßig. Chance wartete noch ein paar Minuten, dann schlug er das Ruder leicht um und flog direkt auf die untergehende Sonne zu.

4. KAPITEL

Sunny." Die Stimme klang drängend, eine Hand rüttelte leicht ihre Schulter. „Sunny, wachen Sie auf." Sunny rührte sich und schlug langsam die Augen auf. Um die verspannten Muskeln in Schulter und Rücken zu lockern, reckte sie sich, so weit es möglich war. „Sind wir schon da?"

Chance zeigte auf die Kopfhörer, und Sunny setzte sie auf. „Wir haben ein Problem", sagte er leise.

Der Magen sackte ihr in die Knie, ihr Puls stockte. Es gibt keine schrecklicheren Worte, wenn man in einem Flugzeug sitzt, dachte sie erschreckt. Sie atmete tief ein, um die aufsteigende Panik zu unterdrücken. „Was ist denn?" Ihre Stimme klang erstaunlich ruhig. Sie studierte das Armaturenbrett im Cockpit und versuchte, etwas zu finden, auch wenn sie keine Ahnung hatte, wozu all die Knöpfe und Schalter gut waren. Dann sah sie zum Fenster hinaus auf die zerklüftete Landschaft, die dunkelrot und schwarz im Licht der sinkenden Sonne unter ihnen lag. „Wo sind wir?"

„Im Südosten von Oregon."

Der Motor spuckte und stotterte. Sunny fühlte sich, als täte ihr Herz das Gleiche.

„Wahrscheinlich die Treibstoffpumpe", meinte Chance erklärend.

Nur ruhig bleiben. Sie musste ruhig bleiben. Sunny versuchte, tief durchzuatmen, doch ihre Lungen schienen mit einem Mal geschrumpft zu sein. „Und was machen wir nun?"

Chance verzog grimmig den Mund. „Wir finden einen Platz, wo wir die Maschine aufsetzen können, bevor sie im Sturzflug aus den Wolken fällt."

„Setzen ist mir sehr viel lieber als fallen." Sie sah nach draußen. Überall Bergkuppen, Felsen, Gebirgsausläufer, mehr war nicht zu sehen. „Oh-oh", entschlüpfte es ihr.

„Allerdings. Ich suche schon seit einer halben Stunde nach einem Landeplatz."

Das war nicht gut. Das war ganz und gar nicht gut. Wägte sie hier gut und schlecht gegeneinander ab, neigte sich die Waagschale eindeutig auf der Schlecht-Seite.

Der Motor stotterte wieder, ein Rütteln lief durch das ganze Flugzeug. Diesmal zitterte ihre Stimme, als sie kleinlaut fragte: „Haben Sie einen Notruf durchgegeben?"

„Wir sind mitten im Nirgendwo, wahrscheinlich genau zwischen zwei Transmittermasten. Ich hab ein paarmal versucht, jemanden zu erreichen, aber ... bisher keine Antwort."

Die Waagschale senkte sich tiefer. „Ich hab's geahnt", murmelte Sunny. „So wie der heutige Tag verlaufen ist, musste ich ja abstürzen, wenn ich mich in noch ein Flugzeug setze."

Bei ihrem mürrischen Tonfall musste Chance lachen, trotz der prekären Situation, in der sie sich befanden. Er legte die Hand an ihren Nacken und drückte sanft. Die Berührung seiner warmen Finger auf der empfindsamen Haut ließ Sunny zusammenzucken. „Noch sind wir nicht abgestürzt, und ich werde alles tun, damit das nicht passiert. Die Landung könnte allerdings etwas rau werden."

Sunny war nicht an Berührungen gewöhnt. Sie hatte sich zur Angewohnheit gemacht, Distanz zwischen sich und anderen zu halten. Chance McCall hatte sie an diesem einen Nachmittag öfter angefasst, als sie in den letzten fünf Jahren berührt worden war. Das wohlige Prickeln, das sie dabei empfand, ließ sie fast vergessen, in welch brenzliger Lage sie sich befanden – fast. Sunny blickte erneut auf die zerklüftete Landschaft hinunter. „Wie rau darf eine Landung sein, bevor man sie als Absturz bezeichnet?"

„Solange wir auf eigenen Beinen aus dem Flugzeug steigen, gilt es noch als Landung." Er zog seine Hand zurück, um ein paar Schalter zu bedienen, und fast hätte Sunny in dem Verlust der Wärme aufgeseufzt.

Berge, so weit man sah, in jeder Richtung. Die Chancen, aus eigener Kraft aus der Maschine zu klettern, schienen Sunny immer geringer zu werden. Wie lange mochte es wohl dauern, bevor sie jemand finden würde? Falls sie überhaupt je entdeckt würden. Sunny wrang die Hände und dachte an Margreta. Wenn ihre Schwester nichts von ihr hörte, würde sie das Schlimmste annehmen – und sie dächte dabei nicht an ein Flugzeugunglück. Wahrscheinlich würde Margreta in Sorge und Aufregung ihre Zuflucht verlassen und etwas wirklich Dummes tun, das sie ebenfalls das Leben kosten konnte.

Sunny blickte auf Chances Hände. Starke, fähige Hände. Sein

klassisches Profil hob sich gegen den violetten Himmel ab, gefärbt von einem Sonnenuntergang, wie es ihn nur im Westen gab. Wahrscheinlich der letzte Sonnenuntergang, den sie erleben würde. Chance war der letzte Mensch, den sie sehen würde. Jäh verspürte sie bitteren Zorn, weil sie nicht das Leben hatte führen können, das andere Frauen für selbstverständlich hielten … weil sie seine Einladung zum Dinner nicht hatte annehmen können, weil sie nicht die freudige Erwartung fühlen durfte, nicht frei war, mit ihm zu flirten und Begehren in den bernsteinfarbenen Augen aufblitzen zu sehen.

Vieles im Leben war Sunny versagt geblieben, am schwersten trafen sie die versäumten Möglichkeiten. Das würde sie ihrem Vater nie verzeihen.

Der Motor setzte aus, sprang stotternd an, setzte wieder aus, sprang wieder an. Sunny verkrampfte sich der Magen. O Gott, wir stürzen ab. Ihre Fingernägel drückten in ihre Handflächen. Sie versuchte die Panik unter Kontrolle zu halten. Nie, nie zuvor hatte sie sich so hilflos gefühlt. Sie würde sterben, noch bevor sie richtig gelebt hatte.

Das kleine Flugzeug wurde durchgerüttelt, als bockte es unter den Luftwiderständen. Sie kippten hart nach rechts, sodass Sunny gegen die Tür geschleudert wurde.

„Das war's dann wohl." Mit zusammengebissenen Zähnen umklammerte Chance das Steuer und kämpfte darum, die Maschine unter Kontrolle zu halten, bis seine Fingerknöchel weiß hervortraten. „Ich versuche uns runterzubringen, solange ich die Maschine noch halten kann. Halten Sie Ausschau nach einem passenden Platz."

Ein passender Platz? Sie brauchten ein Gebiet, das relativ eben und frei war. Zum letzten Mal hatte sie eine solche Landschaft in Utah gesehen.

Chance zog die Maschine nach links, um einen besseren Blick zu haben.

„Sehen Sie etwas?", fragte Sunny mit zitternder Stimme.

„Nichts. Verdammt."

„Verdammt ist das falsche Wort. Sagen Piloten normalerweise nicht immer etwas Beruhigendes, bevor das Flugzeug abstürzt?" Humor war keine sehr wirkungsvolle Waffe gegen den Tod, aber so hatte sie sich bisher durchs Leben geschlagen.

Kaum zu glauben, aber er grinste doch tatsächlich. „Noch stürzen wir nicht ab. Haben Sie doch ein wenig Vertrauen. Ich sage schon die richtigen Worte, wenn ich nicht bald einen geeigneten Platz finde."

„Wenn Sie nicht bald einen geeigneten Platz finden", wiederholte sie, „dann sage ich die Worte an Ihrer Stelle."

Unter ihnen erstreckte sich jetzt eine Geröllanhöhe, Sunny erkannte einen lang gestreckten, schmalen schwarzen Graben – der Schlund der Hölle, ging ihr durch den Kopf.

„Da!", rief Chance aus und drückte die Nase des Flugzeugs nach unten.

„Was? Wo?" Sunny setzte sich auf, ein Funken Hoffnung glomm in ihr auf, doch alles, was sie sehen konnte, war diese lange schwarze Furche.

„Der Canyon. Das ist unsere beste Chance."

Das sollte ein Canyon sein? Waren die nicht groß und eindrucksvoll? Das da unten war nicht mehr als ein schmales Flussbett. Das Flugzeug würde doch nie da reinpassen. Und … Sie unterbrach sich. Diese Überlegungen waren absolut unsinnig. Wenn das die einzige Chance war …

Das Herz saß ihr in der Kehle, die Finger hatte sie um den Sitzrand gekrallt, als Chance die Maschine weiter und weiter nach unten drückte.

Der Motor setzte endgültig aus. Die plötzliche Stille war ohrenbetäubend.

Sunny hörte nur noch das Rauschen der Luft, die über die metallene Hülle des Flugzeugs hinwegstrich. Ihr eigener Puls dröhnte ihr in den Ohren, ihr Atem rasselte in den Lungen.

Chance gab keinen Ton von sich, sondern konzentrierte sich voll und ganz darauf, das Flugzeug in der Waagerechten zu halten. Die Luftströmungen schaukelten die kleine Maschine hin und her wie ein Blatt im Wind. Sunny biss sich auf die Lippen, bis sie Blut schmeckte, um sich davon abzuhalten, vor Panik laut zu schreien. Sie durfte Chance jetzt auf keinen Fall ablenken. Sie wollte die Augen schließen, hielt sie jedoch krampfhaft offen. Wenn sie sterben musste, dann nicht in hysterischer Angst. Sie wollte dem Tod in die Augen blicken, sie wollte Chance sehen, wie er mit ganzer Kraft versuchte, dem schwarzen Schicksal ein Schnippchen zu schlagen.

Sie fielen tiefer und tiefer hinab. Die Sonne war fort, kein Licht mehr, nur noch dunkler werdende Schatten. Es war kalt, eine Kälte, die Sunny sofort bis ins Mark kroch. Sie konnte nichts mehr erkennen und riss sich hastig die Sonnenbrille herunter. Chance trug seine schon lange nicht mehr. Mit verbissener Miene konzentrierte er sich auf das Terrain unter ihnen.

Der Boden kam immer näher. Kein glattes, ebenes Feld, sondern ein Gebiet durchzogen von tiefen Erdfurchen, mit einzelnen Felsbrocken. Immerhin, es war relativ gerade, wenn auch alles andere als eine bequeme Landebahn. Mit aller Kraft stemmte Sunny die Füße gegen den Flugzeugboden, als könnte sie damit die kleine Maschine zwingen, länger in der Luft zu bleiben.

„Halten Sie sich fest." Chances Stimme klang ganz ruhig. „Ich werde versuchen, es bis zu dem ausgetrockneten Flussbett zu schaffen. Der Sand müsste uns abbremsen, bevor wir auf einen der Felsbrocken prallen."

Er wollte tatsächlich in dieser Furche landen, die nicht viel breiter als ein Auto war? Sunny wollte schon sagen: „Na dann, viel Glück", aber das schien nicht angebracht, „War nett, Sie kennengelernt zu haben" ebenso unpassend. Letztendlich brachte sie nicht mehr als ein „Okay" heraus.

Es passierte alles sehr schnell. Plötzlich schwebten sie nicht mehr in der Luft, sondern der Boden war direkt vor ihnen. Und dann prallten sie auf, hart, so hart, dass Sunny nach vorn geschleudert wurde. Der Sicherheitsgurt schnürte sich schmerzhaft in ihre Rippen. Die Maschine hüpfte zurück in die Luft, um noch härter auf den Boden zu prallen. Sunny hörte das Kreischen von Metall, dann schlug sie mit dem Kopf gegen das Seitenfenster. Für einen Moment hörte sie nichts, noch sah sie etwas, wurde nur durchgerüttelt von der hüpfenden Maschine, eine Ewigkeit lang, wie es schien.

Schließlich folgte ein so harter Aufprall, dass ihr die Zähne klapperten. Das Flugzeug legte sich auf die Seite, kippte zurück und blieb dann stehen. Zeit und Wirklichkeit schienen zu zersplittern, brachen auseinander, nichts schien mehr Sinn zu ergeben. Sunny hatte keine Ahnung, wo sie war oder was passiert war.

Dann hörte sie eine Stimme, und die Welt begann sich wieder zu drehen und rückte in die richtige Perspektive.

„Sunny? Sunny, alles in Ordnung mit Ihnen?“

Sie versuchte ihre Sinne zu sortieren, um Chance zu antworten. Benommen wurde ihr klar, dass sie sich bei der Notlandung im Sitz gedreht hatte und Chance den Rücken kehrte, das Gesicht zum Fenster gewandt. Sie spürte seine Hand auf ihrer Schulter, hörte sein leises Fluchen, während er den Gurt löste und sie gegen seine Brust zog.

Sie schluckte und fand endlich ihre Stimme wieder. „Ja, alles in Ordnung.“ Die Worte waren nur ein Krächzen, aber … wenn sie sprechen konnte, hieß das, dass sie noch lebte. Sie beide lebten noch. Ungläubige Freude schwoll in ihrer Brust. Er hatte das Flugzeug tatsächlich gelandet!

„Wir müssen hier raus. Möglich, dass ein Leck im Tank ist.“ Noch während Chance sprach, stieß er die Tür auf und sprang hinaus. Dabei zog er Sunny mit sich wie einen Sack Mehl. So ähnlich fühlte sie sich, am ganzen Körper zitternd. Arme und Beine wollten ihr nicht gehorchen.

Ein Leck im Tank. Der Motor lief zwar nicht, aber da war immer noch die Batterie. Ein Funke von einem defekten Elektrokabel reichte, um den Treibstoff zu entzünden. Und dann würden das Flugzeug und alles in ihm wie eine Bombe explodieren.

Alles in dem Flugzeug! Die Worte hallten in ihrem Kopf nach, und mit wachsender Panik wurde ihr die Bedeutung bewusst. Ihre Tasche! Ihre Tasche war noch hinten im Flugzeug!

„Warten Sie!“, schrie sie. Der plötzliche Adrenalinstoß erweckte ihre Muskeln wieder zum Leben. Sie drehte sich in seinem Griff und hielt sich verzweifelt an der Tür fest. „Meine Tasche!“

Laut fluchend versuchte er ihre Hand von der Tür zu lösen. „Vergessen Sie Ihre verdammte Tasche, Sunny!“

„Nein!“ Sie riss sich von ihm los und begann in das Flugzeug zurückzuklettern. Mit einem unterdrückten Fluch packte Chance sie um die Taille und zog sie von dem Flugzeug fort.

„Ich hole Ihre verdammte Tasche! Sehen Sie zu, dass Sie von hier fortkommen. Los, rennen Sie schon!“

Sie konnte nicht fassen, dass er sein Leben riskierte, um ihre Tasche zu holen, während sie sich in Sicherheit bringen sollte. „Ich hole sie selbst.“ Sie packte ihn an seinem Gürtel und zog ihn zurück. „Sie rennen!“

Für einen Sekundenbruchteil erstarrte er und sah sie schockiert an, dann schüttelte er den Kopf, griff nach der Tasche und hob sie mühelos aus dem Flugzeug. Stumm wollte Sunny sie ihm abnehmen, doch er bedachte sie mit einem unnachgiebigen Blick, und im Moment hatte sie weder Lust noch Zeit, sich zu streiten. In der linken Hand hielt Chance die Tasche, mit der rechten packte er Sunny am Arm und zog sie weg von dem Flugzeug, indem er losrannte. Sand und Kiesel drangen in ihre Schuhe ein, aber sie bemühte sich, mit Chance Schritt zu halten.

Sie waren gute fünfzig Meter weit gelaufen, als Chance es für sicher hielt. Er ließ die Tasche fallen und drehte sich zu Sunny um, wie ein Raubtier sich auf seine Beute stürzte. „Was, zum Teufel, haben Sie sich dabei gedacht?“, setzte er an. Seine Wut konnte er nur mühsam unter Kontrolle halten. Dann brach er abrupt ab und sah Sunny aufmerksam an. Seine Miene veränderte sich, die goldenen Augen erschienen Sunny dunkler. „Sie bluten“, murmelte er. Er zog ein Tuch aus der Hosentasche und hielt es an ihr Kinn. Trotz seines barschen Tons war seine Berührung unendlich sanft. „Sie sagten, Sie sind nicht verletzt.“

„Bin ich auch nicht.“ Mit zitternden Fingern nahm sie das Taschentuch und tupfte sich Kinn und Lippen ab. „Ich habe mir auf die Lippen gebissen“, gestand sie. „Vor der Landung, meine ich. Damit ich nicht schreie.“

Er musterte sie durchdringend. „Warum haben Sie nicht einfach geschrien?“

„Ich wollte Sie nicht unnötig nervös machen oder ablenken.“ Das Zittern wurde mit jeder Sekunde schlimmer, Sunny versuchte sich zusammenzunehmen, aber es gelang ihr nicht.

Chance hob ihr Kinn an und betrachtete sie im schwindenden Dämmerlicht. Dann stieß er einen leisen Fluch aus, beugte langsam den Kopf und presste die Lippen auf ihren Mund. Trotz seiner verhaltenen Wut war der Kuss leicht, zart, fast zu flüchtig, um ein Kuss zu sein. Sunny hielt den Atem an, bezaubert von der Weichheit seiner Lippen, dem Duft seiner Haut, dem Hauch seines Geschmacks. Ihre Hände, die auf seiner Brust lagen, ballten sich zu Fäusten. Sie klammerte sich an seine Stärke und wollte in seiner Wärme versinken.

Er hob den Kopf. „Weil Sie so tapfer waren", murmelte er. „Ich hätte mir keinen besseren Partner bei einem Absturz wünschen können."

„Bei einer Landung", verbesserte sie flüsternd. „Das war eine Landung."

Diese Bemerkung brachte ihr einen weiteren zarten Kuss ein, diesmal auf die Schläfe. Mit einem kleinen erstickten Laut lehnte Sunny sich an ihn. Ein Zittern ganz anderer Art durchlief sie. Chance umfasste ihr Gesicht mit den Händen, mit den Daumen streichelte er sanft über ihre Mundwinkel, während er sie betrachtete. Dann strich er vorsichtig über die Bisswunde, die sie sich selbst zugefügt hatte. Als er sie wieder küsste, lag nichts Flüchtiges mehr in der Berührung.

Bis ins Innerste erschütterte Sunny dieser Kuss. Er war hart, fordernd, gierig. Es gab gute Gründe, aus denen sie seine Leidenschaft nicht erwidern sollte, doch sie fielen ihr beim besten Willen nicht ein. Stattdessen hielt sie sich an Chances Handgelenken fest und stellte sich auf die Zehenspitzen, um ihre geöffneten Lippen auf seinen Mund zu pressen. Er schmeckte nach Mann, nach Sex, nach mehr. Eine machtvolle Mischung, die ihr zu Kopf stieg wie schwerer Wein. Hitze breitete sich in ihr aus, wallte auf im Zentrum ihres Seins, und ein ersticktes Stöhnen entrang sich ihrer Kehle.

Chance schlang seinen Arm um Sunnys Taille und zog sie eng an sich. Seine Küsse wurden noch fordernder, noch hitziger, und Sunny schmiegte sich an ihn. Jenseits aller Küsse sehnte sie sich nach seinem starken Körper, ganz nah wollte sie ihn spüren. Instinktiv drängte sie sich an ihn, und als sie seine Erregung zwischen ihren Schenkeln fühlte, seufzte sie lustvoll auf. Seine Hand ertastete ihre Brust. Begehrlich schloss er seine Hand um sie und liebkoste, massierte, rieb ihre Knospe zwischen den Stoffschichten ihrer Bluse und ihres BHs. Das Verlangen, mit dem Sunny sich dieser Hand entgegenbäumte, war fast schmerzlich.

Plötzlich hob er abrupt den Kopf. „Das kann nicht sein", murmelte er. Er löste ihre Hände von seinem Nacken und schob Sunny von sich. An seinem Hals pochten die Adern. „Bleib hier stehen", stieß er barsch aus. „Rühr dich nicht vom Fleck. Ich sehe mir das Flugzeug an."

Er ließ sie zurück in dem ausgetrockneten Flussbett im schwindenden Licht. Plötzlich war ihr eiskalt. Ohne seine Wärme und seine Stärke, gaben ihr die Knie nach, und Sunny glitt zu Boden.

Während Chance um das Flugzeug herumging und nach möglichen Schäden suchte, fluchte er unablässig vor sich hin. Diese Notlandung hatte er absichtlich härter ausfallen lassen als nötig. Sicher, die kleine Maschine verfügte über ein verstärktes Fahrwerk und zusätzliche Kabelsicherungen für Elektronik und Treibstoffanlage, aber ein vernünftiger Pilot verließ sich nicht einfach darauf, sondern überprüfte alles noch einmal. Außerdem musste er seine Rolle spielen.

Er wollte keine Rolle mehr spielen. Er wollte Sunny gegen einen von diesen großen Felsen drängen und seine Lippen nicht mehr von ihr nehmen. Verdammt! Was war nur los mit ihm? In den letzten fünfzehn Jahren hatte er schöne und tödliche Frauen in den Armen gehalten. Ganz gleich, wie sein Körper reagiert hatte, sein Verstand war immer eiskalt und glasklar geblieben. Sunny Miller war mit Sicherheit nicht die Schönste dieser Frauen, sie war eher Göre als Göttin. Ihre blitzenden Augen brachten einen zum Lachen, aber sie verführte ihn nicht. Also, warum hatte er vor wenigen Minuten kaum von ihr lassen können?

Das Warum ist völlig unwichtig, schalt er sich in Gedanken. Na schön, mit der Anziehungskraft hatte er nicht gerechnet. Im Grunde war es ein Bonus, den er nur richtig einsetzen musste. Dann brauchte er nichts vorzutäuschen, was das Risiko erheblich minderte, dass sie ihn vielleicht vorzeitig durchschaute.

Weil er wusste, dass nie eine echte Absturzgefahr bestanden hatte und dass sie sich keineswegs in einer lebensbedrohlichen Lage befanden, war er im Vorteil. Er brauchte nur Zane zu kontaktieren, und sie würden sofort „gerettet". Doch das Signal würde er erst senden, nachdem Sunny ihn über ihren Vater ins Vertrauen gezogen hatte.

Alles war also unter Kontrolle. Sie waren ja nicht einmal in Oregon, wie er ihr gesagt hatte, sondern in Nevada, in einem schmalen Canyon, den er zusammen mit Zane ausgekundschaftet hatte. Dieser Canyon bot die idealen Bedingungen, weil man ein Flugzeug darin landen konnte und es keinen Weg heraus gab – wenn man keine Bergsteigerausrüstung für Steilwände dabeihatte. Der Ort lag jenseits der üblichen Flugrouten, Chance hatte den Transponder der

Cessna deaktiviert, damit man sie nicht orten konnte, und sie waren weit von ihrer vorgegebenen Route entfernt. Alles perfekt. Niemand würde sie finden. Chance musste sich keine Sorgen machen.

Er hatte Sunny völlig in der Hand. Sie wusste es nur nicht.

In der Dunkelheit konnte er nicht viel sehen, und hätte die Gefahr einer Explosion bestanden, wäre das längst passiert. Chance ging zurück zu der Stelle, wo Sunny auf dem Boden saß, die Arme um die angewinkelten Knie geschlungen – und diese verdammte Tasche neben sich. Als er näher kam, rappelte sie sich auf die Füße. „Alles klar?“

„Ja, alles klar. Nirgendwo ein Leck.“

„Das ist gut.“ Sie brachte ein Lächeln zustande. „Es würde ja nichts nützen, wenn du die Treibstoffpumpe reparierst und dann kein Treibstoff mehr da ist.“

„Sunny …“ Es war besser, sie sofort wissen zu lassen, dass sie nicht am nächsten Morgen weiterflogen. „Wenn es nur eine verstopfte Leitung ist, kann ich das in Ordnung bringen. Aber wenn die Pumpe hinüber ist, werde ich nichts machen können.“

Schweigend nahm Sunny das hin und rieb sich die bloßen Arme. Es wurde kalt in der Wüste, sobald die Sonne unterging. Ein weiterer Grund, warum Chance diesen Ort ausgesucht hatte. Sie würden sich auf die eigene Körperwärme verlassen müssen, um die Nacht einigermaßen zu überstehen.

Er beugte sich vor, um die Tasche aufzuheben, und wunderte sich erneut, wie schwer sie war. Dann zog er Sunny an einem Arm hoch und führte sie zurück zum Flugzeug. „Ich hoffe, du hast wenigstens einen Mantel in dieser Tasche, da du sie offenbar für wichtig genug hältst, dein Leben dafür zu riskieren.“

„Eine Strickjacke“, erwiderte sie abwesend und betrachtete den klaren Sternenhimmel. Zu beiden Seiten ragten die schwarzen Wände des Canyons hoch auf, der deutliche Beweis, dass sie sich in einem Loch in der Erde befanden. Ein großes Loch. Sunny schüttelte sich, als wolle sie die düsteren Gedanken loswerden, und richtete ihre Aufmerksamkeit auf das aktuelle Problem. „Wir schaffen es“, sagte sie bestimmt. „Ich habe ein wenig Proviant, und …“

„Proviant? Du hast Essen in dieser Tasche?“

„Nur eine Notration.“

Essen stand ganz unten auf der Liste von den Dingen, die er erwartet hatte. Unsinn, Essen hatte nie auf der Liste gestanden! Wieso packte eine Frau Essen in ihre Reisetasche, wenn sie nur eine Nacht wegblieb?

Sie waren bei der Cessna angekommen, Chance stellte die Tasche auf den Sandboden. „Ich werde ein paar Dinge zusammensammeln, die wir für die Nacht gebrauchen können. Hast du noch Platz in deiner Tasche?"

„Nein, sie ist voll", wehrte sie sofort ab.

Er zuckte nur die Schultern. Dass sie die Tasche bereitwillig öffnen würde, hatte er nicht geglaubt. Er zog einen kleinen Seesack hervor und begann die Dinge einzupacken, die ein Mann erwartungsgemäß auf einen Charterflug mitnehmen würde: Waschzeug und frische Wäsche. Eigentlich völlig unwichtig, aber es würde seltsam aussehen, ließe er seine Sachen zurück.

„Warum bleiben wir nicht hier?", fragte Sunny.

„Weil das ein Flussbett ist. Im Moment ist es trocken, sollte es jedoch anfangen zu regnen, sammelt sich das Wasser hier zuerst."

Während er sprach, holte er eine Taschenlampe aus dem Handschuhfach, die Decke von der Rückbank und eine Pistole aus der Tasche in der Seitenverkleidung. Die Waffe steckte er sich in den Gürtel, die Decke legte er Sunny um die Schultern. „Eine Wasserflasche habe ich", sagte er und holte die Plastikflasche unter dem Sitz hervor. „Für heute sind wir also versorgt." Wasser zu finden war der schwierigste Teil gewesen. Zane und er hatten mehrere Canyons abgesucht, doch der hier war der einzige, in dem es eine kleine Quelle gab. Nichts Großartiges, nur ein dünnes Rinnsal aus dem Felsen am anderen Ende des Canyons, aber es würde reichen. Morgen würde er das Wasser „finden".

Chance reichte die Taschenlampe an Sunny und nahm beide Taschen auf. „Geh vor und leuchte." Mit dem Kopf deutete er in eine Richtung.

Der Boden des Canyons stieg an einer Seite leicht an, nur das Flussbett war eben. Deshalb war Laufen anstrengend, und Sunny schritt vorsichtig voran, über Furchen und Steine. Sie achtete auch darauf, dass das Licht der Taschenlampe den Weg für Chance genügend erhellte, schließlich trug er beide Gepäckstücke.

Im Stillen wünschte er, sie würde sich wenigstens beschweren.

Und dass sie nicht so sympathisch wäre. Die meisten Leute wären vor Angst längst hysterisch geworden oder hätten endlos Fragen gestellt, wie es weitergehen solle und wann sie gerettet werden würden. Sunny nicht. Sie stellte sich der Realität, so wie sie sich am Flughafen auf die Gegebenheiten eingestellt hatte. Ohne zu klagen. Sie hatte sich ja sogar verletzt, um ihn nicht abzulenken, als er das Flugzeug runtergebracht hatte.

Es dauerte nicht lange, bis sie an die Steilwand gelangten. Chance wählte einen Platz, der relativ eben war und von einem Halbkreis aus Felsen geschützt wurde. „Das wird uns als Windschutz dienen."

„Was ist mit Schlangen?" Misstrauisch beäugte Sunny die Felsformation.

„Möglich, dass es hier welche gibt." Er setzte die Tasche ab. Hatte er endlich eine Schwäche entdeckt, die er nutzen konnte, um Sunny schneller an sich zu binden? „Hast du Angst vor Schlangen?"

„Nur, wenn sie zwei Beine haben." Sie sah sich um, so als wolle sie sich ein Bild von ihrer Lage machen, dann reckte sie unmerklich die Schultern. Hätte er sie nicht so genau beobachtet, wäre ihm die kleine Geste gar nicht aufgefallen. Fast heiter sagte sie: „Na gut. Bauen wir das Camp auf, damit wir endlich essen können. Ich habe Hunger."

Neben ihrer Tasche ging sie in die Hocke und stellte die Ziffern an dem großen Zahlenschloss ein. Mit einem leisen Klicken sprang das Schloss auf, und Sunny zog den Reißverschluss zurück. Leicht verwundert, dass es so einfach sein würde, herauszufinden, was in der Tasche war, kniete Chance sich neben Sunny. „Was hast du denn Gutes? Schokoriegel?"

Sie lachte leise. „Leider nichts, was so gut schmeckt."

Er nahm ihr die Taschenlampe ab und leuchtete, während sie mit dem Auspacken begann. Die Tasche war ordentlich gepackt wie der Koffer eines Vertreters. Sunny hatte nicht gelogen mit ihrer Behauptung, es gebe keinen Platz mehr darin. Jetzt legte sie einen verschweißten Plastikbeutel zwischen sich und Chance. „Nahrungsriegel." Sie warf ihm einen Seitenblick zu. „Sie schmecken genau so, wie man es sich vorstellt, aber da ist alles drin, was man zum Leben braucht. Ein Riegel pro Tag deckt den gesamten Nahrungsbedarf. Ich habe ein Dutzend davon."

Als Nächstes zog sie ein winziges Handy hervor. Für einen Moment starrte sie es an, dann sah sie hoffnungsvoll zu Chance, während sie es einschaltete. Chance wusste, dass sie hier kein Signal bekam, aber er sah ihr nur wortlos zu. Und ein seltsamer Schmerz durchzuckte ihn, weil er wusste, wie enttäuscht sie sein würde.

Prompt ließ sie auch schon die Schultern fallen. „Nichts", murmelte sie und legte das Handy fort. Stumm machte sie sich daran, weiter auszupacken.

Eine kleine weiße Kiste kam zum Vorschein, mit einem roten Kreuz obenauf. „Erste-Hilfe-Kasten", meinte Sunny und fasste wieder in die Tasche. „Sterilisierungstabletten, für das Wasser. Zwei Flaschen Mineralwasser, Orangensaft. Leuchtstäbe, Streichhölzer", zählte sie auf und breitete alles auf dem Boden aus. „Haarspray, Deo, Zahnpasta, Bürste, Feuchttücher, Lockenstab, Fön, zwei Thermo-Decken …" Sie hielt inne und griff ganz nach unten, um etwas Großes hervorzuziehen. „Und ein Zelt."

5. KAPITEL

Ein Zelt. Verdutzt starrte Chance darauf. Er kannte die Marke. Das war die Art Überlebensausrüstung, die die Leute in einem Schutzbunker deponierten, für den Fall eines Krieges oder einer Naturkatastrophe. Oder die jemand zusammenstellen würde, der vorhatte, eine sehr lange Zeit in der Wildnis zu verbringen.

„Es ist ein kleines Zelt, eigentlich nur für eine Person", meinte sie entschuldigend. „Ich brauchte etwas, das leicht genug ist, um es tragen zu können. Es wird zwar ein wenig eng, aber wir passen beide hinein."

Wieso schleppte sie ein Zelt mit, wenn sie nur eine Nacht in Seattle verbringen wollte – in einem Hotel – und am nächsten Tag wieder zurück nach Atlanta flog? Und wieso hatte sie die Tasche nicht aufgegeben, sondern trug sie als Handgepäck mit sich herum? Diese Frage konnte er sich selbst beantworten: Weil sie die Tasche nicht aus den Händen geben wollte. Aber er brauchte immer noch eine Erklärung für die erste Frage.

Irgendwie passte das alles nicht zusammen.

Sein Schweigen war beunruhigend. Sunny blickte auf ihre ordentlich ausgebreiteten Besitztümer. Um die Strickjacke und die Wollsocken überzuziehen, die sie herausgeholt hatte, setzte sie sich auf den Boden. Dann stopfte sie Wechselwäsche und Toilettenartikel wieder zurück in die Tasche. In ihrem Kopf überschlugen sich die Gedanken. Etwas an Chances Gesichtsausdruck hatte ihr einen kalten Schauer über den Rücken gejagt, in seiner Miene lag eine Härte, wie sie sie noch bei keinem Menschen gesehen hatte. Sie sah wieder vor sich, wie mühelos er den Dieb im Flughafen aufgehalten hatte. Mit tödlicher Schnelligkeit und absoluter Sicherheit hatte er sich bewegt. So verhielt sich kein normaler Charterpilot. Und sie saß jetzt hier mutterseelenallein mit ihm fest.

Vom ersten Augenblick an hatte sie sich zu ihm hingezogen gefühlt. Trotzdem konnte sie es sich nicht leisten, darüber ihre Vorsicht fahren zu lassen. Sie war daran gewöhnt, mit ständiger Gefahr zu leben. Jetzt musste sie jedoch mit einer unbekannten und neuen Gefahr zurechtkommen, auch wenn sie noch nicht wusste, welche

Form es annehmen konnte oder würde. Vielleicht war Chance einfach nur ein Mann, der mehr aushielt als andere.

Es war auch möglich, dass er auf der Gehaltsliste ihres Vaters stand. Bei der Vorstellung lief es ihr eiskalt den Rücken hinunter. Doch dann setzte die Vernunft wieder ein. Ihr Vater konnte unmöglich für alles, was heute passiert war, verantwortlich sein. Er hatte nicht wissen können, dass sie heute auf dem Flughafen in Salt Lake City sein würde. Wäre er beteiligt, hätte er versucht, sie entweder in Atlanta oder Seattle abzufangen. Nach diesem Zickzackkurs, den sie heute quer durchs ganze Land genommen hatte, musste sie ausschließen, dass ihr Vater dafür verantwortlich war.

Während die Vernunft die Oberhand über die lautlose Panik gewann, dachte Sunny darüber nach, wie Chance sie aus dem Flugzeug gezogen hatte, wie er ihr die Decke um die Schultern gelegt hatte und mit welchem Entgegenkommen und welcher Höflichkeit er sie auf dem Flughafen behandelt hatte. Er war ein starker Mann, daran gewöhnt, das Kommando zu übernehmen und Risiken einzugehen. Militärisches Training, schoss ihr die Erklärung in den Kopf. Wieso war sie nicht früher darauf gekommen? Ihres und Margretas Leben hing davon ab, Leute richtig zu beurteilen, immer wachsam und vorbereitet zu sein. Bei Chance hatte sie sich von der Intensität ihrer Gefühle ablenken lassen. Und von dem Schock, dass das Interesse auf Gegenseitigkeit beruhte.

„Wozu ist das gut?", fragte er jetzt leise, ging neben ihr in die Hocke und deutete auf das Zelt. „Sag jetzt nicht, dass du vorhattest, in der Hotellobby zu campen."

Sunny konnte nicht anders. Das Bild, wie sie ihr Zelt in der Lobby aufstellte, war so komisch, dass sie unwillkürlich grinste. Es war ihr Sinn für Humor, der sie all die Jahre über nicht hatte verzweifeln lassen.

Er legte seine Hand an ihren Nacken. „Sunny, sag es mir", forderte er.

Sie schüttelte den Kopf, noch immer lächelnd. „Wir sitzen zusammen hier fest, aber wir kennen uns nicht. Sobald wir hier rauskommen, werden wir uns nie wiedersehen. Also wäre es unsinnig, alles herauszuposaunen. Du bewahrst deine Geheimnisse und ich meine."

Das Licht der Taschenlampe ließ seine Züge noch härter erscheinen. Chance stieß enttäuscht die Luft aus. „Na schön, belassen wir es dabei – für den Moment. Wenn ich das Flugzeug morgen nicht reparieren kann, werden wir eine lange Zeit hier festsitzen, dann ist es sowieso unwichtig, warum du ein Zelt mit dir herumschleppst."

Sie suchte in seinem Gesicht nach einer Regung, die sie verstehen konnte. Aber seiner unbeweglichen Miene entnahm sie nichts. „Das klingt nicht sehr beruhigend."

„Es ist aber so."

„Wenn wir nicht in Seattle ankommen, wird man doch nach uns suchen, oder? Hat dieses Flugzeug denn keines von diesen Funkdingern?"

„Wir sind in einem Canyon."

Mehr brauchte er nicht zu sagen. Jegliches Signal wurde von den Felswänden blockiert, nur wer sich direkt über der Schlucht befand, konnte es empfangen. Und da sie in einem tiefen, schmalen Graben saßen, war diese Wahrscheinlichkeit sehr gering.

„Mist!", stieß sie herzhaft aus.

Dieses Mal musste er lachen. Kopfschüttelnd drückte er ihren Nacken leicht und richtete sich auf. „Etwas Derberes fällt dir dazu nicht ein?"

„Wir leben. Wenn man bedenkt, wie es hätte ausgehen können, ist das doch sehr positiv. Und vielleicht gelingt es dir ja, das Flugzeug zu reparieren." Sie zuckte die Schultern. „Die Kraftausdrücke hebe ich mir auf, bis wir mehr wissen."

Er reichte ihr die Hand und half ihr auf. „Wenn ich die Kiste nicht reparieren kann, helfe ich dir mit den Ausdrücken. Im Moment sollten wir dein Zelt aufbauen, bevor es noch kälter wird."

„Wie wäre es mit einem Lagerfeuer?"

„Ich suche morgen nach Feuerholz – falls es nötig sein sollte. Heute kommen wir ohne Feuer aus. Ich will die Batterien der Taschenlampe nicht unnötig strapazieren. Je nachdem, wie lange wir hier festsitzen, werden wir sie noch brauchen."

„Ich habe die Leuchtstäbe."

„Die bewahren wir auch lieber auf – nur für den Fall."

Zusammen stellten sie das Zelt auf. Sunny hätte es auch allein gekonnt, schließlich war es so konzipiert, dass eine Person damit fertig wurde, außerdem hatte sie vorher geübt. Zu zweit jedoch brauchten sie nur wenige Minuten. Am längsten dauerte es noch, die Steine aus dem Weg zu räumen, um eine glatte Fläche für den Zeltboden zu schaffen.

Als das Zelt stand, beäugte Sunny es kritisch. Von der Länge her reichte es für Chance, aber was die Breite anging … Mit einem Blick maß sie seine Schultern und schätzte die Zeltbreite. Entweder sie würde die ganze Nacht auf der Seite liegen – oder auf ihm.

Die Hitze, die bei diesem Gedanken durch sie hindurchströmte, machte ihr deutlich, welche Option ihr Körper bevorzugte. Ihr Puls beschleunigte sich ein wenig, während sie sich ausmalte, wie gezwungenermaßen eng aneinandergeschmiegt sie die kommende Nacht verbringen würden. Vielleicht würde sie sogar in seinen Armen liegen.

Ihm musste zugute gehalten werden, dass er keine zweideutigen Bemerkungen abgab. Er musste zu dem gleichen Schluss gekommen sein, so wie er das Zelt betrachtete. Doch er hob nur die Tüte mit den Nahrungsriegeln auf und meinte selbstzufrieden: „Ich wusste doch, dass wir heute Abend zusammen essen würden."

Sunny lachte auf, bezaubert von seinem Taktgefühl und Sinn für Humor. Und in diesem Moment verliebte sie sich ein wenig in ihn.

Vielleicht hätte sie alarmiert sein müssen, doch sie war es nicht. Natürlich, wenn sie sich emotional auf ihn einließ, machte sie sich verletzbar. Doch sie hatten eine schreckliche Erfahrung zusammen durchlebt, und im Moment brauchte sie einen Bezugspunkt. Bisher hatte sie nichts an diesem Mann gefunden, was ihr missfiel, nicht einmal der Hauch von Gefahr, den sie verspürte, schreckte sie. In einer Situation wie dieser war ein Mann mit ein paar Ecken und Kanten an ihrer Seite eher von Vorteil.

Sunny erlaubte sich, in diesem ungewohnten Gefühl zu schwelgen, während sie gemeinsam einen von den Nahrungsriegeln aßen – essbar, aber alles andere als schmackhaft – und dazu Wasser tranken. Danach verstauten sie alles außer den Decken in Sunnys Tasche, um die Vorräte vor Schlangen, Insekten oder anderen Kriechtieren zu schützen. Bären gab es in dieser Wüstenlandschaft zwar nicht, dafür aber vielleicht Kojoten. Sollten die auftauchen, würde Sunny wohl herausfinden, ob die Tasche tatsächlich so unzerstörbar war, wie es in der Werbung geheißen hatte, denn für zwei Leute und die Tasche war das Zelt auf keinen Fall groß genug.

Chance schaute auf das Leuchtzifferblatt seiner Armbanduhr.

„Es ist zwar noch früh, aber wir sollten uns besser ins Zelt legen, bevor wir zu viel von unserer Körperwärme verlieren. Wir können auf meiner Decke schlafen und deine beiden zum Zudecken benutzen."

Erst jetzt wurde Sunny bewusst, dass er nur ein T-Shirt trug. „Willst du nicht besser deine Jacke aus dem Flugzeug holen?"

„Sie würde nur zu viel Platz wegnehmen. Ich bin nicht so kälteempfindlich, mir wird auch ohne sie warm genug sein." Er setzte sich und zog sich die Stiefel aus, warf sie ins Zelt und kroch dann hinein, um die Decken auszubreiten. Sunny schlüpfte ebenfalls aus ihren Schuhen und war froh um die dicken Wollsocken, die sie trug.

„Alles klar, komm rein", sagte er. „Mit den Füßen zuerst."

Sie gab ihm ihre Schuhe, dann setzte sie sich und schlängelte sich in das Zelt. Chance lag auf der Seite, damit sie mehr Platz zum Manövrieren hatte. Trotzdem war es eine echte Aufgabe, sich in das Innere zu schieben und dabei gleichzeitig ihren Rock unten zu behalten und die Decken nicht zur Seite zu ziehen. Als sie auf ihrem Platz lag, zog Chance den Reißverschluss des Zelts zu.

Dann holte er die Pistole aus dem Hosenbund und legte sie neben seinen Kopf. Sunny betrachtete die schwarze Automatikwaffe. Sie war keine Expertin, dennoch erkannte sie, dass es sich um ein großes Kaliber handelte. Sie hatte solche Waffen ausprobiert, aber diese Pistolen waren zu schwer für sie, deshalb hatte sie sich für ein kleines Kaliber entschieden, mit dem sie besser umgehen konnte.

Chance hatte auch die Thermo-Decken bereitgelegt, sodass sie sie nur noch hochzuziehen brauchten. In dem kleinen Raum konnte Sunny allerdings schon seine Körperwärme spüren, sie brauchte keine Decke. Doch wenn es in der Nacht kühler wurde, würde sie für jede Wärmequelle dankbar sein.

Beide suchten sich eine bequeme Stellung. Da Chance so groß war, wollte Sunny ihm so viel Platz wie möglich lassen. Sie legte sich auf die Seite und schob den Arm unter den Kopf, trotzdem ließ es sich nicht vermeiden, dass ihre Körper sich berührten.

„Alles klar?", fragte Chance.

„Ja."

Er knipste die Taschenlampe aus. Schlagartig wurde es im Zelt dunkel wie in einer Höhle. „Nur gut, dass ich nicht unter Klaustrophobie leide", sagte Sunny und atmete tief ein. Prompt erfüllte sein

Duft ihre Sinne, so warm und so … anders. Erdig irgendwie, genau wie ein Mann duften sollte.

„Denk einfach, dass du in Sicherheit bist", murmelte er. „Dunkelheit kann auch Sicherheit bedeuten."

Ja, sie fühlte sich tatsächlich sicher. Zum ersten Mal, seit sie denken konnte, wusste sie, dass niemand außer dem Mann neben ihr ihren Aufenthaltsort kannte. Sie musste nicht nachsehen, ob alle Türen und Fenster verschlossen waren, sie brauchte nicht nach einem zweiten Ausgang zu suchen. Und sie musste sich auch nicht darauf einstellen, nur leicht zu schlafen, was manchmal dazu führte, dass sie überhaupt keinen Schlaf fand. Sie brauchte keine Angst zu haben, dass sie verfolgt wurde oder ihr Telefon abgehört werden könnte.

Um Margreta machte sie sich allerdings Sorgen, doch sie musste positiv denken. Morgen würde Chance den Fehler am Flugzeug finden und reparieren, dann konnten sie weiterreisen. Natürlich würde die Kuriersendung zu spät in Seattle ankommen, aber daran konnte Sunny nun nichts mehr ändern. Wenn sie bedachte, dass sie genauso gut hätten abstürzen statt landen können, war das wirklich völlig unwichtig. So, wie der Tag verlaufen war, musste sie dankbar sein, dass sie, immer noch heil und in einem Stück, relativ bequem lag … Relativ ist hier das Schlüsselwort, dachte sie und versuchte eine bessere Lage zu finden. Der harte Steinboden war lediglich mit einer dünnen Schicht Sand überzogen.

Das letzte bisschen Energie verließ Sunny rasch. Die Ereignisse des Tages – die langen Flüge mit den unmöglichen Verbindungen, der leere Magen, die Aufregung bei dem Überfall und die schier unerträgliche Angst während der Notlandung – forderten ihren Tribut. Sunny gähnte und drehte sich in dem Versuch, eine bequemere Schlafposition zu finden, auf die andere Seite. Mit dem Ellbogen stieß sie an etwas Hartes, dann hörte sie ein undeutliches Brummen.

„Tschuldigung", murmelte sie. Sie bewegte sich vorsichtig, trotzdem stieß sie mit ihren Knien an seine. „Mann, es ist so eng hier, da sollte ich besser obenauf schlafen."

Schlagartig wurde ihr klar, dass sie die Worte laut ausgesprochen hatte. Sie öffnete den Mund, um sich noch einmal zu entschuldigen.

„Oder vielleicht sollte ich derjenige sein, der oben liegt."

Diese Bemerkung verschlug ihr die Sprache. Sunny atmete tief ein. Die tiefe Stimme schien in der Stille widerzuhallen. Plötzlich war sich Sunny Chances Gegenwart viel zu bewusst und hörte das sinnliche Versprechen aus den Worten heraus. Der Kuss … der konnte entschuldigt werden als die Reaktion auf eine lebensbedrohliche Situation. Gefahr sollte angeblich eine erregende Wirkung haben, scheinbar stimmte das. Das Gefühl, das sie in diesem Moment beherrschte, war keine bloße Reaktion mehr, das war Verlangen, die bebende Neugier auf den anderen.

„Höre ich da etwa ein Nein?"

Ihre Lungen begannen wieder zu arbeiten. Sunny atmete tief durch. „Ich habe gar nichts gesagt."

„Eben." Chance klang amüsiert. „Ich scheine also heute Abend kein Glück zu haben."

Sein neckender Tonfall gab ihr die Fassung zurück. „Sieht so aus. Ich denke, du hast deine Ration Glück für heute bereits verbraucht."

„Dann versuche ich es morgen noch einmal."

Sunny unterdrückte das Lachen.

„Soll dieses Kichern heißen, dass ich dir damit keine Angst einjage?"

Eigentlich sollte sie zumindest misstrauisch sein. Sie konnte sich nicht erklären, warum sie ihm vertraute. „Nein, Angst habe ich nicht." Im Gegenteil, sie war in Versuchung. Sehr sogar.

„Gut." Er gähnte. „Warum ziehst du dann nicht die Strickjacke aus und lässt sie mich als Kissen benutzen, und du legst den Kopf auf meine Schulter. Dann liegen wir beide etwas bequemer."

Der gesunde Menschenverstand riet ihr zu, sein Vorschlag klang vernünftig. Gleichzeitig rief sich Sunny ins Bewusstsein, dass sie Probleme geradezu heraufbeschwor, wenn sie in seinem Arm schlief. Ihm vertraute sie, dass er sich anständig benehmen würde. Was allerdings sie selbst anbelangte … Dieser Mann war extrem sexy. Er brachte sie zum Lachen. Er war stark und kompetent. Ihn umgab eine leichte Aura von Gefahr. Was konnte eine Frau sich mehr wünschen?

Wahrscheinlich war genau das das Gefährlichste an ihm – er brachte sie dazu, ihn zu begehren. Anderen Männern hatte sie ohne die geringsten Zweifel widerstanden, hatte sie stehen lassen, ohne auch nur einen Blick zurückzuwerfen oder gar Bedauern zu empfinden. Chance dagegen weckte eine tiefe Sehnsucht in ihr. Durch ihn erkannte sie, wie einsam und allein sie war.

„Glaubst du denn, dass ich anständig bleibe?“, versuchte sie zu scherzen. „Ich wollte das eigentlich gar nicht sagen, die Worte sind mir im Halbschlaf herausgeschlüpft.“

„Ich denke, ich werde schon mit dir fertig, falls du aufdringlich wirst. Außerdem bist du so oder so gleich eingeschlafen, sobald du aufhörst zu reden.“

Sie gähnte. „Ich weiß.“

„Komm, zieh dir diese Jacke aus, dann kannst du schlafen.“

Da nicht genügend Platz war, um sich aufzusetzen, half Chance Sunny aus der Strickjacke. Er faltete den Stoff zusammen und schob sich das Bündel unter den Kopf. Sehr behutsam, so als habe er Angst, Sunny zu erschrecken, zog er sie an seine Seite und legte den Arm um sie. Ohne zu zögern rutschte sie näher an ihn heran und barg ihren Kopf an seiner Schulter.

Diese Lage war erstaunlich bequem. Sunny legte ihren rechten Arm über seine Brust, einfach, weil es sonst keinen Platz gab, wo sie ihn hätte hinlegen können. Nun, natürlich gab es andere Möglichkeiten, aber so schien es ihr richtig. Es gefiel ihr, seinen Herzschlag unter der Hand zu spüren. Das kräftige rhythmische Pochen befriedete einen ursprünglichen Instinkt in ihr – das Bedürfnis, nicht allein zu sein.

„Liegst du gut?“, fragte er leise.

„Mhm.“

Mit seiner freien Hand zog er die Thermo-Decke hoch und über Sunnys bloße Arme. Eingehüllt in Wärme und Dunkelheit, gab sie sich ganz dem Gefühl hin, so nah bei ihm zu liegen. Träges Verlangen summte in ihrem Körper, wärmte und entspannte sie. Ihre Brüste waren an seine Seite gepresst. Sie spannten vor Erregung, und ihre Brustwarzen hatten sich so hart zusammengezogen, dass sie schmerzten. Ob er das spürte? Gern hätte sie sich an ihm gerieben wie eine Katze, um die angenehme Empfindung noch zu intensivieren. Doch sie blieb still liegen und konzentrierte sich stattdessen auf den regelmäßigen Herzschlag.

Als er sie geküsst hatte, hatte er ihre Brust berührt. Es war ihr wie eine schicksalhafte Erfüllung erschienen. Sunny würde dieses Gefühl gern noch einmal spüren, seine Hände auf ihrer bloßen Haut … Sie wollte ihn. Ihn schmecken und fühlen. Das Verlangen und ihre Sehnsucht waren so stark, dass sie die Leere als schmerzhaft empfand.

Wenn wir hier morgen nicht wegkommen, war ihr letzter Gedanke, bevor sie einschlief, lasse ich mich auf ihn ein, noch bevor die Sonne untergeht.

Normalerweise wachte Sunny bei der kleinsten Unregelmäßigkeit auf. Einmal hatte ein Auto unten auf der Straße eine Fehlzündung gehabt, und Sunny hatte sofort nach der Pistole unter dem Kopfkissen gegriffen und sich schon vom Bett gerollt, noch bevor das Geräusch verklungen war. Sie hatte gelernt, wie man jederzeit ein kurzes Nickerchen halten konnte, weil sie nie vorauszusagen vermochte, wann sie das nächste Mal um ihr Leben rennen musste. Sie konnte an den Fingern einer Hand abzählen, wie viele Nächte sie seit ihrer Kindheit durchgeschlafen hatte.

Als sie jetzt in Chances Arm die Augen aufschlug, war ihr auch gleichzeitig bewusst, dass sie seine Nähe in der Nacht nicht gestört, sondern sehr beruhigt hatte. Hier war sie sicher, sicher und warm und völlig entspannt. Mit einer Hand streichelte er gedankenverloren über ihren Rücken, das war es, was sie geweckt hatte.

Ihr Rock war ihr im Schlaf bis auf die Schenkel hinaufgerutscht – natürlich. Ihr rechtes Bein hatte sie in der Nacht über Chances Knie gelegt, sie spürte den leicht rauen Stoff seiner Jeans an der empfindsamen Innenseite ihres Schenkels. Ihr Kopf lag auf seiner Brust anstatt an seiner Schulter, sein Puls war praktisch direkt an ihrem Ohr zu hören. Zwar lag sie nicht der Länge nach auf ihm, aber viel fehlte nicht dazu.

„Guten Morgen“, sagte er mit vom Schlaf rauer Stimme, ohne die streichelnde Bewegung seiner Hand zu unterbrechen.

„Guten Morgen“, erwiderte sie den Gruß. Sie wollte nicht aufstehen, auch wenn sie wusste, dass sie es musste. Der Morgen graute längst, das erste Licht drang durch den braunen Zeltstoff und warf einen schwachen goldenen Schimmer ins Innere. Chance musste sich die Treibstoffpumpe ansehen, damit sie weiterfliegen und sich per Funk melden konnten, sodass die Flugaufsicht erfuhr, dass sie nicht abgestürzt waren. All das wusste Sunny, doch anstatt sich zu rühren, blieb sie still liegen und genoss den Moment.

Chance hob eine ihrer Haarsträhnen an und beobachtete, wie sie wieder zurückfiel. „Daran könnte ich mich gewöhnen“, murmelte er.

„Du hast doch sicher schon mit anderen Frauen geschlafen.“

„Ich habe aber noch nie mit dir geschlafen.“

Sie war versucht zu fragen, was an ihr anders sei. Doch sie wollte es lieber nicht erfahren. Sie ging nicht auf seine Bemerkung ein. Aus der rasant wachsenden Anziehung konnte nicht mehr werden. Weil Sunny es nicht zulassen würde. Es war nur noch eine Frage von Stunden. Er würde das Flugzeug reparieren, und schon bald würden sie sich trennen und nie wiedersehen.

Dieser Gedanke gab ihr die Kraft, sich von ihm zu lösen, ihre zerknitterten Kleider zu richten, sich das Haar aus dem Gesicht zu streichen und das Zelt aufzuschlagen.

„Brrr. Heißer Kaffee wäre jetzt genau das Richtige. Du hast nicht zufällig ein Glas Instantkaffee im Flugzeug?“

„Was denn?“ Er hatte verstanden und drängte nicht weiter darauf, bei dem verfänglichen Thema zu bleiben. „Du hast keinen in deiner Überlebensausrüstung?“

„Nein, nur Wasser.“ Sie kroch aus dem Zelt. Chance reichte ihr ihre Schuhe und die Strickjacke nach draußen. Rasch zog sie die Sachen über, froh, dass sie in Atlanta eine etwas dickere Jacke eingepackt hatte.

Als Nächstes flogen Chances Stiefel aus dem Zelt, dann folgte er selbst. Er blieb auf dem Boden sitzen und zog sich an. „Ganz schön kalt. Ich hole mir meine Jacke aus dem Flugzeug. Dann kann ich auch gleich meine Morgentoilette dort erledigen. Du kannst hinter die Felsen gehen. So früh am Morgen sollten noch keine Schlangen herumkriechen, halt aber trotzdem die Augen offen.“

Sunny nahm die Feuchttücher und zog sich hinter den Felsen zurück. Als sie wieder hervorkam, wusch sie sich Hände und Gesicht, putzte die Zähne und kämmte sich. Jetzt fühlte sie sich wieder wie ein Mensch und war bereit, sich dem neuen Tag und der Welt zu stellen. Zuvor allerdings nahm sie sich die Zeit und ließ den Blick über den kleinen Canyon schweifen, der ihnen das Leben gerettet hatte.

Es war wirklich nicht viel mehr als ein Riss im Erdboden, kaum breiter als fünfzig Meter. Eine Viertelmeile weiter hinten wurde er zwar breiter, aber auch sehr viel unebener. Dieses Flussbett war der einzige Streifen, wo sie sicher hatten landen können. Sunny konnte nicht sagen, wie lang der Canyon war, denn weiter hinten lag eine Biegung. Dort erkannte sie Steine verschiedenster Größe, vereinzelt wuchsen trockene Büsche, und Wurzeln ragten aus den Steilwänden und schlängelten sich dem ersehnten Regenwasser entgegen.

Sämtliche Rottöne waren vertreten, von dunkelstem Purpur bis zu blassestem Rosa. Kein Grün, die Büsche waren ausgebleicht von der Sonne, manche schimmerten silbern, ein auffälliger Kontrast zu den intensiven Farben der Erde.

Chance und Sunny schienen die einzigen beiden Lebewesen hier zu sein. Weder Vogelgezwitscher noch das Summen von Insekten war zu hören. Natürlich musste es hier auch eine Fauna geben, Schlangen und Eidechsen bestimmt und ebenso deren Beutetiere, das wusste Sunny, aber die im Moment herrschende Stille überwältigte sie nahezu.

Sunny sah zum Flugzeug hinüber. Chance arbeitete bereits daran. Sie steckte die kalten Finger in die Taschen der Strickjacke und ging zu ihm.

„Willst du nicht erst etwas essen?"

„Ich warte lieber, bis ich herausgefunden habe, wo das Problem liegt." Er grinste sie schief an. „Nicht beleidigt sein, aber ich esse nur noch einen von diesen Nahrungsriegeln, wenn es sich absolut nicht vermeiden lässt."

„Wenn du uns also hier herausfliegen kannst, wartest du lieber bis zum nächsten Flughafenrestaurant, was?"

„Du hast es erkannt."

Sie erwiderte sein Grinsen und schaute ihm über die Schulter, um zu sehen, was er da tat. „Ich habe auch keinen gegessen", gestand sie.

Mit der typisch entschlossenen Miene, die Männer zur Schau trugen, wenn sie sich an mechanischen Dingen versuchen, überprüfte Chance die Treibstoffleitungen. Sunny fühlte sich untätig. Bei einem Auto hätte sie helfen können, mit Flugzeugen jedoch kannte sie sich nicht aus. „Kann ich irgendetwas tun?", fragte sie.

„Nein. Ich ziehe nur die Leitungen ab und suche nach möglichen Verstopfungen."

Sie sah noch eine Weile zu, aber das schien eine langwierige Aufgabe zu sein, und ihr wurde ein wenig langweilig. „Ich denke, ich gehe auf Erkundungstour", meinte sie schließlich.

„Bleib in Rufweite", sagte er nur abwesend.

Auch wenn der Morgen noch kühl war, durch die höhersteigende Sonne wurde es mit jeder Minute wärmer. Sunny setzte vorsichtig einen Fuß vor den anderen, achtete genau darauf, wohin sie trat. Ein verstauchter Knöchel konnte den Unterschied zwischen Leben und Tod bedeuten, sollte sie plötzlich losspurten müssen. Eines Tages vielleicht würde eine Verstauchung nur eine Unannehmlichkeit sein. Eines Tages wäre sie vielleicht endlich frei.

Sie sah zum strahlend blauen Himmel auf und atmete tief die klare Luft ein. Hart hatte sie daran gearbeitet, nicht den Mut und die Lebensfreude zu verlieren, ihr Humor war ihr dabei ein unerlässlicher Helfer. Margreta konnte nicht so gut mit der Situation umgehen, aber sie hatte ja zusätzlich noch die Herzschwäche, mit der sie fertig werden musste. Zwar konnte die Krankheit mit Medikamenten unter Kontrolle gehalten werden, trotzdem mussten gewisse Vorkehrungen getroffen werden. Margreta würde nie wie Sunny einfach von jetzt auf gleich von der Bildfläche verschwinden können. Sie brauchte ihren Arzt, der regelmäßig Rezepte ausstellte. Müsste sie den Arzt wechseln, würde das neue Untersuchungen zur Folge haben und damit erhebliche Kosten.

Deshalb sah Sunny ihre Schwester auch nie. So war es sicherer, für den Fall, dass jemand nach Schwestern suchte. Sie kannte nicht einmal Margretas Telefonnummer. Einmal in der Woche rief Margreta Sunny an, zu einer fest verabredeten Zeit, immer von einer anderen öffentlichen Telefonzelle. So konnte Sunny nichts verraten, sollte sie gefasst und vielleicht unter Drogeneinfluss verhört werden.

Ihr blieben vier Tage, bevor Margreta sie das nächste Mal anrief. Falls sie dann nicht antwortete oder Margreta diesen Anruf nicht machte, mussten sie davon ausgehen, dass die andere aufgespürt worden war. Falls Sunny nicht antwortete, war Margreta durchaus in ihrer Wut und Trauer in der Lage, alle Vorsicht in den Wind zu schießen und aus ihrem Versteck herauszukommen, um für das Schicksal der Schwester Rache zu üben.

Vier Tage. Es mussten einfach verstopfte Treibstoffleitungen sein.

6. KAPITEL

Chances Warnung im Ohr, entfernte Sunny sich nicht zu weit. Es gab sowieso nicht viel zu sehen, nur Geröll und Felsen und ausgetrocknete Büsche. Und diese hoch aufragenden Wände. Die Wüste besaß eine wilde, karge Schönheit. Sicher hätte Sunny sie eher zu schätzen gewusst, hätte sie nicht in ihr festgesessen. Wenn der Regen diesen Strom zum Leben erweckte, würde man höchstwahrscheinlich ein wunderbares Farbschauspiel erleben, aber wie oft mochte es in diesem Canyon regnen? Einmal im Jahr?

Als es immer wärmer wurde, krochen auch die Reptilien aus ihren Verstecken hervor. Sunny sah eine braune Eidechse über den Boden huschen und hinter einem Stein verschwinden. Ein Vogel stieß aus der Luft im Sturzflug hinunter und pickte nach einem großen Käfer, um sich mit seiner Beute wieder emporzuschwingen. Für einen Vogel bedeuten die dreißig Meter hohen Wände nichts, während sie für Sunny unüberwindlich waren.

Langsam wurde sie hungrig. Ein Blick auf ihre Uhr sagte ihr, dass sie schon eine gute Stunde herumwanderte. Wieso brauchte Chance so lange? Eine Blockade in den Leitungen würde sich doch sicher schneller finden lassen?

Sie schlug den Rückweg zum Flugzeug ein. Aus der Entfernung konnte sie erkennen, dass Chance den Kopf noch immer in den Motorraum steckte. Was wohl bedeutete, dass er nichts gefunden hatte. Eine Eiseskälte griff nach ihrem Herzen, doch Sunny weigerte sich, zu früh an die Probleme zu denken. Denen würde sie sich zur rechten Zeit stellen.

Sollte Chance das Flugzeug nicht reparieren können, mussten sie eben einen anderen Weg aus dem Canyon herausfinden. Sie war ja nicht weit gegangen, vielleicht würde der Graben am anderen Ende flacher, und sie könnten ganz einfach hinauslaufen. Natürlich wusste Sunny nicht, wie weit es bis zur nächsten Stadt war, aber sie war bereit, es herauszufinden. Alles war besser, als tatenlos und untätig abzuwarten.

Als sie fast bei ihm war, hob Chance den Kopf und sah zu ihr hin, dann beugte er sich wieder über den Motor. Sunny erlaubte sich eine genaue Musterung und bewunderte seinen muskulösen Rücken, über den sich das T-Shirt spannte. Die Jeans sitzt auch nicht schlecht, schwärmte sie in Gedanken und blickte ungeniert auf seinen Po und die langen Beine.

Da bewegte sich plötzlich etwas im Sand neben seinen Füßen.

Sunny glaubte vor Schreck in Ohnmacht fallen zu müssen. Ihr Blick konzentrierte sich auf den Boden, bis sie nichts anderes mehr sah als die Schlange, gefährlich nahe an Chances Fuß. Ihr Herz hämmerte so hart, dass Sunny den Puls an ihren Rippen fühlte.

Ihr war nicht einmal bewusst, dass sie sich bewegte. Die Zeit verging zäh wie dickflüssiger Sirup. Ihr einziger Gedanke galt der Schlange, die immer größer zu werden schien und immer näher kam. Chance trat jetzt vom Flugzeug zurück, noch weiter zu der sich schlängelnden Kreatur hin …

Die Schlange richtete den Kopf auf. Zielstrebig packte Sunny zu, ihre Finger schlossen sich um den schlanken Leib, der sich erstaunlich trocken und warm anfühlte, und sie schleuderte das schreckliche Tier, so weit sie konnte, durch die Luft. Der lange Körper zeichnete sich gegen die Felswand ab, dann fiel er hinter einen Busch und war nicht mehr zu sehen.

„Alles in Ordnung mit dir? Hat sie dich gebissen? Bist du verletzt?"

Sunny konnte nicht aufhören zu plappern, als sie sich vor Chance auf die Knie fallen ließ. Sie tastete seine Beine ab, suchte nach Blutspuren oder einem Riss in dem Jeansstoff, nach irgendetwas, das ihr sagen würde, ob er gebissen worden war oder nicht.

„Alles in Ordnung. Sunny! Alles in Ordnung. Sie hat mich nicht gebissen." Um ihr aufgeregtes Gestammel zu übertönen, hob er die Stimme und zog Sunny bei den Armen hoch. Eindringlich sah er ihr ins Gesicht, damit sie ihn wahrnahm. „Sunny, mir ist nichts passiert", sagte er dann leiser.

„Bist du sicher?" Sie konnte nicht aufhören, ihn zu berühren. Unablässig fühlte sie seine Brust und strich über seine Wangen, obwohl sie wusste, dass das unsinnig war. Bis dahin war die Schlange nie gelangt. Ebenso wenig konnte Sunny mit dem Zittern aufhören. „Ich hasse Schlangen", stieß sie inbrünstig aus. „Sie jagen mir eine Heidenangst ein. Ich hab sie gesehen, direkt neben deinen Füßen. Du wärst fast auf sie getreten."

„Schsch …“ Er zog sie in die Arme und wiegte Sunny sanft hin und her. „Ist ja alles in Ordnung, es ist nichts passiert.“

Sie klammerte sich an seinem T-Shirt fest und barg das Gesicht an seiner Brust. Sein ihr schon vertrauter Duft wirkte beruhigend auf Sunny. Sein Herz schlug ruhig und regelmäßig, so als wäre er nicht soeben um Haaresbreite einem Schlangebiss entgangen. Nein, er war völlig gelassen und gefasst, ein unerschütterlicher Fels in der Brandung, und er hielt Sunny fest und sicher.

„Es war schrecklich“, murmelte sie, hob den Kopf und blickte zu ihm auf. Dann trat ein angeekelter Ausdruck auf ihr Gesicht. „Igitt! Ich habe dieses Ding angefasst!“ Abrupt streckte sie den Arm aus und hielt die Hand weit von sich. „Lass mich los, ich muss mir diese Hand waschen. Jetzt sofort!“

Er gab sie frei, und sie rannte die Anhöhe hinauf zum Zelt, um sich mit einem der Feuchttücher kräftig über Handfläche und Finger zu rubbeln.

Lachend ging Chance zu ihr. „Was ist denn? Schlangen haben doch keine Läuse. Außerdem hast du gestern noch behauptet, dass du dich nicht vor ihnen fürchtest.“

„Ich habe gelogen. Und mir ist gleich, was sie haben oder nicht. Ich will keines von diesen Biestern in meiner Nähe wissen.“ Beruhigt atmete sie heftig aus.

„Warum hast du nicht einfach gerufen, anstatt dich wie ein Habicht auf die Schlange zu stürzen?“

Verwirrt blickte sie ihn an. „Konnte ich nicht.“ Das war ihr nicht einmal in den Sinn gekommen. Von frühester Kindheit an hatte man ihr beigebracht, in gefährlichen Situationen nicht zu schreien, weil sie damit nur ihre Furcht preisgab. Jeder normale Mensch hätte laut geschrien, Sunny nicht. Weil sie sich nie hatte normal verhalten dürfen.

Chance legte ihr einen Finger unter das Kinn und hob es an. Lange studierte er ihre Züge, und etwas Dunkles regte sich in seinem Blick, dann zog er sie an sich und neigte den Kopf.

Sein Mund war heiß und gierig, sein Kuss fordernd. Sunny ließ sich gegen ihn sinken, klammerte sich an seine Schultern und erwiderte den Kuss mit der gleichen ungestümen Hingabe, mit dem gleichen Hunger. Sie trank von seinen Lippen, als spendeten sie das Leben selbst, und verlangte nach mehr.

Seine Hände waren plötzlich überall, auf ihren Brüsten, ihrem Po, und Chance presste Sunny fest an sich, sodass sie seine Erregung fühlen konnte. Die Erkenntnis, dass er sie begehrte, erfüllte sie mit dem verzehrenden Wunsch, alles zu erfahren, was sie sich ihr ganzes Leben lang versagt hatte. Sie wusste nicht, ob sie es schaffen würde, sich von ihm zu lösen, doch er war es, der den Kuss unterbrach und den Kopf hob. Mit geschlossenen Augen und düsterer Miene stand er schweigend und schwer atmend vor ihr.

„Chance?", fragte sie vorsichtig.

Er stieß einen deftigen Fluch aus, dann schlug er die Lider auf und blickte sie an. „Ich kann nicht fassen, dass ich das zum zweiten Mal unterbreche. Nur, um es klarzustellen, so edel bin ich nicht." Noch ein Fluch. „So, und es ist keine verstopfte Leitung. Muss wohl die Pumpe sein. Wir haben andere Dinge zu erledigen, wir können es uns nicht leisten, das Tageslicht ungenutzt verstreichen zu lassen."

Margreta. Sunny biss sich auf die Lippen, um nicht aufzustöhnen. Als sie Chance ansah, wusste sie um die Risiken, die ihre Situation barg und im Schatten auf sie lauerten. Dennoch … noch gab sie sich nicht geschlagen. Ihr blieben vier Tage. „Kommen wir zu Fuß hier weg?"

„Aus der Wüste? Im August?" Zweifelnd blickte er die Steilwände empor. „Mal angenommen, wir kommen hier raus … Wir müssten während der Nacht laufen und uns am Tag einen Unterschlupf suchen. Gegen Mittag erreichen die Temperaturen hier mindestens vierzig Grad."

Schon jetzt waren es gute fünfundzwanzig Grad, Sunny war viel zu warm in der Strickjacke. Vielleicht lag es auch nur an der Hitze seines Kusses, denn bisher war ihr gar nicht so heiß gewesen. Eilig zog sie sich die Jacke aus und ließ sie auf ihre Tasche fallen. „Was machen wir jetzt?"

Seine Augen funkelten bewundernd auf, und er legte ihr die Hände an die Taille. „Ich werde die Gegend auskundschaften. An diesem Ende kommen wir nicht aus dem Canyon heraus, aber vielleicht gibt es in entgegengesetzter Richtung eine Möglichkeit."

„Was kann ich tun?"

„Feuerholz suchen. Zweige, Blätter, alles, was brennt. Sammle so viel wie möglich." Er setzte sich in die Richtung in Bewegung, in die

Sunny vorhin gegangen war, sie selbst schlug die andere ein. An diesem Ende des Canyons wuchsen mehr Büsche, hier würde sie also mehr Brennmaterial finden. Daran, dass die Versorgung wahrscheinlich begrenzt war, wollte Sunny lieber nicht denken. Oder daran, dass sie für eine lange Zeit hier festsitzen konnten. Wenn es ihnen nicht gelang, einen Weg aus dem Canyon zu finden, würden sie die mageren Vorräte verbrauchen und dann elendig zugrunde gehen.

Er hasste es, sie anzulügen.

Grimmig stapfte Chance das Flussbett entlang. Er hatte Terroristen, Betrüger und Staatsoberhäupter gleichermaßen ohne die geringsten Gewissensbisse belogen, aber bei Sunny fiel es ihm immer schwerer. Es gab einen grundehrlichen Kern in Chance, zu dem normalerweise nur jemand aus der Familie vordringen konnte. Sunny ging ihm unter die Haut. Sie war bei Weitem nicht das, was er erwartet hatte. Die Vermutung drängte sich ihm auf, dass sie gar nicht mit ihrem Vater zusammenarbeitete. Dazu war sie zu … anständig. Das Wort schoss ihm unwillkürlich in den Kopf. Terroristen waren nicht anständig, sie waren entweder unmoralisch oder durchgeknallt. Sunny war nichts davon.

Die Episode mit der Schlange hatte ihn mehr mitgenommen, als er sich hatte anmerken lassen. Nicht wegen der Schlange – er trug Stiefel, und er hatte kein Rasseln gehört, also ging er davon aus, dass es keine giftige Schlange gewesen war –, sondern wegen Sunnys Reaktion. Ihr Gesichtsausdruck, als sie auf ihn zugestürzt war … Wie ein Racheengel hatte sie ausgesehen, blass und den Blick entschlossen auf die Schlange gerichtet. Sie hatte zugegeben, dass sie Schlangen verabscheute, und doch hatte sie nicht gezögert. Es musste ihr unermesslichen Mut abverlangt haben, das Gewürm mit bloßer Hand anzufassen.

Und dann die Art, wie sie ihn abgetastet hatte, um eine mögliche Bisswunde zu finden. Nur bei bestimmten Leuten und in bestimmten Situationen hatte er keine Probleme, sich berühren zu lassen. In der Familie hatte er gelernt, Zuneigung zu akzeptieren, einfach, weil Mom und Maris ihn nie in Ruhe gelassen hatten. Er liebte es, mit seinen Neffen und seiner Nichte zu toben, aber seine Familie war bisher die einzige Ausnahme gewesen. Und jetzt Sunny. Nicht nur hatte es ihm nichts ausgemacht, er hatte sich für einen Moment sogar den Luxus erlaubt, das Gefühl ihrer Hände auf seinen Beinen, seiner Brust, seinen Wangen zu genießen. Ganz zu schweigen davon, wie sehr es ihm gefallen hatte, neben ihr zu schlafen und ihre sanften Kurven an sich zu spüren. Unwillkürlich ballte Chance die Fäuste, als er sich daran erinnerte, wie er Sunnys Brüste berührt hatte, weich und straff zugleich, wundervoll. Er verzehrte sich danach, ihre nackte Haut zu fühlen, sie zu schmecken. Er wollte sie ausziehen, sie an sich ziehen, sich auf sie legen und sie lieben, bei hellem Tageslicht, damit er sehen konnte, wie ihre Augen strahlten.

Wäre sie nicht Crispin Hauers Tochter, würde er mit ihr nach Südfrankreich fliegen oder in die Karibik, irgendwohin, wo sie sich nackt in die Sonne an den Strand legen könnten, oder auf ein Bett in einem verdunkelten Zimmer, in das sich die Sonnenstrahlen durch die zugezogenen Vorhänge stahlen. Doch so musste er sie weiter anlügen. Denn ganz gleich, ob sie nun mit ihrem Vater unter einer Decke steckte oder nicht – sie war der Schlüssel, um an Hauer heranzukommen.

Der Plan konnte nicht mehr geändert werden. Chance konnte jetzt nicht plötzlich das Flugzeug „reparieren“. Er dankte dem Himmel dafür, dass Sunny nichts von Flugzeugen verstand, sonst wäre der Vorwand mit der Treibstoffpumpe von vornherein hinfällig gewesen. Die Cessna hatte eine Ersatzpumpe für genau solche Notfälle. Nein, er musste das Spiel wie geplant weiterspielen. Das Ziel durfte er nicht aus den Augen verlieren. Und er konnte auch nicht das Risiko eingehen, dass Sunny vielleicht doch bis zu ihrem hübschen Hals mit drinsteckte.

Zane und er hatten sich einen wirklich kniffligen Plan einfallen lassen. Es musste eine Situation geschaffen werden, die brenzlig, aber zu überstehen war, um nicht Sunnys Misstrauen zu erwecken. Nahrung musste vorhanden sein, aber eben nur knapp. Das Gleiche galt für Wasser. Er hatte ganz bewusst keinen Proviant eingepackt, sonst hätte Sunny vielleicht nach dem Grund gefragt. Also hatte sich Chance auf Wasser, die Decke und die Waffe beschränkt, und natürlich die Dinge, die sowieso zu einer Flugzeugausrüstung gehörten, wie zum Beispiel die Leuchtpistole. Aber die Frau war besser vorbereitet gewesen als er! Und genau das machte ihn misstrauisch. Sie hatte nicht gerade freiheraus erklärt, warum sie ein Zelt mit sich herumschleppte. Die junge Dame hatte offenbar ihre eigenen Geheimnisse.

Chance war am anderen Ende des Canyons angekommen und sah nach, ob sich seit dem letzten Mal, als er mit Zane an derselben Stelle gestanden hatte, etwas geändert hatte. Nein, kein Erdrutsch hatte den möglichen Ausgang versperrt, das Wasser tropfte immer noch aus dem Fels, da waren auch Spuren von Kaninchen und Wildvögeln – Nahrung. Die Tiere zu erschießen wäre die einfache Lösung gewesen, aber er würde besser Fallen bauen und die Munition für Notfälle aufsparen.

Alles war genau so wie beim letzten Mal. Der Plan funktionierte. Die Anziehungskraft zwischen ihnen beiden war stark, Sunny würde ihm nicht mehr lange widerstehen, vielleicht gar nicht. Bis jetzt hatte sie nichts getan, um den Lauf der Dinge aufzuhalten. Und wenn er sie erst einmal geliebt hatte … Nun, Frauen sind anfällig für Gefühle und lassen sich leicht mit Zuneigung manipulieren, überlegte er. Chance wusste, welche Macht körperliche Anziehung ausübte, und er wusste auch, wie er diese Macht für seine Zwecke einsetzen konnte. Er würde Sunny dazu bringen, ihm zu vertrauen. Er wünschte, er könnte auch ihr vertrauen. Doch er hatte zu viel über die Grausamkeiten, derer die menschliche Seele fähig war, erfahren. Ein hübsches Gesicht bedeutete nicht automatisch, dass dahinter auch ein guter Mensch steckte.

Als er glaubte, dass genügend Zeit vergangen sei, die man benötigte, um einen Canyon auszukundschaften, ging er zurück zum Lagerplatz. Sunny sammelte noch immer Brennmaterial, er konnte sie sehen, wie sie zwischen den Büschen herumging und sich immer wieder bückte. Neben dem Zelt lag mittlerweile ein ansehnlicher Stapel. Als er näher kam, hob sie den Kopf und sah zu ihm hinüber. Hoffnung glomm in ihrem Blick auf.

Chance schüttelte den Kopf, als er zu ihr trat. „Der Canyon ist wie ein Kasten, es gibt keinen Weg hier raus“, teilte er ihr tonlos mit. „Die gute Nachricht – es gibt Wasser am anderen Ende.“

Sunny schluckte. Ihre Augen weiteten sich vor Sorge, dass sie das Gesicht dominierten. „Können wir hinausklettern?“

„Alles glatter Fels.“ Er stemmte die Hände in die Hüften und sah sich um. „Wir müssen näher ans Wasser. Da hinten ist auch ein Überhang, der wird uns Schatten spenden. Außerdem ist der Boden dort sandiger, das macht das Liegen bequemer."

So bequem es werden könnte in dem winzigen Zelt.

Sunny nickte nur und begann das Zelt abzubauen. Sie tat es wortlos und mit brüsken Bewegungen, Chance konnte sehen, wie sehr sie um Beherrschung rang. Er strich ihr leicht über den Oberarm und fühlte die zarte Haut, leicht feucht von der Anstrengung.

„Es wird schon alles gut gehen", versicherte er ihr. „Wir müssen nur durchhalten, bis jemand den Rauch sieht."

„Wir sitzen mitten im Nirgendwo, das hast du selbst gesagt." Ihre Stimme bebte. „Und mir bleiben nur vier Tage, bis ..."

„Bis was?", hakte er nach, als sie abbrach.

„Nichts. Ist nicht wichtig." Sie sah auf in den klaren Himmel über sich, der mit der höhersteigenden Sonne gleißender wurde.

Vier Tage, bis was? fragte Chance sich in Gedanken. Was passierte in vier Tagen? Was hatte Sunny dann zu tun? War ein Anschlag geplant? Würde das Attentat auch ohne sie stattfinden?

Die Krümmung des Canyons erstreckte sich ungefähr über eine halbe Meile und bot mehr Schatten als die Stelle, an der sie gelandet waren. So zügig wie möglich schritten sie über den harten Boden, um das Camp zu verlegen. Chance trug die schweren Sachen, Sunny versuchte währenddessen an nichts zu denken, vor allem nicht an Margreta.

Es war Mittag, die Sonne brannte direkt über ihnen. Mit einem erleichterten Seufzer ließ Sunny sich im Schatten unter dem Überhang nieder, er war größer, als sie erwartet hatte, etwa vier Meter breit und fast drei Meter tief, sodass die Sonne hier nie ihre volle Kraft würde entfalten können. An der Steinwand bot er nur knapp über einen Meter Höhe, doch vorn konnte Chance stehen, ohne den Kopf einzuziehen.

„Wenn es kühler geworden ist, hole ich die restlichen Sachen", sagte er jetzt. „Ich weiß nicht, wie es dir geht, aber ich habe Hunger. Lass uns jeder einen halben Riegel essen, und fürs Dinner besorge ich uns ein Kaninchen."

Sie brachte die Energie auf, ihm einen vorwurfsvollen Blick zuzuwerfen. „Du willst tatsächlich eines von diesen süßen Häschen verspeisen?"

„Im Moment würde ich sogar den Osterhasen erlegen, wenn ich ihn schnappen könnte."

Obwohl ihr glatt der Appetit vergangen war, holte Sunny einen Nahrungsriegel hervor und brach ihn in der Mitte durch. Dass Chances Hälfte größer war als ihre, vertuschte sie geschickt. Er war größer als sie, also brauchte er auch mehr Nahrung.

Gemeinsam nahmen sie das karge Mahl zu sich, während sie in die ausgebleichte Farbenwelt des Canyons starrten. „Wasser solltest du trinken, so viel du kannst", riet er. „Die Hitze trocknet den Körper aus, selbst hier im Schatten."

Gehorsam trank Sunny eine ganze Flasche Wasser. Sie brauchte es auch, um den Nahrungsriegel herunterzuspülen. Jeder Bissen schien ihr im Mund zu quellen und machte das Schlucken mühsam. Letztendlich knabberte sie nur daran.

Mit Steinen legte Chance einen kleinen Kreis, stapelte Zweige, frische und trockene Blätter in die Mitte und entzündete ein Feuer. Schon bald schwebte eine dünne Rauchwolke gen Himmel. Er brauchte nicht länger als fünf Minuten für diese Aufgabe, doch als er zurück unter den Überhang trat, war sein Hemd schweißnass.

Sunny reichte ihm die Wasserflasche, und er trank in durstigen Zügen. Gleichzeitig legte er ihr einen Arm um die Taille. Dann zog er sie an sich und drückte ihr einen flüchtigen Kuss auf die Stirn. Er hielt sie nur tröstend, mehr nicht. Sie schlang beide Arme um ihn und hielt sich an ihm fest. Sie brauchte seine Stärke jetzt. Seit Ewigkeiten hatte sie sich bei niemandem anlehnen können, immer war sie die Starke gewesen. Immer hatte sie sich bemüht, die Dinge unter Kontrolle zu halten, jeden Schritt genau zu überlegen, jede Möglichkeit einzukalkulieren, doch das hier … So etwas hatte sie nicht eingeplant.

„Ich muss mir etwas einfallen lassen", dachte sie laut.

„Schsch. Wir müssen nichts tun, als am Leben zu bleiben. Das ist das Wichtigste."

Natürlich hatte er recht. Wegen Margreta konnte sie nichts unternehmen. Dieser vermaledeite Canyon hatte ihnen gestern das Leben gerettet, aber heute war er zu ihrem Gefängnis geworden. Dennoch … Sunny durfte sich von der Realität, mit der das Schicksal sie geschlagen hatte, nicht unterkriegen lassen. Sie musste daran glauben, darauf hoffen, dass Margreta nichts Unüberlegtes tat. Sie musste untertauchen. Solange Sunny wusste, dass die Schwester am Leben und in Sicherheit war, würden sie sich auch finden.

„Hast du eine Familie, die sich um dich sorgen wird?“, fragte Chance in diesem Moment.

Himmel, das ging bis ins Mark! Sunny schüttelte den Kopf. Ja, Familie hatte sie, nur ... Margreta würde sich nicht sorgen, sie würde sofort das Schlimmste annehmen. „Und du?“ Noch während sie die Frage stellte, fiel ihr auf, dass sie sich halbwegs in einen Mann verliebt hatte, von dem sie überhaupt nichts wusste.

Chance schüttelte ebenfalls den Kopf. „Komm, setzen wir uns.“ Da es nichts gab, was man als Sitzgelegenheit hätte benutzen können, ließen sie sich auf dem Sand nieder. „Nachher hole ich die beiden Sitze aus dem Flugzeug, dann haben wir wenigstens etwas Komfort. Und was deine Frage angeht – nein, bei mir gibt es niemanden. Meine Eltern sind tot, und ich habe keine Geschwister. Irgendwo gibt es noch einen Onkel väterlicherseits, und meine Mutter hatte ein paar Cousinen, aber wir haben nie Kontakt gehalten.“

„Schade. Eine Familie sollte zusammenbleiben.“ Wenn es machbar ist, fügte sie in Gedanken hinzu. „Wo bist du groß geworden?“

„Überall und nirgends. Dad hat nie lange einen Job behalten. Was ist mit deinen Eltern?“

Sie schwieg einen Moment, dann seufzte sie. „Ich wurde adoptiert. Es waren liebe, gute Menschen. Sie fehlen mir.“ Mit dem Finger zeichnete Sunny Figuren in den Sand. „Weil wir gestern Abend nicht in Seattle angekommen sind, wird da nicht jemand die Flugbehörde benachrichtigt haben?“

„Wahrscheinlich suchen sie uns schon. Allerdings werden sie erst die Gegend um die Flugroute absuchen.“

„Wir sind vom Kurs abgekommen?“, fragte sie tonlos. Das wurde ja immer schlimmer.

„Ja, um einen möglichen Landeplatz zu finden. Aber sobald jemand über diese Gegend fliegt, wird er den Rauch sehen. Wir müssen darauf achten, dass das Feuer auch tagsüber nicht ausgeht.“

„Und wie lange werden sie uns suchen lassen, bevor sie ihre Leute zurückbeordern?“

Chance kniff die bernsteinfarbenen Augen zusammen und schaute in den Himmel. „Solange sie glauben, dass wir noch am Leben sind.“

„Aber wenn sie glauben, dass wir abgestürzt sind …“

„Irgendwann werden sie aufhören zu suchen“, meinte er leise. „Eine Woche, vielleicht etwas länger, aber dann hören sie auf.“

„Wenn man uns also in den, sagen wir, nächsten zehn Tagen nicht findet …“ Sie konnte den Satz nicht zu Ende sprechen.

„Wir geben nicht auf. Vielleicht fliegt ja ein Privatflugzeug über uns hinweg.“

Wie gering die Wahrscheinlichkeit war, brauchte er nicht zu sagen. Sunny hatte doch das Gebiet gesehen, über das sie hier geflogen waren. Und sie wusste, wie leicht dieser schmale Canyon zu übersehen war.

Sunny schlang die Arme um die angezogenen Knie und schaute mit leerem Blick in den aufsteigenden grauen Rauch. „Da habe ich mir immer gewünscht, irgendwo zu sein, wo mich niemand findet. Allerdings hatte ich dabei nicht bedacht, dass es dort keinen Zimmerservice gibt.“

Leise lachte Chance und stützte sich auf einen Ellbogen, um die langen Beine auszustrecken. „Du lässt dich von nichts so leicht unterkriegen, was?“

„Ich versuche es zumindest. Sicher, unsere Lage ist alles andere als rosig, aber wir leben. Wir haben zu etwas essen, zu trinken – und sogar eine Unterkunft.“

„Und Unterhaltung. Ich habe ein Kartenspiel im Flugzeug. Wir können Poker spielen.“

„Schummelst du?“

„So etwas habe ich nicht nötig“, antwortete er gedehnt.

„Tja, ich schon. Ich wollte dich nur vorwarnen.“

„Danke. Weißt du, was mit Betrügern passiert?“

„Sie gewinnen.“

„Nicht, wenn sie erwischt werden.“

„Wenn sie gut sind, werden sie nicht durchschaut.“

Er zog leicht an einer ihrer Haarsträhnen. „Mag sein, aber wenn sie erwischt werden, dann stecken sie in ziemlich großen Schwierigkeiten. Das ist meine Warnung an dich.“

„Ich passe schon auf“, versicherte sie. Sie gähnte und überraschte sich damit selbst. „Wie kann ich müde sein, wenn ich die ganze Nacht durchgeschlafen habe?“

„Das macht die Hitze. Schlaf ruhig ein bisschen. Ich achte auf das Feuer."

„Und warum bist du nicht müde?"

Er zuckte die Schultern. „Ich bin daran gewöhnt."

Sie war wirklich müde, und es gab ja auch nichts zu tun. Zum Zeltaufbauen hatte sie keine Lust, also zog sie ihre Tasche in Position und lehnte sich daran zurück. Chance warf ihr die Strickjacke zu, und sich an sein Beispiel erinnernd, rollte sie sie zusammen und nutzte sie als Kopfkissen. Innerhalb weniger Minuten fiel Sunny in einen leichten Schlaf, jene Art Schlaf, bei der sie sich der Hitze bewusst war, Chance rumoren hörte und ständig die Sorge um Margreta im Hinterkopf behielt. Sie fühlte sich schwer und schlaff, und wirklich wach zu werden war einfach zu anstrengend.

Der Nachteil von Nachmittagsschläfchen war, dass man sich hinterher völlig erschlagen und zerknautscht fühlte. Die Kleider klebten an der Haut, kein Wunder bei der Hitze. Als Sunny sich endlich aufsetzen konnte, erkannte sie, dass die Sonne bereits einen goldroten Schimmer angenommen hatte und bald untergehen würde. Obwohl es noch immer heiß war, hatte die Hitze ihre sengende Kraft verloren.

Chance saß im Schneidersitz und flocht dünne Zweige und Äste zu einem Käfig. Während Sunny beobachtete, wie er im Schatten des Überhangs saß, völlig auf die Falle konzentriert, die er baute, wie das vom Sand reflektierte Licht auf seinen hohen Wangenknochen tanzte, stieg ihr eine Erkenntnis in den Kopf. „Du bist zum Teil Indianer, stimmt's?"

Er blickte auf und warf ihr ein Lächeln zu. „‚Indianer' ist keine sehr genaue Bezeichnung, wie die wenigsten Etiketten, die man Menschen aufdrückt. Aber ja, es stimmt, ich bin zum Teil indianischer Abstammung."

„Und ein Ex-Militär." Sie wusste selbst nicht, warum sie das sagte. Sie war nicht so dumm, das Fallenbauen als Zeichen seiner indianischen Abstammung zu deuten; die Art, wie er es machte, deutete auf Überlebenstraining hin.

Dieses Mal blickte er sie überrascht an. „Woher weißt du das?"

Sunny schüttelte den Kopf. „Das war nur eine Vermutung. Die Selbstverständlichkeit, mit der du eine Pistole in der Hand hältst. So als würdest du es sehr oft machen. Das, was du jetzt gerade tust. Und du hast das Wort ‚auskundschaften' benutzt."

„Eine Menge Leute kennen sich mit Schusswaffen aus. Vor allem solche, die viel Zeit draußen verbringen. Die wissen auch, wie man Fallen aufstellt."

„Jetzt hat deine Wortwahl dich endgültig verraten." Sunny grinste. „Du hast ‚Schusswaffe' gesagt anstatt Pistole oder Gewehr, wie die meisten Menschen, gerade die, die viel Zeit draußen verbringen."

Ihre Bemerkung brachte ihr ein umwerfendes Lächeln ein. „Na schön, ich bin also mal eine Zeit lang in Uniform herumgelaufen."

„In welcher?"

„In der Armee. Bei den Rangers."

Nun, das erklärte auf jeden Fall das Überlebenstraining. Sunny wusste nicht viel über die Rangers oder generell über die Armee. Aber sie wusste, dass die Rangers eine Elitetruppe waren.

Chance stellte die fertige Falle beiseite und begann mit der nächsten. Eine Weile sah Sunny ihm zu und kam sich nutzlos vor. Beim Fallenbauen wäre sie kaum eine Hilfe. Mit einem schweren Seufzer klopfte sie sich den Staub aus dem Rock. Mist, kaum einen Tag in der Wildnis, und schon falle ich in das stereotype Rollenmuster, ärgerte sich Sunny still. Immerhin ergab sie sich mit Würde.

„Gibt es hier genug Wasser, damit ich unsere Sachen waschen kann? Ich trage jetzt seit zwei Tagen das Gleiche. Das reicht."

„Wasser gibt es genug, nur nichts, worin man es sammeln könnte." Er streckte die Beine aus und erhob sich. „Komm, ich zeig's dir."

Er ging voran, und Sunny folgte ihm. Der heiße Sand brannte durch die Sohlen und Seiten ihrer Schuhe, sie achtete sehr genau darauf, wohin sie trat, und berührte auch die Felswand nicht. Als sie im Schatten ankamen, war die Erleichterung groß.

„Da." Chance deutete auf ein Rinnsal, das über den Felsen tröpfelte. Wegen der Feuchtigkeit wuchsen die Büsche an der Stelle etwas dichter, und die Lufttemperatur fühlte sich mindestens zwanzig Grad kühler an, auch wenn das zum größten Teil reine Illusion war.

Leicht konsterniert blickte Sunny auf den dünnen Strahl. Die Wasserflasche aufzufüllen würde nicht allzu lange dauern, sich zu waschen wäre auch machbar, aber Kleidungsstücke waschen …? Es gab kein Becken, in dem sie die Wäsche hätte einweichen können, noch nicht einmal eine Pfütze. Das Wasser wurde von dem ausgetrockneten Boden sofort aufgesogen. Der Sand war feucht, aber nicht mit Wasser getränkt.

Sie könnte nur die Wasserflasche immer wieder auffüllen und den Staub aus den Kleidern spülen. „Das wird ewig dauern“, nörgelte sie.

Ein typisch männliches – und für Sunny eher ärgerliches – Grinsen erschien auf seinem Gesicht, als Chance sich das T-Shirt über den Kopf zog und es ihr reichte. „Wir stehen ja nicht unter Zeitdruck, oder?“

Fast hätte sie ihm das T-Shirt entgegengeschleudert und ihm gesagt, er solle es wieder anziehen. Allerdings nicht wegen seines Kommentars … Sunny war nicht prüde, und sie hatte schon mehr bloße Oberkörper gesehen, als sie zählen konnte. Diesen hier jedoch noch nicht.

Chances Oberkörper war wie in Stein gemeißelt. Seine Brustmuskeln wirkten hart, wie mit weicher Haut überzogener Stahl, und auf seinem flachen Waschbrettbauch zeichneten sich die Muskeln in ebenmäßigen Reihen ab. Feines, schwarzes Haar zog sich von der einen kleinen braunen Brustwarze zur anderen. Sunny wollte Chance berühren. Ihre Hand sehnte sich so sehr danach, seine Haut zu streicheln, dass sie ihren Rock ergriff und sich am Stoff festklammerte.

Das selbstzufriedene Grinsen schwand von seinem Gesicht, seine Augen wurden dunkel. Er legte ihr einen Finger unter das Kinn und blickte ihr in die Augen. In seiner Miene erkannte Sunny pures Verlangen. „Du weißt, was zwischen uns passieren wird, nicht wahr?“, fragte er mit rauer Stimme.

„Ja.“ Sie brachte nur ein Flüstern heraus. Ihre Kehle war wie zugeschnürt, ihr ganzer Körper reagierte auf die Berührung und auf die Entschlossenheit in seiner Stimme.

„Willst du, dass es passiert?“

So sehr, dass es beinahe wehtat. Sunny sah in diese goldenen Augen, und die enorme Bedeutung ihres Schrittes ließ sie erbeben. „Ja“, hauchte sie.

7. KAPITEL

Das Leben war an ihr vorübergezogen, ohne selbst wirklich zu leben. Dieser Gedanke ging Sunny unablässig durch den Kopf, während sie mechanisch Wäsche ausspülte und auf die heißen Steine zum Trocknen ausbreitete. Sie und Chance würden vielleicht nie aus dem Canyon herauskommen, und selbst wenn, so könnte es sehr lange dauern. Wochen, vielleicht sogar Monate. Bis dahin hatte Margreta längst alles Mögliche getan, und Sunny könnte sie nicht aufhalten. Zum ersten Mal im Leben konnte Sunny nur an sich und an das denken, was sie wollte. Das war einfach. Sie wollte Chance.

Sie musste sich den Tatsachen stellen. Damit hatte sie noch nie Probleme gehabt, das tat sie schon ihr ganzes Leben. Die Möglichkeit, dass sie hier in dem engen Canyon starben, war solch eine Tatsache. Und wenn sie schon nicht überlebten, so wollte Sunny wenigstens nicht zugrunde gehen, während sie sich an Regeln hielt, die nur da draußen Gültigkeit besaßen. Im Grunde hatte sie sich doch schon auf ihn eingelassen – sie kämpften zusammen ums Überleben. Jedenfalls wollte sie nicht aus der Welt scheiden, ohne zu wissen, wie es war, von ihm geliebt zu werden, in seinen Armen zu liegen, ihn zu halten und ihm zu sagen, dass sie ihn liebte. In sich trug sie so viel Liebe, die sie bisher niemandem hatte schenken können. Doch jetzt bot sich ihr eine Möglichkeit, und die würde Sunny nicht ungenutzt verstreichen lassen.

Ein Psychoanalytiker hätte es wahrscheinlich auf die erzwungene Nähe zurückgeführt. Für Chance mochte das zum Teil zutreffen. Sunny war ziemlich sicher, dass er jede Frau haben konnte, wann immer er wollte. Denn Chance hatte eine Ausstrahlung, eine Aura von – auch sexueller – Selbstsicherheit, die Frauen anzog wie das Licht die Motten. Doch im Moment war Sunny die einzige Motte weit und breit.

Wenn sie es bis nach Seattle geschafft hätten, dann wäre Sunny stark genug gewesen, seine Einladung abzulehnen und ihn einfach stehen zu lassen. Sie hätte sich nie erlaubt, ihm näher zu kommen.

Erst vor vierundzwanzig Stunden hatten sie sich kennengelernt, aber diese kurze Zeit war intensiver gewesen als alles, was Sunny bisher erlebt hatte. Sie nahm an, dass es in einem Kampfszenario ähnlich funktionierte. Man zog zusammen in die Schlacht, und die Gefahren, denen man gemeinsam ins Angesicht sah, schufen ein festes Band. In dieser Zeit hatte Sunny Dinge über Chance herausgefunden, die man normalerweise erst in Wochen erfuhr. Und diese Wochen hätte sie sich nicht zugestanden.

Unter den Eigenschaften, die sie an ihm entdeckte, gab es übrigens keine, dic ihr missfiel. Chance war ein Mann, der es wagte, den Kopf aus der Menge hervorzustrecken. Er engagierte sich, sonst hätte er den Schwachkopf auf dem Flughafen nicht aufgehalten. In einer Krise blieb er ruhig und beherrscht, er war sich seiner Fähigkeiten bewusst und verließ sich darauf, und er war aufmerksamer als jeder andere, den sie kannte. Und als i-Tüpfelchen war er auch noch der attraktivste Mann, dem sie je begegnet war.

Die meisten Männer hätten nach dem, was sie von sich gegeben hatte, sofort an Sex gedacht. Nicht so Chance. Er hatte ihr nur einen unglaublich zärtlichen Kuss gegeben und dann gesagt: „Ich hole die restlichen Dinge aus dem Flugzeug, dann kann ich mich umziehen und dir meine schmutzigen Sachen zum Waschen geben."

„Oh, herzlichen Dank", hatte sie nur herausgebracht.

Und er hatte ihr zugeblinzelt und mit einem wunderbaren Lächeln geantwortet: „Keine Ursache, jederzeit gern."

Er war ein Mann, der persönliche Bedürfnisse zurückstellte und sich erst um das Wesentliche kümmerte. Deshalb saß Sunny jetzt auf dem Boden und wusch seine Unterwäsche. Nicht gerade das Romantischste, was man sich vorstellen konnte. Trotzdem, es war eine höchst intime Aufgabe, die das Band zwischen ihnen nur festigte. Er arbeitete, um ihnen Nahrung zu beschaffen, sie sorgte dafür, dass sie saubere Kleidung hatten.

Bisher hatte Chance sich als absolut zuverlässig und hochanständig erwiesen. Wieso also verspürte Sunny trotzdem ein seltsames Gefühl … von Bedrohung? Rührte diese Aura von Gefahr vielleicht von seinem militärischen Training und gehörte deshalb immer zu ihm, ganz gleich, was er tat? Sie kannte keinen anderen Ranger, mit dem sie Chance hätte vergleichen können. Im Moment war sie einfach nur froh über sein Training. Es half ihnen zu überleben.

Nachdem seine Sachen so sauber waren, wie unter den gegebenen

Umständen möglich war, zögerte Sunny nur kurz, bevor sie sich auszog. Die schmutzigen, verschwitzten Kleider konnte sie einfach nicht länger ertragen. Der heiße Wüstenwind strich über ihre nackte Haut, ein frischer Hauch in ihren Kniekehlen, in ihre Rückenmulde. Noch nie war Sunny völlig nackt im Freien gewesen, und sie kam sich ganz und gar dekadent vor.

Und wenn Chance sie so sah? Wenn ihn die Lust beim Anblick ihres nackten Körpers übermannte? Nun, nichts würde passieren, was nicht so oder so geschehen sollte. Wobei … es war wohl nicht davon auszugehen, dass er sich, unwiderstehlich zu ihr hingezogen, kaum noch würde beherrschen können. Unwillkürlich lächelte Sunny bei dem Gedanken. Sie war nicht gerade mit üppigen Kurven gesegnet, die einem Mann den Verstand raubten. Aber wenn man einem Mann eine nackte Frau vorführte, könnte alles passieren …

Sie goss Wasser aus der Flasche über sich, nahm eine Handvoll Sand auf und begann, sich damit abzureiben. Zum Abspülen füllte sie die Flasche mehrere Male und ließ das Wasser über ihren Körper laufen. Als sie fertig war, fühlte sie sich wesentlich frischer, und ihre Haut war weich wie die eines Babys. Eine gute Idee für die Kosmetikindustrie, dachte Sunny. Anstatt Muschelschalen und Kiesel zu zerkleinern, sollten sie direkt Sand verkaufen.

Die Brise auf ihrer nackten, feuchten Haut kühlte sie sogar so weit ab, dass sie die Temperatur als angenehm empfand. Da sie kein Handtuch hatte, ließ Sunny sich an der Luft trocknen, während sie ihre eigenen Sachen wusch. Dann schlüpfte sie in beige Jeans und ein grünes T-Shirt, die sie immer bei sich trug. Die Farben hatte sie ausgewählt, weil sie damit in einer ländlichen Gegend oder in einem Waldgebiet schwerer auszumachen war, falls sie sich verstecken musste. Militärische Tarnkleidung hatte sie nur deshalb nicht, weil sie damit in der Stadt auffallen würde. Ihr BH war noch zu nass, daher zog Sunny ihn nicht an. Unter der weichen Baumwolle ihres T-Shirts zeichneten sich deutlich ihre Brüste ab, ihre Form und ihre sanften Bewegungen und die kleinen Spitzen ihrer Brustwarzen. Sie fragte sich, ob es Chance auffallen würde.

„Hey", ertönte da seine Stimme hinter ihr.

Sie wirbelte herum. Es war, als hätte sie ihn kraft ihrer Gedanken herbeigerufen. Keine fünf Meter entfernt stand er da, mit zusammengekniffenen Augen und konzentrierter Miene. Der bernsteinfarbene Blick ruhte auf ihrer Brust. Aha, er hatte es also bemerkt.

Sunny spürte, wie sich die Knospen unter dem T-Shirt aufrichteten, so als hätte er sie berührt. Sie schluckte und versuchte, ihre flatternden Nerven zu beruhigen. Immerhin hatte er sie ja schon dort berührt, und sie wünschte sich, dass noch wesentlich mehr geschah. „Wie lange stehst du schon dort?"

„Eine Weile." Sein Blick war halb verhangen, die Stimme leicht rau. „Ich dachte, du würdest dich irgendwann umdrehen, aber ... Die Aussicht gefiel mir gut."

Sie atmete kurz ein. „Danke."

„Du hast den süßesten kleinen Po, den ich je gesehen habe."

Hitze durchströmte sie. „Schmeichler." Das Kompliment tat ihr gut. „Und wann kriege ich eine Peepshow?"

„Wann immer du willst, Liebling." Seine Stimme war dunkel, voll sinnlicher Versprechen. „Wann immer du willst", wiederholte er und grinste dann schief. „Nur nicht gerade jetzt. Wir müssen die Sachen da wegräumen, damit ich die Fallen aufstellen kann. Die Tiere werden hier zum Wasserloch kommen. Ich würde gern etwas anderes als Nahrungsriegel zum Abendessen bekommen und mich waschen, nachdem ich unseren Fang ausgenommen habe – falls wir überhaupt etwas erwischen."

Nun, von Lust überwältigt war er wohl nicht gerade, aber Sunny erkannte eine Entschlossenheit in seinem Blick, die sie bewunderte – ein Mann, der seine Prioritäten zu setzen wusste und das Wesentliche nicht aus den Augen verlor. In einer Situation wie dieser gab Sunny einem solchen Mann jederzeit den Vorzug. Chance blieb vernünftig, auf ihn konnte sie sich verlassen.

Als er begann, die nassen Kleidungsstücke von den Felsen einzusammeln, half Sunny. „Lass mich raten", meinte sie. „Die Kleider riechen nach Mensch."

„Richtig, und sie sind eine Veränderung der Gegend. Diese kleinen Viecher werden schnell unruhig, wenn in ihrem Territorium etwas Neues auftaucht."

Auf dem Weg zurück zum Überhang fragte Sunny: „Wie lange dauert es, bis man etwas mit so einer Falle fängt?"

Chance zuckte die Schultern. „Ich hab schon einmal nach zehn

Minuten etwas darin sitzen gehabt, es kann aber auch Tage dauern."

Sunny freute sich nicht unbedingt darauf, den Osterhasen zu verspeisen, aber genauso wenig wollte sie mit einem der nahrungsreichen Riegel vorliebnehmen. Am besten wäre es natürlich, wenn ein fettes, saftiges Rebhuhn oder Ähnliches freiwillig in die Falle spazieren würde. Gegen Hühnchen hatte Sunny nichts einzuwenden. Doch das wäre wohl zu viel erwartet. Also gewöhnte sie sich besser an den Gedanken mit dem Kaninchen – falls das Glück ihnen überhaupt etwas bescherte. Was immer Chance fing, Sunny würde es essen müssen.

Als sie in ihrem Unterschlupf angekommen waren, breiteten sie als Erstes die Wäsche wieder auf heißen Steinen aus. Die ersten Teile, die Sunny gewaschen hatte, waren schon fast getrocknet. Die Wüstenhitze war effektiver als ein Wäschetrockner.

Danach nahm Chance die selbst gebauten Fallen auf. Sunny beobachtete ihn dabei, wie er die Käfige ein letztes Mal inspizierte. „Dir macht das richtig Spaß, nicht wahr?" Überrascht war sie nicht. Schließlich musste das den Höhlenmenschen in jedem Mann ansprechen. „Du scheinst keineswegs beunruhigt."

Zwar sah er sie nicht an, aber ein kleines Lächeln zuckte um seine Mundwinkel. „Nein, aufregen kann ich mich nicht direkt. Wir leben, wir haben zu essen, zu trinken und Schutz vor der Witterung. Und ich bin allein mit einer Frau, die ich schon vom ersten Augenblick an begehre." Er zog einen leicht zerdrückten Schokoriegel aus der Jeanstasche und brach kleine Stückchen davon ab, um sie als Köder in die Falle zu legen.

Sunny machte unwillkürlich einen Schritt auf ihn zu. „Du verschwendest den Schokoriegel für die Tiere?", stieß sie empört hervor. „Gib ihn sofort her! Du kannst die Nahrungsriegel als Köder benutzen!"

Er grinste und zog seine Hand mit dem Schokoriegel blitzschnell zurück, als Sunny danach greifen wollte. „Kein Kaninchen, das etwas auf sich hält, würde sich daran vergreifen."

„Wie lange versteckst du den Riegel schon?"

„Den habe ich nicht versteckt, sondern im Flugzeug gefunden, als ich die restlichen Sachen geholt habe. Außerdem ist der Riegel völlig geschmolzen, weil er den ganzen Tag im Flugzeug gelegen hat."

„Geschmolzen oder nicht, ist doch schnuppe", beharrte sie. „Es ist immer noch Schokolade."

„Ah." Wissend nickte er. „Du gehörst also zu denen."

„Was soll das heißen? Zu wem?"

„Du bist ein Schokoholiker."

„Unsinn!" Sie schob das Kinn vor. „Ich esse einfach nur gern Süßes."

„Und warum hast du dann nichts Süßes in deine Überlebensausrüstung eingepackt" – er zeigte auf die Tasche –, „anstatt dieses Zeug, das wie Stroh schmeckt?"

Böse funkelte sie ihn an. „Weil es eine Überlebensausrüstung ist. Hätte ich Süßigkeiten darin aufbewahrt, wären sie im Ernstfall am ersten Tag schon weg, und dann käme ich in Schwierigkeiten."

Die bernsteinfarbenen Augen blitzten auf. „Sagst du mir irgendwann einmal, warum du diese Ausrüstung überhaupt mitgenommen hast, obwohl du nur einen Tag in Seattle verbringen wolltest?" Er hielt seinen Tonfall bewusst unbeschwert, aber Sunny spürte den Stimmungsumschwung sofort. Es war ihm bitterernst, und sie fragte sich, warum er es unbedingt wissen wollte. Was interessierte es ihn, weshalb sie diese Tasche mit sich herumschleppte? Neugier hätte sie verstanden, aber nicht diese Hartnäckigkeit.

„Ich bin halt paranoid." Einen leichten Ton anschlagen konnte sie auch. „Ich befürchte immer eine Katastrophe, und mir graust davor, unvorbereitet zu sein."

Seine Augen wurden ausdruckslos, er ließ sich nicht täuschen. „Blödsinn. Versuch erst gar nicht, mir solche Lügen aufzutischen."

Sunny mochte ein sonniges Gemüt haben, aber deswegen gab sie längst nicht immer klein bei. „Eigentlich wollte ich nur höflich sein, um nicht offen zu sagen, dass es dich nichts angeht."

Zu ihrem Erstaunen entspannte er sich. „Schon besser."

„Was denn? Unhöflichkeit?"

„Nein, Ehrlichkeit", korrigierte er. „Wenn du es mir nicht sagen willst – kein Problem. Es passt mir zwar nicht, aber zumindest ist es die Wahrheit. In unserer Situation müssen wir uns uneingeschränkt aufeinander verlassen können, und dazu ist Vertrauen nötig. Das heißt, wir müssen ehrlich zueinander sein, auch wenn die Wahrheit nicht immer unbedingt angenehm ist."

Mit vor der Brust verschränkten Armen musterte sie ihn skeptisch. „Selbst wenn du unverschämt neugierig bist?“ Sie stieß abfällig den Atem aus. „Du willst mich doch nur manipulieren, damit ich alles Mögliche ausplaudere.“

„Und? Funktioniert es?“

„Für einen Moment habe ich mich tatsächlich schuldig gefühlt. Aber dann hat die Vernunft wieder eingesetzt.“

Er sah aus, als wolle er sich auf eine Debatte einlassen, doch dann blitzten seine Augen amüsiert auf, und ein Lächeln umspielte seinen wunderschönen Mund. „Ich merke schon, du wirst mir eine Menge Probleme bereiten.“ Dann nahm er die beiden Fallen auf, drehte sich um und ging Richtung Wasserloch.

„Und warum das?“, rief sie hinter ihm her.

„Weil ich fürchte, dass ich mich in dich verliebe“, rief er über die Schulter zurück, gerade bevor er um die Biegung des Canyons verschwand.

Sunny bekam ganz plötzlich weiche Knie, im wahren Sinne des Wortes. Sie musste sich an der Felswand abstützen. Hatte er das gerade wirklich gesagt? Meinte er es ernst? Würde ein Mann so etwas überhaupt aussprechen, wenn er nicht schon längst etwas für eine Frau empfand?

Ihr Herz hämmerte rasend, als hätte sie einen Wettlauf hinter sich. Mit einer Menge Dinge konnte Sunny fertig werden, an die andere Leute nicht einmal dachten, wie zum Beispiel um ihr Leben zu rennen. Doch wenn es um Liebesbeziehungen ging, hätte sie genauso gut hinterm Mond leben können – oder in der Wüste, im wahrsten Sinne des Wortes. Nie hatte sie einen Mann so nahe an sich herangelassen, dass er ihr etwas bedeutete. Denn sie musste jederzeit die Möglichkeit behalten, ohne Zögern und Bedauern zu verschwinden. Doch diesmal konnte sie sich nicht absetzen, der Canyon hielt sie gefangen. Dieses Mal steckte sie in echten Schwierigkeiten. Denn sie hatte sich bereits verliebt – Hals über Kopf, voll und ganz, mit Haut und Haaren, wie immer man es nennen wollte.

Sunny schwankte zwischen euphorischer Ekstase und blankem Horror. Sich in Chance zu verlieben war das Letzte, an das sie gedacht hatte. Aber jetzt war es zu spät. Was als zartes Pflänzchen begonnen hatte, war längst zu einer voll erblühten Blume geworden, und zwar in dem Moment, als er nicht mit ihr geschlafen hatte, obwohl Sunny es ihm praktisch angeboten hatte. Irgendetwas sehr Ursprüngliches in ihr hatte ihn als den Mann erkannt, der ihr bestimmt war. Chance war alles, was sie sich je von einem Mann erträumt hatte, in den Fantasien, die sie sich zu Ende zu denken nie erlaubt hatte.

Doch jene Grenzen und Vorbehalte galten oben in der Welt, nicht unten in dem von der Sonne erhitzten Loch in der Erde, in dem Sunny und Chance die einzigen Menschen waren. Mit einem Mal fühlte Sunny sich extrem verletzlich, so als hätte man sie jeglichen Schutzes beraubt und sie jeglichen Gefühlen direkt ausgesetzt, als hätte sie jemand nackt ins Meer gestoßen. Emotionen schwappten jetzt in großen Wellen über sie, rissen sie mit und trugen sie davon in unbekanntes Gebiet. Die Schutzschilde, die Sunny über Jahre aufgebaut hatte, waren mit einem Schlag alle nutzlos geworden.

Heute Nacht würden sie sich lieben, und damit würde auch eine der letzten Schutzmauern fallen. Mit jemandem zu schlafen bedeutete Sunny mehr als einfach nur Sex, es war ein Versprechen. Sie machte sich zum Geschenk, und die Erfahrung würde sich ihr einbrennen und bleiben, für den Rest ihres Lebens.

Natürlich wusste sie, mit welchen Konsequenzen sie zu rechnen hatte. Sie benutzte keinerlei Verhütungsmittel. Wenn sie erst einmal miteinander geschlafen hatten, würden sie nicht mehr in der Lage sein, die Uhr zurückzudrehen und eine platonische Beziehung zu führen. Was, wenn sie schwanger wurde und Rettung ausblieb? Sie musste sich die Hoffnung bewahren, dass sie nicht ewig hier festsitzen würden. Und was würde sie tun, wenn sie schwanger wurde und sie dann gerettet wurden? Ein Baby bedeutete Komplikationen. Wie konnte sie für die Sicherheit des Kindes garantieren? Sich Chance, das Baby und sie als glückliche Familie vorzustellen gelang Sunny einfach nicht. Sie würde immer noch ständig unterwegs sein, denn das war der einzige sichere Weg.

Chance auf Abstand zu halten und eine platonische Beziehung mit ihm zu führen war die einzige vernünftige Alternative. Unglücklicherweise schien sich die Vernunft verabschiedet zu haben. Sunny fühlte sich, als hätten Wellen sie weit hinausgetragen und als könnte sie nicht mehr zurück an Land gelangen. Jetzt konnte sie nur noch mit der Strömung schwimmen und sehen, wohin diese sie trieb.

Dennoch, sie versuchte es. Versuchte, sich davon zu überzeugen, wie unverantwortlich es wäre, eine Schwangerschaft zu riskieren. Ja, natürlich, überall auf der Welt empfingen und gebaren Frauen Kinder unter den unmöglichsten Umständen. Aber die hatten vielleicht keine andere Wahl, aus welchen Gründen auch immer. Sunny dagegen hatte die Möglichkeit, eine Entscheidung zu treffen. Sie brauchte nur Nein zu sagen und ihre weiblichen Bedürfnisse zu ignorieren, die laut „Ja, ja, ja" schrien.

Als Chance zurückkam, stand Sunny mit bestürzter Miene immer noch wie festgewurzelt an genau der gleichen Stelle, an der er sie zurückgelassen hatte. Sofort ging er in Alarmbereitschaft und griff nach der Pistole. „Stimmt was nicht?"

„Was machen wir, wenn ich schwanger werde?", platzte sie heraus und deutete mit einer umfassenden Geste auf die Umgebung. „Das wäre extrem ungünstig."

Verwirrt schaute er sie an. „Verhütest du nicht?"

„Nein, und selbst wenn, ich hätte ja keinen endlosen Vorrat von der Pille."

Chance rieb sich das Kinn. Tja, dafür musste er eine passende Lösung finden, ohne sich zu verraten. Er wusste ja, dass sie nicht lange hier festsitzen würden – nur so lange, bis Sunny ihm die Informationen über ihren Vater gegeben hatte. Aber das konnte er ihr schließlich nicht sagen. „Ich habe Kondome dabei", murmelte er schließlich.

Sie verzog den Mund. „Wie viele? Und was machen wir, wenn sie aufgebraucht sind?"

Er konnte es sich nicht leisten, sie zu verärgern. Also beschloss er, sich auf sein Glück zu verlassen. Er musste sich ihr Vertrauen erhalten, auch wenn das möglicherweise bedeutete, die Liebesnacht mit ihr aufzugeben. Die Arme legte er um sie und zog Sunny an sich. Es war ein gutes Gefühl, sie zu halten. Ihre Muskeln waren fest, und doch war sie an all den richtigen Stellen weich und zart. Ihr Anblick, wie sie nackt dagestanden hatte, ging ihm einfach nicht aus dem Kopf – der anmutige Rücken, die schmale Taille, die feste Rundung ihres süßen Pos. Schlanke durchtrainierte Beine, wie er erwartet hatte. Allein die Vorstellung, wie sich diese Beine um ihn schlangen, erregte ihn schlagartig. Damit sie es spürte, presste er Sunny enger an sich, aber er drängte sich nicht auf. Für einen wahren Gentleman sollte sie ihn halten. Auch wenn er es besser wusste.

Er drückte einen Kuss auf ihr Haar. „Du entscheidest. Wir tun, was immer du willst. Ich begehre dich, das weißt du. Ich habe ungefähr drei Dutzend Kondome dabei …"

Sunny legte sich abrupt zurück. „Drei Dutzend?", wiederholte sie überrascht. „Du trägst drei Dutzend Kondome mit dir herum?"

Sie sah so bezaubernd aus, wenn sie verwirrt war. Um nicht laut zu lachen, beherrschte Chance sich. Sunny hatte eine Wirkung auf ihn wie keine andere Frau. „Ich hatte gerade meinen Vorrat aufgefüllt", erklärte er sachlich.

„Du weißt, dass sie ein Verfallsdatum haben?"

Er biss sich auf die Innenseite der Wangen – hart. „Ja, weiß ich. Aber sie werden ja nicht von einem Tag auf den anderen schlecht, so wie Milch. Die halten zwei Jahre."

Sie bedachte ihn mit einem argwöhnischen Blick. „Wie lange reichen drei Dutzend?"

Er überschlug die Zahlen im Kopf. Sechs Monate, sechsunddreißig Kondome … Hätte er eine feste Beziehung, wäre das nichts. Aber als alleinstehender Junggeselle …

„Hör zu." Ungeduld und Frustration schlichen sich in seine Stimme. „Mit dir reichen sie vielleicht eine Woche."

Nach einem Moment riss Sunny erstaunt Augen und Mund auf. Chance nutzte die Gelegenheit und küsste sie leidenschaftlich. All seine Fähigkeiten legte er in diesen Kuss. Sunny hob die Hände an seine Brust, offenbar um ihn fortzuschieben, doch sie tat es nicht. Sie schmeckte süß und verführerisch weiblich. Unter dem weichen Stoff ihres T-Shirts spürte er die Knospen ihrer Brüste, und das Verlangen, sie zu berühren, wurde unwiderstehlich. Noch bevor er den Gedanken daran zu Ende geführt hatte, ließ er die Hand unter ihr T-Shirt gleiten. Ihre Brüste waren straff und rund, ihre Haut wie kühle Seide. Unter seiner Berührung zogen sich ihre Brustwarzen zu harten kleinen Knöpfen zusammen, während Sunny sich mit geschlossenen Augen nach hinten durchbog und leise stöhnte.

Eigentlich hatte er sie nur küssen wollen, um den plötzlichen Anfall von Verantwortungsbewusstsein zunichte zu machen. Doch ihr Geschmack stieg ihm zu Kopf wie edler alter Whiskey, und plötzlich dachte er nicht mehr, sondern gehorchte dem mächtigen Drang, sie zu berühren. Er schob ihr T-Shirt hoch und beugte den Kopf. Als er ihre Brüste liebkoste, entfuhr ihr ein heiserer Laut, der Aufschrei einer erregten Frau, dessen Echo in ihm widerhallte. Schwach war ihm bewusst, dass sie sich mit den Nägeln an seinen Schultern festhielt, doch der Schmerz war nichts im Vergleich zu dem Verlangen, das ihn ergriffen hatte. Das Blut rauschte ihm in den Ohren, floss heiß wie Lava durch seine Adern.

Mit Mühe versuchte er, sich seiner berüchtigten Selbstkontrolle zu besinnen. Nur das jahrelange Training und die Erfahrungen zahlreicher Einsätze an vorderster Front machten es ihm möglich. Als er sich zurückzog, stieß Sunny einen bittenden Laut aus, warf den Kopf zurück und klammerte sich hilflos an ihn.

Verflucht, er konnte nicht warten.

Hastig griff er nach der Decke, dann hob er Sunny auf seine Arme und trug sie aus dem Schatten in den Sonnenschein hinaus. Das goldene Licht der untergehenden Sonne verlieh ihrer Haut einen feinen Schimmer und ließ ihr blondes Haar intensiver strahlen. Ihre Brüste waren wie Sahne, durchflochten von zarten blauen Adern, die durch die blasse Haut schimmerten, gekrönt von ihren kleinen, nass glänzenden rosafarbenen Knospen. „Gott, du bist so schön", entfuhr es ihm.

Als er sie auf die Füße stellte, schwankte sie, die schönen Augen trübe und verhangen vor Lust. Chance breitete die Decke aus und blickte Sunny bewundernd an. So wollte er sie, fiebrig und voller Verlangen. Er zog ihr das T-Shirt über den Kopf, warf es auf die Decke und hakte seine Finger in den Bund ihrer Jeans. Schnell öffnete er den Reißverschluss, und schon rutschte sie über ihre Schenkel.

Dann legte sie ihm eine Hand auf den Arm. „Chance?" Sie klang plötzlich so unsicher und zögernd. Wenn sie jetzt ihre Meinung änderte …

Er küsste sie beruhigend, langsam und intensiv. Zärtlich liebkoste er ihren Körper. Wieder gab sie leise Laute von sich, stellte sich auf die Zehenspitzen und presste sich an ihn. Beide Arme um sie geschlungen, zog er sie auf die Decke herunter. Er zog ihre Jeans hinunter bis zu ihren Knöcheln, schlang beide Arme um sie und bettete sie auf der Decke.

Sunny atmete tief ein. „Hier? Jetzt?"

„Ich kann nicht länger warten." Es war die reine Wahrheit. Nein, bis zum Einbruch der Nacht, wenn sie zusammen in das kleine Zelt kriechen würden, konnte er es nicht mehr aushalten. Er wollte sie hier und jetzt, im Sonnenlicht, nackt und warm und vollkommen spontan. Er schob ihren Slip nach unten und befreite ihre Knöchel von ihrer Jeans und Unterwäsche.

Als sie an seinem T-Shirt zerrte und es ihm über die muskulöse Brust schob, spürte er, dass auch Sunny nicht länger warten wollte. Er griff nach dem Saum des T-Shirts und riss es sich hastig über den Kopf, bevor er ihre Beine spreizte und sein Gewicht zwischen ihre geöffneten Schenkel hinabsinken ließ.

Sie wurde still, starrte ihn mit weit geöffneten Augen an. Er fischte nach dem Kondom, das er zuvor in seiner Tasche deponiert hatte, stemmte sich hoch, um seine Jeans zu öffnen und schob sie hinunter. Dann zog er sich in einer plötzlichen, geübten Bewegung den Schutz über. Als er sich wieder über sie beugte, presste Sunny ihre Hände gegen seine Schulter, als ob sie so die Distanz zwischen ihnen bewahren könnte. Doch auch der kleinste Abstand war zu viel. Chance griff nach ihren Händen, zog sie über ihren Kopf und drückte sie dort mit einer Hand in die Decke, während ihr Rücken sich krümmte und ihre Brüste sich gegen ihn pressten. Mit seiner freien Hand führte er seine harte Männlichkeit zu ihrer zarten, feuchten Mitte.

Sunny erschauerte, vollkommen hilflos in seinem Griff. Noch nie hatte sie sich so verletzlich gefühlt. Oder so lebendig. Das war nicht die kontrollierte, behutsame Leidenschaft, die sie erwartet hatte; das hier war wild und ungestüm, und die Kraft dieser Leidenschaft stahl ihr den Atem. Er hielt sie fest, und Sunny kam sich unter seinem starken Körper winzig vor und fürchtete sich vor dem harten Stoß, mit dem er in sie eindringen würde. Sie war bereit für ihn, o ja, sie war bereit. Brennend vor Verlangen bog sie sich ihm entgegen. Sie wollte ihn bitten, sich zu beeilen, doch ihre Lungen versagten ihren Dienst. Sie spürte seine Finger zwischen ihren Beinen, und dann seine harte, heiße Männlichkeit, die Einlass begehrte.

Jede Faser ihres Körpers schien sich zusammenzuziehen, sich unter ihm zu winden, sich auf seine intime Eroberung zu konzentrieren. Es brannte und stach, als ihre empfindsame Pforte dem unbarmherzigen Druck nachgab. Chance stieß härter in sie hinein, und aus dem Druck wurde Schmerz. Vor Enttäuschung schossen ihr Tränen in die Augen. Sie wollte ihn jetzt, sie wollte ihn in sich spüren. Sie wollte, dass der Schmerz und der Druck nachließen, wollte sich wieder in fiebrige Leidenschaft fallen lassen.

Chance begann, sich zurückzuziehen, doch sie konnte das nicht zulassen, konnte es nicht ertragen, sich vorzuenthalten, was seine Berührung verheißen hatte. So viele Dinge hatte sie sich versagt, aber nicht das hier, nicht jetzt. Sie schlang die Beine um ihn und hob die Hüften an, und ihr Körper gab allen Widerstand auf.

Einen kleinen Aufschrei konnte sie nicht zurückhalten, als er die Barriere durchbrach. Der Schock löste die Anspannung ihrer Muskeln, und sie sank schlaff auf die Decke zurück.

Chance richtete sich auf. Seine breiten Schultern verdunkelten die Sonne. Seine mächtige Silhouette verschwamm vor ihren Augen. Leise murmelte er tröstende Worte, während er sich langsam bewegte und immer tiefer, immer tiefer in sie eindrang, bis sie ihn in seiner Gänze in sich aufgenommen hatte.

Er ließ ihre Hände los, wiegte sie in seinen Armen. Mit aller Kraft klammerte sich Sunny an seine Schultern, an den Mann, ohne den sie zu zerbrechen fürchtete. Sie hatte nicht geahnt, dass es so schmerzhaft sein würde, dass er so groß sein würde, so tief in ihr sein würde. Er füllte sie ganz aus, übernahm die Kontrolle über ihren Körper, selbst über ihre Atmung, ihren Herzschlag, das Rauschen ihres Blutes in ihren Adern.

Zuerst bewegte er sich sanft, langsam, verwöhnte sie mit seinen Händen, bis sie unter seinen Zärtlichkeiten zu vergehen glaubte. Er küsste sie, erforschte sie gemächlich mit seiner Zunge. Er berührte ihre Brüste, saugte an ihren Knospen, knabberte an ihrem Hals. Unter seinen empfindsamen Zärtlichkeiten begann ihr Körper plötzlich, auf seinen zu antworten, und instinktiv bewegten sich ihre Hüften seinen sanften Stößen entgegen. Sie klammerte sich immer noch an seine Schultern, aber nicht mehr aus Verzweiflung, sondern weil es ihr ein Bedürfnis war. Überwältigende Hitze schlug über ihr zusammen, und sie hörte sich selbst stöhnen.

Er zog ihre Beine näher an sich heran und bewegte sich tiefer, härter, schneller. Und dann gab es nur noch sie beide. Im goldenen

Licht der Sonne wurden sie eins. Kleine Schreie entrangen sich Sunnys Kehle. Sie wand sich unter ihm, während Schauer um Schauer sie durchlief, bis sie schluchzte, sich gegen ihn stemmte und ihn wieder an sich zog. Im Wirbel ihrer Empfindungen davongetragen, sehnte sie sich nach mehr und konnte doch kaum mehr nehmen. Und endlich, als auch er sich mit einem letzten tiefen Seufzen ergab, wollte sie nichts mehr.

8. KAPITEL

Eine Jungfrau. Sunny Miller war noch Jungfrau gewesen! Chance versuchte, die Bedeutung dieser Tatsache zu erfassen, dabei konnte er kaum klar denken. Im Grunde war es auch unwichtig. Das einzig Wichtige im Moment war die Antwort auf die Frage, wie man eine Frau tröstete, deren erstes Mal auf einer Decke auf steinigem Grund und in hellem Tageslicht stattgefunden hatte, mit einem Mann, der nicht einmal seine Stiefel abgestreift hatte.

Sunny lag auf der Seite, den Rücken ihm zugekehrt, die Beine angewinkelt. Noch immer durchliefen Schauer ihren nackten schlanken Körper. Sich zu bewegen kostete Chance Mühe, als er das Kondom beiseitewarf. Selbst das Atmen fiel ihm schwer. Es war so überwältigend gewesen, dass Chance sich immer noch wie betäubt fühlte. Und wenn es ihn so sehr mitnahm, wie musste sie sich dann erst fühlen? Was mochte sie denken? War sie schockiert?

Er wusste, auch sie hatte den Gipfel erklommen. Sie war genauso erregt gewesen wie er. Als er sich hatte zurückziehen wollen, erstaunt und verwirrt über die Erkenntnis, hatte sie ihre Beine um ihn geschlungen und ihn festgehalten. Er hatte den Schock in ihren Augen gesehen, als er in sie eingedrungen war, hatte ihr Zittern gefühlt. Ihr Gesicht hatte er beobachtet und sich mit eiserner Willenskraft zurückgehalten, bis er die lustvollen Schauer ihres Körpers verspürte. Erst dann hatte er sich von der eigenen Lust treiben lassen.

Wenn eine Frau mit neunundzwanzig mit noch keinem Mann zusammen gewesen war, musste es sehr gute Gründe geben. Sunny hatte sich ihm nicht unbedacht hingegeben. Demut erfasste ihn, es war eine Ehre, die sie ihm hatte zukommen lassen. Und mit einem Mal hatte er panische Angst. War er sanft genug mit ihr umgegangen? Sie hatte nicht die Erfahrung, um mit der wilden Sinnlichkeit, die ihr Körper und ihre Emotionen durchlebt hatten, fertig zu werden. Sie musste gehalten und getröstet werden, bis sie ihr inneres Gleichgewicht wiedergefunden hatte.

Chance legte eine Hand auf Sunnys Arm und zog sie auf den Rücken. Sie sperrte sich nicht, aber ihre Bewegungen waren unkoordiniert. Ihr Gesicht hatte alle Farbe verloren, und ihre Augen glänzten, so als kämpfe sie gegen Tränen. Er bettete ihren Kopf auf seinem Arm und beugte sich über sie. Er wollte ihr die Aufmerksamkeit und die Fürsorge zukommen lassen, die sie jetzt brauchte. Als sie zu ihm aufsah und sich hastig abwandte, überzog ein rosa Hauch ihre Wangen.

Dass sie rot wurde, rührte Chance. Sanft strich seine Hand über ihren nackten Körper, streichelte ihren Bauch, berührte ihre Brüste. Ihre zarte Haut war von seinen Bartstoppeln ganz zerkratzt. Voller Zärtlichkeit verfolgte seine Zungenspitze die Spuren ihrer Leidenschaft auf ihrer Haut, und er nahm sich vor, sich gründlich zu rasieren.

Er sollte etwas sagen, aber er hatte nicht die geringste Ahnung, was. Mit Worten hatte er sich Zugang zu Schlupfwinkeln von Verbrecherringen, zu Drogenbanden und Regierungsbüros verschafft. Er hatte ein unfehlbares Talent dafür, Schwachstellen in Menschen zu erkennen und im richtigen Moment das Richtige zu sagen, um sein Ziel zu erreichen. Doch bei Sunny verließ ihn diese Fähigkeit, vom ersten Moment an waren ihm Gefühle in die Quere gekommen. Keine noch so minutiöse Planung hatte ihn darauf vorbereiten können, dass lachende graue Augen eine solche Wirkung auf ihn haben oder dass Humor ihn so entwaffnen könnte. „Sunny" – sonnig und heiter – war der passende Spitzname für sie.

Jetzt allerdings lag sein Sonnenschein still und regungslos da, so als würde sie die Intimität bereuen. Und er ertrug es nicht. Er konnte die Frauen längst nicht mehr zählen, die sich über die vergangenen Jahre nach dem Liebesspiel an ihn geklammert hatten. Er war jedes Mal entschlüpft, sowohl physisch als auch psychisch. Aber bei dieser einen Frau ertrug er es nicht, dass sie seine Nähe nicht suchte. Aus welchem Grund auch immer versuchte sie, ihn auf Abstand zu halten, und zog sich hinter die unsichtbare Mauer zurück, die von Anfang an bestanden hatte.

Alles in ihm wehrte sich gegen diese Vorstellung. Etwas Primitives, Ursprüngliches ergriff von ihm Besitz. Sunny gehörte ihm, er würde sie nicht gehen lassen. Seine Muskeln spannten sich an, als eine neue Welle der Lust über ihm zusammenschlug. Er rollte sich auf sie und glitt in ihre enge, geschwollene Höhle. Sie sog die Luft ein; sein heftiges Eindringen riss sie jäh aus ihrem Dämmerzustand.

Sunny vergrub ihre Nägel in seiner Brust, doch sie schob ihn nicht fort, schlang im Gegenteil die Beine um seine Hüfte. Er griff nach ihren Schenkeln und zog sie noch ein Stückchen höher, bis zu seiner Taille.

„Gewöhn dich besser gleich daran." Es klang härter, als er beabsichtigt hatte. „An mich. An das hier. An uns. Ich lasse nicht zu, dass du dich zurückziehst."

Ihre Lippen zitterten, als sie den Blick auf ihn richtete. „Auch nicht zu deinem eigenen Besten?", flüsterte sie tonlos, während die blauen Farbtupfer aus ihren Augen verschwanden und sie in blankem Grau versanken.

Einen Sekundenbruchteil hielt er inne und fragte sich, ob sie sich damit auf ihren Vater bezog. „Gerade zu meinem eigenen Besten", antwortete er und konzentrierte sich dann ganz und gar darauf, sie zu erregen.

Dieses Mal sollte allein für sie sein. Er verführte sie mit einem Wissen und Können, die weit jenseits von sexueller Erfahrung lagen. Sein Training hatte Chance gelehrt, mit einem einzigen Handgriff zu lähmen, mit einer einzigen Bewegung zu töten, aber es hatte ihn auch über all die besonders empfindsamen Stellen eines menschlichen Körpers aufgeklärt. Ihre Kniekehlen, die Innenseite ihrer Schenkel, der zarte Bogen ihrer Fußsohlen, die Kurve unter ihrem Po, all das bekam seine ungeteilte Aufmerksamkeit. Und langsam wurde Sunny unter seinen Berührungen lebendig, und sie wurde immer feuchter. Sie regte sich unter ihm, wollte ihn willkommen heißen und fiel in seinen Rhythmus mit ein. Er streichelte ihren Rücken, und sie belohnte ihn, indem sie sich ihm entgegenbog und ihn immer tiefer in sich hineinzog.

Sie stöhnte auf, den Mund leicht geöffnet, die Augen geschlossen. Ihre Wangen glühten, ihre Lippen waren geschwollen und rot. Chance sah, wie erregt sie war. Ihr Kopf fiel zur Seite, und ihre harten Nippel bohrten sich in seine Brust. Zart, so unendlich zart, biss er in die Stelle, wo Hals und Schulter eins werden.

Sie schrie auf und wurde plötzlich von machtvollen Glücksgefühlen durchströmt. Ihr Höhepunkt überraschte ihn, ebenso wie sein eigener. Auch für Chance kam die Reaktion des eigenen Körpers unerwartet. Er hatte sich zusammennehmen wollen, doch die

Leidenschaft, die ihn erfasste, war nicht mehr zu kontrollieren gewesen.

Er versuchte aufzuhören, sich zurückzuziehen, doch sein Körper gehorchte ihm nicht. Er stieß tief in die feuchte Hitze hinein und erschauerte, als er sich in ihr ergoss. Er hörte einen tiefen, kehligen Schrei, seinen eigenen; und dann schienen Zeit und Raum sich aufzulösen, und das, was noch von ihm übrig war, sank in ihre Arme.

Der Schatten kroch bereits über den Boden des Canyons, als Chance Sunny in die Decke wickelte und sie zurück zum Überhang trug. Während des Tages bot der Fels Schutz vor der Sonne, und jetzt, während der Abend hereinbrach und die Temperatur rapide fiel, strahlte das Gestein die gespeicherte Wärme ab, sodass es in der kleinen Nische angenehm blieb. Sunny gähnte zufrieden und legte den Kopf an Chances Schulter.

„Ich kann selbst laufen", meinte sie träge, machte dabei jedoch keine Anstalten, sich aus seinem Griff zu befreien.

„He, ich versuche hier gerade meine Macho-Rolle zu spielen. Verdirb es mir doch nicht."

Sie bog den Kopf ein wenig zurück, um ihn anzuschauen. „Aber für dich ist es doch gar keine Rolle, nicht wahr?"

„Nein", gab er zu, und sie lachte leise.

Während des Liebesspiels hatte er jegliches Zeitgefühl verloren, die Sonne stand schon so tief am Himmel, dass nur noch der Rand des Canyons in goldenen Rot- und Violetttönen erstrahlte und der Himmel bereits tiefblau war.

„Ich werde nach den Fallen sehen, solange noch Licht ist", sagte er und setzte sie auf dem Boden ab. „Bleib hier, es dauert nicht lange."

Sunny wartete genau zwei Sekunden, nachdem Chance außer Sichtweite war, dann sprang sie auf. Eilig wusch sie sich und zog sich an. Sie brauchte den Schutz ihrer Kleidung. Sie hatte das ungute Gefühl, dass nichts mehr so war wie vorher. Auf die Liebkosungen war sie eingestellt gewesen. Die Gefühle, die er in ihr ausgelöst hatte, hatten Sunny dagegen überrascht und überwältigt. Sie hatte auf körperliche Freuden gehofft, stattdessen hatte sie etwas gefunden, das so stark war, dass sie es nicht zu kontrollieren wusste.

Zudem hatte Chance sein wahres Gesicht gezeigt. Sunny hatte vorher schon eine Ahnung davon gehabt, immer dann, wenn sein wahrer Charakter durch die eisern kontrollierte Fassade hindurchschimmerte. Sie hätte es von Anfang an wissen müssen. Schließlich brachte man keine Stahltür vor einem leeren Raum an. Seine Selbstbeherrschung hatte ihr den wunderbaren Luxus von Sicherheit vorgegaukelt, und sie hatte darin geschwelgt, so sehr, dass sie bewusst die Kraft ignoriert hatte, die von dieser Stahltür im Zaum gehalten wurde. Sie hatte auch nicht daran gedacht, was passieren würde, wenn diese Kraft freigelassen wurde. Heute Nachmittag hatte sie es herausgefunden.

Er hatte gesagt, er sei bei den Rangers gewesen. Mehr hätte sie eigentlich gar nicht hören müssen, um zu wissen, was für ein Mann er war. Ihre einzige Entschuldigung war, dass der Stress der Situation und die Sorge um Margreta sie blind gemacht hatten gegen die wahre Natur seines Wesens.

Ein sinnlicher Schauer rann ihr über den Rücken, als sie an die Stunden draußen auf der Decke dachte. Die Macht ihrer Reaktion hatte sie hilflos gemacht. Von Anfang an hatte sie auf ihn reagiert wie auf keinen Mann zuvor, trotzdem war sie nicht auf das Ausmaß des Gefühlstumults vorbereitet gewesen. Schließlich war er nicht der Einzige, der an Kontrolle gewöhnt war. Ihr Leben hing davon ab, dass sie sich stets und ständig beherrschte. Während der Stunden mit Chance hatte Sunny jedoch herausfinden müssen, dass sie weder sich selbst noch ihn kontrollieren konnte.

Nie in ihrem Leben hatte sie solche Angst gehabt.

Das, was sie zuvor für ihn gefühlt hatte, war nicht vergleichbar mit den Emotionen, die jetzt auf sie einstürmten. Es war nicht nur der Sex, der intensiver und hitziger gewesen war als alles, was sie erwartet hatte. Nein, es war der Teil seines Charakters, den er enthüllt hatte. Jener Teil, den er so unbedingt versteckt halten wollte und der sie so anzog. Jetzt, hier, in diesem Moment, wusste sie, dass ihre Liebe zu ihm erst mit ihrem Tod enden würde. Chance war ein ganz besonderer Mann. Ein Krieger, ein Mann, der immer etwas Ungebändigtes und Wildes in sich tragen würde, der bereit war, sich der Gefahr zu stellen und Risiken einzugehen, um die Menschen zu schützen, die er liebte. Er war das genaue Gegenteil ihres Vaters, der sein gesamtes Leben der Zerstörung geweiht hatte.

Sunny hatte keine Wahl im Leben gehabt. Ihre Mutter hatte sie und Margreta weggegeben, um sie zu schützen, aber Pamela Vickery Hauer hatte ihre Mädchen nie ganz aufgeben können. Stattdessen hatte sie ihnen beigebracht, wie man untertauchte und, falls nötig, kämpfte. Pamela war zur Expertin in ihrer eigenen Guerilla-Kriegsführung geworden. Wann immer sie glaubte, dass es sicher sei, besuchte sie die Mädchen, und die verständnisvollen Millers zogen sich diskret zurück, um der Mutter Zeit mit ihren Kindern zu geben.

Das Glück verließ Pamela, als Sunny sechzehn war. Das Netzwerk des Vaters reichte weit, ihm standen mehr Informationsquellen zur Verfügung, als seine Frau einkalkulieren konnte. Deshalb war es nur eine Frage der Zeit, bis er sie ausfindig machte. Und zu Fall brachte. Doch Pamela entschloss sich für den Freitod, bevor sie das Risiko einging, den Aufenthaltsort ihrer Töchter unter Folter oder Drogeneinfluss zu verraten.

Das war Sunnys Erbe, ein Leben in den Schatten und eine mutige Mutter, die sich selbst umgebracht hatte, um ihre Kinder zu schützen. Niemand hatte Sunny gefragt, ob sie diese Art Leben wollte. Es war ihres, sie hatte kein anderes, also musste sie das Beste daraus machen.

Genauso wenig hatte sie sich entschieden, von der Schwester getrennt zu leben. Das hatte Margreta beschlossen. Margreta war älter, kämpfte schon immer mit eigenen Dämonen und hatte die von der Mutter gelehrten Überlebenstechniken nie so verinnerlicht wie Sunny. Also hatte Sunny auch ihre Schwester verloren. Und als die Millers starben, erst Hal, dann Eleanor, war Sunny endgültig allein. Margretas Anrufe waren der einzige Kontakt.

Nun auch Chance aufzugeben, dazu hatte sie nicht die Kraft. Und genau das ängstigte Sunny zu Tode, denn durch ihre Anwesenheit brachte sie ihn in Lebensgefahr. Sie konnte sich nur mit dem Wissen beruhigen, dass er als der Mann, der er war, in der Lage sein würde, auf sich aufzupassen.

Sie atmete tief durch. Sich schon im Voraus Probleme auszumalen brachte nichts. Wenn – falls sie aus diesem Canyon herauskamen, dann würde sie die notwendigen Entscheidungen treffen.

Da sie nicht stillsitzen konnte, ging sie zu den ausgebreiteten Wäschestücken und sammelte die trockenen Sachen von den verschiedenen Felsen ein. Obwohl sie nur wenige Minuten gebraucht hatte, war es dunkel, als Sunny zu dem Überhang zurückkehrte.

Chance hatte die Taschenlampe nicht mitgenommen. Der Mond schien nicht. Wenn Chance nicht in den nächsten Minuten zurückkam, würde er nichts mehr sehen können.

Das Feuer war den ganzen Tag immer wieder angefacht worden, um mit möglichst wenig von dem kostbaren Holzvorrat so viel Rauch wie möglich zu machen. Jetzt jedoch legte Sunny einige Äste auf, um die Flammen auflodern zu lassen. Sie hatte einfach das Bedürfnis nach Licht, und der rote Schein würde Chance als Orientierungshilfe dienen. Die Flammen warfen flackernde Schatten auf die Felswände. Sunny suchte nach der Taschenlampe. Sie wollte sie bereithaben, falls sie Chance suchen musste.

Innerhalb von wenigen Augenblicken wurde es tiefste Nacht, so als hätte Mutter Natur einen Vorhang fallen lassen. Sunny trat unter dem Überhang hervor.

„Chance!“ Sie blieb stehen und lauschte.

Nur die Nachtgeräusche drangen an ihr Ohr – Rascheln, Scharren, die leisen Laute der Nachttiere, der leichte Wind, der um die Felsen strich.

„Chance!“, rief sie noch einmal, diesmal lauter. Wieder keine Antwort. „Mist!“, murmelte sie, nahm die Taschenlampe und machte sich auf den Weg zum anderen Ende des Canyons, wo das Leben spendende Wasser aus dem Felsen rann.

Vorsichtig setzte Sunny einen Fuß vor den anderen. Noch eine Begegnung mit einer Schlange würde sie nicht mehr aushalten. Immer wieder rief sie nach Chance. Warum antwortete er nicht? Mit jedem Ruf wurde sie ärgerlicher. In dieser Stille musste sie doch meilenweit zu hören sein.

Plötzlich legte sich ein Arm hart um ihre Taille, und ebenso fest wurde Sunny an einen Körper gezogen. Ihr erschreckter Aufschrei wurde von Lippen erstickt, die sich auf ihren Mund pressten. Ihr Kopf fiel unter dem Druck in den Nacken, und sie griff nach Chances Schultern, um sich festzuhalten. Er küsste sie, bis ihre Anspannung schwand und sie sich an ihn schmiegte.

Sein Atem ging schwer, als er endlich den Kopf hob, und Sunny fühlte sich verpflichtet, sich wenigstens ein bisschen über die Behandlung zu beschweren.

„Du hast mich erschreckt." Ihre Stimme klang jedoch eher verführerisch als anklagend.

„Du hast nur bekommen, was du verdienst. Ich sagte doch, du sollst sitzen bleiben." Er küsste sie erneut, so als könne er nicht anders.

„Ist das deine Art von Bestrafung?", murmelte sie, als er Atem schöpfen musste.

„So ungefähr." Er lachte leise an ihrer Schläfe.

„Dann habe ich eine viel größere Strafe verdient." Eigentlich dürfte sie nach den Erlebnissen des Tages überhaupt kein Verlangen fühlen, zumal ihr im Grunde alles wehtat, und doch war es da. Sie wollte die Kraft seines makellosen Körpers spüren, ihn in sich aufnehmen, ihn halten und von ihm gehalten werden, bis sie beide von der Lust übermannt wurden.

Er war es schließlich, der sich von ihr losmachte, aber sie hörte sein Herz rasend pochen. „Gnade", murmelte er. „Ich werde nicht vor Hunger sterben, sondern an Überanstrengung."

Hunger. Das erinnerte Sunny an die Fallen. „Hast du ein Kaninchen gefangen?", fragte sie hoffnungsvoll.

„Nein, nur einen bedauernswert mageren Vogel." Er hielt den gerupften Vogel hoch, der sehr viel kleiner als ein Hühnchen war.

„Das ist aber nicht der Roadrunner, oder?"

„Was ist das eigentlich mit dir und diesen Märchentieren? Weißt du, du könntest wirklich etwas mehr Begeisterung zeigen."

„Was für ein Vogel ist es dann?"

„Vogel eben", antwortete er ausweichend. „Und wenn ich ihn eine Weile an einem Spieß über dem Feuer röste, ist es gegrillter Vogel."

Ihr Magen meldete sich lautstark. „Na schön. Solange es nicht der Roadrunner ist. Der ist nämlich meine liebste Cartoon-Figur. Gleich nach Donald Duck."

Chance lachte auf. „Wo siehst du denn noch diese alten Cartoons? Ich dachte, die sind längst abgesetzt."

„Gibt's auf DVD. Ab und zu leihe ich welche im Video-Shop an der Ecke aus."

Chance nahm ihren Arm, und gemeinsam gingen sie zum Camp zurück, lachend und über ihre Lieblingscartoons plaudernd. Mit der Taschenlampe leuchtete Sunny den Weg.

„Warum hast du eigentlich nach mir gerufen?", fragte Chance mit einem Mal.

„Falls es dir noch nicht aufgefallen sein sollte – es ist stockdunkel. Und du hattest die Taschenlampe nicht dabei."

Er gab einen erstaunten Laut von sich. „Du bist zu meiner Rettung gekommen?"

Jetzt war sie verlegen. Natürlich, ein ehemaliger Ranger würde auch im Dunkeln den Weg zurückfinden. „Ich habe nicht nachgedacht", gestand sie kleinlaut.

„Nein, du denkst zu viel", stellte er richtig und zog sie fest an seine Seite.

Das Feuer flackerte ihnen lustig entgegen, als sie beim Camp ankamen. Schnell hatte Chance einen Drehspieß für den Vogel gefertigt, legte noch ein paar Zweige auf das Feuer, und schon bald schwebte der wunderbare Duft von geröstetem Geflügel in der Luft, bei dem Sunny das Wasser im Mund zusammenlief.

Sie schob einen Stein näher an das Feuer heran und sah Chance zu, wie er den Vogel über den Flammen drehte. Die Wärme des Feuers war angenehm auf den Armen. Sunny konnte kaum glauben, dass die Temperaturen nach der Hitze des Tages so schnell sanken. Ein einziges Mal war Sunny campen gegangen, aber unter völlig anderen Umständen. Und damals war sie allein gewesen.

Der flackernde Schein des Feuers warf Schatten auf Chances markante Züge. Sunny fiel auf, dass er die Zeit am Wasserloch genutzt und sich gewaschen hatte, sein Haar war noch leicht feucht. Und er ist sogar rasiert, stellte sie still vor sich hin lächelnd fest.

Als Chance aufsah, ertappte er sie dabei, wie sie ihn anschaute. Sofort sprangen zwischen ihnen die Funken der sinnlichen Vertrautheit über. „Alles in Ordnung mit dir?", fragte er leise.

„Mir geht's gut." Sie ahnte nicht, wie anmutig ihr Gesicht strahlte. Sie hatte die Arme um die angezogenen Knie geschlungen und das Kinn aufgestützt.

„Blutest du?"

„Nicht mehr. Es war auch nur ein kleines bisschen, am Anfang", fügte sie hastig hinzu, als seine Augen vor Sorge ganz dunkel wurden.

„Ich wünschte, ich hätte es gewusst." Er widmete sich wieder dem Vogel.

Sie dagegen wünschte sich, nicht über die Gründe ihrer bis vor Kurzem bewahrten Jungfräulichkeit reden zu müssen. „Wieso? Hättest du dann aufgehört?“

„Nein, auf keinen Fall! Ich wäre es nur etwas anders angegangen.“

Das wiederum war interessant. „Wie anders?“

„Ich hätte mir mehr Zeit gelassen.“

„Du hast dir Zeit genug gelassen“, versicherte sie mit einem Lächeln. „Beide Male.“

„Ich hätte es schöner für dich gemacht.“

„Und du? War es gut für dich?“

Er warf ihr einen vielsagenden Blick zu. „Wäre es noch besser für mich gewesen, hättest du bei mir Herzstillstand diagnostizieren können.“

„Mir ging es genauso.“

Chance richtete den Blick wieder auf den Vogel. „Beim zweiten Mal habe ich kein Kondom benutzt.“

„Ich weiß.“

Ihre Blicke trafen sich und hielten einander fest. Vielleicht war sie schwanger von ihm. Er wusste es, und sie wusste es.

„Wie stehen die Chancen?“

Sunny wiegte ihre Hand hin und her. „Knapp an der Grenze.“ Sie glaubte, dass sie zu ihren Gunsten standen, doch ein solches Risiko würde sie nicht noch einmal eingehen.

„Wenn wir nicht hier festsäßen …“ Er brach ab und zuckte mit den Schultern.

„Was dann?“

„Ich hätte eigentlich gar nichts dagegen.“

Verlangen brandete in ihr auf, und am liebsten hätte sie ihm die Arme um den Hals gelegt. Stattdessen riss Sunny sich gewaltsam zusammen und blieb sitzen. Hormone sind hinterhältige kleine Biester, dachte sie. Nur weil er davon redet, dass er sich vorstellen kann, mit mir ein Kind zu haben, spielen sie verrückt und untergraben den gesunden Menschenverstand. „Ich auch nicht“, erwiderte Sunny leise und beobachtete Chance genau. Farbe schoss in seine Wangen, ein Muskel zuckte. Seine Hand an dem Spieß griff so hart zu, dass die Fingerknöchel weiß hervortraten. Ha, wunderbar! Es funktionierte also wechselseitig!

Der Vogel war gar. Chance nahm den Spieß vom Feuer, schob mit dem Fuß einen Stein zu Sunny und setzte sich neben sie. Mit dem Taschenmesser schnitt er einen Streifen des gerösteten Fleisches ab und reichte ihn ihr. „Achtung, es ist heiß."

Hungrig griff sie danach und blies, um es abzukühlen. Nur vorsichtig biss sie hinein. Ihre Geschmacksnerven schwelgten geradezu vor Freude, es schmeckte nach Holzfeuer, Rauch und gegrilltem Geflügel. „Oh, das ist gut!", seufzte sie genussvoll.

Chance schnitt den nächsten Streifen für sich ab. Und kaum, dass er hineingebissen hatte, sah er ebenso zufrieden aus. Für eine Weile aßen sie schweigend. Chance achtete darauf, das Mahl gerecht aufzuteilen, doch bald behauptete Sunny, satt zu sein. Es stimmte zwar nicht, aber sie fand, dass Chance mehr Energie brauchte.

Natürlich bemerkte er sofort, was sie im Sinn hatte. „Du kümmerst dich schon wieder um mich. Das ist nicht gut für mein Image, weißt du? Schließlich bin ich es, der auf dich aufpassen soll."

„Du bist größer als ich, deshalb brauchst du auch mehr Nahrung."

„Überlass das ruhig mir. Wir werden schon nicht verhungern. Hier gibt es noch mehr Wild, und morgen werde ich nach essbaren Pflanzen suchen, mit denen wir unsere Diät ergänzen können."

„Geflügel und Grünzeug", meinte sie leichthin. „Da liegen wir ja ganz im Trend."

Er grinste über ihre Bemerkung und überredete Sunny, noch ein wenig mehr von dem Fleisch zu essen. Als Nachtisch gab es einen halben Nahrungsriegel für jeden. Gesättigt machten sie sich bereit, den Tag ausklingen zu lassen.

Chance schob die Glut zusammen, Sunny schlug die Decken im Zelt auf. Sie putzten sich die Zähne und verschwanden jeder noch einmal hinter den Büschen. Wie ein altes verheiratetes Paar, dachte Sunny amüsiert. Ihr „Heim" war nicht zum Herzeigen, nur eine Felsnische. Aber die Vorbereitungen für die Nachtruhe waren doch sehr häuslich.

Die Stimmung änderte sich, als Chance sagte: „Willst du mein T-Shirt anziehen? Für dich wäre es wie ein Nachthemd." Die Art, wie er sie dabei ansah, war alles andere als zahm. Ihr Puls beschleunigte sich, und die ihr schon bekannte Hitze breitete sich in Sunny aus. Mehr brauchte er nicht zu tun – nur ein Blick genügte. Jetzt, da sie wusste, welche Wonnen er ihr schenken konnte, sehnte sie sich nach ihm. Sie sehnte sich nach den Gefühlen, die er in ihr weckte, auch wenn deren Intensität sie halb zu Tode ängstigte. Mit einem Mal wurde ihr klar, dass kein anderer Mann je in der Lage wäre, ihr dasselbe zu geben. Er war der Eine für sie – der Eine mit einem großen E, fett und unterstrichen. Ohne ihn würde sie nie wieder ein ganzer Mensch sein.

Er musste ihr die Erschütterung angesehen haben, denn Chance legte ihr besänftigend eine Hand an den Ellbogen. Einen Arm um ihre Hüfte geschlungen, schob er sie langsam ins Zelt. Er war aufmerksam, bemerkte sie, aber er würde sich nicht zurückweisen lassen.

Sie räusperte sich, suchte nach ihrem Gleichgewicht. „Du brauchst dein Shirt selbst …"

„Das soll wohl ein Witz sein." Er lächelte auf sie hinunter. „Denkst du etwa, wir sind schon fertig?"

Sie konnte nicht anders, als zurückzulächeln. „So etwas würde mir nie in den Sinn kommen. Ich dachte nur, du würdest es vielleicht danach brauchen."

„Das glaube ich nicht", sagte er, während er geschäftig ihre Jeans öffnete.

In Rekordzeit waren sie beide ausgezogen.

Chance schaltete die Taschenlampe aus, um Batterien zu sparen, und die Dunkelheit hüllte sie ein, wie auch schon in der Nacht zuvor. Sich im Dunkeln zu lieben schien die Sinne zu schärfen. Sunny fühlte die leichten Schwielen an seinen Händen, als er sie streichelte, und ließ sich vom männlichen Duft seiner Haut berauschen. Sie erforschte jeden einzelnen Muskel, der sich unter ihren Fingern anspannte. Sie schmeckte ihn. Seine Küsse waren ein Festmahl. Sie schwelgte in seinen sanften, festen Lippen, den scharfen Kanten seiner makellosen Zähne. Sie berührte seine Brustwarzen und spürte, wie sie sich unter ihren Fingern zusammenzogen. Entzückt lauschte sie dem tiefen Murmeln in seiner Kehle, als sie ihre Hände um die weichen, großen Bälle zwischen seinen Beinen legte.

Als sie ihre Hand um seine pulsierende Erektion schloss, war sie schockiert. Wie um alles in der Welt hatte sie ihn jemals in sich aufnehmen können? Sunny spürte einen Tropfen Flüssigkeit, als sie seine lange, geschwollene Männlichkeit erkundete. Verzückt beugte sie sich darüber, schloss ihre Lippen um die Spitze und leckte sie genüsslich ab.

Chance stieß einen Fluch aus und drehte sie blitzschnell auf den Rücken. Das kleine Zelt ließ nur bestimmte Bewegungen zu, und Chance meisterte sie voller kraftvoller Anmut.

Sie lachte, verwundert über die Magie zwischen ihnen, und schlang ihre Arme um seinen Nacken, während er sich auf sie legte. „Hat es dir nicht gefallen?"

„Ich bin fast gekommen", knurrte er. „Was hast du denn gedacht?"

„Vielleicht sollte ich dich lieber überwältigen und fesseln – aber ich denke, ich kann schon ganz gut mit dir umgehen."

„Davon bin ich überzeugt. Lass es mich wissen, wenn du das vorhast, damit ich mich vorher ausziehen kann."

In dieser Nacht gaben sie sich ganz dem Strudel ihrer Gefühle hin. Sunny hätte sich nie ausgemalt, wie unbefangen sie und Chance ihren sinnlichen Kabbeleien frönen würden. Sie hätte sich niemals vorstellen können, mit welcher Selbstverständlichkeit ihre Schenkel seine Hüften umschlingen würden oder wie köstlich das sein würde, wie wunderbar sie zusammenpassen würden, gerade so, als hätte die Natur ihre Körper füreinander geschaffen. Doch sie hatte es getan – Sunny hatte es bisher nur nicht bemerkt.

Er versorgte sie mit der gleichen Medizin, wie sie es bei ihm getan hatte. Er küsste sich ihren Körper hinunter, bis sein dunkles Haar die Innenseiten ihrer Schenkel streifte. Und dann gab er ihr die süßen Qualen zurück, die sie zuvor ihm zugefügt hatte, so süß, dass sie schauderte. Als sie wieder atmen konnte, als die kleinen Punkte aufhörten, auf sie zuzufliegen, obwohl sie ihre Augen geschlossen hatte, küsste er ihren Bauch und bettete sein Haupt auf ihrer zarten Haut. „Mein Gott, du bist so bequem", flüsterte er.

Sie gurrte. „Das bin ich wohl. Für dich jedenfalls."

„Nur für mich!" Ein dunkler Unterton voll männlichen Besitzanspruchs und Triumphs schwang in seinen Worten mit.

Er zog sich ein Kondom über und glitt zwischen ihre Schenkel. Sie unterdrückte einen Schrei; sie war wund und geschwollen, und er war so groß. Doch Chance bewegte sich vorsichtig vor und zurück, bis ihr Unbehagen verschwand, und selbst dann hielt er sich noch zurück, um ihr nicht wehzutun. Als er kam, zog er sich so weit aus ihr zurück, dass er sie nicht einmal mehr zur Hälfte ausfüllte, und er verharrte so, während sein Gipfelsturm seinen starken Körper erschauern ließ.

Danach stülpte Chance Sunny sein T-Shirt über den Kopf und hüllte sie damit in seinen Duft ein. Er zog sie in seine Arme und fest an sich heran, eine Hand auf ihrem bloßen Po. Die zusammengerollte Strickjacke diente ihm als Kissen, und sie nutzte seinen Arm als Kissen. Oh, es war einfach wundervoll.

„Ist Sunny eigentlich dein richtiger Name oder ein Spitzname?", fragte er schläfrig, die Lippen an ihrem Haar.

So entspannt sie auch war, verunsichert horchte Sunny auf. Noch nie hatte sie irgendjemandem ihren richtigen Namen genannt. Es dauerte einen Moment, bis sie sich daran erinnerte, wie unwichtig das jetzt war. „Ein Spitzname. Eigentlich heiße ich Sonia", murmelte sie. „Sonia Ophelia Gabrielle. Aber ich benutze diese Namen nie."

„Gut." Er küsste sie erleichtert. „Sunny passt zu dir. Da bist du also mit vier Namen gestraft, wie?"

„Stimmt. Was ist mit dir? Hast du mehr Vornamen?"

„Nein, ich heiße nur Chance."

„Ehrlich? Du lügst mich auch ganz bestimmt nicht an, weil du einen schrecklichen Namen hast – wie zum Beispiel Eusebius?"

„Pfadfinderehrenwort."

Sie kuschelte sich an ihn. „Das gleicht sich also aus. Du hast zwei, ich habe vier Namen. Zusammen macht das drei für jeden."

„Sieh einer an."

Sie hörte das Lachen in seiner Stimme und revanchierte sich, indem sie ihn hinterrücks so fest kniff, dass er zusammenzuckte. Die Strafe, die er sich dafür einfallen ließ, endete erst sehr viel später.

Ihr Verlangen zur vollsten Zufriedenheit gestillt, schlief Sunny in dem Bewusstsein ein, dass sie in ihrem ganzen Leben noch nie so glücklich gewesen war wie jetzt mit Chance.

9. KAPITEL

Am nächsten Morgen waren beide Fallen leer. Sunny war enttäuscht. Nach einem so idyllischen Abend und einer wunderbaren Nacht wäre es schön gewesen, wenn der nächste Tag ebenso perfekt angefangen hätte. Ein warmes, reichhaltiges Frühstück wäre genau das Richtige.

„Könntest du nicht etwas schießen?" Lustlos kaute sie auf einer Hälfte der faden Nahrungsriegel. „Wir haben noch acht Stück davon." Wenn jeder einen Riegel pro Tag verbrauchte, hätten sie in vier Tagen nichts mehr zu essen.

In drei Tagen würde Margreta versuchen, sie zu erreichen.

Sunny verdrängte den Gedanken. Ob sie rechtzeitig hier herauskam, um Margretas Anruf annehmen zu können, war etwas, auf das sie keinen Einfluss hatte. Nahrung war das akutere Problem.

Chance sah mit zusammengekniffenen Augen zum Rand des Canyons hoch. „Ich habe fünfzehn Kugeln in der Waffe und sonst keine Munition mehr. Ich würde sie mir lieber für Notfälle aufbewahren, solange wir nicht wissen, wie lange wir hier noch festsitzen. Außerdem … eine 9-Millimeter-Waffe würde ein Kaninchen zerfetzen. Von einem Vogel würde gar nichts mehr übrig bleiben. Falls ich überhaupt einen treffe."

An seiner Zielsicherheit hatte sie nicht die geringsten Zweifel. Möglich, dass er mit einem Gewehr besser umgehen konnte, aber mit seiner militärischen Ausbildung wusste er ganz bestimmt auch mit einer Pistole fertig zu werden. „Wäre eine 38er besser?"

„Für kleines Wild, sicher. Nicht gut, aber besser. Doch das ist müßig, ich habe nur eine neun Millimeter."

„Ich habe eine 38er."

Chances Kopf ruckte herum, in seinen Augen blitzte etwas Bedrohliches auf. „Was sagst du da?"

Sunny deutete mit dem Kopf in Richtung ihrer Tasche. „Ich habe eine 38er", wiederholte sie.

Er folgte ihrem Blick, dann sah er mit harter Miene zurück zu ihr. „Würdest du mir erklären", setzte er gefährlich ruhig an, „wie du an eine Pistole kommst? Du warst auf einer normalen Passagiermaschine. Wie bist du durch die Kontrolle gekommen?"

Es gefiel ihr nicht, all ihre Geheimnisse preiszugeben, auch nicht vor Chance. Ein ganzes Leben auf der Flucht hatte sie Vorsicht und Zurückhaltung gelehrt, und Sunny hatte ihm bereits mehr von sich gegeben als je jemand anderem. Allerdings … sie steckten zusammen in dieser Zwangslage. „Ich habe da ein paar Spezialbehälter …"

„Wo?", verlangte er scharf zu wissen. „Ich habe doch gesehen, wie du die Tasche ausgepackt hast, und da war nichts … Verdammt, die Haarspraydose, richtig?"

Misstrauisch schaute sie zu ihm auf. Wieso war er so wütend? Selbst wenn er sich übertrieben genau an den Buchstaben des Gesetzes hielt – was sie nicht so recht glauben konnte –, sollte er doch froh sein, dass sie eine zusätzliche Waffe hatte, ganz gleich, wie Sunny daran gekommen war. Sie reckte die Schultern. „Und der Fön."

Wie ein Racheengel baute er sich vor ihr auf. „Wie lange schmuggelst du schon Waffen durch die Sicherheitskontrollen?"

„Jedes Mal, wenn ich ein Flugzeug besteige", antwortete sie kühl und stand auf. Sie würde den Teufel tun und sich von ihm zusammenstauchen lassen wie ein ungezogenes Kind. „Beim ersten Mal war ich sechzehn."

Erhobenen Hauptes ging Sunny zu ihrer Tasche und holte die besagten Dinge hervor. Chance beugte sich über sie und riss ihr die Haarspraydose aus der Hand. Er zog die Verschlusskappe ab, untersuchte das Sprühventil und drückte es. Ein feiner Tröpfchennebel schoss hervor.

„Es ist tatsächlich Haarspray", ließ Sunny ihn wissen. „Nur nicht sehr viel." Sie nahm die Dose wieder an sich und schraubte kraftvoll den Boden ab. Ein kurzer Waffenlauf glitt in ihre Hand. Dann nahm sie den Fön und schraubte ihn mit wenigen Handgriffen ebenfalls auseinander. Die restlichen Teile der Waffe kamen zum Vorschein. Mit der Mühelosigkeit jahrelanger Erfahrung setzte sie die Waffe zusammen und ließ das Magazin einschnappen. Dann reichte sie die Waffe Chance, mit dem Holm zuerst.

Er nahm die kleine Pistole, die fast gänzlich in seiner großen Hand verschwand. „Was, zum Teufel, tust du mit einer Pistole?"

„Ich nehme an, das Gleiche wie du." Den Rücken ihm zugekehrt, trat sie von ihm weg. „Ich trage sie als Schutz bei mir. Wofür benutzt du deine?"

„Ich fliege eine Menge Leute mit meiner Maschine, und die meisten davon kenne ich nicht. Manchmal komme ich auch in sehr abgelegene Gegenden. Und meine Waffe ist registriert.“ Die letzten Worte klangen wie Peitschenhiebe. „Deine auch?“

„Nein.“ Sie wollte nicht lügen. „Ich bin eine allein reisende Frau, die wertvolle Kuriersendungen transportiert. Die Leute, bei denen ich diese Sendungen abliefere, kenne ich alle nicht. Überleg doch mal … ich wäre ja verrückt, wenn ich keine Vorkehrungen träfe.“

„Wenn du gute Gründe hast, eine Waffe zu besitzen, warum hast du sie dann nicht registrieren lassen?“

Wie in einem Verhör kam sie sich mittlerweile vor, und es gefiel ihr ganz und gar nicht. Von dem zärtlichen, aufmerksamen Liebhaber war nichts mehr zu bemerken, an seine Stelle war ein bissiger Staatsanwalt getreten.

Es gab eine sehr einfache Begründung, aus der sie die Waffe nicht hatte eintragen lassen: Sie wollte bei keiner nationalen Behörde registriert sein, um keine Aufmerksamkeit auf sich zu lenken.

„Ich habe meine Gründe“, gab sie hochmütig zurück.

„Und die gehen mich nichts an, was?“ Er bedachte sie mit einem abschätzenden Blick und stolzierte voller Wut in Richtung Fallen davon. Selbst sein Stapfen, wie alles an ihm, wirkte unendlich geschmeidig – und war absolut lautlos.

„Wie clever von dir“, rief sie hinter ihm her. Eine kindische Bemerkung, trotzdem fühlte Sunny sich besser danach. In manchen Situationen half Albernheit eben.

Da sie nichts anderes zu tun hatte, wandte sie sich in die entgegengesetzte Richtung, zum Flugzeug, um mehr Brennmaterial für das unerlässliche Feuer zu sammeln. Sollte Chance die Stirn haben, ihre Pistole behalten zu wollen, sobald sie hier raus waren – falls das geschah –, dann hatte er sich seinen eigenen, persönlichen Krieg eingehandelt.

Chance schaute auf die kompakte Waffe in seiner Hand. So eine hatte er noch nie gesehen. Weil sie von keinem bekannten Hersteller stammte, sondern eine Maßanfertigung war. Irgendein Waffenschmied, und zwar ein talentierter, hatte diese Pistole gemacht. Keine Seriennummer, kein Markenname, kein Hinweis, von wem oder wann gemacht, nichts. Diese Waffe war nicht zu überprüfen, ihr Weg nicht zurückzuverfolgen.

Nach dem gestrigen Tag war Chance schon halbwegs überzeugt gewesen, dass Sunny nichts mit ihrem Vater zu tun hatte. Erstaunlich blöd von ihm! Da hatte er doch tatsächlich Unberührtheit mit Moralgefühl gleichgesetzt. Nur weil eine Frau nicht mit jedem Mann ins Bett hüpfte, hieß das nicht automatisch, dass sie eine anständige, pflichtbewusste Bürgerin war. Es bedeutete lediglich, dass sie, aus welchen Gründen auch immer, noch keinen Sex gehabt hatte.

Er hätte es besser wissen müssen, schließlich kannte er sich aus mit den Abgründen der menschlichen Seele. Davon gab es wesentlich mehr als hehre Beweggründe. Weil er sich für ein Leben in der Unterwelt entschieden hatte, wusste Chance das sehr genau. Herrgott, er kam aus der Gosse, deshalb fühlte er sich dort wie zu Hause. Er kannte auch die Abgründe seiner eigenen Seele, sie waren immer präsent, verdeckt nur durch ein wenig Makulatur. Mit ihrer Hilfe fand er sich so gut in dem gefährlichen Leben zurecht, das er gewählt hatte, er setzte sie als Waffe ein, um sein Land und seine Familie zu schützen. Da er die Hölle wie seine Westentasche kannte, hätte Chance wissen müssen, dass lachende graue Augen und goldenes Haar nicht unbedingt einem Engel gehören mussten.

Es war nur … In Gedanken fluchte Chance deftig. Sunny ging ihm unter die Haut. Sie war sämtliche seiner Schutzwälle umgangen, die er immer für unüberwindlich gehalten hatte. Er wollte Sunny, deshalb hätte er sich fast eingeredet, dass sie unschuldig war.

Fast. Da gab es zu vieles, das nicht zusammenpasste, und jetzt auch noch diese Pistole. Scheinbar schmuggelte Sunny sie regelmäßig mit an Bord der Flugzeuge, versteckt in täuschend einfachen, aber sehr effektiven Behältern. Bei der Durchleuchtung würde Metall angezeigt werden, und sollte ein Sicherheitsbeamter misstrauisch genug sein, um sich das Gepäck genauer anzusehen, so würde er lediglich die typisch weiblichen Utensilien finden. In der Spraydose befand sich ja tatsächlich Haarspray, und Chance war sicher, dass der Fön ebenfalls funktionstüchtig war.

Wenn Sunny es schaffte, eine Pistole mit an Bord zu bringen, dann konnten andere es auch. Chance wurde eiskalt bei der Vorstellung, wie viele Waffen sich jederzeit in der Luft befinden mochten.

Mit Flughafensicherheit hatte er zwar nichts zu tun, aber er würde auf jeden Fall ein paar Leuten ein paar unangenehme Fragen stellen, wenn er zurück war.

Im Moment jedoch musste er erst einmal seinen Ärger beiseitestellen. Er konnte nur hoffen, dass er es sich durch seinen Ausbruch nicht mit ihr verdorben hatte. Doch seine Enttäuschung war zu groß gewesen, um sich beherrschen zu können. Allerdings … das Vergnügen der letzten Nacht sollte reichen, um ihren ersten Streit auszugleichen. Durch ihre Unerfahrenheit mit Männern war Sunny im Nachteil, dadurch war sie leichter zu manipulieren. Er hielt also immer noch alle Trümpfe in der Hand.

Chance kam bei einem bestimmten Punkt im Canyon an und zog sich tief in den Schatten zurück. Hier konnte Sunny ihn nicht unerwartet überraschen, und von hier aus hatte er freie Sicht auf einen bestimmten Felsen oben am Canyonrand. Er zog ein bleistiftdünnes Röhrchen aus der Tasche und richtete es auf den Felsen – ein Laserlicht, mit dem er jetzt das Signal zu morsen begann, das er und Zane zu Beginn des Plans vereinbart hatten. Damit ließ Chance Zane wissen, dass alles nach Plan verlief, und nein, sie sollten noch nicht „gerettet" werden.

Als Antwort kam ein dünner Lichtstrahl zurück. Nachricht verstanden. Ganz gleich, wie genau Chance diesen Felsen auch beobachtete, nie bemerkte er eine Bewegung. Dabei wusste er, dass Zane sich sofort zurückzog. Er selbst war verdammt gut darin, sich unbemerkt zu bewegen. Aber Zane war absolut unschlagbar, selbst für einen SEAL. Es gab niemanden auf diesem Planeten, den Chance in einem Kampf lieber an seiner Seite gewusst hätte.

Diese Mission erfüllt, ging Chance hinter einem Busch in Deckung, von dem aus er das Wasserloch beobachten konnte. Da die Fallen über Nacht leer geblieben waren, würde er also ein Tier erschießen müssen. Er war bereit, Hunger zu ertragen, um diesen Auftrag zu Ende zu bringen, aber sollte sich ein Kaninchen blicken lassen … das war schon ein Braten.

Während Sunny Brennmaterial sammelte, studierte sie die Steilwände des Canyons. Vielleicht gab es ja eine Spalte, die sie übersehen hatten, möglicherweise Tierspuren, irgendetwas, das auf einen Weg hinaus deuten könnte. Sie wünschte, sie hätte eine Kletterausrüstung, zumindest Seil und Haken. Als sie den Inhalt für ihre Tasche zusammenstellte, hatte sie versucht, alle möglichen Notlagen vorauszusehen. An einen Canyon hatte sie allerdings nicht gedacht.

Die Wände waren fast durchgehend senkrecht. Erosion durch Wind und Wetter hatten im Verlauf von Millionen von Jahren Rillen in den Fels gekerbt, die wie Wellen aussahen. Der einzige Beweis, dass dieser Canyon nicht unzerstörbar war, waren hier und da Ansammlungen von Gesteinsbrocken, dort, wo ein kleinerer Fels offensichtlich gefallen und zerborsten war.

Es dauerte eine Weile, bis Sunny klar wurde, was sie da sah.

Ihr Magen verkrampfte sich, Hoffnung glomm auf. Konzentriert untersuchte sie einen der Steinhaufen. Es schien so, als ob Felsbrocken oben vom Rand in die Tiefe gefallen und beim Aufschlag zerbrochen waren. Sunny nahm einen faustgroßen Stein in die Hand und rieb mit dem Daumen darüber. Rau, wie Sandpapier, wunderhübsch anzusehen, pink. Sandstein.

Sandstein war weich.

Um ganz sicher zu sein, hieb sie den Brocken in ihrer Hand auf einen auf dem Boden liegenden Stein. Er zerbröckelte.

Nein, diese Stelle war zu steil. Sunny ging an der Wand entlang, den Blick unablässig nach oben gerichtet. Irgendwo musste die Wand sich doch ein wenig neigen, nur ein wenig, mehr verlangte sie ja gar nicht …

Da. Hier verliefen die Wellen leicht schief. Sunny strich mit der Hand über den rauen Felsen, fühlte die sandige Oberfläche. Vielleicht hier …

Sie rannte zum Camp zurück und kramte hastig den Lockenstab aus ihrer Tasche. Chance hatte nicht gefragt, aber die Pistole war nicht die einzige Waffe, die sie bei sich trug. Eilig drehte sie an der Kappe des Griffs. Ein Messer glitt in ihre Hand. Die Klinge war nur schmal, zum Schneiden gedacht, nicht zum Hacken, aber scharf und nahezu unverwüstlich.

Die Idee, die ihr gekommen war, könnte man irgendwo zwischen witzlos und verrückt ansiedeln. Aber es war der einzige Einfall, der auch nur annähernd eine Aussicht auf Gelingen hatte. Und es war besser, selbst etwas zu tun, als wie erstarrt herumzusitzen und auf eine Rettung zu hoffen, die vielleicht nie erfolgte.

Handschuhe. Sie müsste ihre Hände schützen. Sunny hatte keine Handschuhe. Aber sie hatte gesehen, welche Art Handschuhe beim Freeclimbing benutzt wurde – Finger und Daumen blieben frei.

Optimistisch öffnete Sunny den Erste-Hilfe-Kasten, holte zwei Verbandsrollen hervor und wickelte sie sich um die Handflächen. Nicht sehr elegant, aber es würde den Zweck erfüllen. Und wenn sie sich ein paar Blasen zuzog – das war ein geringer Preis im Vergleich zu der möglichen Freiheit.

Mit dem Messer in der Hand ging sie zurück zu der ausgewählten Stelle und überlegte, wie sie es am besten angehen könnte. Sie brauchte einen Stein, einen, der nicht zerbröckelte. Aufmerksam suchte sie den Boden ab und fand schließlich einen grauen Stein, etwa so groß wie eine Grapefruit. Er passte perfekt in ihre Hand und war solide genug für die Aufgabe.

Sunny setzte die Messerspitze an und benutzte den grauen Stein als Hammer. Die Klinge schob sich tiefer und tiefer in den weichen Sandstein. Dann riss Sunny das Messer wieder heraus und setzte ein Stückchen weiter rechts an. Beim nächsten Mal trieb sie die Klinge in einem rechten Winkel zu den beiden Einschnitten ein und drehte das Messer leicht. Ein Stück Sandstein brach heraus und hinterließ eine schöne kleine Spalte.

„Es könnte funktionieren." Sunny sprach es laut aus und machte sich an die Arbeit. Wie lange es dauern würde, passende Löcher, an denen man sich hochziehen konnte, in die gesamte Felswand zu schlagen, oder ob es überhaupt machbar war, daran dachte sie lieber nicht. Sie würde es versuchen, denn das war sie Margreta und sich selbst schuldig.

Ungefähr zwei Stunden später vibrierte der donnernde Hall eines Pistolenschusses durch den Canyon und erschreckte Sunny so sehr, dass sie fast gefallen wäre. Schwer atmend klammerte sie sich an den Felsen, die Wange an die raue Oberfläche gepresst. Ihr Herz hämmerte rasend. So hoch war sie noch gar nicht, vielleicht knapp über drei Meter, aber bei einem Sturz hätte sie sich auf dem mit Geröll bedeckten Grund bestimmt verletzt.

Sie wischte sich den Schweiß von der Stirn. Die Temperatur stieg mit jeder Minute, der Fels wurde immer heißer. Mit den Zehenspitzen stand sie in den Mulden, die sie in das Gestein getrieben hatte, und lehnte sich an die Wand, denn sie brauchte beide Hände, um mit Messer und Stein hantieren zu können. Sie konnte auch nicht mehr so kraftvoll zuschlagen. Denn sonst würde sie sich mit dem Drall selbst von der Felswand stoßen.

Sie hob die Arme über den Kopf und schlug keuchend zu. Sehen konnte sie nichts, da sie sich an die Felswand pressen musste, um das Gleichgewicht zu halten. Manchmal traf sie den Messergriff und trieb die Klinge in das Gestein, dann wiederum jedoch traf sie ihre Hand. Es musste eine bessere Lösung geben, aber ihr fiel keine ein. Außerdem war sie Expertin darin, mit dem zu arbeiten, was sie hatte. Das würde sie auch dieses Mal tun. Sie musste nur vorsichtig sein … und geduldig.

„Ich werde es schaffen", flüsterte sie vor sich hin.

Chance trug das gehäutete und ausgenommene Kaninchen zurück zum Camp. Er hatte einen Feigenkaktus entdeckt und zwei Kaktusfeigen mitgenommen. Beim Säubern der schmack- und nahrhaften Früchte hatten sich die Dornen in seine Haut gebohrt.

Mittlerweile ärgerte er sich nicht mehr. Na schön, Sunny hatte ihn aus der Reserve gelockt. Den Plan hatte er damit jedoch nicht ruiniert. Er durfte sich nur nicht mehr von dem hübschen Gesicht täuschen lassen, das sie der Welt zeigte. Vielleicht konnte er sie nicht dazu bringen, ihn zu lieben, aber er konnte sie so manipulieren, dass sie es selbst glaubte. Mehr war nicht nötig. Ein bisschen Vertrauen, ein paar Informationen, und alles lief wie geschmiert.

Chance trat unter den Überhang, dankbar für den kühlenden Schatten, und nahm die Sonnenbrille ab. Er sah sich um, doch Sunny war nirgends zu entdecken. Das grüne T-Shirt und die beige Jeans bildeten ja auch nicht gerade einen auffallenden Kontrast zu den Farben des Canyons. Als ihm klar wurde, welch gute Tarnung ihre Kleidung bot, stutzte Chance. Hatte sie diese Farben bewusst gewählt? Ganz sicher. Alles, was sie in dieser Tasche bei sich trug, war genau durchdacht ausgewählt worden.

„Sunny!"

Die Felswände warfen das Echo zurück, der Ruf verstummte. Chance lauschte. Keine Antwort. Verflucht, wo steckte sie?

Das Feuer war erloschen, also hatte Sunny schon seit einiger Zeit kein Holz mehr nachgelegt. Chance ging in die Hocke, häufte ein paar Zweige auf und zog das Kaninchen auf den Spieß. Die letzte Glut reichte nicht, um den Braten zu rösten, aber der dünne Rauch würde dem Fleisch Aroma verleihen. Die beiden Kaktusfeigen wickelte Chance in sein Taschentuch und legte sie in den Schatten. Die würde er später grillen, wenn er das Feuer wieder entfacht hätte.

Erst jetzt bemerkte er die offene Erste-Hilfe-Kiste.

Der Schock fuhr ihm durch alle Glieder. Papier von Verbandspackungen lag abgerissen auf dem Boden, das Klebeband im Deckel. Noch ein Detail zog seinen Blick an – der Lockenstab war auseinandergeschraubt worden, die beiden Hälften lagen im Sand.

Chance fluchte laut. Er hätte sich denken können, dass die Pistole nicht die einzige Waffe war, die Sunny bei sich trug, und den Lockenstab bemerken müssen. Für eine Pistole reichte der Platz nicht, aber ein Messer … ein Messer passte genau hinein.

Blut war nirgendwo zu sehen, dennoch musste sie sich verletzt haben. Sonst bräuchte sie kein Verbandsmaterial. Und wo, zum Teufel, war sie?

„Sunny!“, brüllte er und trat hinaus in die Sonne. Stille war die einzige Antwort.

Chance suchte den Boden ab. Natürlich waren überall Fußspuren von ihr, aber er konnte erkennen, dass sie vor nicht allzu langer Zeit zu ihrer Tasche gegangen war – wohl um den Erste-Hilfe-Kasten herauszuholen – und dann hinaus in den Canyon, Richtung Flugzeug.

Dass er nach seiner Waffe griff, war ihm nicht bewusst. Es war eine so automatische Reaktion für ihn, dass ihm das Gewicht in seiner Hand nicht einmal auffiel. Leise folgte er den Spuren, nur den einen Gedanken im Kopf, Sunny zu finden.

Hätte sie keine Fußabdrücke hinterlassen, er wäre an der Stelle vorbeigelaufen. Fast am Ende des Canyons, weit hinter der Cessna fand er sie. Die Felswand wies überall Löcher auf, und Sunny hing, an die Felswand geklammert, gute vier Meter über dem Boden.

Verblüffung, Wut, Erleichterung und Ärger sammelten sich zu einer explosiven Mischung in Chance. In sprachloser Rage sah er zu, wie Sunny die Arme über den Kopf hob, um ein gefährlich aussehendes Messer in den weichen Stein zu treiben. Dazu benutzte sie einen anderen Stein ... mit dem sie sich jetzt auf die Hand schlug. Der Fluch, den sie ausstieß, ließ Chance perplex die Augenbrauen anheben.

Ihre Hände waren verbunden. Er konnte nicht sagen, ob Sunny die Verbände angelegt hatte, weil ihre Hände Wunden trugen oder weil sie damit Verletzungen vermeiden wollte. Er wusste nur, dass Sunny sich bei einem Sturz auf jeden Fall ernsthaft verletzen würde. Und dass er unwahrscheinlich wütend auf sie war.

Mit eiserner Beherrschung unterdrückte er das übermächtige Bedürfnis zu brüllen. Das Letzte, was er wollte, war, sie so zu erschrecken, dass sie das bisschen Halt, das sie hatte, verlor. Stattdessen steckte er die Pistole in den Hosenbund und trat an die Wand, sodass er genau unter Sunny stand. Sollte sie fallen, würde er sie auffangen können.

Er zwang sich, ganz ruhig zu sprechen. „Sunny, ich stehe unter dir. Kannst du runterkommen?"

Sie hatte gerade ausgeholt, um mit der rechten Hand einen Schlag auf den Messergriff zu setzen. Ohne nach unten zu schauen, hielt sie inne. „Wahrscheinlich. Es müsste einfacher sein als hier heraufzukommen."

Chance war sich sicher, dass er wusste, was sie da tat. Doch wegen der schieren Unfassbarkeit der riesigen Aufgabe und der offensichtlichen Aussichtslosigkeit wollte er es von ihr hören, nur um es sich bestätigen zu lassen. „Was machst du da?"

„Ich schlage Mulden in den Fels, damit wir hier herausklettern können." Sie klang grimmig, so als wäre auch ihr die Unmöglichkeit bewusst.

Chance ballte die Fäuste, um die Beherrschung zu wahren. Er sah an der Wand empor, die steil in den Himmel ragte. Die vier Meter, die Sunny überwunden hatte, waren vielleicht ein Zehntel der Gesamthöhe – noch dazu das leichteste Zehntel.

Mit einer Hand stützte sich Chance an der Wand ab – und wäre fast zurückgezuckt, so viel Hitze strahlte sie ab. Eine neue Sorge nagte an ihm. Er schrie nicht laut, dass es die dümmste Idee war, von der er je gehört hatte, obwohl alles in ihm danach drängte. „Liebling, der Fels ist zu heiß", sagte er also nur ruhig. „Komm herunter, bevor du durchgebraten bist."

Sie lachte, aber ohne ihre übliche gute Laune. „Zu spät."

In diesem Augenblick reichte es ihm mit dem Zusammennehmen. „Lass das Messer fallen und komm sofort von diesem verdammten Felsen herunter!", donnerte er im Befehlston.

Er hatte fast nicht damit gerechnet, aber sie warf tatsächlich Messer und den Behelfshammer seitwärts nach unten, damit sie Chance nicht traf, und begann den Abstieg. Chance hielt sich mit ausgestreckten Armen bereit, um Sunny aufzufangen, falls sie fallen sollte. Mit den Zehenspitzen tastete sie nach den Einkerbungen, während sie sich mit den Händen festhielt. Chance sah, wie ihre Muskeln arbeiteten, und ihm wurde klar, wie stark sie war. Solche Muskeln bekam man nicht durch einmal pro Woche Joggen oder den gelegentlichen Besuch im Fitnesscenter. Nein, das erforderte Zeit und Ausdauer, er wusste es, weil er selbst auf körperliche Topform achtete. Er schätzte, dass sie mindestens eine Stunde pro Tag trainierte, vielleicht sogar zwei. Wahrscheinlich machte sie Liegestütze, jedes Mal wenn er die Fallen prüfte.

Sosehr es auch in ihm kochte, diese Wut wurde von Sorge verdrängt, während er Sunny zusah, wie sie sich Zentimeter für Zentimeter nach unten arbeitete. Sie bewegte sich sehr vorsichtig und ließ sich Zeit, dabei musste der heiße Stein ihr die Finger verbrennen. Chance sagte nichts mehr, er wollte sie nicht ablenken, und wartete – nicht gerade geduldig –, dass sie in Greifnähe kam. Sobald dies der Fall war, führte er ihre Füße und setzte sie in die nächsten Löcher.

„Danke", keuchte sie.

Als sich ihm die Möglichkeit bot, packte Chance Sunny bei den Knien und zog sie vom Felsen ab. Mit einem Aufschrei kämpfte Sunny um ihr Gleichgewicht, aber Chance hielt sie sicher und würde sie nicht loslassen. Stattdessen drehte er sie in den Armen herum und hob sie auf seine Schulter.

„He!" Ihr empörter Protest erklang nur erstickt an seinem Rücken.

„Halt einfach den Mund", presste er zwischen den Zähnen hervor, ging in die Hocke, um das Messer aufzuheben, und schlug dann den Weg zum Camp ein. „Du hast mich fast zu Tode erschreckt."

„Umso besser. Dann weißt du jetzt, dass noch Leben in dir steckt." Sunny klammerte sich an seinen Seiten fest, um nicht gar so schlimm durchgerüttelt zu werden. Chance hoffte nur, dass sie sich nicht die Waffe aus seinem Hosenbund griff und ihn hinterrücks erschoss.

„Verflucht, Sunny, wage es nicht, auch noch dumme Witze zu machen!“ Ihr Po lag auf seiner Schulter, praktisch direkt vor seiner Nase. Die Versuchung war groß. Jetzt, da er sie in Sicherheit wusste, begann Chance zu zittern. Und er wollte Wiedergutmachung für die Angst, die er ihretwegen ausgestanden hatte. Er legte die Hand auf ihr Hinterteil und malte sich genüsslich aus, wie er sich rächen würde …

Als ihm bewusst wurde, dass er mit der Handfläche nicht schlug, sondern streichelte, gab Chance die Fantasien auf. Manche Dinge ließen sich eben nicht machen. Wenn er sich erst um ihre Hände gekümmert und ihr anständig seine Meinung über ein derart dummes Unterfangen klargemacht hatte, dann würde er seine Angst und seinen Frust schon beinah los sein.

Wie war es möglich, dass er sie immer noch so sehr begehrte? Das gehörte nicht zum Job. Wenn es so wäre, könnte er damit leben. Aber so … Das war schon Besessenheit, heiß brennend, verzehrend und tief sitzend. Um Sunnys willen hatte Chance versucht, es zu überspielen und abzutun. Wenn sie mehr Erfahrung hätte, wäre es ihr aufgefallen. Ein Mann liebte eine Frau nicht fünfmal in einer Nacht, nur weil sie gerade zur Verfügung stand. Ein Mann schlief nicht so häufig mit einer Frau, wenn sie ihm nichts bedeutete.

Das konnte nichts werden. Es war unmöglich. Er musste sich unter Kontrolle bringen und sich auf den Job konzentrieren.

Er hörte sie schniefen, als sie näher zum Camp kamen. „Weinst du etwa?“, fragte er ungläubig.

„Unsinn.“ Sie schniefte erneut. „Wonach riecht das? Das riecht nach … Essen.“

Er konnte es nicht zurückhalten – ein stolzes Lächeln zuckte um seine Mundwinkel. „Ich hab ein Kaninchen erwischt.“

An seinem Rücken richtete Sunny den Oberkörper auf und drehte sich um, um das Feuer sehen zu können. Ihr begeisterter Jubel hätte ihm fast das Trommelfell zerrissen, und sein Lächeln wurde breiter. In seinem ganzen Leben hatte er niemanden getroffen, der so lebendig war und so viel Lebensfreude in sich trug. Wie konnte sie

Teil eines Netzwerkes sein, das Leben zerstörte?

Recht unsanft setzte er sie unter dem Überhang ab, hockte sich neben sie und nahm ihre Hände. Als Chance ihre Handflächen nach oben drehte, konnte er sich nur mit Mühe davon zurückhalten zusammenzuzucken. Nicht nur waren ihre Finger versengt von dem heißen Stein, es gab praktisch keine Haut mehr, und Blut quoll hervor.

Eine unbändige Wut wallte erneut in ihm auf, weil sie sich selbst solche Verletzungen zugefügt hatte. „Von allen schwachsinnigen, hirnrissigen ...“ Er richtete sich abrupt auf. „Was, zum Teufel, hast du dir bloß dabei gedacht? Nein, gedacht hast du überhaupt nicht, so wie es aussieht! Sunny, du hast dein Leben riskiert bei diesem absurden Unternehmen ...“

„Es war nicht absurd!“ Jetzt sprang auch sie auf. Mit vor Ärger glitzernden Augen blickte sie ihm ins Gesicht, die blutigen Hände zu Fäusten geballt. „Das Risiko war mir bewusst! Mir ist auch bewusst, dass es die einzige Hoffnung ist, aus diesem blöden Canyon herauszukommen, bevor es zu spät ist!“

„Zu spät? Zu spät für was?“, schrie er zurück. „Hast du am Wochenende vielleicht eine Verabredung?“ Seine Stimme triefte vor Sarkasmus.

„Stimmt genau! Du hast es erfasst!“ Schwer atmend funkelte sie ihn an. „Meine Schwester ruft an.“

10. KAPITEL

Ihre Schwester? Chance musterte Sunny zweifelnd. Seine Nachforschungen hatten nichts über Verwandte ergeben. Die Millers hatten keine eigenen Kinder, und Adoptionspapiere gab es nur für Sunny. Chances Gedanken überschlugen sich. „Du sagtest, du hast keine Familie."

Sunny bedachte ihn mit einem ausdruckslosen Blick. „Nun, ich habe eine Schwester."

Ja, klar. „Und du riskierst dein Leben für einen Anruf, was?" Irgendwo sollte ein Anschlag stattfinden, daran zweifelte Chance nicht mehr. Sein Magen verkrampfte sich. Deshalb schleppte sie auch das Zelt mit sich herum, um unterzutauchen.

„Für diesen, ja." Sie drehte sich auf dem Absatz um, ihr ganzer Körper angespannt. „Ich muss es versuchen. Margreta ruft mich jede Woche auf meinem Handy an. So wissen wir, dass wir beide noch leben." Sie wandte sich ihm wieder zu und begann zu schreien. „Wenn ich mich nicht melde, wird sie glauben, ich sei tot!"

Hoppla! Wieder einmal waren alle Teilchen des Puzzles, das Sunny hieß, durcheinandergewirbelt. Margreta? War das ein Deckname? Chance ging eilig alle Informationen durch, die er im Kopf hatte – und das waren viele –, aber der Name Margreta sagte ihm gar nichts. Herrgott, Sunny wirkte so verdammt glaubhaft …

„Wieso sollte sie das glauben?", hakte er nach. „Du könntest ja auch an einem Ort sein, an dem es kein Signal gibt, so wie hier. Was stimmt nicht mit ihr, ist sie paranoid?"

Sie benutzte seine Worte und schoss sie auf ihn ab wie Pistolenkugeln. „Ich bin immer an einem Ort, an dem es ein Signal gibt. Und nein, sie ist nicht paranoid!" Ihre Lippen zuckten vor Wut – auf ihn, auf die aussichtslose Situation, auf die eigene Hilflosigkeit. „Sie hat das gleiche Problem wie ich – wir sind die Töchter unseres Vaters!"

Chances Puls begann zu rasen. Das war's! Offen ausgesprochen, einfach so. Was er mit Verführungskünsten nicht geschafft hatte, erreichte die Wut so leicht. „Dein Vater?", fragte er vorsichtig.

Tränen standen ihr in den Augen und rannen über die Wangen. Mit einer wütenden Geste wischte Sunny sie fort. „Unser Vater", verbesserte sie. „Unser ganzes Leben sind wir vor ihm auf der Flucht."

Die Puzzleteilchen stoben in die Luft, als hätte eine unsichtbare Faust auf den Tisch gehauen. Ganz langsam, immer schön langsam, ermahnte Chance sich still. Nur nicht zu viel Interesse zeigen. Finde genau heraus, was sie damit meint. „Was soll das heißen, ihr seid auf der Flucht?"

„Das heißt, wir fliehen vor ihm, verstecken uns, rennen weg." Noch mehr Tränen, wieder das wütende Wegwischen. „Unser lieber Vater ist ein Terrorist. Er wird uns töten, sollte er uns je finden."

Chance reinigte Sunnys geschundene Hände vorsichtig mit den Desinfektionstüchern aus dem Erste-Hilfe-Kasten, rieb Brandsalbe auf die versengten, und antiseptische Heilsalbe auf die offenen Stellen. Die Verbände, die sie sich umgewickelt hatte, hatten zwar ihre Handflächen geschützt, aber ihre Finger sahen schlimm aus. Sunny war ziemlich verwirrt. In der einen Minute hatten sie einander noch angeschrien, und in der nächsten hatte Chance sie an sich gezogen. Mit rasendem Puls und mit einem Griff, fest wie eine Eisenklammer, hatte er sie gehalten.

Seither war er zärtlich zu ihr wie die Mutter zum Neugeborenen. Er wiegte sie tröstend, drückte sie an sich und trocknete ihre Tränen. Der emotionale Wirbelsturm, der sie mitgerissen hatte, ließ Sunny leer und erschöpft zurück. Sie hatte nicht mehr die Kraft, um zu protestieren und ließ Chance gewähren. Eigentlich sah sie auch keinen Grund für Protest. Es war ein gutes Gefühl, sich bei ihm anlehnen zu können.

Nachdem er ihre Wunden versorgt hatte, ließ er Sunny auf dem Stein sitzen, um nach dem Kaninchen zu sehen. Zurück unter dem Überhang, breitete er die Decke vor der Wand aus, hob Sunny auf seine Arme und ließ sich mit ihr auf der Decke nieder, den Rücken an die Wand gelehnt. Er hob ihr Gesicht an und drückte einen leichten Kuss auf ihre Lippen.

Sie brachte ein zittriges Lächeln zustande. „Wofür war das? Ein Kuss, um alles wieder heil zu machen?"

Mit dem Daumen rieb er über ihre Unterlippe, während er mit seltsam ernster Miene ihr Gesicht studierte. „So was Ähnliches."

„Tut mir leid, dass ich mich an deiner Schulter ausgeheult habe. Normalerweise werde ich mit solchen Dingen besser fertig."

„Erzähl mir, was los ist“, sagte er leise. „Was sagtest du da von deinem Vater?“

Sunny lehnte den Kopf an seine Schulter und war dankbar für seine Stärke. „Schwer zu glauben, nicht wahr? Er ist der Kopf einer terroristischen Vereinigung, die schreckliche Dinge veranstaltet hat. Sein Name ist Crispin Hauer.“

„Nie von ihm gehört“, log Chance.

„Er operiert meist von Europa aus, aber die Organisation sitzt hier in den USA. Er hat auch einen Mann im FBI.“ Sie konnte die Verbitterung nicht aus der Stimme halten. „Warum, glaubst du wohl, habe ich die Waffe nicht registrieren lassen? Ich weiß nicht, wer dieser eingeschleuste Typ ist und in welcher Position er sitzt. Aber ich weiß, dass er Zugriff hat auf Informationen, die interessant für Hauer sind. Ich will in keiner Datenbank gespeichert sein, für den Fall, dass er herausfindet, wer mich adoptiert hat oder welchen Namen ich benutze.“

„Also weiß er gar nicht, wer du bist?“

Sunny schüttelte den Kopf. All ihre Ängste und Sorgen hatte sie ihr ganzes Leben tief in sich eingeschlossen. Jetzt, da sie einmal angefangen hatte, konnte sie nicht mehr aufhören zu erzählen, es wollte aus ihr heraus. „Meine Mutter hat ihn verlassen, bevor ich geboren wurde, und Margreta mitgenommen. Ich habe ihn nie gesehen. Mom war damals im fünften Monat schwanger mit mir, als sie weglief.“

„Wie hat sie es angestellt?“

„Sie ist untergetaucht. Amerika ist groß. Sie ist ständig von einem Ort zum nächsten gezogen, hat ständig ihre Namen gewechselt. Mich wollte sie in einem Motel, allein, zur Welt bringen. Doch es gab Komplikationen. Die Wehen wollten einfach nicht aufhören, und ich kam und kam nicht – Steißlage. Margreta war hungrig, hatte Angst und weinte die ganze Zeit. Da wusste Mom, dass etwas nicht stimmte und rief den Notarzt. Sie wurde ins Krankenhaus gebracht, und ich wurde per Kaiserschnitt geholt. Als sie noch halb betäubt von der Narkose war, fragte man sie nach dem Namen des Vaters. Sie konnte noch nicht klar denken und dachte sich also keinen Fantasienamen aus, sondern gab ihn an. Und so wurde ich registriert, und er erfuhr von mir.“

„Woher weißt du, dass er von dir weiß?“

„Einmal hat er mich fast erwischt." Sunny schauderte bei der Erinnerung, und Chance hielt sie fester. „Er schickte drei Männer. Wir waren damals in Indianapolis, glaube ich. Ich war fünf. Wir waren mit einem alten Auto unterwegs, das Mom gekauft hatte. Eigentlich waren wir immer unterwegs. Sie haben uns eingekeilt, mit ihren Wagen, im Verkehr. Mom sah sie aussteigen. Sie hatte Margreta und mir eingeschärft, was wir zu tun haben, wenn sie ‚rennt' schreien sollte. Sie zerrte uns aus dem Wagen und schrie: ‚rennt'. Also rannte ich los, aber Margreta begann zu weinen und klammerte sich an Mom fest. Mom lief los, mit Margreta auf dem Arm. Zwei der Männer verfolgten sie, einer rannte hinter mir her." Sunny begann zu zittern. „Ich habe mich in einer Seitenstraße versteckt, zwischen Müllsäcken. Ich konnte ihn hören, wie er meinen Namen rief, ‚Sonia, Sonia', immer wieder, freundlich und lockend. Sie kannten also meinen Namen. Ich hab mich ganz still verhalten, und endlich ging er weg."

„Wie hat deine Mutter dich wiedergefunden? Oder hat man sie gefasst?"

„Nein, sie und Margreta konnten auch entkommen. Mom hat sich selbst beigebracht, wie man auf der Straße überlebt. Wenn sie irgendwohin ging, hatte sie auch immer gleich einen Fluchtweg geplant."

Chance nickte nur. Er wusste auch, wie man so etwas machte.

„Ich blieb in meinem Versteck. Mom hat uns immer gesagt, dass die bösen Männer manchmal lange blieben, um zu beobachten, ob vielleicht doch jemand aus dem Versteck kam. Also verhielt ich mich mucksmäuschenstill, weil ich Angst hatte, dass der Mann noch da sein könnte. Es war zwar nicht Winter, ich hatte keinen Mantel an, aber als die Nacht hereinbrach, fror ich erbärmlich. Ich hatte Angst und Hunger. Und ich wusste nicht, ob ich Mom je wiedersehen würde. Trotzdem blieb ich, und schließlich hörte ich sie nach mir rufen. Sie musste gesehen haben, in welche Richtung ich gerannt war und suchte nach mir, sobald sie es für sicher hielt. Für mich war nur wichtig, dass sie mich fand. Nach diesem Vorfall entschied sie, dass es für uns nicht mehr sicher war, bei ihr zu bleiben. Also begann sie nach einer Familie zu suchen, die uns adoptieren würde."

Chance runzelte die Stirn. Er hatte nur Adoptionsunterlagen für Sunny gefunden. „Seid ihr beide in einer Familie untergekommen?"

„Ja, aber nur ich wurde offiziell adoptiert. Margreta wollte nicht."

Ihre Stimme wurde weich. „Sie … nun, sie hat ihre eigenen Erinnerungen. Sie hatte alles verloren, außer der Mutter. Deshalb klammerte sie sich auch mehr an Mom als ich. Es war sehr schwer für sie, sich einzugewöhnen." Sunny zuckte die Achseln. „Ich dagegen habe gelernt, mich so ziemlich jeder Situation anzupassen."

Was wohl bedeuten sollte, dass sie nicht klammerte. Im Gegenteil, mit ihrem sonnigen Gemüt hatte sie Freude und Schönes gefunden, wo immer sie konnte. Chance drückte sie noch fester an sich. Wenigstens an ihm sollte sie sich festhalten können. „Du hast gesagt, er würde euch umbringen. Für mich hört es sich eher an, als wollte er euch unbedingt zurückhaben."

Sunny schüttelte den Kopf. „Margreta wollte er zurück. Mich kannte er ja nicht. Mich benutzte er nur als Mittel, um Druck auf Mom auszuüben, ihm Margreta zu überlassen. Auch jetzt noch sucht er nur deshalb nach mir. Sollte er mich erwischen, wird er herausfinden, dass ich nicht weiß, wo Margreta sich aufhält. Und damit bin ich nutzlos für ihn."

„Du weißt es nicht?", fragte Chance verdutzt.

„So ist es sicherer. Ich habe sie seit Jahren nicht mehr gesehen." Sie merkte gar nicht, wie viel Sehnsucht in ihrer Stimme mitschwang. „Sie hat meine Handynummer und ruft mich einmal pro Woche an. Solange ich den Anruf annehme, weiß sie, dass alles in Ordnung ist."

„Aber du weißt nicht, wie du sie erreichen kannst?"

„Nein. Was ich nicht weiß, kann ich auch nicht verraten. Ich bin ständig unterwegs, deshalb ist das Handy die beste Kontaktmöglichkeit für uns. Ich habe eine Wohnung in Chicago, das winzigste und billigste Apartment, das ich finden konnte. Aber ich wohne nie dort, es dient mehr als falsche Spur. Am ehesten könnte man wohl sagen, ich lebe in Atlanta, aber ich nehme jeden Auftrag an, den ich kriegen kann. Und ich verbringe selten mehr als eine Nacht an einem Ort."

„Wie sollte er dich jetzt finden können, du trägst doch einen anderen Namen? Es sei denn, er findet heraus, wer dich adoptiert hat. Aber wie sollte er?" Chance hatte es nur wegen des Vorfalls in Chicago herausgefunden, als man ihr die Kuriersendung gestohlen hatte. Kaum hatte er den Gedanken zu Ende gedacht, wusste er auch schon, dass der Maulwurf im FBI wahrscheinlich genau dasselbe wie

Chance getan hatte – nämlich tief in die Akten der Bürokratie eingetaucht war. Sunnys Deckung könnte aufgeflogen sein. Er fragte sich, ob sie es überhaupt ahnte.

„Ich weiß es nicht“, antwortete sie. „Ich weiß nur, dass ich mich nicht sicher fühle, solange er lebt.“

„Was ist mit deiner Mutter? Und Margreta?“

„Mom ist tot.“ Sunny atmete tief ein, und Chance wusste, dass sie sich zusammennehmen musste, um weiterzureden. „Sie haben sie aufgespürt. Sie hat Selbstmord begangen, um nichts über uns zu verraten. Sie hat uns immer gesagt, dass sie das tun würde. Sie hat es wahr gemacht.“

Sunny brach ab, und Chance ließ ihr Zeit, sich zu sammeln. Schließlich fuhr sie mit tonloser Stimme fort. „Margreta lebt unter einem anderen Namen, den ich nicht kenne. Sie hat Probleme mit dem Herzen, daher ist es besser, wenn sie an einem Ort bleibt.“

Margreta lebte also ein relativ normales Leben, während Sunny immer in Bewegung blieb und ständig über die Schulter schauen musste. Sie kannte es nicht anders, von Geburt an. Aber was war in den Jahren bei den Millers, hatte sie da wenigstens normal gelebt?

Sunny beantwortete diese Fragen, bevor er sie stellen konnte. „Mir fehlt es, ein Heim zu haben“, sagte sie traurig. „Aber wenn man an einem Ort bleibt, dann lernt man die Leute kennen und baut Beziehungen auf. Ich darf niemanden diesem Risiko aussetzen. Gott bewahre, dass ich heirate und Kinder bekomme. Sollte Hauer das je herausfinden …“ Ein Schauder durchfuhr sie bei der Vorstellung, was Hauer denjenigen, die sie liebte, antun könnte, um die Antworten zu bekommen, die er so unbedingt haben wollte.

Eines ergibt allerdings keinen Sinn, dachte Chance. Hauer war bösartig und hinterlistig und würde also alles daransetzen, um seine Tochter zurückzuholen. Aber warum nur Margreta und nicht auch Sunny? „Wieso ist er eigentlich so auf deine Schwester fixiert?“

„Kannst du dir das nicht denken?“, fragte sie rau. „Deswegen ist Mom ja mit Margreta weggelaufen. Sie hat ihn dabei überrascht, wie er … nun, Dinge mit Margreta anstellte. Margreta war gerade mal vier. Inzwischen hatte Mom auch herausgefunden, was für ein Mann er wirklich war. Bis dahin hatte sie einfach nicht den Mut aufgebracht, ihn zu verlassen. Danach blieb ihr gar keine andere Wahl mehr." Sunnys Stimme war nur noch ein gequältes Flüstern. „Margreta erinnert sich daran …"

Chance wurde übel. Hauer war also nicht nur ein gewissenloser Mörder, sondern auch noch ein Vater, der die eigene Tochter missbraucht hatte. Diesen Dreckskerl einfach nur mit einer Kugel umzubringen war viel zu gnädig.

Ausgelaugt durch die körperliche Anstrengung und den Gefühlstumult, glitt Sunny in den Schlaf. Chance hielt sie einfach nur fest und ließ sie ruhen. Eigentlich müsste er das Feuer schüren und mehr Holz nachlegen, aber … Sunny zu halten war wichtiger.

Er glaubte jedes Wort ihrer Erzählung. Solch gewaltige Gefühle, wie sie sie gezeigt hatte, konnte niemand vortäuschen. Und jetzt passten auch alle Puzzle-Teilchen zusammen. Kaum zu fassen, welches Ausmaß seine Erleichterung annahm. Sunny war unschuldig. Sie hatte nichts mit ihrem Vater zu tun, kannte ihn nicht einmal persönlich, war ihr ganzes Leben vor ihm weggelaufen. Deshalb schleppte sie auch das Zelt und die Überlebensausrüstung mit sich herum. Sie war darauf vorbereitet, von einer Sekunde auf die andere vom Erdboden zu verschwinden. Sie würde irgendwo in einem Wald hausen, bis sie glaubte, dass es sicher war, wieder hervorzukommen und von vorn anzufangen.

Sie hatte also gar keine Möglichkeit, mit Hauer in Kontakt zu treten. Sunny konnte höchstens als Köder dienen, um an Hauer heranzukommen. Angesichts ihrer Gefühle und der Meinung über ihren Vater war es allerdings mehr als unwahrscheinlich, dass sie einem solchen Plan zustimmen würde.

Also würde er es ohne ihre Zustimmung machen müssen. Chance missfiel diese Variante zwar zutiefst, aber es stand zu viel auf dem Spiel, um die Operation jetzt abzubrechen. Hauer durfte nicht auf freiem Fuß bleiben und die Welt weiter terrorisieren. Wie viele unschuldige Menschen würden allein in diesem Jahr ihr Leben verlieren, wenn er nicht endlich gefasst wurde!

Auf jeden Fall hatte es keinen Sinn mehr, noch weiter in diesem Canyon zu hocken. Chance hatte alles herausgefunden, was er wissen musste. Zane kam erst morgen früh wieder zum Treffpunkt, bis dahin saßen sie noch fest.

Vorsichtig verlagerte Chance Sunny bequemer in seinen Armen

und lehnte die Wange an ihren Kopf. Er würde die Zeit nutzen, um einen Plan aufzustellen – und so viele Kondome wie möglich zu verbrauchen.

„Lass mich in Ruhe", beschwerte sich Sunny am nächsten Morgen und drehte sich von Chance weg, der sie hatte küssen wollen. Seine Hand, die auf ihrer Brust lag, schob sie auch fort. „Fass mich nicht an, du … du Lüstling!"

Chance lachte amüsiert auf. Zur Strafe zog sie ihn kräftig am Haar.

„Autsch!" Er rutschte so weit von ihr ab, wie es die Enge im Zelt erlaubte. „Das hat wehgetan."

„Gut! Ich glaube nicht, dass ich noch laufen kann." Flink wie eine Schlange drehte sie sich zu ihm um und zog erneut. „Dann weißt du wenigstens, was ich aushalten muss."

„Arme Sunny", zog er sie lachend auf.

„Komm mir bloß nicht so", gab sie erbost zurück und schlüpfte in ihre Kleider. Da im Zelt kaum Platz zum Liegen war, war Chance vollauf damit beschäftigt, ihren Knien und Ellbogen auszuweichen, während seine Hände gleichzeitig Zugriff auf einige interessante Stellen fanden. „Lass das, Chance, ich meine es ernst! Mir tut alles weh."

Um sie zu necken, griff er zu, und sie kreischte auf. Hastig krabbelte Sunny zum Zelt hinaus, während er sich herzhaft lachend auf den Rücken fallen ließ – bis sie die Zeltwand anhob und ihm eine Flasche eiskaltes Wasser über den Kopf goss, was ihn abrupt verstummen ließ.

„Eine kalte Dusche, bitte sehr", meinte sie sehr zufrieden. „Das ist genau das, was du brauchst." Und dann spurtete sie vorsichtshalber los.

Wenn sie meinte, dass er ihr nicht nachsetzen würde, solange er noch nackt war, so hatte sie sich geirrt. Als er am Proviantstapel vorbeikam, schnappte er sich im Laufen die nächste Wasserflasche. Keine fünfzig Meter, und er hatte Sunny eingeholt. Sie bog sich vor Lachen, sonst hätte sie ihm vielleicht noch entwischen können. So aber hielt Chance sie mit einem Arm fest und ließ mit der anderen Hand das eiskalte Wasser aus der Flasche über ihren Kopf laufen. Sie kreischte und prustete vor Vergnügen und hielt sich an ihm fest, weil sie vor Lachen weiche Knie bekam.

„So, zu schwach also zum Laufen, was?“, wollte er gespielt streng von ihr wissen.

„Ich bin ja nicht gelaufen, sondern gerannt.“ Kichernd strich sie sich das nasse Haar aus dem Gesicht und spritzte damit kalte Tropfen auf Chances Brust.

Er schüttelte sich. „Mann, ist das kalt.“ Die Sonne war noch nicht ganz aufgegangen, es konnten nicht viel mehr als fünf Grad Celsius sein.

Sunny versetzte ihm einen heftigen Klaps auf den nackten Hintern. „Dann zieh dir was an. Was glaubst du, was das hier ist? Ein FKK-Camp?“

Lachend schlang Chance den Arm um ihre Schultern, und Seite an Seite gingen sie zurück zum Lager. Er liebte ihre Unbeschwertheit und … ach, eigentlich liebte er alles an ihr, angefangen bei ihrer Intelligenz bis hin zu ihrem Humor. Und der Sex … war absolut unglaublich. Sie hatten eine wahrhaft denkwürdige Nacht miteinander verbracht.

Als Sunny gestern aus ihrem Erschöpfungsschlaf aufgewacht war, hatte sie sehr melancholisch gewirkt, eine völlig normale Reaktion nach einem solch intensiven Ausbruch. Chance hatte bewusst nicht viel geredet, sie sollte sich erst wieder fangen. Sie war mit ihm zu den Fallen gekommen, doch die waren noch immer leer. Am Wasserloch hatten sie sich gewaschen. Nach einem stillen Dinner mit Kaninchen und Kaktusfeigen waren sie dann zu Bett gegangen. Und Chance hatte den Rest der Nacht darauf verwandt, Sunnys Laune zu heben. Seine Anstrengungen hatten sichtlich Erfolg gezeigt.

„Wie geht’s deinen Händen?“, fragte er jetzt. Wenn sie ihn an den Haaren ziehen und ihm auf den Hintern schlagen konnte, musste die Heilsalbe Wunder gewirkt haben.

Sunny streckte die Hände mit gespreizten Fingern vor sich aus, die Handflächen nach oben gerichtet. Die Röte war verschwunden, die Haut auf den Fingerspitzen saß straff und glänzte. „Ich klebe mir Pflaster drauf, bevor ich mich an die Arbeit mache.“

Chance war fassungslos. Er konnte nicht glauben, was er hörte. „Du wirst nicht an dieser verdammten Wand hochklettern“, donnerte er los.

Sunny zog die Augenbrauen in die Höhe und bedachte ihn mit ihrem „Als-ob-du-mir-etwas-zu-sagen-hättest"-Blick. „Doch, werde ich."

Chance biss die Zähne zusammen. Schließlich konnte er sie nicht wissen lassen, dass sie heute „gerettet" wurden. Trotzdem ... unter keinen Umständen würde er erlauben, dass sie sich erneut an dieser Wand verausgabte oder sich dem Risiko eines Sturzes aussetzte.

„Ich mache es", murrte er.

„Ich bin kleiner", widersprach sie sofort. „Für mich ist es nicht so gefährlich."

Da! Sie versuchte schon wieder, ihn zu beschützen. Vor Frustration hätte er am liebsten mit dem Kopf gegen den Felsen geschlagen. „Nein, ist es nicht", widersprach er. „Es ist unmöglich, dass du in den nächsten zwei Tagen die ganze Wand mit Löchern versiehst, sodass wir herausklettern können. Wie viel hast du gestern geschafft? Vier Meter? Heute würdest du nicht so viel schaffen, nicht mit den verletzten Händen. Rechne es dir aus ... Es würde dich über eine Woche kosten, um bis nach oben zu kommen. Falls du nicht abstürzt und dir den Hals brichst."

„Und was soll ich deiner Meinung nach jetzt machen?", schoss sie zurück. „Aufgeben?"

„Heute wirst du gar nichts tun. Du wirst deine Wunden erst heilen lassen, und wenn ich dich an einen Felsen binden muss. Ist das klar?"

Sie sah aus, als wolle sie es darauf ankommen lassen, doch er war viel stärker als sie, und vielleicht konnte sie auch an seiner grimmigen Miene erkennen, dass es ihm bitterernst war. „Na schön", murmelte sie schließlich. „Aber nur für heute."

Chance konnte nur hoffen, dass sie sich daran hielt. Er musste sie nämlich gleich allein lassen, um zu der Stelle zu gehen, von wo aus er Zane das Signal geben würde. Sollte er Sunny allerdings bei seiner Rückkehr in der Wand vorfinden, konnte sie sich auf etwas gefasst machen!

Eilig zog er sich an, ihm war mittlerweile wirklich eiskalt. Ihr Frühstück bestand aus Wasser und einem Nahrungsriegel, da von dem Kaninchen nichts übrig geblieben war. Morgen früh, das schwor Chance sich still, gibt es heißen Kaffee und Eier mit Speck. Und Bratkartoffeln. Und Toast. Und ...

„Ich sehe nach, ob etwas in den Fallen sitzt", kündete er an, auch wenn er genau wusste, dass sie leer waren. Da er seit gestern Nachmittag wusste, dass sie heute von hier verschwinden würden, hatte er die Fallen untauglich gemacht. „Achte auf das Feuer, damit der Rauch nach oben steigt. Heute wirst du dich nur ausruhen, und ich wasche heute Nachmittag unsere Wäsche." Das Versprechen konnte er beruhigt machen.

„Einverstanden", sagte sie abwesend, und Chance wusste, dass Sunny in Gedanken bei Margreta war.

Er ließ sie beim Feuer zurück. Bis zu der verabredeten Stelle waren es gute zehn Minuten Fußmarsch, aber er beeilte sich. Er wollte Sunny nicht zu lange unbeaufsichtigt lassen, wer wusste schon, was ihr noch einfiel.

Er zog die Laserlampe aus der Tasche, richtete den Strahl auf den Felsblock oben am Rand des Canyons und sandte das Abholsignal. Zane funkte sofort zurück und bat um Bestätigung. Schließlich hatten sie beide nicht damit gerechnet, dass es so schnell gehen würde. Chance wiederholte die Nachricht, und von Zane kam ein „Verstanden" zurück.

Er war noch auch dem Rückweg zum Camp, als auch schon eine zweimotorige Maschine über dem Canyon kreiste. Unwillkürlich breitete sich ein Grinsen auf Chances Gesicht aus. Das war typisch Zane!

Er begann zu laufen, weil er wusste, Sunny würde völlig aus dem Häuschen sein. Ihre Rufe hörte er schon, noch bevor er sie sah. Dann kam sie auch schon auf ihn zugestürmt und hüpfte vor Aufregung vor ihm auf und ab.

„Er hat mich gesehen!", rief sie, gleichzeitig lachend und weinend. „Er hat mit den Flügeln Zeichen gegeben, bevor er abgedreht ist! Er kommt doch wieder zurück, oder?"

Chance fing sie auf und drückte ihr einen festen Kuss auf die lachenden Lippen, weil er nicht anders konnte. „Natürlich kommt er zurück. Es sei denn, er glaubt, du wolltest ihm nur zuwinken." Er musste sich noch für das Haareziehen revanchieren, wegen des kalten Wassers waren sie bereits quitt.

Blankes Entsetzen spiegelte sich auf ihrer Miene, ihr Lachen erstarb abrupt. „O nein!", hauchte sie verzweifelt.

Bei dem Gesicht brachte Chance es nicht übers Herz, sie noch länger zu täuschen. „Natürlich kommt er zurück. Wenn er mit den Flügeln Zeichen gegeben hat, dann heißt das, er hat dich gesehen und holt Hilfe."

„Bist du sicher?" Sie blinzelte die Tränen zurück.

„Ja, ganz ehrlich."

„Oh, das zahle ich dir heim!"

Er musste sie einfach noch mal küssen, und Chance hörte erst auf, als sie gegen ihn sank, die Arme um seinen Hals geschlungen. Er hätte nicht geglaubt, dass er nach der vergangenen Nacht so schnell wieder an Sex denken würde, aber Sunny überzeugte ihn gerade vom Gegenteil.

Heftig stieß er den Atem aus und gab sie frei. „Du willst mich nur wieder benutzen, du schamloses Ding. Hör auf damit, wir müssen packen."

Das strahlende Lächeln, das sie ihm schenkte, war wie die aufgehende Sonne und wärmte ihn bis ins Mark.

Froh sammelten sie ihre Sachen zusammen. Chance gab Sunny die Pistole zurück und sah zu, wie sie sie in Einzelteile zerlegte und wieder in den vorgesehenen Behältern versteckte. Dann gingen sie gemeinsam zum Flugzeug und warteten.

Ein Hubschrauber kam zu ihrer Rettung, die Rotoren wirbelten die trockene Wüstenerde auf, als die Kufen auf dem Boden des Canyons aufsetzten. Der Sand stach Chance und Sunny in die Haut. Sunny barg das Gesicht an Chances Hemd.

Ein Mann um die sechzig mit einem offenen Gesicht und grauem Vollbart stieg aus dem Helikopter aus. „Könnt ihr Hilfe gebrauchen?", rief er munter.

„Auf jeden Fall", antwortete Chance.

Der Mann streckte die Hand aus. „Charlie Jones, Zivile Luftfahrtpatrouille. Wir suchen schon seit Tagen nach euch. So weit südlich hätten wir euch nicht vermutet."

„Ich änderte den Kurs ab, um nach einem Landeplatz zu suchen. Die Treibstoffpumpe hatte sich verabschiedet."

„Na, da habt ihr aber echtes Glück gehabt. Die Gegend hier ist ziemlich rau. Ihr habt hier wahrscheinlich den einzigen Flecken gefunden, wo man ein Flugzeug runterbringen kann. Kommt. Ich nehme an, ihr braucht jetzt erst einmal was Anständiges zu essen und eine Dusche."

Chance bot Sunny seine Hand. Mit dem gleichen strahlenden Lächeln wie wenige Augenblicke zuvor legte sie ihre Hand in seine, um mit ihm zu dem Helikopter zu gehen.

11. KAPITEL

Sunny war schwindlig – vor Erleichterung und vor Bedauern. Erleichtert war sie, weil sie nun doch nicht Margretas Anruf verpasste. Dass die Zeit zusammen mit Chance, die selbst unter diesen misslichen Umständen die schönste und glücklichste ihres Lebens gewesen war, vorüberging, bedauerte Sunny sehr. Von Anfang an hatte sie gewusst, dass das Zusammensein mit ihm zeitlich begrenzt war. Einmal zurück in der realen Welt, würden die alten Regeln wieder Gültigkeit erhalten.

Sie durfte ihn keiner Gefahr aussetzen, nur weil sie ihm erlaubte, Teil ihres Lebens zu werden. Er hatte ihr zwei wundervolle Nächte geschenkt – und Erinnerungen genug für eine Lebzeit. Das musste reichen, selbst wenn Sunny jetzt schon das Herz brach bei dem Gedanken, dass sie ihn verlassen und nie wiedersehen würde. Zumindest wusste sie jetzt, wie es war, einen Mann zu lieben, und das machte ihr Leben reicher. Für kein Geld der Welt würde sie diese wenigen Tage mit ihm aufgeben wollen. Doch der Preis der Einsamkeit war damit auch ins Unendliche gestiegen.

Deshalb hielt sie seine Hand im Helikopter, bis sie auf dem kleinen, bescheidenen Flugplatz landeten. Es gab nur einen Hangar aus Wellblech, an dessen Ende eine Holzhütte angebaut war, in dem sich das Büro befand. Falls dieser Anbau jemals Farbe getragen hatte, so hatten Wind und Sand längst sämtliche Spuren davon abgeschliffen. Dennoch – nach drei Tagen unter einem Felsüberhang glaubte Sunny sich im Paradies.

Sieben Flugzeuge, alles unterschiedliche Modelle, standen in nahezu militärisch akkurater Reihe neben der Landebahn. Charlie Jones setzte mit dem Hubschrauber auf einem Betonquadrat neben dem Hangar auf. Drei Männer, einer davon wischte sich die ölverschmierten Hände an einem schmutzigen Lappen ab, kamen mit gebeugten Köpfen auf den Helikopter zu.

Charlie nahm die Kopfhörer ab und sprang grinsend aus der Maschine. „Ich habe sie gefunden“, rief er dem heraneilenden Trio fröhlich zu. An Chance und Sunny gewandt sagte er: „Die beiden da fliegen mit mir zusammen die Patrouillenflüge. Saul Osgood, der links, hat heute Morgen euren Rauch gesehen und eure Position durchgegeben. Der in der Mitte ist Ed Lynch, und der mit den öligen Händen ist Rabbit Warren, unser Mechaniker. Eigentlich heißt er Jerome, aber er droht jedem Prügel an, der ihn so nennt.“

Fast hätte Sunny aufgelacht. Sie nahm sich zusammen, aber sie achtete darauf, nicht zu Chance zu blicken, als sich alle die Hände schüttelten und sich vorstellten.

„Ich konnt's fast nicht glauben, als ich euren Vogel da in diesem schmalen Graben entdeckte“, sagte Saul Osgood kopfschüttelnd, nachdem Chance berichtet hatte, was passiert war. „Es ist ein Wunder, dass ihr überhaupt heil runtergekommen seid.“ Wieder schüttelte er den Kopf. „Ihr habt einen echt aufmerksamen Schutzengel gehabt.“

„Sie meinen also, es liegt an der Treibstoffpumpe?“, fragte Rabbit Warren, als sie gemeinsam zum Hangar gingen.

„Alles andere habe ich überprüft.“

„Es ist ein Skylane, richtig?“

„Ja.“ Chance nannte die Modellnummer, und Rabbit rieb sich das Kinn.

„Ich glaub, ich hab noch eine Pumpe hier. Letztes Jahr war hier ein Typ mit einer Skylane. Er hat Ersatzteile bestellt, ist dann weggeflogen und hat sich seither nicht mehr blicken lassen. Ich sehe mal im Lager nach, in der Zeit könnt ihr euch frisch machen.“

Wenn „frisch machen“ etwas mit einem richtigen Badezimmer zu tun hat, überlegte Sunny, dann bin ich Feuer und Flamme für den Vorschlag. Chance ließ ihr den Vortritt. Als sie unter dem heißen Strahl der Dusche stand und auch noch eine funktionierende Toilette vorfand, hätte sie vor Begeisterung am liebsten laut gejubelt.

Nachdem Chance ebenfalls geduscht hatte, gönnten sie sich eine kalte Limonade mit gestoßenem Eis aus dem verbeulten Automaten. Gleich daneben stand ein weiterer Automat mit Süßigkeiten und Snacks.

Mit begehrlichem Blick prüfte Sunny das Angebot. „Hast du Kleingeld?“, fragte sie Chance.

Er schob die Hand in die Hosentasche und hielt Sunny einige Münzen auf der flachen Hand hin. Sie nahm sich zwei Vierteldollar-Stücke, steckte sie in den Automatenschlitz und zog sich Käsecracker.

„Ich hätte ja vermutet, du würdest dich für einen Schokoriegel entscheiden." Chance ließ für eine Tüte Erdnüsse Münzen in den Automaten fallen.

„Das kommt als Nächstes." Mit hochgezogenen Brauen sah sie ihn an. „Dachtest du etwa, Käsecracker reichen mir?"

Ed Lynch steckte den Kopf zur Tür herein. „Wollt ihr jemanden anrufen? Die Flugaufsicht haben wir schon informiert, dass man die Suche nach euch abbrechen kann. Wenn ihr eure Familien verständigen wollt, könnt ihr gerne das Telefon benutzen."

„Ich muss in der Firma anrufen." Sunny verzog das Gesicht. Natürlich hatte sie eine gute Entschuldigung, eine sehr gute sogar. Fakt blieb jedoch, dass es einen höchst unzufriedenen Kunden gab.

Chance wartete, bis Sunny am Telefon sprach, bevor er lässig zu Rabbit hinüberschlenderte, der das Lager überaus gründlich nach einer Treibstoffpumpe absuchte. Meine Männer sind gut, dachte Chance. Sie spielten ihre Rolle perfekt. Aber schließlich arbeiteten sie auch alle ständig undercover, genau wie er.

„Alles klar", sagte Chance leise. „Ihr könnt abziehen, wenn Charlie uns mit der Pumpe zurück in den Canyon gebracht hat."

Rabbit nahm eine ölverschmierte Kiste von dem wackeligen Werkzeugregal. Über Chances Schulter sah er durch die Scheibe der Tür zu Sunny, die im Büro stand. „Dieses Mal hast du echt den schwierigsten Part der Mission gehabt, Boss", meinte er respektvoll. „Das süßeste Gesicht, das mir seit Langem untergekommen ist."

„Und dahinter steckt auch ein netter Mensch." Chance nahm Rabbit die Kiste ab. „Sie gehört nicht zur Organisation."

Rabbit riss die Augenbrauen hoch. „Also war alles umsonst."

„Nein, alles läuft immer noch nach Plan. Das Einzige, was sich geändert hat, ist ihre Rolle. Anstatt der Schlüssel zu sein, ist sie der Köder. Ihr ganzes Leben ist sie vor Hauer auf der Flucht. Wenn er erfährt, wo sie sich aufhält, wird er aus seinem Schlupfloch herauskommen." Chance sah sich um, ob Sunny wirklich immer noch mit ihrem Anruf beschäftigt war. „Sag den anderen, dass sie sie besonders gut im Auge behalten sollen. Ihr darf nichts geschehen. Hauer hat schon genug Schaden bei ihr angerichtet."

Und ich werde sie auch verletzen, dachte Chance freudlos. Bei der Angst, die sie vor Hauer hatte, würde sie explodieren, wenn sie herausfand, dass Chance ihren Aufenthaltsort verraten hatte. Ihre

Beziehung wäre damit auf jeden Fall zu Ende. Aber schließlich hatte er von Anfang an gewusst, dass es nur eine kurzfristige Sache war. Genau wie sie befand auch er sich in keiner Lage, die eine feste Beziehung erlaubte. Sunnys Umstände würden sich ändern, wenn ihr Vater erst in Gewahrsam war, seine eigenen jedoch nicht. Er würde sich um die nächste Krise kümmern, zur nächsten Mission aufbrechen.

Nur, weil er ihr erster Liebhaber gewesen war hieß das nicht, dass er auch ihr letzter sein würde.

Bei dem Gedanken kochte heiße Wut in ihm auf. Verflucht, Sunny gehörte zu ihm …! Chance riss sich zusammen und erstickte den Besitzerinstinkt. Sie gehörte nicht ihm, und wenn sie endlich ihr Glück finden konnte, mit einem anderen Mann, dann sollte er sich für sie freuen. Sie hatte es wahrlich verdient.

Freude war jedoch das letzte Gefühl, das er empfand. Ihr Lachen, ihre Leidenschaft … er wollte sie für sich. Zu wissen, dass es unmöglich war, fraß schon jetzt an ihm. Aber ihr stand etwas Besseres zu als ein Streuner mit Blut an den Händen. Chance hatte sich seine Welt ausgesucht, und er passte bestens dorthin. Er war es gewöhnt, eine Lüge zu leben, vorzugeben, jemand zu sein, der er nicht war, sich in den Schatten der Unterwelt zu bewegen. Sunny war … eben sonnig und heiter, vom Namen wie auch vom Gemüt her. Er würde also die Zeit, die ihm mit ihr verblieb, auskosten – und ja, bis zum Letzten! –, doch danach würde er gehen müssen.

Sunny hatte ihr Gespräch beendet und verließ das Büro. Als Chance die Tür gehen hörte, drehte er sich um. Er freute sich einfach über ihren Anblick, wie sie auf ihn zukam.

„Jeder ist froh, dass es mir gut geht.“ Sie zog die Nase kraus. „Allerdings ist es aufgrund dieser Tatsache, dass ich lebe, auch unverzeihlich, dass ich die Sendung nicht rechtzeitig überbracht habe. Der Kunde wartet immer noch, ich muss also trotzdem nach Seattle.“

Sie kam mit einer Selbstverständlichkeit zu ihm, als wären sie seit Jahren ein Paar. Und Chance schlang ihr mit derselben Selbstverständlichkeit den Arm um die Taille. „Dann sollen sie ruhig noch länger warten“, tat er ab und hob die Kiste an. „Rate, was ich hier habe.“

„Den Schlüssel zum Paradies?“

„So was Ähnliches. Charlie bringt mich zurück zum Flugzeug, damit ich die Pumpe austauschen kann. Willst du mitkommen oder lieber hierbleiben und dich ausruhen?"

„Ich komme mit", antwortete sie sofort. „Ich verstehe zwar nichts von Flugzeugen, aber ich kann dir Gesellschaft leisten. Kommen wir wieder hierher zurück?"

„Klar. Ich kann genauso gut hier auftanken." Und sie würde nicht herausfinden, dass sie gar nicht in Oregon waren, wie er behauptet hatte.

„Dann lasse ich meine Tasche hier, wenn Rabbit nichts dagegen hat." Sie sah fragend zu Rabbit hinüber, der zustimmend nickte.

„Kein Problem, Ma'am. Stellen Sie sie einfach ins Büro, da steht sie gut."

Sunny ging, um die Tasche zu holen. Sie fühlt sich sicher, dachte Chance, sonst würde sie die Tasche nie zurücklassen. Außer ihrer Sorge um Margreta muss sie sich in den letzten Tagen wirklich frei gefühlt haben, ohne den Druck, ständig über die Schulter schauen zu müssen.

Er selbst hatte das kleine Abenteuer ebenfalls sehr genossen, vor allem, da er gewusst hatte, dass nie eine echte Gefahr bestand. Mit Sunny hatte er sich lebendiger gefühlt als jemals zuvor. Selbst als er so wütend auf sie gewesen war, weil sie ihn halb zu Tode erschreckt hatte. Und wenn er mit ihr geschlafen hatte ... dann war er dem Paradies näher gewesen, als er ihm wohl je kommen würde. Die Zeit mit Sunny war so intensiv gewesen, dass er darüber alles andere vergessen hatte.

Grinsend schulterte Chance seinen Seesack. Den würde er auf keinen Fall hierlassen, da waren schließlich noch die Kondome drin. Wer konnte schon sagen, was passierte, wenn er und Sunny allein waren!

Es war später Nachmittag, als Charlie den Hubschrauber auf dem Grund des Canyons aufsetzte. Kritisch sah er zum Himmel auf. „Glauben Sie, Ihnen bleibt lange genug Licht, um die Pumpe auszutauschen?"

„Kein Problem", versicherte Chance. Charlie wusste genauso gut wie er, dass da nichts zu reparieren war. Chance würde ein bisschen im Motorraum herumfummeln, damit es echt wirkte. Sunny würde ihm schließlich nicht die ganze Zeit über die Schulter blicken, und falls doch, so wusste er sie schon abzulenken.

Sunny und er sprangen aus dem Helikopter. Chance griff nach seiner Tasche. „Wir sehen uns dann in ein paar Stunden“, meinte er zu Charlie.

„Falls ihr nicht auftaucht, wissen wir ja jetzt, wo ihr seid.“ Charlie tippte sich zum Gruß mit den Fingern an die Stirn.

Chance und Sunny duckten sich unter den wirbelnden Rotorenblättern, bis der Hubschrauber wieder aufgestiegen war. Sunny strich sich das Haar aus dem Gesicht und sah sich um.

„Wieder zu Hause“, sagte sie lächelnd. „Jetzt, da ich weiß, dass wir nicht hier festsitzen, sieht es viel einladender aus.“

„Ja, mir wird es auch fehlen.“ Chance blinzelte ihr zu und trug dann seine Tasche und die Kiste mit der Ersatzpumpe zum Flugzeug. „Heute Nacht werden wir herausfinden, ob wir in einem Bett mehr Spaß haben als in einem Zelt.“

Erstaunt sah er das Bedauern in ihrem Blick. „Chance ... Wenn wir hier weg sind ...“ Sie schüttelte den Kopf. „... dann ist es nicht mehr sicher.“

Er hielt inne und setzte dann Tasche und Kiste mit ausgesuchter Langsamkeit auf dem Boden ab, bevor er sich Sunny zuwandte und ihr die Hände um die Hüften legte. „Wenn du das sagst, was ich vermute, dann kannst du es von vornherein vergessen.“

„Du kennst doch die Umstände! Ich habe keine andere Wahl.“

„Aber ich. Du bist nicht nur ein Zwischenspiel für die Weile, die wir hier waren. Mir liegt viel an dir, Sunny“, sagte er eindringlich. „Und wenn du das nächste Mal über die Schulter blickst, dann stelle dich darauf ein, mein Gesicht zu sehen.“

Tränen schossen ihr in die Augen. „Bitte, nicht, ich kann nicht“, flüsterte sie. „Weil ich dich liebe. Du darfst mich nicht darum bitten, dein Leben der Gefahr auszusetzen. Das halte ich nicht durch.“

Sein Magen verkrampfte sich. Er war ausgezogen mit dem Plan, mit ihr zu schlafen oder sich zumindest auf eine heiße Affäre mit ihr einzulassen. Beides hatte er erreicht. Demut erfasste ihn, und Euphorie ... und Übelkeit, denn er würde sie hintergehen.

Er hatte sie in die Arme gezogen und ihr die Lippen auf den Mund gepresst, noch bevor ihm bewusst wurde, was er tat. So sehr sehnte er sich nach ihr, nach ihrem Geschmack, als läge der letzte Kuss Monate zurück, nicht erst Stunden. Ihre Reaktion kam sofort und mit Inbrunst, Sunny stellte sich auf die Zehenspitzen, um sich an ihn zu schmiegen. Chance schmeckte das Salz ihrer Tränen, hob den Kopf und rieb ihr sanft mit dem Daumen über die Wange.

„Du vergisst etwas." Er legte seine Stirn an ihre.

„Was?"

„Ich war ein Ranger, Liebling. Mich kann man nicht so leicht umbringen. Du brauchst jemanden, der dir den Rücken freihält, und ich bin genau der Richtige dafür. Überleg doch mal. Wir werden wahrscheinlich in die Nachrichten kommen, ich wäre nicht überrascht, wenn uns bei unserer Ankunft in Seattle laufende Kameras erwarten. Unsere Gesichter werden landesweit im Fernsehen ausgestrahlt. Außerdem sind wir beide mit Namen bei der nationalen Flugbehörde als vermisst gemeldet. Wenn dieser Maulwurf beim FBI zufällig darüber stolpert und herausfindet, wer du wirklich bist, sind die Handlanger deines Vaters sowieso hinter mir her, vor allem wenn er dich nicht finden kann."

Sunny wurde weiß wie ein Laken. „Fernsehen?" Sie sah jetzt aus wie ihre Mutter, Chance hatte Fotos von Pamela Vickery Hauer gesehen. Und Sunny wusste um die Gefahr, die ein Bericht im Fernsehen bedeutete, selbst bei einem der kleinen Lokalsender.

„Wir stehen das zusammen durch." Er führte ihre Hand an seine Lippen und küsste ihre Finger. „Ein Glück für dich, dass ich ein ziemlich harter Kerl sein kann, wenn ich will. Glück für dich und Pech für sie."

Nichts von dem, was sie sagte, hatte ihn davon abbringen können.

Betrübt stand Sunny spät abends unter der Dusche in der Hotelsuite, die Chance gebucht hatte. Die Suite hatte er gewählt, weil sie über mehr als nur einen Ausgang verfügte. Und natürlich hatte er recht gehabt mit den wartenden laufenden Kameras. Im Moment war es ruhig im Nachrichtenland, da war jeder Sender in Seattle auf die bewegende Geschichte von der Notlandung in einem Canyon angesprungen. Sogar zwei nationale Fernsehcrews waren angereist.

Sunny war den Kameras so weit wie möglich ausgewichen, aber die Reporter hatten nicht von ihr abgelassen und ihr unaufhörlich

Fragen zugerufen. Zumindest von den weiblichen Journalisten hätte Sunny erwartet, dass sie sich auf Chance konzentrieren. Doch er hatte eine so abweisende Miene zur Schau getragen, dass sich niemand an ihn heranwagte.

Sunny hatte nicht eine der Fragen beantwortet, auf Chances geflüsterten Rat hin allerdings hatte sie hinter der Kamera einen Kommentar abgegeben, den man wenigstens als Füller für die Sendung benutzen konnte.

Eine kurze Gnadenfrist gab es: Da sie so spät in Seattle angekommen waren, würde die Story nicht mehr in die Spätnachrichten kommen. Doch morgen früh beim Frühstück, wenn nicht über Nacht noch etwas Wichtigeres auf der Welt passierte, würde das ganze Land davon wissen.

Sunny ging davon aus, dass ihre Tarnung aufgeflogen war. Was bedeutete: Sie musste beim Kurierdienst kündigen, umziehen – nicht dass sie viel mitnehmen müsste, sie hatte nie viele Dinge gehortet –, ihren Namen ändern, von vorn anfangen und sich eine neue Identität aufbauen.

Immer hatte sie gewusst, dass so etwas passieren könnte. Sie war vorbereitet. Den Namen zu ändern hieß nicht, dass sie ein anderer Mensch wurde. Es war nur ein Weg, ihrem Vater zu entkommen.

Das wahre Problem war Chance. Ihn schien sie nicht abschütteln zu können, sosehr sie es auch versucht hatte. Am Flughafen war sie in ein Taxi geschlüpft, als er ihr zufällig den Rücken zukehrte. Normalerweise war sie sehr gut in solchen Dingen, doch er schien eine Art sechsten Sinn zu haben, was sie betraf. Noch bevor sie dem Fahrer die Adresse nennen konnte, an der sie ihre Lieferung abgeben musste, war Chance schon auf der anderen Seite zu ihr ins Taxi gestiegen. Die ganze Zeit über blieb er in ihrer unmittelbaren Nähe. Sie zweifelte nicht daran, dass, wenn sie gleich durch die Badezimmertür zurück ins Schlafzimmer trat, er auf dem Bett ausgestreckt auf sie wartete.

Da allerdings hatte sie ihn unterschätzt. Gerade, als sie sich die Haare wusch, wurde der Duschvorhang zur Seite gezogen, und Chance stieg nackt zu ihr unter den heißen Strahl.

„Ich dachte mir, wir sparen Wasser und duschen gemeinsam", sagte er lässig.

„Ha! Du hast nur Angst, ich könnte mich absetzen, wenn du allein unter der Dusche stehst“, murmelte sie und drehte ihm den Rücken zu.

Er versetzte ihr einen Klaps auf den Po. „Du kennst mich eben in- und auswendig.“

Sie musste ein Lächeln unterdrücken. Ein unmöglicher Mann! Warum musste er auch in jeder Hinsicht zu gut zu ihr passen? Bei den meisten Menschen kam sie mit ihren kleinen Täuschungen durch, nicht bei Chance.

Sie richtete den Duschkopf, damit sie sich das Haar ausspülen konnte. Chance wartete, bis sie damit fertig war. Dann richtete er den Wasserstrahl auf sich, sodass ihm das Wasser auf die Brust lief.

Und Sunny ins Gesicht! Sie musste husten und stieß ihm den Ellbogen in die Rippen. „Ich dusche jetzt, und ich habe dich nicht eingeladen. Ich kontrolliere den Duschkopf, nicht du!“

Sie wusste, dass es ein Fehler gewesen war, ihn herauszufordern. „So?“, sagte er nur, und innerhalb weniger Minuten lachten sie beide lauthals … und das Badezimmer stand unter Wasser.

Seit sie ein kleines Mädchen war, hatte sie nicht mehr so viel albernen Spaß gehabt wie mit Chance. Bei ihm fühlte sie sich unbeschwert und sorgenfrei, trotz aller Probleme. Ihre nackte, nasse Haut war glitschig, niemand bekam den anderen wirklich zu packen. Zumindest Sunny gelang es nicht. Sie nahm an, dass Chance jederzeit seine Größe und Stärke gegen sie hätte einsetzen können und damit den kleinen Ringkampf gewonnen hätte. Aber er hielt sich zurück, so als wäre er daran gewöhnt, sich auf schwächere Partner einzustellen.

Seine Hände waren überall: Auf ihren Brüsten, auf ihrem Po, zwischen ihren Beinen. Sunny schlug sie lachend fort. Doch ein Finger bahnte sich seinen Weg in ihr Innerstes. Sie quietschte, versuchte zu entkommen, während sie spürte, wie fieberhafte Aufregung in ihrem Blut rauschte. Ihr spielerischer Kampf zeigte seine Wirkung. Erregung übermannte sie. Sunny griff nach dem Duschkopf und richtete den Wasserstrahl auf sein Gesicht. Während er noch spuckte und hustete, schlüpfte sie durch den Vorhang und wickelte sich hastig ein Handtuch um.

Chance sprang aus der Kabine, als Sunny gerade die Badezimmertür geöffnet hatte. „Die Dusche läuft noch", erklärte sie in dem Versuch, ihn von seinem Vorhaben abzulenken.

„Ich habe das Wasser nicht angestellt." Mit einem Grinsen nahm er ihr das Badelaken ab.

„Der ganze Boden ist nass." Sie bemühte sich, streng zu klingen.

„Der musste sowieso gewischt werden."

„Stimmt gar nicht!" Sie strich sich eine nasse Haarsträhne aus den Augen. „Die werfen uns noch hinaus. Das Wasser läuft bestimmt ins nächste Stockwerk runter."

Er fasste sie bei den Armen und drehte sie zur Dusche. „Dann stell es ab, wenn du dir deshalb Sorgen machst."

Sie tat es, weil sie es hasste, Wasser zu verschwenden, und weil wirklich alles auf den Boden lief. „Da. Zufrieden?"

„Noch lange nicht." Er drehte sie zu sich herum und sah sie an. „Habe ich dir heute eigentlich schon gesagt, wie sexy du bist?"

„Heute? Das hast du mir noch nie gesagt."

„Natürlich."

„Nein. Wann denn?"

„Letzte Nacht. Mehrere Male sogar."

Sie musste sich zusammennehmen, um von den Tropfen, die an seinen langen Wimpern hingen, nicht hypnotisiert zu werden. „Das zählt nicht. Jeder weiß doch", setzte sie würdevoll an, „dass man kein Wort von dem glauben kann, was ein Mann sagt, wenn er …"

„… in dir ist?"

Er senkte den Blick auf ihre Brüste. Sein Gesichtsausdruck veränderte sich, sein Lachen verklang. Mit einer Hand behielt er sie fest im Griff, während er mit der anderen über ihren Oberkörper strich und seine Hand um eine Brust legte. Beide betrachteten, wie seine langen, braunen Finger auf ihrer blassen Haut kreisten. „Du bist sexy", murmelte er mit tiefer, rauer Stimme. Sie wusste, was dieser Ton zu bedeuten hatte. Sie hatte ihn in den letzten beiden Nächten oft genug gehört. „Und wunderschön. Deine Brüste sind weiß wie Sahne und rot wie Rosen, bis ich ihre Knospen küsse. Dann fangen sie an zu pochen und verfärben sich purpur, als wollten sie mich einladen, an ihnen zu saugen."

Ihre Brustwarzen zogen sich bei seinen Worten zusammen und füllten sich mit Farbe. Chance stöhnte auf. Er senkte seinen dunklen

Kopf, und Wasser tropfte auf ihre Haut, als er beide Brüste küsste. Sie lehnte sich weit in seinem Arm zurück, während sein anderer, um ihre Hüfte geschlungen, sie stützte. Sie wusste nicht, wie lange sie noch stehen konnte. Ihre Lenden pochten. Sie schnappte nach Luft.

„Und dein Hintern“, knurrte er. „Du hast den süßesten kleinen Po.“ Er drehte sie herum, um zu streicheln, wovon er gerade sprach, modellierte ihre Kurven mit der flachen Hand nach. Sunnys Beine zitterten. Sie stützte sich am Waschtisch aus kühlem Marmor ab, um Halt zu finden. Die gesamte Wand dahinter war verspiegelt, sodass Sunny auf eine nackte Frau starrte, in der sie mit Mühe sich selbst erkannte. Sie hatte nasse Haare, und das Wasser tropfte über ihren Rücken hinab auf den Boden. Ihr Gesicht war errötet, ihre Lider schwer. Sunny sah die Leidenschaft in ihren Augen.

Chance blickte auf, und sein Blick traf ihren im Spiegel. Die Luft sprühte förmlich Funken, so aufgeladen war die Atmosphäre zwischen ihnen. „Und hier“, flüsterte er, während er seine Hand über ihren Bauch wandern ließ und sie zwischen ihren Beinen verschwand. Sein muskulöser Unterarm wirkte unglaublich kraftvoll auf ihrer blassen Haut. Seine große Hand bedeckte ihren Venushügel völlig. Sie spürte, wie seine Finger die Perle ihrer Lust suchten und begannen, mit ihr zu spielen. Sie stöhnte und lehnte sich an ihn. Ihre Beine waren wie aus Gummi.

„Du bist so weich und so eng“, fuhr er mit seiner erotischen Litanei fort, seinen Mund an ihrem Ohr. „Ich schaffe es kaum, in dich einzudringen. Aber wenn es so weit ist, bleibt mein Herz fast stehen. Und ich kann nicht mehr atmen. Ich habe das Gefühl, als müsste ich sterben, aber ich kann nicht, weil es sich zu gut anfühlt, um damit aufzuhören.“ Zwei Finger glitten weiter, in sie hinein.

Ihre Empfindungen trafen sie wie ein Peitschenschlag, als er sie bewegte, ihre feuchte Mitte sanft dehnte. Sie bog ihren Körper durch, flog dem Gipfel entgegen. Sie hörte, wie sie schrie. Sie war kurz davor, zu explodieren.

„Noch nicht, noch nicht“, raunte er, entzog ihr seine Finger wieder und bog sie nach vorn. „Warte, Liebling!“

„Ich kann nicht!“, stöhnte sie. Sie bewegte ihre Hüften, lechzte nach Erlösung. „Chance, ich kann nicht … Bitte!“

„Ich bin hier“, sagte er, und das war er. Seine muskulösen Schenkel drängten zwischen ihre Beine und öffneten sie. Sie spürte, dass sein Bauch ihren Po berührte, und dann drang er gleichzeitig sanft und hart in sie ein. Instinktiv beugte sie sich nach vorne, um ihn ganz in sich aufzunehmen. Er bewegte sich, und schon beim zweiten harten Stoß krümmte sie sich und schrie ihre Lust hinaus. Nur einen Moment später erklomm Chance seinen Gipfel. Stöhnend und zitternd klammerte er sich an ihren Rücken. Er wollte so tief wie nur irgend möglich in ihr sein.

Atemlos schloss Sunny die Augen. Sie liebte ihn so sehr, sie war nicht stark genug, ihn fortzuschicken, nicht einmal zu seinem eigenen Schutz. Hätte sie es wirklich gewollt, so hätte sie auch von ihm fortgehen können. Doch tief in ihrem Innern wusste sie, dass sie ihn nicht aufgeben konnte. Noch nicht. Bald. Sie musste es, damit er in Sicherheit war.

Nur noch einen Tag, dachte sie, Tränen hinter den geschlossenen Lidern verbergend. Noch einen weiteren Tag, dann würde sie gehen.

12. KAPITEL

Zehn Tage später war es Sunny immer noch nicht gelungen, Chance zu entkommen. Sie konnte nicht sagen, ob sie aus der Übung war oder ob diese Ranger, auch Ex-Ranger, einfach nur verdammt gut darin waren, sich nicht abschütteln zu lassen.

Früh am nächsten Morgen verließen sie Seattle. Sunny hielt es für zu gefährlich, nach Atlanta zurückzufliegen. Wie vermutet berichteten sämtliche Frühstücksnachrichten von dem „romantischen Abenteuer“, das sie und Chance erlebt hatten. Zwar wurde sein Name erwähnt, aber durch eine seltsame Fügung war sein Gesicht nie klar auf dem Bildschirm zu erkennen. Die Kamera hatte seinen Hinterkopf eingefangen oder zeigte ihn lediglich im Viertelprofil, während Sunnys Gesicht von einer Küste zur nächsten gestochen scharf über den Bildschirm flackerte.

Einer der Nachtsender hatte sie sogar in dem Hotel ausfindig gemacht und um drei Uhr nachts in der Suite angerufen, um sie um ein Live-Interview zu bitten.

„Zur Hölle, nein“, hatte Chance in die Muschel gerufen und den Hörer aufgeknallt.

Nach diesem Zwischenfall hielten sie es für besser, sich schnellstens dem Medienrummel zu entziehen. Noch vor Morgengrauen checkten sie aus und nahmen ein Taxi zum Flughafen. Als die Sonne aufging, waren sie längst in der Luft. Chance hatte dem Tower keinen Zielort angegeben, damit niemand erfuhr, wohin sie unterwegs waren. Selbst Sunny hatte keine Ahnung, bis sie in Boise, Idaho, landeten, wo sie sich mit neuer Garderobe ausstatteten. Sunny hatte immer eine größere Summe Bargeld bei sich, und auch Chances Brieftasche war prall gefüllt. Dennoch musste er seine Kreditkarte benutzen, um die Cessna aufzutanken. Damit hinterließen sie eine Spur, aber diese Aufzeichnung bewies nur, dass sie dort gewesen waren, nicht, wohin sie weiterflogen.

Chances Anwesenheit brachte Sunnys Pläne durcheinander. Sie wusste, wie sie schnell und effektiv untertauchen konnte, wenn sie allein war. Er und sein Flugzeug jedoch verkomplizierten die Dinge.

Aus einer Telefonzelle in Boise rief sie beim Kurierdienst an und kündigte. Ihr letztes Gehalt sollte auf ihr Konto eingezahlt werden, sie würde es sich später anweisen lassen. Manchmal schoss ihr die Frage in den Kopf, ob sie nicht überreagierte. Die Wahrscheinlichkeit, dass jemand sie erkannte, war eigentlich gering. Ihre Mutter war seit über zehn Jahren tot, kaum jemand würde die Ähnlichkeit feststellen können.

Aber genau deshalb war sie ja noch am Leben – weil ihre Mutter ihr eingeschärft hatte, selbst bei der geringsten Wahrscheinlichkeit die entsprechenden Vorsichtsmaßnahmen zu treffen. So war sie wieder einmal auf der Flucht, wie sie es in den ersten fünf Jahren ihres Lebens gelernt hatte.

Auch die Wahrscheinlichkeit, dass Sunny schwanger würde, war extrem gering gewesen. Trotzdem saß sie da und wartete auf die monatliche Regel, die einfach nicht kam. Dabei hatten sie nur zwei Mal alle Vorsicht vergessen, einmal im Canyon und das zweite Mal in dem Hotelbadezimmer in Seattle. Ihrer Berechnung nach hätte gar nichts passieren können, selbst ohne Schutz. Warum also hatte sie ihre Periode noch nicht? Schon zwei Tage wartete Sunny, dabei war ihr Zyklus bisher ausnahmslos regelmäßig gewesen.

Chance gegenüber erwähnte sie es nicht. Vielleicht kam es dieses Mal einfach nur später. Bei der Notlandung hatte Sunny unendliche Angst ausgestanden, vielleicht hatten sich ihre Hormone davon durcheinanderbringen lassen. Das passierte manchmal eben.

Ja, klar, vielleicht wuchsen ihr ja auch Flügel. Sie war schwanger, sie wusste es. Außer der ausgebliebenen Periode gab es keinen weiteren Hinweis. Doch irgendwo ganz tief in ihrem Innern wusste Sunny es mit unverbrüchlicher Sicherheit, so als würde ihr Körper bereits mit dem mikroskopisch kleinen Embryo kommunizieren.

Es wäre so einfach, alles Chance zu überlassen. Er war gut im Organisieren, während ihr viel zu viel im Kopf umherging, um wirklich effizient zu arbeiten. Ihm war wahrscheinlich gar nicht aufgefallen, wie zerstreut sie die letzten Tage über gewesen war, aber … er wusste ja auch nicht, dass sie eigentlich längst ihre Periode hätte bekommen müssen.

Mit Margreta hatte Sunny zweimal gesprochen und ihr auch gesagt, dass sie untertauchen musste. Sie würde sich ein neues Handy mit einer neuen Nummer beschaffen müssen, und zwar schnell.

Sunny hatte Margreta eigentlich genau berichten wollen, was sich alles zugetragen hatte, aber die Schwester hatte die Anrufe kurz gehalten, wie immer. Sunny hatte Verständnis dafür. Für Margreta war es schwierig, über Dinge zu reden, die mit dem Vater zu tun hatten. Eines Tages würden sie beide vielleicht ein normales Leben und eine normale Beziehung zueinander führen können. Und eines Tages würde Margreta vielleicht endlich über das hinwegkommen, was ihr Vater ihr angetan hatte, und etwas Glück finden.

Dann war da noch Chance. Er hatte Sonne in ihr Leben gebracht, als Sunny gar nicht gewusst hatte, dass sie im Schatten lebte. Dabei war sie bisher immer der Überzeugung gewesen, ganz gut zurechtzukommen. Doch das war vor Chance gewesen. Vor Chance hatte ihr Leben einem Schwarz-Weiß-Film geglichen, jetzt erstrahlte der Film ihres Lebens in satten TechniColor-Farben. Jede Nacht schlief sie in seinen Armen, aß zusammen mit ihm, stritt mit ihm, scherzte mit ihm, schmiedete mit ihm Pläne – nichts Langfristiges, natürlich, nichtsdestotrotz Pläne. Und mit jedem Tag verliebte sie sich ein bisschen mehr in ihn, obwohl sie das gar nicht mehr für möglich gehalten hatte.

Manchmal meinte sie, sich kneifen zu müssen, weil es ihr einfach zu schön erschien, um wahr zu sein. Männer wie Chance begegneten einem nicht alle Tage. Die meisten Frauen verbrachten ihr ganzes Leben, ohne einen Mann zu treffen, der mit einem einzigen Blick ihre gesamte Welt aus den Angeln heben konnte.

So wie jetzt konnte es allerdings nicht mehr viel länger weitergehen. Das ziellose Sichtreibenlassen, von einem abgelegenen Sportflughafen zum nächsten, quer durchs ganze Land, das musste ein Ende finden. Zum einen war es kostspielig. Chance konnte keine Einnahmen verbuchen, und Sunny verdiente auch kein Geld. Sie musste den Papierkram für ihre neue Identität erledigen, brauchte einen neuen Job, ein neues Handy – und einen Gynäkologen. Alles Dinge, die Geld kosteten.

Sunny fragte sich, wie ihre Mutter es damals geschafft hatte – mit einem zu Tode verängstigten Kleinkind, schwanger mit dem nächsten und ohne die Überlebenstechniken, die Sunny besaß. Pamela musste Jahre in Angst verbracht haben. Und doch erinnerte Sunny sich, wie oft ihre Mutter gelacht und mit ihren Töchtern gespielt hatte, ihnen gezeigt hatte, wie wunderbar das Leben war, während sie ihnen gleichzeitig das Überleben beigebracht hatte. Sunny hoffte, dass sie wenigstens halb so stark sein konnte wie ihre Mutter.

Überhaupt war sie in diesen Tagen voll verrückter Hoffnungen. Sie hoffte, dass sie nicht erkannt worden war. Sie hoffte, ihr Baby würde gesund und glücklich sein. Und am stärksten hoffte sie, Chance und sie könnten irgendwie ein gemeinsames Leben aufbauen, dass er sich über das Baby freute, selbst wenn es nicht geplant gewesen war, und dass er echte Gefühle für sie hatte. Ausgesprochen hatte er es nie – dass er sie liebte –, aber da lag etwas in seiner Stimme, in seinem Blick, in der Art, wie er sie berührte …

Alles würde gut werden. Es musste einfach so kommen. Zu viel stand auf dem Spiel.

Sunny verschlief den Flug und auch die Landung, als Chance in Des Moines aufsetzte. Er sah zu ihr. Tief und fest wie ein Kind schlief sie. Ihr Atem ging regelmäßig, ihre Wangen waren leicht gerötet. Er ließ sie schlafen. Weil er wusste, was ihr bevorstand.

Alles lief perfekt. Chance hatte arrangiert, dass Sunnys Gesicht weltweit im Fernsehen ausgestrahlt wurde. Der Fisch hatte sofort nach dem Köder geschnappt. Chances Leute hatten zwei von Hauers Männern bei ihrer Einreise ins Land aufgespürt und sich unauffällig an deren Fersen gehängt. Chance hatte es Hauers Bluthunden nicht zu leicht gemacht, seiner und Sunnys Spur zu folgen, das wäre zu offensichtlich gewesen. Aber er hatte ein paar Hinweise hinterlassen, die den Kerlen eine Verfolgung ermöglichten. Seit einer Woche waren sie jetzt hinter ihnen her. Chance achtete darauf, dass er und Sunny immer einen Tag Vorsprung hatten. Hauer selbst war bisher leider noch nicht aufgetaucht.

Am Vortag dann hatte Chance die Nachricht erreicht, auf die er gewartet hatte. Gerüchte in der Terroristenszene gingen um, Hauer sei seit ein paar Tagen nicht mehr gesehen worden und befinde sich in den Staaten, um etwas ganz Großes zu planen.

Irgendwie war es Hauer also gelungen, Europa unbemerkt zu verlassen und sich in die Staaten einzuschleusen. Da Chance von dem Maulwurf beim FBI wusste, überraschte ihn das nicht. Hauer war auch zu clever, um sich mit seinen Männern zusammen blicken zu lassen. Aber er hielt sich in der Nähe auf, daran zweifelte Chance nicht. Er würde Sunny selbst verhören wollen, wenn seine Männer sie erst gefasst hatten.

Bevor das passierte, würde Chance Hauer mit bloßen Händen in der Luft zerreißen.

Trotzdem musste er sie glauben lassen, dass sie Sunny hatten, ohne dass sie ahnten, wie nah Chances Leute ihnen ständig waren. Hoffentlich wollten sie ihn nicht zuerst aus dem Weg räumen. Wenn Hauers Handlanger clever waren, würden sie ihn als Druckmittel benutzen, um Sunny zur Kooperation zu zwingen. Das war sicherlich ein Risiko, aber Chance hatte alle denkbaren Sicherheitsvorkehrungen getroffen.

In dieser Nacht würde seine Beziehung mit Sunny zu Ende gehen, so oder so. Wenn alles glattging, würden sie beide lebend aus der Sache herauskommen. Sunny wäre dann endlich frei, um ein normales Leben zu führen. Er hoffte, dass sie ihn eines Tages nicht mehr hassen würde, dass sie verstehen würde, warum er tun musste, was er getan hatte. Und wer konnte schon sagen, ob sie sich nicht eines Tages wieder begegnen würden?

Er ließ die Cessna bis zu dem angewiesenen Platz ausrollen und stellte den Motor aus. Sunny schlief weiter, trotz der plötzlich eingetretenen Stille. Vielleicht hatte Chance ihr zu viel Schlaf geraubt, und die Müdigkeit hatte sie schließlich eingeholt. Trotz der inneren Anspannung musste er lächeln. In den letzten zwei Wochen hatte er sich im Bett mit ihr endlos vergnügt, so als wolle er unbewusst Erinnerungen und Gefühle anhäufen, um davon zu zehren, wenn Sunny nicht mehr da war. Doch je öfter er sie geliebt hatte, desto stärker begehrte er sie. Allein wenn er jetzt daran dachte, spürte er Begehren in sich wachsen.

Eine Hand an ihrer Schulter, rüttelte er Sunny sanft wach. Als sie die Augen aufschlug, lagen in ihrem Blick so viel Liebe und so viel Vertrauen, dass ihm das Herz stockte. Sie setzte sich auf, reckte sich und gähnte. „Wo sind wir?"

„In Des Moines. Ich hatte dir doch gesagt, wohin wir fliegen."

„Ja, ich hatte es nur kurz vergessen." Sie gähnte noch einmal. „Wow! Das war wirklich ein Nickerchen. Normalerweise schlafe ich tagsüber nie. Ich muss wohl nachts nicht genug Schlaf bekommen." Mit klimpernden Wimpern sah sie zu Chance. „Wieso nur?"

„Ich habe nicht die geringste Ahnung", gab Chance zurück, ganz die verkörperte Unschuld. Er stieg aus und hob Sunny aus dem Cockpit. Während er sich reckte, um die verspannten Muskeln zu lockern, sah er in den strahlend blauen Himmel hinauf. „Ein schöner Tag. Was hältst du von einem Picknick?"

„Ein was?" Sie sah ihn an, als würde er eine fremde Sprache sprechen.

„Ein Picknick. Du weißt schon – man sitzt auf dem Boden, isst mit den Fingern und kämpft mit wilden Tieren um sein Essen."

„Hört sich lustig an. Aber haben wir das nicht gerade hinter uns?"

Er lachte. „Diesmal machen wir es richtig, mit karierter Decke und kaltem Hähnchen, Salat und allem was dazugehört."

„Na schön, an mir soll's nicht scheitern. Und wo soll dieses Picknick stattfinden? Hier neben der Landebahn?"

„Klugscheißer. Nein, wir mieten ein Auto und fahren aufs Land."

Sunnys Augen begannen zu strahlen, als sie merkte, dass er es ernst meinte. Das war es, was er so an ihr liebte – ihre Begeisterungsfähigkeit.

„Wie viel Zeit haben wir denn? Wann müssen wir weiter?"

„Lass uns ein paar Tage hierbleiben. Iowa ist recht nett. Und mein Hintern könnte eine Pause von diesem Pilotensitz gebrauchen."

Chance erledigte die Formalitäten mit der Flughafenaufsicht, dann gingen sie zusammen zum Schalter der Autovermietung und erhielten den Schlüssel für einen Geländewagen.

„Du hast einen Jeep gemietet?", fragte Sunny schmunzelnd, als sie den massigen Ford Explorer erblickte. „Warum denn nicht etwas Stilvolles wie … einen roten Sportwagen?"

„Weil ich über eins neunzig bin und meine Beine in keinen Sportwagen passen."

Statt ihrer schweren Reisetasche hatte Sunny einen kleinen Rucksack mitgebracht. Ihre Toilettenartikel und eine Garnitur zum Wechseln fanden darin Platz, das reichte für die eine Nacht, die sie normalerweise an einem Ort blieben. Ihre Pistole hatte sie ebenfalls dabei, zusammengesetzt, wenn sie durch keine Kontrolle mussten. Chance hatte nichts dagegen einzuwenden, schließlich steckte ihm seine Waffe im Hosenbund.

Sunny legte den Rucksack vorn in den Fußraum, kletterte auf den Sitz und begann sofort sämtliche Knöpfe und Schalter zu drücken, an die sie herankommen konnte.

Chance glitt hinter das Steuer. „Jetzt traue ich mich kaum, den Motor anzustellen. Wer weiß, was passiert."

„Feigling", neckte sie ihn. „Was kann schon passieren?"

„Ich bin nur froh, dass es hier keinen Schleudersitz gibt", murmelte er und drehte den Schlüssel im Anlasser. Prompt plärrte das Radio in voller Lautstärke los, die Warnblinkanlage leuchtete auf, und die Scheibenwischer wedelten hektisch. Sunny lachte auf, als Chance vorschoss und das Radio auf eine erträgliche Lautstärke herunterdrehte. Sehr zufrieden vor sich hin lächelnd, legte Sunny den Sicherheitsgurt an.

Chance hatte sich eine Karte von der Autovermietung geben lassen, auch wenn er genau wusste, wohin er fuhr. Außerdem hatte er sich den Weg von dem Angestellten ausführlich erklären lassen. Der Mann würde genau den Zielort angeben, wenn Hauers Männer ihn danach fragten. Chance hatte den Platz vorher selbst ausgesucht, schon vor Beginn der Operation. Eine ländliche Gegend mit vielen Bäumen und wenigen Menschen, um von vornherein auszuschließen, dass Unbeteiligte verletzt wurden. Außerdem bot die Gegend genügend Deckung für seine Männer, die dort längst in Position gegangen waren. Ebenso wichtig: Hauers Männer konnten nicht ungesehen eintreffen. Und das Beste: Zane war irgendwo da draußen. Eigentlich übernahm Zane keine Einsätze mehr, aber für die Sicherheit seines Bruders machte er eine Ausnahme. Der Mann war einfach unglaublich.

Sie hielten bei einem Delikatessengeschäft und kauften für das Picknick ein: Grillhähnchen, Kartoffel- und Krautsalat, Brötchen, einen Apfelkuchen und sogar eine rot-weiß karierte Plastikdecke. Sunny wählte einen grünen Brei, den sie als Pistazienpaste bezeichnete. Das Zeug würde Chance auf gar keinen Fall anrühren. Außerdem brauchten sie noch eine Kühltasche, Eis und die Getränke, um die Tasche zu füllen. Als es Chance endlich gelang, Sunny aus dem Laden zu lotsen, war über eine Stunde vergangen, und ihm fehlten mehr als siebzig Dollar im Portemonnaie.

„Wir haben Apfelkuchen", beschwerte er sich. „Wieso brauchen wir da auch noch Äpfel?"

„Damit ich sie dir an den Kopf werfen kann. Oder besser noch – mit Pfeil und Bogen vom Kopf schießen kann."

„Solltest du mir mit einem Apfel zu nahe kommen, schreie ich", warnte er sie. „Und eingelegte Rote Beete? Ich bitte dich, wer isst denn so was?"

Sunny zuckte die Schultern. „Es muss wohl Leute geben, die so was essen. Sonst ständen die Gläser ja nicht im Regal."

„Hast du jemals Rote Beete gegessen?", wollte er wissen.

„Ein Mal." Sie rümpfte die Nase. „Absolut ekelig."

„Und warum, zum Teufel, hast du sie dann gekauft?"

„Ich möchte, dass du sie probierst."

Eigentlich sollte er mittlerweile daran gewöhnt sein, trotzdem … Sunny machte ihn immer noch sprachlos. Unverständlich vor sich hin brummelnd, verstaute er die Einkäufe in dem Explorer – einschließlich der Roten Beete.

Himmel, Sunny würde ihm fehlen.

Um sich den Fahrtwind durchs helle Haar wehen zu lassen, kurbelte Sunny das Fenster herunter. Die ganze Zeit über stand ein glückliches Lächeln auf ihrem Gesicht. Alles, woran sie vorbeifuhren, schien sie zu interessieren, selbst die Tankstellen und vor allem die alte Dame mit dem Chihuahua, der so fett war, dass sein Bauch fast über den Boden schleifte. Volle fünf Minuten kicherte Sunny über den kleinen fetten Hund.

Und Chance ergab sich in Gedanken schon der Vorstellung, dass er die Rote Beete dann eben essen würde, wenn es Sunny so eine Freude machte. Aber danach brauchte er einen anderen Geschmack – ihren. Er würde den Teufel tun und sich mit dem Geschmack von Roter Beete auf der Zunge erschießen lassen.

Die Augustsonne brannte heiß, als er von der Straße abbog. Eine von Bäumen bestandene Weide breitete sich vor ihnen aus. „Lass uns da zu den Bäumen hinübergehen." Er deutete mit dem Kopf in die Richtung. „Siehst du, wie sie in einer Linie wachsen? Wahrscheinlich verläuft da ein kleiner Bach."

Sunny sah sich um. „Sollten wir nicht erst fragen, ob wir hier ein Picknick machen dürfen?"

Chance zog eine Augenbraue hoch. „Siehst du hier irgendwo ein Haus? Wen sollten wir denn fragen können?"

„Na schön. Aber wenn wir Schwierigkeiten bekommen, übernimmst du allein die Verantwortung."

Er trug die Kühltasche und die große Einkaufstüte. Sunny schlang sich den Rucksack über die Schulter, klemmte das Picknicktuch unter den Arm und hob das Glas mit Roter Beete hoch. „Die nehme ich wohl besser", meinte sie wissend. „Du lässt sie sonst noch fallen."

„Du könntest ruhig mehr tragen", murmelte er. Das Zeug war wirklich schwer.

Sunny entgegnete darauf nichts, sondern lugte in die Einkaufstüte. Der Apfelkuchen lag obenauf. „Nein, den lässt du ganz bestimmt nicht fallen."

Den ganzen Weg zum Picknickplatz murmelte Chance leise vor sich hin, einfach nur, weil es ihr solchen Spaß machte. Es war der letzte Tag, an dem sie ihn aufziehen würde, und der letzte Tag, an dem er ihr Lachen hören konnte.

„Oh! Da ist ja tatsächlich ein Bach!", rief sie begeistert, als sie unter den Bäumen ankamen. Vorsichtig setzte sie die Rote Beete ab und breitete die Decke im hohen Gras aus. Unter den Bäumen ging eine leichte Brise, und Sunny nutzte ihren Rucksack, um die Unterlage an einer Ecke niederzuhalten und das Glas an der anderen.

Chance setzte Kühltasche und Einkäufe ab und ließ sich rücklings fallen. „Ich bin viel zu erschöpft, um jetzt noch Spaß haben zu können", beschwerte er sich.

Sie beugte sich über ihn und küsste ihn. „Ich weiß genau, was du im Schilde führst. Als Nächstes wird dir etwas ins Auge fliegen, damit ich dann ganz nahe an dich heranrücken muss, um es dir herauszuholen. Und dann juckt es dich ganz schrecklich am Rücken, sodass du dein Hemd ausziehen musst, damit ich nachsehen kann. Und dann sind wir beide in null Komma nichts nackt und schon ist es Abend, und wir haben nicht einen einzigen Bissen gegessen."

Er musterte sie abschätzend. „Das hast du alles genau geplant, was?"

„Bis ins letzte Detail."

„Von mir aus, gern." Er griff nach ihr, doch mit einem hellen Auflachen entschlüpfte sie ihm, hob die Rote Beete hoch und sah erwartungsvoll zu Chance hin.

Stöhnend ließ er sich zurückfallen. „Du erwartest doch nicht ernsthaft von mir, dass ich das Zeug sofort probiere, oder?"

„Nein, du sollst nur den Deckel abdrehen, damit ich probieren kann."

„Du hast doch gesagt, du findest es ekelig."

„Stimmt. Ich will aber wissen, ob es tatsächlich so ekelig schmeckt, wie ich es in Erinnerung habe." Sie reichte ihm das Glas. „Also, wenn du es für mich öffnest, dann bekommst du auch Hähnchen und Kartoffelsalat zur Stärkung. Denn für das, was ich mit dir vorhabe, brauchst du Energie."

Seufzend setzte sich Chance auf und nahm ihr das Glas aus der Hand. „Sieh an, unser Fräulein Rührmichnichtan tut plötzlich ganz groß." Mit Kraft drehte er den Deckel los.

„Das war nur Tarnung", meinte sie gespielt hochmütig. „Und du brauchst auch nicht um Gnade zu winseln, die gewähre ich dir nämlich nicht."

Sunny griff nach dem Glas. Der Deckel löste sich, und das Glas rutschte ihr aus der Hand. Chance hechtete vor, um es aufzufangen, bevor alles auf der Decke voll eingelegter Roter Beete war. In dem Augenblick, als er sich bewegte, schlug etwas in den Baum hinter ihm ein, eine Millisekunde später vernahm er die Detonation eines Schusses.

Noch in der Luft drehte er sich, warf sich schützend auf Sunny und rollte zusammen mit ihr hinter den Baumstamm.

13. KAPITEL

„Bleib unten!“, brüllte Chance und drückte Sunnys Kopf ins Gras.

Sie hätte sich nicht bewegen können, selbst wenn Chance nicht mit seinem gesamten Gewicht auf ihr gelegen hätte. Sunny war gelähmt vor Angst, alles an ihr war erstarrt. Ihr schlimmster Albtraum war wahr geworden, ihr Vater hatte sie gefunden, und Chance war das Hindernis, das zuerst beseitigt werden musste. Diese Kugel war nicht für sie bestimmt gewesen. Wenn ihr nicht das Glas aus der Hand gerutscht wäre, wenn Chance nicht vorgesprungen wäre, um es aufzufangen, dann hätte die Kugel, die ein Stück Holz aus dem Baum gerissen hatte, seinen Kopf zerschmettert.

An ihrem Haar hörte sie ihn fluchen. „Scharfschützen“, kam es dann gemurmelt.

Erde spritzte auf, keine fünf Zentimeter von ihrem Gesicht entfernt, kleine Steinchen stachen ihr in die Haut. Chance warf sie zur Seite und rollte sich weiter mit ihr. Plötzlich war kein Boden mehr unter ihr, Übelkeit und Schwindel erfassten sie. So schnell, wie der freie Fall begonnen hatte, endete er, und Sunny fand sich in zehn Zentimeter tiefem Wasser wieder.

Chance hatte sich zusammen mit ihr in den Bach gerollt, weil die Uferböschung mehr Schutz bot. Mit einer fließenden Bewegung löste er sich von Sunny, hielt schon die Waffe in der Hand und presste sich flach an die Böschung. Sunny rappelte sich auf die Knie, rutschte auf dem schleimigen Bachgrund und kroch auf allen vieren an Chances Seite. Alles an ihr schien taub zu sein. Als würden Arme und Beine ihr nicht mehr gehören, und doch funktionierten sie.

Das war nicht real, das konnte einfach nicht passieren. Wie hatte er sie gefunden?

Sie schloss die Augen und kämpfte gegen die Panik. Für Chance war sie nur eine Belastung, wenn sie sich nicht unter Kontrolle bekam. Sie war schon früher in brenzlige Situationen geraten und viel besser damit umgegangen. Aber sie hatte auch noch nie mit ansehen müssen, wie der Mann, den sie liebte, fast erschossen worden wäre. Und da war sie auch nicht schwanger gewesen und hatte nicht so viel zu verlieren gehabt.

Ihr klapperten die Zähne. Hart biss sie die Kiefer zusammen.

Völlige Stille senkte sich über das Feld. Auf der Straße weiter oben fuhr ein Wagen vorbei, aber er hielt nicht an. Warum sollte er auch? Schließlich gab es nichts, was einem arglosen Passanten auffallen könnte. Auf der Straße lagen keine Leichen, über dem grünen Gras waberte auch kein Kanonenrauch. Nur Stille. Als ob selbst die Insekten ihr Summen, die Vögel ihr Zwitschern, die Blätter der Bäume ihr Rascheln eingestellt hätten. Als ob die Natur, schockiert über die jähe Gewalt, den Atem anhielte.

Der Schuss war aus Richtung der Straße gekommen, aber Sunny hatte niemanden heranfahren sehen. Sie waren ja selbst gerade erst angekommen. Fast schien es, als ob der Schütze bereits hier gewesen sei und auf sie gewartet hatte. Aber das konnte nicht sein. Das Picknick war doch ein spontaner Einfall, der Ort reiner Zufall. Sie hätten genauso gut in den Park gehen können.

Die einzige andere Erklärung, die ihr einfiel, war, dass der Heckenschütze gar nichts mit ihrem Vater zu tun hatte, sondern es sich um einen verrückten Landbesitzer handelte, der auf jeden unbefugten Eindringling feuerte.

Wenn sie doch nur ihr Handy dabeihätte! Aber da Margreta erst wieder in ein paar Tagen anrufen würde, hatte Sunny es nicht mitgenommen. Und selbst wenn, dann läge es jetzt in ihrem Rucksack auf der Decke. Die paar Meter hätten genauso eine Meile sein können. Ihre Pistole lag im Rucksack, und obwohl die gegen einen Scharfschützen wenig ausrichten konnte, hätte Sunny gern wenigstens etwas zur Verteidigung in der Hand gehabt.

Chance hatte seine Waffe bisher nicht abgefeuert, er wusste besser als Sunny, wie wenig Sinn das hatte. Seine bernsteinfarbenen Augen suchten unablässig die Gegend nach einer Bewegung, nach irgendeinem Hinweis über den Standort des Schützen ab – vielleicht die Lichtreflexion eines Sonnenstrahls auf dem Waffenlauf, eine Farbe, ein Schatten. Zwar zeichneten sich in der späten Nachmittagssonne die Schatten der Büsche und Bäume extrem deutlich ab, doch da gab es nichts, was helfen konnte.

Nur die Dunkelheit kann helfen, dachte Sunny. Wenn sie sich hier halten konnten für … Wie lange? Eine Stunde? Zwei höchstens. In der Dunkelheit konnten sie sich durch den Bach robben, entweder mit oder gegen den Strom, das war gleich. Nur sich in Sicherheit zu bringen war wichtig.

Falls sie so lange lebten. Der Heckenschütze hatte alle Vorteile auf seiner Seite, sie hatten nur die Uferböschung.

Sunny wurde bewusst, dass sie wieder mit den Zähnen klapperte. Erneut riss sie sich zusammen und presste hart die Kiefer zusammen. Chance warf einen Seitenblick auf sie, nur den Bruchteil einer Sekunde, dann suchte er wieder in den Bäumen nach dem Schützen.

„So weit alles in Ordnung mit dir?“, fragte er. Die Frage galt nicht ihrer körperlichen Verfassung.

„Halb tot vor Angst“, stammelte sie leise.

„Ich auch.“

Er sieht überhaupt nicht verängstigt aus, dachte sie, viel eher wütend.

Leicht rieb er ihr über den Arm, eine Geste, die trösten und Zuversicht geben sollte. „Dem Himmel sei Dank für die Rote Beete.“

Ihr traten Tränen in die Augen. Die Rote Beete. Es hatte ihr diebischen Spaß gemacht, ihn damit aufzuziehen. Die Wahrheit jedoch war, dass sie, als sie das Glas in dem Geschäft im Regal hatte stehen sehen, mit einem Mal Heißhunger auf Rote Beete verspürt hatte. Sie hätte sofort das ganze Glas verschlingen können. Bekam man denn schon in einem so frühen Schwangerschaftsstadium derartige Gelüste? Falls ja, dann sollte Chance dem Himmel für das neu entstehende Leben danken und nicht für die Rote Beete.

Sie wünschte, sie hätte es ihm sofort gesagt. Jetzt konnte sie es ihm nicht erzählen, es würde ihn nur ablenken. Falls wir das hier überleben, werde ich mein Geheimnis nicht eine Sekunde länger wahren, nahm sich Sunny fest vor.

„Das können unmöglich Hauers Männer sein“, stieß sie hervor. „Die wussten doch gar nicht, dass wir hierherkommen würden. Das ist ein verrückter Farmer oder … oder ein kranker Mensch, der sich die Zeit damit vertreibt, auf Leute zu schießen.“

„Liebling.“ Wieder berührte er sie am Arm, und ihr wurde klar, dass sie Unsinn redete. „Das ist weder ein verrückter Farmer noch ein Idiot mit einem juckenden Finger am Abzug.“

„Woher willst du das wissen? Es könnte doch sein!“

„Dazu ist der Schütze zu professionell.“

Ihr Herz sank. Natürlich. Chance musste es ja wissen. Er war in solchen Sachen ausgebildet.

Sunny legte die Stirn an die feuchte Böschung und versuchte, Mut zu sammeln für das, was sie zu tun hatte. Ihre Mutter war gestorben, um sie und Margreta zu schützen, irgendwie musste sie diese Stärke ebenfalls in sich finden. Sie konnte Hauer nichts über Margreta erzählen, die Schwester war also in Sicherheit. Und wenn sie Chance das Leben retten konnte, dann war es das wert, dafür zu sterben …

Ihr Kind würde mit ihr sterben.

Bitte, ich will nicht wählen müssen, betete sie still. Das Kind oder der Vater …

Ginge es nur um sie, sie würde keine Sekunde zögern. In der kurzen Zeit, in der sie Chance kannte – waren es wirklich erst zwei Wochen? –, hatte sie so viel Glück und Liebe kennengelernt. Mit Freuden würde sie ihr Leben opfern, um seines zu schützen.

Das Leben, das in ihr heranwuchs, war noch eine Ansammlung von sich stetig teilenden Zellen. Organe oder Knochen hatten sich noch nicht geformt, die Zellen konnten zusammen nicht größer als ein Stecknadelkopf sein. Aber die Möglichkeiten, die darin steckten … Sunny liebte dieses winzige Wesen schon jetzt mit einer Macht, die jede Faser ihres Seins durchtränkte, vom ersten Augenblick an.

Das Kind oder der Vater. Der Vater oder das Kind.

Die Worte schwirrten unablässig in ihrem Kopf. Wie konnte sie überhaupt eine Wahl treffen? Sie liebte beide. Keine Frau sollte vor eine solche Wahl gestellt werden. Sunny hasste ihren Vater noch mehr, weil er sie in diese Situation gezwungen hatte. Er war kein Vater, das war er nie gewesen. Er war ein Monster.

„Gib mir deine Pistole." Sie hörte sich die Worte sagen, aber es klang nicht wie ihre Stimme.

Chances Kopf ruckte herum. „Was?" Er blickte sie an, als hätte sie den Verstand verloren.

„Gib mir die Pistole", wiederholte sie. „Er … sie wissen nicht, dass wir eine Waffe haben. Ich stecke sie mir in den Hosenbund und gehe da raus …"

„Auf gar keinen Fall!", herrschte er sie an. „Wenn du dir einbildest, ich würde dich …"

„Nein, hör zu!“, fiel sie ihm wild ins Wort. „Mir werden sie nichts tun. Er will mich doch lebend haben. Und wenn sie mir nahe genug sind, dann werde ich …“

„Nein!“ Er packte sie beim Kragen und zog sie so nahe zu sich heran, dass ihre Nasenspitzen sich fast berührten. Seine Augen sprühten Funken. „Solltest du auch nur versuchen aufzustehen, schlage ich dich k. o. Hast du mich verstanden? Ich lasse dich nicht da rausgehen, ist das klar?“

Er ließ sie los, und Sunny sank zurück auf die Böschung. Ihn überwältigen konnte sie nicht, dazu war er zu stark. Und austricksen würde bei ihm nicht funktionieren.

„Wir müssen etwas unternehmen“, flüsterte sie.

Er sah sie nicht an. „Wir warten“, sagte er nur tonlos. „Mehr tun wir nicht. Früher oder später wird sich dieser Mistkerl zeigen.“

Warten. Das war auch ihre erste Idee gewesen. Warten, bis es dunkel wurde, und dann fortschleichen. Aber wenn Hauer mehr als einen Mann da draußen positioniert hatte, würde der Scharfschütze sie hier im Bach in Schach halten, sodass die anderen sich anschleichen konnten …

„Können wir nicht von hier weg?“, schlug sie vor. „Entweder stromauf- oder abwärts?“

Chance schüttelte den Kopf. „Zu riskant. Der Bach ist zu flach. Nur auf dieser Uferseite ist die Böschung hoch genug. Wenn wir uns bewegen, machen wir nur die Schussbahn frei.“

„Und was ist, wenn da draußen mehr als einer ist?“

„Da sind mehr.“ Chance klang absolut überzeugt. Ein heimtückisches Grinsen verlieh seiner Miene einen dämonischen Ausdruck. „Mindestens vier, wahrscheinlich fünf. Ich hoffe, dass es fünf sind.“

Sunny schüttelte den Kopf, während sie versuchte zu verstehen. Fünf gegen zwei – ein todbringendes Verhältnis. „Und das freut dich?“

„Sehr sogar. Je mehr zur Party kommen, desto lustiger wird es.“

Übelkeit übermannte sie, brannte in ihrer Kehle, dass sie meinte, sich übergeben zu müssen. Sunny schloss die Augen. Glaubte er wirklich, Mut und Kampfgeist reichten aus, um sie am Leben zu halten?

Mit einer schlanken, starken Hand strich er ihr zärtlich über die Wange. „Kopf hoch, Liebling. Die Zeit arbeitet für uns.“

Für Erklärungen war jetzt keine Zeit. Die Antworten auf die garantiert wütenden Fragen waren zu lang, zu kompliziert. Ihre Situation befand sich in der Schwebe, balancierend zwischen Erfolg und Katastrophe. Chance konnte es sich nicht erlauben, die Konzentration zu verlieren. Wenn er richtig vermutete und da draußen fünf Männer Jagd auf sie machten, konnten sie sie jederzeit einkreisen. Es gab nur eine logische Erklärung dafür, dass Hauers Handlanger von diesem anscheinend spontanen Picknick wussten: Chance hatte einen Verräter in den eigenen Reihen. Mit fünf Männern, nur einer Pistole und Sunny an seiner Seite konnte Chance eine Attacke von zwei Seiten abwehren. Wer immer aus der dritten Richtung kam, würde ihn erwischen. Und Sunny wahrscheinlich auch. Bei einer Schießerei flogen die Kugeln wie aufgescheuchte Hornissen, die meisten trafen ihr Ziel gar nicht. Was bedeutete, dass sie etwas anderes trafen – oder jemand anderen.

Chances Männer waren wahrscheinlich zu einem falschen Ort geschickt oder in Wartestellung belassen worden. Deshalb war das Feuer bisher nicht erwidert worden, nachdem der erste Schuss auf Sunny und ihn gefallen war – weil niemand da war. Somit konnte der Verräter nur jemand mit Befehlsgewalt sein, ein Teamleader also oder noch höher. Chance würde es schon herausfinden. In den letzten Jahren war es öfter vorgekommen, dass Informationen nach außen gesickert waren. Einer dieser Vorfälle hätte Barrie, Zanes Frau, fast das Leben gekostet. Seit vier Jahren versuchte Chance schon, den Verräter ausfindig zu machen, aber der Mann war clever. Doch dieses Mal konnte er die Spur verfolgen. Denn dieses Mal würden seine Männer sagen können, wer die Befehle geändert hatte.

Der Mistkerl musste sich sehr sicher fühlen, wenn er seine Tarnung aufgab. Die Möglichkeit, Chance Mackenzie zu töten, musste ihm das wert sein. Er war also hier, um sicherzustellen, dass der Job erledigt wurde. Mit Hauers beiden Männern waren das dann drei, Hauer selbst der vierte im Bunde. Dass Hauer unerkannt einreisen und sich im Land so frei hatte bewegen können, war nur mit Hilfe möglich – Hilfe vom Maulwurf beim FBI. Wenn Chance Glück hatte, war dieser Kerl auch hier. Das wären dann also fünf Männer.

Die Kerle hatten einen Riesenfehler gemacht. Sie ahnten nichts von dem As, das Chance im Ärmel hatte: Zane. Er war hier irgendwo, diese Vereinbarung hatten sie unter vier Augen getroffen. Niemand wusste davon. Sollte Zane nicht gebraucht werden, so würde auch nie jemand von seiner Anwesenheit erfahren. Chances Männer waren verdammt gut, absolute Weltklasse. Aber Zanes Klasse würden sie nie erreichen. Niemand würde das.

Zane war der geborene Stratege. Er hatte immer einen Plan – und einen Plan B als Ausweichplan. Längst hatte Zane erkannt, was sich hier abspielte, und Chances Männer per Funk herbeordert, darauf konnte sich Chance verlassen. Wie lange es dauerte, bis sie ankamen, hing natürlich davon ab, wohin der Verräter sie geschickt hatte – falls sie überhaupt kommen konnten. Zane jedoch war längst in Bewegung, schlich sich an Hauer heran und wägte die Möglichkeiten ab. Mit jeder Minute, die verstrich, wuchs die Aussicht auf Erfolg.

Nichts davon konnte er Sunny erklären, nicht jetzt. Auch nicht, um diesen schrecklich verängstigten Ausdruck aus dem bleichen Gesicht zu vertreiben und ihr die Panik zu nehmen. Die Lippen hatte sie fest zusammengepresst, das Strahlen ihrer Augen war erloschen. Ihr ganzes Leben hatte sie darauf ausgerichtet, sich nie überrumpeln zu lassen. Chance hatte dafür gesorgt, dass es dennoch passierte.

Dieses Bewusstsein bescherte ihm einen bitteren Geschmack im Mund. Sunny hatte unendliche Angst vor diesem Monster, von dem sie schon ihr ganzes Leben gejagt wurde. Und doch hatte sie hinausgehen wollen. Wie oft in den letzten vierzehn Tagen hatte sie sich eingesetzt, um ihn zu beschützen? Beim ersten Mal hatte sie ihn kaum gekannt, als sie sich auf die Schlange zu seinen Füßen gestürzt hatte. Ihr grauste vor Schlangen, und doch hatte sie es getan, um ihn zu retten. Jetzt zitterte sie am ganzen Leib vor Angst, aber Chance wusste: Ließe er es zu, würde sie genau das tun, was sie angeboten hatte. Dieser Mut verlangte ihm Bewunderung und unendlichen Respekt ab.

Unablässig drehte Chance den Kopf in alle Richtungen, um die Übersicht zu behalten. Die Minuten zogen sich träge dahin. Langsam sank die Sonne am Horizont, doch es war immer noch hell. Die Dämmerung würde erst in fünfzehn oder zwanzig Minuten einsetzen. In der Dunkelheit fühlte Zane sich in seinem Element. Inzwischen müsste er wenigstens einen, wenn nicht zwei von den Kerlen unschädlich gemacht haben. Trotz der bedrohlichen Situation lächelte Chance.

Plötzlich trat hinter dem Baum, unter dem Chance und Sunny ihr Picknick hatten abhalten wollen, ein Mann hervor. Er hielt eine 9-Millimeter-Automatik in der Hand und zielte auf Sunnys Kopf. Er sagte nicht „Waffe fallen lassen" oder etwas Ähnliches. Er lächelte nur, den Blick auf Chance gerichtet.

Langsam legte Chance seine Pistole vor sich ins Gras. Wäre der Lauf der Automatikwaffe auf ihn gerichtet gewesen, hätte er es darauf ankommen lassen und auf seine Reflexe gezählt. Sunnys Leben riskierte er nicht. Sobald er die Hand vom Griff der Waffe wegzog, richtete sich der schwarze Mündungslauf auf seine Stirn.

„Überrascht?", fragte der Mann freundlich.

„Nicht wirklich. Ich wusste, es musste jemanden geben."

Sunny sah von einem zum anderen. „Du kennst diesen Mann?", fragte sie Chance fassungslos.

„Ja." Chance hätte es voraussehen müssen. Zu wissen, dass einer seiner eigenen Männer involviert war, hätte ihn auch darauf vorbereiten sollen, dass der Verräter die Kunst beherrschte, sich lautlos anzuschleichen – und dass er den Baum als Deckung benutzte, hinter dem Chance und Sunny sich ja selbst versteckt hatten.

„Aber … woher?", stammelte Sunny.

„Wir arbeiten seit Jahren zusammen." Immer noch lächelnd, gab Mel Darnell Antwort. Mel The Man. So nannten die anderen ihn, weil er sich für jede Mission, und sei sie noch so gefährlich, freiwillig meldete. Natürlich, einfacher kann man nicht an Insider-Informationen herankommen, dachte Chance.

„Du hast dich an Hauer verkauft." Chance schüttelte den Kopf. „Das ist echt unterstes Niveau."

„Nein, es ist lukrativ", widersprach Mel mit einem Schulterzucken. „Er hat überall Leute, im FBI, in der Justiz, bei der CIA … und selbst direkt unter deiner Nase. Er zahlt eben gut."

„Ich hab mich wohl in dir geirrt. Ich hätte dich nie für den Typ gehalten, der sich etwas aus Folter macht. Oder machst du dich lieber schnell aus dem Staub, wenn er sie in seine Finger bekommt?"

„Netter Versuch, Mackenzie. Aber fruchtlos. Er ist ihr Vater, er will nur sein kleines Mädchen zurückhaben." Mel grinste Sunny aalglatt an.

Chance schnaubte. „Schalte mal dein Hirn ein. Meinst du, sie hätte solche Angst, wenn er sich nur nett mit ihr unterhalten wollte?"

Mel warf einen kurzen Blick zu Sunny und sah ihre Blässe, die dünnen Lippen. An ihrer Angst konnte kein Zweifel bestehen. Er zeigte sich gleichgültig. „Muss mich dann wohl geirrt haben. Ist mir aber auch egal, was er mit ihr macht."

„Ist es dir auch egal, dass er ein Kinderschänder ist?" Zeit herausschlagen, weiterreden, ihn abgelenkt halten. Zane mehr Zeit verschaffen …

„Vergiss es, Mackenzie." Mel war fast belustigt. „Und wenn er Hitlers Reinkarnation wäre … Geld stinkt nicht. Wenn du dir einbildest, ich würde jetzt Gewissensbisse kriegen, dann solltest du besser dein Hirn einschalten."

Hinter Mel bewegte sich etwas. Drei Männer traten aus den Schatten hervor und näherten sich ganz offen. Zwei von ihnen trugen Anzüge, der dritte Khakihosen. Der in dem Anzug von der Stange musste der FBI-Informant sein, der in Khaki Hauers Bluthund. Beide trugen Waffen in der Hand. Der in der Mitte, in einem maßgeschneiderten italienischen Seidenanzug, war Hauer höchstpersönlich. Ein Lächeln stand auf seinem makellos gebräunten Gesicht.

„Meine Liebe." Vorsichtig stieg er über die verstreuten Rote-Beete-Scheiben und rümpfte die Nase über den Geruch. Dann sah er wieder zu Sunny. „Es ist gut, dich endlich zu treffen. Ein Vater sollte seine Kinder kennen, meinst du nicht auch?"

Sunny erwiderte nichts. Sekundenlang blickte sie ihrem Vater voller Abscheu und Verachtung entgegen. Chance konnte fühlen, wie die Angst von ihr abfiel, er spürte, wie sie sich plötzlich entspannte. Extreme Angst hatte manchmal diesen Effekt. Man fürchtete sich vor dem, was passieren konnte, und es war diese angespannte Erwartung, die einen lähmte. Wenn es dann so weit war und das Gefürchtete tatsächlich eintraf, schwand die Furcht. Chance hielt Sunny am Oberarm fest und wünschte sich, sie wäre weiter versteinert geblieben. Wenn sie Angst hatte, war Sunny mutig und tapfer. Niemand konnte ahnen, was sie tun würde, wenn sie glaubte, nichts mehr verlieren zu können.

„Ich hatte dich mir eigentlich imposanter vorgestellt“, sagte sie endlich und musterte Hauer herablassend.

Crispin Hauer lief vor Ärger rot an. Er war nicht unbedingt groß, vielleicht eins siebzig, und sehr schlank. Beide Männer zu seinen Seiten waren einen Kopf größer. Chance fragte sich, woher Sunny mit untrüglicher Sicherheit gespürt hatte, wie sie sein Ego ankratzen konnte.

„Bitte, komm aus diesem Matsch heraus. Falls du es über dich bringst, von der Seite deines Liebhabers zu weichen. Ich würde es dir empfehlen. Ein Kopfschuss ist eine unschöne Sache. Du willst doch nicht überall Spritzer seiner Gehirnmasse haben, oder? Ich habe mir sagen lassen, die Flecken lassen sich nie mehr auswaschen.“

Sunny rührte sich nicht. „Ich weiß nicht, wo Margreta ist. Du kannst mich also gleich hier umbringen, denn ich habe dir nichts zu sagen.“

Hauer schüttelte den Kopf. „Und das soll ich dir abnehmen, ja?“ Er hielt ihr eine Hand hin. „Du kannst allein da herauskommen, oder meine Männer werden dir helfen.“

Viel Licht steht nicht mehr am Himmel, dachte Chance. Wenn es Sunny gelingt, ihren Vater noch weiter aufzuhalten, ohne ihn aggressiv zu machen … Zane musste bald eintreffen. Wahrscheinlich ging er gerade in Position, um alle vier Männer im Blickfeld zu haben.

„Wo ist eigentlich der andere Typ?“, fragte Chance, um die Männer weiter abzulenken. „Ihr seid doch zu fünft, oder nicht?“

Der FBI-Mann und der Handlanger drehten sich um und sahen zu der Baumgruppe auf der anderen Straßenseite. Sie schienen leicht verwirrt, niemanden hinter sich zu sehen.

Mel dagegen ließ Chance nicht aus den Augen. „Lasst euch von ihm nicht verrückt machen“, knurrte er bissig. „Konzentriert euch auf euren Job.“

„Fragst du dich denn nicht, wo er ist?“ Chance lächelte Mel dünn an.

„Ist mir schnuppe. Der interessiert mich nicht. Vielleicht ist er ja vom Baum gefallen und hat sich den Hals gebrochen.“

„Das reicht.“ Dieses sinnlose Geschwätz widerte Hauer an, man hörte es in seiner Stimme. „Sonia, komm jetzt aus dem Bach raus. Ich garantiere dir, es wird dir nicht gefallen, wenn meine Männer dich holen müssen."

Voller Verachtung ließ Sunny den Blick über ihn gleiten. Und dann, unfassbar, begann sie zu singen! Ein Spottvers, von der Art, mit dem Grundschüler einen Klassenkameraden hänseln, den sie nicht leiden konnten.

„Äffchenmann, Äffchenmann, sieh ihn dir nur an, den Äffchenmann. Er ist so hässlich, er ist so klein, er braucht sogar eine Leiter, um sich am Hintern zu kratzen."

Das reimt sich nicht einmal, dachte Chance verblüfft. Kinder, grausam wie sie nun manchmal waren, legten keinen Wert auf solche Details. Ihnen geht es nur um die Wirkung.

Und die traf ihr Ziel mit einer Macht jenseits von Chances Vorstellung.

Mel Darnell unterdrückte ein Lachen. Die beiden anderen Männer erstarrten und achteten peinlich genau darauf, keine Regung auf ihren Mienen zu zeigen. Crispin Hauer lief purpurrot an, seine Augen schienen ein Stück hervorzutreten. „Du Miststück!", schrie er, Spucke verteilend, und griff nach der Waffe in der Hand des FBI-Mannes.

Plötzlich bildete sich ein roter Fleck auf seiner Brust, fast gleichzeitig hörte man einen dumpfen Laut. Hauer blieb stehen, als wäre er gegen eine unsichtbare Wand gerannt. Sein Gesicht zeigte maßloses Erstaunen, bevor es ausdruckslos wurde.

Mel hatte exzellente Reflexe und die denkbar beste Ausbildung. In der Nanosekunde, die es dauerte, bis das Aufprallgeräusch der Kugel sie erreichte, sah Chance, wie Mels Finger sich am Abzugshahn krümmte. Chance griff nach der eigenen Waffe, wohl wissend, dass er nicht schnell genug sein würde. Und dann stürzte sich plötzlich Sunny mit voller Wucht auf ihn und stieß ihn zur Seite. Ihr Schrei übertönte fast die dröhnende Explosion aus Mels Großkaliberwaffe. So blitzschnell, wie sie Chance umgeworfen hatte, war sie auch wieder bei der Böschung und versuchte hochzuklettern, um Mel anzugreifen, bevor er zum zweiten Mal feuern konnte.

Mel hatte nicht einmal Zeit, um daran zu denken. Keine Sekunde verging, und Zanes Kugel traf ihn mitten ins Herz, so wie der erste Schuss Hauer in die Brust getroffen hatte.

Und dann brach die Hölle los. Chances Leute, endlich in Position und nun nicht mehr eingeschränkt durch die unmittelbare Gefahr für Sunny und Chance, eröffneten das Feuer auf die beiden übrig gebliebenen Männer von Hauer.

Chance packte Sunny und drückte sie auf den Boden des Bachs. Mit seinem Körper schützte er sie und hielt sie dort fest, bis auf Zanes Befehl hin das Feuer eingestellt wurde und kein Laut mehr die Stille der Nacht durchschnitt.

Sunny hockte abseits der Albtraumszene, die nun erhellt wurde von flammenden Scheinwerfern, deren grelles Licht blutige Details beleuchtete und schwarze Schatten warf. Einer der Männer aus der kleinen Armee, die plötzlich die Wiese besetzt hielt, hatte einen Eimer gefunden, ihn umgedreht und weiter abseits hingestellt, damit Sunny eine Sitzmöglichkeit hatte. Sunny war nass und fror erbärmlich, trotz der warmen Augustnacht. Die schlammigen Kleider klebten ihr an der Haut, und die Decke, die irgendjemand ihr gegeben hatte und die sie mit tauben Fingern um die Schultern geschlungen hielt, half so gut wie gar nicht gegen die innere Kälte. Trotzdem ließ sie sie nicht los.

Sie litt. Die Qualen waren so unerträglich, dass sie fast von dem Eimer herunterfiel. Mit grimmiger Anstrengung zwang sie sich, sich gerade zu halten. Allein der Wille gab ihr die Kraft.

Die Männer um sie herum waren allesamt Profis. Ruhig und kompetent kümmerten sie sich um die fünf Leichen, die nebeneinander aufgereiht im Gras lagen. Alle waren höflich und kooperierten mit der lokalen Polizei, die mit heulenden Sirenen und blinkenden Lichtern zum Tatort geeilt war – auch wenn kein Zweifel bestehen konnte, wer hier die höhere Verfügungsgewalt hatte.

Und Chance war der Kommandeur.

Der Kerl, der als Erster die Waffe auf sie gerichtet hatte, hatte ihn „Mackenzie" genannt. Einer der Polizisten redete ihn ebenfalls mehrmals mit „Mr Mackenzie" an. Chance reagierte darauf, also wusste Sunny, dass es sich um keinen Irrtum handelte.

Die Ereignisse vermischten sich zu einem verschwommenen, chaotischen Bild in ihrem Kopf. Nur eine Sache stach deutlich erkennbar heraus: Dieses ganze Szenario war arrangiert worden. Eine

Falle – und sie war der Köder gewesen.

Sie wollte es nicht glauben, aber die Logik ließ sich nicht verleugnen. Chance hatte hier ganz offensichtlich das Sagen. Auf der Wiese liefen eine Menge Männer herum. Seine Männer. Männer, denen er Anordnungen erteilte. Männer, die nicht hier wären, hätte er es nicht im Voraus organisiert.

Im Licht dieser Erkenntnis betrachtet, bekam alles, was seit ihrer Begegnung mit Chance passiert war, eine völlig neue Bedeutung. Sunny glaubte sogar den Idioten wiederzuerkennen, der ihr am Flughafen in Salt Lake City den Kurierkoffer hatte stehlen wollen. Jetzt war er rasiert, anständig angezogen und strahlte die gleiche ruhige Kompetenz aus wie die anderen. Sunny war sich trotzdem sicher, dass sie sich nicht irrte.

Alles war Show gewesen. Alles. Sie hatte keine Ahnung, wie er es angestellt hatte. Welchen Einfluss ein Mensch haben musste, um so etwas durchzuziehen, konnte Sunny sich gar nicht vorstellen. Das bewegte sich in Sphären, die ihr völlig unbekannt waren. Trotzdem hatte Chance das Chaos der Flüge arrangiert und den Komiker ihre Tasche stehlen lassen, um sich selbst dann als Retter bei ihr einzuführen. Ein höchst ausgeklügeltes Schauspiel, eines, für das man Geld und Können und mehr Beziehungen brauchte, als sie überhaupt ahnen konnte.

Er hatte geglaubt, dass sie mit ihrem Vater unter einer Decke steckte.

Ja, der Vorfall in Chicago hatte Chance bestimmt auf sie aufmerksam gemacht. Wie hatte sein Plan ausgesehen? Wollte er sie dazu bringen, sich in ihn zu verlieben, damit er über sie an die Organisation ihres Vaters herankam? Nur, das hatte nicht funktioniert. Nicht nur, dass sie nichts mit ihrem Vater zu tun hatte, nein, sie fürchtete und hasste ihn auch zutiefst. Also hatte Chance seinen Plan ein wenig geändert und sie als Köder benutzt.

Eine wahrhaft meisterliche Strategie. Und ein außergewöhnlich talentierter Schauspieler, eines Oscars würdig.

Sunny ging jede Wette ein, dass die Cessna nicht einen winzigen technischen Fehler aufgewiesen hatte. Schließlich war ihr das Timing ihrer „Rettung" auch aufgefallen. Ausgerechnet, nachdem sie Chance am Abend zuvor alles über ihren Vater erzählt hat, fliegt am nächsten Morgen ein Sportflugzeug über den Canyon. Und Charlie Jones eilt mit einem Hubschrauber herbei, um sie aus dem Graben herauszuholen. Irgendwie musste Chance Charlie ein Zeichen gegeben haben.

Herrgott, wie leicht sie es ihm gemacht hatte! Sie hatte sich von ihm, seinem Charme und seinem Liebesspiel völlig in den Bann ziehen lassen. Wie ein helles Licht war er in ihr Leben getreten, ein Komet, der durch ihre einsame Welt rauschte, und sie war ihm auf den Leim gegangen, ohne auch nur das leiseste Flüstern von Argwohn oder Protest. Er musste sie für komplett naiv halten. Und damit hatte er nicht einmal unrecht, denn sie war eine noch größere Närrin, als er annahm – sie war schwanger mit seinem Kind.

Sunny sah über das Feld zu Chance hin, wie er groß und kraftvoll in dem gleißenden Scheinwerferlicht stand und mit einem anderen großen Mann redete, einem Mann, den eine absolut furchterregende Aura umgab, wie Sunny es noch nie bei einem Menschen gesehen hatte.

Und der Schmerz in ihr wuchs und wuchs, bis sie es kaum noch aushielt. Ihr helles Licht war soeben erloschen.

Chance drehte sich um und sah zu Sunny, wie schon die ganze Zeit über in regelmäßigen Abständen, seit sie sich auf den Eimer gesetzt und in die Decke eingewickelt hatte. Sie war erschreckend blass, die Züge verkniffen, die Wangen eingefallen. Doch jetzt war keine Gelegenheit, um zu ihr zu gehen und sie zu trösten. Im Moment gab es für Chance zu viel zu tun. Er musste der lokalen Polizei Honig um den Bart schmieren, während er gleichzeitig deutlich durchblicken lassen musste, wer zuständig war – nämlich er. Die Leichen mussten abtransportiert werden, Schritte für Razzien in den Abteilungen, die Mel genannt hatte, eingeleitet werden.

Sunny war alles andere als dumm. Chance hatte bemerkt, wie aufmerksam sie das Geschehen um sich herum beobachtete. Ihm war nicht entgangen, wie ihr Gesicht immer verschlossener wurde, bis sie zu dem einzigen Schluss gelangt war, der zu ziehen blieb. Sie hatte auch jedes Mal aufgehorcht, wenn man ihn mit Mackenzie ansprach anstatt mit McCall.

Ihre Blicke trafen sich. Die drei Meter, die sie trennten, wurden zu einem unüberwindlichen Graben. Chance behielt eine regungslose Miene. Es gab keine Entschuldigung, die er ihr anbieten konnte und ihr nicht schon selbst eingefallen wäre. Aus guten Gründen hatte er so gehandelt, dessen war er sicher. Nur änderte das nichts daran, dass er Sunny benutzt und ihr Leben aufs Spiel gesetzt hatte. Als der Mensch, der sie war, würde sie ihm Letzteres sogar verzeihen. Was allerdings das Benutzen betraf ... das hatte sie bis in ihr Innerstes verletzt.

Während er so zu ihr hinübersah, erkannte er, wie das lebensfrohe Funkeln in ihren Augen erlosch, so als hätte es nie existiert. Dann drehte sie den Kopf, wandte das Gesicht ab ...

... und versetzte ihm damit einen Schlag wie mit dem Vorschlaghammer.

Erschüttert und von Reue geplagt, drehte er sich wieder zu seinem Bruder um und fand Zanes aufmerksamen Blick wissend auf sich ruhen. „Wenn du sie willst", sagte Zane leise, „dann lass sie nicht gehen."

So einfach war das. Und so schwer. Sie nicht gehen lassen. Wie sollte er, wenn sie doch etwas so viel Besseres als ihn verdient hatte?

Doch die Tatsachen ließen sich nicht abschütteln. Sie nicht gehen lassen. Er konnte nicht anders, er sah wieder zu ihr hinüber.

Sie war nicht mehr da. Der umgedrehte Eimer stand noch an derselben Stelle, doch Sunny war fort.

Chance eilte über die Wiese, blickte suchend über die Köpfe der Männer, die in Grüppchen standen. Einige waren beschäftigt, andere standen beobachtend dabei. Sunnys heller Schopf war nirgendwo zu entdecken. Verflucht, sie war doch gerade noch hier gewesen. Wie konnte sie so schnell verschwinden?

Ganz leicht, beantwortete er sich selbst die Frage. Sie hatte schließlich jahrelange Übung.

Zane tauchte neben ihm auf und ließ ebenfalls den Blick aufmerksam über die Weide schweifen. Die Scheinwerfer blendeten sie, sodass sie unmöglich erkennen konnten, was sich hinter dem grellen Licht abspielte. Sunny könnte in jede beliebige Richtung laufen, und niemand würde sie sehen.

Chance ging in die Hocke und suchte den Boden ab, ob er eventuell ihre Spur finden konnte. Doch das Gras war mittlerweile zu zertrampelt, er glaubte selbst nicht daran. Der Eimer stand da, glänzte dunkel und nass im Scheinwerferlicht.

Nass?

Chance fuhr mit der Handfläche darüber und starrte auf seine roten Finger. Blut. Sunnys Blut.

Ein Gefühl durchzuckte ihn, als ob er selbst plötzlich blutete. Gott im Himmel, sie war angeschossen worden und hatte keinen Ton gesagt. In der Dunkelheit war das Blut auf ihrer nassen Kleidung niemandem aufgefallen. Wie lange war das jetzt her? Sie hatte die ganze Zeit dagesessen und geblutet und niemandem etwas gesagt!

Warum nicht?

Die Antwort war denkbar einfach: Weil sie von Chance wegwollte. Hätte jemand gewusst, dass sie verletzt war, hätte man sie ins Krankenhaus gebracht. Dann hätte sie ihn noch einmal sehen müssen.

Wenn Sunny ging, dann ohne Blick zurück. Keine Szenen, keine Entschuldigungen, keine langen Erklärungen. Sie verschwand einfach von der Bildfläche.

Hatte er vorhin geglaubt, der Schmerz sei unerträglich, als sie das Gesicht von ihm abwandte, so war das nichts im Vergleich zu dem, was er jetzt fühlte. Angst, schreckliche Angst griff nach seinem Herzen und ließ ihm das Blut in den Adern gefrieren. „Hört her, Leute!“, überschrie er den Tumult, und eine Anzahl von Gesichtern, trainiert darauf, jeden seiner Befehle zu befolgen, drehte sich augenblicklich ihm zu. „Hat jemand gesehen, wohin Sunny gegangen ist?“

Allgemeines Kopfschütteln, die Männer begannen sich umzusehen. Sunny blieb unauffindbar.

Und Chance feuerte eine Reihe von Anordnungen ab. „Alles sofort stehen und liegen lassen und ausschwärmen. Findet sie. Sie blutet. Sie ist angeschossen worden und hat nichts gesagt.“ Noch während er sprach, marschierte er mit ausholenden Schritten aus dem Lichtkreis der Scheinwerfer und begann nach ihr zu rufen. Weit konnte sie nicht gekommen sein, nicht in der kurzen Zeit.

Er musste sie finden. Die andere Möglichkeit würde er nicht ertragen.

14. KAPITEL

Unruhig schritt Chance den Korridor vor dem Wartezimmer ab. Er konnte nicht still sitzen, auch wenn der Raum leer war und er sich jeden Stuhl hätte aussuchen können. Wenn er aufhörte zu laufen, dann würde er zusammenbrechen und sich überhaupt nicht mehr bewegen. Er hatte nicht einmal geahnt, dass eine solche Angst existierte. Bisher hatte er sie nie gefühlt, auch nicht, wenn er in das schwarze Mündungsloch eines Waffenlaufs blickte – Mel war nicht der Erste gewesen, der ihm eine Waffe vors Gesicht gehalten hatte. Aber Sunny … ihretwegen verspürte er diese Angst. Seit er sie gefunden hatte, ausgestreckt auf dem nassen Gras, mit den Gesicht zuunterst, bewusstlos und mit kaum noch fühlbarem Puls.

Er dankte dem Himmel, dass Sanitäter auf der Wiese gewesen waren. Andernfalls hätte Sunny es nicht mehr bis ins Krankenhaus geschafft. Zwar hatten sie die Blutung nicht stoppen, sondern nur verlangsamen können, aber sie hatten sofort einen Tropf gelegt, um Sunnys zusammengebrochenen Kreislauf zu unterstützen.

Im Krankenhaus war Chance vom Notfallteam beiseitegeschoben worden. „Sind Sie mit ihr verwandt, Sir?“, hatte eine Schwester gefragt, während sie ihn rüde aus dem Behandlungsraum hinausschob.

„Ich bin ihr Mann“, hatte er sich selbst sagen gehört. Er würde sich nicht die Entscheidungen um Sunnys Wohlergehen aus der Hand nehmen lassen, auf gar keinen Fall. Zane, der die ganze Zeit über an seiner Seite blieb, hatte nicht einmal mit der Wimper gezuckt.

„Kennen Sie zufällig ihre Blutgruppe, Sir?“

Natürlich kannte er sie nicht. Ebenso wenig konnte er eine der anderen Fragen beantworten, die ihm eine Frau stellte, an die man ihn weitergereicht hatte. Chance war wie betäubt, völlig fixiert auf das Krankenabteil, in dem mindestens zehn Leute um Sunny herumschwirrten. Er hatte kaum mitbekommen, dass er überhaupt etwas gefragt wurde. Und die Frau drängte nicht, tätschelte ihm nur die Hand und sagte, sie würde später noch einmal zurückkommen, wenn der Zustand seiner Frau stabil sei. Chance war ihr unendlich dankbar für ihren Optimismus. Inzwischen hatte Zane, effizient wie immer,

Sunnys Akte angefordert und sich auf seinen Pocketcomputer heruntergeladen. Dann hatte Chance wenigstens alle nötigen Informationen, wenn die Frau mit tausendundeiner Frage zurückkehrte. Was er damit an bürokratischer Verwirrung anstiftete, war Chance egal. Die Organisation würde das später bereinigen.

Doch ein Schock folgte auf den anderen. Der Chirurg kam aus dem Abteil, sein grüner Kittel voller Flecke – Sunnys Blut.

„Ihre Frau hat nur kurz das Bewusstsein wiedererlangt", setzte er an. „Richtig klar war sie nicht, aber sie fragte nach dem Baby. Können Sie sagen, wie weit Ihre Frau ist?"

Chance taumelte zurück und musste sich an der Wand abstützen. „Sie ist schwanger?", fragte er heiser.

„Ich verstehe." Der Chirurg schlug sofort eine andere Tonlage an. „Wahrscheinlich hat sie es gerade selbst erst herausgefunden. Wir machen einen Test und werden alle uns möglichen Vorsichtsmaßnahmen treffen. Wir bringen sie jetzt in den OP. Eine Schwester wird Ihnen den Weg zum Wartezimmer zeigen." Damit schritt er davon, die grünen Kittelschöße flatterten hinter ihm her.

Zane drehte sich zu Chance, die blauen Augen durchdringend wie Laserstrahlen. „Deins?"

„Ja."

Zane fragte nicht, ob er sicher war, und Chance war ihm dankbar dafür. Für Zane war es selbstverständlich, dass Chance sich bei einer so wichtigen Angelegenheit nicht irrte.

Sunny war schwanger. Wie denn nur? Mit zwei Fingern massierte sich Chance die Nasenwurzel. Natürlich wusste er, wie. Er wusste auch ganz genau, wann. Zweimal hatten Sunny und er sich ohne Empfängnisschutz geliebt, nur zweimal. Aber einmal reichte aus.

Jetzt ergaben plötzlich auch ein paar andere Dinge Sinn. Eigentlich hatte Chance den größten Teil seines Lebens schwangere Frauen um sich gehabt, wenn eine seiner Schwägerinnen mal wieder ein neues Mitglied des Mackenzie-Clans unter dem Herzen trug. Er kannte doch die Symptome. Er erinnerte sich an Sunnys Müdigkeit am Mittag, und dann ihre absolute Unnachgiebigkeit, dieses Glas Rote Beete zu kaufen. Dieses blöde Rote Beete, Sunnys Heißhunger darauf, hatte ihm das Leben gerettet. Bei manchen Frauen setzten solche Gelüste sofort ein. Er wusste noch, wie Shea, Michaels Frau, praktisch den gesamten Vorrat an Dosentunfisch in ganz Wyoming aufgekauft hatte, als sie selbst noch keinen Grund hatte zu glauben, sie könne schwanger sein. Und die Müdigkeit in den ersten Schwangerschaftswochen war geradezu klassisch.

Wann das Baby zur Welt kam, konnte er sich ausrechnen – ungefähr Mitte Mai. Wenn Sunny überlebte. Sie musste einfach überleben. Die andere Möglichkeit würde er nicht durchstehen. Er liebte Sunny zu sehr, um überhaupt an so etwas zu denken. Aber er hatte auch die Wunde gesehen, die die Kugel in ihre rechte Seite gerissen hatte, und er stand eine schreckliche Angst aus.

„Soll ich Mom und Dad anrufen?“, fragte Zane neben ihm.

Die beiden würden sofort alles stehen und liegen lassen und herkommen, wenn er jetzt Ja sagte, das wusste Chance. Nicht nur sie, die ganze Familie würde herbeieilen und in das Krankenhaus einfallen. Der Zusammenhalt der Mackenzies war absolut und die Hilfe bedingungslos.

Chance schüttelte den Kopf. „Nein. Noch nicht.“ Seine Stimme klang rau, so als hätte er anhaltend geschrien. Dabei hätte er schwören mögen, dass er all die Entsetzensschreie still in sich behalten hatte. Wenn Sunny … wenn das Schlimmste eintraf, dann würde er seine Familie brauchen. Im Moment hielt er sich noch gerade. So eben.

Also ging er los, Zane blieb an seiner Seite. Zane hatte reichlich Schusswunden gesehen und selbst mehr als einen fairen Anteil abbekommen. Chance dagegen hatte immer Glück gehabt. Außer ein paar Messerstichen und Rippenbrüchen hatte er nie etwas einstecken müssen.

Überall war Blut gewesen, so viel Blut. Wie hatte Sunny sich überhaupt so lange aufrecht halten können? Sie hatte Fragen beantwortet und behauptet, alles sei in Ordnung mit ihr; sie war sogar noch herumgelaufen, bis einer der Männer den Eimer für sie gefunden hatte. Es war dunkel gewesen, sie hatte die Decke um sich gewickelt – deshalb war niemandem etwas aufgefallen. Dabei hätte Sunny sich vor Schmerzen auf dem Boden wälzen müssen.

Zane schien ähnliche Gedanken zu haben. „Schon erstaunlich, was manche Menschen mit einer Schussverletzung noch alles tun können“, sagte er leise.

Im Gegensatz zu der allgemeinen Annahme schaltete eine Kugel, selbst eine tödliche, das Opfer nicht sofort aus. Alle Cops wussten das. Auch wenn sie einen Verbrecher mit einem Schuss ins Herz niederstreckten, war es immer noch möglich, dass der in einem letzten Angriff den Polizisten erschoss. Der Tod trat erst ein, wenn die Sauerstoffzufuhr zum Gehirn zusammenbrach. Unter Drogeneinfluss konnte ein Angeschossener sogar noch erheblichen Schaden anrichten und lange Zeit weiterkämpfen. Andererseits gab es solche, die schon bei einer relativ kleinen Verletzung völlig kollabierten und vor Schmerz unablässig schrien, bis man sie im Krankenhaus schließlich ruhigstellen konnte. Es war reine Willenssache. Chance konnte nur hoffen, dass Sunny ihren eisernen Willen jetzt zum Überleben einsetzte.

Nach nahezu sechs Stunden kam der erschöpfte Chirurg zurück. Für Chance waren es die längsten sechs Stunden seines Lebens. Das Gesicht des Arztes wirkte eingefallen, und Chance fühlte erneut die Angst mit eisiger Hand nach seinem Herzen greifen. Nein, o nein …

„Sie wird durchkommen." Der Chirurg lächelte müde, aber seine Augen funkelten triumphierend wie über einen persönlichen Sieg. Und Chance wusste, welcher Kampf in dem OP stattgefunden hatte, um dem Tod ein Schnippchen zu schlagen. „Ich musste ihr einen Teil von Leber und Dünndarm entfernen. Die Verletzung an der Leber war verantwortlich für die starke Blutung. Wir haben praktisch ihr gesamtes Blutvolumen erneuert." Der Arzt rieb sich über das Gesicht. „Es war knapp, einmal hätten wir sie fast verloren. Herzstillstand. Aber wir haben es geschafft. Sie ist jetzt stabil. Sie hat wirklich Glück gehabt."

„Glück gehabt", wiederholte Chance wie betäubt.

„Es war nur der Splitter einer Kugel. Muss wohl irgendwo abgeprallt sein."

Als er sie in den Bach niedergedrückt hatte, konnte sie nicht getroffen worden sein, das wusste Chance. Wahrscheinlich war es passiert, als sie ihn zur Seite gestoßen und Darnell gefeuert hatte. Die Kugel musste einen Stein im Bach getroffen haben und dann zersplittert sein.

Sunny hatte ihn beschützt. Wieder einmal.

„Vorerst bleibt sie auf der Intensivstation, wir müssen beobachten, ob es Anzeichen für eine Infektion gibt. Ich glaube allerdings, dass wir alles unter Kontrolle haben." Der Arzt grinste. „In einer Woche ist sie wieder zu Hause."

Chance sank gegen die Wand, beugte sich vor und drückte mit den Händen die Knie durch. Ihm war schwindlig. Er spürte Zanes Hand auf seiner Schulter, die ihm Unterstützung bot. „Danke." Chance hob den Kopf ein wenig, sodass er den Arzt ansehen konnte.

„Müssen Sie sich hinlegen?", fragte der Chirurg.

„Nein, mir geht es gut. Himmel, mir geht es großartig! Sie wird wieder gesund!"

„Ja", erwiderte der Arzt und grinste breit.

Für kurze Strecken tauchte Sunny aus der Bewusstlosigkeit auf, bevor sie wieder im Dunkel versank. Beim ersten Mal nahm sie nur Bruchstücke ihrer Umgebung wahr. In der Ferne konnte sie Stimmen hören, auch wenn sie kein Wort verstand. Da war auch ein leises, regelmäßiges Piepsen. Irgendetwas kratzte Sunny in der Kehle, sie konnte nicht ausmachen, dass es der Beatmungsschlauch war. Ihr war auch nicht klar, wo sie war und dass sie in einem Bett lag.

Als Sunny zum zweiten Mal wach wurde, fühlte sie weiche Baumwolle an ihrem Rücken und erkannte den Stoff als Bettlaken. Sie schaffte es sogar, die Augen einen Spalt zu öffnen. Alles war verschwommen, und die Maschinen, die sie meinte erkennen zu können, ergaben keinen Sinn für sie.

Irgendwann wurde ihr dann klar, dass sie sich in einem Krankenhaus befand. Sie spürte einen Schmerz, aber der schien irgendwie weit weg. Es kratzte auch nicht mehr im Hals. Jegliches Zeitgefühl war verloren gegangen. Sunny wusste, dass immer wieder Leute zu ihr gekommen waren. Diese Leute hatten helle Lichter eingeschaltet und geredet, sie ständig angefasst und irgendwelche Dinge mit ihr getan.

Schritt für Schritt gewann Sunny die Kontrolle über ihre Gedanken zurück, während die Wirkung der Narkose langsam verflog. Es kostete sie unendliche Anstrengung, aber sie schaffte es, eine Hand auf ihren Bauch zu legen und krächzend ein Wort auszusprechen. „Baby?"

Der Pfleger der Intensivstation verstand. „Ihrem Baby geht es bestens“, sagte er lächelnd und tätschelte beruhigend Sunnys Hand.

Sie war schrecklich durstig. „Wasser“, war ihr zweites Wort, und man hielt ihr Eiswürfel an die Lippen.

Mit dem zurückkehrenden Bewusstsein kam auch der Schmerz. Er wurde immer stärker, je mehr der Nebel der Narkose sich verzog. Es war schlimm, aber fast hieß Sunny diesen Schmerz willkommen. Denn es bedeutete, dass sie noch lebte.

Jerry, der Pfleger, war der Mensch, den sie am häufigsten sah. Lächelnd trat er an ihr Bett. „Da ist jemand, der Sie sehen möchte.“

Sunny schüttelte den Kopf und wusste sofort, das war ein riesiger Fehler. Wellen von Schmerz schwappten über sie und spülten die Wirkung der Medikamente fort. „Kein Besuch“, brachte Sunny heraus.

Ihr schien es wie eine Ewigkeit, dass sie auf der Intensivstation lag. Doch als sie Jerry fragte, antwortete er: „Oh, seit knapp sechsunddreißig Stunden. Wir können Sie bald in ein Krankenzimmer verlegen. Es wird gerade vorbereitet.“

Als man sie verlegte, war Sunny so weit klar bei Bewusstsein, dass sie die Deckenfliesen und Neonlampen an der Korridordecke über sich vorbeihuschen sah. Sie erhaschte einen Blick auf einen großen Mann mit schwarzen Haaren und sah hastig fort.

Für den kurzen Transport waren zwei Schwestern, drei Pfleger und eine halbe Stunde nötig. Bis alles an Ort und Stelle gebracht und angeschlossen war, blieb Sunny wach. Danach fielen ihr immer wieder für kurze Momente die Augen zu. Das frisch gemachte Bett war angenehm kühl, das Kopfende ein wenig höhergestellt worden. Jemand steckte ihr ein Kissen in den Rücken, und in dieser fast sitzenden Stellung fühlte Sunny sich halbwegs normal.

Blumen standen im Zimmer. Rosen. Pfirsichfarbene Rosen mit einem Hauch Rot am Rand der Blütenblätter. Ihr kräftiger Duft überdeckte den typischen Krankenhausgeruch von Desinfektions- und Putzmitteln. Sunny blickte auf die Rosen, sie fragte jedoch nicht, von wem sie kamen.

„Ich möchte keinen Besuch“, erklärte sie den Schwestern. „Ich will mich nur ausruhen.“

Sunny durfte Wackelpeter essen und eine Tasse schwachen Tee

trinken. Am zweiten Tag in dem privaten Krankenzimmer wurde ihr Brühe gebracht und man setzte sie für eine Viertelstunde in den Stuhl an dem kleinen Tisch. Sunny tat es gut, auf eigenen Beinen zu stehen. Selbst wenn es nur Sekunden waren, in denen sie mit Hilfe der Schwestern den Weg vom Bett zum Stuhl zurücklegte. Noch besser fühlte sie sich, als man sie wieder zurück ins Bett schob.

Am Abend stand Sunny ohne Unterstützung eines Krankenpflegers auf, auch wenn es sie schier übermenschlichen Kraftaufwand kostete. Den Weg zum Tisch schaffte sie allein, auch wenn sie sich am Bett festhalten musste.

Am dritten Tag wurde eine Bromelie für sie abgegeben, eine Topfpflanze mit gebogenen, grün-gräulichen Blättern, in deren Mitte eine einzelne große, wunderschöne pinkfarbene Blüte wuchs. Sunny hatte nie Topfpflanzen in ihrer Wohnung gehabt, aus dem gleichen Grund, aus dem sie sich nie ein Haustier angeschafft hatte – sie war ständig unterwegs und konnte sich nicht um lebende Wesen kümmern. Starr blickte sie auf die Bromelie und versuchte zu begreifen, dass sie ab jetzt so viele Topfpflanzen haben konnte, wie sie wollte. Alles hatte sich geändert. Crispin Hauer war tot, sie und Margreta lebten endlich in Freiheit.

Bei dem Gedanken an ihre Schwester stieg Panik in ihr auf. Was für ein Tag war heute? Für wann war Margretas Anruf geplant? Und wo lag überhaupt ihr Handy?

Am Nachmittag des vierten Tages ging die Tür auf und Chance trat ein. Sunny wandte den Kopf ab und schaute aus dem Fenster. In Wahrheit war sie erstaunt, dass er ihr so viel Zeit gelassen hatte, um sich zu erholen. Sie hatte ihn so lange wie möglich von sich ferngehalten. Wahrscheinlich muss es wohl einen letzten Akt geben, bevor der Vorhang endgültig fallen kann, dachte sie düster.

Die emotionalen Verletzungen hatte sie bisher unterdrückt, indem sie sich auf den körperlichen Schmerz konzentrierte. Doch jetzt war es ihr unmöglich. Sie kämpfte dagegen an, verdrängte die Schmerzen und rang um Beherrschung. Eine Szene brachte nichts ein, damit würde sie nur ihre Selbstachtung verlieren.

„Ich habe dein Handy an mich genommen.“ Er kam weiter ins Zimmer und stellte sich vor das Fenster, sodass sie ihn entweder ansehen oder den Kopf in die andere Richtung drehen musste. Seine

Einleitung zielte darauf ab, dass sie Letzteres nicht tat. „Margreta rief gestern an."

Sunny ballte die Hände unwillkürlich zu Fäusten und lockerte sie sofort wieder, da ihr bei der Bewegung die Tropfnadel, die in ihrer rechten Hand steckte, schmerzhaft bewusst wurde. Margreta musste einen Schock bekommen haben, als sie die Männerstimme hörte.

„Ich habe sehr schnell geredet", fuhr Chance fort. „Ich erzählte ihr, dass du angeschossen wurdest, aber wieder gesund wirst, und dass Hauer tot ist. Ich sagte ihr auch, dass ich dir heute das Handy bringe, damit sie dich anrufen und sich alles von dir bestätigen lassen kann. Sie hat kein Wort gesagt, aber immerhin hat sie das Gespräch auch nicht abgebrochen."

„Danke." Er hatte die Situation wohl so gut wie möglich gehandhabt. Sunny fiel auf, dass er irgendwie anders war. Es lag nicht nur an seiner Kleidung, auch wenn er heute schwarze Hosen und ein weißes Seidenhemd trug, während sie ihn nur in Jeans und T-Shirt kannte. Nein, seine ganze Haltung war anders. Natürlich – er musste ja nicht mehr den charmanten, waghalsigen Charterpiloten spielen, jetzt konnte er wieder er selbst sein. Eigentlich hatte sie die ganze Zeit schon gespürt, was unter dieser charmanten Oberfläche lag. Er war der Einsatzleiter irgendeines Spezialteams, ein Mann mit großem Einfluss, der alle möglichen Dinge in Bewegung setzen konnte, um sein Ziel zu erreichen. Die Gewaltbereitschaft und Autorität, die Sunny geahnt und einige Augenblicke lang erlebt hatte, lagen jetzt offen und deutlich sichtbar in seinen Augen.

Er trat näher an das Bett, so nahe, dass er sich an das Gestell lehnte. Mit ausgesuchter Leichtigkeit legte er dann die Fingerspitzen auf ihren Leib. „Unserem Baby geht es gut", sagte er leise.

Er wusste es! Alarmiert blickte Sunny ihn an. Eigentlich hätte sie sich denken können, dass die Ärzte es ihm sagen würden.

„Hättest du es mir gesagt?" Seine goldenen Augen hatte er eindringlich auf sie gerichtet. Er forschte in ihrem Gesicht, so als wolle er sich nicht das geringste Detail ihrer Reaktion entgehen lassen.

„Ich hatte noch nicht so genau darüber nachgedacht", antwortete sie wahrheitsgemäß. Sie hatte erst selbst mit dem Wissen fertig werden müssen. Bis zu einem Plan für die Zukunft war sie noch gar nicht gekommen.

„Das ändert die Dinge.“

„Tut es das wirklich?“ Es war keine Frage. „Stimmte eigentlich auch nur ein Wort von dem, was du mir erzählt hast?“

Er zögerte. „Nein.“

„Mit der Treibstoffpumpe war alles in Ordnung.“

„Ja.“

„Du hättest uns also jederzeit aus dem Canyon herausfliegen können.“

„Ja.“

„Du heißt auch nicht Chance McCall.“

„Nein. Mackenzie, Chance Mackenzie.“

„Na, das ist doch immerhin etwas“, meinte sie bitter. „Dein Vorname stimmt also.“

„Sunny … nicht.“

„Was – nicht? Ich soll nicht erfahren, wie dumm ich war? Warst du je bei den Army Rangers?“

Er seufzte. „Navy. Bei der Aufklärung.“

„Du hast dafür gesorgt, dass alle meine Flüge an dem Tag gestrichen wurden.“

Er hob nur zustimmend eine Schulter.

„Und der Komiker, der mir die Tasche stehlen wollte, war einer von deinen Männern.“

„Ein sehr guter Mann. Die Leute von der angeblichen Flughafensicherheit gehören auch zu meinem Team.“

Sunny krallte die Finger der linken Hand in das Laken. „Du wusstest, dass mein Vater kommen würde. Du hast alles geplant.“

„Wir wussten, dass zwei seiner Männer nach der Nachrichtensendung die Verfolgung aufgenommen hatten.“

„Und das mit dem Fernsehen hast du natürlich auch arrangiert.“

Chance sagte nichts dazu.

„Warum sind wir dann kreuz und quer durchs Land geflogen? Da hätten wir genauso gut in Seattle bleiben können. Das hätte eine ganze Menge Aufwand und Kosten gespart.“

„Ich musste es echt aussehen lassen.“

Sunny schluckte. „An dem Tag … bei dem Picknick … Hättest du mich da auch geliebt … ich meine, Sex mit mir gehabt, um es für Hauer echt aussehen zu lassen?“

„Nein. Die Beziehung zu dir war erforderlich, aber ... privat."

„Vermutlich muss ich dir dankbar dafür sein. Danke, also. Und jetzt verschwinde."

„Ich gehe nirgendwohin." Chance setzte sich auf den Stuhl neben dem Bett. „Wenn du mit deinem Verhör jetzt fertig bist, müssen wir uns unterhalten, um ein paar Entscheidungen zu treffen."

„Ich habe meine bereits getroffen. Ich will dich nie wieder sehen."

„Tut mir leid, aber der Wunsch wird sich leider nicht erfüllen. Du hast mich am Hals, Liebling, weil das Baby, das da in dir heranwächst, meins ist."

15. KAPITEL

Acht Tage später wurde Sunny aus dem Krankenhaus entlassen. Sie konnte ohne Hilfe gehen, wenn auch nur sehr langsam und unsicher. Von Ausdauer konnte keine Rede sein. Außerdem musste Sunny ein Nachthemd und dazu einen Morgenmantel tragen – eine Kombination, die Chance ihr gekauft hatte, weil sie nicht den geringsten Druck um ihren Leib aushalten konnte.

Sunny hatte keine Ahnung, was sie machen sollte. Ihre körperliche Verfassung ließ nicht zu, dass sie nach Atlanta flog, mal ganz abgesehen davon, dass sie schlecht in einem Nachthemd herumspazieren konnte. Aber irgendwo musste sie bleiben. Sobald sie erfahren hatte, dass sie bald entlassen würde, hatte sie im Telefonbuch nach Hotels mit Zimmerservice gesucht und telefonisch reserviert. Bis sie sich wieder selbst versorgen konnte, hielt sie das für die beste Lösung.

Im Krankenhaus hatte sie noch gehofft, dass Margreta vielleicht kommen und sich bis zur kompletten Genesung um sie kümmern würde, nun, da Hauer tot war und sie sich beide nicht mehr länger verstecken mussten. Doch obwohl Margreta glücklich und erleichtert klang, hatte sie Sunnys Vorschlag, nach Des Moines zu kommen, abgelehnt. Die beiden Schwestern hatten Telefonnummern ausgetauscht, mehr nicht. Seither hatte Margreta sich nicht mehr gemeldet.

Sunny konnte es sogar nachvollziehen. Margreta würde immer Schwierigkeiten haben, normale Beziehungen zu Menschen aufzubauen. Wahrscheinlich reichte ihr der Kontakt zu Sunny über die Distanz völlig aus. Sunny versuchte, den Kummer zu verdrängen, als ihr klar wurde, dass sie nie die Schwester haben würde, die sie sich immer gewünscht hatte. Und überhaupt war sie in diesen Tagen viel zu oft melancholischer Stimmung.

Zum Teil lag das an den hormonellen Veränderungen. Bei den geringsten Anlässen brach sie in Tränen aus, völlig lächerlich, zum Beispiel war ihr das während einer Fernsehsendung über Gartenbau passiert. Sunny hatte in ihrem Krankenhausbett gelegen und daran gedacht, dass sie sich lange einen Garten mit wunderschönen Blumen gewünscht hatte, es aber nie möglich gewesen war, den Wunsch wahr werden zu lassen. Prompt schossen ihr die Tränen in die Augen, kullerten ihr groß und rund über die Wangen. Sunny glaubte, schier in Selbstmitleid zu ertrinken.

Eine Depression sei beim Genesungsprozess völlig normal, hatte eine der Schwestern versichert. Das ginge vorbei, sobald sie wieder ganz gesund sei.

Die größte Schuld an dieser absoluten Tiefstimmung jedoch trug Chance. Er besuchte Sunny jeden Tag. Einmal brachte er sogar diesen Furcht einflößenden Mann mit, den sie in jener Nacht nach dem Schusswechsel gesehen hatte. Zu Sunnys blankem Erstaunen stellte Chance den Mann als seinen Bruder vor. Mit ausgesuchter Höflichkeit hatte Zane ihr zur Begrüßung die Hand geschüttelt, dann hatte er ihr Fotos von seiner hübschen Frau und drei wunderbaren Kindern gezeigt – und mindestens eine halbe Stunde von den neuesten Streichen seiner Tochter Nick erzählt. Wenn auch nur die Hälfte von den Geschichten stimmte, sollte sich die Welt besser zügig für die Zukunft wappnen.

Als Zane aufbrach, war Sunny noch betrübter. Er hatte all das, was sie sich immer gewünscht hatte: eine Familie, die er von Herzen liebte und die ihm dieselben Gefühle entgegenbrachte.

Wenn Chance zu Besuch kam, mied er das Thema, das zwischen ihnen lag wie eine giftige Schlange. Er hatte getan, was getan werden musste. Nichts auf der Welt würde ihn von dieser Überzeugung abbringen. Unwillig lernte Sunny zu respektieren, dass er weder Erklärungen noch Entschuldigungen abgab. Stattdessen redete er von seiner Familie in Wyoming und dem Berg, den er sein Zuhause nannte, auch wenn mittlerweile nur noch die Eltern dort lebten. Er hatte vier Brüder und eine Schwester, ein volles Dutzend Neffen und eine Nichte – Nick –, die er offensichtlich vergötterte. Seine Schwester war mit einem ehemaligen FBI-Agenten verheiratet, der jetzt für ihn arbeitete, ein Bruder war Rancher und hatte die Enkelin eines alten Familienfeindes zur Frau genommen. Ein weiterer Bruder war Exkampfpilot und verheiratet mit einer Orthopädin. Zane hatte die Tochter eines Botschafters geehelicht, und Joe, der Älteste, war kein Geringerer als General Joe Mackenzie aus dem Verteidigungsministerium.

Das konnte unmöglich alles wahr sein, und doch klang es so ehrlich. Doch dann erinnerte Sunny sich daran, was für ein guter Schauspieler Chance war. Bitterkeit stieg in ihr auf und drohte sie zu erdrücken.

Es schien ihr nicht zu gelingen, sich aus der Trübsal herauszuholen. Dabei hatte Sunny immer und über alles herzhaft lachen können, jetzt fiel ihr sogar das Lächeln schwer. Ganz gleich, wie sehr sie auch versuchte, sich abzulenken, das Wissen war ihr stets gegenwärtig, als hätte ein Fluch ihr die Lebensfreude geraubt: Chance liebte sie nicht. Es war alles nur Show gewesen.

Als ob etwas in ihr gestorben sei. Sunny hatte es sich nicht eingestehen wollen. So sehr hatte sie sich einzureden versucht, dass die Depression schon vergehen würde, wenn sie sich nur darauf konzentrierte, wieder ganz gesund zu werden, und alles andere ignorierte. Aber mit jedem Tag, der verging, schien sich das Grau in ihr stärker auszubreiten.

Am Tag ihrer Entlassung kam eine Schwester mit einem Rollstuhl. Sunny bestellte noch schnell telefonisch ein Taxi, das sie eine Viertelstunde später vor dem Krankenhaus abholen sollte. Nach dem Anruf ließ sie sich dankbar in den Rollstuhl sinken, nahm den Rucksack mit ihren wenigen Besitztümern von der Schwester entgegen und stellte ihn sich auf die Knie. Die Bromelie balancierte obenauf.

„Ich muss sicher noch die Entlassungspapiere unterzeichnen, nicht wahr?"

„Nein, das hat Ihr Mann schon erledigt", kam die Antwort. „Laut unserer Verwaltung ist bei Ihnen alles geklärt."

Sunny musste sich zusammennehmen, um nicht laut herauszuschreien, dass sie gar nicht verheiratet war. Chance hatte nichts davon erwähnt. Jetzt musste sie sich eingestehen, dass sie sich noch keine Gedanken darüber gemacht hatte, wie sie die Krankenhausrechnung bezahlen sollte. Scheinbar hatte Chance sich gedacht, dass es das Mindeste sei, was er für sie tun konnte.

Es wunderte sie, dass er nicht aufgetaucht war, da er doch angeblich so unbedingt am Leben seines Kindes teilhaben wollte und sie so oft besucht hatte. Wahrscheinlich ist er wieder zu irgendeinem ominösen Spionageeinsatz abberufen worden, dachte Sunny düster.

Sie hatte ihn unterschätzt. Sobald die Schwester sie in die Halle rollte, sah Sunny auch schon den grünen Ford Explorer draußen stehen. Chance erhob sich aus einem Wartesessel und kam auf sie zu.

„Ich habe bereits ein Taxi gerufen", erklärte sie, auch wenn sie wusste, wie unnütz das war.

„Pech", kam prompt die vorauszusehende Antwort.

Auf dem Parkplatz nahm Chance ihr Rucksack und Topfpflanze von den Knien und verstaute das Gepäck im Kofferraum, dann öffnete er die Beifahrertür.

Sunny machte inzwischen Anstalten, aufzustehen. Von einem Stuhl konnte sie sich mittlerweile ohne größere Schwierigkeiten erheben, ein Rollstuhl bedeutete eine stärkere Anstrengung. Zunächst beobachtete Chance ihre Bemühungen, aber es dauerte nicht lange, bevor er die Geduld verlor. Er beugte sich vor und hob Sunny mühelos auf seine starken Arme, um sie auf den Beifahrersitz zu setzen.

„Danke", sagte sie höflich. Sie konnte sich immerhin wie ein zivilisierter Mensch benehmen. Und auf seine Art war es sehr viel weniger schmerzhaft und bedeutend schneller gegangen.

„Gern geschehen." Vorsichtig legte er ihr den Sicherheitsgurt um. Dabei achtete Chance darauf, das Band nicht zu nahe an die Wunde zu bringen. Anschließend ging er um den Wagen herum auf die Fahrerseite.

„Ich habe mir ein Zimmer in einem Hotel reserviert", teilte Sunny ihm mit, als er hinter das Steuer glitt. „Allerdings kann ich dir nicht sagen, wie man mit dem Wagen dorthin kommt."

„Du schläfst nicht in einem Hotel."

„Irgendwo muss ich ja bleiben. Ich kann im Moment weder Auto fahren noch das Gedränge auf einem Flughafen verkraften, also ist ein Hotel mit Zimmerservice die einzig logische Schlussfolgerung."

„Ist es nicht. Ich nehme dich mit nach Hause."

„Nein!" Alles in ihr sträubte sich dagegen, noch mehr Zeit mit ihm zu verbringen.

Chance biss die Zähne zusammen. „Du hast keine andere Wahl", erklärte er entschlossen. „Du kommst mit – und wenn du den ganzen Weg schreist und um dich schlägst."

Eine verlockende Idee, eine höchst reizvolle sogar. Aber da Sunny sich ebenso vorstellen konnte, welche Konsequenzen Schreien und Schlagen für ihre Wunden bedeutete, ließ sie es lieber.

Erst nach einer Weile begriff Sunny, dass er den Weg zum Flughafen einschlug. „Wohin fahren wir?"

Er bedachte sie mit einem ungeduldigen Blick. „Habe ich doch schon gesagt. Herrgott, Sunny, du weißt, dass ich nicht in Des Moines wohne."

„Schön, ich weiß also, wo du nicht wohnst. Aber ich weiß nicht, wo du wohnst." Und diese spitze Bemerkung konnte sie sich auch nicht verkneifen: „Und selbst wenn du es mir gesagt hättest, es wäre wahrscheinlich sowieso gelogen."

Dieses Mal hätte sein Blick töten können. „Wyoming", presste er hervor. „Ich nehme dich mit nach Wyoming."

Während des Fluges schwieg Sunny die meiste Zeit. Nur wenn sie etwas gefragt wurde, sprach sie, und dann fielen die Antworten einsilbig aus. Chance musterte sie durch die dunkle Sonnenbrille, wenn sie sich mit abgewandtem Gesicht in den Anblick der Landschaft unter sich vertiefte. Seit sie einander kannten, hatten sie so viel Zeit in der kleinen Maschine in der Luft verbracht, dass es fast ganz natürlich schien, jetzt wieder zusammen dort zu sitzen. Sunny hatte weder Protest noch Klagen geäußert, doch Chance wusste, wie erschöpft und mitgenommen sie sein musste.

Sie sah so zerbrechlich aus, als könnte der kleinste Windhauch sie umwerfen. In ihrem Gesicht konnte Chance keine Spur von Farbe entdecken, selbst die Lippen waren blass, und Sunny hatte mindestens fünf Kilo abgenommen. Der Arzt hatte Chance versichert, dass die Heilung bestens verlief. Während die Schwangerschaft noch zu frisch war, um aussagekräftige Tests machen zu können, waren doch sämtliche Vorsichtsmaßnahmen getroffen worden. Der Arzt hatte sich zuversichtlich geäußert, mit dem Baby sei ebenfalls alles in Ordnung.

Chance war begeistert über das Baby, und doch fürchtete er, die Schwangerschaft könne Sunnys Körper zu viel abverlangen und die Genesung verzögern. Sunny brauchte jetzt alle Pflege, die sie bekommen konnte. Aber Mutter Natur hatte es nun mal so vorgesehen, dass das heranwachsende Kind zuerst versorgt wurde. Um sicherzustellen, dass Sunny bekam, was sie brauchte, musste sie jede Minute unter Aufsicht stehen. Und sie musste verwöhnt werden. Der beste Ort, um das garantiert zu erreichen, war Mackenzie's Mountain.

Chance hatte angerufen und Bescheid gesagt, dass er Sunny bringen würde. Er hatte alle Ereignisse genau geschildert, von Sunnys Schwangerschaft erzählt und dass er sie heiraten wollte, sie ihm aber immer noch nicht vergeben hatte und schrecklich wütend auf ihn war.

Da hatte er sich viel vorgenommen – sie dazu zu bringen, ihm zu vergeben. Doch auf Mackenzie's Mountain, davon ging er aus, würde ihm das schon gelingen.

Natürlich war Mary vor Begeisterung ganz aus dem Häuschen. Für sie bestand nicht der geringste Zweifel daran, dass Sunny Chance verzeihen würde. Da Mary Chance schon lange in den Ohren lag, endlich zu heiraten und ihr noch ein paar Enkel zu schenken, glaubte sie fest daran, dass sich ihr Wunsch nun erfüllte.

Und Chance würde alles dafür tun, dass dem so war. Denn er wollte dasselbe. Zwar hatte er geschworen, nie zu heiraten und Kinder in die Welt zu setzen, aber das Schicksal hatte andere Pläne mit ihm. Der Gedanke an eine Heirat ängstigte ihn – nein, es versetzte ihn in blanke Panik, so sehr, dass er nicht einmal den Mut gefunden hatte, das Thema bei Sunny überhaupt anzusprechen. Er wusste nicht, wie er ihr beibringen sollte, was sie wissen musste. Genauso wenig konnte er einschätzen, was sie tun würde, wenn sie es erst erfuhr – ob sie seinen Antrag dann annehmen oder ihn eiskalt abservieren würde.

Sie hatte gesagt, dass sie ihn liebe. Das war die Hoffnung, an die er sich klammerte. Seit Sunny alles erfahren hatte, hatte sie es nicht wiederholt. Allerdings war sie keine Frau, die ihr Herz leicht verschenkte. Wenn auch nur noch ein Funken Liebe für ihn in ihr war, wenn er diese Liebe nicht völlig erstickt hatte, so würde Chance einen Weg finden, die Glut wieder anzufachen.

Chance setzte die Cessna auf der Landebahn auf Zanes Grundstück auf. Sein Herzschlag beschleunigte sich, als Chance sah, was auf sie wartete. Selbst Sunnys Interesse schien ein wenig geweckt. Sie setzte sich gerader auf, und zum ersten Mal, seit sie angeschossen worden war, trat ein winziges Funkeln in ihre Augen.

„Was ist da los?“, fragte sie.

Chances Laune hob sich schlagartig. Er grinste breit. „Sieht nach einem Begrüßungskomitee aus.“

Der gesamte Mackenzie-Clan hatte sich auf dem Flugfeld versammelt. Absolut jeder. Mike und Shea waren mit ihren drei Söhnen aus Seattle gekommen. Zane und Barrie hielten je einen Zwilling im Arm. Joe stand auch da, in der Uniform der Air Force, an der mehr Orden und Ehrungen steckten, als ein einzelner Mensch überhaupt haben sollte. Wie er seinen Terminkalender umgestellt hatte, um sich für diese Zeit hier freizumachen, war Chance ein Rätsel ... obwohl, Joe konnte tun und lassen, was er wollte, schließlich war er der ranghöchste Offizier der Nation. Caroline, in türkisfarbenen Caprihosen und weißen flachen Sandalen schick wie immer und umwerfend gut aussehend für ihr Alter, hatte es da wahrscheinlich schon schwerer gehabt, Zeit zu finden. Sie war eine der besten Physikerinnen der Welt. Ihre fünf Söhne hatten sie ebenfalls mitgebracht. John, der älteste von Joe, war dieses Mal mit Freundin gekommen.

Maris und Mac standen auch da, er hatte beschützend den Arm um Maris' zierliche Schultern gelegt. Und Mom und Dad hatten sich genau in der Mitte der Bande platziert, mit Nick, die fröhlich lachend bei ihrem Großvater auf dem Arm saß.

Und jeder von ihnen, selbst die Babys, hielt einen Ballon in der Hand.

„Ach, du meine Güte", murmelte Sunny, und zum ersten Mal seit acht Tagen sah Chance, wie sich ihre Mundwinkel zu einem Lächeln hoben.

Er stellte den Motor ab und stieg aus, kam um die Maschine herum und hob Sunny vorsichtig vom Sitz. Sie war so überrascht über den Empfang, dass sie Chance, ohne zu überlegen, die Arme um den Hals schlang.

Diese Geste war wie eine Art Signal. Wolf Mackenzie stellte Nick auf die Füße. Die Kleine kam prompt auf ihren Lieblingsonkel zugestürmt, hüpfend und wie üblich voller Begeisterung seinen Namen rufend.

„Onkel Chance, Onkel Chance, Onkel Chance!" Ihr Ballon hüpfte wild auf und ab, dann setzte sich die ganze Gruppe in Bewegung und kam auf Chance und Sunny zu.

Innerhalb von Sekunden waren sie eingekreist. Chance versuchte, die Vorstellung zu übernehmen, doch bei dem Trubel gab er es bald auf. Nicht einen Satz konnte er zu Ende bringen. Vorsichtshalber setzte er Sunny nicht ab. Die Schwägerinnen plauderten unbeschwert und heiter auf Sunny ein, als würden sie sie schon seit Jahren kennen. Die Männer flirteten und machten Komplimente, Mary strahlte vor lauter Glück, und über dem ganzen Tohuwabohu schwebte Nicks helle Stimme: „Das ist aber ein hübsches Keid, das du da anhast!"

Nick befühlte den seidigen Stoff und sah lachend zu Sunny auf. John beugte sich zu ihr herunter und flüsterte ihr etwas ins Ohr. „Kllleid", berichtigte sie sich daraufhin ernst. „Ein wunderschönes Kleid."

Alle applaudierten und jubelten, worauf Nick stolz von einem Ohr zum anderen grinste.

Sunny lachte auf.

Bei dem Laut machte Chances Herz einen Sprung, für eine Sekunde schloss er die Augen. Als er sie wieder öffnete, hatte Mary das Kommando übernommen.

„Sie müssen ja völlig erschöpft sein", sagte sie herzlich mit warmer Stimme zu Sunny. „Ab jetzt brauchen Sie sich über nichts mehr Sorgen zu machen, Liebes. Ihr Zimmer bei uns ist schon fertig, und dann schlafen Sie erst einmal, so lange Sie wollen. Chance, bring sie zum Wagen. Und sei vorsichtig mit ihr."

„Ja, Ma'am."

„Warte!", rief Nick plötzlich erschreckt. „Ich hab das Schild vergessen!"

„Welches Schild?" Vorsichtig verlagerte Chance Sunny in seinen Armen, sodass er zu seiner Nichte hinabblicken konnte.

Nick fischte in der Tasche ihrer roten Shorts und zog ein zusammengefaltetes, stark zerknittertes Blatt Papier hervor. Aufgeregt stellte sie sich auf die Zehenspitzen und hielt Sunny das Blatt hin. „Für dich. Hab ich ganz allein gemacht", verkündete sie stolz, um dann hinzuzufügen: „Grandma hat geholfen."

Sunny faltete das Papier auseinander.

„Mit Wachsmalstiften", teilte Nick ihr mit. „Weil die am schönsten sind."

„Du hast recht, die sind wirklich die schönsten." Sunny schluckte hörbar, und Chance blickte auf das zerknüllte Blatt.

Die Buchstaben waren unsicher, krakelig und alle verschieden groß, aber das kleine Mädchen musste angestrengt und sehr lange daran gesessen haben – mit der erfahrenen Hilfe ihrer Großmutter –, denn die Worte waren deutlich lesbar.

„Willkommen daheim, Sunny", las Sunny laut vor. „Das ist das schönste Schild, das ich je gesehen habe." Sie lächelte Nick noch zitternd zu, dann barg sie das Gesicht an Chances Schulter und brach in herzzerreißendes Schluchzen aus.

„Verstehe", kam es trocken von Michael. „Sie ist schwanger."

Wer sich zuerst in wen verliebte, war nicht mehr zu sagen. Sunny und die Mackenzies schienen einfach zusammenzugehören. Sobald Chance Sunny zu dem großen Doppelbett getragen hatte, das Mary für sie vorbereitet hatte – er ließ Sunny nicht wissen, dass es sein altes Zimmer war –, hielt Sunny Hof. Anstatt zu schlafen, setzte sie sich in den Kissen auf. Alle Frauen und selbst die jüngeren Kinder blieben im Zimmer, gruppierten sich auf oder um das Bett und auf dem Boden. Die Zwillinge krabbelten über Sunny, von einer Seite zur anderen und wieder zurück, und kommunizierten sehr effektiv miteinander in dem, was Barrie „die Zwillingssprache" nannte.

Shea kitzelte Benjy, der zu ihren Füßen auf dem Boden lag und jedes Mal, wenn sie aufhören wollte, vor Vergnügen „Mehr! Mehr!" quietschte. Neben Sunny saß im Schneidersitz Nick, die kleine Zunge zwischen die Lippen geklemmt, und malte mit ihren Wachskreiden am nächsten „Schild". Diesmal wollte sie Barrie eines schenken, da das erste von solchem Erfolg gekrönt gewesen war. Caroline improvisierte eine Typberatung und steckte Sunny das Haar zu einer sehr verführerischen Frisur auf, während Maris mit leuchtenden dunklen Augen von der eigenen Schwangerschaft berichtete. Unterdessen saß Mary in einem Sessel und beaufsichtigte das Ganze glücklich lächelnd.

Chance überließ es seiner Familie, zu tun, was sie am besten konnte – den Zauber aus Wärme, Geborgenheit und Zusammengehörigkeitsgefühl zu spinnen. Er selbst zog sich zurück und ging zur Scheune hinunter. Er fühlte sich rastlos und unruhig. Im Magen verspürte er ein mulmiges Gefühl, Chance brauchte Zeit für sich allein. Heute Abend, wenn sich die erste Aufregung ein wenig gelegt hatte, würde er mit Sunny reden. Er durfte es nicht länger aufschieben. In Gedanken flehte er darum, dass sie ihm vergeben konnte, dass sie, nachdem er ihr alles erzählt hatte, sich nicht für immer von ihm abwenden würde. Denn er liebte sie so sehr, dass er nicht wusste, ob er ohne sie weiterleben konnte. Als sie vorhin das Gesicht an seiner Schulter geborgen hatte, wäre ihm fast das Herz stehen geblieben. Weil sie sich ihm zugewandt hatte und nicht von ihm ab.

Und sie hatte wieder gelacht. Es war der schönste Laut, den er kannte. Ohne ihr Lachen erschien Chance das Leben sinnlos.

Er legte die Arme auf die halbhohe Stalltür und stützte das Kinn auf. Sie musste ihm vergeben, sie musste einfach …

„Es ist schwer, nicht wahr?“ Wolf trat an Chances Seite und nahm die gleiche Haltung ein. „Ich meine, eine Frau zu lieben. Und gleichzeitig ist es das Schönste, was einem auf diesem Planeten passieren kann.“

„Ich hätte nie damit gerechnet, dass es mir passiert.“ Chance presste die Worte leise hervor. „Ich war immer vorsichtig. Keine Ehe, keine Kinder. Mit mir sollte es enden. Aber sie hat mich überrumpelt. Es ging so schnell, dass ich nicht einmal die Beine in die Hand nehmen konnte.“

Wolf richtete sich auf, die schwarzen Augen zusammengekniffen. „Was meinst du damit, es sollte mit dir enden? Wieso willst du keine Kinder haben? Ich dachte, du liebst Kinder.“

„Natürlich liebe ich sie“, sagte Chance weich. „Aber sie sind Mackenzies.“

„Du bist auch ein Mackenzie.“ Die tiefe Stimme klang jetzt eisern.

Müde rieb sich Chance über das Gesicht. „Genau das ist das Problem. Ich bin kein echter Mackenzie.“

„Willst du jetzt ins Haus gehen und der kleinen Frau da drinnen eröffnen, dass du nicht ihr Sohn bist?“, verlangte Wolf scharf zu wissen.

„Um Himmels willen, nein!“ Niemals würde er Mary so verletzen.

„Du bist mein Sohn. In allen Dingen, die je wichtig waren, bist du mein Sohn.“

Die Wahrheit in diesem Satz verlangte Chance Demut ab. Er stützte wieder das Kinn auf. „Ich habe nie verstehen können, wieso du mich in dein Haus aufgenommen hast. Du wusstest, was für eine

Art Leben ich geführt hatte. Vielleicht kanntest du nicht jedes Detail, aber du hattest eine ziemlich genaue Vorstellung davon. Ich war damals nicht viel mehr als ein wildes Tier. Mom wusste es nicht, aber du. Und dennoch hast du mich in deine Familie aufgenommen, hast mir vertraut mit Maris und Mom …"

„Und du hast mich nicht enttäuscht, oder etwa doch?", fragte Wolf.

„Es hätte auch anders ausgehen können. Das konntest selbst du nicht wissen." Chance hielt inne und tauchte in die Dunkelheit in seinem Innern ab. „Ich habe einen Mann getötet, da muss ich zehn, vielleicht elf gewesen sein", hob er schließlich tonlos an. „Das ist das wilde Tier, das du in dein Haus geholt hast. Ich habe gelogen, gestohlen, andere Kinder überfallen, um mir von ihnen zu nehmen, was ich haben wollte. Das ist die Art Mensch, die ich bin. Dieser Mensch wird immer in mir leben."

Wolf musterte ihn scharf. „Wenn du mit zehn einen Mann getötet hast, dann wird er es verdient haben."

„Ja, das hat er wirklich. Straßenkinder sind leichte Beute für solche Perverse." Chance ballte die Hände zu Fäusten. „Ich muss es Sunny sagen. Ich kann ihr keinen Heiratsantrag machen, ohne dass sie weiß, auf was sie sich einlässt. Sie muss wissen, welche Gene ich an ihre Kinder weitergebe." Er lachte hart auf. „Eigentlich weiß ich ja gar nicht, welche Gene ich vererbe. Ich habe doch keine Ahnung, woher ich komme. Vielleicht war meine Mutter eine drogenabhängige Prostituierte, die …"

„Schluss jetzt!" Wolfs Stimme klang hart wie ein Peitschenhieb.

Abrupt sah Chance zu dem Mann hin, der der einzige Vater war, den er je gekannt hatte. Zu dem Mann, den er mehr respektierte als jeden anderen Menschen auf der Welt.

„Ich weiß nicht, wer dich geboren hat, mein Sohn. Aber ich kenne mich mit Vollblütern aus, und du bist eines. Weißt du, was ich am meisten in meinem Leben bedaure? Dass wir dich erst gefunden haben, als du schon vierzehn warst. Dass ich nicht fühlen durfte, wie deine kleine Babyhand sich bei deinen ersten Schritten um meinen Finger klammert. Dass ich nicht in der Nacht aufstehen und dich trösten konnte, als deine ersten Zähne kamen. Oder mich um dich kümmern konnte, wenn du krank warst. Dass ich dich nicht halten konnte, wie alle Kinder gehalten werden wollen. Als wir dich fanden, konnte ich das nicht mehr tun, denn da warst du schon zu alt und nervös wie ein scheuendes Fohlen. Du wolltest nicht berührt werden, und ich habe das respektieren müssen. Aber eines musst du wissen: Ich bin stolz auf dich, wie ich sonst auf nichts so stolz in meinem Leben bin. Du bist einer der besten Männer, die ich kenne. Um das zu erreichen, musstest du sehr viel härter an dir arbeiten als andere. Selbst wenn man alle Kinder der Welt zur Adoption vor mir aufgereiht hätte – ich hätte dennoch dich ausgesucht."

Mit feuchten Augen blickte Chance starr seinen Vater an. Wolf Mackenzie legte die Arme um seinen erwachsenen Sohn und drückte ihn fest an sich. Das war etwas, das er seit Jahren hatte tun wollen.

„Ich hätte dich gewählt", bestätigte er noch einmal.

Chance trat ins Schlafzimmer und schloss leise die Tür hinter sich. Schon vor einiger Zeit hatte sich die Meute verabschiedet. Manche waren wieder nach Hause gefahren, andere blieben über Nacht bei Zane oder Michael. Sunny sah müde aus, aber ihre Wangen hatten ein wenig Farbe bekommen.

„Wie geht es dir?", fragte Chance.

„Erschöpft", antwortete sie und sah weg. „Besser."

Er setzte sich zu ihr aufs Bett, sorgsam darauf achtend, dass sich dabei die Matratze nicht zu stark bewegte. „Ich habe dir ein paar Dinge zu sagen", meinte er leise.

„Spar dir deine Erklärungen. Du hast mich benutzt. Fein. Aber verflucht sollst du sein, weil du es so weit getrieben hast! Kannst du dir vorstellen, wie ich mich fühle? Ich bin eine komplette Närrin, mich in dich zu verlieben, während du nur ein Spiel gespielt hast! Hat das deinem Ego geschmeichelt? Zu wissen, dass ich ..."

Er legte ihr die Hand auf den Mund, um sie zum Schweigen zu bringen. Ihre grauen Augen funkelten ihn voller Rage an. Chance atmete tief ein.

„Vorab das Wichtigste: Ich liebe dich. Das war nie ein Spiel. Ich habe mich vom ersten Augenblick an in dich verliebt. Ich wollte es nicht, habe versucht ..." Er brach ab und zuckte die Schultern, um zum Elementaren zurückzukehren. „Ich liebe dich so sehr, dass es mich zerreißt. Und ich weiß, dass ich nicht gut genug für dich bin."

Erbost stieß Sunny seine Hand fort und sah ihn stirnrunzelnd an. „Was? Ich meine, ich stimme dir völlig zu, nach dem, was du getan hast. Aber … was willst du damit sagen?"

Er nahm ihre Hand und war unendlich erleichtert, als sie sie nicht sofort zurückzog. „Ich wurde adoptiert. So weit ist ja noch alles in Ordnung. Aber ich weiß nicht, wer meine leiblichen Eltern sind. Ich weiß überhaupt nichts über sie. Ich wurde in die Gosse geworfen und einfach vergessen. Ich bin auf der Straße groß geworden, verwildert, ohne jegliche Betreuung. Ein Zuhause bekam ich erst, als man mich adoptierte, und da war ich ungefähr vierzehn. Vielleicht stamme ich von den schrecklichsten Menschen auf diesem Planeten ab. Müssen sie wohl gewesen sein, wenn sie mich so einfach in der Gosse haben liegen lassen, damit ich verhungern sollte. Ich will den Rest meines Lebens mit dir verbringen, aber du musst wissen, auf wen du dich einlässt, bevor du mich heiratest."

„Was?", fragte sie erneut, als hätte sie die Worte nicht verstanden.

„Ich hätte dich schon vorher um deine Hand bitten sollen." Jetzt musste alles gesagt werden. „Aber … wie kann ich je eine Frau bitten, mich zu heiraten? Ich bin ein nicht einzuschätzendes Risiko. Keine Frau kann wissen, was sie sich mit mir einhandelt. Ich wollte dich gehen lassen, dich freigeben. Doch dann erfuhr ich von dem Baby, und ich konnte es einfach nicht. Ich bin egoistisch und eigennützig, Sunny, ich will es für mich haben. Alles, dich und das Baby. Wenn du bereit bist, dieses Risiko einzugehen …"

Sie lehnte sich zurück, mit einem so schockierten, ungläubigen Gesichtsausdruck, dass Chance es nicht ertragen konnte. „Ich fasse es nicht!", stieß Sunny aus, und dann holte sie aus und versetzte ihm eine Ohrfeige.

Noch hatte Sunny nicht ihre volle Kraft zurückerlangt, dennoch brannte ihm der Schlag auf der Wange. Stumm saß Chance da und rührte sich nicht. Sein Herz zog sich zusammen. Sollte sie ihn noch einmal schlagen … er hatte es wohl verdient.

„Du Dummkopf!", schrie sie plötzlich. „Herrgott, mein Vater ist ein Terrorist! Das ist das Erbe, das ich mit mir herumtragen muss. Und da machst du dir Sorgen, weil du nicht weißt, wer deine leiblichen Eltern sind?! Ich wünschte, ich wüsste es nicht! Ich fasse es einfach nicht! Ich dachte, du liebst mich nicht. Alles wäre in Ordnung gewesen, hätte ich nur gewusst, dass du mich liebst!“

Chance entschlüpfte ein erstaunter Fluch, eines von Nicks wirklich ganz, ganz schlimmen Schimpfwörtern. In der momentanen Situation hörte sich der Fluch jedoch harmlos an. Chance sah in Sunnys wunderbar wütendes Gesicht, und das erdrückende Gewicht fiel von seiner Brust ab, so als wäre es nie da gewesen. Mit einem Mal verspürte er das unbändige Bedürfnis zu lachen. „Ich liebe dich so sehr, dass es wehtut. Willst du mich heiraten, Sunny?“

„Muss ich ja wohl“, stimmte sie gereizt zu. „Du brauchst dringend einen Aufpasser. Und eines lass dir direkt gesagt sein, Chance Mackenzie – wenn du glaubst, du könntest immer noch in der Weltgeschichte herumjetten und die Leute auf dich schießen lassen, damit du deinen Adrenalinschub bekommst, dann hast du dich getäuscht. Du wirst schön bei mir und dem Baby zu Hause bleiben. Ist das klar?“

„Völlig klar“, gab er ernst zur Antwort. Schließlich taten die Mackenzie-Männer alles, um ihre Frauen glücklich zu machen.

EPILOG

Sunny schlief, zuerst erschöpft durch die langen Wehen und dann von der Angst und der Sorge, als das Baby nicht kommen wollte und per Kaiserschnitt geholt werden musste. Dunkle Ringe zeichneten sich unter ihren Augen ab. Trotzdem hatte sie nach Chances Ansicht nie schöner ausgesehen. Ihr Gesicht hatte einen unbeschreiblichen Ausdruck angenommen, als Chance ihr das Neugeborene in den Arm legte. Diesen Moment würde er sein Lebtag nicht vergessen. Das medizinische Personal hatte sich diskret zurückgezogen, jetzt waren nur noch er, seine Frau und ihr Kind im Zimmer.

Chance sah auf das faltige kleine Gesichtchen seines Sohnes herunter. Das Baby schlief, als hätte es einen Marathon hinter sich, die winzigen Händchen zu kleinen Fäusten geballt. Es hatte schwarzes Haar. Und auch wenn es schwierig war, die genaue Augenfarbe bei einem Baby zu bestimmen, so glaubte Chance jedoch, schon das gleiche strahlende Grau wie bei Sunny erkannt zu haben.

Zane steckte den Kopf zur Tür hinein. „Hi", sagte er leise. „Man hat mich zur Aufklärung geschickt. Sie schläft noch, hm?"

Besorgt sah Chance zu Sunny. Beide schliefen fest, seine Frau und sein Sohn. „Sie hat viel durchgemacht."

„He, der Kleine wiegt fast fünf Kilo. Kein Wunder, dass sie Hilfe brauchte." Zane kam leise ins Zimmer und schaute lächelnd in das kleine Gesichtchen. „Lass mich ihn mal halten. Es ist Zeit, dass er seine Familie kennenlernt." Freudig nahm er Chance das Baby ab und bettete es erfahren in seinen Arm. „Hallo, ich bin dein Onkel Zane. Mich wirst du ab jetzt öfter sehen. Ich hab selbst zwei kleine Jungen, die es kaum abwarten können, mit dir zu spielen. Und deine Tante Maris – die lernst du auch gleich kennen – hat ebenfalls einen, der ist nur ein bisschen älter als du. Spielkameraden hast du also schon zur Genüge, jetzt musst du nur noch die Augen aufmachen und dich umschauen."

Das Baby rührte sich nicht, auch nicht, als Zane es sanft wiegte. „Man vergisst so schnell, wie winzig sie am Anfang sind." Sanft strich er dem Kleinen mit einer Hand über den Kopf, dann grinste er Chance an. „Sieht aus, als sei ich der Einzige, der weiß, wie man ein Mädchen macht."

„Warte ab, es war ja erst mein erster Versuch."

„Könnte auch dein letzter gewesen sein, wenn sie alle fünf Kilo wiegen", ließ sich eine schwache Stimme vom Bett vernehmen. Mit einem Seufzer strich Sunny sich das Haar aus der Stirn. Ein Lächeln erblühte auf ihrem Gesicht, als sie ihren Sohn erblickte. „Gib ihn mir", sagte sie und streckte die Arme aus.

Bei einer solchen Angelegenheit galt es, ein genaues Protokoll zu befolgen: Zane überreichte Chance vorsichtig das Baby, dann trug Chance das kleine Bündel zu Sunny und legte es ihr in die Arme. Ganz gleich, wie oft er es schon gesehen hatte, es erstaunte Chance immer wieder, wie die Kommunikation zwischen einer Mutter und ihrem Neugeborenen funktionierte … dieser Blick, so als würden sie sich auf eine ganz ursprüngliche, tiefe Art erkennen.

„Fühlst du dich in der Verfassung, Gesellschaft zu ertragen?", wandte sich Zane an Sunny. „Mom sitzt da draußen schon auf heißen Kohlen, um ihren neuen Enkel endlich in die Finger zu bekommen."

„Ja, mir geht's prächtig", antwortete Sunny, obwohl Chance wusste, dass es noch lange nicht stimmte. Er küsste sie, und schon schoss dieser heiße Funke zwischen ihnen über, obwohl der gemeinsame Sohn erst ein paar Stunden alt war. Leise lachend rückte Sunny von Chance ab und wurde rot. „Lass mich in Ruhe, du Lüstling", neckte sie ihn.

„Wie soll der Kleine denn nun heißen?", unterbrach Zane die beiden. „Seit Monaten fragen wir euch danach, aber ihr tut nur geheimnisvoll. Jetzt bleibt euch nichts anderes mehr übrig, ihr müsst das Geheimnis lüften."

Mit der Fingerspitze strich Chance sanft über die weiche Babywange, dann legte er einen Arm um Sunny, den anderen um seinen Sohn. Besser konnte das Leben gar nicht mehr werden.

„Wolf", sagte Chance. „Er ist der kleine Wolf."

– ENDE –

Linda Howard
Eiskaltes Feuer
Band-Nr. 25554
8,99 € (D)
ISBN: 978-3-89941-949-8
432 Seiten

Linda Howard
Gefangene des Feuers
Band-Nr. 25527
8,95 € (D)
ISBN: 978-3-89941-860-6
352 Seiten

Linda Howard
Mitten in sein Herz /
Soweit der Wind uns trägt
Band-Nr. 25482
8,95 € (D)
ISBN: 978-3-89941-788-3
448 Seiten

Linda Howard
Eiskalte Liebe
Band-Nr. 25453
8,95 € (D)
ISBN: 978-3-89941-740-1
256 Seiten

Nora Roberts
Nachtgeflüster 1 – 5
Band-Nr. 95027
14,95 € (D)
ISBN: 978-3-89941-887-3
928 Seiten

Nora Roberts
Die O'Haras 1 – 4
Band-Nr. 95021
12,95 € (D)
ISBN: 978-3-89941-779-1
704 Seiten

Nora Roberts
Die MacGregors 1 – 5
Band-Nr. 95022
14,95 € (D)
ISBN: 978-3-89941-823-1
896 Seiten

Nora Roberts
Die MacGregors 6 – 9
Band-Nr. 95026
12,95 € (D)
ISBN: 978-3-89941-863-7
976 Seiten